Cumhurbaşkanı Mustafa Kemal Atatürk. İş Bankası Müzesi Arşivi.

Genel Yayın: 1881

Arşivlerindeki fotoğrafların kullanımına izin vererek,
Fotoğraflarla NUTUK
kitabının yayınına yaptıkları değerli katkılardan ötürü

Genelkurmay ATASE Başkanlığı'na,
İstanbul Üniversitesi
Atatürk İlkeleri ve İnkılap Tarihi Enstitüsü
Arşivi'ne ve
Türkiye İş Bankası Müzesi'ne
teşekkürlerimizi sunuyoruz.

Türkiye İş Bankası Kültür Yayınları

GAZİ MUSTAFA KEMAL ATATÜRK
GENÇLER İÇİN FOTOĞRAFLARLA NUTUK

YAYINA HAZIRLAYANLAR
SABAHATTİN ÖZEL
EROL ŞADİ ERDİNÇ

GÜNÜMÜZ TÜRKÇESİNE AKTARANLAR
PINAR GÜVEN
NUR ÖZMEL AKIN

Sertifika No: 29619

EDİTÖR
ALİ BERKTAY

GÖRSEL YÖNETMEN
BİROL BAYRAM

GRAFİK TASARIM UYGULAMA
TÜRKİYE İŞ BANKASI KÜLTÜR YAYINLARI

1. BASIM: ŞUBAT 2010, İSTANBUL
IX. BASIM: HAZİRAN 2016, İSTANBUL

ISBN 978-9944-88-834-9

BASKI
MİMOZA MATBAACILIK SANAYİ VE TİCARET ANONİM ŞİRKETİ
MERKEZ EFENDİ MAH. DAVUTPAŞA CAD. NO: 123 KAT: 1-3
ZEYTİNBURNU / İSTANBUL
(0212) 482 99 10
Sertifika No: 33198

TÜRKİYE İŞ BANKASI KÜLTÜR YAYINLARI
İSTİKLAL CADDESİ, MEŞELİK SOKAK NO: 2/4 BEYOĞLU 34433 İSTANBUL
Tel. (0212) 252 39 91
Faks. (0212) 252 39 95
www.iskultur.com.tr

Gazi Mustafa Kemal Atatürk

Gençler İçin Fotoğraflarla Nutuk

TÜRKİYE İŞ BANKASI
Kültür Yayınları

Mustafa Kemal Atatürk Büyük Millet Meclisi kürsüsünde Nutuk'*u okuyor.*
İş Bankası Müzesi Arşivi.

Sunuş

Ulusal egemenliğin esası olan tam bağımsızlığa ulaşılmasını sağlayan Kurtuluş Savaşımızın sonucu olarak kurulan Cumhuriyet'in önemli bir belgesidir *Nutuk*. Bu hareketin önderi olan Mustafa Kemal Atatürk 1927 yılı yazını tamamen *Nutuk*'un hazırlıklarına ayırmıştı. Yoğun çalışma temposu içinde Haziran ayı ortalarında bir kalp rahatsızlığı da geçirdi. Daha sonra bu çalışmalarını 30 Haziran-30 Eylül arasında üç ay süreyle İstanbul'da sürdürdü. Atatürk *Nutuk*'un hazırlık sürecinde arkadaşlarının da görüş ve eleştirilerini aldı. Böylece, yüzlerce belgenin değerlendirilmesi sonucunda oluşan *Nutuk,* anıtsal bir yapıt olarak ortaya çıktı.

Atatürk 15 Ekim 1927 Cumartesi günü Türkiye Büyük Millet Meclisi salonunda toplanan Cumhuriyet Halk Partisi kongresine geldiğinde saatler 10.00'u gösteriyordu. Meclis salonunda 63 ilden gelen ikişer delege ve milletvekilleri yerlerini almışlardı. Başbakan İsmet İnönü ve bakanlar da milletvekilleri arasında oturmuşlardı. Dinleyicilere ayrılan bölüm tamamen doluydu. Yabancı ülke temsilcilerine ayrılan yerde Sovyet, Afgan, Arnavutluk elçileri ve İran eski Harbiye Nazırı bulunuyorlardı.

Atatürk, elinde bir not defteri olduğu halde kongrenin açılış konuşmasını yapmak üzere kürsüye çıktı. "Cumhuriyet Halk Partisi'nin büyük kongresini açıyorum" diyerek konuşmasına başladı. Partinin, geçen acılı yıllar içinde Türk Ulusu'nun yaşamı, onuru için gösterdiği yüksek kararlılık ve istencin temsilcisi olarak dokuz yıl önce doğduğunu belirtti. Tüm Anadolu ve Rumeli'yi kapsamak üzere ilk genel kongresini Sivas'ta gerçekleştirdiğini vurguladı. Dolayısıyla açılışını yaptığı büyük kongrenin, Sivas Kongresi'nden sonra ikinci kongre olduğuna işaret etti.

Atatürk'ün belirttiği gibi büyük kongreden amaç, partinin gelecekteki siyasi ve idari uygulamalarına ilişkin önlemleri hep birlikte görüşmek, gelecek için en doğru ve ülkenin ihtiyaçlarına en uygun kararlara erişmek için çalışmaktı. Ancak, Atatürk bu temel amaçlardan önce geçmişe ait sunumlarda bulunmayı, ulusa yıllardır süregelen iş ve uygulamalarının hesabını vermeyi görev biliyordu. Bu bağlamda dokuz yıllık bir devrenin tarihine değinen sunum ve söylevinin uzun süreceğini, fakat bunu yerine getirmekten kaçınamayacağı bir görev saydığından hoş görüleceğini umduğunu söyledi.

Atatürk özetle değindiğimiz konuşmasının ardından başkanlık makamına İsmet İnönü'yü davet ettikten sonra, ilk sıranın önüne konulmuş sandalyelerden birine oturdu. Parti tüzüğü gereğince önerilen Ruşen Eşref, Van milletvekili Hakkı, Zonguldak milletvekili Ragıp Beyler kâtipliklere seçildiler. Yine kura ile yedi komisyonun belirlenmesi gerçekleştirildi. Bu sırada Cumhurbaşkanlığı Genel Sekreteri Tevfik Bey, *Nutuk*'un bir kısmını içeren cildi kürsüye koydu.

Atatürk yeniden kürsüye gelerek asıl nutkuna başlamadan önce, kongre gereği bazı oylama ve seçimlerin yapılması gereğini belirtti. Parti tüzüğünün onanması, ikinci başkan seçimine gerek olmadığı konularında kongrenin onayını aldıktan sonra saat 11.10 sularında kürsüden inerek koridora çıktı.

Atatürk kongrenin ilk günü olan 15 Ekim'de 19 Mayıs 1919'dan Sivas Kongresi'ne kadar olan dönemi sundu. Ertesi gün, Ali Galip Olayı'ndan başlayarak Amasya Görüşmeleri'ne kadar geçen süreci anlattı. 17 Ekim söylevi Amasya Görüşmeleri'nden Büyük Millet Meclisi'nin açılışına kadar geçen devreyi kapsıyordu. 18 Ekim'de Meclis'in açılışından İkinci İnönü Savaşı sonuna kadar geçen olayları sunmuştu. Beşinci günün gündemini İkinci İnönü Savaşı sonundan Lozan Barışı sonrasına kadar olan dönem oluşturmuştu. Atatürk 20 Ekim'de, altı gün boyunca 36 saat 33 dakika süren nutkunun son bölümünde, Lozan Barışı sonrası dönem üzerinde durdu.

Atatürk'ün nutku toplumun her kesimine yönelik çok değerli mesajlar içeriyordu. Bu bağlamda aydınların, devlet adamlarının, komutanların, eğitimcilerin ve Türk halkının söylevden çıkarabileceği büyük dersler vardı. Ancak öyle anlaşılıyor ki, Atatürk *Nutuk*'un hedef kitlesi içinde gençliğe ayrı bir önem vermişti. Nitekim Atatürk bu nutukla ulusal varlığı sona ermiş sayılan büyük bir ulusun bağımsızlığını nasıl kazandığını, bilim ve tekniğin en son esaslarına dayanan ulusal ve çağdaş bir devletin nasıl kurulduğunu anlatmaya çalıştığını ifade etmiş; ulaşılan sonucun yüzyıllardan beri çekilen ulusal felaketlerin yarattığı uyanışın bir eseri, bu aziz vatanın her köşesini sulayan kanların bedeli olduğunu vurgulayarak bu sonucu Türk Gençliği'ne emanet etmiştir. Bu değerlendirmesinin ardından da *Nutuk*'u "Gençliğe Hitabe"yle tamamlamıştır.

Nutuk'un ilk basımı, metin ve belgelerden oluşan iki cilt halinde, eski harflerle yapılmıştır. 1927 yılında 100.000 adet olarak basılan *Nutuk*'un geliri Tayyare Cemiyeti'ne bırakılmıştır. Ayrıca 2000 adet olmak üzere lüks basımı da gerçekleştirilmiştir. Milli Eğitim Bakanlığı tarafından 1934 yılında üç cilt halinde basılan *Nutuk*'ta ilk kez kenar başlıklar kullanılmıştır. 1938 yılında metin kısmı tek cilt halinde basılmıştır. *Nutuk*'un Rusça basım hakkı Sovyetler'e, İngilizce, Fransızca ve Almanca basım hakları Alman K. F. Kohler Yayınevi'ne verilmiştir. *Nutuk*, yurtdışındaki bazı gazetelerde tefrika halinde de yayımlanmıştır.

İş Bankası Kültür Yayınları elinizdeki *Nutuk* basımının her türlü yanlışlık ve eksiklikten arınması için titiz ve yoğun bir çaba harcadı. Bu bağlamda uzman kurum ve kişilerle işbirliğine ayrı bir önem verdi. İstanbul Üniversitesi Atatürk İlkeleri ve İnkılap Tarihi Enstitüsü'nün, Genelkurmay ATASE Başkanlığı'nın ve İş Bankası Müzesi'nin katkılarını sağladı.

Nutuk'un önemi tarihin aydınlatılması kadar, tam bağımsızlığın ve ulusal egemenliğin bir ölüm kalım meselesi olduğu gerçeğini Türk Ulusu'na, özellikle genç kuşaklara doğrudan Ulusal Kurtuluş Mücadelesi'nin ölümsüz önderinin ağzından öğretmesi ve yüksek bir insan toplumu haline gelebilmenin yol ve yöntemlerini göstermiş olmasıdır. Dolayısıyla aydınlık bir geleceğe erişmekte *Nutuk*'u okumanın, onun mesajlarını özümseyebilmenin ayrı bir önemi olduğuna kuşku bulunmamaktadır.

Nutuk'un bu basımında seçilen yöntemin temel amacı da bu özümsemenin en iyi ve doğru biçimde gerçekleşmesi, genç kuşakların geçmişlerine ve Cumhuriyet'in varlığına sahip çıkmalarının sağlanmasıdır. Bu nedenle o dönemdeki dilin günümüz ilk ve ortaöğretim öğrencileri tarafından rahatça anlaşılabilmesi için metnin özünü asla zedelemeyen bir sadeleştirmeye gidilmiş, metin Genelkurmay ATASE Başkanlığı'nın arşivinden, İstanbul Üniversitesi Atatürk İlkeleri ve İnkılap Tarihi Enstitüsü arşivinden ve Türkiye İş Bankası Müzesi'nin arşivinden seçilen fotoğraflarla zenginleştirilmiş, daha çok konunun uzmanları açısından önem taşıyan "Belgeler" bölümü ise bu cildin kapsamına alınmamıştır.

Sabahattin Özel — Erol Şadi Erdinç

Cumhurbaşkanı Mustafa Kemal Atatürk Nutuk'*u okuyor.*
İş Bankası Müzesi Arşivi.

Bandırma vapuru. İstanbul Üniversitesi Atatürk İlkeleri ve İnkılap Tarihi Enstitüsü Arşivi.

Samsun'a çıktığım gün genel durum ve görünüm

1919 yılı Mayısı'nın 19. günü Samsun'a çıktım. Genel durum ve görünüm: Osmanlı Devleti'nin içinde bulunduğu grup, Dünya Savaşı'nda yenilmiş, Osmanlı ordusu her tarafta zedelenmiş, ağır şartları olan bir ateşkes anlaşması imzalanmış. Dünya Savaşı'nın uzun yılları boyunca ulus yorgun ve fakir bir durumda. Ulusu ve ülkeyi Dünya Savaşı'na sokanlar, kendi hayatlarının derdine düşerek, ülkeden kaçmışlar. Saltanat ve hilafet makamında bulunan Vahdettin soysuzlaşmış, kendini ve yalnızca tahtını güvenceye alabileceği alçakça önlemler araştırmakta. Damat Ferit Paşa'nın başkanlığındaki hükümet zavallı, beceriksiz, onursuz ve korkak; yalnızca padişahın buyruğuna bağlı ve onunla beraber kendilerini koruyabilecek herhangi bir duruma razı.

Ordunun elinden silahları, cephanesi alınmış ve alınmakta...

İtilaf devletleri, ateşkes hükümlerine uymaya gerek görmüyorlar. Birer bahaneyle, İtilaf donanmaları ve askerleri İstanbul'da. Adana ili, Fransızlar; Urfa, Maraş ve Ayıntap [Antep], İngilizler tarafından işgal edilmiş. Antalya ve Konya'da İtalyan askeri birlikleri; Merzifon ve Samsun'da İngiliz askerleri bulunuyor. Her tarafta, yabancı subay ve görevlilerle özel ajanlar çalışmakta. Sonuçta, konuşmamıza başlangıç kabul ettiğimiz tarihten dört gün önce, 15 Mayıs 1919'da İtilaf devletlerinin onayıyla Yunan ordusu İzmir'e çıkartılıyor.

Bundan başka, ülkenin her tarafında Hıristiyanlar gizli, açık, özel istek ve amaçlarının gerçekleşmesini sağlamak ve devletin bir an önce çökmesi için çalışıyorlar.

Daha sonra elde edilen sağlam bilgi ve belgelerle görüldü ki, İstanbul Rum Patrikhanesi'nde kurulan *Mavri Mira* heyeti illerde çeteler kurmak ve yönetmek, mitingler ve propagandalar yaptırmakla uğraşıyor. Yunan Kızılhaçı ve Resmi Muhacirin Komisyonu, *Mavri Mira* heyetinin çalışmalarını kolaylaştırmakla görevli. *Mavri Mira* heyeti tarafından yönetilen Rum okullarının izci örgütleri, yirmi yaşını geçmiş gençler de içinde olmak üzere, her yerde kuruluşunu tamamlıyor.

Ermeni Patriği *Zaven* Efendi de *Mavri Mira* heyetiyle fikir birliği içinde çalışıyor. Ermeni hazırlığı da tamamen Rum hazırlığı gibi ilerliyor.

Trabzon, Samsun ve bütün Karadeniz sahillerinde oluşturulmuş ve İstanbul'daki merkeze bağlı *Pontus Cemiyeti* kolaylıkla ve başarıyla çalışıyor.

Bu duruma karşı düşünülen kurtuluş çareleri

Durumun dehşet ve korkunçluğu karşısında, her yerde, her bölgede birtakım kişiler tarafından bu duruma karşı kurtuluş çareleri düşünülmeye başlanmıştı. Bu düşünceyle yapılan girişimler, birtakım kuruluşlar doğurdu. Örneğin, Edirne ve çevresinde *Trakya-Paşaeli* adıyla bir cemiyet vardı. Doğu'da Erzurum'da ve Elaziz'de [Elazığ'da] genel merkezi İstanbul'da olmak üzere *Vilayat-ı Şarkiye Müdafaa-i Hukuk-ı Milliye Cemiyeti* kurulmuştu. Trabzon'da *Muhafaza-i Hukuk* adında bir cemiyet var olduğu gibi, İstanbul'da da *Trabzon ve Havalisi Adem-i Merkeziyet Cemiyeti* vardı. Bu cemiyet merkezinin gönderdiği delegelerle, Of ilçesiyle Lazistan [Rize] sancağında şubeler açılmıştı.

İzmir'in işgal edileceğine dair Mayıs'ın on üçünden beri açık belirtiler gören İzmir'deki bazı genç yurtseverler, ayın 14/15'inci gecesi, bu acı durum hakkında fikir alışverişinde bulunmuşlar ve oldubittiye getirildiğinde kuşku kalmayan Yunan işgalinin ilhakla [İzmir'in Yunanistan'a bağlanmasıyla] sonuçlanmasına engel olmak esasında birleşerek *Redd-i İlhak* ilkesini ortaya atmışlardır. Aynı gecede bu isteğin yaygınlaşmasını sağlamak için İzmir'de Yahudi Maşatlığı'na [Mezarlığı'na] toplanabilen halk tarafından bir miting yapılmışsa da, ertesi gün sabahleyin Yunan askerlerinin rıhtımda görülmesiyle bu girişimden beklentileri karşılayacak sonuç alınamamıştır.

Ulusal kuruluşlar, siyasal amaç ve hedefleri

Bu cemiyetlerin kuruluş amaçları ve siyasal hedefleri hakkında kısaca bilgi vermek uygun olur düşüncesindeyim.

Trakya-Paşaeli Cemiyeti'nin liderlerinden bazılarıyla daha İstanbul'dayken görüşmüştüm. Osmanlı Devleti'nin yok olmasını çok kuvvetli bir ihtimal olarak görüyorlardı. Osmanlı vatanının parçalanacağı tehlikesi karşısında Trakya'yı, mümkün olursa Batı Trakya'yı da ekleyerek, bir bütün olarak İslam ve Türk topluluğu halinde kurtarmayı düşünüyorlardı. Fakat bu amacın sağlanması için o zaman akıllarına gelen tek çare, İngiltere'nin, bu mümkün olmazsa, Fransa'nın yardımını sağlamaktı. Bu amaçla bazı yabancı devlet adamlarıyla ilişki kurma ve görüşme olanakları da aramışlardı. Hedeflerinin bir *Trakya Cumhuriyeti* kurmak olduğu anlaşılıyordu.

Vilayat-ı Şarkiye Müdafaa-i Hukuk-ı Milliye Cemiyeti'nin kuruluş amacı da (tüzüklerinin ikinci maddesi), Doğu illerinde yerleşik bütün halkın dini ve siyasi haklarının serbestçe kullanılmasını sağlayacak meşru yollara başvurmak; söz konusu illerdeki İslam halkının tarihsel ve ulusal haklarını, gerektiğinde, uygarlık dünyası karşısında savunmak; Doğu illerinde yapılan zulüm ve cinayetlerin sebepleri ile bunları gerçekleştirenler ve sebep olanlar hakkında tarafsız soruşturma yapılarak suçluların hızla cezalandırılmalarını istemek; yerli halk ve azınlıklar arasındaki anlaşmazlığın giderilmesine ve eskisi gibi iyi ilişkilerin sağlamlaştırılmasına gayret etmek; savaş durumunun Doğu illerinde doğurduğu yıkım ve sefalete, hükümet katında yapılacak girişimlerle, olabildiğince çare aramaktan ibaretti.

İstanbul'daki yönetim merkezinden verilmiş olan bu buyruk gereğince, Erzurum şubesi, Doğu illerinde Türk'ün haklarını korumakla beraber, zorunlu Ermeni göçü sırasında yapılan kötü davranışlarda halkın kesinlikle ilgisi bulunmadığını, Ermeni mallarının Rus işgaline kadar korunduğunu, buna karşılık Müslümanların pek acımasızca hareketlerle karşılaştığını ve hatta buyruğa aykırı olarak zorunlu göçten alıkonulan bazı Ermenilerin kendilerini koruyanlara karşı reva gördükleri kötülükleri, sağlam belgelerle uygarlık dünyasına duyurmaya ve Doğu illerine yöneltilen hırslı bakışları hükümsüz bırakmak için çalışmaya karar veriyor (Erzurum şubesinin bildirisi).

Vilayat-ı Şarkiye Müdafaa-i Hukuk-ı Milliye Cemiyeti'nin ilk Erzurum şubesini kuran kişiler, Doğu illerinde yapılan propagandalar ve bunların hedefleri, *Türklük-Kürtlük-Ermenilik* sorunlarını bilimsel, teknik ve tarihi bakımlardan, inceleyip araştırdıktan sonra, gelecekte yapacakları çalışmalarını şu üç noktada topluyorlardı (Erzurum şubesinin basılı raporu):

1. Kesinlikle göç etmemek.
2. Hemen bilimsel, ekonomik, dini alanlarda örgütlenmek.
3. Saldırıya uğrayacak Doğu illerinin her köşesini savunmada birleşmek.

Vilayat-ı Şarkiye Müdafaa-i Hukuk-ı Milliye Cemiyeti'nin İstanbul'daki yönetim merkezinin, medeni ve bilimsel yollara başvurarak amacın sağlanabileceği hakkında fazla iyimser olduğu anlaşılıyor. Gerçekten bu yolda çaba harcamaktan geri durmuyor. Doğu illerinde Müslüman halkların haklarını savunmak için *Le Pays* adında Fransızca bir gazete yayımlıyor. *Hadisat* gazetesinin yayın hakkını alıyor. Bir taraftan da İstanbul'daki İtilaf devletleri temsilcilerine ve İtilaf devletleri başbakanlarına muhtıra veriyor. Avrupa'ya bir heyet gönderilmesi girişiminde bulunuyor.

Bu açıklamalardan kolaylıkla anlaşılacağını sanıyorum ki, Vilayat-ı Şarkiye Müdafaa-i Hukuk-ı Milliye Cemiyeti'ni meydana getiren asıl sebep ve endişe, Doğu illerinin Ermenistan'a verilmesi ihtimali oluyor. Bu ihtimalin gerçekleşmesinin de Doğu illeri nüfusunda Ermenilerin çoğunluk olarak gösterilmesine ve tarihi haklar yönünden öncelikli kabul ettirilmesine çalışanların, bilimsel ve tarihsel belgelerle dünya kamuoyunu aldatmayı başarması ve bir de Müslüman halkın Ermenileri topluca öldüren barbarlar olduğu iftirasının gerçek kabul edilmesi durumunda olabileceği düşüncesi egemen oluyor. Dolayısıyla cemiyet, aynı gerekçeye dayanarak ve aynı yollardan yürüyerek ulusal ve tarihsel hakları savunmaya çalışıyor.

Karadeniz'e kıyı olan bölgelerde de bir Rum Pontus hükümeti kurulacağı korkusu vardı. Müslüman halkı Rumların boyunduruğu altında bırakmayıp, var olma ve yaşama haklarını koruma amacıyla, Trabzon'da da bazı kişiler ayrıca bir cemiyet kurmuşlardı.

Merkezi İstanbul'da olan *Trabzon ve Havalisi Adem-i Merkeziyet Cemiyeti*'nin amacı ve siyasal yönelimi, adından da anlaşılmaktadır. Her halde merkezden ayrılmak amacını güdüyor.

Ülke içinde ve İstanbul'da ulusal varlığa düşman kuruluşlar

Kurulmaya başlayan bu cemiyetlerden başka, ülke içinde daha birtakım girişimler ve kuruluşlar da ortaya çıkmıştır. Bunlar arasında Diyarbakır, Bitlis, Elazığ illerinde, İstanbul'dan yönetilen *Kürt Teali Cemiyeti* vardı. Bu cemiyetin amacı, yabancı koruması altında bir Kürt devleti oluşturmaktı.

Konya ve çevresinde İstanbul'dan yönetilen *Teali-i İslam Cemiyeti* kurulmaya çalışılıyordu. Ülkenin hemen her tarafında *Hürriyet ve İtilaf*, *Sulh ve Selamet* cemiyetleri de vardı.

İngiliz Muhipler Cemiyeti

İstanbul'da, türlü amaçlarla, gizli ve açık olmak üzere kurulmuş parti veya cemiyet adı altında birtakım kuruluşlar vardı.

İstanbul'da önemli sayılacak girişimlerden biri *İngiliz Muhipler Cemiyeti*'ydi. Bu isimden, İngilizlere dost olanların oluşturduğu bir cemiyet anlaşılmasın! Bence, bu cemiyeti kuranlar, kendilerini ve kişisel çıkarlarını gözetenler ve kendi çıkarlarının korunma çaresini, *Loyd Corc* (Lloyd George) hükümeti aracılığıyla İngiliz korumasını sağlamakta arayanlardır. Bu zavallıların, İngiltere Devleti'nin, Osmanlı Devleti'ni bir bütün halinde elinde tutmak ve korumak isteğinde olup olamayacağını bir defa olsun dikkate alıp almadıkları üzerinde düşünülmeye değerdir.

Bu cemiyete katılanların başında Osmanlı padişahı ve yeryüzünün halifesi adını taşıyan *Vahdettin*, *Damat Ferit Paşa*, İçişleri Bakanlığı'nda bulunan *Ali Kemal*, *Adil* ve *Mehmet Ali* beyler ve *Sait Molla* bulunuyordu. Cemiyette Rahip *Fru* (Frew) gibi İngiliz ulusundan bazı maceracılar da vardı. Yapılan işlem ve gösterilen çalışmalardan anlaşıldığına göre, cemiyetin başkanı Rahip Frew'du.

Bu cemiyetin iki ayrı yönü ve iki ayrı niteliği vardı. Biri açık yönü ve usulüne uygun girişimlerle, İngiliz korumasını sağlamaya yönelik niteliğiydi. Diğeri gizli yönüydü. Asıl çalışma bu gizli yöndeydi. Ülke içinde örgütlenerek isyan ve ihtilal çıkarmak, ulusal bilinci felce uğratmak, yabancı müdahalesini kolaylaştırmak gibi haince girişimler, cemiyetin bu gizli kolu tarafından yönetilmekteydi. Sait Molla'nın, cemiyetin açık girişimlerinde olduğu gibi gizli yönünde de ondan daha çok rol oynadığı görülecektir. Bu cemiyet hakkında söylediklerim, sırası geldikçe yapacağım açıklama ve gereğinde göstereceğim belgelerle daha açık anlaşılacaktır.

Amerika mandası isteyenler

İstanbul'da bir kısım erkekli kadınlı ileri gelen kimseler de gerçek kurtuluşun *Amerika mandasını* sağlamakta olduğu inancındaydı. Bu inançta bulunanlar fikirlerinde çok direndiler ve en doğru yolun kendi görüşlerinin benimsenmesinde olduğunu kanıtlamaya çok çalıştılar. Bu konuda da sırası gelince bazı açıklamalar yapacağım.

Ordumuzun durumu

Genel durumu saptayabilmek için ordu birliklerinin, nerelerde ve ne durumda olduklarını da açıklamak isterim. Anadolu'da başlıca iki ordu müfettişliği kurulmuştu. Ateşkes anlaşması ilan edilir edilmez, askeri birliklerin savaşçı erleri terhis olunmuş, silah ve cephanesi elinden alınmış, savaşma yeteneğinden yoksun birtakım kadrolar haline getirilmişti.

Merkezi Konya'da bulunan İkinci Ordu Müfettişliği'ne bağlı birliklerin durumu şöyleydi:

Bir tümeni (41. Tümen) Konya'da ve bir tümeni (23. Tümen) Afyonkarahisar'da bulunan 12. Kolordu, karargâhıyla Konya'daydı. İzmir'de esir olan 17. Kolordu'nun, Denizli'de bulunan 57. Tümen'i de bu kolorduya bağlanmıştı.

Bir tümeni (24. Tümen) Ankara'da ve bir tümeni (11. Tümen) Niğde'de bulunan 20. Kolordu, karargâhıyla Ankara'daydı.

İzmit'te bulunan 1. Tümen, İstanbul'daki 25. Kolordu'ya bağlanmıştı. İstanbul'da da 10. Kafkas Tümeni vardı.

Balıkesir ve Bursa bölgesinde bulunan 61. ve 56. Tümenler, karargâhı Bandırma'da bulunan İstanbul'a bağlı 14. Kolordu'yu oluşturuyorlardı. Bu kolordunun komutanı Meclis'in açılışına kadar, merhum Yusuf İzzet Paşa'ydı.

3. Ordu Müfettişliği ki, müfettişi bendim, karargâhımla Samsun'a çıkmış bulunuyordum. Doğrudan doğruya emrim altında iki kolordu vardı. Biri, merkezi Sivas'ta bulunan 3. Kolordu'dur. Komutanı beraberimde getirdiğim Albay Refet Bey'dir. Bu kolorduya bağlı bir tümenin (5. Kafkas Tümeni) merkezi Amasya'da, diğer tümenin (15. Tümen) merkezi Samsun'daydı. Diğeri, merkezi Erzurum'da bulunan 15. Kolordu'ydu. Komutanı Kâzım Karabekir Paşa'ydı. Bu kolordunun tümenlerinden birinin (9. Tümen) merkezi Erzurum'daydı ve komutanı Rüştü Bey'di. Diğerinin (3. Tümen) merkezi Trabzon'daydı. Komutanı Yarbay Halit Bey'di. Halit Bey İstanbul'a çağrıldığı için komutadan çekile-

rek Bayburt'ta saklanmış, tümen vekâletle yönetiliyor; kolordunun diğer iki tümeninden 12. Tümen, Hasankale'nin doğusunda sınırda, 11. Tümen Bayezid'de bulunuyordu.

Diyarbakır bölgesinde bulunan iki tümenli 13. Kolordu bağımsızdı ve İstanbul'a bağlı bulunuyordu. Bir tümeni (2. Tümen) Siirt'te, diğer tümeni (5. Tümen) Mardin'deydi.

Müfettişlik görevimin geniş yetkileri

Benim, bu iki kolorduya doğrudan doğruya emir ve komutamdan daha fazla bir yetkim vardı ki, müfettişlik bölgesine komşu bulunan askeri birliklere de bildirim yapabilecektim. Yine bölgemde bulunan ve bölgeme komşu olan illere de bildirimde bulunabilecektim.

Bu yetkiye göre, Ankara'da bulunan 20. Kolordu ve bunun bağlı olduğu müfettişlikle, Diyarbakır'daki kolorduyla, hemen Anadolu'nun bütün sivil yönetim amirleriyle bağlantılar kurabilecek, yazışabilecektim.

Bu geniş yetkinin, beni İstanbul'dan sürmek ve uzaklaştırmak amacıyla Anadolu'ya gönderenler tarafından, bana nasıl verildiğine şaşırabilirsiniz! Hemen belirtmeliyim ki, bana bu yetkiyi onlar bilerek ve anlayarak vermediler. Ne olursa olsun benim İstanbul'dan uzaklaşmamı isteyenlerin buldukları gerekçe, "Samsun ve çevresindeki asayişsizliği yerinde görüp önlem almak için Samsun'a kadar gitmek"ti. Ben, bu görevin yerine getirilmesinin bir makam ve yetki sahibi olmaya bağlı olduğunu ileri sürdüm. Bunda hiçbir sakınca görmediler. O tarihte Genelkurmay'da bulunan ve benim amacımı bir dereceye kadar anlayan kişilerle görüştüm. Müfettişlik görevini buldular ve yetkiyle ilgili talimatı da ben kendim yazdırdım. Hatta Savunma bakanı olan Şakir Paşa bu talimatı okuduktan sonra imzalamakta kararsız kalmış, anlaşılır anlaşılmaz bir biçimde mührünü basmıştır.

Genel durumu dar bir çerçeve içinden görüş

Bu açıklamalardan sonra genel görünüşü daha dar bir çerçeve içine alarak, hızla ve kolayca hep beraber gözden geçirelim:

Düşman devletler, Osmanlı devlet ve ülkesine maddi ve manevi olarak saldırmışlar, yok etmeye ve parçalamaya karar vermişler. Padişah ve halife olan kişi, hayat ve rahatını kurtarabilecek çareden başka bir şey düşünmüyor. Hükümeti de aynı durumda. Farkında olmadığı halde başsız kalmış olan ulus, karanlıklar ve belirsizlikler içinde olup bitecekleri beklemekte. Felaketin dehşet ve ağırlığını kavramaya başlayanlar, bulundukları çevre ve algıladıkları etkilere göre kurtuluş çaresi gördükleri önlemlere başvurmakta... Ordu, ismi var cismi yok bir halde. Komutanlar ve subaylar, Dünya Savaşı'nın bunca sıkıntı ve güçlükleriyle yorgun, vatanın parçalanmakta olduğunu görmekle içleri kan ağlamakta, gözleri

Mustafa Kemal Paşa'nın imzalı resmi.
İş Bankası Müzesi Arşivi.

önünde derinleşen karanlık felaket uçurumu kenarında zihinleri bir çözüm, kurtuluş yolu aramakla dolu...

Burada, çok önemli olan bir noktayı da belirtmeli ve açıklamalıyım. Ulus ve ordu, padişah ve halifenin ihanetinden haberli olmadığı gibi, o makama ve o makamda bulunana karşı, yüzyılların kökleştirdiği dinsel ve geleneksel bağlarla içten gelerek boyun eğmekte ve sadık. Ulus ve ordu bir yandan kurtuluş yolu düşünürken bir yandan da yüzyıllardır süregelen bu alışkanlığın güdüsüyle kendinden önce, yüce hilafet ve saltanat makamının kurtarılmasını ve dokunulmazlığını düşünüyor. Halifesiz ve padişahsız kurtuluşun anlamını kavramak yeteneğinde değil... Bu inanca karşıt fikir ve görüş ortaya koyacakların vay haline! Derhal dinsiz, vatansız, hain ve dışlanmış kişi olur...

Diğer önemli bir noktayı da belirtmek gerekir. Kurtuluş yolu ararken, İngiltere, Fransa, İtalya gibi büyük devletleri gücendirmemek ana ilke olarak kabul edilmekteydi. Bu devletlerden yalnız biriyle bile başa çıkılamayacağı kuruntusu hemen bütün zihinlerde yer etmişti. Osmanlı Devleti'nin yanında koskoca *Almanya, Avusturya-Macaristan* varken, hepsini birden yenilgiye uğratan, yerlere seren İtilaf kuvvetleri karşısında, tekrar onlarla çatışmaya varabilecek durumlara girmekten daha büyük mantıksızlık ve akılsızlık olamazdı.

Bu düşüncede olan yalnız halk değildi; özellikle seçkin ve aydın denilen insanlar böyle düşünüyordu.

O halde kurtuluş çaresi ararken, iki şey söz konusu olmayacaktı. Önce, İtilaf devletlerine karşı düşmanca tutum takınılmayacaktı; sonra padişah ve halifeye canla başla bağlı ve sadık kalmak temel koşul olacaktı.

Düşünülen kurtuluş çareleri

Şimdi, efendiler, izin verirseniz, size bir soru sorayım: Bu durum ve koşullar karşısında kurtuluş için nasıl bir karar akla gelebilirdi?

Açıkladığım hususlara ve yaptığım gözlemlere göre üç türlü karar ortaya atılmıştı:

Birincisi, *İngiltere korumasını* istemek.

İkincisi, *Amerika mandasını* istemek.

Bu iki tür karar sahipleri, Osmanlı Devleti'nin bir bütün olarak korunmasını düşünenlerdir. Osmanlı topraklarının çeşitli devletler arasında bölüştürülmesindense, imparatorluğu tek bir devletin koruması altında bulundurmayı tercih edenlerdir.

Üçüncü karar: *Bölgesel kurtuluş çarelerine başvurmaktır.* Söz gelişi, bazı bölgeler kendilerinin Osmanlı Devleti'nden koparılacağı görüşüne karşı ondan ayrılmamak için önlemler alıyordu. Bazı bölgeler de Osmanlı Devleti'nin yok edileceğini ve Osmanlı topraklarının paylaşılacağını oldubitti kabul ederek kendi başlarını kurtarmaya çalışıyordu.

Bu üç tür kararın gerekçesi, yaptığım açıklamalarda vardır.

Benim kararım

Efendiler, ben bu kararların hiçbirinde isabet görmedim. Çünkü bu kararların dayandığı bütün deliller ve mantıklar çürüktü, temelsizdi. Gerçekte, içinde bulunduğumuz o tarihte, Osmanlı Devleti'nin temelleri çökmüş, ömrü tamamlanmıştı. Osmanlı toprakları tamamen parçalanmıştı. Ortada bir avuç Türkün barındığı bir *ata yurdu* kalmıştı. Son mesele, bunun da paylaşımını sağlamaya çalışmaktan ibaretti. Osmanlı Devleti, onun bağımsızlığı, padişah, halife, hükümet, bunların hepsi anlamı kalmamış birtakım boş sözlerden ibaretti.

Neyin ve kimin dokunulmazlığı için kimden ne gibi yardım sağlanmak isteniyordu?

O halde ciddi ve gerçek karar ne olabilirdi?

Efendiler, bu durum karşısında bir tek karar vardı. O da ulusal egemenliğe dayanan, kayıtsız şartsız bağımsız yeni bir Türk Devleti kurmak!

İşte, daha İstanbul'dan çıkmadan önce düşündüğümüz ve Samsun'da Anadolu topraklarına ayak basar basmaz uygulamasına başladığımız karar, bu karar olmuştur.

Ya bağımsızlık ya ölüm

Bu kararın dayandığı en güçlü düşünce ve mantık şuydu:

Temel ilke, Türk ulusunun onurlu ve şerefli bir ulus olarak yaşamasıdır. Bu ilke ancak tam bağımsızlığa sahip olmakla sağlanabilir. Ne kadar zengin ve bolluk içinde olursa olsun, bağımsızlıktan yoksun bir ulus, uygar insanlık dünyası karşısında uşak olmak konumundan daha yüksek bir muameleye layık olamaz.

Yabancı bir devletin koruma ve kollayıcılığını kabul etmek, insanlıktan yoksunluğu, güçsüzlük ve uyuşukluğu kabul etmekten başka bir şey değildir. Gerçekten bu seviyesizliğe düşmemiş olanların, başlarına isteyerek bir yabancı efendi getirmelerine asla ihtimal verilemez.

Oysa, Türk'ün onuru, gururu ve yeteneği çok yüksek ve büyüktür. Böyle bir ulus tutsak yaşamaktansa yok olsun daha iyidir!..

O halde, *ya bağımsızlık ya ölüm!*

İşte gerçek kurtuluş isteyenlerin parolası bu olacaktır.

Bir an için, bu kararın uygulanmasında başarısızlığa uğranılacağını kabul edelim! Ne olacaktı? Tutsaklık!

Peki efendim, diğer kararlara boyun eğildiğinde sonuç bunun aynısı olmayacak mıydı?

Şu farkla ki, bağımsızlığı için ölümü göze alan ulus, insanlık onur ve yüceliğinin gereği olan bütün özveriyi yapmakla teselli bulur ve hiç kuşkusuz tutsaklık zincirini kendi eliyle boynuna geçiren miskin, onursuz bir ulusa göre dost ve düşman gözündeki yeri bambaşka olur.

Sonra Osmanlı hanedan ve saltanatının devam ettirilmesine çalışmak, elbette, Türk ulusuna karşı en büyük kötülüğü yapmaktı. Çünkü ulus her türlü özveriyi göstererek bağımsızlığını sağlasa da, saltanat devam ettiği sürece, bu bağımsızlığa kazanılmış gözüyle bakılamazdı. Artık vatanla, ulusla hiçbir vicdan ve düşünce bağı kalmamış bir sürü delinin, devlet ve ulusun bağımsızlığının, onurunun koruyucusu konumunda bulundurulmasına nasıl göz yumulabilirdi?

Halifeliğin durumuna gelince, bilim ve tekniğin aydınlığa boğduğu gerçek uygarlık dünyasında gülünç kabul edilmekten başka bir yanı kalmış mıydı?

Görülüyor ki, verdiğimiz kararın uygulamasını sağlayabilmek için henüz ulusun alışmadığı bazı konulara değinmek gerekiyordu. Kamuoyu bakımından ortaya atılmasında büyük sakıncalar doğuracağı sanılan hususların dile gerilmesinde kaçınılmaz bir zorunluluk vardı.

Osmanlı hükümetine, Osmanlı padişahına ve Müslümanların halifesine başkaldırmak, bütün ulusu ve orduyu ayaklandırmak gerekiyordu.

Uygulamayı evrelere ayırmak ve basamak basamak yürüyerek hedefe varmak

Türk ata yurduna ve Türk'ün bağımsızlığına saldıranlar kimler olursa olsun, onlara bütün ulusça silahla karşı koymak ve onlarla savaşmak gerekiyordu. Bu önemli kararın bütün gereklerini, zorunluluklarını ilk gününde açığa vurup ifade etmek, elbette yerinde olamazdı. **Uygulamayı birtakım evrelere ayırmak; olaylardan, olayların akışından yararlanarak ulusun duygu ve düşüncelerini hazırlamak; basamak basamak ilerleyerek hedefe ulaşmaya çalışmak gerekiyordu.** Nitekim öyle olmuştur. Eğer dokuz yıllık faaliyetimiz ve yaptıklarımız bir mantık dizisiyle gözden geçirilirse, ilk günden bugüne kadar izlediğimiz genel doğrultunun, **ilk kararın çizdiği yoldan ve yöneldiği hedeften asla sapmamış olduğu kendiliğinden ortaya çıkar.**

Burada, akıllarda oluşabilecek bazı kararsızlık düğümlerinin çözülmesini kolaylaştırmak için, bir gerçeği hep beraber gözden geçirmeliyiz. Yapılan ulusal mücadele, dış saldırıya karşı vatanın kurtuluşunu tek hedef olarak kabul ettiğine göre, bu ulusal mücadelenin başarıya yaklaştıkça aşama aşama bugünkü döneme kadar ulusal irade yönetiminin bütün ilke ve gereklerini gerçekleştirmesi doğal ve kaçınılmaz bir tarihi akıştı. Bu kaçınılmaz tarihi akışı geleneksel alışkanlıklarıyla derhal sezen padişah ailesi, ilk andan itibaren ulusal mücadelenin amansız düşmanı kesildi. Bu kaçınılmaz tarihi akışı daha başlangıçta ben de görmüş ve sezmiştim. Fakat sonuna kadar sürmüş olan bu sezgimizi ilk anda tamamen ortaya koyup ifade etmedik. Gelecekteki ihtimaller üzerine fazla konuşmak, giriştiğimiz gerçek ve maddi mücadeleye hayali bir macera niteliğini verebilirdi. Dış tehlikenin yakın etkileri karşısında üzüntü duyanlar arasında, geleneklerine, düşünce yeteneklerine ve ruhsal durumlarına aykırı olan muhtemel değişimlerden ürkeceklerin, ilk anda direnme güçlerini hareketlendirebilirdi.

Başarı için pratik ve güvenli yol, her evreyi zamanı geldikçe, uygulamaktı. Ulusun gelişmesi ve yükselmesi için kurtuluş yolu buydu. Ben de bu yolda yürüdüm. Ancak bu pratik ve güvenli başarı yolu, yakın çalışma arkadaşlarım olarak tanınmış kişilerin bazılarıyla aramızda, zaman zaman görüşlerde, tutumlarda veya yapılan çalışmalardaki uygulamalar bakımından temel veya ikinci derecede birtakım anlaşmazlıklar, kırgınlıklar, hatta ayrılıkların da sebebi ve açıklayıcısı olmuştur. Ulusal mücadeleye beraber başlayan yolculardan bazıları, ulusal hayatın bugünkü cumhuriyete ve cumhuriyet kanunlarına kadar gelen gelişmelerinde, kendi fikir ve ruh yeteneklerinin kavrayış sınırı bittikçe, bana direnmeye ve karşı duruşa geçmişlerdir. Bu noktalara, aydınlanmanız için, kamuoyunun aydınlanmasına yardımcı olmak için, sırası geldikçe, birer birer işaret etmeye çalışacağım.

Ulusal sır

Bu son sözlerimi özetlemek gerekirse, diyebilirim ki, **ben ulusun vicdanında ve geleceğinde sezdiğim büyük gelişme yeteneğini, bir *ulusal sır* gibi vicdanımda taşıyarak, yavaş yavaş bütün toplumumuza uygulatmak zorundaydım.**

Orduyla temas

Şimdi, efendiler, ilk iş olmak üzere bütün orduyla bağlantıya geçmek gerekiyordu.

Erzurum'da 15. Kolordu komutanına 21 Mayıs 1919'da yazdığım bir şifrede, "Genel durumumuzun almakta olduğu tehlikeli şekilden pek üzüldüğümü ve acı duyduğumu; ulusa ve vatana borçlu olduğumuz bu son vicdan görevini yakından, ortak çalışmayla yerine getirmemin mümkün olacağı inancıyla bu son görevi kabul ettiğimi; bir an önce Erzurum'a gitmek istediğimi, fakat Samsun ve çevresinin durumu, karışıklıklar yüzünden kötü bir sona uğrayabilecek olduğundan, buralarda birkaç gün daha kalmak zorunluluğu doğduğunu bildirdikten sonra, beni şimdiden bilgilendirmeye yarayacak konular varsa bildirilmesini" rica ettim.

Gerçekten Samsun ve çevresinde Rum çetelerinin Müslüman halka saldırısı, zaten vasıtasız bırakılmış olan bölge yöneticilerinin yabancıların da işe karışmaları nedeniyle hiçbir önlem alamaması, durumu zorlaştırmıştı.

Tanıdığımız ve kendisinden büyük enerji beklediğimiz bir kişinin Samsun'a mutasarrıf atanmasını sağlamak için girişimde bulunmakla beraber, 3. Kolordu komutanını geçici olarak Canik [Samsun] mutasarrıflığına atadım. Bölgede mümkün olan önlemlerin alınmasına, özellikle halkın gerçek durum hakkında aydınlatılmasına ve orada bulunan yabancı birlik ve subaylardan çekinmeye, korkmaya yer olmadığının anlatılmasına önem verildi; hemen o bölgede ulusal örgüt kurulmasına girişildi.

23 Mayıs 1919'da Ankara'da bulunan 20. Kolordu komutanına, "Samsun'a geldiğimi ve kendisiyle daha sıkı bağlantı kurmak istediğimi ve İzmir dolaylarına dair daha kolaylıkla alabileceği bilgilerden haberli olmak istediğimi" bildirdim.

Bu kolordunun durumuyla daha İstanbul'dayken ilgilenmiştim. Güneyden Ankara bölgesine trenle taşınması söz konusuydu. Bu taşımanın engellenmekte olduğunu anladığım için, İstanbul'dan yola çıktığım günlerde Genelkurmay başkanı olan Cevat Paşa'dan, kolordunun trenle taşınması gecikirse karadan yürüyerek Ankara'ya gönderilmesini rica etmiştim. Bundan dolayı söz ettiğim şifre telgrafımda "20. Kolordu birliklerinin bütünüyle Ankara'ya gelmeyi başarıp başaramayacağını" sordum. Samsun sancağı hakkında bilgi verdikten sonra, "bir iki güne kadar Samsun'dan karargâhımla bir süre için Havza'ya gideceğimi ve kesinlikle Samsun'dan hareketimden önce beni aydınlatacak bilgiyi beklediğimi" yazdım.

20. Kolordu komutanından, üç gün sonra 26 Mayıs 1919'da aldığım yanıtta, "İzmir'den düzenli bilgi alamadıklarını, Manisa'nın da işgal edildiğini telgraf memurlarının haber verdiğini, kolordunun Ereğli'de bulunan birliklerinin bütünüyle trenle taşınmasını başaramadıklarından karadan yürüyüşe başladıklarını, fakat aradaki uzaklık nedeniyle Ankara'ya ne zaman ulaşacağının bilinmediğini" bildiriyordu.

Kolordu komutanı aynı telgrafında, "Afyonkarahisar'da bulunan 23. Tümen'in mevcudunun çok az olduğundan ve orada ellerine geçen erleri bu tümene göndermekte olduklarından" söz ettikten sonra, "Kastamonu ve Kayseri dolaylarından güvenlik bozucu bazı olaylar hakkında haberler gelmeye başladığını" bildiriyor ve "zaman zaman bilgi vereceğini" yazıyordu.

27 Mayıs 1919 tarihinde, Havza'dan, 20. Kolordu komutanından ve aynı zamanda bu kolordunun bağlı olduğu Konya'daki Ordu Müfettişliği'nden "Afyonkarahisar'daki tümenin güçlendirilmesi için hangi kaynaklardan faydalanılmakta olduğunu ve kuvvetinin artırılmasına maddi olanak bulunup bulunmadığını, bugünkü koşullara ve durumumuza göre bu tümene nasıl bir görevin verilmesinin düşünüldüğünü" sordum.

Kolordu komutanı 28 Mayıs 1919'da sorduğum konularla ilgili bilgi veriyor ve 23. Tümen, "düşmanın bir işgal durumu karşısında yerini terk etmeyecek ve saldırıya uğrarsa bölge halkından alacağı destekle kendi kesimini savunacaktır" diyordu.

Ordu müfettişi de 30 Mayıs 1919'da verdiği yanıtta, "23. Tümen, Afyonkarahisar'daki güvenliği korumakla beraber, her türlü işgal olayına her türlü araçla direnecektir" diyordu. Bu araçların hazırlanmakta olduğunu ve Konya'da orduya yardımcı olabilecek bir kuvvetin hazırlanması için çalışıldığını, ancak bu kuvvetin bir isim ve unvana sahip olmadığını bildiriyordu.

Ben, Müfettişliğe yazdığım telgrafta, "Konya'da bir vatan ordusu kurulmakta olduğuna dair bazı haberler duyulmuştur, bunun içyüzü ve örgütü nedir?" demiştim. Böyle bir soru yöneltmekten amacım, biraz da onları gayretlendirmek ve harekete geçirmekti. Müfettişliğin son bilgisi bunun üzerinedir.

Kolordu komutanı bu açıklama isteğime "Konya'da vatan ordusunun kurulduğundan haberim yok" demişti.

20. Kolordu ve Konya'daki Ordu Müfettişliği'yle kurduğum bağlantı sonucunda edindiğim bilgilerden, dikkat ve uyanıklığı gerektiren noktaları 1 Haziran 1919'da, Erzurum'da 15. Kolordu, Samsun'da 3. Kolordu ve Diyarbakır'da 13. Kolordu komutanlarına bildirdim.

Trakya'da bulunan güç ve komuta durumunu bilmiyordum. O bölgeyle de bağlantı kurulması gerekliydi. Bu amaçla, İstanbul'da, Genelkurmay Başkanı Cevat Paşa'dan 16 Haziran 1919'da özel şifreyle –Cevat Paşa ile İstanbul'dan ayrıldığım gün gizli ve özel bir şifre kararlaştırmıştık– Edirne'de kolordu komutanının kim olduğunu ve Cafer Tayyar Bey'in nerede bulunduğunu sordum. Cevat Paşa 17 Haziran'da cevap verdi. "Cafer Tayyar Bey'in 1. Kolordu komutanı olarak Edirne'de bulunduğunu" öğrendim.

Amasya'dan 18 Haziran 1919 tarihinde, Edirne'de 1. Kolordu Komutanı Cafer Tayyar Bey'e şifreyle verdiğim direktifte, esas olarak şu konulara dikkat çektim: "Ulusal bağımsızlığımızı boğan ve vatanın parçalanması tehlikelerini hazırlayan İtilaf devletlerinin yaptıkları, İstanbul hükümetinin esir ve güçsüz durumunu biliyorsunuz. "

"Ulusun kaderini böyle bir hükümete bırakmak, yıkılmaya mahkûm olmaktır."

"Trakya ve Anadolu'daki ulusal örgütlerin birleştirilmesi ve milletin sesini gür bir biçimde dünyaya duyurabilmesi için güvenli bir yer olan Sivas'ta ortak ve güçlü bir heyet meydana getirilmesi kararlaştırılmıştır."

"Trakya-Paşaeli Cemiyeti, yetki sahibi olmamak üzere İstanbul'da bir heyet bulundurabilir."

"Ben İstanbul'dayken Trakya Cemiyeti üyelerinden bazılarıyla fikir alışverişinde bulunmuştum. Şimdi zamanı geldi. Gerekli kişilerle gizlice görüşerek derhal örgütleniniz ve benim yanıma da delege olarak değerli bir iki kişi gönderiniz. Onlar gelinceye kadar Edirne ilinin haklarının savunucusu olmak üzere örgüt üyelerinin beni vekil seçtiklerini belirten imzalı bir belgeyi kendi imzasıyla ve şifreli telgrafla bildiriniz."

"Bağımsızlığımızı kazanıncaya kadar bütün ulusla birlikte, özveriyle çalışacağıma kutsal saydığım şeyler adına yemin ettim. Artık benim için Anadolu'dan hiçbir yere gitmemek kararı kesindir."

Trakya'nın manevi gücünü yükseltmek amacıyla bu talimata şu bilgiyi de ekledim: Anadolu halkı baştan aşağı bölünmez bir bütün haline getirildi. Kararlar, ayrımsız bütün komuta heyetleri ve arkadaşlarımızla ortak alınıyor. Vali ve mutasarrıfların hemen hepsi bizimle beraberdir. Anadolu'daki ulusal kuruluşlar ilçe ve bucaklara kadar genişledi. İngiliz koruması altında bağımsız bir Kürdistan kurulması hakkındaki propaganda ortadan kaldırıldı ve taraftarları yola getirildi. Kürtler Türklerle birleşti.

Yunan ordusunun Manisa ve Aydın çevresini işgali

Bu tarihe kadar, Yunan ordusunun Manisa ve Aydın çevrelerini de işgal ettiği haberini aldım. Fakat İzmir'de ve Aydın'da bulunduklarını bildiğim kuvvetlerin ne durumda olduklarına dair hiçbir taraftan henüz açık bir bilgi elde edemiyordum. Doğrudan doğruya bu kuvvetlerin komutanlarına da bazı emirler yazmıştım. Sonunda 29 Haziran'da, 56. Tümen Komutanı Bekir Sami Bey'in iki gün önceki tarihli bir şifre telgrafını aldım.

56. Tümen'e İzmir'de Hürrem Bey adında bir kişi komuta ediyormuş. Bu kişi ve İzmir'deki iki alayın kılıç artıkları, subaylarıyla beraber hemen hepsi esir olmuşlar. Yunanlılar bunları gemilerle Mudanya'ya taşımışlar. Bekir Sami Bey bu kılıç artıklarının komutasını üstlenmek üzere gönderilmiş.

Bekir Sami Bey 27 Haziran 1919 tarihli telgrafında 22 Haziran 1919 tarihli iki emrimi ancak 27 Haziran'da Bursa'ya vardığında alabildiğini söylüyor. Verdiği bilgi ve açıklamada, "Ulusal amaçları uygulamaya koyacak yeterli araçları bulamadığımdan, tümenimi yeniden düzenlemeyi başarırsam daha iyi hizmetler vereceğimi mümkün gördüğümden 21 Haziran sabahı Kula'dan Bursa yönünde hareket etmek zorunda kaldım. Bununla beraber, birçok engellere rağmen ulusal bir mücadelenin, vatanın kurtarılması için zorunlu olduğu fikrini her tarafa yaymayı başardım," diyor. Görüş ve uygulamalarıma güçlü inancı olduğunu bildiriyor. Bu konuda hemen temaslara başladığını, Çine'de bulunan 57. Tümen'e de emir vermemi, kendisine de emir vermeye devam etmemi istiyordu.

Ulusal örgüt kurulması ve ulusun uyarılması

Bir hafta kadar Samsun'da ve 25 Mayıs'tan 12 Haziran'a kadar Havza'da kaldıktan sonra Amasya'ya gittim. Bu süre içinde ülkenin tamamında ulusal örgüt kurulması gereğini genelgeyle bütün komutanlara ve üst seviyedeki sivil memurlara duyurdum.

Dikkate değer bir noktadır ki, İzmir'in ve ardından Manisa'nın, Aydın'ın işgali ve yapılan saldırılar, zulümler hakkında henüz ulus aydınlanmamış ve milli varlığa vurulan bu korkunç darbeye karşı açıkça herhangi bir tepki ve şikâyet ortaya konulmamıştı. Milletin, bu haksız darbe karşısında sessiz ve hareketsiz kalması, elbette ulus yararına olarak yorumlanamazdı. Onun için ulusu uyarıp harekete geçirmek gerekiyordu. Bu amaçla 28 Mayıs 1919 tarihinde, valilere ve bağımsız mutasarrıflıklara, Erzurum'da 15. Kolordu, Ankara'da 20. Kolordu ve Diyarbakır'da 13. Kolordu komutanlıklarına, Konya'da Ordu Müfettişliği'ne şu yolda birer genelge gönderdim:

İzmir'in ve ne yazık ki ardından Manisa ve Aydın'ın işgali, gelecekteki tehlikeyi daha açık hissettirmiştir. Ülke bütünlüğümüzün korunması için, ulusal coşkunun daha canlı olarak gösterilmesi ve devam ettirilmesi gerekmektedir. Yaşayışımızda ve ulusal bağımsızlığımızda gedikler açan işgal ve kendi topraklarına katma gibi olaylar bütün ulusa kan ağlatmaktadır. Üzüntüler ve acılar dindirilemiyor. Sindirilemez ve katlanılamaz olan bu durumun derhal giderilmesinin, bütün uygar uluslarla büyük devletlerin adalet ve etkisinden sabırsızlıkla beklendiğini göstermek amacıyla, önümüzdeki hafta içinde ve çeşitli illere göre pazartesi başlayıp çarşamba günü başvurunun arkası alınmak üzere, büyük ve heyecanlı mitingler yapılarak ulusal gösterilerde bulunulması ve bunun bütün kasaba ve köylere kadar yaygınlaştırılması, bütün büyük devletlerin temsilcileriyle Babıâli'ye etkili telgraflar çekilmesi ve yabancı olan yerlerde yabancılar da etki altına alınmakla beraber, düzenlenen ulusal gösterilerde terbiye ve ağırbaşlılığın titizlikle korunması ve Hıristiyan halka karşı saldırı, gösteri ve düşmanlık gibi tavırlar alınmaması zorunludur. Yüksek şahıslarınızın bu fikirler etrafında duyarlı ve etkili olmanız nedeniyle işin iyi yönetileceğine ve başarıya ulaşacağına benim tam güvenim vardır. Sonucunun bildirilmesini rica ederim.

Mitingler, ulusal gösteriler

Verdiğim bu talimat üzerine her yerde mitingler yapılmaya başlandı.

Yalnız, sınırlı sayıdaki birkaç yerde, bazı kuruntuların etkisiyle kararsız kalındığı anlaşılmıştır. Örneğin, 15. Kolordu komutanının Trabzon hakkında gönderdiği 9 Haziran 1919 tarihli şifreden: "Miting sırasında Rumların uygunsuz davranışlarda bulunabilecekleri ve hiç yoktan bir olay çıkabileceği düşüncesiyle mitinge karar verilmişken kararın uygulanmadığı... miting heyetinin toplantısında *İstirati* [Strati], ve *Polidi*'nin [Polidis] de hazır bulunduğu" anlaşılıyordu.

Trabzon, Karadeniz sahilinde önemli bir merkez olduğundan, orada ulusal girişimler ve eylemler konusunda kararsız hareket ve Yunanlılar karşıtı ulusal gösteri görüşmelerine Strati, Polidis efendileri katmak gibi, girişimin ciddiyetsizliğini gösterecek gevşeklikler, tabii ki İstanbul ve düşmanlar için pek değerli sayılacak belirtilerdir.

Verdiğim talimattaki esasları, kötüye kullanacak kadar beceri gösterenler de oldu. Örneğin, Sinop'a yeni atanan bir mutasarrıf, orada yapılan gösterileri kendisi yürütüyor ve miting kararlarını kendisi yazıp halka imza ettirdiğini söylüyor, bize de bir kopyasını gönderiyor. Bu adamın zavallı halka gürültü patırtı arasında imza ettirdiği uzun yazılar içinde şu satırlar gizleniyordu: "Türkler ilerleyip gelişemedi, Avrupa'nın uygarlık ilkelerini kabul edemedi ve özümseyemediyse, bu da şimdiye kadar iyi bir yönetime kavuşamamış olmasından ileri gelmiştir. Türk ulusu, ancak kendi padişahının saltanat ve egemenliği altında olmak koşuluyla, Avrupa'nın koruma ve denetimi altında oluşacak bir yönetimle yaşayabilir."

Efendiler, Sinop halkı adına İtilaf devletleri temsilcilerine verilen 3 Haziran 1919 tarihli bu muhtıranın altındaki imzalara göz gezdirirken müftü vekili efendinin imzasından sonra gördüğüm imza, sözünü ettiğim satırları yazan ve yazdıran ruhu bana keşfettirdi. O imza, Hürriyet ve İtilaf Fırkası'nın ikinci başkanı olan adamın imzasıydı.

Ulusal gösterilerin yankıları

Her tarafta gösteriler yapılması için yaptığım duyurulardan üç gün sonra, yani 31 Mayıs 1919'da, Savunma bakanının şu telgrafını aldım:

İngiltere Olağanüstü Komiserliği'nden Babıâli'ye bildirilip Savunma Bakanlığı'na verilen nota kopyası aynen aşağıdadır:

Bugüne kadar gelen raporlardan 3. Kolordu bölgesinde sıradan eşkıyalık olaylarından başka bir şey görülmediği bilinmekle beraber, son notada bildirilen durumlar hakkında özel soruşturma yapılarak sonucunun acele bildirilmesini rica ederim.

31.5.1919
Savunma Bakanı
Şevket

Kopya

1. Sivas'ın durumu ile orada olup bitenler ve bu şehirde veya bu şehrin yakınında büyük sayıda toplanmakta bulunan Ermeni sığınmacılarının güvenliği ile ilgili son zamanlarda oldukça kaygı verici haberler almış olduğumu siz Sadrazam Hazretleri'nin yüksek katına bildirmekle şeref duyarım.

2. Dolayısıyla askeri komutanın görev bölgesi içinde olan Ermenilerin iyi korunması ile kollanmaları için mümkün olan bütün önlemleri almasını emreder ve herhangi bir öldürme veya kötü davranış olması durumunda, kendisinin doğrudan doğruya sorumlu tutulacağını bildiren bir telgrafın Savunma Bakanlığı Yüksek Katınca adı geçen komutana acele olarak çekilmesi için emir verilmesini siz Sadrazam Hazretleri'nin yüce şahsından rica ederim.

3. Bu talimata benzer bir emrin ilgili sivil memurlara da verilmesini ayrıca rica ederim.

4. Ülke içindeki düzensizlik hakkında Yüce Sadrazam Hazretleri'nin ne derece haklı olarak kaygı duyduklarını bildiğim için, siz Sadrazam Hazretleri'ne ayrıca işbu (...) uyulacağına inanıyorum.

5. Söz konusu talimatın verilme tarihi hakkında edinilecek bilginin beni fazlasıyla sevindireceğini bildiririm.

Sivas Vali Vekâleti'nden aldığım 2 Haziran 1919 tarihli bir telgrafta da bugün "Albay *Dömanj* (Demange) imzasıyla alınan telgrafta 'Aziziye'de, İzmir'in işgali üzerine, Hıristiyanlar ölümle tehdit edilmiştir, bu hareket doğru değildir. Sizi durumdan haberdar edeyim ki, bu durumlar müttefik askerleri tarafından ilinizin işgaline sebep olur', anlamında uyarılarda bulunulmaktadır... vb" denilmekteydi.

Gerçekte, ne Sivas'ta kaygı verici bir durum vardı ve ne de Hıristiyanların ölümle tehdit edildikleri doğruydu. Sorunu, ulusça yapılmaya başlanılan mitinglerden olumsuz etkilenen ve bunu isteklerinin gerçekleşmesine engel sayan Hıristiyanların, yabancıların dikkatlerini çekmek için kasıtlı yaydıkları haberler olarak kabul etmek gerekir. Savunma Bakanlığı'nın nota kopyasını kapsayan telgrafına verdiğim yanıtı aynen bilginize sunacağım:

İstihbarat — 3 Haziran 1919
Çok aceledir
Sayı: 58

Savunma Bakanlığı Yüksek Katına

İlgi: 2 Haziran 1919 tarihli şifre:

Sivas ve çevresinde eskiden beri var olan Ermenileri ve daha sonra gelen sığınmacıları korkutacak hiçbir olay olmamıştır. Ne Sivas'ta ve ne de çevresinde endişe verici hiçbir durum yoktur. Herkes sakince iş ve güçleriyle uğraşmaktadır. Bunu kesinlikle bilginize sunar ve garanti ederim. Dolayısıyla İngiliz notasındaki haberlerin kaynağının ne olduğunu benim bilmem gerekir. İzmir'in ve Manisa'nın işgal edildiği acı haberi üzerine Müslüman halk tarafından yapılan ve Hıristiyanlar hakkında hiçbir düşmanca düşünce içermeyen toplantılardan belki de bazılarının ürktüğü akla gelebilir. İtilaf devletleri ulusumuzun haklarına ve bağımsızlığına saygılı kaldıkça, ulus da vatanın saldırıya uğrayıp parçalanmayacağına güvendikçe, Müslüman olmayan halkın korkuya kapılmasına hiçbir sebep yoktur. Bu konuda devlete karşı her türlü sorumluluğu yüklenir ve buna tamamen güvenilmesini istirham ederim. Fakat bağımsızlığı ve ulusal varlığı yok eden ve ulusal varlığı tehlikeye düşüren işgal, suikast ve zulüm gibi İzmir çevresinde görülmekte olan eylemlerin benzerlerinin tekrarlanmasına karşı, ne ulusun heyecanını ve içindeki acıları ve ne de bundan doğacak ulusal gösterileri engellemek ve durdurmak için şahsımda ve hiç kimsede bir güç ve kudret göremeyeceğim gibi, bu yüzden ortaya çıkacak olayların karşısında da sorumluluk kabul edebilecek ne bir komutan, ne bir sivil memur ve ne de bir hükümet düşünebilirim.

Mustafa Kemal

Bu notanın kopyasıyla tarafımdan verilen yanıtın kopyası bütün komutanlara, vali ve mutasarrıflara bir genelgeyle bildirildi.

Bu tarihlerde, bütün ulusun İngiliz Muhipler Cemiyeti'nin isteğine katılarak İngiltere'nin yardımını istemesi, bu cemiyet adına, *Sait Molla* imzasıyla bütün belediye başkanlıklarına bir telgrafla bildirildiği ve bu telgrafın etkisini sonuçsuz bırakmak için ulusu gerektiği gibi aydınlatmakla beraber hükümet katındaki girişimlerim de sizce bilinmektedir. Bundan başka 27 Mayıs 1919 tarihinde *Türkiye-Havas-Reuter* adındaki ajansın, toplanan *Saltanat Şûrası* hakkındaki açıklamalarda "Şûrayı oluşturan bütün üyelerin fikri, Türkiye'nin büyük devletlerden birinin yardımını sağlaması merkezindedir" haberini yayması üzerine, sadrazama "Ulusun, ulusal bağımsızlığını korumaya kararlı olduğunu ve doğabilecek bütün uğursuz sonuçlara karşı her türlü özveriyi göze aldığını ve ulusal vicdanı temsil etmeyen haberlerin kaygı verici yansımalar doğurduğunu" yaymakla birlikte, bütün ulusu da bu durumdan nasıl haberdar ettiğimi başka bir sebeple açıklamıştım.

Sadrazam Ferit Paşa'nın Paris'e bilinen daveti üzerine, Birinci Türkiye Büyük Millet Meclisi'nin ilk toplantı günlerinde bazı açıklamalarda bulunmuştum. Bu konuda görüşümün ve hareket tarzımın ne olduğunu açıklamak amacıyla şu belgeyi olduğu gibi bilginize sunacağım:

Şifre Havza, 3.6.1919
Aceledir
Kişiye özeldir

Samsun'da 3. Kolordu Komutanı Refet Beyefendi'ye
Erzurum'da 15. Kolordu Komutanı Kâzım Paşa Hazretleri'ne
Erzurum Valisi Münir Beyefendi'ye
Samsun Mutasarrıfı Hamit Beyefendi'ye
Sivas Vali Vekili Hâkim Hasbi Efendi Hazretleri'ne
Kastamonu Valisi İbrahim Beyefendi'ye
Ankara'da 20. Kolordu Komutanı Ali Fuat Paşa Hazretleri'ne
Konya'da Yıldırım Kıtaları Müfettişi Cemal Paşa Hazretleri'ne
Diyarbakır'da 13. Kolordu Komutan Vekili Cevdet Beyefendi'ye
Van Valisi Haydar Beyefendi'ye,

Fransa siyasi temsilcisi Mösyö Döfrans'ın (Defrance) Sadrazamlık makamına gelerek Osmanlı'nın haklarını konferans karşısında savunmak için Paris'e gidebileceklerini bildirdiği, İçişleri Bakanlığı'nın resmi duyurusundan ve ajans yayınlarından anlaşılmıştır. İzmir olayı üzerine ulusumuzun gösterdiği şiddetli tepki ve bu şekilde bağımsızlığını koruma konusunda görülen kesin kararlılığının sonucu olan bu başarı şükranla karşılanmaya değerdir. Fakat buna rağmen Yunanlılar, İzmir ilini işgalden engellenebilmiş değildir. Herhalde ulusun, haklarının bilincinde ve onları çiğnetmemek için bir bütün olarak fedakârca harekete hazır olduğu, İtilaf devletlerine karşı gösterilmeye ve ispata devam edildikçe, söz konusu devletlerin ulusumuza ve onun haklarına saygılı olacaklarına kuşku yoktur.

Sadrazam Paşa Hazretleri'nin konferans huzurunda Osmanlı Devleti'nin haklarını savunmak için ellerinden geleni yapacakları doğaldır. Ancak ulusça kesinlikle savunulması istenen ve gerekli görülen haklar, özellikle iki noktada önem kazanır. Birincisi, kesin olarak devlet ve ulusun tam bağımsızlığı. İkincisi de vatanın ana topraklarında, çoğunluğun azınlıklara feda edilmemesidir. Bu hususta Paris'e hareket etmeye hazırlanan heyetin görüşüyle ulusal vicdanın kesin isteği arasında tam bir uygunluk şarttır. Yoksa, ulus, çok zor durumda ve giderilemez oldubittiler karşısında kalabilir. Bu endişeyi doğuran sebepler şunlardır: Sadrazam Paşa Hazretleri, işitilen açıklamasında, bir Ermeni özerkliği ilkesini kabul etmiş olduğunu bildirdi. Bunun sınırını belirtmedi. Bundan Doğu illeri halkı tabii ki üzüntü duydu ve durumun açıklanmasını istemeye mecbur oldu. Toplanmış olan Saltanat Şûrası'nda da üyelerin hemen hepsi ulusal bağımsızlığın korunmasını ve ulusun geleceğinin bir ulusal şûranın yetkisine bırakılmasını istedikleri halde, yalnız, hükümetin dayandığı Hürriyet ve İtilaf Fırkası adına başkanı Sadık Bey'in yazılı ifadesinde İngiltere'nin koruyuculuğu teklif edildi. Geniş bir Ermenistan özerkliği ve devletin bir yabancı korumasını kabul konularında, ulusal istek ile şu anki hükümetin görüşü arasında bir uygunluk olmadığı anlaşılıyor. Sadrazam Paşa Hazretleri'yle beraberinde hareket edecek olan heyetin, ulusun haklarını savunmada uyacağı ilkeler ve program ulus tarafından bilinmedikçe, belirtilen noktalarda endişeye kapılmaktan kaçınılamaz. Bu şekilde illerdeki ve illere bağlı yerlerdeki Müdafaa-i Hukuk-ı Milliye ve Redd-i İlhak cemiyetlerinin temsilcileri ve henüz örgütlenmesi tamamlanamayan yerlerde de belediye heyetleri tarafından Sadrazam Paşa Hazretleri'ne ve doğrudan doğruya Padişah Hazretleri'ne telgraflarla başvurularak, ulusal bağımsızlığın dokunulmazlığının ve ulus çoğunluğunun haklarının korunmasının, ulusun esas şartı olduğu açıklanmalı; buna göre, gidecek heyetin savunma ilkelerini, ulusa resmi olarak ve açıkça bildirmesi istenmelidir. Ulusun bu şekilde hareket etmesiyle, gidecek heyetin savunmaya çalışacağı ilkelerin gerçekten ulusun isteği olduğu İtilaf devletlerince anlaşılacak ve kuşkusuz daha fazla bir önemle dikkate alınarak heyetin görevini kolaylaştıracaktır. Bildirilen bu görüşlerin gerekli kişilere hızla ulaştırılıp bildirilmesini, vatanımızın kaderi adına vatansever yüksek şahsiyetinizden özellikle rica ederim. Bu telgrafın ulaştığı zamanın bildirilmesini de rica ederim.

Mustafa Kemal

İstanbul'a geri çağrılışım

Bu tarihten beş gün sonra, yani 8 Haziran 1919'da İstanbul'a Savunma bakanı tarafından çağrıldığımı ve gizlice sorup soruşturmam üzerine, kimler tarafından, ne için çağrıldığımı ileri gelen bir kişinin haber verdiğini daha önce başka bir sebeple yaptığım açıklamada söylemiştim. O kişi, Genelkurmay Başkanlığı makamında bulunan Cevat Paşa'ydı. Bunun üzerine İstanbul'la yapılmış yazışmaların bir kısmı herkesçe öğrenilmiştir. Bu yazışmalar, Erzurum'da istifa ettiğim tarihe kadar değişik savunma bakanlarıyla ve doğrudan doğruya sarayla sürmüştür.

Anadolu'ya geçeli bir ay olmuştu. Bu sürede bütün ordu gruplarıyla temas ve bağlantı sağlanmış, ulus mümkün olduğu kadar aydınlatılarak dikkatli ve uyanık bir duruma getirilmiş, ulusal örgüt kurma düşüncesi yayılmaya başlamıştı. Genel durumu artık bir komutan sıfatıyla yürütüp yönetmeye devam olanağı kalmamıştı. Yapılan geri çağırma emrine uymamış ve yerine getirmemiş olmakla birlikte, ulusal örgüt ve hazırlıkların yönetimine devam etmekte olduğuma göre, kişisel olarak isyancı durumuna geçmiş olduğuma şüphe edilemezdi. Bundan başka ve özellikle uygulanmasına karar verdiğim girişim ve eylemlerin esaslı ve şiddetli olacağını tahmin etmek zor değildi. Dolayısıyla, yapılacak girişim ve eylemlerin bir an önce kişisel olmaktan çıkarılması, kesin olarak bütün bir ulusun birlik ve dayanışmasını sağlayacak ve temsil edecek bir heyet adına olması gerekliydi.

Sivas'ta genel bir ulusal kongre toplamak kararı

Bu sebeple 18 Haziran 1919 tarihinde Trakya'ya verdiğim direktifte işaret ettiğim bir noktanın uygulanma zamanı gelmiş bulunuyordu. Hatırınızdadır ki o nokta, Anadolu ve Rumeli ulusal örgütlerini birleştirerek, bir merkezden temsil etmek ve yönetmek üzere, Sivas'ta genel bir ulusal kongre toplamaktı. Bu amacın sağlanması için yaverim Cevat Abbas Bey'e 21/22 Haziran 1919 gecesi Amasya'da yazdırdığım genelgenin temel noktaları şunlardı:

1. Vatanın bütünlüğü, ulusun bağımsızlığı tehlikededir.

2. İstanbul hükümeti üstlendiği sorumluluğun gereklerini yerine getirememektedir. Bu durum, ulusumuzu yok olmuş gibi göstermektedir.

3. Ulusun bağımsızlığını yine ulusun azim ve kararı kurtaracaktır.

4. Ulusun içinde bulunduğu durum ve koşulların gereğini yerine getirmek ve haklarını gür sesle dünyaya duyurmak için her türlü etki ve denetimden uzak bir ulusal heyetin varlığı zorunludur.

5. Anadolu'nun her bakımdan en güvenli yeri olan Sivas'ta ulusal bir kongrenin hızla toplanması kararlaştırılmıştır.

6. Bunun için bütün illerin her sancağından ulusun güvenini kazanmış üç temsilcinin, mümkün olan en kısa zamanda yetişmek üzere hemen yola çıkarılması gerekmektedir.

7. Her olasılığa karşı bu mesele bir *ulusal sır* olarak tutulmalı ve temsilciler gerekli görülen yerlerde yolculuklarını kendilerini tanıtmadan yapmalıdırlar.

8. Doğu illeri adına 10 Temmuz'da Erzurum'da bir kongre toplanacaktır. Belirtilen tarihe kadar diğer illerin delegeleri de Sivas'a ulaşabilirlerse, Erzurum Kongresi'nin üyeleri de Sivas genel toplantısına katılmak üzere hareket ederler.

Görüyorsunuz ki, bu yazdırdıklarım, zaten vermiş ve dört gün önce Trakya'ya bildirmiş olduğum bir kararın Anadolu'ya da bir genelgeyle duyurulmasından başka bir şey değildir. Bu kararın 21/22 Haziran 1919 gecesi, karanlık bir odada alınmış korkunç ve esrarengiz yeni bir karar olmadığı, sanırım ki kolaylıkla anlaşılır.

Bu noktanın açıklığa kavuşması için, isterseniz küçük bir açıklamada bulunayım.

Efendiler, o taslaklar işte aynen şu kâğıtlardır. (Göstererek) Dört maddeyi içeriyor, içindekileri bildirdim. Sonunda benim imzam vardır. Bir de görevi nedeniyle, genelkurmay başkanım bulunan Albay Kâzım Bey'in (şimdiki İzmir Valisi Kâzım Paşa), kurmaylarımdan bildirim yapmakla görevli Hüsrev Bey'in (şu anda büyükelçi), askeri makamlara şifre eden yaverim Muzaffer Bey'in ve sivil makamlara şifre eden bir memur efendinin imzaları vardır. Bundan başka daha bazı imzalar vardır.

Bu imzaların, bu taslağa konması güzel bir şans ve rastlantı eseridir.

Adını saklayan bir tanıdığın Amasya'ya gelmesi

Daha Havza'da bulunduğum sırada Ankara'da bulunan 20. Kolordu Komutanı Ali Fuat Paşa'dan bir şifre telgraf aldım. Bu telgraf aşağı yukarı, "Tanıdığınız bir kişi, bazı arkadaşlarla İstanbul'dan buraya gelmiştir. Ne yapmaları gerektiği hakkında ne emir buyuruyorsunuz" şeklindeydi. Adeta bir bilmeceyi andıran bu telgraf, çok meraklanmama ve şaşırmama neden oldu. Söz konusu kişiyi tanıyorum, bana ne yapmaları gerektiğini soruyor; Ankara'da arkadaşım olan güvenilir bir komutanın yanında, telgraf da şifrelidir. O halde neden ismini şifreli olarak bile yazdırmaktan çekiniyor?! Bir hayli düşündüm. Anlar gibi oldum; tahmin edilir ki, bilmece çözmekle uğraşmaya zamanım uygun değildi. Fakat, Fuat Paşa'yı yakından görmek, bölgeleri, çevreleri, düşünceleri hakkında fikir alışverişinde bulunmayı çok istiyordum. Bu bilmeceli telgraftan esinlenerek kendisine şu ricada bulundum: "Ankara'dan ayrıldığınızı hissettirmeyecek önlemleri aldıktan sonra, isim ve kıyafet değiştirerek birkaç gün için çabucak bana geliniz. İstanbul'dan gelen arkadaşları da beraber getiriniz."

Gerçekten Fuat Paşa, dediğim gibi Havza'ya hareket eder. Fakat, bazı zorlayıcı sebeplerden dolayı, derhal Havza'yı terk edip Amasya'ya gitmek zorunda kalmıştım. Fuat Paşa, Havza yolunda durumu anlar ve Amasya'ya yönelir. İşte bu şekilde 21/22 Haziran'da Amasya'da yanımda bulunuyor. Adı şifrede belirtilmeyen kişi de Rauf Bey'di.

İstanbul'u terk etmek üzere, evimden otomobile bineceğim sırada Rauf Bey yanıma gelmişti. Bineceğim vapurun izleneceğini ve İstanbul'dayken tutuklamadıklarına göre belki de Karadeniz'de batırılacağımı güvenilir bir kaynaktan işitmiş, onu haber verdi. Ben İstanbul'da kalıp tutuklanmaktansa batıp boğulmayı tercih ettim ve hareket ettim. Kendisine de eninde sonunda İstanbul'dan çıkmak zorunluluğunda kalırsa benim yanıma gelmesini söyledim.

Rauf Bey, gerçekten İstanbul'dan çıkmak gereğini duymuş ve çıkmış... Fakat benim yanıma gelmedi. Arkadaşı olan 56. Tümen Komutanı Albay Bekir Sami Bey'le buluşmak üzere ve İzmir cephesine daha yakın bir yerde daha aktif ve daha yararlı olacağını düşünerek Bandırma-Akhisar yoluyla Manisa bölgesine gitmiş. Gittiği yerde insanların manevi durumunu bozuk, vaziyeti tehlikeli ve korkunç görmüş. Hemen isim değiştirerek oradan Ödemiş, Nazilli, Afyonkarahisar üzerinden Aziziye-Sivrihisar yoluyla ve arabayla da Ankara'ya, Fuat Paşa'nın yanına gelmiş ve bana haber göndermiş; pek güzel ama, adını saklayarak beni üzmenin bir anlamı var mıydı?

Diğer taraftan, 3. Kolordu komutanım olup Samsun mutasarrıflığında bıraktığım Refet Bey'i, artık Sivas'a kolordu merkezine göndermek istiyordum. Birkaç kez gelmesi için emir vermiştim. Bölgeyi teftişe çıkmış. Emirlerime cevap bile alamıyordum. Sonunda o da, bir rastlantı eseri o gün gelmişti.

Rauf ve Refet beylerin kararsızlığı

Şimdi, imza konusuna gelelim:

Ben, taslağın yeni gelen arkadaşlar tarafından da imzalanmasını istedim. O sırada Rauf ve Refet beyler benim odamda, Fuat Paşa diğer bir odada bulunuyorlardı.

Rauf Bey misafir olduğundan bu taslağa imza koymak için kendinde bir ilgi ve yetki görmediğini nezaket gereği bildirdi. Bunun tarihi bir anı olduğunu ifade ederek imza etmesini söyledim. Bunun üzerine imzaladı.

Refet Bey, imzadan kaçındı ve böyle bir kongrenin yapılmasındaki amacı ve yararı anlayamadığını söyledi.

İstanbul'dan beri yanımda getirdiğim bu arkadaşın –tuttuğumuz yola göre– anlaşılması çok basit olan bir konuda, gösterdiği düşünce ve duygu durumundan üzüntü duydum. Fuat Paşa'yı çağırttım. Paşa, amacımı anlayınca hemen imza etti. Fuat Paşa'ya, Refet Bey'in kararsızlığının sebebini anlayamadığımı söyledim. Fuat Paşa, Refet Bey'den, biraz ciddi biçimde açıklama istedikten sonra, Refet Bey taslağı eline alarak kendine özgü bir işaret koydu. Öyle bir işaret ki, bunu, bu taslakta bulmak biraz zordur.

(Buyurun! Merak eden inceleyebilir.)

Efendiler, gereksiz gibi görülebilen bu açıklamalar, gelecek yıllara ve olaylara ait bazı karanlık noktaları aydınlatmaya yararlı olur düşüncesiyle yapılmıştır.

İstanbul'da bazı kişilere gönderdiğim mektup

Kongreye daveti içeren genelge, sivil ve askeri makamlara şifre olarak verildi. Bundan başka İstanbul'da bulunan bazı kişilere de gönderildi. Fakat bu kişilere ayrıca bir de genel bir mektup yazdım. Kendilerine mektup yazdığım şahıslar şunlardı: Abdurrahman Şeref Bey, Reşit Akif Paşa, Ahmet İzzet Paşa, Seyit Bey, Halide Edip Hanım, Kara Vasıf Bey, Ferit Bey (Bayındırlık bakanıydı), Sulh ve Selamet Fırkası Başkanı Ferit Paşa (daha sonra Savunma bakanı oldu), Cami Bey, Ahmet Rıza Bey.

Bu mektupta söylediğim noktaları kısaca tekrar edeceğim:

1. Yalnız mitingler ve gösteriler, büyük gayeleri hiçbir zaman gerçekleştiremez.

2. Bunlar, ancak ulusun sinesinden fiilen doğan ortak güce dayanırsa kurtarıcı olur.

3. Zaten acı olan durumu tehlikeli şekle koyan en önemli etken, İstanbul'daki karşıt akımlar ve ulusal davayı zararlı bir şekilde yüzüstü bırakan siyasi ve ulusal olmayan propagandalardır. Bunun cezasını vatanımız zararına olarak fazlasıyla görmekteyiz.

Mustafa Kemal Paşa Amasya'da.
İş Bankası Müzesi Arşivi.

İzin verirseniz bunu kısaca anlatayım: İçişleri Bakanı Ali Kemal Bey'in bir genelgeyle verdiği emrin tarihi olan 23 Haziran günü, Sivas'ta, Ali Galip Bey adında biri, on kadar adamıyla hazır bulunuyormuş. Bu kişi, İstanbul'dan, Mamuretülaziz [Elazığ] valisi olarak gönderilmiş olan Kurmay Albay Ali Galip'tir. Sözde ilin ikinci derece görevlileri olmak üzere, birtakım insanları da İstanbul'dan seçmiş, beraberinde götürüyor.

Ali Galip, yolu üzerinde bulunan Sivas'ta durmuş. Özel bir görevi olduğundan kuşku duymamak gereken Ali Galip, orada derhal güçlü yandaşlar bulmuş. Görevini iyi yapabilmek için hazırlanmaya ve önlemler almaya başlamış.

İçişleri Bakanlığı'nın, bana karşıt emri gelir gelmez de işe başlamış. Sivas sokaklarında duvarlara, benim "hain, asi, zararlı bir adam olduğuma dair" yaftalar yapıştırılmış.

Kendisi de, bir gün, Sivas'ta vali bulunan merhum Reşit Paşa'nın makamına giderek, İçişleri Bakanlığı'nın emrinden söz ettikten sonra, Sivas'a gidersem benim hakkımda ne yapılacağını sormuş.

Reşit Paşa, ne yapılabileceğini sormuş. Ali Galip, "Ben senin yerinde olsam, derhal kollarını bağlar, tutuklarım. Senin de böyle yapman gerekir" demiş.

Reşit Paşa, bu işin bu kadar basit olacağına inanamamış. Konuşma hayli uzamış. Konuşmaya katılanlar çoğalmış... Hatta bir kısım halk, verilecek kararı anlamak üzere toplanmış...

Bugün, Haziran'ın 27. günüdür. Bakışlarımızı, tekrar bu noktaya dönmek üzere bir an için bu tablodan ayıralım ve Amasya'ya çevirelim.

Sivas'a hareket

Ayın 25. günü, Sivas'ta benimle ilgili bazı olumsuz girişimler başladığını haber aldım. 25/26 Haziran gecesi yaverim Cevat Abbas Bey'i çağırdım ve "Yarın sabah karanlıkta Amasya'dan güneye hareket edeceğiz" dedim. Bu hareketimizin gizli tutularak hazırlanılması için emir verdim.

Bir taraftan da 5. Tümen komutanı ve kurmaylarımla gizli olarak şu önlemi kararlaştırdık: 5. Tümen komutanı, tümenin seçkin subay ve erlerden oluşan ve oldukça güçlü bir atlı piyade birliğini derhal o geceden başlayarak hızla oluşturacaktı. Ben, 26 Haziran sabahı karanlıkta arkadaşlarımla beraber otomobille Tokat'a hareket edecektim. Birlik oluşur oluşmaz, Tokat üzerinden Sivas'a doğru yöneltilecek ve benimle bağlantı kurmaya çalışacaktı. Hareketimiz, hiçbir yere telgrafla bildirilmeyecek ve mümkün olduğu kadar Amasya'da da açıklanmayacaktır.

26 Haziran'da Amasya'dan hareket ettim. Tokat'a varır varmaz telgraf merkezini denetim altına aldırarak benim ulaştığımın Sivas'a ve hiçbir yere bildirilmemesini sağladım. 26/27 Haziran gecesini orada geçirdim, 27 Haziran'da Sivas'a hareket ettim. Otomobille Tokat'tan Sivas yaklaşık altı saattir.

Sivas valisine, Tokat'tan Sivas'a hareket ettiğime dair açık bir telgraf yazdım. İmzada, Ordu Müfettişliği unvanını kullanmıştım.

Telgrafta bilerek hareket saatimi belirtmiştim. Fakat, bu telgrafın, hareketimden altı saat sonra çekilmesini ve o zamana kadar hiçbir şekilde Sivas'a bilgi verilmemesini sağlayacak önlemleri aldırdım.

Şimdi efendiler, bakışlarımızı tekrar Sivas'ta bıraktığımız tabloya çevirelim.

Ali Galip Bey ve Reşit Paşa arasında hakkımda uygulanacak işlemin tartışması sahnesine... Tartışmanın kızıştığı bir sırada, Reşit Paşa'nın eline, benim Tokat'tan çekilen telgrafımı verirler. Reşit Paşa, hemen Ali Galip Bey'e uzatır. "İşte kendisi geliyor, buyurun, tutuklayın!" der. Reşit Paşa, telgrafta yazılı olan hareket saatini görünce hemen kendi saatini çıkarır, bakar... "Efendim geliyor değil, gelmiş olacaktır" diye ekler.

Bunun üzerine Ali Galip, "Ben tutuklarım dedimse, benim il sınırlarım içinde olursa tutuklarım demek istedim" deyince, toplantı halinde bulunanları bir heyecan kaplar... Hep birden, "Haydi öyle ise karşılamaya gidelim" diyerek toplantıya son verirler...

Ancak, şehrin ileri gelenleri, halk ve askerle parlak bir karşılama töreni hazırlayabilmek için biraz zaman kazanmak gerektiğini, oysa hesapça benim Sivas şehri önlerine kadar yaklaşmış olabileceğimi dikkate alarak, beni şehrin girişine yakın olan Ziraat Numune Çiftliği'nde dinlenmeye yönlendirecek çare düşünmüşler. Vali Paşa, karargâhımın sağlık başkanı olup, daha önce örgüt kurmak için Sivas'a gönderdiğim Tali Bey'i davet etmiş ve bu görevin yapılmasını ondan istemiş, gerekli hazırlıklar yapılır yapılmaz kendisinin de bize katılacağını söylemiş...

Gerçekten de tam Numune Çiftliği yakınında, karşımıza çıkan bir otomobilin içinden Tali Bey göründü. Otomobillerden indik, çiftliğin avlusunda oturduk. Tali Bey, anlattığım durumu ayrıntılarıyla açıkladıktan sonra, görevinin beni burada biraz oyalamak olduğunu söyleyince, hemen ayağa kalktım, "Çabuk otomobillere ve Sivas'a" dedim!

Bunun sebebini anlatayım. O anda aklıma gelen şuydu: Karşılama töreni yapacağız diye Tali Bey'i aldatmış olabilirler ve gerçekte tam tersi bir hazırlık yapmak için zaman kazanmak isteyebilirlerdi. Otomobillere binmek üzereyken Sivas tarafından diğer bir otomobil yanımıza yaklaştı. İçinde Vali Paşa vardı.

Reşit Paşa, "Efendim, birkaç dakika daha dinlenmez misiniz?" diye söze başladı. "Yarım dakika bile dinlenmeye ihtiyacım yoktur. Hemen hareket edeceğiz ve sen benim yanıma gel" dedim.

"Efendim" dedi, "sizin yanınıza Rauf Bey binsin, ben arkadaki otomobille de gelirim".

"Hayır, hayır" dedim, "siz buraya..."

Bu basit önlemin neden alındığını açıklamaya gerek yoktur.

Sivas şehrinin girişine vardığımızda, caddenin iki tarafı büyük bir kalabalıkla dolmuş, askeri birlikler tören konumunu almış bulunuyordu. Otomobillerden indik. Yürüyerek askeri ve halkı selamladım...

Bu manzara, Sivas'ın saygıdeğer halkının ve Sivas'ta bulunan kahraman subay ve askerlerimizin bana ne kadar bağlı ve sevgi dolu olduğunu ispat eden canlı bir tanıktı...

Daha sonra, doğruca Kolordu Komutanlık dairesine gittim ve hemen emrindekilerle beraber Ali Galip'i ve onun yardakçısı olduklarını anladığım bozguncuları getirttim. Onlara ne yaptığımı anlatarak, zaten yeteri kadar yorgunluğa sebep olduğundan kuşku duymadığım ayrıntıları uzatmak istemem.

Yalnız, bir noktayı işaret etmekle yetineceğim.

Efendiler, bu Ali Galip, gördüğü bu kötü muameleden sonra, bana iletecek bazı gizli sözleri olduğunu söyleyerek, gece yalnız olarak yanıma gelmek istedi. Kabul ettim. Görünürdeki davranışlarına önem vermemekliğimizi rica ile Elazığ valiliğini kabul ederek gelme amacının, benim görüşüme hizmet etmek ve Sivas'ta durmasının, benimle buluşup benden emir almak için olduğunu açıklamaya ve bin türlü kanıtlarla ispat etmeye çalıştı. Bizi sabaha kadar oyalayarak başarılı bile olduğunu itiraf etmeliyim.

Erzurum'a hareket

Sivas'taki örgüt ve nasıl hareket edileceği hakkında gerekli kişilere emir verdikten sonra, hiç uyumadan geçen 27/28 Haziran gecesinin sabahında, bir bayram günü, Sivas'tan Erzurum yönünde hareket edildi.

Bir haftalık yorucu bir otomobil yolculuğundan sonra 3 Temmuz 1919 günü halkın ve askerin içten gösterileri arasında Erzurum'a varıldı. İstanbul hükümetinin olumsuz genelge yollama ihtimalini denetlemek ve önlemek için haberleşme kanalı olan önemli merkezlerde önlemler alınmak üzere, bütün komutanlara 5 Temmuz 1919 tarihinde emir verdim.

Komutan, vali ve Vilayat-ı Şarkiye Müdafaa-i Hukuk-ı Milliye Cemiyeti Erzurum Şubesi'yle bağlantı kuruldu.

İstanbul hükümeti, Vali Münir Bey'i görevden almıştı. Bir yere hareket etmeyerek Erzurum'da kalması hakkındaki gönderdiğim haberden dolayı, henüz Erzurum'da bulunuyordu. Bitlis valiliğinden ayrılıp İstanbul'a gitmek için Erzurum'dan geçen Mazhar Müfit Bey de aynı şekilde Erzurum'da beni bekliyordu.

Ulusal amaç için ortaya atılmak kararı

Bu iki vali beyle, 15. Kolordu Komutanı Kâzım Karabekir Paşa ve beraberimde bulunan Rauf Bey, eski İzmit Mutasarrıfı Süreyya Bey ve karargâhıma bağlı Kurmay Başkanı Kâzım Bey ve Kurmay Hüsrev Bey, Doktor Refik Bey arkadaşlarımla ciddi bir görüş alışverişinde bulunmayı uygun gördüm. Kendilerine genel ve özel durumu açıklayarak izlenmesi zorunlu olan yolu anlattım. Bu münasebetle en uygunsuz durumları ve genel, kişisel tehlikeleri, her olasılığa karşı katlanılması zorunlu olan özveriyi dile getirdim. Bir de, "Ulusal amaç için ortaya atılacakların bugün yok edilmesini düşünen, yalnız saray, hükümet ve yabancılardır. Fakat, bütün ülkenin aldatılmasını ve bize karşı çevrilmesini de ihtimal içerisinde görmek gerekir. Ulusa öncü olacakların, her ne olursa olsun amaçtan dönmemeleri, ülkede barınabilecekleri son noktada, son nefeslerini verinceye kadar, bu amaç uğrunda fedakârlığa devam edeceklerine daha işin başında karar vermeleri gerekir. Kalplerinde bu gücü hissetmeyenlerin girişimde bulunmamaları elbette daha isabetli olur. Çünkü aksi durumda hem kendilerini ve hem de ulusu aldatmış olurlar.

Bir de söz konusu görev, resmi makam ve üniformaya sığınarak, el altından yürütülebilecek türden değildir. Bu tarz bir dereceye kadar sürdürülebilir. Fakat, artık o devir geçmiştir. Açıkça ortaya çıkmak ve ulusun hakları adına yüksek sesle bağırmak ve bütün ulusu bu sese katmak gerekir.

Benim görevden alındığıma ve her türlü sonuçla karşılaşabileceğime kuşku yoktur. Benimle açıkça işbirliği yapmak, aynı sonuçları şimdiden kabul etmek demektir. Bundan başka, söz konusu ettiğimiz durumun gerektirdiği adamın, diğer birçok bakımdan da mutlaka benim şahsım olabileceği gibi bir iddia yoktur. Yalnız, herhalde bu ülke çocuklarından birinin ortaya atılması zorunlu olmuştur. Benden başka bir arkadaşı da düşünmek mümkündür. Yeter ki, o arkadaş, bugünkü durumun kendisinden istediği şekilde hareket etmeyi kabul etsin!" dedim.

Bu konuşma ve açıklamalardan sonra, hemen karar vermek uygun olamayacağından bir süre düşünmek ve özel fikir alışverişinde bulunabilmek için görüşmelere son verdiğimi, bildirdim.

Tekrar toplandığımızda, işin başında, benim, devam etmemi ve kendilerinin bana yardımcı ve destek olacaklarını bildirdiler. Yalnız bir arkadaş, Münir Bey, önemli mazeretinden dolayı bir zaman için kendisinin aktif görevden bağışlanmasını rica etti. Ben, görünüşte, görev ve askerlikten istifa ettikten sonra da, tıpkı şimdiye kadar olduğu gibi üst komutanmışım gibi emirlerimin yerine getirilmesinin başarı için temel koşul olduğunu belirttim. Bu konu tamamen kabul edilip onaylandıktan sonra toplantıya son verildi.

Efendiler, İstanbul'da Genelkurmay Başkanlığı makamında, Cevat Paşa ve onun yerine geçen Fevzi Paşa'dan, Barış Hazırlıkları Komisyonu'nda çalışan İsmet Bey'den başlayarak Erzurum'a gelinceye kadar, her yerde temas ve bağlantı kurduğum komutan, subay ve her türlü devlet adamı ve ileri gelen kişilerle burada, Erzurum'da yaptığım gibi görüşmeler ve anlaşmalar yapmıştım. Bunun yararlarını değerlendirebilirsiniz.

Erzurum Kongresi hazırlıkları

Erzurum'a varışımın ilk günlerinde, Erzurum Kongresi'nin toplanmasını sağlamak için önlemler almakla uğraşmaya önem verildi.

Efendiler, Vilayat-ı Şarkiye Müdafaa-i Hukuku Milliye Cemiyeti'nin 3 Mart 1919 tarihinde, bir kurucu heyet oluşturmak için kurulmuş olan Erzurum Şubesi, Trabzon'la da anlaşarak 1919 yılı Temmuz ayının onuncu günü Erzurum'da bir *Vilayat-ı Şarkiye Kongresi* [Doğu İlleri Kongresi] yapmaya girişti. Benim henüz Amasya'da bulunduğum tarihlerde, Haziran içinde, Doğu illerine delege göndermeleri için öneri ve davette de bulundu. İllerden delege çağırılması için, o tarihten itibaren, benim Erzurum'a varışıma kadar ve ondan sonra da bu konuda olağanüstü çaba harcadı.

Fakat, o günlerin koşulları içinde böyle bir amacın sağlanmasındaki büyük zorluk, kolaylıkla anlaşılır. Kongrenin toplanma günü olan 10 Temmuz yaklaştığı halde, illerden gönderilmesi gereken delegeler seçilip gönderilmiyordu.

Oysa bu kongrenin yapılmasını sağlamak artık çok önemli olmuştu. Bu sebeple, tarafımızdan da ciddi girişimlerde bulunmak gerekti.

İllerin her birine açık bildirimlerde bulunmakla beraber, bir taraftan da şifre telgraflarla valilere, komutanlara gereken duyurular yapıldı. Sonunda, on üç gün gecikmeyle yeterli sayıda delege getirtilerek kongre toplanabildi.

Efendiler, ulusal mücadeleye ordu mensuplarının desteğini sağlamak, askeri ve ulusal çalışmaları birbiriyle uyumlu kılmak konusu önemliydi.

Trabzon'daki tümen vekâletle yönetiliyordu. Asıl komutanı Halit Bey, Bayburt'ta gizlenmişti. Halit Bey'i iki bakımdan gizlendiği yerden çıkarmak gerekliydi. Biri ve en önemlisi, İstanbul'a çağrılmanın ve bu çağrıya rağmen gitmemenin korkulacak, gizlenilecek bir şey olmadığını ulusa ve özellikle ordu mensuplarına göstererek manevi gücü yükseltmek gerekiyordu. Diğer sebep, sahilde önemli bir nokta olan Trabzon'a dışardan bir saldırı olduğunda oradaki tümenin başında gözü pek bir komutan bulundurmanın uygun olmasıydı.

Dolayısıyla, Halit Bey'i Erzurum'a getirttim. Kendisine kendim özel talimat verdikten sonra, gerektiğinde derhal tümeninin başına geçmek üzere Maçka'da bulunması için de emir verdirdim.

Biz bu işlerle uğraşırken, bir taraftan da İstanbul'da Savunma Bakanlığı makamında bulunan Ferit Paşa'nın ve padişahın İstanbul'a dönmemi sağlamak için sürekli gelen aldatıcı telgraflarına da birer şekilde yanıt vermekle zaman kaybetmek zorunda kalıyorduk.

Resmi sıfat ve yetkileri bırakarak, ulusun sevgi ve özverisine güvenerek vicdani göreve devam etmek kararı

Savunma Bakanlığı, "İstanbul'a gel!" diyor. Padişah, "Önce hava değişimi al, Anadolu'da bir yerde otur, fakat bir işe karışma" diye başladı. Daha sonra, ikisi birlikte "Mutlaka gelmelisin!" dediler. "Gelemem!" dedim. Sonunda, 8/9 Temmuz 1919 gecesi, sarayla açılan bir telgraf başı görüşmesi sırasında, birdenbire perde kapandı ve 8 Haziran'dan 8 Temmuz'a kadar bir aydır süren oyun sona erdi. İstanbul, benim o dakikada resmi görevime son vermiş oldu. Ben de aynı dakikada, 8/9 Temmuz 1919 gecesi saat 22.50'de Savunma Bakanlığı'na, saat 23'te padişaha resmi görevimle beraber askerlik mesleğinden de istifamı bildiren telgrafları çekmiş oldum.

Bu durum, tarafımdan ordulara ve ulusa bildirildi. Bu tarihten sonra resmi sıfat ve yetkilerden arınmış olarak, yalnız ulusun sevgi ve özverisine güvenerek ve onun bitmez bereket ve güç kaynağından esinlenip kuvvet alarak vicdani görevimize devam ettik...

Biz, 8/9 Temmuz gecesi İstanbul'la telgraf başında konuşurken, bunu başka dinleyenlerin ve ilgili olanların da bulunduğunu tahmin etmek güç değildir.

O tarihlerde ve ondan sonraki zamanlarda, en hafif deyişle saflıklarını, uyanıklık ve tedbirlilik gereği gibi göstermeye çalışmış olanlar hakkında bir fikir vermiş olmak için, izin verirseniz şu belgeyi olduğu gibi bilginize sunmak isterim:

140/140 — Konya'dan, 9 Temmuz 1919
Saat: 6

3. Ordu Müfettişliği Başyaverliği'ne

Telgraf ve Posta Genel Müdürü Refik Halit Bey ile Konya Valisi Cemal Bey, 6/7 Temmuz gecesi, telgrafla makine başında haberleştiler. Görüşmelerin şu şekilde geliştiğini haber aldım:

"Mustafa Kemal Paşa Hazretleri'nin icabına bakıldı. İstanbul'a getirilecek. Cemal Paşa Hazretleri'nin de hakkında yapılacak işlem hazırdır."

Konya valisi de:

"Teşekkür ederim" dediler.

Uygun biçimde Paşa Hazretleri'ne sunmanızı rica ederim.

2. Ordu Müfettişliği Şifre Müdürü
Hasan

Mersinli Cemal Paşa'nın İstanbul'a gitmesi

Gerçekten, Konya'da bulunan 2. Ordu Müfettişi Cemal Paşa'nın on gün süreyle izinli olarak İstanbul'a gittiğini dört gün önce haber almış ve hayret etmiştim.

Cemal Paşa'yla, Samsun'a çıktığım günden bu yana ulusal amaçları sağlamak için işbirliği kapsamında, askeri, ulusal hazırlık ve örgüt oluşturmak konularında haberleşmelerimiz vardı. Kendisinden ümit verici, olumlu cevaplar almıştım.

Benimle bu şekilde bağlantı kurmuş olan bir komutanın, kendi kendine, izin alıp İstanbul'a gitmesi akıllıca olmasa gerekti. Bu sebeple, 5 Temmuz 1919 tarihli şifreyle Konya'da 12. Kolordu Komutanı Albay Salahattin Bey'e şu iki maddeyi yazdım:

1. Cemal Paşa'nın on gün süreyle İstanbul'a hareketinin gerçek sebebini açık olarak ve hızla bildirmenizi;

2. Sizin hiçbir sebep ve şekilde oradaki kuvvetlerin başından ayrılmanız doğru değildir. Bu konuda Fuat Paşa ile de haberleşerek en olumsuz ihtimale karşı önlemler almanız gereklidir. Her gün durumunuz hakkında kısa bilgi vermenizi rica ederim.

Aynı şifrenin kopyasını, aynı tarihte Ankara'da Fuat Paşa'ya da verdim.

Salahattin Bey'in Konya'dan, 6/7 Temmuz tarihinde, yani Refik Halit Bey'in Konya Valisi Cemal Bey'le telgraf başında konuştuğu sırada, yanıt olarak çektiği şifreli telgrafta "Cemal Paşa, İstanbul'da bazı kişilerle bağlantı kurmak ve ailesiyle görüşmek üzere on gün süreyle ve kendi isteğiyle izinli olarak İstanbul'a gitmiştir" denilmekteydi.

Cemal Paşa gitti, fakat gelemedi. Kendisini çok zaman sonra Ali Rıza Paşa hükümetinde Savunma bakanı olarak göreceğiz.

Komutayı bırakmamak emri

Ne yazık ki, bu durumun tanığı olan ve kendisine kuvvetlerinin yanından ayrılmaması söylenen Salahattin Bey'in de bir süre sonra İstanbul'a gittiğini haber aldık. Cemal Paşa'nın gösterdiği bu kötü örnek üzerine, 7 Temmuz 1919 tarihinde, şu genel bildiriyi gönderdim:

1. Bağımsızlığımızı korumak uğrunda kurulmuş ve örgütlenmiş olan ulusal güçlere, hiçbir şekilde müdahale ve saldırıda bulunulamaz. Devlet ve ulusun yazgısında ulusal irade etken ve egemendir. Ordu bu ulusal iradeye bağlı ve onun hizmetindedir.

2. Müfettiş ve komutanlar, herhangi bir sebeple komutadan düşürülmeleri durumunda kendilerinin yerini alacak kişiler işbirliği yapılabilecek özelliklere sahipseler, komutayı onlara bırakacaklar ve fakat yetki bölgelerinde kalarak ulusal görevlerini yapmaya devam edeceklerdir. Aksi takdirde, yani bir ikinci İzmir olayına yol açabilecek kimselerin atanması durumunda, komuta asla bırakılmayacak ve bütün müfettiş ve komutanlar tarafından kendilerine güvenilmediği gerekçesi ile yapılan atama işlemi reddedilecek, kabul edilmeyecektir.

3. Ülkemizi kolaylıkla işgal etme amacına yönelik olmak üzere İtilaf devletleri tarafından yapılan baskılar sonucunda, hükümet herhangi bir askeri birlik, askeri ve ulusal örgütümüzü kaldırmaya emir verirse, bu emir kabul edilmeyecek ve uygulanmayacaktır.

4. Emelleri ve amacı ulusal bağımsızlığı sağlamak olan Müdafaa-i Hukuk-ı Milliye ve Redd-i İlhak Cemiyetlerinin ve girişimlerinin zayıflamasına ve dağılmasına sebep olacak herhangi bir etki ve karışmayı ordu kesinlikle engelleyecektir.

5. Devlet ve ulusun bağımsızlığının sağlanması amacında devletin bütün sivil memurları, Müdafaa-i Hukuk-ı Milliye ve Redd-i İlhak Cemiyetlerinin ordu gibi yasal yardımcılarıdır.

6. Vatanın herhangi bir bölgesine saldırı olduğunda, bütün ulus, haklarını savunmaya hazır bulunduğundan, bu gibi olaylar çıktığında işbirliği için derhal her taraf birbirini en hızlı biçimde haberdar ederek savunmada hareket işbirliği sağlanacaktır.

Bu bildiri, Anadolu ve Rumeli'de bulunan bütün ordu ve kolordu komutanlarına ve diğer ilgililere bildirilmiştir.

Refet Bey'in 3. Kolordu Komutanlığı'nı bırakması

Bu genel bildirimizden beş altı gün sonra, Kavak'tan, "3. Kolordu Komutanı Refet" imzalı 13 Temmuz 1919'da yazılmış bir şifreli telgraf aldım. Telgrafın metni aynen şudur:

İstanbul'dan bir İngiliz gemisiyle, Savunma Dairesi Başkanı Albay Salahattin Bey, görevimi devralmak üzere geldi. Benim de aynı gemiyle dönmemi Bakanlık emrediyor. Salahattin Bey, amaca uygun olarak çalışacak. Genel duruma göre komutayı adı geçene devretmeyi uygun buldum ve Savunma Bakanlığı'na istifamı verdim. Ayrıca ayrıntıyı veririm. Sivas'a doğru hareket ediyorum. 5. Tümen Komutanı Arif Bey aracılığıyla Amasya'ya yanıt veriniz.

Efendiler, itiraf etmeliyim ki, bu tutum ve davranıştan pek memnun olmadım. Refet Bey'in benimle olan işbirliği İstanbul tarafından biliniyor. Bu çalışmalara taraftar olan bir kişi onu değiştirmeye ve hem de İngiliz gemisiyle gelince, derhal verilmesi doğal olan karar, bu adamın İngiliz görüşüne hizmet edebi-

Mustafa Kemal ve Refet paşalar. ATASE Arşivi.

leceğine dair kendisine güvenilmiş olmasıdır. Bu yargı, bir sanı derecesinde olsa da Refet Bey'in komutayı vermekte acele etmemesi, hiç olmazsa bizim de görüşümüzü alması gerekirdi.

Güvenip komutayı kendisine devrettiğine göre de hiç olmazsa bir süre oradan ayrılmayıp durum ve görüşlerimizi tamamen benimsetinceye kadar beraber çalışması ve kendisini bizimle bağlantıya soktuktan sonra uzaklaşması uygun olurdu, düşüncesindeydim. Bununla beraber, bir oldubitti karşısında bırakılmış olduğuma göre, iki noktada teselli aramakla yetinmek zorundaydım. Birincisi, Refet Bey'in telgraf metnindeki "Salahattin Bey amaca uygun çalışacak" cümlesi; diğeri de Refet Bey'in hiç olmazsa İstanbul'a gitmemiş olmasıydı.

Bu durum üzerine, "Komutanların İstanbul'a gitmek konusunda en küçük bir yanılgılarının pek pahalıya mal olacağını ve programımızı en iyi şekilde uygulamaya devam edeceğimizi" bütün komutanlara bildirerek hemen dikkatlerini çektim. Refet Bey'e de aynı tarihte (14 Temmuz 1919) "Salahattin Bey'in, kararlarımızı iyi uygulayacağı, buradaki arkadaşları fazlasıyla duygulandırmış ve onlara güç vermiştir" cümlesini de içeren bir şifre telgraf çektirdim.

Salahattin Bey'in kendisine de aynen şu telgrafı çektirdim:

14 Temmuz 1919

Amasya'da 5. Tümen Komutanlığı'na

Refet Bey'edir: Aşağıdaki telgrafı uygun görürseniz Salahattin Bey'e ulaştırınız ve sonucunu bildiriniz.

Mustafa Kemal

Salahattin Beyefendi'ye: İstanbul'un düşmanlarca kuşatılmış ortamından, ulusun kutsal sinesine gelmeniz ve özverili arkadaşlarınızın çaba ve yurtseverlik ortamını onurlandırmanız büyük bir sevinçle karşılandı. Kutsal amacımızın gerçekleştirilmesi uğrunda gösterilecek ortak çabada Allah hepimizi zafere ulaştıracaktır. Gözlerinizden öperim.

(Mustafa Kemal)
3. Ordu Müfettişliği Kurmay Başkanı
Albay
Kâzım

Salahattin Bey hakkında ilk şüphe ve kararsızlık, yine Salahattin Bey'in "amaca uygun çalışacağını" söylemesi üzerine kendisine güvenen ve hemen komutayı teslim edip Sivas yönünde uzaklaşan Refet Bey tarafından gösterilmiş oldu.

Refet Bey'in Amasya'dan yazdığı bir telgraf, yalnız Salahattin Bey hakkında şüpheyi değil, daha birkaç noktayla ilgili görüşleri de içeriyordu. İzin verirseniz olduğu gibi bilginize sunayım:

Aceledir
Güvenlikle ilgilidir
719

Amasya'dan, 15.7.1919

Erzurum'da 15. Kolordu Komutanlığı'na

Mustafa Kemal Paşa Hazretleri'ne:

Salahattin Bey'i tanırsınız. Birdenbire ürkmemesi gerekir. Önce Kâzım Paşa tebrik yoluyla, ılımlı ifadelerle kendisiyle haberleşmeye girişmelidir. Hamit Bey'in görevden alınması hakkında henüz bir şey yok. Fakat yerinde bırakılması için girişimlerde bulunuldu. Görevden alınırsa buralarda kalacağını pek ümit etmiyorum. Bununla beraber, etkilemeye çalışıyorum. Benim dönmem için İngilizlerin hükümete baskı yapacaklarına kuşku yoktur. Ben duruma göre gereğini yaparak buralarda kalacağım. İngilizlerden ve buradan geçen Amerikalılardan anladığıma göre, Kâzım Paşa'nın durumu da tehlikelidir. Her zaman ölçülü davranılmasını ve durumun iyi idare edilmesini tekrar tavsiye ederim *(Refet).*

5. Tümen Komutanı
Arif

Bu telgrafta adı geçen Hamit Bey, Samsun mutasarrıfı bulunuyordu. Hamit Bey, Samsun'a varışımızın ilk günlerinde, Refet Bey'le eski dostluğu ve tanışıklığı sebebiyle, ortak amaçta, sonuna kadar bizimle beraber, özveriyle çalışacak nitelikte bir arkadaş olduğuna güvendiği için bana tavsiye ettiği ve benim Sadrazamlığa ve özel olarak Genelkurmay Başkanı Cevat Paşa'ya durumu bildirerek Samsun'a getirebildiğimiz bir kişiydi.

Böyle bir kişinin er geç görevden alınacağına kuşku var mıydı? Fakat Refet Bey, "yerinde bırakılması için girişimlerde bulunuldu" diyor. Nerede? Kimlere gidilerek? Kim başvurmuştur?! Sonra, "Görevden alınırsa buralarda kalacağını pek ümit etmiyorum. Bununla beraber, etkilemeye çalışıyorum!" diyor. Nereye, İstanbul'a mı gidecek, nasıl? Bu kişi bugüne kadar bizimle çalışmıyor muydu?

Bu telgrafında, Refet Bey, kendisinin dönmesi için İngilizlerin hükümete baskı yapacaklarını kesin görüyor ve duruma göre gereğinin yapılması için uğraşarak buralarda kalacağını söylüyor. Oysa durum açık ve yapılacak şeyi ben kendisine 7 Temmuz 1919 tarihli genel talimatımda bildirdim (söz konusu talimatın ikinci maddesi). Ondan başka yapılacak şey yoktu.

Refet Bey, İngilizlerden ve buradan geçen Amerikalılardan anlamış ki "Kâzım Paşa'nın da durumu tehlikelidir." Bu ne demektir? Azim ve iradelerini en çok korumaları gereken arkadaşların, bize karşı herhalde iyi konuşmayacak kişilerin sözlerinden tehlike kuruntusuna kapılmaları ve bunu inanarak söylemeleri neye işaret eder?

Refet Bey, telgrafının sonunda, bana da ders veriyor. "Her zaman ölçülü davranmanın gözetilmesini" ve "durumun iyi idare edilmesini tekrar tavsiye ederim" diyor.

Buradaki, "ölçülü davranma" sözcüğünden, amacın ne olabileceğinin yorumunu, anlayışı keskin olanlara bırakıyorum.

Bana iyi yönetimi tavsiye eden adam, bu tavsiyeyi, benim verdiğim emir ve talimatı iyi uygulayıp görevi başından ayrılmadan önce yapmış olsaydı, daha içten hareket etmiş olurdu sanırım.

Hamit Bey'in İstanbul hükümetince görevden alınması

Efendiler, Hamit Bey 14 Temmuz 1919 tarihinde Samsun'dan bana şu kısa telgrafı çekmişti: "Görevden alındığımı sağlam kaynaktan haber aldım. Şu bir iki gün içinde emrin bana ulaşmasını bekliyorum. Ardından İstanbul'a gideceğimi sunarım."

Refet Bey'in komutayı bırakmış olmasından olumsuz etkilenmişken, aynı günde, önemli bir noktada kendisinden özverili bir görev beklediğimiz diğer bir arkadaşın da sanki doğal koşullar içinde bulunuyormuşuz gibi, anlaşılması güç bir tutum göstermekte olduğunu öğreniyorum.

Hamit Bey'e 15 Temmuz 1919 tarihinde şöyle bir telgraf çekildi:

> Kardeşim Hamit Bey, sizin yerinize İbrahim Ethem Bey'in atandığını haber aldık. Refet'e yazdım ve buluşarak beraberce iç bölgelere doğru gelmenizi rica ettim. Bilmem hangi güvenlik duygusu, size İstanbul'a gitmek fikrini aşılıyor. Bundan başka, biz, kıymetli arkadaşlarımızı İstanbul'dan Anadolu'ya çekip çıkarmaya ve bu şekilde ciddi yurtseverleri ulusal amaca hizmet isteklerinden yoksun bırakmamaya çalışırken, siz bu hareketinizle, en azından düşmanlarca kuşatılmış bir ortama giriyorsunuz. Biz hiç uygun görmedik. Refet'le buluşunuz. Ya Sivas yakınlarında birlikte kalırsınız ya da rahatça yanımıza gelirsiniz. Kesin yanıt bekleriz.

Beş gün sonra (20 Temmuz 1919) Samsun Mutasarrıfı Hamit Bey'in Samsun'dan gelen telgrafı şuydu:

> Bizans'ın gittikçe artan rezaletleri karşısında ümitsizliğe düşen ulus, doğudan bir ümit ışığı bekliyor.
>
> Buraları ve buradakileri öyle hayali şekil ve yaratılışta görüyorlar ki, acaba bir şey var mı diye, ben de kuşku duyuyorum. İlgisizliğimden utanıyorum.
>
> Gerçi uyumuyoruz. Bir şey yapmak istiyoruz. Fakat bu şeyin şekil ve teorisiyle uğraştığımıza, uzun yollar seçtiğimize inanıyorum. Zamanın ve koşulların beklemeye dayanma gücü yoktur. Ülkenin durumu dakikadan dakikaya fenalaşıyor. Dolayısıyla düşünceler üzerinde fazla durmayarak çalışmaları hızlandırmak gerekiyor. Bu konuda benim aklıma gelen şudur:
>
> Her yerden aynı anda padişaha birer telgraf çekelim. On aydan beri gözü önünde, çoğunlukla kendi arzu ve hevesi doğrultusunda yaşanan rezaletlerin yol göstermesiyle nereye sürüklenmekte olduğunu gören ulusun, ne pahasına olursa olsun geleceğini ele alma-

ya karar verdiğine dikkat çekip kırk sekiz saat içinde ulusun güvenine sahip bir hükümet kurulmadığı ve bir kurucu meclisin toplanmasına karar alınmadığı takdirde, ne kendisini ve ne de hükümetini tanıdığımızı ekleyelim. Bunda hiçbir zorluk yoktur. Geleneksel olarak boyun kırmaktan üzüntü duymayan ulus, biz yürüyelim, arkamızdan gelsin, efendim.

Beş gün önce, görevden alınması durumunda İstanbul'a gideceğini söyleyen Samsun mutasarrıfının bu telgrafını, biraz öfkeli yazılmış olmakla beraber, karar ve çalışma öğütleyen bir nitelikte bulduğunuzu tahmin etmek isterim.

Mutasarrıf Bey, ulusun bir ümit ışığı beklediği yerde, acaba bir şey mi var diye kuşku duyuyor.

Bizi ne yapmak istediğini bilmeyen, şekil ve teoriyle uğraşan şaşkınlar sanıyor. Fikirlerimizi kısa tutup, eylemi hızlandırmak için yapılacak şeyi de söylüyor. Eğer bundan sonra, bütün görüşlerindeki yanlışlığı açığa vuran çirkin bir fikri ortaya koymasaydı, iyi ederdi.

Efendiler, tarih, "geleneğe uyarak boyun kırmaktan üzüntü duymayan ulus, biz yürüyelim, arkamızdan gelsin!" fikir ve görüşünde bulunanların karşılaştıkları sonuçlar ve cezalarla doludur. Yöneticilerin, özellikle devlet adamlarının böyle sakat ve kabul edilmeyecek düşüncelere asla kapılmamaları gerekir. Hamit Bey, bu telgrafında, bizim Refet Bey'le beraber içerlere çekilmesi konusunda yazdıklarımıza hiç değinmiyor.

Hamit Bey'in bu telgrafına 21 Temmuz 1919 tarihinde verdiğimiz bir yanıtta: "İnşallah her şey olacaktır. Yalnız, ulusun güvenine sahip bir hükümet kurmak için, önce o hükümetin dayanabileceği bir kuvveti oluşturmak gerekir. O da, Doğu İlleri Kongresi'nin ve onun ardından da Sivas Genel Kongresi'nin toplanmasıyla olacaktır" dedik.

Refet Bey'le haberleşmeler

Efendiler, 3. Kolordu'ya, bu bakımdan da Refet ve Salahattin beylere tekrar değinmek gerekiyor. Sebebi şudur:

İngilizler, Sivas'a bir tabur gönderecekleri söylentisini yaydılar. Her ihtimale karşı Sivas'a gelen çeşitli yollar üzerinde askeri önlemler aldırmak gerekti. Bu sebeple Amasya'da bulunan 5. Tümen Komutanlığı'na, 18 Temmuz 1919 tarihinde, verdiğim bir emir metninde, henüz Amasya'da bulunan Refet Bey'e ait de şu cümleler vardı: "Durum hakkında Refet Bey'in önemle dikkati çekildi. Belki Refet Bey böyle bir durumu dikkate alarak şimdilik Amasya'da kalmayı da tercih eder."

5. Tümen komutanının 19 Temmuz 1919'da verdiği yanıtta dikkat çekici şu cümleler vardı: "Salahattin Bey şu anda Samsun'dadır. Şimdiye kadar kendisiyle bağlantı kuramadığım gibi, hiçbir ciddi ve önemli haberleşme de yapılmamış olduğundan, adı geçen komutanın görüş ve düşüncesinin ne şekilde olduğunu bilemiyorum.

"Fakat –Refet Bey– gerektiğinde İngilizlere direnecek kadar cesaret gösteremeyeceğini hissettirmişti."

"Refet Bey 18 Temmuz 1919'da Sivas'a hareket etti."

Bunun üzerine Refet Bey'e şu şifreyi verdirdim:

Şifre
Kişiye özeldir 19 Temmuz 1919
Sayı 115

Amasya'da 5. Tümen Komutanlığı'na
Sivas'ta 3. Ordu Sağlık Müfettişi Albay İbrahim Tali Beyefendi'ye

Refet Bey'edir: Salahattin Bey'e telgrafımı verdiniz mi? Adı geçen arkadaşımızın kesin inancının mutlaka anlaşılması ve çünkü kararsızlık ya da iki taraflı davranma gibi felaket doğuracak bir duruma hiçbir şekilde tahammül olunmaması ve göz yumulmaması, vatani bir görev olduğundan, bu konuda, evet veya hayır şeklinde kendisinden söz alınması ve ona göre bir karar verilmesi gereklidir. Sizin bıraktığınız noktadan başlamak, kendileri için en uygun programdır. Şimdiye kadar, hemen bir hafta olduğu halde hiçbir kesin bilgi alınamaması ve İstanbul'dan alınan bir bilgide adı geçen kişi hakkında sağlam bir inanç gösterilmemesi ve yola çıkmadan önce Sadık Bey'le gizli bir görüşme yaptığından ve dostluğundan söz edilerek şikâyet edilmesi, bu telgrafımın yazılmasına etkendir. Bu durumu ve sonuçlarını özellikle sizin değerlendirerek çözmeniz gerekir. Çünkü herhangi bir halk topluluğunda söyleyeceği yanlış ve ulusal amaca aykırı bir tek sözün bile, meydana getireceği ters etkiyi ve bunun yaratacağı durumu şimdiden düşünmek yeterlidir *(Mustafa Kemal).*

3. Ordu Müfettişliği
Kurmay Başkanı Albay
Kâzım

Yalnız, bu telgrafımıza değil, çok şeye yanıt olan Refet Bey'in şu telgrafını olduğu gibi bilginize sunacağım:

Güvenlikle ilgili ve çok aceledir Sivas'tan, 22.7.1919
1828

Erzurum'da 3. Ordu Müfettişliği Vekili
Kâzım Karabekir Paşa Hazretleri'ne

1. Mustafa Kemal Paşa Hazretleri'ne: Telgrafınızı Salahattin Bey'den ayrıldıktan sonra aldığım için kendisine veremedim. Salahattin Bey'i herkes gibi siz de çok iyi tanırsınız. Kararsız tabiatlı bir adamdır. On günden fazla bu bölgede kalmamak niyetiyle gelmiş.

Az kaldı komutayı almadan geri kaçacaktı. Kendisine güven verip inandırarak vatani görevini hatırlattım. Ülkesini kesinlikle sever. Fakat zamansız girişimlere gelemez. Aşağı yukarı Vali Reşit Paşa'dan biraz daha iyi. 13. Kolordu'dan geçen silahlardan haberi olduğu gibi, bu işin sonuçlandırılması için İstanbul'da da çalışmış ve başarılı olmuş. Buraya, Cevat Paşa tarafından seçilerek gönderilmiş. Dolayısıyla amaca zararlı olamaz ve hiçbir halk topluluğuna amaca aykırı tek bir söz söylemez. Tam tersine, amaca uygun ve fakat sessiz bir şekilde çalışmaya söz verdi. Sadık Bey'le bağlantısı hakkında verilen bilgilere inanamıyorum. Zaten, aldığımız haberi kesinleştirmeden ve belli bir program yapmadan çalışmak, kuvvetlerin kaybına sebep oluyor. Doğu'nun durumu hakkında bana verdiğiniz bilgilerde, aldığınız abartılı haberlere kapılmamış olsaydınız, belki de ben durumu daha iyi idare eder ve komutayı bırakmak zorunda kalmazdım. Kendi başına karar verecek insanların gerçek durumu bilmeleri gereğini siz de kabul edersiniz. Dolayısıyla Salahattin Bey'i amaçsız bir şekilde ürkütmek ve hayır dedirtmekle ne çıkacak? Zaten o kaçmaya hazır. Yerine acaba kim gelecek? Emirlerinizin kısa ve açık olmasını rica ederim. Salahattin Bey hakkındaki telgrafınızı lütfen bir daha okuyunuz. Fırtınayla başlayıp sakinlikle son bulan bu telgraftan kesin amacınızı çıkaramadım. Bununla beraber, birkaç güne kadar Salahattin Bey Samsun'dan dönüyor. Kendisiyle görüşeceğim. Kuşkusuz onu uygun bir şekilde amaç çerçevesinde yönetmek için gerekli önlemleri alıyorum.

2. Samsun'a çıkarılan taburun, buradaki Hintli Müslümanları değiştirmekle beraber, asıl Sivas'ta bulunduğunuzu zannettiklerinden, şahsınıza bir gözdağı vermek amacıyla çıkarıldığını, İngilizlerle görüştüğümde anladım. Beni İstanbul'a gitmeye ikna etmek için, Kavak'ta bulunduğum zaman bir İngiliz binbaşısı geldi. İngilizlere karşı gösterdiğim direnişten yararlanarak fakat gerçekte şahsınızı yıpratmak için beni görevden aldırdıklarını açıktan söyledi. Şahsınızın diğer dayanağı Kâzım Karabekir Paşa'ymış, bu bakımdan Kâzım Paşa, ellerine İngilizlerin ısrarına yol açacak açık bir sebebe meydan vermemelidir. Ferit Paşa'nın, istifanız üzerine Kâzım Paşa'yı komutan vekili olarak ataması, İstanbul'dakilerden bir kısmının kötü bir amacı olmadığını gösteriyor. Fakat İngilizlerin ısrarı karşısında bir şey yapamazlar. Kâzım Paşa'nın vekil olarak atanması da Salahattin Bey'in Sadık Bey hesabına buraya gelmediğine delildir.

3. Benim İstanbul'a götürülmem için İngilizlerin resmi olarak İstanbul hükümetine baskı yapmaları çok olasıdır. Çünkü benim ile İngilizlerin arasında resmi bir bağlantı var(!). Bu baskı artarsa, Salahattin Bey'i zor bir durumda bırakmamak için izimi kaybettireceğim.

4. Hamit Bey'in değiştirileceği söylentisi henüz gerçekleşmedi. Yerinde bırakılması için gerek Salahattin Bey[1] ve gerekse İngilizler İstanbul hükümetine başvurdular. Adı geçen kişinin değiştirilmesi girişimi İçişleri Bakanlığı ile kavga etmesi sonucudur. Salahattin Bey'in yerine Konya'ya Sedat Bey'in geldiği de doğru değildir. Her ne kadar Hamit Bey bütün komutanların değiştirileceğini haber aldığını yazıyorsa da, Kâzım Paşa'nın vekil olarak atanması bunun aksini gösteriyor.

---

1 Diğer Salahattin Bey (Gazi Mustafa Kemal Paşa'nın notu). Konya'daki 12. Kolordu komutanı (y. n.).

5. Sivas Kongresi hakkında Sadrazamlık'tan doğruca illere gönderilen 20 Temmuz 1919 tarihli telgrafı gördünüz mü? Karahisar'daki tümen komutanı bu kongreye delege seçilmesi için buralara bildiri yayımlamış. Bu davranış şeklini uygun buluyor musunuz? Alman barışı ve Doğu'daki sakinlik, durumun gelişmesini beklerken bizim de tedbirli olmamızı gerektirmiyor mu? Şahsım hakkında hiçbir endişem olmadığını artık anlamışsınızdır(!). Yalnız kararsız ve programsız hareketlerle amacı çıkmaza sokacağız. Ya tedbirli olalım ya da hemen işi açığa vuralım. Fakat ikisinden birini yapalım. Sivas Kongresi'nden bugün için bir yarar ümit ediyor musunuz? Bugünkü duruma göre bu kongrenin Sivas'ta ve açık bir şekilde yapılmasını tehlikeli bulmuyor musunuz? Güney yönünden Sivas'a gelecek bir darbe, özellikle bu ilin halkının kansızlığı sebebiyle Anadolu'yu ikiye ayırır ve çok tehlikeli olur. Bunun için bu ilin son zamana kadar adeta tarafsız gibi görünmesi pek çok önemlidir. Bu kongrenin mutlaka yapılması gerekiyorsa, aldığımız haberlere göre, delegelerin gelmesi mümkünse acaba bunun Doğu'da başka bir yerde yapılması daha uygun olmaz mı?

6. Sivas ve Amasya şehirleri halkı pek adi; ilçelerde, köylerde halk bunlara göre çok daha iyi. Bundan böyle ona göre çalışmalarımı düzenleyeceğim.

7. İstanbul'dan aldığım haberde, buradaki ulusal mücadelenin, hiçbir parti ya da bir kişinin özel isteklerini gerçekleştirmeye yönelik olmayıp, sırf ulusal kurtuluş ve bağımsızlığın sağlanması amacına yönelik olduğu hakkında, sizin tarafınızdan bir bildiri yayımlanarak İngilizlerin yatıştırılması tavsiye olunuyor. Buna gerek görülmesi durumunda, ben bunun sizden bir bildiri şeklinde değil, belki Erzurum Kongresi'nin kararlarına katılarak yayımlanmasının uygun olacağını sanıyorum.

8. Ajanslar, Mebuslar Meclisi seçimlerinden söz ediyorlar. Bu konuda ne düşünüyorsunuz? *(Refet)*

3. Kolordu Kurmay Başkanı
Zeki

Bu telgrafa verdiğimiz yanıtı da olduğu gibi sunmakla yetineceğim.

Şifre
Subay aracılığıyla çekilmesi — 23.7.1919
Aceledir
171

Sivas'ta 3. Kolordu Kurmay Başkanı Zeki Bey'e
Refet Beyefendi'ye:

1. Salahattin Bey hakkındaki telgrafı bir defa daha okumak üzere aradım. Fakat bulunamıyor. Hatırladığıma göre bu komutan hakkında söz edilen konular İstanbul'dan bildirilmişti. Her alınan haberin doğruluğunu istenildiği şekilde denetlemek, nadiren mümkündür. Doğu'nun durumu hakkında aldığımız bilgiler, abartıdan uzak olmamakla beraber, bize yanlış bir adım attırmış değildir inancındayım. Yazgımızda, yalnız Doğu'daki olayların gelişmeleri temeline dayanmakla yetinilmiş değildir. Ulusal örgütü genişlik ve

canlılık kazandırarak kökleştirmek, kongrelerle ulusal davayı benimsetmek, ordunun ulusal örgüte destek ve yardımını sağlamak, ulusal amacın kaybına meydan vermemek için komuta ve silah sorunları ile gereken kesin kararı vermek konularında, şimdiye kadar yapıldığından başka türlü ve daha tedbirli davranmak, acaba bugünkü olumlu sonucu verebilir miydi? Herhalde şimdiki durum, herkesin hoşnut olmasını sağlayacak derecededir.

2. Kâzım Paşa'nın komutan vekili olarak atanması çok yerinde olmuştur. Ellerine İngilizlerin ısrarına yol açacak görünür bir sebep vermemeye çalışıyor. Fakat silah konusunda ve Trabzon'a asker çıkarılmasına engel olma durumunda hoşgörülü davranamayacağımız açıktır. Oysa bu sebepler İngilizlerin elbette hoşuna gitmeyecektir.

3. İngilizler, benim İstanbul'a götürülmem konusunda pek çok ısrar ettiler ve hükümete son derece baskı yaptılar. Hükümet ve padişahla makine başında, günlerce devam eden görüşmelerde bu durum çok açıkça bildirildi. Bu konuşmaların metinleri, görüştüğümüzde sizin tarafınızdan da görülecektir. Fakat, meslekten istifa edince ısrar son buldu. Buna bakarak sizin hakkınızda da istifadan sonra büyük ısrar beklemiyorum. Bununla beraber, aksi takdirde izinizi kaybettirmektense, Salahattin Bey'in zor bir konumda kalmasını tercih ederim. Burada Halit Bey hakkında, hükümet ve İngilizler, Kâzım Paşa'ya çok ısrar ettiler. Kâzım Paşa bir şey yapılamayacağını söylemekte direndiğinden, şu anda Halit Bey, resmen olmasa da, tümeninin başında bulunuyor.

4. Hamit Bey, son bir telgrafıyla hepimizden daha hızlı hareket etmek isteğini gösteriyor. Şimdilik yumuşatıldı.

5. Sivas Kongresi hakkındaki telgrafı henüz görmedim. Gerçekten bazı yerlerde olumlu ve bazı yerlerde de olumsuz aşırılıklar görülüyor. Kuşkusuz duruma göre ve verimli eylemlerde bulunabilecek biçimde tedbirli hareket etmek taraftarıyım. Herkes için bu kesin ve açık program, bugün toplanmaya başlayan Erzurum Kongresi görüşmelerinden çıkacaktır.

Sivas Kongresi'nden pek çok yarar beklerim. Bugün değil, Sivas Kongresi ilk söz konusu olduğu gün dahi her taraftan ve özellikle güneyden bir darbe gelmesini büyük olasılık olarak gördüğümü ve bu sebeple savunma önlemleri konusunda ricada bulunduğumu hatırlarsınız. Bununla beraber, Erzurum Kongresi'nin toplanması devam ederken, Sivas'a gelecek delegelerin sayısına ve Erzurum Kongresi'nin yapacağı etkilerle ortaya çıkacak duruma göre daha pratik ve güvenli bir şekil de düşünülür.

6. Çalışmaların düzenlenmesi konusundaki siz kardeşimin görüşleri pek doğrudur. Bununla beraber, şehirlileri de ulusal duygu ve etki altında tutmaktan geri kalınmayacağını ümit ederim.

7. Ulusal mücadelenin istek ve yönelimi, kongre aracılığıyla yayınlanacak bildirilerle, düşündüğünüz gibi duyurulacaktır.

8. Mebuslar Meclisi toplanmalıdır. Fakat İstanbul'da değil, Anadolu'da. Bu konu kongrede görüşüldükten sonra girişimde bulunulacaktır. Hepimiz gözlerinizden öperiz kardeşim.

Mustafa Kemal

3. Ordu Müfettişliği

Kurmay Başkanı Albay

Kâzım

Erzurumluların yardımları

Efendiler, askerlikten istifa ettikten sonra, bütün Erzurum halkının ve Vilayat-ı Şarkiye Müdafaa-i Hukuk-ı Milliye Cemiyeti'nin Erzurum şubesinin, hakkımda çok açık bir şekilde gösterdikleri güven ve içtenliğin bende bıraktığı unutulmaz anıyı, burada, açıkça ifade etmeyi bir görev sayarım.

Cemiyetin Erzurum şubesinden aldığım 10 Temmuz 1919 tarihli yazıda, "cemiyetin başına geçmemi ve yönetim kurulu başkanlığını kabul etmemi" teklif ediyorlar ve beraber çalışmak üzere seçtikleri ve atadıkları beş kişinin adlarını bildiriyorlardı.

Bu beş kişi; Raif Efendi, emekli Binbaşı Süleyman Bey, emekli Binbaşı Kâzım Bey, *Albayrak* Gazetesi müdürü Necati Bey, Dursunbeyzade Cevat Bey'di. Söz ettiğim yazıda, Rauf Bey'in de yönetim kurulu ikinci başkanlığına seçildiği bildiriliyordu.

Bu tarihlerde, Erzurum Şubesi Yönetim Kurulu Başkanı Raif Efendi ve üyeler Hacı Hafız Efendi, Süleyman Bey, Maksut Bey, Mesut Bey, Necati Bey, Ahmet Bey, Kâzım Bey ve Kâtip Cevat Bey'di.

Erzurum şubesi, İstanbul'daki Genel Merkez Başkanlığı'na ulaştırmaya çalıştıkları bir telgrafla, "Genel Merkez adına görüş ve düşünce bildirmek yetkisinin bana verildiğinin telgrafla bildirilmesini" de rica ettiler.

Bundan başka, bizim, Erzurum Kongresi'ne girmemizi kolaylaştırmak için, kongreye Erzurum temsilcisi olarak seçilmiş olan emekli Binbaşı Kâzım ve Dursunbeyzade Cevat beyler temsilcilikten istifa ettiler.

Erzurum Kongresi

Efendiler, bildiğiniz gibi, Erzurum Kongresi 1919 yılı Temmuz'unun 23. günü, çok gösterişsiz bir okul salonunda toplandı. İlk günü, beni başkanlığa seçtiler. Kongre üyelerini durum ve bir dereceye kadar görüş hakkında aydınlatmak için yaptığım konuşmada:

"Tarih ve olayların zorlamasıyla, fiilen içine düştüğümüz kanlı ve kara tehlikeleri görmeyecek ve bundan ürpermeyecek hiçbir yurtseverin düşünülemeyeceğini belirttim. Ateşkes anlaşması hükümlerine aykırı olarak yapılan saldırı ve işgallerden söz ettim.

Tarihin, bir ulusun varlığını ve hakkını hiçbir zaman inkâr edemeyeceğini, dolayısıyla vatanımız, ulusumuz zararına olarak verilen kararların mutlaka iflas etmeye mahkûm olduğunu söyledim.

Vatan ve ulusun kutsal varlıklarını kurtarmak ve korumak konusunda son sözü söyleyecek ve bunun hükmünü uygulatacak gücün, bütün vatanda bir elektrik ağı haline girmiş olan ulusal akımın kahramanlık ruhu olduğunu ifade ettim.

Manevi gücün artırılmasına yardımcı olmak üzere de haksızlığa uğramış bütün ulusların ulusal amaçlarına ulaşmak için, –içinde bulunduğumuz tarihteki– çalışmalarına ilişkin var olan bazı bilgileri özetledim.

3. Ordu Müfettişi Mustafa Kemal Paşa Erzurum Kongresi'ne hazırlık günlerinde (5 Temmuz 1919). ATASE Arşivi.

Ve ulusun yazgısına egemen bir ulusal iradenin, ancak Anadolu'dan çıkabileceğini açıkladım ve ulusal iradeye dayalı bir ulusal meclis toplanmasını ve gücünü ulusal iradeden alacak bir hükümetin kurulmasını, kongre çalışmalarının ilk hedefi olarak gösterdim."

Erzurum Kongresi bildirisi ve kararları

Efendiler, Erzurum Kongresi 14 gün sürdü. Çalışmalarının sonucu, belirlediği tüzük ve bu tüzükteki hükümleri ilan eden bildirideki maddelerdir.

Bu tüzük ve bildiri metni, zaman ve ortamın gerektirdiği bazı önemsiz ve ikinci derecede düşünce ve görüşler çıkarılarak incelenirse, birtakım köklü ve kapsamlı ilkelere ve kararlara ulaşırız.

İzin verirseniz, bu ilkelerin ve kararların, bence, daha o zaman nelerden meydana geldiğine işaret edeyim:

1. **Ulusal sınırlar içinde bulunan vatanın bütün kısımları bir bütündür. Birbirinden ayrılamaz** (Bildiri, madde 6. Tüzük, madde 3'ün ayrıntısı. Tüzük ve bildirinin birinci maddeleri okunsun ve incelensin).

2. **Her türlü yabancı işgal ve müdahalesine karşı ve Osmanlı hükümetinin dağılması durumunda, ulus, topyekûn kendisini savunacak ve direnecektir** (Tüzük, madde 2 ve 3; Bildiri, madde 3).

3. Vatanın korunması ve bağımsızlığın sağlanmasına İstanbul hükümetinin gücünün yetmemesi durumunda, amacın sağlanması için, geçici bir hükümet kurulacaktır. Bu hükümet üyeleri, ulusal kongrece seçilecektir. Kongre toplanmış değilse, bu seçimi Temsil Heyeti yapacaktır (Tüzük, madde 4; Bildiri, madde 4).

4. **Kuva-yı Milliye'yi etken ve ulusal iradeyi egemen kılmak esastır** (Bildiri, madde 3).

5. Hıristiyan unsurlara siyasi egemenlik ve toplumsal dengemizi bozacak ayrıcalıklar verilemez (Bildiri, madde 4).

6. **Manda ve himaye kabul olunamaz** (Bildiri, madde 7).

7. Ulusal Meclis'in derhal toplanmasını ve hükümet çalışmalarının Meclis'in denetimine konulmasını sağlamak için çalışılacaktır (Bildiri, madde 8).

Bu ilkeler ve bu kararlar çeşitli şekillerde görülmüşlerse de asla temel özelliklerini değiştirmeksizin, uygulanma olanağı bulmuşlardır.

Efendiler, biz, kongrede özetlediğim bu kararları ve bu ilkeleri belirlemeye çalışırken, Sadrazam Ferit Paşa da ajanslarla birtakım demeçler yayımlıyordu. Bu demeçlere, sadrazamın ulusu jurnal etmesi dense yeridir. 23 Temmuz 1919 tarihli ajansla, dünyaya şunu ilan ediyordu: "Anadolu'da karışıklık çıktı. Kanun-ı Esasi'ye [Anayasa] aykırı olarak Mebuslar Meclisi adı altında toplantılar yapılıyor. Bu hareketin, sivil ve askeri memurlar tarafından önlenmesi gerekir."

Buna karşı gerekli önlemler alındı ve Mebuslar Meclisi'nin toplantıya çağrılması istendi.

Ağustos'un yedinci günü kongre toplantısına son verirken, kongre üyelerine: "Esaslı kararlar alındığını ve dünyaya ulusumuzun varlık ve birliğinin gösterildiğini" söyledim ve "tarih, bu kongremizi, ender ve büyük bir eser olarak yazacaktır" dedim.

Sözlerimde isabetsizlik olmadığını, zaman ve olayların ispat etmiş olduğuna inanıyorum, efendiler.

Erzurum Kongresi, tüzük gereğince bir Temsil Heyeti seçmişti.

Cemiyetler Kanunu'na göre dilekçe yerine geçmek üzere Erzurum Valiliği makamına yazılan 24 Ağustos 1919 tarihli bildiride, Temsil Heyeti üyelerinin adları ve kimlikleri şu şekilde yer almaktaydı:

Mustafa Kemal	Eski 3. Ordu müfettişi, askerlikten istifa etmiş
Rauf Bey	Eski Donanma bakanı
Raif Efendi	Eski Erzurum milletvekili
İzzet Bey	Eski Trabzon milletvekili
Servet Bey	Eski Trabzon milletvekili
Şeyh Fevzi Efendi	Erzincan'da Nakşi şeyhi
Bekir Sami Bey	Eski Beyrut valisi
Sadullah Efendi	Eski Bitlis milletvekili
Hacı Musa Bey	Mutki aşiret reisi

Efendiler, yeri gelmişken şunu belirteyim ki, bu kişiler hiçbir zaman bir araya gelip birlikte çalışmış değillerdir. Bunlardan İzzet, Servet ve Hacı Musa beyler ve Sadullah Efendi hiç gelmemişlerdir. Raif ve Şeyh Fevzi efendiler, Sivas Kongresi'ne katılmışlar ve sonra biri Erzurum'a, diğeri Erzincan'a dönerek bir daha heyete katılmamışlardır. Rauf Bey ve Sivas Kongresi'ne katılan Bekir Sami Bey, İstanbul'da Mebuslar Meclisi'ne gidinceye kadar bizimle beraber bulunmuşlardır.

Erzurum Kongresi'nde görülen kararsızlıklar

Efendiler, hatıra olarak küçük bir noktaya da işaret etmek isterim. Benim, bu Erzurum Kongresi'ne üye olarak girip girmemekliğim düşünülmeye değer görülmüş olduğu gibi, kongreye katıldıktan sonra da başkan olup olmamaklığım üzerinde kararsızlık gösterenler bulunmuştur. Bu kararsızlığı gösterenlerden bir kısmının düşüncelerini iyi niyet ve samimiyetlerine yormak uygunken, diğer bazı kimselerin bu konuda tamamen samimiyetten uzak, aksine alçakça amaçlar izlediklerine daha o zaman kuşkum kalmamıştı. Örneğin, düşman casusu olup, her nasılsa Trabzon içinde bir yerden kendini kongreye delege seçtirip gelen Ömer Fevzi Bey ve arkadaşları gibi. Bu adamın ihaneti, Trabzon'da ve oradan kaçtıktan sonra İstanbul'daki faaliyet ve hareketleriyle kesinleşmiştir.

Kongrenin bitiminden iki üç gün önce, diğer bir tartışma da söz konusu olmaya başlamıştı. Bazı yakın arkadaşlarım, benim Temsil Heyeti'ne katılarak açık olarak çalışmamı sakıncalı görüyorlardı. Görüşleri şu noktalarda özetlenebilir: "Ulusal girişimlerin ve çalışmaların bütün anlamıyla ulustan doğduğunu, gerçekten ulusal olduğunu göstermek gerekmektedir. Bu durumda yapılacak girişimler daha güçlü olur ve kimsenin kötüye yormasına ve özellikle yabancıların olumsuz düşüncelerine yer bırakmaz. Fakat tanınmış, hele İstanbul hükümetine, hilafet ve saltanat makamına karşı asi durumuna düşmüş, saldırıların hedef noktası haline gelmiş olan benim gibi bir adamın, bütün bu ulusal girişimlerin başında bulunduğu görülürse, çalışmaların ulusal amaçlara dayanmaktan çok, kişisel çıkarlar sağlamaya yönelik olduğu yorumuna olanak verir. Dolayısıyla, Temsil Heyeti, illerin ve bağımsız sancakların seçeceği kişilerden oluşmalıdır. Ancak bu şekilde ulusal bir güç gösterilebilir."

Bu görüşlerin ne dereceye kadar yerinde olup olmadığını araştıracak değilim. Yalnız benim de bu görüşlere karşı olan görüşlerimi dayandırdığım noktalardan bazısını sayayım: Özellikle, ben mutlaka kongreye katılmalı ve onu yönetmeliydim. Çünkü, zaman geçirmeksizin, ulusal iradenin faaliyete geçirilmesini ve ulusun doğrudan doğruya etkin ve silahlı olarak önlemler almaya başlamasını sağlamak zorunluluğuna inanıyordum. Bu temel noktaları değerlendirmek ve belirleyebilmek için, kongrede, aydınlatma ve yol gösterme ve doğrudan yönetimle çalışmamı gerekli görüyordum. Nitekim öyle oldu. Erzurum Kongresi'nin daha önce açıkladığım esaslarını ve kararlarını, herhangi bir temsilciler heyetinin uygulama alanına sokturabileceğime güvenim olmadığını itiraf ederim. Nitekim zaman ve olaylar beni doğrulamıştır. Bundan başka, daha Amasya'dayken kararlaştırdığım ve bütün ulusa mümkün olan araçlarla bildirdiğim Sivas Genel Kongresi'nin toplanmasını sağlamak, bütün ulusu ve ülkeyi yalnız bir heyetle temsil etmek, ayrıca, yalnız Doğu illerini değil, vatanın bütün kısımlarını aynı dikkat ve duyarlılıkla savunma ve kurtarma çarelerini bulmaya çalışmak gibi konuları herhangi bir heyetin sağlayabileceğine inanmadığımı açıkça ifade etmek zorundayım. Çünkü, bende böyle bir inanç var olsaydı, işe başladığım güne kadar girişim ve faaliyette bulunanların çalışmalarının sonuçlarını bekleyerek, istifa etmemek yolunu bulurdum. Hükümet, padişah ve halifeye karşı isyana gerek görmezdim. Aksine, ben de bazı ikiyüzlü ve iki taraflılar gibi, görünüşte çok tantanalı ve gösterişli olan, o günün ordu müfettişliğini ve padişah yaveri sıfatını korumaya devam ederdim. Gerçi, benim açıkça ortaya atılmamda ve bütün ulusal ve askeri hareketlerin başına geçmemde kuşkusuz sakınca vardı. Fakat o sakınca, başarısızlık halinde herkesten önce ve herkesten çok, en büyük ceza ve eziyete uğratılmaktan başka bir şey olabilir miydi? Oysa, bütün vatanın ve koskoca bir ulusun, ölüm kalımı söz konusu olurken, yurtseverim diyenlerin kendi sonlarını düşünmesine yer var mıdır?

Efendiler, ben, bazı arkadaşlarca ifade olunan görüşlere ve kuruntulara uysaydım, iki bakımdan büyük sakıncalar doğacaktı. Birincisi; görüşlerimde, kararlarımda ve bütün kimliğimde yetersizlik ve güçsüzlük olduğunu itiraf etmek ki, bu durum, benim vicdan olarak üstlendiğim görev bakımından giderilemez bir yanılma olurdu.

Efendiler, tarih itiraz edilemez bir şekilde kanıtlamıştır ki, büyük davalarda başarı için sarsılmaz bir yetenek ve güce sahip bir önderin varlığı gereklidir. Bütün devlet adamlarının ümitsizlik ve beceriksizlik içinde... bütün ulusun başsız olarak karanlıklar içinde kaldığı bir sırada, her yurtseverim diyen bin bir çeşit adamın, bin bir hareket şekli ve görüş gösterdiği kargaşalı bir dönemde, danışmalar yaparak, birçok hatırlı ve etkili kişilere bel bağlama gereğine inanmakla, güvenli ve kararlı bir şekilde ve özellikle süratle yol almak ve en sonunda çok zorlu olan hedefe ulaşmak mümkün müdür? Tarihte, bu yolla başarıya ulaşmış bir toplum gösterilebilir mi? İkincisi efendiler; ulus, ülke, siyaset ve ordu yönetimleriyle hiçbir ilgi ve bağlantıları, bu konularda başarıları görülmemiş ve denenmemiş gelişigüzel adamlardan, örneğin Erzincanlı bir Nakşi şeyhi ve Mutkili bir aşiret reisi gibi zavallılardan da oluşma ihtimali bulunan herhangi bir Temsil Heyeti'ne, söz konusu olan durum ve görev bırakılabilir miydi? Ve bırakıldığı takdirde, "ülkeyi ve ulusu kurtaracağız," dediğimiz zaman, ulusu ve kendimizi aldatmış olmak gibi bir hata işlemeyecek miydik? Bu nitelikteki bir heyete, perde arkasından yardım edilebileceği söz konusu olsa da bu yöntem, güvenli bir yol olarak kabul edilebilir miydi?

Bu söylediklerimin, o günlerde değilse bile, artık bugün bütün dünyaca yadsınamaz gerçeklerden görüldüğüne asla kuşku yoktur. Bununla beraber, ben, bu söylediklerimi geçmiş günlere ait bazı anılar ve belgelerle bir kez daha belirtmeyi, gelecek kuşakların toplumsal ve siyasal ahlak eğitimi bakımından bir görev sayarım.

Bu dakikaya kadar olduğu gibi bundan sonra da değineceğim olaylar nedeniyle, bu konu kendiliğinden aydınlanacaktır.

Efendiler, Erzurum Kongresi'nin bitiminde, Ferit Paşa'dan sonra Savunma Bakanlığı'na yeni geldiği anlaşılan Nâzım Paşa imzasıyla 15. Kolordu Komutanlığı'na 30 Temmuz 1919 tarihli şöyle bir emir geldi:

> Mustafa Kemal Paşa ile Refet Bey'in hükümetin kararlarına aykırı eylem ve hareketlerinden dolayı hemen yakalanarak İstanbul'a gönderilmeleri Babıâli'ce uygun görülerek o bölgedeki memurlara gerekli emirler verildiğinden, kolorduca ciddi yardımda bulunulması ve sonucundan bilgi verilmesi rica olunur.

Bu emre, Kolordu Komutanlığı tarafından gerektiği şekilde yanıt verildi ve bu yanıtı diğer komutanlara da aynen verdirerek dikkatlerini çektirdim.

Kongre bildirisi, ülke içinde her tarafa ve yabancı devlet temsilcilerine çeşitli yollarla bildirildi. Tüzük de komutanlara ve diğer güvenilir olan makamlara kısım kısım, şifreyle verilerek bölgelerince basılması, çoğaltılması ve yayımlanmasının sağlanmasına çalışıldı. Bu durum doğal olarak, günlerce devam etti. Bu bakımdan Sivas'ta 3. Kolordu Komutanı Salahattin Bey'den, 22 Ağustos 1919 tarihli aldığım bir telgrafta, "Tüzüğün ikinci ve dördüncü maddelerinin yayımlanmasını sakıncalı bulduğu, bir kere daha incelenmesi gereği" bildiriliyordu.

İkinci madde, topyekûn savunma ve direniş ilkesinin kabul edildiğine;

Dördüncü madde, geçici yönetim oluşturulabileceğine dair olan maddelerdir.

Karakol Cemiyeti

Biz Erzurum'da, kongre kararlarının her tarafça anlaşılmasına ve topyekûn uygulanmasını sağlayıcı önlemleri almaya çalışırken, bize "Karakol Cemiyeti'nin Teşkilat-ı Umumiye Nizamnamesi" [Karakol Cemiyeti'nin Genel Kuruluş Tüzüğü] ve "Karakol Cemiyeti Vezaif-i Umumiye Talimatnamesi" [Karakol Cemiyeti Genel Görevler Yönetmeliği] diye basılı birtakım belgelerin bütün orduya, komutan, subay, herkese dağıtıldığından haberdar edildik.

Bu yönetmeliği okuyan bana en yakın komutanlar bile, bu girişimi bana ait sanarak birçok kuşku ve kararsızlıklar yaşamışlardır. Benim, bir taraftan kongrelerle açık ve ortaklaşa ulusal çalışmada bulunurken, bir taraftan da esrarengiz ve korkunç bir komite kurmaya çalıştığım kuruntusuna kapılmışlar. Gerçi, bu örgütün ve girişimlerin elebaşıları İstanbul'da bulunuyorlarmış, fakat girişimlerini benim adıma ve hesabıma yapmaktaymışlar.

Karakol Cemiyeti'nin Genel Kuruluş Tüzüğü'ne göre, genel merkez üyeleri, sayıları ve toplantı yerleri ve yöntemleri, seçim usulleri ve görevlendirilmeleri kesinlikle gizli ve saklı tutulur.

Bir de en ufak sırrı açığa varan veya Karakol Cemiyeti'ne güvensizlik ve tehlike ve hatta tehlike doğurabilecek bir kuşku uyandıran kimseler derhal idam edilir.

Genel Görevler Yönetmeliği'nde de, "bir ulusal ordudan" söz ediliyor ve "Bu ordunun başkomutanı ve büyük genelkurmayı, ordu ve kolordu ve tümen komutanları ve kurmayları seçilmiş ve atanmış olup saklı ve gizli tutulur. Bunlar görevlerini gizli olarak yerine getirirler" açıklaması okunur.

Efendiler, derhal komutanları uyardım ve bu tüzük ve yönetmelik hükümlerini asla uygulamaya koymamaları gerektiğini ve girişimin kaynağını araştırmakta olduğumu bildirdim.

Sivas'a varışımdan sonra, oraya gelen Kara Vasıf Bey'den anladım ki, bu işi yapan kendisi ve bazı arkadaşlarıymış.

Her halde bu hareket tarzı doğru değildi. Herkesi idamla tehdit ederek bilinmeyen bir merkezin, kimliği bilinmeyen bir başkomutanın, bilinmeyen birtakım komutanların emirlerine uymak zorunda bırakmaya kalkışmak çok tehlikeliydi. Gerçekten derhal bütün ordu mensuplarında birbirine karşı bir güvensizlik ve tedirginlik başladı. Örneğin, herhangi bir kolordu komutanının "Benim komuta etmekte olduğum kolordunun, acaba saklı ve gizli komutanı kimdir? Bu gizli komutan, acaba, ne zaman ve nasıl komutaya el koyacak? Ve acaba bana nasıl davranacak?" gibi haklı olarak birtakım kuruntulara kapılması ihtimalden uzak değildi.

Sivas'ta Kara Vasıf Bey'e, bu gizli merkezin, gizli başkomutanın ve gizli büyük kurmayların kimler olduğunu sorduğum zaman, "Hepsi siz ve arkadaşlarınızdır" yanıtını vermişti. Bu beni büsbütün şaşırtmıştı. Bu yanıt, elbette makul ve mantıklı olamazdı. Çünkü, bana, asla böyle bir örgütlenmeden kimse söz etmemiş ve onayımı almamıştı.

Bu derneğin daha sonra, özellikle İstanbul'da aynı adla çalışmalarını sürdürmeye çalışmış olduğu anlaşıldıktan sonra, kuruluşunda ve buna dair bize vermek zorunda kaldıkları bilgilerde samimiyet olduğu iddia edilemez.

Avrupa'dan bir şey başaramadan dönen Ferit Paşa'ya çektiğim şifre

İstanbul hükümetini ulusal girişimlere engel olmaktan vazgeçirmek, başarı için hız ve kolaylık gerektireceğinden, önemliydi. Bu düşünceyle Ferit Paşa'nın doğal olarak hiçbir şey başaramadan, adeta hakarete uğramış bir biçimde İstanbul'a dönüşünden yararlanarak, kendisine 16 Ağustos 1919 tarihinde bir şifre telgraf yazdım. Bu telgrafta başlıca şu cümleler vardı:

Mösyö Klemanso'nun (Clemenceau) siz Sadrazam Hazretleri'nin yüksek şahsiyetlerinize verdiği ayrıntılı yanıtı, sonradan okuyunca İstanbul'a nasıl acı ve üzüntüler içinde dönmüş olduğunuzu anlıyorum..

....

.... Vatanımızı bölme ve yok etme düşüncesini bu kadar açık ve onur kırıcı bir şekilde gösteren bu ifade karşısında titremeyecek duyarlı bir insan düşünemem. Allah'a binlerce şükredelim ki ulusumuz, ruhundaki kahramanlık azmiyle tarih boyunca süregelen hayat ve varlığını ne kadere, ne de böyle zalimce kararlara hiçbir zaman kurban etmeyecektir.

Şimdi çok eminim ki, yüksek şahsınız bugünkü genel durumu, devlet ve ulusun gerçek çıkarlarını üç ay önceki gözlerle görmüyorlar.

Dokuz aydan beri işbaşına gelen hükümetlerin, daima birbirinden daha çok başarısızlığa uğraması ve sonunda ne yazık ki artık iş göremez bir noktaya inmesi, ulusun yüksek onuru karşısında cidden çok üzücü oluyor. Şurası açıktır ki, vatan ve ulusun yazgısını belirlemede içerde ve dışarda sesini duyurmak ve söz sahibi olabilmek, mutlaka ulusal iradeye dayanmak şartına bağlıdır.

Yaşama hakkı ve bağımsızlığı için çalışan ulusun amacındaki soyluluk ve ciddiyete karşılık İstanbul hükümeti düşmanca tavır almak yolunu tutuyor. Bu davranış şekli, doğal olarak çok büyük üzüntüye sebep olmuştur. Ulusu, İstanbul hükümetine karşı, istenmeyen hareketlere yöneltebilecek içeriktedir. Gayet samimi olarak belirteyim ki, ulus, her türlü iradesini kullanabilecek güçtedir. Girişimlerinin önüne geçebilecek hiçbir güç yoktur. İstanbul hükümetinin olumsuz girişimleri hiçbir yerde ve hiçbir kimse tarafından uygulanamayacaktır. Ulus, çizdiği program çerçevesinde, gayet kesin ve açık adımlarla amacına yürümektedir. İstanbul hükümetinin şimdiye kadar olan engelleyici girişimlerinin hiçbir tarafta hiçbir etki yapamamakta olmasıyla gerçek durumun anlaşılacağına kuşku yoktur.

İngilizlerin gösterdikleri yolda bir kurtuluş çaresi aramak da boşunadır ve sonucu hayal kırıklığıdır. Bununla beraber, İngilizler bile en sonunda gücün ulusta olduğunu kabul ederek, hiçbir dayanağı olmayan ve ulus adına hiçbir güvence veremeyen ve verse bile ulusun boyun eğmeyeceği bir hükümetle sonuç alınabilecek bir işe girişmenin olanaksız olduğuna inanmışlardır.

Bütün dilekler şu noktada birleşmiştir ki, hükümet haklı olan ulusal akıma karşı çıkmaktan vazgeçerek Kuva-yı Milliye'ye dayansın ve her türlü girişimlerinde ulusal amaçları rehber kabul etsin.

Bunun için de ulusal varlık ve iradeyi temsil edecek olan Mebuslar Meclisi'nin en kısa bir zamanda toplanmasını sağlasın!

Sivas Kongresi hazırlıkları

Efendiler, Sivas'ta toplamaya çalıştığımız kongreye her taraftan delege seçtirmek ve onların Sivas'a gelmelerini sağlamak için, daha Amasya'da başlamış olan çalışma ve haberleşmeler halen devam ediyordu. Bütün komutanlar ve her tarafta birçok vatansever olağanüstü çaba harcıyorlardı. Fakat yine her tarafta olumsuz ve karşıt propagandalar ve özellikle İstanbul hükümetinin engelleyici önlemleri işi zorlaştırıyordu.

Bazı yerlerden hem delege seçmiyorlar ve hem de manevi gücü kıracak ve herkesi ümitsizliğe sürükleyecek yanıtlar veriyorlardı. Örneğin, 20. Kolordu komutanı adına Kurmay Başkanı Ömer Halis Bey'in İstanbul'dan alınan bilgileri içeren 9 Ağustos 1919 tarihli şifresinde şu maddeler dikkat çekici görüldü:

"1. İstanbul delege göndermiyor. Oradaki uygulamaları onaylamakla beraber, cüretli bir tutuma girmeyi de istemiyor.

2. İstanbul'dan delege göndermek olanak dışındadır. Gönderilmek istenen kişiler, orada verimli, başarılı iş göreceklerine emin olmadıklarından dolayı, boşuna masraf etmemek ve yolculuk sıkıntılarıyla karşılaşmamak için hareket etmiyorlar. (Bildiğiniz gibi, bazı kişileri özel mektupla da davet etmiştik.)"

Biz, her taraftan delege seçtirmek ve göndertmek konusunda karşılaşılan zorlukları gidermeye çalışırken, diğer taraftan, kongrenin toplanması için en güvenli yer olarak seçtiğimiz Sivas'ta da bir telaş ve heyecan başladı.

Efendiler, burada, yeri gelmişken belirteyim ki, ben Sivas'ı gerçekten her bakımdan güvenli saymış olmakla beraber, daha Amasya'da iken, Sivas'a gelen bütün yollar üzerinde uzaktan ve yakından her türlü askeri önlem ve tertibatı aldırmayı da tedbirliliğin bir gereği olarak görmüştüm.

Sivas valisinin endişeleri

Sivas'ın heyecanı şu şekilde öğrenildi. 20 Ağustos günü öğleyin, Sivas Valisi Reşit Paşa tarafından telgraf başına çağrıldığım zaman, Paşa'nın uzun bir telgrafı veriliyordu. O telgraf şudur:

Erzurum'da Mustafa Kemal Paşa Hazretleri'ne

Önce, rahatsız ettiğimden dolayı yüksek affınızı rica eder, yüce şahsınızın sağlığını sorarım. Rahatsız etme amacımı aşağıda sunarak açıklıyorum efendim. Görünüşte Fransızlara ait kuruluşları teslim almak, gerçekte buraların durumu hakkında incelemelerde bulunmak üzere, Cizvit papazlarıyla beraber İstanbul'dan önceki gün Sivas'a gelerek valilik makamını ziyaret eden Fransız subaylarına, karşı ziyaret için dün sabah yanlarına gitmiştim. Ziyaret ve görüşmenin sonunda orada hazır bulunan Fransız binbaşılarından Jandarma Müfettişi Mösyö Brüno (Brunot) biraz özel görüşmek arzusunu göstererek bendenizi diğer bir odaya aldı. Söylediği sözleri aynen aktarıyorum:

"Mustafa Kemal Paşa ile Kongre Heyeti'nin Sivas'a gelip burada da bir kongre yapacaklarını işittim. Bunu İstanbul'dan gelen Fransız subayları söylediler. Sizinle bu kadar samimi görüşüp şahsınıza karşı pek çok saygı beslerken, bu konuyu benden saklamanıza çok üzüldüm," dedi. Bendeniz de gereken yanıtı vererek kendisini inandırmaya çalıştımsa da son söz olarak, "Eğer Mustafa Kemal Paşa Sivas'a gelir ve burada kongre yapılmasına girişilirse, beş on gün içinde buraların işgalinin kararlaştırılmış olduğunu kesin olarak biliyorum. Size karşı beslediğim saygı duygularının gereği olarak bunu haber ve-

Sivas Kongresi Üyeleri. ATASE Arşivi.

riyorum. İnanmazsanız, gerçekleşince görürsünüz. O zaman vatanınızın felaketine sebep olanlar arasına siz de girmiş olursunuz" sözlerini söyledi. İçişleri Bakanlığı'ndan dün aldığım şifreli telgraf da başka şekilde yazılmakla beraber aynı kanıyı verecek nitelikteydi. Yeni gelen Fransız subaylarından biri de dün kolordu komutanıyla uzun uzadıya görüşerek kongre hakkında komutan beyefendinin fikrini anlamaya çalıştığı gibi, bu sabah da Mösyö Brunot bendenize gelerek alafranga saat 15.00'te diğer Fransız subaylarıyla beraber Kongre hakkında görüşüleceğini ve fakat kendisinin aradaki samimiyet dolayısıyla daha önce ayrıca görüşmek istediğini bildirdi. Bir süre konuşulduktan sonra sonuç olarak şunu da söyledi: "Ben dünden beri bu konu üzerine pek çok düşündüm. Sonunda şuna karar verdim ki, eğer Mustafa Kemal Paşa ile Kongre Heyeti, Sivas Kongresi'nde İtilaf devletleri karşıtı kışkırtmalar yapmazlar ve onlar hakkında saldırganca dil kullanmazlarsa kongrenin toplanmasında hiçbir sakınca yoktur. Bizzat ben General Franşe Despere'ye (Franchet d'Esperey) yazar, Mustafa Kemal Paşa hakkındaki tutuklama emrini geri aldırır ve Kongre'nin toplanmasına karşı çıkılmaması hakkında İçişleri Bakanlığı'ndan size emir verdiririm. Fakat şu şartla ki, siz de benden hiçbir konuyu gizlemeyeceksiniz ve samimi dostluğumuzdan dolayı daima birbirimize karşı açık bir dil kullanacağız. Yalnız, Kongre'nin toplanma tarihini öğrenmek gerekir" dedi. Bendeniz de kendisine bu konuda kesin bir şey bilmediğimi ve öğrendiğimde kendisine bildireceğimi ve aradaki dostluk dolayısıyla hiçbir şeyi saklamayacağımı söyledim.

Binbaşının işgal konusunda dünkü kesin ifadesine rağmen bugünkü yumuşaklığının sebebini, incelikleri kavrayan yüksek dikkatlerinize sunmayı görev bilir ve bu konuda ayrıntıyı gereksiz sayarım. Açıkça anlaşılıyor ki, bunların fikri, kongreyi Sivas'ta toplatmaya razı görünerek değerli Kongre Heyeti'yle sizi burada toplamak ve el altından hazırlıklarda bulunarak bütün arkadaşları ele geçirmekten ve aynı zamanda işgal meselesini de oldubittiye getirmektir. Dün akşam İçişleri Bakanlığı'ndan aldığım şifre bir telgraf da başka şekilde yazılmış olmakla beraber, hemen hemen aynı içerikteydi. İşte bendeniz her gerçeği, saklı tutulmak istirhamıyla siz efendimize sunuyorum. Bundan sonra hareket çizgisini belirlemek size aittir. Entrikalı bir tehlikenin bu kadar yakın ve adeta elle tutulacak derecede yürürlükte olduğunu bilip dururken, durumdan yüksek şahsınızı haberdar etmemeyi ve dolayısıyla Sivas'ta kongre toplamaktan vazgeçilmesini sunmamayı vicdanıma sığdıramadım. İşte bunun için, yüce şahsınızdan ve orada bulunan diğer değerli arkadaşlardan pek çok rica ederim ki, ikinci bir kongrenin mutlaka toplanmasına kesin gereklilik yoksa vazgeçilsin. Varsa, dört taraftan işgali pek kolay olan Sivas'ın toplantı merkezi olmasından vazgeçilerek, işgal ihtimali pek uzak olan Erzurum'da veya uygun görülürse Erzincan'da toplanması çarelerinin araştırılmasını ülkenin esenliği için istirham ederim. Kolordu Komutanı Salahattin Beyefendi de bu konudaki görüşlerini ayrıca Kâzım Paşa Hazretleri aracılığıyla size yazacaklardır. Şimdi yanımda bulunan eski Sivas Milletvekili Rasim Bey de eski Erzurum Milletvekili Hoca Raif Efendi Hazretleri'ne bu konudaki bilgi ve düşüncelerini içeren bir telgraf çekecektir. Doğal olarak, okuduktan sonra Hoca Raif Efendi Hazretleri'nin Ilıca'dan dönüşünde kendilerine lütfen yollarsınız. İşte efendim, durum bu merkezdedir. Herkesçe bilinen yurtseverliğinize karşı fazla rahatsız etmekten sakınır ve yanıtınızda vereceğiniz emrinizi beklerim efendim. İşte Rasim Bey'in telgrafı.

Reşit

Bu telgrafa orada verdiğim yanıtı, olduğu gibi bilginize sunacağım. Ertesi gün Temsil Heyeti adına da aynı nitelikte, uzun bir telgrafla vali yatıştırılmaya ve inandırılmaya çalışıldı. Ayrıca Kadı Hasbi Efendi'ye de dolaylı olarak bir telgraf çekildi. Kolordu komutanına da gereği gibi yazıldı. Rasim Bey'e de içinin rahat olması için kendim yazdım.

Sivas Valisi Reşit Paşa Hazretleri'ne

20 Ağustos 1919
Saat: 13.00

Verdiğiniz bilgilere ve yüksek fikirlerinize özellikle teşekkür ederim. Mösyö Brunot ve arkadaşlarının tehdit yerine geçen sözlerini tamamen blöf olarak kabul ederim. Sivas Kongresi'nin toplanması yeni bir konu olmayıp aylarca önce dünyaca bilinen bir girişimdir. Gariptir ki, İstanbul'da bulunan yetkili Fransız siyaset adamlarının da bana gönderdikleri haberler, Anadolu'da ulus tarafından yapılmakta olan girişimlerin pek haklı ve doğru olduğu ve ulusumuzun talepleri kendilerine açık olarak bildirildiğinde iyi karşılayacaklarına ve uygulamasını üstleneceklerine dair şimdiden yazılı güvence vermeye hazır oldukları şeklindedir. Mösyö Brunot'nun ikinci görüşmede dil değiştirmesi ve yumuşaması, beni kazanmaya yönelik olsa gerektir. Binbaşı Brunot'nun dediği gibi, Sivas'ın Fransızlar tarafından beş, on günde işgali o kadar kolay bir şey değildir. Yüce şahsınızın hatırlaması gerekir ki, İngilizler bu konudaki tehditlerinde daha ileri giderek Batum'daki askerlerinin Samsun'a çıkarılmasına karar verdiler ve hatta sözde beni yıldırmak için bir tabur bile çıkardılar. Fakat bu girişime karşı, ulusun güçlü bir çaba, inanç ve ateşle karşı koyacağı gerçeği kendilerince anlaşıldıktan sonra, hem kararlarından vazgeçmek ve hem de Samsun'a çıkarmış oldukları askerleriyle beraber orada bulunan taburu taşımak zorunda kalmışlardır. Sivas Kongresi'nde söz konusu olacak konular, Erzurum Kongresi Bildirisi içeriğinden kolaylıkla anlaşılacağına göre, Kongre'de İtilaf devletleri karşıtı kışkırtmalar yapmak gibi amaçlar kesinlikle yoktur. **Burada şunu da belirteyim ki, bendeniz ne Fransızların ve ne de herhangi bir yabancı devletin sahip çıkmasına tenezzül eden kişilerden değilim. Benim için en büyük korunma yeri ve yardım kaynağı ulusumun bağrıdır.** Kongrenin toplanma gereği, zamanı ve yeri hakkında etkili olmak, bendenizin kişisel yargısının pek çok üstünde etkiye sahip olan ulus kararıyla ilgili bir durumdur. Yalnız tahmin edildiği gibi, Fransızların, Kongre Heyeti'nin Sivas'ta toplanmasına taraftar görünerek ve ondan sonra heyeti ele geçirmeye olanak bulması, bence pek uzak kuruntulardandır. Bütün bu ifadelerimi aynen Mösyö Brunot'ya söylemenizde hiçbir sakınca görmüyorum ve böylece Mösyö Brunot ve arkadaşlarına, ulusumuzun haklarını ve bağımsızlığını savunmak için Erzurum Kongresi Bildirisi'yle bütün dünyaya olduğu gibi kendilerinin İstanbul'daki siyasi temsilcilerine de bildirmiş olduğu temel kararları uygulamakta hiçbir biçim ve nedenle kararsızlığa düşmesine olanak bulunmadığı bildirilmiş olur. Mösyö Brunot bilmelidir ki, Fransızların Sivas'ı işgale karar vermeleri, kendilerine pek pahalıya mal olabilecek yeni kuvvetlerle ve çok paralarla yeni bir savaşa karar vermelerine bağlıdır. Böyle bir kararın, Jandarma Binbaşısı Mösyö Brunot ve arkadaşları arasında konuşulsa bile, Fransız ulusunca kabul edilebileceği olasılığı yoktur.

Milletvekili Rasim Bey'in Raif Efendi Hazretleri'ne olan telgrafını okudum. Korkmaya gerek olmadığının kendilerine lütfen bildirilmesini rica ederim.

Gerek bana vermiş olduğunuz bilgi ve fikirleri ve gerek Rasim Bey'in telgrafını Temsil Heyeti'ne olduğu gibi sunacağım. Dolayısıyla Sivas Kongresi hakkındaki kesin karar ancak Temsil Heyeti'nin görüşmeleri sonucunda belli olacaktır. Doğal olarak, kararlaştırılacak yol size sunulacaktır. Yalnız bugün için istirhamım, Brunot'nun tehditlerinin halka duyurularak manevi gücün kırılmasına engel olunmasıdır. İçten saygılarımın kabulünü ve Salahattin ve Refet beyefendilere selamımın iletilmesini rica ederim, saygıdeğer Paşa Hazretleri.

Mustafa Kemal

(Verilen yanıt üzerine Reşit Paşa'dan alınan ikinci telgraftır.)

Bendeniz anlayabildiğim kadarını siz efendimize sunmakla vicdani görevimi yerine getirmiş oluyorum. İstanbul'daki Fransız ordu ve devlet adamlarının görüşlerini ve size olan sözlerinin ne dereceye kadar güvenilir olduğunu kestirememekte haklıyım. Kuşku duyulmaz yurtseverliğiniz açısından vatanın esenliği söz konusu olduğuna göre, iyice düşünerek gereken hareket çizgisinin belirlenmesi, siz efendimizle değerli Kongre Heyeti'nden orada bulunan saygın kişilere aittir. Emirlerinizi yerine getireceğimi bildirir, derin saygılarımı sunarım, efendim.

Reşit

Efendiler, Diyarbakır ve Bitlis bölgesinde, halkı aydınlatmak amacıyla, oralarda ordu komutanı olarak bulunduğum sıralarda bir kısmını şahsen tanıdığım birtakım önemli kişilere özel mektuplar yazdım ve Van, Bayezid yakınlarında bulunan bazı aşiret reisleriyle de bağlantılar kurdum.

Erzurum'dan ayrılma gereği

Sonuçta, efendiler, Ağustos içinde, her taraftan birtakım delegelerin Sivas'a doğru hareket ettikleri ve kısmen Sivas'a ulaşmaya da başladıkları anlaşıldı. Sivas'a ulaşan delegeler tarafından bizim Sivas'a ne zaman hareket edeceğimiz sorulmaya başlandı.

Artık, Erzurum'dan ayrılmak gerekiyordu. Fakat, şimdiye kadar verdiğim bilgilerden anlaşılmıştır ki, Sivas Kongresi, Doğu ve Batı illerinin ve Trakya'nın, yani bütün ülkenin birliğini sağlama amacına yönelikti. Bu sebeple Doğu illerinin bu kongrede delegeleri bulunmalıydı. Bu illerden Sivas Kongresi için delegeler seçtirmeye kalkışmak pratik olmayan bir fikirdi. Erzurum Kongresi'ni yapan delegeleri Sivas'a hareket ettirmeye kalkışmanın da mümkün olamayacağı anlaşılıyordu. Zaten Vilayat-ı Şarkiye Müdafaa-i Hukuk Cemiyeti adına bölgelerinden yetki almış olan bu delegelerin daha genel bir amaçla ilgili yetkileri de yoktu. Aynı bakımdan, Erzurum Kongresi'nin Sivas Kongresi'ne Doğu illeri adına bir delege heyeti göndermeye yetkisi olamayacağı da açıktı.

Yeniden delege seçtirmeye kalkışmak ne kadar yararsız ise, birtakım teoriler çerçevesi içinde sıkışıp kalmak da o kadar yararsızdı.

En basit ve pratik yol, Vilayat-ı Şarkiye Müdafaa-i Hukuk Cemiyeti'nin Temsil Heyeti'ni Sivas'a götürüp kongreye katmaktı.

Üyelerden Mutki aşiret reisinin, Mutki dağlarından çıkmaktan korktuğunu bilirdim. Siirt Milletvekili Sadullah Bey de ortada yok.

Servet ve İzzet beyler, kongre biter bitmez birer mazeretle Trabzon'a gitmiş bulunuyorlar.

Erzurum'da Rauf Bey ve Raif Efendi var. Raif Efendi de mazeret bildiriyor.

Yolumuz üzerinde Erzincan'da Şeyh Fevzi Efendi'yi bulabileceğiz.

Servet ve İzzet beyleri davet ettim, gelmediler. Raif Efendi'ye bize katılması için ricada bulunduk, kabul etti.

Sonuçta, Temsil Heyeti üyeleri olarak Erzurum'dan üç kişi, Erzincan'dan bir kişi ve Sivas'ta bulduğumuz Bekir Sami Bey'le beş kişi olduk ve Sivas Kongresi'ni oluşturan delegelerin belgelerini incelemek gereği duyulduğu zaman, ben, orada şöyle bir belge yazdım ve altını Temsil Heyeti mührüyle mühürledim.

"Temsil Heyeti'nden:
Mustafa Kemal Paşa
Rauf Bey
Din bilginlerinden Raif Efendi

Şeyh Fevzi Efendi

Bekir Sami Bey

Yukarıda adları bildirilen kişiler, Doğu Anadolu adına Sivas Kongresi'nde bulunmak üzere Erzurum Kongresi'nce görevlendirilmiştir.

(Mühür)"

Efendiler, Erzurum'u terk ettiğimiz tarih 29 Ağustos 1919'dur.

Sivas yolunda

Amasya'dan Erzurum'a gelirken, Sivas'ta küçük bir hikâyeye konu olan olayı hatırlıyorsunuzdur. Gariptir ki, Erzurum'dan Sivas'a giderken de buna benzer küçük bir durumla karşılaştık.

Erzincan'dan batıya hareket ettiğimiz günün sabahı, Erzincan Boğazı girişine gelir gelmez, bazı jandarma erlerinin ve subaylarının, heyecanlı ve telaşlı bir şekilde otomobillerimizi durdurduklarını gördük.

Durumu açıkladılar: "Dersim [Tunceli] Kürtleri boğazı tutmuşlardır. Tehlike var. Geçilemez."

Bir subay, merkeze kuvvet gönderilmesini yazmış. O kuvvet gelince, düzenlemeler yapacak, hücum edecek ve eşkıyayı püskürtecek ve yolu açacakmış...

Pekiyi ama bu eşkıyanın gücü nedir, neresini nasıl tutmuş, ne kadar kuvvet ve ne zaman gelecek?!

Bu sorunlar çözülünceye kadar, geri, Erzincan'a dönmek ve kim bilir ne kadar günler beklemek gerek! Bizim ise işimiz çok aceleydi. Ben, Erzurum ile Sivas arasındaki yolu belli zamanda aşıp belirlenen günde Sivas'ta bulunamazsak, şurada veya burada, şu veya bu sebeple korktuğum ve durduğum, Sivas'ta ve her tarafta duyulursa panik başlayabilir, işler altüst olabilirdi.

O halde karar? Tehlikeyi göze alıp yola devam etmek. Başka çaremiz de yoktu. Yalnız ufak bir önlem almayı uygun buldum.

Hafif makineli tüfeklerle donanmış bulunan, fedakâr arkadaşlarımızdan birkaçını –şu anda bir alay komutanı olan Osman Bey, ki Tufan Bey adıyla tanınmıştır, bunların başındaydı– bir otomobille kendi otomobilimizin önüne geçirdik. Sağdan soldan gelecek, uzak mesafedeki ateşlere önem verilmeyerek, otomobiller hızlı hareketle şose üzerinde süratle ilerlemeye devam edecekler. Vurulan, ölen olursa onlarla meşgul olunmayacak... Tam şose üzerinde ve yakınında, şoseyi kapayan eşkıyayla karşılaşılırsa, hepimiz otomobillerden atlayacağız ve bunlara hücum ederek yolu açacağız. Kalanlar, tekrar kullanılabilir durumdaki otomobillere binerek hızla uzaklaşarak yola devam edecekler... İşte verilen emir de buydu...

Bu önlem ve hareket şeklini akla uygun ve güvenli görmeyenler bulunabilir. Gerçi bu tarihlerde Elazığ Valisi Ali Galip Bey'in Tunceli'de dolaştığı ve bazı propaganda ve tertiplere çalıştığı biliniyorsa da açıklamalıyım ki, ben, önce, gerçekten boğazın tutulduğuna inanmadım. Bunu, İstanbul hükümeti yanlısı olabileceğini tahmin ettiğim bazı kimseler tarafından, sırf beni geri dönmeye zorlamak için uydurulmuş bir plan olarak kabul ettim. İkincisi, Tunceli Kürtleri boğazı tutmuşlarsa, bunların alabilecekleri düzenin, uzak tepelerden yola ateş etmekten ibaret kalması bence çok mümkündü.

Özetle, yürüdük, boğazı geçtik ve 2 Eylül 1919 günü Sivas'a ulaştık. Halkın, şehrin çok uzaklarından başlayan büyük ve parlak sevgi gösterileriyle karşılandık. 3. Kolordu komutanı olan Salahattin Bey, Sivas'ta bulunuyordu. Vali Paşa ile birlikte, kongreye gelen delegelerin yerleştirilmesinde ve Temsil Heyeti için lise binasının ve kongre yapılacak salonun hazırlanmasında ve her türlü düzenlemenin yapılmasında, konukseverliğe örnek olacak şekilde olağanüstü çalışmışlardı.

Refet Bey orada değildi. Nerede bulunduğunu da kimse bilmiyordu. Oysa, 7 Temmuz 1919 tarihli genelgemiz uyarınca, kendi bölgesi olan 3. Kolordu bölgesinden ayrılmaması gerekiyordu ve özellikle tam Sivas'ta kongre toplanacağı günlerde orada bulunması uygundu. Haberleşme sonunda kendisinin Ankara'da olduğu anlaşıldı. Ankara'da Kolordu Komutanı Ali Fuat Paşa'ya "Derhal ve mutlaka Sivas'a gönderilmesini" emrettim. 7 Eylül'de geldi ve Temsil Heyeti üyesi olarak, tarafımdan Kongre Heyeti'ne tanıtıldı.

Efendiler, bizden önce gelmiş olan delegeler, gelişimizi beklerken, aralarında toplantılar yapmışlar ve hazırlık olarak bazı projeler kaleme almışlar.

Bizim gelişimizden sonra da bazı özel toplantılar ve görüşmeler olmuş. Bu defa bazı kararlar da verilmiş. İzin verirseniz, çok karakteristik olduğu için, bu noktayı açıklayayım:

Sivas Kongresi açılıyor

Sivas Kongresi, 1919 Eylül'ünün 4. Perşembe günü öğleden sonra saat 14.00'de açıldı.

Öğleden önce temsilciler arasında bulunan ve eskiden beri kendisini tanıdığım Hüsrev Sami Bey yanıma gelerek şöyle bir bilgi verdi: "Rauf Bey ve diğer bazı kişiler, Bekir Sami Bey'in evinde özel bir toplantı yapmışlar ve beni başkan yapmamaya karar vermişler." Arkadaşların, özellikle Rauf Bey'in böyle bir davranış içinde olabileceğini kesinlikle düşünmedim ve Hüsrev Sami Bey'i, itiraf edeyim ki, biraz ciddi olarak, böyle anlamsız sözleri bana ulaştırmaması için uyardım. Verdiği haberin gerçek olma imkânı ve olasılığı bulunmadığını, arkadaşlar arasında yanlış anlamalara sebep olacak sözler söylemenin doğru olmadığını da ekledim.

Efendiler, ben, bu kongrede başkanlık konusuna önem vermiyordum. Başkanlığa belki yaşlı bir adamın getirilmesinin uygun olacağını düşünüyordum. Bu amaçla bazı arkadaşların da fikrini yokladım. Bu arada, kongre salonuna girmeden önce, koridorda Rauf Bey'e rastladım. "Kimi başkan yapalım?" dedim. Rauf Bey, adeta heyecanlı bir sesle, zaten söylemeye hazırlanmış olduğu o anda halinden anlaşılan bir tavırla ve keskin bir dille "Sen başkan olmamalısın!" dedi. Derhal, Hüsrev Sami Bey'in verdiği bilginin doğruluğuna inandım ve doğal olarak üzüldüm. Gerçi, Erzurum Kongresi'nde de benim başkanlığımı sakıncalı görenler vardı. Fakat onların nasıl insanlar olduğunu açıklamıştım. Bu defa, en yakın arkadaşlarımın aynı anlayışta olmaları beni düşündürdü. Rauf Bey'e: "Anladım, Bekir Sami Bey'in evinde aldığınız kararı bana bildiriyorsun" dedim ve yanıtını beklemeden yanından uzaklaşarak kongre salonuna girdim.

Kongrenin açılışından sonra ilk söz alan önemli bir kişinin, kongre tutanağında aynen kayıtlı olan şu sözlerini dinledik:

"Efendim, şimdi doğaldır ki başkanlık meselesi söz konusu olacak. Bendeniz başkanlığın birer gün veya birer hafta devam etmek üzere sırayla olmasını ve üyelerin veya temsil edilen il ve sancak adlarının baş harfleri esas alınarak harf sırasıyla yapılmasını öneriyorum."

Efendiler, garip rastlantıdır ki, bu öneri sahibinin temsil ettiği ilin adı elif ile başladığı gibi, adının da ilk harfi elif ile başlıyordu. Ben, davet sahibi sıfatıyla bir nutuk vererek kongreyi açtıktan sonra, geçici olarak başkanlık makamında bulunuyordum.

"Bu neden gerekiyor, efendim?" diye sordum.

Öneri sahibi, "Bu şekilde işin içine kişisel işler karışmamış olacağı gibi, dışarıya karşı da eşitlik ilkesine uyduğumuzdan, olumlu bir etki yapmış olur" dedi.

Efendiler, ben, vatanın, öneri sahibiyle beraber bütün ulusun, hepimizin nasıl bir felaket çıkmazı içinde bulunduğumuzu göz önüne getirerek, kurtuluş yolu olduğuna inandığım girişimleri, sonsuz zorluklara ve engellere rağmen, maddi, manevi bütün varlığımla sonuca ulaştırmaya çalışırken, benim en yakın arkadaşlarım daha dün İstanbul'dan gelmiş ve dolayısıyla işin içyüzünü bilmeyen, saygı duyduğum ihtiyar bir adamın diliyle, bana kişisel işlerden söz ediyorlar.

Bu öneriyi oya koydum. Çoğunlukla reddettiler ve başkan seçimini gizli oylamayla yaptırdım. Üç oy dışında olmak üzere beni başkan seçtiler.

Sivas Kongresi'nin uğraştığı işler

Sivas Kongresi'nin görüşme gündemini, Erzurum Kongresi'nin tüzük ve bildiri içeriği ve bir de bizim Sivas'a varışımızdan önce gelmiş olan yirmi beş kadar üyenin hazırladığı bir muhtıra oluşturacaktı.

İlk açılış günü olan 4 Eylül ile beş ve altıncı günler, yani üç gün; İttihatçı olmadığımızı doğrulamak için yemin etmek gereğiyle ve yemin formülü hazırlamakla, padişaha dilekçe yazmakla ve kongrenin açılışı dolayısıyla gelen telgraflara yanıt vermekle ve özellikle kongre siyasetle uğraşacak mı uğraşmayacak mı tartışmalarıyla geçti. İçinde bulunulan savaşım ve yapılan işler, siyasetten başka bir şey değilken, bu son tartışma zemini hayret verici değil midir?

Sonuçta, kongrenin dördüncü günü asıl amaca değindik ve aynı günde, Erzurum Kongresi tüzüğünün içeriğini görüşüp hemen sonuçlandırdık. Bunun sebebi, Erzurum Kongresi tüzüğünde yapılması gereken değişiklikleri zaten hazırlamış ve gerekli kimseleri de aydınlatmış bulunuyorduk.

Bununla beraber, yapılan değişiklikler daha sonra bazı itirazlara ve anlaşmazlıklara, birçok yazışma ve tartışmalara sebep olduğu için, bu değiştirilen noktaların önemlilerini işaret edeceğim:

1. Cemiyetin adı "Şarki Anadolu Müdafaa-i Hukuk Cemiyeti" idi. "Anadolu ve Rumeli Müdafaa-i Hukuk Cemiyeti" oldu.

2. "Temsil Heyeti, bütün Doğu Anadolu'yu temsil eder" sözü yerine "Temsil Heyeti bütün vatanı temsil eder" dendi. Var olan üyelere de altı kişi daha eklendi.

3. "Her türlü işgal ve müdahaleyi, Rumluk ve Ermenilik kurma amaçlarına yönelik kabul edeceğimizden, hep beraber savunma ve direnme ilkesi kabul edilmiştir" yerine "Her türlü işgal ve müdahalenin ve özellikle Rumluk ve Ermenilik kurmaya yönelik hareketlerin reddi konularında hep beraber savunma ve direnme ilkesi kabul edilmiştir" denildi.

Bu iki cümledeki fark, tabii ki anlam bakımından çok büyüktür. Birincisinde İtilaf devletlerine karşı düşmanca tutum ve direniş dile getirilmiyor. İkincisinde bu yön açıklık kazanıyor.

4. Tüzükte, dördüncü maddeyi oluşturan konu, oldukça tartışmaya sebep oldu. Madde şuydu:

"Osmanlı hükümeti, yabancı devletlerin bir baskısı karşısında buraları (yani Doğu illerini) bırakmak ve ilgilenmemek zorunda bulunduğu anlaşılırsa, alınacak idari, siyasi, askeri önlemlerin belirlenmesi ve saptanması," yani geçici bir yönetim kurmak konusu.

Sivas Kongresi tüzüğünde bu maddedeki "buraları" yerine "ülkemizin herhangi bir parçasını bırakmak ve ilgilenmemek..." şeklinde kapsamlı ve genel bir kayıt kondu.

Amerika mandası için propagandalar

Bundan sonra, 8 Eylül toplantısında, söz ettiğim muhtıraya değinildi. Bu muhtırada başlıca Amerikan mandası söz konusu ediliyordu.

O günlerde, İstanbul'dan gelen bazı kişiler, Amerikalı Mister *Bravn* [Brown] adında bir de gazeteciyi Sivas'a getirmişlerdi. Bu konu hakkında kongrede yapılan görüşmelerden söz etmeden önce, konu hakkında yüce topluluğunuzun yeteri kadar aydınlanmasına yardımcı olmak üzere bazı ön bilgiler sunayım. Bu bilgileri, Erzurum'dan beri başlayan bazı haberleşmelerden daha iyi anlaşılacağı için, olduğu gibi bilginize sunacağım.

Mustafa Kemal Paşa ve Rauf (Orbay) Bey.
İş Bankası Müzesi Arşivi.

Güvenlikle ilgili | Amasya'dan 25/26 Temmuz 1919
Gayet aceledir

Erzurum'da 3. Ordu Müfettişliği Kurmay Başkanlığı'na

1. Mustafa Kemal Paşa'ya özel: Bugün 25 Temmuz 1919 akşamı Bekir Sami Beyefendi Amasya'ya geldiler. Kendileriyle uzunca süre görüşmek şerefine eriştim. Mustafa Kemal Paşa'ya ve Rauf Beyefendi'ye saygılarını sunuyorlar. Kendileri, aşağıdaki görüşünü bilginize sunmamı rica etmiştir.

2. Bağımsızlık, elbette istenir ve tercih edilir. Ancak, tam bağımsızlık istediğimiz takdirde, ülkenin birçok parçalara ayrılacağı kesin ve kuşkusuzdur. Şu halde, iki üç ille sınırlı kalacak bağımsızlığa, ülkemizin bütünlüğünü sağlayacak mandaterlik elbette tercih edilir. Osmanlı topraklarının hepsini kapsayan meşrutiyetimiz ve dışardaki temsil hakkımız kalıcı olmak şartıyla, belli bir süre için Amerika mandasını istemeyi ulusumuz için en yararlı bir çözüm şekli kabul ediyorum. Bu konuda Amerika temsilcisiyle görüştüm. Birkaç kişinin değil, bütün ulusun sesini Amerika'ya duyurmak gerektiğini söyledi ve aşağıdaki şartlar etrafında Wilson'a, Senato'ya ve Amerika Kongresi'ne başvuruda bulunulmasını önerdi.

a) Adil bir hükümetin kurulması.

b) Eğitim ve öğretimin yaygınlaştırılması ve genelleştirilmesi.

c) Din ve mezhep özgürlüğünün sağlanması.

d) Gizli antlaşmaların kaldırılması.

e) Bütün Osmanlı topraklarını kapsamak üzere Amerika hükümetinin mandaterliğimizi kabul etmesi.

3. Bundan başka, kongremizin seçeceği bir heyeti, Amerika'ya bir zırhlı ile göndermeyi de temsilci üstlenmiştir.

4. Bekir Sami Bey daha bir iki gün buralarda kalacağından, her türlü emir ve talimatın benim aracılığımla bildirilmesini ve özellikle Sivas Kongresi'nin ne zaman toplanacağını ve kendilerinin o güne kadar nerede beklemesinin uygun olacağının bildirilmesini rica etmekte olduğu.

5. Kafkas Tümeni Komutan Vekili
Arif

Şifre | Erzurum
Acele ve kişiye özeldir
196

Amasya'da 5. Tümen Komutanlığı'na

1. Şu anda Amasya'da bulunan eski vali Bekir Sami Beyefendi'ye özel: Telgrafınızdan pek çok yararlandık. Toplanmış bulunan Doğu İlleri Kongresi hemen her tarafta kendi memleketleri halkınca etkili, hatırı sayılır ve söz sahibi tanınmış kişilerden meydana ge-

len yetkili bir heyet durumundadır. Bu kongrede, şimdiye kadar olan görüşmelerde devlet ve ulusun tam bağımsızlığı ısrarla savunulmaktadır. Dolayısıyla henüz bizce de koşulları ve içeriği belirsiz bir Amerika mandaterliğinden kongrede doğrudan doğruya söz edilmesi çok sakıncalı olacağı için, yüksek şahsınızın İstanbul'da görüştüğünüz kişilerle yaptığınız fikir alışverişine dayanarak aşağıdaki noktaların açıklanmasıyla bizleri hemen aydınlatmanızı özellikle rica ederiz. Bundan önce de doğrudan doğruya İstanbul'dan bununla ilgili gelen bilgiler şüpheli görüldüğü için aynı esaslar çerçevesinde açıklama istendiği gibi, 21 Temmuz 1919 tarihinde Sivas'ta Refet Bey aracılığıyla İstanbul'dan gelen bilgilerde de aynı kuşkulu noktalar bulunduğundan, oradan da koşullar hakkında açıklama istenmiştir.

a) Tam bağımsızlık istendiği halde, ülkenin birçok parçalara bölünmesi kesin ve kuşkusuzdur, buyruluyor. Bu inancın kaynağı nedir?

b) Vatan bütünlüğünden amaç, ülkenin bütünlüğü mü, yoksa egemenlik hakları mıdır?

c) Osmanlı topraklarının hepsini kapsayan meşrutiyetimiz ve dış dünyada temsil hakkımız saklı kalmak şartıyla mandaterlik isteğini en yararlı bir şekil olarak kabul buyuruyorsunuz. Ancak, temsilcinin söylediğini bildirdiğiniz maddeler ile bu şekil, birbirine zıt görünüyor. Çünkü hukuki varlığımız, meşrutiyetimiz kalıcı olunca, hükümet kanun yapma gücünün güvenini kazanmış ve denetimine bağlı bir heyetten meydana gelir ki, artık bu heyetin oluşumunda Amerika'nın müdahale ve etkisi olamaz. Bu durumda ya meşrutiyetimiz devam edecektir ve Amerika'dan adil bir hükümetin kurulmasını istemeye gerek yoktur. Ya da adil bir hükümetin kurulmasını Amerika'dan isteyince meşrutiyetin devamı sözden ibaret kalır.

d) Eğitimin ve öğretimin yaygınlaştırılıp genelleştirilmesinden amaç nedir? İlk aklımıza gelen, ülkenin her tarafında Amerikan okullarının kurulmasıdır. Çünkü daha şimdiden yalnız Sivas'ta yirmi beş kadar okul meydana getirmişlerdir ki, yalnız bir tanesinde bin beş yüz kadar Ermeni öğrenci vardır. Dolayısıyla Osmanlı ve İslam eğitiminin yaygınlaştırılıp genelleştirilmesi ile bu girişim nasıl bağdaştırılacaktır?

e) Din ve mezhep özgürlüğünün sağlanması maddesi de önemlidir. Patrikhanelerin ayrıcalıkları varken bunun fark ve anlamı nedir?

f) Temsilcinin beşinci madde olarak söz ettiği bütün Osmanlı topraklarının sınırları nedir? Yani savaştan önceki sınırımız mıdır? Eğer bu tanımın içinde Suriye ve Irak da varsa, Anadolu halkının Arabistan adına mandaterlik istemeye hakkı ve yetkisi olabilir mi?

g) Şimdiki hükümetin politikası nedir? Tevfik Paşa neden Londra'ya gitti? Amerikalılar gibi İngilizlerin de ayrıca bir mandaterlik politikası güttüğü görülüyor. Farklar nedir? Hükümet, Amerika mandasını nasıl görüyor? Yani buna istekli mi, isteksiz mi? Amerikalılar neden Ermenistan mandaterliğini bıraktılar? Amerikalılar mandayı almaya ne dereceye kadar eğilimli ve isteklidir?

2. Sivas Kongresi'nin toplanması, Erzurum Kongresi'nin sonucuna bağlıdır. Bununla ayrıca uğraşılmaktadır. Yüksek şahsınızın bunu beklemek üzere ya Tokat'ta ya da Amasya'da bulunmaları uygundur. Saygılarımızı sunarız.

Mustafa Kemal

Güvenlikle ilgili ve aceledir Amasya'dan 30.7.1919

93

3. Ordu Müfettişliği Kurmay Başkanlığı'na

1. Mustafa Kemal Paşa'ya özel: Bekir Sami Bey'den alınan yanıt aşağıda bilginize sunulur:

a) Tam bağımsızlık istenildiği takdirde, ülkenin birçok bölgeye ayrılacağı ve birkaç mandaya bağımlı tutulacağımız Dörtler Komisyonu'nca kararlaştırılmıştır. Dolayısıyla buna engel olmak için bir manda istemenin de en uygun olacağını bildirmiştir.

b) Yalnız egemenlik hakları söz konusudur, ülke bütünlüğümüzün korunması temel ilkedir.

c) Amerika'dan herhangi şekilde bir hükümet istemeyeceğiz. Amerika'ya adil bir hükümeti kuracağımız konusunda güvence vereceğiz. Kanun-ı Esasimizin hükümlerinin yürürlükte kalması, hanedanın her türlü egemenlik haklarının saklı kalması ve korunması, dışarda temsilcilerimizin bulunması şartıyla Amerika hükümetinin, mutluluk ve gelişmemize yardımcı olmasını isteyeceğiz. İsteyeceğimiz manda şekli budur.

d) Eğitim ve öğretimin yaygınlaştırılıp genelleştirilmesinden amaç, Amerika okullarının köylerimize kadar girmesine izin vermek değil, ulusal ve İslami eğitimimizi yaymaya ve genelleştirmeye özenle çalışacağımız konusunda kendilerine güvence vermekle beraber, yardımlarını istemektir. Mandaterliği Amerika misyonerlerine değil, Amerika hükümetine vermek istiyoruz.

e) Din ve mezhep özgürlüğü esas olarak, dini ve İslami ilkelerimiz gereklerindendir. Amerika kamuoyu bu gerçeği bilmedikleri için kendilerine bu konuda güvence vermek istiyoruz. Temsilcinin söz ettiği sınırlar, savaştan önceki sınırlarımızdır. Suriye ve diğer ülkeler hakkında bizim mandaterlik istemeye yetkimiz olup olmaması kongrece çözülecek bir konudur. Esasen Suriye ve Irak'ta Amerika heyetleri halkoyuna başvurdular. Suriye ve Filistin de bağımsız bir Arap hükümeti kurulmasını istemekle beraber, Amerika mandaterliğini diğerlerine tercih ettiklerini ortaya koydular.

f) Bugünkü hükümet daha yeni kurulduğundan, politikası belli değildir. Ancak, önceki hükümetlerin politikaları güçsüzdü ve İtilaf kuvvetlerinin her emrine boyun eğmekten ibaretti. Tevfik Paşa, Londra'ya gitmeyerek Ferit Paşa ile dönmüştür. Amerika, Ermenistan hükümeti belli olmadan, orada dolaşan heyetlerinin raporlarına göre, büyük bir Ermenistan kurmaya maddi olarak imkân bulunmadığı görüşündedir. Mandaterlik hakkında ayrıntılı bir rapor postayla gönderilmek üzeredir.

g) Şimdilik sizden gelecek bildirimleri beklemek üzere Tokat'ta bulunacağım. Amasya, Tokat ve ilçelerde gereken bildirimlerin yapılacağını ve iyi sonuçlar vereceğini ümit etmekteyim. Hepinize saygılarımı sunarım, efendim.

5. Tümen Komutanı

Arif

Şifre
Kişiye özeldir

Erzurum, 1 Ağustos 1919

Amasya'da 5. Tümen Komutanlığı'na

Bu telgrafın hemen Bekir Sami Beyefendi'ye ulaştırılması ve yanıtının acele olarak alınması rica olunur:

Bekir Sami Beyefendi'ye özel:

İlgi: 30.7.1919 Amerikan mandaterliği hakkındaki son açıklamalarınızı öğrendik. Bu koşullara göre esas olarak korkulacak bir şey olmaması gerekir. Bununla beraber, daha bir nokta hakkındaki yüksek görüşlerinizi de almak istiyoruz. Bizim yararımıza bu kadar elverişli koşullar ortaya koymaya yatkın olan Amerika hükümeti, bu şekildeki mandaterliği kabul etmesine, yani buna katlanmasına karşılık Amerika adına ne gibi yararlar ve çıkarlar sağlamış olacaktır. Bununla kendi hesaplarına elde edecekleri sonuç nedir? Bu konudaki yüksek kanaat ve bilgilerinizle de bizi aydınlatmanızı acele bekleriz, efendim.

Mustafa Kemal

Amasya, 3.8.1919

3. Ordu Müfettişliği Kurmay Başkanlığı'na

Bekir Sami Bey'den alınan yanıt aşağıda bilginize sunulur:

Mustafa Kemal Paşa'ya özeldir: Amerikalılarla şimdiye kadar yapılan görüşmeler doğal olarak daima özel bir şekilde gerçekleşmiş ve tamamen bir varsayımdan oluşmuş olduğuna göre, mandaterliklerin anlaşma imzalamış iki tarafa yükleyeceği şartlar hakkında fikir alışverişinde bulunulmamıştır. Mümkün olduğu takdirde hazırlıklara başlanarak Sivas Kongresi'nin hemen açılması gereğini özetle sunarım.

Kurmay Yarbay
Arif

Mustafa Kemal Paşa Hazretleri'ne

Saygıdeğer Efendim,

Ülkenin siyasi durumu en son bir aşamaya geldi. Kendimize bir yön belirlemek için Türk ulusunun zarını atıp olumlu bir konuma ulaşmak zamanı ise geçmek üzere bulunuyor.

Dış durum İstanbul'da şöyle görünüyor:

Fransa, İtalya, İngiltere, Türkiye'de mandaterlik konusunu Amerika Senatosu'na resmen önermiş olmakla beraber, bütün güçlerini Senato'nun kabul etmemesi için harcıyorlar. Bölünme durumunda kendi paylarını elden kaçırmak, doğal olarak işlerine gelmiyor.

Suriye'de aradığını bulamayan Fransa, zararını Türkiye üzerinden gidermek istiyor. İtalya namuslu bir emperyalist olduğundan savaşa ancak Anadolu paylaşımından pay almak için girdiğini açıktan açığa söylüyor. İngiltere'nin oyunu biraz daha incedir.

İngiltere, Türk'ün birliğini, çağdaşlaşmasını, gerçek bir bağımsızlık almasını, gelecek için bile olsa, istemiyor. Yeni olanakları ve görüşleri olan tamamen modern ve güçlü bir Müslüman-Türk hükümeti başında hilafet de olursa, İngiltere'nin Müslüman esirleri için kötü bir örnek olur. Türkiye'yi bütün halinde İngiltere alabilse, kafasını kolunu koparır, birkaç yılda sadık bir sömürge durumuna koyar. Buna ülkemizde en başta, özellikle dini sınıflar çoktan taraftardır. Fakat bunu Fransa'yla dövüşmeden yapabilmek mümkün olamayacağından, taraftar olamaz. Fakat Türkiye'yi birlik halinde korumak zorunlu görülürse, yani paylaşımın ancak büyük askeri özverilerle olabileceğini anlarsa, Latinleri sokmamak için Amerika fikrine yardımcı ve taraftar olur. Nitekim İngiliz politikacıları arasında zaten bu fikre eğilim var. Morison (Morisson) gibi ünlü kişiler Amerika'nın Türkiye'de genel manda almasına taraftar oluyorlar.

Diğer bir çözüm yolu da Türkiye'yi Trakya'dan, İzmir'den, Adana'dan, belki de Trabzon'dan ve kesinlikle İstanbul'dan mahrum ettikten sonra, eski "kapitülasyon"ları ve boğulmaya mahkûm iç sınırı ile bağımsız bırakmak.

Biz İstanbul'da kendimiz için, bütün eski ve yeni Türkiye sınırlarını kapsamak üzere geçici bir Amerika mandasını kötünün en az zararlısı olarak görüyoruz. Dayandığımız noktalar şunlardır:

1. Aramızda, hangi şartlar altında olursa olsun Hıristiyan azınlıkları kalacaktır. Bunlar hem Osmanlı uyrukluğu haklarından yararlanacaklar, hem de dışarda bir Avrupa devletine dayanarak karışıklık çıkaracaklar, sürekli olarak işlerimize karışılmasına sebep olacaklar, zaten göstermelik olan bağımsızlığımızdan azınlıklar adına her yıl parça parça kaybedeceğiz.

Doğru dürüst bir hükümet ve çağdaş bir yönetim kurmak için Patrikhane'nin siyasi ayrıcalıkları, azınlıkların güçlü devletler aracılığıyla sürekli tehdidi ortadan kalkmalıdır. Küçük ve zayıf bir Türkiye bunu yapamayacaktır.

2. Birbirini yok eden, çıkar, hırsızlık ya da macera ve şöhret adına yaşayanların hırsını tatmin eden hükümet anlayışı yerine, ulusun refah ve gelişmesini sağlayan, halkı, köyleri, sağlığı ve anlayışıyla modern bir halk haline koyabilecek bir hükümet anlayış ve uygulamasına ihtiyacımız var. Bunun için gereken para, uzmanlık ve güce sahip değiliz. Siyasi borçlanmalar siyasi tutsaklığı artırıyor. Taraf tutma, bilgisizlik ve çok konuşmaktan başka olumlu bir sonuç veren yeni bir hayat yaratamıyoruz.

Bugünkü hükümet, adamlarını beğenmese bile, halkı ve halk hükümeti kurulmasını yararlı gören, Filipin gibi vahşi bir ülkeyi bugün kendi kendini yönetmeye yeten çağdaş bir makine haline koyan Amerika, bu bakımdan çok işimize geliyor. On beş yirmi yıl sıkıntı çektikten sonra yeni bir Türkiye ve her bireyi eğitimli, anlayışı ile gerçek bağımsızlığı kafasında ve cebinde taşıyan bir Türkiye'yi ancak Yeni Dünya'nın yeteneği yaratabilir.

3. Yabancı devletlerin Türkiye üzerindeki rekabetlerini ve kuvvetlerini ülkemizden uzaklaştırabilecek bir yardımcıya ihtiyacımız var. Bunu ancak Avrupa dışında ve Avrupa'dan güçlü bir elde bulabiliriz.

4. Bugünkü oldubittilerin ortadan kalkması ve davamızı dünyaya karşı hızla savunabilmek için gereken güce sahip bir devletin yardımını istemek gerekmektedir. Yayılmacı Avru-

pa'nın bin bir türlü yolu ve alçakça siyasetine karşı böyle bir vekil sıfatıyla Amerika'yı kendimize kazanarak ortaya atabilirsek, Doğu sorununu da Türk meselesini de gelecek için kendimiz çözmüş olacağız.

Bu sebeplerden dolayı süratle istememiz gereken Amerika da tabii ki sakıncasız değildir. Onurumuzdan epeyce fedakârlık etmek zorunda bulunuyoruz. Yalnız bazılarının düşündüğü gibi Amerika'nın resmi sıfatında, din eğilimi ve taraf tutma yoktur. Hıristiyanlara para verecek misyoner kadın Amerika'sı, Amerika'nın yönetim mekanizmasında bir yer tutmaz. Amerika'nın yönetim mekanizması dinsiz ve milliyetsizdir. O, çok uyumlu, çeşitli ırk ve mezhepten insanları ve kaynaşmış bir biçimde bir arada tutmanın yolunu biliyor.

Amerika, Doğu'da mandaterlik yapmak ve Avrupa'da başına dert çıkarmak yanlısı değildir. Fakat onların gurur meselesi yaptıkları şey, yöntemleri ve idealleriyle Avrupa'dan daha üstün bir ulus olmak iddiasıdır. Bir ulus, içtenlikle Amerika ulusuna başvurursa, Avrupa'ya, girdikleri ülke ve ulusun yararına nasıl bir yönetim kurabildiklerini göstermek isterler.

Resmi Amerika'nın önemli adamları arasında, lehimize epeyce bir hava oluştu. İstanbul'a Ermeni dostu olarak gelen birçok önemli Amerikalılar, Türk dostu ve Türk propagandacısı olarak döndüler.

Bu akımı temsil eden resmi ve resmi olmayan Amerikan görüşünün altında yatan gizli düşünce şudur: Türkiye'yi parçalamamak, eski sınırları içinde bütün olarak korumak şartıyla, genel ve bir tek mandaya almak istiyorlar. Suriye, Amerika komisyonu oradayken genel bir kongre yaparak Amerika'yı istemiştir. Amerika'da, Suriye'nin bu isteği çok iyi karşılanmıştır.

Resmi Amerika bizim topraklarımız üzerinde Ermenistan kurmaya eğilimli görünmüyor. Eğer mandayı alırlarsa, bütün ulusları eşit şartlar altında bir ülke evladı olarak kabul edip alacaklarını en önemli kaynaklardan haber aldım.

Fakat Avrupa, kesinlikle bir Ermenistan sorunu çıkarmak, -özellikle İngiltere- Ermenilere ödünler vermek istiyor. Amerikan kamuoyunda zulüm görmüş Ermeniler adına bir oyun oynamaya çalışıyor. Avrupa korkusu, bizim fikir adamlarını düşündürüyor. Reşat Hikmet Bey gibi, Cami Bey gibi, hatta ulusal birliği oluşturan diplomatlarımızın, Ermeni sorunu için bir çözüm önerileri var. Resmi olarak size yazılıyor.

Çok tehlikeli anlar geçiriyoruz. Anadolu'daki gelişmeleri dikkat ve sevgiyle izleyen bir Amerika var. Hükümet ve İngilizler, bunun, Hıristiyanları öldürmek, İttihatçıları getirmek için bir hareket olduğunu Amerika'ya aşılamaya el birliğiyle çalışıyorlar.

Her an bu ulusal mücadeleyi durdurmak için kuvvet gönderilmesi düşünülüyor; bunun için İngilizleri kandırmaya çalışıyorlar. Ulusal mücadele, hızla ve olumlu isteklerle hemen meydana çıkarsa (ve Hıristiyan düşmanlığı gibi bir rengi de olmazsa), Amerika'da hemen destek bulacağını, yine çok önemli kaynaklar garanti veriyorlar.

Sivas Kongresi toplanıncaya kadar Amerika komisyonunu alıkoymaya çalışıyoruz. Hatta kongreye Amerikalı bir gazeteci göndermeyi de belki başarabileceğiz.

İşte bütün bunlar karşısında, davamızda bize destek olabilmesi için, bu fırsat dakikalarını kaybetmeden, paylaşılma ve dağılma korkusu karşısında, kendimizi Amerika'ya başvurmaya mecbur görüyoruz. Vasıf Bey kardeşimizle bu konuda birleştiğimiz noktaları kendisi de ayrıca yazacaktır.

Türkiye'yi gayret ve kararlılık sahibi, geniş görüşlü bir iki kişi belki kurtarabilir. **Macera ve savaş devri artık geçmiştir. Gelecek için, gelişme ve birlik savaşı açmak zorundayız. Sınırlarında bu kadar çok evladı ölen zavallı ülkemizin, fikir ve uygarlık savaşında kaç tane şehidi var? Biz Türkiye'nin hayırlı evlatlarından yarının kurucuları olmalarını istiyoruz. Rauf Bey kardeşimizle sizin ortak olarak, temelleri bile çöken zavallı ülkemiz için uzakları görerek düşünüp çalışmanızı bekliyoruz.**

Saygılarımı gönderir, başarılarınıza dua ederim. Ulusal davada canıyla ve başıyla çalışanlar arasında sade bir Türk askerinin alçak gönüllüğüyle sizinle beraber olduğumu bildiririm.

10 Ağustos 1919
Halide Edip

Karahisarısahip [Afyonkarahisar], 13.8.1919

15. Kolordu Komutanlığı'na

Mustafa Kemal Paşa'ya özel: İstanbul'daki çeşitli partilerin birleşerek Amerika heyetine verilmek üzere aldıkları kararlar aşağıda bilginize sunulur:

1. Ermenistan için Türkiye'nin doğu sınırı üzerinde Ermenilerin işine yarayacak bir arazi parçası vermeyi, Doğu illerinin Türkleri ve orada işbaşında bulunan büyükleri, bu bölgenin gelecekte refahını ve serbest gelişmesini düşünerek kabul edebilecekleri düşüncesinde oldukları, yalnız bu düşüncelerini oradaki Kürtlerle işbirliği yapmış olmak ve Kürtlerin de Ermenilere arazi vermek düşüncesine kesinlikle yanaşmamaları dolayısıyla açığa vurmaya taraftar olmadıklarını ve hatta açığa vursalar bile orada Türk çoğunluğunun aşağıdaki koşullar kendilerine sağlanmadıkça bu düşüncede Kürtlerden ayrılmayacağını sandıklarını, belirlemiştir: Şöyle ki, birinci olarak, Türk ve Kürt çoğunluğu ve aralarındaki diğer azınlıkların oturduğu arazinin bütünlüğü; ikinci olarak, Türk bağımsızlığının tam olarak tanınması ve fiilen garanti edilmesi; üçüncü olarak, Türkiye'nin çağdaş uygarlığa kavuşabilmesi için serbestçe gelişmesini engelleyen kayıtların kaldırılmasıyla Wilson Prensipleri'nde vaat edildiği üzere bağımsızlık ve haklarından en güvenli bir şekilde yararlanmasına imkân sağlanması; dördüncü olarak, bu konularda ve Türklerin ilerlemesinin hızlandırılmasında Amerika'nın bize yardımcı olacağını Milletler Cemiyeti'ne karşı üstlenmesi.

2. Boşaltılacak topraklardan çıkarılacak olan Türk ve Kürtlerin gönderildikleri yeni topraklarda derhal yerleştirilmeleri ve bu topraklardan hemen yararlanmalarını sağlamak için Amerika'nın yardım etmesi.

3. O civarda ve özellikle Erzincan ve Sivas arasında yoğun olan Ermenilerin de yeni Ermenistan sınırı içine gönderilmelerinin sağlanması.

4. Ermenistan'ın adına ve hesabına olarak gerçekleştirilmesini olası gördüğümüz toprak bırakılması durumu, bağımsız bir Ermenistan adına değil, ancak büyük ve uygar bir devletin mandası altında gelişecek çağdaş bir devlet adına olacaktır. Çünkü bugünkü Ermenistan'a toprak bırakmak, Türkiye'nin başına ikinci bir Makedonya derdi açmak olduğu gibi, Kafkasya için de bir etken ortaya çıkarmak demektir.

Türkiye Büyük Millet Meclisi'nin bir oturumu. Kürsüde Mustafa Kemal Paşa.
İş Bankası Müzesi Arşivi.

5. Bütün bunlar tartışılabilir bir "öneri" niteliğindedir. Bunların kesin bir durum kazanması ancak ülkedeki heyetlerle görüşmek mümkün olursa, oraya Amerika heyetinden bir kişinin gönderilmesi gereklidir.

6. Ve en sonunda, konunun yasal ve meşru bir şekle sokulması için Osmanlı Milli Meclisi'ne bırakılması doğaldır.

12. Kolordu Komutanı
Salahattin

Şifre
Kişiye özel
339

Erzurum, 21.8.1919

12. Kolordu Komutanlığı'na
20. Kolordu Komutanlığı'na

(Yalnız 12. Kolordu) İlgi: 13.8.1919 şifre:
İstanbul'daki çeşitli partilerin Amerika heyetine verilmek üzere aldıkları kararlar, burada Temsil Heyetimizce son derece üzüntü ve esefle karşılandı. Çünkü birinci maddede

Ermenistan'a Doğu illerinden toprak bırakma söz konusu olmaktadır. Oysa, ezici çoğunluğu Türk ve Kürt olan bu illerden bir karış toprağın bile Ermeniler hesabına yazılmasının bugün için uygulamada mümkün olamayacağı şöyle dursun, unsurlar arasındaki nefret ve intikam duygusunun dehşet ve şiddeti, Osmanlı Ermenilerinin dönmeleri durumunda bile iller içinde yoğun olarak yerleştirilmelerini tehlikeli göstermektedir. Bu bakımdan suç işlememiş Osmanlı Ermenilerine yapılacak en büyük kolaylık, adaletli ve eşit şartlar içinde vatanlarına dönmelerini kabul etmekten başka bir şey olamayacaktır. Üçüncü maddede Erzincan ve Sivas arasında yoğun bir Ermeni topluluğu hayalleri, bilgisizlik ve kavrayışsızlıktan başka bir şey değildir. Savaştan önce bile buralarda oturanlar, büyük kısmı Türk ve küçük kısmı Zaza denilen Kürtlerden ve çok az da Ermenilerden meydana gelmekteydi. Bugün ise varlığından söz edilecek kadar Ermeni yoktur. Dolayısıyla bu gibi cemiyetler yetkilerini bilmeli ve bir iş yapmak isterlerse hiç olmazsa Savunma ve Dışişleri bakanlıklarının barış hazırlıkları arasında yaptıkları resmi istatistik ve grafiklere olsun başvurma zahmetinden kaçınmamalıdır. Bu telgrafın olduğu gibi İstanbul'a gönderilmesini rica ederiz.

Mustafa Kemal

Güvenlikle ilgilidir
2013

Ankara'dan, 14.8.1919

3. Ordu Müfettişliği Kurmay Başkanlığı'na

1. Mustafa Kemal Paşa'ya (özel): İstanbul'a gönderilmek üzere yazmış olduğunuz son yanıtlarınız yerine ulaştırıldı ve buna yanıt olarak basılı bir raporla Ahmet Rıza Bey, Ahmet İzzet, Cevat, Çürüksulu Mahmut paşalar, Reşat Hikmet, Câmi, Reşit Sadi beyler, Esat paşalar gibi pek çok kişinin fikrine uygun olan Kara Vasıf'ın, yani Cengiz'in, Halide Edip Hanım'ın görüşlerini içeren uzun mektuplar geldi. Bunlar sırayla özetlenerek sunulacağı gibi, asılları da Sivas'a gönderilecektir. Bunların hepsinde bir yardıma ihtiyaç duyulduğu, bu yardımın Amerika tarafından yapılmasının en az zararlı olarak kabul edilip onaylandığına dair gerekçe ileri sürülmektedir. Basılı rapor, Câmi, Rauf Ahmet, Reşat Hikmet, Reşit Sadi beylerle Halide Hanım, Kara Vasıf, Esat Paşa, bütün parti ve cemiyetlerin fikirleri yoklandıktan sonra, büyük çoğunluğa göre düzenlenmiştir. Zaman varmış. Kongrede bir an önce iş görmek, Amerikalılar gitmeden bildirimde bulunmak gerekirmiş. Amerikalıları oyalayarak yola çıkmalarının geciktirilmesine çalışılıyormuş. "Kongre çabuk olarak kesin karar verebilir mi?" sorusuyla Amerikalılar, bu düşünceyi benimsediklerini hissettiriyorlarmış. Kongrenin toplanmasını çabuklaştırmanız rica olunur.

20. Kolordu Komutanı
Ali Fuat

Bu telgrafta söz edilen uzun mektuplar, günlerce telgraf iletişimini işgal eden şifrelerle verildi. Birbirine ekli olan o şifrelerden biri de şuydu:

Güvenlikle ilgilidir
Kişiye özeldir

Ankara'dan, 17 Ağustos 1919

3. Ordu Müfettişliği Kurmay Başkanı
Kâzım Beyefendi'ye

Mustafa Kemal Paşa Hazretleri'ne: 16.7.1919 tarih ve 880 numaralı şifrenin dokuzuncu maddesine ektir:

Kara Vasıf'ın 10 numaralı madde hakkında ek olarak verdiği bilgiler:

1. Bir yardım şeklinde Amerika'ya taraftar olursak ve bunu Doğu İlleri Kongresi, Milli Kongre, bir istek gibi telgrafla hükümetimize yazarsa, Wilson'un Amerika Kongresi'ne karşı güzel bir dayanak noktası olacağından, İstanbul'da çoğu aydın buna taraftardır ve böyle bir şey hazırlıyorlar. Eğer Anadolu da yaparsa yararlı olur diyorlar. Böyle olursa Amerika'nın mandasından yararlanarak diğer alçakları ülkemizden çıkarmak ve sonra yalnızca Amerikalılarla karşılaşmak mümkün olur ve uğraşmak da kolay olur. Bir de Amerikalılar bizi şiddetle suçluyorlar. Yani hükümeti aşağılıyor ve ulusumuzu da kınıyorlar. Delegelerin İstanbul'dan çıkışını, Paris'e gidişini, muhtıraları .... sonra diyorlar ki, Avrupa'nın cesaret etmediğini siz kabul ediyorsunuz. Örneğin, Avrupa büyük bir Ermenistan kurulmasını düşünmüyor. Sizin sadrazam, Toros'tan sınır veriyor. Ermenistan istiyor. Oysa, şimdiye kadar Amerika komisyonlarından hiçbirisi bile buna mümkün demedi. Bütün raporlara göre Anadolu'da, Türkiye'de bir Ermenistan olmak, hatta muhtar ve bölgesel yönetimler kurmak bile mümkün değildir. Nüfusları yok, toprakları yok. Bu yönetim müthiş bir askeri kuvvete dayandırılmazsa olmaz. Ermenilerde bu kuvvet olamaz. Amerika bu bağışı yapamaz. Diğer devletler de buna katlanamaz. Meğer ki, oralarını ele geçirsin ve "(... barış)" yapsınlar. Bu da mümkün değil. Rekabet bunu engeller. İşte İstanbul'un haberleri. Orada iyice düşünülsün. Epeyce zaman vardır. Amerika Kongresi hemen hemen Wilson'u dinlemek üzeredir.

2. İstanbul'da büyük temaslar var. Onun için Mustafa Kemal Paşa genel bir emir verir mi? Yoksa İstanbul'un karar ve çalışmasını uygun bulur mu? Çalışmadaki amaç, ulusun birliği, ülke bütünlüğünün, bağımsızlık ve egemenliğin sağlanması! Eğer Mustafa Kemal Paşa buraya genel bir emir vermezse ve kendisi de hemen oradan Amerikan, İngiliz ve diğerleriyle bağlantı kurmazsa, doğal olarak burada da çalışmalar devam edecektir. Belki ters bir durum olur. Buna dikkatinizi çekerim. Bu rolü, siyaseti çok daha iyi yürüten bir (t g t l k h n) [okunamamış sözcükler]. Mustafa Kemal Paşa'nın mücadelesine ve kuvvetine dayanmak ise (b t l s t n) [okunamamış sözcükler], onun sözleri ve demeçleri, tavır ve hareketleriyle fiilen ve sözle yalanlanmış.

3. Çolak Hüseyin Salahattin ikiyüzlü gidiyor. Sadık Bey'in en gözde kullarından olan bu adamın bir makam sahibi olmaması için ne yapılacağı düşünülüyor.

20. Kolordu Komutanı
Ali Fuat

Kara Vasıf Bey'e bildirilmek üzere verilen yanıt şuydu:

Şifre Erzurum'dan, 19.8.1919
Kişiye özeldir. Aceledir
152

20. Kolordu Komutanı Ali Fuat Paşa Hazretleri'ne

İlgi: 17.8.1919

1. Sözü edilen Amerikan mandasının nasıl bir yardım sağlayacağının gayet dikkatli olarak incelenmesi ve ulusal amacımızla karşılaştırılması çok önemlidir. İstanbul'da çalışan grubun amacı, ulusun birliği, vatanın bütünlüğünün, bağımsızlık ve egemenliğin sağlanması noktasında tanımlandığına ve gösterildiğine göre, Amerika mandasını kabul halinde bu amaç korunmuş olabilir mi?

2. Ulusal isteklere bağlı ve uygun olmayan kararlar hiçbir zaman ulusça kabul edilir olmayacağından, ulusun ve vatanın yazgısında ulusal vicdanı dile getirmek olan görevimizi iyi yapmak için, ulusal isteğin bir arada tek bir isteğe yönelmesini beklemeden hiçbir konuda yetkili görünmemiz doğru değildir. Bu sebepten dolayıdır ki, tarafımızdan yabancılarla ilişki ve bağlantının, kongrenin kararlarına dayandırılarak ulus adına yapılmasını tercih etmekteyiz. Allah'a şükür, vatanımızdaki ulusal akımın pek çok gelişmesi, kökleşmekte ve güç kazanmakta olması bizleri daima bu noktaya doğru çekiyor ve davet ediyor.

3. Şurası da dikkate alınmalıdır ki, ülke ve ulusun yazgısı hakkında Amerika'ya da herhangi bir devletle anlaşmaya yetkili olabilecek bir hükümet, ancak ulusal egemenlik ilkesini kabul eden ve bir ulusal meclisin varlığını onaylayarak ona dayanma yolunu tutan bir hükümettir. Bu durumda, İstanbul hükümetini meydana getirecek kişilerin mutlaka bu nitelikte olması gereklidir. Bizce olduğu gibi oradaki çalışmalarınız da bu noktanın sağlanmasına yönelik olmalıdır.

4. Yakında kongre kararlarını öğreneceksiniz. Gözlerinizden öperiz.

Mustafa Kemal

Bir küçük bilgi daha vereyim. Sivas'a gelmiş olan, gazeteci Mister Brown ile kendim görüşmeyi uygun gördüm. Karşısındakini kolaylıkla anlayan, çok zeki bir genç.

Manda konusunun kongrede görüşülmesi

Şimdi, efendiler, kongrede manda hakkında yapılmış olan görüşme ve tartışmaları elden geldiğince olduğu gibi, yüksek heyetinize dinletmeye çalışacağım:

Birçok kişi söz aldılar. Kimseye söz vermeden önce, başkanlık makamından, tutanakta olduğu gibi yer alan şu kısa değerlendirmede bulundum: Bu raporun içeriği hakkında fikir alışverişine başlamadan önce bazı noktalara dikkatinizi çekmek isterim. Bu raporda, örneğin Mister Brown'dan söz edilmekte ve elli bin kişilik bir işçi ordusu getirileceğini söylediği anlatılmaktadır.

Efendiler, Mister Brown, "Ben hiçbir resmi sıfatla görüşmüyorum, tamamıyla kişisel bir biçimde görüşüyorum" diyor ve hatta Amerika'nın mandayı kabul edeceğini değil, belki etmeyeceğini söylüyor! Onun için sözleri Amerika adına değil, kendi adınadır. Mandanın ne olduğunu kendisi de bilmiyor! "Manda, siz ne derseniz odur!" diyor. Bu raporda önemli olarak manda meselesi vardır. Bunun hakkında görüşmeden önce on dakika ara verelim (saat: 15.25).

Sonraki oturumda, "İlk söz Vasıf Bey'indir" dedim. Vasıf Bey önce mandanın tanımı hakkında uzun açıklamalar yaptı. Sözü başkalarına bıraktı. Tekrar söz aldı ve "Bir kere esas olarak mandayı kabul edelim de şartlar hakkında daha sonra görüşürüz" dedi.

Üyelerden Macit Bey adında bir kişi "Genel kurulca asıl tartışılacak konu, şimdiden sonra yalnız yaşayabilecek miyiz, yaşayamayacak mıyız? Mandayı ne şekil ve biçimde anlayarak, mandaterle ne şekilde görüşeceğiz? Mandater kim olacaktır? Asıl konu budur" şeklinde açıklamalarda bulundu. Ben, başkanlık makamından, "Sanıyorum bu rapordan iki görüş ortaya çıkıyor: Bunların birincisi, devletin iç ve dışta bağımsızlığından vazgeçememesi ve ikincisi de, devlet ve ulusun dışardan gelecek zararlı baskılara karşı bir yardım ve destek ihtiyacında bulunup bulunmamasıdır. Asıl kararsızlığa yol açan nokta budur. İzin verirseniz, bu noktayı düşünmek için Teklif Komisyonu'na gönderelim. Daha sonra yüksek huzurunuza sunalım. Herhalde içerde ve dışarda bağımsızlığımızı kaybetmek istemiyoruz" dedim. Bunun üzerine söz alan Bekir Sami Bey, "Üstlendiğimiz görev gayet ağır ve önemlidir; boş tartışmalara ayıracak hiçbir dakikamız yoktur. Bu muhtıramızı görüşelim ve hızla, zaman geçirmeksizin bir karar alalım" dedi. Ben, başkanlık makamından: "Bu meseleyi komisyon başkanı olmak dolayısıyla açıklayayım (ben aynı zamanda Teklif Komisyonu başkanıydım): Bu muhtıranın içeriği komisyonda okundu ve üzerinde birçok konuşma ve tartışma yapıldı; fakat kesin karar verecek biçimde görüş ortaya çıkmadı. Önce genel kurulda okunmaksızın Teklif Komisyonu'na gönderilmişti. Bu sebeple bir defa da burada okunup genel kurulun görüşü belli olduktan sonra tekrar Teklif Komisyonu'na gönderilerek kesin kararı vermek istemiştik" dedim. Merhum İsmail Fazıl Paşa da söz alarak şu konuşmayı yaptı: "Bekir Sami Bey'in fikrine katılırım; kaybedecek zamanımız yoktur; temel olarak konu da basitleşmiştir: Tam bağımsızlık mı, yoksa manda mı kabul edeceğiz? Belirleyeceğimiz karar budur. Böyle çok önemli olan bir konuyu tekrar komisyona ve ondan sonra tekrar genel kurula göndermekle zaman geçirmeyelim. İş uzar. Zamanımız değerlidir. Buna bugün, yarın veya öbür gün, kesinlikle genel kurulda bir karar verelim. Komisyonda zaman geçirmeyelim. Çünkü çok hassas bir konudur."

Bunun ardından Hami Bey söz alarak İsmail Paşa Hazretleri'yle Bekir Sami Beyefendi'nin fikirlerine katıldığını söyledikten sonra "Herhalde bir yardıma ihtiyacımız var ve bunun en basit göstergesi de devlet gelirlerinin ancak borcumuzun faizini karşılayabilmesidir!" dediler.

Bundan sonra, Raif Efendi manda karşıtı olarak konuştu. İsmail Fazıl Paşa, ona yanıt verir gibi uzun konuşma yaptı. Ondan sonra tekrar Bekir Sami Bey söz söyledi ve dedi ki: "İsmail Fazıl Paşa Hazretleri'nin tamamıyla katıldığım sözlerine yalnız bir şey ekleyeceğim: Kırım Savaşı'ndan galip çıkarak katıldığımız Paris Kongresi'ndeki müttefiklerimizin bize yükledikleri bilinen koşullar ile bu şimdi okunan muhtıradaki isteklerimiz karşılaştırılacak olursa, hangisinin daha çok bağımsızlığı yok edici olduğu anlaşılır sanırım!"

Bekir Sami Bey'den sonra Hami Bey ve Hami Bey'den sonra da Refet Bey (Refet Paşa) konuştular. Refet Bey'in konuşması aynen şöyleydi: "Mandanın bağımsızlığı yok etmeyeceği kesinken, bazı arkadaşlarımız 'Bağımsız mı kalacağız, yoksa mandayı mı kabul edeceğiz?' şeklinde birtakım fikirler ileri sürüyorlar! Onun için her şeyden önce mandanın ne olduğu anlaşılmalıdır. Bununla beraber, mandadan söz etmeden önce de, düşünceleri gıcıklayan bu raporda bu deyimin ne şekilde kabul edildiğini anlamak gerekir. Fazıl Paşa Hazretleri 'bağımsızlığı korumak şartıyla manda' buyuruyorlar. Hami Beyefendi tarafından manda hakkında verilmiş olan muhtıra iki kısma ayrılıyor: Bir gerekçe kısmı var, ondan sonra bir de mandanın tanımına ait kısmı var... Manda konusunu buradaki görüşlere göre değerlendirebilmek için önce bir noktayı anlamak isterim; bu muhtıranın içeriği genel kurulda tartışmaya sunulmuş mudur, sunulmamış mıdır?" İsmail Fazıl Paşa: "Yanlış anlamaya sebep olduğundan, biz üçümüz (yani Fazıl Paşa, Bekir Sami ve Hami beyler) bu muhtırayı geri alıyoruz. Hiç verilmemiş saydık" dedi. (Bu muhtıranın taslağı da, temize çekilmiş hali de kendilerinde kalmıştır.)

Başkanlıktan: "Muhtıra geri alınmıştır" dedim.

Muhtıranın geri alınmış olmasına rağmen, söz alan Refet Bey, tutanakta beş, altı sayfa yer tutan parlak bir söylev verdi. Bu söylevden, olduğu gibi tutanaktan aldığım bazı cümleler, konuşmacının amacını açıklamaya yetecektir, sanırım!

Refet Bey diyordu ki: "Bizim, Amerika mandasını tercih etmekten amacımız, bütün toplumları tutsak eden, kalpleri, vicdanları söndüren İngiliz mandasından kurtulmak, sakin ulusların vicdanlarına saygılı olan Amerika'yı kabul etmektir. Yoksa asıl iş, para meselesi değildir.

....

.... söz olarak, manda ile bağımsızlık birbirine engel şeyler değildir; yalnız, eğer biz gerçekte güçlü olmayacak olursak, işte o zaman mandanın altında eziliriz ve o zaman manda bizim için bağımsızlığı yok edici olur. Bir de diyelim ki, biz içerde ve dışarda tam bir bağımsızlık isteriz! Fakat, acaba kendi başımıza yapabilecek miyiz, yapamayacak mıyız? Ondan da önce, acaba bizi kendi başımıza bırakacaklar mı, bırakmayacaklar mı? Bunu düşünelim! Şurası bir gerçektir ki, bugün bizi İngiltere, Fransa, İtalya ve Yunanistan paylaşmak istiyorlar; fakat eğer biz, bugün bir devletin bize kefilliği altında bir barış yapacak olursak, ileride, uygun koşullar altında bulunur bulunmaz hemen döner ve kendi yararımızı sağlarız. Fakat eğer olumsuz bir durum oluşacak olursa, acaba büsbütün zarar etmiş olmayacak mıyız?

....

Kesinlikle bir Amerika kefilliğini kabul etmek zorundayız. Yirminci yüzyılda beş yüz milyon lira borcu, harap bir ülkesi, çok verimli olmayan bir toprağı ve ancak on, on beş milyon lira geliri olan bir toplum için dışardan bir yardım olmaksızın yaşamı devam ettirmek imkânı olamaz! Eğer bundan sonra da bu durumda kalır ve dışardan bir yardım sayesinde kalkınamayacak olursak, belki de gelecekte Yunanistan'ın bile saldırılarına karşı kendimizi savunamayız...

Allah korusun, eğer, İzmir Yunanistan'da kalsa ve aramızda bir savaş açılsa, düşmanımız, Yunanistan'dan gemilerle asker getireceği halde, acaba biz Erzurum'dan hangi demiryolları ile taşımayı yapabileceğiz? Dolayısıyla, Amerika mandası, her şeyden önce bir kefil ve yardımcı bulmak için gereklidir." Konuşmacı, sözlerini şu cümleyle bitirdi: "Eğer bu sözlerimle ilerideki görüşmeler için bir giriş yapabildimse ne mutlu."

Efendiler, bu parlak ve ustaca söylevin, dinleyenlerin fikir ve görüşleri üzerinde yapabileceği yanıltıcı etkinin derecesini kolaylıkla anlayabilirsiniz... Fikirlerin, bunu izleyebilecek olan aynı fikirdeki konuşmacıların söylevleriyle büsbütün zehirlenmesine meydan vermemek ve kendilerini özel olarak aydınlatmaya ve yol göstermeye zaman bulabilmek için, derhal "On dakika dinlenelim, efendim" diyerek oturuma ara verdim (saat: 17.30'da).

Efendiler, bu söylevin son cümleleri dikkat çekicidir. Refet Beyefendi, Yunanlıları İzmir'de geçici görüyor ve savaş durumunda olduğumuzu kabul etmiyor. Yunanlılar İzmir'de kalırsa ve savaşa girilirse başa çıkamayacağımız görüşünde bulunuyor.

Bundan sonraki oturumda Bursa delegelerinden Ahmet Nuri Bey, manda karşıtı uzun bir konuşma yaptı. Hami Bey buna daha uzun konuşmayla yanıt verdi ve gerçekten çok uzun olan söylevinin sonlarına doğru sözlerini şu bilgilerle destekliyordu:

"Fakat şimdi biraz da işin kesin bildiğim bir yönünden söz edeceğim. Konunun bu aşamasında ilgili olan kişiyle kendim görüştüğüm için sözlerim tahmini değil, kesindir. İstanbul'dan yola çıkmadan önce eski Sadrazam İzzet Paşa Hazretleri'ni ziyarete gitmiştim. Kesinlikle bir manda ihtiyacında bulunduğumuza kendileri de inanıyorlardı. Benden de bu konudaki fikrimi sordular; ben de düşündüklerimi söyledim. Birkaç gün sonra beni çağırtıp şu sorunu açıkladılar: Suriye ve Adana bölgesinde dolaştıktan sonra İstanbul'a gelip siyasi partilerin görüşlerini öğrenmeye çalışan Amerikan Araştırma Komisyonu üyeleri, İzzet Paşa'yı konağında ziyaret ederek Anadolu'daki ulusal örgütün Türk ulusunu temsil ettiğine inandıklarını ve Paşa'yı da (yani İzzet Paşa'yı) bu işin öncüsü bildiklerini söylemişler ve 'Eğer siz Erzurum ve Sivas kongrelerine Amerikan mandasını istettirecek olursanız, Amerika da Osmanlı mandasını kabul edecektir' demişler. Paşa, bunu bana açıkladıktan sonra, bu ulusun bir savaşa daha gücü kalmadığından ve kesinlikle böyle bir çareye başvurmak zorunda bulunduğumuzdan söz etti ve Sivas'a gittiğim zaman oradakilere bu durumu anlatmamı tavsiye etti. İzzet Paşa'nın görüşü de bu şekilde istenecek bir mandanın yüzde doksan ihtimalle kabul edileceği ve yalnız bizim için birtakım şartlar öne sürmenin zorunlu olduğu noktasındadır. Hatta Paşa, Amerika için ulusun isteğine dayanmadan mandayı kabul etmek mümkün olmadığından, kongremiz tarafından gösterilecek isteğin Avrupa devletlerine karşı Amerika lehinde bir dayanak noktası olacağını da söyledi. Ben bu konuyu İstanbul'dan şifreyle Erzurum'da Rauf Bey'e bildirdim." "Mandanın kendisinden çok adına itiraz edenler boşuna telaş ediyorlar, kelimenin önemi yoktur. Önem, işin gerçeğinde ve içeriğindedir. Manda altına girdik demeyelim de isterlerse 'varlığı sonsuza kadar sürecek devlet olduk!' diyelim."

Bu son söze yanıt verenler arasında Hüsrev Sami Bey'in şu sesi işitildi: "Fakat bizim bu çalışmalardan amacımız, kendimizi savunarak varlığı sonsuza kadar sürecek bir ulus olduğumuzu kanıtlamaktır!" Hami Bey, buna, düşüncesinde geri dönüş olduğunu ima eden bir şekilde yanıt verirken, Kara Vasıf Bey söz aldı ve o günkü toplantının sonuna kadar açıklamalarda bulundu. Vasıf Bey'in uzun sözlerinin özetini, tutanakta aynen kayıtlı olan şu cümlelerle yüksek görüşünüze sunuyorum: "Bütün devletler bizi tamamen bağımsız bırakacaklarını söyleseler bile biz yine yardıma muhtacız. (Vasıf Bey sözlerinin başında mandaya, 'dışardan destek' adını verelim demişti.) Dört yüz ila beş yüz milyon lira borcumuz var. Bu parayı kimse kimseye bağışlamaz. Bize bunu ödeyiniz diyecekler; oysa bizim gelirimiz bunun faizine bile yeterli değildir. O zaman zor bir durumda kalacağız. Bunun için bağımsız yaşamaya ekonomik durumumuz uygun değildir. Sonra, yanı başımızda bizi paylaşmayı isteyen hükümetler var; onların tutkularına karşı mahvoluruz! Parasız, ordusuz ne yapabiliriz? Onlar uçakla havada uçuyorlar, biz henüz kağnı arabasından kurtulamıyoruz. Onlar savaş gemisi yapıyor, biz yelkenli bir gemi yapamıyoruz. Bu durumda bugün bağımsızlığımızı kurtarsak bile yine günün birinde bizi paylaşırlar." Vasıf Bey konuşmasını şu sözlerle bitiriyordu:

"... İstanbul'daki Amerikalılar 'Mandadan korkmayınız, Milletler Cemiyeti tüzüğünde yeri vardır' diyorlar. İşte bütün bu sebeplerden dolayı İngiltere'yi kendimize daimi düşman ve Amerika'yı da kötünün iyisi sayıyorum. Eğer onaylarsanız, buradan İstanbul'daki temsilciye bir mektup yazıp gizlice bir heyet göndermek için bir torpido isteyebiliriz."

Eylül'ün dokuzunda Salı günkü toplantıda, manda konusuna değinen Rauf Bey'in tutanaklara geçen demeci aynen şudur: "Bu manda konusu hakkında şimdiye kadar gerek basın ve gerekse diğer kaynaklar tarafından birçok sözler söylendi. Gerçi yüksek heyet, dış yardım prensibini kabul ettiyse de bu yardımı kimden isteyeceğimiz açıklanmadı. Amerika olduğu ima yoluyla anlatılıyorsa da bana göre, doğrudan doğruya söylenmesinde bir sakınca olamaz."

Erzurum Kongresi hiçbir şekilde manda kabulü hakkında karar vermiş değildir

Bu sözlerden anlaşılacağı üzerine, Rauf Bey'in anlayışıyla, gerek Sivas Kongresi Heyeti'nin ve gerek Erzurum Kongresi Heyeti'nin anlayışı arasında bir yanlış anlama olduğuna kuşku yoktur. Rauf Bey'in görüşünü yorumlayan bu sözlerinin, gerek Erzurum ve gerek Sivas kongreleri bildirilerinin yedinci maddesindeki yazılış tarzından kaynaklandığı yargısına varılabilir. Gerçekten bu maddenin yazılış tarzında ihtimal ki, –mandacılıkta çok ileri giden ve sonu gelmez propagandalarıyla kamuoyunu bulandıranları susturmak ve belki bundan daha çok onların iddialarına bir yanıt olmak üzere– bir çeşit özellik vardır. Madde içeriği mantık çerçevesinde okunup incelenince, ne manda ve ne de Amerika'nın mandaterliğini isteme düşüncesinin yer aldığı ortaya çıkar. Bu noktayı açıkça göstermek için söz konusu maddeyi olduğu gibi hatırlatmak isterim:

Madde 7: Ulusumuz, çağdaş amaçların büyüklüğünü kabul eder ve teknik, endüstriyel ve ekonomik durumumuzun ve ihtiyacımızın bilincindedir. Dolayısıyla devlet ve ulusumuzun içerde ve dışarda egemenlik ve bağımsızlığı ve vatanımızın bütünlüğü korunmak koşuluyla altıncı maddede açıklanan sınırlar içinde, ulusallık gereklerine saygılı ve ülkemize karşı işgal isteği beslemeyen herhangi bir devletin, teknik, endüstriyel, ekonomik yardımını memnuniyetle karşılarız. Böyle adaletli ve insanca koşulları içeren bir barışın da acilen kararlaştırılması, insanlığın esenliği ve dünyanın huzuru adına başlıca ulusal isteklerimizdendir.

Efendiler, bu maddenin hangi noktasında manda ve mandaterin Amerika olacağı fikri vardır? Olsa olsa "herhangi devletin teknik, endüstriyel, ekonomik yardımını memnuniyetle karşılarız" sözlerinden manda fikrine kapılanlar bulunabilir. Fakat mandanın anlam ve özünün bu olmadığı kesindir. Her zaman ve bugün de bu açıklık çerçevesinde yapılacak yardımları memnuniyetle karşılamaktayız ve karşılarız. Nitekim Ankara-Ereğli ve Keller-Diyarbakır demiryollarının yapımı için bir İsveç grubunun ve Kayseri-Sivas-Turhal hatlarının yapımı için de bir Belçika grubunun teknik, endüstriyel, ekonomik yardımını memnuniyetle kabul ettik. Örneğin, Ankara şehrinin ve diğer Anadolu şehirlerimizin bir an önce kurulup yapılmalarında olsun, bütün diğer demiryolu hatlarımızın, karayollarımızın, limanlarımızın yapımlarında olsun, öneride bulunacak yabancı sermaye sahiplerinin yardımlarını memnuniyetle kabul ederiz. Yeter ki, ülkemize sermaye getireceklerin devlet ve ulusumuzun içerde ve dışarda egemenlik ve bağımsızlığı ile vatanımızın bütünlüğünü bozmaya yönelik gizli istekleri olma-

Ankara yolunda devecilerle sohbet. ATASE Arşivi.

sın. Bu maddede yer alan "ulusallık gereklerine saygılı ve ülkemize karşı işgal isteği beslemeyen herhangi devlet" ifadesinden, Amerika Devleti anlamı çıkarılması da yersizdir. Çünkü ulusallığın gereklerine saygılı dünya devletleri arasında yalnız Amerikalılar yoktur. Örneğin, İsveç Devleti, Belçika Devleti aynı özellikte devletler değil midir? Bu devletlerden herhangi birinin mandaterliği de söz konusu olabilir mi? Bir de eğer Amerika Devleti'ne bir gönderme yapılmak istenseydi, "herhangi bir devletin" ifadesi yerine "bir devletin" veya hiç olmazsa sadece "devletin" kelimesiyle yetinilmesi gerekirdi. Bu bakımdan maddenin açıkladığı şartlar çerçevesinde teknik, endüstriyel, ekonomik yardımın iyi karşılanmasının bütün devletleri kapsadığı açıktır.

Efendiler, bu manda konusu hakkındaki görüşümün –ki bundan önce geçen ve bu dakikada yüce topluluğunuzun da bilgisinde bulunan bunca yazışma ve tartışmalarımızla ortaya konmuştur– aylardan beri gece gündüz beraberimde bulunan bir arkadaş tarafından hâlâ anlaşılmamış olduğu düşünülebilir mi? O halde Rauf Bey ya temelde benimle aynı düşüncede değildi ya da aynı düşüncedeydi de, Sivas'ta İstanbul'dan gelenlerle görüştükten sonra fikrini değiştirmiş oluyor. Burasını kestirmek bence güçtür. Şimdi biraz daha Rauf Bey'i dinleyelim; Rauf Bey, sözüne şöyle devam ediyor:

"Ateşkesin başında Almanlar barış anlaşmasını imza etmeyecek sanılırken, İngiliz basını bazı sırları açığa vurdu. Bunun birinci kısmı, Almanya'nın barış anlaşmasını imza edeceğine ilişkindi. Bu gerçekleşti. İkinci kısmı da Türkiye'nin paylaşılmasına ilişkindi. Bu, çok şükür gerçekleşmedi. Bu kısımda konferansın kararı gereğince Kızılırmak'ın doğu tarafı Ermenistan sayılarak Amerika himayesine veriliyor. Belki Gürcistan'la Azerbaycan da Amerika'ya bırakılıyor deniliyordu. Kızılırmak'ın batısındaki topraklar da, İzmir ve İstanbul hariç olmak üzere, denize çıkış yeri Antalya olarak Türkiye'yi oluşturuyordu. Bu kısmın kuzeyi, İtalya ve Fransız ve güneyi de İngiliz himaye ve yönetimine veriliyordu. İzmir'in işgali, açığa vurulan bu sırların doğruluğunu kanıtlamaya başladı. Dolayısıyla bu tehlike karşısında ülkemize karşı en tarafsız durumda bulunan Amerika'nın yardımını kabul etmeye mecburuz. Ben bu inançtayım."

Rauf Bey'in fikrini anlamak için bundan sonra daha çok devam eden sözlerini dinlemeye bilmem ki gerek kaldı mı?

Efendiler, çok uzun ve tartışmalı devam eden bu manda görüşmesi, manda taraftarlarını susturacak orta yollu bir çareyle son buldu. Hem de bu çareyi öneren, yine Rauf Bey oldu: "Amerika'da yıllardan beri bize karşı yapılmakta olan olumsuz propagandaların doğurduğu düşünce akımını düzeltmek için, her şeyden önce Amerika Kongresi'nden ülkemizi inceleyecek ve gerçeği görecek bir heyeti davet etmek." Bu öneri oybirliğiyle kabul olundu. Kongre Divanı Başkanlığı'nın imzalarıyla bu yolda bir mektup taslağı hazırlandığını hatırlıyorsam da, bu mektubun gönderilip gönderilmediğini çok iyi hatırlamıyorum. Kaldı ki, ben bu mektuba özel olarak önem vermiş değildim.

Efendiler, yeri gelmişken kısaca şunu da belirteyim: Belge olarak başvurduğum kongre tutanakları, Başkanlık Divan Kâtipliği'nde bulunan Afyonkarahisar delegesi Şükrü ve manda lehinde söylevlerini dinlediğimiz Hami beyler tarafından tutulmuş ve Hami Bey'in yazısıyla düzgün bir deftere temize çekilmiştir.

Sivas Kongresi'ni sonuçsuz bırakmak girişimleri

Efendiler, kongre 11 Eylül'de son buldu. 12 Eylül'de Sivas halkının da hazır bulunduğu açık bir toplantı yapılarak bazı söylevler verildi. Kongre görüşmeleri sırasında önemli olarak Mebuslar Meclisi'nin seçiminin hızlandırılması ve meclisin toplantı yerinin neresi olabileceği konularına değinildi. Fakat şimdi açıklayacağım meseleler, kongre görüşmelerini kısa kesmeyi gerektiriyordu. Bu son noktalarla, daha sonra Temsil Heyeti ilgilendi. 9 Eylül 1919 günü toplanmış olan bazı bilgiler kongreye şöyle açıklandı: "Eskişehir ve Afyonkarahisar'daki İngiliz kuvvetleri iki katına çıkarıldı. General Milne Konya'ya geldi. Konya Valisi Cemal Bey ve Ankara Valisi Muhittin Paşa karşı çıkmaya çekiniyorlar. Yeni Kastamonu Valisi Ali Rıza Bey de tıpkı Cemal Bey cinsinden bir adammış. Değerli arkadaşların böyle durumlar karşısında şiddetle hareket taraftarı olduğunu bildiğimden, hızlı ve şiddetli önlemler alınmasını Fuat Paşa'dan rica etmiştim. Fuat Paşa da kongrenin kendisine olan güvenine dayanarak, kongre adına gereken duyurularda ve girişimlerde bulunmuştur. Bu hareket şeklinin yüce topluluğunuz tarafından kabul edilmesini rica ediyor. Fuat Paşa, valilere sert uyarılarda bulunuyor. Bölgelere yüksek rütbeli subaylardan ulusal komutanlar atıyor ve bu komutanlara ulus adına her tür yetki verilmiştir, diyor. Kongre öneriyi kabul etti. Bundan sonra açıklamaları şu şekilde sürdürdüm:

"Buraya Galip Bey adında bir vali atanmış, geliyormuş; fakat bunun Harput Valisi Ali Galip Bey mi, yoksa Trabzon Valisi Mehmet Galip Bey mi olduğu anlaşılamadı. Fakat biz başka bir bilgi elde ettik. Mister Novil [Nowill] adında bir İngiliz binbaşısı Bedirhanlılardan Kâmuran, Celadet ve Cemil beylerle beraber yanında on beş kadar Kürt atlısı olduğu halde Malatya'ya gelmiş ve Mutasarrıf Bedirhanlı Halil Bey tarafından karşılanmışlardır. Harput valisi de görünüşte bir posta hırsızını takip etme bahanesiyle otomobille Malatya'ya gelmiştir. Bu amaçla bunlara Hısnımansur'daki [Adıyaman] birlik de verilmiştir. Amaçlarının Kürtleri, Kürdistan kurulacağı vaadiyle aleyhimize çevirerek bize karşı suikaste yöneltmek olduğu anlaşılmış ve karşı önlemlere de girişilmiştir. Diyelim ki, valiyi ve diğerlerini tutuklatmak istiyoruz. Malatya mutasarrıfı da Kürt aşiretlerini Malatya'ya davet etmiştir. Bu durum üzerine 13. Kolordu bölgesinde eyleme girdik. Gereken önlemler alınmıştır. Yarın akşam Harput'tan yola çıkarılan bir askeri birlik, bozguncuları tepeleyecektir. Buradaki Kolordu komutanı da gereken önlemleri almıştır. Malatya ve diğer bölgelere de gereken emirler verilmiştir."

Efendiler, Sivas Kongresi'nin hemen hemen bütün akışı boyunca sinirlere gerginlik verecek nitelikte haberler almaktan geri kalmıyordum. Ancak, aldığım bütün bilgileri olduğu gibi Kongre Heyeti'ne sunmakta, yarardan çok sakınca görüyordum. Gördünüz ki, şimdi açıkladığım gibi, gerçekten tehlikeli sayılabilecek durumda olan Ali Galip sorunundan da söz ederken ölçülü bir dil kullanmayı tercih etmiştim. Bence en önemli sorun, her tür zorluk ve tehlikelere rağmen, Sivas Kongresi'nin sonuca ulaşan kararlarla görüşmelerini bir an önce tamamlamış olmak ve bu kararları ülkede uygulamaya girişmekti. Bu isteğim gerçekleşti. Bütün ülkeyi kapsayan ulusal örgüt tüzüğünün ve Genel Kongre Bildirisi'nin hemen basılması ve yayımlanıp her yere duyurulması yollarına girişildi. Ancak, umulanın üzerinde yeni olaylar karşısında kalındığından, kongre son bulmuş olmasına rağmen, Kongre Heyeti'nin yeni gelişmeler kendini gösterinceye kadar Sivas'ta kalmalarını uygun gördüm ve gerekirse daha güçlü olağanüstü bir kongre toplanması için de hazırlıklarda bulundum. Ali Galip'in kaçması üzerine Kongre Heyeti'ni Sivas'ta tutmaktan vazgeçildiği gibi, Ferit Paşa hükümetinin düşmesi üzerine olağanüstü kongre toplamaya da ihtiyaç görülmedi.

Ali Galip olayı

Şimdi efendiler, mücadele tarihimizde önemli bir olay olan Ali Galip konusu hakkında izin verirseniz biraz açıklama yapayım:

Efendiler, daha Temmuz başında, Erzurum'da bulunduğum zaman, Celadet ve Kâmuran Ali adında iki kişinin, yabancılar tarafından bol miktarda parayla İstanbul'dan Kürdistan'a gönderileceği, bunların halkı kandırmaya ve bize karşı kışkırtmaya görevli oldukları ve bir iki gün içinde hareket etmiş ya da edecekleri haber alındı. Bu haber üzerine, bunların, sessizce gözetlenmeleri ve yakalanmaları gereğini 3 Temmuz tarihinde Diyarbakır'da 13. Kolordu komutanına ve ayrıca kurmay başkanı olan Halit Bey'e ve Samsun mutasarrıfına bildirdim.

20 Ağustos'ta 13. Kolordu komutanına verdiğim emirde, söz konusu insanların İstanbul'dan yola çıktıklarının bildirildiğini ve alınacak önlemler arasında özellikle Mardin istasyonunda sıkı bir denetim kurulmasının uygun olacağını yazdım.

Sivas Kongresi'nin ikinci günü, yani 6 Eylül tarihinde, "Bedirhanlı ailesinden Celadet ve Kâmuran ile Diyarbakırlı Cemilpaşazade Ekrem adlarında üç kişinin, yanlarında bir zamanlar Diyarbakır'da bize karşı propaganda yapan bir yabancı subayla, silahlı Kürtlerin korumasında olarak Elbistan ve Arga [Akçadağ] üzerinden Malatya'ya geldikleri, orada mutasarrıf, belediye başkanı taraflarından karşılandıkları, 13. Kolordu'nun bildiriminden anlaşılıyor." 15. Kolordu Komutanı Kâzım Karabekir Paşa'nın, 3. Kolordu Komutanlığı'na buna dair gönderdiği 6 Eylül 1919 tarih ve 529 numaralı şifresinde verilen bilgide "yabancı subayın, Türk, Kürt ve Ermeni nüfusunu incelemek üzere İstanbul hükümetinin izniyle dolaştığını söyledikleri; Malatya'da bulunan süvari alayının er sayısı az olduğundan bunları tutuklamaya cesaret edemediği; bununla beraber, derhal tutuklanmaları için İstanbul'a başvurulduğu, 13. Kolordu'dan bildirilmiştir. Bu adamların ne amaç ve hangi görevle nereleri gezecekleri hakkında ne gibi bilgileri olduğunu Harput valisinden sordum" denilmekteydi. Harput valisi, Ali Galip Bey'dir. Bu adamların ne amaçla geldiklerini 3 Temmuz tarihinden beri bilmekteyiz. Beş on silahlı Kürte karşı bir süvari alayının sayısı az görülmüş, tutuklanmalarına cesaret edilememiş; asıl şaşırtıcı olan taraf, bunların tutuklanması için İstanbul'a başvurulmuş olduğu haberidir!

Bu küçük ve önemsiz gibi görünen noktaları, o zamanki durumu değerlendirmelerinde, dikkate değer anlayış ve zihniyet farklarını gösterdiği için kayıt ve işaret ediyorum.

Diyarbakır'da 13. Kolordu komutanının hareket şekli, kuşkulu görüldüğünden, doğrudan doğruya bu kolordunun kurmay başkanına, 3. Kolordu komutanının imzasıyla 7 Eylül 1919 tarihinde yazılan (kişiye özel) şifrede, Vali Galip, Malatya Mutasarrıfı Halil ve Kâmuran ve Celadet ve Ekrem beylerle beraber İngiliz binbaşısının mutlaka tutuklanmaları ve Sivas'a gönderilmeleri için, Elazığ'da bulunan 15. Alay Komutanı İlyas Bey'in bizzat emrinde altmış kadar atlı ve katırlı askerin en geç olarak 9 Eylül'de Harput'tan Malatya'ya hareketi için –işin aciliyeti dolayısıyla– doğrudan doğruya duyuru yapıldığı bildirildi ve birliğin hemen hareketinin sağlanması rica edildi. 8 Eylül'de, Sivas'tan da bir otomobil ile bazı subaylar gönderileceği bilgisi verildi.

Diyarbakır'dan, kurmay başkanının 7/8 Eylül 1919 tarihiyle bana gönderdiği şifrede şöyle deniliyordu:

Tutuklama hakkındaki isteği öğrendim. Bu konuda komutan beyin emir vereceğini hiç sanmıyorum. Çünkü askeri özelliklerini tamamen biliyorum. Tarafımdan yapılacak bildirimi ise, bütünüyle uygulamaktan çekinirler. Bu konuda İstanbul'la haberleşmekteyiz. Bu duruma göre gereğinin yapılması yüksek görüşlerinize bağlıdır. Şifre Kalemi'nin 357 numarasıyla sunulmuştur.

13. Kolordu Kurmay Başkanı
Halit

Elazığ'daki Alay Komutanı İlyas Bey'den 13. Kolordu komutanının emrine yanıt olarak gelen 8 Eylül tarihli telgrafta da "Kolordu'dan aldığım emir üzerine hareketim ertelenmiştir. Kolordunun onayı olmadan, buradan hareket etmekliğim uygun olmayacağından, hareket emrimin kolordudan bildirilmesine yardım ediniz" denilmekteydi.

Halit Bey'e hemen verdiğim yanıt aynen şudur:

7/8 Eylül 1919

Bu kişilerin alçaklığı kesinleşmiştir. İstanbul hükümeti ... bu alçaklığa ortaktır. Oradan emir beklemek, düşmana fırsat vermektir. Bu konudaki bildirimlerimizde hiç kimseyi kararsızlığa düşürmeyecek şekilde, derhal emir vermek, vakit geçirmemek gerekir. Komutanın kararsız davranacağına ihtimal veriyorsanız, siz Elazığ ve Malatya'daki alay komutanlarına yapılmış bildirimlerimizin uygulanmasını bildiriniz. Gerçekten gerek varsa, komutayı uygun gördüğünüz tümen komutanlarından birisi üstlensin! Ağırdan alma zamanı geçmiştir. Uygulamalara ilişkin yanıtınızı bekliyoruz kardeşim.

Mustafa Kemal

Alay Komutanı İlyas Bey'e de aynı tarihte bizzat şu emri verdim: "Bu kişilerin hainliği ortaya çıkmıştır. İstanbul'daki hükümet de bunların hainliğine ortaktır. Kolordunuz komutanının bu konuda izin istediği ve yanıt alamadığı akla gelmektedir. Dolayısıyla sorunun çözümünün sağlanmasını sizden beklerim. Yanıtınızı bekliyorum, efendim. Malatya'daki uygulamanızın ardından gerek olursa Sivas'ta bize katılırsınız. Mustafa Kemal." Şifre dışındaki imza da 3. Kolordu Kurmay Başkanı Zeki Bey'indi.

Malatya'da bulunan 12. Süvari Alayı komutanını da 7/8 Eylül gecesi bizzat telgraf başına çağırmış ve görüşmekteydim. Alay Komutanı Cemal Bey'den durumu ve kuvveti hakkında bilgi aldım. Gelenlerin beraberlerindeki silahlı Kürtlerin "on beş, yirmi kişi kadar" olduğunu ve alayın da merkezde "ancak o kadar kuvveti" bulunduğunu söyledi. Ben bu kuvveti yeterli gördüm. Hatta süvari ve topçu alayının yalnız subayları yeterli gelebilirdi. Yalnız özel durumu ve ruh halini anlamak istiyordum.

Bunun üzerine telgraf konuşması şöyle sürdü:

Ben: "Vali Galip Bey, İngiliz binbaşısı ve Kâmuran ve Celadet ve Ekrem beylerin hepsinin ustalıklı bir tertiple bu gece tutuklanarak Sivas'a gönderilmeleri zorunludur. Durumunuz bunu yapmaya uygun mudur? Size buradan ve Harput'tan yardım yetiştirilecektir."

Cemal Bey: "Valiyi de beraber mi?"

Ben: "Özellikle, evet!"

Cemal Bey: "Belirttiğim üzere, durum ve kuvvetim buna uygun değildir. Kâmuran, Celadet ve Ekrem beylerin tutuklanmaları hakkında 13. Kolordu komutanıyla haberleşme yapıldı. Bunun sonucunda, şimdilik tutuklanmalarının durumun nezaketi nedeniyle uygun olamayacağı hakkında emir de çıkmıştır" dedi.

Artık bu adamın daha çok üzerine varılamazdı. "Kendilerine hissettirmeksizin sıkı gözetim altında bulundurunuz. Kolordunuzdan emir gelecektir. Hareket ederlerse, hareket yönlerini ve hangi araçla hareket edeceklerini hemen bildiriniz" talimatını vermekle yetindim.

8 Eylül günü Cemal Bey'den şifre ile "bilinen kişilerin hâlâ orada olup olmadıklarını ve gözetim önlemlerinin güvenilirlik derecesini" sordum ve "kendisine günde iki defa rapor vermesini" emrettim.

Halit Bey'e yazdığım telgrafa ertesi günü (8 Eylül 1919) aldığım yanıtta, Elazığ'da Alay Komutanı İlyas Bey'e emir verildiği ve bu emrin bir kopyası bildiriliyordu.

Kolordu Komutanı Cevdet Bey de, İlyas Bey'in 52 katırlı asker ve iki makineli tüfekle 9 Eylül sabahı hareket ettiğini ve 10 Eylül akşamı Malatya'da bulunacağını bildirdi. 9 Eylül tarihli olan bu şifresinde "karşı duruşların yoğun olduğu bir ortamda daha çok eylem yapmamak konusunda kendisini mazur göreceğimi" de bildiriyordu.

9 Eylül'de, İlyas Bey birliğinden başka, Aziziye'den iki süvari bölüğü, Siverek'ten Malatya'daki alaya bağlı bir bölük de Malatya'ya hareket ettirildi.

Vali Ali Galip'in ve Bedirhanlılarla Cemilpaşazade'nin yaptığı propagandanın etkilerini gidermek için, Elazığ ve Tunceli bölgesiyle ilgisi olduğunu bildiğim ve Kemah'ta bulunan Halet Bey'e (eski milletvekili), 9 Eylül'de Elazığ'a hareket etmesini ve Haydar Bey'le bağlantı kurmasını yazdım. Ayın sonuna doğru ulaştı.

Van valisi bulunan Haydar Bey de Elazığ valiliğini üstlenmek üzere Erzurum'dan hareket ettirilmişti. Haydar Bey 15. Kolordu'ya bağlı olup Mamahatun'da bulunan bir süvari alayıyla da bağlantı kurarak gerektiğinde bu alayı Malatya yönüne hareket ettirecekti.

Otomobille bazı subayların da Malatya'ya gönderileceğine dair bir kayıt vardı.

Gerçekten de, arkadaşlarımızdan Recep Zühtü Bey, görünüşte 3. Kolordu yaveri sıfatıyla benden aldığı özel emirle, beraberinde başkaları da olduğu halde, 9 Eylül'de otomobille Malatya'ya hareket etti. Ne yazık ki, bindiği otomobil yolların bozuk ve çamurlu olmasından Kangal'da kırılmış ve tam zamanında Malatya'ya yetişememişti. Kangal'dan sonra bazen araba ve bazen de hayvanla gece gündüz yol alarak Sivas'tan hareketinin dördüncü günü öğleden sonra Malatya'ya ulaşabilmişti. Recep Zühtü Bey'in verdiği raporlar, durumun aydınlanmasında çok yararlı olmuştu.

Efendiler, 10 Eylül günü geç vakit şu telgrafı aldık:

Kişiye özeldir. Malatya'dan, 10.9.1919
Hiç durmayacaktır.

Sivas'ta 3. Kolordu Komutanlığı'na

Mustafa Kemal Paşa Hazretleri'nedir:
1. 10.9.1919 saat 14.00'de olaysız Malatya'ya varılmıştır.
2. Bilinen kişilerin hepsinin ne yazık ki Kâhta yönüne kaçtıkları, ayrıntıların daha sonra sunulacağı bildirilir.

15. Alay Komutanı
İlyas

Aynı günde ve fakat İlyas Bey'in telgrafından sonra da şu telgrafı alıyoruz:

Gayet aceledir. Malatya'dan, 10.9.1919

Sivas'ta 3. Kolordu Komutanlığı'na

Mustafa Kemal Paşa Hazretleri'ne:
1. Harput valisi ile Malatya mutasarrıfı ve İngiliz binbaşısı ve yardakçıları olan bilinen kişiler, 15. Alay'ın Elazığ'dan hareket ettiğini ve kendilerinin tutuklanacaklarını haber alır almaz, bugün sabahleyin erkenden kaçmışlardır. Bunların Kâhta'daki Bedir Ağa'nın yanına gittikleri ve oradan toplayacakları Kürtlerle burayı basmaya gelecekleri söylentileri vardır.
2. Bunların ve Bedir Ağa aşiretinin herhangi bir kötülük yapmaya kalkışmaları durumunda kovuşturulmaları hakkında kolordudan emir alınmıştır, izleri sürülmektedir ve sonuç ayrıca sunulacaktır.
3. 15. Alay komutanının, emrindeki kuvvetle bugün saat 2'de Malatya'ya geldikleri sunulur.

12. Süvari Alayı Komutanı Binbaşı
Cemal

Aynı tarihte yazılmış olan bu iki telgraf yan yana getirilerek incelenirse, dikkat çekici bazı noktaların göze çarpmamasına olanak yoktur.

Süvari Alay Komutanı Cemal Bey, tarafımızdan aldığı emir üzerine, bilinen kişileri sıkı ve güvenli bir şekilde gözetim altında bulunduracak ve günde iki defa rapor verecekti.

Söz konusu kişiler, 10 Eylül günü sabahleyin kaçtıkları halde, Cemal Bey bu bilgiyi ancak İlyas Bey birliğinin varışından ve İlyas Bey'in raporundan sonra bildiriyor. Cemal Bey, kaçakların, İlyas Bey birliğinin Elazığ'dan hareketlerini haber aldıklarını söylüyor. Oysa telgrafhane Cemal Bey'in gözetimi altındaydı.

Sonra, kaçakların Kürtleri toplayıp Malatya'yı basacakları söylentisinin olduğunu da ekliyor. Bu noktalar, süvari alay komutanı hakkında kuşku ve tereddüt uyandırmaktan uzak değildir.

Daha sonra alınan bilgilerden anlaşıldı ki, Ali Galip ve arkadaşları 9 Eylül akşamı haberdar edilmişler. Ali Galip geceyi uykusuz, hükümet dairesinde geçirmiştir. 10 Eylül'de yanlarında birkaç jandarma ve silahlı Kürt olduğu halde hükümet dairesinde toplanıyorlar, veznedarın odasına giriyorlar, kasayı açıyorlar, yanlarına almak üzere altı bin lira sayıp bir kenara koyuyorlar ve kasaya koymak üzere de şu senedi yazıyorlar:

> Mustafa Kemal Paşa ve adamlarının tepelenmesi harcamalarına karşılık olmak üzere, ilgili emre uygun olarak altı bin lira alınmıştır. 10 Eylül 1919. Halil Rami, Ali Galip.

İlyas Bey birliğinin, Malatya'ya yaklaşmakta olduğunun anlaşıldığı bir sırada, süvari alay komutanı, subaylara, mutasarrıfın evini hedef gösteriyor. Mutasarrıfın evini sarıyorlar ve telefon tellerini kesiyorlar ve evi basıyorlar. Bu hareketin başladığını hisseden Halil Bey'in ailesi, hükümet dairesine haber veriyor. Hükümette para almakla meşgul olan vali, mutasarrıf ve arkadaşları durumdan haberdar olur olmaz korku ve telaşla her şeyi unutup ayırdıkları parayı ve yazdıkları senedi olduğu gibi bırakıyorlar ve yanlarındaki kişilerle birlikte hazır bulunan atlarına binerek hemen kaçıyorlar.

Süvari alay komutanının ve topçu alay komutanının; valinin geceyi hükümet dairesinde geçirmekte olduğunu bilmedikleri kabul edilemez. Mutasarrıftan çok, valinin tutuklanmasının önemli olduğu da ortadaydı. Dolayısıyla, bilinen kişilerin kaçmasına göz yumulduğu kesindir. En basit yoruma göre, bilinen kişilerin yanlarındaki beş on silahlı jandarma ve Kürt ile çarpışmadan büyük kötülük çıkabileceği kuruntusu, Malatya'dakileri –dolaylı yoldan– önlem almaya yöneltmiş ve söz konusu kişileri ürküterek kaçırmayı tercih ettirmiştir, denilebilir.

10 Eylül'de İlyas Bey'e verdiğim emirde başlıca belirttiğim noktalar,

"1. Kaçakların hemen yakalanmaları;

2. Kürtlük akımına asla elverişli ortam bırakılmaması;

3. Malatya'da mutasarrıflığın Jandarma Komutanı Tevfik Bey tarafından üstlenilmesi, uygun, namuslu ve yurtsever bir kişinin de Harput'ta hemen valilik makamına getirilmesi;

4. Malatya ve Harput'taki hükümet güçlerini tamamen ele alarak ulus ve vatan karşıtı hiçbir eyleme meydan verilmemesi;

5. Kaçaklara uyanların amansızca ve merhametsizce yok edileceğinin duyurulması ve namuslu halkın gerçeklerden haberdar edilmesi;

6. Ulusal varlığımızı tehlikeye sokacak olan yabancı askerine de karşı konulacağının belirtilmesi, gerekli düzen ve önlemlerin alındığının bildirilmesinden ibaretti.

Efendiler, kaçakların etraf ve çevre aşiretlerinden birtakım Kürtleri toplayabileceklerini ve hatta Maraş'ta bulunan yabancı kuvvetlerinden yararlanabileceklerini kesin gibi kabul etmek gerekliydi. Onun için alınmış olan önlemleri ve bu işe ayrılmış olan kuvvetleri güçlendirmek gerekiyordu. Bu amaçla Sivas'tan, bir katırlı birlik daha 9 Eylül akşamı Malatya'ya yola çıkarıldığı gibi, 3. Kolordu mümkün olduğu kadar kuvvetlerini güneye indirecek, 13. Kolordu izleme durumunu sağlayacak ve hainlere kıpırdayacak bir fırsat vermemek için en büyük etkiyi göstermek gerektiğinden Mamahatun'daki süvari alayı da Harput yönüne hareket ettirilecekti. Bu konuda 3., 13. ve 15. Kolordu komutanlarına gereğince duyurular yapıldı ve dilekler bildirildi.

Efendiler, verdiğimiz direktifler çerçevesinde kaçakları izlettirirken, bir taraftan da elimize geçen bazı belgeleri gözden geçirelim. Bu belgelerin, söz konusu olayı ve Ali Galip'in girişimini ve İstanbul hükümetinin bayağılığını her türlü açıklamadan daha mükemmel bir şekilde ortaya koyacağını zannettiğimden, onların olduğu gibi gözden geçirilmesinin yersiz olmadığı görüşündeyim.

Önce, İçişleri Bakanı Adil Bey ile Savunma Bakanı Süleyman Şefik Paşa'nın ortak imzalarıyla, Elazığ Valisi Ali Galip Bey'e verilen 3 Eylül 1919 tarihli talimatı birlikte okuyalım!

Bunun ardından, İçişleri bakanının, yollanacak kuvvet ve harcanacak para miktarı hakkında Babıâli'den çektiği telgrafını görürüz:

İstanbul
906
Kendisi tarafından çözülecektir

Elazığ Valisi Galip Beyefendi'ye

İlgi: 2 Eylül 1919, numara iki:

Sunulmuştur. Hakkındaki padişah buyruğu bugün çıkacaktır. Dolayısıyla kesinlik kazanmıştır. Emir şudur: Bildiğiniz gibi, Erzurum'da kongre adı altında birkaç kişi toplanarak birtakım kararlar aldılar. Ne toplananların, ne de aldıkları kararların bir değeri, önemi vardır. Fakat bu durumlar ülkede birtakım dedikodulara sebep oluyor. Avrupa'ya da çok

Milli Mücadele'nin hazırlık safhasında Mustafa Kemal Paşa ve Cemil Cahit (Toydemir) Bey.
İş Bankası Müzesi Arşivi.

abartılarak yansıtılıyor. Bundan dolayı çok kötü etkiler yaratıyor. Ortada önem verilecek hiçbir kuvvet, hiçbir olay olmadığı halde, yalnız bu abartılardan ve kötü etkilerden endişeye düşen İngilizlerin yakında Samsun'a epeyce bir kuvvet çıkaracakları anlaşılıyor. Hükümetin, her tarafa olduğu gibi tarafınıza da gönderdiği bilinen genelgeye aykırı hareketler devam ederse, çıkarılacak yabancı kuvvetlerin Sivas'a ve oradan daha ilerleyerek birçok bölgeleri işgal etmeleri olasılığı uzak değildir. Bu ise, tabii ki ülkenin çıkarlarına aykırıdır. Erzurum'da toplanan bilinen kişilerin yakında Sivas'ta toplanarak yine bir kongre yapmak istemekte oldukları, yapılan haberleşmelerden anlaşılıyor. Böyle beş on kişinin orada toplanmasından hiçbir şey çıkmayacağı hükümetçe bilinmektedir. Fakat bunları Avrupa'ya anlatmak mümkün değildir. İşte bunun için bunların orada toplanmasına meydan vermemek gerekiyor. Bunun için de her şeyden önce Sivas'ta hükümetin tam güvenini kazanmış ve ülkenin esenliğine uygun olan emirleri harfi harfine yerine getirmeye kararlı bir vali bulundurmak gerekmektedir. Yüksek şahsınızı onun için oraya gönderiyoruz. Gerçi Sivas'ta kongre yapmak istemekte olan birkaç kişiye engel olmak o kadar güç bir şey değilse de, yüksek dereceli sivil memurların ve komutan, subay ve askerin bazıları da bunlarla aynı fikirde oldukları anlaşıldığına göre hükümetin alacağı önlemleri ellerinden geldiği kadar zora sokacakları ve bilinen kişileri mümkün olduğu kadar korumaya çalışacakları dikkate alınarak, güvenilir bir iki yüz kişinin yanınızda bulunması, başarının sağlanması için uygun görülmektedir. Bundan dolayı, daha önce yazdığım gibi, oralardaki Kürtlerden güvenilen yüz, yüz elli kadar süvariyi birlikte alarak ve niçin oradan gidildiği hiç kimseye sezdirilmeden Sivas'a hiç kimsenin beklemediği bir zamanda ulaşarak vali ve komutanlığı hemen ele alacak ve oradaki jandarma ve askeri, sayıları az olmakla beraber, iyi yönetecek olursanız karşınızda başka bir kuvvet bulunmayacağı için, derhal etki oluşturarak toplanmaya meydan vermemiş olacağınız ve orada bulunanlar varsa hemen yakalayıp gözetim altında İstanbul'a gönderebileceğiniz ortadadır. Bu şekilde kazanılacak hükümet etkisi ve iktidarı, içerde maceracı hareketlerde bulunanları yıldırarak bu gibi hoşa gitmeyen hareketlerin çıkmasına engel olacağı gibi, dışarda da pek çok iyi etkiyle yabancıların asker çıkarmak ve oraları işgal etmek yolundaki düşüncelerden vazgeçmeleri için hükümetçe yapılacak başvuru ve girişimlere sağlam bir dayanak oluşturacaktır. Zaten Sivas halkının bazı ileri gelenlerinden sağlam olarak öğrenildiği üzere, halk bu politikacıların kışkırtmalarından, para toplamak için yaptıkları baskılardan pek çok nefret etmektedir ve bunların önlenmesi için hükümete her şekilde yardıma hazırdır. Orada jandarmaya derhal yazılacak istenildiği kadar adam bulunacağı ve bunlara önemli kimseler tarafından özel olarak yardım edileceği bildirilmektedir. Bu şekilde yeteri kadar ve hükümete kuvvetle bağlı bir jandarma gücü oluşturulduktan sonra birlikte götüreceğiniz süvarileri hoşnut ederek yerlerine göndeririz. İşte alınacak önlemler bunlardır. Bunun büyük bir kolaylıkla ve başarıyla uygulanması, yalnız, son derece gizli tutulmasına bağlıdır. Sivas'a görevlendirildiğinizden, hatta o taraflara gideceğinizden aile bireylerinizden en güvendiğiniz hiçbir kimseye bile söz etmeyiniz ve Sivas'a girinceye kadar amacı yanınızdakilere de sezdirmeyiniz. Bu, başarının temel koşuludur. Bu yüzden, şimdilik herhalde ailenizi orada bırakarak, etraftaki aşiretleri denetlemek için beş on gün duracağınızı, ailenize ve yakınlarınıza anlatıp hemen yola çıkarak bir gün önce Sivas'a ansızın ulaşmaya gayret etmelisiniz. Oraya vardığınızda aşağıda yer alan telgrafı gereken kimselere gönderip, vali ve komutanlığı ele alarak hemen işe başlamalısınız. Bir taraftan da makine başında Bakanlığa durumu bildirmelisiniz. Bu şekilde durum belli olur olmaz size yine makine başında tarafımdan durumun gereğine göre gerekli bildirimler yapılacaktır. Bu şekilde işe başladıktan sonra ne vakit uygun görürseniz ailenizi ve eşyanızı Sivas'a getirtebilirsiniz. Şu kadar ki, şimdi orada bulunan Reşit Paşa'nın valilikten alındığı, yerine diğerinin gönderileceği her nasılsa duyularak adı geçen tarafından Bakanlığa başvurulduğundan ve adlarını bildiğiniz kimselerin yakında Sivas'ta toplanmak istedikleri yapılan bildirimlerden anlaşıldığından, boşuna bir dakika geçirilmeyerek bir an önce yola çıkmanız ve oraya bir saat önce ulaşmaya gayret etmeniz de durum gereği önemli ve zorunludur. Bu durum karşısında ne zaman hareket edebileceğinizin ve ne kadar sürede ulaşabileceğinizin bildirilmesi gereklidir. Sivas'ta ilgililere göstereceğiniz telgraf şudur: "Yüksek şahsınızın Sivas vali ve komutanlığına atanması, Bakanlar Kurulu kararıyla onaylanmış, Padişah Hazretleri'nin yüksek buyruklarına sunulmuş ve gereği şerefle onaylandığından, hemen hareketle bu telgrafı Sivas'taki sivil ve askeri görevlilerden gereken kişilere gösterip vali ve komutanlığı üstlenerek göreve başlamanız ve hemen durumdan haberdar etmeniz bildirilir."

3.9.1919

İçişleri Bakanı | Savunma Bakanı
Adil | *Süleyman Şefik*

Gayet aceledir. Babıâli'den, 6 Eylül 1919

Malatya'da Elazığ Valisi Galip Beyefendi'ye

İlgi: 6 Eylül 1919

Eşkıyanın izlenmesi için gönderilecek kuvvet masraflarının jandarma ödeneği hesabına mal sandığından ödenmesi zorunludur. Kaç kuruş harcanacağının ve gönderilecek kuvvetin miktarıyla hareket gününün hızla bildirilmesi.

Bakan
Adil

İçişleri bakanı üç gün sonra da Ali Galip'in bir telgrafına yanıt olduğu anlaşılan şu telgrafı veriyor:

Aceledir İstanbul, 9.9.1919

Malatya'da Elazığ Valisi Beyefendi'ye

İlgi: 8 Eylül 1919. Numara iki:

Sivas'ta güvenilir araç olmadığı için yeterli bilgi alınamamakta ise de, ora halkından burada bulunan bir adamın ifadesine ve diğer yerlerden de alınan genel bilgilere göre, önce, halk bu kışkırtmalara taraftar değildir. İkincisi, asker yok denecek kadar azdır. Bu hareketi yönetmekte olanlar, bilinen kişiler ile komutan ve subaylardan bazılarıdır. Bunlar, işe ulusal bir şekil vererek amaçlarını benimsetmeye çalışmaktadırlar. Oysa ulus bu işlere taraftar değildir. Orası daha yakın olduğu için istediğiniz bilgileri daha kolaylıkla elde edebilirsiniz. Bununla beraber, gazeteler her nasılsa oraya görevlendirildiğinizden söz ettikleri için, bir gün önce gitmeniz daha çok önem kazanmıştır. Birlikte bulunduracağınız kuvvet ne kadar çok olursa, başarının o oranda kolaylaşacağı ortadadır. Bu gücün miktarlarıyla hareket zamanınızın bir gün öncesine kararlaştırılarak bildirilmesini bekliyorum.

Bakan
Adil

Ali Galip Bey yanıt olarak Malatya'dan şu son telgrafı veriyor:

Gayet acele ve gizlidir
Kendisi tarafından çözülecektir

İçişleri Bakanlığı'na,

Bu ayın on dördüncü günü yeterli kuvvetle eşkıyanın izlenmesi ve yakalanması için Malatya'dan hareket edecek şekilde gerekli önlemler alınmıştır. Allah'ın yardımıyla çarpışmanın başarılı sonuçlanacağına güven buyrulsun. Yalnız yazıların yanıtları ve gerekleri geciktirilmemelidir.

9.9.1919

Elazığ Valisi
Ali Galip

Bu telgraftan, 9/10 Eylül gecesini hükümet dairesinde, heyecanlar içinde sabaha kadar uykusuz geçiren Ali Galip'in 9 Eylül 1919 günü henüz kahramanlığının üzerinde olduğu ve Allah'ın yardımıyla çarpışmada başarıdan çok ümitli bulunduğu anlaşılıyor.

Efendiler, bu olay ve belgelerden haberdar edilen üst seviyedeki sivil memurlardan, İçişleri Bakanı Adil Bey'e ve komutanlardan da Savunma Bakanı Süleyman Şefik Paşa'ya güvensizlik içeren telgraflar çekilmesinin uygun olacağı düşünüldü. Herkesin dikkati çekildi.

Sivas Valisi Reşit Paşa'nın telgrafına yanıt veren Adil Bey'in şu sözleri ne kadar şaşırtıcı ve tuhaftır. Adil Bey söz ettiğim telgrafını şu cümlelerle bitiriyordu: "... Elbette Halife Hazretleri'nin yüksek buyruklarına uyma gereğini takdir edersiniz!"

Efendiler, bir rastlantı eseri olarak bu haberleşme sırasında ben de telgrafhanede bulunuyordum. Bir aralık dayanamadım, şu telgrafı yazıp çekilmek üzere görevliye verdim:

10, 11.9.1919

İçişleri Bakanı Adil Bey'e

Ulusun, padişahına düşüncelerini belirtmelerini engelliyorsunuz. Alçaklar, caniler! Düşmanlarla ulusa karşı haince düzenler yapıyorsunuz. Ulusun gücünü ve iradesini anlamakta yetersiz olduğunuza kuşku duymuyordum. Fakat vatana ve ulusa karşı haince ve var gücünüzle bir alçak gibi davranacağınıza inanmak istemiyordum. Aklınızı başınıza toplayın. Galip Bey ve yardakçıları gibi budalaların ahmakça olan boş sözlerine kapılarak ve Mister Nowill gibi ulusumuz ve vatanımız için zararlı olan yabancılara vicdanınızı satarak yaptığınız alçaklıkların ulusça sorulacak hesabını göz önünde tutunuz. Güvendiğiniz kişilerin ve gücün sonunu öğrendiğiniz zaman kendi sonunuzla karşılaştırmayı unutmayınız.

Mustafa Kemal

Bütün komutanlar da gerektiği şekilde başvurularda bulundular.

12 Eylül'e kadar aldığımız raporlardan, kaçakların 10/11 Eylül gecesini Raka'da geçirdikleri ve 11/12 Eylül gecesini de Raka'nın yarım saat yakınındaki bir

köyde, bir aşiret reisinin yanında geçireceklerinin anlaşıldığı bildiriliyordu. Bu bilgi, 20., 15. ve 13. Kolordu komutanlarına bildirildi.

11 Eylül'de ve 11/12 Eylül'de Malatya ile telgraf başında yapılan haberleşmeler, henüz Malatya'da kesin emir ve talimat almış olan kişilerin kafalarının karışıklığını gösterecek nitelikteydi.

Elazığ'dan gelen Alay Komutanı İlyas Bey, "Mutasarrıf Bey'in gönderdiği özel bir adam tarafından, Vali Ali Galip ve Mutasarrıf Halil beylerin bazı şartlarla makamlarına dönmek istedikleri" anlatılmış. Dolayısıyla "ülkenin esenliği adına bunların bu şekilde yapılan önerilerini kabul etmenin uygun olup olmadığı hakkındaki emrinizi beklemekte bulunduğumuz bilginize sunulur" demekteydi (11 Eylül).

Bunun ardından, 11/12 Eylül gecesi de yine telgraf başına gelen Süvari Alay Komutanı Cemal, Mutasarrıf Vekili Tevfik ve Topçu Alay Komutanı Münir, Jandarma Yüzbaşısı Faruk ve Baytar Binbaşısı Mehmet ve Elazığ'dan gelen Alay Komutanı İlyas beyler adına İlyas Bey şunları yazdırdı:

Malatya'dan İlyas Bey:

Şimdi güvenilir bir kimse olan Jandarma Yüzbaşısı Faruk Bey'den alınan bilgiler aşağıdadır:

Faruk Bey, Kâhta ve çevresinde takipteydi. Malatya'ya beş saat uzaklıkta Raka köyünde Kürtlerin toplandıklarını ve şu anda mutasarrıfla arkadaşlarının orada bulunduğunu, Siverek'e kadar uzanan bölgedeki aşiretlerin birbiri ardınca buraya gelmekte olduklarını ve Tunceli aşiretlerine varıncaya kadar Kürtlük adına davet edildiklerini, mutasarrıfın fikrine uyularak, önce Malatya'ya saldırıldıktan ve tamamen yağma edildikten sonra bütün kuvvetleriyle Sivas yönüne yürüyeceklerini, Malatya'da bulunan Türkleri öldüreceklerini ve süreceklerini ve Tuncelililerin de aynı zamanda Harput'a yürüyeceklerini bildiriyor. Çünkü mutasarrıfın Malatya'dan gitmesi, Kürtlük adına kendilerine büyük bir aşağılama ve hakaretmiş gibi kabul olunuyormuş. Vali, böyle bir yağma ve katliama taraftar ve razı olmadığını, fakat mutasarrıfın fikrine de engel olamayacağını bildirmiştir. Malatya'ya savaşarak girdikleri zaman Kürt bayrağı çekileceğini ve beraberlerindeki İngiliz binbaşısı da Urfa'da bulunan İngiliz tümeninin harekete hazır olduğunu bildirmişse de Hacı Bedir Ağa'nın bunu kabul etmediği ve aşiretlerin, Malatya'nın Kürdistan sayılıp ve Malatya'da Kürt bayrağı çekilmesine direndikleri, dün akşam vali Malatya'ya dönmek istemişse de bırakmadıkları abartılmadan sunulur. Koşulları aşağıdadır:

1. Valinin yerine dönmesi;
2. Mutasarrıfın eskisi gibi yerinde kalması;
3. Elazığ'dan gelen askerin geri gönderilmesi;
4. Valinin yüz silahlı Kürt'le Malatya'ya girdiği zaman sakinliğin korunması ve Sivas'a doğru yürümesi;
5. Aşiretlerden alınan yedi tüfekle, bir tabancanın geri verilmesi;
6. Yukarıda sunduklarıma emirleri.

İlyas Bey'e şunu yazdım:

11/12 Eylül 1919

Malatya'da İlyas Beyefendi'ye

1. Verdiğiniz bilgiler heyetimizce göz önüne alındı. Yüksek şahsınıza şartlar öne sürenler kimlerdir? Doğal olarak böyle bir ilişkiye girişmek kesinlikle doğru değildir. İhanetleri ortaya çıkan vali, mutasarrıf ve yandaşlarının yakalanmaları ve kışkırtmaya çalıştıkları bazı gafil kimselerin uyarılmaları söz konusudur. Bunun için bütün şiddetiyle karşılık vermek gerekir. 13. ve 15. ve 3. Kolordu komutanları, şu dakikada telgraf başında ortaklaşa alınacak önlemleri kararlaştırmaktadırlar. Mümkün olan kuvvetler her taraftan hareket ettirilmiştir. Orada alınması gereken önlemlerin tarafınızdan sessizlik ve ciddiyetle alınmış bulunduğuna güvenimiz tamdır. O bölgede bulunan bütün telgrafhanelerin tutulması ve Mutasarrıf Vekili Tevfik Bey kardeşimizin de hükümetin gücünü ve etkisini en üstün şekilde göstermesi göz önünde tutulmalıdır.

2. Şu anda bütün Anadolu merkezlerinden padişaha yapılan hainlik bildirilmektedir. Oraca da aynı şekilde davranılmalıdır.

3. İngiliz binbaşısının sözleri blöftür. Kürtlerin de birleşip toplanmayı başarsalar bile askeri güç karşısında ne dereceye kadar başarılı olacaklarını takdir buyurursunuz.

4. Bedir Ağa'yı ve Keven aşireti reislerini ve bu haince hareketlere karşı olan reisleri yanınıza çekmeye girişmeniz yerinde olur.

5. Adıyaman'dan hareket eden süvari bölüğüyle, Siverek ve Diyarbakır'dan hareket eden birer taburla bağlantınız var mı? Nerelere vardılar?

Telgrafhanede bulunan Kongre Heyeti adına
Mustafa Kemal

Gerçi, kongre toplantı halinde değildi ve telgrafhanede bulunmuyordu. Fakat manevi gücü desteklemek için Kongre Heyeti'nin ilgisini göstermeyi uygun gördüğüm gibi, imza olarak yalnız "Kongre Heyeti" diye de aynı içerikte ayrıca bir telgraf da yazdım.

Bu telgrafıma ek olarak, Urfa'da, Antep'te, Maraş'ta bulunan ve az olan yabancı kuvvetlerini bildirerek "size bir yabancı tümeninden bahsedenlerin sözleri, vatan ve ulus hainlerinin yalanını aktararak manevi gücümüzü kırmak alçaklığından..."dır dedim.

İlyas Bey telgrafıma verdiği yanıtta "Saldırı durumunda şiddetli direniş gösterilmesi kesin biçimde kararlaştırılmıştır" dedikten sonra, "eldeki kuvvet, Malatya'yı uzun süre bir Kürt saldırısına karşı savunmaya yeterli değildir. Bunun için olabildiğince hızla yardımcı kuvvetler gönderilmesine yol gösterilmesi bir kez daha istirham olunur" dedi.

İlyas Bey'e, gerektiğinde bir şey bildirebilmek için telgrafhanede bir subay bırakarak, önemli olan işinin başına dönmesini rica ettim.

İlyas Bey'den 12 Eylül'de çekilen bir telgrafı, türlü bakımlardan subaylarımız ve memurlarımız için yararlı olacağı düşüncesiyle olduğu gibi bilginize sunacağım:

Malatya, 12.9.1919

Sivas'ta 3. Kolordu Komutanlığı'na

Halep'teki İngiliz ordusuna bağlı albay rütbesinde Mösyö P. Pil (Peel) adında bir İngiliz subayı bugün öğleyin (12.9.1919) Malatya'ya gelmiştir. Amacının Malatya, Harput ve Diyarbakır bölgelerinde ileri gelen halk, sivil ve askeri görevlilerle görüşmek olduğunu; kaçak Mister Nowill'in görevi hakkında bilgisi olmadığını bildirdi ve bu konuda İngiliz hükümetinin kesinlikle bilgisi olmadığını ve böyle bir propagandacı subayın buralarda gezmesini kabul edemeyeceğini ve aşiretler içerisinden derhal buraya getirtilmesi için kendisine emir vereceğini söyledi. Eğer haince amaçla buralarda gezdiğine dair bir kanı oluşturursa tutuklu olarak Halep'e yollayacağını ekledi ve Vali Galip Bey'in de kendisiyle görüşmek üzere hayatının korunması konusunda kendisine güvence vererek buraya davet etme isteğinde bulundu. Bu konuda üst makamdan adı geçenin buraya gelebileceği hakkında emir almadan buraya gelmesinin mümkün olamayacağını ve bu konuda makamlara başvuracağımı da söyledim. Bu izin emrinin hızla bildirilmesine aracılığımı rica etti. Kendisi "yüksek siyasi mutemet" adıyla anılırmış. İstanbul hükümeti kendisini tanırmış. Kendisi burada iki gün kaldıktan sonra Harput'a gidecekmiş. Giriş belgesi yoktur. Kendisine saygın bir misafir olduğu ve özel saygı gösterileceği söylenmiştir. Valiyi buraya getirtmesine ve bu kişinin Harput'a doğru yolculuk yapmasına izin verelim mi? Bildirilmesi. Sivas'tan iki subayın şimdi geldiği bilgilerine sunulur.

15. Alay Komutanı
İlyas

Bu telgraf içeriğinde söz konusu edilen konular hakkında ne yapılacağını belirten görüşlerimiz, şu şekilde kısaca bildirildi:

Tel — Sivas, 12.9.1919
Gayet aceledir

Malatya'da 15. Alay Komutanlığı'na

İlgi: 12.9.1919

1. Kim olursa olsun giriş belgesi olmayan bir yabancı subayın Osmanlı toprakları içinde işi yoktur. Kendisine büyük bir nezaketle, fakat askerce kesin bir şekilde bunu bildiriniz ve geldiği yere hemen dönmesi için uyarınız. Ülkeden çıkıncaya kadar da ileri gelen halk ve görevlilerle hiçbir siyasi bağlantı kurmaması için yanına yetenekli, uyanık bir subay katınız.

2. Kaçak valinin vatana ihanetle suçlandığını, ele geçince yakalanarak kanunun adaletli pençesine teslim edileceğini, bu konuda başka türlü bir şey yapmak imkânı olmadığını ayrıca açıklarsınız, efendim.

Mustafa Kemal

Efendiler, alınan önlemler, yapılan düzenlemeler ve özellikle gösterilen sinirlilik ve şiddet sayesinde, Ali Galip ve Halil beylerin aldatmaya çalıştıkları aşiretler dağılmış, ümitsizliğe düşen Ali Galip önce Urfa'ya ve oradan Halep'e kaçmıştır. Mister Nowill de gözlem altında rahatça Elbistan üzerinden gitmiştir. Diğerleri de birer şekilde kaçmışlardır. Bu evreleri daha çok açıklamakta bir yarar görmüyorum. Bu konularla ilgili söylediklerime ek olarak yayımlanacak belgelerin okunmasından, bugün ve gelecek için uyarıcı noktalar çıkarılacağını ümit ederim.

İhanetin ortak girişimcilerinden Ferit Paşa hükümetine saldırı

Efendiler, bilginize sunduğum belgeleri gördükten sonra sanırım Ali Galip girişiminin, padişah, Ferit Paşa hükümeti ve yabancıların ortak bir girişimi olduğunda kuşku ve tereddüt edenler kalmaz. Bu ihanetin ortak elebaşılarına karşı alınması gereken konum açıktır. Ancak karşı girişimde mümkün olduğu kadar açıktan açığa hareket etmekten vazgeçmek ve o günün gerekleri olmakla beraber, girişimin kuvvetini çeşitli hedeflere yöneltmekten kaçınarak bir noktada toplamak ihtiyatlı bir tutum olurdu. Biz de saldırı hedefi olarak yalnız Ferit Paşa hükümetini belirledik ve padişahın işin içinde olduğunu bilmezlikten geldik. Ferit Paşa hükümetinin, padişaha gerçekleri söylemeyip aldatmakta olduğu tezini tuttuk. Padişahın, durumdan haberli olması durumunda hemen kendisini aldatanlara layık oldukları uygulamayı yapacağına güvenimiz olduğunu ileri sürdük ve hükümetin ortaya çıkan cinayeti üzerine, kendisine güvenin kalmamasının doğal olduğundan, gerçeği yalnız ve ancak doğrudan doğruya padişaha bildirmekle durumun düzeltilebileceğini, girişimlerimiz için hareket noktası saydık. Bu düşünceyle, Eylül'ün on birinci günü, padişaha çekilmek üzere bir telgraf hazırlandı. Bu telgrafta tahmin edeceğiniz üzere zamanın gereği olan birçok göstermelik sözler içinde "hükümetin silahlı çatışmaya girmek yoluyla kongreyi basarak Müslümanlar arasında kan dökmeye kalkıştığı, Kürdistan'ı ayaklandırarak vatanı parçalatmak planını para karşılığında üstlenmiş olduklarının belgelerle ortaya çıktığı, hükümetin bu işlerde aracı olarak kullandıkları adamların perişan edilerek kaçmaya mecbur edildiği, yakalanmaları halinde kanunun pençesine teslim olunacakları, bu cinayetleri düzenleyen, İçişleri ve Savunma bakanları aracılığıyla emredip uygulatan İstanbul hükümetine ulusun güveninin kalmadığı" belirtildikten sonra, "namuslu kişilerden meydana gelen yeni bir hükümetin kurulması, bu casus şebekesi hakkında hızla ve yasal soruşturma yapılarak suçluların cezalandırılması isteniyor; adil bir hükümetin kurulmasına kadar İstanbul hükümetiyle hiçbir şekilde haberleşme ve ilişkide bulunmamaya karar vermiş olan ulustan ordunun ayrılamayacağını, olayın aslını bilen ve o çevrede bulunan biz kolordu komutanları sunmaya mecbur olduk" deniliyordu.

İşte bu telgraf kopyalarının bütün kolordularca İstanbul'a çekilmesinin uygun olacağı düşünüldü. 11 Eylül günü telgraf başında kolordu komutanlarına şu talimatı verdim:

> "Şimdi bir telgraf kopyası vereceğiz. Bu kopyanın 3., 15., 20., 13. ve 12. Kolordu komutanlarının ortak imzasıyla çekilmesini uygun görüyoruz. Okuduktan sonra diğer komutanlarla aynı zamanda çekmek için bekleyiniz."

Kopya

Yüksek Sadrazamlık Makamına

> "Şimdi, doğrudan doğruya kutsal başkomutanımız, şanlı halifemiz efendimize önemli bir sunumda bulunmak zorundayız. Engel olunmamasını rica eder, aksi takdirde doğacak ağır sonuçların sorumluluğunun tamamen yüksek şahsınıza ait kalacağını sunarız.
> 12. Kolordu, 13. Kolordu, 20. Kolordu, 15. Kolordu, 3. Kolordu"

Yapılacak önemli açıklamalar, sunduğum gibi, padişaha çekilen telgraf içeriğinden ibaretti.

Eylül'ün 11. günü, özellikle 12/13. gecesi her tarafta kolordu komutanları telgraf merkezlerini işgal ederek kararlaştırıldığı gibi İstanbul'la haberleşmeye çalışıyordu. Fakat sadrazam ortadan kaybolmuş gibiydi. Yanıt vermiyordu. Biz de telgraf başında, sadrazamın telgrafları alıp yanıt vermesi için baskılar yapıyorduk. İstanbul merkezindeki telgraf memurlarıyla yapılan uzun çekişmelerden sonra, bir telgraf memuru şu telgrafı verdi:

> "Sadrazam Paşa'ya yazılan ifade telefonla söylendi. Alınan yanıtta: Telgraf içeriği Sadrazam Paşa Hazretleri'ne sunuldu. Bildirecekleri açıklamalar, gereği gibi telgrafla sunulmalıdır. Gelen telgraflar da gereği gibi padişaha sunulur, buyurduklarını müdür bey söylüyor, efendim."

Bunun üzerine gece yarısından sonra saat 4.00'te şu telgraf Sivas Telgrafhanesi'ne gönderildi:

Mustafa Kemal Paşa Milli Mücadele günlerinde bir yazıyı okuyor. (Arkada yaver Muzaffer Kılıç). ATASE Arşivi.

11/12.9.1919

Sadrazam Ferit Paşa'ya

Vatan ve ulusun haklarını ve kutsal varlıklarını ayaklar altına alarak ve Padişah Hazretleri'nin hükümdarlık şeref ve onurlarını yok ederek gafilce girişim ve hareketleriniz açığa çıkmıştır. Ulusun, padişahımızdan başka hiçbirinize güveni kalmamıştır. Bu sebeple durum ve dileklerini ancak Yüce Padişah'a bildirmek zorundadırlar. Hükümetiniz, yasadışı eylemlerinin ağır sonuçlarından korkarak ulus ile padişah arasında engel oluşturuyor. Bu konudaki inadınız daha bir saat devam ederse, ulus artık kendisini her türlü hareket ve uygulamasında serbest saymakta haklı bulacaktır ve bütün vatanın, yasadışı heyetinizle kesin olarak ilgi ve bağlantısını kesecektir. Bu, son uyarımızdır. Bundan sonra ulusun alacağı tavır, burada bulunan yabancı subaylar aracılığıyla İtilaf temsilcilerine de ayrıntılı olarak bildirilecektir.

Genel Kongre Heyeti

Sivas Telgraf Müdürlüğü'ne de aynı zamanda, telefonla şu emir verildi:

Kongremizden seçilmiş bir heyetle telgrafhaneye gönderilecek bir telgrafımızın doğrudan doğruya Mabeyn-i Hümayun'a [Saray Genel Sekreterliği] çekilmesine İstanbul'ca engel olunduğu bildiriliyor. Bir saat içinde telgrafın çekilmesine izin verilmemesi durumunda İstanbul'la bütün Anadolu telgraf haberleşmelerini kesmeye mecbur olacağımızı üstlerinize bildiriniz.

Genel Kongre Heyeti

Kolordu komutanlarına da aşağıdaki genel bildirim yapıldı:

Sivas'tan, 11/12.9.1919

20. Kolordu Komutanlığı'na
15. Kolordu Komutanlığı'na
13. Kolordu Komutanlığı'na
3. Kolordu Komutanlığı'na

Kongrenin padişahlık yüksek katına olan bildirimine İstanbul Telgraf Başmüdürlüğü'nce engel olunmuştur. Bir saatlik süre içinde saraya yol verilmezse bütün Anadolu'nun İstanbul'la telgraf haberleşmesinin kestirileceği yanıt olarak adı geçen müdürlüğe bildirilmiştir. Kongrenin bu doğru isteğine olumlu yanıt alınmadığı takdirde, bildirim anından itibaren Ankara, Kastamonu, Diyarbakır telgraf merkezleriyle Sinop'taki telgraf haberleşmelerinin durdurulması, yani kongrenin bildirimlerinden başka hiçbir telgrafın İstanbul'a geçirilmemesi ve İstanbul'dan da kabul olunmaması; Batı Anadolu ile haberleşmemize engel olmayacaksa Geyve Boğazı yönündeki haberleşme hattının da tutulması veya geçici olarak kesilmesi ve uygulama sonucunun bildirilmesi rica olunur.

Bu emirlere engel olacak telgraf memurları kendi bölgelerinde derhal divan-ı harbe verilerek haklarında en ağır ceza uygulanacaktır. İşbu bildirimin gereğinin yerine getirilmesi 20., 15., 13 ve 3. Kolordu komutanlarından rica edilmiştir. Alındığının bildirilmesi.

Sivas'ta Genel Kongre Heyeti

Bu telgrafın içeriği daha sonraki telgraflarla tamamlandı.

11/12 Eylül gecesi yapılmış olan genel bildirime ek olarak da şu ricada bulunuldu:

Bu gece sonuç elde edilinceye kadar bütün komutanlar ve üst seviyedeki sivil memurlar ve ilgili kurulların telgrafhanelerden ayrılmamaları rica olunur.

Genel Kongre Heyeti

Telgrafhanelere de şu uyarıda bulunuldu:

Ektir: Bu bildirimin uygulandığı haberi Kongre Heyeti'nce öğrenildikten sonra aynı şekilde aramızda haberleşmelere devam olunacağından, telgrafhanelerde adam bulundurulması rica olunur.

Kongre Heyeti

İstanbul'daki hükümetle ilişkiyi kesme kararı

İstanbul'un, verilen bir saatlik sürede saraya yol vermeyeceği anlaşılıyordu. Dolayısıyla 12 Eylül 1919 günü bütün komutanlara ve illere şu genel bildirim yapıldı:

Bir saate kadar, kopyası aşağıda yer alan telgraf Genel Kongre Heyeti tarafından sadrazama çekilecektir. Dolayısıyla siz de hemen bu esas ve içerikte birer telgraf çekiniz ve hemen bildiriniz, efendim.

Genel Kongre Heyeti

Saat beşte sadrazama "bilgi için" kaydıyla verilen ve aynı zamanda bütün komutanlara ve illere yapılan bildirim şöyleydi:

1. Hükümet, ulusun sevgili padişahına isteklerini bildirmesini engellemeye ve bağlantısını kesmeye ve ortaya çıkan haince hareketini sürdürmeye inat ettiğinden, ulus da doğru ve yasal bir hükümet işbaşına geçinceye kadar şu anki hükümetle yönetim bağlantılarını ve İstanbul'la her türlü telgraf ve posta haberleşme ve ulaştırmalarını tamamen kesmeye karar vermiştir. Bölgelerindeki sivil memurlar, askeri komutanlarla işbirliği yaparak bu durumu gerçekleştirecek ve sonucu Sivas'ta Genel Kongre Heyeti'ne bildirecektir.
2. İşbu bildirim bütün komutanlara ve üst düzeydeki sivil memurlara verilmiştir.

12.9.1919 *Genel Kongre Heyeti*

Milletvekili seçimiyle meşgul olunmaya başlanması

Efendiler, ayın on ikinci günü İstanbul hükümetiyle genel olarak haberleşme ve bağlantı kesildi. Bunların dışında kalan bazı yerler ve bu yerlerle olan tartışmalarımızı ayrıca açıklayacağım. Ondan önce izin verirseniz, daha önemli görülmesi gereken bir konu hakkında bilgi sunayım. Yüce topluluğunuzca da bilinir ki, Ferit Paşa hükümeti milletvekili seçimi için sözde bir emir vermişti. Fakat içinde bulunduğumuz tarihe kadar, yani Anadolu'nun İstanbul'la bağlantısını kestiği 12 Eylül gününe kadar bu emir uygulanmamıştı. Son durum üzerine en önemli konunun milletvekili seçimini acilen sağlamak olacağını siz de kabul edersiniz. Dolayısıyla 13 Eylül'de derhal bu konuyla da uğraşılmaya başlanıldı. Uzun ayrıntı vermektense belirttiğim tarihte verilen ilk genel talimatı aynen bilginize sunmayı daha faydalı sayarım. Bildirim şudur:

Tel 13.9.1919

Balıkesir'de 14. Kolordu, Konya'da 12. Kolordu, Diyarbakır'da 13. Kolordu, Erzurum'da 15. Kolordu, Ankara'da 20. Kolordu, Bursa'da 17. Tümen, Çine'de 58. Tümen, Bandırma'da 61. Tümen Komutanlıklarına ve 61. Tümen aracılığıyla Edirne'de 1. Kolordu, Niğde'de 11. Tümen Komutanlıklarına, İllere, Bağımsız Sancaklara, Belediyelere (Müdafaa-i Hukuk Cemiyeti Merkez Heyetlerine)

İstanbul hükümetinin tuttuğu ve izlemekte olduğu gericilik yoluna ve yaşamakta olduğumuz günlerin büyük korku ve tehlikelerine karşı haklarımızı savunulmak ve ulusal varlığımızı korumak için Milli Meclis'in seçilmesini ve toplanmasını sağlamak ve hızlandırmak bugünün en önemli görevidir.

İstanbul hükümeti ulusu aldatarak milletvekili seçimlerini aylarca ertelediği gibi, son zamanda verdiği seçim emrini de türlü sebeplerle savsaklamakta ve geciktirmektedir. Ferit Paşa'nın, Toros'un ötesindeki illerimizden vazgeçtiği Barış Konferansı'na verdiği nota ile anlaşılmış; Aydın ilinde Yunanlılarla sınır belirleme girişimi, oradaki işgali oldubitti halinde bir ilhak olarak kabul ettiğine kanıt sayılmış; ülkenin işgal edilmiş diğer kısımları için de bunlara benzer gafilce ve haince siyasetiyle ülke ve ulusu parçalayacağı kesinlikle anlaşılmıştır. Milli Meclis'in toplanmasından önce barış antlaşmasını imzalayarak ulusu bir oldubitti karşısında bulundurmak niyetinde olduğu düşünüldüğünden, Genel Kongre, orduyu ve ulusu uyanık olmaya davet ederek aşağıdaki konuların hızla yerine getirilmesini ulusun ölüm kalım meselelerinden sayar ve açıklar:

İlk olarak - Seçim hazırlıklarının yürürlükte olan kanundaki en kısa sürede yapılması ve tamamlanması için belediyeler ve Müdafaa-i Hukuk Cemiyetleri tam etkinlikle çalışmalıdır.

İkinci olarak - Sancaklardan çıkarılacak milletvekillerinin sayısı nüfus miktarına göre hemen belirlenerek Temsil Heyeti'ne şimdiden bildirilmelidir. Adaylar konusu daha sonra haberleşme yoluyla ele alınacaktır.

Üçüncü olarak - Gerek seçim hazırlıkları yapılırken, gerek seçimlerin yapılmasında gecikmeye yol açacak sebeplerin şimdiden düşünülerek ortadan kaldırılması ve hiçbir gecikmeye meydan verilmeyerek en kısa sürede seçimlerin sonuçlandırılması.

Bu kararı bölgenizdeki bütün belediye ve Müdafaa-i Hukuk Cemiyetlerine bildirmeniz ve gereğinin hızla yapılmasına yardımcı olmanız rica olunur.

Temsil Heyeti

Ülkeyi başvurulacak bir yerden yoksun bırakmamak için

Ferit Paşa hükümeti, inadında devam ediyordu. Bilindiği üzere, bu durum hükümet düşünceye kadar devam etti. Ülkeyi günlerce başvurulacak bir yerden yoksun bırakmak elbette çok büyük sakıncaları doğururdu. Bu sebepten dolayı, önce fikir sormak üzere ve ardından bazı itirazlara bakmaksızın emir şeklinde bildirdiğimiz kararları Eylül'ün 13/14 gecesi şu şekilde belirlemiş ve yazmıştım:

Kongrece alınması düşünülen önlemleri gösteren kopya aşağıda bilginize sunulur. Bu konudaki yüksek görüş ve fikirleriniz alındıktan sonra genel kurulca görüşülerek uygulamaya konacaktır. 15.9.1919 öğleye kadar bildirilmesini bekliyoruz, efendim.

Ulusal istekleri haince bir şekilde saptırma ve yorumlama ile ulusal girişim ve hareketlerimizi yasadışı ilan eden, ulusun saltanat ve hilafet makamına karşı sonsuz bağlılığını bütün geçerli ve yasal araçlarla kanıtlamaya çalıştığımız halde padişah ile ulus arasında engelleyici bir set oluşturan ve halkı birbirine karşı silahlandırıp öldürmeye sürükleyerek bunun kışkırtıcılığını yapan İstanbul hükümetiyle ilişkileri kesmek zorunda kalan Genel Kongre Heyeti, aşağıdaki kararları yüce şahsınıza bildirmeyi görev sayar:

1. Padişah Hazretleri'nin yüce adına, yürürlükteki kanunlar çerçevesinde devlet işleri ve uygulamaları eskisi gibi yürütülmeye devam edilecektir. Irk ve mezhep ayırmaksızın halkın canı, malı, ırzı ve her türlü hakları güvence altında bulundurulacaktır.

2. Devlet memurlarının kendilerine verilmiş görevlerini ulusun yasal isteklerine uygun olarak yürütmeleri doğaldır. Bununla birlikte, görev yapmaktan kaçınanların özürleri görevden çekilme kabul olunarak, yerlerine uygun kişiler vekil olarak atanacaktır.

3. Görev sırasında ulusal istekler ve akımlara aykırı hareketleri görülecek ve saptanacak olanların, din ve ulusun kurtuluşu adına şiddetli bir şekilde cezalandırılmaları kesindir.

4. İstifa etmiş memurlardan ve halktan her kim olursa olsun ulusal kararlar karşıtı, kışkırtıcı ve bozguncu hareket ve öğütlerde bulunanlar da şiddetle cezalandırılacaklardır.

5. Ülkenin ve ulusun kurtuluşu ve mutluluğu, hak ve adalet, ülke içinde güven ve huzurun sağlanmasıyla mümkündür. Bu konuda gereken her türlü önlemlerin alınması kolordu komutanlarıyla vali ve bağımsız mutasarrıflardan beklenmektedir.

6. Ulusun isteklerinin padişaha sunulması ve bildirilmesi başarılıp ulusun emniyet ve güvenine sahip doğru bir hükümetin kurulmasına kadar haberleşme merkezi Sivas'ta Genel Kongre Temsil Heyeti olacaktır.

7. Bu kararlar, bütün ulusal örgüt merkezlerine gönderilecek ve duyurulacaktır.

Mustafa Kemal

Yapılan itiraz ve eleştiriler

Efendiler, bilginize sunduğum bu son bildirimimiz üzerine, kısmen hafif ve fakat kısmen de oldukça şiddetli itirazlar, direnişler, hatta karşı girişimler ve tehditlerle karşılaştık. İtirazlar ve eleştiriler, yalnız son bildirimizin maddelerine yönelik olmakla kalmadı. Bu sebeple daha başka noktaları da kapsadı. Bu konuda yüce topluluğunuza özel bir fikir vermiş olmak için, bu yoldaki haberleşmelerden bazılarını kısaca sunmama izninizi rica ederim.

Erzincan Müdafaa-i Hukuk Cemiyeti Merkez Heyeti'nin 14 Eylül 1919 tarihli telgrafında: "Kararların uygulanmasından önce, İstanbul hükümetine kırk sekiz saat süre verilmesinin uygun olacağı bütün üyelerce kararlaştırılmıştır" tarzında zararsız bir fikir öne sürülüyordu.

Diyarbakır'dan 13. Kolordu Komutanı Cevdet Bey, 14 Eylül 1919 tarihli uzun şifresinde: "İstanbul hükümetiyle büsbütün alaka kesilerek haberleşme merkezi Kongre Temsil Heyeti olursa, karşıtlar, siyasi bir amaç güdenler, bu hareketi hilafete karşı isyan edilmiş göstererek kamuoyunu yanıltacaklardır." "Bu durum devam ederse memur ve askerin maaşları ve gıda harcamaları için kaynak ve önlem düşünüldü mü?" "İstanbul hükümeti İngiliz etkisi altındadır. Her türlü ısrar ve çalışmaya rağmen başka türlü hareket edebilecek bir hükümet kurulmasına imkân yoktur. İngilizler, hükümetin iznine dayanarak geniş ölçekte bir işgal planı uygularsa yeni baştan İngilizlerle savaşa girişmeye taraftar mısınız? Ve girişildiği takdirde başarı kazanacağınıza ne kadar eminsiniz? Bu ısrarlı hareket, vatanın çıkarlarına uygun mudur?" tarzında birtakım fikirleri ve soruları içeriyordu.

Erzurum Merkez Heyeti'nin 15 Eylül 1919 tarihli telgrafında: "Genelgemizin altıncı maddesinin (yani Temsil Heyeti'nin başvuru noktası olduğu ile ilgili madde) tüzüğümüzle uyumlu kılınmak üzere Merkez Heyetlerinden olur alınması gerekir" denilmekteydi.

Malatya'da Komutan İlyas Bey'in 15 Eylül 1919 tarihli telgrafında: "Elazığ ili halkının, kongrenin amaç ve isteklerinden haberdar edilerek hiç olmazsa bir derece aydınlatılmalarına değin bu konunun ertelenmesi uygun görülürse bu görüşe katıldığımı bilginize sunarım" fikri öne sürülüyordu.

İçinde bulunduğumuz Sivas'ın Müdafaa-i Hukuk Cemiyeti Merkez Heyeti de uzun bir raporunda, "Bildirilen maddelerin bütününden, ülkede geçici bir yönetim ilan edileceği anlaşılmaktadır" maddesiyle başladıktan sonra "bunun, Cemiyet tüzüğünün özel maddesine ve hiçbir maddesine dayandırılma imkânı görülememekte olduğu hakkında" dikkatimiz çekiliyor ve "Padişaha dilekler bildirebilecek yolları, büyük bir sakinlik ve içtenlikle ve tatlı bir şekilde aramayı" tavsiye ediyordu.

Temsil Heyeti üyelerimizden bulunup birçok davet ve ricalarımıza rağmen bize katılmayan, Sivas Kongresi'nde bulunmamak için bahaneler bulan Servet Bey'in "Esselamü aleyküm" dindarca hitabıyla başlayan, 15 Eylül 1919 tarihinde Trabzon'dan çektiği açık telgrafında: "Sivas Kongresi bildirisini ve daha sonra duyurunuzu aldık. Yanıt olarak bildirdiğimiz fikirler Kâzım Paşa Hazretleri'nce görülmek istenmiş ve görülmüştür." ...... "Önce Sivas Kongresi'nin genel kongre şekline girmiş ve bir Temsil Heyeti meydana getirmiş olduğu anlaşılıyor ki, bu durum kararlarımıza aykırıdır." ...... "Sivas Kongresi, Temsil Heyetimiz arasına üye seçmeye yetkili olamayacaktı." "İstanbul hükümeti ile haberleşmeleri kesmek bir oldubitti haline geldi." ...... "Temsil Heyeti'nin başvuru noktası olma konusu kamuoyu gözünde çok kötü etkiler yapacaktır. Bu bakımdan kesinlikle vazgeçilmelidir." ...... "Sivas Kongresi, Erzurum tüzüğünü değiştirmeye yetkili değildir. Bu kongre, Vilayat-ı Şarkiye Temsil Heyeti'ne uymaya mecbur olacaktı. Erzurum kararları hakkında zihinlerin bir sarsıntı devresi geçirdiği bugünlerde, onun dışındaki hükümlere kuşkulu gözlerle bakacağından kuşku duymayınız" ...... "Erzurum Kongresi hükümleri dışında yapılacak işlere katılamayacağız" protestosuyla son buluyordu.

15. Kolordu Komutanı Kâzım Karabekir Paşa'nın 15 Eylül 1919 tarihinde yaptığı bildiriminde: "Sivas Kongresi'nin sorusuna yanıt olarak Trabzon heyetinden Servet, İzzet ve Zeki beylerin vermek istedikleri yanıtı okudum. Çok yakından tanıdığım bu kişilere pek çok güvenim ve saygım vardır. Adı geçenlerin görüşlerini yönlendiren temel fikri anlıyorum ve ben de o fikirden yanayım" dedikten sonra ayrıntı hakkındaki görüşlerini ortaya koyuyor ve bu arada "Erzurum Kongresi, Doğu Anadolu illeri adınadır. Sivas Kongresi ise, bütün ulusu temsil eden bir kongredir ki, bu kongrenin de ayrıca bir Temsil Heyeti olması doğaldır. Ancak Sivas Genel Kongresi Temsil Heyeti, Doğu Anadolu İlleri Temsil Heyeti'ni kaldırmış olmuyor. Bu Temsil Heyeti tabii ki her an vardır. Yalnız bu Temsil Heyeti'nden olup şu anda Sivas Kongresi Temsil Heyeti'ne girmiş bulunanlar varsa, bunların Doğu Anadolu İlleri Temsil Heyeti'nden istifa etmelerini istemek doğru olabilir. Sivas Kongresi, bütün ulusun çıkarlarını ve Doğu Anadolu İlleri Temsil Heyeti de özellikle Doğu Anadolu illerinin haklarını ve çıkarlarını korur" ... "Temsil Heyeti'nin başvuru yeri oluşu ve yetkili olması, durumun esas ruhunu oluşturmaktadır ki, bu konuda şimdiden acele edilmemesi hakkında sizinle tamamen aynı düşüncedeyim. Temsil Heyeti önerilerinin birden beşe kadar olan maddelerine gelince; bunların değil sorulmasını, hatta bildiri halinde veya bir dilek şeklinde bile yayımlanmasını yersiz görürüm" düşüncesinde bulunuyordu.

Trabzon'da Servet Bey'e yazdığımız yanıt telgrafıyla Kâzım Karabekir Paşa'ya verdiğimiz yanıttan da söz edeyim. Servet Bey'e yazılan telgraf şuydu:

Trabzon'da Servet Beyefendi'ye

Trabzon Merkez Heyeti'nden sorulan fikre henüz yanıt gelmedi. Bu husus ayrıca Kâzım Paşa Hazretleri'nden de sorulmuştu. Görüşlerin birleştirilmesine neden gerek görüldüğü tabii ki anlaşılamamıştır. Sırayla bildirdiğiniz görüşlerinizin yanıtını aşağıda yine aynı sırayla bildiriyorum:

İlk olarak; Sivas Kongresi'nin genel bir kongre olacağını herkes biliyordu. Bunun, sizce başka türlü kabul edilmekte olduğunu şimdi ilk defa sizden işitiyorum. Temsil Heyeti konusuna gelince; bu heyet, esasta Erzurum Kongresi'nin seçtiği ve kabul ettiği bir heyettir. Halen benimle birlikte Rauf Bey, Bekir Sami Bey, Raif Efendi, Şeyh Hacı Fevzi Efendi Sivas'ta hazır bulunmaktadırlar. Daha dört üyemiz eksik olmakla beraber, çoğunluk görevini yapmaktadır. Bu noktanın da yüce şahsınız tarafından açık bir biçimde anlaşılacağına kuşkumuz yoktur. Çünkü sizi de durumun öneminden dolayı daha Erzurum'dayken davet etmiş ve diğer arkadaşların beraber götürüleceği bildirilmişti. Sivas Genel Kongresi'nin, tüzüğümüzün sekizinci maddesi gereğince bazı üyeler ile Temsil Heyetimizi güçlendirebileceği birlikte görüşülmüş ve bunda da bir sakınca görülmemiş, aksine ulusal birliği temsil bakımından gerekli de sayılmıştı. Sivas Genel Kongresi'nde bundan başka bir şey yapılmamıştır. İstanbul hükümetiyle haberleşmenin kesilmesi, esas kararlarımızın dördüncü maddesinin dışında değil, içinde ve hatta o içeriğin kapsayamayacağı akla gelmeyen haince sebeplere dayanır niteliktedir. Esas olarak bu oldubittiyi yapan biz değil, İstanbul hükümetidir. Şifre telgrafımızın içeriğinin uygulanması zorunlu bir iştir. Bundan vazgeçmeye hiçbir şekilde imkân kalmamıştır. Biz, işe başlarken rızanızı almayı da bir görev saydık. Uygun görüp görmemek, sizin değerlendireceğiniz bir durumdur. Yalnız şunu da bildireyim ki, bugün bütün Anadolu ve Rumeli'nin birlikte harekete mecbur olduğu bir yönde, azınlığın değil çoğunluğun kabulüne uymak ve azınlıkları bu yöne döndürmeye kesin bir zorunluluk vardır. Başvuru yeri ve yetki konusu hakkında daha akla uygun bir görüşünüz varsa lütfen bildiriniz. Tutulması zorunlu görülen bugünkü yöntem dikkatle incelenirse, tamamen tüzüğümüze ve Erzurum Kongresi esas kararlarına uygundur. Bunun dışına çıkıldığı bir noktayı göremiyorum. Dolayısıyla yüce şahsınızın kendinizi dışında bırakmak istediğiniz, tüzük ve bilinen kararlar dışında kalan işlerin açıklanmasını rica ederim. Bugün kaçınılmaz bir hareket varsa, o da İstanbul hükümetinin ulus ve vatanın yazgısını alçakça İngilizlerin isteğine bırakması ve kendi çıkarlarına kurban etmesidir. Buna karşı buraca alınan karardan başka bir karar alınmasına olanak varsa, lütfen bildiriniz.

Mustafa Kemal

Kâzım Karabekir Paşa'ya da verdiğimiz ayrıntılı yanıtın girişi aynen şöyleydi:

Servet ve İzzet beylerin, Temsil Heyeti'nin Trabzon Merkez Heyeti'nden sorduğu konuda yanıt olarak çektikleri açık telgraf alındı. İçeriğindeki açık olarak duyurulması sakıncalı olan bu görüşleri, Temsil Heyeti, tamamen Servet ve İzzet beylerin kişisel görüşleri olarak kabul eder. Temsil Heyeti, genelgeyle istediği görüşleri, İzzet ve Servet beylerden değil, tüzük gereğince Trabzon Merkez Heyeti'nden istemiştir. Servet ve İzzet beylerin görüşlerini içeren özel telgraf ile yüce şahsınızdan hem kendilerine ve hem de Temsil Heyeti'ne yanıt olmak üzere ortaya konulan görüşler hakkında da aşağıdaki açıklamalara gerek görülmüştür:

a) Önce; adı geçenleri, bildiğiniz bu görüşlere yönelten esas fikri ortaya çıkarmak, ne yazık ki, Temsil Heyeti'nce mümkün olamamıştır.

b) Tüzüğün dördüncü maddesinin içeriği, geçici bir yönetim kurulmasının sebep ve koşullarını açıklar. Oysa bilinen son haince olaylar sebebiyle alınmış ve alınması gereği hakkında görüş sorulmuş olan önlemler, hiçbir zaman geçici yönetim kurmak amacına yönelik değildir. Dolayısıyla bu konuyla dördüncü madde arasında ilişki aramaya gerek yoktur. Önlemler, padişaha doğrudan doğruya durumun bildirilmesine yol bulmak ve geçerli bir hükümetin iktidara getirilmesini dilemek amacına yöneliktir.

c) Sivas'ta toplanan Kongre, Batı Anadolu delegeleriyle Erzurum Kongresi'nin genel kurulu, dolayısıyla bütün Doğu Anadolu illeri adına yetki sahibi olmak üzere, Kongre'nin kararı doğrultusunda seçilen özel bir heyet bulundurmakla, Sivas Kongresi doğal olarak bütün Anadolu ve Rumeli adına ve bütün ulusu temsil etmek üzere genel bir kongre halini almıştır. Bu kongre, Erzurum Kongresi kararlarını ve örgütünü olduğu gibi, fakat tabii ki genişleterek kabul etmiş ve sonuçta Doğu Anadolu Müdafaa-i Hukuk Cemiyeti, "Anadolu ve Rumeli Müdafaa-i Hukuk Cemiyeti" kapsamlı unvanı altında genişletilerek birleştirilmiştir.

Tüzüğün üçüncü maddesi ve Kongre'nin esas kararları zaten bu yüce amacın sağlanmasını kesin istek olarak göstermiştir. Sivas Genel Kongresi, Erzurum Kongresi'nde Doğu Anadolu Müdafaa-i Hukuk Cemiyeti adına seçtiği Temsil Heyeti'ne, tamamen güven göstererek, aynen Anadolu ve Rumeli Müdafaa-i Hukuk Cemiyeti için Temsil Heyeti olarak kabul etmiştir. Buna göre, Sivas Genel Kongresi'nin kararları başka, Erzurum Kongresi'nin kararları başka ve Doğu Anadolu Müdafaa-i Hukuk Cemiyeti'nin Temsil Heyeti başka ve Anadolu ve Rumeli Müdafaa-i Hukuk Cemiyeti'nin Temsil Heyeti başka gibi başkalıklar ve ayrılıklar elbette söz konusu olamaz ve bunun söz konusu olması, kuşkusuz ki, çok içten olan birlik amacımız ve kutsal gayemiz için son derece zararlıdır. Bu durumda birbirini ortadan kaldıran Temsil Heyetleri olmadığı gibi, birine katılınca diğerinden istifasının istenmesi doğru olabilecek üyeler de yoktur. Bugün, bütün Anadolu ve Rumeli'yi kapsayan Cemiyetimizin Sivas'ta bulunan tek Temsil Heyeti, Erzurum Kongresi'nde tüzüğün özel maddelerine uygun olarak seçilmiş dokuz kişiden beşinin katılmasıyla görev yapmaya devam etmektedir." ... "Hakları, yetkileri ve çıkarları Doğu Anadolu illerinden doğal olarak hiçbir şekilde az olmayan Batı Anadolu'nun, haklı ve doğru olan görüşlerini ve önerilerini dikkate almayarak onları mutlaka boyun eğen durumda bulundurmaya kalkışmak, bizim aklımızın bir türlü kabul edemediği işlerdendir." ... "Bu sebeple Temsil Heyetimiz altı üye ilavesiyle güçlendirilmiştir."

Bundan sonra daha birçok açıklamayı içeren bu telgrafımız, aynen Trabzon Merkez Heyeti'ne de çekilmiştir.

Bu tartışmalar üzerinde daha birçok açıklama ve sorgulama oldu. Hatta "Müdafaa-i Hukuk Heyeti Trabzon Merkezi" uydurma imzasıyla diğer illere aleyhimizde telgraflar da çekildiği görüldü. Sonunda, on beş gün sonra Trabzon'dan bir telgraf aldık. Fakat Servet Bey'den değil... Aynen sunarsam durum anlaşılır.

Sivas'ta Temsil Heyeti adına Mustafa Kemal Paşa Hazretleri'ne

Bir kopyası aşağıda verilen Trabzon Belediye Heyeti'nin telgrafı İstanbul'a şimdi çekiliyor. Bir kopyasının da 15. Kolordu Komutanlığı'na yazdırıldığı bildirilir.

Mevki Komutanı
Ali Rıza

Mustafa Kemal Paşa 27 Ekim 1919'da Tokat'ta arkadaşlarıyla beraber. ATASE Arşivi.

1 Ekim 1919

Kopya

"İstanbul," Sadrazam Ferit Paşa Hazretleri'ne

Bugüne kadar Anadolu'dan yükselen ulusal feryadı Trabzon kendisine has ağırbaşlılık ve sakinlikle inceledi ve izledi. Ülkenin, bu duruma fazla dayanma gücü yoktur. Vatan sevginiz varsa, artık konumunuzu bırakınız, Paşa Hazretleri.

Belediye Başkanı	Üye	Üye	Üye	Üye
Hüseyin	*Ahmet*	*Mehmet Avni*	*Mehmet Salih*	*Hüsnü*
Üye	Üye	Üye		
Temel	*Mehmet*	*Şefik*		

Kâzım Karabekir Paşa'nın tavsiyeleri

Kâzım Karabekir Paşa'dan 17 Eylül 1919 tarihinde de kişiye özel bir şifre telgraf aldım. Çok içten ve kardeşçe bir dille yazılmış olan bu telgraf, bir iki uyarı içeriyordu. Kâzım Karabekir Paşa: "Paşam" diyor, "Sivas'tan gelen bildirim ve genelgeler, bazen Temsil Heyeti adına ve bazen de doğrudan sizin adınızadır. 10 Eylül 1919 tarihinde, İstanbul'daki hükümete hitaben, kendi adınıza bildirim ve uyarılarınız olmuştur. Şuna inanınız ve güveniniz ki, bu biçimde imzanızla olan bildirim, sizi en çok saygıyla sevenlerce bile büyük bir içtenlikle ve iyi niyetle eleştiriliyor. ...... Bunun ne kadar etkili olacağını ve tepkiye yol açacağını kabul edersiniz." "Dolayısıyla Temsil Heyeti ve Kongre kararlarının daima imzasız, sadece Temsil Heyeti diye yayımlanmasını rica ederim." Telgraf şu cümlelerle son buluyordu. "Yüksek şahsınızın kesinlikle ortada tek başına görülmemesi ülkenin yararınadır. Oybirliği ile (bu noktada oyları alınan kişiler veya kurulun kimler olduğu henüz bugüne kadar öğrenilememiştir) bildirilen bu ricalarımın iyi karşılanacağından eminim, ellerinizden öperim."

Kâzım Karabekir Paşa'yı gerçekten kararsızlığa düşürdüğünü ve eleştiriye ittiğini gördüğünüz noktaların, mümkün olduğu kadar mantık süzgecinden geçirilip yorumlanması ve açıklanması gereği ortadadır. O tarihteki duygu ve fikirlerimin ürünü olan görüşlerimi bugünün yeni etkilerine kaptırmaktan sakınarak, o tarihte verdiğim yanıtı olduğu gibi bilginize sunmayı tercih ederim:

19 Eylül 1919

15. Kolordu Komutanı Kâzım Paşa Hazretleri'ne

C.:

Saygıdeğer Kardeşim,

Derin bir içtenliğe dayandığına asla kuşku duymadığım düşüncenizi açık ve kardeşçe bir dille bildirmiş olmanız, kardeşlik bağlarımızın kuvvetlenmesine ve içten bir mutluluk duymama sebep olmuştur. Düşündüğünüz sakıncaları tamamen anlıyor ve değer veriyorum. 10 Eylül tarihinde kendi adımla hükümete yapılmış bir bildirim yoktur. Yalnız telgrafhanede bulunduğum bir sırada tesadüfen İçişleri Bakanı Adil Bey ile makine başında karşı karşıya geliverdik. Onun Sivas Valisi Reşit Paşa'ya verdiği anlamsız yanıtlara karşı ben sadece kişisel olmak üzere, ona yönelik sizin de bildiğiniz gibi biraz sertçe uyarılarda bulundum. Bu, adeta bir konuşma şeklinde olmuştur. Bundan başka gerek hükümete, gerek padişaha ve gerekse yabancılara yapılan başvurularda hep "Kongre Heyeti" veya "Temsil Heyeti" ifadesi imza yerine geçmiştir. Yalnız Amerika Senatosu'na yazılan ve sizin de bildiğiniz bir mektuba Kongre kararıyla beş kişi imza koymuştur ki, bu arada benim de imzam vardır. Açık yapılan iç haberleşmelere gelince; bunda da Temsil Heyeti sözünü imza olarak kullanmaktaydık. Ancak bunun bazı çevrelerde kötü etki bıraktığı ve güvensizliğe sebep olduğu görüldü. Gerçekten böyle genel bir kavramın içindeki kişiler ve kuvvet gizli kalıyor. Ortada sorumlu kimdir? Bazı taraflardan, özellikle Kastamonu, Ankara, Malatya, Niğde, Samsun gibi yerlerden doğrudan doğruya ben makine başına çağrılmaya başlandım. Sanki, Temsil Heyeti adı altında gizlenen kişilerle kişisel birlikteliğim olup olmadığına dair bir kararsızlık belirtisi hissedildi. Hatta Trabzon'dan Servet Bey de Temsil Heyeti imzalı genelgeyi kötüye yorarak ve söz konusu heyetin nitelik ve niceliği hakkında birçok yanlış değerlendirmelerden sonra beni makine başına çağırdı. Görüşüldükten sonra bütün bu tartışmaların sebebinin, imzanın Temsil Heyeti olarak, belirsiz bir kişiyi belirtir şekilde konulması olduğunu söyledi. İşte bu sebeplerden dolayı bu imza meselesi siz kardeşimin bildiriminden önce Temsil Heyeti'nce görüşme konusu olmuştu. Temsil Heyeti'nin gizli bir komitenin yürütme kurulu olmayıp, hükümetin resmi iznini almış yasal, geçerli bir cemiyetin temsilcilerinden meydana geliyor olması bakımından ilgili kanununa uygun olarak, kararların ve genelgelerin sorumlu bir kişi tarafından imzalanması yöntemi zorunlu görülmüştü. Temsil Heyeti'nin genelge ve yayınlarına genel ve belirsiz bir ad vererek düşeceği yasadışı şeklinden dolayı oluşacak sakıncalar ulusal akım karşıtlarının esasen yapmakta oldukları zararlı propagandalara, imza bulunmak yüzünden verebilecekleri zarardan daha tehlikeli görüldü ve sonuçta oybirliğiyle, imza koymak yöntemine karar verildi. Bu karara rağmen, bu defa da siz kardeşimin uyarısı üzerine konunun bir kere daha konuşulmasını Temsil Heyeti'ne önerdim. Daha önce ileri sürülmüş olan sebepler ve görüşlerden dolayı aynı biçimde yazılan şeylerin, Temsil Heyeti kararıyla olduğu açıklanmak üzere yazılmasına oybirliğiyle karar verdiler. Benimle ilgili olduğu için bu görüşmelerde tarafsız kalmayı uygun gördüm. Prensip olarak bir kişinin imza etmesi kabul edildikten sonra, benim yerime diğer bir kişinin imza etmesi söz konusu oldu. Bu noktada heyetin ileri sürdüğü sakıncalar şunlardır: Bütün dünya benim bu işin içinde bulunduğumu bilir. Bugün diğer bir kişinin imzasıyla bildirime başlanınca ve benim adım ortadan kalkınca ya aramızda bir geçimsizlik ve ayrılık olduğu sanılacak ya da herhangi bir kişi imza ettiği halde benim ortaya çıkmaktan çekindiğim, yasadışı bir durumda olduğum ve dolayısıyla hareketimizin yasadışı olduğu sanılacaktır. Bundan başka, herkese güven verecek diğer bir arkadaşımız, imzasıyla ortaya çıkınca bugün benim hakkımda söylenen sakıncalar aynen o arkadaşımız hakkında da söylenecektir. O halde onun da çekilip diğer birinin imza koymaya başlaması gibi sonuçta bizim için güçsüzlük belirtisi olacak bir sıra izlemek gereği doğacaktır. Bilmem bu yönü ne dereceye kadar uygun görürsünüz? Gerçekten ben, özellikle işin başında saldırı hedefi gibi düşünülmüştüm. Fakat gerek içerde ve gerek dışarda beklenen saldırılar gerçekleşmiş, Allah'a şükür tümü amacımız yararına sonuçlanmıştır. İstanbul hükümeti ve kötü niyetliler her girişimlerinde perişan olmuşlardır. Yabancılara gelince; Amerikalılar, Fransızlar ve İngilizlerle çok ciddi bağlantılar kurulmuş ve bunların Sivas'a kadar gelen yetkili memurları bizden yana olmuşlar, bizimle iyi ilişkilere girişmişlerdir. Bizim de içinde olduğumuz Kuva-yı Milliye'nin, bir iki kişinin kışkırtmasının sonucu olmadığını, tamamen ulusal ve genel bir şekil ve içerikte olduğunu, bize de bilgi vererek, bağlı bulundukları makamlara raporla bildirmişlerdir. Bir de ülkemizde bilinen ahlaksızlık gereği, bu gibi hareketlere az çok önayak olanlar hakkında bazı kirli vicdanlı insanların dedikodusunun önüne geçmek mümkün değildir. Bu duygusal davranış her ulusta da aynıdır. Bu gibi sakıncalara karşı buraca düşünülen tek çare, bizim sarsılmaz bir dayanışma ve içtenlikle yüce amacımıza doğru yürümekte bir an kararsızlık göstermememizdir. Benim genel çıkarlara ait ve kapsamlı olan eylem ve hareketlerimizde kişisel görüşlerimle hareketi değil, bütün değerli arkadaşlarımın vicdan ve samimiyet birliğiyle hareketini yeğlediğim siz kardeşim tarafından bilinmektedir. Bununla beraber, bu konuda siz kardeşimin hatırına gelebilecek daha başka fikirlerinizi de bildirmenizi bekler, büyük bir saygı ve samimiyetle gözlerinizden öperim, kardeşim.

Mustafa Kemal

Efendiler, İstanbul hükümetiyle haberleşmeleri kestiğimiz 12 Eylül 1919 tarihinden sonra Ferit Paşa hükümetinin düştüğü tarihe kadar çeşitli tarihlerde tekrar padişaha, yabancı temsilcilere, İstanbul Belediyesi'ne ve bütün basına türlü yazı ve bildiriler yazıldı.

Padişahın bildirisi

20 Eylül 1919 tarihli, Sadrazam Damat Ferit imzalı bir genel bildiri ile padişahın da bir bildirisinin yayımlandığını hatırlayacaksınız. Bu bildirinin dikkate değer noktalarını tekrar hatırlatmak isterim. Bu noktaları sırayla belirteceğim:

1. Hükümetin izlediği siyaset sonucunda, meydana gelen İzmir faciaları, Avrupa'nın çağdaş devlet ve uluslarının dikkatini çekti ve dostluğunu uyandırdı.
2. Özel bir kurul, yerinde tarafsızca incelemelere başladı. Hakkımız çağdaş dünyanın gözleri önüne serilmektedir.
3. Ulusal birliğimizi bozacak hiçbir karar ve öneri olmadı.
4. Bazı kimseler tarafından, halk ile hükümet arasında sözde anlaşmazlık olduğu ilan ediliyor.
5. Bu durum, yasa koşulları çerçevesinde bir an önce yapılmasını istediğimiz seçimleri de gecikmeye uğratıyor ve barışın yaklaşmakta bulunduğu bir sırada, varlığı zorunlu olan Mebuslar Meclisi'nin toplanmasını geciktirecektir.
6. Bugün ulusumun bütün bireylerinden beklediğim, hükümetin emirlerine tamamen uymaktır.
7. Büyük devletlerin hak veren duyguları, Avrupa ve Amerika kamuoyunun ılımlı tutumu, yakında konum ve şerefimizi koruyacak bir barışa kavuşmak ümidimi kuvvetlendirmektedir.

Bildiğiniz gibi, bu bildirinin yayımlanması ve dağıtılması, bizim, ülke ile İstanbul hükümeti arasında haberleşme ve bağlantıları kestiğimiz ve bu noktada ısrar etmekte olduğumuz günlerde gerçekleşiyor. Kesinlikle, verdiğimiz talimat ve genel emirlere uyulması durumunda, bu bildirinin hiçbir yerden alınmaması ve ulusa okutturulmaması gerekliydi. Oysa şimdi sunacağım bir telgraftan, kararlarımıza ve duyurularımıza aykırı ve görüşümüze tamamen karşı olarak, bu bildirinin bazı yerlerden alındığı anlaşıldı.

Trabzon Mevki Komutanı'na

Yüce Padişah Hazretleri'nin ulusuna karşı yayımlamak lütfunda bulundukları bildirinin derhal memurlara ve belde halkına verilmesi gereklidir. Ta ki, işbaşındaki hain hükümetin, melek yüzlü Padişahımız Efendimizi ne kadar küstahça bir cesaretle hâlâ aldatmakta olduklarını anlamayanlar kaldıysa, tamamen öğrensinler. Ulusu ve ülkesi için padişahımızın yüce kalbinin ne kadar büyük bir şefkat ve sevgiyle dolu olduğunu gösteren bu bildiride, en açık bir biçimde göze çarpan nokta, hükümetin haince hareketleri hakkında hilafelik katına ulus tarafından sunulan şikâyetlerin hâlâ padişahın bilgisine ulaşmamış bulunmasıdır. Çünkü ulus ve vatana karşı, bizzat hükümette bulunanların yönelttiği ihanet hançerini öğrenselerdi, bu hainleri bir dakika bile yerlerinde tutmayacaklarına padişahın bildirisindeki samimi ifade en büyük bir tanıktır. Bu hainler, bu gerçeği bildikleri için, Halife Efendimizi doğrudan doğruya ulusla ilişki kurdurmuyorlar. Dolayısıyla ulusa düşen görev, şanlı padişahına sonsuz sevgi ve bağlılığını tekrar tekrar sunmak ve göstermekle birlikte, bütün ulus ve ordunun birleşik bir kütle halinde, padişahın tartışmasız haklarını, ulusun ve ülkenin varlığını kurtarmaya çalıştıkları; fakat bu hain hükümetin bu haklı bağlılık hareketini Padişahımız Efendimizden gizledikleri, büsbütün ters bir şekilde gösterdikleri gerçeğini, dün karar verildiği üzere halifelik katına doğrudan bildirmek ve duyurmaktır. Erzurum halkının bu konuda yazacakları telgrafın kopyası oraya bildirilecektir.

21 Eylül 1919 — 15. Kolordu Komutanı

Kâzım Karabekir

Kâzım Karabekir Paşa, bu telgrafını şöyle bir notla bize de bildiriyordu:

Bu konuda kıymetli görüşleriniz var mı? Bu kutsal bildiri, ulusun padişahına karşı gerçeği bildirmesine tekrar bir fırsat vermiştir ki, Erzurum halkı, hükümetin bütün cinayetlerini anlatarak yeniden padişaha ricada bulunacaklardır. Bu telgrafın kopyasını ya gönderilmesi için veya bilgi için saygıdeğer heyetinize sunacağım.

Kâzım Karabekir

Makine başında yanıt olarak bildirdiğimiz görüş şuydu:

Ferit Paşa hükümetinin canice eylemleri ve hareketleri ile ilgili belgelerin ulusa, gerektiği kadar, köylere ve bucaklara bildirilip duyurulmamış olduğunu biliyorsunuzdur. Böyle olsa bile bu duyuru ile padişah bildirisinin içeriğini karşılaştırarak kıyaslamak ve yorumlamak, gerçek durumu anlamak mümkün değildir. Bu bakımdan biz esasta böyle aldatıcı bir bildirinin Babıâli'de hazırlanmakta olduğunu daha önce haber almış ve bunun, ulusun kafasını karıştırmasını engellemek için İstanbul'dan alınmamasını uygun bulmuştuk. Zaten İstanbul'la resmi haberleşmelerin kesik bulunmasından dolayı doğrudan doğruya saraydan değil, yine Ferit Paşa'nın notuyla Babıâli'den verilen bu bildirinin Sivas, Ankara, Kastamonu ve diğer merkezlerde olduğu gibi, hiçbir taraftan alınmamış olduğunu zannediyorduk. Bu bildiriyi almak için, daha önce ulusun padişaha durumu ve gerçeği sunmasına izin verilmesi gerekirdi. Dolayısıyla bu bildirinin yayımlanmasına ve duyurulmasına aracı olmayı faydalı bulmuyoruz. Fakat bu bildiri, Trabzon, Erzurum ve Sivas gibi merkezlerde gereken kişiler tarafından okunduğuna göre, düşündüğünüz gibi her merkezden İstanbul'a bir telgraf çekilmesi uygun olur.

Mustafa Kemal

Padişahın bu bildirisinin, halkın düşüncesinde yaratacağına kuşku olmayan olumsuz etkilerinin bir dereceye kadar önüne geçebilmek için, bildirinin içeriğini yalanlayıp iptal etmek üzere padişaha bir yanıt yazmayı ve bunu ülkede yayımlayıp duyurarak okutturmayı tek çare olarak düşündük ve öyle yaptık.

Halit Bey'in Trabzon ve çevresinde ulusal örgüt kurmak üzere görevlendirilmesi

Efendiler, Trabzon'da bir iki kişinin, çok yurtsever ve saygıdeğer olan Trabzon halkının hiç de bilgisi olmadığı halde, onlar adına, oradaki ulusal varlığı kendilerinin temsile kalkıştıklarına ve bu yüzden ulusal girişimlerin ve kararların gerektiği gibi uygulanamadığı ve yerine getirilemediği kanısına vardım. Trabzon'da vali olan Galip Bey adında bir kişinin de olumsuz akımı yaratmakta etken olduğunu anladım. Bundan dolayı Trabzon yakınında Torul'da bulunan ve henüz tümenine komuta etmeye başlamamış bulunan Halit Bey'in, Trabzon çevresinde ulusal örgüt kurmakla görevlendirilmesi uygun görüldü ve kolordu komutanına bu görüş bildirildi. 20 Eylül 1919'da alınan yanıtta, "İngilizlere karşı gizlenen Halit Bey'in, yaradılışı gereği, ortaya çıkarma ihtimali bulunan durumların bu nazik zamanda düzeltilmesi belki mümkün olamaz" yolunda bazı görüşlerden sonra, "Halit Bey haberim olmadan istekte bulunsa bile yerine getirilmemesi" bildiriliyordu.

Kâzım Karabekir Paşa'nın bu telgrafına verdiğimiz yanıtta: İngiliz sakıncasının bizlerce düşünülmediği, şiddetli ve kesin hareketin sakıncalı görüldüğüne göre, Trabzon'un durumunun düzeltilmesi neye ve ne gibi araçlara bağlı ise, onun doğrudan doğruya kendileri tarafından alınmasını, 22 Eylül 1919 tarihli bir şifre telgrafla rica ettik.

Bizim, 15. Kolordu komutanıyla bu haberleşmeleri yaptığımız tarihlerde, Torul'dan Yarbay Halit Bey de doğrudan doğruya bizimle haberleşmeye başladı. Kendisini yanıtsız bırakmamak ve durum hakkında aydınlatmak amacıyla karşılık verdik.

15. Kolordu komutanının, bir bakıma bizim 22 Eylül 1919 tarihli telgrafımıza yanıt oluşturan, 27 Eylül 1919 tarihli bir şifre telgrafını aldık. Bu telgrafta, halkı, önce aydınlatmak ve bilgilendirmek görevini, direnenler görülürse, onlara da layık oldukları davranışı gösterdiğini ve çok büyük tecrübelerinin sonucu olan ilkesini aynen Trabzon çevresinde uyguladığını bildiriyordu. Ayrıca 9. Tümen Komutanı Rüştü Bey'i, kurmaylarıyla birlikte, 3. Tümen Komutanlığı vekilliğiyle Trabzon'a gönderdiğini, Halit Bey'i Trabzon için uygun bulmadığını bildirdikten sonra "İngilizlerle ilgili görüşlere gelince, bana kalırsa mümkün olduğu sürece açık ve somut bir çatışmadan kaçınmayı tercih ederim" düşüncesini ifade ediyordu. Buna verdiğim 29 Eylül 1919 tarihli özel ve kişisel yanıtımda şunları yazdım:

"Trabzon ili kamuoyu hakkında tamamen buraca da aydınlanılmıştır. Trabzon merkezi bunun dışında olmak üzere bütün ilçe ve sancaklarıyla haberleşilmektedir. Merkezdeki durum da valinin tutuklanıp uzaklaştırılmasından sonra ortadan kalkmıştır. (Emrim üzerine valiyi tutuklayan ve koruma altında Erzurum'a gönderen, Halit Bey'dir." Rüştü Bey'in 3. Tümen Komutanlığı vekilliğiyle Trabzon'a gönderilmesinde aklıma gelen noktaları bilginize sunacağım:

> Birincisi, valiyi tutuklayan Halit Bey'dir. Birkaç gün sonra, Rüştü Bey'in bu şekilde gönderilmesi, Halit Bey'in hareketini oradaki kötü niyetlilere karşı eleştirmek gibi olabilir.
>
> İkinci olarak, Halit Bey, önemli durumlarda tümeninin başına geçmeyi beklerken, bugün, geçirmekte olduğumuz önemli ve tarihi anlarda, diğer bir kişinin yerine geldiğini görmekten üzüntü duyabilir. Bu düzenden vazgeçilmesini rica ederim. Bununla beraber, kolordunuzun askeri işlerine karışmak istemem.

Kâzım Karabekir Paşa verdiği 2 Ekim 1919 tarihli uzun yanıtta, bu işlemin Halit Bey'in başvurusu üzerine olduğunu ve durumu açıklıkla anlatmak için kendisini Erzurum'a davet ettiğini bildirdi. Oysa 1 Ekim 1919 tarihinde 3. Tümen Emir Subayı Asteğmen Tarık imzasıyla, başyaverim Cevat Abbas Bey'e gelen özel bir şifrenin son cümleleri şöyleydi:

> Son günlerde Komutan Bey, 3. Tümen'in şimdiki komuta durumunun değiştirilmesini kolordudan istedi. Şayet kolordu bu öneriyi kabul etmeyip uygulamazsa emir almadan komutayı ele alacağını ve eski karar doğrultusunda kolordudan ayrılarak doğrudan doğruya Kongre'nin emrine gireceğini bildiririm. Paşa Hazretleri'ni gerektiği gibi aydınlatınız, efendim.

Bu tarihten on beş gün sonraydı. Kâzım Karabekir Paşa'dan 17 Ekim 1919 tarihli şu telgrafı aldım:

> Benim bölgemde ulusal isteğin sağlanarak uygulanması için son noktaya kadar askerlikten ve komuta zincirinin gereklerinden ayrılmamayı, gelecekteki disiplin için de kaçınılmaz görüyorum. Cesaretlilikle ileri görüşlülüğün kaynaştırılmadığı yerlerde ve işlerde, sonuç pek parlak da olsa, hemen tersine döndüğü ve mahkûm olduğu örnekleriyle kanıtlanmıştır. Özellikle, İngiliz, Fransız temsilcilerinin bulunduğu Trabzon çevresinde komuta zincirinin üstün görülmesine ve çok ileri görüşlü harekete büyük ihtiyaç duyulmaktadır.
>
> Ne yazık ki, verdiğim açık emirlere rağmen, Halit Bey'in kendi kendine ve askeri kıyafetiyle, valiyi tutuklama tuhaflığını göstermesi, dile destan olmuştur. (Halit Bey'i bu harekete yönlendirenin kim olduğunu belirtmiştim.) Seçimler sırasında da bu şekilde davranırsa, kendi haklarında İngilizlerce yapılan başvurunun tekrarı ve güç bir durumun ortaya çıkması kaçınılmaz olur. (Seçimler konusunun hızlandırılması ve ulusal isteğe uygun olarak yapılması için Halit Bey'e ve diğer birçok kişiye, emek ve çaba harcamaları özellikle rica edilmişti. Bir de İngiliz başvurusunun kaçınılmaz ne gibi bir durum oluşturacağı-

nı, kendi konumumu göz önüne getirerek bir türlü anlayamamış olduğumu itiraf edeyim.) Bunun için, adı geçen komutanla haberleşilmeyerek, yüksek isteklerinin uygulanmasında benim aracılığımı rica ederim. Adı geçenin kişisel durumu her türlü davanın ötesinde ise herhangi bir bölgeden milletvekili seçilmesi hakkındaki içten fikirlerinizin bildirilmesi arz olunur.

Bu telgrafa 19 Ekim 1919 tarihinde sadece şu cevabı verdim:

Halit Bey'in milletvekili olmak veya olmamak konusundaki eğilimlerini bilemediğimden, bu konuda fikir bildiremeyeceğim, efendim.

Efendiler, Ferit Paşa hükümetinin düşmesine kadar geçen günler boyunca karşılaştığımız sorunlar çeşitlidir. Engeller ve güçlükler az değildi. Bunların hepsini saymaya ve anlatmaya kalkışmak yüce topluluğunuzu çok yorabilir. Bu sebeple, bu aşamayı tamamlayacağını düşündüğüm bazı noktalara yalnız değinmekle yetineceğim.

Ali Galip'in tavsiyesi üzerine, İstanbul hükümeti tarafından Tunceli mutasarrıflığına atandığı anlaşılan ve Sivas'a ulaşan Osman Nuri Bey, 8 Eylül'de Sivas'ta alıkonuldu.

Ulusal akım karşıtı, haince hareketlerde bulunduğu açığa çıkan Ankara Valisi Muhittin Paşa, belli bir amaçla geziye çıkmıştı. 13 Eylül'de Çorum'da bulunuyordu. Muhittin Paşa'nın yakalanarak koruma altında Sivas'a yollanması için Ankara'da kolordu komutanına ve Samsun'da 5. Kafkas Tümeni komutanına emir verildi. Muhittin Paşa tutuklu olarak Sivas'a getirilmiştir. Kendisiyle görüştüm. Gerekli öğüt ve uyarılarda bulunduktan sonra yaşına saygı duyarak Samsun üzerinden İstanbul'a gönderdim. Çorum Mutasarrıfı Samih Fethi Bey de üç dört gün sonra özel olarak Sivas'a davet olundu.

Ulusal savaşa karşıtlığı anlaşılan Niğde mutasarrıfı, muhasebecisi ve komiserinin koruma altında Sivas'a gönderilmeleri için 16 Eylül'de Niğde'de tümen komutanlığına emir verildi.

Kastamonu valisinin İstanbul hükümetince değiştirilmesi ve bundan çıkan olay

Efendiler, Kastamonu'da vali bulunan İbrahim Bey, ben, ordu müfettişiyken kurmay başkanım olan Albay Kâzım Bey'in şahsen tanıdığı bir adamdı. Bu sebeple kendisine her türlü sırlar verilmişti. Aramızda şifre haberleşmeler devam etmekteydi. Kendisi hükümet tarafından İstanbul'a davet olundu. Bu davete asla uymaması gerekirken, anlaşılmaz sebepler ve düşüncelerle –İstanbul'da tutuklanmak için– Kastamonu'yu terk etmişti. İstanbul, İbrahim Bey'in yerine bir başkasını Kastamonu'ya vali olarak atamıştı. Bu kişi, 16 Eylül'de İnebolu'ya

Mustafa Kemal Paşa Ankara'da resmi ikametgâhının (İstasyon Binası) önünde. ATASE Arşivi.

ulaşmış bulunuyordu. Adı geçenin tutuklanmasını, bölgedeki gerekli kişilere emrettik. Bu konuda ilginç, küçük bir gelişme oldu. İzninizle biraz ayrıntılı anlatayım; Kastamonu'da ve Kastamonu il merkezinde zayıflık ve kararsızlık belirtileri görülmeye başlayınca, Kastamonu'ya güvenilir ve yetki sahibi bir subayın gönderilmesini Ankara'da bulunan Ali Fuat Paşa'dan rica etmiştim. Fuat Paşa, Kastamonu mevki komutanı sıfatıyla oraya Albay Osman Bey'i göndermişti. Osman Bey, tam 16 Eylül günü Kastamonu'ya ulaşmıştı ve yeni gelen vali hakkında verdiğimiz emrin uygulanmasını, adı geçen komutandan bekliyorduk. Bildirdiğim emri verdikten sonra, uygulaması ve işlemlerin yapılması hakkında telgraf başında bilgi bekliyordum. Gece olmuştu. İstediğim bilgiyi verecek, Kastamonu'da bir kimse bulamıyordum. Sonunda, 16/17 Eylül gecesi, Kastamonu ve dolayları komutanı, Albay Osman Bey, Kastamonu telgrafhanesine geldi ve aynen şu telgrafı verdi:

Bugün Kastamonu'ya geldim. İstanbul hükümetinin adamları ve vali vekili ve jandarma komutanının oyunuyla evimde tutuklandım. Yurtseverlik örneği subaylarımızın çabalarıyla şimdi kurtuldum. Ben de vali vekilini ve jandarma alay komutanını beraber tutuklattım. Telgrafhaneyi işgal ettim. Buradaki durum önemlidir. Kongre'den dilerim, bütün kararlarından burayı haberdar ederek Kastamonu'nun değerli halkını aydınlatsın. Yeni valinin

İnebolu'ya indiği haber alınmıştır; hakkında ne işlem yapılacaktır? Burada vali vekili ve benzeri atamalar hakkında ulusal Kongre'nin bana yetki vermesini ve bu dileğimin yanıtını makine başında şimdi beklediğimi sunarım.

Osman Bey'le makine başındaki haberleşmemiz şu şekilde devam etti. Kendisinden sordum:

"Şu anda orada duruma hâkim misiniz? Ne kadar kuvvetiniz var? Orada il ileri gelenlerinden güvenilir kim vardır? Yeni atanıp İnebolu'ya geldiği haber alınan valinin adı nedir?"

Osman Bey'in yanıtı şuydu: "Şu anda ile hâkimim. Kesinlikle Kongre'nin yardımcı olarak beni aydınlatması gereklidir. Atanan valinin, Konya valiliğinden emekli, çok eski bir kişi olduğu söyleniyor. Adı Ali Rıza'dır. Kuvvetim iki yüz elli kişilik bir tabur ve dört tüfekli bir ağır makineli tüfek bölüğünden meydana gelmektedir. Halkla henüz görüşülememiştir. İlin ileri gelenlerinden Defterdar Ferit Bey vardır."

Osman Bey'e şu emri verdim: "Şimdi siz vali vekilliğini üstleniniz ve bütün askeri ve sivil kuvvetleri elinize almaya tamamen yetkilisiniz. Gelmekte olan valiyi derhal tutuklatacak hızlı önlemleri alınız. İşlerinize açıktan açığa engel olanlara karşı, kararsızlık göstermeden silah kullandırınız. İl defterdarı, benim Diyarbakır'dan tanıdığım Ferit Bey ise size yardım etmesi gerekir. Bolu mutasarrıfına, aldığınız konum ve yetkiyi şimdi bildirerek onun da İstanbul'a karşı aynı şekilde hareket etmesini tarafımızdan söyleyiniz. Sinop Mutasarrıfı Mazhar Tevfik Bey'e de benim tarafımdan aynı talimatı veriniz. Yanınızda hangi şifre anahtarı vardır?"

Osman Bey'in yanıtı: "Vali vekilliğini Defterdar Ferit Bey'e vereceğim, kendim üstlenemeyeceğim. Bildiğiniz Ferit Bey'dir. Sinop mutasarrıfı bildiğinizdir, kendisi görevden alınmıştır. Vekillik, Jandarma Tabur Komutanı Remzi Bey'dedir. Mazhar Tevfik Bey'in Sinop'ta olduğu bildiriliyor. Şifre anahtarı tutuklu alay komutanındadır; istendi, alacağım yanıta göre bildiririm, efendim."

"Yanınızda başka şifre anahtarı var mıdır? Ferit Bey şimdi neredir, durumdan haberdar mıdır?" diye sordum.

"Durumdan haberi yoktur, şimdi çağrıldı, gelecektir. Ben hiç şifre anahtarı almadım; çünkü tutuklanacağımı bilmiyordum, makam şifresiyle yazarım ümidindeydim" yanıtını verdi.

"Oradaki jandarma tabur komutanı kimdir, ne kadar jandarma kuvveti vardır, emriniz altına girdi mi?" sorusunu yazdırdım. Buna da verdiği yanıtta: "Jandarma Komutanı Emin Bey, yanımda ve benimle işbirliği yapmıştır. Merkezde jandarma sayısı otuz beş kadardır. Polis Müdürü Halil Bey de yanımda ve benimle işbirliği yapmıştır; polis sayısı kırktır. Piyade Tabur Komutanı Şerif Bey, kendisi biraz budala olduğundan şimdilik tutuklanmıştır. Jandarma Tabur Komutanı Emin Bey yüzbaşıdır. Defterdar Ferit Bey geldi, yanımdadır."

"Emin Bey'i biraz anlatır mısınız?" sorusuna "318 [1902] çıkışlı, Üsküplü Emin, tanırsınız. Ayrıca ellerinizden öpüyorlar."

Bunun üzerine şu satırları yazdırdım: "Emin Efendi'yi tanırım, teşekkür ederim. Ferit Bey'e durumu anlattınız mı? Önemli konular, makam şifresiyle bildirilebilir. Sinop mutasarrıf vekili olan jandarma komutanı güvenilir değilse, onun yerine sizce uygun görülecek yetenekli birinin vekilliğe geçirilmesi için gereken önlemlerin tamamlanması düşünülmelidir. Yardıma ihtiyaç görüyor musunuz?" Osman Bey: "Kuvvetçe ihtiyaç görüp görmediğimi daha sonra bildireceğim. Jandarma tabur komutanı yeni geldiği için durumu anlaşılamamıştır, efendim" yanıtını verdi. Osman Bey'e başka bir söyleyeceği olup olmadığını ve Ferit Bey'le duruma dair görüşüp görüşmediklerini sorup anladıktan sonra, şu telgrafı yazdırdım:

16/17 Eylül 1919

Osman Bey ve Ferit Beyefendi'ye

Alınacak önlemler ve uygulamalarınızda başarılar dilerim. Bizi durumunuzdan ve gelmekte olan valinin tutuklandığından haberdar etmenizi bekleriz.

Mustafa Kemal

Kastamonu da İstanbul'a karşı harekete geçiyor

Ferit Bey, vali vekili; Albay Osman Bey, Kastamonu ve çevresi komutanı sıfatıyla çalışmaya başladıktan bir iki gün sonra, kendilerini tekrar telgraf başına davet ederek bilgi istemiştim.

İstanbul'da gereken makamlara istenildiği biçimde ve halkın imzası altında telgraflar çekildiği ve bütün illere ve sancaklara da bu telgrafların gönderildiği bildirilmekle beraber birtakım sorular da soruluyordu. Söz gelişi: "Halk diyormuş ki: 1. Diğer illerin kamuoyu bizimle beraber değiller midir? 2. Bu olağandışı durum ne zamana kadar devam edecektir? 3. hükümetin direnmesine karşı ne gibi önlem alındı? Lütfen bizi aydınlatınız Paşam!"

Halk adına yöneltilen bu soruların vali vekili ve komutan beylerin de fikirlerini meşgul etmekte olduğunu hesaba katarak ona göre yanıt vermek yorulmaya değerdi. Dolayısıyla saatlerce Sivas-Kastamonu telini işgal eden uzun bilgi verildi ve açıklama yapıldı. Bu açıklamaları şu şekilde özetleyebilirim:

1. Ulusal kaynaşma, vatanın her köşesinde kuvvetli ve ateşli bir şekilde vardır. Bütün illerin en ufak köylerine kadar halk, en ufak birliğine kadar da bütün ordularımız tam bir duyarlık ve birlik halinde, bildirilen kararları uygulamakta ve yürütmektedirler. Halkın ikinci ve üçüncü sorusuna yanıt olmak üzere de:

2. Ne zaman ki Kastamonu halkı bu durumu olağandışı bulup kaygılanmak zayıflığından kurtularak amacımızı elde edinceye kadar dayanmakta kararsızlık göstermeyecektir,

işte o zaman bu olağandışı durum kendiliğinden ortadan kalkacaktır. Hükümetin direnmesi doğaldır. Buna karşı başka önlem almaya kalkışmadan önce ilk önlemimizi gereği gibi ve her tarafta kesinlikle uygulamak çarelerini düşünelim. Örneğin, Bolu'nun durumu hakkında ne yapılmıştır? Bolu'ya kadar bütün bölgelerin İstanbul'la resmi haberleşmelerinin kesildiğinden emin miyiz? Bununla ilgili olarak beklediğimiz bilgiler henüz gelmedi. İşte, bu dediğim önlemin İstanbul'a kadar genişletilmesi durumunda, hükümetin direnmeye gücü kalmayacağını sanıyorum. Bununla beraber, bundan sonra da bilgisizce ve ahmakça bir inada devam etmek herhalde daha etkili önlemler uygulamaya olanak vardır.

Bundan sonra vali ve komutanın verdiği bilgilerden şunlar anlaşıldı: İnebolu'dan İstanbul'a geri gönderilen yeni vali, Zonguldak'ta, İçişleri bakanından şöyle bir emir almış:

"Bolu ve çevresi serbesttir. Zonguldak'a çıkınız, bu ilin gereken yerleriyle haberleşiniz ve sonraki emre kadar orada bekleyiniz." Gerçekten yeni vali Zonguldak'ta kalmış ve tehditlere başlamış. Ferit ve Osman beyler, Zonguldak mutasarrıfına yeni valiyi tutuklayıp karadan Kastamonu'ya gönderilmesini emretmişler. Mutasarrıf bunu yapmamış. Bununla beraber, girişimden haberdar olan yeni vali orada barınamayarak, İstanbul'a dönmüş.

Ali Fuat Paşa Batı Anadolu Kuva-yı Milliye Komutanı

Bir sebeple belirtmiştim ki, 20. Kolordu Komutanı Ali Fuat Paşa, Kongre adına bazı kararlar alıp hazırlıklar yapmıştı. Ali Fuat Paşa'ya, Kongre'ce "*Batı Anadolu Kuva-yı Milliye Komutanı*" unvanı verildi. Paşa, Eskişehir ve çevresini ulusal bir bölge sayıp komutanlığına Süvari Yarbayı Âtıf Bey'i; Afyonkarahisar çevresini de ulusal bir bölge sayıp komutanlığına 23. Tümen Komutanı Ömer Lütfi Bey'i atamıştı. Bu tümenle Anadolu'ya geldiğimizin daha ilk günlerinde bağlantı kurup ilgilenildiğini, o günlere ait açıklamalarım arasında belirtmiştim. İstanbul hükümeti, Fuat Paşa'nın yerine Hamdi Paşa'yı atamış ve göndermişti. Hamdi Paşa, Eskişehir'e kadar geldi. Orada, kendisine 16 Eylül'de İstanbul'a dönmesi gerektiği bildirildi.

İngilizler, Eskişehir Bölgesi Kuva-yı Milliye komutanı olan Âtıf Bey'i tutuklayıp İstanbul'a gönderdiler. Kuva-yı Milliye komutanı olan bir adamın kendini kolaylıkla düşman eline düşürmeyecek önlemler almış olması gerekirdi. Bu konudaki dikkatsizlik ve önlemsizlik, kendisini kurtarmak için uzun zaman birbiri ardınca girişimlerde bulunmamızı gerektirdi. Bildiğiniz gibi, o tarihte Eskişehir'de İngiliz birlikleri vardı. Fuat Paşa, toplayabildiği ulusal güçlerle Eskişehir'e yakın Cemşit'e gitmişti. Eskişehir'i uzaktan kuşattı. Eskişehir'de bulunan İtilaf Kuvvetleri Komutanı General *Salli Flud*'un [Solly Flood] Fuat Paşa'ya gönderdiği bir mektupta kullanılan sözler ve Kuva-yı Milliyemizi tanıtma şekli, ulusal komutanlarımızın ve Kuva-yı Milliyemizin yüksek şeref ve saygınlığına karşı bir saldırı kabul edildiğinden, adı geçen generalin hak ve yetkisi dışında görüldüğünden, bu konuda İstanbul'da bulunan İtilaf devletleri siyasi temsilcilerinin bir muhtıra ile dikkatleri çekilmişti. 25 Eylül 1919 tarihinde General Solly Fleod'un Fuat Paşa'nın yanına gönderdiği bir heyet ki –bir kurmay binbaşısı ile Eskişehir İngiliz kontrol subayından oluşmaktaydı–, İngilizlerin iç işlerimize ve ulusal eylemlerimize kesinlikle karışmayacaklarına dair söz verdiler. Bu sıralarda, İngilizler, Merzifon'da bulunan kuvvetlerinin geriye alınması durumunda memnun olup olmayacağımızı öğrenmek istemişlerdi. Tabii ki çok memnun olacağımızı bildirmiştik. Gerçekten oradaki kuvvetlerini bütün ağırlıklarıyla beraber önce Samsun'a çektiler. Daha sonra oradan da İstanbul'a taşıdılar. Eskişehir'e hâkim olduktan sonra, Fuat Paşa'yı, Bilecik ve Bursa bölgesine göndermeyi düşünüyorduk.

Konya Valisi Cemal Bey İstanbul'a kaçıyor ve Konya halkı da İstanbul'u tanımıyor

Efendiler, Konya'da vali bulunan Cemal Bey, Ferit Paşa hükümetinin Anadolu'da önemli bir dayanak noktası haline geldi. Konya'da ordu müfettişi olan Cemal Paşa'nın İstanbul'a gidip dönmemesi, orada bulunan Kolordu Komutanı Salahattin Bey'in kararsız tutum ve davranışları ve en sonunda da habersiz İstanbul'a çekip gitmesi, Konya ve çevresini Vali Cemal Bey'in egemenliği altında bırakmıştı. Oraya, amacı yakından kavramış olan bir kişinin gönderilmesine ihtiyaç vardı. Sivas'ta yanımızda bulunan Refet Bey'in gönderilmesi uygun görüldü. Refet Bey yola çıktı. Konya'da Temsil Heyeti'nden bir komutanın gelmekte olduğu haber alınınca, yurtseverler canlanmış, diğer taraftan da Vali Cemal Bey hapishanede ne kadar kanlı katil, tutuklu varsa hepsini çıkarıp silahlandırmış ve kendisine bir kuvvet yapmak istemişti. Konya'nın saygın halkı, bu alçakça harekete karşı ayaklanarak yurtseverliğin gereğini yapmaya karar vermiş ve bunun farkına varan Cemal Bey, 26 Eylül'de İstanbul'a kaçmıştı. Halk, belediye dairesinde toplanarak Hoca Vehbi Efendi'yi vali vekilliğine getirmişti.

Refet Bey'in yerinde olmayan bazı önerileri

Efendiler, dikkate değer bir noktadır; şu anda aklıma geldi, yüksek topluluğunuza sunmadan geçemeyeceğim. Sivas-Konya yolu üzerinde bir telgraf merkezinden, Refet Bey'in özel bir telgrafını aldım. Refet Bey bu telgrafında, Konya ve dolaylarında başarı sağlanabilmesi için kendisine 2. Ordu Müfettişliği unvan ve yetkisinin verilmesi gerektiğini bildiriyordu. Refet Bey uzun zaman sonra Ankara'da bulunduğum sırada, Bolu ve çevresindeki isyancıları bastırmakla görevlendirildiği zaman da oradan bir şifreyle, halk üzerinde önemli etkisi olacağından söz ederek kendisine paşa unvanının verilmesini benden istemişti. O zamanlar Refet Bey'in gerek birinci ve gerek ikinci isteklerini yerine getirecek resmi konum ve yetkide bulunmadığımı açıklamaya gerek yoktur. Özellikle bunu Refet Bey'in en iyi bilmiş olmasına şüphe edilebilir mi? Refet Bey, bu isteklerini yerine getirtmek için benim İstanbul hükümeti katında aracılığımı üstü kapalı olarak anlatmak istiyordu da, denilemezdi. Çünkü, bütün dünya biliyordu ki, ben, ordu müfettişliğinden ve askerlikten çekilmiş olduğumdan başka, padişah ve hükümet tarafından kovulmuş ve idama mahkûm edilmiştim. Çalışmalarım bir kongrenin seçtiği heyet içinde, yeni bir Temsil Heyeti içinde, onun adınaydı. **Ulusal çalışmalarda bulunmak ve özellikle bu konuda başarılı olmak için resmi unvan ve yetki şart ise, zaten o, bende yoktu.** Başarı sağlanması için, içinde bulunduğum durum ve koşulların nelerden oluştuğu anlaşıldıktan sonra, benden resmi olarak sıfat ve yetki aramaya gerek olamayacağı normaldi. Kuşkusuz, Refet Bey'i Konya'ya gönderirken biz kendisine amaca uygun her türlü iş ve eylemler için tam ve geniş yetki vermiştik. Bunun kullanılması ve uygulanması onun kendi yeterliliğine ve gücüne bağlıydı.

Efendiler, her tarafı ulusal eylemler yapmaya ve örgüt kurmaya doğru yöneltmeye çalışırken, İstanbul hükümetinin isteklerine hizmet eden üst düzeydeki bazı sivil memurlardan sözde manevi gözdağı biçiminde telgraflar da alıyorduk. Örneğin, Urfa Mutasarrıfı Ali Rıza adında birinin kendi görüşmeleri sonucunda öğrendiğine göre, hareketlerimiz İtilaf devletlerine saldırı kabul olunmaktaydı ve bu yüzden bütün Osmanlı toprakları İtilaf devletlerince askeri işgal altına alınarak Türk hükümetine son verilecekti. Bu nedenle İstanbul hükümeti ile uzlaşma öneriliyordu. Bu telgrafın mutasarrıfa yabancılar tarafından yazdırıldığına şüphe yoktu. Buna, elbette gerektiği gibi yanıt verildi.

General Harbord heyeti ve General'e verdiğim yanıt

Efendiler, hatırlıyorsunuzdur ki, ülkemizde ve Kafkasya'da incelemeler yapmak üzere Amerika hükümeti, General *Harbord*'un başkanlığında bir heyet göndermişti. Bu heyet Sivas'a geldi. 22 Eylül 1919 günü General Harbord'la uzun uzadıya konuştuk. Generale, ulusal savaşın amacı ve hedefi, ulusal örgüt ve birliğin ortaya çıkış sebebi, Hıristiyan unsurlara karşı olan yaklaşım ve yabancıların ülkemizdeki olumsuz propagandası ve eylemleri hakkında ayrıntılı ve kanıtlı olarak açıklamalar yaptım. Generalin bazı garip sorularıyla da karşılaştım. Örneğin, ulus, akla gelebilecek her türlü eylem ve fedakârlıkta bulunduktan sonra da başarılı olunamazsa ne yapacaksın? Verdiğim yanıtta hafızam beni yanıltmıyorsa, demiştim ki: **Bir ulus, varlığı ve bağımsızlığı için düşünülebilen girişimleri ve fedakârlığı yaptıktan sonra başarılı olur. Ya başarılı olamazsa demek, o ulusun ölmüş olduğuna karar vermek demektir. Dolayısıyla, ulus yaşadıkça ve özveriyle girişimlerini sürdürdükçe başarısızlık söz konusu olamaz.**

Generalin sorduğu sorudan asıl amacın ne olabileceğini araştırmak istemedim. Fakat verdiğim yanıtı takdirle karşıladığını, bugün yeri gelmişken belirtmek isterim.

Abdülkerim Paşa'nın aracılıkları

Efendiler, Eylül'ün 25. günü akşamı, Ankara'da bulunan 20. Kolordu Komutan Vekili Mahmut Bey'den aldığım bir şifre telgrafın içeriği şuydu: "Bu gece İstanbul telgrafhanesinden Fuat Paşa'yı telgraf başına istediler. İçişleri Bakanlığı'nın vilayet şifresiyle bir şifre yazdırdılar. Bunun özeti, padişahın bildirisindeki bilgece uyarılara uygun hareket etmekle vatanın kurtuluşu kolaylaşacaktır. Ulusal savaş, uygarlık dünyasına nefret edilen amaçlar olarak gösterildi. Hükümet-ulus ayrılığı, yabancıların işlerimize karışmasına yol açacaktır. Konferans, hakkımızda karar verirken, bu anlaşmazlık iyilik ve kurtuluş belirtisi olmayacaktır. Sonuçta ulusal savaşı yönetenlerle görüşmek üzere, yüksek kişilerle bildirilecek yerde bir buluşma, oldubitti şekline sokularak, vaktin darlığından hemen yanıt beklenilmektedir. Görüş aykırılıklarına saygılı davranılacağı, kişilik ve onurun dokunulmazlığı uzun uzun ve art arda ilave ediliyor. Telgrafı yazan kişi, Genelkurmay tuğgenerallerinden Abdülkerim Paşa'dır. Bu telgrafa Ticaret ve Ziraat Bakanı Hadi Paşa aracılığıyla ve aynı şifre ile yanıt beklemektedir. Adı geçenin hileye başvurarak, başvurunun bizden yapıldığını duyurmak ve yaymak istediği anlaşılıyor. Telgraf başında beklediklerinden, bir an önce kabul edilip edilmeyeceği ile ne yanıt verileceğinin bildirilmesi istenmektedir. Ali Fuat Paşa Hazretleri'ne de yazılmıştır."

Mahmut Bey'e, aynı gün saat 19.00'dan sonra makine başında verdiğim telgrafta şunları bildirdim: "Kerim ve Hadi paşalara, Fuat Paşa'nın Ankara'da olmadığını ve işi olduğunu ve fakat görüşmek istemeleri durumunda, Sivas'ta bulunan Temsil Heyeti ile ve bu heyet arasında bulunan Mustafa Kemal Paşa ile makine başında istedikleri tarzda görüşmenin mümkün olduğunu bildirirsiniz. 'Onlar görüşmek istiyorlarsa' kaydına dikkat etmek gerekir."

Mahmut Bey, Kerim Paşa'nın Ankara'ya çektiği telgrafı aynen bize de yazdı. İçeriği, aşağı yukarı Mahmut Bey'in özetlediğinden meydana gelmekteydi.

Efendiler, İstanbul hükümeti ile ilişkiyi kesmemizin on beşinci günündeyiz. Ulusal karara karşı duran bazı yerler, ister istemez ulusal akıma uymaya mecbur edildi. İstanbul hükümetine hizmet eden bazı memurlar ya kaçtılar veya mahkûm duruma sokuldular. İstanbul'a, bütün ülkeden, her gün hükümetin düşürülmesi isteğiyle ilgili binlerce telgraflar yağdırılmaya başlandı. İtilaf devletlerinin Anadolu'da dolaşan subay ve memurları, ulusal savaşa karşı tarafsız olduklarını, ülkenin iç durumuna karışmayız sözünü, her tarafta açıktan söylemeye başladılar. Bu durum karşısında sonunda, padişah ve Ferit Paşa'nın artık, ulusal savaşı yönetenlerle uzlaşmaktan başka çare kalmadığını hesaba katarak ve fakat herhalde konumlarını da korumak şartıyla, bir uzlaşma yolu olabilecek olanaklar araştırmaya başladıkları kanısına varmak yanlış olmaz inancındayım.

Efendiler, adı geçen rahmetli Abdülkerim Paşa, benim çok eski arkadaşımdı. Çok namuslu, gayretli, temiz kalpli bir yurtseverdi. Selanik'te ben kolağası, o binbaşı olarak bir büroda çalışmış, yıllarca özel arkadaşlık etmiştik. Rahmetlinin tavırlarından ve sözlerinden, tarikat üyesi olduğu anlaşılıyordu. Bazı tekkelere devam ettiği de görülmüştür. Fakat herhangi bir şeyhe bağlı olduğunu bilen yoktur. Çünkü, kendisini inançlarında ve vicdani değerlendirmelerinde taşıdığı, manevi dereceler yönünden "hazret-i evvel [ulu kişi], büyük hazret" olarak kabul ediyordu ve kardeşlik çevresi içinde yer alanlara hazret, kutup [tarikat ulu'su] vb –kendisince uygun gördüğü, karşısındaki kişideki yeteneğe göre– unvanlar verirdi. Bana da kutbül'aktap [kutupların kutbu: en ulu kişi] derdi. Şimdi açıklayacağım haberleşmemizde de bu noktalara rastlayacağız. Kerim Paşa'nın, kendine özgü bir söyleyiş ve yazış şekli vardı. Kerim Paşa, çok samimi ve zamanında kendisine büyük ün kazandıran yüksek bir konuşma gücüyle konuşur ve öyle yazardı. Kendisinde ikna özelliği ve yeteneği olduğu da varsayılır ve öyle kabul edilirdi. Bizim, Selanik'te bulunduğumuz sıralarda, orada ordu komutanlığı ve ordu müfettişliğiyle bulunmuş olan Hadi Paşa, Kerim Paşa'yı açıkladığım özellikleriyle eş dost arasında saygın ve sevilen biri olarak tanımıştı.

İşte, Ferit Paşa'nın hükümetteki arkadaşı Hadi Paşa, sıkışmış olan padişahın ve Ferit Paşa'nın çok uygun bir araçla imdadına yetişmek istiyordu. Kerim Paşa, Ali Fuat Paşa'yı da Selanik'ten tanıyordu.

Efendiler, 27/28 Eylül 1919 gecesi, gece yarısına bir saat kala telgraf başında, Kerim Paşa ile karşı karşıya geldik. İki taraf birbirini şu sözlerle tanıdı:

Sivas – Mustafa Kemal Paşa telgraf başındadır. Kerim Paşa'ya söyleyiniz, buyursunlar, diyorlar.

İstanbul – Yüksek şahsiyetleri, Mustafa Kemal Paşa Hazretleri misiniz, ruhum?

Ben – Evet, Saygıdeğer Kerim Paşa Hazretleri, dedikten sonra;

Kerim Paşa – "Sivas'ta Mustafa Kemal Paşa Hazretleri'ne" adresini yazdırdı ve "Paşa'ya söyleyiniz anlar; Hazret-i Evvel karşınızdadır" sözlerini bir çeşit parola gibi ilave etti. Kerim Paşa, "Yüce şahsınızın sağlığı iyidir inşallah kardeşim" diye başladı.

Kerim Paşa'nın, İstanbul hükümeti tarafından kalbinin saflığından ve ahlakının temizliğinden yararlanılarak nasıl aldatıldığını anlamak için, sözlerinin başlangıcını olduğu gibi kendisine tekrar ettireceğim. Merhum Kerim Paşa şöyle devam etti:

> Vatanın iyiliği için, büyük yurtsever kardeşimle ve Temsil Heyeti'ndeki can dostlarla fikir alışverişinde bulunmak isterim. Ayağınızın tozuna [size] ulaştırılmak üzere Ali Fuat Paşa aracılığıyla bir telgraf göndermiştim. Yüce şahsınızın eline ulaşan işte o telgraftaki ilkeler üzerine uygun bir çözüm yolu inşallah buluruz. Ülkenin geçirmekte olduğu nazik ve çok önemli ağır dönemi Allah'ın yardımıyla kolaylıkla aydınlığa ulaştırırız. Bunun için Allah'ın cömertliği, nurdan yaratılmış kurtarıcı isteklerinizin gönül yol göstericisi ile bu konuda önemli şeyler konuşarak, vatan için olan dileklerimizi birleştirelim, değil mi? Çok anlayışlı ve tedbirli kardeşim? Ne buyurursunuz, ruhum? Çamura batmış kötü niyetlilerin bu gü-

zel ülkemiz üzerindeki iftiralarını ve açıkça güttükleri kötülükleri kıralım ve onları, ümitlerinin pusularında kötürüm ve cansız bırakalım. Yalnız hükümet ile ulusun sadece vatanın kurtuluşuna ait hizmetlerini ve işlerini uzlaştıralım. Çünkü ortak ve yüce amaç aslında hep birdir. Vatan endişesiyle gösterilen bunca asil coşkunun, uygarlık dünyası karşısında kutsal topraklarımızın korunmasına ait en büyük vatanseverlik çabası olduğunu bir kere daha belirtmek için içinde bulunduğumuz durumun zorluklarını ortadan kaldıralım ve buna bir çare bulmak için de bu sevgili kardeşinizle fikir alışverişine başlayalım, bekliyorum kardeşim. Bu girişimim hakkında, hükümetin geniş ölçüde bir iyi niyet gösterdiğini eklerim, ruhum.

Efendiler, Kerim Paşa ile 27/28 Eylül gece yarısından önce saat 11'de başlayan bu haberleşmemiz, gece yarısından sonra saat yedi buçuğa kadar, tam sekiz buçuk saat devam etti. Üç ana noktaya ayrılabilen bu haberleşmemiz, "eser-i cedit" denilen büyük tabaka kâğıtlardan yirmi beş sayfa doldurdu. Bunların hepsini burada okuyarak sabrınızı kötüye kullanmaktan korkarım. Rahmetli Kerim Paşa'nın, sağlam görüşlere ve –kendisinin anlayışına rağmen– ne yazık ki kuvvetli bir mantığa dayanmamakla beraber, tatlı sözlerinin ve tantanalı cümlelerinin okunup işitilmesini sağlamak için, yayımlayacağım belgeler arasına bu haberleşmemizi de olduğu gibi koyacağım.

Yalnız, bu haberleşmede iki tarafın izledikleri hedef ve dayandığı esas noktalar hakkında özellikle sonucuna dair kısaca bir fikir verebilmek için, izin verirseniz, bu noktaların her birinden birer parça söz edeceğim.

Kerim Paşa'nın bilginize sunduğum ilk telgrafına yanıt verirken, biraz da onun tarz ve üslubuna uymuş olduğum görülecektir.

Yanıtıma ben de böyle başladım:

"Kerim Paşa Hazretleri'ne; 'kutbül'aktap' deyiniz anlar!" sözünden sonra "şimdi yanıt veriyorum" dedim.

"Çok saygıdeğer ve temiz kalpli kardeşim Abdülkerim Paşa Hazretleri'ne; Allah'a şükür sağlığım yerindedir. Büyük ve asil ulusumuzun, yasal haklarını kavramış ve onu koruma ve savunmaya bütün varlığıyla girişmiş olduğunu görmekle çok mutluyum .... Fikir alışverişinde bulunmak için gösterilen isteğe içtenlikle teşekkür ederiz. .... Fuat Paşa Hazretleri aracılığıyla çekilen telgraf içeriğini biliyoruz. ....

.... Dayanak noktası kabul edilen bildiri içeriğinin Ferit Paşa ve arkadaşlarına bir sesleniş ve çıkışma olduğu, biraz düşünme ve incelemeyle kesin olacak açıklıktadır. Padişahın kalbini derin üzüntülere düşüren durum ve hareketler, ulusumuz tarafından değil, fakat Ferit Paşa, İçişleri Bakanı Adil Bey, Savunma Bakanı Süleyman Şefik Paşa ve bunların çalışma arkadaşları olan Harput Valisi Ali Galip Bey, Ankara Valisi Muhittin Paşa, Trabzon Valisi Galip Bey, Kastamonu Valisi Ali Rıza Bey, Konya Valisi Cemal Bey taraflarından işlenen kötülüklerle ortaya konmuştur.

Mustafa Kemal Paşa Sakarya Savaşı'nda. ATASE Arşivi.

Malatya'daki ihanet girişimi, Çorum'daki haince düzen, Konya'daki çılgınca girişim gerçek içyüzleriyle bilginize ulaşmış değilse, sizi de çözüme başlangıç olmak üzere düşündüğünüz noktadaki isabetsizlikten dolayı hoş görürüz.

....

Yabancıların görüşlerinin bizden yana değiştiği gerçeğin kendisidir. Ancak bu değişiklik, hiçbir zaman Ferit Paşa hükümetinin izlediği siyasetin sonucu değildir. Bu sonuç, ulusumuzun varlığını göstermek ve kanıtlamak için kendiliğinden aldığı gayretli girişimin sonucudur. İşte bu konuda padişahı aldatıyorlar.

Kurtuluş çaresi ve yaşam ilkesi ancak ve ancak "Kuva-yı Milliye'nin etken ve ulusal iradenin egemen" olmasındadır. Bu sağlam ve haklı ilkeden bir nokta sapmak, Allah korusun, devlet, ulus ve vatanımız için çok acı yıkıma sebep olur.

....

Ulusumuzun soylu hareketini kötüye yormaktan ve böyle duyurmaktan geri kalmayan kötü niyetli zavallıların çok olduğu kesindir. Fakat, çok üzüntü vericidir ki, bu kötü niyetli lanetlenmişlerin başında, sonsuza kadar yaşayacak devletimizin sadrazamı Ferit Paşa ve bakanlık konumlarında bulunan Adil Bey, Süleyman Şefik Paşa gibi devlet adamları bulunuyor.

Ülkemize takım takım Bolşevikler girdiğini ve ulusal hareketlerin Bolşevik hareketleri olduğunu resmi olarak duyuran ve yayan bu zavallılardır.

Asil ve temiz ulusal hareketimizin, İttihatçıların son çırpınma hareketleri olduğunu ve İttihatçıların parasıyla yürütüldüğünü resmen ve açıkça dünyaya, yabancı gazetecilere söyleyen bu gafillerdir.

Anadolu'da, karışıklık olduğunu ajanslarla resmen duyuran ve –ateşkes antlaşmasının özel maddesine göre– sevgili vatanımızı düşman işgaline uğratmak isteyen bu cahillerdir.

Malatya'nın Müslüman halkıyla Sivas'ın Müslüman halkını birbiriyle boğazlaşmaya itmek isteyen, bu zavallılardır. Ulusal hareketin önüne geçeceğim diye Sivas'ın ve ulusal duyarlılığın görüldüğü her yerin yabancılar tarafından işgalini isteyen, bu hainlerdir. Bununla beraber, bizim en yüce amacımız, tıpkı siz kardeşimin düşündüğü gibi, kötü niyetlilerin bu güzel ülkenin üzerindeki iftiralarını ve açıkça güttükleri uğursuzlukları kırmak ve onları, ümitlerinin pususunda hareketsiz ve cansız bırakmak ve devlet ile ulusun çalışmalarını sadece vatanın kurtuluşuna ait noktada uzlaştırmaktır. Allah'a şükürler olsun, bu amacın elde edilmesinde, artık ulusumuz her türlü kötü niyet belirtilerini kırmış ve bütün kahramanlığıyla kesin adımını atmıştır. Yabancılar da ulusun kapsamlı kuvvetini, kararlılığını ve buna karşılık İstanbul hükümetinin ne kadar soysuz ve ulusuyla ilgisiz, güçsüz bir heyet olduğunu anlamıştır. Merzifon'u boşalttılar. Samsun'u da boşaltmaya başladılar. İç işlerimize ve ulusal hareketlerimize karşı tarafsız kalacaklarını söylüyorlar. İşte ulusal girişimlerimizin, bağımsızlığın sağlanması yolunda elde etmeyi başardığı ilk sonuç budur.

Ulusal akım, İstanbul'da Kanun-ı Esasi hükümlerine uyulmasını sağlamakla sonuca ulaşacaktır.

Bugünkü hükümetin, geniş ölçüde iyi niyete sahip olduğunu sanmanın doğru olmadığını belirtmeme izin vermenizi rica ederim.

Ben, daha Erzurum'dan Ferit Paşa'ya gerçek durumu açıklayarak, ulusun kuvvet ve iradesine karşı çıkacak hiçbir güç kalmadığını yazmış ve kendisini karşı durma ve engelleme yolunda devam etmemesi gereğiyle uyarmıştım. Bu gafil adam, buna yanıt vermediği gibi, ulusal akımın birkaç kişinin kışkırtması sonucu olduğunu ilan etti; çıkar hırsıyla, kör bir cehalet ve gafletle iki tarafı idare ederek konumlarını koruyabilecekleri gibi yanlış düşüncede bulunan birkaç valisinin aldatıcı raporlarını benim temiz ve yurtseverce uyarılarıma tercih etti. Bugün, her türlü kötülük, hainlik, güçsüzlük ve miskinlik durumunda kaldıktan ve ulus da koşulların bütün gerçeklerini tam bir açıklıkla kavradıktan sonra, bize düşen görev, en hızlı hareketle ulusal isteklere saygılı, yeni bir hükümetin iktidara gelmesini sağlamaktır.

Eğer bugünkü hükümetin kendileri ve hayatları hakkında herhangi bir çekinceleri varsa, bugün için bu gibi şeylerle uğraşmayacak kadar yüksek olan ulusumuz adına kendilerine istedikleri söz ve güvenceyi vermeyi de ulusumuzun çıkarı adına gerekli sayarız. Fakat tuttukları yanlış yolda inatla direnmeye devam etmeleri durumunda, ortaya çıkacak sonuçların sorumluluğu kendilerine ait olacaktır.

İşte, yapılan bu iyi niyetli girişim dolayısıyla, durumu bir defa daha ve son olarak, sizin asil kişiliğiniz gibi kalbi cidden vatan ve ulus aşkıyla ve padişaha sevgi ve bağlılıkla dolu olan ve kardeşlik anısını daima saygıyla koruduğum kardeşim Abdülkerim Paşa Hazretleri'yle de bildirmiş olmak, bizim için her türlü vicdani huzurun daha da sağlamlaşmasına sebep olmuştur."

Efendiler, buraya kadar söylediğim sözler bir maddenin özetidir.

Bundan sonra gelen maddede:

"Ulusal mücadele bütün genişliğiyle İstanbul'a ilerlemektedir. Ferit Paşa ve arkadaşları bunu bilmektedirler. Yüksek şahsınız da bu bilgileri isteyiniz ve aydınlanınız" dedikten sonra, gerçekten o günlerde ortaya çıkmış olan başarılı hareketlerin raporlarını özetleyerek açıklama yaptım ve "Artık, bütün bu hareketleri durdurmak, yalnız ve ancak bir şeye bağlıdır. O da, ulusal isteklere bütün manasıyla saygılı bir kişiye hükümet başkanlığının verilmesine ve o kişinin de ulusal istekleri anlayarak ona göre önlemler almaya girişmesine bağlıdır" dedim.

"Bütün bu söylediklerimiz karşısında siz kardeşimin bir düşüncesi varsa lütfen bildirmenizi rica ederim" cümlesinden sonra "Anadolu ve Rumeli Müdafaa-i Hukuk Cemiyeti Temsil Heyeti adına Mustafa Kemal" diye imzamı koydum.

Bunun ardından, Kerim Paşa, "Önce, yüksek şahsınızla birlikte bulunan saygıdeğer kişilerin hepsine selam ve saygılarımı sunmaya ve bildirmeye izin vermenizi rica ederim" girişiyle haberleşmemizin ikinci aşamasını açtılar. Kerim Paşa devam etti:

"Başladığım kısa konuşmanın bütün evrelerini siz açıkladınız. İşin çözümünde iki yerde doğru davranılmadığını söyleyerek mazur görüleceğimi ifade ettiniz. Gerçi bütün koşullar ve çeşitli bölgelerdeki olaylar bilinmedikçe bir konuda hakemlik yapmak zor ise de vatana ait işin çözümünde bize yol gösteren ışık, tertemiz vatan düşüncesi olduğu için, temel dayanağımız sağlam ve açıktır. Vatanın yazgısına karar verileceği şu sıralarda, tek vücut bir ulus ve hükümetin göreceği işi göz önüne alarak, bunun kolayca çözüm yoluna ulaşmasını bildirmek isterdim.

Çıkış noktası olarak aldığımı belirttiğiniz, padişah bildirisinin anlaşılmasında, bendenizin yanılması mümkündür. Yalnız izin veriniz de asıl işlerin çözümüne en büyük bir dayanak kabul edilen bu yüce bildirideki bütün yönleri açıklayarak padişahın sözlerinin geniş kapsamını bildireyim. Ben sanıyorum ki, padişahımız..."

Ben derhal, Kerim Paşa'nın devam etmesine engel olarak şunu yazdırdım:

– Kerim Paşa Hazretleri, gereğinden fazla açıklama, iki tarafı asıl amaçtan uzaklaştırılabilir ve bir de padişah bildirisinin yorumlarıyla fazla uğraşmak faydasızdır. Rica ederim, asıl konu üzerinde görüşelim.

Kerim Paşa yanıt verdi:

– Asıl konu üzerine görüşeceğiz. İzin veriniz devam edelim, efendim.

Ben – Rica ederim, en son söz ve öneri üzerinde anlaşalım, dedim.

Kerim Paşa – Evet, oraya geleceğiz, efendim.

Ferit Paşa hükümeti çekilmelidir

Söze ben devam ettim ve "Kerim Paşa Hazretleri, haklı çabalarımızın ve ulusal tepkilerimizin artık daha fazla kötüye yorulmasına ve düzeltilmeye muhtaç görülmesine, hele bu düzeltmeler ve değişiklikler için de cinayet ve ihaneti neredeyse kanıtlanmış bir hükümetin ileri gelenlerinin haksız savunmalarının temel alındığını görmeye dayanamayız. Biz, son durumu açıkladık ve ulusun kesin isteklerini bildirdik. Bilmem tekrarı gerekli midir? Yüksek şahsınız sonuçlandırılması gerekli bu ulusal isteğe karşılık, Ferit Paşa hükümetinin devletin en yüce katını hâlâ kirletmesine aracılık etmek istiyorsanız, bu çabanızın hiçbir faydalı sonuç vermeyeceğinden başka, siz kardeşimiz hakkındaki çok eski kardeşlik duygumuzun da sarsılmasına sebep olacağından kaygı duyarım.

Şimdi, Ferit Paşa, bir an bile kaybetmeksizin yerini namuslu birine bırakacaksa ve buna inancınız varsa, çözüm bekleyen hiçbir zorluk kalmamıştır. Aksi takdirde, aracılığınız, kalbinizin kırılmasından ve faydasız bir yorgunluktan başka bir sonuca ulaşmayacaktır.

Ferit Paşa, yerini korumaya devam ederse, kendisinin acı sona uğramasına yol açacaktır. En son ve en kesin söz şudur: Amacımız, bu sarsılmaz gerçeği padişahın bilgisine sunmaktır. Siz, ancak bu asilce görevi yapmakla, bugün vatan ve ulusun yüce şahsınızdan beklediği dini ve ulusal görevi yerine getirmiş olursunuz."

Kerim Paşa, "Sözü uzatmamak elbette asıl amaçtır" diye başlayarak sözü gereğinden fazla uzattı. Bu uzun sözler şu cümleyle son buldu. "Vatan için burada yaptığım şu girişim elbette Allah'ın ve ulusun katında, bütün asaletiyle bezenmiş kalır ve işin gerçek sahibi ve her şeye gücü yeten Allah, ulus ve vatanın kurtuluşunu sağlayacak esasları, sebeplere böylece bağlayarak tamamlar. Allah zorlukları çözücüdür. Değerli gözlerinizden öperim."

Tekrar yanıt vermek sırası bana, gece yarısından sonra saat 4.30'da geldi. Kerim Paşa'nın değindiği noktaları yanıtsız bırakamazdım. Ben de uzun düşünceler ileri sürdüm ve sonucunda, "Dolayısıyla" dedim, "bizim ve yüksek şahsınız gibi onurlu ve yurtsever kişilerin girişimlerinin amacı ne olmalıdır? Yönetiminin her dakikasından ulus için, gelecekteki yazgımız için yeni bir felaket sebebi hazırlamaktan başka bir fayda beklenmeyen Ferit Paşa ile ulusun arasını bulmak imkânsızlığıyla uğraşmak mı, yoksa bir an önce bu yasadışı hükümet yerine ulusal ve ülkenin ihtiyaçları ve kaderiyle orantılı yeni bir heyetin devlet işlerini üstlenmesi gereğini padişaha bildirmeye yol aramak mı? Lütfen bu iki noktadan biri için evet veya hayır şeklinde yanıt verirseniz, Allah'ın ve ulusun katında bütün asaletiyle süslenmiş biçimde kalacağına şüphe olmayan asilce girişimlerin bizlere ait aşamasını tamamlamış olursunuz."

Kerim Paşa, istediğimiz kısa yanıta yine uzun yanıt verdi. Fakat bu uzun sözler arasında, bazı cümlelerle, bize padişahın aldatılmış olmayıp her şeyi bildiğini anlatıyordu.

Kerim Paşa'nın bazı cümlelerinde şu sözler vardı: "Yüce padişahlık makamı kesin çözüm makamı olup, yasal bir devlette bu yüce makam, bütün ulus bireylerinin yöneleceği mihraptır. Anadolu'nun bütün isteklerinin Halife Hazretleri'nin bilgisine sunulduğu hakkında bendenize bilgi vermişlerdir. O halde, kamu işlerinin kıble yeri ve yüce amaçların kabul edildiği makam olan Padişahımız Efendimiz, her şeyi bilmektedir."

Kerim Paşa, kendine özgü cümlelerle devam ettiği görüşlerine şu şekilde son verdi:

"Allah, nice yüce sebepler yaratarak ve aşılayarak, çözümü zor olan bu sorunu tamamen çözecektir. Elbette ki, Allah'ın emri güzeldir ve yakındır. Allah'ın eli, her elden üstündür. Geleceğimiz, Allah'ın lütfu ile ulusça layık olduğumuz yücelikte çok kutsal ve hayırlı olacaktır. İşte Kerim'in inancı budur, aziz Ruhum."

Bu defa efendiler, saat gece yarısından sonra saat 6.10'a gelmiş olmasına rağmen, üçüncü evrenin açılmasına ben sebep oldum.

Rahmetli Kerim Paşa'nın çok hoşlandığını bildiğim bir sözle, "Büyük hazret!" sözüyle başladım:

"Ümmet ve ulusun yüce mihrabı olduğu içindir ki, ulusun isteklerini bildirmeye yol bulmak girişiminden geri durmadık.

Yalnız, büyük bir hatadan yüksek şahsınızı kurtarmak amacıyla bildirelim ki, Anadolu'nun bütün dileklerinin Halife Hazretleri'nin bilgisine sunulduğu hakkındaki bilgiye, ulusun henüz güveni tam değildir. Çünkü, ulus emindir ki, padişah, ihanetleri kesinleşen birkaç kişiyi ulusa tercih etmez."

Kerim Paşa'nın değindiği noktalara yanıt verirken şunları da söyledim. "Çok güzel ve yakın olan Allah'ın emrinin yerine gelmesiyle bahtsız ve zulme uğramış asil ulusumuzun kurtuluş ve esenliğe kavuşmasını, Allah'ın koruyuculuğundan diler ve ufukları daima 'inatçı bir dumanla' sarılı olan İstanbul'daki bazı kişilerin gerçeği görmekteki alçakça direnme duygularının son bulmasını bekleriz. Ulusun asil ruhu da, işte böyle duygularla doludur. Yalnız tekrar etmeme izninizi rica ederim ki, evet veya hayır şeklinde yanıt verilmesini rica ettiğimiz sorular ne yazık ki yanıtsız bırakılmıştır. Azizim, Allah'ın eli her elden üstündür. Fakat bununla beraber, zorlukları ve sorunları çözmeye girişenlerin, kararlaştırılmış bir hedefi olması gerektir......." "Ulus, Allah'ın emrini yerine getirecektir ve belirttiğiniz gibi, ulusal haklarımız çok kutsal ve hayırlı olacaktır. Lütufkâr dualarının eksik edilmemesini rica ederim. Çalışmak bizden, yardım ve kolaylık yüce Allah'tandır."

Mustafa Kemal

Artık, Kerim Paşa'nın yorulduğu anlaşılıyordu. "Son iki sözüm ruhum" diyerek "ulusal davanın ilkelerini yüceltmek ve korumak şartıyla saf dileklerin ortaya konulduğunu ve 'Allah'ın eli...' ayeti kerimesinin hayırla kabul buyrulmak üzerine söylenmiş" olduğunu anlattıktan sonra "Allahaısmarladık, yine görüşeceğiz..." diyerek çekilmek istedi.

Bırakmadık!

Son sözü biz söylemek istedik ve dedik ki: "Siz kardeşimin aklında kalması için son bir cümle sunuyorum.

Ulus güçlü, her şeyi kavramış, engelleri aşmada kesin kararlıdır. Ulusal mücadele hızlı bir akışa kavuşmuştur. Şevketli ve büyük padişahın lütfen karar vermeleri ve sorunu çözmeleri zamanıdır."

Efendiler, bundan sonra, Ferit Paşa hükümeti ancak üç gün direnebilmiştir.

Kendisiyle görüşmeyi başaramadığım dostum merhum Kerim Paşa'nın bazı kişilere söylediğine göre, bu haberleşmemizi aynen padişaha göstermeyi başarmış ve onun üzerine direnme gücü kırılmış.

Kerim Paşa'nın, Kara Vasıf Bey'e yazdığı 8 Kasım 1919 tarihli mektubunda da bu duruma işaret edilmiştir.

Merhumun bu mektubunda şu satırlar vardır:

"Eski sadrazam, en son yapılan görüşmelerin devam eden etkisi ve ciddi biçimde tartışılması sonucu çekilmek gereğine inanarak ve bütün manevi gücü ve direnişi kırılarak istifasını verdi... İşte sessiz sedasız, vatan için çalışılan ve tek başına, temiz bir kararlılıkla başarılan büyük olay budur...

Dikkat edilmelidir ki, bu yazıları ben yazmıştım. Eski sadrazam ile Padişahımız Efendimiz Hazretleri, bütün bu görüşmelerin sonuçlarını öğrendikten sonra, dayandıkları sağlam temeller karşısında kararlarını vermişlerdir... Yapılan girişimin ve yazılan yazıların ne dereceye kadar yüksek noktaları içerdiği ve nasıl bir temiz vicdan ve parlak fikirle, yaşanan gerçeklerin kâğıda döküldüğü, elbette Allah'ın katında ve ulusun tarihe bakışında asaletle bezenmiş bir değer olarak kalacaktır...

Bütün bunları açıklamaya beni yönlendiren sebepler, geçmiş olayları gerçek yüzleriyle ortaya koymaktır... Merhum Kerim Paşa, mektubunun sonunda, "bu kâğıdımın bir kopyasını Temsil Heyeti'ne göndermek lütfunu esirgemezseniz, yüksek gerçeklerin tamamen ve ortak olarak yayımlanmasına yardım etmiş olursunuz" demiş. Oysa bana kopya değil, fakat mektubun aslı gönderilmiştir. Bu mektubu da yayımlanacak belgeler arasına koyacağım.

Efendiler, bu haberleşmenin yapıldığı gecenin ertesi, yani 28 Eylül günü, görüşme özeti, bütün kolordulara şifre telgrafla bildirildi.

Trabzon'dan gelen öneri

Merhum Kerim Paşa'nın Fuat Paşa'ya hitaben yazdığı ilk telgrafında, İstanbul'daki yüksek kişilerin, ulusal savaşı yönetenlerle belirlenecek yerde görüşmelerinden söz edildiğini görmüştük. Buna benzer, fakat aksine, yani Anadolu'dan İstanbul'a gitmek yolunda bir öneri de, bundan daha önce Trabzon'dan çıkmıştı. Bunu, izin verirseniz biraz açıklayayım: Trabzon Valisi Galip Bey 18-19 Eylül tarihlerinde teftiş için Ardasa'da [Torul] bulunuyordu. Kâzım Karabekir Paşa'nın Ardasa'ya gidip vali ile görüşmesi söz konusuydu. Bu konu üzerinde 19 Eylül'de telgraf başında Kâzım Karabekir Paşa ile görüştük. Sebep, 18 Eylül tarihli Trabzon'dan aldığım bir telgraftı. Kendisine aynen verdiğim bu telgrafta "ulusal çıkarları bozan 6 maddeyi kabul etmiyoruz. (Bu 6 madde İstanbul'la ilişkiyi kesmeye ait emirdir.) İsteklerimizin padişaha bildirilmesi konusu ise gönderilecek bir heyetle sağlanabilir düşüncesindeyiz" denilmekteydi. Kâzım Karabekir Paşa, makine başında Trabzon valisi ile görüşmüş; özetini bildirdi. Vali, soru tarzında birtakım görüşler ileri sürmüş, Karabekir Paşa uygun yanıtlar vermiş. Vali en sonunda "İstanbul'a bir heyet gönderilerek durumun padişaha bildirilmesini ve bu heyetle kendisinin gitmesini önermişse de, biz türlü yollarla durumu padişaha sunmaya giriştiğimiz için, bu fikrinden vazgeçmiştir. Böyle bir heyetin gitmesi ve buna sarayın durumunu iyi bilen Gümüşhane delegesi Zeki Bey'in de katılması önerilmektedir" denilmekteydi.

Gariptir ki, iki gün sonra, yani 21 Eylül 1919'da Ardasa'da Yarbay Halit Bey'in gönderdiği bir şifrede de bu heyet konusundan söz ediliyordu. Fazla kuşkuya kapılan padişahı yabancıların ve Ferit Paşa'nın kucağına atmamak için, İstanbul'a kimliği gizli tutulan bir heyet gönderilmesinin uygun olacağı ve bu heyete, delege Servet ve Zeki beyler katılırsa memnuniyetle kabul edecekleri, Zeki Bey'in sözleriyle bildiriliyordu. Halit Bey'e 22 Eylül'de verdiğim yanıtta, Zeki ve Servet beylerden meydana gelen bir heyetin İstanbul'a gönderilmesinin uygun olmadığını bildirdim. 24/25 Eylül tarihinde Halit Bey'den aldığım bir telgrafta, "Trabzon'daki muhalefetin başı durumunda olan Trabzon Valisi Galip Bey, kolordunun ve Erzurum valisinin davetini kabul edip Erzurum'a gitmediğinden, ister istemez silahlı kuvvetle koruma altına alarak bu gece (24/25 Eylül) Erzurum'a gönderdim" deniliyordu.

Efendiler, garip bir rastlantı değil midir ki, rahmetli Kerim Paşa'nın ilk aracılık telgrafı Trabzon valisinin tutuklandığı gecenin ertesinde, Trabzon'da vali, Zeki ve Servet beylerin ve bunların aldattığı bazı kişilerin, İstanbul'la ilişkiyi kesme planlarını bozma konusundaki girişimleri ve İstanbul'a kimliği gizli bir heyet olarak gitme planları başarısızlığa uğratıldığı bir günde, yani 25 Eylül günü çekiliyor ve bizi ancak 27/28 Eylül gecesi aramak gereği duyuluyor. Haberleşmelerin gidişinden anlaşıldığına göre, Erzurum'a giden Vali Galip Bey'in tekrar Kâzım Karabekir Paşa'ya, İstanbul'a bir heyet aracılığıyla başvurmaktan söz ettiğine dair paşanın 27 Eylül tarihli bir izin isteme telgrafını alıyoruz. Buna, 28 Eylül'de yanıt olarak verilen telgrafta, Kerim Paşa haberleşmesinin özeti okunduktan sonra, "söz konusu başvurunun gerekli görülüp görülmeyeceğinin bildirilmesini rica ederiz. Gerekli görülmesi durumunda, Trabzon valisinin ulusal mücadelemize karşıtlık konusunda İçişleri Bakanı Adil Bey'den hiçbir farkı olmadığından, kendisinin soylu ulusal mücadelemize, hiçbir biçimde karıştırılmasına izin verilmemesi" yanıtı veriliyor. Kâzım Karabekir Paşa'nın 30 Eylül'de verdiği yanıtta, "Trabzon valisinin bu gibi işlere karıştırılmaması hakkındaki" düşüncemizin yerinde olduğu onaylandıktan sonra, Trabzon şartlarında çoktan beklenen düzelme gerçekleşti deniyordu.

Efendiler, bu son sunduğum bilgilerle bir gerçek üzerinde daha düşünceleri aydınlatmak isterim. Trabzon Valisi Galip Bey ile Zeki Bey'in saray ve Ferit Paşa ile ilişkileri vardı. Bir heyet halinde İstanbul'a gitmekten amaçları, ulusal amaca hizmet etmek olmayıp, İstanbul'da gerekli kişileri aydınlatmak, bazı önlemler tavsiye etmek ve yeni emirler almak gibi amaçlara dayandığına bence şüphe etmeye gerek yoktu. Nitekim, Zeki Bey daha sonra İstanbul'a gittiğinde, arkasından gerekli para ve cephane yollama sözü verilerek ve özel emirle Trabzon ve Gümüşhane bölgesinde örgütlenmek üzere gönderilmiştir. Adı geçen bu kişiyi İnebolu'da tutuklattırmış ve Ankara'ya getirtmiştim. Bana, bu söylediğim konuları tamamıyla itiraf etti. Yalnız, sözde İstanbul'u aldattığını, alacağı para ve silahları sözde bize teslim etmek niyetinde bulunduğunu söyledi. Buna o gün ve hatta bugün inanacak saflar bulunabilir mi? Bununla beraber, ben, bu kişiyi, Erzurum Kongresi'ndeki ilişki anısına saygı duyarak yalnız gerekli uyarı ve öğütlerde bulunmakla yetinerek serbest bırakmıştım.

İlk Bozkır olayı ve İzmit mutasarrıfının muhalefeti

Efendiler, İstanbul hükümeti tarafından, kolordu komutanı olarak Konya'ya gönderilen Sait Paşa'yı 30 Eylül'de İstanbul'a geri yolladık. Konya valisi kaçak Cemal Bey'in kaçışından önce, düzenlediği ilk Bozkır olayının önüne geçmek için, 20. Kolordu ve Niğde'de 11. Tümen aracılığı ve yardımlarıyla gerekli önlemler alınarak, İstanbul'un çıkmasını beklediği kötülüğü durdurduk. Ereğli, Bolu, Adapazarı, İzmit bölgesinde kurulmaya çalışılan Kuva-yı Milliye, Eylül ayının son günlerinde büyük duyarlılık göstermeye başladı ve o bölgelerdeki Kuva-yı Milliye önderleri, hükümetin direnmesi durumunda İstanbul'a harekete hazır bulunduklarını bildiriyorlardı. Bu konuyu, 28 Eylül'de bütün ülkeye ve doğal olarak İstanbul'a da bir genelgeyle bildirdik. Ancak, İzmit şehrinde 2 Ekim gününde olumsuz denebilecek yeni bir durum karşısında kaldık. O tarihte İzmit mutasarrıfı, Suat Bey adında bir kişiydi. Kendisini telgraf başına çağırdık. Son günlerdeki bildirimlerimizin tamamen alınıp gereklerinin yapılıp yapılmadığını sordum. Mutasarrıf Bey, açıklamasında diyordu ki: "Bildirimlerinizi aldım. Anlaşmazlık ve karışıklık olmaması için, halkı serbest bırakarak dinlemeyi en doğru hareket buldum. Olumsuz söylentiler vardır. Temsil Heyeti'nden açıklama istemek ve özellikle amacın İttihat ve Terakki hükümetini önceki şeklinde canlandırmak olup olmadığını kesin olarak anlamak çabasındadırlar. Bendeniz en tarafsız bir adam olmak üzere huzur ve güvenliği korumakla yükümlüyüm. Bendeniz her kim ve her ne için olursa olsun sonucu bilinmeyen bir maceraya başkalarını yönlendirmeyi doğru görmem. Dikkatli ve hazırlıklı bulunmaktan yana olduğumu bütün tecrübemle bildiririm"

Verdiğim yanıt, aynen şuydu:

Sivas, 2 Ekim 1919

Suat Bey'e

İlgi: İzmit'te en ufak bir anlaşmazlık ve karışıklığa meydan vermemek, esas göreviniz olduğu gibi sizden de özellikle rica edilmiş bir konudur. Ulusal örgütümüzün ve hareketimizin haklı ve doğru amaç ve içeriğini, gerek size, gerek İzmit'te birçok kişiye ve bütün dünyaya karşı yazmış ve yazmakta bulunduğumuz bildiri ve açıklamalarla en kindar düşmanlarımıza bile anlatmış olduğumuza kuşkumuz kalmamıştır. Artık, ancak halkın iyi ve kötü söylentisinden başka bir içeriği olamayan dedikoduların, karar vermek konusunda, etkili olabileceğine olanak görmüyoruz. Bundan başka, halkın açıklanmasını istediği noktalar varsa, bunlar neden derhal sorulup, sorun çözülmemiş bulunuyor? Siz tarafsız konumda kalmayı tercih ediyorsunuz. Oysa izlediğiniz yol, kesinlikle tarafsızlık olamaz. Çünkü siz ulusun haklı hareketine karşı tarafsızlığınızı iddia ettiğiniz zaman, haince hareketleriyle yasadışı ve aslında yok olan Ferit Paşa hükümetinin memurluğunu yapmakla meşgulsünüz. İttihatçılığın canlandırılmasıyla uğraşacak dar görüşlülerden olmadığımızı siz pek güzel kavramış olabilirsiniz. Yüce şahsınıza pek temiz duygularla ve fakat tama-

Sakarya Savaşı: Mürettep Kolordu Gözetleme Tepesinde Başkomutanlık ve Genel Karargâhı ve Batı Cephesi Karargâhı Heyetleri Duatepe muharebesini izlerken. ATASE Arşivi.

men kesinlikle şunu bildiririm ki, siz henüz Ferit Paşa hükümetine güven beslemiyorsanız, bunu İçişleri Bakanlığı'na resmen bildirmelisiniz. Eğer ulusun kararına ve isteğine aykırı olarak Ferit Paşa hükümetine güveniniz tamsa, saygıdeğer İzmit halkını yasal olan ulusal mücadelesinde serbest bırakmak üzere derhal makamınızı terk ederek İstanbul'a hareket ediniz. Bu iki noktadan herhangi birine uymamanız durumunda sizin hakkınızda ortaya çıkacak durumun sebebi ve sorumlusu yine siz olmuş bulunacağını büyük bir içtenlikle bildirmeyi vicdani görev sayarım.

Temsil Heyeti adına
Mustafa Kemal

Mutasarrıf Bey'in, "Ben kulunuzu sakince dinleyiniz efendim; bendeniz, iyi anlatamadım. Amacınızın yüceliğinden ve yasallığından zaten kuşku duyulamaz" cümleleriyle başlayan yanıtında, yazılan satırlar "bizi, yarınki cuma namazı toplantısına kadar kendi halimize bırakınız. Ferit Paşa'ya kim bilir, kaç kez kalemle hücum eden bendenizi ne kadar kötü gözle görüyorsunuz, efendim" cümleleriyle son buluyordu.

Bunun üzerine, ertesi günkü cuma namazı toplantısına kadar bekleyeceğimize dair yazdırdığım telgrafa, şu iki cümleyi ekledim: "Sizi kötü gözle gördüğümü sanmanız doğru değildir. Çünkü vicdanımız ıstırap çekmeden verebileceğimiz kararlar, ancak eylemin sonuçlarına bağlıdır, efendim."

O tarihte, İzmit'te, Albay Asım Bey adında bir kişi, tümen komutanı olarak bulunuyordu. Asım Bey'e de, bir iki günden beri, telgraf başında bildirimde bulunulmuştu. Fakat hiçbir yanıt alınamıyordu. Onu da, 2 Ekim günü makine başına çağırdım, konuştum. Kendisine, "Hükümetin düşeceği ve belki de düşmüş olması kesindir; dolayısıyla ulusun kararlılığı ve iradesi, her türlü kararsızlığın üzerinde güce sahiptir" dedikten sonra kesin düşünce ve kararını beklediğimi söyledim. Tümen Komutanı Asım Bey'in uzun özürler ve fikirlerle dolu yanıtından çıkan olumlu anlam, şimdiye kadar yanıt vermeyişinin sebebinin İstanbul'daki kolordu komutanına sunduğu izin yazısına yanıt alamayışından ileri geldiği ve yarınki cuma namazında kararlar alınacağı cümleleriyle özetlenebilir. Bazı öğüt ve isteklendirmeleri içeren yanıtımızda kısaca şunları dedim: "Ferit Paşa'nın, yarına kadar çekilmesi büyük bir ihtimaldir. Bu durumda, yarınki toplantınız sonucunda Padişah Hazretleri'ne ve atanması durumunda yeni hükümet başkanına, hükümetin ulusal isteklere tamamen saygılı, tarafsız kişilerden meydana getirilmesini rica etmek konusunu ve bunun beklenildiğinin bildirilmesini sağlayınız. Bir de vatanımızı ve ulusal bağımsızlığımızı kurtarmak için, oluşacak yeni hükümetle birlikte, daha pek çok çalışmaya ihtiyacımız olduğundan, tamamen sakinlik içinde Temsil Heyeti kararıyla bildirdiğim konuları göz önünde bulundurarak, örgütlenmenin sürdürülmesini rica ederim."

Ferit Paşa'nın görevden çekilmesi

Efendiler, ben, Asım Bey'e bu son cümleleri yazdırırken (2 Ekim 1919, saat 3.40'ta) araya imzasız şöyle bir özel telgraf girdi:

"Paşa Hazretleri, İstanbul'daki yakın arkadaşlar söylediler. Bütün akşam gazeteleri yazıyormuş. Ferit Paşa sağlık nedenleriyle görevden çekilmiş. Tevfik Paşa hükümet kurmakla görevlendirilmiş. Daha sabahtan söyleniyordu, fakat doğrulanmamıştı; şimdi doğrulandı, efendim."

"Bu telgrafı kim veriyor? Anlayınız" dedim. Sormaya zaman kalmadan telgraf şu şekilde devam etti:

"Biz, Ankara telgrafçıları! Paşa Hazretleri'nin yüksek huzurlarında derin saygı ile eğiliriz ve vatanımızın başına bir bela kâbusu olan bu hükümetin devrilmesi için, ulusun başında bulunup başarılı olmasını kutlarız. Lütfen söyleyiniz."

Telgraf haberleşmesi kesildi. Gerçekten 2 Ekim'de Ferit Paşa hükümeti düşmüş bulunuyordu. Fakat yeni hükümeti kuran Tevfik Paşa değil, Âyan Meclisi'nden Orgeneral Ali Rıza Paşa'ydı.

Efendiler, sırası gelmişken belirteyim; bütün telgrafçılarımızın ulusal girişim ve eylemlerimize yaptıkları özverili hizmetlerinin ulusal tarihimizde önemli bir yeri vardır. Kendilerine bugün açıkça teşekkür etmeyi bir görev sayarım.

Ali Rıza Paşa hükümeti

Efendiler, Ferit Paşa hükümetinin düştüğünü ve Ali Rıza Paşa'nın hükümeti kurmakla görevlendirildiğini 2/3 Ekim 1919 tarihinde yazdığım bir genelgeyle bütün ulusa bildirdim. Bu genelgenin bir kopyasını da bilgi için kaydıyla yeni sadrazama verdim.

2 Ekim günü yeni hükümet başkanıyla görüşmeye çalışmıştık. Ertesi günü, Bakanlar Kurulu toplantısı sırasında, Temsil Heyeti ile görüşecekleri sözü verilmişti.

Sunduğum bu genelgede belli başlı noktalar şunlardı:

1. Yeni hükümetin, Erzurum ve Sivas Kongreleri'nde belirlenen ve oluşturulan ulusal örgüt ve ulusun amaçlarına saygılı olması durumunda, Kuva-yı Milliye ona yardımcı olacaktır.

2. Yeni hükümet, Milli Meclis'in toplanmasıyla doğrudan denetimi başlayıncaya kadar ulusun geleceği hakkında herhangi bir sözleşmeye girmeyecektir.

3. Barış Konferansı'na atanacak delegeler, ulusun isteklerini gerektiği gibi kavramış ve güvenine layık, bilgili ve yetenekli kimselerden seçilecektir.

Bildiride, bu saydığım ilkelerin yeni hükümet tarafından kabul edilmesi önerileceği açıklandıktan sonra, "Bu konuda başkaca düşünceleri varsa yarın öğleye kadar acele bildirilmesi" istendi.

3 Ekim 1919 günü, Sadrazam Ali Rıza Paşa'ya yazdığım telgrafta, "Ulus, şimdiye kadar işbaşına geçenlerin Kanun-ı Esasi'ye ve ulusal isteklere aykırı hareketlerinden üzüntü duydu. Bundan dolayı yasal haklarını tanıtmak ve geleceğini bilgili ve güvenilir ellerde görmek kesin kararını verdi. Gereken kararlılıkla girişimlerde bulundu. Düzenli örgüte bağlı Kuva-yı Milliye, ulusun kesin iradesini tamamen göstermek ve kanıtlamak gücünü kazandı.

Ulus, padişahın güvenini kazanmış olan yüce şahsınızı ve değerli arkadaşlarınızı zor durumda bırakmak istemez. Aksine, yardımcı olmaya bütün içtenliğiyle hazırdır. Ancak Bakanlar Kurulu arasında Ferit Paşa ile işbirliği yapmış bakanların varlığı, yüksek kurulunuzun görüşleriyle ulusal isteklerin uygunluk derecesini büyük bir içtenlikle anlamak zorunluluğunu doğurmuştur. Ulusça, tam bir güven oluşmadıkça atılmış olan kurtuluş adımının durdurulması ve yarım önlemlerle yetinilmesi hiç uygun görülmemektedir. Bu bakımdan, şu konuların sizce kabul edilip edilmeyeceğini kesin ve açık olarak anlamak isteriz" dedik ve genelge dolayısıyla belirttiğim üç ilkeyi saydık. Daha sonra, "Bu temel noktalarda uyuşma bulunduğu anlaşıldıktan sonra, olağandışı durumun giderilmesi için bazı ikinci derecedeki konuları da" sunacağımızı bildirdik.

Ali Rıza Paşa, bugün, saraya ant içmek üzere gideceği için, telgrafımıza yarın yanıt verileceği bildirildi.

Ali Rıza Paşa hükümetinde sezilen kararsızlık

Biz, bazı tavırlardan, Ali Rıza Paşa hükümetinde bir kararsızlık, bu hükümeti oluşturan kişilerin de kafalarında bir bulanıklık sezer gibi olduk. Onun için bazı önlemler almayı uygun gördük.

Aynı günde bir genelge yazdık. Bunda "Hükümet ile ulus arasında görüş ve isteklerde bir uzlaşma olduğu genelgeyle bildirilinceye kadar, eskisi gibi resmi haberleşmelerin kesilmiş bir durumda bulundurulması" gereğini bildirdik.

Bundan başka, her taraftan gelen öneri ve düşünceleri birleştirerek, bütün kolordu komutanlarına ve ulusal savaşa yardımcı olan valilere de 3 Ekim günü bazı gizli bildirimde bulunduk. Yeni hükümetle ilk ilişkimize ait olan bu belgeleri, olduğu gibi yüksek bilgilerinize sunmayı, bundan sonraki haberleşme ve bağlantıların kolaylıkla anlaşılabilmesi için uygun görüyorum. İzin verir misiniz?

Şifre

Sivas, 3.10.1919

Bütün Kolordu Komutanlarına ve Ulusal Mücadeleye Yardımcı
Vali ve Vali Vekillerine

Aşağıdaki telgrafın Savunma ve İçişleri bakanlarına çekilmesi ve haber verilmesi rica olunur:

İçişleri bakanının haince hareketlerine alet olarak halkı silahlandırmaya ve birbirini boğazlatmaya kalkışan Konya Valisi Cemal, Elazığ Valisi Ali Galip ve Malatya Mutasarrıfı Halil beylerin tutuklanarak Askeri Mahkeme'ye verilmeleri; Trabzon Valisi Galip, eski Kastamonu Valileri İbrahim ve Ali Rıza beylerle Ankara Valisi Muhittin Paşa'ya görev verilmemesi; ulusun yasal haklarına saldırmadıklarından ve ulusal dava ve isteklere yardımlarından dolayı görevden alınan Sivas Valisi Reşit Paşa'nın eski görevinde bırakılması, eski Bitlis Valisi Mazhar Müfit ve eski Van Valisi Haydar beylerin derhal açık bulunan illere atanarak görevlendirilmeleri istenmektedir.

Anadolu ve Rumeli Müdafaa-i Hukuk Cemiyeti
Temsil Heyeti adına
Mustafa Kemal

Şifre

Sivas, 3.10.1919

Bütün Vali ve Kolordu Komutanlarıyla Bağımsız Mutasarrıflıklara

Aşağıdaki içeriğe göre sadrazama başvurulması ve sonucun bildirilmesi rica olunur:

Müslüman halkı silahlandıran ve birbiriyle boğazlaşmaya kışkırtan ve orduyu dağıtmak ve sonuçta vatanı savunmasız bırakmak için emir veren, ordunun sırlarını, şifreleri çalmak için düzenler kurmak suretiyle açığa vuran ve Kanun-ı Esasi hükümlerince dokunulmazlığı bulunan ulusun özel haberleşmesine engel olan eski bakanlardan Ali Kemal Bey, Süleyman Şefik Paşa, İçişleri Bakanı Adil Bey'in Millet Meclisi açıldığında Yüce Divan'a verilmek üzere hiçbir tarafa kaçmalarına meydan verilmemesini ve Telgraf Genel Müdürü Refik Halit Bey'in aynı sebeplerden dolayı derhal tutuklanarak ilgili mahkemeye verilmesini yasanın dokunulmazlığı ve kutsallığı adına isteriz.

Anadolu ve Rumeli Müdafaa-i Hukuk Cemiyeti
Temsil Heyeti adına
Mustafa Kemal

Elbette, Savunma Bakanlığı'na geçen Cemal Paşa orduya resmi bir duyuru yapacaktı. İşte ona ilk yanıt olmak üzere kolordulara şu telgrafın verilmesini tavsiye ettik:

Şifre

3., 20., 12., 15., 13. Kolordu Komutanlıklarına
20. Kolordu Komutanı Fuat Paşa'ya (ayrıca)
Konya'da Refet Bey'e (ayrıca)

Savunma Bakanı Cemal Paşa'nın ilk bildirimine yanıt olmak üzere aşağıdaki telgrafın gizli olarak kendisine çekilmesi ve sonucun bildirilmesi rica olunur:

Yüce şahsınızın doğru ve haklı ulusal savaşın başından beri büyük bir inançla başında bulunduğunuz bizce bilinmektedir. Savunma Bakanlığı'na getirilmeniz memnunlukla karşılanmıştır.

Yüce sahsınızın başarılı olmasına bütün ordu ve Kuva-yı Milliye yardımcı olacaktır. Ancak, başarılı olmanız için aşağıdaki konuların mümkün olduğu kadar çabuk uygulanmasını rica ederiz.

a) Cevat Paşa veya eski 1. Ordu Müfettişi Fevzi Paşa'yı Genelkurmay Başkanlığı'na.

b) Galatalı Albay Şevket Bey veya Yusuf İzzet Paşa, İstanbul'daki kolordu komutanı ve İstanbul Merkez komutanı; Yusuf İzzet Paşa İstanbul Merkez komutanı ve Galatalı Şevket Bey 25. Kolordu komutanı şeklinde olabilir.

c) Albay İsmet Bey'in Savunma Bakanlığı Müsteşarlığı'na.

d) Tümen Komutanı Yarbay Kemal Bey'in Polis Genel Müdürlüğü'ne atanmasına aracılık.

e) Ordu üzerinde kötü etki yapmış olan ve Savunma Bakanlığı'nı işlevsiz ve değersiz bir hale düşüren ve Milli Meclis'ten geçmeden eski rütbeleriyle göreve alınıp özel siyasi düşüncelerinden dolayı iş verilmiş olan emeklilerin derhal eski durumlarına döndürülerek, önemli ve kritik makamların güvenli ellere verilmesi gerekmektedir.

f) 3. Kolordu'nun eski komutanı Albay Refet Bey, sebepsiz olarak istifaya zorlandığından, bu işlemin düzeltilerek kendisinin şu anda bulunduğu Konya'da 12. Kolordu Komutanlığı'na atanması ve Fuat Paşa ile ilgili işlemin düzeltilerek 20. Kolordu Komutanlığı'nda bırakılması.

g) Fuat Paşa'nın yerine atanan Hamdi Paşa ve 12. Kolordu'ya atanan Sait Paşa derhal asıl görevlerine döndürülmelidir.

h) İlk fırsatta müfettişliklerin canlandırılmasıyla Doğu Anadolu'daki kolorduların, 13. Kolordu da içinde olmak üzere Kâzım Karabekir Paşa'ya ve Batı Anadolu'daki kolorduların, İstanbul ve Edirne de içinde olmak üzere Ali Fuat Paşa'ya verilmesi ve şimdilik iki müfettişlikle yetinilmesi uygun görülmüştür.

Temsil Heyeti adına
Mustafa Kemal

Ali Rıza Paşa hükümeti ulusal örgüt ve amaçları soruyor

Efendiler, yeni sadrazamdan beklediğimiz yanıt sonunda geldi; şudur:

Gayet aceledir

Sadaret, 4.10.1919

Sivas'ta Müdafaa-i Hukuk Cemiyeti Temsil Heyeti'ne

İlgi: 2 ve 3 Ekim 1919

Erzurum ve Sivas kongrelerinde kararlaştırılıp saptandığı telgrafta belirtilen örgüt ve amaçların neler olduğu Bakanlar Kurulu tarafından anlaşılamadığı için, durumun gereği incelenmek üzere, her şeyden önce söz konusu kongrelerin kararlarının acilen bildirilmesi istenir, efendim.

Sadrazam
Ali Rıza

Sadrazam Paşa ve değerli arkadaşlarının, –içlerinde, biraz sonra görüleceği üzere Kuva-yı Milliye'nin temsilcisi olarak Bakanlar Kurulu'na girdiğini açıklayan Cemal Paşa olmasına rağmen– hükümete geldikleri güne kadar ulusal amaçların neler olduğunu bilmediklerini söylemeleri, şaşılacak bir şey değil midir? Bundan daha fazla dikkat çekici nokta, ulusal amaçlara saygılı olup olmamakta karar verebilmek için, her şeyden önce kongrelerin kararlarını istemeleridir. Oysa bu kadar gürültülere ve yapılması kendinden önceki sadrazamın düşmesine sebep olan kongrelerin kararlarını bilmemeleri düşünülebilir miydi? Amaçlarının zaman kazanmak ve bize karşı hiçbir söz vermeksizin, yeni ve şeytanca önlemlerle ulusu aldatarak, ortaya çıkmış olan dayanışma ve bağlantıyı gevşetmek olduğuna hiç kuşku duymadım. Fakat, bozuşma olacaksa, ben de önce onların içyüzlerini ulusun gözü önüne serecek bir harekette bulunmayı tercih ettim. Dolayısıyla, sadrazamın ve değerli arkadaşlarının isteğini yerine getirdim. 4 Ekim 1919 tarihli telgrafla, Kongre bildirisini olduğu gibi ve tüzüğünün yalnız örgütlenmeyle ilgili esas noktalarını da özet olarak bildirdim. Resmi haberleşmelere hiçbir taraftan girişilmemesi hakkında tekrar genel bildirimler yapıldı.

Efendiler, aynı günde şöyle bir telgraf aldık:

Sadaret, 4.10.1919

İlgi: Başkanlığım altında kurulan yüksek hükümet, ulusun amaçları doğrultusunda vatan ve ülkenin mutluluk ve kurtuluşunu sağlamak için, kesin gayretle çalışmak üzere tamamen fikir birliği içindedir. Osmanlı bütünlüğünün sağlanması, ulusal bağımsızlığın korunması ve yüce hilafet ve saltanat makamının dokunulmazlığı Kanun-ı Esasi hükümlerince bütün ulusun güç ve iradesine dayanılarak gerçekleşeceği kuşkusuz olduğu gibi, ateşkes anlaşması tarihindeki sınırlar içinde kalan bütün Osmanlı toprak ve şehirlerinin, anlaşmaya temel olan Wilson ilkelerine uygun olarak doğrudan doğruya yüce saltanatın yönetimi altında bırakılması ve sınırlar içinde kalıp büyük Müslüman çoğunluğunun oturduğu toprakların birliğinin parçalanmasını engelleyerek bu topraklar üzerindeki tarihi, ırki, dini ve coğrafi haklarımızın ve bu şekilde hak ve adalete uygun bir karar alınmasının sağlanması da şu anki hükümetin kesin amacıdır ve Milli Meclis'in toplanmasına kadar ulusun yazgısı hakkında herhangi bir kesin ve resmi sözleşmeye girilmemesi ve Barış Konferansı'na gönderilecek delegelerin ulusal davayı kavramış ve güvenilir, bilgili ve kudretli kimselerden seçilmesi doğaldır. Ülkemizde meşrutiyet yönetimi gereğince ulusal egemenlik geçerli olduğundan, görevini gerektiği gibi kavramış olan şimdiki hükümet, ulusun kararını almaksızın ülkenin kaderi hakkında karar alamayacağından, seçimlerin bir an önce yapılması için her türlü girişim ve aracılığa başvurmak ve Mebuslar Meclisi'nin toplanmasını hızlandırmak için gereken kolaylıkları yapmaya çabalamaktadır. Ancak hükümetin hareket rehberi, kanun hükümlerine tamamen uyarak aykırı durumların önlenmesi ve ortadan kaldırılması olduğundan, doğal ve yasal olmayan durumların devamı, Osmanlı Devleti'nin merkeziyle Anadolu'yu birbirinden ayırarak birçok korkunç sonuçlar doğuracağından ve Allah korusun devlet merkezinin varlığını tehlikeye düşüreceğinden, ülkenin yer yer işgal altına alınmasıyla sonuçlanacak ve dolayısıyla toprak bütünlüğünü bozacaktır. Bu bakımdan bugünkü hükümet, tarafınızdan el konulan resmi dairelerin boşaltılması ve hükümet işlerinde yaşanan aksaklığın ortadan kaldırılması ve en küçük bir zarardan bile dokunulmazlığı olan hükümet otoritesine saygı gösterilmesi ve yabancılarla siyasi ilişkilere girişilmemesi ve milletvekili seçimlerinde halkın özgürlüğüne kesinlikle dokunulmaması konularının tarafınızdan garanti edilmesini istiyor.

Saygıdeğer efendiler, dikkat buyurulursa, bu telgrafta ne adres vardır ve ne de imza... Gerçi, sadaret makamından yazıldığı anlaşılıyordu. Fakat diğer bir şey daha anlaşılıyordu ki, bu satırları yazan kişi veya kişiler bir defa, Temsil Heyeti'ni tanımak ve onunla imzalı olarak resmi haberleşmede ve görüş alışverişinde bulunmak istemiyordu.

Bir de bizim kongrelerde aldığımız kararları ve kendilerine önerdiğimiz üç noktanın dikkate alınmasını, yeni hükümetin sadrazamı ve bakanları doğal buluyorlar. Bu kararların ve ilkelerin sağlanmasına zaten çalışmakta olduklarını söylüyorlar.

Ancak, "hükümetin hareket rehberi kanun hükümleridir. Görevi, aykırı durumları önlemek ve ortadan kaldırmaktır" girişinden sonra, bizim durum ve eylemlerimizin olağandışı ve yasadışı olduğunu ima ederek, bunun devam etmesi durumunda, İstanbul'la Anadolu'nun birbirinden ayrılmasıyla sonuçlanacağını ve bundan doğacak tehlikeleri sayıyor ve sonunda baklayı ağzından çıkarıyor. Tarafınızdan el konulan resmi dairelerin boşaltılması ve hükümet işlerinde yaşanan aksaklığın ortadan kaldırılması ve hükümet gücüne saygı gösterilmesi ve yabancılarla siyasi ilişkilere girişilmemesi ve milletvekili seçimlerinde halkın özgürlüğüne kesinlikle dokunulmamasının tarafımızdan garanti edilmesini isteyerek, bizim varlığımızı ve eylemlerimizi etkisiz bırakmak amacında olduğunu anlatmış bulunuyor.

Efendiler, belki unuturum, ayrıntıya girişmeden önce söylemeliyim ki, tarafımızdan işgal edilmiş resmi daireler yoktu. Yalnız Sivas valiliği, Temsil Heyeti'ni okullar tatil olduğu için lisede misafir etmişti. Söz konusu edilmek istenilen resmi daire bu olacaktı. Yeni hükümet her türlü eylemine başlangıç olmak üzere Temsil Heyeti'ni buradan kovarak, gücünü ve onurunu herkesin gözünde kırmak istiyordu.

Efendiler, kimden kime yazıldığı açık olmayan bu telgraf üzerine, Sivas telgraf merkeziyle İstanbul telgraf merkezi arasında aynen şu haberleşme yapıldı.

Olağanüstü

İstanbul Merkez Müdürlüğü'ne

Sadaret merkezinden yazılan telgraf, başlığı ve imzası olmadığı için Anadolu ve Rumeli Müdafaa-i Hukuk Cemiyeti Temsil Heyeti tarafından kabul edilmedi. Telgraf kopyası merkezimizde tutulmaktadır. Gerekenlere bilgi verilmesi rica olunur.

İmza
Kongre Merkezi

"– Bize, üzerinde 'Sadrazam Paşa Hazretleri'nin yanıtıdır' başlığıyla Âmetçi Bey[2] verdi ve kopyası telgrafhanededir. Siz Paşa Hazretleri'ne böyle veriniz.

– Temsil Heyeti'ne denilmemekte ve kimden olduğu bilinmemektedir. Dolayısıyla başlık ve imza olmadığı için kabul etmiyorlar.

– O halde şimdi dağıldı. Bakanlar Kurulu'nda bu konuda bir şey yazarlarsa elbette durum açıklık kazanır, efendim.

– Bu yanıtı verdikleri zaman dağıldılar. Artık bize bir şey gelmez. Fakat Sadrazam Paşa evinden belki yazar. Bizim bu merkezin işi meclis dağılınca son bulur, kapanır azizim.

– Siz, dediğimizi Âmetçi Bey'e söyleyin.

---

2 Hükümetle saray arasındaki haberleşmeyi sağlayan dairenin başkanı (y.n.)

– Âmetçi Bey de gitti. Yalnızım.
– Telefonla söyleyiniz.
– Bizde şehir telefonu yok. Bununla beraber, siz telgrafı öylece saklayın da sabahleyin resmen bir şey yazdıralım, efendim.
– Sadrazam Paşa'ya telefon edin.
– Kardeşim, Sadrazam Paşa'ya anlatamayız ki..."

Olağanüstü — Babıâli, 4.10.1919

Sivas Kongre Merkezi Müdürlüğü'ne

Erenköy'de oturan Sadrazam Paşa Hazretleri telefondan arandığı ve saat yirmi biri yirmi beş geçtiği halde bulunamadı. Yapılan haberleşme zorunlu olarak yarın sunulacaktır, efendim.

Babıâli Müdürü
Hüseyin Hüsnü

Olağanüstü — 4.10.1919

Kongre Merkezi'ne

İlgi: Babıâli Müdürlüğü'nden de bildirildiği üzere, şimdi yirmi biri yirmi beş geçeye kadar telefondan arandıkları halde Sadrazam Paşa Hazretleri'nin konaklarından yanıt alınamadı. Biraz sonra yine arayacağım. Yanıt alırsam derhal bildiririm. Alamazsam sabahı beklemek gerekecektir, efendim.

İstanbul Telgraf Müdürü
Tevfik

Efendiler, ertesi günü, yani 5 Ekim 1919 tarihinde, imzasız telgrafın sadrazam tarafından Temsil Heyeti'ne yanıt olarak yazıldığı söylendi. Bunu saptayacak resmi ve imzalı bir bildirim olmamakla beraber, biz böyle küçük bir noktada daha fazla durmayı yararlı ve uygun görmedik. Sadrazam Paşa'ya yanıt yazmayı uygun bulduk. 5 Ekim'de yazdığımız uzun yanıtın temel noktalarını özetleyeyim:

"Önerilerimizin tamamen onaylandığı ve kabul edilmiş olduğu anlaşıldı" dedikten sonra, bizim gerçekleştirmemiz istenen noktalar hakkında açıklama yaptık ve dedik ki: "Yapay ve yasadışı koşulları ortaya çıkaran Ferit Paşa hükümeti idi. Bu konu, Ferit Paşa hükümeti tarafından işlenilmiş olan yasal olmayan iş ve hareketlerin sebeplerinin ve sonuçlarının ortadan kaldırılması için tarafınızdan kesin önlemler alınması durumunda kendiliğinden sona erer."

Mustafa Kemal Paşa askeri birlikleri teftişte. ATASE Arşivi.

"Cemiyetimizin şu anki hükümete söz vermesi ve yardımda bulunabilmesi için önce hükümetin ulusal örgütümüzü iyi karşıladığını açık ve kesin bir dille ifade etmesi gerekir. Aksi durumda, karşılıklı güven ve samimiyet sağlandığı şüpheli kalacak ve karşıt hareket ve girişim ihtimalleri ortaya çıkacaktır."

Ali Rıza Paşa'nın, imzasız telgrafında, "ülkemizde meşrutiyet yönetimi gereğince ulusal egemenliğin geçerli olduğu" noktasına da "gerçekten öyle ise de, bir önceki dağıtılmasından itibaren Mebuslar Meclisi'nin dört ay içinde toplanması Kanun-ı Esasimizin açık hükümlerinden iken, bugüne kadar seçimlerin esas defterleri bile düzenlenmemiştir. Bu hareket, Ferit Paşa hükümetinin açıktan açığa meşrutiyete bir darbesi ve Kanun-ı Esasi'ye kesin bir saldırısı anlamına gelir ve Ceza Kanunu'nun ilgili maddesine göre bir cinayet sayılarak ilgililer hakkında kanun hükümlerinin tamamen uygulanması, ulusal egemenliği kabul edecek ve kanun hükümlerini uygulamayı kendisi için yasal görev sayacak her yasal hükümetin ilk kutsal görevidir" yanıtını verdik. Ondan sonra şu önerileri ileri sürmeye başladık:

1. Ülkede huzur ve güven olduğunu ve ulusal isteklerin tamamıyla haklı ve yasal olduğunu resmi bir bildiri ile duyurarak ulusun genel birliğine hükümetin de katıldığını gösteriniz.

2. Düşmüş hükümetin haince hareketlerine alet olmuş bulunan birtakım üst düzey memurlar vardır. Onları ilgili mahkemeye veriniz. Ulusal savaşa engel olan bazı eski valiler hakkında devlet hizmetinde kullanılmamaları için gerekli

işlemleri yapınız. Ulusal savaşa hizmet ettikleri için görevden alınanların görevlerini geri veriniz.

3. Eski rütbelerin verilmesi Milli Meclis'in onayından geçmeyen ve göreve getirilmelerinin tek sebebi birtakım sakat siyasi fikirler olan emeklileri derhal eski durumlarına döndürünüz. Önemli askeri makamları yetkili ellere veriniz.

4. Eski bakanlardan Ali Kemal ve Adil beylerle Süleyman Şefik Paşa'nın Milli Meclis açıldığında Yüce Divan'a verilmek üzere, hiçbir tarafa kaçmalarına meydan verilmemesini, Posta ve Telgraf Genel Müdürü Refik Halit Bey'in derhal tutuklanarak ilgili mahkemeye verilmesini, kanunun dokunulmazlığı ve ulusal hakların kutsallığı adına isteriz.

5. Ulusal savaşa katılmış veya ulusal savaşı desteklemiş olanlara karşı başlanılmış olan kovuşturma ve baskılara son veriniz.

6. Basını yabancı sansüründen kurtarınız.

İşte efendiler, özet olarak saydığım bu noktalara ait görüş ve önerilerden sonra telgrafımızı şu şekilde bitirdik: "İleri sürülen istek ve önerilere, ulusu tatmin edecek açık ve uygun yanıt verileceği zamana kadar, ulusal hedeflere ulaşmak için ulusça alınmış olan önlemlere eskisi gibi devam etmek zorunda kalınacağını ve bütün iller ve bağımsız sancaklar ile bunlara bağlı yerlerden aldığımız kararlar üzerine tam bir kesinlikle bildiririz.

İmza: Anadolu ve Rumeli Müdafaa-i Hukuk Cemiyeti Temsil Heyeti adına, Mustafa Kemal."

Efendiler, İstanbul'la haberleşme biter bitmez derhal şu genelgeyle ülkeyi durumdan haberdar ettim:

5.10.1919

Genelge

Belediyeye, Basına

Sadrazam Paşa Hazretleri, Erzurum ve Sivas kongrelerindeki esas kararları ve ulusal örgütlerin amaçlarını doğal bulmakla beraber, görüşlerinde açıklanması gereken yönler görüldüğünden, hükümetle ulusun gerçek olarak anlaşmasını sağlamak amacıyla ve bütün merkezlerin görüşlerinin özüne dayanarak verilen yanıt ve öne sürülen öneriler aşağıda aynen duyurularak bildirilir. Gelecek yanıt ve ona göre alınacak kararlar derhal bildirilecektir.

Anadolu ve Rumeli Müdafaa-i Hukuk Cemiyeti
Temsil Heyeti adına
Mustafa Kemal

Yunus Nadi Bey'e arabuluculuk yaptırılıyor

Efendiler, Ali Rıza Paşa hükümetinin iktidar olmasının beşinci gününe geldik. Hâlâ anlaşamıyoruz. Ülkenin, İstanbul'la olan resmi haberleşme ve bağlantıları hâlâ kesik durumdadır. Sadrazam Paşa Hazretleri önerilerimize yanıt vermiyor ve hiçbir zaman vermemiş olduğunu göreceksiniz. Bakanlar Kurulu'ndan hiç kimse bizimle görüşmek istemiyor.

Bugün, yani 6 Ekim 1919 günü, Yunus Nadi Bey arkadaşımız, Savunma bakanı olan Cemal Paşa'yı, daveti üzerine makamında ziyarete gitmiş. Cemal Paşa, Yunus Nadi Bey'e durum hakkında, özellikle hükümetle Temsil Heyeti arasında henüz anlaşma sağlanamadığından söz etmiş ve anlaşıldığına göre, bizi haksız göstermiş ve kendilerinin her şeyi kabul etmeye ve uygulamaya hazır bulunduklarını anlatmış ve kesinlikle anlaşmazlık çıkaran ve bunda ısrar eden tarafın Temsil Heyeti olduğunu söylemiş. Belki de Yunus Nadi Bey'in bizimle kişisel tanışıklığından dolayı tarafları uzlaştırmak için arabuluculuk yapmasını önermiş olacak.

Yunus Nadi Bey, bu arabuluculuk önerisini memnuniyetle kabul etmiş. Yalnız Yunus Nadi Bey'in, Cemal Paşa'nın verdiği bilgileri esas ve gerçek kabul ettiği ve durumu ona göre değerlendirdiği, şimdi söz edeceğim telgrafından anlaşılmaktaydı.

Yunus Nadi Bey'le telgraf başında yapılan bu haberleşmemiz, yeni hükümet ile bizi, görünüşte olsun uzlaşmaya götürmesi bakımından önemlidir. Bu sebeple izin verirseniz biraz açıklayacağım.

Savunma bakanının beni telgraf başına davet ettiğini haber verdiler. Zaten kaldığımız yerde bulunan makinenin başına gittim.

İstanbul – "Harbiye Telgrafhanesi, Yunus Nadi Bey yüce şahsınızla görüşmek istiyor, efendim," denildikten sonra, "Harbiye Telgrafhanesi'nde makine başında hazırım!" dendi. "Hazır olan kimdir?" dedim.

Telgrafçı – "Yunus Nadi Bey ve yanında bakanın yaveri Cevat Rifat Bey vardır, efendim. Bakanı istediler mi, yoksa...." açıklamasında bulundu.

– "Kendileriyle şimdi görüşürüz. Yalnız, beni telgrafa davet ettikleri zaman 'Bakan istiyor' demişlerdi. Davet eden bakan mıdır, yoksa siz misiniz?"

Yunus Nadi Bey – "Sayın bakanın izniyle ve yaveri aracılığıyla Bakanlık merkezinden sizi aradık. Bundan yanlış anlaşılmıştır, efendim" dedi.

Ben – "Teşekkür ederim. Buyurun!" dedim.

Bunun üzerine Yunus Nadi Bey'in sözleri alınmaya başlandı. Yunus Nadi Bey düşüncelerine şöyle bir giriş yaptı: "Ulusal iradenin, ulusun egemenliğini etkili kılmasının hayırlı sonucu olarak meydana gelen değişiklik üzerine burada kurulan hükümetle ulusal örgüt arasında uyumlu bir birlik ortaya çıkmasının gecikmeyeceğini düşünmüştüm. Araştırmam sonucunda henüz bir iki noktada anlaşmazlık bulunduğunu anladım. Bu uyumun sağlanmasında geç kalınması, içerde ve dışarda iyi olmayacağı için, bazı isteklerde bulunmayı görev saydım."

Ondan sonra, şimdi özetleyeceğim noktalara ait bilgi ve düşüncelerini birinci konu olarak bildirdiler.

1. Ferit Paşa hükümetinde bulunmuş olan bazı kişilerin bu hükümete katıldıklarından dolayı kötü gözle görülmelerine yer olmadığını ve Abuk Paşa'nın Ferit Paşa hükümetinin düşürülmesinde rol oynadığını;

2. Rıza Paşa hükümetinin, bir geçiş dönemi hükümeti olduğunu, hayatının milletvekili seçimleri sonuçlanana kadar devam edebileceğini;

3. Şu anki hükümetin ulusal emel ve isteklerin hepsini iyi karşılamak ve iyi sonuçlanmasına da çalışmak konusunda en ufak kuşkuya yer vermemekte olduğunu bildirdiler ve;

4. Özellikle Cemal ve Abuk paşalar gibi kişilerin, hükümette ulusal örgütün birer temsilcisi ve kefili gibi kabul edilmelerinde kararsızlığa yer yoktur, kararını verdiler.

İkinci konu olarak da, Yunus Nadi Bey, kişilerle ilgili kısma değindi. Bunda tamamen bizimle aynı duygularda olmakla beraber, "biraz ılımlılık tavsiyesinde bulunmaya cesaret edeceğim" dedi ve görüşünü, ulusal başarının oluşturduğu iyi etkilerin bazı kişilerce intikamcılıkla yorumlanarak lekelenmekten korunmuş bulundurulmasının önemli olduğu şeklinde açıkladı.

Yunus Nadi Bey, "Şimdiki hükümet ileri gelenleriyle yaptığım ilişkilerden ulusal örgütün isteklerinin tamamen yerine getirilmesine kararlı oldukları anlaşılıyor" dedikten sonra şu bilgileri verdi:

"Savunma Bakanı Cemal Paşa, bugün yayımlanacak bildiride bu yönün zaten yeteri kadar açıklanmış olduğunu ve ancak bildiri resmi hükümet diliyle yazıldığına göre, her yön dikkate alınarak, yer verilmiş göstermelik birkaç kelimeye önem verilmemesi gerektiğini belirtti."

Yunus Nadi Bey, yeni sadrazamın ve hükümetinin –her türlü yanlış anlamayı gidermek için– ulusal örgütün ileri gelenlerinin göstereceği bir heyetle doğrudan doğruya görüşmeleri konusundaki samimi isteğini bildirdikten sonra, bütün fikirlerini şu cümleyle özetledi: "Şu anda benim en çok gerekli saydığım yön, buhranın çözülmemiş olması ve belirsiz bir durumda sürüp gitmesidir."

Yunus Nadi Bey, görüşlerimi beklediğini söylediği için ben de şu yanıtı verdim:

Sivas, 6.10.1919

Yunus Nadi Beyefendi'ye

Temsil Heyeti'nce Sadrazam Paşa Hazretleri'ne yapılan birinci ve ikinci derecedeki önerileri ve heyetimize verdiği yanıtı, özellikle bu yanıtın son bölümlerini gördünüz mü? Yüksek açıklamalarınız ve fikirlerinizden, bu yazıları görmemiş olduğunuzu; önerilerimizin içerik ve samimiyetini tamamen anlamamış olanlar tarafından size anlatılmış olduğunu anlıyoruz. Bu sebeple, esas hakkında burada tartışmada bulunmayı zor görüyoruz. Yalnız kişisel olan yüksek fikirlerinizdeki bazı noktaları aydınlatmak amacıyla, aşağıda sırayla açıklama verilmektedir:

Yeni hükümet ile ulusal örgütümüz arasında uyumlu bir birlik oluşmasının gecikmeyeceğine, biz de inanmaktaydık. Bunun gecikmesi sebebini bizde değil, yeni hükümetin dört günden beri göstermekte olduğu kararsız tutumda aramak gerekir. Yeni hükümet ile aramızda anlaşmazlık olduğunu da yeni hükümet bize bildirmemiştir. Yeni hükümette yerlerinde bırakılan eski bakanların namusları hakkında şüphe etmemekle beraber, eski hükümetin canice hareketlerine bilerek veya bilmeyerek katılmış oldukları, göz önünde tutulacak önemli bir noktadır. Abuk Paşa'nın, hükümetin düşürülmesinde oynadığı rolü bilmiyoruz. Biz, sonucu sağlayan gücü çok iyi biliriz. Bizim amacımız, bu hükümeti, sanıldığı gibi, geçiş dönemi hükümeti gibi kabul etmek değildir. Aksine, ulusun kaderini kararlaştıracak ve barışı yapacak en önemli bir heyet olabilmesini dileriz. Ulusumuzun esas çıkarlarında yabancıların bizce hiç önemi yoktur. Biz, hareket çizgimizi yabancıların dedikodusuna uydurmak zayıflığını kabul etmeyenlerdeniz. İç ve dış durumları bütün açıklığıyla biliyoruz. Attığımız adım rastlantı sonucu değil, derin düşüncelere ve sağlam temellere ve bütün ulusun düzenli örgüte bağlı gerçek kuvvetine; kararlılığına ve iradesine dayanmaktadır. Ulus, egemenliğini tam anlamıyla bütün dünyaya tanıttırmaya kesin karar vermiştir. Bunun için de her yerde, her türlü önlemler alınmıştır. Bugünkü hükümetin ulusal dava ve istekleri iyi karşılamasını ve sonuca ulaştırmaya çalışmasını isteriz. Çünkü başka türlü yönetimi elinde tutamaz. Abuk Paşa'yı bilmiyoruz. Fakat Cemal Paşa'dan ulusal örgütümüzün delegesi olmaktan başka bir şey beklemeyiz. (Efendiler, şunu açıklamalıyım ki, Cemal Paşa bizim delegemiz değildi ve böyle bir konum ve görevin kendisine verilmesinde, bildiğiniz hareketlerinden dolayı uygunluk da yoktu. Ancak Yunus Nadi Bey'in telgrafında Cemal Paşa'nın delege gibi kabul edilmesinde kararsızlığa yer yoktur denilmiş olmasından, bu görevi istediği sanılmış ve bir oldubitti halinde görev kendisine verilmiştir.) Cemal Paşa'nın bakan olur olmaz kendilerinin herkesten önce doğrudan bizimle bağlantı kurup gerçek durumu anlayacağını ve ona göre hükümetle ulusal örgütün görüşlerini birleştirmeye girişeceğini ümit ediyorduk. Oysa henüz böyle bir bağlantı kurmaktan kaçındığı görülüyor. Bizim yeni hükümete karşı yaptığımız önerilerin ve isteklerimizin kişisel ve keyfi olmayıp, bütün iller ve bağımsız sancaklar ile bunlara bağlı yerlerin ve beş kolordu komutanının ve ulusal örgüte sadık üst düzeydeki memurların Temsil Heyetimize bildirdikleri önerilerin, Temsil Heyetimizce hükümeti mümkün olduğu kadar zor duruma sokmamayı göz önüne alarak çıkarılmış olan özetinin özetidir. Bu öneri ve isteklerde düşündüğünüz ve tanımladığınız sakıncalar da yoktur. Hükümetin, Temsil Heyetimizle samimi ve ciddi ilişkide ve fikir alışverişinde bulunması durumunda, istek ve önerilerin hükümetçe uygulanabilecek şekil ve zamanını kararlaştırmakta hiçbir engel yoktur. Yalnız Sadrazam Paşa'nın, Temsil Heyetimize 4 Ekim'de verilen yanıt telgrafındaki son kısımlar dikkat çekicidir. Eğer haklı ulusal amacımızın ve bunun yönetiminde bulunanların yasa ve kanun dışı tanınması anlayışı devam ettirilecekse, hiçbir anlaşma imkânı bulunamayacağına kuşku yoktur. Bugün yayımlanacağını bildirdiğiniz bildiride, ulusal örgüt ve eylemlerimiz hakkında, her ne sebep ve şekilde olursa olsun, eleştirel bir dil kullanılması durumunda ve bu şekilde, göstermelik birkaç sözcükle sınırlı kalsa bile, tarafımızdan, derhal her türlü anlaşma imkânı ortadan kalkmış kabul edilecektir. Zaten İstanbul hükümeti, Temsil Heyeti ile tamamen anlaşmadıkça, bildirisi hiçbir yerden alınmayacaktır. Belki İstanbul'la sınırlı kalabilir.

Temsil Heyetimiz, bütün iller ve bağımsız sancaklar adına bölgelerinde ulusun genel oyuyla seçilmiş temsilcilerden meydana gelen ve Erzurum ve Sivas'ta toplanan genel kongreler tarafından ayrılıp seçilmiş yasal bir ulusal heyettir. Temsil yeteneği ve gücü de çalışmaları ve eylemleriyle ortadadır. Mebuslar Meclisi'nin toplanarak denetime başlayacağı güne kadar, Temsil Heyeti'nin ulus ve ülkenin kaderiyle ilgilenmesi zorunludur. Hükümetin, heyetimizle samimi ilişki ve bağlantısı elbette kendi konum ve gücünü artıracaktır. Ayrı ayrı yönlerde yürünmesi durumunda, ülke ve ulusun çıkarları için sakıncalar doğması doğaldır.

Biz, bugünkü hükümette, özellikle varlıkları ülke ve ulus için yararlı olacağına inandığımız bazı kişilerin, geçmişte olduğu gibi birer birer hükümetten çıkarılması şeklindeki son moda hükümet manevralarıyla karşı karşıya kaldıklarını görmek istemeyiz. (Efendiler, bu dediğimizin olduğunu göreceksiniz.) Sivas'ta toplanmış bulunan Temsil Heyeti, hükümetle bizzat doğrudan doğruya, en içten ilişkiyi kurmaya hazır ve isteklidir. Bu görevi başkalarına vermek yetkisine sahip değildir. Hükümetle tam bir anlaşma sağlanması durumunda, ilişkinin kolaylaştırılması ve güvenilir olabilmesi için başka çareler de düşünülebilir. Kısacası, karışık durumun bir an önce giderilmesi, her şeyden önce hükümetin kendisine sunduğumuz ve önerdiğimiz biçimde bir bildirisinin, göstermelik kelimelerle değil, samimi bir dille yayımlanmasına ve diğer önerilerin iyi karşılanıp yerine getirileceğine dair Sadaret'in isteklerimize doğrudan doğruya yanıt vermesiyle mümkün olacaktır. Yoksa hâlâ Refik Halit Bey tarafından telgraflarımız ve bildirilerimiz kontrol edilip, çalınıp, alıkonulurken, hükümetin samimiyetinden söz edilmesi bize çok tuhaf geliyor.

Hükümet, bu kararsız durumunda birkaç gün daha devam edecek olursa, ulusun gözünde henüz beliremeyen güvenin büsbütün ortadan kalkmasına sebep olacaktır. Her taraftan aldığımız telgraflarda, yeni hükümetin güvenilir olup olmadığına dair sorular sorulmaktadır. Saygılarımı sunarım kardeşim.

Mustafa Kemal

Efendiler, Yunus Nadi Bey, verdiğim bilgi ve açıklamalardan gerçek durumu anladı. Bizimle haberleşmeye devama gerek görmedi. Aksine, yeni hükümeti ve özellikle Cemal Paşa'yı uyarmaya çalışmış... Gerçekten, açıklayacağım üzere, görünüşte olsun, bir anlaşma durumu ortaya çıktı.

Efendiler, 6 Ekim 1919 günü de geçti. Biz, var olan önlemlerin önemle ve dikkatle devam ettirilmesi gereğini bir genelgeyle emrettik.

Cemal Paşa hükümet adına ulusal iradeye aykırı hareketlerden kaçınılacağına söz veriyor

Efendiler, Yunus Nadi Bey'le haberleşmemizin ertesi günü, sonunda, Sadrazam'dan yanıt değil, fakat Cemal Paşa'dan şu telgrafı aldık:

Harbiye'den, 7.10.1919 saat: 12.07

Mustafa Kemal Paşa Hazretleri'ne

Şimdiye kadar olan haberleşmelerin özeti:

1. Hükümet, sizinle fikir birliği içindedir ve ulusal iradenin egemen olmasını kabul eder. Ancak bir intikam hükümeti olmaktan çekinir. Suçluların cezalandırılmasını yasal yollarla yerine getirmeyi de uygun görüyor.

2. Zarara uğramış valilerin uğradıkları haksızlıkları ortadan kaldırmayı ve durumlarını düzeltmeyi, yeterli olanlarını seçerek, özellikle atamayı ve ordunun şeref ve düzenini yeniden sağlamayı tamamen üstlenir.

3. Devlet dışarıya karşı şeref ve onurunu yeniden kazanabilmek için ulusal iradeye ve Temsil Heyeti'ne dayanacaktır.

4. Temsil Heyeti'nin bir delegesi sıfatıyla ve bütün içtenliğim ve saygılı bir duygu ile sunarım ki, Temsil Heyeti'nin hem dışarıya ve hem içeriye karşı egemen oluyor anlamını vermeksizin hükümete yardımcı olarak kalmasını ister ve bu büyük gücün yararının bilincindedir. Her şeyden önce telgrafların karşılıklı olarak ve serbestçe çekilmesini ve yerinde bırakılacak veya yeni atanacak vali ve komutanların hemen hareket edebilmesini, özellikle kabul edilen yeni Milletvekili Seçimi Kanunu'nun dağıtılabilmesini ve duyurulabilmesini çok yararlı görür.

5. Ulusal iradeye aykırı hareketlerden kaçınılacağına söz verirsem, ayrıntılarının şekil ve zamanı kalır ki, bunların çok kolay olacağına güvenim vardır. Vatanın kurtarılmasına yönelik amacın gerçekleşmesine, elbirliğiyle hemen çalışabilmek için, ayrıntı üzerinde ısrar olunmamasını, yüksek şahsınızın yardımlarını bekler, (a m h s n y) çok rica eder ve bütün değerli arkadaşlara da saygılarımı sunarım.

Savunma Bakanı
Cemal

Bu telgrafa hemen, olumlu ve samimi olan şu yanıtımızı verdik:

Şifre Sivas, 7.10.1919

Savunma Bakanı Cemal Paşa Hazretleri'ne

İlgi: Yüce bildiriminize madde madde, sıra ile aşağıdaki yanıt sunulur:

1. Hükümetin bizimle ortaklaşa ve birlikte ulusal iradenin egemenliği ilkesini kabul buyurmasına, ulus adına teşekkür ederiz. Hükümetin, Temsil Heyeti'nin ve bütün ulusal

örgütümüzün intikamcılıkla lekelenmesi, bizce de son derece kaçınılacak ve çekinilecek bir şeydir. Bu noktada ve suçluların kanun yoluyla cezalandırılmaları gereğinde de hükümetle tamamen aynı düşüncedeyiz.

2. İkinci madde içeriğinden dolayı da özellikle teşekkür ederiz. Bundan önce sunulmuş hususlarda, bu noktanın açıklanmasına duyulan gerek şuydu: Ulusal davaya ve mücadeleye karşı durmalarından dolayı, ulus tarafından kabul edilmeyen bazı vali ve komutanlar, şekle uyma düşüncesiyle, geçici bir süre içinde olsa, görevlerine geri gönderilmeleri durumunda, orada kabul edilmelerine imkân görülmediğinden, hükümetin otoritesine karşı saygısızlık olabilir endişesiydi.

3. Üçüncü madde, özellikle teşekküre değer. İnşallah birlik ve beraberlikle vatan ve ulusumuzun mutluluk ve kurtuluşunu sağlayabiliriz.

4. Büyük bir içtenlik ve inançla birdiririz ki, hükümetin gösterdiği ciddiyet ve samimiyete karşılık, Temsil Heyeti, ne içeriye ve ne dışarıya karşı, hiçbir zaman egemen durumuna gelmeyecek, aksine birlikte kabul edilen esaslar çerçevesinde, hükümetin güç ve otoritesini artırıp sağlamlaştırmayı vatan ve ulusun kurtuluşu için görev sayacaktır. Bu konuda kesinlikle kuşku ve kararsızlığa düşülmemesini bildirir ve rica ederiz. Özellikle yüce şahsınızın, tüzüğümüzün sekizinci maddesi gereğince, doğrudan doğruya Temsil Heyetimiz üyesi sıfatıyla hükümette delege olarak bulunmaları, iki tarafın da uygulama ve kararlarında uyumun sağlanmasına güvence olacağı için memnunluk vericidir.

Artık hükümet ile ulusal örgütümüz arasında, her noktada uzlaşma ve görüş birliği olduğu ortaya çıktığına göre, haberleşmelere konulan kısıtlamaların kaldırılması doğaldır. Ancak Temsil Heyeti, bütün Anadolu ve Rumeli'deki örgüt merkezleriyle bağlantıyı korumak zorunda olduğundan, özel olarak yapılmakta olan telgraf haberleşmelerimizin eskisi gibi devamına izin verilmesini özellikle istirham ederiz. Burada şunu da belirtelim ki, hükümet, emirlerini iletmeye başladığı dakikada hiçbir tarafta herhangi bir engelle karşılaşmaması ve bu şekilde en ufak otoritesinin kırılmaması gerekli bulunduğundan, bunun sağlanması için Temsil Heyeti tarafından gerekenlere gerektiği gibi bildirimde bulunulabilmek amacıyla kırk sekiz saat kadar zaman bırakılmasını rica ederiz. Temsil Heyeti tarafından yapılacak bildirimlere esas olmak, ulusa güven vermek üzere yayımlanmasını rica ettiğimiz hükümet bildirilerinin, gizli olarak yayımlanmadan önce bir kopyasının heyetimize gönderilmesini özellikle istirham ederiz. Çünkü bu bildiride, bir kelimenin bile ulusça yanlış anlamaların sürmesine sebep olabileceğini ve Temsil Heyeti'ni de ulusa karşı çok zor bir durumda bırakılabileceğini büyük bir içtenlikle sunarız.

Temsil Heyeti tarafından padişaha sunulacak bir teşekkür yazısı ile ulusa yapılacak bildirimi kopyasını gerekli yerlere göndermeden önce size şimdi sunacağız ve bunların içeriğine dair hükümetin düşünceleri olursa saygıyla dikkate alınacaktır.

Yeni Milletvekili Seçimi Kanunu hakkındaki fikirlerimizi sonradan bildirmek üzere, söz konusu kanunun hangi bakış açısından yapılmış olduğunu lütfen bildirmenizi rica ederiz.

5. Temel noktalarda tam bir anlaşma oluştuktan sonra, sizinle değerli arkadaşlarınızın samimiyetlerinden kuşku duyulamayacağından, ayrıntılar hakkında kendiliğinden görüş birliğine varılabileceği doğaldır. Benim ve bütün çalışma arkadaşlarımın en büyük

saygı ve içtenliğimizle yüce şahsınızın ve içinde bulunduğunuz hükümetin başarılı olmasına ve bu sayede vatanın kurtarılmasına yönelik amacın bir an önce gerçekleşmesine bütün varlığımızla çalışacağımıza güvenmenizi bildirir ve burada bulunan bütün arkadaşlarımın selam ve saygılarını sunarım.

Mustafa Kemal

Cemal Paşa bu telgrafımıza o gece yanıt verdi. Bunda "bildirinin hızla yayımlanmasına zorunluluk oluştuğunu ve fakat gerekli noktalara dikkat olunduğunu" bildiriyordu. Biz de aynı gece nezaket gereği yanıt verdik.

Fakat efendiler, hükümetin, bildirisini yayımlamadan önce bize göstermek istemediği anlaşılınca, biz de ulusa olan bildirimizi onlara danışmadan yayımladık ve padişaha olan telgrafı da aynı şekilde çektik.

Efendiler, 7 Ekim 1919 tarihli olan bildirimiz, ulusu, izlenen yolun doğru ve başarılı olduğu, ulusal birliği koruyarak, bugüne kadar olduğu gibi devam edilmesi konusunda, dolayısıyla aydınlatmaya, uyarmaya ve manevi gücü artırmaya yardımcı olmak amaçlarını içermekteydi.

Padişaha yazılan telgraf da ulus adına teşekkürü içeriyordu.

Efendiler, yeri gelmişken küçük bir bilgi vereceğim. Heyetimiz, bütün ülkede, ortak ulusal isteğin gereğini yaptırtmaya çalıştığı sırada, işgal altında bulunan İzmir'e de doğrudan doğruya bildirimde bulunuyordu. Ali Rıza Paşa hükümetiyle anlaşmakta olduğumuz 7 Ekim 1919 tarihinde, İzmir'e de şu telgrafı çekiyorduk:

Aceledir

Sivas, 7 Ekim 1919

İzmir Valiliği Yüksek Katına

Şimdiye kadar, yapılan bildirim ve yazılarımızın ulaşıp gereklerinin yapılmakta olup olmadığının, ulaşmamış ise, engelleyici sebeplerin süratle bildirilmesi rica olunur.

Anadolu ve Rumeli Müdafaa-i Hukuk Cemiyeti
Temsil Heyeti adına
Mustafa Kemal

İzmir'in ve İzmir valisinin ne durum ve şartlarda olduğunu, kuşkusuz biz de biliyorduk. Bildirimlerimizi alıp alamayacağı şüpheli olmakla beraber, uygulayamayacağı ortadaydı. Fakat biz, bütün ülkenin kaderiyle uğraşan ve işgali tanımayan bir kuvvet merkezinin olduğunu düşmanlarımıza da bildirmekte fayda görüyorduk.

Kâzım Karabekir Paşa'nın benim hükümet işlerine karışmam hakkındaki düşüncesi

Efendiler, içinde bulunduğumuz günlere ait konulara ve olaylara değinmişken, burada küçük bir noktayı daha açıklamama izninizi rica edeceğim.

8 Ekim 1919 tarihli olup Kâzım Karabekir Paşa'dan gelen bir telgrafta, şöyle bir görüş ileri sürülüyordu:

"Temsil Heyeti'nden yüksek şahsınız ile Rauf Beyefendi'nin ve bu gibi önemli kişilerin, milletvekili olduktan sonra da hiçbir şekilde hükümete karışmayarak daima Milli Meclis'teki grubun başında daima söz sahibi bulunulmasını, hükümetin şekli ve kuruluş biçimi, üyelerinin değeri ve kişiliği ne olursa olsun, daima Milli Meclis içinde etkin ve denetleyici olarak kalınmasını, başarının en önemli şartı ve uygulanmasını zorunlu bir karar sayarım."

"Bir davanın ve bir grubun en yüksek ve güçlü, tanınmış kişileri, kendi yetki çerçevesinden çıkıp da hükümet işine karışınca, Milli Meclis daima zayıf kalmış ve birçok akımlar karşısında ya sürüklenmiş veya parçalanmıştır."

"Vatan ve ulusun tam kurtuluşunun şiddetle söz konusu olduğu bu dönemde, size sunduğum bu hususlar üzerinde, kesin bir karara varmanızı derin bir saygıyla istirham ederim."

Efendiler, gerçekten, Erzurum'da bulunduğum zamanlarda, Kâzım Karabekir Paşa, yüzüme karşı da buna benzer fikirler ileri sürmüştü. Benim de ortaya koyduğum fikirler şöyleydi: "Her şeyden önce, ülkede, ulusun varlık ve iradesini ortaya çıkarmak ve bunu sarsılmaz bir biçimde, Milli Meclis'te temsil etmek gerekir. Bu da ülkede ulusal bir ülkü çevresinde, güçlü bir örgüt kurmak ve bu örgüte dayanan, Meclis'te bir grup bulundurmakla mümkündür. En etkili kişilerin amacı bu olmalıdır. Oysa, şimdiye kadar görüldüğüne göre, asıl olan bu yöne önem verilmeksizin, az çok kendinde yeterlilik görenler, hemen hükümete geçmek isteğine, hırsına kapılıyorlar. Bu gibi insanların kurduğu hükümetlerin dayanağı olarak, Meclis'te ulusal örgüte bağlı, kuvvetli bir grup olamayınca, yalnız saltanat ve hilafet makamı kalıyor. Bu yüzden, ulusal meclisler, ulusal şeref ve gücü temsil edemiyor, ulusal istek ortaya konamıyor ve gerekleri yerine getirilmiyor. Dolayısıyla bizim için ilk ve en esaslı ilke, önce ülkede ulusal örgütü oluşturmak, sonra da bu örgütten güç alan bir grubun başında Meclis'te çalışmak olmalıdır. Hükümet kurmaya veya kurulacak herhangi bir hükümete girmeye kalkışmakta fayda yoktur. Çünkü bu yapıda bir hükümet, vatana ve ulusa hiçbir esaslı hizmet yapamadan, hemen düşmeye ya da padişaha dayanarak Meclis'e karşı ve dolayısıyla ulusa karşı konuma gelmeye zorunlu olacaktır. Böyle olunca da, birincisinde kararlı davranamama gibi büyük bir sakınca sürüp gidecek, ikincisinde de ulusal egemenliğin giderek yok sayılmasına hizmet edilmiş olacaktır." Nitekim, sizin de iyice bildiğiniz ve eylemli olarak da gerçekleştiği üzere, biz önce ülkede ulusal örgüt kurduk; sonra

Meclis'i topladık. Önce Meclis hükümeti kurduk; ondan sonra da cumhuriyet hükümetini oluşturduk.

Bundan başka, yeri geldikçe, hükümete girilmeyeceği ve yüksek makam ve görevler kabul edilmeyeceği hakkında ve temelde büyük ve ulusal istekten başka hiçbir amaç izlemediğimize ve en büyük çalışmamızın Kuva-yı Milliye'nin şimdiye kadar olduğu gibi bundan sonra da denge unsuru olmasına çalışmak olduğuna dair ulusa karşı bildirim ve duyurularımız olmuştu. Kâzım Karabekir Paşa, telgrafında, Erzurum'daki düşüncelerimi ve bu bakış açısına bağlı bildirimlerimizi hatırlatarak, beğenilerini belirttikten sonra "fakat, bu güzel azim ve kararın, şimdiye kadar, bizde görülmüş deneyimler ve sonuçlarına göre, daha kapsamlı olmasını da düşündüğümü özellikle sunarım" diyorlardı.

Efendiler, Kâzım Karabekir Paşa'nın bu düşünce ve önerisi, telgrafının sonunda söylediği gibi vatan ve ulusun kurtuluşu söz konusu olduğu bir dönemde ve benim açıkladığım üzere, henüz ülkede hiçbir örgüt ve meclis yokken ve Meclis toplandığı zaman da Meclis'te böyle bir örgüte ve ulusal güce güvenen ülkü sahibi bir grup varlık gösterememişken, her ne şekilde olursa olsun, hükümet kurmak veya kurulacak hükümete girmeyi istemek elbette doğru olamazdı. Bu hareketi, ülke ve ulus çıkarlarına hizmet etmek isteğinden çok, kişisel hırs ve çıkar veya hiç olmazsa bilgisizlikle açıklamak, bence asla yanlış olmaz.

Ancak, efendiler, Karabekir Paşa'nın dediği gibi, hükümetin şekli ve bileşimi, kişilerin değer ve kimliği ne olursa olsun, Meclis'te şekillenmiş siyasi bir grubun en etkili yüksek üyelerinin daima Meclis içinde söz sahibi ve denetimci kalması, en önemli bir başarı olgusu ve uygulanması zorunlu bir karar sayılamaz.

Gerçekten de ulusal egemenlik temeli üzerinde yönetilen uygar devletlerde, kabul edilmiş ve yürürlükte bulunan ilke, ulusun genel isteklerini en yüksek düzeyde temsil eden ve bu isteklerle ilgili çıkarları ve gerekleri en yüksek güçle ve yetkiyle yapabilecek siyasal grubun, devlet işlerinin yönetimini üstlenmesi ve bunun sorumluluğunu en yüksek liderinin omzuna yüklemesi ilkesinden meydana gelmektedir.

Zaten bu şartları taşımayan bir hükümet görev yapamaz. Hükümetin güçlü grup üyeleri arasından ve fakat birinci derecede olmayanlarından zayıf bir hükümet yapmak ve onu partinin birinci liderlerinin emir ve öğütleriyle yürütmeye kalkışmak fikri, tabii ki doğru değildir. Bunun korkunç sonuçları özellikle Osmanlı Devleti'nin son günlerinde görülmüştür.

İttihat ve Terakki liderlerinin elinde oyuncak olan sadrazamlardan ve onların hükümetlerinden ulusa gelen zararlar sayılamayacak kadar çok değil midir?

Meclis'te egemen olan partinin, hükümet kurma işini, azınlıkta bulunan bir partiye bırakması ise asla söz konusu olamaz.

Kural ve yöntemlere göre ulusun çoğunluğunu temsil eden ve programı belli olan parti, hükümeti kurma sorumluluğunu üzerine alır ve kendi amaç ve ilkelerini ülkede uygular.

Kâzım Karabekir Paşa'nın kendisi de hükümet işlerine karışmak istiyor

Zaten herkesin bildiği ve o yolda hareket edilen bir gerçeği burada açıklamaktan amacım, yurtseverlik, yüksek ahlak, olgunluk ve buna benzer birtakım üstün nitelikler gereği gibi gösterilmek istenilen boş sözlere karşı, ulusun ve gelecek kuşağın dikkatini çekmek ve uyarmaktır. Bu düşüncelerime sebep olmuş olan Kâzım Karabekir Paşa'nın da bu noktada, genel olarak benimle aynı düşünce ve görüşte bulunduğuna asla kuşkum yoktur. Çünkü Kâzım Karabekir Paşa'nın amacı, elbette yalnız benim veya Temsil Heyeti'nde bulunan bazı arkadaşların hükümet kurmamasını veya hükümete girmemesini hedeflemek değildi. Kâzım Karabekir Paşa, bu konuyla ilgili telgrafında, Rauf Bey'in ve benim adımı anarken "bu gibi yüksek etkili kişiler" demiş olduğuna ve kendisini aynı nitelikte gördüğü doğal olduğuna göre, kuşkusuz, kendilerinin de ilkelerinin dışında kalmaması açıktı. Oysa Kâzım Karabekir Paşa, yanlış hatırlamıyorsam, milletvekili olarak Meclis'te çalıştığı sırada, bir durumun gereği olarak, yeni bir bakanlar kurulu kurulması söz konusu oldu. Ben, bu konuda görüşmek üzere, Fethi Bey, Fevzi Paşa, Fuat Paşa, Kâzım Paşa, Ali Bey, Celal Bey, İhsan Bey ve Bakanlar Kurulu'ndaki arkadaşları, diğer on, on beş arkadaşı ve bu arada Kâzım Karabekir Paşa'yı yanıma, Çankaya'ya davet etmiştim. Kâzım Karabekir Paşa, yanıma gelmeden önce, o tarihte Parti genel sekreteri olan Recep Bey'in Meclis'te yanına giderek, kendisini davet ettiğimi ve büyük olasılıkla hükümet başkanlığını teklif edeceğimi söyledikten sonra, şimdiden, kendisinin durum hakkında aydınlanmasına yardım edecek bilgiler varsa bildirmesini söylemiştir.

Kâzım Paşa'nın, Çankaya'da, toplantı ve görüşme sırasındaki tavrı da orada bulunanlar tarafından anlamlı görüldü. Kâzım Karabekir Paşa, görüşme sırasında "bu yolla da ulusa hizmetten çekinmediğini" pek haklı ve uygun olarak anlatmıştı. Görüşmeler bir noktaya saplandı: Hükümet başkanı Fethi Bey mi, Karabekir Paşa mı olsun? Bu nokta üzerinde görüşülürken, Kâzım Karabekir Paşa, bana 8 Ekim 1919 tarihinde önerdiği gibi, "Bakanlar Kurulu'nun şekli ve oluşumu, üyelerinin değeri ve kimliği ne olursa olsun, daima Milli Meclis içinde, söz sahibi ve denetleyici kalmayı, uygulanması zorunlu bir karar saydığını" söylemedi. Tam tersine, durumu, hükümet kurmak için yetki verilmesini ister nitelikte görülüyordu. Oysa, henüz vatan ve ulusun tam kurtuluşunun söz konusu olduğu dönemin korkunç ve karanlık bir aşamasını daha yaşıyorduk.

Görüşmeyi sonuçlandırmadım. Ara verdiğim bir sırada Fevzi Paşa Hazretleri'ni bahçeye götürdüm. Kendisinden, Fethi Bey ve Kâzım Karabekir paşalardan birini hükümet başkanlığına seçmek için hakem olmasını rica ettim. Fakat, ikisini aynı zamanda çağırıp, "konunun, kişisel ve basit bir konu olmadığını, sorumluluğun vatanla ilgili ve büyük olduğunu açıkladıktan sonra, açıktan açığa, kendilerine, hangisinin daha iyi yapabileceğini vicdanlarına danışarak, kendilerinin söylemelerini isteyecekti."

Tekrar toplandık. Hükümeti ya Fethi Bey ya da Karabekir Paşa kuracaktır. Görüşmelerin sonucundan bunu anlıyorum. Konunun çözümlenmesinde Fevzi Paşa Hazretleri'ni karar vermesi için yetkili kılalım, dedim. Kabul olundu. Mareşal, Fethi Bey'i ve Karabekir Paşa'yı aldı. Bahçeye çıktılar. Açıkladığım gibi hareket edilmiş. Fethi Bey, ben daha iyi yaparım demiş. Mareşal de bu düşüncede bulunmuş ve Fethi Bey seçilmiştir. Böylece Karabekir Paşa'nın hükümet kurmakla görevlendirilmesine aracı olma fırsatı ortadan kalkmış bulundu.

Padişah köleliğiyle elde edilen iktidar makamı, iktidarsızlık örneğidir

Efendiler, Ali Rıza Paşa hükümetiyle başladığımız yere gelelim:

Sunmuştum ki, hükümet bize, bildirisini, yayımlanmasından önce vermediği için, biz de ulusa olan bildirimizi hükümetin görüşünü almaya gerek görmeden yayımlamıştık.

Bunun üzerine, hükümet, Cemal Paşa aracılığıyla daha dört maddenin çeşitli yollarla yayımlanmasını gerekli görmekte olduğunu, 9 Ekim'de bildirdi. Bu maddeler şunlardı:

1. İttihatçılıkla bir ilişkinin bulunmadığı,

2. Osmanlı Devleti'nin Dünya Savaşı'na karışmasının doğru olmadığı ve bunun gerçekleşmesine sebep olanlara karşı adları belirtilerek bazı yayınlar yapılması ve haklarında yasal soruşturma açılarak cezalandırılmaları,

3. Savaş sırasında her türlü cinayeti işleyenlerin yasal cezadan kurtulamayacakları,

4. Seçimlerin serbest olarak yapılacağı.

Cemal Paşa, bu maddeleri saydıktan sonra, bunların açıklanmasının ve yayımlanmasının, içerde ve dışarda birtakım yanlış anlamaların önüne geçeceğinden söz ederek, ülkenin yüksek çıkarları gereği, özellikle iyi karşılanmasını rica ediyordu.

Efendiler, Ali Rıza Paşa hükümetinin ne kadar zayıf ve cılız düşündüğünü ve gerçeği görmekteki yetersizliğini anlamak için, bu maddeler hemen hemen bir ölçüdür. Devletin, içine düştüğü yıkılış ve çöküş uçurumunun derinliğini ve dehşetini göremeyen zavallılar, doğal olarak ciddi ve gerçek çözüm yolunu görmemek için gözlerini yumarlar. Çünkü, o ciddi ve gerçek çare, kendilerini daha çok korkutur.

Akıl ve anlayışlarındaki sınırlılık, karakter ve ahlaklarındaki zayıflık ve yozlaşma gereği böyledirler.

Çoktan, köle olduğuna kuşku kalmamış olması lazım gelen padişah ve halifenin köleliği ile kazanılabilecek iktidar makamının iktidarsızlığa örnek olması doğal değil miydi?

Ferit Paşa'nın yerine geçen Ali Rıza Paşa ve önceki hükümetten kalan ve yeni çalışma arkadaşları, Ferit Paşa'nın bıraktığı noktadan başlayarak, onun sonuçlandırmayı başaramadığı, düşman isteklerini izlemeye ve sonuçlandırmaya çalışmaktan başka zaten ne yapabilecekti?

Bu, bizim tarafımızdan açıkça biliniyordu. Fakat, önceden bilinebilecek ve gerekliliği anlaşılabilecek birçok sebeplerden ve düşüncelerden dolayı, dayanmak ve sabırlı olmaktan başka başarı çaresi yoktu.

Efendiler, uzlaşmış görünmeyi uygun bulduğumuz bu yeni hükümet ile bizim görüşlerimiz arasındaki anlaşmazlığın beliren ilk evrelerini görmek için, bu dört maddeyle ilgili düşüncemizi içeren yanıtımızı, Büyük Millet Meclisi tutanaklarının ilk günlerine ait sayfalarında lütfen bir defa daha gözden geçirirsiniz.

Efendiler, bugünlerde İstanbul'daki basın çalışanları bir cemiyet kurmuşlar ve *Tasvir-i Efkâr*, *Vakit*, *Akşam*, *Türk Dünyası* ve *İstiklâl* gazeteleri adına, 9 Ekim'de bazı sorular soruyorlar ve yayına temel olacak görüşlerimizi almak istiyorlardı. Bunlara, gereken açıklamalar yapıldı ve bilgiler verildi.

Bu basın kurulunun başkanı olan Velit Bey'in de kendi gazetesi adına ilginç soruları içeren bir telgrafı vardı. Ona da yaverim aracılığıyla yanıt verdirdim. Bunları belgeler arasında okuyacaksınız.

Damat Şerif Paşa ulusu zehirliyor

Efendiler, yeni Bakanlar Kurulu'nda yer alan ve Temsil Heyetimiz delegesi sıfatına sahip bulunan Cemal Paşa'yla yaptığımız ve yapmakta olduğumuz haberleşmelerimiz, yüce topluluğunuza, İçişleri Bakanlığı'nı elinde tutan Damat Mehmet Şerif Paşa'dan söz etmeyi geciktirdi.

Biz, yeni hükümetle uzlaşma yolu ararken, Şerif Paşa çoktan ulusu zehirlemeye başlamış bulunuyordu.

Bakanlığa geçtiğini ilk bildiren 2 Ekim tarihli genelgesinin içeriği hatırlanırsa, orada şu cümlelerle karşılaşılır:

"Vatandaşların tam bir dayanışma ve birlik halinde olması devletin gerçek çıkarları gereği olduğu halde, bir süredir ülke içinde bozgunculuk ve bölücülük işaretleri görülmesi, güçlüklerin bir kat daha artmasına sebep olması nedeniyle pek çok üzüntü vericidir."

"...... Başarı ...... hükümetin fikirlerine uymakla, ülke çıkarlarına zararlı hareketlerden kaçınmakla kazanılacağından, hemen merkeze ve bağlı yerlere bu yolda tavsiyelerde bulununuz."

Efendiler, Damat Ferit Paşa'dan daha akıllı olduğu söylenen Damat Şerif Paşa, pek acemice işe başlamış oluyor. O tarihlerde İstanbul'da bizi, asi, dikbaşlı bir "simple soldat [basit asker]" olarak gören bazı romancılar gibi, Damat Paşa da bizi, ancak ahmakları aldatabilecek kendi kısa aklınca, umursamaz ve anlayışsız sanıyordu galiba!..

Oysa biz, hemen İçişleri bakanının alçakça amacını anlamış ve daha uyanık bir durum almış bulunuyorduk. Şerif Paşa, bizim yaptığımız işleri ve davranışlarımızı ve Ferit Paşa hükümetini düşürmek için ulus olarak uygulanan işleri, ülkede bozgunculuk ve bölücülük işaretleri olarak nitelendiriyor ve çok fazla üzülüyor.

Hükümetin isteklerine uymak ve zararlı hareketlerden kaçınmak görüşünü hemen bütün ülkeye yaymak için acele ediyor.

Bir de efendiler, hükümetin, İçişleri Bakanı Mehmet Şerif imzasıyla yayımlanan bildirisinin birkaç noktasına hep birlikte göz gezdirelim.

"Bugünkü hükümet bir uyum içindedir." Çok doğrudur. Bu durum bütünüyle açığa çıkacaktır.

"Asıl konularda fikir birliği içindedir. Hiçbir partiye bağlı değildir. Çeşitli siyasi grupların hiçbirine de eğilimi yoktur. Hepsinden manevi destek bekliyor."

Bu cümlelerden çıkan anlam açıktır. Hükümet, ulusal örgüt ve onu yöneten Temsil Heyeti ile beraber değildir. Hatta ona karşı bir eğilimi de yoktur. Hürriyet ve İtilaf Fırkası'ndan, [İngiliz] Muhipler Cemiyeti'nden, Kızıl Hançercilerden, [Askeri] Nigehbancılardan ve mevcut diğer cemiyetlerden ne kadar destek bekliyorsa, bizden de ancak o kadar... Cemal Paşa aracılığıyla bizi oyalamaya ve aldatmaya yönelik telgrafların içeriği hep yalandır.

Sonra efendiler, şu cümleyi okuyalım: "Ülkenin geleceğinin ulusun milletvekilleri tarafından belirlenmesi başlıca isteğimizdir."

Bundan çıkan anlam da şudur: Sivas'ta birkaç kişi toplanmış, ulus adına söz söylüyor, ulusun geleceğiyle ilgileniyor. Temsil Heyeti diye bir de ad takınarak ulusun ve ülkenin –görevleri olmadığı halde– işlerine karışıyorlar. Bunların sözünü dinlemeyiniz. Çünkü bunlar ulus adına yetkili değildir!

Hükümet, bu bildiride, barış hakkındaki görüşünü de açıklıyor: "Wilson ilkelerinden tam anlamıyla yararlanılarak, Osmanlı Devleti'nin bir bütün halinde ve padişahın etrafında toplanmış bağımsız bir devlet olarak yaşamasını sağlayıcı hiçbir girişimden kaçınılmayacaktır."

Yeni hükümet, bu görüşlerinde başarılı olacaklarını göstermek için şu düşünceyi ortaya koyuyor: "Zaten büyük devletlerin adalet duyguları ve gerçekten gittikçe açıklık kazanmakta olan Avrupa ve Amerika kamuoyunun ölçülü davranışları da bu konuda güven vermektedir."

Efendiler, bütün bu düşünceler, Ferit Paşa hükümetinin padişahın ağzından yayımladığı bildiri içeriğinin harfi harfine aynısı değil midir?

Bu tür bildiriler yayımlamaktan amaç, ulusu aldatmak ve tembelliğe sürüklemek değil midir?

Hangi adaletten söz ediliyor? Hangi ölçülü davranıştan konuşuluyor? Bunların gerçeklikleri var mıydı? Ülkenin, hükümet merkezinden başlayarak yabancılarca her yerde yapılagelenler, gerçekte bunun tersini kanıtlayacak eylemli ve apaçık deliller değil miydi?

Gerçekte Wilson, ilkeleriyle birlikte sahneden çekilmiş ve Osmanlı topraklarının Suriye'de, Filistin'de, Irak'ta, İzmir'de, Adana'da ve her yerde işgaline seyirci bulunmuyor muydu?

Bu kadar, kesin yok oluş belirtileri karşısında, aklı, anlayışı, vicdanı olan adamların, kendilerini aldatmalarına olasılık verilir mi? Bu gibi adamlar, gerçekten kendilerini aldatacak kadar akılsız olurlarsa, onların ülkenin geleceğini yönetmelerine, aklı erenler, korkunç gerçeği görenler dayanabilirler mi? Eğer bu adamlar gerçeği biliyorlar ve kendilerini aldatmıyorlarsa, ulusu aldatarak koyun sürüsü halinde düşmanın pençesine bırakmak için canla başla çalışmalarına ne anlam verilebilir?

Bu yönlerin düşünülmesiyle verilecek kararı kamuoyuna bırakırım.

Tek kusurumuz

Efendiler, hükümetin bildirisinin anlamsızlığına ve içinde yer alan düşüncelerin sakatlığına rağmen, biz Temsil Heyeti adına, aynı tarihte, 7 Ekim günü, yeni hükümeti desteklemeye karar veriyoruz. Yeni hükümet ile ulusal istekler arasında tam bir uzlaşma olduğunu ulusa müjdeliyoruz ve her tarafta hükümet işlerine kesinlikle karışılmamasını sağlıyoruz ve hükümetin gücünü ve çalışmalarını destekleyecek önlemler alıyoruz. İçerde ve dışarda tam birlik olduğunu, yaptıklarımızla kanıtlayacak şekilde hareket ediyoruz. Özetle, ülkenin bağımsızlığının sağlanmasını iyi niyet ve içtenlikle düşünenlerin, akıl ve vicdan gereği yapmak zorunda oldukları –akla gelebilen– her şeyi yapmaya çalışıyoruz. Bir an önce milletvekillerinin seçilmesini sağlamak için teşvik ve tavsiyelerde bulunuyoruz. Yalnız bir şey yapmıyoruz. Ulusal örgütü dağıtmıyoruz ve Temsil Heyeti'ni kapatmıyoruz. Tek suçumuz budur.

Damat Ferit Paşa'dan sonra, diğer bir damat paşanın etrafında, sadrazam diye, bakan diye toplanmış birtakım beyinsizleri, alçak bir padişahın alçakça düşüncelerinin kolaylıkla uygulanmasında rahat bırakmayacağımızı anlamalarını sağlıyoruz.

Delegemiz Cemal Paşa, bizim, hükümet hakkında iyi düşünce ve güvenimizi sağlamak için her yola başvurmaktan kaçınmıyor, Ahmet İzzet Paşa'ya da hükümeti temize çıkarttırarak varlığımızın ortadan kalkması gerekliliği üzerine öğütler verdiriyordu.

Ahmet İzzet Paşa'nın öğütleri

Gerçekten, Ahmet İzzet Paşa'nın şifre içinde kalan imzasıyla, Savunma Bakanı Cemal Paşa'dan 7/8 Ekim 1919 tarihli şöyle bir telgraf almıştık:

Savunma Bakanlığı'ndan, 7/8 Ekim 1919

Mustafa Kemal Paşa Hazretleri'ne

Yeni hükümette çoğunlukla var olan eski ve yakın arkadaşlarımı görmeye giderek olayları soruşturmuş ve fikir alışverişinde bulunmuştum. Öğrendiğim bazı durumlar üzerine, ulusun ve ülkenin yaşamsal çıkarlarını düşünerek ve aramızda kurulu olan dostluk bağlarına ve asker kardeşliğine güvenerek, aşağıdaki düşünceleri hemen bildiriyorum:

Birkaç aydan beri ülkenin içine düştüğü istila ve yok olma tehlikesinin önüne geçilebilmek konusunda, şimdiye kadar Kuva-yı Milliye ve ulusal mücadelenin yararlı etkileri herkes tarafından kabul edilmiştir.

Yalnız, bu hizmetin sonuçlarını almanın, bundan sonra bilgi ve görüş sahibi yasal bir yönetimin kurulmasına bağlı olduğu da gerçeği görenlerce doğrulanmaktadır. Artık hükümet ve ulusun ikilikten kurtularak tam bir birlik göstermesine, düşünceme göre acil ve zorunlu ihtiyaç vardır. Hükümeti oluşturan kişilerin iyi niyetlerine ve uyumlu düşüncelerine herkesin güvendiğine inanıyorum. Hiçbir hükümetin görevinin sürmesine olanak bırakmayacak bir iç durum ve halin, dış siyaset üzerine olabilecek uğursuz etkileri açıklanmaya gerek göstermez. Bir an önce milletvekillerinin seçilmesi ve Meclis'in toplanması için, İstanbul'daki hükümet tarafından hızlı önlemler alınmaktadır. Vatanın kurtarılması uğrunda gösterdikleri kahramanca kararlılık ve niyetlerinin, hükümetin üyelerince nasıl karşılanacağı, bugünkü bildiriden anlaşılacağı için iyi niyetle görüş birliğinin oluşacağına inancım tamdır.

Ancak, bu sabah yanıma gelen, olayları bilen ve güvenilir bir kişi, Kütahya ve Bilecik taraflarında hoşa gitmeyen bazı durumların ortaya çıktığından söz etmiştir. Bizi, karmaşa ve anlaşmazlığa sürüklemek için içerden ve dışardan birçok özendirme ve kışkırtmaların olacağının bilinmesi ve kabul edilmesi doğaldır. Diğer taraftan, dün bakanlardan birinin gösterdiği Kastamonu vali vekilinden gelen bir telgrafla da bazı memurların atanması ve cezalandırılması gibi konularda İstanbul hükümetine adeta emir verilmek isteniliyordu. Bu gibi durumlar, devleti bu dereceye getirmiş olan ve tarafınızdan da ne kadar reddedildiği bildirilerde ve ant belgelerinde memnuniyetle görülen kötü yönetimi olduğu gibi taklit etmek demek olacağından, bu gibi adamlara hareket ve çalışma fırsatı verilmemesini, herkesçe bilinen uyanıklığınızdan ve anlayışınızdan beklerim. Özetle, artık ülkede birliğin sağlanmasını ve temel yasalar çerçevesinde hükümetle bağ kurulmasını büyük bir içtenlikle tavsiye eder ve rica ederim *(Ahmet İzzet)*.

Savunma Bakanı
Cemal

Bu telgrafa, mümkün olduğu kadar hiçbir kişisel düşünce ve duygu belirtmemeye çalışarak, yumuşak ve hatta güven verici bir yanıt vermek uygun görüldü. Yanıt şudur:

Şifre

Sivas, 7/8 Ekim 1919

Savunma Bakanı Cemal Paşa Hazretleri'ne

İlgi: 7/8.10.1919
"Ahmet İzzet Paşa Hazretleri'ne"

Yüksek düşünceleriniz gereken önemle dikkate alındı. Ulusal mücadelenin etkileri hakkındaki olumlu anlayışa teşekkür olunur. Bugüne kadar olduğu gibi, bundan sonra da ulusal hizmetlerin olgunlukla sürdürüleceğine, yasal bir yönetimin tam olarak kurulmasına bütün varlığımızla çalışılacağına inanılmasını rica ederim. Çünkü çalışma amacımız yasal bir dönemin açılmasını hedeflemektedir. Çok şükür hükümet ile ulus, tam bir görüş birliği sağlamış olduklarından, bundan böyle de devam edeceğine inandığımız karşılıklı içtenlik ve olgunluk derecesine ulaşan birlik, kendini ulus ve ülkenin çıkarlarını garanti edecek şekilde görülecektir.

Yanlış uygulamaları ve siyaseti herkes tarafından bilinen Ferit Paşa hükümetine ulusun boyun eğmemesi, isteklerine ve hareketlerine katılmaması, dış siyasetimiz üzerinde hiçbir kötü etki bırakmayıp, tam tersine, Ferit Paşa hükümetinin sebep olduğu bütün kötü etkileri ortadan kaldırarak şükranla karşıladığımız bugünkü elverişli siyasal durumumuzu sağlamıştır.

Ulusun güvenini kazanmış olan bugünkü hükümetle birlik sağlamış olmanın, içteki durumumuzu, dış siyaset üzerinde çok yararlı ve etkili kılacağına kuşku yoktur. Olağanüstü koşullarda, bazı yerlerde istenmeyen bazı olayların ortaya çıkması, kaçınılamaz, zorunlu ve olağan durumlardandır. Özellikle Kütahya, Bilecik ve Eskişehir gibi yerlerdeki suçsuz ve haksızlığa uğramış halkın altında bulunduğu baskı ve kötülükler, lütfen ve insaflı olarak düşünülürse, şikâyet nedeni olarak görülen olayların ne kadar haklı olduğu, en küçük bir değerlendirmeyle kesin olarak anlaşılır. Buralardaki acıklı ve üzücü durumun da nedeninin eski hükümetin uyuşuk davranması olduğu düşünülünce, bu olaylardan ulusal mücadeleyi sorumlu tutmaya kalkışmanın haksızlık olduğu inancındayım. Kastamonu vali vekilinin tarafınızdan sözü edilen telgrafından dolayı kendisini bağışlamanızı rica edeceğim. Çünkü bu şekilde başvurular yalnız Kastamonu'dan değil, daha bazı yerlerden de yapılmıştır. Yeni hükümetin kararsız gibi görünen baştaki davranışı bir iki gün daha devam etseydi, bu çeşit başvurular ülkenin her köşesinden yağacaktı. Bundan böyle bu gibi durumlara kesinlikle meydan verilmemesi için gereken her türlü önlemler alınacak ve gerekli etkiler yapılacak ve yüksek tavsiyeleriniz gereğince, tam birliğin sağlanması ve temel yasalar çerçevesinde hükümetle yakın ilişkilerin kurulması için tam bir içtenlikle çalışılacaktır. Saygıyla ellerinizden öperim, efendim.

Mustafa Kemal

Ali Rıza Paşa cumhuriyet yapılacağını anlıyor

Efendiler, Ahmet İzzet Paşa'nın yazdığı öğüt mektubunun ve verdiğimiz yanıtın gözden geçirilmesi bir anımı canlandırdı. Ulus tarafından bilinmesi ve tarihe geçmesi için onu da söylemiş olayım:

Ali Rıza Paşa, bir gün Ahmet İzzet Paşa'yı ziyaret eder. Konuşma sırasında, aleyhimde birtakım uygunsuz sözler söyler ve bu sözlere önemli bir buluşunu da ekler: "Cumhuriyet yapacaklar, cumhuriyet!" diye bağırır. Doğrusunu isterseniz efendiler, Makedonya'da Osmanlı İmparatorluğu'nun Batı Orduları Başkomutanı Ali Rıza Paşa'nın, aslanlardan oluşan koskoca Türk ordularını dağıtıp yok ettirdikten ve kıymetli Makedonya topraklarını, düşmanlara bırakıp verdikten sonra, devletin en zor anında, Vahdettin'in isteklerini yerine getirmek için gereken nitelikleri kazanmış olduğuna ve bu ünlü ordular başkomutanının, bu defa kendine en yetenekli yardımcı olarak eski kurmay başkanını Savunma Bakanlığı'na getirmeyi düşüneceğine, olağan gözüyle bakılabilirdi. Fakat ulusal mücadelenin cumhuriyeti hedeflediğini bu kadar çabuk ve kolaylıkla anlayıp kavramasını takdir etmemek mümkün değildir.

Efendiler, bana bu bilgiyi veren, hikâyeyi doğrudan doğruya İzzet Paşa'nın ağzından duyan, çok saygıdeğer ve şu an aramızda bulunan çok değerli bir arkadaştır.

Salih Paşa, Temsil Heyeti ile görüşmek için geliyor

Efendiler, Cemal Paşa, 9 Ekim 1919 tarihli bir şifreyle Temsil Heyeti ile yakından görüşmek üzere, Donanma Bakanı Salih Paşa'nın yola çıkmasının uygun görüldüğünü bildirdi. Fakat, Salih Paşa biraz rahatsız olduğu için görüşme yerinin olabildiği kadar yakın olması ve İstanbul'dan denizyoluyla hareket etmesinin uygun olacağı açıklandıktan sonra, Temsil Heyeti'nden kimlerle ve nerede görüşmelerinin düşünüldüğünü sordu.

10 Ekim'de verdiğimiz yanıtta, görüşme yeri olarak Amasya'yı belirledik. Görüşmek üzere, Temsil Heyeti'nden benimle beraber Rauf ve Bekir Sami beyler gidecekti. Bunu da bildirdik. Salih Paşa'nın İstanbul'dan hangi gün yola çıkacağının ve Amasya'ya hangi gün ulaşabileceğinin günü ve saatiyle bildirilmesini rica ettik.

Efendiler, ülkenin her tarafında, ulusal örgütlenmenin genişletilmesi ve sağlamlaştırılması çalışmalarına devam ediyorduk. Aynı zamanda milletvekili seçimlerinin yapılmasını sağlamaya ve hızlandırmaya çalışıyorduk. Bu konudaki görüşlerimizi de gerekli kişilere bildiriyor, bazı kişileri de tavsiye ediyorduk. Ancak Cemiyet adına aday göstermemeyi ilke kabul etmekle birlikte, milletvekili olmak girişiminde bulunanların, Anadolu ve Rumeli Müdafaa-i Hukuk Cemiyeti ilkelerine ve kararlarına sahip çıkmış kişilerden olmasını yürekten istiyor ve bu gibi kişilerin, Cemiyet adına adaylıklarını kendiliklerinden koymaları gereğini de duyuruyorduk.

11 Ekim 1919 tarihinde, bu anlattığım konularla ilgili, yeniden bazı emirler verdik.

Ulusal davaya hizmet eden memurların birer sebep uydurulup başka bir göreve atanmaları ve yerlerinin değiştirilmeleri, ulusal davaya karşı olmalarından dolayı, ulus tarafından kovulan memurların memuriyetlerinin korunmasına devam edilmesi nedeniyle, bazı yerlerden, yeni hükümetle uzlaşmamızın anlaşılamadığı şeklinde eleştiriler gelmeye başladı. Bu hususu, 11 Ekim'de Cemal Paşa'ya yazarak, hükümetin dikkatini çekmek istedik.

Askeri Nigehban Cemiyeti

Bir de efendiler, bildiğiniz gibi, İstanbul'da *Askeri Nigehban Cemiyeti* diye bir bozguncu topluluğu ortaya çıkmıştı. O zamanki bilgilere göre bu topluluğun başında bulunanlar, Kiraz Hamdi Paşa, hırsızlıktan dolayı ordudan kovulmuş

Kurmay Albay Refik Bey, eski Halaskâr Grubu'ndan Binbaşı Kemal Bey, Bandırma eski sevkiyat başkanı topçu binbaşılarından Hakkı Efendi ve henüz bu Cemiyet'le bağını koparıp koparmadığı bilinmeyen ve ordudan atılmış kurmay binbaşılarından Nevres Bey gibi çeşitli suçları nedeniyle ordudan atılmış veya emekli edilmiş kimseler ile ahlaksızlıklarıyla tanınmış az sayıdaki kişilerden oluşmaktaydı.

İşte bu Cemiyet, *İkdam* gazetesinin 23 Eylül 1919 tarih ve 8123 numaralı sayısında bir bildiri yayımlamıştı. Cemiyet, bu bildirisiyle, kendilerine vatan ve ulusun bekçisi süsünü vermek istiyordu. Cevat Paşa'nın Savunma Bakanlığı zamanında, bu Cemiyet hakkında soruşturmaya başlanılmıştı. Değişikliklerden dolayı arkası kesildi.

Böyle bir Cemiyet'in varlığı ve çalışmaları ordu mensuplarının sinirlerini geriyordu. Temsil Heyeti'ne başvurular başlamıştı.

12 Ekim 1919 tarihinde, Savunma Bakanı Cemal Paşa'dan, kendi başarısı bakımından, bu bozguncu kaynağının kökünden sökülüp atılmasını ve üyelerinin şiddetle cezalandırılmalarını ve bu konudaki işlemlerin orduya bildirilmesini rica ettim.

Cemal Paşa'dan 14 Ekim'de aldığım "bu, kesin olarak kararlaştırılmıştır" şeklindeki kısa ve net telgrafı, 15 Ekim'de bütün orduya özel olarak duyurdum.

Fakat, Cemal Paşa'nın bu kesin kararının hiçbir zaman uygulandığını hatırlayamıyorum.

İşgali, kınamaya değer bulmayan bir siyaset

Efendiler, hatırlarsınız, İngilizler, Merzifon'u ve ardından Samsun'u boşaltmışlardı.

Bu nedenle ve Ferit Paşa hükümetinin düşmesi üzerine, Sivas halkı fener alayı düzenledi, gösterilerde bulundu. Birtakım konuşmalar yapıldı. Bu sırada halk da "Kahrolsun işgal" diye bağırdılar. Sivas'ta yayımlanan *İrade-i Milliye* gazetesi, bu olayı olduğu gibi yazdı. İçişleri Bakanı Damat Şerif Paşa, bu gazetenin haberlerine dayanarak, Sivas iline yaptığı bir bildirimde "'Kahrolsun işgal' şeklindeki yazılar, hükümetin bugünkü siyasetine uygun değildir" diyordu.

Bu ne demektir, efendiler? Hükümet, işgali suç saymayan bir siyaset mi izliyordu? Yoksa, "kahrolsun işgal" denildikçe, ülkenin daha fazla işgaline mi neden olunacaktı? İşgal ve saldırı karşısında, ulusun sessizlik ve durgunluğunu koruması, işgalden etkilenmemiş görünmemesi mi akla ve siyasete uygundu?

Böyle sakat ve hayvanca bir düşünce, çöküş ve yok oluş uçurumuna kadar tekmelenmiş bir devleti kurtarabilecek siyasete temel olabilir miydi?

İşte bu nedenle, 13 Ekim 1919'da Savunma Bakanı Cemal Paşa'ya yazdığım bir telgrafta, "Vatanın bir bölümünün boşaltıldığını gören ulusun, bu şekilde, hatta daha açık olarak duygularını dışa vurmasını pek uygun ve yerinde gördüğümüzü" ve "ulusun gerçek duygularına dayanarak hükümetin bu haksız işgalleri, siyasi bir dille resmen reddetmesini ve ateşkes hükümlerine aykırı olarak bugüne kadar yapılmış müdahaleleri protesto ederek, yapılanların düzeltilmesini isteyeceğini beklemekteyiz" dedikten sonra, "bu fırsatla hükümetin izlediği siyasette Temsil Heyeti'nin henüz bilmediği yönler varsa aydınlatılmasını" rica ettim.

Delegemiz ve Savunma Bakanı Cemal Paşa'nın yanıtı çok ilginçtir. 18 Ekim 1919 tarihli olan bu yanıtta, şu cümlelerin içerdiği anlamlar dikkate değer: "Ulusal dava çerçevesinde işleri yürütme sorumluluğunu üzerine alan İstanbul hükümeti, tutumunda ve çalışmalarında siyasi zorunlulukları kollamak, yabancılara karşı daha konuksever ve ılımlı hareket etmek zorunda"dır.

Süngülerini ulusun kalbine saplayan yabancıları konuk sayan bir Savunma bakanı

Efendiler, Rıza Paşa hükümeti ve o hükümette Savunma bakanı olan kişi, sevgili vatanımızı ele geçiren, süngülerini ulusun kalbine saplayan yabancıları konuk kabul ediyor ve onlara konuksever ve ılımlı davranmakta zorunluluk görüyor! Bu ne düşüncedir, bu ne kafadır? Ulusal dava bu mudur?

Savunma bakanı, "Özellikle ulusal girişimlerin yanlış yorumlanmasına dair çalışmaların henüz azalmadığı şu zamanlarda işaret ettiğim ölçülü davranışların yersiz olmadığı kabul edilir" inancında olduğunu söyleyerek, ulusal girişimlerin zarar vermiş olduğunu anlatmaya ve bu nedenle ortaya çıkan kötü durumu düzeltmek için önlemlerinin yersiz olmadığını bize de kabul ettirmek becerikliliğini göstermeye çalışıyor.

Savunma bakanı, telgrafını şu cümleyle tamamlıyor: "Yetkinliğini yaptıklarıyla kanıtlamış olan soylu ulusun güvenini kazanmış bulunan bugünkü hükümetin, çalışmalarında serbest kaldıkça dışarıya karşı sözünü daha fazla dinletebileceği açık bir gerçek olduğuna göre, saygıdeğer Temsil Heyeti'nden hükümetin çalışmalarını daha çok desteklemelerini rica ederim."

Efendiler, Cemal Paşa, gerçekten önemli noktalara değiniyor: İlk olarak, ulusun yetkinliğini kanıtladığını söyleyerek, bizim, ulus adına yol göstermemize ve uyarmamıza ihtiyaç olmadığını dolaylı olarak hissettiriyor ve bizi ulus gözünde gereksiz birtakım müdahaleciler olarak görüyor. İkincisi, bizim, hükümeti serbest bırakmadığımızı ve bu nedenle dışarıya karşı sözünü dinletmeye engel oluşturduğumuzu söylüyor.

Efendiler, yüce ulusumuzun yetkinliğini kanıtlayan eserler, Erzurum, Sivas kongreleri ve bu kongrelerde aldığı kararlar ve bu kararların uygulanmasına çalışmak sebebiyle birlik ve dayanışma sağlamaya başlaması ve Sivas Kongresi'ni yapanları ortadan kaldırmaya kalkışan Ferit Paşa hükümetini düşürmek gibi işler, davranışlar ve uyanıklıktı.

Bu kadarla yetinmek, bütün bu hareket ve çalışmalarda olduğu gibi, bundan sonra da ulusa yol göstermek vicdani görevinden vazgeçerek hükümeti serbest bırakabilmek, ancak bir şartla mümkün olabilirdi. O da serbest kalmaya layık olduğu anlaşılacak, Millet Meclisi'ne dayanan ulusal bir hükümetin, ülke ve ulusun geleceğini gereği gibi üstlendiğine inanmaktı. Ulusun "Kahrolsun işgal" şeklindeki şikâyet çığlığını boğmaya çalışan, duygu ve anlayıştan yoksun hayvanca insanlardan kurulu, ve içinde kötü niyetliler bulunan bir topluluğun, ahmakça, bilgisizce ve miskince hareketlerinin seyircisi kalmak, akıllı, anlayışlı ve yurtsever olanlardan beklenebilir miydi?!

Bir de efendiler, Cemal Paşa "Ulusun güvenini kazanmış bulunan bugünkü hükümet" sözüyle çok büyük ve açık bir yalan söylüyordu. Ulusun hükümete güveni henüz gerçekleşmemişti. Bu söz ancak ve hiç olmazsa, hükümet Millet Meclisi önünde güvenoyu aldıktan sonra söylenebilirdi. Oysa henüz Millet Meclisi'nin üyeleri bile seçilmiş değildi.

Savunma bakanı bu sözü söylediği dakikada, yalnız bir kişinin güvenini kazanmış bulunuyorlardı. O kişi de devlet başkanlığını kirletmekte bulunan hain Vahdettin'di.

Temsil Heyeti'nin kendileriyle uzlaşmayı gerekli görmüş olmasını, ulus adına güven kazanmak gibi kabul etmek istiyordu. Eğer amaçları buysa, ulusun kendilerine güven aracı olan bu heyeti aradan çıkarma gereğine ihtiyaç nedendi?

Ulusal örgüt genişliyor ve kuvvetleniyor

Efendiler, Ferit Paşa hükümetinin düşmesi, ülkede kararsız görünen bazı yerlerin de duyguları ve maneviyatı üzerinde iyi etki yaptı. Her tarafta, üst düzeydeki sivil memurlar ve askerler başta olmak üzere, örgütlenmeye hız verildi.

Ali Fuat Paşa, Batı illerinin hemen hepsiyle ilgilendi. Kendisi, Eskişehir, Bilecik ve daha sonra Bursa yörelerinde dolaşarak ve gerekli kişilerle haberleşerek çalışıyordu.

Balıkesir'de bulunan Albay Kâzım Bey (Meclis Başkanı Kâzım Paşa) o yörede ulusal örgüt ve askeri düzenle ilgileniyor ve uğraşıyordu.

Bursa'da Albay Bekir Sami Bey, 8 Ekim'de Ferit Paşa'nın adamı olan valiyi İstanbul'a göndererek, Kongre kararlarını uygulatmaya başlatmış ve bir merkez heyet oluşturmuştu.

Ulusal örgütle uğraşıldığı kadar, milletvekili seçimleriyle de büyük bir ilgiyle uğraşılıyordu.

Ülkedeki bütün ulusal örgütlerin aynı ad altında Temsil Heyeti'ne bağlılığı ilkesi izleniyordu. Eskişehir, Kütahya, Afyonkarahisar yöresinde örgütün sağlamlaştırılması, Aydın, Konya, Bursa, Balıkesir bölgelerinin bağlantısının kolaylaştırılması için önlemler alınıyordu. Batı cepheleri hakkında Savunma Bakanlığı aydınlatılmaya ve hükümet tarafından ne gibi çalışmalar ve düzenlemeler düşünüldüğü de sorularak, hükümetin ilgisi çekilmeye çalışılıyordu.

Efeler tarafından yönetilen Aydın Cephesi kısımlarına bir komutan göndermek konusu düşünülmeye başlandı. 14 Ekim'de işgal altındaki yerlerde gizli ulusal örgütler kurulması için Fuat Paşa'ya ve Afyonkarahisar'daki 23. Tümen Komutanı Ömer Lütfi Bey'e yazıldı. Bununla birlikte, bu tarihlerde henüz bazı yerlerde amacın tamamen anlaşılamadığı görülüyordu. Örneğin, Redd-i İlhak heyetlerinin kendi adlarına bildirimler yayınladıkları oluyordu. 10 Ekim 1919 tarihinde, Redd-i İlhak Cemiyeti Başkanı imzasıyla gönderilen bir yazıda, Ekim'in 20'sinde büyük bir kongrenin toplanacağı ve bu kongreye iki delege gönderilmesi illerden isteniyor ve birtakım önlemler alınması bildiriliyordu.

Diğer taraftan, Karakol Cemiyeti'nin de, İstanbul'dan başka, Bursa yöresinde de çalışmalarda bulunduğu anlaşıldı.

Bu karışıklığın önüne geçmek için gereken önlemler alındı. Özellikle Ali Fuat Paşa'ya, Balıkesir'de Kâzım Paşa'ya, Bursa'da Bekir Sami Bey'e, Bursa Merkez Heyeti'ne gerektiği gibi yazıldı.

Hürriyet ve İtilaf Cemiyeti de düşmanlarla beraber Anadolu'da karşı örgütlenme yapmak üzere yetmiş beş kişi kadar göndermiş. Bu haber alındı. Kolorduların dikkati çekildi.

İstanbul'da gizli çalışmaya karar verildi. Trakya'ya örgütün genişletilmesi için Cafer Tayyar Bey aracılığıyla talimat verildi.

Mebuslar Meclisi'nin toplanacağı yer

Efendiler, bir yandan milletvekillerinin seçilmesine çalışırken, bir yandan da Mebuslar Meclisi'nin nerede toplanabileceği düşüncesi kafamızı kurcalıyordu. Hatırlayacaksınız ki Erzurum'dan, Refet Paşa'nın bu sorunla ilgili bir telgrafına yanıt verirken "Meclis toplanmalı, fakat İstanbul'da değil, Anadolu'da" demiştim. Gerçekten, ben, Meclis'in İstanbul'da toplanması kadar akıl dışı ve amaçsız bir davranış düşünemiyordum. Ancak, bu konuda yetkili olanları ve kamuoyunu bu gerçeğe inandırmadıkça, düşüncemizin gerçekleşmesi mümkün değildi. İstanbul'da toplanmanın sakıncalarını olduğu gibi açıkça ortaya koymak gerekiyordu. Bu amaçla, ulusal davayı Rumlara ve yabancılara, Hıristiyan karşıtı gibi göstermek için, Ali Kemal ve Mehmet Ali beylerin gayretleriyle, Ermeni Patrikhanesi'nde yapılan toplantılar ve Hürriyet ve İtilaf Fırkası'nın girişimleri üzerine, Savunma bakanı aracılığıyla İstanbul hükümetinin dikkatini çektik.

13 Ekim 1919 tarihinde, Mebuslar Meclisi'nin açılışından sonra, Müdafaa-i Hukuk Cemiyeti'nin nasıl bir siyasi tavır alması gerektiği fikrinde bulunduğunu, Cemal Paşa aracılığıyla hükümetten sorarken, Mebuslar Meclisi'nin İstanbul'da toplanmasından ne gibi siyasal güvence elde edileceğinin düşünüldüğünü de sorduk. Aynı tarihte, Mebuslar Meclisi'nin İstanbul'da güvenliğinin sağlanması

için, ne gibi güvenlik ve savunma önlemlerinin düşünüldüğünü ve ne yapılmak gerektiğini, İstanbul'da örgütümüzün merkez heyetinde bulunan ve Çanakkale Müstahkem Mevki komutanı olan Albay Şevket Bey'den sorduk.

Amasya görüşmesi

Efendiler, hatırınızdadır ki, Donanma Bakanı Salih Paşa ile Amasya'da bir görüşme kararlaştırılmıştı. Bakan ile hükümetin dış siyaseti, iç yönetimi ve ordunun geleceğine ilişkin konular üzerinde görüşülme olasılığı vardı. Bu sebeple önce kolordu komutanlarının düşünce ve görüşlerini bilmek, bence pek yararlıydı.

14 Ekim 1919 tarihli şifremde, kolordu komutanlarının bu üç noktaya ilişkin düşüncelerini rica ettim. Komutanların raporlarını belgeler arasında okursunuz.

Salih Paşa, 15 Ekim'de İstanbul'dan yola çıktı. Biz de 16 Ekim'de Sivas'tan yola çıktık. 18 Ekim'de Amasya'ya ulaştık.

Salih Paşa'ya, uğrayacağı iskelelerde ulusal örgüt tarafından parlak karşılamalar yapılması ve tarafımızdan "hoş geldiniz" denilmesi hakkında emir verilmişti.

Biz de kendisini Amasya'da, çok büyük gösterilerle karşıladık.

Salih Paşa ile Amasya'da 20 Ekim'de başlayan görüşmelerimiz 22 Ekim'de son buldu. Üç gün devam eden görüşmeler sonucunda, ikişer kopya olmak üzere beş tane protokol düzenlendi. Bu beş protokolden üçü –Salih Paşa'da kalanlar bizim tarafımızdan ve bizde kalanlar Salih Paşa tarafından– imzalandı. İki protokol gizli sayılarak imzalanmadı.

Amasya görüşmesi sonucu olan kararlar kolordulara da bildirildi.

Efendiler, bu fırsatla bir noktayı belirtmek isterim. Bizce, esas alınan husus ulusal örgütün ve Temsil Heyeti'nin İstanbul hükümeti tarafından resmi olarak tanınmış bir siyasi varlık olduğunun, görüşmelerimizin resmi nitelik taşıdığının ve sonuçlarına mutlaka uyulması gerektiğinin iki tarafca resmen taahhüt edildiğini onaylatmaktı.

Bu sebeple, görüşmelerin sonuçlarına ilişkin tutanakların protokol olduğunu kabul ettirmek ve İstanbul hükümetinin delegesi olan Donanma bakanına imzalatmak önemliydi.

21 Ekim 1919 tarihli protokol içeriği, denilebilir ki bütünüyle Salih Paşa'nın önerileri olup, kabulünde sakınca görülmeyen birtakım maddelerden meydana gelmektedir.

22 Ekim 1919 tarihli ikinci protokol, uzun süren bir görüşme ve tartışma tutanağının özetidir.

Bu görüşmede, iki tarafın halifelik ve padişahlık makamı hakkında karşılıklı güvencesine ilişkin ayrıntılı bir girişten sonra, Sivas Kongresi'nin 11 Eylül 1919 tarihli bildiri maddelerinin görüşülmesine başlandı.

1. Bildirinin birinci maddesinde, düşünülen ve kabul edilen sınırın, en alt düzeyde bir istek olmak üzere elde edilmesinin sağlanması gereği ortaklaşa kabul edildi.

Kürtlerin bağımsızlığı görüntüsü altında yapılmakta olan bozgunculuğun önüne geçmek konusu uygun görüldü. Yabancı işgali altında bulunan bölgelerden Kilikya'yı, Arabistan ile Türkiye arasında bir tampon devlet kurmak amacıyla anavatandan ayırmak isteğinde bulunulduğu söz konusu edildi. Anadolu'nun en yoğun Türk çevresi, en verimli ve zengin bir bölgesi olan bu toprakların hiçbir şekilde ayrılmasına izin verilmeyeceği, Aydın ilinin de aynı kesinlikle (ve öncelikli olarak) vatanın ayrılmaz bir parçası olduğu ilkesi genel olarak kabul edildi.

Trakya konusuna gelince: Burada da görünüşte bağımsız bir hükümet ve gerçekte bir sömürge kurulması ve bu durumda Doğu Trakya'dan da Midye-Enez hattına kadar olan bölgeyi bizden ayırmak isteğinde bulunulmak olasılığı göz önünde tutuldu. Fakat Edirne'nin ve Meriç sınırının, bağımsız bir İslam hükümetinin egemenliği altına sokulmak için de olsa, hiçbir şekilde bırakılmasına izin verilmemesi ilkesi ortaklaşa kabul edildi. Bununla birlikte, bütün bu madde içeriği hakkında Meclis'in vereceği en son karara doğal olarak uyulacaktır, dendi.

2. Bildirinin dördüncü maddesinde Müslüman olmayan topluluklara siyasi egemenlik ve toplumsal dengemizi bozacak nitelikte ayrıcalıklar verilmesinin kabul edilmeyeceğine ilişkin paragraf, önemli bir şekilde görüşüldü. Bu koşulun, bağımsızlığımızı gerçekten sağlamak için, elde edilmesi kaçınılmaz bir istek niteliğinde kabul edilmesi ve bundan yapılacak en ufak bir özverinin bağımsızlığımıza kuvvetli bir şekilde zarar vereceği belirtildi. Bu maddede söz konusu olan ve Hıristiyan topluluklara fazla ayrıcalıklar verilmemesine yönelik olan amaç, elde edilmesi gerekli bir hedef olarak kabul edilmiştir. Bununla birlikte, gerek bu konuda ve gerek yaşam hakkımızın savunulması konusundaki diğer isteklerimize ilişkin maddelerde –birinci maddenin sonunda olduğu gibi burada da– Milli Meclis'in görüş ve kararına uyulacağı koşulu konuldu.

3. Bildirinin yedinci maddesine göre, bağımsızlığımız tamamen saklı kalmak şartıyla teknik, endüstriyel ve ekonomik ihtiyaçlarımızın nasıl karşılanacağı konusu tartışıldı. Ülkemize pek çok sermaye getirecek olan bir devlet olursa, bunun mali işlerimiz üzerinde gerektirebileceği bir denetim hakkının kapsamı kestirilemeyeceğinden, bu konunun bağımsızlığımızı ve gerçek ulusal çıkarlarımızı zarara uğratmayacak şekilde, uzmanlar tarafından doğru bir şekilde düşünülerek sınırlandırılmasından ve belirlenmesinden sonra Milli Meclis tarafından uygun görülecek şeklin kabulü görüşüldü.

4. 11 Eylül 1919 tarihli Sivas Kongresi kararlarının diğer maddeleri de Mebuslar Meclisi'nin de kabul etmesi koşuluyla uygun görüldü.

5. Bundan sonra, Sivas Kongresi'nin 4 Eylül 1919 tarihli kararlarının örgüt kısmına ilişkin 11. maddesinde yer alan Anadolu ve Rumeli Müdafaa-i Hukuk Cemiyeti'nin durumu, bundan sonraki çalışma şekli ve alanı söz konusu edildi.

Bu maddede, ulusal iradeyi egemen kılacak olan Milli Meclis'in, yasama ve denetleme haklarına güvenlik ve serbestlikle sahip olduktan ve bu güvenlik Milli Meclis tarafından doğrulandıktan sonra, Cemiyet'in şeklinin kongre kararıyla belirleneceği açıklanmıştır. Burada söz konusu olan kongrenin, şimdiye kadar yapılan Erzurum ve Sivas kongreleri gibi dışarda ayrı bir kongre şeklinde olması şart değildir, dendi.

Cemiyet'in programını kabul eden milletvekilleri, Cemiyet'in tüzüğünde açıklanmış olan delegeler gibi sayılıp kabul edilerek, bunların yapacakları özel toplantı, kongre yerine geçebilir. Bundan sonra Milli Meclis'in İstanbul'da, tamamen güvende, serbest olarak çalışabilmesi şarttır, dendi. Bunun, bugünkü şartlara göre ne dereceye kadar sağlanabileceği etraflıca düşünüldü. İstanbul'un yabancı işgali altında bulunması nedeniyle milletvekillerinin yasama görevlerini gereği gibi yerine getirmelerine pek uygun olamayacağı düşüncesi ortaya atıldı. 1870-1871 savaşında Fransızların Bordo'da (Bordeaux) ve sonradan Almanların Vaymar'da (Weimar) yaptıkları gibi, barışın yapılmasına kadar, geçici olarak, Milli Meclis'in Anadolu'da, İstanbul hükümetinin uygun göreceği güvenli bir yerde toplanması uygun görüldü.

Milli Meclis'in toplanmasından sonra güvenlik ve gizlilik derecesi belli olacağından, tam bir güvenlik görülürse, Cemiyet, Temsil Heyeti'nin varlığına son vererek örgütün çalışma hedefinin, yukarıda söylediğim gibi, kongre yerine geçecek olan özel bir toplantıda kararlaştırılacağı belirtildi.

Milletvekilleri seçiminde tam bir serbestlik bulunması gerektiği hükümetçe emredildiğinden, seçimler yapılırken Cemiyet Temsil Heyeti'nin karışmadığı bildirildi.

Milletvekilleri arasında, İttihat ve Terakki üyesi ve orduda kötülüğü görülmüş kişiler bulunursa, bunların milletvekili seçilmesine izin verilmemesi için Temsil Heyeti tarafından yol göstermek amacıyla, uygun şekilde bazı telkinlerin yapılmasının yerinde olacağı da düşünüldü. Temsil Heyeti'nin bu konudaki yardım biçimi de ayrıca bir formül halinde üçüncü protokol olarak belirlendi.

Gizli kabul edilip imzalanmayan dördüncü protokol şuydu:

1. Bazı komutanların ordudan atılması ve bir kısım subayların harp divanına verilmeleriyle ilgili çıkarılan padişah buyruklarının ve diğer emirlerin düzeltilmesi.

2. Malta'ya sürülmüş olanlar hakkında kendi ilgili mahkemelerimizde yasal soruşturma yapılmak üzere İstanbul'a getirilmeleri çarelerinin aranması.

3. Ermeni zalimlerinin de mahkemeye verilmesi (Mebuslar Meclisi'ne bırakılacaktır).

4. İzmir'in boşaltılması için İstanbul hükümeti tarafından yeniden protesto yapılması ve gerekirse gizli emirle halka gösteriler yaptırılması.

5. Jandarma genel komutanı, merkez komutanı, polis müdürü ve İçişleri Bakanlığı müsteşarının değiştirilmeleri (Savunma ve İçişleri Bakanlıkları tarafından).

6. İngiliz Muhipler Cemiyeti'nin (kapı kapı dolaşıp) halka kâğıt mühürlettirmelerine engel olmak.

7. Yabancı parasıyla satın alınmış cemiyetlerin çalışmalarına ve bu gibi gazetelerin zararlı yayınlarına son verilmesi (özellikle subayların ve memurların bu gibi cemiyetlere üye olmalarının kesinlikle yasaklanması).

8. Aydın Kuva-yı Milliyesi'nin güçlendirilmesi ve beslenmelerinin kolaylaştırılması ve sağlanması (bu konu Savunma Bakanlığı tarafından düzenlenir. Donanma Cemiyeti'nin 400.000 lirasından gerektiği kadarı hükümet tarafından bu amaç için ayrılabilir).

9. Ulusal mücadeleye katılmış memurların her yerde tam bir huzur ve güvenlik oluşuncaya kadar yerlerinden alınmamaları ve ulusal davaya karşıt hareket etmeleri nedeniyle ulus tarafından işten el çektirilmiş memurların yeni görevlere atanmalarından önce durumun özel olarak görüşülmesi.

10. Batı Trakya göçmenlerinin sevk ve taşınmalarının sağlanması.

11. Acemi Sadun Paşa ve emrindekilerin uygun şekilde desteklenmesi.

İmzasız beşinci protokolde, Barış Konferansı'na gidebilecek kişilerin adları yer almaktaydı. Bununla beraber, bu konuda hükümet, ilkelere uymak şartıyla serbest bulunacaktı.

Delegeler:

Tevfik Paşa Hazretleri	Başkan
Ahmet İzzet Paşa Hazretleri	Askeri delege
Dışişleri Bakanı	Siyasi delege
Reşat Hikmet Bey	Siyasi delege

Uzman Kurulu:

Hamit Bey	Maliye
Albay İsmet Bey	Askeri
Reşit Bey	Siyasi işler
Mühendis Muhtar Bey	Bayındırlık işleri
Albay Ali Rıza Bey	Donanma albayı
Refet Bey	İstatistik
Emirî Efendi	Tarih
Münir Bey	Hukuk müşaviri
Uzman bir kişi	Ticari işler
Uzman bir kişi	Çeşitli mezheplerin ayrıcalıklarını bilen

Yazı Kurulu:

Reşit Saffet Bey	Maliye Bakanlığı eski özel kalem müdürü
Şevki Bey	
Salih Bey	
Orhan Bey	
Hüseyin Bey	Robert Kolej Türkçe öğretmeni

Mustafa Kemal Paşa Milli Mücadele arkadaşlarıyla birlikte.
İş Bankası Müzesi Arşivi.

Efendiler, bu görüşmelerimizde saptanan en önemli noktanın, Milli Meclis'in toplanma yerine ait olduğunun yüksek dikkatinizi çekmiş olacağını tahmin ederim.

Meclis'in İstanbul'da toplanmasının yerinde olmadığı hakkındaki eski düşünce ve inancımızı Salih Paşa'ya kabul ettirerek onaylattık. Ancak, Paşa bu inanca katılmakla birlikte, bu katılımın kendisine ait olup, şimdiden bütün hükümet adına söz veremeyeceği yolundaki çekince şartını da ortaya koymuştu. Kendisi, hükümet üyelerini inandırmak ve bu düşünceyi paylaşmalarını sağlamak için elinden geleni yapacağına söz vermiş ve başarılı olamadığı takdirde hükümetten çekilmekten başka yapacak bir şeyi olmadığını açıklamıştı.

Salih Paşa, bu konuda başarılı olamamıştır.

Mebuslar Meclisi'nin toplanma yeri konusuna tekrar dönmek üzere Amasya görüşmesine ilişkin açıklamalarıma son veriyorum.

Sivas'ta bana karşı yapılan bir girişim: Şeyh Recep olayı

Yalnız, efendiler, biz Amasya'ya gelmek üzere Sivas'tan ayrılır ayrılmaz, Sivas'ta pek de hoşa gitmeyen bir olay yaşanmıştır. Bu olay hakkında kısaca bilgi sunayım:

Amasya'ya vardığımızda, Hürriyet ve İtilafçıların yabancılarla ortaklaşa birtakım haince hareketlere giriştikleri konusunda bilgiler almıştık. Bunu hemen bir genelge yayımlayarak bildirmiştim. Sivas'ta da aleyhimde, padişaha telgraf çekilmek gibi bir girişim olduğunu haber aldım, fakat inanmadım. Kuşkusuz, Temsil Heyeti'ndeki arkadaşlarımızın ve karargâhımızdaki kişilerin, valinin ve diğerlerinin dikkati ve uyanıklığı buna engeldir, dedim.

Oysa, Şeyh Recep ve arkadaşlarından Ahmet Kemal ve Celal adlarında üç kişi, bir gece telgrafhanede, kendilerine bağlı bir telgrafçı aracılığıyla, istedikleri telgrafları çekmişler...

Gerçekten, Amasya Telgrafhanesi'nden Salih Paşa'ya ait şu telgrafı getirdiler:

16613 K. Sivas, 18 Ekim 1919
82

Donanma Bakanı Salih Paşa Hazretleri'ne
Padişah Hazretleri'nin Yaveri Naci Bey Hazretleri'ne

Aylardan beri ülkemizde olan bitenleri anlamak ve bunların içyüzünü öğrenmek üzere il merkezine kadar zahmet buyurup gelmenizi ülke ve ulusun çıkarları adına hep birlikte diler, yine ülke ve ulus adına makine başına gelmenizi büyük bağlılığımızla istirham ederiz.

Şeyh Şemseddini Sivasî soyundan
Recep Kâmil, Zaralızade Celal

Din bilginleri, ileri gelenler, tüccar ve esnaftan meydana gelen yüz altmış kişinin mührü vardır
İlyaszade Ahmet Kemal

Bana da 19 Ekim 1919 tarihli olan şu telgraf geldi:

Amasya'da Mustafa Kemal Paşa'ya

Halkımız, padişah ve hükümetin düşüncelerini Salih Paşa'nın kendisinden veya güvenilir bir ağızdan işitmedikçe, aradaki anlaşmazlığa çözülmüş gözüyle bakamayacaktır. Dolayısıyla iki yoldan birini seçmeye zorunlu olduğunuzu sunarız.

İlyaszade
Ahmet Kemal

Zaralızade
Celal

Şemseddini Sivasî soyundan
Recep Kâmil

Efendiler, biz bütün ülke için doğru yolu göstermek ve halkı aydınlatmakla uğraşıyoruz. Fakat, düşmanlarımız da bize karşı her yerde, hatta içinde bulunduğumuz ve her yönden baskın olduğumuz Sivas şehrinde bile, alçakça niyetlerini yaptırabilecek aşağılık aracılar bulmakta başarılı olabiliyorlar.

Bütün uyarılarımıza rağmen, biz oradan ayrılır ayrılmaz, Sivas'taki kişilerin görülen dalgınlığı, her yerde ne kadar umursamaz davranıldığına ve görmezden gelmelerin olduğuna çok güzel bir örnek oluşturur.

19 Ekim günü Sivas'taki arkadaşlar, Temsil Heyeti imzasıyla şu telgrafı veriyorlardı:

Amasya'da Mustafa Kemal Paşa Hazretleri'ne

Şeyh Recep ve arkadaşlarının size çekilmek üzere telgrafhaneye şimdi verdikleri telgraf örneği, aşağıda aynen sunulur.
Bu konuda Topçu Binbaşısı Kemal Bey ayrıca soruşturma yapmaktadır.

Bu telgrafa, aldığımı bildirdiğim telgrafın örneğini de ekliyorlar.
Sivas telgraf başmüdürü de aynı günde şu bilgiyi veriyor:

Mustafa Kemal Paşa Hazretleri'ne

Şeyh Şemseddini Sivasî soyundan Recep, İlyaszade Ahmet Kemal ve Zaralızade Celal imzaları ile yazılan telgrafları sunarım. Bu telgraflar gece getirilmiş ve memurlarımız korkutularak yazdırılmıştır. Her kişinin özel şartlar içinde telgraf yazmaya hakkı olduğu bilinmektedir. Ancak makine odasına rasgelenin girmesinin yasak olması şöyle dursun, memurlara gözdağı verilmesi ve korkutulması gibi hükümetin saygınlığını ve ağırbaşlılığını zedeleyecek hareketlere cesaret etmek, doğrusu yasaya başkaldırı niteliğindedir. Durumu yüce valilik yüksek katına sundum. Ülkede sağlıklı bir düzenin kurulması için çalışmakta olan size de durumu sunarım. Derin saygılarımın kabul buyrulması istirham olunur.

19 Ekim 1919

Başmüdür
Lütfü

İstanbul Merkez Şefi Bey'e:
Halkın ağzından bildirilen, ülke ve ulusun güvenliği adına sunulması rica edilen telgraflarımızın yerine ulaştırılmasına engel olan, din ve devlet hainidir. Sonunda kan dökülmesine sebep olacaktır. Padişaha duyurmak için kararlılığımız kesindir. Yanıt bekliyoruz.

Mabeyn-i Hümayun Yüksek Katına:

Yüksek aracılığınızla padişah efendimize biz kullarınca sunulan yazımızın yanıtını yurt ve ulus adına makine başında bekliyoruz.

Mabeyn-i Hümayun aracılığıyla
Halife Hazretleri'nin yüce katına:

İlimiz Sivas'ta, Anadolu ve Rumeli Müdafaa-i Hukuk Cemiyeti adıyla kurulan Kongre Heyeti Başkanı Mustafa Kemal Paşa, etrafa siz padişahımızın güven mektubunuzu taşımakta bulunduğunu yayarak ilimizde suçlarını örtmek isteyen küçük bir toplulukla birlikte, kendilerini ulusal iradeyi temsil ediyorlarmış gibi gösteriyorlar. Oysa şanlı halifemiz ve sevgili padişahımıza her şekilde tam bağlılığımız dinin gereği olduğundan, Donanma

Bakanı Salih Paşa ile Efendimiz Hazretleri'nin başyaveri Naci Beyefendi'nin Amasya'ya gönderildiklerini haber aldık. Halk arasında ortaya çıkan heyecanı yatıştırmak için din bilginleri, şehrin ileri gelenlerinden ve tüccardan iki yüzden fazla imzanın yer aldığı davetiye telgrafımıza yanıt alamadık. Kamuoyunun ne durumda olduğunu kendilerinin görmeleri için Sivas'a kadar gönderilmesini bütün bağlılığımızla eşiğinize yüz sürerek yalvarır ve yakarırız. Bu konuda ve her durumda emir ve ferman Padişahımız Efendimiz Hazretlerinindir.

Efendiler, düşmanlar, Şeyh Recep'e gerçekten önemli bir rol oynatmış bulunuyorlardı. Sırası gelince sunacağım belgelerden, Sait Molla'nın Rahip Frew'a yazdığı 24 Ekim tarihli bir mektubunda, Molla, Papaz'a "Sivas olayını nasıl buldunuz? Biraz düzensiz, ama yavaş yavaş düzelecek," diyordu.

Bütün ulusun birlik ve dayanışmasından, ulusal örgütün ülkenin her köşesine yayıldığından söz eden, ulusun ortak isteğine uyarak, ulusal ve askeri örgüte dayanarak hükümet düşüren, yeni hükümet ile karşı karşıya geçen bir heyetin başkanını kötüleyen –tam yeni hükümet temsilcisiyle görüşmelere girişeceği bir sırada ve bu amaçla Sivas'tan çıktığının hemen ertesi günü– bütün Sivas halkı adına ayaklanma çıktığını gösterir bir telgrafın, telgrafhane tehdit edilerek çektirilebilmesi elbette anlamlıydı.

Bizzat içinde bulunduğu Sivas halkı böyle bir heyetin aleyhinde olunca, bütün ulusun aynı duygu ve düşüncede olmayacağını kanıtlamak gerçekten güçtür. Öyleyse, temsil niteliği böyle olan bir heyetin ve başkanının dayandığı gücün de çürük olacağını düşünmek neden doğru olmasın!

Sivas'tan yükseltilen bu sesin düşmanlar için ne kadar kuvvetli ve önemli olduğu takdir buyurulur.

Efendiler, Salih Paşa'ya ait telgrafı, Amasya'ya vardığında kendisine verdirdim. Fakat Şeyh Recep ve arkadaşlarının hükümet tarafından cezalandırılmasını istedim. Sivas'taki Temsil Heyeti üyelerine de telgraf başında 19 Ekim'de şunları sordum:

1. Şeyh Recep, Ahmet Kemal ve Celal imzasıyla Mabeyn-i Hümayun'a çekilen telgrafı gördünüz mü?
2. Telgrafhanede nöbetçi subayı yok mu?
3. Hepiniz orada olduğunuz halde böyle bir küstahlık nasıl olabilir? Üstelik bu çılgınların girişimleri hepiniz tarafından biliniyor. Salih Paşa'ya ve Naci Bey'e yönelik, üç imzayla telgraf hazırladıklarını biz buradan işitmiştik. Sizin bundan haberiniz yok muydu?
4. Yabancılarla birlikte Hürriyet ve İtilafçıların birtakım haince hareketlere giriştiklerine ilişkin dün bir genelgeyle yapılan bildirim alınmadı mı?
5. Baskı yapılan ve korkutulan telgraf memurlarının hemen gerekli kişilere, valiye ve diğer ilgililere haber vermemelerinin ve nöbetçi subayının bunda dikkatsiz davranmasının sebebi nedir?
6. Başmüdür Bey'in bilgi vermesi üzerine alınmış olan önlemler nedir?

Mustafa Kemal

Valiliğin, konuyu askeriyenin sorumluluğuna bıraktığının anlaşılması üzerine Kolordu Kurmay Başkanı Zeki Bey'e de şunu yazdım:

Söz konusu olaya karışmış olanların tutuklanıp cezalandırılması için valilik tarafından bütün olanaklar kullanılmış da veya yetersiz görülmüş de mi iş kolorduya atılıyor? Yoksa bu küstahça davranışlara karşı da valilik tarafından önlemler alınmasında kararsızlık mı gösteriliyor? Bu taraf anlaşıldıktan sonra sorunun çözülmesi daha kolay ve esaslı olur.

Mustafa Kemal

Ondan sonra Sivas'ta bulunanlara şu emri verdim:

1. Telgrafhane tamamen kontrol altına alınacaktır. Bir subay komutasında bir manga asker yerleştirilecektir. Daha önceden olduğu gibi, telgrafhaneyi ele geçirerek ve memurlara baskı yaparak ulusun meşru birliği aleyhinde kuşkuya düşürücü ve güvenliği bozucu girişimlerde bulunacak hainlere kesinlikle engel olunacaktır. Bu gibi güvenliği bozucu hareketlerde yasal sınırı aşan ve askere saldıranlara karşı kararlılıkla, her nerede olursa olsun silah kullanılacaktır.

2. Küstahça davranışlara kalkışanlar hakkında düzenin sağlanması yönünden kurmay başkanının ortaya koyduğu sebeplerden dolayı kaçmalarına imkân vermeden hemen gereği yapılacak ve sonucu bir iki saate kadar bildirilecektir. Ancak bu konuda karar vermek için orada bulunan kişilerden hiçbirinin harekete geçmeyip de bizden ne yapılacağının sorulmaya kalkışılması gerçekten üzüntü verici bir durumdur. Bu karar, bir taburu Sivas'ta bulunan 5. Tümen Komutanı Cemil Cahit Bey tarafından tabur komutanına emredilmiştir. Orası tarafından bu kararın hızla uygulanmasına hiç olmazsa yardım buyurulması istirham edilir.

3. Sivas'ta düzenin sağlanması için uyanık olarak bütün ilgililer tarafından kesin ve sert önlemler alınması gereğini rica ederim.

Mustafa Kemal

Özel olarak Osman Tufan ve Recep Zühtü beylere şu talimatı verdim:

Ulusal mücadele aleyhinde küstahlık edenler için yapılacak işlemler gerekli kişilere bildirilmiştir. Durumu izleyerek gereğinin tamamen uygulanıp uygulanmadığını ve göz yumulduğunun görülmesi durumunda kendinizin olaya el koyarak bilinen kişilerin tutuklanması ve yandaşlarının etkisizleştirilmesi istenmektedir. Bu konuda gerek olursa, her kime karşı olursa olsun gereğini yapmakta kararsızlığa düşülmemelidir.

Mustafa Kemal

20 Ekim'de Vali Reşit Paşa uzun uzadıya olayı anlattıktan sonra, "Olayın yayılması olasılığı varken önüne geçilmiş ve gösterilen hızlı ve sert müdahale nedeniyle buna benzer durumların bundan böyle ortaya çıkmayacağının anlaşılmış" olduğunu yazıyordu.

Efendiler, İstanbul hükümetinin Şeyh Recep'i ve arkadaşlarını cezalandırmış olduğuna elbette ihtimal vermediniz. "Şemseddini Sivasî soyundan" diye imza atan bu uyuşuk ve alçak şeyhin, bundan sonra da düşmanın aleti olarak yapacağı kötülüklere rastlayacağız.

Adapazarı dolaylarında kışkırtmalar

Efendiler, daha Amasya'da iken karşılaştığımız durum, yalnız, Şeyh Recep olayıyla kalmadı. Adapazarı çevresinde de buna benzer bir olay yaşandı. İzin verirseniz, onu da kısaca bilginize sunayım:

Adapazarı ilçesinin Akyazı taraflarında ortaya çıkan Talustan Bey, İstanbul'dan para ve emirle gelerek, süvari olacaklara 30 ve piyade yazılacaklara 15 lira sözü veren Bekir Bey ve Sapanca'nın Avçar[3] köyünden Beslân adında bir tahsildar birleşiyorlar. Bu adamlar başlarına topladıkları atlı, yaya birtakım kişilerle Adapazarı kasabasını basmaya karar veriyorlar. Tahir Bey adındaki Adapazarı kaymakamı bunu haber alıyor. Tahir Bey, İzmit'ten gönderilen bir binbaşıyla ve sağladığı yirmi beş kadar atlıyı alarak, kasabayı basmaya gelenlere karşı hareket ediyor. Lûtfiye denilen bir köyde karşılaşıyorlar. Bu başıbozuk topluluğa hareket amaçları sorulmuş... Verdikleri yanıt şuymuş: "Padişah Hazretleri'nin hayatta ve yüce halifelik makamlarında olup olmadığını öğrenmek için Adapazarı'na makine başına gelmek istiyoruz. Mustafa Kemal Paşa'yı, padişah yerine kabul edemeyiz..."

Tahir Bey'in makine başında İzmit mutasarrıfına verdiği bilgide, "adı geçenlerin İstanbul'da önemli kişilerle bağlantıları olduğunu ve hatta padişahın da bu hareketlerinden haberi bulunduğunu bildirdikleri" belirtiliyordu. Resmi olarak verilen bilgide, "Bekir'in, orada toplanan kişilere, 'Bu iş için İstanbul tarafından bir hafta süre belirlediler; beş gün geçti, iki günümüz kaldı. İşi çabucak bitirelim'" dediği de bildiriliyordu.

İzmit'teki tümen komutanı, Adapazarı üzerine bir askeri birlik gönderecekti. Ali Fuat Paşa da Düzce üzerine bir miktar kuvvet sevk edecekti.

23 Ekim tarihinde, İzmit'te tümen komutanına, Bekir'in Hürriyet ve İtilafçılarla yabancı düşmanlar tarafından gönderildiği ve bozguncu hareketlerinin önlenmesi gerektiği bildirildi.

Adapazarı Kaymakamı Tahir Bey'e de 23 Ekim'de doğrudan doğruya "Bekir ve arkadaşları için uygulanacak sert ve hızlı önlemlerde asla gevşeklik gösterilmemesini, zararlarının önlenmesini ve sonucun bildirilmesini" emrettim.

Efendiler, 23 Ekim tarihli bir şifreyle adı geçen Bekir ve yandaşlarının yaptıkları ve kimlikleri hakkında elde ettiğimiz bilgiyi, Savunma Bakanı Cemal Paşa'ya bildirdik ve "İstanbul hükümeti tarafından bu gibi bozguncu eylem ve davranış-

---

3 Doğrusu Akçay (y.n.)

lara karşı zamanında etkili önlemler alınmayıp, sorun ulusal örgüte dokunduğu zaman en sert önlemlere girişmekte kendimizi zorunlu göreceğimizi bilginize sunarız" dedik.

İzmit'ten giden ve olay yerinde takviye edilen ulusal ve askeri bir birlik "önemli sayıda toplanmış ve toplanmakta olan bozguncuları dağıtmış, tahsildar Beslân ve kardeşi Hasan Çavuş'u yakalamış, asıl özel emir ve para ile bir hafta önce İstanbul'dan gelmiş olan Bekir kaçmış". Bu Bekir, subaylıktan kovulmuştur ve Manyaslıdır. Bundan sonra, vermek zorunda olduğumuz emirlerle, İzmit'te kışkırtıcı ve komplocu olanlardan "İngiliz İbrahim" adıyla tanınmış biri ve diğer birtakımları hakkında soruşturma başladı.

"Bekir'in, olay yerinde alınan önlemler sonucunda girişiminin sonuçsuz kaldığını ve kaçtığını, ancak tekrar İstanbul'a dönerek yeniden alçakça girişimlerde bulunmasının büyük bir olasılık olduğunu, hakkında özel soruşturma yapılmasını" Amasya'dan 26 Ekim 1919 tarihinde Savunma Bakanı Cemal Paşa'ya yazdım.

27 Ekim 1919 tarihinde Bolu Mutasarrıfı Haydar Bey'den gelen telgrafta, "Bekir'in emrinde iki subay, kırk silahlı adam olduğu halde Abaza köylerinde halkı, bugünkü hükümet adına ulusal mücadele aleyhine kışkırttığı ve birçok para harcadığı ve bakanlığa yaptığı bildirimlerinin kabul edilmediği" bildiriliyordu.

Efendiler, bu gibi konularda hükümeti uyarmak ve görevini yapmaya çağırmak şeklindeki başvurularımız, elbette, hükümetin işine karışmak gibi anlaşılmaz inancındayım.

İstanbul'da hükümetin gözü önünde düzenlenen ve içerdeki, dışardaki düşmanların, padişahın bilgi ve onayıyla olduğuna kuşku duymadığımız girişimlerinin gerçekten başarılı olacakları dakikaya kadar beklemek ve "elbette hükümet önlem alır, engel olur" saflığını göstermek uygun olamazdı.

Efendiler, Amasya'da görüşmeye başladığımız 20 Ekim gününde, alınan bilgilerin özeti şuydu: İstanbul'da, Hürriyet ve İtilaf Fırkası, Askeri Nigehban Cemiyeti ve Muhipler Cemiyeti bir blok kurdular. Bu blok ve Ali Kemal ve Sait Molla gibi kişiler, azınlıkları devamlı olarak Kuva-yı Milliye aleyhine kışkırtmaya başladılar. Rum ve Ermeni patrikleri, Kuva-yı Milliye karşıtı olarak İtilaf devletleri temsilcilerine başvurdular. Ermeni Patriği Zaven Efendi, *Neologos* gazetesinde yayımladığı bir mektupla son ulusal mücadele hareketinden dolayı Ermenilerin göç etmekte olduklarını duyurdu.

Asılmış olan Kâzım'ın kardeşi Hikmet adında biri, İstanbul'dan aldığı emirle Adapazarı çevresinde başına birtakım silahlı adamlar toplamaya başladı. Bu Hikmet adına önemli bir belgede de rastlayacağız. Adapazarı yakınlarında, Değirmendere'de de parayla adam toplanmaya başlandı. Çete olarak toplananların, Geyve hükümetini basmaya karar verdikleri haber alındı. Karacabey'de de buna benzer ufak tefek hareketler görüldü. Bursa'da, Gümülcineli İsmail'in topladığı çetelerin Kuva-yı Milliye karşıtı hareketleri fark edilmeye başlandı. Nigehbancılardan tutuklu bulunanların hepsi bir günde hapisten çıkarıldı.

Düşmanlar tarafından Kuva-yı Milliye karşıtı kurulan çetelerin çalışmaya başlaması, karşıt blokun açıktan açığa hareketi, İstanbul polis müdürünün karşıt çalışmaları, Ali Rıza Paşa hükümetinde karşıt bakanların bulunması, bazı örgüt merkezlerimizi, özellikle İstanbul merkezimizi ümitsizliğe sürüklemeye başladı.

Hükümetin, genel olarak amaç ve karar sahibi olduğunu gösterecek hiçbir harekette bulunamaması, yalnız İçişleri Bakanı Şerif Paşa'nın art arda yaptığı olumsuz çalışmalarını onaylaması, gerçekten düşündürücü ve kaygı verici bir manzara oluşturuyordu.

İstanbul'da Kuva-yı Milliye'ye karşı kışkırtmalar

Bu konuda ilk kez duyarlılık gösteren ve harekete geçen Ankara oldu. Ankara Vali Vekili Yahya Galip Bey'in Sivas'a çektiği 15 Ekim 1919 tarihli bir şifresini, rahmetli Hayati Bey'in imzasıyla diğer bir şifre içinde 22 Ekim'de Amasya'da aldım. O şifre aynen şudur:

Mustafa Kemal Paşa Hazretleri'ne

Paşa Hazretleri; biz geleceğimizi, ne böyle ulusun geleceğini bilmeyen hükümete ve ne de rastgele gönderilecek valilere bırakabiliriz. Defalarca size sunduğumuz düşünceler dikkate alınmadığı için, İstanbul hükümeti, Ferit Paşa hükümetinin atayıp da gönderemediği eski Bitlis Valisi Ziya Paşa'yı buraya ve memuriyet hayatında hiçbir varlık gösterememiş olan Suphi Bey'i de Konya'ya vali atayarak ilk adımını atmaya başladı. İşte bu gibi durumlardan dolayı Mebuslar Meclisi kurulmadan önce, hiçbir göreve dışardan kimsenin getirilmemesini geçende bildirmiştik. Mademki bugünkü hükümet, buraya yeniden vali göndermeye kalkışmıştır, şu durumda, buradaki ulusal mücadelenin söndürülmesi gerekli görülüyor demektir. Nasıl ki yüksek şahsınız askerlik görevinizden ayrılarak ulusun bir bireyi gibi çalışmaya karar verdiniz, ben de buradan çekilerek aynı şekilde ulusumun bana verdiği görevi yapmaya karar verdim. Vali gelinceye kadar vekâleti kime bırakacağımı lütfen bildiriniz, efendim.

15 Ekim 1919

Ankara Vali Vekili
Yahya Galip

Bir gün sonra da, 23 Ekim'de Cemal Paşa'nın 21 Ekim 1919 tarihli şu telgrafını aldım:

Sayı
419

Kadıköy, 21.10.1919

Amasya'da Mustafa Kemal Paşa Hazretleri'ne

Ankara'dan belediye başkanı ve müftü efendi, dışardan gelecek valiyi kabul etmeyeceklerini, Ankara'ya, Ankara'dan vali atanması gereğini kendi yetkilerine dayanarak ileri sürüyorlar. Böylece her taraftan ayrı ayrı istekler ileri sürülmesi hükümeti zor duruma sokmaktadır. Kötü niyetliler ve azınlıklar, bu gibi durumları türlü türlü yorumluyor. (...) Hükümetin destekleneceğine söz verilmesi üzerine, bu gibi hususların önlenmesi gereğini rica ederim. Atanması padişah tarafından onaylanan valinin yola çıkmasının gerektiğini elbette kabul edersiniz.

Savunma Bakanı
Cemal

Gerçekten, başta müftü efendi olduğu halde (şimdi Diyanet İşleri başkanı bulunan saygıdeğer Rifat Efendi Hazretleri idi) Ankaralılar, protesto niteliğinde İstanbul'a başvurmuşlardı.

Ankara'yı yatıştırarak, hükümetin otoritesini kırmamak için telgraf başında birçok öğütler verdim. Fakat, Ankara'nın haklı olduğunu kabul etmemek mümkün değildi. Sonunda Cemal Paşa aracılığıyla hükümete yazdığım telgraftan söz ederek, alınacak yanıta kadar durumun iyi niyetle idare edilmesini Ankara'da Kolordu Komutan Vekili Mahmut Bey'e yazdım.

Bu noktada, yeri gelmişken bir gerçeği bilginize sunmak uygun olur. Biz, Temsil Heyeti, hükümetin durumunu ve niteliğini çok iyi anlamıştık. Hükümet üyelerinden bazılarının hükümette olmaktan pişmanlık duyduklarını ve bu gibilerin çekilmek için bahane aradıklarını da anlıyorduk. Bundan başka iç ve dış düşmanların ve padişahın birlik olarak, Ali Rıza Paşa hükümeti yerine kendi görüşlerini açıktan açığa ve hızla uygulayacak diğer bir hükümeti iktidara getirmeye kararlı bulunduklarının da farkındaydık. Bunun için de Ali Rıza Paşa hükümetini daha az zararlı buluyorduk. Bir de Ferit Paşa'nın düşüşünden sonra, yeni hükümetle anlaşmak için geçen dört beş gün içinde bazı yönlerden mümkün olduğu kadar çabuk uyuşmak konusunda alınmış olan öneriler de bizce dikkate alınması gereken anlam ve nitelikteydi. Dolayısıyla amaca güvenle ulaşıncaya kadar, gerek görülürse biraz da özveride bulunmak zorunluluğunu duyuyorduk.

Mahmut Bey'e yazdığım şifrede bu noktalar da üstü kapalı olarak anlatılmıştı.

Cemal Paşa'ya verdiğim yanıtı olduğu gibi bilginize sunacağım:

Şifre
Özeldir, aceledir — Amasya, 24.10.1919

Savunma Bakanı Cemal Paşa Hazretleri'ne

İlgi: 21.10.1919 tarih ve 419 numaralı şifre:
Ankara'dan, vali hakkında yapılmış olan başvuru ve ricanın, aşağıdaki sebeplerden kaynaklandığı anlaşılmıştır.

Şöyle ki; İstanbul'dan alınan sağlam haberlerde İngilizler ile İngiliz Muhipler Cemiyeti, Hürriyet ve İtilaf ve Nigehbancıların Hıristiyanlarla işbirliği yaptıkları ve Anadolu'ya birçok karşıt görüşlüleri göndererek ulusal örgütlenmeyi bozmaya ve İstanbul hükümetini düşürmeye giriştikleri ve bu bozguncuların Adapazarı ve Bursa'dan yola çıktıkları bildirildiği gibi, Adapazarı'nda da son günlerde bazı çalışmaların görülmesi endişeye sebep olmuştur. Konya'ya gönderilen Vali Suphi Bey'in, İngiliz Muhipler Cemiyeti İstanbul Yönetim Kurulu üyelerinden olduğunu Konya'da Refet Bey'e söylemiş olduğunun duyulması, uyanan kuşkuları daha da artırmıştır. Ankara valiliğine atanan Ziya Paşa'nın tutumu ve namusu hakkında bir şey denemezse de kendisinin yeteneği ve gücü de şüpheli görüldüğünden, Ankara ili gibi ulusal örgüt ve mücadelemizin en önemli merkezlerinden olan bir yerde, daha durumlar açıklığa kavuşup tam bir huzur ve güven oluşmadan, buradaki önemli işlerin başına tamamen denenmemiş, yetersiz bir valinin atanması kararsızlığa neden olmuştur. Ankara'da bulunan vali vekili ve komutan ile Temsil Heyeti arasında yapılan haberleşmeler üzerine, bugünkü hükümetin, her ne şekilde olursa olsun, emirlerine ve uygulamalarına uymak doğal görülmüş ve o yolda hareket edilmişse de doğrudan doğruya halk, düşündükleri tehlikeye karşı verilen güvenceyi yetersiz görerek, tam bir güvenlik oluşuncaya kadar kendilerince ulusal isteklere bağlılığı sınanmış olan vali vekilinin göreve devamını gerekli görerek, doğrudan doğruya hükümete başvurmuşlardır. Sizin son bildiriminiz üzerine, Ankara'da gerekli kişilerle tekrar görüşülmüş, hatta sakıncaları olsa da yalnızca hükümet etkisini bozmamak için, Ziya Paşa'nın iyi karşılanmasının sağlanmasına çalışılmıştır. Ancak, karşılaştığı tehlikelerden ve bozgunculukların ağır bastığı gidişattan çok ürkmüş olan halkı, bunu kabul etmeye inandırmak mümkün olamamıştır.

İçişleri bakanının, içinde bulunduğumuz durumun incelik ve önemini, düşmanlarımızın ne kadar şeytanca ve etkin olarak çalışmakta olduklarını anladıklarına kuşku olmadığına göre, bakanlık makamına yeni geçmiş olmaları nedeniyle görevlendirilmeye değer olan memurları tanıyamamış oldukları gibi, Adil Bey'in de müsteşarlığını yapmış olan Keşfi Bey'in şu anda müsteşarlık görevinde bulunması dikkate alınınca, özellikle üst düzeydeki memurların atanmalarında ne dereceye kadar dikkatli davranılması gerektiği ortaya çıkar. Dolayısıyla Ziya Paşa'nın şimdilik gönderilmemesinin sağlanmasına yüksek aracılıkları ve sonucunun bildirilmesi bilginize sunularak istirham olunur.

Mustafa Kemal

Efendiler, Ali Fuat Paşa 28 Ekim 1919 tarihli bir şifresiyle, İstanbul'daki örgütümüzün, adıma gönderdikleri bir telgrafı bildirdi. Bu telgrafta verilen bilgiler önemliydi.

Çerkez Bekir'in çıkardığı bilinen olay, Adapazarı ve yakınlarındaki Kuva-yı Milliye karşıtı ayaklanmanın başlangıcı kabul edilmiş. Bundan ne şekilde yararlanılacağı konusunda "Padişah, Ferit Paşa, Adil Bey ve Sait Molla ile Ali Kemal Bey'den meydana gelen" bir heyet birtakım planlar yapmışlar.

Bu telgrafta, yukarıda adı geçen Hikmet hakkında da açıklama yapılıyordu. Bu Hikmet, iki ay önce Amasya'dan Adapazarı'na gelmiş. O çevrede öteden beri kendisine ve ailesine karşı olanların ulusal örgütün içinde olduğunu anlamış.

Hikmet Bey, Amasya'dan geldiğini, beni tanıdığını ve ulusal örgüt kurmaya ancak kendisinin yetkili olduğunu ileri sürerek Sivas'la haberleşmeye kalkışmak ister. Karşı taraf engel olur. Hikmet, karşı örgüt kurar. Bunu sezen Sait Molla, Hikmet'i elde edecek çareyi bulur. Kendisini Hıristiyanlara karşı bir ayaklanma için kışkırtır.

Efendiler, Hikmet ile düşmanlarımızın Hıristiyanlara karşı hareket düzenlemeleriyle ilgili verdiğim bilgi, daha sonra değineceğimiz bazı durumların kolaylıkla anlaşılmasına yarayacağı için, gereksiz sayılmamasını rica ederim.

Efendiler, bu bilgi üzerine Cemal Paşa'ya yazdığım telgrafı olduğu gibi bilmenizi isterim:

Şifre — Sivas, 31.10.1919

Savunma Bakanı Cemal Paşa Hazretleri'ne

Adapazarı yöresinde, hükümet ve ulusal örgüt karşıtı yaşanan olay yüksek şahsınızca bilinmektedir. Bu olay, ulusal birliğin kararlılığı ve İstanbul hükümetinin yerinde ve kesin önlemleri sayesinde bastırılmışsa da hâlâ oralarda bozguncu tohumu tükenmemiştir. Ulusun birliği karşısında, bunların tamamen perişan ve yok olacağına kuşku yoktur. Ancak, bu bozguncu hareketlerde, Damat Ferit Paşa, eski İçişleri Bakanı Adil ve daha önceki İçişleri Bakanı Ali Kemal beyler ve Sait Molla'nın kışkırtıcı ve düzenleyici oldukları anlaşılmıştır. Adları bildirilen bu kişiler, vatan hainliklerinin yanı sıra, çok büyük ve tehlikeli bir suç daha işlemişlerdir. O da, haince işlerinden, sözde Padişah Hazretleri'nin de haberi olduğunu yaymak gibi büyük bir alçaklıktır. Hükümetin saygıdeğer üyelerinden büyük bir içtenlikle rica ederiz. Zaman geçirmeden durumu uygun şekilde Padişah Hazretleri'nin bilgilerine sunsunlar. Ulusun ve örgütünün bu gibi yalanları elbette önemsemeyeceği ortadadır. Bozguncuların, yalanlarla, ulusal birliği lekelemek istediklerini ileri sürerek, hükümetçe olayın geçtiği bölgede resmen yalanlanmak suretiyle her türlü yanlış anlamanın giderilmesi ve bu zararlı kişiler hakkında gerekli incelemelerin yapılarak kovuşturma başlatılması yaşamsal bir sorun sayılmaktadır, efendim.

Temsil Heyeti adına
Mustafa Kemal

Ali Rıza Paşa hükümetini tutmak kararı

Efendiler, Ali Rıza Paşa hükümetinin bildiğiniz kuruluş tarzına rağmen korunmasına ve mümkün olduğu kadar desteklenmesine neden gerek görüldüğünü biraz anlatmıştım.

Amasya'dan Sivas'a dönüşümüzden sonra, Temsil Heyeti ve oradaki diğer arkadaşlarla yaptığımız toplantıda Amasya görüşmesi ve diğer konular hakkında arkadaşlara uzun uzadıya açıklama yaptım. Bu toplantıda, Temsil Heyeti kararları tutanağının 29 Ekim 1919 günkü görüşmesine ait sayfasında kayda geçen şu kararı belirledik:

Başta Sadrazam Ali Rıza Paşa olmak üzere hepsinin yetersiz, padişahın gözünde mevki tutmak isteyen kişilerden oldukları, kısmen ulusal mücadele yanlısı ve kısmen de karşıtı bulundukları, bununla birlikte, padişahın ilk fırsatta, bunları düşürerek yerine zorbalığı devam ettirebilecek bir heyet getirmek isteyeceği için, Milli Meclis kurulup yasama görevlerini yerine getirmeye başlayıncaya kadar, Temsil Heyeti'nin bu hükümeti desteklemesinin vatan ve ulus için hayırlı bir yol olduğu kabul olundu.

Gerçekten bu kararımızı uyguladık. Bunu doğrulayan bir konuyu bu fırsatla bilginize sunayım: İstanbul'daki örgütümüz, sağlam haberlere dayandığını bildirdiği bazı bilgileri, 31 Ekim 1919 tarihinde bize iletti. O bilgiler şöyleydi:

"İki gündür, Kiraz Hamdi Paşa Saray'a gidiyor, iki üç saat padişahın yanında kalıyor ve şu karar alınıyor. Mareşal Zeki Paşa başkanlığında bir hükümet kurulacak, Hamdi Paşa Savunma bakanı, Prens Sabahattin Bey Dışişleri bakanı, Tevfik Hamdi Bey İçişleri, Eşref, Mahir Sait ve diğerleri öteki bakanlıkları alacaktır. Bunlardan Sabahattin ve Mahir Sait'e henüz öneri yapılmamıştır. Padişah, Ali Rıza Paşa'ya, uygun bir zamanda, belki bugünlerde görevden ayrılmasını önerecektir. Bu konuda, daha önce yaptıklarından söz edilen bir blok, bir gizli cemiyet vardır." Bu bilgiler üzerine, Cemal Paşa'ya 2 Kasım 1919'da, Sadrazam'ın hiçbir sebep ve bahaneyle görevinden ayrılmamasının kesinlikle gerekli olduğunun bildirilmesi, istifa gerçekleşirse bu durumda bütün ülkenin İstanbul'la kesin bir şekilde ilgisini keseceği bildirildi. Rumeli ve Anadolu'da bulunan bütün komutanlara da durum ve Cemal Paşa'ya yazılan telgrafla ilgili bilgi verildi. Ayrıca ilişkide bulunulan Müdafaa-i Hukuk Merkez Heyetlerine haber vermek gereği de bildirildi.

Efendiler, Salih Paşa'nın İstanbul'a dönmesi üzerine, 21 Ekim tarihli protokolde belirtilmiş olan ve önemli olduğunu yaptığım sunuşlar sırasında işaret ettiğim nokta üzerinde, yani Mebuslar Meclisi'nin toplanma yeri hakkında, hükümetle aramızda tartışma başladı. Hükümetin Cemal Paşa aracılığıyla yazdıkları, bizim ileri sürdüğümüz fikirler, bir defa daha incelenmeye değer inancındayım. Bu haberleşmelerimizin aslını Büyük Millet Meclisi'nin ilk toplantısına ait tutanakta görebileceğiniz için burada ondan tekrar söz etmeyeceğim.

Ancak efendiler, bu konudaki haberleşme ve tartışmalar, yalnız İstanbul hükümeti ve Cemal Paşa ile yapılmıyor. Bütün ülkenin ve özellikle İstanbul'daki örgütümüzün de bu konuyla ilgili görüşünü almak gerekiyordu. Burada, bu noktalar üzerinde bazı bilgileri sunacağım.

Barış yapılana kadar İstanbul'a ayak basmamamız ve milletvekili olmamamız tavsiyesi

İstanbul örgütümüzün 13 Ekim 1919 tarihinde düşüncelerini öğrenmek üzere çekilen telgrafımıza verdikleri 20 Ekim 1919 tarihli yanıtta, "milletvekillerinin İstanbul'da toplanmasında bir sakınca ve tehlike olmadığı, İtilaf devletlerinin herhangi bir hareketlerinin uygarlık dünyasına karşı kötü etki yapacağının olarak dahilinde görüldüğü" açıklamasına; yalnız "yasama gücü, şimdiki yetkisini genişletmeye kalkışırsa, padişahın Meclis'i dağıtmaya kalkışması ve bize karşı olanların tehlikeli durum almaları, İtilaf devletlerinin de bundan yararlanarak sizin gibi yüksek şahsiyetlere saldırmaya cesaret etmeleri mümkündür" haberi ekleniyordu. Bu telgrafın sonunda da, "bizim, barış yapılana kadar İstanbul'a ayak basmamaklığımız ve milletvekili olmamaklığımız" tavsiye ediliyordu.

İstanbul'daki örgüt merkezimizden Kara Vasıf Bey'in gizli ve Şevket Bey'in açık imzasıyla aldığımız 30 Ekim 1919 tarihli şifrede örgütümüzde yer alanların düşünceleri, daha birçok kişinin düşünceleriyle desteklenmekteydi. Bu şifrenin birinci maddesi şöyle başlıyordu: "Ahmet İzzet Paşa, Sadrazam, Savunma bakanı, Genelkurmay başkanı, Bayındırlık bakanı ve programlara gerçekten bağlı olan ve hizmet eden, bağlılığının yanı sıra önemli bir gücü de bulunan göz doktoru Esat Paşa ile ayrıca Rauf Ahmet Bey ve diğer kişilerle gerek kendi istekleri üzerine ve gerek ilişkimiz nedeniyle görüştüm. Bütün düşüncelerin birleştiği noktalar aşağıdadır:"

Bundan sonra, bütün düşüncelerin üzerinde birleştiği noktalar özetleniyordu:

1. Mebuslar Meclisi'nin kesinlikle İstanbul'da toplanması zorunludur. Yalnız, biz İstanbul'a gitmemeliyiz. Sadrazam, Meclis'in İstanbul'da vicdan rahatlığıyla karar alabileceğini yabancılardan güvence alarak söz verdi. Fakat, yalnız bizim için güvence almak mümkün olamayacağından, "milletvekili olurlarsa, izinli olarak ya da milletvekili olmayarak, daha yüksekte ve ulusun sevgilisi olarak kalmaları uygun olur" deniliyordu.

Birinci maddenin (b) fıkrasında, "Zaten hükümet, yapılacak antlaşmada nispi temsili, azınlıkların hakları adına kabul etmek zorundadır. Şu halde, Milli Meclis'in azınlıkların da yeniden seçime katılmaları için dağıtılıp ve yeniden seçileceği bazı çevrelerce kesinlikle ümit edilmektedir" gibi yeni bir bilgi veriliyordu.

Birinci maddenin (c) fıkrasında da "hükümet gerçekten iyi niyetlidir. Ancak isteksizlik içindedir" güvencesi okunuyordu.

2. maddede de "mümkün olduğu kadar sosyalist, birkaç temiz Hürriyet ve İtilafçı vb çıkarmak" gibi bizim anlayamayacağımız, açık olmayan ve karışık bir anlayışın izine rastlıyorduk. Ondan sonra:

3. madde "hükümeti zor duruma düşürmemek";

4. madde de "bize zararı dokunacakları her şekilde inandırarak elde etmek istiyorum. Herkes de bana bunu tavsiye ediyor. Örneğin, Refi Cevat, sosyalistler gibi" düşünceleri kapsıyordu.

1 ve 4 Ekim 1919 tarihlerinde İstanbul'daki örgütümüze uzun görüş ve çözümlemeleri içeren yanıtlar verdik. Bu yanıtlarımızda başlıca, "Milletvekillerinin İstanbul'da toplanması tamamen tehlikeli ve sakıncalıdır" dedik ve açıkladık.

Cemal Paşa aracılığıyla hükümete bildirdiğimiz görüşleri özetledik. "Bizim için var olan tehlikenin, bütün milletvekilleri için olabileceğini" kanıtlamaya çalıştık. "Bizim seyirci konumunda kalmamız, mutlaka isteniyorsa, gerekçeleriyle bildirilmesini" istedik.

Yalnız, Kara Vasıf Bey'e çekilen telgrafta;

"Ahmet İzzet Paşa Hazretleri, aslında ulusal mücadelenin İstanbul'da katliama sebep olabileceği kanısındaydı. Sözlerinin ciddiye alınması her şeyden önce bu inançlarının değişip değişmediğini bilmekle mümkündür. Savunma Bakanı Cemal Paşa Hazretleri'ne gelince; onun da kararsız olduğunu biliyorsunuz. Abuk Paşa da aynı zihniyet ve ruh hali içindedir. Göz Doktoru Esat Paşa hakkında kesin bir fikrim yoktur. Yalnız bazıları bu kişiyi son derece dar görüşlü, pek fazla şan ve ün düşkünü olarak gösteriyorlar. Kısacası, irade ve düşüncelerinde kararlılık ve isabet olmayan, İstanbul'da düşman baskısı altında düşünen resmi ve özel kişilerin tavsiyeleri incelenmelidir" dedikten ve söz konusu toplantı yeri hakkında tekrar doğabilecek tehlike ve sakıncaları saydıktan sonra "asıl şaşılacak olan nokta, bizi, yani adları bilinen iki üç kişiyi korumakta yetersiz kalan hükümetin, diğer milletvekillerini nasıl koruyabileceği sorunudur.

Bizde yavaş yavaş oluşmaya başlayan düşünce ve inanç, ne yazık ki yabancılar değil, belki onlardan çok şimdiki hükümet üyeleri ile diğer kişilerden bazılarının bizi sakıncalı saymakta olmalarıdır" dedik.

Bundan sonraki fıkraların birinde "nispi temsilin kabul edilmesi zorunluluğu karşısında Meclis'in dağıtılmasını şimdiden düşünen bir çevrede, Mebuslar Meclisi'nin toplanmaması gerekliliğinin doğal karşılanması gerekir" görüşünü belirttik.

Bir fıkrada da, hükümetin isteksiz olduğu kaydından bir şey anlayamadığımıza işaret ederek, "Amacı bizi zor zamanlarda yalnız bırakmak mıdır?" sorusundan sonra, onların bir fikirlerine yanıt olarak da "Bize karşı olanların iktidara geçmesinden korkmak fayda vermez. Bundan dolayı yöntem ve tutum değiştirilemez," dedik.

Efendiler, bu yazışmalardan ve bu yazışmalarda ileri sürülen düşüncelerden kolaylıkla anlaşılmaktaydı ki, bizim İstanbul'daki örgütümüzün başında bulunanlar, hükümet ileri gelenlerinin, şunun bunun düşünceleri karşısında güçsüz kalmışlar ve artık onlara sözcülük etmekten öteye bir görev yapmıyorlardı.

İşte diğer bir şifre telgraf ki, 6 Kasım 1919 tarihinde yazılıyor, fakat şifrenin metnini Kara Vasıf Bey'in fikri ve imzası oluşturuyor ve Savunma Bakanı Cemal Paşa imzasıyla geliyordu. Bu şifrede, yine toplantı yerinden söz edilerek özellikle "İlk olarak siyasal sakıncalar var, sonra yönetimsel sakıncalar var, daha sonra da toplanmak imkânsızdır... Zorunluluk, duyguların üstünde olmalıdır... Uygun yanıtınızı acil olarak hükümete bildiriniz" sözleriyle baskı yapılıyor ve "Japon Rıza Bey'le pek yakında iyi haberlerle yanınıza geleceğim" müjdesi veriliyordu. "Sulh ve Selamet'i tamamen kazandık demektir. Milli Türk de bizim.

Milli Ahrar'ı yıkıyoruz. Milli Kongre yola gelecek" cümleleriyle de iyi haberlerin nelere, ne gibi boş şeylere ait olduğunu göstermekte acele ediliyordu.

Kara Vasıf Bey'e 7 Kasım 1919'da hemen süratle Sivas'a gelmesini yazdım.

Kara Vasıf Bey, yine aynı konuyla ilgili gönderdiği 19 Kasım 1919 tarihli şifresinde uzun düşüncelere dayandırdığı yargısını ve mantığını şu cümlede özetliyordu:

"Kuva-yı Milliye ile aynı düşüncede olan Meclis, padişaha karşı düşmanlığını duyurursa, Anadolu kimin arkasından gider?!.. Kuva-yı Milliye'ye mi bağlı olsun?!..

Meclis'i Anadolu'da toplamak düşüncesinden vazgeçmek bir vatan borcudur..."

Komutanların görüşlerini almak

Efendiler, çok önemli olan Meclis'in toplanacağı yer konusunda kendi başına karar vermek ve bu kararı ulusa ve seçilen milletvekillerine uygulattırmak çok tehlikeli olurdu. Bu sebeple büyük bir dikkat ve özenle bütün özel ve genel duygu ve düşünceleri gözden geçirmek, gerçek eğilimi anlayarak uygulanması olanaklı kararı bulmak zorunluluğu karşısında bulunuyordum.

Bir taraftan gördüğünüz gibi İstanbul'un ileri gelenleriyle haberleşirken, bir taraftan da çeşitli araçlarla halkın düşüncesini yokluyordum. Vereceğim kararın uygulanmasını sağlamak için ordunun görüşünü almak da çok önemliydi. Bu sebeple daha Ekim'in 29'unda, 15., 20., 12. ve 3. Kolordu komutanlarını Sivas'ta bir toplantıya davet ettim.

Diyarbakır'daki kolordu komutanına, Edirne'deki Kolordu Komutanı Cafer Tayyar Bey'e, Bursa'da Yusuf İzzet Paşa'ya, Balıkesir'de Kâzım Paşa'ya, Bursa'da Bekir Sami Bey'e de "kendilerini, mesafenin uzaklığı ve özel durumları gereği davet etmediğimi ve alınacak kararları bildireceğimi" yazdım.

Efendiler, davet edilen komutanlardan Salahattin Bey zaten Sivas'taydı. Kâzım Karabekir Paşa Erzurum'dan, Ali Fuat Paşa Ankara'dan ve Konya'daki kolordu komutanının cepheyle bazı önemli durumları kendisinin çözmesi gerektiğinden, kendisine vekil olarak Konya'dan da Kurmay Başkanı Şemsettin Bey gelerek Sivas'ta toplandılar. Temsil Heyeti'nden olan veya olmayıp da katılmalarında yarar görülen kişiler ve komutanların katılmasıyla 16 Kasım 1919 günü görüşmelere başladık. Toplantı gündemimiz şu üç noktayla sınırlı olacaktı:

1. Mebuslar Meclisi'nin toplanma yeri.
2. Meclis'in toplanmasından sonra Temsil Heyeti ve ulusal örgütün alacağı şekil ve çalışma yöntemi.
3. Paris Barış Konferansı'nın hakkımızda olumlu veya olumsuz bir karar vermesi durumunda izlenecek yol.

Dört aykırı görüş ve aldığımız karar

Efendiler, bu tarihe kadar, cemiyetimizin merkez heyetlerinden, sorularımıza gelen yanıtlar, dört görüş etrafında şekilleniyordu.

1. Birinci görüşe göre, Mebuslar Meclisi'nin İstanbul dışında toplanması uygun görülüyordu.

2. İkinci görüşe göre –ki, bu görüşü ileri sürenlerin başında Erzurum, Trabzon, Balıkesir ve bütün Karesi [Balıkesir merkezli sancak], Saruhan [Manisa merkezli sancak] heyetleri bulunuyordu– İstanbul'da... İstanbul'daki ileri gelen devlet adamları ve önemli kişilerden hemen hepsinin bu düşüncede olduğunu biliyoruz. Padişahın isteği, hükümetin diretmesi de buydu.

3. Üçüncü görüş –ki, Trakya-Paşaeli'nin düşüncesiydi: İstanbul yakınlarında...

4. Bir kısım merkez heyetleri de Salih Paşa'nın kişisel görüşüne dayanarak hükümetin uygun bulması durumunda İstanbul dışında toplanmakta bir sakınca görmüyorlardı.

Efendiler, İstanbul hükümeti ve yardakçılarının, kamuoyunu ne derece bulandırıp karıştırdığını, ulusun ortaya koyduğu bu görüş ayrılıklarından kolaylıkla anlamak mümkündür.

Artık bunun üzerine, diretmenin zararlı sonuçlar vereceği yargısına varmak da güç değildir.

Şimdi, 16 Kasım 1919'dan 29 Kasım 1919 tarihine kadar, günlerce devam eden görüşme ve tartışmalardan çıkan sonuçları ve alınan kararları olduğu gibi yüksek bilgilerinize sunuyorum:

1. Milli Meclis'in İstanbul'da toplanmasındaki sakıncalara ve tehlikelere rağmen, İstanbul hükümetinin İstanbul dışında toplanmayı uygun görmemesi ve ülkenin bir bunalıma sürüklenmesinden sakınıldığı için Meclis'in İstanbul'da toplanması zorunluluğu kabul edildi. Ancak, aşağıdaki önlemlerin alınması gereği kararlaştırıldı:

a) Bütün milletvekillerinin durum hakkında aydınlatılarak teker teker görüşlerinin alınması.

b) Milli Meclis İstanbul'da toplanacağına göre, milletvekillerinin, İstanbul'a gitmeden önce, Trabzon, Samsun, İnebolu, Eskişehir ve Edirne gibi yerlerde kısım kısım toplanarak, gerek İstanbul'da ve gerek İstanbul dışında alınması gereken güvenlik önlemlerini ve programımızın ilkelerini savunacak kuvvetli bir grubun oluşturulması yolları üzerinde konuşup düşünmeleri.

c) Cemiyet'in örgütünü hızla genişletmek ve kuvvetlendirmek için kolordu komutanlarının, bölge komutanları ve askerlik şubesi başkanları aracılığıyla vakit kaybetmeden fiili yardımda bulunmaları.

d) Bütün üst düzeydeki sivil memurlardan her olasılığa karşı, ulusal örgüte bağlı kalacaklarına dair söz almak ve kendilerinin eldeki olanaklarıyla Cemiyet örgütünü yaygınlaştırmaya hızla girişmelerini istemek.

2. Milli Meclis İstanbul'da toplandıktan sonra, milletvekillerinin tam bir güvenlik ve serbestlik ile yasama görevlerini yapmakta olduklarını doğrulayacakları güne kadar, Temsil Heyeti, şimdiye kadar olduğu gibi yine İstanbul dışında kalarak ulusal görevine devam edecektir. Ancak bütün sancaklardan ve milletvekili olan kişilerden seçilmek üzere birer, iller ve bağımsız sancaklardan ikişer kişinin, tüzüğün sekizinci maddesine dayanarak Temsil Heyeti üyesi olarak Eskişehir yakınında toplantıya çağrılıp, durumun açıklanması ve Mebuslar Meclisi'nde çalışma yönteminin kararlaştırılması görüşülecektir. Bu sebeple Temsil Heyeti de belirtilen yere gidecektir. Bu toplantının ardından Temsil Heyeti de uygun şekilde yeni üyelerle desteklendikten sonra, diğer milletvekilleri de İstanbul'a Milli Meclis'e gideceklerdir. Temsil Heyeti'nin göreve devam ettiği sürece, ulusal örgütün şekli ve çalışma yöntemi tüzükte yer aldığı gibi olacaktır.

Mebuslar Meclisi tam bir güvenlikte olduğunu doğruladığı zaman, Temsil Heyeti tüzükteki yetkisine dayanarak, genel kongreyi toplantıya davet ederek on birinci madde gereğince Cemiyet'in gelecekte alacağı durumun kararlaştırılmasını kongrenin kararına bırakacaktır. Kongrenin nerede ve nasıl toplanacağı, o zamanki durum ve şartlara bağlı olacaktır. Kongrenin toplantıya çağrıldığı zaman ile toplanması arasında geçecek süre içinde Temsil Heyeti, İstanbul hükümeti ve Mebuslar Meclisi başkanlığı ile kesin zorunluluk görmedikçe resmi ilişkilerde bulunmaz.

3. Paris Barış Konferansı, hakkımızda olumsuz bir karar verdiği ve bu karar hükümet ve Milli Meclis tarafından kabul edildiği ve onaylandığı takdirde, uygun ve en hızlı yolla ulusal iradeye başvurularak tüzükte açıklanmış olan esasların gerçekleştirilmesine çalışılacaktır.

Mustafa Kemal

Rüstem	*Mazhar Müfit*	*Ali Fuat*	*Hüsrev*	*Hüseyin Rauf*
Kâzım Karabekir		*Hakkı Behiç*	*Hüseyin Salahattin*	
İbrahim Süreyya		*Bekir Sami*	*Ömer Mümtaz*	*Vasıf*

12. Kolordu Kurmay Başkanı
Şemsettin

Milletvekillerine verilen talimat

Efendiler, bu kararlar gereğince milletvekillerini aydınlatmak için, verdiğimiz bilgi ve talimatı olduğu gibi bilginize sunacağım.

Seçilen milletvekillerine verilen bilgi ve talimat şunlardır:

Madde 1. İstanbul'un İtilaf devletleri ve özellikle İngiliz kara kuvvetlerinin işgali altında ve deniz kuvvetlerinin kuşatmasında olduğu ve düzeni sağlamakla görevli güçlerinin yabancılar elinde ve karmakarışık bir durumda bulunduğu bilinmektedir. Bundan başka, Rumların kendilerinden İstanbul milletvekili adıyla kırk kişi seçtikleri ve Atina'dan gelmiş Yunan liderleri ve komutanlarının yönetiminde olmak üzere, gizli polis ve ihtilalci örgütler kurarak, devletimize karşı zamanı geldiğinde ayaklanacakları anlaşılmıştır. Hükümetin İstanbul'da ne yazık ki hiçbir şey yapamaz durumda olduğunu açıklamak zorunludur. İşte bu sebeplerden dolayı, Milli Meclis'in toplanma yerini tartışmak gibi bir sorun ortaya çıkmış bulunuyor. Milli Meclis İstanbul'da toplanırsa, milletvekillerinin yapacakları vatan görevi dikkate alınırsa, tehlikeyle karşılaşmalarından cidden korkulur. Gerçekten, İtilaf devletlerinin ateşkes antlaşması kararlarını bozarak ve barışın kararlaştırılmasını beklemeye gerek görmeksizin, yurdumuzun önemli kısımlarını ele geçirmek, Hıristiyan azınlıklara haklarımıza saldırma fırsatını vermek suretiyle ortaya çıkan haksız işlemlerini eleştirip reddedecek, toprak bütünlüğümüzü ve bağımsızlığımızın dokunulmazlığını kararlı bir şekilde isteyip savunacak olan Meclis'in dağıtılması ve üyelerinin tutuklanması veya sürgün edilmesi uzak bir olasılık değildir. Tıpkı Kars'ta toplanan İslam Milli Şûrası'na İngilizlerin yaptıkları gibi. Seçimlere katılmamış olan Hıristiyan azınlıkların ve onlara uyan İngiliz Muhipleri ve Nigehban cemiyetlerinin, bu konuda düşmanların isteklerini yerine getirerek her türlü kötülüğü yapabilecekleri de akla gelmektedir. Dolayısıyla Milli Meclis'in İstanbul'da toplanması, Meclis'ten beklenen ciddi ve tarihi görevin yerine getirilmesini olanaksız kılacağından ve Milli Meclis de devlet ve ulusun bağımsızlık simgesi olduğundan, ona vurulacak darbeyle bağımsızlığımızın da zarara uğratılacağını belirtmeye ihtiyaç yoktur. Hükümet adına Amasya'da Temsil Heyeti ile görüşmeler yapan Donanma Bakanı Salih Paşa Hazretleri de bu gerçekleri göz önünde tutarak Milli Meclis'in İstanbul'un dışında, güvenli bir yerde toplanması gerektiğine vicdanı ve düşüncesiyle inanmış ve bunu uygun bulduğunu imzası altında doğrulamıştır. Milli Meclis'in düşman etkisinden uzak, kesin olarak güvenli bir yerde toplanması durumunda, İstanbul'da toplanması nedeniyle akla gelebilecek bütün sakıncalar giderilmiş olacağı gibi, halifelik ve padişahlık makamının tehlikede bulunduğunu dünya kamuoyuna, özellikle İslam dünyasına gerçekten duyurmuş olacak; ulusal varlık ve bağımsızlığımızın aleyhinde alınması olası bir karar karşısında ulusa ve vatana karşı görevlerini yerine getirebilecek ve İtilaf devletleri gözünde Meclis'in ulusun kaderini tamamen elinde bulundurduğu daha açık bir şekilde gösterilebilecektir. Meclis'in İstanbul dışında toplanmasında akla gelen sakıncalar aşağıdadır:

Ulus düşmanları, İstanbul'dan vazgeçildiği şeklinde zararlı bir propagandaya fırsat bulacaktır. Hükümet, İstanbul'da olduğu gibi, Meclis'le temas ve bağlantı kuramayacaktır. Meclis'in açılış töreni, padişahı yolculuk sıkıntısına düşürmemek amacıyla, vekil olarak atayacakları bir kişi aracılığıyla olabilecektir. İşte bu sakıncalara dayanan bugünkü hükümet, Milli Meclis'in İstanbul dışında açılmasını uygun görmemiştir. Bu nedenle, var olan sakıncalara aşağıdaki sakıncalar da eklenmiştir:

Milli Meclis'in yasal bir şekilde toplanması, Mebuslar Meclisi ve Âyan Meclisi'nin aynı zamanda ve aynı yerde bulunmasına bağlı olduğundan, hükümetin dışarda uygun göreceği bir yerde toplanmaya onay vermemesi nedeniyle Âyan Meclisi ve hükümet, dışardaki toplantıya gitmeyecek ve padişaha yöntemine uygun olarak Meclis'i açtırmayacaktır.

Buna göre, Milli Meclis'in dışarda toplanmasına yasal olarak imkân kalmayıp İstanbul'da toplanması, bildirilen sakıncalara rağmen zorunluluk hükmüne girmiş bulunuyor. Sayın milletvekilleri İstanbul'a gitmekte kararsız davranıp dışarda kendiliklerinden top-

Ankara'daki silah yapım ve tamir atölyelerinden birinde.
İş Bankası Müzesi Arşivi.

lanmaları durumunda, böyle bir toplantı elbette Milli Meclis'in herkesçe bilinen yasama gücünü temsil edemez. Belki ulusun varlığını, amaçlarını, bağımsızlığını temsil edebilecek ve geleceği hakkında verilecek hükümleri eleştirebilecek ve ulusa dayanarak kabul etmeyebilecek ulusal bir toplantı şeklinde olabilir. Bu durumda, Milli Meclis de elbette İstanbul'da toplanmamak zorunda kalır. Bu davranış şeklinin, hükümetin karşı çıkmasına, kendisine karşı zorlayıcı önlemler almasına ve sonuçta ulusla İstanbul hükümeti arasında ki tüm ilişkilerin kesilmesine yol açacağı da akla gelmektedir. Milletvekillerinin bir kısmının İstanbul'a gitmesi ise bu konudaki sakıncayı artırabilir.

Anadolu ve Rumeli Müdafaa-i Hukuk Cemiyeti, yukarıda ortaya konulan bütün konuları inceledikten ve tartıştıktan sonra, Milli Meclis'in İstanbul'da toplanması zorunluluğuna karşı, durumu bütün milletvekillerine haber vererek her birinin düşünce ve görüşlerini almayı görev saymıştır. Bundan başka, sayın milletvekillerinin İstanbul'da Milli Meclis'e girmeden önce, kolayca bir araya gelebilecekleri bazı yerlerde toplanıp aşağıdaki konuları görüşmeleri ve görüşmelerin sonuçlarını birleştirmek amacıyla Temsil Heyeti'ne bildirmeleri gerekli görülmüştür. Görüşülecek konular şunlardır:

a) İstanbul'da toplanma zorunluluğuna karşı İstanbul'da ve bütün yurtta alınması gereken önlemler ve yapılması gerekli hazırlıklar;

b) Mebuslar Meclisi'nde vatanın bütünlüğünü, devlet ve ulusun bağımsızlığını kurtarmak olan amacı korumak ve savunmak için birlikte hareket eden azimli bir kadro oluşturma yollarının düşünülmesi.

Milletvekillerinin, belirtilen konularda görüşmek için toplanmaları uygun görülen yerler şunlardır:

Trabzon, Samsun, İnebolu, Eskişehir, Bursa, Bandırma, Edirne.

Madde 2. Birinci maddeyi, olduğu gibi bölgelerinizde bulunan milletvekillerine bildirerek, önce kişisel görüşlerinin olabildiğince hızla alınması ve bunların zaman kaybetmeksizin Temsil Heyeti'ne bildirilmesi ve bir yandan da bölgenizdeki merkez heyetlerine de verilerek bu konularda çalışmalarının sağlanması.

İkinci olarak, bölgenizdeki milletvekillerinin birinci maddede açıklanan yerlerde huzur ve güven içinde toplanmalarını sağlayacak görüşme sonuçlarının Temsil Heyeti'ne bildirilmesi için gereken önlemlerin alınması istirham olunur.

Bölgenizde milletvekili olup şu anda İstanbul'da bulunanların, seçim bölgelerindeki örgütü tarafından İstanbul'a yakın toplantı yerlerinden birine davet edilmesi gerekmektedir.

Ekim 1919'da önemli iç olaylar

Efendiler, 1919 yılı Ekim ayına ait olup değinmek istediğim bazı konuları da birkaç kelimeyle özetlememe izninizi rica ederim.

İşgal altında bulunan İzmir ilinde Müslüman halk zulüm görüyor ve öldürülüyordu. Bunun için, hükümetten İtilaf devletleri temsilcileri katında etkili girişimlerde bulunmasını rica ettik. Yunanlıların zulüm ve yolsuzluğu devam ederse, aynı şekilde karşılık vermek zorunda kalınacağını da bildirdik. İzmir'de yaşanan acı olaylar üzerine İstanbul'da bir gösteri toplantısı yapılmak istenmişti. Buna engel olunduğunun haber alınması üzerine Cemal Paşa'nın dikkatini çektik.

Anzavur, Bandırma çevresinde haince ve canice işlere başlamıştı. Zararlarının giderilmesi için ve Karabiga ve Bandırma taraflarına çıkan Nigehban Cemiyeti'ne bağlı subaylar hakkında Balıkesir'de Kâzım Paşa'ya ve diğer ilgili kişilere yazdık. Otuz kadar Nigehbancı subayın da bir yabancı işgaline uygun ortam yaratmak için, Hıristiyanlara karşı hareket etmek üzere, Trabzon ve Samsun'a çıkacaklarını haber aldık. Hemen 15. Kolordu'nun ve Samsun mutasarrıfının dikkatlerini çektik.

Bildiğiniz gibi, Maraş, Urfa, Antep'te başlangıçta İngiliz birlikleri vardı. Bu birlikler Fransız askerleriyle değiştirildi. Bu nedenle tekrar işgali önlemeye çalıştık. İşgalden sonra da önce siyasi, sonra eylemli girişimlerde bulunduk.

Bozkır'da yeniden önemli bir ayaklanma çıktı. Onun bastırılması için çeşitli önlemler aldık.

Maraş ve Antep'e Kılıç Ali Bey'i ve Kilikya bölgesine de Topçu Binbaşısı Kemal ve Yüzbaşı Osman Tufan beyleri göndererek önemli örgütlenme ve girişimlere başladık.

Efendiler, bu nedenle aklıma gelen bir noktayı da bilginize sunmuş bulunayım: Sivas Kongresi'nden sonra, Temsil Heyeti sorumluluğu üzerine alarak kongreler tüzük ve bildirilerinin dışında, Sivas Kongresi Tüzüğü'ne ek olmak üzere, "Müdafaa-i Hukuk Cemiyeti Kuruluş Tüzüğü'ne Ektir (1)" başlıklı, "yalnız üyeler için ve gizlidir" yazılı, silahlı ulusal örgütler için gizli bir yönerge düzenledi. Düşmanla çarpışılan yerlerde bu yönergeye göre silahlı müfrezeler, birlikler oluşturuldu.

Ali Rıza Paşa hükümeti görüşünde direniyor

Efendiler, 2 Kasım'da Savunma Bakanı Cemal Paşa'dan aldığım bir şifre telgrafta, "Zaten az olmayan dedikodulara biri daha eklendi. Ziya Paşa'nın Ankara'ya kadar gitmemesi, yardımcı olduğunuz hükümetin etkisini kırmaktan başka bir anlama gelemez. Bu konuda hükümet, düşüncesinde ısrarlıdır" denilmekte ve bunun yanıtının acele beklenilmekte olduğu bildirilmekteydi. Ziya Paşa'nın gönderilmemesi hakkındaki ricamıza, hükümet saygı göstermemişti. Ziya Paşa'yı görevlendirmiş ve göndermişti. Ziya Paşa Eskişehir'e kadar gelmiş ve oradan izin alarak geri dönmüştü.

Cemal Paşa, aynı telgrafında, "Bozkır olayı nedeniyle basına verilen bildirinin biçimini, hükümet, aramızdaki uzlaşmaya aykırı görmektedir" diyordu. Oysa böyle bir bildirimiz yoktu.

Cemal Paşa'nın bu telgrafına, şu yanıtı verdik:

Şifre
Acele

Sivas, 3.11.1919

Savunma Bakanı Cemal Paşa Hazretleri'ne

İlgi: 2.11.1919 tarih 501 numaralı şifre:

1. Hükümetle ulusal örgüt arasında içten bir uzlaşmaya, gerçek bir görüş birliğine vardık. Sizin aracılığınızla çok önemli bir istirhamımız vardı. O da meşru bir amaca yönelen ulusal örgütün zarar görmemesi için, bütün üst düzeydeki memurların buna göre seçilmesi, bize karşı olanların değiştirilmesiydi. Bunlara ait birbiri ardınca tekrarlanan istirhamlarımıza yanıt alamadık. Trabzon, Diyarbakır valileri, Antalya mutasarrıfı hakkında ne yapıldığını henüz bilmiyoruz. Yalnız, durumu yerinde incelemeksizin, İçişleri Bakanlığı, Konya'ya çok yetersiz ve güçsüz Muhipler Cemiyeti üyelerinden Suphi Bey'i vali olarak gönderdi. İçişleri bakanının bu gibi konularda bizimle hiçbir temas ve ilişki kabul etmediği, adeta ulusal örgüte karşı hareket ettiği inancı doğuyor. Bu fikrimizde yanılıyorsak durumun açıklanmasını ve aydınlatılmamızı rica ederiz. Ankara Valisi Ziya Paşa'nın isteğiyle izin aldığını bilginize sunmuştum. Doğal olarak yine kendisi, resmi olarak Ankara valisi sayılmaktadır. Fakat bildirdiğim noktadaki kuşku ve sanı ortadan kalkıncaya kadar, adı geçen valinin aldığı izinden yararlanmaya devam etmesi en iyi şekil olarak kabul olunmalıdır. Polis Müdüriyeti'nin şu an Nurettin Bey gibi bir kişinin elinde bulunması, sizin de bu çok önemli noktaya karşı ilgisiz davranmakta olduğunuz kanısını vermektedir. Oysa, bu ilgisizliğin sonucu hem hükümete, hem de ulusal örgüte zararlı olacaktır. Temsil Heyetimizin ulusal örgütü ve ulusal birliği bozacak en ufak bir duruma karşı hoşgörülü davranamayacağını, elbette, kabul edersiniz.

2. Bozkır olayı hakkında, Temsil Heyeti tarafından basına bir bildiri verilmemiştir. Bunda bir yanlışlık olacaktır. Olasıdır ki, bu haberler, *İrade-i Milliye* gazetesinin aldığı bilgilere dayanmaktadır. Temsil Heyeti'nin bir gazeteye sansür uygulamaya yetkisi olmadığını bilirsiniz. Bununla birlikte gazetenin dikkati çekilmek üzere, bu haberde yer alan, hükümetle aramızdaki uzlaşmaya aykırı görülen noktaların açıklanmasını rica ederiz.

Temsil Heyeti adına
Mustafa Kemal

Temsil Heyeti'nin temsilcisi ve ulusal mücadelenin taraftarı olduğunu ileri süren Cemal Paşa'nın telgrafımıza yanıtı şudur:

Savunma Bakanlığı, 4/5.11.1919

Sivas'ta 3. Kolordu Komutanlığı'na

Mustafa Kemal Paşa Hazretleri'ne: Resmi bildiride yazıldığı gibi, bugünkü hükümet, böyle bir zamanda, yalnızca vatana ve ülkeye hizmet isteğiyle büyük bir sorumluluk almış ve bu görevini yapmak için tam bir tarafsızlık ve içtenlikle hareket etmekte olduğundan, aşağıdaki noktaların açıklanmasına acele olarak gerek duyuldu:

Birinci olarak; milletvekili seçimlerine Müslüman olmayan unsurlar katılmadığı gibi, bugün çeşitli partiler de çekingen durumdadır. Çeşitli partiler, ülkede iki hükümetin olduğunu ve seçimlerin tarafsız olarak yapılmadığını sebep olarak göstermekte ve Müslüman olmayan unsurların da daha sonra bu sebepten dolayı seçime katılmadıklarını ileri sürmeleri büyük bir olasılık dahilinde görülmektedir... Seçimlerin tarafsızlık içinde yapılmadığıyla ilgili şikâyet ve duyumlar artarak, yabancı basın ve çevrelere kadar yansımıştır. Mebuslar Meclisi, ulusun bütün kesimlerini temsil etmediği ve özellikle Kuva-yı Milliye'nin etkileriyle kurulduğu durumda, bunun dünyanın gözünde nasıl karşılanacağını açıklamaya gerek yoktur. Dolayısıyla, milletvekili seçimlerinde baskı yapılmasına uygun ortam yaratılmaması çok zorunludur.

İkinci olarak; tekrarlanması gerekmeyen sebeplerden dolayı, Mebuslar Meclisi'nin başkentten başka bir yerde toplanması, içerde ve dışarda türlü sakınca ve zararlar doğuracağından, Meclis'in mutlaka İstanbul'da toplanması, ülkenin yaşamsal çıkarları gereğidir.

Üçüncü olarak; taşralarda ulusal örgüt adına, bazı kimseler tarafından hükümet işlerine karışıldığı, birbirini kovalayan bilgi ve haberlerden anlaşıldığından, bunun acil olarak ve hızla önlenmesi zorunludur.

Bugünkü hükümet, bu üç isteğinde diretmektedir. Başka şekilde işleri yürütmek olanaksızdır.

Savunma Bakanı
Cemal

Cemal Paşa'nın bu telgrafına –"Başyaver Salih Bey tarafından açılacaktır" notuyla– verdiğimiz yanıtı, olduğu gibi bilginize sunmak isterim:

Şifre | Sivas, 5.11.1919

Savunma Bakanı Cemal Paşa Hazretleri'ne

İlgi: 4/5.11.1919

1. Müslüman olmayan unsurlar ile bu vatan ve bu ulus için Müslüman olmayan unsurlardan daha zararlı olan bazı siyasi partilerin seçimlere katılmamalarını, onların bilerek yaydıkları sebeplere dayandırmak elbette doğru olamaz. Hıristiyan unsurların, daha ulusal örgütün adı bile yokken, seçimlere katılmayacaklarını duyurdukları bilinmiyor muydu? Yaygara koparan siyasi partilere gelince, bunlar yalan söylüyorlar. Çünkü, her tarafta seçimlere katılmışlardır. Ancak beşer, onar kişiden oluşan bu partilerin ulus gözünde bir yerleri olmadığından ve ulus temsilcilerini bu kez İstanbul'daki politikacılardan değil, kendi içindeki öz yurttaşlardan seçmekte olduğundan, bunlar başarılı olamayacaklarını anlayarak telaşlanıyorlar. Buna karşı bizim elimizden ne gelebilir? Bu noktadaki gerçek karşısında hükümetin kararsızlığı şaşılacak şeydir. Sözü edilen baskı nerede, kimin tarafından ve nasıl yapılmıştır? Lütfen açıklanmalıdır ki, Temsil Heyeti görevini yapabilsin. Boş sözlere önem vererek kaygılanmak doğru değildir.

2. Meclisin toplanma yeri hakkındaki görüşte, hükümetin kararlılığının yerinde olup olmadığını zaman ve olaylar gösterecektir. Bu konudaki son düşüncelerimizin merkezlerden alınacak yanıtlar üzerine bilginize sunulacağını bildirmiştik.

3. Ulusal örgüt adına hükümet işlerine nerede ve kimin tarafından karışılmışsa, hemen bildirilmelidir ki, gerekeni yapmak mümkün olsun. Ancak, İçişleri Bakanı Paşa Hazretleri'nin kuşku yaratabilecek şekildeki davranışlarına yüksek dikkatlerinizi çekmeyi gerekli görürüz, efendim.

Temsil Heyeti adına
Mustafa Kemal

İçişleri bakanının ülke içine gönderdiği öğüt heyetleri

İçişleri bakanı ülkeye birtakım heyetler göndermeye kalkıştı. Bunlardan biri de Savunma Bakanlığı eski müsteşarı Ahmet Fevzi Paşa adında bir kişinin başkanlığında, Temyiz Mahkemesi üyelerinden İlhami ve Fetva Emini Hasan efendilerden oluşmaktaydı.

Temsil Heyetimizin temsilcisi olan Cemal Paşa bunu bize haber vermemişti. 5 Kasım 1919 tarihli bir şifreyle kendisinden bu heyetin gönderilme amacını sorduk ve "özellikle fetva emini ile Kâmil Paşa hükümeti zamanında polis müdürü olan kişilerin böyle bir heyette bulunma sebeplerinin" anlaşılamadığını söyledik.

Efendiler, Fuat Paşa'nın Ankara'da kolordusunun başında bulunmasını gerektiren sebepler ortaya çıkmaya başladı. Bu sebeplerin en önemlisi, ülke içinde halkın zehirlenmeye başlanmasıydı. İç ve dış düşmanlarla işbirliği yapanlar, Ali Rıza Paşa hükümeti zamanında, Ferit Paşa zamanındakinden çok daha fazla başarılı olmaya başlamışlardı.

Refet Paşa, Salihli ve Aydın cephelerine komutan olarak gönderiliyor

Kâzım Paşa Balıkesir yakınlarında cephe kurmaya ve duruma hâkim olmaya çalışıyordu. Salihli ve Aydın cephelerindeki sevk ve yönetimin askeri bir düzene uydurulması gerekiyordu. Buraya, az çok tanınmış bir askerin gitmesi gerekmekteydi. Elimizde yararlanabileceğimiz komutan olarak, Konya'da bulunan Refet Paşa vardı. Konya'daki kolordunun başına Fahrettin Bey (Müfettiş Fahrettin Paşa Hazretleri) geçmiş bulunuyordu. Dolayısıyla, Aydın Kuva-yı Milliye Komutanlığı'nı üstlenmek üzere Refet Paşa'ya cepheye doğru yola çıkmasını ve Ali Fuat Paşa'ya Ankara'ya dönmesini yazmıştık.

Refet Paşa'nın Nazilli'ye ulaştığı anlaşıldıktan sonra da Genelkurmay Başkanlığı'na gelmiş olan Cevat Paşa'dan, geçen savaşta denenmiş genç kurmaylardan seçilmiş dört beş subayın, Nazilli'de Refet Paşa'nın yanına gönderilmesini rica ettim. Bu konuyu Refet Paşa'ya da bildirdim.

Refet Paşa, Demirci Efe'nin emri altına giriyor

Efendiler, Nazilli'ye giden Refet Paşa, Demirci Mehmet Efe'den komutayı almayı gerekli bulmamış ve bunda bir fayda görmemiş; ya da kim bilir, belki de komuta kendisine teslim edilmemiş? Demirci Efe'nin emri altında kurmay gibi görev yapmayı daha yararlı ve uygun görmüş... Refet Paşa bunu bize bildirdi. Bölge koşullarını yakından görmüş olan bir kişinin kararını bozmak genellikle zordur. Çünkü, ya gerçekten Refet Paşa'nın gördüğü ve tercih ettiği gibi, Efe'nin komutasını devam ettirmekte ve ona yardımcı olmakta fayda vardı veya Refet Paşa o cephenin komutasına herhangi bir sebepten dolayı el koyamıyordu. Her iki olasılığa göre de mutlaka komutayı al diye emir vermek anlamsız olurdu.

Asıl gariplik bundan sonra görüldü. Bir süre sonra, Refet Paşa Nazilli'de gözden kayboldu. Birkaç gün sonra Balıkesir'de olduğunu, birtakım yabancı subaylarla ilişkiye girip girmemesini bizden sorması nedeniyle anladık.

22 Aralık 1919 tarihinde verdiğimiz yanıtta, "Ulusal örgütün içinde olanların, özellikle Temsil Heyeti üyesi olarak tanınmak onuruyla kendisinin, yabancılarla hiçbir şekilde ilişki kurmasını arzu etmediğimizi" bildirdik. Refet Paşa yine ortadan kayboldu. Sonunda bir gün, "Bursa'dan Refet" imzalı kısa bir telgraf aldık: "İstanbul üzerinden Bursa'ya geldim."

Bu telgrafın anlamını bir türlü kavrayamıyordum. Refet Paşa'nın İstanbul'la ne ilişkisi vardı? Bir de "Nazilli-Balıkesir-Bursa" yolu İstanbul'dan mı geçer? Bu bilmeceyi bir türlü çözemedim. Sonunda konu anlaşıldı.

Refet Paşa, Nazilli'den ayrıldıktan ve Balıkesir'de Kâzım Paşa'ya uğradıktan sonra, Bandırma'ya inmiş, oradan da bir Fransız torpidosuyla İstanbul'a gitmiş, orada bazı arkadaşlarıyla görüşmüş, ondan sonra Bursa'ya dönmüş...

Efendiler, bu bilmeceyi hâlâ çözemiyorum. Bunda beni anlayacağınızı ümit ederim.

Refet Bey'in, bir İngiliz gemisiyle Samsun'a gelen Salahattin Bey tarafından değiştirildiği ve aynı gemiyle Refet Bey'in İstanbul'a dönmesi istendiği ve bunun üzerine gitmeyip görevinden ayrıldığı ve İstanbul hükümetinin benimle birlikte kendisinin yakalanarak İstanbul'a gönderilmemizi genelgeyle emir verdiğini biliyorsunuzdur. Bu kadar çok bilgiyle bir bilinmezi çözememek, cebir bilenler tarafından pek de bağışlanmazsa da, benim bu noktada yetersiz kaldığımı itiraf ederim. Gerçi, Ferit Paşa hükümeti yerine Ali Rıza Paşa hükümeti geçmişti. Aslında, yeni hükümetin haber alma ve yürütme araçlarının öncekinin aynı olduğunu biliyorsunuzdur.

Efendiler, Refet Paşa'nın bu hafif davranışı, Aydın ve Salihli cephelerinde, düzenli ordunun kurulmasına kadar, ciddi bir sevk ve yönetim kurulamamasına sebep oldu.

İçişleri bakanının kuşku uyandıran davranışları

Efendiler, bu garip hikâyeden sonra, olayları tekrar bıraktığımız noktadan izlemeye başlayalım:

Cemal Paşa, bizim 5 Kasım 1919 tarihli şifremizin bir noktasını anlayamamış. Babıâli merkezinden çektiği kısa bir şifreyle şu şekilde bir açıklama istiyordu: "'İçişleri bakanının kuşku uyandırabilecek tarzdaki davranışlarına dikkatinizi çekmeyi gerekli görürüz', cümlesinden amacın ne olduğu anlaşılamadı. Bu noktanın acele ve açık olarak bildirilmesi!"

Bu kısa açıklama isteğine verdiğimiz yanıt biraz uzundur. Sıkılmazsanız, olduğu gibi bilginize sunayım:

Şifre — Sivas, 12.11.1919

Savunma Bakanı Cemal Paşa Hazretleri'ne

İlgi: 8.11.1919 tarih ve 8084 numara

İçişleri bakanının kuşku yaratan eylem ve davranışlarından akla gelenler aşağıda bilginize sunulur:

1. Ankara gibi bazı illerde, üst düzeydeki sivil memurları telgraf başına çağırtarak Ferit Paşa hükümetine karşı ulusal mücadele sırasında girişimde bulunanların durumlarını, hükümeti suçlama sebeplerini, bütün bunların yasaya uygunluk derecesini gözdağı verircesine soruşturmak.

2. Uzun süredir hasta iken tifodan ölen Tokat mutasarrıfının ölüm sebebinin, sırlarla dolu bir olay kabul edilerek Sivas valiliğinden şifreyle sorulması...

3. Adalet bakanı ile birlikte, Balıkesir cephesinden gelen ulusal heyetle gizli görüşmeleri sırasında, Adalet bakanının ulusal mücadele liderleri aleyhine bir şeyler yapılmasının mümkün olup olmadığını, adı geçenin yanında söz konusu edebilmesi.

4. Bakanlığa geçildiği zaman ilk vatanseverce iş olarak vatana ihaneti kanıtlanmış olan eski İçişleri Bakanı Adil Bey'in düşünce ve eylem sırdaşı İçişleri Müsteşarı Keşfi Bey'in, kovulması gerekirken, hâlâ korunması ve bunun aracılığıyla üst düzeydeki sivil memur değişikliklerinin yapılması.

Doğal olarak, bu müsteşarın atayacağı memurlar pek haklı olarak ulusun güvenini kazanamazlar. Örneğin, ulusal mücadelenin başından sonuna kadar buna karşı bir tavır almış ve sonunda halk tarafından işten el çektirilmiş ve hasta olması bakımından o zaman tutuklanması ve uzaklaştırılması yoluna gidilmemiş olan eski Kayseri Mutasarrıfı Ali Ulvi Bey, yönetici niteliklerinden büsbütün yoksun ve beceriksizler topluluğundan olmasına rağmen Burdur'a atanmıştır.

Yine yetersizliğinden ve Samsun sancağı için uygun görülmemesinden kendisinin de isteğiyle bir zamanlar İstanbul'a gönderilen Ethem Bey de Menteşe'ye atanmıştır. Aydın Mutasarrıflığı'na da eski Niğde mutasarrıfı olup Sivas'a getirilen Cavit Bey atanmıştır. Bunlara rağmen, eski Konya valisi vatan haini Cemal Bey'in adamı olan Antalya mutasarrıfı, tekrar tekrar yaptığımız başvurularımıza ve halkın haykırışlarına rağmen hâlâ yerinde oturuyor.

5. Özlük İşleri Müdürlüğü gibi en önemli makam bir Ermeni elinde bulunduruluyor.

6. Basın Yayın Müdürlüğü'nde, Ajans'ın durumunda bir değişiklik görülmemektedir.

7. Ülkenin geleceğini güvenceye alacak tek gücün ulusal birlik olduğu ve bunu devam ettirecek olanın da ulusal örgüt bulunduğu bilinmektedir. Bu birlik ve örgütün, vatanı parçalanmaktan kurtarmak, devlet ve ulusun bağımsızlığını sağlamak olan kutsal amacını bozmaya çalışanlar da İstanbul'daki bozgunculardır. Bunların zararlarının önlenmesi, ancak kuvvetli ve ciddi bir disipline bağlıdır. Bunun da başlıca yolu, polis müdürünü, namuslu, milliyetçi, yetenekli, girişimci gücü olan kişilerden seçmek ve atamaktır. Oysa sizler de biliyorsunuz ki, bugünkü polis genel müdürü, düşürülen vatan haini hükümetin ve adamlarının tek koruyucusudur. Sait Molla'nın Mister Frew'a yazmış olduğu mektupların içeriğinden anlaşıldığına göre de bu kişi, bize karşı olanlara, yani ulus düşmanlarına bugün kucak açmakta, bir sığınak olmaktadır. Amasya'da Salih Paşa Hazretleri de bunu doğrulamışlardı. Oysa İçişleri bakanı, ülke ve ulusun geleceğini böyle bir kişinin elinde bırakmakta bir sakınca düşünmüyor, belki fayda görüyor demektir. Jandarma Komutanı Kemal Paşa'nın ise, gerek ulusal dava ve gerekse sizler için zararlı bir kişi olduğu kesinleşmişken, hâlâ makamında durması da İçişleri Bakanlığı'nın iyi niyetine mi verilmelidir?

Temsil Heyeti adına
Mustafa Kemal

Ali Rıza Paşa hükümeti ulusal örgütü düşman örgütle, bizi de Ali Kemal ve Sait Molla ile bir tutuyor

Efendiler, Savunma bakanının 9 Kasım 1919 tarihli bir telgrafı vardı; onun da içeriği ilginçtir. Cemal Paşa bu telgrafında, hükümetin fikrini şu noktalar üzerinde topluyordu:

"1. Seçimlerin güvenlik içinde yapılması,

2. Mebuslar Meclisi'nin İstanbul'da toplanması,

3. Ulusal örgüt adına hükümet işlerine karışılmaması hakkında hükümetin tarafınıza başlangıçtan beri yaptığı bildirimler kesindir.

4. Birçok telgrafınızda ileri sürülen isteklerin de aynı nitelikte –müdahale niteliğinde– olduğu açıktır.

5. Hükümet, bildirisinde belirlediği ve duyurduğu tarafsızlıktan ayrılmayacaktır. Bu bakımdan ulusal örgüt karşıtı görüşte bulunanlara karşı baskı ve cezalandırma yoluna gidemez." Telgrafın sonunda şu tehdit vardı: "Şimdiki durum, kısa bir süre daha devam edecek olursa Bakanlar Kurulu'nun çekileceği kesindir."

Saygıdeğer efendiler, bu maddelerin anlamları, aslında bütün gerçekleri ortaya çıkarmış bulunuyordu. Hükümet, ulusal örgüt karşıtı görüşte bulunanları, ülke ve ulus düşmanı kabul etmiyordu. Ulusal örgüt ile düşmanın ihanet örgütünü, Ali Kemal ve Sait Molla ile bizi aynı kabul ediyordu. Adapazarı, Karacabey, Bozkır, Anzavur olaylarını suç saymıyordu.

Mustafa Kemal Paşa Büyük Taarruz öncesi birlikleri teftiş ediyor.
İş Bankası Müzesi Arşivi.

Cemal Paşa'ya verdiğimiz yanıtta, bu noktaları açıkladıktan sonra, hükümetin duygu ve eğilimini açık söyletmek amacıyla şu cümleyi de ekledik: "Bildirdiklerinizden anladığımıza göre, İstanbul hükümeti ulusal örgütün varlığını belki de gereksiz görüyor. Gerçekten, durum bu biçimde, ulusal örgüte ihtiyaç olmaksızın, ülkeyi kurtaracak güce sahip bulunuluyorsa, ona göre gereği yapılmak üzere açıkça bildirilmesini, aradaki her türlü yanlış anlamanın giderilmesi için bilginize sunar ve istirham ederiz."

İçişleri Bakanı Damat Şerif Paşa sürekli olarak ulusal birliği bozmakla, temsilcimiz Savunma Bakanı Cemal Paşa da hükümetin uygulamalarını savunmakla uğraşıyor

Efendiler, Cemal Paşa'nın özel olarak Sivas'a gönderdiği 10 Kasım 1919 tarihli ve kendi elyazısıyla olan bir mektubunu da 18 gün sonra –yani 28 Kasım 1919 tarihinde– almıştım. Cemal Paşa bu mektubunda, yapılan yazışmalarda ilgili konuları madde madde özetliyor ve her biri hakkında açıklamalar yapıyordu.

Bu arada, Mebuslar Meclisi'nin İstanbul'dan başka bir yerde toplanması konusundan söz ederken, "Bu işe padişahın izin vermeyeceği tamamen anlaşılmıştır. İşgal kuvvetlerinin Mebuslar Meclisi'ne saldırılarının, belki Osmanlı Devleti için iyi sonuçlar verebileceğini, Amerikalılar üstü kapalı ve hatta açıkça hissettirdiler" diyordu.

Cemal Paşa, "Kuva-yı Milliye ruhu taşımayan memurların ileri gelenleri, işgal ordularına adeta sırtını dayamış durumdadırlar" şeklinde, sanki bilinmeyen bir bilgi de verdikten ve bu bilgiyi "eski hükümet ileri gelenlerinin çoğu sırtını dayamıştır" bilgisiyle tamamladıktan sonra, "örneğin polis müdürünün değiştirilmesinde bu durum tamamıyla belli oldu" diye bir de örnek veriyor.

Cemal Paşa, hükümet birçok işler yapmayı düşünmüşse de "köklü bir girişim için dayandığı gücün ciddiyetine hâlâ inanamadı" cümlesiyle bizi suçladıktan sonra şu inancını ortaya koyuyordu: "İçişleri bakanı bu güce –yani Kuva-yı Milliye'ye– ihtiyaç gösterenlerin başında desem abartma olmaz."

Cemal Paşa'nın, mektubuna imza koyduktan sonra, yine kendi imzasıyla mektubuna eklediği bir özette şu cümle vardı: "Muhalifler ve yabancılar Meclis'in açılmasına engel olmaya karar vermişlerdir. Temsil Heyeti de bu engellemeye toplanma yeri çekişmesiyle devam ederse işimiz Allah'a kalıyor demektir."

Efendiler, bu mektupta yazılanlarda ve bundan önceki bildirimler ile bundan sonra sürecek olan fikirlerde egemen olan mantık, düşünce ve görüş sağlamlığı hakkında söz söylemeyeceğim. Yalnız, bu mektuba 28 Kasım 1919 tarihinde verdiğimiz açıklamalı yanıtımızın bir cümlesini aynen aktarmakla yetineceğim. O cümle şudur: "İstanbul hükümetinin köklü bir girişim için dayandığı gücün ciddiyetine güveni kalmamış gibi gösteren maddeleri ciddi bulmuyoruz."

Efendiler, İçişleri Bakanı Damat Şerif Paşa, durup düşünmeksizin sürekli ulusal birliği bozacak, ulusu her gün sürüp gitmekte ve genişlemekte olan saldırılar karşısında sessiz ve hareketsiz tutacak önlemler almaktan geri durmuyordu. Diğer bakanlıkları da aynı prensipte davranmaları için kışkırttığı görülüyordu. Örneğin, Eskişehir'de Hamdi Efendi adında bir kadı vardı. Kuva-yı Milliye karşıtı olduğu için orada duramamış, dönmemek üzere İstanbul'a gitmiş ve bu kadı efendi yeni hükümet tarafından tekrar Eskişehir'e gönderilmiş. Durumdan söz edilerek adı geçenin değiştirilmesi gereği mutasarrıf tarafından Adalet Bakanlığı'na yazılmış, yanıt verilmemiş. Mutasarrıf ve Eskişehir bölge komutanı, bu durumu Temsil Heyeti'ne bildirmekle birlikte, "Eğer Bakanlık bu yazıyı önemsemeyecek olursa, kadının kovulması zorunludur. Sizin emir ve görüşleriniz istirham olunur" deniliyordu. Biz de görüşümüzü bekleyenlere şu yanıtı vermek zorunda kaldık: "Ulusal davaya uyulacağı sözünü veren ve bu esasta ulusal örgütün her türlü yardımına değer görülen İstanbul hükümetine, adı geçen kadının değiştirilmesi kabul ettirilemezse, sonunda kovulmasının bir zorunluluk olacağı açıktır." Kuşkusuz bu durumda bulunan İstanbul memurları az değildi.

Buna benzer birtakım konular hakkında Savunma Bakanı Cemal Paşa'nın, hükümetin görüşünü bildiren 24 Kasım 1919 tarihli bir şifresinin ilk cümlesi şuydu: "Devletin içişleri ve siyasi çalışmaları kesinlikle ortaklık kabul etmez."

Bu telgrafa 27 Kasım 1919 tarihinde verdiğimiz ayrıntılı yanıtta, biz de şöyle dedik: "Devletin içişlerinin ve siyasi politikasının kesinlikle ortaklık kabul etmediği bir gerçek olmakla beraber, örneği görülmemiş şimdiki durum karşısında, vatan ve ulusun geleceğini güvence altına alacak olan ulusal örgütü bilerek, bilmeyerek güçsüz düşürecek ve ulusal birliği bozacak hiçbir davranışa ulusun izin vermeyeceği de çok yasal ve doğaldır." Bu telgrafın son cümlesi şöyleydi: "Heyetimiz, imzası altındaki sözlere tamamıyla sadıktır... Şu kadar ki, verilen sözlerin karşılıklı olması gerekir. Oysa hükümet, Salih Paşa'nın imzası altındaki sözlerin ve notların henüz hiçbirini yerine getirmemiş ve eğer varsa engelleyici sebepler de bildirilmemiştir."

Efendiler, şimdi vereceğim kısa bilgiler ve bunları doğrulamak için göstereceğim belgeler, Ali Rıza Paşa hükümetinin bizi suçlu bulmakta ne kadar haksız ve hükümet uygulamalarında, en basit anlamıyla ne kadar kayıtsız olduğunu gözleriniz önünde canlandıracaktır sanırım.

Efendiler, İstanbul'daki gizli cemiyetler ve bu cemiyetlere önderlik eden birtakım kişiler –Savunma Bakanı Cemal Paşa'nın mektubunda da açıklandığı gibi, sırtlarını yabancılara dayamış bulunuyorlardı– bol para ve Ali Rıza Paşa hükümetinin geniş hoşgörüsü ve tembelliği nedeniyle, ülkeyi baştan başa ateşe vermek için olanca güç ve çabalarıyla çalışıyorlardı. Bu konudaki bilgiler ve elde edilen belgeler de hükümetin bilgi ve haberleri dışında bırakılmış değildi. İstanbul'daki örgütümüz ve aldığımız önlemlerin yardımıyla elde edilmiş bir kısım belgeler, olduğu gibi Cemal Paşa'nın ve sadrazamın ellerine verilmişti. Bu belgeler, o tarihte yabancı temsilcilere de verilmiş ve bu şekilde İtilaf devletleri hükümetlerinin çoğunluğu tarafından öğrenilmiş ve o tarihlerde özetleri bütün komutanlara ve diğer gerekli kişilere bildirilmiş olduğuna göre, artık olayın tarihe karışmış olduğu bugünde, yüce heyetiniz ve ulusça bilinmesinde bir sakınca görmüyorum.

Sait Molla nasıl çalışıyordu?

Ulusal mücadele sırasında karşılaştığımız açık ve gizli güçlükler hakkında tam bir fikir verebilecek ve gelecek kuşaklara ibret ve ders olacak nitelikte bulunan söz konusu belgeleri olduğu gibi bilginize sunmayı uygun görüyorum. Bu belgeler, İngiliz Muhipler Cemiyeti'nin sözde lideri olarak tanınan Sait Molla'nın Mister Frew adındaki rahibe gönderdiği mektupların kopyalarıdır.

Efendiler, bu mektupların kopyalarının alındığını anlayan Sait Molla'nın, Türkçe *İstanbul* gazetesinin 8 Kasım 1919 tarihli sayısında, söz konusu mektuplardan söz ederek uzun ve sert bir dille bir yalanlama yayımlamış olmasına rağmen, gerçeği saklamak olanaksızdır. Bu mektupların kopyaları, Sait Molla'nın evinden ve mektupların taslaklarının yazılı bulunduğu bir defterden olduğu gibi kopya edilmiştir. Bu bir yana, mektupların içeriği, ülkede ortaya çıkan durum ve olaylar ile ayrıca, ne oldukları ortaya çıkan bazı kişilerle tam bir uygunluk göstermektedir. Şimdi izin verirseniz, bu mektupları tarih sırasıyla bilginize sunayım:

Birinci Mektup

Aziz dostum,

Verilen iki bin lirayı Adapazarı'nda Hikmet Bey'e gönderdim. Oradaki işlerimiz çok yolunda gidiyor. Birkaç gün sonra verimli sonuçlarını elde edeceğiz. Şimdi aldığım şu bilgileri, şu mektubumla size hemen müjdelemek istedim. Yarın sabah gelip ayrıntılı bilgi vereceğim.

Kuva-yı Milliye taraftarlarının Fransa'ya olağanüstü yaltaklanma gösterdiklerini ve General Franchet d'Esperey'nin Sivas'a gönderdiği subayların Mustafa Kemal Paşa ile görüşerek İngiltere hükümeti karşıtı bazı kararlar aldıklarını Ankara'daki (N.B.D. 285/3) adamımız özel olarak bir kuryeyle gönderdiği mektupta bildiriyor. (D.B.Q. 91/3) her ne kadar cemiyetimizin içindeyse de, bende bu kişinin Fransızlara casusluk ettiği ve sizin bu örgüte başkanlık yaptığınızı yaydığı ve açıkladığı inancı uyanmıştır. Bu konu hakkında da yüksek şahsınızın görüşleri ve yüksek güvenlerine aykırı olarak söyleyeceklerimle, şimdiye kadar o kişi hakkında gösterdiğiniz güvendeki yanlışı ortaya koymuş olacağım. Dün sabah Adil Bey'le birlikte Damat Ferit Paşa Hazretleri'ni ziyaret ettim. Biraz daha sabırlı davranmaları ve beklemeleri gereğini tarafınızdan kendilerine bildirdim. Paşa Hazretleri, yanıt olarak size teşekkür etmekle birlikte, Kuva-yı Milliye'nin Anadolu'da tamamen kök saldığını ve bir karşı hareket sonucu olarak, hain liderleri bozguna uğratılmadıkça, kendilerinin yönetime gelemeyeceklerini, padişahın da onayına sunulan anlaşma maddelerinin Konferans'ta savunulmasına olanak olmadığını ve Kuva-yı Milliye'nin dağıtılması için yüce İngiltere hükümeti nezdinde hemen girişimler yapılarak ortak bir notanın milletvekilleri seçimlerinden önce Babıâli'ye verilmesini ve çetelerimizin Adapazarı, Karacabey ve Şile'de Rumlara karşı yapacakları saldırıları temel alarak, Kuva-yı Milliye'nin güvenliği bozduğunu ileri sürerek, işin hızlandırılmasına çalışmamızı ve İngiliz basınının Kuva-yı Milliye karşıtı yayın yapmasının sağlanmasını ve özel olarak torpido ile gönderilen (E.B.K. 19/2)'ye telsiz telgrafla dün görüştüğümüz konularla ilgili emir verilmesini rica ediyor. Bu gece 23.00'te Adil Bey (sizi K)'de görecek ve Ferit Paşa'nın bazı özel ricalarını da bildirecektir. Ondan sonra padişah ile Mister (T.R.) görüşebilecektir. Refik Bey'e artık güvenmeyiniz. Sadık Bey de bizimle çalışabilecektir. Saygılarımı sunarım.

11.10.1919 *Sait*

Not: Karacabey'le Bozkır'dan henüz bir haber alamadık.

İkinci Mektup

12.10.1919 tarihiyle Ankara'daki (N.B.D. 285/3) tarafından gönderilen mektupta, Sivas Temsil Heyeti'nden kurmay albaylıktan emekli Vasıf Bey'in d'Esperey ile görüşmek üzere gönderileceği ve birkaç güne kadar yola çıkacağı bildiriliyor. Hikmet Bey paraları almış. Biraz daha para istiyor. Önceki gün sizi ziyarete geldiğimde izlendiğimi söylememiştim. Dönüşümde biri sarı bıyıklı, diğeri kumral ve köse iki kişinin sokak başında beni beklediklerini gördüm. Gece olduğu için çok korktum. Yalnız birbirlerine yavaşça "Bu Sait Molla imiş. Artık gidelim" dediklerini işittim. Bu fazla ilişki benim hakkımda iyi olmayacak. Fuat Paşa Türbesi yakınlarındaki görüştüğümüz evi tutabilirseniz sizinle buluşabileceğiz. Nâzım Paşa'nın cemiyetimizden haberi varmış. Bana çok içerledi. İzninizle (N.B.S. 495/1) düzenine kendilerini kattım. Ev sorunu çözülünceye kadar görüşmeyi adı geçen yapacaktır. Karacabey'de (N.B.D. 289/3)'e gönderilen bin iki yüz lira ulaşmıştır. Yola çıkacaklardır. Ferit Paşa, Babıâli'ye verilecek notayı her dakika beklemektedir. Padişah bu durum nedeniyle çok üzgündür. Gönlünü aldırmanız ve sürekli kendisine ümit verici demeçler verdirmeniz çıkarlarımız gereğidir. Bizim padişahların her şeye karşı zayıf olduklarını unutmayınız. Seyit Abdülkadir Efendi, o konu hakkında çok tuhaf açıklamalar yaptı. Sözüm ona, arkadaşları "yurtseverliğe aykırı olur" diyorlarmış. Artık siz gerekeni yapınız. Polis Müdürü Nurettin Bey'in değiştirileceği söyleniyor. Hepimizin koruyucusu olan bu kişi hakkında ilgili kişilerin dikkatini çektiriniz. Saygılarımı sunarım.

18/19.10.1919 *Sait*

Not: Ali Kemal Bey o kişiyle görüşmüş. Konuşmayı yönetemediği için karşısındaki amacını anlamış ve hatta kendisine büyük bir hakaretle "Biz, sizin İngilizler için çalıştığınızı anladık" demiş.

Üçüncü Mektup

Yapılan propagandaları göz doktoru Esat Paşa kolu ve özellikle Çürüksulu Mahmut Paşa, resmi bilgilere dayanarak devamlı yalanlattırıyor ve halkın heyecanının yatıştırılmasına çalışıyorlar. Bu adamlara, başvurularında hiç yanıt verilmemesini, dün kararlaştırılan kişiye, padişah aracılığıyla emir vermenizi rica eder, saygılarımı sunarım.

19.10.1919 *Sait*

Dördüncü Mektup

Aziz Üstat,

Muhipler [İngiliz Muhipleri Cemiyeti üyeleri] arasında Franmason örgütünü istemeyenler oluyor. İttihatçıların yolu tutulacağından çekiniliyor. Bu örgütün yönetimine kalp ve ruh ile yetiştirilmiş gençlerin katılmasıyla bu programı uygulayabileceğiz. Benim dış görünüşümün uygun olmaması nedeniyle, eski dostunuz (K.B.V. 4/35) kararlaştırılan ilkeler doğrultusunda işe başlayacaktır. Ankara ve Kayseri'den yine haber yok. Saygılarımı sunarım üstadım.

19.10.1919 *S.*

Beşinci Mektup

Üstat,

Kasidecizade Ziya Molla dün Adam Blok'a (Adam Block) haber göndermiş. Eski dostu olduğuna güvenerek, benim başında bulunduğum Muhipler Cemiyeti'nin gördüğü korumanın, İngilizlerin karakteriyle bağdaşmaz olduğunu ve bunun kamuoyunda kötü etkiler yaptığını ve bu açıdan namuslu kimselerin temsil etmesi gerekeceğini dolaylı olarak bildirmiş ve benim hakkımda çok kötü şeyler eklemiş. Bu kişinin bana karşı kişisel düşmanlığı olduğunu hatırlatmak isterim. Ziya Molla'nın damadının kız kardeşi eskiden benim eşimdi. Kendisini boşadığımdan dolayı bu düşmanlık bana yöneltilmiştir. Durumun Adam Block Hazretleri'ne bildirilmesini ve Ziya Molla'nın şimdi İngiliz taraftarı olmayıp ulusal mücadele taraftarlarının bir propaganda aracı ve Mustafa Kemal Paşa ile aralarında ilişki olduğunu ve beni suçlamakla kendi içyüzünü göstermekte olduğunu yüksek görüşlerinize sunmak isterim.

21.10.1919 S.

Not: Sakınca yoksa Adam Block Hazretleri'ne size olan hizmetimi bildiriniz.

Altıncı Mektup

Saygıdeğer Üstat,

Ankara'dan (N.B.D. 295/3)'ten kuryeyle gelen 20 Ekim 1919 tarihli mektupta, (K.D.S. 93/1) emriniz üzere orada bırakılarak kendisi Kayseri'ye hareket etmiştir. Emrin onaylanmış kopyasını da Galip Bey'e gönderdiğini bildiriyor. Önceki ödeneğin harcanmış olması nedeniyle yeniden ödenek istiyor. Gizli örgütün yayıldığını ve başındaki bozguncu liderlerden yakasını kurtaran Muhiplerimizin, şimdilik köylerde kalmak koşuluyla el altından işe başladıklarını müjdeliyor ve son planlarının verimli sonuçlanacağını bildiriyor. (M.K.B.) düzgün Türkçesi sayesinde önemli rol çeviriyormuş. Hele hocalığına diyecek yok diyor. Emrin (X. VV) düzenlemesi planı tamamen hazırlanmış. Aramıza yeni yabancılar girmemiş ise, durum sezilmeden, amaç eylemli olarak sağlanacaktır. Yeni ödeneğin gönderilmesini beklemek üzere kurye (4.R.) burada tutulmuştur.

23/24.10.1919 S.

Not: Ahmet Rıza Bey'in İtalya mandası hakkındaki açıklamasını mektubun sonuna ekledim. Kendisinin Fransa'ya geçmesi bizce tehlikeli olur. Bunu engelleyiniz.

Yedinci Mektup

Üstadım,

Ali Kemal Bey dün o kişiyle görüşmüş. Basın işinde biraz ihtiyatlı olmak gerektiğini söylemiş. Bizde daha önce herhangi bir gidişten yana yöneltilmiş fikir ve kalem erbabını, buna aykırı bir amaca yöneltmek kolaylıkla mümkün olmaz. Bütün devlet memurları ulusal mücadeleyi şimdilik iyi görüyorlar demiş. Ali Kemal Bey, emirlerinize harfi harfine uyacak, Zeynelabidin partisiyle de işbirliği yapmaya çalışıyor.

Özetle, işler bulandırılacak. Bugünlerde Fransız ve Amerikan çevrelerinde benim adımdan çok söz ediliyormuş. Bunun hikmetini hâlâ anlayamadım. Ulusal mücadele taraftarlarının, bu hükümetin siyasi görevlileri üzerinde yaptıkları etkinin sonucu olarak hayatımın korunması size kalmıştır. Ben, bu ümitle kendimi cesaretlendiriyorum. Hikmet ile kendim görüştüm. Bu kez kendisini kaypakça gördüm. Bununla birlikte sağlam güvence verdi. "Ben güvenilir bir kişiyim. Sözümden dönmem" dedi. Sivas olayını nasıl buldunuz? Biraz düzensiz ama yavaş yavaş düzelecek. Kadıköylü de işi üstleniyor. Fakat uğursuz İttihatçı basın, bazen bizim işlere engel oluyor. Bunların yazılarına dikkat etmek gerek. Paşamız hâlâ sinirli. "Ne zaman olacak?" diyor. Ev meselesinin hâlâ çözülmemiş olması, görüşmemizi zora sokuyor. (N.B.S. 495/1) Konya'ya önem verilmesini tavsiye ediyor. Size sözlü olarak açıkladığı konu hakkında dikkatini çekmemi rica ediyor. Ali Kemal Bey'in son felaketi üzerine üzüntünüzü bildirdiğinizi söyledim. Bu kişiyi elde bulundurmak gerek. Bu fırsatı kaçırmayalım. Bir hediye sunmak için en uygun bir zamandır. 19 Ekim tarihli mektubumu almadığınız için üzgünüm. Aracıyı biraz sıkıştırınız. Tehlikeden sakınmak, benim için çok önemlidir. Yeni bir parola gönderiniz. Hikmet'e ve Kadıköylüye numaralarını vereceğim. Saygılarımı sunarım üstadım.

24.10.1919 *S.*

Not: Birkaç defadır söylemek istediğim halde unutuyorum. Mustafa Kemal Paşa'ya ve taraftarlarına biraz müsait görünmeli ki kendisi tam bir güvenle buraya gelebilsin. Bu işe çok önem veriniz. Kendi gazetelerimiz ile taraftarlık edemeyiz."

Sekizinci Mektup

Aziz Üstat,

Seçimleri geciktirmek ve askıya almak için, gerek Mustafa Sabri, gerek Hamdi ve Vasfi efendilerle uzun uzadıya, emriniz çerçevesinde görüştüm. İzinlerini aldım. Mahallelerde propagandalar başladı. Gerekli kişileri elde edecekler. Bol para dağıtarak oyları bölmeye uğraşacaklardır. Padişahın bu konuda aydınlatılması çok gereklidir. Amaca, üstatça görüş ve önlemlerinizle ulaşacağımızı garanti ederim üstat.

26.10.1919 *S.*

Dokuzuncu Mektup

(9. R.) kurye geldi. Keskin örgütü bitmiştir. Arkadaşlara propaganda için emir verdim. Başarılarımızın ilk ürünlerini yakında alacağımızdan eminim üstadım.

27/28.10.1919 *S.*

Onuncu Mektup

Aziz Üstat,

Saray'da yeni hükümet kurulmasıyla ilgili hazırlık ve planların yer aldığı haberi duyulmuştur. Bu işin hızlandırılması çok gereklidir. Anadolu örgütümüzün bazı planları Kuva-yı Milliye tarafından anlaşılmış, özellikle Ankara ve Kayseri'de bize karşı çalışmalar başlamıştır. Kürt Cemiyeti, söz vermesine karşın, bir varlık gösteremedi. Çetelerimizden bir kısmı bozguna uğratılıyor. Ne olursa olsun düşünülen hükümetin iktidara getirilmesi kesinlikle çok gereklidir. Ali Rıza Paşa'nın planlarımıza karşı engelleyici önlemler alacağını da düşünüyorum. Bozkır'a gidecek adamlarımız tanınmış kişiler olması nedeniyle fazlaca korkuyorlar. Konya'da (K.B. 81/1)'e sizin aracılığınızla, olayın şiddetlendirilmesi hakkında bildirim yapılmasıyla propaganda heyetlerinin bu konuyla ilgili çalışmaya davet edilmesi gerekliliğini ve zorunluluğunu bildirir, saygılarımı sunarım.

29/30.10.1919 *S.*

Benim bir mektubumdan Hikmet'e söz edilmiş. Bu mektubun içeriğini nereden öğrenmişler? Ben, Hikmet'le görüştüm. Ve bunun gerçek olduğunu büyük bir hayretle Hikmet'ten dinledim. Casus benim çevremde midir, yoksa sizin çevrenizde midir?

On Birinci Mektup

Aziz Üstadım,

Kürt Teali Cemiyeti'ndeki yakın dostlarımızla görüştüm. Yeni geldikleri için, birkaç gün sonra verilen emir çerçevesinde hazırlık yapacaklarını, yalnız Kürdistan'a gönderilecek çeşitli arkadaşlar için büyük bir ödeneğe ihtiyaç olduğunu söylediler. (D.B.R. 3/141)'den gelen mektubu da gösterdiler. Urfa, Antep, Maraş'ta Fransızlara karşı gereğinden fazla kışkırtmalar yaptıklarını ve kolordu komutanının izlediği yumuşak siyasete rağmen halkı kandırdıkları yazılıdır. Hükümet başkanlığına Zeki Paşa'nın getirilmemesi hakkında bildirilen görüş doğru değildir. Bu kişi Kürtler üzerinde söz sahibidir. Eski Ermeni vuruşmaları unutulmuştur. Sizin görüşünüz, herhalde bugün için zamansızdır. Bunu, gerektiğinde başka anlama çevirmek mümkündür. Üstatça çabanızı her dakika bekliyoruz. Karşıdaki olayı diğerlerine de yaymaya çalışıyoruz. Saygılarımı sunarım.

4.11.1919 *S.*

On İkinci Mektup

Aziz Üstadım,

Ahmet Rıza'nın *Tan* [*Le Temps*] muhabirine yaptığı açıklama elbette dikkatinizi çekmiştir. Emir Faysal'a Fransızlar ile anlaşma yapmayı önermesindeki anlamın taşıdığı siyasi incelik efendimizin gözünden kaçmamalıdır. Kuva-yı Milliye liderleri, Fransa'ya son zamanlarda dikkate değer bir şekilde eğilim gösterdikleri gibi, Irak'ta çıkardıkları karışıklığın yanı sıra, diğer taraftan Suriye'deki egemenliğimize de darbe vurmak istiyorlar. Bu kuvvetin sürüp gitmesinde gösterilecek ilgisizlik ve kayıtsızlık, İslam dünyasının İngiltere karşıtı olağanüstü galeyanıyla sonuçlanacaktır. Üzerinde dikkatle durulan bu noktayı önemseyerek görmek ve üst düzeydeki siyasi kişilerinize göstermek zorunludur. Bu düşüncemle, bilimsel değerinize karşı bir saygısızlıkta bulunduğum yargısına varmayınız. Çünkü Türkiye üzerinde, sizden başka bir gücün etki ve egemenliğini sürdürmesi, siyasi amacımıza aykırıdır. Fransa, İtalya ve özellikle Amerika'nın gerek ileri gelenleri ve gerek basınıyla bu güce karşı gösterdikleri karşıt eğilimler, siyasi ve askeri üstünlüğünüzle rekabete girişildiğinin açık bir kanıtıdır. Ahmet Rıza gibi Klemanso'nun [Clemenceau] ve Pişon'un (Pichon), çeşitli siyaset adamlarının eskiden beri devam eden yakın dostluklarını kazanmış kişilerin Fransa'da önemli bir rol oynayacağından ve kamuoyunu tam anlamıyla kendilerine çekebileceklerinden ve etkileyeceğinden emin olunuz. Bu kişinin İsviçre'ye geçeceğine ilişkin bilgiye göre oradan bir yolunu bulup Fransa'ya geçmek isteğinde olduğuna inanabilirsiniz. Balıkesir yakınlarındaki kuvvetlerimiz bozularak kaçmış ve (A. R.) bölgesinde gizlenmiştir. Yeni kuvvetler hazırlanıyor. Beş bin liradan aşağı olmamak üzere ödenek istiyor. Karaman'dan (D.B.S. 40/5)'ten gelen mektupta şimdilik beklemek zorunda olduklarını ve Kayseri'den (K.B.R. 87/4)'ten gelen mektupta da, yakında harekete geçeceklerini bildiriyor. Ziya Efendi de (H.K.), (C.H.) bölgesinde örgütlenme tamamlandığından yalnız ödenekle oraya hareket etmek zorunda olduğunu söylüyor. İsterseniz durum hakkında sözlü olarak bilgi verecektir. Sıkı bir şekilde izlendiğimizi, plan ve hazırlıklarımızdan Sivas'ın düzenli olarak haber aldığını söyleyebilirim. Mehmet Ali'ye güvenmeyiniz. Sır saklayamaz. Herhalde boşboğazlık ediyor. Dışardaki planlama ve örgütlenmede benden başkasını görevlendirmezseniz daha doğru hareket edersiniz. Ali Kemal Bey'in listeye alınması zorunludur. Bu kadar sırlarımızı taşıyan bu kişiyi gücendirirşek, planlarımız tamamıyla düşmanların eline geçer. Bu kişiyi sıkça kollayınız. Saygılarımı sunarım üstadım.

5.11.1919 *S.*

Not: Kemal yakalanmış, ona bağlı olması dolayısıyla (K.B.R. 15/1)'in örgütle ilişki derecesi meydana çıkmış demektir. Bu kişiyi korumak çok gereklidir.

Mister Frew'a yazdığım mektup

Efendiler, bu geniş hazırlığa engel olmak ve meydana getirilen tehlikeli durumları ortadan kaldırmak için elimizden gelen her çareye başvurduk. Şimdiye kadar anlattığım ve bundan sonra sırası geldikçe hatırlatmaya çalışacağım bildiğiniz başkaldırıları, karışıklıkları, resmi düşman kuvvetlerinin saldırılarını bastırmak, ortadan kaldırmak için çok uğraştık. Ali Rıza Paşa hükümeti, gözüne batan Kuva-yı Milliye'yi batırmaya ve bunun için bizimle didişmeye çalışmaktan

Kurtuluş Savaşı'nın iki ünlü komutanı:
Başkomutan Mustafa Kemal Paşa ve Batı Cephesi Komutanı İsmet Paşa.
İş Bankası Müzesi Arşivi.

başka bir yardımda bulunmadığı gibi, ondan sonra iktidara gelen değerli arkadaşları da onun yolunu izlemekten ve sonuçta felaketten felakete ve rezaletten rezalete sürüklenmekten başka bir iş yapmadılar. Efendiler, bütün bu gizli hazırlık kaynaklarının Rahip Frew'un kafasında toplandığı ve oradan din kardeşlerimiz olacak hainlerin kafalarına işlenerek eyleme dönüştüğü düşünüldüğünden, Rahip Frew'un bir zaman için olsun bu işlerden uzak kalmasını sağlar düşüncesiyle, kendisine bir mektup yazdım. Mektubun iyi anlaşılabilmesi için şu bilgiyi de ekleyeyim ki, ben, Mister Frew ile İstanbul'da bir iki defa görüşmüş ve tartışmıştım. Frew'a Fransızca olarak gönderdiğim mektubun Türkçesi şudur:

Mister Frew'a

Sizinle, Mösyö Marten aracılığıyla olan görüşmelerimizin anısını memnuniyetle saklamaktayım. Yıllarca ülkemizde ve ulusumuz arasında yaşamış olan sizin, hakkımızda en doğru fikir ve inançlarla donanmış bulunacağınızı ümit ederdim. Oysa, ne yazık ki, İstanbul'da sizinle ilişki kuran bazı aymaz ve çıkar düşkünü kimselerin sizi yanlış yönlere sürüklediklerini çok büyük üzüntüyle anlıyorum. Bunlar arasında, Sait Molla ile hazırlayıp uygulamaya başladığınız sağlam kaynaklardan haber alınan planın, İngiltere ulusunun gerçekten kınayacağı bir nitelikte olduğunu bildirmeme izninizi rica ederim. Ulusumuza, Sait Molla'nın değil, fakat gerçek vatanseverlerimizin gözüyle bakılırsa, böyle planların artık ülkemizde ve ulusumuz üzerinde uygulama alanı kalmadığı yargısına kolaylıkla varılabilir. Gerçekten, daha bugünlerde yaşanmış olan Adapazarı ve Karacabey olaylarından sonuç alınamamış olması, sözümüzü doğrulamaya yeterlidir. Fakat buna ne gerek vardı? İngiliz subayı Novil'in [Nowill] Diyarbakır dolaylarında, Müslüman Kürt halkını kışkırtmak için pek çok çalıştıktan sonra, Malatya'da, eski Elazığ Valisi Galip ve Malatya Mutasarrıfı Halil beylerle Sivas'a karşı yaratmaya çalıştığı olay, sonuç olarak bütün uygarlık dünyasına karşı utanç verici değil miydi?

Size büyük bir ciddiyet ve içtenlikle bildiririm ki, İngiliz ulusu, ulusumuzun yakınlık ve güvenini değersiz görüyorsa, bundaki hata çok derindir. Aksi durumda ise, kullandığınız araçlar çok yanlış olup, sonuca ve başarıya ulaştıracak nitelikte değildir. Sait Molla aracılığıyla Adapazarı'na gönderilen iki bin liranın yakında verimli sonuç vereceği hakkındaki sözün asılsız olduğunu olaylar size kanıtlamış olacağından fazla söze gerek görmem. Özellikle, sizinle görüşmeye gelen sahtekârlar tarafından, ortak iş ve çalışmalarınızda Osmanlı Padişahı'nın da parmağı varmış gibi gösterilmesi çok tehlikelidir. Siz çok iyi değerlendirirsiniz ki, padişah sorumluluk taşımayıp ve tarafsız olup, ulusal irade ve egemenliğimizle ilgili gerçekleri değiştirmez ve bozmazlar. Ülkemizde bulunan İngiliz siyasi görevlilerinin, kuşkusuz İngiliz ulusunun eğilim ve çıkarlarına aykırı olarak, vatan ve ulusumuz karşıtı, insani ve uygar olmayan girişimlerini, elimizde bulunan belgelerle İngiliz ulusunun bilgisine sunarsak, sonuç, dünya tarafından takdire değer görülmez sanırım. Fakat bu konuda, tuhaflığı açısından şunu da bildirmek zorundayım ki, siz bir din adamı olarak siyaset oyunlarında, hele boğazlaşmayla sonuçlanacak işlerde rol oynamak sevdasına kapılmamalıydınız. Sizinle yaptığım görüşmelerde, sizi bu türden bir siyaset adamı olarak değil, insanlığa hizmet eden, adaleti seven, erdemli bir kişi gibi kabul etmiştim. Bunda ne kadar aldandığımı son aldığım sağlam bilginin doğrulamakta olduğunu bildirmekle şeref duyarım.

Mustafa Kemal

Ali Rıza Paşa hükümeti düşmanın iftira ve safsatalarına gerçek diye inanıyor

Efendiler, İstanbul'da, hükümetin gözü önünde ve bilgisi çerçevesinde yapılmış ve yapılmakta olan alçakça girişimlerin bütün ülkedeki uğursuz izlerini açıkça ortaya koyan olayların gerçek kaynak ve etkenleri hakkında İstanbul hükümetinin Temsil Heyeti'nden daha fazla bilgi sahibi olduğuna hâlâ şüphe edilebilir mi?

Efendiler, olaylar hakkında derinliğine bilgi sahibi olan bir hükümetin üyelerinin düşmanların, yalnızca yanıltmak ve bozgunculuk amacıyla olan iftira ve söylentilerine gerçek gözüyle bakıp, yine onların tavsiyelerini çözüm ve önlem olarak uygulamaya kalkışacaklarına olasılık verilebilir mi?

Bu sorulara yanıt vermek için yüce topluluğunuzun zihinlerini yormaktan kaçınarak, sözü Ali Rıza Paşa hükümetinin düşüncesine tercüman olan Savunma Bakanı Cemal Paşa'ya bırakmayı tercih ederim.

Efendiler, itiraf ederim ki, ben, Cemal Paşa'nın bu konuda verdiği şifre telgrafın anlam ve özünü anlamakta güçlük yaşadım ve şaşkınlığa uğradım, kendilerinden telgraflarının tekrar gönderilmesini istedim. Bakan, 9 Aralık 1919 günü birbiri ardı sıra olduğu gibi sunacağım telgrafları çektiler.

9 Aralık 1919

Sivas'ta 3. Kolordu Komutanlığı'na

Mustafa Kemal Paşa Hazretleri'ne:

Tekrarı istenilen telgraf aşağıda bilginize sunulur:

Hükümetin Barış Konferansı'na çağrılmak konusunda isteklerde bulunduğu bilinmektedir. Barış anlaşmasından iyi sonuç alınabilmesi, ancak gidecek delegelerimizin hem ulusun güvenine sahip, hem de ülkede sözü geçen bir hükümeti temsil etmesiyle mümkün olabilir. Yabancı temsilciler tarafından, ülke içinde güvenlik ve huzurun kurulması ve yerleştirilmesi ısrarla tavsiye ediliyor. Anadolu'da bir katliama uğrayacakları kaygısıyla korkuya kapılan Hıristiyan halkın akın akın, işgal altındaki yerlere sığınmakta oldukları etkili ve dikkat çekici bir dille söyleniyor. Her ne kadar işgal edilmiş bölgelere ve özellikle Adana yakınlarına gidenler, oralardaki Ermeni nüfusunu yoğunlaştırmak amacıyla gitmekte iseler de, Anadolu'da düzen ve huzurun bozulmuş olması sebep gösterilerek, hükümet tarafından yapılan yalanlamanın etkisi azaltılıyor. Çünkü Temsil Heyeti tarafından verilen güvenceye karşın, illerde bazı kimselerin kendilerine hoş görünmeyen memurları kimseye danışmadan görevinden almak ve değiştirmek, hükümet çalışmalarını duraksatmak, zorla yardım ve vergi toplamak gibi hareket ve müdahalelerinin tamamıyla önü alınamadığından, yabancı çevrelerce de hâlâ kaygı sürüp gitmektedir. Devletimizin karadaki ve denizdeki şu anki durumunda, geleceğimiz hakkında kararlar alacak olan devletlere karşı tehdit edici bir durum alması herhalde zararlıdır. Bundan başka, temsilcilere Temsil Heyeti adına telgraflar çekilmesinin ülkede iki hükümetin varlığını gösterdiği, Fransa temsilcisi tarafından açıkça söylenmiştir. Hele bunlardan herhangi birine karşı hakaret edici sözler kullanılması, yaradılıştan sahip olduğumuz ahlak temizliği ve uzak görüşlülükle bağdaştırılamaz. Tehlike ve felaket anlarında ağırbaşlılık ve sakinliği korumanın ulusal özelliklerimizden olduğu unutulmamalı, ümitsizlik ve bezginliğin akla getireceği aşırı ve tehlikeli istek ve planlara yurdun yüksek çıkarları feda edilmemelidir. Haklarımızı, bugünkü durumumuzda, ancak siyaset ve uyanıklık ve durumun gereklerine akıllıca ve uygun hareketle savunabiliriz. Bu fikirler, yüksek şahsınıza karşı bilinenleri tekrarlamak oluyorsa da, arkadaşlara ve şubelere de vatanseverce tavsiyelerde bulunmak kesinlikle gereklidir. Yakında toplanacak olan Mebuslar Meclisimizin, sevgili yurdumuzun kurtuluş ve esenliği konusunda alınacak isabetli önlemleri bularak bu yüce amacın gerçekleştirilmesine bütün gücüyle çalışacağı beklenmektedir.

Hükümetin fikrini sunarım.

Savunma Bakanı
Cemal

Efendiler, dinlemiş olduğunuz bu telgrafta yazılanları çözümlemeye çalışmakla yüce topluluğunuzu yormayı gereksiz sayarım. Yalnız izin verirseniz, buna verdiğim yanıtı olduğu gibi sunmakla yetineceğim.

Şifre

Sivas, 11.12.1919

Savunma Bakanı Cemal Paşa Hazretleri'ne

Hükümetin fikri olarak gönderilen 9 Aralık 1919 tarihli telgraf, heyetimiz tarafından incelendi. Bu telgrafta yer alanlar, bunca açıklama ve sunduğumuz bilgilere rağmen, daha önce bildirilen görüşlerin tekrarı niteliğinde görülmüştür. Temsil Heyetimizin amacının, hükümet otoritesinin kırılmasını önlemek, ulusun hükümete güvenini artırmak olduğu tekrar tekrar belirtilmiştir. Ne yazık ki sunumlarımızın gerektiği kadar dikkate alınmadığı inancı oluşmaktadır.

1. Anadolu'da düzen ve huzurun bozulmuş olduğu doğru değildir. Belki düşürülmüş olan Damat Ferit Paşa hükümeti zamanında oluşmuş olan bu fikir karmaşası ve güvensizlik, sonradan ulusal birlik sayesinde ortadan kalkmıştır.

2. Kişiler tarafından, kimseye danışmadan memurları görevden alma ve yerlerini değiştirme olmamıştır. Yalnız, İçişleri Bakanlığı, ulusal mücadele karşıtı durumlarından dola-

yı, düşürülmüş olan hükümet zamanında ulus tarafından kovulan ve herkes tarafından adları bilinen memurları yeniden atamadaki ısrarıyla çok anlamlı bir iş yapıyor. İçişleri Bakanlığı'nın ulusal davaya tamamen aykırı ve hâlâ eski bakan Adil Bey ruhunun İçişleri Bakanlığı'nda yaşadığını kamuoyuna hissettiren uygulamaları, elbette pek haklı ve yasal olarak, halkça iyi karşılanmamaktadır. Aynı müsteşarın, aynı İçişleri genel müdürünün, aynı özlük işleri müdürünün görevlerinde devam etmeleri, gerçekten hem yüce hükümetimizi, hem de ulusa karşı sorumluluğu bulunan Temsil Heyetimizi çok zor bir duruma sokmaktadır. ... tarihli telgraf ile sunduğumuz Tunceli mutasarrıfı konusu dikkat çekicidir. Artık bu konuda Temsil Heyeti tarafından yapılacak bir şey kalmamıştır. Bundan böyle de İçişleri Bakanlığı'nın bu gibi uygulamaları nedeniyle ortaya çıkacak durumların düzeltilmesi için, bakanlıkça iyi karşılanmadığı ve güven duyulmadığı için, istirhamlarda bulunulmayacaktır.

Son kez olarak şunu sunalım ki, yüce hükümetiniz, ulusun güveni ve desteğini hakkıyla kazanmak, bu ülke ve ulusa yararlı olmak isteğindeyse -ki buna heyetimizin hiç kuşkusu yoktur- kendine, ulusun ruhuna, durumun önem derecesine göre bir yöntem seçmeli, asıl sorunu kendi içinde çözmelidir. Yoksa, iktidara gelindiğinden bu yana tutulan yol bakımından, Temsil Heyeti'ni hedef alarak sürekli aynı nitelikte yazılar yazmakla amaca ulaşılamaz.

3. Düşük hükümetin, ulusa düşman, düşmanlara dost olarak izlemiş olduğu haince siyasetin mirası olan Aydın cephesinde para toplama işinde belki bazı uygunsuzluklar olmuş olabilir. Şu kadar ki, Sivas Genel Kongresi ile oluşan ulusal birlik ve Savunma Bakanlığı'nın vatanseverce yardım ve çabaları sayesinde, bu gibi durumların önü alınmış demektir.

4. Ulus, ateşkes halinde bulunduğu düşman devletlerden hiçbirisine tehdit edici durum almış değildir. Yalnız kutsal ve yasal haklarına karşı yapılan müdahaleleri, kesin gereklilik ortaya çıkarsa, silahla da önlemeye karar vermiştir.

5. Temsil Heyeti'nin [Barış Konferansı'na katılacak] temsilcilere telgraf çekmesi konusuna gelince; bu ancak yüksek hükümetlerinin onayından da geçmiş protestolardan ibarettir. Aslında, ulusal birliğin temsilcisi olmak sıfatıyla Temsil Heyeti'nin ulus adına bu gibi başvurularda bulunması yasal bir hakkıdır. Eğer hükümet de aynı duyarlılığı gösterir ve ulusla aynı düşüncede olduğunu bu gibi fırsatlarda ortaya koymaya ve göstermeye koşarsa, siyasete zarar vermek şöyle dursun, aksine büyük faydalar sağlanacağı açıktır. Oysa, yüce hükümetlerinin Adana'nın işgali gibi açık bir haksızlığı bile protesto etmediğini Fransızlar söylüyorlar. Dolayısıyla Fransız temsilcisinin açık konuşmasının nedenini bu noktada aramalıdır. Özetle şunu sunalım ki, Temsil Heyeti, ne ümitsizlik ve bezginliğe kapılmıştır ve ne de kutsal görevlerinde ulus ve vatanın esenliğine ait gerekenleri algılayamayacak bilinçsizlik içindedir. Ulusun esenliği adına aldığı önlemler ve yaptığı bütün işlerde ağırbaşlılık ve saygınlığı, miskinlik ve alçalmaya tercih etmeyi ilke olarak kabul etmiştir. Siyaset, uyanıklık ve durumun gereklerine uygun hareketin ancak bu yolda olduğuna inanmıştır. Dolayısıyla, acı gerçekler karşısında dikkatli ve uyanık olan ulusun ruhundan aldığı bu ilkelerin aksini ulusa öneremez ve yakında toplanmasını çok gerekli gördüğü Mebuslar Meclisi'nin de aynı ruh ve duygu ile donanmış olacağı ümidini kuvvetle besler.

6. Temsil Heyetimizin görüşü yukarıda bilginize sunuldu. Bu gibi durumlarda, temsilcimiz olmanız nedeniyle sizin Bakanlar Kurulu'nu aydınlatmanız ve gerçek olmayan konuları kendilerine açıklamanız gerektiğini, ülkenin esenliği adına derin saygıyla bildiririz.

Temsil Heyeti adına
Mustafa Kemal

Çürüksulu Mahmut Paşa'nın açıklaması

Efendiler, İstanbul'da vatanın kurtarılmasıyla ilgili en önemli işlerle uğraşan saygıdeğer ve akıllı olarak tanınmış kimselerin, o dönemde, İstanbul'un zehirli havasını solumak nedeniyle, zihniyet ve düşüncelerinde ne kadar olumsuz sapmalar meydana gelmiş olduğuna örnek olmak üzere, henüz Sivas'ta iken karşılaştığım küçük bir olayı izninizle bilginize sunmak isterim. Belki de değerli üyeler arasında hatırlayanlar vardır. Âyan üyelerinden Çürüksulu Mahmut Paşa, *Bosfor* (*Bosphore*) gazetesi yazarlarından birisine, siyasi durumumuz hakkında açıklama yapmıştı. Mahmut Paşa'nın o tarihlerde İstihzarat-ı Sulhiye Komisyonu [Barış Hazırlıkları Komisyonu] üyesi olduğunu da hatırlarsınız. Paşa'nın, 31 Ekim 1919 tarihli *Tasvir-i Efkâr* gazetesinde de yayımlanan açıklamasını, 17 gün sonra Sivas'ta okudum. "Ermenilerin aşırı isteklerine hak vermeksizin, sınırlarda bazı düzeltmelerin yapılmasını kabul ederiz" ifadesi dikkatimi çekti. Doğu Anadolu'da Ermenistan lehine toprak ödünü verileceğine söz verme anlamını içeren bu cümlenin, Sulh [Barış] Komisyonu üyelerinden bir devlet adamı tarafından söylenmiş olması gerçekten düşünülecek ve şaşılacak şeydi. Bu nedenle 17 Kasım 1919 tarihinde Çürüksulu Mahmut Paşa Hazretleri'ne yazmayı yararlı gördüğüm bir telgrafta, açıklamasındaki işaret ettiğim cümleden dolayı, "Doğu Anadolu halkının çok haklı olarak, son derece kırgın ve üzgün olduğunu" söyledikten sonra, "Erzurum ve Sivas kongreleri kararları doğrultusunda ulusun Ermenistan'a bir karış toprak bırakmayacağını ve hatta hükümet bu gibi bir acı zorunluluğa boyun eğerse, ulusun kendi haklarını kendisinin savunmaya kararlı olduğunu ve bunun bütün dünyaya duyurulmuş olduğunu" yazdım ve bu ulusal azim ve kararın, herkesten önce İstihzarat-ı Sulhiye Komisyonu değerli üyelerince bilinmesi ve ona göre hareket edilmesi gereğini sundum.

Efendiler, Sivas'ta kaldığımız sırada birçok sorunlar ve olaylarla karşılaşılmış ve zorunlu olarak ulusal, idari, askeri ve siyasi girişimler ve çalışmalar yapılmıştır. Bunların hepsini ayrıntılı olarak anlatmak uzun sürer. Yalnız, izlediğimiz olaylar zincirinin bağlantısına yarayacak bazı noktalara işaret ederek geçeceğim.

Ulusal örgütün yeniden düzenlenmesi

Efendiler, ulusal örgütün düzene sokulması önemliydi. Bunun için özel önlemler alındı. Seçimler nedeniyle ortaya çıkan bazı düşünce ayrılıklarının giderilmesi çarelerine başvuruldu.

Maraş'ta bazı Çerkez vatandaşlar, sözde, Maraş'ın bütün Çerkezleri adına Cebelibereket[4] guvernörünün [valisi] Maraş'a gönderilmesini, Antep'te Fransız askeri komutanından telgrafla istemişlerdi. Buna izin veren Maraş mutasarrıfına üzüntülerimiz bildirildi. Maraş ileri gelenlerinin, söz konusu guvernör gelirse karşılamamaları gerekliliği bildirildi. İstanbul hükümetinin de dikkati çekildi.

Bolu çevresinde, karışıklık gittikçe artıyordu. İzmit'te, Asım Bey'den sonra 1. Tümen komutanı olan Rüştü Bey'e bu konuda emir verildi.

Efendiler, 20 Kasım 1919 tarihinde, İstanbul'daki örgütümüzden, Kara Vasıf ve Albay Şevket Bey imzalarıyla gelen bir şifrede, "Gebze kaymakamının karşı görüşte olduğu ve bu kaymakamın, türlü korkunç olayları yapmaya cesaret eden Yahya Kaptan'ın kötülüklerini örtbas etmeye ve daha başka şeyler yapmaya başlayarak Kuva-yı Milliye'ye leke sürmeye çalıştığı" bildiriliyor ve kaymakamın yerinin değiştirilmesi söz konusu ediliyordu.

Biz de bu düşünceye içtenlikle katılarak, sorunun Cemal Paşa aracılığıyla çözülmesini yanıt olarak bildirdik.

Efendiler, bu Yahya Kaptan sorunu, inkılap tarihimizin önemli evrelerinden birinde yer aldığı ve çok anlamlı olduğu için biraz ayrıntı vermeyi uygun görüyorum.

Şimdiye kadar, verilen bilgilerden anlaşılmış olacağına kuşku yoktur ki, bir araya gelerek anlaşmış bulunan ortak iç ve dış düşmanların uygulamaya çalıştıkları planın önemli bir noktası da ülkede karışıklık olduğunu ve Hıristiyanlara saldırıldığını, eylemli ve maddi kanıt ve olaylarla dünya kamuoyuna kanıtlamak, bu eylem ve hareketlerin Kuva-yı Milliye tarafından yapıldığına inandırmaktı. Bu gizli ve alçakça amacın gerçekleşmesi için de bildiğiniz gibi, birtakım çeteler oluşturularak, özellikle Hıristiyan halk üzerine saldırtmak ve bu çetelerin işleyecekleri cinayetleri ulusal örgütün üzerine atmak yolunu izliyorlardı. Bu girişimler, az çok ülkenin her tarafında filiz vermeye başlamakla birlikte, en önemli gelişme ve çalışma, İstanbul'a yakınlığı nedeniyle, Biga, Balıkesir ve özellikle İzmit, Adapazarı, Bolu çevresinde dikkati çeken bir görünüm sergiliyordu.

Biz, bu haince ve fakat –itiraf edilmelidir ki– çok ustaca girişime karşılık olağanüstü önlemler almak ve girişimlerde bulunmak zorunda kaldık. Çünkü, İstanbul hükümeti bütün bu düşman oyunlarını gerçekten Kuva-yı Milliye'ye yüklüyor ve yok edilmeleri için şiddetli önlemler alacak yerde, durmadan Temsil Heyeti'ni suçlayarak ve ona baskı yaparak, bu korkunç olayların etkeni olan düşman çetelerinin çalışmalarına son vermeyi bizden istiyordu. Ne yazık ki, hükümet bu düşünce ve inancını, İstanbul'daki örgütümüzün liderlerine de tamamıyla aşılamakta başarılı olabilmişti.

---

4 O yıllarda Adana iline bağlı Cebel-i Bereket sancağı, şimdiki Osmaniye, Islahiye, Dörtyol, Erzin ilçelerini kapsamaktaydı (y.n.).

Efendiler, bizim özellikle İstanbul'a yakın olan İzmit bölgesinde uygulamayı düşündüğümüz önlem, orada silahlı ulusal birlikler oluşturmak ve o çevrede güvenilir komutan ve subaylarımızın bu ulusal birliklere yardımı ve desteği ile hain çeteleri izleyerek verdikleri zararları ve kendilerini ortadan kaldırmaktı.

Yahya Kaptan konusu

İşte bu amaçla oluşturabildiğimiz ulusal birliklerin en önemlisi ve kuvvetlisi, bu Yahya Kaptan adıyla tanınmış bir özverili vatanseverin birliğiydi.

Merhum Yahya ile ilk bağlantımız şöyle oldu:

Bir gün telgrafçılar, Sivas Telgraf Merkezi'ne şu bilgiyi veriyorlardı: Çok acele bir telgrafı durdurdular, yani İstanbul'da durdurulmuştur. İçeriği aşağı yukarı şudur:

Sivas'ta Mustafa Kemal Paşa Hazretleri'ne

Dün İzmit'ten tavsiye edilen Yahya benim. Yarın akşam Kuşçalı Telgrafhanesi'nde emrinizi bekliyorum.

Kuşçalı, Üsküdar ile Gebze arasında bir köydür. Gerçekten Yahya Kaptan, bana İzmit'te örgütümüz tarafından tavsiye edilmişti.

4 Ekim 1919 tarihinde Kuşçalı merkezinden şu telgrafı aldım:

Sivas'ta Mustafa Kemal Paşa Hazretleri'ne

Önemli ve çok aceledir.

Ben, size iki gün önce İzmit'ten tavsiye edilen Yahya'yım. Emriniz üzere, telgraf başında emirlerinizi almaya geldim. En geç yarın akşama kadar Kuşçalı Telgrafhanesi'ndeyim.

Yahya

Anlaşıldığına göre, Yahya Kaptan, İstanbul'dan telgrafının çekilmediğini anlayınca kendisi henüz Kuşçalı'ya gelmeden, bu telgrafı Kuşçalı merkezine göndererek çektirmiş.

Ben de şu emri verdim.

4 Ekim 1919

İzmit Merkezi Aracılığıyla Kuşçalı Telgrafhanesi'nde
Yahya Efendi'ye

Bulunduğunuz bölgede kuvvetli bir örgüt kurunuz. Adapazarı Kaymakamı Tahir Bey aracılığıyla bizimle bağlantı kurunuz. Şimdilik hazır bulununuz.

Anadolu ve Rumeli Müdafaa-i Hukuk
Cemiyeti Başkanı
Mustafa Kemal

Efendiler, Yahya Kaptan, aldığı bu emir üzerine örgüt kurdu ve aylarca İstanbul'la bağlantıda olan bölgelerde hain çetelerin işlerine engel oldu. Sonunda, İstanbul hükümeti tarafından öldürtüldü. Gerçi, Yahya Kaptan'ın çalışmaları ve korkunç şekilde şehit edilmesi, bundan sonraki aylarla ilgili bir olaysa da, burada olaya değinilmişken, konuya bir daha dönmemek için şimdi açıklanması uygun olur düşüncesindeyim.

24 Kasım 1919 tarihinde Kartal merkezinden şu telgrafı aldım.

Köy içinde suçsuz adam öldürme, bucak müdürünü herkesin önünde dövme, köylerdeki yağma olaylarından dolayı Yahya Kaptan'ı hükümete vermek zorunlu olmuştur. İçişleri Bakanlığı bu konuyu önemle izliyor. Hükümetin zor durumda kalmaması, Yahya Kaptan'ın geri verilmesini gerektiriyor. Emrinizi makine başında bekliyorum, efendim.

İmza
Kartal Anadolu ve Rumeli Müdafaa-i Hukuk
Temsil Heyeti Başkanı Binbaşı
Ahmet Necati

Askerlerin ve resmi görevlilerin açıkça bizim ulusal örgüt heyetlerinin başkanlıklarını almaları usulden değildi. Bir de bizim örgüt tüzüğümüzü bilmesi gereken heyet başkanlarının, Temsil Heyeti'nin yalnız tek bir heyet olduğunu, her yerde birer Temsil Heyeti olamayacağını bilmesi gerekirdi. Bu telgraf üzerine İzmit'teki tümen komutanına şu telgrafı yazdım:

Şifre: Aceledir. Sivas, 25.11.1919

İzmit'te 1. Tümen Komutanı Rüştü Beyefendi'ye

Kartal Müdafaa-i Hukuk Cemiyeti Başkanı sıfatıyla Binbaşı Ahmet Necati Bey tarafından gelen bir telgrafta, adam öldürme, bucak müdürünü dövme, köylerdeki yağma olayından dolayı Yahya Kaptan'ın hükümete geri verilmesi zorunluluğunun doğduğu ve İçişleri Bakanlığı'nın da bu konuyu önemle izlediği bildirilmektedir.

Başından beri ulusal mücadelede büyük yararlılıklar göstermiş olan bu kişinin, ülkemizin bu sıkıntılı zamanlarında hükümete geri verilmesi asla uygun görülmemekte olduğundan, işin, hükümetin otoritesini de göz önüne alarak, Yahya Kaptan'ın şu aralık yasal soruşturmadan kurtarılması şeklinde çözüme bağlanması, Kartal'da Necati Bey'e gereken direktifin verilmesi ve sonucun bildirilmesi önemle rica olunur.

Temsil Heyeti adına
Mustafa Kemal

Gazi Mustafa Kemal Paşa.
İş Bankası Müzesi Arşivi.

26 Kasım 1919 tarihinde Hereke merkezinden de şu telgrafı aldım:

Ulus adına istirham ediyorum. Bugünlerde Binbaşı Necati Bey'in yolsuzlukları, Kuvayı Milliye'yi lekelemektedir. Hemen soruşturma yapılması için emir verilmesini rica ederim.

Gebze İlçesi Milis Komutanı
Yahya

İzmit'teki tümen komutanından aldığım yanıt aynen şudur:

İzmit, 29 Kasım 1919

Sivas'ta 3. Kolordu Komutanlığı'na

İlgi: 25.11.1919

Temsil Heyeti Başkanlığı'na: Şimdiye kadar yaptığım soruşturmaya göre, Yahya Kaptan'ın adam öldürme, bucak müdürünü dövme gibi işler yapmadığı ve Binbaşı Necati Bey denilen kişinin kendi kişisel çıkarlarını elde etmek için Yahya Kaptan'ın varlığını ortadan kaldırmak amacını güttüğü ve bu konuda size telgrafla başvurdukları zaman, Yahya'yı da aldatarak yanlarına getirip öldürme planı yaptıkları ve Yahya'nın işi anlayarak kendisini kurtarmış olduğu anlaşılmıştır. Soruşturmayı gerektiği gibi derinleştiriyorum. Sonucu bilginize sunarım.

1. Tümen Komutanı
Rüştü

Tümen Komutanı Rüştü Bey'in birkaç gün sonra verdiği tamamlayıcı bilgi şuydu:

İzmit, 5.12.1919

Sivas'ta 3. Kolordu Komutanlığı'na

Temsil Heyeti'ne:

Binbaşı Necati Bey, Maltepe Endaht Mektebi'nde [Maltepe Atış Okulu] görevli memur olduğu halde, Müdafaa-i Hukuk Cemiyeti Başkanı sıfatını takınarak, Kuva-yı Milliye adıyla başına topladığı Arnavut Küçük Aslan çetesiyle ortalığı soydurmakta olduğu ve Gebze Jandarma Yüzbaşısı Nail Efendi'nin de bununla ortak olduğuna bende kuşku kalmamıştır. Son zamanlarda, hükümete sorun çıkaran Darıca Rum bekçilerinin öldürülmesi ve İstilyanos [Stelianos] adında bir zenginin dağa kaldırılarak para istenmesi gibi eylemlerin, adı geçen çete aracılığıyla yaptırılması ve bütün bu yapılanların, böyle bayağılıklara yanaşmayan Yahya Kaptan'ın üzerine atılmasıyla, kendisi hakkında gerek oraya ve gerek hükümete adı geçen hakkında asılsız ihbarlarda bulunulması, kesinlikle bunların ulusal örgüt perdesi altında halkın, hükümetin başına sorun çıkararak keselerini doldurmaktan başka bir amaç beslemedikleri ve belki de daha başka siyasi amaçların peşinde oldukları anlaşılıyor. Şimdiye kadar pek namuslu hareket etmiş ve etmekte bulunan Yahya Kaptan'ın bu gibi işlere katılmaması ve yukarıda adı geçen çetenin kendi koruma bölgesinde hiçbir rezaletine meydan vermemesi nedeniyle, adı geçenin varlığını resmi veya resmi olmayan yollardan ortadan kaldırmaya çalışıyorlar. Dün Yahya Kaptan yanıma gelerek hayatının tehlikede olduğunu, dolayısıyla adamlarının silahlarını ve cephanelerini bana teslim ederek kendisinin de buradan uzaklaşacağını bana resmen söyledi. Kendisine gerekli öğütleri vererek ve daha hizmet edecek önemli zamanlar olduğunu söyleyerek tekrar yerine gönderdim. Her şeyi iyi bilmesi gereken Gebze ilçe kaymakamından resmen açıklama istemem üzerine aldığım yanıt da tamamen yukarıda sunduğum şekilde, yani Necati ve Nail efendilerin suçlu, Yahya Kaptan'ın suçsuz olduğu yönündedir. Necati Efendi'nin İstanbul'da nereyle haberleştiğini bilemiyorsam da, bir yerden ara sıra para aldığı söyleniyor. Bunların varlığı ve adam öldürmüş olmaları nedeniyle, Yahya Kaptan bu bölgede durmak istemiyor. Dolayısıyla zaten muvazzaf bir subay olan Necati Efendi'nin başka bir yere ve Nail Efendi'nin de aynı şekilde diğer bir yere gönderilmesinin çok gerekli olduğuna inanıyorum. Oraları İstanbul'la haberleşmekte olduklarından, doğal olarak benim tarafımdan bir şey yapılamamaktadır. Oraca gereğinin yerine getirilmesi sunulur.

1. Tümen Komutanı
Rüştü

Rüştü Bey'in verdiği bilgiden ayrıntılı söz ederek, 8 Aralık 1919 tarihinde Savunma Bakanı Cemal Paşa'ya yazdım.

Aynı tarihte, durum ve Cemal Paşa'ya olan başvuru açıklanarak konunun izlenmesi İstanbul'daki örgütümüzün başkanlarına da bildirildi.

On dokuz gün sonra, yani 27 Aralık 1919 tarihli ve şifreli, şifrenin altında Vasıf ve dışında Albay Şevket Bey'in imzaları bulunan uzun bir telgrafta şu bilgi veriliyordu:

"... Güvensizliğe başlıca sebep olanlar, Yahya Kaptan'la arkadaşı Kara Aslan ve Alemdağı'nda dolaşan Sadık çeteleridir."

Yahya Kaptan'ın birtakım şımarıklıklarından söz ettikten sonra, "... Bizi, artık bu hayduta zarar veremeyecek bir duruma getirmek girişiminde bulundurmuştu."

"Öteden beri araları iyi olmayan Küçük Aslan çetesinin itibarda olması (?!) kendisini çeşitli yollarla suçlarını gizlemeye yöneltmiştir."

"Yüzbaşı Nail, Yahya'ya karşıdır. Necati Bey'e gelince; düşük hükümet zamanında Kartal ilçesi tarafından başkan seçilerek, Kuva-yı Milliye adına merkezle ilgisini kesmiş?.. Ulusal örgütü güçlendirmiş... Yeniköy Rumlarının etraftaki sarkıntılıkları üzerine, Küçük Aslan çetesini dolaştırmaya başlamış... Tarafınızdan para da verilmiştir?!"

"Yahya Kaptan... her şeyi sonuçsuz bırakmak manevrasına başvurmaktadır?!"

"Binbaşı Necati, biraz idaresiz ise de cezayı hak etmemektedir."

"Gebze kaymakamının... bir an önce gönderilerek Rum ve Ermeni oyunlarına son verdirilmesi..."

Efendiler, bu bilgiler arasında benim bilmediğim noktalar da vardı. Örneğin ben, Küçük Aslan çetesinden ve onun itibarlı olduğundan haberli değildim. Bu çeteye, Necati Bey aracılığıyla para verdiğimi asla hatırlayamıyordum.

Yahya Kaptan'ın, verdiğimiz emir gereğince, düşman çetelerini ortadan kaldırmaya ve hiç olmazsa onların Hıristiyan halka saldırarak düşmanın amacını gerçekleştirmeye yönelik her girişimlerini sonuçsuz bırakmaya çalıştığını çok iyi biliyorduk.

Gebze kaymakamının niteliğinin, şimdi ekleyeceğim belgelerle anlaşılabileceğine inanıyorum.

4 Ocak 1920 tarihinde, Tümen Komutanı Rüştü Bey'e, Vasıf Bey'in verdiği bilgiyi olduğu gibi özetleyerek, bu bilgilerin kendisi tarafından verilen bilgilerle çelişkili olduğunu bildirdim. Dolayısıyla bir kere daha güvenilir ve inanılır kişiler aracılığıyla soruşturulmasını ve incelettirilmesini ve kendi düşünceleriyle birlikte açık olarak bildirilmesini rica ettim.

Efendiler, bu konuda gerçeğin aydınlanmasına yardımcı olan belgelerden bilginizin olmasını istediğim için, Rüştü Bey'in yanıtını olduğu gibi sunmama izin veriniz:

Düzce, 7/8.1.1920

20. Kolordu Komutanlığı'na

İlgi: 4.1.1920 şifreye:

Temsil Heyeti Başkanlığı'na:

Yahya Kaptan hakkındaki çeşitli suçlamalar üzerine, birkaç defa Yüzbaşı Ali Aguş Efendi aracılığıyla yaptırdığım soruşturma, adı geçenin suçsuzluğunu gösterdi. Bununla birlikte, kendisinin cahil olması nedeniyle, hizmet ettiğini sanarak bazı şeyler yapmış olması olasıdır. Büyük ve Küçük Aslanlar ise zaten eşkıyadır. Fakat ulusal örgütün düşünce bakımından karşısında bulunduğu kesin olan ve Yahya hakkında şikâyette bulunmaya herkesten çok istekli olması gereken Gebze kaymakamına bu konuda yazdığım yazıya aldığım 1.12.1919 tarihli ve 17 numaralı yanıtın kopyası aşağıda aynen yer almaktadır.

Ben, bu telgrafta yazılanların bir bölümüne inanmak zorunda kaldım ve aynı inançla bu yazıyı kendim İstanbul'a Şevket Bey'e de gösterdim. Benim bilmediğim bazı sebepler üzerine, İstanbul tarafından hakkında bir işlem yapılmasına gerek görülürse elbette bir şey denemeyeceği sunulur.

Kopya

30.11.1919 tarihli, 53 numaralı yüksek emirleri yanıtıdır:

Kartal Müdafaa-i Hukuk Cemiyeti Başkanı Binbaşı Necati Bey'in, adam öldürme ve bucak müdürünü dövme ile ilgili bildirimleri, kişi ve zaman açıklamaması nedeniyle gerçek kabul edilemez. Zira dövüldüğü söylenen Bucak Müdürü Burhanettin Bey ise, Yahya Kaptan tarafından dövülmediğini ve saldırıya uğramadığını resmen ve yazılı olarak bildirdiği gibi, bu konuda makamıma da herhangi bir şikâyette bulunmamıştır.

Adam öldürme konusuna gelince; Yahya Kaptan hakkında hükümete ve adliyeye adam öldürme işi konusunda hiçbir yerden başvuru ve şikâyet olmadığı gibi, kendisinin yakalanması için bir bildirim bile çıkmamıştır. Şayet bununla, Darıca Rumlarından iki Rumun öldürülmesi ve Kartal'ın Paşa köyünden Stelianos Çorbacı'nın[5] dağa kaldırılarak fidye istenmesi kastediliyorsa, bu cinayetlerin Küçük Aslan çetesi tarafından işlendiği kanısı yaygın ve doğrudur. Söz konusu çete ise, Yahya Kaptan'a eskiden beri karşı olduğundan ve aslında Yüzbaşı Nail Efendi'nin koruması altındayken, sayısı on sekize ulaşan çetenin şu anda Binbaşı Necati Bey'in emrine verilmiş bulunduğu ve hatta kendilerine ellişer lira maaş bağlanmakta olduğu haber alınmıştır. Bu çetenin köyleri soymaktan geri kalmadığı ortadadır. Binbaşı Necati Bey'in Yüzbaşı Nail Bey'in eski okul arkadaşı olduğu ve kendisiyle bir buçuk ay önce Aydınlı köyünde Küçük Aslan çetesi adamlarından Ali Kaptan'ın dağa kaldırdığı Çorbacı'dan alınan parayla yaptığı ünlü düğününde görüştüğü bilinmektedir. Daha sonra birçok defalar Binbaşı Necati Bey, Yüzbaşı Nail Bey'in evine gelip misafir olmuştur. Her ikisi de aynı düşüncede oldukları için, Yüzbaşı Nail Bey öteden beri Yahya Kaptan'ın aleyhindedir. Yahya Kaptan örgütü kurduğu sırada, Yüzbaşı Nail Bey, onu bulunduğum ilçenin sınırı dışına sürmek ve uzaklaştırmak girişiminde bulunduğu gibi, Küçük Aslan çetesi tarafından işlendiği söylenen ve doğruluğuna kuşku olmayan yukarıda anlatılan iki cinayetin, Kuva-yı Milliye'yi ve Yahya Bey'i lekelemek düşünce ve amacını taşıdığı anlaşılmıştır. Oysa işlenen bu cinayetler, sözü edilen Aslan çetesinin hareket ve çalışma alanı içinde işlenmiştir. Hatta olmayan Yüzbaşı Nail Bey'in kovuşturma için gönderilecek İstanbul Muhafız Alayı Süvari Müfrezesi komutanı Hakkı Bey'i, gelmesine gerek olmadığı gerekçesiyle İstanbul'a naklettirip işi takipsiz bıraktırdığı bir gerçektir. Öne sürülen adam öldürme konusu bundan başka bir olay ise, durumun açıklığa kavuşturulması için, kişi ve zaman belirterek bildirilmesi gerekir. Darıca Rum bekçilerinin öldürüldüğü gün, cinayetin çarşıda serbest gezen Küçük Aslan çetesi tarafından işlendiği haberinin yayılması üzerine, Yüzbaşı Nail Bey korkusundan dolayı başka bir yere atanmayı istemiş ve burada kesinlikle oturmayacağını söylemiştir. Ancak alay ve tabur komutanları ve Binbaşı Necati Bey buraya gelerek ve Yahya Kaptan hakkında bir işlem yapılması için temsilci Sırrı Bey'e yazı yazdıracakları sözünü ve güvencesini vererek kalmasını istemişlerdir. Bunun üzerine yüzbaşı, 25 Kasım 1919 Salı günü, gidip gelen Necati Bey'i aldatarak ona gerçek olmayan suçlamalar yaptırdığı gibi, bir yandan telefonla Yahya Kaptan'ı merkeze çağırtarak, diğer taraftan Küçük Aslan çetesini de kendi evinde hazır bulundurarak yakalamayı planlamıştır. Ancak her nedense buna cesaret edemeyerek bu girişiminden vazgeçtiği için, Necati Bey de Kartal'a dönmek zorunda kalmıştır. Dolayısıyla, Yüzbaşı Nail Bey, gerek Necati Bey ve gerek yapılanlara alet olan Küçük Aslan çetesi aracılığıyla Yahya Kaptan karşıtı suçlamalarda bulunmaktan ve tertiplere başvurmaktan bir an geri kalmamaktadır. Yahya Kaptan, karşıtı ve düşmanı olan Küçük Aslan çetesi gibi köyleri yağmalamaya ve Hıristiyanları öldürüp yok etmeye izin vermemiştir. Kendi emrinde bulunan Büyük Aslan Bey çetesi tarafından çeşitli uygunsuz hareketler ortaya çıktığında, hemen bunları engellemek ve cezalandırmak yoluna giderek ulusal amaç olan vata-

---

5 Çorbacı: Halkın Hıristiyan ileri gelenlerine verdiği unvan (y.n.).

nın bağımsızlığı ve kurtuluşu kaygısıyla disiplin ve güvenliğin korunmasına hizmet etmektedir. Daha önce de Büyük Aslan Bey çetesinin aman dilemesine ve sığınmasına yardım ederek hükümetçe bağışlanmalarını sağlamak suretiyle yaptıkları hizmetler teşekküre değer. Aleyhindeki suçlamaların, yüzbaşının kişisel emellerine boyun eğmediğinden, Küçük Aslan çetesi tarafından işlenip, Yahya Kaptan'a yüklenmek istenen cinayetlerin meydana gelmesinden ve bunlara yeltenenlerin korunmasından dolayı kınayarak yüzbaşıya şiddetli uyarılarda bulunmasından ileri geldiği sunulur.

(Gebze Kaymakamı Mehmet Nurettin)

1. Tümen ve Bolu Bölge Komutanı
Rüştü

Efendiler, bu bilgilerin alınmasından önce şöyle bir haber verdiler: "Yahya Kaptan, Tavşancıl'da kuşatma altına alındı. Bunu yapan, İstanbul'dan gelen bir askeri birliktir."

Bu haber üzerine, İzmit'teki Tümen Komutanlığı'ndan, 7 Ocak 1920 tarihli şifreyle makine başında durumun açıklanmasını istedik. Eğer bu haber doğru ise, "İstanbul'dan geldiği bildirilen birliğin komutanına, Yahya Kaptan'ın bizim adamımız olduğunu ve eğer bir yanlışı ve suçu varsa tarafımızdan gereğinin yapılmasının doğal olduğunu ve hiçbir şekilde Yahya Kaptan'ın kuşatılmasına ve tutuklanmasına izin vermediğimizi bildiriniz" dedik.

Efendiler, 7 Ocak 1920'de yazılıp 8 Ocak'ta aldığımız iki telgraf vardır. Bunlardan biri İzmit'ten, 1. Tümen Komutan Vekili imzasıyla Fevzi Bey'dendir. Şunlar yazılıdır: "Bu gece iki bin kişilik bir kuvvet Tavşancıl'a çıkarak Kuva-yı Milliye Komutanı Yahya Bey'i kuşatmışlardır. Yapılacak işlemin bildirilmesi bilginize sunulur."

Diğer telgraf, Düzce'de bulunan asıl tümen komutanından geliyordu. Rüştü Bey, merkezde bulunan vekilinden aldığı aynı bilgileri bildiriyordu.

Tümen Komutan Vekili Fevzi Bey'in, 7 Ocak 1920 tarihli açıklama isteğimize verdiği 7/8 Ocak 1920 tarihli yanıtında, Yahya Kaptan'ın henüz ele geçmediği, Kuva-yı Milliye ile gelen birlik arasında bir çarpışma olasılığı olduğu ve gelen birliğin komutanına emrimizi bildireceği bildiriliyordu.

Efendiler, o tarihte milletvekili olarak İstanbul'da bulunan yaverim Cevat Bey'den, 10 Ocak 1920'de şöyle bir telgraf geldi:

Savunma Bakanlığı, 10.1.1920

20. Kolordu Komutanlığı'na

Mustafa Kemal Paşa Hazretleri'ne:

6.1.1920 gecesi sabaha karşı Jandarma Genel Komutan Yardımcısı Hilmi Bey ve Üsküdar Jandarma Komutanı Nazmi Bey komutasında dört subay, elli jandarma ve Yüzbaşı Nahit Efendi komutasında İstanbul Muhafız Alayı'ndan doksan asker, Bandırma vapurunun ışıkları söndürülerek Hereke'ye varmış ve sabahleyin erkenden Hereke'ye çıkan birlik hemen Tavşancıl'ı kuşatmış ve birçok ev basılmıştır. Gelenler, köy ihtiyar heyetini toplayarak vatan haini olan Yahya'yı teslim etmezler veya nerede olduğunu söylemezlerse, Tavşancıl'ı insanlarıyla beraber yakacaklarını söylerler. İhtiyar heyeti, iki günden beri Yahya Kaptan'ın köylerinde olmadığını ve nerede bulunduğunu bilmediklerini ısrarla söylediler. Yahya, sağ olarak ele geçemeyecektir. Fakat Yahya'nın ortadan kaldırılmasından sonra Marmara bölgesine sahip ve egemen olan, her gün İngilizler ve Fransızlar tarafından silahlandırılan Rumların ve İstanbul'daki rezillerin pek büyük başarı elde edecekleri açıktır. Kuva-yı Milliye adını taşımakta olan Yahya'nın ortadan kaldırılması, İzmit, Adapazarı ve İstanbul çevresinde, düşmanlarımızın hesabına birçok bozguncu çetelerinin doğmasına da neden olacaktır. Dolayısıyla, Cemal Paşa Hazretleri'nin işe el koymasıyla, Yahya'nın da ad değiştirerek daha önce sunduğum şekilde serbest kalmasının sağlanması için gerekli kişilere emir verilmesi istirham olunur *(Cevat)*.

Savunma Bakanı
Cemal

Bu telgrafın, Savunma Bakanlığı şifresiyle ve Cemal Paşa imzasıyla kapatılmış olmasına rağmen, içinde "Cemal Paşa Hazretleri'nin işe el koymasıyla Yahya'nın kurtarılması" çözümünün sağlanması cümlesi dikkat çekicidir. Demek ki, Cemal Paşa, Cevat Bey'in telgrafının, okumaya gerek görmeden, kendi şifresi ve imzasıyla çekilmesine izin vermiştir. Çünkü, bir defa Yahya'yı izlettiren Cemal Paşa'dır. Bundan başka serbest bırakılmasının sağlanması için kendi yardımlarının kendisi tarafından emredilmesini, kendi bilgisi altında elbette yazdırmazlardı.

İzmit'teki tümen komutan vekilinden gelen 9 ve 10 Ocak 1920 tarihli iki telgrafla öğrenilenlere göre, iki çarpışmadan sonra Yahya Kaptan'ın ölü olarak ele geçirildiği bildirildi.

11 Ocak 1920'de tümen komutan vekilinden, İstanbul'dan gelen birlik komutanına benim adıma bildirim yapılıp yapılmadığını sordum. Üç gün sonra 14 Ocak 1920 tarihli raporunda tümen komutan vekili şu bilgiyi verdi: "Yaptığım soruşturmadan... çatışma olmadığı ve yalnız, Yahya Kaptan'ın teslim olduktan sonra, köy dışında kesici bir aletle öldürüldüğü anlaşılmıştır. Kafatasının olmaması bunu doğrulamaktadır."

Efendiler, bu uğursuz haber üzerine, İstanbul'daki örgütümüze 20 Ocak 1920 tarihinde Albay Şevket Bey aracılığıyla şu telgrafı yazdık:

Yahya Kaptan'ın öldürülmesini gerektiren nedenlerle, teslim olduktan sonra kasten şehit edildiği anlaşıldığından, öldürülmesinde kimlerin elinin ve etkisinin olduğunun, İstanbul'dan başvuran birçok özverili arkadaşlara açıklama yapılmak üzere acele bildirilmesi rica olunur, efendim.

Temsil Heyeti adına
Mustafa Kemal

Eski bir bildirimimize yanıt olmak üzere, İstanbul'dan 20 Ocak 1920'de yazılıp bir gün sonra bize ulaşan telgraf da şuydu:

Beşiktaş, 20.1.1920

Ankara: 20. Kolordu Komutanlığı'na

Mustafa Kemal Paşa Hazretleri'ne özeldir.

İlgi: 17.1.1920

1. Olay yerinde bulunan güvenilir bir kişinin anlattığına göre, Yahya Kaptan yakalanıp köy dışında bulunan karakola götürülürken, çevreden on kadar eşkıyanın karakol üzerine ateş etmesi üzerine, kaçmaya çalışmış ve bu sırada öldürülmüştür. Bununla birlikte, iyi bir soruşturma yapılması konusunda hükümete başvuruldu.

2. Yahya Kaptan'ın Kuva-yı Milliye adına pek çok kötülükler yaptığı söylenti olarak yayıldığı gibi, resmi ve özel yapılan soruşturma da bunu doğruladığı için, hükümet kovuşturmaya karar vermişti. Fakat, heyetimiz tarafından kendisinin geçici olarak saklanarak Kuva-yı Milliye işlerine karışmaması ve kötülük yapmaya cüret etmemesi, yanında bulunan kaçak asker ve jandarmaları geri göndermesi koşuluyla kovuşturma yapılmaması istenmiş ve ilgililer nezdinde girişimlerde bulunulduğu gibi, Gebze'ye özel olarak bir memur da gönderilmişti. Bu sırada hükümet aniden gizlice asker göndermiş, yalnızca Yahya Kaptan'ı yakalamak istediğini duyurmuş sunulan durum meydana gelmiştir, efendim. *(Vasıf)*

Çanakkale Müstahkem Mevki Komutanı
Şevket

Efendiler, "köy dışındaki karakola götürülürken çevreden ateş edilmiş? Kaçmaya çalışmış, bu sırada öldürülmüş?!" Bu anlatımın, bu gibi planlı adam öldürme durumlarında bir formül gibi kullanıldığını anlamamak için çok saf olmak gerekir.

Yahya Kaptan'ı ortadan kaldırmak için, beraber çalıştıkları ve karar verdikleri hükümetin gizlice, birdenbire bir oldubittiye getirivermiş olduğu hakkındaki sözler de dikkat çekicidir. İstanbul'da, jandarmadan, İstanbul Muhafız Alayı'ndan subay ve asker görevlendiriliyor... İstanbul'da duruma hâkim olduğunu ileri süren örgüt başkanlarımızın da haberi olamıyor.

Kara Vasıf Bey'in bu telgrafına yanıt olmak üzere gönderdiğimiz açıklama isteğimiz şudur:

Mustafa Kemal Paşa teftişte.
İş Bankası Müzesi Arşivi.

Şifre Ankara, 22.1.1920

İstanbul'da Çanakkale Müstahkem Mevki Komutanı Şevket Bey'e

Yahya Kaptan'ın öldürülmesi olayını ciddiyetle izleyen ve hesabını isteyen özellikle İstanbul'da pek çok kimse vardır. Gerçeğin anlaşılabilmesi için, yaygın söylenti derecesine vardığı bildirilen kötülüklerinin neler olduğunun hızla bildirilmesi rica olunur.

Temsil Heyeti adına
Mustafa Kemal

Efendiler, bu açıklama isteğimize verilen yanıtı da sabrınıza sığınarak olduğu gibi bilginize sunacağım:

Beşiktaş, 24.1.1920

Ankara'da 20. Kolordu Komutanlığı'na

Mustafa Kemal Paşa Hazretleri'ne özeldir.
İlgi: 22.1.1920

1. Yahya Kaptan'ın teslim olduktan sonra öldürüldüğünü duyduk. Soruşturma yapıyoruz. Sonucu bilginize sunacağız.

2. Adı geçenin öldürülmesine sebep, hiç kimseyi dinlememesi, Kuva-yı Milliye adına açıkça zulüm ve eşkıyalık yapması, eşkıyayı öteden beri saklaması veya gösterilen yere gitmesi hakkında verilen emirleri dinlememesi üzerine, hükümetin, kendisine köylerden ve etraftan başvuranların ısrarına dayanamayarak, kendiliğinden ve hatta heyetimizin haberi olmadan girişimde bulunmasıdır, efendim. *(Vasıf)*

Çanakkale Müstahkem Mevki Komutanı
Albay Şevket

Saygıdeğer efendiler, telgrafın ikinci maddesindeki adı geçenin hiç kimseyi dinlememesinin, öldürülmesine sebep olarak gösterilmesi asla doğru olamaz. Merhum şehit beni dinliyordu, benden emir alıyordu. Verdiğim emre göre hareket ediyordu. Başka bir makama veya kişilere bağlı olduğunu, onlardan emir alması gerektiğini kendisine emretmemiştim. Bu sebeple, İstanbul'dan her önüne gelenden, İçişleri bakanından, jandarma komutanı hain Kemal Paşa'dan verilen emirleri dinlememesi, zaten bizim istediğimiz şeydi. Kuva-yı Milliye adına eşkıyalık ve zulüm yapan da kendisi olmayıp, Küçük Aslan çetesi gibi haince bir amaçla oluşturuldukları belgelere dayanılarak anlaşılmış olan çetelerdi. Yahya'nın bunların eşkıyalıklarını önlemeye çalıştığı da, sözlerine güvenilmesi gereken kişilerin soruşturmalarıyla kanıtlanmıştır.

Gebze Müdafaa-i Hukuk Heyeti başkanı ile Gebze Kaymakamı Fevzi Bey'in ortak imzalarıyla, bu üzücü olayın gerçekleşmesinden önce, makine başında yapılmış olan bir başvuruyu da söylemeden geçemeyeceğim:

Gebze Kuva-yı Milliye Komutanı Yahya Bey hakkında bazı kimselerin yaptıkları iftiralar üzerine, en sonunda salı gecesi İstanbul'dan komutanlar ve yüksek rütbeli subaylar komutasında gelen iki bin kişilik kadar bir kuvvetle, kendisinin Tavşancıl'da kuşatıldığı ve şu anda kuşatmanın sürdüğü, şimdi halktan aldığım bilgilerden anlaşılmıştır. Böyle vatanı için çalışan bir kişiye karşı yapılan bu uygulamanın pek haksız olduğu yüksek komutanlığınızın bilgisindedir. Yahya Bey'in kurtarılması hakkında ne gibi bir işlem yapılacağının emir buyurulmasını makine başında bekliyoruz.

Kaymakam	Müdafaa-i Hukuk Heyeti Başkanı
Fevzi	*Hacı Ali*

Efendiler, o tarihlerde İzmit bölgesinde Kuva-yı Milliye örgütlenmesiyle uğraşan Milletvekili Sırrı Bey'in de bu konudaki bildirimlerini olduğu gibi bilginize sunmama izin vermenizi rica ederim:

İzmit, 11.1.1920

20. Kolordu Komutanlığı'na

1. Mustafa Kemal Paşa Hazretleri'ne özel: Haberleşmesi dört gün önce yapılmış olan Yahya Kaptan konusu, en son haber almış olacağınız üzere, kendisinin şehit edilmesiyle sonuçlandı.

2. Yahya Kaptan'ın, İstanbul kapısında örgütlenmiş bir şekilde bulunması, herhalde Kuva-yı Milliye karşıtı kişileri korkutmaktan uzak kalmadığından, ortadan kaldırılmasının planlandığında kuşku yoktur.

3. Yahya Kaptan'ın bu amaçla ortadan kaldırılması, olayı bölgesel nitelikten çıkartmakta ve Temsil Heyeti tarafından düşünülmesini gerekli kılmaktadır.

4. İzmit sancağı eşkıya yüzünden huzursuzken, yerinden kımıldamayan ve emrindeki hiçbir birliğe emir vermeyen, yanındaki hapishaneden on beş yirmi kişinin birden kaçmasını her gün yaşanan basit sorunlardan sayan Alay Komutanı Hikmet Bey, Yahya'nın öldürülmesini önemli bir mesele saymıştır. Yanına aldığı jandarma kuvvetiyle bizzat yola çıkmış ve sonunda Kuva-yı Milliye'ye önemli bir darbe vurarak amacına ulaşmış bulunuyor. Devamı var. *(Milletvekili Sırrı)*

1. Tümen Komutan Vekili
Fevzi

20. Kolordu Komutanlığı'na

5. Gebze'de kurulmuş bulunan Kuva-yı Milliye'nin başsız kalması, bundan sonra oraları korkuya düşürecektir.

6. Buralarda bütün Kuva-yı Milliye'nin dayanağı olarak bilinen Yahya'nın bu şekilde ortadan kaldırılması, kamuoyunu haklı olarak karıştırmıştır.

7. Yahya'nın öldürülmesi, hükümetin Kuva-yı Milliye'ye karşı bundan sonra alacağı saldırgan tutuma kanıt sayılmaktadır.

8. Bu hareket kuşkusuz yabancılar tarafından da, Kuva-yı Milliye'nin hükümetin gözünde değersiz ve yok edilebilir bir nitelikte görüldüğü şeklinde anlaşılacaktır. Bu nedenle gerekli önlemler alınmalıdır. Devamı var. *(Milletvekili Sırrı)*

1. Tümen Komutan Vekili
Fevzi

20. Kolordu Komutanlığı'na

1. 68 numaralı şifreye ektir: Öncekilerin devamıdır. Durum karışıklıktan kurtarılmaz ve Gebze kuvvetlerinin hemen güvenilir bir kişiye verilmesi önlemi alınmazsa, Üsküdar sancağı da dahil olmak üzere, bütün İzmit sancağında, bir tek kişinin bile Kuva-yı Milliye taraftarlığı etmesine imkân bulunamayacağı kesinlikle bilinmelidir.

2. Jandarma Alay Komutanı Hikmet Bey'in zaman kaybetmeksizin yerinden alınması çok gereklidir.

3. İzmit sancağında Kuva-yı Milliye'nin çalışabilmesi, ordu hizmetinde bulunan Kaymakam Fevzi Bey'in jandarma komutanı olmasına bağlıdır. Başka çözüm yoktur. Bunu önemle bilginize sunuyorum. *(Milletvekili Sırrı)*

1. Tümen Komutan Vekili
Fevzi

20. Kolordu Komutanlığı'na

1. 79 numaralı şifreye ektir:

Kuva-yı Milliye'ye Anadolu taraflarında değer verilmediği ve horlandığı hakkındaki söylentiler, acı olay üzerine karşıt görüşlülere daha çok kuvvet kazandırdığından, kuvvet ve canlılığın kaybolmadığını gösterecek eylemli bir önlem alınması koşuldur.

2. Ali Fuat Paşa Hazretleri'nin buraya kadar gelmelerini gerekli görmekteyim.

3. İzmit sancağına önem verilmesini ve önem verildiğini gösterecek eylemli önlemlerin alınması gereğini tekrar etmek için zorunluluk görüyorum. *(Milletvekili Sırrı)*

1. Tümen Komutan Vekili
Fevzi

O tarihte İstanbul'da bulunan Rauf Bey de şu mektubu gönderdi:

İstanbul, 19.2.1920

Mustafa Kemal Paşa Hazretleri'ne

Yahya Kaptan'ın teslim olduktan sonra öldürüldüğü burada da anlaşılmıştır. Muhafızlığa başvurulmuş, otopsi de yapılmıştır. Hükümet yasal kovuşturmaya başlamıştır, efendim. Saygılarımızı sunarız.

Hüseyin Rauf

Vicdani görevlerimden biri

Efendiler, Yahya Kaptan'ın öldürüldüğüne kuşku kalmamıştı. Bu gerçek bilindikten sonra, onu öldürtmüş olan hükümetin yasal kovuşturmaya başlamış olması, cinayeti işleyenlerin meydana çıkmayacağının kanıtı değil miydi? Fakat efendiler, zaman, her şeyin, her gerçeğin, tarihin samimi sinesinde incelenmesine olanak hazırlar.

Saygıdeğer efendiler, hükümeti ve İstanbul'daki örgüt başkanlarımızı böyle çirkin bir cinayetin işlenmesine aracı olmaya yönelten nedenlerin ve etkilerin incelenmesinin gerçekten ders verici sonuçlara varacağına inandığım içindir ki, ilk bakışta önemsiz gibi görülebilecek bir olayı kanıtlara ve belgelere dayandırarak açıkladım. Bu açıklamamla, ulusun gözünde, gerçeği açıkça aydınlatabilecek bir ortamın doğmasına yardım edebildiysem, vicdani görevlerimden birini yapmış olduğuma inanacak ve gönül huzuru duyacağım.

Efendiler, bu olayı incelerken iki noktayı göz önünde tutmak yararlı olur! O noktalardan:

Birincisi: Sait Molla'nın içinde olduğu gizli örgüt ve Gebze, Kartal civarında bu örgüte bağlı şahsi çetelerin rolü ile, bu rolü bizim adamlarımıza ve örgütümüze yüklemekte ve vatansever yaşayan kişileri aldatmakta ve kandırmakta gösterilen ustalık ve başarı.

İkincisi: İstanbul örgütümüzün başkanları ki, bunlar bize, yani Temsil Heyeti'ne bağlı ve onun verdiği direktif ve bilgilere göre hareketle yükümlü bulunuyorlardı. Ancak bunların bu yükümlülüğü içtenlikle yerine getirmekle asıl amaca doğru yanılmadan yürüyebilmenin mümkün olabileceğini kabul etmeleri gerekirdi. Oysa bu kişiler, kendi düşünce ve önlemlerini Temsil Heyeti'nin uyarılarına rağmen yüksek görmekten kurtulamamışlar ve bağımsız hareketlerine engel olunmasını onur meselesi yaparak sinirlenmişler ve bu yanlış duygunun etkisi altında aldatılmaya kadar varmışlardır.

Şimdi efendiler, vicdan ve şefkat sahibi olanların yüreklerini gerçekten kan ağlatan bir telgrafı daha, merhametli gözleriniz önüne sererek bu konuyla ilgili sözlerime son vereceğim:

4960 İstanbul, 14.1.1920

Ankara'da Kuva-yı Milliye Başkanı Mustafa Kemal Paşa Hazretleri'ne

Kocam Yahya Kaptan, sırf yüksek şahsınızla ilişkisi nedeniyle, yasa karşısında suçu olmaksızın teslim olduğu halde, Gebze Jandarma Yüzbaşısı Nail ve Üsteğmen Abdurrahman efendiler tarafından alçakçasına şehit edildi. Bütün Tavşancıl halkı olayın tanığıdır. Adaletin yerini bulması için Adalet ve İçişleri bakanlıklarına başvuruldu. İki tane yetimle çok kötü bir durumda bulunuyoruz. Bu konuda yüksek girişimlerinizi ve yardımlarınızı bekliyoruz, emir sizindir.

Karagümrük'te Keçeciler'de Karabaş Mahallesi'nde
19 numaralı evde oturan Yahya Kaptan'ın karısı
Şevket Hanım

1919 sonbaharında karşılaştığımız diğer bazı olaylar

Efendiler, Yahya Kaptan meselesine 20 Kasım 1919 tarihindeki olaylar dolayısıyla değindik. Birçok mesafe ve zaman katederek, olayı çeşitli yönleriyle açıklamak ve tamamlamak zorunda kaldık. Şimdi izin verirseniz, tekrar bıraktığımız tarihe dönerek olayları izleyelim.

Ankara-Eskişehir demiryolunun işletilmesine İtilaf devletleri tarafından engel olunmuştu. Bu hattın işletilmesi için İtilaf devletleri temsilcilerinin sert bir şekilde protesto edilmesi, 21 Ekim 1919'da Ankara Merkez Heyeti'ne bildirildi.

Adana örgütü kurucularının Niğde'ye veya Kayseri'ye gelerek, bizimle görüşerek çalışmalarını sürdürmeleri sağlandı.

Aydın cephesinde durum her gün tehlikeli ve ciddi bir hal almakta olduğundan, Salih Paşa'yla Amasya'da kararlaştırdığımız üzere, Donanma Cemiyeti'nin dört yüz bin lirasının bu cephenin ihtiyaçlarına ayrılmasını Savunma bakanına yazdık. Bu cephedeki savaşçılara silah, cephane verilmesini ve cephenin makineli tüfek ve topçu birlikleriyle güçlendirilmesini, Konya'da 12. Kolordu komutanından rica ettik.

Efendiler, Fransızlar, Bandırma-Soma demiryolu hattının denetimi bahanesiyle Bandırma'ya bir müfreze çıkarmışlardı. Güvenliği kusursuz olan Bandırma'ya asker çıkarmaya hakları olmadığı açıktı. Bu noktaya, 24 Ekim 1919'da 14. Kolordu ve 56. Tümen komutanlarının dikkatini çektik.

Yabancı subaylar Aydın cephesinde dolaşarak propaganda yapıyorlar ve durumu anlıyorlardı. Bu gibi subayların cephede birliklerle görüşmelerine kesinlikle izin verilmemesini ve resmi başvurularının hükümete, eğer Kuva-yı Milliye'ye bir söyleyecekleri olursa, merkez heyetlerimiz aracılığıyla bize başvurmaları gerektiğinin kendilerine bildirilmesi ve propaganda yapanlar olursa, koruma altında bölgeden çıkarılmaları ve kesin zorunluluk olursa, cephede görülecek İtilaf askerlerine de silah kullanılması cepheye bildirildi.

Efendiler, biz, İzmir halkının da seçime katılmasını sağlamak istiyorduk. Bunun için amacımızı çeşitli yollarla duyuruyorduk. Fakat Yunanlılar, elbette engel oluyorlardı.

29 Kasım 1919 tarihinde, bu durumu İtilaf devletleri temsilcileri ve tarafsız elçilikler katında protesto ettik ve bunu, İzmir Telgraf ve Posta Başmüdürü Ethem Bey'e yazarak, İzmir halkına da duyurmak istedik.

Efendiler, belki birçoklarınız hatırlıyordur. İşgal yıllarında, Adana'da, *Ferda* adında, Kuva-yı Milliye karşıtı bir yabancı gazete yayımlanıyordu. Bu gazete, sırf Anadolu kamuoyunu aldatmak ve bulandırmak amacıyla yazılmış sütunlar ve bize karşı uydurulmuş saçmalıklarla doluydu. Kuşkusuz bu gazetenin içerilere [Anadolu'ya] girmesine engel olduk.

Fakat, bu gazetenin ülkede okunmasını elbette yararlı gören, Ali Rıza Paşa hükümetinin İçişleri bakanı ve Cemal Paşa'nın defalarca temize çıkardığı Damat Şerif Paşa, *Ferda* gazetesinin, bu zehirli paçavranın serbestçe girmesine engel olunmaması için emirler vermişti. Bu nedenle, Şerif Paşa'nın arkadaşı Cemal Paşa'nın 3 Aralık 1919'da dikkatini çekmeyi gerekli gördük.

Ankara'ya geliş

Efendiler, Mebuslar Meclisi'nin İstanbul'da toplanmasına engel olamamak zorunluluğu üzerine, İstanbul'da toplanacak Meclis'te, "vatanın bütünlüğünü, devlet ve ulusun bağımsızlığını sağlamak olan amacı korumak ve savunmak için anlaşmış, kesin kararlı bir grup meydana getirmeyi" tek çözüm olarak düşündük. Bunun sağlanması için, bildiğiniz üzere 18 Kasım 1919 tarihli emir ve genelgede, milletvekillerinin belirlenen yerlerde grup grup toplanarak üzerinde görüşecekleri önemli noktalardan biri olarak bu konuya yer vermiştik.

Aynı tarihte düşündük ki, bu grubu oluşturabilmek için her sancaktan birer milletvekilini Eskişehir'e davet edelim. Eskişehir üzerinden trenle İstanbul'a gidecek milletvekillerini de, davet edeceğimiz milletvekilleriyle birleştirelim ve kendimiz de Eskişehir'e giderek, yapılacak genel bir toplantıda, tam bir fikir alışverişinde bulunalım. Bu arada, İstanbul'da bulunan milletvekillerinin güvenlikleriyle ilgili önlemleri de söz konusu etmek istiyorduk. Fakat bundan sonra yapacağım açıklamalardan anlaşılacağı gibi, bu toplantıyı Ankara'da kalarak yapmayı tercih ettik. Daha bir ay kadar Sivas'ta kaldıktan sonra sonunda Ankara'ya doğru yola çıktık.

Ankara'ya varışımızı, 27 Aralık 1919 tarihli şu açık bildirimle her tarafa duyurduk:

> Sivas'tan Kayseri yoluyla Ankara'ya hareket eden Temsil Heyeti, bütün yol boyunca ve Ankara'da, büyük ulusumuzun çok sıcak ve içten gelen vatanseverce gösterileri eşliğinde, bugün şehre ulaştı. Ulusumuzun gösterdiği bu birlik ve kararlılık örneği, ülkemizin geleceğine güven hakkındaki inançları sarsılmaz bir şekilde destekleyici niteliktedir.
>
> Şimdilik Temsil Heyeti merkezi Ankara'dadır. Saygılarımızı sunarız, efendim.
>
> Temsil Heyeti adına
> *Mustafa Kemal*

2 Ocak 1920 tarihinde, Cemiyet merkez heyetlerine, Hacıbektaş'ta Çelebi Cemalettin Efendi'ye, Mutki'de Hacı Musa Bey'e ayrıca bir bildirimde bulunduk. Bu bildirimizin metni ve yazılış biçimi şöyleydi:

... Yolculuğumuz sırasındaki gözlem ve incelemelerimiz, bizlere, gerçek koruyucu olan Allah'ın yardımıyla oluşan ulusal birliğimizin dayandığı ulusal örgütün kökleşmiş, ülke ve ulusun geleceğini kurtarmak için gerçekten dayanılacak bir güç haline geldiğini, şükürler olsun ki gösterdi.

Dış durum, bu ulusal kararlılık ve birliğin yardımıyla, Erzurum ve Sivas Kongresi ilkeleri çerçevesinde, ülke ve ulusun çıkarlarına uygun bir şekle girmiştir.

Kutsal birlik, kararlılık ve inancımıza dayanarak yasal isteklerimizin elde edileceği güne kadar, büyük bir kararlılıkla çalışılması ve bu bildirimizin genelge halinde köylülere varıncaya kadar bütün ulusa duyurulması rica olunur.

Anadolu ve Rumeli Müdafaa-i Hukuk Cemiyeti
Temsil Heyeti adına
Mustafa Kemal

Kâzım Karabekir Paşa Temsil Heyeti'nin Ankara'ya gitmesine taraftar değildi

Efendiler, Temsil Heyeti merkezinin Ankara'ya taşınması düşüncesi oldukça eskiydi. Bu düşünce ilk söz konusu olduğu sıralarda Kâzım Karabekir Paşa'dan gelmiş olan bir telgrafı burada olduğu gibi aktaracağım:

Şifre — Erzurum'dan, 3 Ekim 1919

3. Kolordu Komutanlığı'na

Temsil Heyeti'ne: Kuva-yı Milliye'yi temsil eden yüksek heyetin, değil Ankara'ya, hatta Sivas'ın batısına bile geçmemesi düşüncesindeyim. Çünkü Doğu illerinin Kuva-yı Milliyesi'ni oluşturan bu heyetin bütün bütün uzaklaşması, dolayısıyla bu illerin örgütsüz kalmasına yol açacaktır. Şimdiye kadar tamamen yasal ve akıllıca yönetilmekte olan ulusal mücadelenin; öteden beri sürekli olarak her girişimimizi kötü görmek ve göstermek isteyen düşmanlarımıza karşı da eskiden olduğu gibi, bir yerden yönetilmesi için, Temsil Heyeti'nin Sivas'tan batıya geçmemesi düşüncesinde olduğumu bilginize sunarım.

15. Kolordu Komutanı
Kâzım Karabekir

Böyle bir telgrafın aslı olamayacağına inanmak istedim. Fakat, ne yazık ki, bu şifre telgraf Erzurum'dan, Sivas'taki 3. Kolordu'ya çekilmiştir. Şifre çözümünün altında "Açıldı. Fethi, 4/5 Ekim" yazı ve imzasıyla 3. Kolordu'dan bize gönderilmiştir.

Efendiler, Kâzım Karabekir Paşa, davetimiz üzerine Sivas'a geldikten ve bizimle görüşmelerde bulunduktan sonra, kuşkusuz bu telgrafla daha önceden bildirdiği düşünce ve görüşünün yerinde olmadığını görmüş olacaktır. Fakat, bu düşünce ve görüşteki yersizliği anlamak için, ille yüz yüze görüşmeye hiç de gerek olmayacağı apaçık bir şeydir. Bu düşünce ve görüşün dayandırıldığı sebeplere şöylece bir göz atmak bile, onların yanlışlığını anlamak için yeterlidir sanıyorum.

Bir defa, Temsil Heyeti'nin yalnız Doğu illerinin Kuva-yı Milliyesi'ni oluşturmadığı veya temsil etmediği ve belki bütün ülkenin –Anadolu ve Rumeli'nin– Kuva-yı Milliyesi'ni temsil ettiği çoktan biliniyor olması gerekirdi. Kaldı ki, bu nokta üzerinde günlerce devam eden telgraf başı tartışmaları olmuştu. Bir de Temsil Heyeti'nin Sivas'tan Ankara'ya taşınması, Doğu illerinin örgütsüz kalmasına yol açacak bir sebep olamazdı. Temsil Heyeti'nin Doğu illerine Sivas'tan telgrafla verdiği emir ve direktifleri Ankara'dan aynı şekilde verebileceğine kuşku yoktu.

Buna karşılık, Temsil Heyeti'nin, Doğu illerinden çok Batı illerine, İstanbul'a yakın bulunmasını gerektiren ve haklı gösteren mantıklı sebepler elbette çoktu. İlk olarak, Batı ve Güneybatı illerimizden düşman tarafından ele geçirilmiş olanlar vardı. Bu illerimizi ele geçiren düşman karşısında kuvvetli savunma cepheleri oluşturmak ve onların kuvvetlendirilmesini sağlamak gerekirdi. Oysa Doğu illerimizde böyle korkunç bir durum yoktu. Kesin olarak yakın zamanda böyle bir tehlike de olası görülmüyordu. Uzak bir olasılığa göre, varsayalım ki doğudan Ermenilerin bir saldırı yapacağı kabul olunsaydı bile, onun karşısında Kuva-yı Milliye ile desteklenmesi kararlaştırılmış olan, kendilerinin komutasındaki 15. Kolordu hazır bulunuyordu. Ne var ki, İzmir cephelerinde çeşitli komuta yöntemleri, çeşitli nitelikte kuvvetler ve türlü olumsuz kaynaklardan gelen değişik yapıda zararlı etkiler vardı. Adana'nın işgaline karşı hâlâ cephe oluşturulamamıştı.

Genel durumu yönetme sorumluluğunu üzerine alanlar, en önemli hedefe ve en yakın tehlikeye mümkün olduğu kadar yakın bulunmalıdırlar

Bu bakımdan, uyulacak yol ve yöntem şudur ki, genel durumu yönetip yürütme sorumluluğunu üzerine alanlar, en önemli hedefe ve en yakın tehlikeye mümkün olduğu kadar yakın bulunmalıdırlar. Yeter ki, bu yakınlık, genel durumu gözden kaybettirecek derecede olmasın! Ankara bu şartları kendinde toplayan bir noktaydı. Herhalde cephelerle ilgileneceğiz diye Balıkesir'e, Nazilli'ye veya Afyonkarahisar'a gitmiyorduk. Fakat, cephelere ve İstanbul'a demiryoluyla bağlı ve genel durumu yönetme bakımından Sivas'tan hiçbir farkı olmayan Ankara'ya gelecektik.

Mebuslar Meclisi'nin İstanbul'da toplanması zorunlu görüldükten sonra ise, Ankara'ya gelmenin ne derece yerinde ve yararlı görülmesi gerektiğini açıklamayı gerekli bulmam.

Efendiler, Temsil Heyeti'nin Ankara'ya taşınmaması için sebepler ortaya konulurken, bu arada, hele özellikle "öteden beri sürekli olarak her girişimimizi kötü görmek ve göstermek isteyen düşmanlardan" söz edilmiş olmasına hiçbir anlam veremedim. Gerçekten, kendisinin dediği gibi, düşmanlar bizim hangi hareketimizi, hangi girişimimizi iyi görmüşlerdir veya görebilirler ki, ona göre hareket edelim!

Eğer, bu düşünce ve görüşü doğuran, "İstanbul'da ulusal davaya inanan bir Ali Rıza Paşa hükümeti vardır. Mebuslar Meclisi de orada toplanarak ulus ve ülkenin geleceğini denetlemeye başladıktan sonra, Temsil Heyeti'nin batı cepheleriyle, Mebuslar Meclisi'yle ilgi ve ilişkisine ne gerek kalır. Bu durumda, Temsil Heyeti'nin yalnız Doğu illerinin örgütüyle ilgilenmesi ve yetinmesi daha yerinde ve daha yararlı olmaz mı?" gibi bir düşünce ve görüş idiyse, bir dereceye kadar düşünmeye değer görülebilir. Fakat, böyle olunca da, genel durumu, olayların içyüzünü ve gerçek koşulları görüş ve anlayış bakımından, Temsil Heyeti ile Kâzım Karabekir Paşa arasında doldurulamayacak bir hendek olduğunu kabul etmek gerekir.

Temsil Heyeti'nin Ankara'ya gelmesini düşmanlar iyi karşılamayacaktır noktasında daha çok durularak, belki, ileri sürülmüş olan düşünce ve görüşün kaynağı daha iyi kavranabilirse de, bizim şimdilik buna ayıracak fazla zamanımız yoktur.

Yeni milletvekilleriyle Ankara'da görüşme girişimi

Efendiler, daha önce söz ettiğim üzere, bir iki günlük bir toplantı ve görüşme amacıyla milletvekillerini davet için ilk yazdığımız telgrafta –ki bu telgraf örneğini basılı olarak resmi yazı şeklinde de postayla göndermiştik– amaçtan söz ettikten sonra "Temsil Heyeti'nin bulunacağı bir yerde toplanılacaktır; toplantı tarihi, gönderilecek milletvekillerinin adları ve adresleri belli olduktan sonra haberleşilerek kararlaştırılacaktır. Temsil Heyeti kısa bir süre sonra İstanbul'a yakın bir yere taşınacaktır" denmişti.

Ankara'ya varışımızda, Ankara-Eskişehir demiryolu işlemeye başlamış olduğundan, önceki bildirimize 29 Aralık 1919 tarihinde yaptığımız bir ekle, milletvekilleriyle görüşme yeri olmak üzere Ankara'yı belirledik ve bunu genelgeyle bildirdik. Bu genelgenin bir maddesi de diğer milletvekillerinden mümkün olduğu kadar fazla kişinin görüşmelere katılmasının son derece istenmekte olduğu şeklindeydi.

Efendiler, sonucundan çok fazla yarar umduğumuz bu uğurlu ve vatanseverce girişimin bile İstanbul hükümeti tarafından önüne çıkıldığını sunarsam, şaşırmazsınız sanıyorum.

İzin verirseniz, bu konuyu biraz açıklayayım: Biz milletvekillerini Ankara'ya davet ederken, birtakım kişiler de bu daveti geçersiz kılmak, düzenlenecek toplantıyı sonuçsuz bırakmak için karşı önlemler alıp girişimlerde bulunuyorlarmış... Bazı milletvekillerinin çektikleri telgraflarla durumu öğrendik. Örneğin, Burdur Milletvekili Hüseyin Baki imzalı ve 29 Aralık 1919 tarihli şöyle bir telgraf geldi:

İstanbul'da toplanan milletvekilleri adına Aydın Milletvekili Hüseyin Kâzım imzasıyla Denetleme Kurulu Başkanlığı'na gelen telgrafta, en hızlı araçla İstanbul'a gitmemin pek gerektiği bildirilmekte ve bugün de İçişleri Bakanlığı'ndan gelen telgrafta da yola çıkmam bildirilmektedir.

Daha önce Temsil Heyeti adına Mustafa Kemal Paşa Hazretleri tarafından verilen emir ve duyuru üzerine, bu konudaki görüşüm açıklanıp sunulduğu halde, henüz bu konuda bir emir alınamadığından sizlerin emirlerini önemle bekliyorum, efendim.

Akdağmadeni Milletvekili Bahri imzalı ve aynı tarihli bir telgrafta da:

Aydın Milletvekili Hüseyin Kâzım imzasıyla gelen telgrafta, milletvekillerinin en hızlı araçla İstanbul'a gelmeleri bildiriliyorsa da Temsil Heyeti'ne üye seçilen milletvekillerinin mi, yoksa bütün milletvekillerinin mi çağrıldığı anlaşılamamıştır. Lütfen ne yapacağımın bildirilmesine izninizi istirham ederim, emir sizindir.

Efendiler, buna benzer telgraflar birbiri ardınca geldi. Bu telgraflardan kolaylıkla anlaşılmaktaydı ki, milletvekili arkadaşlar, Temsil Heyeti ile hükümetini ve İstanbul'dan telgraf çekerek bütün milletvekillerini davet etmek yetkisini kendinde görebilen kişileri, ortak amaçta fikir birliği etmiş ve uyuşmuş sanıyorlardı. Hükümetin ve sözü geçen kişilerin olumsuz niyetlerini akıl ve hayallerine bile getiremiyorlardı. Olsa olsa, bizimle İstanbul'daki kişiler arasında yeni kararlaştırılmış bir durum bulunduğunu veya arada düzenleme bakımından bir yanlışlık olabileceğini sandıkları ve durumu öyle kabul ettikleri, bize gelen telgraflarındaki saflık ve içtenlikten anlaşılmaktaydı.

Başvuruda bulunan milletvekillerine verdiğim yanıt şuydu:

Hüseyin Kâzım Bey'in bildirimiyle bizim hiçbir ilgimiz yoktur. Adı geçenin, durumu tamamen bilmediği anlaşılıyor. 17 ve 29.12.1919 tarihli telgraflarımız gereğince davranılmasını, ulus ve vatan ile ilgili çıkarlarımıza daha uygun olduğundan, gereğinin hızla yerine getirilmesini Kâzım Bey'in kendi başına gönderdiği telgrafa gerekli yanıtın verilmesini ve sonucun bildirilmesini rica eder, saygılarımızı sunarız efendim.

Temsil Heyeti adına
Mustafa Kemal

Bütün milletvekillerine de şu genelgeyi yazdık:

Ankara, 30 Aralık 1919

Aydın Milletvekili Hüseyin Kâzım Beyefendi'nin sayın milletvekillerinden bazılarına, İstanbul'a doğru hızla yola çıkmalarına ilişkin telgraflar çektiği anlaşıldı. Bu girişim, adı geçenin, durumu tamamen bilmediğini gösterdiğinden, kendisine durum anlattırıldı ve ... tarih ... numaralı duyurularla ilgili bilgi verdirildi. Dolayısıyla, Temsil Heyeti'nce istirham edildiği üzere, Temsil Heyeti üyesi olarak seçilmiş sayın milletvekilleriyle diğer milletvekillerinden görüşmelere katılmak isteyen sayın üyelerin, Ocak ayının beşinden başlayarak Ankara'ya gelmeleri, bir daha rica olunur.

Temsil Heyeti adına
Mustafa Kemal

30 Aralık 1919 tarihli bir şifreyle de İstanbul'daki örgütümüze Hüseyin Kâzım Bey'in girişiminden söz ettikten sonra, "kendisinin bizim bildirimiz hakkında bilgilendirilmesini ve görüşmelerde bulunmak istiyorlarsa, lütfen ve derhal Ankara'ya gelmeleri gereğinin anlatılmasını" bildirdik.

Efendiler, biz İstanbul'daki örgütümüzden haber beklerken, karşımıza birisi çıktı. Bunun kim olabileceğini anlamakta güçlük çekmezsiniz sanırım. Bildiğiniz gibi, bizim İstanbul'da hem delegemiz ve hem de bakan olan kişi... Cemal Paşa... Evet, 1 Ocak 1920 tarihli şu telgraf Savunma Bakanı Cemal Paşa imzasıyla geliyordu:

Ankara'da 20. Kolordu Komutanlığı'na

Mustafa Kemal Paşa Hazretleri'ne özel:

İstanbul'da bulunan milletvekillerinden bir grubun bize başvurarak verdikleri yazılı isteklerini aşağıda aynen sunarım:

1. Mebuslar Meclisi'nin bir an önce toplanması çok gereklidir. Şu sırada bazı milletvekillerinin Ankara'ya çağrılmaları, Meclis'in hemen açılmasına engel olacaktır.

2. Bu durumun ve yapılan davetin yol açacağı kötü yorumlar arasında düşmanların en çok dikkatini çekecek olanı, yasama gücünün başka güçlerin etkisi altında iş görmekte olduğunun sanılmasıdır. Bu durum, içerde ve dışarda elbette çok büyük bir güvensizlik doğuracaktır.

3. Böyle bir durum ve tutum karşısında, Meclis'in kendisinden beklenilen işleri yerine getirebilmesi mümkün değildir.

4. Önceden yapıldığı gibi, milletvekilleriyle görüşmelerde bulunmak üzere geniş yetkilere sahip bir kişinin temsilci sıfatıyla İstanbul'a gönderilmesi, amacın gerçekleşmesi için yeterlidir.

5. Ankara'ya davet edilen milletvekillerinin gelişlerinin ertelenmesi ve orada toplanan kişilerin de hemen İstanbul'a hareketleri hakkında yeniden acil bir duyuru yapılması beklenmektedir.

Savunma Bakanı
Cemal

Efendiler, bu davranış ve bildirim tarzında bir içtenlik ve soyluluk görüyor musunuz? Önce, bizim milletvekilleriyle toplantı yapmak kararımız ve bu konudaki bildirimimiz, bundan bir buçuk ay öncesinden beri bilinmekteydi. Eğer bu davranışımız vatanın çıkarlarına gerçekten uygunsuz ve sakıncalı görülmüş idiyse, bizimle aynı ulusal amacın peşinde olduklarını ileri süren efendilerin ve hükümetin, bizim davet ettiğimiz milletvekillerine, İstanbul'a çağrı telgrafları yazmadan önce, bizimle anlaşmaları, hiç olmazsa görüş ve girişimleri hakkında bizi bilgilendirmeleri gerekmez miydi? Böyle yapmayıp da doğrudan doğruya İstanbul'a doğru yola çıkmalarını çabuklaştırmak için Denetleme Kurulu Başkanlıkları aracılığıyla, Şeyh Muhsin-i Fâni'nin[6] ve İçişleri Bakanı'nın imzalarıyla, taşradaki milletvekillerini sıkıştırıp şaşırtmak ve oldubittiye getirerek bizim girişimimizi sonuçsuz bırakmaya kalkışmak doğru muydu?

İkinci olarak efendiler, seçimlerin yenilenmesi aylarca ve aylarca yapılmayıp da yasal sürenin çoktan geçirilmiş olduğu tarihlerde, hiç de acele etmeyi aklına getirmeyen bu efendiler, bizim Erzurum'dan, Sivas'tan beri yapageldiğimiz sayısız girişim ve çalışmalarımızın bir başarısı olarak seçimlerin yenilenmesi sağlandıktan ve her birinin milletvekilliği ayrıca aracılık edilerek ve uğraşılarak elde edildikten sonra, sonunda üç beş gün gibi az bir gecikme böyle bir aceleciliği gerektirir miydi? Hele bu gecikme, büyük bir amacın gerçekleştirilmesi, özellikle İstanbul'da toplanmak yanlışını yapanların, kendilerinin de dokunulmazlığıyla ilgili önlemlerin alınması yollarını görüşmek amacına dayandığına göre, bu efendileri bu kadar aceleye sürüklemeli miydi? Hiçbir önlem ve karar almadan, bir an önce hakaret ve rezalete uğramakta acele etmek neden ileri geliyordu?

Üçüncü olarak efendiler, temiz yürekli ve temiz ahlaklı arkadaşlarını aldatarak, İstanbul'da kendilerinin de içinde oldukları tehlike ve hakaret çemberine hızla sokmak isteyen bu efendiler, Anadolu ve Rumeli Müdafaa-i Hukuk Cemiyeti'ne bağlı değiller miydi? Bu ulusal cemiyetin üyesi bulunmuyorlar mıydı? Bir cemiyetin üyeleri, milletvekili oldukları halde bile, cemiyetin liderleriyle görüşerek, sonunda belirlenecek program gereği davranmak zorunda değil midirler? Dünyanın her tarafında, bütün uygar toplumlarda bu böyle değil midir?

Bir grubun, bir partinin liderleriyle görüşüp ilişki kurmasından, yasama gücünün başka güçlerin etkisi altında hareket etmiş olduğu inancını doğuracağı kuruntusuna neden düşülüyor ve bunun düşmanların dikkatini çekeceğinden neden korkuluyordu? Bu efendiler, seçimlerin yenilenmesini ve milletvekillerinin seçilmesini sağlamış olan örgütün etkisi altında kalmış görülmeyi, yüksek onur ve saygınlıklarına aykırı mı buluyorlardı?

Bu efendiler milletvekillerinin, ülke içinde güçlü bir ulusal örgüte bağlı olduklarını ve o örgütün belirlediği belli amaçlardan ayrılamayacaklarını ve her olasılığa karşı o örgütün etkisi altında bulunduklarını açık bir vicdan ve dürüstlükle

---

6 Aydın Milletvekili Hüseyin Kâzım Kadri Bey'in takma adı (y.n.).

duyurmalarının, asıl bunun, içerde ve dışarda en büyük güven ve saygıyı kazandırabileceğini anlayamıyorlar mıydı?

Ve asıl, böyle bir vicdan ve inanç gücüne sahip olarak, belirlenmiş ulusal amacı sağlama yolunda her tehlikeyi göğüslemeye hazır bir durum alınmadıkça, Meclis'in kendisinden beklenilen hizmetleri yerine getirebilmesine imkân olamayacağını anlamak, kehanete mi, yoksa görüldüğü gibi, saldırı ve hakarete zavallı bir şekilde boyun eğmeye mi bağlıydı?

Bu efendiler, benim milletvekilleriyle görüşmemi istemiyorlar. Yine hükümet ve bazı efendiler, benim İstanbul'a da gitmemi uygun görmüyorlar. Ancak, geniş yetkilerle bir delegenin gönderilmesini tavsiye ediyorlar. Doğrusu bu noktadaki akıl ve anlayışlarına diyecek yok! Gönderdiğimiz temsilciler değil miydi ki, milletvekillerinin düşman pençesine düşmelerinde birinci derecede etkili olmuşlar ve en sonunda kendi kendilerini bile savunmanın önlem ve çaresini uygulayamayacak durumda olduklarını kanıtlamışlardı.

Milletvekillerini kimseye danışmadan İstanbul'a çağırma konusunda, onları aldatmayı ve oldubitti yaratmayı başaramayınca, bu kez bizim tarafımızdan duyuru yapılmasını istemekte gösterilen nezaket çok ince değil midir, efendiler?

Saygıdeğer efendiler, bu söz ettiğim telgrafa yanıt olarak, önce şu kısa şifreyi yazdım:

5 Ocak 1920

Savunma Bakanı Cemal Paşa Hazretleri'ne

Önerge sahibi milletvekillerinin adlarının ve bu önergeyi kime yönelik verdiklerinin bildirilmesini bekliyoruz, efendim.

Temsil Heyeti adına
Mustafa Kemal

Savunma Bakanlığı, 6 Ocak 1920

Ankara'da 20. Kolordu Komutanlığı'na

İlgi: 5 Ocak 1920
Mustafa Kemal Paşa Hazretleri'ne özel:
Milletvekillerinin adları şunlardır: Hüseyin Kâzım, Tahsin, Celalettin Arif, Hamit... ve diğerleridir. Bana getirenler, baştaki iki kişidir.

Savunma Bakanı
Cemal

Efendiler, sonradan bize verilen bilgilere göre, bana telgraf çeken kişiler, milletvekillerinden meydana gelen bir grup değildi. Sadrazam, Siverek milletvekili olduğunu öğrendiği, kendisinin şahsen tanıdığı Hakkı Bey adında bir kişiyi ve Hüseyin Kâzım Bey'i yanına davet ederek, bana çekilmek üzere kısa bir telgraf yazdırmış. Bu telgrafı bazı kişilere elden imza ettirmişler. Şifre olarak gönderilmek üzere, Hakkı ve Hüseyin Kâzım beyler, Cemal Paşa'ya götürmüşlerdir.

Öyleyse, beş maddelik olan ve önerge adı verilen telgraf sonradan uydurulmuştur. Zaten, önergeden söz edildiği halde, henüz bunun sunulduğu makamın belli olmaması da bu işte bir dolap döndüğünü ve özel bir amacın olduğunu göstermeye yeterdi. Henüz Meclis açılmış ve Meclis Başkanlığı göreve başlamış değildi. Bununla birlikte, Cemal Paşa'nın bu telgrafını aldıktan sonra şu şifre telgrafı yazdım:

Ankara, 9.1.1920

Savunma Bakanı Cemal Paşa Hazretleri'ne

Hüseyin Kâzım, Tahsin, Celalettin Arif, Hamit beyefendilere özel:

Ankara'ya gelmenin kötü yorumlanacağıyla ilgili, Savunma bakanı aracılığıyla bildirilen görüşlerinizi öğrendik. Konu, vatan ve ulusun hayatıyla ilgilidir. Milli Meclis'te, ulusal örgüte dayanan güçlü bir grup oluşmaz ve Sivas Genel Kongresi'yle ulusun dünyaya duyurduğu kararlar, Meclis'in büyük çoğunluğu tarafından bir inanç ve ilke olarak kabul olunamazsa, ulusal hizmetimizin sağlayacağı başarılar boşa gider. Ülke bir felaketle karşı karşıya kalabilir. Dolayısıyla, birtakım vatansız ve dinsizlerin propagandaları, bizim için uyulacak bir değer olamaz. Amaç, vatanın ve ulusun kurtuluşudur. Bir iki gün için gelmeniz ve karşılıklı görüşme ile bir ülkü birliğine varılması bizce pek önemlidir. Buna göre izlenecek yolun belirlenmesi, yüksek görüşünüze bağlıdır. Saygılarımızı sunarız, efendim.

Temsil Heyeti adına
Mustafa Kemal

Bayburt'ta bir yalancı peygamber

Saygıdeğer efendiler, İstanbul'un değindiğimiz ve açıkladığımız bu can sıkıcı durumuyla uğraşırken, ülkenin doğu ucunda da bir yalancı peygamberin yarattığı oldukça önemli ve kanlı bir olay yaşanıyordu. Bununla ilgili olarak 15. Kolordu Komutanlığı'ndan birçok raporlar geliyordu. Bayburt'a dört saat uzaklıkta Hart köyü[7] vardır. Bu köyde oturan Eşref adında bir şeyh, insanlara Şiilik aşılıyormuş. Buna üzülen Bayburt müftüsü ve din bilginleri, şeyhi çağırtarak sorgu-

---

7 Hart köyü: Bugün, Bayburt'un Aydıntepe ilçesi (y.n.).

lamak için oluşturdukları bir heyeti Hart'a göndermişler ve yerel hükümet adına şeyhi davet etmişler... Şeyh bu davete uymamış. Yerel hükümet 50 kişilik bir birlik göndermiş. Buna büsbütün kırılan şeyh, müritleriyle birlikte müfrezenin silahlarını ve cephanelerini almış, erlerini ve subaylarını esir etmiş, bazılarını da şehit etmiş... Bunun üzerine, yakınlardaki bazı askeri birlikler Bayburt'a gönderilmekle birlikte, sorunun kan dökülmeksizin barış yoluyla çözülmesi tercih edilmiş... Şeyhin yanına din bilginleri ve yüksek rütbeli subaylardan meydana gelen birkaç heyet gönderilmiş... Hükümete boyun eğmesi için öğütlerde bulunulmuş... On altı gün bu şekilde kaybedilmiş. En son giden Erzurum kadısı başkanlığındaki heyetin de ricası Şeyh Eşref üzerinde etkili olamamış. Tam tersine, şeyh bunlara yönelik, "Hepiniz inançsızsınız! Kimseyi tanımam, boyun eğmem, savaşacağım. Allah, bana buyruğumu kullarıma duyurmakla görevlisin, dedi" şeklinde bir ültimatom vermekle beraber, bir taraftan da köylere, "sahib-i şeriat" [şeriatın koruyucusu] ve "mehdi-i muntazar" [beklenen mehdi] imzalarıyla birtakım bildiriler göndererek halkı aldatmış ve kendisine katılmalarını sağlayarak başkaldırmış... Bunun üzerine, Bayburt'a gelip 9. Tümen'in komutasını alan Yarbay Halit Bey, 25 Aralık 1919 günü, yeterli kuvvetle Hart'a doğru yola çıkar. Şeyh, başına topladığı isyancılarla karşı koymaya karar verdiğinden, topçu ve piyade birliklerinin şeyhle çarpışma ve çatışma zorunluluğu ortaya çıkar. Bu sırada, şeyhin müritlerinden birtakımları da Hart'a yardım etmek üzere yakın köylerde toplanırlar. Sonunda, Yarbay Halit Bey'in, doğrudan doğruya Bayburt'tan bana gönderdiği 1 Ocak 1920 tarihli şifresinde dediği gibi, "Hart olayı, yalancı peygamberin, oğullarının ve adamlarından bazılarının öldürülmesi ve Hart'ın teslim alınmasıyla sonuçlanmıştır".

Halit Bey, bu şifresinde, milletvekilleriyle ilgili bazı bilgiler de verdiğinden, kendisine 1/2 Ocak 1920 tarihinde şu şifreyi yazdım:

> Hart olayında siz kardeşimin elde ettiği başarıyı kutlar ve milletvekillerinin Ankara'ya gelmesi için yaptığınız çalışmalarınıza teşekkür ederim.
>
> *Mustafa Kemal*

Savunma Bakanı Cemal Paşa genç komutanları işbaşından uzaklaştırmak istiyor

Efendiler, Savunma Bakanlığı ile Temsil Heyeti arasında bir türlü çözüme kavuşturulamamış bir sorun vardı.

Savunma bakanı, İstanbul'da bulunan generalleri kolorduların ve albay rütbesindeki komutanları tümenlerin başına geçirmek istiyordu. Diğer komutan ve subayları da Anadolu'daki birliklere göndereceğinden söz ediyordu. Bu isteği bir ilke olarak ileri sürmüş ve uygulanmasını da, Savunma Bakanlığı eski müsteşarı Ahmet Fevzi Paşa'yı, Ankara'da Ali Fuat Paşa'nın yerine 20. Kolordu Komutanlığı'na ve Nurettin Paşa'yı da Konya'da Albay Fahrettin Bey'in yerine 12. Kolordu Komutanlığı'na atamak suretiyle bir oldubittiye getirmek istemişti.

Bu sistem izlenir ve uygulanırsa, Dünya Savaşı'nda yetişmiş, kolordu ve tümen komutanlıklarına yükselmiş ne kadar genç general ve komutan varsa, kuşkusuz, bunların tamamı bu görevlerden uzaklaştırılmış olacaklardı. Çünkü, İstanbul'da yığılmış eski general ve komutanlar, kıdem ve rütbe bakımından, ordunun büyük birlikleri başında bulunan genç komutanlardan önde gelmekteydiler.

Biz asla bu ilkenin taraftarı olamazdık. Özellikle içinde bulunduğumuz koşullar unutularak girişilen böyle yanlış işleri elbette onaylayamazdık. Dolayısıyla, Cemal Paşa'ya her zaman görüşümüzü ve atanan yeni kolordu komutanlarının gönderilmemeleri gerektiğini bildiriyorduk.

Fahrettin Paşa, kolordusu başında bulunarak, Aydın cephesine yardım ve destek sağlamaya çalışıyordu. Ali Fuat Paşa, Ferit Paşa zamanında görevden alınmıştı. Cemal Paşa o haksız işlemi düzeltmek istememişti.

20. Kolordu'ya, Ankara'da bulunan 24. Tümen Komutanı Yarbay merhum Mahmut Bey vekil olarak komuta ediyordu. Ali Fuat Paşa, hem Kuva-yı Milliye komutanlığı yapıyor ve hem de gerçekte kolordusunu elinde tutuyordu.

Biz, kolordu ve tümen birliklerinde komuta değişikliğini kabul etmemeye, özellikle ulusal amaçlara bağlı ve o yolda hareket eden, kişilikleri belli komutanları, böyle boş ve kim bilir nasıl bir özel amaca dayanan ilkeye feda etmemeye kesinlikle karar verdik. Yalnız, İstanbul'da bulunan genç ve özverili subayların ve doktorların bir an önce Anadolu'ya ordu birliklerine gönderilmesini yararlı buluyor ve istiyorduk.

Cemal Paşa, Ankara'ya vardığımız günlerde bu konu üzerinde daha çok diretmeye ve acele etmeye başladı. Konuyu onur sorunu yaptı. Görevden çekileceğini bildirerek gözdağı vermeye başladı. Makine başında yanıt verilmesi konusundaki ısrarı üzerine, Savunma bakanına 29 Aralık 1919 tarihinde yazdığım şifreli telgrafta:

> Ali Fuat Paşa'nın komutanlıktan ayrılmasını, biz aslında hiçbir zaman kalıcı kabul etmedik. Ahmet Fevzi Paşa'nın kalıcı olarak komutanlığa atanması söz konusu olamaz. Barışın yapılmasından önce, düşünülen ve onaylanan ilkenin uygulamaya konması büyük sakıncalar doğurur. Savaşta yararlılık göstererek yükselmiş kişilerin rütbesini küçültmek olamaz. Bu zamansız girişimler, ulusal örgüt için çalışmakta olan kişilerin işbaşından ayrılmalarına ve bu şekilde ulusal birliğin zarar görmesine yol açar.
>
> Açıkta kalmış yetenekli subaylar, kolordulara bağlı birliklere, kolorduların emrindeki bölge ve mevki komutanlıklarına, askerlik şubelerine atanarak tatmin edilebilirler.
>
> Küçük rütbeli subayların ve doktorların ise bir an önce gönderilmeleri gerekmektedir. 12. Kolordu'ya gelince; bu kolordu, savaşmakta olan Kuva-yı Milliye ile işbirliği yapmış ve iki taraf arasında eylemli ve karşılıklı bir güven doğmuştur. Değişiklik kesinlikle uygun değildir. Oradaki durum da böyle bir şeye asla dayanamaz.

dedim.

Mustafa Kemal Paşa Amasya'da.
İş Bankası Müzesi Arşivi.

Efendiler, bu konu üzerinde, Anadolu ve Rumeli'de bulunan bütün komutanlarla haberleşerek, dikkatlerini çekmiştim. Ocak ayı başında, Ankara'da bulunan Fuat Paşa'ya olduğu gibi, Konya'da bulunan Fahrettin Paşa'ya da "Nurettin Paşa atanacak olursa, komutayı bırakmayarak eskisi gibi ulusa ve yurt görevinize devam etmeniz gerekmektedir. Dolayısıyla bu konuda yapılacak bildirimden bize zamanında haber veriniz" emrini verdim.

Savunma Bakanı Cemal Paşa, dediklerim yapılmazsa görevden çekilirim ve Mebuslar Meclisi'nin açılması gerçekleşemeyecek bir hayal olur, diyor

Cemal Paşa, Ocak ayı başlarında, o tarihte Savunma Bakanlığı başyaveri bulunan Salih Bey'i –8. Kolordu Komutanı Salih Paşa'dır–, kendisinin iki mektubu ve bu mektuplara ek olarak İtilaf devletleri olağanüstü temsilcilerinin 24 Aralık 1919 tarihli ortak bir notası ve bu notaya hükümetin verdiği yanıt örneği ile Ankara'ya gönderdi.

Cemal Paşa, bu mektuplarında da komuta değişikliği ve düzenlemesi hakkındaki ilkesinden, komutanlığa atadığı Ahmet Fevzi ve Nurettin paşaların görevlerine gitmelerini sağlamak gerektiğinden söz ediyor, özellikle "ordunun önemli komuta mevkilerinde, son ulusal mücadeleye açıkça katılmış kişilerin bizzat ve resmi olarak bulunmaları, dışarıya ve özellikle yabancılara karşı orduda siyasetin egemen olduğu görüntüsünü verir ve bu da kesinlikle kötü etkiye neden olur. Bakanlık doğrudan doğruya bu etkilerin baskısıyla karşı karşıyadır" diyordu. Yine istifasını yineliyor ve bu defa, bu durumda artık Mebuslar Meclisi'nin toplanmasının gerçekleşemeyecek bir hayal olacağını haber veriyordu.

Efendiler, bu konuyla ilgili verdiğim yanıtları şu şekilde özetleyebilirim: "Düşüncelerimizin yerinde olduğuna ilişkin inancımızı tekrar ederiz. Ferit Paşa'nın kötü yönetiminin mirası olan Aydın cephesinin ve bölgesinin ve oralardaki Kuva-yı Milliye'nin bugününü ve geleceğini son derece ilgiyle dikkate alıyoruz. Gelecek için ümit verici bir durumun sağlanmasını düşünüyoruz.

Ali Fuat Paşa'nın devlet ve millet gözünde her türlü eleştiriden uzak bulunduğu inancının korunması asıl koşuldur. Ulusal mücadele sırasında, her ne şekilde olursa olsun ileri atılmış olanların, görevlerinden alınmaları ve durumlarının değiştirilmesi, özverilerinin suç olarak görüldüğü şeklinde yorumlanır. Bu durum bizim sonuna kadar değişmeyecek görüşümüze göre asla uygun görülemez.

Hükümetin aklına gelen siyasi sakıncaları ortadan kaldırmak için yapılacak her şey yapılmıştır.

Ahmet Fevzi Paşa bizimle işbirliği yapabilme yeteneğine sahip değildir. Ahmet Fevzi Paşa'nın özel görevle gezip dolaşırken, gittiği yerlerde söylediği akılsızca sözlerini bildirmiştik. Bunu kendisinden beklemem diye buyurmuştunuz. Ahmet Fevzi Paşa arkadaşlara yazdığı özel bir şifreli telgrafta: "Ordu bugünkü karmaşa durumunda kaldıkça ülke için felaket kesindir," diyor. Bu kişi, ordunun ulusal örgüte destek olmasını, karmaşa olarak kabul ediyor. Oysa bilmek gerekir ki, ordu, ulusal örgüt kadrosu dışında değildir, belki onun ruh ve temelini oluşturmaktadır.

Ahmet Fevzi Paşa'nın Gönen'de ilk olarak yaptığı iş, Anzavur sorunundan dolayı bin güçlükle ele geçirilen canilerin bırakılmasını istemek olmuştur. Bizimle görüşmeden atadığınız iki kişinin kabul edilmemesi hakkındaki zorunlu ve haklı düşüncelerimize karşı, ortaya bir onur sorunu çıkarmayınız. Bu, vatana ve ulusa bağlılıkla bağdaştırılamaz.

'İstifanız durumunda, Mebuslar Meclisi'nin toplanmasının gerçekleşemeyecek bir hayal olacağı' hakkındaki sözünüzden, sadrazamın da içinde olduğu bütün hükümetin, meşrutiyet yönetimine karşı olduğu anlaşılmaktadır. Pek önemli olan bu noktanın tamamıyla açıklanması rica olunur."

İtilaf devletleri olağanüstü temsilcilerinin Ali Rıza Paşa hükümetine verdikleri ortak nota

Efendiler, şimdi Başyaver Salih Bey eliyle gönderildiğini bilginize sunduğum, İtilaf devletleri olağanüstü temsilcilerinin Ali Rıza Paşa hükümetine verdikleri ortak notadan da biraz söz edeyim:

Fransa, Büyük Britanya ve İtalya olağanüstü komiserleri; Karadeniz Ordusu Başkomutanı *Sir Corç Miln* [George Milne] ile Osmanlı Savunma bakanı arasında yapılan birtakım haberleşmelere Osmanlı hükümetinin dikkatini çektikten sonra, "bu haberleşmelerden açıkça anlaşılıyor ki, Savunma Bakanı Cemal Paşa, Karadeniz Ordusu başkomutanının, Paris'teki Yüksek Meclis'in kararlarına uyarak verdiği emri uygulayacağı yerde, yüksek görevinin gerektirdiği sorumluluktan kaçınarak, birtakım kabul edilemez mazaretler ve sebepler ileri sürmüştür.

Olağanüstü komiserler, Savunma bakanının davranışının sebep olacağı tehlikeli sonuçlar hakkında Osmanlı hükümetinin dikkatini çekmekle birlikte, Karadeniz Ordusu başkomutanı tarafından bildirilen Konferans kararlarının uygulanması için ne gibi önlemler almayı düşündüğünü öğrenmek ister.

Olağanüstü komiserler, olaydan haberi olan İtilaf Devletleri Yüksek Meclisi'ni aydınlatmak üzere, Yüksek Meclis adına verilen emirlerin Savunma bakanı tarafından yerine getirilmemesi konusunu, Osmanlı hükümetinin nasıl değerlendirdiğini hemen bildirmesini ister" diyorlar.

Efendiler, Osmanlı hükümeti bu notaya verdiği yanıtta, "İzmir'in işgalinin nasıl başladığını, Karma Komisyon'un soruşturmasını ve soruşturmaya kadar geçen zaman içinde, Yunan yırtıcılığı karşısında, halkın hayatını ve namusunu koruma kaygısına düştüğünü; hükümetle ordunun sürekli olarak Soruşturma Komisyonu'nun adalet ve insafına güvendiğini ve yalnız, akan kanları geçici de olsa dindirmek için, Osmanlı Savunma Bakanlığı'nın General Milne'ye 23 Ağustos 1919 tarihli tezkereyle öneride bulunduğunu bildiriyor. Bu önerinin, Yunan birlikleriyle Kuva-yı Milliye arasına Osmanlı birliklerinin yerleştirilmesinden ibaret olduğunu; ancak, bu önerinin kabul edilmediğini" belirtiyor.

Sonra, "işgal bölgesinin Yunan birliklerinden başka, İtilaf birlikleri tarafından da işgali önerisine ait, 20 ve 27 Ağustos 1919 tarihli iki tezkereye ve bunların da yanıtsız kaldığına" işaret ediliyor.

Bundan sonra da "General Milne'nin, sınır belirlenmesini gösterir tezkerelerinin (3 Kasım 1919) Savunma Bakanlığı'na gönderildiği noktasına değinilerek, Savunma bakanının böyle bir bildirimin kararlarını uygulamak için tek başına yetkili bulunmadığından, hükümete başvurusundan ve hükümetçe de durumun komiserlere bildirildiğinden" söz ediliyor.

Daha sonra, geçici sınır çizgisine kadar Yunanlıların işgaline engel olan kuvvetin halktan oluştuğunu söylüyor. Hükümetin ve ordunun halka karşı koymakta yetersiz kaldığını açıklayarak soruna hakça bir çözüm yolu bulunmasını tekrar rica ettikten sonra "gerek hükümeti ve gerek Savunma Bakanlığı'nı sözde Yüksek Meclis kararlarını uygulamıyormuş gibi bir suçlamadan vazgeçilerek, lütfedip kurtarmaya yardımcı olunması" yolundaki ricalarına yüksek saygılarını da katarak ve ekleyerek yanıta son veriliyor.

Saygıdeğer efendiler, şimdi de Cemal Paşa'nın mektuplarında değindikleri noktalara da işaret edeceğim.

Savunma bakanı, bize İtilaf devletleri komiserlerinin notasını okuturken, bir taraftan da öteden beri yaptırmak veya bizi yapmaktan alıkoymak istediği nokları yineliyor ve doğruluyordu. Cemal Paşa'nın, isteklerini bu defa anlatırken ve önerirken bu notayı da okutarak, bizim ruh halimiz üzerinde etkili olmayı düşündüğüne inanmak bilmem doğru olur mu?

Cemal Paşa, İtilaf devletlerinin siyasi eğilimlerinden söz ettikten sonra, "Hükümet, Wilson ilkeleri çerçevesinde kabul edebilecekleri yeniliklere söz veren bir bildiriyi yakında yayımlayacaktır. İçişleri bakanını kırmamak gerekir, çünkü görevinden ayrılır. Bu durumda hükümet krizi çıkar. Meclis açıldığında İçişleri ve Dışişleri bakanlarının değiştirilmesi kesindir. Düşmanlar, Meclis'i açtırmamak istiyor. Hatta Muhipler Cemiyeti'nin padişaha başvurarak, bu Meclis'in yasal olmadığını bildirip dağıtılmasını isteyecekleri haber alındı" diyor ve milletvekillerinin Ankara'ya gelmesi konusundan söz ediyor.

İtilaf devletlerinin Karadeniz başkomutanı, Osmanlı Devleti'nin Savunma bakanına doğrudan doğruya talimat ve emir vermektedir

Şimdi efendiler, bu üç belgede yazılanları göz önünde tutarak, hep birlikte kısa bir yorum yapalım!

Komiserlerin notasından anlıyoruz ki, İtilaf devletlerinin Karadeniz Başkomutanı Mister George Milne, Osmanlı Devleti'nin Savunma Bakanı Cemal Paşa'ya, doğrudan doğruya emri altındaymış gibi talimat ve emirler vermektedir. Cemal Paşa şimdiye kadar bundan bize söz etmedi.

Ve yine anlıyoruz ki, Osmanlı Devleti'nin Savunma bakanı, aldığı talimat ve emirleri uygulayamamaktan ve kabul edilemez özürler ve sebepler ileri sürmüş olmaktan dolayı hatalı bulunuyor.

Savunma bakanının aldığı emirlerin ne olduğunu kestiriyor ve ne için yapamamakta olduğunu da anlıyoruz. Çünkü, Kuva-yı Milliye engeldir... Kuva-yı Milliye, Savunma bakanının ve hükümetin, Başkomutan Mister George Milne'in emirlerine ve talimatına uyarak verdiği veya vereceği emirlere boyun eğmiyor... İşte komiserler, Paris'teki Yüksek Meclis adına, bunu kabul edilecek nitelikte bir özür ve sebep olarak görmüyorlar. Demek istiyorlar ki, hükümetseniz, Savunma bakanı iseniz, ülkeye, ulusa, orduya egemen olmalısınız! Egemenseniz, özürler ve sebepler kabul edilemez.

Efendiler, Ali Rıza Paşa hükümeti 2 Ekim 1919'da iktidara geldi. Ondan önce Ferit Paşa hükümeti vardı. Buna göre, Kuva-yı Milliye ile Yunan birlikleri arasına Osmanlı birlikleri konulmasıyla ilgili 23 Ağustos 1919 tarihindeki öneriyi yapan Ferit Paşa hükümetidir. İşgal bölgesinin yalnız İtilaf birlikleri tarafından işgaline ilişkin 20 ve 27 Ağustos 1919 tarihindeki öneriyi yapan da Ferit Paşa hükümetidir.

Ali Rıza Paşa hükümeti henüz bir öneri ortaya koymuş değildir. Fakat, buna rağmen Başkomutan Milne 3 Kasım 1919 tarihinde düşmanların gireceği bölgenin sınırını belirliyor ve bu sınıra kadar Yunanlıların işgalinin sağlanmasını Savunma Bakanı Cemal Paşa'ya emrediyor. İşte, Cemal Paşa'nın yerine getirtemediği emir bu oluyor. Teşekküre değerdir ki, gerek kendisi ve gerek üyesi olduğu hükümet, nihayet iktidara geldikten bir ay sonra, Kuva-yı Milliye'ye karşı güçsüz olduklarını yabancı komiserlere söyleyebilmişlerdir.

Efendiler, bu belgelerden anlaşılması gereken en önemli ve en anlamlı nokta, bence, hükümetin ortak notaya yanıtında, komiserlerin ileri sürdükleri noktalara büyük bir alçakgönüllülükle ve büyük incelikle yanıt verilirken, bir noktanın hiçbir şekilde dikkate alınmamış olmasıdır. O da efendiler, Mister George Milne'in doğrudan doğruya Osmanlı Devleti'nin Savunma bakanına emir ve talimat vermekte olmasıdır. Bu durum, ne ulusal örgüte karşı onur sorunları çıkaran Savunma bakanının ve ne de Osmanlı Devleti'nin bağımsızlığını güvence altına almak sorumluluğunu üstlenmiş olan hükümetin onurunu incitiyor. Bu durumun, kendilerinin onurunu ve devletin bağımsızlığını çoktan zedelemiş olduğunu fark etmek istemiyorlar. Hiç olmazsa protesto etmiyorlar. Hiç olmazsa, "Bağımsızlığımıza darbe vuran bu saldırı ve tecavüze aracı olamayız" diye haykırmaya cesaret edemiyorlar... Cesaret edemiyorlar efendiler, çünkü korkuyorlar. Sonuç olarak, korktukları başlarına geldi. Bunu yakında göreceğiz. Korkmamak için, insanlık onurunun ve ulusal gururun saldırıya uğrayamayacağı çevre ve şartlarda bulunmak gerekmektedir. Buna değer vermeyenlerin, aslında bir insan için, bir ulus için, dokunulmaz olarak korunabilmesi en büyük namus borcu olan kutsal kavramlar üzerinde çoktan saygısız ve duygusuz olduklarına karar vermek yanlış olmaz!

İnsaf ve merhamet dilenmekle ulus işleri, devlet işleri görülemez

İnsaf ve merhamet dilenmekle ulus işleri, devlet işleri görülemez; ulusun, devletin onur ve bağımsızlığı korunamaz...

İnsaf ve merhamet dilenmek gibi bir ilke yoktur. Türk ulusu, Türkiye'nin gelecekteki çocukları, bunu bir an akıllarından çıkarmamalıdırlar.

Efendiler, Cemal Paşa'ya komuta değişikliğine ait noktalarda verdiğimiz yanıtı bilginize sunmuştum. İzin verirseniz, o yanıtın baş tarafında yer alan diğer konular hakkındaki düşüncelerimizi de özetleyeyim.

Temel noktalarla ilgili görüşlerimiz şunlardı:

"1. İtilaf devletlerinin her biri, en büyük çıkarını bütün Türkiye'de elde etmek amacındadır. Bu da, Türkiye'de güvenilir bir dayanak noktası sağlanmasını gerektirmektedir. Yabancıların açıktan açığa karşıt ve hoşnutsuz görünmelerinin sebebini, hükümetin tarafsız tutumunda aramalıdır, güçsüz ve dayanaksız olmasında aramalıdır.

2. Hükümet, bildiri yayımlamakta acele etmemelidir. Bildiri, hükümet durumunu güçlendirdikten sonra yayımlanmalıdır. Hükümetin güçlü olması, her bakımdan Kuva-yı Milliye'ye dayandığı inancını verecek bir davranış şeklini kabul etmesiyle ve bunu dünyaya göstermesiyle mümkündür.

Meclis toplandıktan ve orada güçlü bir 'Müdafaa-i Hukuk Cemiyeti Grubu' meydana geldikten sonra, bildiriye sıra gelebilir. Bildiri, her halde, Barış Konferansı'na gidecek delegeler yola çıkmadan önce ve fakat grupla fikir birliğine varılarak düzenlenmelidir. Çünkü böyle olmazsa, hiçbir önem ve değeri olmayacaktır. Bir de işe, kabul olunacak yenilikleri duyurmakla başlamak doğru değildir. Tam tersine, bildiride ulusun bağımsızlığından ve ülkenin bütünlüğünden başlamak, ancak bunun sağlanması koşuluna bağlı olmak üzere, hükümet işlerinin ana çizgilerini kararlaştırmak uygun olur.

Bu bildiriye esas olacak önemli noktalar Sivas Genel Kongresi'nin Bildiri ve Tüzüğü'nde yer almaktadır. Orada, gelecekteki sınırlar, devlet ve ulusun bağımsızlığı, azınlıkların hakları, yabancı himayesinin ulus tarafından nasıl karşılandığı gibi hususlar açıkça belirtilmiştir. Böyle bir bildiri şimdiden hazırlanır ve Meclis açıldığında çoğunluk grubuyla görüşülerek duyurulur. Uygun olan budur.

3. İçişleri bakanının istifasıyla hükümette bir kriz yaşanması için sebep görülmemektedir. Böyle bir düşünceden, İçişleri bakanına sadrazam gözüyle baktığınız anlamı çıkar. Bir hükümette kriz, ancak sadrazamın istifasıyla çıkabilir. Hükümetin, İçişleri Bakanı Şerif Paşa'ya, onun da Ferit Paşa'ya uyduğu ve bağlı olduğu anlaşılıyor.

Meclis'in açılmasıyla, İçişleri ve Dışişleri bakanlarının değiştirilmesinin kesin olduğu hakkındaki işareti anlayamadık. Bu bakanlar, şimdiden böyle bir söz verdiler mi?

Düşmanların Meclis'i açtırmak istemeyecekleri doğaldır. Yalnız, padişahın Meclis'i dağıtması olasılığı akla gelmekte midir? Eğer böyle bir olasılık varsa, o halde Meclis'i İstanbul'da dağıtmak ve ulusu Meclissiz bırakmak için mi topluyoruz? Dolayısıyla padişahın bu konudaki görüşlerinin heyetimiz tarafından kesin olarak şimdiden bilinmesi gerekir ki, milletvekillerini İstanbul dışında güvenli bir yerde toplamak için girişimlerde bulunalım! Yoksa (Meclis İstanbul'da toplanmak nedeniyle yukarıda belirtilen durumlarla karşılaşırsa), bunun sorumluluğu İstanbul'da toplanmasında ısrar edenlere ait olacaktır.

4. Milletvekillerinin görüşmeler yapmak için Ankara'ya gelmeleri yararlıdır."

Ankara halkıyla yakından tanışmak için verdiğim konferans

Efendiler, beni gerçekten içten, parlak ve güven verici duygularla karşılamış olan saygıdeğer Ankara halkıyla daha yakından tanışmak ve onlarla görüşmek bir görevdi. Onun için görüşmek üzere davet ettiğimiz milletvekillerinin Ankara'ya ulaşmasını beklediğimiz günlerde, toplanan saygıdeğer Ankaralılara bir konferans vermiştim.

Bu konferansın noktaları hakkında kısaca konuşayım:

Wilson ilkeleri: Bu ilkelerin 14 maddesinden Türkiye'yi ilgilendirenleri vardı. Zaten yenilgiye uğrayan ve ateşkes yapan Osmanlı Devleti, bu ilkelerin gönül okşayıcı yanılsamasıyla bir zaman oyalandı.

30 Ekim 1918 tarihinde imzalanan Mondros Ateşkes Antlaşması'nın maddeleri ve özellikle bu maddeler arasında yedincisi, beyni yakan ateşten bir zehirdi. Yalnız bu madde, yurdun kalan kısımlarını düşmanların ele geçirip yayılmalarına hazır bulundurmaya yeterdi!

İstanbul'da, birbirini izleyen ve güçsüz kimselerden meydana gelen hükümetler, şerefsiz, onursuz, bayağı görüntüleriyle, suçsuz ve Allah'a güvenmiş ulusun sembolü olarak tanındı; saygı gösterilmeye değer görülmemeye başlandı. Bu nedenle dünyanın uygar devletleri, uygarlığın gereklerini unutacak kadar saygısız oldular. Öteden beri Türk ulusuna karşı bütün dünyada yapılan en akıl dışı propagandalar, her zamankinden fazla dinlenmeye değer görüldü.

Dokuz aydan beri başlayan ulusal uyanış ve çalışmalar, durumu ve görünümü değiştirdi ve daha çok değiştirecektir. Ulus, oluşan birliği korur ve bağımsızlığı için özveriden çekinmezse başarı kesindir. Erzurum ve Sivas kongreleri ilkeleri, ulusun gerçekleştireceği amaçların kurallardır.

Ferit Paşa hükümetini düşüren ulustur. Fakat, Ali Rıza Paşa hükümetini iktidara getirmiş olmak sorumluluğu ulusa ait değildir. Bununla birlikte anlaşma durumundayız.

Ankara'ya gelen milletvekilleriyle yaptığım temaslar

Efendiler, şimdi Ankara'ya gelen milletvekilleriyle yapılan temas ve görüşmelere değinelim:

Milletvekilleri aynı günde veya günlerde toplu olarak bulunamadılar. Teker teker veya küçük gruplar halinde gelip gittiler. Bu kişilerin veya grupların hepsine, ayrı ayrı hemen aynı temel noktaları günlerce üst üste yinelemek zorunda kaldık.

Her şeyden önce, manevi gücün, kalp ve vicdan gücünün yüksek tutulması şarttır. Bunu bilirsiniz. Biz de bu gücü artırmak üzere:

Öncelikle, içteki ve dıştaki durumun güven verici ve rahatlatıcı nitelikte gelişen noktalarını ve yönlerini araştırarak açıklamaya ve kanıtlamaya çalıştık.

Sonra, belli amaç etrafında bilinçli ve kararlı olarak birleşmenin sarsılmaz bir güç olduğu gerçeğini yorulmaksızın tekrar ettik.

Bir toplumun yaşamasının ve mutluluğunun, ancak isteklerde ve isteklerin elde edilmesinde tam birlik sağlanmasına bağlı olduğunu anlattık. "Vatanın kurtuluşu, bağımsızlığın elde edilmesi" hedefine yönelmiş ulusal birliğimizin, köklü ve düzenli bir örgütün varlığına ve bu örgütü iyi yürütüp yönetebilecek yetenekli kafaların ve enerjilerin, bir tek beyin ve bir tek enerji halinde birleşmiş ve kaynaşmış olmasına bağlı olduğunu söyledik; bu nedenle, İstanbul'da açılacak Mebuslar Meclisi'nde kuvvetli, dayanışma içinde bir grup kurulması zorunluluğunu ortaya koyduk.

Ulus, tarihin ancak devletlerin yıkılma ve çökme gibi kargaşalarında kaydettiği çok önemli ve tehlikeli anları yaşıyordu. Böyle anlarda, şansını ve kaderini kendi eline almakta aymazlık gösteren ulusların gelecekleri karanlık ve felaketlerle doludur.

Türk ulusu bu gerçeği anlamaya başlamıştı. Bu anlayışının sonucu olarak, kurtuluş ümidi veren her içten işarete koşmaktaydı. Ancak bir toplumun uzun yüzyılların uyuşturucu yönetim ve eğitiminin etkisinden bir günde, bir yılda kurtulup özgür kalabileceğini düşünmek ve kabul etmek doğru değildir.

Bu sebeple durumu ve gerçeği bilenler, ellerinden geldiği kadar bağlı bulundukları ulusu aydınlatıp yol göstererek, ona, kurtuluş hedefine yürümekte önderlik etmeyi en büyük insanlık görevi bilmelidirler.

Türk ulusunun en belirgin istek ve inancı: Kurtuluş

Türk ulusunun kalbinden, vicdanından doğan ve ondan esinlenen en temel, en belirgin istek ve inancı belli olmuştu: Kurtuluş!..

Bu kurtuluş çığlığı, Türk vatanının bütün ufuklarında yankılanmaktaydı. Ulustan başka bir açıklama istemeye gerek yoktu. Artık bu isteği anlatmak kolaydı. Nitekim, Erzurum ve Sivas kongrelerinde ulusal istek belirginleşmiş ve dile getirilmişti.

Bu kongrelerin ilkelerine bağlı olduklarını açıkladıkları için ulus tarafından milletvekili seçilen kişiler; her şeyden önce, bu ilkelere bağlı kişilerden ve bu ilkeleri duyuran cemiyetle ilişkisini gösterir adla bir grup kuracaklardı: "Müdafaa-i Hukuk Cemiyeti Grubu"... İşte bu grup, ulusal örgüte ve dolayısıyla ulusa dayanarak her nerede olursa olsun, ulusun kutsal isteklerini cesaretle söyleyecek ve savunacaktı.

Misak-ı Milli hazırlanıyor

Efendiler, ulusun istek ve amaçlarının kısa bir programa temel olacak şekilde toplu olarak ifadesi de görüşüldü. *Misak-ı Milli* adı verilen bu programın ilk taslakları da bir fikir vermek amacıyla kaleme alındı. İstanbul Meclisi'nde bu esaslar, gerçekten toplu bir şekilde yazılmış ve belirlenmiştir.

Efendiler, her görüştüğümüz kişi veya kişiler, bizimle düşünce ve görüş birliği içinde ayrılmışlardı. Fakat İstanbul Meclisi'nde "Müdafaa-i Hukuk Cemiyeti Grubu" diye bir grup kurulduğunu duymadık. Niçin?! Evet, niçin? Buna bugün yanıt isterim!

Çünkü efendiler, bu grubu kurmayı vicdan borcu, ulus borcu bilmek durumunda ve yeteneğinde bulunan efendiler, inançsızdılar... korkaktılar... cahildiler.

İnançsızdılar; çünkü ulusal davanın önem ve kesinliğine, bu isteklerin dayanağı olan ulusal örgütün sağlamlığına inanmıyorlardı.

Korkaktılar; çünkü, ulusal örgütün içinde yer almayı tehlikeli görüyorlardı.

Cahildiler; çünkü tek kurtuluş dayanağının ulus olduğunu ve olacağını anlayamıyorlardı. Padişaha dalkavukluk ederek, yabancılara hoş görünerek, ılım-

Milli Mücadele günlerinde Meclis Başkanı Mustafa Kemal Paşa.
İş Bankası Müzesi Arşivi.

lı ve kibar davranarak, büyük amaçların elde edilebileceği aymazlığını gösteriyorlardı.

Ulusal düşünce ve ulusal örgütün kısa bir zamanda sağladığı şeref ve varlığı küçümseyenler

Bundan başka efendiler, nankör ve bencildiler... Ulusal düşünce ve ulusal örgütün kısa bir zamanda sağladığı şeref ve varlığı küçümsüyorlardı. Ortaya çıkmış olan durum ve varlığın kolayca elde edildiği sanı ve kuruntusuna kapılmakla çirkin gururlarını beslemek sevdasına düşüyorlardı...

Erzurum'da, Sivas'ta söylenmiş, belirlenmiş bir adı aynen kabul etmek, küçüklük olmaz mıydı?! O addan daha anlamlı bir ad mı yoktu?!

Evet, duyduk efendiler; varmış: "Fellâh-ı[8] Vatan Grubu."[9]

Efendiler, geçmişe ait dönemleri ve olayları, burada açıklayabileceğim çerçeve içinde, gerçeğe uygun olarak belirlemek kararındayım. Bu sebeple, tam üzerinde bulunduğumuz noktaya ait bir konuyu da, büyük bir içtenlikle bilgilerinize sunacağım.

Ankara'da toplanmak

Ben, Mebuslar Meclisi'nin İstanbul'da saldırıya uğrayacağını, dağılacağını kesin olarak bekliyordum. Bu durumda, alınacak önlemi de kararlaştırmıştım. Hazırlığımız ve düzenlemelerimiz de başlamıştı. Ankara'da toplanmak...

İşte bu görevi yerine getirirken, ulus tarafından yanlış anlaşılmaya yol açmamak için önlem olarak da bir şey düşünmüştüm. Mebuslar Meclisi Başkanlığı'na seçilmek. Bundan amaç, dağıtılan milletvekillerini Mebuslar Meclisi başkanı sıfat ve yetkisiyle davet etmekti. Aslında bu önlem, ancak görünüşü kurtarmak için ve geçici olarak yararlıydı. Fakat, böyle kriz zamanlarında, yararı geçici olsa da, her türlü önlemin alınmış olması gereksiz sayılamaz...

Aslında, İstanbul'a gitmeyecektim. Fakat bunu söylemeyerek zaman kazanacak ve geçici olarak ortada yokmuşum gibi bir durum yaratılarak, Meclis, başkan vekilleri tarafından yönetilecekti.

Bu önlemin uygulanması, elbette, Meclis'e giden, gerçek durumu anlamış olması gereken arkadaşların çaba ve çalışmalarıyla olabilecekti.

Efendiler, bu konuyu gereken kişilere söyledim. Düşünce ve görüşümü uygun buldular. Bu yolda çalışacaklarına söz ve güvence vererek İstanbul'a gittiler.

---

8 Bilerek şeddeli yazılmıştır [*Nutuk*'un notu].

9 Mustafa Kemal Paşa burada, Mebusan Meclisi'nde Rauf Orbay önderliğinde kurulan "Felâh-ı Vatan Grubu"nu kastetmektedir. *Nutuk*'ta "felâh" (kurtuluş) kelimesi, eski yazıdaki şedde işaretiyle, yani "felâh" yerine "fellâh" şeklinde yazılarak, kelimeye küçültücü anlam kazandırılmıştır. "Fellâh" kelimesi Osmanlı döneminde olumsuz bir anlam yükleyerek kullanılıyordu (y. n.).

Fakat, pek az, belki bir veya iki arkadaştan başkasının, bu düşüncenin sözünü bile etmediklerini öğrendim.

Bu konuda egemen olan düşünce ve mantık şuymuş: Bunca milletvekilleri içinde Meclis başkanı olabilecek değerde bir adam bile yok mudur ki, Meclis'te bulunmayan bir milletvekilini kendisi yokken başkan seçeceğiz... Meclis'i oluşturan değerli üyeleri bu kadar yetersiz göstermek, yabancıların gözünde kötü etki yapmaz mı?

Diğer bir mantık da, Meclis Başkanlığı'na Kuva-yı Milliye başkanını seçmek, daha ilk günden Meclis üzerine kuşku ve saldırıyı çekme fırsat vermektir. Bu da akıllı işi olamaz.

Bu şekilde düşünerek mantık yürütenlerin pek de uzak insanlar olmadığını görenler, susmayı tercih etmişler...

Efendiler, açıkça söylemeliyim ki, bu önlemin alınmamış olması, Meclis dağıldıktan sonra beni küçük bir zorlukla karşılaştırmıştır. Bu noktayı da sırası gelince bilginize sunacağım.

Savunma Bakanı Cemal Paşa'nın işten uzaklaştırılması önerisi karşısında Ali Rıza Paşa hükümeti

Efendiler, Mebuslar Meclisi 12 Ocak 1920 tarihinde açılmıştı. Yaklaşık olarak bir ay sonra Savunma bakanının 21 Şubat 1920 tarihli bir telgrafını aldım. Olduğu gibi bilginize sunuyorum:

Geciktirilmesi sorumluluğu gerektirir — Savunma Bakanlığı, 21.1.1920

Ankara'da 20. Kolordu Komutanlığı'na

Mustafa Kemal Paşa Hazretleri'ne:

İngilizler hükümete verdikleri bir notada, benimle Cevat Paşa Hazretleri'nin görevden çekilmemizi istediler. Hükümet tarafından şiddetle olumsuz yanıt verildiyse de durum, hükümetin yerinde kalmasını ve yalnız benimle Cevat Paşa'nın çekilmemizi gerektirdi. Savunma Bakanlığı'na Salih Paşa vekâlet edecektir. Hükümeti zor duruma sokacak bir harekette bulunulmamasını rica ederim. Yoksa durum, düşündüğünüzden daha tehlikeli olur.

Savunma Bakanı
Cemal

Bu telgraf 22 Ocak'ta elimize ulaşmıştı. Hemen telgraf başında, saat 11.30'da şu telgrafı yazdım:

22.1.1920

Savunma Bakanı Cemal Paşa Hazretleri'ne

1. Verilen notayı olduğu gibi gönderir misiniz?

2. Yapılan öneriyi yerine getirmekte acele etmeyiniz. Notayı inceledikten sonra görüşlerimizi sunacağım.

Mustafa Kemal

Cemal Paşa'nın, imzasını gizleyerek verdiği yanıt şuydu:

Çok aceledir

Kadıköy, 22.1.1920

Ankara'da 20. Kolordu Komutanlığı'na

Mustafa Kemal Paşa Hazretleri'ne:

Notanın kısaltılmış örneği aşağıdadır:

1. Özel olarak seçilmiş subayların Kuva-yı Milliye kurmaylıklarına gönderilmeleri.
2. 14. Kolordu'dan terhis ve ayırma yoluyla Kuva-yı Milliye'ye asker gönderilmesi.
3. Top kaması ve diğer malzemelerin kaçırılması.
4. Zonguldak'tan İstanbul'a gelen taburun geri gönderilmesini geciktirmek.
5. Afyonkarahisar'dan Alaşehir'e alay göndermek.
6. Bursa'dan Bandırma'ya bir alay göndermek.
7. Bu işlerde Savunma bakanı ve Genelkurmay başkanının şahsen payları olduğu anlaşılmış. Kırk sekiz saat içinde bu iki kişinin görevlerinden uzaklaştırılması.

Dikkat edilirse Aydın cephesi sorunu bu notada söz konusu bile değildir. Bu notaya yanıt olarak, bir, iki, üçüncü maddeler yalandır. Dördüncü maddenin konusu benim zamanımda değildir. Ben başvuruları üzerine geri gönderdim. Beşinci maddeyle ilgili konuda, tümen komutanını değiştirdim. Altıncı maddedeki konu, Ahmet Anzavur sorunu da güvenlikle ilgilidir. Bu konuda yazışmalarımız vardır. Şimdi de dosyalar incelenirse anlaşılır denildi. Kabul etmediler. Bunun üzerine üç şık söz konusu oldu: Notaya birinci yanıttan sonra yanıt vermemek ve kararlarına kulak asmamak; hükümetin toptan istifa etmesi; benim istifam. Birinci madde uygulanırsa, burada bir skandal çıkmasından korkulurdu. İkinci şıkkın kabulü halinde, zaten istedikleri buydu ve Ferit Paşa'nın hükümetin başına geleceği düşünüldü. Dolayısıyla, benim istifam ile bakanlığın vekâletle yönetilmesi tercih edildi. Her durumda, kararınızın önce bana bildirilmesini rica eder ve sizlere derin saygılarımı sunarım, efendim. *(Korgeneral Cemal)*

Başyaver

Salih

Cemal Paşa, bu notada Aydın cephesinin söz konusu olmadığını işaret etmekle bilmem ne demek istiyor? Şüphe yok ki, söz konusu olan Aydın cephesidir, ona yardımdır ve Kuva-yı Milliye'dir. Yalnız, Cemal Paşa üstü kapalı olarak, sorumlunun Temsil Heyeti olduğunu anlatmak sevdasındadır.

Cemal Paşa'ya, bu telgrafına yanıt olarak yazdığım telgrafla şu emri verdim:

22 Ocak 1920

Savunma Bakanı Cemal Paşa Hazretleri'ne

Görevden çekilerek İngilizlerin isteğine uymanız, öyle tehlikeli bir durum ortaya çıkarır ki, sizin görevden çekilmemekle ortaya çıkacağını düşündüğünüz tehlikeden daha büyüktür. Bundan başka, Temsil Heyeti'nin bir temsilcisi olan sizin, Temsil Heyeti'nin haberi olmaksızın ve hatta onun görüşüne rağmen çekilmeniz kabul edilemez. İngilizlerin, sizi zorla görevden ayırmaları olasılığı bile bizce hesaba katılmış ve hemen önlemler alınmıştır. Dolayısıyla, ilk önce notayı olduğu gibi bildiriniz. Sonra durumlardan bilgi vererek kararımızı beklemeniz ve sarsılmaz bir sağlamlıkla görevinizde kalmanız kesin isteğimizdir.

Temsil Heyeti adına
Mustafa Kemal

Ali Rıza Paşa'ya da şu telgrafı yazdım:

Ankara, 22.1.1920

Yüce Sadrazam Hazretlerine

İngilizlerin, Savunma bakanının ve Genelkurmay başkanının değiştirilmesini istemeleri, devletin siyasi bağımsızlığına kesin bir saldırıdır. Bu saldırı, bir süreden beri vatanımızın paylaşılması ve siyasi varlığımızın ortadan kaldırılması yolunda dünya kamuoyunda süregelen tartışmaların kesin bir karara kavuşmuş olması sonucu mudur? Yoksa, siyasi varlığımızı ortadan kaldırma yolunda yapılacak girişimlerin ne sonuç vereceğini anlamak için yapılmış bir girişim midir? Yoksa, İtilaf devletlerinin alıştıkları gibi, bir diğerinin onayını ve kararını almaya gerek görmeksizin, tek başına nüfuz kullanma yolunda herhangi bir hareket midir? Bunları ayırt edebilecek bilgilere sahip değiliz ve sahip olamayız. Aynı şekilde, Yunanlıların Salihli cephesinde başlayan saldırılarının bu girişimlerle ilişkisini de kestiremeyiz. Fakat, siyasi bağımsızlığımıza yapılan bu açık saldırıyı devletçe kabul eder ve ulusça susarsak, siyasi varlığımıza karşı en kötü kararlara ve uygulamalara kendimizin yol açmış olacağımıza kuşkumuz yoktur. Dolayısıyla, İngilizlerin İstanbul'da olası saldırıları ne şekil ve ne dereceye varacak olursa olsun, içerde ve dışarda Müdafaa-i Hukuk Cemiyeti'ne dayandığı bilinen hükümetin, bu öneriyi şiddetle geri çevirmesi ve Savunma bakanı ile Genelkurmay başkanını görevinde tutması kesin isteğimizdir. Bunun dışında gösterilecek bir uysallık, yalnız ulusun bağımsızlığına ve varlığına aykırı olmaz, aynı zamanda, hükümeti ulusa karşı verdiği sözden dönmüş ve bağımsızlık uğrundaki ulusal mücadelemizi geciktirmiş ve güçleştirmiş bir duruma da sokar. Dolayısıyla hükümet kabul etse bile, biz hükümetin heyetimize karşı üstlendiği görevi yerine getirmemekle, ulustan aldığı gücünü tamamen kaybetmiş olduğunu ve bağımsızlığımızı zedeleyen tutum ve hareketlerinden dolayı hükümeti sorumlu gördüğümüzü duyurmak zorunda kalırız. Hükümetin karşı koyması durumunda, İngilizler, Savunma bakanını zorla görevden almak ve bütün hükümeti düşürmek yoluna bile girişseler, bu durum, gerek dışarıya ve gerek içeriye karşı, onların emriyle bakanı gözden çıkarmaktan daha uygundur. Durumun aşamaları hakkında bir iki saate kadar siz sadrazam hazretlerinin yanıtınızı istirham ederiz. İstanbul'la haberleşme İngilizler tarafından yasaklanırsa, ulusal bağımsızlık uğrunda ulusal ve dini savaş ilan etmek yolunda ilerleyeceğiz!

Anadolu ve Rumeli Müdafaa-i Hukuk Cemiyeti
Temsil Heyeti adına
Mustafa Kemal

Aynı günde Cemal Paşa'ya şu telgrafı yazdım:

Kişiye özel ve olağanüstü aceledir. 22 Ocak 1920

Savunma Bakanı Cemal Paşa Hazretleri'ne

İngilizlerin emri sonucu olarak Savunma Bakanlığı'ndan ayrıldığınız anlaşılıyor. Devlet ve ulusumuzun bağımsızlığını tehlikeye düşüren bu çekilme durumunu ne olursa olsun kabul etmemek sizin ve bizim görevimiz gereğidir. Biz görevimizi sonuna kadar yapmak için her türlü önlemi alıyoruz. Sizi de makamınıza oturup bakanlığınızı yaparak görevinizi yerine getirmeye davet ederiz. Eğer kişisel bir sebep veya başka bir düşünceyle kalmak istemiyorsanız, İngilizlerin notası üzerine değil, özgür bir ulusun bakanına yaraşır şekilde ayrılırsınız. Sorunu kişisel bir görüş açısından değil, bu müdahalenin, vatanımız için akla gelebilecek ağır yıkımların başlangıcı olabileceği görüşünden hareketle düşünmenizi rica ederiz. Bakanlıktan bu şekilde çekilmeniz, İngilizlerin müdahalesini ve ulusal bağımsızlığın tehlikeye düşmesini kolaylaştıracaktır. Eğer görev başına gelmemekte ısrar ederseniz, İngilizlerin ulusun bağımsızlığına tecavüz ettiklerini duyururken, Savunma bakanının da vatan görevini yerine getirmemekten sorumlu olduğunu ağır bir dille eklemek zorundayız. Notada yazılanları bir gün sonra bildirmeniz ve şu anda heyetimizle ilişki kuramayacak şekilde uzaklaşmanız, durumu ağırlaştırmaktadır. Yanıt vermenizi diler ve rica ederiz.

Temsil Heyeti adına
Mustafa Kemal

Sadrazam ile telgraf başında şu haberleşmeler yapıldı:

Babıâli, 22 Ocak 1920

Anadolu ve Rumeli Müdafaa-i Hukuk Cemiyeti Temsil Heyeti'ne

Savunma Bakanı Cemal Paşa'nın hükümetten çekilmesi ve Genelkurmay Başkanı Cevat Paşa'nın değiştirilmesi, yalnız İngilizler tarafından istenmemiştir. İngiltere, İtalya ve Fransa temsilcileri, Babıâli'ye ortak bir ültimatom vererek, gerekçe göstererek kırk sekiz saat içinde bu isteğin yerine getirilmesini istemişlerdir. Bu ağır öneri karşısında, hükümette etraflıca görüşmeler yapıldıktan sonra toptan çekilmeye karar verildi. Mebuslar Meclisi toplanmış olsaydı, hükümetin başka türlü hareket etmesi mümkündü. Önerilerini geri aldırmak üzere, üç devlet temsilcilerinin nezdinde ileri sürdükleri gerekçeler çürütülerek, gerekli girişimlerde bulunuldu. Temsilciler isteklerinde ısrar ettiler. Hükümetin görevden çekilmesi kararlaştırılmışken, Cemal Paşa Mebuslar Meclisi'nin henüz görüşmelere başlayamadığı bir zamanda hükümetin çekilmesinin vatanın yüksek çıkarlarına aykırı olacağını belirterek ve böyle bir sıkıntılı zamanda hükümetin görevden çekilmesinin, İstanbul'u Anadolu'dan ayırmaya kadar varan çok tehlikeli sonuçlar doğuracağını ileri sürerek, kendisinin görevden çekilmesiyle sorunun çözülmesini tercih etmiştir. Konunun aşamaları bundan meydana gelmektedir. Mebuslar Meclisi'nin en geç bir iki güne kadar çoğunluğu sağlayarak toplanması kesin olduğundan, hükümet tüm sorunları Meclis'in gözü önüne serecektir. Tarafınızdan bu konuda hiçbir girişim yapılmaması gerekir. Çünkü söz sahibi Mebuslar Meclisi'dir. Bakanlar durumun ağırlığını kavradıklarından ve yaptıklarının doğruluğuna inandıklarından, en az zararlı olanı seçmişlerdir. Müdahalelere son verileceği cumartesi sabahına kadar bildirilmediği takdirde hükümetin iktidardan çekileceği ve bundan doğacak olayların sorumluluğunun kendisine ait olmayacağı bildirilir.

Sadrazam
Ali Rıza

Efendiler, Sadrazam Paşa, kendilerine hakaret edene değil, bize korkunç bir ültimatom veriyor.

Kongre, 22.1.1920

Sadrazam Paşa Hazretleri'ne

Yüksek şahsınızın telgrafları üzerine, Temsil Heyeti tarafından bir karar alınması için, öncelikle ültimatom örneğinin olduğu gibi bilinmesine kesin ihtiyaç vardır. Bunun lütfen bildirilmesini sunar ve rica ederim.

Temsil Heyeti adına
Mustafa Kemal

Erenköy, 22/23.1.1920

Anadolu ve Rumeli Müdafaa-i Hukuk Cemiyeti Temsil Heyeti'ne

C.: Görüşüldükten sonra bildirilecektir.

Sadrazam
Ali Rıza

Burada söylemeliyim ki, hükümet bu nota örneğini olduğu gibi bize vermek istememiş ve vermemiştir.

Sadrazama verdiğim yanıt şudur:

22.1.1920

Sadrazam Hazretleri'nin Yüksek Katına

Ültimatom örneğini gördükten sonra kesin kararı bilginize sunacağız. Ancak, durum değerlendirilirken dayanılan ilkelerde, hükümetle aramızda görüş farkı vardır ki, önce onu gidermek isteriz. Hükümet bizim sunduğumuz hususları kendi işlerine karışmak şeklinde kabul etmiş, yani dıştan gelen müdahaleleri bir tarafa bırakarak, bir iç sorun önünde bulunduğunu sanmıştır. Olayı, yalnızca yabancıların bir bakanı değiştirebilmesi bakımından düşünmek gerekir. Üstelik, sanıldığı gibi Savunma bakanının kendisi de söz konusu değildir. Aynı durumda diğer bir bakan ve herhangi bir kişi olsaydı, olay aynı şekilde değerlendirilecekti. Diğer taraftan bakanın değiştirilmesini emreden gücün, Mebuslar Meclisi'nin toplanmasına ve hükümetin açıklamalarından sonra Mebuslar Meclisi'nin bir karar almasına izin verip vermeyeceği de şu anda belirsizdir. Mebuslar Meclisi söz sahibi olmadan önce, oldubittiler birbirini izler, dış olayların niteliğine uygun önlemlerin alınması gecikirse, bundan doğacak sorumluluğun da heyetimize ait olamayacağını kabul edersiniz. Mebuslar Meclisi gerçekten toplanır ve görev yapmaya başlarsa, hükümete hiçbir şey için başvurmayacağımız doğaldır. Notayı yalnız İngilizlerin değil, İtilaf devletlerinin ortaklaşa bildirmesi, bu konunun önemini kavramak için ayrı bir sebeptir.

Temsil Heyeti adına
Mustafa Kemal

Cemal Paşa, son telgrafımıza 23/24 Ocak'ta verdiği yanıtta, çekilmesinin zorunluluğundan ve Milli Meclis'in tutumunu beklemek gerektiğinden söz ediyordu.

Efendiler, aynı günün öğleninde Ankara, Erzurum, Sivas, Diyarbakır, Bandırma, Balıkesir, Konya, Edirne, İstanbul ve Bursa'da bulunan komutanlara durum ve görüşümüz bildirilerek dikkatleri çekildi ve düşünceleri soruldu.

İstanbul'daki 10. Kafkas Tümen Komutanı Kemalettin Sami Bey'e de (Berlin Büyükelçisi Kemalettin Sami Paşa'dır) ayrıca şu emri verdim:

22 Ocak 1920

10. Kafkas Tümeni Komutanlığı'na

Hemen Rauf Bey'i bularak durumu birlikte ve güvenlik içinde izlemenizi rica ederiz. İngilizlerin isteğini yerine getirmek kesinlikle doğru değildir. Burada o bakımdan hızlıca önlemler alınıyor. İstanbul'daki telgraf haberleşmelerini güven altına almanız gerekmektedir.

Mustafa Kemal

Efendiler, Rauf Bey, Bekir Sami Bey, Câmi Bey ve bütün milletvekillerine de Kafkas Tümeni Komutanı Kemal ve Müstahkem Mevki Komutanı Şevket ve Savunma Bakanlığı Başyaveri Salih beyler aracılığıyla da şifre olarak şu bildirimde bulundum:

22 Ocak 1920

İngilizler, Savunma Bakanı Cemal Paşa ile Genelkurmay Başkanı Cevat Paşa'nın görevden çekilmesini istemişlerdir. Bu girişim, devletin bağımsızlığını ortadan kaldırmaya yönelmiş kesin bir harekettir. Dolayısıyla, bu girişime karşı ulusun göstereceği tepki ve girişeceği hareketler, bağımsızlığın korunması için yapılacak kutsal bir mücadele niteliğindedir. Bu mücadelenin ilk aşamasında görev, ulusun vekillerinindir. Milletvekilleri, hükümet üyelerinin durumlarına müdahale ve etki etmek suretiyle, devletin siyasi bağımsızlığı aleyhine İngilizlerin saldırılarını, içeriye ve dışarıya karşı kesin ve derhal reddetmek zorundadırlar. Bunun uygulanma şeklini kararlaştırarak buraya bildiriniz. Fakat uygulamada şu noktaları kesinlikle sağlamak gerekmektedir:

İlk olarak, Meclis'in dağıtılması hakkında bir padişah buyruğunun Meclis'te birdenbire okunması olasılığıyla karşı karşıya kalınmamalıdır. Eğer bu olasılığın gerçekleşmesi kesin önlenemezse, milletvekillerinin çalışmalarını özel toplantı şeklinde sürdürmeleri de yeterlidir. İkinci olarak, devletin siyasi bağımsızlığına karşı kesin bir müdahalede bulunulduğunu, Barış Konferansı'na, Avrupa uluslarına, İslam dünyasına ve tüm ülkeye duyurmak gerekir. İngilizler saldırılarını durdurmazlarsa, Meclis'in görevi, Anadolu'ya geçmek ve ulusun yönetimini üstlenmektir. Bu hareket, bütün ulusun gücünü kendi varlığında toplamış olan Kuva-yı Milliye tarafından her şekilde desteklenecektir. Şimdiden gerekli önlemler alınmıştır.

Temsil Heyeti adına
Mustafa Kemal

Bu bildiri örneği, aynen bütün komutanlara bildirildi.

Efendiler, ayrıca Rauf Bey'e de 23 Ocak 1920'de, 10. Kafkas Tümeni komutanı aracılığıyla yazdığım şifrede, "Savunma bakanının görevden ayrılması bir oldubitti olmakla birlikte, sorunun önemi kalıcıdır" dedim. İtilaf devletleri temsilcileri, hükümetimizi istedikleri gibi kurmak yolunu tutmuş oluyorlardı. Yarın, Meclis'in güveneceği bir hükümete de aynı şekilde davranmalarının yolu açılmış oluyordu. Hükümetin ulusu ve basını bilgilendirmeyerek, toptan istifa edip bir hükümet sorunu yaratmadan boyun eğmesi, ulusun bağımsızlığını tehlikeye düşürüyordu. Olayı kapatmamak, Mebuslar Meclisi'nde hükümeti, ulusun bağımsızlığını koruyamadığı gerekçesiyle açıkça düşürmek gerekiyordu. İşte, bütün bunları Rauf Bey'e yazdım.

Aynı tarihte, 10. Kafkas Tümeni komutanıyla Rauf Bey'e şu ortak direktifi vermiştim:

> Hükümetin İtilaf Devletleri temsilcilerinin önerilerini kabul etmemekte direnerek, Barış Konferansı'nı, Kuva-yı Milliye'den dolayı Türk hükümetini düşürmeye karar verdiğini bütün dünyaya karşı duyurmaya zorlaması gerekmektedir. Hükümetin kendinden önceki hükümetler gibi, ulusal bağımsızlıktan sessiz bir şekilde özveride bulunması, kendi yetkisi bakımından yetersizliğini, anlayış ve kavrayış olarak da asla güvenilir olmadığını bir daha açıkça göstermiştir. Bu kadar çetin sorunları, karakter ve düşünce yapısı bakımından bu derece zayıf kişilerle çözmeye çalışmak artık mümkün değildir. Dolayısıyla, hükümetin son durum nedeniyle düşürülmesi gerekmektedir. Tüm ulusun güvenine yaraşır bir hükümetin iktidara gelmesi yolunda çalışınız.

Anadolu'da bulunan yabancı subayların tutuklanması kararı

Efendiler, yabancıların İstanbul'da saldırıları artırarak bakan veya milletvekillerinden bazılarını tutuklamaya başlamaları olasılığına karşı, Anadolu'da bulunan yabancı subayların tutuklanmalarına karar verdim. Bu kararımı ve buna göre önlemler alınması gereğini, 22 Ocak 1920 tarihinde Ankara, Konya, Sivas ve Erzurum'daki kolordu komutanlarına, kişiye özel olarak şifre ile emrettim.

Efendiler, milletvekillerine yazdığım telgrafa, Vasıf, Rauf, Bekir Sami beylerin ortak imzasıyla yanıt geldi. Bu yanıtta, "Meclis resmi olarak çalışmaya başlayınca, var olan sorun nedeniyle hükümet çekilecektir. O zamana kadar durumun güvenliği için hükümetin yerinde kalması gerekmektedir. Siz bir girişimde bulunmayınız ve karışmayınız. Emirlerinizi bize bildiriniz. Görüşlerinizin her makam önünde gerektiği gibi savunulacağına güveniniz" denilmekteydi.

Ben, ne hükümete ve ne de Meclis'e bir şey yazmamaya karar vermiş ve artık işi saygıdeğer milletvekili arkadaşlarımıza bırakmıştım.

Efendiler, İstanbul'daki kişilerin hareketlerini ne gibi tavsiyelere göre düzenlediklerini belirtebilmek için, şu kısa bilgiyi sunayım:

Mustafa Kemal Paşa istasyonda karşılanırken.
İş Bankası Müzesi Arşivi.

Filan siyasi temsilci, çok namuslu, doğru sözlü ve Türk dostuymuş. Bu kişi, çok içten ve etkili bir dille demiş ki, "eğer Savunma bakanı ile Cevat Paşa çekilmeseydiler, Savunma Bakanlığı işgal edilecekti. Kuva-yı Milliye'nin gösterdiği suskunluk ve kararlılık, bazılarını çıldırtıyor. Fakat acele etmeyin, ezilirsiniz. Bana güvenin. Hakaret varsa, yapanlar utansın. Belki daha başka delilikler olacaktır. Fakat siz, sakın delilik yapmayın."

İstanbul'daki kişiler, biz bu sözlerin içtenliğinden kuşku duymuyoruz diyorlardı.

Mebuslar Meclisi başkanı olmam sakıncalı görülüyor

Efendiler, milletvekilleri İstanbul'da toplandıktan bir hafta sonra, başkanlık divanı ve dolayısıyla Meclis başkanlığı seçimiyle ilgili görüşmelerde bulunmaya başlamışlar. Bir yerde işaret etmiştim ki, ben, Meclis başkanı seçilmeyi, bazı faydalarından dolayı, gerekli bir önlem olarak görmüş ve gereken kişilere görüşümü bildirmiştim. İşte, bilginize sunduğum gibi, bu konu üzerinde görüşülmeye başlandığı günlerde, 28 Ocak 1920 ve 1 Şubat 1920 tarihlerinde Rauf Bey'in gönderdiği yazılarda, birtakım fikirlerden sonra, "biz çok büyük bir sakınca doğuracak olan bu konuyu ileri sürmekten vazgeçiyoruz" denmekte ve "... özel, gizli bir toplantıda tekrar söz konusu oldu. Şeref Bey seçilmenizin faydalarından söz etti... Seçim sırasında oyların bölüneceği yeniden kesin olarak anlaşıldığından, sizin, ulusun başında, Milli Meclis'in koruyucusu olarak kalmayı zaten tercih ettiğiniz tarafımızdan söylendi. Yüksek şahsiyetiniz hakkında alkışlarla içten gösteri yapıldı. Genel toplantıda Reşat Hikmet Bey Meclis başkanı, Hüseyin Kâzım Bey birinci ve Hoca Abdülâziz Mecdi Efendi ikinci başkan vekili seçildiler" haberi verilmekteydi.

Efendiler, benim başkanlığımdan söz eden, demek ki, yalnız Şeref Bey oluyor. Diğer kişiler tarafından ne amaçla başkanlığa seçilmemin söz konusu edildiği, gizli yapıldığı bildirilen toplantıda, üstü kapalı olarak bile söylenmiyor. Önce ciddi gerekçelere dayanarak, benim başkanlığımı söz konusu etmeliydiler. Ondan sonra, oyların dağılıp dağılamayacağını incelemeliydiler. Yalnız Şeref Bey'in sözleri üzerine oyların hangi tarafa kayacağı konusunda bir karar vermek doğru olmayabilirdi.

Efendiler, Rauf Bey'in başkanlık konusuyla ilgili açıklamalarına verdiğim yanıtta demiştim ki: "Ortaya konulan sakıncalar, daha önce etraflıca düşünülen şeylerdir. Benim başkanlığımı gerektiren sebepler bilinmektedir: Bunlar Kuva-yı Milliye'nin ulus tarafından kabul edildiğini doğrulamak, Meclis dağıtılırsa başkanlıkla ilgili görevleri güvenle yapmak, ulusal varlığımızla bağdaşmaz bir barış önerisi karşısında ulusça bir ayaklanma, Meclis'in başkanı olarak, ulusun maddi ve manevi güçlerini savunmaya yöneltmek düşünceleridir. Sözlerinizden, savunmayla ilgili bu sebeplerin, bugün İstanbul çevresinde önemsiz sayıldığı anlaşılıyor. Eğer görüşün yerinde olmaması nedeniyle vatan ve ulusun savunulmasında bugün ve gelecekte aksaklıklar ortaya çıkarsa, sorumluluk yanlış yapanlara ait olur. Bunların benim kişisel isiteklerimle ilgili olmadığını sağlamaya gerek yoktur."

Efendiler, Savunma bakanı ve Genelkurmay başkanının zorla düşürüldüğünü biliyoruz. Meclis Başkanlığı'na seçilen merhum Reşat Hikmet Bey'in, bir uydurma sebeple yabancılar tarafından tutuklandığını haber almıştık. İstanbul'da bulunan Temsil Heyeti üyelerinin tutuklanmalarının düşünüldüğü, Rauf Bey'in 28 Ocak 1920 tarihli yazısıyla bildiriliyordu. Bu durumlardan, Kuva-yı Milliye karşıtlığının, Meclis'in dağıtılması olasılığının, dolayısıyla ulusça savunmaya geçme zamanının daha da yakın olduğu ortadaydı. Fakat, bu gerçeği anlayabilen azdı.

Efendiler, Reşat Hikmet Bey'in kurtarılması için de Ankara'dan çalışmak gerekti.

Rauf Bey'in, Meclis'in durumunu anlatan 27 Ocak 1920 tarihli şifre telgrafında kaygı veren bazı cümleler vardı. Örneğin, "Hükümet başlangıçta görevden çekilmeyi düşünmüş, fakat yapmamıştır. Meclis'in bugünkü durumu, bu sorunu çözmeye uygun değildir. Buradaki milletvekilleri, ulusun Maraş bölgesiyle ilgili gönderdiği telgrafları, genel kurulda okuma cesaretini bile gösteremiyorlar. İtilaf devletlerinden filanın, falanın isteklerine uysal davranmamızı tavsiye ediyorlar. Toplanacak yerimiz yoktur."

Rauf Bey'e, 7 Şubat 1920'de gönderdiğimiz bir yazıda şu fikirlerimizi bildirdik: "Milletvekilleri, İstanbul'daki iç ve dış etkilere kapılarak, barışa yönelik olan amacı önemsemeyerek kölelik, yükselme isteği, çekememezlik, kuruntu vb... gibi etkenlerle anlaşmazlığa düşmüşlerdir. Arkadaşlarımız çok sayıda milletvekilinden meydana gelen bir çoğunluk sağlayabilmek için kendi düşüncelerinden, inançlarından devamlı özveride bulunmuşlar ve uysal olmak sevdasıyla hükümet ve bilinen çevreler üzerindeki etkilerini tamamen kaybetmişlerdir. Dengeyi bozmamak kaygısıyla bu tutuma devam edilirse, ulusal davaya aykırı emellere ve türlü türlü hırslara alet olunmaktan, ulusal sorunlara zarar verici kararlar alınmasına engel olunamamaktan korkulur. Bu duruma karşı önlem şudur: Azınlıkta olsalar bile, ilkelerimize tamamen bağlı arkadaşlardan meydana gelen bir grupla yetinmek... Bunun sakıncası uysallıktan azdır. Hükümeti kayıtsız şartsız düşürmek, kesin mücadele durumuna geçmek gerekmektedir."

Hükümeti kayıtsız şartsız düşürmek ve kesin mücadele durumuna geçmek gereği

Efendiler, Ali Rıza Paşa hükümeti çekilmemiş, Meclis de bir sorun çıkarmaktan kaçınarak, onun düşürülmesi yoluna gidememiş ve bazı üyeleri değiştirilmiş olan Ali Rıza Paşa hükümetine güvenoyu vermiştir.

Ali Rıza Paşa hükümetinin Meclis'te okuduğu hükümet programını bilmem hatırlar mısınız? Bu programda:

Sadrazam Paşa, yaptığı en önemli görevi ilk söz olarak söylüyor; İstanbul hükümeti ile Anadolu arasında haberleşmelerin kesilmesine kadar varan anlaşmazlığın giderilmesinde başarılı olduğunu, bundan böyle ulusal iradenin yüce Meclis'te ortaya çıkacağını, artık meşrutiyet kurallarına tamamen uygun harekete hiçbir engel düşünmediğini söylüyor.

Efendiler, bu sözlerle, Temsil Heyeti'nin ulusal irade adına hareketine ve meşrutiyet kurallarına uygun harekete engel olmasına artık yer olmadığı, üstü kapalı anlatılmak isteniyor. Daha dün, Milli Meclis'in İstanbul'da toplandığı bir sırada, ulusal iradeye de uluslararası yasalara da aykırı olarak, kendi kendilerinin ve kendileriyle birlikte Meclis'in ve ulusun ne kadar ağır bir saldırıyla karşı karşıya kaldığını söylemeye gerek görmeyen sadrazam, hâlâ Temsil Heyeti'ni jurnal etmekle durumunu kurtarmaya çalışıyor ve bizim saygıdeğer milletvekili arkadaşlarımız da bu sözleri büyük bir sakinlikle dinleyebiliyorlar.

Hükümet, siyasi topluluklara karşı tarafsızlıktan ayrılmadığı ve ayrılmayacağı güvencesini verdikten sonra, bugüne kadar elde ettiği başarıların derecesinin kabulünü Meclis'e bırakıyor.

Sadrazam, devlet yönetiminin düzeltilmeye ihtiyaç duyduğunu bildirerek, Osmanlı Devleti'nin her yabancı devlet baskısı karşısında kaldıkça izlediği eski politikasını yeniden canlandırarak, dünyaya yeni düzenlemeler yapacağı sözünü veriyor. "Yabancıların ayrıcalıklarını genişleteceğiz. Azınlıkların haklarını güvence altına almak için nispi temsil yöntemine başvuracağız. Adliye, maliye, bayındırlık ve güvenlik işlerinde ve hatta sivil yönetimde yabancılara denetim konusunda yeterli yetki vereceğiz" diyerek düşündükleri düzeltmelerin esaslarını sayıyor.

Sadrazam Paşa, dış işlerinden söz ederken de "Ateşkes hükümlerinden ayrılmamak, İstanbul hükümeti tarafından gerekli görülmektedir" yükümlülüğünde bulunurken, "İzmir'in işgalinden dolayı ortaya çıkan karmaşa ve karışıklığa son verecek, ancak barıştır" demekle yetiniyor; "kararlılık ve ileri görüşlülüğün güçlükleri yeneceğine tam bir inancı olduğunu" söyleyerek programını sonlandırıyor.

Ali Rıza Paşa ve hükümetinin içyüzü

Efendiler, Mebuslar Meclisi'nin onayladığı bu programı incelemek ve yorumlamakla burada zaman kaybetmeyi gereksiz görürüm.

Yalnız efendiler, Sadrazam Ali Rıza Paşa'nın ve hükümetinin içyüzünü ve utanmazlığını gösteren bir belgeyi olduğu gibi bilginize sunmama izin vermenizi rica edeceğim:

Çok aceledir — İstanbul'dan, 14 Şubat 1920

İllere ve Bağımsız Sancaklara

Son olarak Mebuslar Meclisi'nde okunup büyük bir çoğunlukla onaylanarak hükümete güvenoyu verilmesini sağlayan programın önemli noktalarından birinde belirtildiği üzere, her türlü ulusal isteklerin tek belirdiği yer olan Meclis Genel Kurulu, Allah'a şükürler olsun toplanıp çalışmaya başladığına göre, meşrutiyet ilkelerinin her tür engel ve etkilerden uzak olarak uygulanması gereken ülkemizde, bu Meclis'ten başka yerde ulusal irade adına söz söylemeye ve istekler ileri sürmeye artık sebep ve imkân kalmadığından, hükümet işlerine karışmak şeklindeki her türlü çalışma ve hareketlerin cezalandırılacağı genelgeyle duyurulur.

Sadrazam
Ali Rıza

Efendiler, böyle bir genelgeye ne gerek vardı! Temsil Heyeti'ni ulus gözünde küçük düşürmenin, onun cezalandırılabileceğinden söz etmenin ne yararı vardı? Eğer Temsil Heyeti zaman zaman hükümetin dikkatini çekmeye gerek görüyor idiyse, bu hareketinin ne kadar temiz ve yüksek düşüncelere dayandığından, ne derece yurtla ilgili zorunluluklar yüzünden yapıldığından hâlâ kuşku duyulabilir miydi? Temsil Heyeti'ni, dolayısıyla ulusun birlik ve dayanışmasını ortadan kaldırmayı asıl hedef olarak gören hükümet, Aydın, Adana, Maraş, Urfa, Antep cephelerinde meydana gelen çarpışmalardan ise, asla etkilenmiş görünmüyordu. Yabancı devletlerin doğrudan doğruya kendi hükümetlerine yaptıkları baskılardan üzüntü duymuyordu. Şunu da açık olarak söylemeliyim ki, her türlü ulusal isteklerin belirdiği tek yer olması gereken Milli Meclis'in, sadrazamın Allah'a şükrederek söylediği gibi çalışmaya başladığı da ne yazık ki daha görülmüyordu.

Efendiler, sadrazamın bu genelgesi üzerine biz de şu genelgeyle ulusun dikkatini çekmeyi gerekli bulduk:

Genelge

Tel 17.2.1920

Ulusal iradenin yasal olarak belirdiği yer olan Mebuslar Meclisi'ni açarak ulusal egemenliği gerçekleştirmekte başarılı olan cemiyetimizin, en önemli ve en temel görevlerinden biri de ulusal davaya uygun ilkeler çerçevesinde bir barış yapılıncaya kadar, ulusal birliği korumaktır. Cemiyetimizin her güçlüğü göğüsleyerek, vatanı ve ulusal varlığı koruma konusundaki kurtarıcı çalışmalarının, ulusal amaç elde edilinceye ve ona ulaşılıncaya kadar, daha büyük bir kararlılık ve inançla devam etmesi koşuldur. Bu bakımdan ulusun yaşama ve varlığını sürdürme temeline dayanan ulusal örgütün, vatanın her köşesinde geniş ve yaygın bir şekilde kökleşmesine eskisi gibi devam edilmesini, bütün merkez ve yönetim heyetlerinden bir kere daha önemle rica ederiz.

Anadolu ve Rumeli Müdafaa-i Hukuk Cemiyeti
Temsil Heyeti adına
Mustafa Kemal

Aldatıcı söz vermeler, ağır iftiralar

Efendiler, İstanbul'dan gönderilen 19 Şubat 1920 tarihli yazıda, "İngiltere Savunma Bakanlığı'ndan İstanbul'daki siyasi temsilciliğine gönderilen ve siyasi temsilcilik tarafından da resmi olarak hükümete yapılan sözlü bildirimlerde, padişahlık başkentinin Osmanlı Devleti'nde bırakıldığı bildirilmiş; fakat bununla beraber Ermeni katliamının durdurulması, Yunanlılarla bütün İtilaf kuvvetlerine karşı olan tutumumuzun değiştirilmesi istenmiş; aksi halde barış şartlarının değiştirilmesinin olası bulunduğu da ayrıca söylenmiştir" denilmekte ve bazı konular, özellikle "şikâyete yol açacak en küçük olaylara bile fırsat verilmemesi" tavsiye edilmekteydi.

Efendiler, bu sözlü vaatlerin anlam ve kapsamı ne olabilirdi? Yunanlıların, Fransızların ve diğerlerinin işgali altında bulunan ülke topraklarından başka, İstanbul'un da alınması kararlaştırılmıştı. Fakat, ileri sürülen koşula uyulursa, İstanbul'u almaktan vazgeçeceğiz mi denilmek isteniyordu? Yoksa, Yunanlıların, Fransızların, İtalyanların işgalleri zaten geçicidir; İtilaf devletleri yalnız İstanbul'u alacaktı, fakat önerdikleri koşula uyarsak, onu da bırakacaklardır, anlamı mı çıkarılıyordu?

Yoksa efendiler, Yunanlıların, Fransızların, İtalyanların işgalleri bir olupbittidir. İstanbul'un alınması da düşünülmektedir. Fakat Yunanlıları, Fransızları, İtalyanları girdikleri bölgelerde rahat ve güvenlik içinde bırakırsanız, onların işgallerini kabul ettiğinizi eylemli olarak gösterirseniz, İstanbul'u işgal düşüncesinden vazgeçeriz mi denilmek isteniyordu?

Veya efendiler, İtilaf devletleri, Kuva-yı Milliye'nin işgal bölgelerinde, işgal kuvvetlerine karşı kurduğu cepheleri bozdurmaya ve açtığı savaşları, giriştiği hareketleri durdurmaya İstanbul hükümetinin gücünün yetmeyeceğini kesin olarak anladıklarından, Yunanlılar da dahil olmak üzere İtilaf devletlerine karşı yapılan saldırının önlenememiş ve aslı olmayan Ermeni katliamına son verilmemiş olduğu bahanesiyle İstanbul'u da mı işgal etmek niyetindeydiler?!

Sonraki olaylar, bu son tahminin doğru olduğunu göstermiştir sanıyorum. Fakat, İstanbul hükümetinin, İngiliz temsilciliğinin önerisinden böyle bir anlam çıkarmaya yanaşmadığı, tam tersine, umutlanmış olduğu görülüyordu.

Efendiler, yapılmış olan önerinin ne derece yersiz olduğuyla ilgili bir fikir verebilmek için, biz de o günlere ait bazı durumları hatırlayalım. Kuşku duyulmaması gerekirdi ki, Ermeni katliamı hakkındaki açıklamalar, gerçeğe uygun değildi. Tam tersine, güney bölgelerinde yabancı kuvvetleri tarafından silahlandırılan Ermeniler, korunmalarından cesaret alarak bulundukları yerlerdeki Müslümanlara saldırmaktaydılar. Öç alma düşüncesiyle her tarafta acımasız bir şekilde adam öldürme ve yok etme politikası gütmekteydiler. Maraş'taki acı olay, bu yüzden çıkmıştı. Yabancı kuvvetleriyle birleşen Ermeniler, top ve mitralyözlerle Maraş gibi eski bir Müslüman beldesini yerle bir etmişlerdi. Binlerce çaresiz ve suçsuz anne ve çocukları, işkenceyle öldürmüşlerdi. Tarihte bir örneği görülmemiş olan bu vahşeti gerçekleştirenler Ermenilerdi. Müslümanlar ancak namus ve hayatlarını korumak kaygısıyla direnmiş ve savunmaya geçmişlerdi. Yirmi gün devam eden Maraş katliamında, Müslümanlarla birlikte şehirde kalan Amerikalıların, bu olay hakkında İstanbul'daki temsilcilerine çektikleri telgraf, bu acı olayı yaratanları yalanlanamaz bir şekilde belirlemekteydi.

Adana ilindeki Müslümanlar, tepeden tırnağa kadar silahlandırılan Ermenilerin süngülerinin tehdidi altında, her dakika öldürülme tehlikesiyle karşı karşıya bulunuyorlardı. Canlarının ve bağımsızlıklarının korunmasından başka bir şey istemeyen Müslümanlara karşı uygulanan bu zulüm ve yok etme politikası, uygar insanlığın dikkatini çekecek ve onları insafa getirecek nitelikteyken, tam tersinin yapıldığını iddia ederek, ondan vazgeçilmesini istemek gibi bir öneri, nasıl ciddi kabul olunabilirdi?

İzmir ve Aydın çevresinde durum, buna benzer ve belki daha acıklı değil miydi? Yunanlılar her gün kuvvet ve araçlarını artırıyor, saldırı hazırlıklarını tamamlıyorlardı. Bir taraftan da oraya buraya saldırmaktan geri durmuyorlardı. O günlerde İzmir'e yeniden bir piyade alayı ile tam donanımlı bir süvari alayı, yirmi dört adet yük otomobiliyle pek çok nakliye arabası, altı adet top ve birçok cephane çıkarıldığı, cephelere bol miktarda cephane gönderilmekte olduğu anlaşılmıştı. Gerçek şuydu ki, ulusumuz, sebepsiz yere, hiçbir yerde, hiçbir yabancıya saldırmış değildi.

Dolayısıyla efendiler, yurdumuzun işgal edilmiş bölgelerinden düşmanların çekildiklerini görmeden veya hiç olmazsa çekileceklerine tam bir güven duymadan, aldatıcı sözlere gereğinden fazla değer vermek akıllı işi miydi? Ülke yazgısının tek dayanak noktası kalmış bulunan Kuva-yı Milliye'yi dağıtmaya yönelik bu gibi öneri ve girişimleri anlamakta güçlük var mıydı? Kuşkulu ve belirsiz bir gelecek uğruna, hemen ulusal davadan vazgeçmek doğru muydu? Yalnız İstanbul'un değil, Boğazlar'ın, İzmir'in, Adana çevresinin, özetle ulusal sınırlarımız içindeki tüm vatan topraklarının egemenliğimizde kalması, ulusal amacımız değil miydi? Buna göre, yalnız İstanbul'un Osmanlı Devleti'ne bırakılacağı sözünün verilmesi karşısında, Osmanlı Devleti'nin sadrazamı Ali Rıza Paşa sevinse de, Türk ulusunun sevineceği ve bununla yetinerek susup oturmayı tercih edeceği nasıl düşünülebilirdi? Vahdettin'in sadrazamı, Kuva-yı Milliye'yi dağıtmaya yönelik bütün bu girişimlerin tarihi sorumluluğunu düşünmek istemiyor muydu?

Efendiler, yabancıların önerisine ve onu uygulamaya kalkışan hükümetin istek ve emrine, ulusun da, Kuva-yı Milliye'nin de boyun eğmeyeceği kuşkusuzdu.

Ulusal bir hükümet kurulmasının olanaksızlığı

Saygıdeğer efendiler, Rauf Bey, 19 Şubat 1920 tarihli bir şifreyle hükümet ve Meclis hakkında pek düşündürücü bilgiler veriyordu. Bu bilgileri özetleyeyim:

> Şubat'ın on dokuzuncu günü, Sadrazam, İçişleri bakanı, Donanma bakanı, Felâh-ı Vatan Grubu'nun toplantısına gitmişler. Sadrazam, Kuva-yı Milliye'nin ikinci bir hükümet şeklinde görünmemesi, hükümet işlerine karışmaması ve Maraş taraflarındaki çarpışmanın daha ilerilere götürülmeyerek durdurulması ile düzen ve güvenliğin sağlanması gereğini siyasi açıdan yararlı gördüğünü söylemiş; Ziya Paşa'nın vali ve Ahmet Fevzi Paşa'nın kolordu komutanı olarak Ankara'ya gönderileceğini bildirmiş. İçişleri bakanı da çalışma özgürlüğüne karışılmamasını istemiş. Polis müdürü ile jandarma komutanının değiştirilmesine güçlerinin yetmediğini anlatmış. Eskiden beri dostu olan Keşfi Bey'in namusluluğundan, onu Bursa'ya vali ve Faik Ali Bey'i de müsteşar yaptığından söz etmiş. Salih Paşa da Maraş çevresinde boşalttırılan yerlere hükümetçe el koymayı siyasi açıdan mümkün görmemiş; Fransız basınını karşımıza alırız, demiş. Padişah, hükümete, Meclis'ten daha fazla söz geçiriyormuş. Meclis'in ruh durumuna göre, bu hükümeti düşürmek ve yerine gerekli koşullara sahip ulusal bir hükümet getirmek mümkün değilmiş.

Bu bilgileri Anadolu ve Rumeli'de bulunan bütün komutanlara bildirirken şunu da ekledik:

> Temsil Heyeti, işgal ve çeşitli yabancı etkilerin baskısı altında bulunan İstanbul'da, daha ulusal ve özverili bir hükümetin işbaşına getirilmesindeki güçlükleri kabul ettiğinden, sadrazamın bilinen bildirisine karşılık 17 Şubat 1920 tarihindeki genelge ile görüşünü bütün örgütüne duyurmuştu. Ulusal birliğin bozulması düşüncesiyle yapılacak her girişim ve saldırıyı, akıl çerçevesinde sonuçsuz bırakmak şarttır. Ulusal davaya uygun bir barış

elde edilmedikçe Kuva-yı Milliye'nin çalışmasını bırakmasının imkânsız olacağı hakkında ilgililerin tekrar dikkati çekilmekle birlikte, ulusal birlik ve dayanışmanın güçlendirilmesi ve devam ettirilmesi konusunda her zamandan daha ileri görüşlü ve uyanık bulunulmasını özellikle rica eder ve bekleriz.

Rauf Bey'e de yanıt olarak şunu yazdım:

21.2.1920

Savunma Bakanlığı Başyaver'i Salih Bey'e

Rauf Bey'e:

İlgi: 19.2.1920 tarihli şifre:

Felâh-ı Vatan Grubu'nun sadrazam ve arkadaşlarıyla yaptığı tartışmalardan genellikle anlaşıldığına göre, şimdiki hükümetin, Milli Meclis'ten aldığı güvenoyuna dayanarak, Kuva-yı Milliye'nin ülkedeki gücünü ve etkisini yok etmeye çalıştığı açıkça anlaşılıyor. Ulusal mücadeleye karşı olması nedeniyle görevinden alınan Faik Ali Bey'i müsteşarlığa, Ferit Paşa ve Ali Kemal ile birlikte çalışan Müsteşar Keşfi Bey'i Bursa valiliğine ataması ve daha önce memurlukları ulus tarafından kabul edilmeyen Ahmet Fevzi Paşa ile Ziya Paşa'yı da Ankara'ya göndermek konusunda diretmesi, açıktan açığa Kuva-yı Milliye'ye karşı hareket edildiğinin açık bir belirtisidir. Hükümetle ulusun tam bir birlik içinde çalışarak, belirlenen ilkeler çerçevesinde, ulusal davaya uygun bir barış elde edilmesi gereğini her zamandan daha çok kabul etmekte olduğumuzdan, hükümet işlerine karşı her türlü karşı duruştan ve güçlük çıkarmaktan kaçınmayı bir vatan görevi kabul ediyoruz. Her şey bitmiş, ulusal amaç elde edilmiş değildir. Arada daha çok korkunç olasılıklar vardır. Geleceğin sonsuz bilinmezlikleri içinde, Kuva-yı Milliye'nin kurtarıcı çalışmalarını gerekli bulup bulmadığının hükümetten sorulması gerekir. Bize gelince, tarihin bu ülkede şimdiye kadar oluşturamadığı bu ulusal birlik ve dayanışmanın bozulmasına ilişkin her hareketi bir vatan hainliği kabul ederek ona göre gerekli önlemleri almaktan çekinmeyeceğiz. Bu zorunlulukların hükümet ileri gelenleri tarafından bilinmesi çok yararlı olacaktır. Hükümetle aramızdaki uyum ve birliğin korunması, ancak şimdiki durumun devam ettirilmesiyle mümkün olabilir. Gereksiz atamaların ve görevden almaların yapılması ve özellikle ulusal mücadeleye karşı olmaları nedeniyle görevinden alınmış olan memurlar hakkında diretilmesi, Kuva-yı Milliye'ye karşı bir düşmanlık kabul edileceğinden, bu gibilerin memuriyetlerine göz yumulmayacaktır. Özellikle Ahmet Fevzi Paşa ile Ziya Paşa'nın gönderilmeleri durumunda derhal geri gönderileceklerinin bir oldubitti kabul edilmesi gerekir.

Şimdiki durumun ağırlığını anlamış olan Milli Meclis'teki arkadaşların da, böyle olağandışı olaylara karşı susmayı tercih etmesi, her taraftan kışkırtılan ve özendirilen hükümeti cesaretlendireceğinden, amaca bağlı arkadaşların bu konuda da sağlam ve açık bir tavır almaları gerekmektedir. Hükümetin Meclis'e egemen olması, denetleme işini güçleştireceğinden, böyle bir durumun ortaya çıkması halinde, yurdun kurtuluşu için sağlam kararlar alınamayacağı ve sonuç olarak ulusal isteklerin gerçekleşemeyeceği ortadadır. Bütün ulusça uyulan ve kutsal kabul edilen Kuva-yı Milliye amaçlarının, Meclis tarafından da benimsenip uygulanmasının sağlanması ve hükümet çalışmalarının bu amaçlar açısından denetlenmesi konusunda, vatanseverlik görevinin sonuna kadar esirgenmeden yerine getirilmesini önemle rica ederiz.

Temsil Heyeti adına
Mustafa Kemal

Rauf Bey'in diğer bir yazısına da verdiğimiz yanıtı bilginize sunayım:

Şifre 21.2.1920

Savunma Bakanlığı Başyaveri Salih Bey'e

Rauf Bey'e:

İlgi: 20.2.1920 şifre:

Hükümetin Milli Meclis'teki gruba karşı gözdağı verici bir tutum almasının, grubun dayanışma içinde bir siyasi güç halinde gelişip ortaya çıkamamasından ileri geldiği açıkça anlaşılmaktadır. Her şeyden önce grubun, bu bakımdan bilinçli bir denetim gücü durumuna getirilmesi gereği ortaya çıkıyor. Hükümetin sonradan gönül almak amacıyla sizleri davet etmesi, bugünkü zayıflığını anlamasından ve güç toplayıncaya kadar oyalayıp zaman kazanmak düşüncesinden kaynaklanmaktadır. Hükümete karşı kesin bir tavır almak zamanı gelmiştir. Sadrazama ve İçişleri bakanına açıkça söylemek gerekmektedir ki, Kuva-yı Milliye, sonuç elde edinceye kadar çalışmalarını sürdürecektir.

Ülkeyi işgal eden ve ulusumuzu tam bir kölelik derecesine düşürmek isteyen düşmanlarımız, Kuva-yı Milliye'nin çalışmasını istememekte kendilerini haklı bulabilirler. Fakat, devlet ve ulusun kurtarılmasına çalışan bir ulusal gücün, kendi hükümetimiz tarafından hücuma ve saldırıya uğraması şaşırtıcı görülmektedir.

İstanbul'un Osmanlı egemenliğinde bırakılması hakkındaki İtilaf devletleri görüşü ne kadar sevinçle karşılanmış ise, İzmir ve Adana cephelerinde savaştan vazgeçilmesi konusundaki istekleri de o kadar hayretle karşılanmıştır. Savunma bakanına, İzmir ve Adana'nın da Osmanlı egemenliğinde kalması sağlanıncaya kadar silah bırakılamayacağı, Ermenilere karşı tarafımızdan bir saldırı gerçekleştirilmediği, Fransızlar tarafından silahlandırılan ve kışkırtılan Ermenilerle bazı olaylar çıkmışsa, bunun sorumluluğunun Ermeni nasyonalistlerine ve onların kışkırtıcılarına ait olacağı bildirilmiştir.

Hükümetin Maraş ve Urfa'dan ileriye gidilmemesi hakkındaki önerisine karşı, ulusa güven vermek ve Kuva-yı Milliye'yi durdurabilmek için Fransızların Adana'yı hemen boşaltmaya başlamaları istenmelidir. Aksi takdirde, Kuva-yı Milliye'yi kurtarıcı hareketlerinden alıkoymanın mümkün olamayacağını, bu ateşin Halep ve Suriye'ye sıçramak üzere bulunduğunu, Fransızların, Adana ve çevresinin boşaltılmasında ne kadar acele ederlerse, o kadar çıkarlarına olacağını kendilerine açıkça anlatmak gerekmektedir. Anadolu basınının kullandığı sert dilin hafifletilmesi, İtilaf devletlerinin zulüm ve saldırılarına son vermeleriyle mümkündür. Bu kadar haksızlıklara, eziyetlere, hatta katliamlara karşı haykıran suçsuz bir

Geyve Boğazı civarında Halit Paşa'nın karargâhında (dönemin gazetecileriyle birlikte). ATASE Arşivi.

ulusu susturmak haksızlığını bizden istememelidir. Aslında, dünyanın her yerinde basın, bu gibi sıkı sınırlamalardan kurtulmuş olup, özgür ve bağımsızdır. Akbaş cephanesinin bir kısmının İngilizlere geri verilmesi için kesinlikle hiçbir yardım yapılmamasını isterdik. **Boş bir fişek kovanının bile İngilizlere geri verilmemesi daha uygun olur düşüncesindeyiz.**

Hükümet, İtilaf devletlerine karşı böyle yapmacık davranışlar göstermekle hakkımızda acıma duygusu uyandırmayı başaracağı ve bu ikiyüzlü hareketlerin, barış şartlarının değiştirilmesine etki edeceğini sanıyorsa, kendilerinin aymazlığına acırız. Kısacası, barışımızın söz konusu olduğu bu önemli anlarda, Kuva-yı Milliye'yi zayıf gösterecek her hareketin ulusal kaderimiz üzerine uğursuz bir etki yapacağı şüphesiz olduğundan, Meclis'teki arkadaşlara düşen denetleme görevinin en büyük özverilerle yapılmasını özellikle rica ederiz.

Temsil Heyeti adına
Mustafa Kemal

Kuva-yı Milliye'nin mücadeleye devamı konusunda kamuoyunun yoklanması

Efendiler, bugünlerde duyulan gereksinim üzerine Rauf Bey'e aynı tarihte şu telgrafı da yazdım. Bu gereksinim, Temsil Heyeti ve Kuva-yı Milliye'nin mücadeleye devam etmesi hakkında kamuoyunu yoklamaktı. Rauf Bey'e yazdığım bu telgrafı, olduğu gibi Erzurum'daki Kâzım Karabekir Paşa'ya da çektirmiştim.

Geyve Boğazı civarında Halit Paşa'nın karargâhında (dönemin gazetecileriyle birlikte).
İş Bankası Müzesi Arşivi.

Çok acele olup geciktirilmesi uygun değildir. 21.2.1920

Rauf Bey'e özel:

Anadolu ve Rumeli Müdafaa-i Hukuk Cemiyeti'nin şeklinin değiştirilmesine yetkili olacak kongrenin toplanması, tüzüğünün sonuncu maddesi gereğince, Mebuslar Meclisi'nin yasama görevini tam bir güvenlik ve bağımsızlık içinde yaptığının Meclis tarafından doğrulanmasına bağlıdır. Temsil Heyeti'nin, genel örgütün başında, barışa kadar varlığını koruması gereği, bütün arkadaşlarımın uygun görmesi ve ısrarı üzerine kabul edilmiştir. Oysa, hükümet tarafından kışkırtılan muhalif gazetelerin saldırıları, Âyan Meclisi'nin açık saldırıları, hükümetin tutum ve işleri, özellikle sadrazamın bildirisi, Mebuslar Meclisi'nde Kuva-yı Milliye'nin yasadışı olduğunu alkışlattıran konuşmalar, kamuoyunu ulusal örgüte karşı çevirmekte ve Temsil Heyetimizi güç bir duruma sokmaktadır.

Bir taraftan padişahın isteğine uyarak Zeynelabidin, Hoca Sabri, Sait Molla gibi kişilerin yalnızca Kuva-yı Milliye'yi ortadan kaldırmak amacıyla her tarafta oluşturmaya çalıştıkları İslam Teâli Cemiyeti adı altındaki kuruluşlar, ulusal örgüte doğrudan saldırılara başlamışlardır. Söz gelişi, Niğde ve Nevşehir'de, bu ayın on dokuzuncu günü, "Mebuslar Meclisi açıldı; ulusal örgütü padişahımız istemiyor" gibi sözlerle halkı açık toplantılara ve gösterilere sürüklemişlerdir. Bu durum, sadrazamın bildirisini alan bazı memurlar tarafından da kışkırtılmıştır. Bu olayın Konya'ya ve her tarafa yayılması uzak bir olasılık değildir. Dolayısıyla:

1. Hükümetin, Kuva-yı Milliye'nin devam etmesinden yana olup olmadığını kesinlikle bildirmesini kendisinden istemek gerekmektedir.

2. Felâh-ı Vatan Grubu'nun, söz konusu edilen tam bir güvenlik ve özgürlüğe sahip olduğunu, bu bakımdan Kuva-yı Milliye'yi dağıtmak gereğine inanıp inanmadığını bildirmesi gerekir. Eğer bu kuvvetin devamına gerek duyuyorsa, ona göre hükümetin dikkatini çekmekle beraber, bunu Meclis'te de gereği gibi savunmalıdır. Bu konunun, grup olarak görüşülmesi ve tartışılması düşüncesindeyiz.

3. Vatanın çıkarları bakımından ulusal örgüt ve Kuva-yı Milliye'nin ortadan kaldırılması tercih edilirse, İzmir, Maraş ve diğer cephelerde bulunan düşman kuvvetlerine karşı da hükümet tarafından gerekli önlemlerin alınmasını sağlamak gerekmektedir.

Yukarıdaki istek ve fikirlerimizin, büyük bir önem ve ciddiyetle dikkate alınıp gereğinin yapılmasını, bizi kişisel olarak da zor durumdan kurtarmak için sonucunun mümkün olan hızla bildirilmesini rica ederiz. İstanbul'daki bazı arkadaşların bunca emeklerle yarattıkları ulusal birliğe ve Kuva-yı Milliye'ye vurulan darbelere karşı kesin önlem almakta sonuna kadar çaba ve ciddiyeti göstermekten çok, dışardaki uzak güçlerden büyük ümitlere kapılarak avundukları düşüncesi uyanıyor. Biz elimizdeki gücü iyi koruyamadığımız durumda, dış güçlerin de bize değer vermeyeceğini anımsatmak isteriz.

Temsil Heyeti adına
Mustafa Kemal

Kâzım Karabekir Paşa, bu telgrafa verdiği 23 Şubat 1920 tarihli yanıtında, "İstanbul'da Milli Meclis'te ortaya çıkan akıma karşı, Temsil Heyeti'nin ve Kuva-yı Milliye'nin tam tersi ve egemen bir durum almasını hiç uygun bulmuyorum. Yalnız Temsil Heyeti'nin bu işin içinden ağırbaşlılıkla çıkmasını, işin sorumluluğunu ve durumun değerlendirmesini Milli Meclis'in namus ve vatanseverliğine bırakmayı düşünüyorum", "Kuva-yı Milliye'nin ve Temsil Heyeti'nin varlığının devam etmesine Milli Meclis taraftar olmazsa... kongrelerin kararları doğrultusunda tam bir güvenlik ile denetleme ve yasama yetkisine sahip ve egemen olduğundan, Temsil Heyeti kararların uygulanmasını Milli Meclis'e bırakarak dağılır, çalışmalarına son verdiğini yazar ve bir de teşekkür eder." "Fakat Milli Meclis'in böyle bir sorumluluk üstlenerek konumunun ve geleceğinin güvenilir olduğuna ilişkin karar alıp bildirecekleri çok kuşkuludur. Rauf Beyefendi bu öneriyi yapar ve bu kararları aldırır da Temsil Heyeti'nin çalışmalarını bırakması gereğini bildirirse, o zaman Temsil Heyeti bunu memnuniyetle kabul eder. Basına ve ulusa duyurarak çalışmaktan uzaklaşır. Şerefli ve onurlu yerini yasal bir şekilde saklı tutar. Kuşkusuz, bir yıldan bu yana, ulusun ısrarıyla kurulmuş Aydın cephesi, ne dağılıp kaderini Yunanlıların eline bırakır ve ne de hükümet bunları dağıtabilir. O savaşçılar, kendiliğinden ve eskisi gibi savaşa devam ederler. Fakat bu durum o cepheye bağlı kalır ve kolordu komutanları kendi bölgelerinde bunu durum ve amaca göre iyi şekilde yönetirler. Ondan sonra da gelecekteki durum ve hareketlerimizde olayların akışına ayak uydurulur. İşte benim aciz görüşümün bundan ibaret olduğu bilginize sunulur" diyor.

Olayların akışına bağlı kalamazdık

Efendiler, İstanbul'un fiili işgalinden yaklaşık yirmi gün önce ortaya konulan bu görüş ve fikir incelenmeye değerdir. Ben yalnız bir noktaya işaret etmekle yetineceğim. O nokta, olayların akışına göre hareket etmeye boyun eğmektir. Biz elbette işi böylesine bir kaderciliğe bırakamazdık. Tam tersine, olayların akışının ne olabileceğini önceden sezinleyerek, karşı önlemlerini düşünmek ve anında kararlı olarak uygulamak yanlısıydık. İşte bu amaçla, daha önceden kamuoyunu yoklamaya başlamıştık.

Efendiler, Milletvekili Mazhar Müfit Bey'in bir mektubuna verdiğim yanıtı olduğu gibi bilginize sunarsam, Kâzım Karabekir Paşa'nın düşüncesine verilmesi gereken yanıt da kendiliğinden anlaşılmış olur. Mazhar Müfit Bey'in mektubunun içeriğini tekrar etmeyeceğim. Onu gerekirse kendileri yayımlarlar. Benim verdiğim yanıt şuydu:

Ankara, 25/26.2.1920

Hakkâri Milletvekili Mazhar Müfit Beyefendi'ye

Efendim Hazretleri,

14.2.1920 tarihli ayrıntılı mektubunuzu ancak dün aldım ve yarınki postaya yetiştirmek üzere yanıtını şimdi yazıyorum. Yüce Milli Meclis'in ve Felâh-ı Vatan adlı grubun gerçek durumlarını anlatan değerli ifadeleriniz beni üzdü. Açıklama ve nitelendirmelerinizle gözümde canlanan görüntü üzüntü vericidir. Zavallı ulus; hayatını, varlığını, geleceğini, savunma, koruma ve güvence altına almakla yükümlü bildiği saygıdeğer milletvekillerini, gerçek ulusal ve vatanla ilgili görevlerini daha ilk anda ve ilk adımda unutmuş görüyor. Batılıların ve bütün düşman dediğimiz ulusların, Türkiye'de, Türklerde yetenek olmadığı gerekçesiyle her şeyin, bizim için olumsuz olan her şeyin yapılmasına göz yumdukları bilinirken ve her birimiz ayrı ayrı bu düşüncenin çürüklüğünü kanıtlamaya kararlı olduğumuzu iddia ederken, çıkar duygularımız, basit tutkularımız bize her şeyi unutturabilir. Önce gelen milletvekilleri şöyle yapacakmış, sonra gelen milletvekilleri böyle tavır almış, Temsil Heyeti şunu kendine yakın görmüş, bunu bayağı görmüş... Bunları söyleyenler, koca Türk ulusunun saygıdeğer milletvekilleri, öyle mi? Bu ruh hali, böyle bir ahlak özelliği karşısında hayret ve şaşkınlıktan donakalırım. Yeni grup veya parti örgütünden söz ediliyor... Azizim Mazhar Müfit Bey! Anlattığınız anlayış ve karakterlerin oluşturacakları gruptan da, partiden de, ben ülkeyi kurtarıcı sağlam bir tavır alınabileceğine inanamıyorum. Ben ve Temsil Heyeti adı altında özveriyle görev yapan arkadaşlar, bu vatanın kurtuluşu, ulusun esenliği için ölünceye kadar çalışmak isterken, değerli milletvekilleri, tutum ve davranışlarıyla, aymazlık uçurumuna yuvarlanmalarıyla anlıyorum ki, buna da izin vermeyeceklerdir. Anadolu ve Rumeli Müdafaa-i Hukuk Cemiyeti'nin örgütüne ve bu örgütün meydana getirdiği Kuva-yı Milliye'ye dayanmaya ihtiyaç kalmadığını, çocukça ve aymazca davranış ve hareketleriyle belli eden Mebuslar Meclisi'nin ve Felâh-ı Vatan Grubu'nun, bu konudaki kesin kararının öğrenilmesini ve tarafımıza bildirilmesini Rauf Bey'e yazdık. Bu kararın bir an önce alınabilmesi için sizin de yardımınızı rica ederiz. Bu kararı verirken, değerli milletvekillerinin toplantı yeri olan İstanbul'da, kırk bin Fransız, otuz beş bin İngiliz, iki bin Yunan ve dört bin İtalyan kara kuvvetinin yığınak yaptığını ve İngiliz Akdeniz donanmasının da Fındıklı Sarayı'na karşı demir atmış olduğunu göz önünde bulundurmaları gerektiğini hatırlatırım.

Mustafa Kemal

Akbaş cephaneliği ve Köprülülü Hamdi Bey

Efendiler, Rauf Bey'e yazdığımız son şifrede, Akbaş cephaneliğindeki cephanenin bir kısmının İngilizlere verilmesine yardım ettiklerine ilişkin üstü kapalı bir eleştiri vardı. Bu konuyu biraz açıklayayım. Rumeli sahilinde, Gelibolu civarında, Akbaş denilen yerde bir cephane deposu vardı. Orada Fransızların koruması altında bol miktarda silah ve cephane bulunuyordu. Hükümet, İtilaf devletlerine tam olarak boyun eğmiş görünmeyi çıkarlarına uygun gördüğünden, sözünü ettiğim cephanelikteki silah ve cephaneden bir kısmını İtilaf devletlerine bırakma sözü vermiş. Onlar da Wrangel ordusuna göndereceklermiş. Rusya'ya götürülmesi için bir Rus vapuru da Gelibolu'ya gelmiş. Hükümet daha önce, İstanbul'daki örgüt başkanlarımızın iznini ve yardımlarını da sağlamış...

Oysa efendiler, Köprülülü Hamdi Bey adında kahraman bir arkadaşımız, Kuva-yı Milliye'den bir birlik ile, 26/27 Ocak 1920 gecesi, sallarla Rumeli sahiline geçti. Akbaş cephaneliklerini ele geçirdi. Depo muhafızları olan Fransızları tutukladı ve haberleşme hatlarını kesti. Silahların tamamını, cephanenin bir bölümünü ve muhafız Fransız askerlerini de koruma altında Lapseki'ye gönderdi. Silahları ve cephaneyi Anadolu'ya gönderdikten sonra, Fransız askerlerini geri gönderdi. Akbaş deposunda sekiz bin Rus tüfeği, kırk Rus mitralyözü, yirmi bin sandık cephane olduğu düşünülüyordu.

Bu olay üzerine İngilizler Bandırma'ya iki yüz kişilik bir kuvvet çıkardılar. İtilaf kuvvetlerinin ulusal savaş bölgelerinin gerilerinde, İtilaf devletleri askerlerinin de bulundukları yerlerdeki depolarda bulunan silahların ve cephanenin başka yere nakli veya kullanılamaz duruma getirilmeleri veya bu gibi yerlerin ele geçirilmesi olasılığına karşı, bütün komutanlara verdiğimiz emirde, bazı önlemler önerilmekle birlikte, bütün komutanların büyük bir kararlılık ve kesinlikle hareket etmeleri gerektiğini bildirdik.

Anzavur'un ulusal cephelerimizi arkadan vurma girişimi

Efendiler, hemen aynı günlerde Anzavur, Balıkesir ve Biga dolaylarında oldukça önemli ve tehlikeli durumlar yaratmakta başarılı olmuştu. Balıkesir'de, ulusal cephelerimizi arkadan vurmak istiyordu. Başına birçok adam toplamıştı. Karşısına gönderilen ulusal güçlerle Biga'da kanlı bir çarpışma oldu. Anzavur galip geldi. Kuvvetlerimizi dağıttı. Toplarımızı ve mitralyözlerimizi ele geçirdi. Asker ve subaylarımızı esir aldı, şehit etti. Akbaş kahramanı Hamdi Bey de bu şehitler arasındaydı. Bundan sonra Ahmet Anzavur, kendi adıyla anılan *Ahmediye Cemiyeti* adı altında alçaklığını yaymaya devam etti.

Efendiler, 3 Mart 1920 tarihinde, içeriği olağanüstü dikkat çekici bir şifre aldım. Bu şifre, İstanbul'dan, İsmet Paşa'dan geliyordu. İsmet Paşa, ben Ankara'ya vardıktan sonra, Ankara'ya yanıma gelmişti. Beraber çalışıyorduk. Fakat Cemal Paşa'dan sonra Savunma Bakanlığı'na Fevzi Paşa Hazretleri geldi. Fevzi Paşa'nın özel isteği üzerine ve çok önemli bir amaçla, İsmet Paşa'yı belirtilen tarihten birkaç gün önce İstanbul'a göndermiştim.

Önemli gördüğümüz nokta şuydu: Yunanlılar saldırıya hazırlanıyorlardı. Buna karşı akla yakın olan önlem, bütün güçleri seferber edip düzenli bir savaşa girmekti. Özellikle Fevzi Paşa Hazretleri, bu gereklilik ve zorunluluğu kabul etmekteydi.

İşte bu hazırlığı yapmak üzere İsmet Paşa'nın İstanbul'da bulunması ve hatta Genelkurmay Başkanlığı'na resmi olarak getirilerek çalıştırılması çok yararlı olacaktı. Bu amaçla İstanbul'a gitmesini gerekli görmüştüm. İsmet Paşa'nın telgrafı şudur:

Savunma Bakanlığı, 3.3.1920

Mustafa Kemal Paşa Hazretleri'ne

Alınan bilgilere göre, İstanbul'da bir cemiyet kurulmuş ve bu cemiyet İngilizlerle birlikte kararlar almış. Hükümetin düşürülmesi ve malûm bir hükümetin kurulması, Meclis'in dağıtılması, İzmir ve Adana'nın işgalinin sağlanması için Kuva-yı Milliye'nin ortadan kaldırılması, dünya barış ve güvenliğini sağlamak üzere İstanbul'da Müslümanlar arası bir Hilafet Şûrası'nın toplanması ve Bolşeviklik karşıtı fetva çıkarılması, kararlar arasındaymış. Savunma bakanı bu cemiyetin çalışmalarına önem veriyor. Anadolu'daki Anzavur girişimleri bu kararlara bağlı olduğu gibi, İngilizlerin hükümete daha fazla baskı yapmaları da aynı sebeptendir. Bilgi olarak sunmamı istediler. *(İsmet)*

Savunma Bakanlığı Başyaveri Binbaşı
Salih

Ali Rıza Paşa hükümetinin istifası

Efendiler, bildiğiniz gibi, İngiliz temsilcisi, Yunanlılar da dahil olmak üzere bütün İtilaf kuvvetlerine karşı mücadelenin durdurulmasını hükümete önermişti. Bu önerinin gereği yerine getirilirse, İstanbul'u Osmanlı Devleti'ne bırakacakları gibi yaldızlı bir söz de vermişlerdi. Fakat İstanbul'da bu öneri yapılırken, Şubat'ın 18., 19. ve 20. günlerinde Yunanlıların İzmir'e yeni kuvvet, nakliye araçları, pek çok cephane getirdiğini ve bunları cephelere göndererek yeni bir saldırıya hazırlandığını biliyorduk. Bu bilgilerimizi –hükümet işlerine karışmayınız yaygarasına bakmaksızın– İstanbul hükümetine de bildirerek dikkatini çekmekten geri kalmadık.

Yunanlılar bu şekilde saldırıya hazırlanırlarken, Ali Rıza Paşa hükümeti diğer bir öneri karşısında kalıyor:

"Yunanlılar karşısında bulunan Kuva-yı Milliye'yi üç kilometre geri aldırmak!.."

Ali Rıza Paşa hükümetinin buna gücünün yetmeyeceği ortadaydı. Fakat amaç, onun düşürülmesiydi. Sadrazam, zorunlu olarak, bu önerinin uygulanamayacağını yanıt olarak bildirmiş.

3 Mart 1920 günü Yunanlılar saldırıya geçtiler. Gölcük yaylasıyla Bozdağı'nı ele geçirdiler.

İşte bu olay üzerine, Ali Rıza Paşa'nın düşünebildiği tek çözüm, bulunduğu yeri daha fazla korumaktan vazgeçerek hemen istifa edip sorumluluk gerektiren bu işten yakayı sıyırmak olmuştur. Çünkü, ulusal mücadeleyi duraksatmak konusunda yapılan öneriyi uygulamaya çalışmış, fakat başarılı olamamış olan Ali Rıza Paşa'nın, bu defaki öneriyi de yerine getireceğim sözünü verip de başarılı olamaması durumunda, İtilaf devletleri tarafından sorumlu tutulması olasılığı da akla gelmez miydi?

Savunma Bakanı Cemal Paşa, Başkomutan Mister George Milne'in emirlerini uygulatamadığı için sonunda hükümetten uzaklaştırılmakla karşı karşıya kalmamış mıydı? Aynı işlemin Ali Rıza Paşa'ya uygulanmasına kalkışılırsa, kendisini padişahın koruyabileceğine güvenebilir miydi? Böyle bir durumda, ulusal davanın tek belirdiği yer olduğunu söylediği İstanbul'daki Milli Meclis'e güvenebilecek miydi? Ulusal irade adına söz söylemeye ve isteklerde bulunmaya artık yer ve imkân kalmadığını söyleyerek cezalandırmakla gözdağı verdiği Temsil Heyeti'ne dayanmayı kabul etmeli miydi? Dolayısıyla, kendisi için istifadan başka çıkar bir yol olamazdı. İşte o da öyle yapmıştır. Ali Rıza Paşa, hükümete ilk saldırı olduğunda çekilmesi gerektiği yolundaki uyarılarımızı kabul etmedi. Yerinde kalarak yurda yararlı olacağını söyledi. Mebuslar Meclisi de bu bilgisizce fikri onaylayarak onu yerinde tuttu. Acaba yapılması söz konusu olan görev, Yunanlıların saldırı hazırlıklarını tamamlayarak vatanın kutsal topraklarından bir kısmını daha çiğnemek ve sevgili yurttaşlardan bir kısmını daha süngüler altında inletmek için, gereken fırsatı ona sunmak mıydı?!

Padişah, işin gidiş ve durumuna göre birisini sadrazamlığa seçeceğim diyor

Rauf ve Kara Vasıf beyler 3 Mart 1920 tarihli şifrelerle bu istifa konusunu haber verirken, Felâh-ı Vatan Grubu başkanının, Meclis başkan vekillerinin saraya gönderildiğini de bildiriyorlardı. Bu başkanlar, padişahın yanına kabul edilmemişler. Başkâtip ve başmabeyinci ile görüşmeleri buyurulmuş. Grup başkanı, ulusal örgütün padişaha bağlılığını bildirmiş. Sözü istifa konusuna getirmiş. Padişah, başkâtip aracılığıyla şu buyruğu bildirmiş: "Bütün milletvekillerine selam. Olayların gidiş ve durumundaki ağırlığı ben de onlar kadar anlıyorum. İşin ve durumun gereğine göre birisini sadrazamlığa seçeceğim. Onun yetkisine el uzatarak arkadaşlarını seçmesine karışamam. Ancak ona, çoğunluk grubuyla anlaşmasını tavsiye edeceğim."

Beni hükümet işlerine karışmaktan menetmek isteyenler benden etkili önlemler bekliyorlar

Başkanlar Kurulu teşekkür ederek ayrılmışlar. Verilmekte olan bilgiler arasında şunlar da vardı: "Milletvekilleri endişeli; fakat isteğe uygun bir hükümet geleceğine güvenmektedirler. Yabancıların, Hürriyet ve İtilafçıların ve Nigehbancıların, düzenledikleri gericilik hareketlerinde başarılı olabilmek için, Ferit Paşa ve yakınlarından birini iktidara getirmeleri de olasıdır. Meclis'i doğal olarak dağıtacaklardır. Padişah katında etkili olacak önlemlerin, oradan alınması... bilginize sunulur."

Efendiler, garip değil midir ki, bugün bu bildirimde bulunanlar, daha birkaç hafta önce, "Meclis resmi olarak açıldığına göre, bundan sonraki emirlerinizin bize bildirilmesini ve görüşlerinizin her makamda gereği gibi savunulacağına güvenilmesini" bildiren kişilerdir. Birkaç hafta önce, İstanbul hükümeti ile aynı düşüncede olarak, beni hükümet işlerine karışmaktan menetmek isteyen kişiler, bugün İstanbul'da hiçbir şey yapmaya güçlerinin yetmediğini söyleyerek, buradan, Temsil Heyeti'nden etkili önlemler bekliyorlar.

Biz bu isteği de yerine getireceğiz. Fakat, bu kişilerin isteği olduğu için değil, bunu vatanın çıkarları emrettiği için...

Efendiler, 3 Mart ve 3/4 Mart gecesi, İstanbul'la yapılan haberleşmeler ve oradaki durumu anlamakla geçti. 4 Mart günü, gerek İsmet Paşa'dan ve gerek diğer kişilerden aldığım bilgiler üzerine durumu bir genelgeyle bütün ordulara, örgüt merkezlerimize ve ulusa bildirdim. Mebuslar Meclisi Başkanlığı'na da şunu yazdım:

Ankara, 4.3.1920

Mebuslar Meclisi Başkan Vekilliği Yüksek katına

İtilaf devletlerinin devamlı olarak işlerimize karışmaları karşısında, Ali Rıza Paşa hükümetinin nihayet Meclis önünde istifasını verdiği üzüntüyle haber alınmıştır. Aydın cephesinde, kutsal vatanı ele geçirmeye çalışan düşmanla Kuva-yı Milliye çarpışmakta ve her karış toprağına, bağlı ve özverili çocuklarının naaşlarını defnetmektedir. Hiçbir güç, hiçbir yetki, ulusumuzu tarihin emrettiği bu görevden alıkoyamayacaktır. Vatan ve ulusun bağımsızlığını korumak için her özveriye hazır bulunan ulusumuzun kutsal heyecanını, ancak ulusun tam güvenine sahip bir hükümetin işbaşına getirilmesi memnun edebilir. Bütün ulus bu tarihi günlerde, ulusal iradesinin kesin vekilliğini üzerine almış bulunan milletvekillerinin kararlarını sabırsızlıkla beklemektedir. Vatana ve tarihe karşı üstlendiğiniz büyük sorumluluğu, bütün dünyanın kürsülerinize çevrilmiş olan inceleyici bakışlarını düşünerek, ulusun kararlılık ve özverisine yaraşır kararlar alınacağından emin olduğumuzu ve vatan uğruna yaptığınız çalışmalarda bütün ulusun yanınızda ve yardımınızda olduğunu sunarız, efendim.

Temsil Heyeti adına
Mustafa Kemal

Padişaha da şu telgrafı çektim efendiler:

Ankara, 4 Mart 1920

Padişah Hazretleri'nin Yüce Eşiğine

İtilaf devletlerinin bağımsızlığımıza ve onurumuza zarar veren saldırılarına ve ateşkes antlaşması hükümlerine aykırı müdahale ve hareketlerine daha fazla dayanamayan hükümetin istifasıyla yeniden yüce devletlerinde bir hükümet krizi ortaya çıkması, kamuoyunda derin bir heyecan uyandırmıştır. Saltanat ve hilafet makamlarının etrafında, düşünce ve ülkü birliğine vararak Padişah Hazretleri'nin yüksek bağımsızlığı, dokunulmazlığınız ve yüce Osmanlı Devleti'nin ülke bütünlüğü için son özveriyi göze almış olan bütün yurttaşlarınız, düşmanlar tarafından yönetilen bazı bozgunculuk ve ihtilal tertiplerinden dolayı zaten üzgün ve endişeli bir durumda, hükümet krizinin olabildiğince hızla sona ermesini ve ulusal istekleri gerektiği gibi gerçekleştirebilecek değerli bir hükümetin kurulmasını beklemektedir. Milli Meclis'in çoğunluk grubunda yoğunlaşan ulusal istek ve eğilimlerin yüksek katınızda destekleneceğine, bütün yurttaşlarınız gibi heyetimiz de inanmaktadır. Ancak, içten ve dıştan gelen bin türlü tutkuların coşmasıyla huzur ve esenliği bozulma endişesi taşıyan ülkemizin, ulusal vicdana güven veremeyecek bir hükümet başkanına bir dakika bile katlanamayacağını ve Allah korusun böyle bir durum ortaya çıkarsa, Osmanlı Devleti tarihinde benzeri görülmemiş acı olayları doğuracağını Padişah Hazretleri'nin yüce eşiğine sunmayı yurtseverlik borcu kabul ederiz. Ferman padişahımızındır.

Anadolu ve Rumeli Müdafaa-i Hukuk Cemiyeti
Temsil Heyeti adına
Mustafa Kemal

Bu telgrafın birer kopyasını bilgi için Mebuslar Meclisi Başkanlığı'na ve kolordu komutanlarına vermekle beraber, bunun bir örneğini çıkararak İstanbul gazetelerine ve Basın Cemiyeti'ne vermesini de İstanbul telgrafhanesine emrettik. Bundan başka efendiler, komutanlara, valilere, mutasarrıflara ve Müdafaa-i Hukuk Merkez Heyetlerine ayrıca şu genelgeyi de gönderdik:

4 Mart 1920

İtilaf devletlerinin dayanılmaz bir duruma gelen müdahale ve baskılarından dolayı hükümet, 3 Mart'ta istifa etmiştir. Aldığımız sağlam bilgiye göre hükümetin düşürülmesi Ferit Paşa'nın veya benzerlerinden birinin iktidara getirilmesi ve İstanbul'da yabancı isteklerine hizmet edecek bir Hilafet Şûrası oluşturulmasını sağlamak üzere, dış düşmanlar tarafından yönetilen ve karşıt partilerin aracılığıyla meydana gelen bir komitenin çalışması sonucudur. Yani komitenin çalışmasına ortam yaratmak için İtilaf devletleri, önce hükümeti istifa etmek zorunda bırakacak baskılar yapmışlardır. Durumun bu ağırlığı karşısında, Mebuslar Meclisi, doğal olarak gereken etkili önlemleri almaya devam etmektedir. Ancak bu girişimlerin eylemli olarak desteklenmesi için, hemen ulusal istekleri gerçekleştiremeyecek bir hükümet başkanına ulusun katlanamayacağını çok sert bir dille padişahlık makamına, Mebuslar Meclisi Başkanlığı'na ve basına bildirmek gerekmektedir. Bu telgraf ulaştığında, bir dakika kaybedilmeden bu şekilde telgraflar hazırlanmasını ve bu gece mutlaka çekilmesi yollarının bulunmasını, buraya da yarın sabaha kadar bilgi verilmesini önemle rica ederiz.

Anadolu ve Rumeli Müdafaa-i Hukuk Cemiyeti
Temsil Heyeti adına
Mustafa Kemal

Efendiler, verdiğimiz emir gereğince, ülkenin her tarafından, ulusun her makamından 4/5 Mart gecesi başlayan telgraf fırtınası, ayın beşinci ve altıncı günleri, padişah ve Mebuslar Meclisi üzerinde istenilen etkiyi yaptı.

Salih Paşa sadrazam oluyor

Sonunda, 6 Mart günü, kim ve ne olduğunu anlayamadığım bir kişi tarafından şu haber verildi:

Mustafa Kemal Paşa ve kumandanlar birlikte (soldan: Fahrettin Altay, Fevzi Çakmak, Kâzım Karabekir). ATASE Arşivi.

İstanbul, 6 Mart 1920

Temsil Heyeti'ne

Sadrazamlık görevinin Donanma Bakanı Salih Paşa'ya verildiği bilginize sunulur.

Müdafaa-i Hukuk Cemiyeti Genel Sekreter Vekili
Halit

Bu telgrafı, şu telgraf izledi:

Mebuslar Meclisi, 6 Mart 1920

Mustafa Kemal Paşa Hazretleri'ne

Yüce Padişah ve Halife Hazretleri, şimdi Mebuslar Meclisi başkanını makamlarında kabulüyle onurlandırarak, sadrazamlık görevini Âyan Meclisi'nden eski Donanma Bakanı Salih Paşa'ya verdiklerini ferman buyurmuş ve Salih Paşa da hükümeti kurmakla uğraştığı için, krizin yarın akşama kadar tamamıyla ortadan kalkacağı bildirilir.

Mebuslar Meclisi Başkanı
Celalettin Arif

Efendiler, Rauf Bey'in de aynı günde, fakat henüz hükümet başkanı belli olmadan verdiği bilgiler vardır. Dikkate değer olduğu için bu bilgileri veren telgrafı olduğu gibi bilginize sunuyorum:

Kişiye özel, çok aceledir — Savunma Bakanlığı, 6 Mart 1920
Dakika geciktirilmesi uygun değildir

Ankara'da 20. Kolordu Komutanlığı'na

Mustafa Kemal Paşa Hazretleri'ne:

1. Dün gece İzzet ve Salih paşalarla görüştüm. Her ikisine de sadrazamlık önerilmemiştir. Vekillik eden hükümet de kimin olacağını bilmiyor. Eski İçişleri Bakanı Reşit Bey'in Saray ile Fransa ve İngiltere elçilikleri arasında dolaşmakta olduğu sağlam kaynaklardan haber alınıyor. Bir söylentiye göre, adı geçenin sadrazamlığa getirileceği merkezindedir. Önceki gece Padişah Hazretleri, Tevfik Paşa'yı kabul etti. Daha sonra Ferit Paşa'yı kabul ederek saat beşten saat 22.00'ye kadar görüştü. Dünkü cuma günü Baltalimanı'nda Ali Kemal ve eski İçişleri Bakanı Mehmet Ali'nin de katıldığı, uzun görüşmeler yapıldı. Daha sonra Rahip Frew'nun da katılımıyla Ali Kemal'in evinde görüşmeler devam etti. Celalettin Arif Bey dün saat 16.00'dan sonra huzura kabul olundu. Bugünkü bunalımın devama tahammülü olmadığından, ulusun ve milletvekillerinin güvenine sahip bir hükümetin bir an önce iktidara getirilmesi konusundaki ısrarlı dileklere karşı, Padişah Hazretleri durumun inceliğini aynı şekilde anladığını ve Kuva-yı Milliye'nin gerekliliğini söyledikten sonra, içerde ve dışarda güven uyandırabilecek bir kimsenin atanmasının çok çabuk yapılamayacağı ve pazar gününe kadar düşünmek gerektiği şeklinde yanıt vermişler. Yukarıda bilginize sunduğum konulardan ortaya çıkan kişisel sezgilerim, padişahın İngilizlerle konuşmakta ve haberleşmekte olduğu, Londra'dan yanıt beklediği düşüncesini veriyor. Herhalde durum çok sıkıntılıdır. İngilizlerden umutlu olurlar ise, Ferit Paşa'nın iktidara getirilmesi de uzak bir olasılık değildir. Özetle, şimdiye kadar padişah doğrudan doğruya Tevfik ve Ferit paşalardan başka kimseyi kabul etmemiş, Ferit Paşa'yla görüşmesi de gizli olmuştur. Sarayın adamlarından, güvendiğinizi bildiğim bir kişi, perşembe günü Padişah Hazretleri'nin çok yakınları adına beni özel olarak gördü ve düşüncemi sordu. Yanıt olarak, durumu padişahlık makamı, devlet ve ulus yararına çözebilecek kişinin, siz olabileceğinizi ve fakat şu sırada işgalde bulunan İstanbul'a dönmeniz mümkün olamayacağına göre, İzzet Paşa'nın iktidara gelmesi gereğini açık bir dille söyledim. Salih Paşa, Meclis'in kapatılmasının da olası olduğunu üstü kapalı olarak söylüyor. Birinci Başkan Vekili Hüseyin Kâzım Bey'in de Saray ve İngilizler ile Meclis adına dolap çevirdiği anlaşılıyor. Bilgilerinize sunulur.

Celalettin Arif Bey bugün Saray'a gidecek. Durumu gayet açık şekilde Padişah Hazretleri'ne anlatacak. Karşı görüşlüleri iktidara getirirse Anadolu örgütünün sarsılacağını ve bu şekilde doğudaki, kendileri için sonuçta zararlı olacak ilkelerin ülkemize gireceğini ve halifelik makamının Müslümanlar gözünde düşeceği durumu açıklayacak ve Anadolu'dan, ulusal örgüt merkezlerinden buna ilişkin gelmiş olan bütün telgrafları gösterecek, bu konuyla ilgili ayrıca yazılı bir rapor sunacaktır. Rapor birlikte yazılmıştır. Kopyasını daha sonra sunarız. *(Rauf)*

2. Bu telgraf, 6.3.1920 günü öğleden sonra saat 17.15'te Savunma Bakanlığı telgrafhanesine verilmiştir.

Savunma Bakanlığı Başyaveri
Salih

Efendiler, Rauf Bey'in, sadrazam bulmak söz konusu olurken benden söz etmesi elbette gereksizdi. Aramızda asla böyle bir şey söz konusu olmuş değildi. Ben, İstanbul hükümetinin yaşayacağından aslında ümitli değildim. Osmanlı Devleti'nin ömrünü tamamladığına ise çoktan inanmıştım. Osmanlı Devleti'nin sadrazamlığını üstlenmek gibi zayıf ve anlamsız bir düşüncenin benim kafamda yeri olamayacağı doğaldı. Ben, gelip geçmesi doğal olan inkılap aşamalarını sessizce izlerken, geleceğin önlemlerinden başka bir şey düşünmüyordum.

Rauf Bey, söz ettiği Celalettin Arif Bey'in raporunun örneğini de gönderdi. Hükümet kurulduktan sonra da şu bilgileri verdi:

Savunma Bakanlığı, 8.3.1920

20. Kolordu Komutan Vekilliği'ne

Mustafa Kemal Paşa Hazretleri'ne:

1. Hükümet şu şekilde oluşturulmuştur: Sadrazam Salih Paşa, şeyhülislam yerinde, İçişleri bakanı yerinde, Dışişleri Bakanlığı'na Safa Bey, Savunma Bakanlığı yerlerinde bırakılmış; Donanma Bakanlığı'na Salih Paşa vekil olarak, Bayındırlık Bakanlığı'na Tevfik Bey asıl olarak, Maliye Bakanlığı'na Tevfik Bey vekil olarak, Şûra-yı Devlet'e [Danıştay] Abdurrahman Şeref Bey vekil olarak, Eğitim Bakanlığı'na Abdurrahman Şeref Bey asıl olarak, Vakıflar Bakanlığı'na eski Şeyhülislam Ömer Hulusi Efendi asıl olarak, Adalet Bakanlığı'na Celal Bey, Ticaret Bakanlığı'na Defterhane Emini Ziya Bey.

2. Celal Bey'in tutumunu bilmiyoruz. Bu şekil, Damat Ferit Paşa'ya zaman kazandırmak amacıyla Saray'ın düzenidir. Salih Paşa, bir bunalımın önüne geçerek vatana faydalı bir hizmet yaptığı inancındadır. Bizim düşüncemiz bu hükümete güvenoyu vermemektir. Grupta bunu sağlamak için çalışıyoruz. Ferit Paşa tehlikesi hâlâ bulunmaktadır. **Buna göre önlemler alınması sunulur.**

3. Dikkate değer olarak şunu da bildirelim ki, Salih Paşa tarafından Mebuslar Meclisi içinden bakan almanın imkânsızlığı anlaşıldıktan sonra, dışardan alacakları kişilerin belirlenmesi için grubun fikrini yoklayacaktı. Oysa sonradan bundan da vazgeçerek adları bilginize sunulan hükümeti kendiliğinden kurmuştur, efendim. *(Rauf)*

Savunma Bakanlığı Başyaveri
Salih

Trakya'da Cafer Tayyar Bey'in tuttuğu yanlış yol

Efendiler, İstanbul krizi hakkında yaptığım açıklama oldukça uzadı. İstanbul'da zaten öteden beri var olan durumdan, daha birçok olayların ortaya çıktığına tanık olacağız.

İzin verirseniz, tekrar İstanbul'a dönmek üzere, biraz da Edirne civarındaki duruma göz atalım. Şimdiye kadar yapmış olduğum genel açıklamalarım sırasında, yeri geldikçe Trakya'yı da örgüt ve planlarımızın hiçbir zaman dışında tutmadığımızı anlatmış olduğumu ümit ederim. Edirne ile ilişkilerimiz ve haberleşmelerimiz, ülkenin her yeriyle olduğu gibi korunmakta ve sürdürülmekteydi.

Yaptığımız haberleşmelerimizde dikkate değer bazı noktaları yüce topluluğunuza açıklayarak sunmak uygun olur.

1. Kolordu Komutanı Cafer Tayyar Bey, 31 Aralık 1919 tarihli çok ayrıntılı bir raporunda, Trakya ve özellikle Batı Trakya'da yapılmakta olan Yunan girişimlerini ve çalışmalarını çok güzel açıklıyordu. Kendisinin bu olağanüstü çalışmalara karşılık gereği gibi hazırlık yapamadığından şikâyeti vardı.

"Kolordusunun bu durum ve gelecekte çıkması olası olaylar karşısında görevini yapabilecek bir konum almasına General Milne'in onay vermediğinin, haberleşme sonucunda anlaşıldığını" haber veriyordu.

General Milne'in hazırlık yapmamıza onay vermeyeceğine elbette kuşku yoktu. Bu açık gerçeği haberleşme yoluyla araştırmaya bilmem nasıl bir akıl ve mantıkla kalkışılmıştı?

Cafer Tayyar Bey'e, 3 Ocak 1920'de verdiğim emirde, gönderdiğimiz gizli emir yazısına göre silahlı birlikler oluşturulmasını tekrar hatırlattım. "Askeri konum değişikliğiyle elde edilemeyen faydaların bu şekilde yerine konması gerekmektedir" dedim.

Savunma Bakanı bulunan Cemal Paşa'ya da aynı tarihte durumdan söz ederek, Yunanlıların Doğu Trakya'daki hazırlıklarına engel olmasını yazdım.

Trakya-Paşaeli Cemiyeti'nin gönderdiği raporlarda, gereği gibi örgüt kurulamamakta olduğundan söz ediliyor ve bazı üst düzeydeki memurlardan yakınılıyordu. Bu gibi memurlara öteden beri bazı uyarılarda bulunuyordum.

Şikâyetin önemlisi, Cafer Tayyar Bey'den gelmeye başladı. Örneğin, buna ilişkin okuyacağım şu mektup bir fikir verebilir sanıyorum:

26 Ocak 1920

Saygıdeğer Paşam,

Arif Bey'in Trakyalılar hakkında anlattıklarını doğrularım. Trakya Cemiyeti, maddi güçle desteklenmemiştir. Ne yazık ki, Cafer Tayyar hepimizi aldatmış, en küçük bir örgütlenmeye gitmemiş, bir tek tüfekle bile silahlandırma işine girmemiştir. Cafer'i, kendisini düşünmekle suçlarım. Bulgaristan olaylarından da tamamen habersiz, tam bir aymazlık içindedir.

Son günlerde Cafer'in tümenlerine gönderdiği yazılı bir emir rastlantı sonucu olarak elimize geçti. Yunanlıların yaptıklarından, fikirlerinden söz ettikten sonra, bu durum karşısında artık Müdafaa-i Hukuk talimatı doğrultusunda ulusal örgüt kurmaya başlamak gerekirken, komutanların bu konuda subaylar aracılığıyla halka yardım edip etmemek hakkında düşüncelerini soruyor. Artık düşününüz... Allah ulusal konularda aldatanları kahretsin. Fakat, çok yazık aldanmış olanlara!

Sonuç: Bulgar askeri Batı Trakya'yı boşaltarak gittiği, beş on memurla 150-200 jandarmadan başka kuvveti bulunmadığı halde, kendisinden ihtilal ve savaşla vatanı savunmasını beklediğimiz Trakya bir şey yapamadı. Cafer bu durumda bir üzüntü duydu mu bilmem. Dolayısıyla, artık Topçu İhsan'ı, Baytar Rasim'i (zeki, kıvrak, ölçülü, pek güvenilir bir arkadaş) örgüt kurmak için Trakya'ya göndereceğiz. Buradan silah da göndereceğiz. Kör olası Cafer yalnız bunları serbest bıraksın. Gölge etmesin başka ihsan istemeyiz.

Edirne hattını, İngilizler, kendi askerleriyle teslim alıyor. Yunanlılar Hadımköy, Çorlu, Lüleburgaz'da toplanıyor. Bulgaristan kaynaşıyor. Yunan eşkıyalığı artmakta, halkın yakınmaları karşısında vali elini ovuşturmakta, Cafer güçsüzlüğünü göstermekte. Trakya'nın, Bolşevizme karşı yabancıların yığınak yeri olması, Bulgarların saldırılarına hedef olması beklenebilir. Orada kuvvetli bir pençe ve beyin gerekmektedir. Ne Cafer, ne vali bu işi yapabilirler ve ayrıca özverili değillerdir. İşte durum budur. Ben bunlarla çok uğraşıyorum. Geçen gün bir şifrenizi almış, pek üzülmüş ve şifreyle açıklama istemiştim. Yanıt alamadım. Paşam, kişisel bir siyaset izlediğimi mi sanıyorsunuz? Yoksa amacı kavramayacak, durumu anlamayacak ahmaklardan olduğumu mu düşünüyorsunuz? Her iki durumu da protesto ederim. İnancım ve amacım birdir. Sapmadan yürüyorum. Yalnız başka bir şey düşünüyor ve bana söylemek istemiyorsanız ona bir şey demem. Açıkça bildirmenizi rica ederim. Sert ve azarlayıcı sözlere son derece üzülürüm. Bu, beni çalışmaktan alıkoymaz. Beni size karşı olmaya itmez. Fakat, arada kişilik sorununu pekâlâ doğurabilir. Buna dikkatinizi çeker ve bir gerçek ortaya çıkmadan ve benim neler çektiğimi anlamadan girişimlerde bulunmamanızın, makamınızdan beklenen ve hiç göz ardı edilemeyecek olan incelik ve yumuşaklık gereği olduğunu şuracıkta belirtmeme izin veriniz. Saygılar sunar başarılar dilerim Paşam.

Vasıf

Efendiler, Edirne'den gelen bildirimlerden, raporlardan, bence, yanlış bir siyasi görüş izlendiği anlaşılıyordu. Şimdi okunan mektupta da bu yanlış görüşün onaylandığına işaret eden cümleler vardır. Bu yanlış prensibi düzeltmek için, öteden beri var olan düşüncemizi 3 Şubat 1920 tarihinde bir defa daha Cafer Tayyar Paşa'ya ve İstanbul'da Rauf Bey'e tekrar ettim.

Tekrar ettiğim düşünce şuydu:

Doğu ve Batı Trakya'nın bir ulusal birlik altında düşünülmesi ve söylenmesi doğru bir siyaset değildir. Doğu Trakya karşı gelinemez ve tartışılamaz bir şekilde yurdumuzun parçalarındandır. Batı Trakya ise, bir antlaşma ile daha önce bırakılmış bir bölgedir.

Olsa olsa, Doğu Trakya, Batı Trakya'nın kurtuluşuna çalışanların bir hareket üssü olabilir.

Doğu ve Batı Trakya'nın birliğinde diretmek, Doğu Trakya üzerinde de bazı isteklerin ileri sürülmesine yol açabilir.

Bulgarların da Ege Denizi'nde bir ekonomik çıkış yeri istemeleri, ayrıca düşünmeyi gerektirir. Bulgaristan içinde bu bakımdan çalışılmalıdır.

Cafer Tayyar Paşa da memurlardan, ileri gelenlerden, halktan yakınıyordu. 7/8 Mart 1920 tarihli bir şifresinde, "Bizde halk her işi hükümetten beklemekte, üst düzeydeki sivil memurların tarafsız durumları yüzünden, ulusal örgüt, yüksek istekleriniz üzere örgütlenememektedir. İlde sık sık yapmakta olduğum denetimlerde özellikle köylülerle sıkı ilişki kuruyorum. ...... Fakat, her köye gitmek mümkün olamıyor. ...... İşin köklü ve kapsamlı olması hepimizce istenmekte olup, bunun da ileri sürülen sakıncaların ortadan kaldırılmasına çalışılmakla mümkün olacağı bilginize sunulur" diyordu.

Efendiler, General Milne, Cafer Tayyar Paşa'ya askeri konumu değiştirtmiyor. Vali ve mutasarrıflar tarafsız kalıyor ve her işi hükümetten bekleyen halka, ulusal örgüt kurulması konusunda yol göstericilik ve öncülük etmiyor. Bu sakıncalar kalkmadıkça, işin köklü ve kapsamlı olması mümkün görülmüyor!

Karakol Cemiyeti İstanbul'da örgütünü genişletmeye çalışıyor

Efendiler, başka bir münasebetle Karakol Cemiyeti'nden ve onun çalışmalarının yasaklanması yönündeki girişimlerimizden söz etmiştim. Bu cemiyetin, hâlâ İstanbul'da örgütünü genişletmeye çalıştığı anlaşılıyordu. Tekrar şöyle bir uyarıda bulunmak gerekti:

Yazı ile 12 Mart 1920

Çanakkale Müstahkem Mevki Komutanı Albay Şevket Beyefendi'ye

İstanbul'da bulunan örgütümüzün, amacı gerçekleştirme konusunda yetersiz olduğu anlaşılmaktadır. Çeşitli zamanlarda ve özellikle bugünlerde Ankara'ya gelen, durumu bilen bazı kişilerin verdikleri bilgilere göre, bundaki başarısızlığın sebebi, Anadolu ve Rumeli Müdafaa-i Hukuk Cemiyeti örgütü adı altında Karakol tüzüğünün uygulanmasına çalışılmakta olduğu anlaşılmıştır.

Karakol Cemiyeti'nin tüzüğü, birçoklarını örgütle ilişki kurmaktan ürkütmüştür. Bu sebeple Müdafaa-i Hukuk Teşkilatı tüzüğü esaslarına göre örgütlenmek, özellikle İstanbul için yeterlidir. Çünkü İstanbul'da asıl gücü, düşünce akımlarını birleştirmekte aramalıdır. İstanbul'da yapılan hareketler ve özel girişimler için de kurulacak silahlı örgütte bile Müdafaa-i Hukuk tüzüğü ekinin uygulanması yeterlidir. İstanbul Merkez Heyeti ve ona bağlı kısımlardaki yönetim kurullarının meydana çıkmasında sakınca olduğu düşünülüyorsa, bu kurulları oluşturacak olan kişiler kendilerini gizli tutabilirler. Bu temel çerçevesinde kurulmuş ve kurulacak olan örgütün ve merkez heyeti ile yönetim kurullarını oluşturan kişilerin adlarının, güvenli bir araçla gönderilmesine yüksek yardım ve çabalarınız özellikle rica olunur, efendim.

Temsil Heyeti adına
Mustafa Kemal

İstanbul'daki Kuva-yı Milliye önderlerinin tutuklanması hakkında Londra'dan gelen emir

Şimdi isterseniz, tekrar İstanbul'a dönelim. 11 Mart 1920 tarihli bir telgrafta Rauf Bey şu bilgileri veriyordu: 10 Mart 1920 günü öğleden sonra İtilaf temsilcileri toplanmışlar, Londra'dan gelen ve İstanbul'daki Kuva-yı Milliye önderlerinin tutuklanması emrini içeren bir konuyu konuşmuşlar ve emri uygulamaya karar vermişler. Bu bilgi, güvenilir bir kişiye sağlam kaynaktan gizlice haber verilmiş ve bu gibi kişilerin bir an önce İstanbul'dan uzaklaşmaları gereği bildirilmiş. Bu durumu, çeşitli olasılıklara göre değerlendirdikten sonra, işin sonuna kadar İstanbul'da kalarak namus görevini yerine getirmeye karar vermişler. Sadrazam Salih Paşa, bu duruma bilerek sebep olmaktaymış. Onun için hükümeti düşürmeye çalışacaklarmış. Başarılı olacaklarına da inanmaktaymışlar.

Rauf Bey'in, bu telgrafın arkasından gelen aynı tarihli kısa bir telgrafında, "Son bildirdiğimiz hususlar ve hükümetin durumu hakkında herhangi bir fikrinizi elde edemediğimizden, telgrafın size ulaşmadığından ve sağlığınızdan haklı olarak kaygılanmaktayım. Yanıtınızı bekliyoruz" denilmekteydi.

Rauf Bey'e ve bilgi için 15. ve 3. kolordulara 11 Mart tarihinde şu bilgileri vermiştim:

11 Mart 1920

Dün akşam, yani 10/11 Mart 1920'de Ankara'da Fransız temsilcisi Yüzbaşı Buvazo'nun (Boizeau) çevirmeni olup bize öteden beri gizli haberler veren bir kişi, Ankara'da İngiliz temsilcisi Vitel'in (Withall) aldığı bir telgraf üzerine bütün ağır yükleri ve emrindekilerle birlikte bugün Ankara'dan ayrılarak İstanbul'a hareket edeceğini ve bu trenden sonra demiryolu ulaşımının İngilizler tarafından durdurulacağı haberini verdi. Adı geçen Withall, gerçekten bugün habere uygun olarak hareket etti. Dolayısıyla, büyük olasılıkla tren ulaşımı da kesilmiştir. Durumun, İtilaf devletleri tarafından İstanbul'da alınan önlemlerle ilgili bulunduğunda kuşku yoktur.

Mustafa Kemal

Rauf Bey'in son telgrafına da şu yanıtı vermiştim:

Hükümete güvensizlik oyu vererek saldırının tarafınızdan yapılması o kadar kuvvetli bir sebebe dayandırılamayacaktır. Grubun dayanışma ve direnme derecesine, hareket birliğindeki kesin kararlılığına ilişkin açık bir düşünce ve inanç doğmadıkça, Salih Paşa'nın grup yönetim kuruluyla görüşmeksizin hareket etmesini, bir meşrutiyet sorunu yapmak konusundaki karar hakkında hiçbir düşünce ortaya koyamam. İngilizlerin tutuklama kararına karşı Meclis'in, korkusuzca, sonuna kadar görevine devamı çok yararlı ve parlaktır. Ancak sizinle beraber, varlıkları gelecekteki girişimlerimiz ve hareketlerimiz için çok gerekli olan arkadaşların sonuçta bize katılabilmelerinin kesinlikle güvence altında bulunması şarttır. Yoksa, grubun birlik ve kararlılık çerçevesinde hareketini düzenleyebilecek kişilerin şimdiden görevlendirilerek sizlerin hemen buraya gelmeleri çok gereklidir. Buraya gelecek kişiler arasında ülkeyi temsil niteliklerine sahip olanlarla, gerektiğinde hükümet kurma ve yönetme yeterliliğindekilerin bulunması önemlidir. İtilaf devletlerinin zorlayıcı yöntemler uygulayacaklarına kuşku yoktur... vb... *Mustafa Kemal.*

Efendiler, Rauf Bey'i ve diğer kişileri tam zamanında davet etmiş olduğumuz, yaşanan olaylarla hem de üç dört gün geçmeden belli oldu. Fakat ne yazık ki bu davetimiz, gereken önem ve ciddiyetle dikkate alınmadı. Rauf Bey, Vasıf Bey gibi kişiler, en sonunda büyük bir boyun eğişle Malta'ya gittiler. Bu konuyu biliyorsunuz.

Son dakikaya kadar Anadolu'ya geçmek ve Ankara'ya gelmek fırsat ve önlemlerinin bazı arkadaşlar tarafından hazırlandığı ve sağlandığı bana anlatılmıştır. Eğer böyle idiyse, bu kişilerin Ankara'ya gelmeyi istemeyip İngilizlere teslim olmayı ve Malta'ya gitmeyi tercih etmelerindeki sebep ve bahane gerçekten incelenmeye değer görülür. Gerçekten, Türkiye'nin durumunun ve sonunun kuşkulu, karanlık, tehlikeli görüldüğü varsayımına göre, bu karanlık tehlike içine atılanların korkunç ve tehlikeli bir sonla karşılaşmaları kuruntusunun etkisi altında en sonunda herhangi bir zindanda bir süre kalmak üzere düşmana teslim olmayı tercih edebilecekleri uzak görülemez. Bununla beraber, ben burada böyle ağır bir sonuca varmaktan çekinirim. Bu düşünceyledir ki, bu kişileri Malta zindanlarından kurtarmak için her fırsattan yararlanarak mümkün olan girişimlerde bulunmaktan geri durmadım.

İstanbul'un işgali

Efendiler, İstanbul'da 10. Tümen komutanından Ankara'da 20. Kolordu Komutanlığı'na 9 Mart 1920 tarih ve 465 numaralı şifre olarak 14 Mart 1920 günü bir yazı geldi. Çözümü şuydu:

Mustafa Kemal Paşa Hazretleri'ne özel: İngilizler tarafından Türk Ocağı binasının işgali üzerine Milli Talim ve Terbiye binasına taşınan Ocağın bu yeni ele geçirdiği bina, dün öğleyin İngilizler tarafından tekrar ele geçirilmiştir, efendim. 9 Mart 1920 *(Hadi).*

Efendiler, 1920 senesi Martı'nın 16. günü öğleden önce saat onda makine başında şöyle bir telgraf verildi:

İstanbul, 16.3.1920

Ankara'da Mustafa Kemal Paşa Hazretleri'ne

Bu sabah, Şehzadebaşı'ndaki Muzıka Karakolu'nu İngilizler basıp, oradaki askerlerle çarpışarak, sonuçta şimdi İstanbul'u işgal altına alıyorlar. Bilginize sunulur.

Manastırlı
Hamdi

Ben bu telgrafın altına kurşunkalemle "İvedi olarak kolordulara benim imzamla M. Kemal" işaretini koyduktan sonra bu telgrafı verenden açıklama istemeye başladım. Manastırlı Hamdi Efendi durmaksızın bilgi vermeye devam etti.

> Bizim en güvenilir bir arkadaşımız var ki, yalnız o değil, herkes, yani gelenler söylüyor. Şimdi de Savunma Bakanlığı'nın ele geçirildiğini haber aldık. Hatta Beyoğlu telgrafhanesinin önünde İngiliz askerlerinin olduğunu öğrendik; fakat telgrafhaneyi işgal edip etmeyecekleri belli değildir.

Bu sırada efendiler, Savunma Bakanlığı'nın telgrafhanesinden, görevli Ali bilgi vermeye başladı:

> Sabahleyin İngilizlerin baskınında altı kişi şehit ve on beş kadar da yaralı var. Şimdi, İngiliz askerleri dolaşıyor. Şimdi, işte, İngiliz askerleri bakanlığa giriyorlar. İşte içeri giriyorlar. Nizamiye kapısına. Teli kes! İngilizler buradadır.

Tekrar Manastırlı Hamdi Efendi bizi buldu:

> Paşa Hazretleri,
>
> Savunma Bakanlığı telgrafhanesini de İngiliz donanma askeri ele geçirip teli kestiği gibi bir taraftan Tophane'yi işgal ediyorlar. Bir taraftan zırhlılardan asker çıkarılıyor. Gidişat tehlikeli olmaya başlıyor efendim. Sabahki çarpışmada altı şehit, on beş yaralımız vardır. Paşa Hazretleri, yüksek emirlerinizi bekliyorum. 16 Mart 1920
>
> *Hamdi*

Hamdi Efendi devam etti:

> Sabahleyin bizim asker uykudayken, İngiliz donanma askerleri karakola gelip giriyor. Askerimiz uykudan şaşkın kalkınca çarpışmaya başlanıyor. Sonuçta bizden altı şehit oluyor, on beş kişi yaralanıyor. Bunun üzerine zaten kötülüklerini planlamışlar ki, hemen zırhlıları rıhtıma yanaştırıp bir yandan Beyoğlu tarafını ve Tophane'yi, bir taraftan da Savunma Bakanlığı'nı işgal etmişlerdir. Hatta şimdi ne Tophane ve ne de Savunma Bakanlığı telgrafhanesini bulmak mümkün oluyor. Şimdi aldığım habere göre Derince'ye kadar yayılıyormuş, efendim.
>
> İşte Beyoğlu telgrafhanesi de yok. Orasını da işgal ettiler galiba. Allah korusun. Burasını işgal etmesinler. İşte Beyoğlu telgraf memurları, müdürleri geldiler. Kovmuşlar.
>
> Bir saate kadar burası da işgal olunacaktır. Şimdi haber aldım, efendim.

Merhum Hayati Bey, benim ilk haber telgrafı üzerine yaptığım işaret doğrultusunda, verilen bilgiyi özetlemiş, Rumeli ve Anadolu'daki bütün komutanların adresine çektiriyordu. Bir an önce İstanbul üzerinden Edirne'ye çektirilmesini söylemiştim. Hamdi Efendi:

> Yüksek emirleriniz uygulanıyor. Edirne'ye yazıyorum ve bütün merkezleri hazır ettirdik.

Mustafa Kemal Paşa 1. Tümen Komutanı Albay Naci (Tınaz) ve tümen subaylarıyla.
ATASE Arşivi.

Hamdi Efendi'den:

Milletvekilleriyle ilgili bir haber aldınız mı? Mebuslar Meclisi telgrafhanesi yanıt veriyor mu?

diye sordum. Hamdi Efendi:

Evet veriyor. 14. Kolordu komutanı hazır. Paşa istiyordu, verelim mi?

Efendiler, bundan sonra artık Hamdi Efendi'nin sözünü işitemedik. İstanbul merkezinin de işgal edilmiş olduğunu anladık.

Manastırlı Hamdi Efendi

Bu yurtsever ve korkusuz Manastırlı Hamdi Efendi olmasaydı, İstanbul'da yaşanan üzücü olaylardan haber almak için kim bilir ne kadar bekleyip duracaktık. İstanbul'da bulunan bakan, milletvekili, komutan ve örgütümüze bağlı olanların içinden bir kişinin çıkıp zamanında bize haber vermeyi düşünememiş olduğu anlaşılıyor. Demek ki, hepsini heyecan ve endişe kaplamıştı. Bir ucu Ankara'da bulunan telin İstanbul'da bulunan ucuna yanaşamayacak kadar şaşkın bir duruma gelmiş oldukları sonucuna ulaşmak bilmem ki doğru olur mu? Telgraf memuru Hamdi Efendi daha sonra kendisi Ankara'ya gelerek karargâhımızın telgraf memurluğunu yapmıştır. Kendisine borçlu olduğum teşekkürü burada açıkça söylemeyi milli ve vatani görevlerden sayarım.

Efendiler, bu durum üzerine her şeyden önce olabilecek bir kötülüğün önüne geçmek için şu emri verdim:

Telgraf. Aceledir — Ankara, 16 Mart 1920

Bütün Vali ve Mutasarrıflara

Sivas'ta 3. Kolordu, Bandırma'da 14. Kolordu, Ankara'da 20. Kolordu,
Erzurum'da 15. Kolordu, Konya'da 12. Kolordu,
Diyarbakır'da 13. Kolordu Komutanlıklarına

İzmir Cephesinde Refet Beyefendi'ye,
Balıkesir'de 61. Tümen Komutanlığı'na,
Bütün Müdafaa-i Hukuk Merkez Heyetlerine ve Yönetim Kurullarına

Bugünkü duruma göre, ulusumuz, uygarlık dünyasının insanca duygularla dolu vicdanlarından ve bütün İslam dünyasının manevi birliğinden emin olmakla beraber, geçici olarak bir süre için dost olsun, düşman olsun, bütün resmi dış dünya ile ilişki kuramayacaktır.

Bugünlerde yurdumuzda yaşayan Hıristiyan halk hakkında göstereceğimiz insanca davranışın değeri çok büyük olduğu gibi, hiçbir yabancı devletin açık veya dolaylı yardımını görmeyen Hıristiyan halkın tam bir huzur ve sükun içinde yaşamaya devam etmeleri, ırkımızın yaratılıştan donanmış olduğu uygarlık yeteneğine en kesin bir kanıt olacaktır. Vatanın çıkarlarına uymayan çalışmaları görülenler ve ülkenin huzur ve güvenliğini bozanlar hakkında, din ve milliyet ayırımı yapılmadan, yasaların eşit ve kesin uygulanmasını ve bulundukları yerlerdeki yerel hükümetlere bağlılık gösteren ve yurttaşlık görevlerini yerine getirmekte kusur etmeyenlere yumuşak ve şefkatle davranılmasını özellikle ister ve bunun bütün ilgililere hemen bildirilmesini ve bütün yurttaşlara uygun araçlarla duyurulmasını rica ederiz, efendim.

Müdafaa-i Hukuk Temsil Heyeti adına
Mustafa Kemal

İtilaf kuvvetlerinin telgrafla ülkeye yapmak istedikleri resmi bildirim

Efendiler, İtilaf kuvvetleri, İstanbul telgraf merkezlerini işgal ettikten sonra, ülkeye telgrafla bir resmi bildirim yapmak istediler. Tarafımızdan yapılan uyarı ve hatırlatmalar üzerine –bazı merkezler dışında– bu resmi bildirim alınmadı.

Alanlar ve yanıt verenlerden belli başlıları şunlardır: İzmit Mutasarrıfı Suat Bey, Konya Valisi Suphi Bey.

Resmi bildirim

Beş buçuk yıl önce Osmanlı Devleti'nin kaderini her nasılsa elde etmiş olan İttihat ve Terakki Cemiyeti'nin liderleri, Alman yönlendirmelerine kapılarak Osmanlı Devleti ve ulusunu Dünya Savaşı'na soktular. Bu haksız ve uğursuz siyasetin sonucu bilinmektedir. Osmanlı Devleti ve ulusu bin türlü felaket yaşadıktan sonra öyle bir yenilgiye uğradı ki, İttihat ve Terakki Cemiyeti'nin liderleri bile bir ateşkes antlaşması yaparak kaçmaktan başka bir yol bulamadılar. Ateşkes antlaşmasının yapılmasının ardından İtilaf devletlerine bir görev düştü. Bu görev, eski Osmanlı İmparatorluğu'nun bütün halkının, ırk ve din ayırmaksızın gelecekteki mutluluklarını, gelişmelerini, toplumsal ve ekonomik hayatlarını güvence altına alacak bir barışın temellerini atmaktan meydana gelmekteydi. Barış Konferansı, bu görevin yerine getirilmesiyle uğraşmaktayken kaçak İttihat ve Terakki ileri gelenlerinin taraftarı olan bazı kişiler, ulusal örgüt takma adı altında bir örgüt kurarak ve padişah ile İstanbul hükümetinin emirlerini hiçe sayarak, savaşın acı sonuçlarıyla büsbütün tükenmiş olan halkı askerlik için toplamak, çeşitli unsurlar arasında anlaşmazlık yaratmak, ulusal yardım bahanesiyle halkı soymak gibi eylemlere cesaret ettiler ve böylece barış değil, adeta yeni bir savaş dönemini açmaya giriştiler. Bu girişim ve kışkırtmalara rağmen, Barış Konferansı görevine devam etti ve sonunda İstanbul'un Türk yönetiminde kalmasına karar vermiştir. Bu karar, Osmanlıların yüreklerini rahatlatacaktır. Ancak, bu kararlarını Osmanlı hükümetine bildirdikleri zaman, uygulanmasının ne gibi şartlara bağlı olduğunu da hatırlattılar. Bu şartlar, Osmanlı illerinde bulunan Hıristiyanların hayatlarını tehlikeye sokmamak ve şu anda İtilaf devletleri ile müttefiklerinin askeri güçlerine karşı yapılan sürekli hücumlara son vermekti. İstanbul hükümeti bu uyarıya karşı bir dereceye kadar iyi niyet göstermişse de, ulusal örgüt takma adı altında hareket edenler, ne yazık ki, özendirme ve kışkırtmalarından vazgeçmek istemediler. Tam tersine, hükümeti kendi hareketlerine katma girişiminde bulundular. Herkesin büyük bir istekle beklediği barış için büyük bir tehlike oluşturan bu duruma karşı, İtilaf devletleri, yakında alınacak barış kararlarının uygulanmasını sağlayabilmek üzere, gerekli önlemleri düşünmek zorunda kaldılar. Bunun için bir tek yol buldular. Bu da İstanbul'u geçici olarak işgal etmekti. Bu karar bugün uygulamaya konulduğundan, kamuoyunu aydınlatmak için aşağıdaki noktalar açıklanır:

1. İşgal geçicidir.

2. İtilaf devletlerinin amacı, padişahlığın etkisini ortadan kaldırmak değil, tam tersine, Osmanlı yönetiminde kalacak ülkelerde o etkiyi güçlendirmek ve sağlamlaştırmaktır.

3. İtilaf devletlerinin amacı, yine Türkleri İstanbul'dan yoksun bırakmamaktır. Fakat, Allah korusun taşrada genel karışıklık veya insanları öldürme gibi olaylar meydana gelirse, bu kararın değiştirilmesi olasıdır.

4. Bu kritik zamanda, Müslüman olsun, Müslüman olmasın, herkesin görevi, kendi işine gücüne bakmak, güvenliğin sağlanmasına hizmet etmek, Osmanlı Devleti'nin yıkıntısından yeni bir Türkiye'nin çıkarılması için son bir ümidi delilikleriyle yok etmek isteyenlerin

aldatmalarına kapılmamak ve hâlâ saltanat merkezi kalan İstanbul'dan verilecek emirlere uymaktır.

Yukarıda anlatılan kışkırtmalara katılan kişilerin bazıları, İstanbul'da yakalanmışlardır. Onlar doğal olarak kendi eylemlerinden ve daha sonra o eylemlerin sonucu olarak çıkabilecek olaylardan sorumlu tutulacaklardır.

İşgal Kuvvetleri

Bu bildirim nedeniyle hemen şu genelgeyi yayımladım:

16 Mart 1920

Bütün Vali ve Komutanlara ve Müdafaa-i Hukuk Heyetlerine

İstanbul'un İtilaf devletleri tarafından silahlı çarpışmayla işgali zorla gerçekleştirilmiştir. Bu suikastten yararlanarak hainlik düşünen birçok kimsenin ulusu aldatmaya girişmeleri olasıdır. Nitekim, resmi bildirim şeklinde imzasız bazı bildirilerin yayımlanmak istenildiğini öğreniyoruz. Yanlış hareketlere yer bırakmamak ve gerçek duruma aykırı heyecanlar yaratılmamak bakımından bu gibi bildirilere kesinlikle değer verilmemesi gerekmektedir. Gerçek durumu izleyen Anadolu ve Rumeli Müdafaa-i Hukuk Cemiyeti, ulusu aydınlatacaktır.

Mustafa Kemal

Yabancı devletlere yaptığım protesto

Efendiler, aynı günde çeşitli araçlarla şu protestoyu gönderdim:

16.3.1920

Protesto

İstanbul'da İngiliz, Fransız, İtalya Siyasi Temsilcilerine,
Amerika Siyasi Temsilcisine,
Bütün Tarafsız Devletler Dışişleri Bakanlıklarına ve
Fransa, İngiltere, İtalya Millet Meclislerine verilmek üzere
Antalya'da İtalyan Temsilciliği'ne

Ulusal bağımsızlığımızı temsil eden Mebuslar Meclisi de dahil olmak üzere, İstanbul'da bütün resmi daireler İtilaf devletleri askeri kuvvetleri tarafından resmen ve zorla işgal edilmiş ve ulusal dava yolunda çalışan birçok vatansever kişilerin de tutuklanmasına girişilmiştir. Osmanlı ulusunun siyasi egemenlik ve özgürlüğüne indirilen bu son darbe, yaşam ve varlığını ne pahasına olursa olsun savunmaya karar vermiş olan biz Osmanlılardan çok, yirminci yüzyıl uygarlık ve insanlığının kutsal saydığı bütün ilkelere, özgürlük, ulusallık, vatan duyguları gibi bugünün toplumlarının temelinde yatan bütün ilkelere ve bu ilkeleri var eden insanlığın ortak vicdanına indirilmiştir.

Biz, haklarımızı ve bağımsızlığımızı savunmak için giriştiğimiz savaşımın kutsallığına ve hiçbir gücün bir ulusu yaşamak hakkından yoksun bırakamayacağına inanıyoruz. Tarihin bugüne kadar yazmadığı bir suikast olan ve Wilson ilkelerine dayanan bir ateşkesin, ulusu savunma olanaklarından yoksun bırakmasından doğan bir aldatmacaya dayanması nedeniyle, ilgili ulusların şeref ve onurlarıyla da bağdaşmayan bu hareketin niteliğinin anlaşılmasını resmi Avrupa ve Amerika'nın değil, bilim, kültür ve uygarlık Avrupa ve Amerikası'nın[10] vicdanına bırakmakla yetinir ve bu olaydan doğacak büyük tarihi sorumluluğa, son defa bir daha dünyanın dikkatini çekeriz. Davamızın haklılık ve kutsallığı, bu zor zamanlarda, Allah'tan sonra en büyük yardımcımızdır.

Anadolu ve Rumeli Müdafaa-i Hukuk Temsil Heyeti adına
Mustafa Kemal

Aynı günün gecesi şu talimatı bir genelgeyle yayınladım:

Şifre 16/17.3.1920

Bütün Vali ve Komutanlara

İstanbul'un ve resmi dairelerin, özellikle Mebuslar Meclisi'nin İtilaf devletleri tarafından resmen ve zorla işgal edilmiş olduğunu ve ayrıca bu hareketin, ateşkes antlaşması ile ulusu silahsız bıraktıktan sonra yapıldığını dile getirerek, İtilaf devletleri temsilcilerine ve bütün tarafsız devletler Dışişleri Bakanlıklarıyla, İtilaf devletlerinin Millet Meclisi Başkanlıklarına protesto telgrafları çekilmek üzere mitingler yapılması gerekli görülmektedir. Protesto telgraflarında özellikle yapılan saldırının, Osmanlı egemenliğinden çok, yirmi yüzyıllık bir uygarlık ve insanlığın eseri olan özgürlük, ulusallık ve vatanseverlik ilkelerine bir darbe oluşturacağı ve Osmanlı ulusunun yaşam ve bağımsızlığını savunma konusundaki kararlılık ve inancına bu olayın hiçbir etkisinin olamayacağı, yalnız uygar ulusların bu saldırıyı kabul etmekle büyük bir tarihi sorumluluk altına girmiş olacakları belirtilmelidir. Tarafsız devletler Dışişleri Bakanlıklarıyla Millet Meclisi Başkanlıklarına çekilecek telgraflar, İstanbul'da ait oldukları makamlara verilmekle beraber, Antalya'da İtalyan temsilcisinin aracılığıyla da verilmelidir. Protesto telgraflarının birer kopyasının da buraya gönderilmesini rica ederiz.

Temsil Heyeti adına
Mustafa Kemal

---

10 Amerika'ya, altı çizilen kısım yazılmamıştır. Yalnız "Amerika'nın" yazılmıştır [*Nutuk*'un notu].

Şifre 16.3.1920

Albay Refet Bey'e

Son olaylar nedeniyle her tarafta yapılan mitingler sonucunda çekilecek protesto telgraflarının birer kopyalarının da İtilaf devletlerinin toplantı halinde bulunan Millet Meclisleri Başkanlıklarına ve tarafsız devletlerin de Dışişleri Bakanlıklarına gönderilmesini yararlı buluyoruz. Antalya'daki İtalyan temsilcisinin bu konudaki yardımını sağlamınızı rica ederiz.

Temsil Heyeti adına
Mustafa Kemal

Ulusa yayımladığım bildiri

Efendiler, aynı günde ulusa şu bildiriyi yayımladım:

Bildiri

Bütün Komutanlara, Vali ve Mutasarrıflara,
Müdafaa-i Hukuk Cemiyetlerine, Belediye Başkanlıklarına ve
Basın Derneği'ne

İtilaf devletlerinin şimdiye kadar ülkemizi paylaşmaya yol bulmak için başvurdukları çeşitli önlemler bilinmektedir. İlk olarak, Ferit Paşa ile anlaşarak ulusu savunmasız bir durumda yabancı yönetimine tutsak etmek ve ülkenin birçok önemli kısımlarını galip devletlerin sömürgelerine eklemek düşünülmüştü. Kuva-yı Milliye'nin ulusun genel desteği ile bağımsızlığın savunulması konusunda gösterdiği kararlılık ve dayanıklılık, bu planı altüst etti. İkinci olarak, Kuva-yı Milliye'yi aldatmak ve onun izniyle doğuda bir üstünlük kurma siyaseti izlemek için Temsil Heyeti'ne başvuruldu. Heyet, ulusun bağımsızlığı ve ülkenin bütünlüğü sağlanmadıkça ve özellikle ele geçirilen yerlerin boşaltılmasına girişilmedikçe, herhangi bir görüşmeye yanaşmadı. Üçüncü olarak, Kuva-yı Milliye ile birlikte hareket eden hükümetlerin uygulamalarına karışarak ulusal birliği sarsmak ve haince karşı görüşleri kışkırtmak ve cesaretlerini artırmak yolu izlendi. Ne var ki, ulusal birliğin meydana getirdiği kuvvet ve dayanışma karşısında bu saldırılar da eridi. Dördüncü olarak, yurdun geleceği hakkında kaygı verici kararlar verildiğinden söz edilerek kamuoyuna baskı yapılmaya başlandı. Namusunu ve yurdunu savunma uğrunda her özveriyi göze almış olan Osmanlı ulusunun kararlılığı ve iradesi önünde, bu korkutmalar da yararlı olmadı. Sonunda bugün İstanbul'u zorla işgal ederek Osmanlı Devleti'nin yedi yüz yıllık yaşam ve egemenliğine son verildi. Yani, bugün Türk ulusu, uygarlık yeteneğinin, yaşam ve bağımsızlık hakkının ve bütün geleceğinin savunulmasına çağrıldı. İnsanlık dünyasının beğenisini kazanmak ve İslam dünyasının kurtuluş isteklerini gerçekleştirmek, halifelik makamının yabancı etkilerden kurtarılmasına ve ulusal bağımsızlığın büyük geçmişimize yaraşır bir inançla savunulmasına ve sağlanmasına bağlıdır. Giriştiğimiz bağımsızlık ve vatan savaşında Allah'ın yardımı ve koruyuculuğu bizimledir.

Anadolu ve Rumeli Müdafaa-i Hukuk Cemiyeti
Temsil Heyeti adına
Mustafa Kemal

Efendiler, aynı zamanda bütün İslam dünyasına da seslenilerek yapılan saldırı bir bildiride ayrıntılı olarak ve çeşitli araçlarla duyuruldu.

Efendiler, olay hakkında fazla bilgi almayı beklemeksizin, telgrafçı Manastırlı Hamdi Efendi'nin verdiği bilgilerden ve işgal güçlerinin bu bilgileri doğrulayan, bildirisinden durumun niteliğini anlayarak gerekli bulduğum ve derhal alınmasında zorunluluk gördüğüm önlemleri, açıklandığı üzere hemen işgal günü aldım ve uyguladım. İstanbul'un işgal şekli ve tutuklamalar hakkında çeşitli kaynaklardan birbirini tutmaz abartılı bilgiler gelmeye başladı. Biz de çeşitli yollarla soruşturma yapmaya devam ettik. Yasama görevinin yapılmasına imkân göremeyerek dağılan milletvekillerinin ve bazı kişilerin İstanbul'dan kaçarak Ankara'ya yöneldikleri anlaşıldı. Yolculuklarını kolaylaştırmak için yolları üzerindeki gerekli kişilere gereken emirleri verdim.

Olağanüstü yetkilere sahip bir meclisin Ankara'da toplanması kararı

Efendiler, 16 Mart'ta İstanbul'un işgali gerçekleşir gerçekleşmez, hemen aldığım önlemler arasında daha birtakım önlemler vardır ki, onları Büyük Millet Meclisi'nin ilk açılışında bildirdiğim için, burada tekrar ayrıntılı olarak anlatmadım. Örneğin, Eskişehir ve Afyonkarahisar'daki yabancı askeri birliklerin silahsızlandırılması veya oradan uzaklaştırılmaları, Geyve ve Ulukışla civarlarındaki demiryolu hatlarının çalışamaz duruma getirilmesi, Anadolu'da bulunan yabancı subayların tutuklanması gibi önlemlerle ilgili ayrıntıları, Büyük Millet Meclisi'nin ilk tutanaklarında okumuşsunuzdur. Bu önlemler arasında en önemlisini, olağanüstü yetkilere sahip bir meclisin Ankara'da toplanmasını sağlamak konusundaki ulusal ve vatani görevimizle ilgili karar ve bu kararın uygulanması oluşturur.

Efendiler, bu konudaki kararımızı ve bu kararın uygulanma şeklini gösteren bir bildirimi 19 Mart 1920'de, yani İstanbul işgalinden üç gün sonra yayımladım.

Efendiler, bu konu hakkında iki gün kadar komutanlarla telgraf başında fikir alışverişinde bulunarak görüşlerini aldım. Ben ilk yazdığım taslakta "kurucu meclis" deyimini kullanmıştım. Amacım da toplanacak meclisin ilk anda "rejim"i değiştirmek yetkisiyle donanmış olmasını sağlamaktı. Fakat bu deyimin kullanılmasındaki amacı gereği gibi açıklayamadığım veya açıklamak istemediğim için, halkın alışmadığı bir deyimdir diye, Erzurum ve Sivas'tan uyarı aldım. Bunun üzerine "olağanüstü yetkilere sahip bir meclis" deyimini kullanmakla yetindim.

İllere, Bağımsız Sancaklara ve Kolordu Komutanlarına

İtilaf devletleri tarafından devlet merkezinin bile resmen işgali, devletin yasama, yargı ve yürütme gücünden meydana gelen ulusal güçlerini ortadan kaldırmış ve bu durum karşısında görev yapmaya imkân göremediğini hükümete resmi olarak bildirerek, Mebuslar Meclisi dağılmıştır. Şu durumda, devlet merkezinin korunmasını, ulusun bağımsızlığını ve devletin kurtarılmasını sağlayacak önlemleri düşünmek ve uygulamak üzere, ulus tarafından olağanüstü yetkilere sahip bir meclisin Ankara'da toplantıya çağrılması ve dağılmış olan milletvekillerinden Ankara'ya gelebileceklerin de bu meclise katılımlarının sağlanması zorunlu görülmüştür. Dolayısıyla, aşağıda verilen direktifler gereğince seçimlerin yapılması, yüksek ve derin vatanseverlik anlayışınızdan beklenir:

1. Ankara'da, olağanüstü yetkilere sahip bir meclis, ulusun işlerini yürütmek ve denetlemek üzere toplanacaktır.

2. Bu meclise üye olarak seçilecek kişiler, milletvekilleri hakkındaki yasal koşullara bağlıdır.

3. Seçimlerde sancaklar temel alınacaktır.

4. Her sancaktan beş üye seçilecektir.

5. Seçim her sancakta, ilçelerinden çağıracağı ikinci seçmenlerle, sancak merkezinin ikinci seçmenlerinden ve sancak yönetim ve belediye meclisleriyle sancak Müdafaa-i Hukuk yönetim kurullarından ve illerde il merkez heyetlerinden ve il yönetim kurullarından, il merkezi belediye meclisinden ve il merkezi ile merkez ilçesi ve merkeze bağlı ilçelerin ikinci seçmenlerinden meydana gelen bir kurul tarafından aynı günde ve aynı oturumda yapılacaktır.

6. Bu meclis üyeliğine, her parti, topluluk ve cemiyet tarafından aday gösterilmesi mümkün olduğu gibi, her kişinin de bu kutsal mücadeleye eylemli olarak katılması için bağımsız olarak adaylığını istediği yerde koyma hakkı vardır.

7. Seçimlere her yerin en büyük sivil yöneticisi başkanlık edecek ve seçimin sağlıklı olarak yapılmasından sorumlu olacaktır.

8. Seçim, gizli oyla ve salt çoğunluk esasına göre yapılacak ve oyların sayımı, kurulun kendi içinden seçeceği iki kişi tarafından kurul önünde yapılacaktır.

9. Seçim sonucunda, bütün kurul üyelerinin imzalayacakları veya kendi mühürleri ile mühürleyecekleri üç nüsha tutanak düzenlenecek; bir nüsha yerinde tutularak diğer iki nüshanın biri seçilen kişiye verilecek, diğeri meclise gönderilecektir.

10. Üyelerin alacakları ödenek, daha sonra meclis tarafından kararlaştırılacaktır. Ancak geliş yollukları seçim kurallarının zorunlu harcamalar olarak kabul edeceği miktar üzerinden, yerel yönetimler tarafından sağlanacaktır.

11. Seçimler, en geç on beş gün içinde çoğunlukla Ankara'da toplanmayı sağlayabilecek şekilde tamamlanarak, üyeler yola çıkacak ve sonuç üyelerin adlarıyla birlikte hemen bildirilecektir.

12. Telgrafın alınış saati bildirilecektir.

Dağıtım: Kolordu komutanlarına, illere, bağımsız sancaklara bildirilmiştir.

Temsil Heyeti adına
Mustafa Kemal

Efendiler, bir hafta içinde, çeşitli yerlerden Ankara'ya gelmekte olan milletvekilleriyle, telgrafla haberleşilerek bizzat temasa geçildi. Kendilerine, üzüntülerinin giderilmesine, morallerinin yükseltilmesine yarayacak bilgiler verildi. İstanbul'da artık davamızı yürütecek kimse kalmamıştı. Aylarca, çeşitli yol ve yöntemlerle yaptığımız uyarılarımıza rağmen, bizim dediğimiz şekilde örgüt kurmayıp, Karakol Cemiyeti'nin kurulmasına çalışanların başları Malta'ya gitmiş ve İstanbul'da bulunan üyelerinin varlık ve çalışmalarından eser kalmamıştı. Orada yeniden örgüt kurmak için çok yorucu çalışmalar yapmak ve o günkü durumumuza göre aşırı para harcamak zorunda kaldım.

Saygıdeğer efendiler, genel açıklamalarım arasında bir iki noktada, benim İstanbul'daki Mebuslar Meclisi'ne başkan seçilmem konusuyla ilgili sorundan ve bundaki amaçtan söz etmiştim. Bunun sağlanamamış olması dolayısıyla, küçük bir zorlukla karşılaştığımı da bilginize sunmuştum. Gerçekten, İstanbul'da Meclis saldırıya uğrayıp dağılınca milletvekillerini toplamaya ve özellikle açıkladığım gibi bir meclis kurulmasına girişebilmek için bir an kararsızlık yaşadım. Mebuslar Meclisi başkanı bulunan Celalettin Arif Bey'in Ankara'ya gelip gelmeyeceğini doğal olarak bilemiyordum. Gelmesi durumunda, onun gelişini beklemeyi ve daveti onun aracılığıyla yaptırmayı düşündüm. Fakat durum çok çabuk ve hızlı hareket etmeyi emrediyordu. Belirsiz bir olasılığı bekleyerek zaman kaybetmeyi ileri düşünceliliğe uygun bulmadım. Fakat vereceğim kararın uygulanmasının sağlanması için de bir iki gün telgraf başında bütün komutanların düşüncelerini dinlemekle zaman geçirme gereğini duydum. Celalettin Arif Bey'le 27/28 Mart gecesi Düzce'ye ulaştığında bağlantı kurulmuştu. Kendisine şu telgrafı yazdım:

Numara: 34 — Ankara, 27/28.3.1920

Düzce'de Mebuslar Meclisi Başkanı Saygıdeğer Celalettin Arif Beyefendi'ye

İstanbul'un resmi ve eylemli olarak İngilizler tarafından işgaliyle devlet güçlerinin baskı altına alınması ve tutsak edilmesi, Mebuslar Meclisi'ne saldırılarak ulusun bağımsızlığına ve ulusal namusa saldırılmış olması, bu nedenle milletvekillerinin ülkenin geleceği hakkındaki görevlerini yapmakta başarılı olamayacaklarını anlayarak ulusun bağrına sığınmaya zorunlu olmaları dolayısıyla, devlet ve ulusun bütün güçlerini karar ve denetimi altında bulunduracak olağanüstü bir meclise şiddetle ihtiyaç doğduğundan, Temsil Heyeti'nin Ankara'da olağanüstü yetkilere sahip bir meclisin toplanmasına karar verdiği ve gereğinin yapılmasının genelgeyle her yere bildirildiği tarafınızdan bilinmektedir. Bu konudaki 19.3.1920 tarihli bildiriyi inceledikten sonra, içindekileri bir kere daha belirtmek ve seçimlerin en kısa sürede yapılarak meclisin bir an önce toplanması için, bu görüşümüzün sizin tarafınızdan da kısa bir bildiri şeklinde kamuoyuna şimdiden duyurulmasını yararlı buluyoruz. Değerli yanıtınızı bekliyorum, efendim.

Mustafa Kemal

Mustafa Kemal Paşa bir gezide. ATASE Arşivi.

Celalettin Arif Bey ile görüş ayrılığı

Celalettin Arif Bey'in verdiği yanıt şudur:

Düzce, 27.3.1920

Ankara'da Mustafa Kemal Paşa Hazretleri'ne

Bildirilen 19.3.1920 tarihli bildiriyi görmedim. Olağanüstü bir meclisin toplanması her ne kadar doğruysa da böyle bir meclisin elden geldiği kadar yasaya uygun olması gerekmektedir. Gerçi, bizim Anayasa'mızda böyle olağanüstü bir meclisin toplanabilmesine ilişkin bir işaret bulunmamaktaysa da, diğer anayasalarda bulunan hükümlerden faydalanılabilir. Örneğin, Fransız Anayasası'na göre, meclis, yasal olmayan bir şekilde dağıtılır veya bir saldırıya uğrarsa, saldırıya uğrayan meclis üyelerinden kurtulabilenler, il ve sancak yönetim meclislerinden seçilecek ikişer üye ile birlikte uygun bir yerde toplanırlar. Meclisin yeniden açılması veya saldırının önüne geçilmesi için kararlar alırlar. Bu meclisin kararları kesindir, uyulması zorunludur. Bu kararları dinlemeyenler vatana ihanetle suçlanırlar. Ben de bu yolu düşünmekteydim.

19.3.1920 tarihli bildirinin ne gibi ilkelere dayandığı anlaşıldıktan sonra, Ankara'ya vardığımda yapacağım görüşmeler sonunda bir bildiri hazırlamak düşüncesindeydim. Yine görüşürüz. Telgraf başında birlikte bulunan İsmail Fazıl Paşa ile Manisa Milletvekili Reşit Bey'le birlikte saygılar sunar, veda ederiz. Arkadaşlarımdan Kırşehir Milletvekili Rıza Bey de saygılar sunuyor ve kendisinin de Bolu'da bulunduğunun Keskin'deki babasına haber verilmesini istirham ediyor, efendim.

Celalettin Arif

Bu yanıt telgrafının içeriğine dikkatle bakılırsa, Celalettin Arif Bey'le görüşlerimiz arasında büyük ayrılık olduğu kolaylıkla fark edilir. Ben, olağanüstü yetkilere sahip bir meclisin Ankara'da toplanmasına karar verirken, bizim Anayasa'mızda böyle bir meclisin toplanabilmesine ilişkin bir işaret olmadığını elbette bilirdim. Fakat kararımı verebilmek için böyle bir işaretin olup olmadığını düşünmek, asla aklıma gelmedi. Bundan başka, saldırıya uğrayan meclis üyelerinden kurtulabilenler ile il ve sancakların yönetim meclislerinden seçilecek ikişer üye ile birlikte, Mebuslar Meclisi'nin yeniden eski şekil ve niteliğinde toplanmasını sağlamak için çalışmasını asla aklıma getirmedim. Tam tersine, büsbütün başka nitelik ve yetkide, sürekli bir meclis oluşturmayı ve bu meclisle planladığım inkılap aşamalarını birlikte geçirmeyi düşündüm. Buna göre, uyuşmaz olduklarına kuşku duymadığım görüşlerimizin, görüştükten sonra da birleşmesinin mümkün olacağına ümidim kalmadı. Bununla beraber, 19 Mart 1920 tarihli bildirimi telgrafla Celalettin Arif Bey'e verdirdim. Ertesi gün aldığım yanıt şuydu:

Düzce, 28 Mart 1920

Ankara'da Mustafa Kemal Paşa Hazretleri'ne

Yüksek Temsil Heyeti'nin 19.3.1920 tarihli genel bildirisi incelendi. İçindeki maddeler ana hatlarıyla benim düşündüğüm ilkelere uygundur. Dolayısıyla benim Ankara'ya varışımdan sonra sizlere danışarak ayrıca bir bildirinin yayımlanması doğaldır. Yarın zorunlu olarak Bolu'da kalınarak 29 Mart 1920'de Ankara'ya doğru yola çıkılacağını saygılarımla bilginize sunarım.

Mebuslar Meclisi Başkanı
Celalettin Arif

Celalettin Arif Bey Mebuslar Meclisi başkanlığını bırakmıyor

Celalettin Arif Bey, bildirimizi inceledikten sonra, içeriğinin düşündüğü ilkelere genel olarak uygun olduğunu söylemekle beraber, bu içeriği onaylayarak hemen bir bildiri yazıp yayımlamıyor. Bunu Ankara'ya geldikten ve bize danıştıktan sonraya bırakıyor.

Efendiler, Celalettin Arif Bey Ankara'ya geldikten sonra kendisiyle ve yasadan anlayan diğer bazı kimselerle bu konuyla ilgili oldukça uzun süren görüşme ve tartışmalar yapıldı. Fakat aldanmıyorsam, Celalettin Arif Bey, hiçbir zaman benim Büyük Millet Meclisi'nin nitelik ve yetkisi hakkındaki görüşüme katılmamıştır. O, sürekli olarak, toplanmış olan heyetin temel görevinin, İstanbul Mebuslar Meclisi'nin toplanmasını sağlamak olduğunu ve kendisini sürekli olarak İstanbul Mebuslar Meclisi'nin başkanı kabul etmiştir. Bunu doğrulayan ufak bir anımı, izin verirseniz anlatayım:

Ben, Türkiye Büyük Millet Meclisi başkanı ve kendisi ikinci başkan bulunduğu sırada, bir gün Başkanlık Divanı toplantısında, Celalettin Arif Bey'in ödenek konusundan söz ettiğini ve kendisinin Mebuslar Meclisi başkanı olması dolayısıyla o makama ilişkin ödenek isteğinde bulunduğunu o tarihte Meclis genel sekreteri bulunan Recep Bey bildirdi. Bildiğiniz gibi, o dönemde Meclis başkanı ve ikinci başkanı ve diğer başkanlar ile Meclis üyelerinin ödenekleri arasında fark yoktu. Celalettin Arif Bey, yalnız kendisini Mebuslar Meclisi başkanı sıfatıyla bunun dışında tutarak fazla ödenek almak yasal hakkından söz ediyordu. Ben, bu sorunun çözülmesinde Başkanlık Divanı'nın yetkili olmadığını, istek ve iddiasında diretirse, konuyu Meclis Genel Kurulu'na sunarak elde olunacak karara göre hareket edilebileceğini söyledim. Celalettin Arif Bey, Meclis önüne çıkmayı uygun görmeyerek isteğinden vazgeçti.

Seçimler sırasında bazı yerlerdeki büyük hükümet memurlarının çıkardıkları zorluklar

Saygıdeğer efendiler, 19 Mart 1920 tarihli direktif gereğince ülkenin her tarafında seçimler hızla ve dikkatle yapılmaya başlandı. Yalnız, bazı yerlerde kararsızlık ve direnmeler görüldü. Bunlardan bazıları kısa, bazıları uzunca süre kararsızlık ve direnmelerinde direttiler. Sonunda, bütün seçim bölgelerinin milletvekilleri, Büyük Millet Meclisi'nde bütün ulusun, ülkenin temsilcisi olarak hazır bulundular. Kararsızlık ve direnme gösteren bazı yerler şunlardı: Tunceli, Malatya, Elazığ, Konya, Diyarbakır, Trabzon...

Efendiler, gerçek durumu anlatmış olmak için şunu da açıkça belirtmeliyim ki, kararsızlık ve direniş gösteren, bu bölgelerin halkı değildir; belki o tarihte o bölgelerde bulunan üst düzeydeki sivil yönetim amirleridir. Halk, gerçeği anlar anlamaz, hemen ortak ulusal isteğe katılmakta asla kararsızlık göstermemiştir.

Şimdi efendiler, tekrar inkılabın doğal sonuçlarından sayılan olaylardan bazılarına değinelim:

Samsun'daki subaylar arasında sözde padişah yandaşlığı duyguları varmış

3. Kolordu Komutanı Salahattin Bey'den aldığım 29 Mart 1920 tarihli bir şifrede, "Samsun'da bulunan 15. Tümen'in moralinin bozuk olduğundan ve sözde, subaylar arasında padişah yandaşlığı bulunduğundan" söz ediliyordu. "Subaylar, padişah karşıtı olarak verilecek emirleri yerine getirmeyeceklerine ilişkin üstlerine başvurmuşlar. Kendilerine baskı yapılırsa görevlerini bırakacakları anlaşılmaktaymış. İstanbul'dan gelen yolculardan ve gazetelerden, işgalin ikinci günü el konmuş binaların tamamen boşaltıldığı ve Salih Paşa hükümetinin yerinde olduğu, Âyan Meclisi'nin görev yaptığı, son cuma selamlığında Savunma ve Donanma bakanı bulunarak, eskisi gibi, gerekli törenin yapıldığı anlaşılmış..." "Şu durumda İstanbul'da bir hükümet varken, hükümetin bilgisi olmaksızın yapılan işler nedir?" diyorlarmış. Subayların bu düşüncelerini ve davranışlarını bildiren 15. Tümen komutanı şu fikirleri ileri sürüyordu: "Burada bir subayı hapsetmenin olağanüstü bir durum yaratması düşünülmemektedir. Ancak bundan yararlanılarak Anadolu üzerine yürümek gibi olaylar ortaya çıkacaktır. İzmir cephesinde Kuva-yı Milliye'ye ne şekilde hizmet yaptırıldığını bilemiyorum. Sanıyorum bunlar parayla çalıştırılmaktaymış. Bir savaş çıktığında, bütün halka maaş verilmeyeceği açık bulunduğundan, Kuva-yı Milliye adı altında var olan güçten, savaşın ikinci günü ortada hiçbir güç kalmayacağına eminim. Ordu birliklerine gelince, şimdiden kaçma olayları başlamıştır. Parasızlık böyle devam ettikçe ve İstanbul'da merkezi hükümet bulundukça subaylardan bile kuşkum vardır." Bundan başka, 3. Kolordu Komutanı Salahattin Bey, vermiş olduğumuz emir gereğince, Amasya'ya gelen kontrol memuru *Forbes* adında bir yüzbaşıyı tutuklamış. Samsun'a bir İngiliz temsilcisi yüzbaşı gelmiş. Salahattin Bey'e Yüzbaşı Forbes'in bir dakika geciktirilmeyerek Samsun'a gönderilmesini yazmış ve aksi takdirde Salahattin Bey'in sorumlu olacağını eklemiş. Bu konudaki açıklama isteği üzerine Salahattin Bey'e vereceği yanıt hakkında şu öneride bulundum: "Forbes'i tutuklayan ben değilim, başkenti, ateşkes antlaşmasına, insanlığa aykırı olarak işgal olunan ulustur. Dolayısıyla serbest bırakılmasını da ancak ulus yapabilir." Bununla beraber, bu Forbes ülkeden çıkarılmakla yetinilmiş, tutuklanmamıştır.

Bolu Mutasarrıfı Haydar Bey'in 9 Nisan 1920 tarihli kısa bir şifresinden, Adapazarı ile Hendek arasında bulunan Çatalköprü adlı yerdeki köprülerin ve Mudurnu Suyu köprüsünün Kuva-yı Milliye karşıtları tarafından yıkıldığı anlaşıldı.

Bolu ve çevresi komutanı Mahmut Nedim Bey'in Düzce'den yazdığı 9 Nisan 1920 tarihli şifresinden de 8 Nisan'da Adapazarı'nda Kuva-yı Milliye karşıtı gösteriler yapıldığı, Hendek ile Adapazarı arasında telgraf ve telefon hatlarının kesildiği, Düzce Abazalarından tarafsız kalanların da karşıt görüşlülere katılmak üzere yola çıktıkları anlaşıldı. Hendek ile Adapazarı arasında, Mudurnu Suyu üzerindeki büyük köprünün yıkılması nedeniyle ulaşımın kesik olduğu da anlaşılıyordu. Bu bilgiler üzerine, Geyve'de bulunan 24. Tümen Komutanı Mahmut Bey'in dikkati çekildi.

Nevşehir'de de Nevşehir Kaymakamı Nedim Bey'in başkanlığı altında Teali-i İslam Cemiyeti'nin bir şubesi kurulmuş. Verilen raporda, Cemiyet'in en bozguncu üyelerinden sekiz kişinin Niğde'ye getirtildiği bildiriliyordu. Bu Cemiyet'in üyeleri, "Padişahtan başka hiçbir güç tanımayız. Kuva-yı Milliye'yi dağıtmak için mal ve can olarak bütün güçlerimizi harcamaya yemin ettik" diyorlarmış. Her gece toplanıyorlarmış. İleri gelenleri, Niğde'deki tümen komutanlarının gönderdiği bir birlik tarafından tutuklanmış.

Türkiye Büyük Millet Meclisi toplanıyor

Efendiler, bu tür olaylara bundan sonra geniş ölçüde rastlayacağız. Büyük Millet Meclisi'nin toplanmasını ve açılmasını sağlamak için çalıştığımız günlerde bizi en çok uğraştıran, Düzce, Hendek, Gerede gibi Bolu bölgesine bağlı yerlerden başlayıp, Nallıhan, Beypazarı üzerlerinden Ankara'ya yaklaşma eğilimini gösteren gericilik ve başkaldırı dalgaları olmuştur. Ben, bir taraftan bu dalgaların durdurulmasına çalışırken, bir taraftan da Ankara'da toplanmakta olan ve genel durumu henüz gereği gibi kavrayamayan milletvekillerini korkulacak manzaralar karşısında bırakmamak ve bu gibi durumların ortaya çıkmasıyla Meclis'in toplanmayı başaramaması gibi uğursuz olasılıklara imkân vermemek yollarını düşünüyordum. Bunun için, Meclis'in açılmasında pek çok acele ediyordum. Sonunda, gelebilmiş milletvekilleriyle yetinerek, Meclis'in, Nisan'ın 23. Cuma günü açılmasına karar verdik. Bu karar üzerine 21 Nisan 1920 tarihinde yayımladığım bildirinin içeriğini, o günün duygularına ve anlayışlarına ne derece uymak zorunda bulunulduğunu gösterir bir belge olması nedeniyle, olduğu gibi bilginize sunmayı uygun görüyorum.

Tel: Çok acildir | Ankara, 21.4.1920
Ankara'ya acil yazı

Kolordulara (14. Kolordu Komutan Vekilliği'ne)
61. Tümen Komutanlığı'na, Refet Beyefendi'ye
Bütün İllere, Bağımsız Sancaklara, Müdafaa-i Hukuk Merkez Heyetlerine
Belediye Başkanlıklarına

1. Allah'ın yardımıyla Nisan'ın 23. Cuma günü, cuma namazından sonra Ankara'da Büyük Millet Meclisi açılacaktır.

2. Yurdun bağımsızlığı, yüce halifelik ve padişahlık makamının kurtarılması gibi en önemli ve yaşamsal görevleri yapacak olan Büyük Millet Meclisi'nin açılış gününü cumaya rast getirmekle, anılan günün kutsallığından yararlanılacak ve açılıştan önce bütün değerli milletvekilleriyle beraber Hacıbayramı Veli Camii Şerifi'nde cuma namazı kılınarak Kur'an'ın ve namazın ışığından da faydalanılacaktır. Namazdan sonra Hz. Muhammed'in sakalı ve kutsal sancak taşınarak Meclis binasına gidilecektir. Meclis'e girmeden önce bir dua okunarak kurbanlar kesilecektir. Bu törende camiden başlayarak Meclis binasına kadar Kolordu Komutanlığı tarafından askeri birliklerle özel tören düzeni alınacaktır.

3. Açılış gününün kutsallığının doğrulanması için bugünden başlayarak il merkezinde Vali Beyefendi Hazretleri'nin düzenlemesiyle hatim indirilmeye ve Buhari-i Şerif okunmaya başlanacak ve hatmin son kısımları, uğurlu olması için cuma günü namazdan sonra Meclis binası önünde tamamlanacaktır.

4. Kutsal ve yaralı vatanımızın her köşesinde aynı şekilde bugünden başlayarak Buhari okunmaya ve hatim indirilmeye başlanarak, cuma günü ezandan önce minarelerde sala okunacak ve hutbe sırasında Padişah Efendimiz'in adı söylendiği sırada, padişahımızın, ülkesinin ve bütün vatandaşlarının bir an önce kurtuluş ve huzura ulaşmaları duası ayrıca okunacak ve cuma namazının kılınmasından sonra da hatim tamamlanarak yüce halifelik ve padişahlık makamının ve vatanın bütün kısımlarının kurtuluşu amacıyla yapılan ulusal çalışmanın önem ve kutsallığı ve ulusun her bireyinin, kendi vekillerinden meydana gelen bu Büyük Millet Meclisi'nin vereceği vatani görevleri yapmaya zorunlu oldukları hakkında vaazlar verilecektir. Ondan sonra halife ve padişahımızın, din ve devletimizin, vatan ve ulusumuzun kurtuluşu, huzuru ve bağımsızlığı için dua edilecektir. Bu dini ve vatani törenin yapılmasından ve camilerden çıktıktan sonra Osmanlı topraklarının her tarafında, hükümet makamına gelinerek Meclis'in açılmasından dolayı resmi kutlamalar yapılacaktır. Her tarafta cuma namazından önce uygun şekilde mevlit okunacaktır.

5. Bu bildirinin hemen yayımlanması ve yayılması için her araca başvurulacak ve hızla en uzak köylere, en küçük askeri birliklere, ülkenin bütün örgüt ve kurumlarına ulaştırılması sağlanacaktır. Ayrıca, büyük levhalar halinde her tarafa asılacak ve mümkün olan yerlerde bastırılıp çoğaltılarak parasız dağıtılacaktır.

6. Yüce Allah'tan tam bir başarıya ulaştırması dilenir.

Temsil Heyeti adına
Mustafa Kemal

22 Nisan 1920 tarihinde de şu küçük bildirimi yayımladım:

Telgraf 22.4.1920
Dakika geciktirilmeyecektir

Bütün İllerle Bağımsız Sancaklara
Kolordulara, Nazilli'de Albay Refet Beyefendi'ye
Bursa'da 20. Kolordu Komutanı Ali Fuat Paşa Hazretleri'ne
Bursa'da 56. Tümen Komutanı Albay Bekir Sami Beyefendi'ye
Balıkesir'de 61. Tümen Komutanı Albay Kâzım Beyefendi'ye

Allah'ın yardımıyla Nisan'ın 23. Cuma günü Büyük Millet Meclisi açılarak görev yapmaya başlayacağından, anılan günden başlayarak askeri ve sivil bütün makamlarla, tüm ulusun tek başvuracağı yerin belirtilen Meclis olacağı bilginize sunulur.

Temsil Heyeti adına
Mustafa Kemal

Saygıdeğer efendiler,

Şimdiye kadar bilginize sunmuş olduğum hususlar, şahsım ve Temsil Heyeti adına karşılaştığım olayların açıklanmasına yönelikti. Bundan sonraki söyleyeceklerim, Türkiye Büyük Millet Meclisi'nin açılışından ve hükümetin kuruluşundan bugüne kadar yaşanmış olan olayları ve yapılan inkılapları kapsayacaktır. Bu söyleyeceklerim, aslında herkesin açıkça bildiği veya kolaylıkla bilebileceği olayların evrelerine aittir. Gerçekte, Meclis'in tutanaklarında, bakanlıkların dosyalarında, basın koleksiyonlarında, bu olayların belgeleri kayıtlı ve saklı bulunmaktadır. Dolayısıyla ben bütün bu olayların yalnız genel akışını işaret ve saptamakla yetineceğim. Amacım, inkılabımızın incelenmesinde tarihe yardımcı olmaktır. Bütün bu olayların akışında, Türkiye Büyük Millet Meclisi ve hükümeti başkanı, başkomutan ve cumhurbaşkanı sıfatlarını taşımış olmaktan çok, örgütümüzün genel başkanı sıfatıyla, kendimi bu görevi yerine getirmek zorunda sayarım.

Türk ulusunun izlemesi gereken siyasi ilke: Ulusal siyaset

Efendiler, Meclis'in açıldığı ilk günlerde, Meclis'e, içinde bulunduğumuz durum ve koşulları açıklayarak, izlenmesi ve uygulanmasını uygun gördüğüm görüşlerimi sundum. Bu görüşlerin başlıcası, Türkiye'nin, Türk ulusunun izlemesi gereken siyasi ilkeyle ilgiliydi.

Bildiğiniz gibi, Osmanlılar devrinde çeşitli siyasi görüşler izlenmişti ve izleniyordu. Ben bu siyasi görüşlerin hiçbirinin yeni Türkiye'nin siyasi oluşumunun görüşü olamayacağına inanmıştım. Bunu Meclis'e anlatmaya çalıştım. Bu nokta üzerinde daha sonra da çalışmaya devam edilmiştir. Bu konuyla ilgili, öteden beri yapmış olduğum konuşmalarımın ana noktalarını burada hep beraber hatırlamayı faydalı bulurum.

Efendiler, bilirsiniz ki, hayat demek, mücadele ve çarpışma demektir. Hayatta başarı, mutlaka mücadelede başarıyla mümkündür. Bu da, manevi ve maddi kuvvete, güce dayanır bir durumdur. Bir de, insanların uğraştığı bütün sorunlar, karşılaştığı bütün tehlikeler, elde ettiği başarılar, toplumsal, genel bir mücadelenin dalgaları içinden doğagelmiştir. Doğu uluslarının Batı uluslarına saldırısı, tarihin belli başlı bir evresidir. Doğu ulusları arasında, Türklerin başta geldiği ve en kuvvetli olduğu bilinmektedir. Gerçekten Türkler, İslamiyet'ten önce ve sonra Avrupa içerisine girmişler, saldırılar ve istilalar yapmışlardır. Batı'ya saldırılar, yayılmalar yapmışlardır. Batı'ya saldıran ve İspanya'da Fransa sınırlarına kadar yayılan Araplar da vardır. Fakat efendiler, her saldırıya karşı sürekli karşı saldırı düşünmek gerekir. Karşı saldırı olasılığını düşünmeden ve ona karşı güvenilir önlem bulmadan hareket edenlerin sonu, yenilmek ve bozguna uğramaktır, yok olmaktır.

Batı'nın Araplara karşı saldırısı, Endülüs'te acı ve ders verici bir tarihi yıkımla başladı. Fakat orada bitmedi. Kovalama, Kuzey Afrika'ya kadar devam etti.

Attilâ'nın, Fransa ve Batı Roma topraklarına kadar yayılmış olan imparatorluğunu hatırladıktan sonra, bakışlarımızı Selçuklu Devleti'nin yıkıntısı üzerinde kurulan Osmanlı Devleti'nin, İstanbul'da Doğu Roma İmparatorluğu'nun taç ve tahtına sahip olduğu devirlere kadar çevirelim. Osmanlı padişahları içinde, Almanya'yı, Batı Roma'yı ele geçirip buralara yayılarak büyük bir imparatorluk kurmak girişiminde bulunmuş olanlar vardı. Yine bu padişahlardan biri, bütün İslam dünyasını bir merkeze bağlayarak yönlendirmeyi ve yönetmeyi düşündü. Bu amaçla Suriye'yi, Mısır'ı ele geçirdi. Halife unvanını takındı. Diğer bir sultan da, hem Avrupa'yı ele geçirmek, hem İslam dünyasını egemenliği ve yönetimi altına almak amacını izledi. Batı'nın sürekli karşı saldırısı, İslam dünyasının hoşnutsuzluğu ve ayaklanması ve böyle dünyayı ele geçirme düşünce ve isteklerinin aynı sınır içine aldığı çeşitli unsurların geçimsizlikleri, sonuçta benzerleri gibi Osmanlı İmparatorluğu'nu da tarihin bağrına gömdü.

Efendiler, dış siyasetin en çok ilgilendiği ve dayandığı konu, devletin iç örgütüdür. Dış siyasetin iç örgüte uygun olması gerekir. Batı'da ve Doğu'da başka başka yaratılış, kültür ve isteklere sahip birbirinden farklı zıt unsurları içinde toplayan bir devletin iç örgütü, elbette temelsiz ve çürük olur. O halde dış siyaseti de esaslı ve sağlam olamaz. Böyle bir devletin iç örgütü özellikle ulusallıktan uzak olduğu gibi, siyasi görüşü de ulusal olamaz. Buna göre Osmanlı Devleti'nin siyaseti ulusal değil, fakat belirsiz ve kararsız idi.

Çeşitli ulusları ortak ve genel bir ad altında toplamak ve bu çeşitli unsur topluluklarını aynı haklar ve koşullar altında tutarak güçlü bir devlet oluşturmak, parlak ve çekici bir siyasi görüştür; fakat aldatıcıdır. Hatta, hiçbir sınır tanımayarak, dünyadaki bütün Türkleri de bir devlet halinde birleştirmek, elde edilmesi olanaksız bir hedeftir. Bu, yüzyılların, yüzyıllar boyunca yaşamakta olan insanların çok acı, çok kanlı olaylarla ortaya koyduğu bir gerçektir.

Panislamizm, Panturanizm siyasetinin başarıya ulaştığı ve dünyada uygulanabildiği, tarihte görülmemiştir. Irk ayrımı yapmaksızın, tüm insanlığı kapsayan güçlü bir devlet oluşturma tutkularının sonuçları da tarihte yazılıdır. Yayılmacı olma hevesleri konumuzun dışındadır. İnsanlara her türlü duygularını ve özel bağlarını unutturup, onları tam bir kardeşlik ve eşitlik çerçevesinde birleştirerek, insani bir devlet kurmak teorisi de kendine özgü koşullara sahiptir.

Bizim açık ve uygulanabilir gördüğümüz siyasi görüş, *ulusal siyaset*'tir. Dünyanın bugünkü genel şartları ve yüzyılların akıllarda ve karakterlerde yerleştirdiği gerçekler karşısında hayalci olmak kadar büyük yanlış olamaz. Tarihin söylediği budur; bilimin, aklın, mantığın söylediği böyledir.

Ulusumuzun güçlü, mutlu ve tutarlı yaşayabilmesi için, devletin tamamen ulusal bir siyaset izlemesi ve bu siyasetin, iç örgütümüze tamamen uygun olması ve bu temele dayanması gerekir. Ulusal siyaset dediğim zaman kastettiğim anlam ve içerik şudur: Ulusal sınırlarımız içinde, her şeyden önce kendi kuvvetimize dayanarak varlığımızı korumakla ulusun ve ülkenin gerçek mutluluğuna ve refahına çalışmak... Genel olarak ulusu geniş emeller peşinde oyalamamak ve onu zarara uğratmamak... Uygar dünyadan, uygar, insanca davranış ve karşılıklı dostluk beklemektir.

Hükümetin kurulması

Efendiler, Meclis'e önerdiğim önemli bir konu da, hükümetin kurulması sorunuydu. Bu sorunun ve buna ilişkin öneride bulunmanın, o dönem için ne kadar nazik bir durum olduğunu kabul edersiniz.

Gerçek, Osmanlı saltanatının ve hilafetin çökmüş ve ortadan kalkmış olduğunu düşünerek yeni ilkelere dayalı, yeni bir devlet kurmaktan ibaretti. Fakat durumu olduğu gibi açıklamak, amacın büsbütün kaybedilmesine yol açabilirdi. Çünkü halkın düşünce ve eğilimleri, henüz padişah ve halifenin özürlü durumda bulunduğu merkezindeydi. Hatta Meclis'te, ilk anda hilafet ve saltanat makamıyla ilişki kurmak ve İstanbul hükümetiyle uzlaşma aramak akımı başgöstermişti.

İstanbul koşullarının halife ve padişah ile, ne açık ve ne de özel ve gizli bir görüşmeye uygun olduğunu anlatmaya çalıştım. Böyle bir görüşmeyle ne anlamak istediğimizi sordum ve "ulusun, bağımsızlığını kazanmak ve vatanın bütünlüğünü sağlamak için çalıştığını haber vermek için ise, buna gerek yoktur. Çünkü padişah ve halife olan kişinin de bundan başka bir şey düşünmesine ve istemesine imkân var mıdır? Bunun aksini ağzından işitsem inanmam, mutlaka bunun zorlama ve baskı altında söyletildiğini kabul ederim" dedim. Bize karşı çıkarılmış olan fetvanın uydurma olduğunu ve İstanbul hükümetinin emir ve bildirilerinin yoruma muhtaç olduğunu söyleyerek, bazı zayıf kalpli ve yargılama becerisi zayıf insanların göstermek istedikleri gecikmeye gerek görmediğimizi açıkladım.

Ulusal egemenlik temeline dayanan halk hükümeti: Cumhuriyet

Şunu sunmak istiyorum ki; hükümetin kurulmasıyla ilgili öneride bulunmadan önce, duygu ve düşünceleri göz önünde bulundurmak zorunluluğu vardı. Bu zorunluluğa uymakla birlikte, amacı saklı tutan önerimi bir önerge halinde sundum. Kısa bir tartışmayla ve bazı karşı çıkışlara rağmen kabul edildi.

Bu önergeyi bugün gözden geçirecek olursak, orada esaslı ilkelerin belirlenmiş ve anlatılmış olduğunu görürüz.

Bu ilkeleri, izin verirseniz, burada birer birer belirterek sayacağım:

1. Hükümet kurulması zorunludur.

2. Geçici olarak bir hükümet başkanı tanımak veya bir padişah vekili ortaya çıkarmak uygun değildir.

3. Meclis'te yoğunlaşan ulusal iradenin, doğrudan doğruya vatanın mukadderatına el koyduğunu kabul etmek temel ilkedir. Türkiye Büyük Millet Meclisi'nin üstünde bir güç yoktur.

Mustafa Kemal Paşa Meclis'e gelirken.
İş Bankası Müzesi Arşivi.

4. Türkiye Büyük Millet Meclisi yasama ve yürütme yetkilerini kendinde toplamıştır.

Meclis'ten seçilecek ve vekil olarak görevlendirilecek bir kurul hükümet işlerine bakar. Meclis başkanı, bu kurulun da başkanıdır.

Not: Padişah ve halife, baskı ve zorlamadan kurtulduğu zaman, Meclis'in düzenleyeceği yasal ilkeler çerçevesinde durumunu alır.

Efendiler, bu ilkelere dayalı olan bir hükümetin niteliği kolaylıkla anlaşılabilir. Böyle bir hükümet, **ulusal egemenlik temeline dayanan halk hükümetidir; Cumhuriyet'tir.**

Böyle bir hükümetin kurulmasında ana ilke, kuvvetler birliği teorisidir. Zaman geçtikçe bu ilkelerin taşıdığı anlamlar anlaşılmaya başladı. İşte o zaman tartışmalar ve olaylar birbirini kovaladı.

Türkiye Büyük Millet Meclisi, başkanlığına beni seçti

Saygıdeğer efendiler, açık ve gizli oturumlarda bir iki gün devam eden açıklama ve konuşmalarımdan ve işaret ettiğim ilkeleri içeren öneriyi yaptıktan sonra, Yüce Meclis beni başkanlığa seçmekle hakkımdaki genel güvenini gösterdi.

Burada küçük bir noktayı da açıklamalıyım:

Hatırlarsınız ki, oluşmaya başlayan ulusal birliği, ulusun coşku ve uyanışının sonucuna bağlamaktan çok, kişisel girişim eseri sayıyorlardı. Bu arada benim girişimden alıkonmamı önemli görüyorlardı. Beni ulusa, hükümete reddettirmekten ve lanetletmekten yarar umuyorlardı. Yapılan propaganda da ben reddedildiğim ve lanetlendiğim takdirde, ulusa ve devlete karşı hiçbir harekette bulunulmayacak... Bütün kötülüğün sebebi benim şahsımdır. Bir adam için, bir ulusun birçok tehlikeyi göze alması akla sığmaz şeklindeydi. Hükümet ve düşmanlar, beni, ulusa karşı bir silah gibi kullanıyordu. Dolayısıyla 24 Nisan 1920 günü gizli bir oturumda, Meclis'e bu durumu açıkladım. Başkanlık seçiminde, bunun da bir sakınca olarak dikkate alınmasını ve yalnız ulusun ve ülkenin esenliği düşünülerek oy ve kararların doğru olarak verilmesini rica ettim.

Bakanlar Kurulu'nun kurulması

Efendiler, Büyük Millet Meclisi, yürütme vekillerinin (bakanların) seçimine ilişkin 2 Mayıs 1920 tarihli kanunla, Genelkurmay işlerini de yürütmek üzere, Büyük Millet Meclisi'nde 11 bakandan oluşan bir "Bakanlar Kurulu" kurdu.

Görülüyor ki, Meclis'in açılış tarihi olan 23 Nisan'dan bu yana bir hafta kadar zaman geçmiş bulunuyor. Bu süre içerisinde, doğal olarak, ülke ve ulus işleri ve özellikle olumsuz akımlara ve çalışmalara karşı önlem almak konusu, bir an bile gecikemezdi ve gecikmemiştir. Yalnız, Bakanlar Kurulu'nun seçimine ilişkin kanun çıktığı zaman, Meclis'çe bakanlığa seçilen kişilerden bazıları, daha önceden fiili olarak göreve başlamışlar ve bana yardım ediyorlardı. Bu arada İsmet Paşa Hazretleri de Genelkurmay işlerini üstlenmiş bulunuyordu.

Efendiler, bu münasebetle bir noktayı belirtmeye gerek duyuyorum: O günlerde, var olan arkadaşların ne şekilde görevlendirilmelerinin uygun olacağı düşünülürken, Genelkurmay Başkanlığı için İsmet Paşa'yı tercih etmiştim. Ankara'da bulunan Refet Paşa, beni özel olarak görerek açıklama yapmamı istedi. Genelkurmay Başkanlığı'nın en büyük askeri makam olup olmadığını anlamak istiyordu. Benden, söz konusu makamın en büyük askeri makam olduğu ve ondan daha büyük makamın Millet Meclisi olacağı yanıtını alınca, buna karşı çıktı. İsmet Paşa'nın, Başkomutanlık demek olan bu durumunu kabul edemeyeceğini söyledi. Görevin çok önemli ve nazik olduğunu ve benim bütün arkadaşlar hakkındaki bilgime ve tarafsızlığıma güvenmenin uygun olacağını söyledim. Kendisinin böyle bir düşünce ileri sürmesinin uygun olmadığını da ekledim.

Efendiler, daha sonra Batı Cephesi Karargâhı'nda görüştüğüm Fuat Paşa da, İsmet Paşa'nın Genelkurmay Başkanlığı'na kesinlikle karşı çıktı. Fuat Paşa'yı da, durumun gereği olan en uygun çözüm şeklinin kabul edilmesindeki zorunluluğa inandırmaya çalıştım. Refet ve Fuat paşaların kendilerine özgü bazı düşüncelerine ekledikleri itiraz şuydu: Kendileri daha önce Anadolu'da benimle birlikte çalışmışlar, ancak İsmet Paşa daha sonra katılmış. Oysa bundan önceki konuşmalarımda sırası ve yeri geldiği için sunmuştum ki, İsmet Paşa, benim İstanbul'dan hareketimden önce benimle işbirliği yapmıştı. Daha sonra Anadolu'ya gelip beraber çalışmıştık. Fakat, Fevzi Paşa Hazretleri'nin Savunma Bakanlığı'na gelmesi üzerine önemli amaçlarla, özel görevle tekrar İstanbul'a gönderilmişti. Dolayısıyla, fikir ve işbirliğinde kimin daha eski olduğu söz konusu olamazdı.

Genelkurmay Başkanlığı görevinin ilk defa İsmet Paşa'ya verilmesinde yanlışlık olsaydı, bu konuda Fevzi Paşa Hazretleri'nin de beni uyarmaları vatani bir görev hükmünde olurdu. Oysa Paşa Hazretleri, aksine, bu görevlendirmeyi pek uygun bulmuş ve kendileri, önerilen Milli Savunma Bakanlığı'nı içten bir duyguyla hemen kabul etmiştir. İsmet Paşa'nın, gerek Genelkurmay Başkanlığı'nda ve gerek daha sonra doğrudan doğruya Cephe Komutanlığı'nda gösterdiği yeterlilik ve üstün çaba, kendisine görev vermekte doğru hareket ettiğimi eylemli olarak kanıtladığı için, ulusa karşı, orduya karşı ve tarihe karşı içim tamamen rahattır.

Hıyanet-i Vataniye Kanunu ve İstiklal Mahkemelerinin kurulması

Efendiler, Meclis, 29 Nisan 1920 tarihinde Hıyanet-i Vataniye Kanunu'nu ve sonraki aylarda İstiklal Mahkemeleri Kanunları'nı da çıkarmakla inkılabın doğal gereklerini yerine getirmiş oldu.

Efendiler, İstanbul işgalinden sonra başlayan birtakım olumsuz akımlara, olaylara ve ayaklanmalara değinmiştik. Bunlar, hızlı bir şekilde ülkenin her tarafında ortaya çıktı ve sürüp gitti.

İstanbul'da Damat Ferit Paşa, derhal yeniden iktidara getirildi. Damat Ferit Paşa hükümeti ve İstanbul'da bütün olumsuz ve hain örgütlerin oluşturduğu blok ve bu blokun Anadolu içindeki bütün ayaklanma örgütleri ve bütün düşmanlar ve Yunan ordusu, hep birden bize karşı çalışmaya başladılar. Bu ortak saldırı politikasının talimatı da, padişah ve halifenin, düşman uçaklarının da içinde olduğu her türlü araçla ülkeye yağdırdığı "padişaha karşı ayaklanma" fetvası idi.

Bu genel, çeşitli ve haince saldırılara karşı, biz de, daha Meclis açılmadan önce, Afyonkarahisar'da, Eskişehir'de ve bütün yol boyunda bulunan düşman birliklerini Anadolu'dan çıkarmakla, Geyve, Lefke,[11] Cerablus[12] köprülerini yıkmakla ve Meclis toplanır toplanmaz Anadolu'nun değerli din bilginlerinin fetvasını almakla, karşı önlemleri uyguladık.

---

11 Bilecik'e bağlı Osmaneli ilçesinin eski adı (y. n.).

12 Urfa'nın Birecik ilçesine bağlı Barak kasabası (y. n.).

TBMM açılış töreninden fotoğraflar. ATASE Arşivi.

İç ayaklanmalar

Efendiler, 1919 yılı içinde ulusal girişimlerimize karşı başlayan iç ayaklanmalar, hızla ülkenin her tarafına yayıldı.

Bandırma, Gönen, Susurluk, Kirmastı [Mustafakemalpaşa], Karacabey, Biga ve çevresinde; İzmit, Adapazarı, Düzce, Hendek, Bolu, Gerede, Nallıhan, Beypazarı çevresinde; Bozkır'da; Konya, Ilgın, Kadınhan, Karaman, Çivril, Seydişehir, Beyşehir, Koçhisar çevresinde; Yozgat, Yenihan, Boğazlıyan, Zile, Erbaa, Çorum çevresinde; Umraniye [İmranlı], Refahiye, Zara, Hafik çevresinde; Viranşehir çevresinde alevlenen karışıklık ateşleri, bütün ülkeyi yakıyor, hainlik, bilgisizlik, kin ve bağnazlık dumanları, bütün vatan semasını koyu karanlıklar içinde bırakıyordu. İsyan dalgaları, Ankara'da karargâhımızın duvarlarına kadar çarptı. Karargâhımızla şehir arasındaki telefon ve telgraf hatlarını kesmeye kadar varan azgın kasıtlar karşısında kaldık. Batı Anadolu'nun, İzmir'den sonra, yeniden önemli bölgeleri de Yunan ordusunun saldırılarıyla çiğnenmeye başlandı.

Dikkate değer bir husustur ki, sekiz ay önce, ulus, Temsil Heyeti etrafında toplanarak, Damat Ferit hükümetiyle ilişkilerini ve haberleşmelerini kesmişken, Ali Galip girişimi gibi tek tük olayların dışında böyle genel ayaklanma olmamıştı. Bu seferki yaygın ve genel ayaklanmalar, sekiz ay içinde ülkede çok hazırlık yapıldığını gösteriyordu. Damat Ferit'ten sonraki hükümetlerle, ulusal bilinci korumak ve güçlendirmek için yaptığımız mücadelelerin ne kadar haklı sebeplere dayandığı acı bir şekilde, bir daha anlaşılmış oluyordu. Ulusal mücadeleye güç vermek için, cephelerle ve orduyla uğraşmak konusunda, İstanbul hükümetlerinin gösterdiği başka türlü ihmallerin acı sonuçları da ayrıca görülecektir.

Anzavur ayaklanmaları ve Düzce ayaklanması

Efendiler, önce iç ayaklanmalar hakkında açık bir fikir edinmek için, izin verirseniz, bu ayaklanma hareketlerine yeri geldiğinde değindikçe, değinilen evreleri özetle sunayım.

21 Eylül 1919'da Balıkesir'in kuzey bölgesinde başlayan birinci Anzavur ayaklanması, 16 Şubat 1920'de, yine aynı bölgede ikinci kez başgösterdi. Bu iki ayaklanma, askeri birliklerimiz ve ulusal müfrezelerimizle bastırıldı. 13 Nisan 1920 tarihlerinde Bolu, Düzce çevresinde de ayaklanma çıktı. Bu ayaklanma, 19 Nisan 1920 tarihinde Beypazarı'na kadar yayıldı. Bu sırada Anzavur, 11 Mayıs 1920'de top ve makineli tüfeklerle donanmış beş yüz kişilik bir kuvvetle, üçüncü kez Adapazarı ve Geyve çevresinde zayıf bir ulusal müfrezemize saldırarak ortaya çıktı. Anzavur, gönderdiğimiz ulusal müfrezelerimize, düzenli ordu birliklerimize devamlı olarak saldırdı. 20 Mayıs 1920 tarihinde Geyve Boğazı yakınlarında yenildi ve kaçmak zorunda bırakıldı.

Düzce çevresindeki ayaklanma olayı önemliydi. Abaza ve Çerkezlerden meydana gelen dört bin kişilik bir kalabalık, Düzce'yi basarak hapishaneleri boşalttılar ve çarpışmayla oradaki süvari müfrezemizin silahlarını aldılar. Hükümet görevlileri ile subayları hapse attılar.

Her taraftan, ayaklananlar üzerine kuvvet gönderdik. Bu arada, Geyve'de bulunan 24. Tümen de, komutanı Yarbay Mahmut Bey başta olduğu halde Düzce'ye hareket etti. Mahmut Bey, Meclis'in açıldığı gün, yani 23 Nisan 1920'de[13] Hendek'ten Düzce'ye geçerken, Hendek de ayaklandı. Adapazarı da ayaklananlar tarafından alındı. Mahmut Bey, 25 Nisan 1920'de[14] Hendek-Düzce yolu üzerinde ayaklananlar tarafından aldatılarak pusuya düşürülmüş ve ilk ateşte şehit edilmiştir. Kurmay Başkanı Sami Bey, yaveri ve daha birkaç subay da aynı zamanda şehit düştüler. Bunun üzerine, 24. Tümen savaşamadan ayaklananlar tarafından tamamen tutsak edildi. Bütün tüfekleri, topları alındı. Ağırlıkları yağma edildi. Bu sırada İzmit Mutasarrıfı Çerkez İbrahim, İstanbul'dan Adapazarı'na geldi. Halka padişahın selamını bildirdi ve yüz elli lira maaşla gönüllü kaydına başladı. Toplanan asi kuvvetler, bütün o çevreye egemen olduktan sonra Geyve Boğazı'ndaki kuvvetlerimize saldırmaya başladılar.

Bizim, bu ayaklanma bölgesine gönderdiğimiz kuvvetler şunlardı:

1. Salihli ve Balıkesir Kuva-yı Milliyesi'nden oluşan Çerkez Ethem Bey müfrezesi;

2. İki tabur düzenli ordu birliği, dört dağ topu ve beş makineli tüfek ve üç yüz efe süvarisinden oluşan Binbaşı Nâzım Bey müfrezesi;

3. İki tabur piyade, sekiz makineli tüfek, iki sahra ve iki dağ topundan oluşan Yarbay Arif Bey müfrezesi;

4. Üç yüz kişilik ulusal kuvvet ve iki makineli tüfek ve iki bomba topundan oluşan Binbaşı İbrahim Bey müfrezesi (Çolak İbrahim Bey).

Komutan olarak da Ali Fuat Paşa, Geyve Boğazı yakınlarından Adapazarı yönünde ve Refet Paşa da Ankara'dan Beypazarı yoluyla Bolu yönünde görevlendirildiler.

Hilafet Ordusu

Efendiler, İzmit'te de Süleyman Şefik Paşa komutasında, Hilafet Ordusu adını taşıyan bir hain kuvvet yığınak yapıyordu. Bunun bir kısım kuvveti de, Bolu yakınlarında Kurmay Binbaşı Hayri Bey komutasında ayaklananlara destek vermişti. Bunların yanı sıra İstanbul'dan gönderilmiş birçok subay da vardı.

Hilafet Ordusu'nun, Süleyman Şefik Paşa'dan sonra, belli başlı komutanları, Süvari Tuğgenerali Suphi Paşa ve Topçu yarbaylarından Senai Bey'di. İstan-

---

13 Doğrusu 22 Nisan 1920 (y.n.).

14 Doğrusu 22 Nisan 1920 (y.n.).

bul'da da özel olarak kurulmuş bir kurmay heyeti vardı. Bu heyetin belli başlı komutanları da, Kurmay Albay Refik ve Kurmay Yarbay Hayrettin beylerdi.

Suphi Paşa hakkında küçük bir anımı aktarayım: Suphi Paşa'yı Selanik'ten tanırdım. Ben yüzbaşı, o daha o zaman tuğgeneral ve süvari tümeni komutanıydı. Aradaki rütbe farkına rağmen çok yakın arkadaşlığımız vardı. Meşrutiyet'in ilanında, ilk defa İştip yakınlarında Cumalı adıyla bilinen bir yerde süvari manevraları yaptırmıştı. Diğer bazı kurmaylar arasında beni de tatbikat ve manevrada bulunmak üzere davet etmişti. Kendisi Almanya'da öğrenim görmüştü, çok usta bir biniciydi. Fakat askerlik sanatını anlamış bir komutan değildi. Manevranın bitiminde, ben, yetkim ve rütbem uygun olmadığı halde, Paşa'yı bütün subaylar önünde acı bir şekilde eleştirmiş ve sonrasında "Cumalı Ordugâhı" adında küçük bir kitap da yazmıştım. Suphi Paşa, gerek açıkça eleştirilerimden ve gerek yayımlanan bu kitabımdan dolayı çok üzüldü. Kendisinin itirafı üzere manevi gücü kırıldı. Fakat, şahsen bana gücenmedi. Arkadaşlığımız devam etti. İşte Hilafet Ordusu'na buldukları komutan bu Suphi Paşa'dır. Paşa sonradan Ankara'ya geldi. Geziye çıkıyordum. İstasyonda çok kalabalık içinde karşılaştık. Kendisine ilk sorum şu oldu: "Paşam, niçin Hilafet Ordusu komutanlığını kabul ettin?" Suphi Paşa bir an duraksamadan, "Size yenilmek için" yanıtını verdi.

Bu yanıtıyla anlatmak istiyordu ki, bu görevi belli bir amaçla kabul etmişti. Suphi Paşa böyle bir duygu içinde olabilir. Fakat gerçekte komutayı üstlendiği zaman kuvvetleri zaten yenilmiş bulunuyordu.

Bolu, Düzce, Adapazarı ve İzmit çevresindeki bu ayaklanma, bu defa 4 Haziran 1920 tarihine kadar üç aydan fazla devam etti. Fakat bundan sonra 29 Temmuz'da tekrar bir ayaklanma oldu. Bundan sonra da, bu çevrede tamamen hareketsiz kalınmış değildir. Bununla beraber, ayaklananlar sonuçta tamamen büyük bir yenilgiye uğratılmış ve komutanları Türkiye Büyük Millet Meclisi'nin kanunlarına bırakılmıştır. Hilafet Ordusu'nun, Bolu yakınlarında bulunan kısmı da büyük bir yenilgiye uğratıldı. Komutanı Binbaşı Hayri ve subayları Yüzbaşı Ali, Üsteğmen Şerefettin, Üsteğmen Hayrettin, Makineli Tüfek Subayı Mehmet Hayri, Tabur Kâtibi Hasan Lütfi, Cerrah İbrahim Ethem efendilere isyancıların diğer liderlerine olduğu gibi davranıldı. Hilafet Ordusu da, İzmit'ten İstanbul'a kaçmak zorunda bırakıldı.

Yenihan, Yozgat ve Boğazlıyan ayaklanmaları

Efendiler, ülkenin kuzeybatı bölgesinde asilerle uğraşırken, ülkenin ortasında Yenihan, Yozgat ve Boğazlıyan yörelerinde de ayaklanma başlıyor. Bu ayaklanma hareketleri de hatırlanmaya değer.

14 Mayıs 1920 tarihinde Postacı Nâzım ve Çerkez Kara Mustafa adındaki birtakım adamlar, otuz kırk kişiyle Yenihan'a bağlı Kaman köyünde ayaklanma çıkardılar. Bu hareket, artan bir şiddetle genişledi. Ayaklananlar, 27/28 Mayıs

1920 gecesi Çamlıbel'de bulunan bir müfrezemizi basarak tutsak ettiler. 28 Mayıs 1920'de diğer bir kısım asiler de Tokat yakınında yürüyüş halinde bulunan bir taburumuza saldırarak dağıttılar ve bir kısmını tutsak aldılar. Cesaretlerini artıran isyancılar, 6/7 Haziran 1920 gecesi Zile'yi işgal ettiler. Oralardaki askerlerimiz Zile kalesine çekilerek savunma yaptılar. Askerin yiyecek ve cephanesi tükendikten üç gün sonra asilere teslim oldular. Asiler 23/24 Haziran 1920'de de Boğazlıyan'a baskın yaptılar. Orada bulunan bir müfrezemizi dağıttılar. Amasya'da bulunan 5. Kafkas Tümeni Cemil Cahit Bey komutasında, ayaklananlara karşı harekete geçirildi. Gaziantep bölgesinde bulunan Kılıç Ali Bey de, bir ulusal müfrezeyle buraya getirtildi. Erzurum'dan Ankara'ya gelmekte olan bir Erzurum ulusal müfrezesi de bölgede bırakıldı. 1920 yılı Temmuz'unun ortalarına kadar, bu asilerin izlenmesi ve püskürtülmesiyle uğraşıldı. Yenihan ayaklanması, Orta Anadolu'nun diğer yerlerindeki bozguncuları da harekete geçirdi. Çapanoğullarından Celal, Edip, Salih, Halit beyler; Aynacıoğulları ve Deli Ömer çeteleri gibi birtakım eşkıyayı başlarına toplayarak 13 Haziran'da Yozgat yakınındaki Köhne [Sorgun] bucak merkezini ve 14 Haziran'da da Yozgat'ı işgal ederek büyük bir bölgeye egemen oldular. Merkezi Sivas'ta olan 3. Kolordu kuvvetleri ve o bölgede bıraktığımız ulusal kuvvetlerimiz yetersiz kaldı. Eskişehir'den Ethem Bey müfrezesi ve Bolu dolaylarındaki İbrahim Bey müfrezesi de Yozgat bölgesine gönderildiler.

Yozgat ve dolaylarında isyancılar püskürtüldükten sonra, oraya gönderilen müfrezelere diğer bölgelerde görev verildi. Fakat bu bölgede genel olarak güvenlik sağlanamadı.

7 Eylül 1920'de Küçük Ağa, Deli Hacı, Aynacıoğulları denilen birtakım serseriler Zile yakınlarında; Kara Nâzım, Çopur Yusuf adındaki birtakım adamlar da Erbaa taraflarında tekrar çalışmaya başladılar. Bunlardan Aynacıoğulları üç yüz atlı kadar kuvvet toplayabilmişlerdi. Bu durum üzerine İkinci Kuva-yı Seyyare adını alan İbrahim Bey müfrezesi, tekrar, bulunduğu Eskişehir'den Yozgat'a ulaşarak, yerel ulusal müfrezeler ve jandarma kuvvetleriyle birlikte Maden, Alaca, Karamağara, Mecitözü bölgelerinde, çeşitli gruplar halinde bozgunculuk ve eşkıyalık eden asileri izleyerek ortadan kaldırdı. İbrahim Bey, asilerin ortadan kaldırılmasını ancak üç aydan fazla bir zamanda başarabildi.

Güney sınırlarımızda olan olaylar

Efendiler, bu tarihlerde güney bölgelerimizde de bizi ciddi bir şekilde uğraştıran önemli ayaklanmalar meydana geldi.

Milli aşireti liderleri Mahmut, İsmail, Halil, Bahur, Abdurrahman beyler, güneyde düşmanlarla gizli ilişki ve bağlantı kurduktan sonra Siirt'ten Dersim (Tunceli) dolaylarına kadar, bütün aşiretlerin lideri sıfatını takınarak o bölgeye egemen olmaya ve başkanlık etmeye kalkıştılar.

Mustafa Kemal ve Fevzi paşalar İzmir yolunda. Büyük Taarruz sonrası. ATASE Arşivi.

Fransızlar, 1920 yılı Haziran ayının başında Urfa'yı ikinci kez ele geçirmek amacıyla hareket ettikleri zaman, Milli aşireti de Siverek yönünde ilerledi. Buna karşı, o bölgede bulunan 5. Tümenimiz görevlendirildi. Bu tümen, o bölgedeki ulusal kuvvetlerimizle de güçlendirildi. 19 Haziran 1920 tarihinde, birliklerimizin takibi altında güneydoğu yönünde düşman bölgesine kaçmak zorunda bırakıldı. Bu aşiret, bir süre düşman bölgesinde hazırlandıktan sonra, 24 Ağustos 1920'de üç bin atlı ve develi ve bin kadar piyadeden oluşan bir kuvvetle tekrar topraklarımıza geçti. Viranşehir yakınına geldi. Asiler, canlarının bağışlanmasını istemek için geldiklerini söyleyerek oradaki komutanlarımızı aldattılar ve önlem almakta ihmale uğrattılar. Bu sırada, o bölgede dağınık bir şekilde bulunan müfrezelerimize saldırarak onları yendiler ve 26 Ağustos 1920'de Viranşehir'i işgal ettiler. Haberleşmemize ve bağlantı kurmamıza engel olmak üzere de, o bölgedeki bütün telgraf hatlarını kestiler.

Ancak, on beş gün sonra, 5. Tümen'in Siverek, Urfa, Resülayin[15] ve Diyarbakır'da bulunan birliklerinden gönderilen bölükler ve sadık aşiret kuvvetleri, asileri yenebilmişlerdir. Kovalanan Milli aşireti tekrar güneye, çöle kaçtı.

Efendiler, güneyde Milli aşiretinin ayaklanmasını bastırmaya çalışırken, Afyonkarahisar bölgesinde Çopur Musa adında bir adam da, başına topladığı kuvvetle askerleri ordudan kaçmak için kışkırtıyor ve halka, askere gitmemeyi aşılıyor. Çopur Musa 21 Haziran 1920 tarihinde Çivril'i bastı. Gönderilen kuvvetler karşısında kaçarak Yunan ordusuna katıldı.

Konya ayaklanması

Efendiler, Çopur Musa olayından önce bir bozguncu hareket de Konya'da çıktı. 5 Mayıs 1920 tarihinde, Konya'da bozguncu bir cemiyet ortaya çıkarıldı. Bu cemiyete üye olanların ileri gelenleri tutuklanmaya başlandı. Bir gün sonra, tutuklanan bu ileri gelenler, halkı da kışkırtarak Konya içinde silahlı bir toplantı yapmaya giriştiler. Bir kısım halk da silahlarıyla dışardan katılarak hep beraber ayaklandılar. Konya'da bulunan komutan, sahip olduğu kuvvetlerle yiğitçe hareket ederek ayaklananları dağıtmayı ve önayak olanları tutuklamayı ve kovalamayı başardı.

Savaş cephelerinin durumu

Efendiler, Meclis'in açıldığı ilk günlerde, çeşitli cephelerin ne durumda olduklarını da hep beraber bir kez daha hatırlayalım:

---

15 Resülayn, kimi kaynaklarda Şanlıurfa'nın Ceylanpınar ilçesi olarak geçiyor. Ancak bugünkü haritalarda sınırın Suriye tarafında görünüyor (y. n.).

1. İzmir Yunan cephesi:

Bildiğiniz üzere, Yunanlılar İzmir'e çıktıkları zaman, orada, 17. Kolordu komutanı olarak, karargâhıyla Nadir Paşa bulunuyordu. Kuvvet olarak, Yarbay Hurrem Bey komutasında 56. Tümen'in iki alayı vardı. Bu kuvvet, özellikle Kolordu komutanının emriyle, karşı koymalarına imkân vermeden, büyük hakaretler altında Yunanlılara teslim edilmiştir. Bu tümenin bir alayı (172. Alay) Ayvalık'ta bulunuyordu. Komutanı Yarbay Ali Bey'di (Afyonkarahisar Milletvekili Albay Ali Bey'dir).

Yunan ordusu işgal alanını genişletirken, Ayvalık'a da asker çıkardı. Ali Bey, bu Yunan kuvvetine karşı 28 Mayıs 1919'da savaşa girişti. Bu tarihe kadar, Yunan birliklerine hiçbir yerde ateşle karşılık verilmemişti. Aksine, bazı şehir ve kasabalardaki halk korkutulmuş, İstanbul hükümetinin emirlerine uyarak, üst düzeydeki memurlar başta olmak üzere, Yunan birliklerini özel heyetlerle karşılamışlardı. Ali Bey'in Ayvalık bölgesinde savaş cephesi kurması üzerine, yavaş yavaş Soma'da, Akhisar'da, Salihli'de ulusal cepheler oluşmaya başlamıştı.

5 Haziran 1919 yılı başından başlayarak, Albay Kâzım Bey (Meclis Başkanı Kâzım Paşa Hazretleri), Balıkesir'deki 61. Tümen'in komutasını vekâleten üstlenmişti. Sonradan Ayvalık, Soma, Akhisar kesimlerini içine alan Kuzey Cephesi Komutanlığı'nı yapmıştı. Fuat Paşa'nın Batı Cephesi Komutanlığı'na atanmasının ardından Kâzım Bey'e, Kuzey Kolordusu Komutanlığı makam ve yetkisi verildi. Aydın bölgesinde, İzmir'in işgalinden sonra, asker ve sivil bazı vatanseverler, Yunanlılara karşı savunma yapmak ve halkı isteklendirmek ve silahlı ulusal örgüt kurmak için çalışıyorlardı. Bu arada, İzmir'den ad ve kılık değiştirerek o bölgeye gitmiş olan Celal Bey'in (İzmir Milletvekili Celal Bey'dir) çaba ve fedakârlığı anılmaya değer. 15/16 Haziran 1919 gecesi, Ali Bey'in Ayvalık'tan gönderdiği kuvvetler, Bergama'daki Yunan işgal kuvvetlerini bir baskınla ortadan kaldırmışlardı. Bu baskına, Balıkesir ve Bandırma'dan gönderilen kuvvetler de kısmen katılmışlardı. Bu olay üzerine Yunanlılar, dağınık ve zayıf müfrezelerini geri çekip toplamak gereğini duydular. Bu arada Nazilli'yi de boşalttılar. Bu sebeple, Aydın'da da hazırlıkta bulunurken, etraftan toplanan halk kuvvetleri bunları sıkıştırmaya başladı. Yunanlılarla halk arasında şiddetli bir çarpışma oldu. Sonuçta, Yunanlılar Aydın'ı da boşaltıp çekildiler.

Böylece, 1919 yılı Haziran ortalarında, Aydın cephesi de kuruldu. Bu bölgedeki 57. Tümen Komutanı Albay Mehmet Şefik Bey ve Tümen Topçu Komutanı Binbaşı Hakkı Bey, alay komutanlarından Binbaşı Hacı Şükrü Bey ve ulusal kuvvetlerin başında Yörük Ali Efe, Demirci Mehmet Efe vardı. Sonuçta, Demirci Mehmet Efe, duruma egemen olarak Aydın Cephesi Komutanlığı'nı eline aldı; yeri geldiğinde söylediğim gibi, daha sonra oraya gönderdiğim Albay Refet Bey (Refet Paşa) bile, Demirci Mehmet Efe'nin komutanlığını kabul etmiştir.

Efendiler, İzmir'in çeşitli cephelerinde kurulan ve yavaş yavaş subaylar ve askeri birliklerle güçlendirilmeye çalışılan ulusal cephelerin yiyeceği, temelde doğrudan doğruya o yörelerin halkı tarafından sağlanıyordu. Bunun için de, geri bölgelerde ulusal örgütlenme yapılmıştı. Bu görevin halktan hükümete geçmesi, Büyük Millet Meclisi hükümetinin kurulmasından sonra sağlanabilmiştir.

2. Güney Fransız cephesi:

a) Doğrudan doğruya Adana bölgesinde Fransız birliklerine karşı, Mersin, Tarsus, Islahiye bölgelerinde ve Silifke dolaylarında ulusal kuvvetler oluşmuş ve çok cesurca çalışmaya başlamışlardı. Doğu Adana bölgesinde, Tufan Bey adıyla hareket eden Yüzbaşı Osman Bey'in kahramanlıkları kayda değer. Ulusal müfrezeler, Mersin, Tarsus, Adana illerinin girişlerine kadar egemenlik kurdular. Pozantı'da Fransızları kuşattılar ve geri çekilmek zorunda bıraktılar.

b) Maraş'ta, Gaziantep'te, Urfa'da ciddi savaşlar ve çarpışmalar oldu. Sonuçta işgal kuvvetleri buralardan çekilmek zorunda bırakıldılar. Bu başarıların kazanılmasında başlıca etken olan Kılıç Ali ve Ali Saip beylerin adlarını anmayı görev sayarım.

Fransız işgal bölgelerinde ve cephelerinde ulusal kuvvetler, her gün daha esaslı bir biçimde örgütleniyorlardı. Ulusal kuvvetler, ordu birlikleriyle de desteklenmeye başlanmıştı. İşgal kuvvetleri, her taraftan sıkı ve şiddetli bir şekilde zorlanıyordu.

Efendiler, bu durum üzerine Fransızlar, Mayıs 1920 başlarından başlayarak bizimle temas ve görüşme olanağı aradılar. Önce, Ankara'ya İstanbul'dan bir binbaşı ile bir sivil geldi. Bu kişiler İstanbul'dan önce Beyrut'a gitmişler. Eski Van Milletvekili Haydar Bey bunlara aracılık ediyordu. Bu görüşme ve konuşmalarımızdan önemli bir sonuç çıkmadı. Fakat, Mayıs sonlarına doğru, Suriye olağanüstü komiseri adına hareket eden Mösyö *Duquest* adındaki bir kişinin başkanlığında bir Fransız heyeti Ankara'ya geldi. Bu heyetle yirmi günlük bir ateşkes yaptık. Bu geçici ateşkesle biz, Adana bölgesinin boşaltılmasına bir başlangıç hazırlamayı hedefliyorduk.

Efendiler, bu Fransız heyetiyle yaptığım yirmi günlük ateşkese, Büyük Millet Meclisi'nde bazıları karşı çıktı. Oysa, benim bu ateşkesi kabul etmekle sağlamak istediğim yararlar şunlardı:

Önce, Adana bölge ve cephelerinde bulunan ve kısmen askerle de güçlendirilen ulusal kuvvetleri rahatça düzene sokmak istiyordum. Ulusal kuvvetlerin bu ateşkes süresi içinde dağılmaları olasılığını da göz önünde bulundurarak ateşkes bildirimini de bazı önlemlerle beraber emrettim. Bundan başka, efendiler, önemli saydığım siyasi bir yararı da elde etmek istiyordum. Büyük Millet Meclisi ve hükümeti, henüz İtilaf devletlerince elbette ki tanınmamıştı. Aksine, ülkenin ve ulusun kaderiyle ilgili çalışmalarda, İstanbul'da Ferit Paşa hükümetiyle ilişki kurmakta ve işlemlerde bulunmaktaydılar. Bundan dolayı, Fransızların İstanbul hükümetini bir tarafa bırakıp Ankara'da bizimle görüşmeleri ve herhangi bir konuda uzlaşmaları, o gün için elde edilmesi önemli bir siyasi yarardı. Bu ateşkes görüşmesinde, ulusal sınırlarımız içinde olup Fransızlar tarafından işgal altında bulunan bölgelerin tamamen boşaltılmasını açık ve kesin olarak ortaya koydum. Fransız delegeleri, bu konuda yetki almak üzere Paris'e gitmek zorunluluğunu ileri sürdüler. Yirmi günlük ateşkes, bir bakıma daha temel bir anlaşma yapmak için yetki almaya zaman bırakmak gibi kabul edildi. Efendiler, bu görüşme ve konuşmalarımızın bende bıraktığı izlenim, Fransızların Adana ve çevresini boşaltacakları merkezindeydi. Bu düşünce ve inancımı Meclis'e bildirmiştim. Gerçi Fransızlar, ateşkes süresi son bulmadan Zonguldak'ı işgal ederek, anlaşmanın yalnız Adana bölgesiyle sınırlı olduğunu göstermek istemişlerse de, biz bu hareketin ateşkesi geçersiz kıldığı sonucuna vardık. Fransızlarla anlaşmamız bir süre gecikti.

İstanbul, Ankara ile temas arıyor ve bu teması Nurettin Paşa sağlamaya çalışıyor

Saygıdeğer efendiler, 9 Mayıs 1920 günü Meclis'te gizli oturumda açıklama yaparken ve Fransız görevlileri ve heyetleri tarafından temas ve bağlantı yollarının arandığını söylerken, milletvekillerinden biri (yanlış hatırlamıyorsam Çorum milletvekili merhum Fuat Bey), "Birkaç günden bu yana, sözde İstanbul bizimle anlaşmak istiyormuş; bu konuda bilgi verir misiniz?" diye bir soru yöneltti.

Gerçekten, o tarihten dört beş gün önce, İstanbul'da *Leon* adında birisi Çanakkale üzerinden bizi aramıştı. Ankara'yı bulduktan ve bizim burada bulunduğumuzu anladıktan sonra dediler ki, "Söyleyeceğimiz şeyler çok önemlidir. Onun için haberleşmeyi geceye bırakalım. Ordu merkezleri de aradan çekilsinler." O gece görüşmediler. Fakat, bir iki gece sonra tekrar aradılar. Bu defa karşımıza çıkan kişi, İzmir eski valisi Nurettin Paşa imzasıyla bir telgraf verildi. Bu telgrafın içeriği şöyleydi: "Ben, iki arkadaşımla beraber, İstanbul'un sizinle anlaşmasına aracılık etmeyi vatanın yararına görüyorum. Buradaki hükümet ve İngilizler buna onay verdiler. Sizin de olumlu yanıtınızı bekleriz." Nurettin Paşa, telgrafını Temsil Heyeti Başkanlığı'na yöneltiyordu. Türkiye Büyük Millet Meclisi'nin ve hükümetinin kurulduğundan, çalışmaya başladığından ve Büyük Millet Meclisi'nin varlığını ve yasallığını doğrulayan Vatana Hıyanet Kanunu'ndan habersiz görünüyordu. Nurettin Paşa'nın telgrafını, Milli Savunma Bakanı Fevzi Paşa Hazretleri'ne gönderdim. Fevzi Paşa Hazretleri, Nurettin Paşa'ya yanıt verdi. Bu yanıtında dedi ki: "Telgrafınızı Temsil Heyeti Başkanlığı'na çekmenizden henüz gerçek durumu öğrenememiş olduğunuz anlaşılıyor." Durumu açıkladıktan sonra, "İstanbul'da hangi makam, Ankara'da hangi makamla görüşmek istiyor?" dedi. Bu telgrafa imzasız gelen yanıtta "Telgrafı yazanlar şimdi burada değildir. Bunu bıraktılar, gittiler, yarın saat onda size bilgi veririz" deniliyordu. Bundan sonra, Nurettin Paşa ikinci kez başvurdu. Bu kez, "Telgraf haberleşmeleriyle anlaşma imkânı olmadığından tarafınızdan yetki sahibi bir heyeti İstanbul'a gönderin, görüşelim ve anlaşalım" diyordu.

Efendiler, biz de yanıt olarak dedik ki: "Pek doğrudur, gerçekten telgrafla anlaşmak mümkün değildir, fakat siz Mudanya'ya geliniz ve ne zaman gelebileceğinizi de bildiriniz. Bizim tarafımızdan da orada yetki sahibi kişiler hazır bulunur. Bursa'ya da gereken talimat verildi." Ondan sonra, bir daha arayan olmadı. Hoca Müfit Efendi (Kırşehir), "Acaba gerçekten Nurettin Paşa mıydı?" diye sordu. Ben de, "Evet! Gerçekten Nurettin Paşa" yanıtını verdim.

Efendiler, İstanbul'un Nurettin Paşa aracılığıyla yaptığı bu başvurusunun, Anzavur'un Balıkesir bölgesinde yenildiği ve Bolu'da başarı elde edilmeye başlandığı günlere rastladığını da belirtmeliyim.

Nurettin Paşa Ankara'da

Efendiler, Nurettin Paşa'dan bir daha telgraf almadık. Fakat kendisi, Diyarbakırlı Kâzım Paşa ile beraber, 1920 yılı Haziran ayı ortalarında Ankara'ya geldi. Bizimle işbirliği yapmadan önce bazı noktalar hakkında görüşümüzü anlamak istediğini söyledi. Bu noktalar şunlardı:

Birincisi, hilafet ve saltanat makamına karşı düşünce ve görüşümüz;

İkincisi, Bolşeviklik hakkındaki görüşümüz;

Üçüncüsü, İtilaf devletlerine karşı, özellikle, İngilizlere karşı da savaşmaya karar verip vermediğimiz noktasıydı.

Görüşme, Ziraat Okulu'ndaki karargâhımızın bir odasında gece yapıldı. Bu görüşmede, Nurettin Paşa ile beraber gelen Kâzım Paşa'dan başka, Fevzi ve İsmet paşalar da hazır bulunuyorlardı. Nurettin Paşa, birinci, ikinci sorulara aldığı yanıtları pek yeterli bulmadı. Fakat özellikle üçüncü sorunun yanıtı, uzun ve ateşli tartışmalara yol açtı. Çünkü biz demiştik ki, amacımız, ulusal sınırlarımız içinde yurt bütünlüğümüzü ve ulusun tam bağımsızlığını sağlamaktır. Buna engel olmak üzere karşımıza çıkacak olan kuvvet, kim ve ne olursa olsun, mutlaka çarpışırız ve başarılı oluruz. Bu konudaki karar ve inancımız kesindir. İşte Nurettin Paşa, bir türlü buna inanamıyor ve razı olamıyordu. Sonunda kendisine dedik ki, "Bu fikir alışverişini kabul etmekle yeni görüşlere varmak ve kararlar almak söz konusu değildir. Sen, bugüne kadar ulusun iyice belirlenmiş ve kesinleşmiş inançlarına bağlı olacaksın." Ondan sonra, kendisine verebileceğimiz uygun bir görev söz konusu edildi. Kendisinin, Konya valisi sivil görevi ve Konya bölgesi komutanı unvanıyla Yunan cephesinin güneyindeki bölgenin komutanı olmasını uygun gördük. Asıl Batı Cephesi için, komutan olarak Ali Fuat Paşa'yı 18 Haziran 1920'de görevlendirdik.

Efendiler, o günlerde, Yunan cephesinde düşmanın bazı hazırlıkları anlaşıldığından cephede duyarlılık arttı. Bu nedenle, Nurettin Paşa'nın görevi kesinleşmeden ve kendisini görev yerine gönderemeden acilen Batı Cephesi'ne hareket etmem gerekti. Nurettin Paşa'nın görevlendirilmesine ilişkin işlemlerin tamamlanmasını, Genelkurmay Başkanı İsmet Paşa'ya bıraktım. Gerçekten de düşman, bütün cephe üzerinde saldırıya geçmişti. Bizim birliklerimiz çekiliyorlardı. Nurettin Paşa cephedeki elverişsiz durumu anlayınca, İsmet Paşa'ya, görev kabul edebilmek için birtakım koşulların hükümetçe karar altına alınması gereğinden söz etmiş; o koşullara göre, hükümet ülkenin yönetiminde ve önemli konularda esaslı ve kesin karar almadan önce Nurettin Paşa'nın görüş ve onayını almak zorunda kalacaktır. Çünkü, Büyük Millet Meclisi hükümeti üyeleri, Tevfik Paşa ve benzerleri gibi olgun yaşta deneyimli kişiler olmayıp, genç birtakım kimselermiş. İsmet Paşa, garip bulduğu bu anlayış ve öneriyi, hemen şifre ile bana bildirdi. Ben de Nurettin Paşa'nın kendisine görev teklif ettiğim zaman söylemediği bu düşüncesini, genel durumun buhranlı bir hal alması üzerine ortaya atmasını anlamlı buldum ve İsmet Paşa'ya verdiğim yanıtta kendisine görev verilmemesini emrettim. Nurettin Paşa'nın, Yunan saldırısı başladıktan iki gün sonra bana gönderdiği bir yazısının içeriğini dikkate değer bulmuştum. İsterseniz, bu yazıyı yüce topluluğunuza aynen okuyayım:

Ankara İstasyonu, 24 Haziran 1920

Büyük Millet Meclisi Yüksek Başkanlığı'na

Efendim Hazretleri,

Atanmış olduğum komutanlıktan ve valilikten uzaklaştırılmamın şeklini ve görevden alınmamın bana bildiriliş şeklini hakaret saydım. Bir devlet adamı tarafından ileri sürülen vatani bir düşünce ve görüşün tartışılmasına değil, hatta dinlenmesine bile değer ve önem verilmemesini ve ilgili Büyük Millet Meclisi'nin ve hükümetinin görüşünü almaya kadar bile beklenmeyerek ve dayanılmayarak veya belki buna gerek görülmeyerek iki veya üç kişi gibi az sayıdaki üyenin düşünce ve istekleriyle bu yolda işlem yapılmasında sakınca görülmemesini ve dolayısıyla ülkenin, eğer yanılmıyorsam, bu anlayışla yönlendirilmesi ve yönetilmesini, ulus ve vatan için tehlike doğurabilecek bir durum olarak gördüğümün bildirilmesine, başkanlık yüksek makamının iznini isterim.

Şimdiki koşullarda görevin kabulünü sakıncalı bulduğum ve işbirliğini yararlı göremediğim için, memleketim olan Bursa'da oturmak üzere ilk trenle Ankara'dan ayrılacağımı bilginize sunar, veda ederim, Efendim Hazretleri.

Nurettin İbrahim

Efendiler, benim bu yazıya verdiğim yanıt da aynen şuydu:

25 Haziran 1920

Tuğgeneral Nurettin Paşa'ya

24 Haziran 1920 tarihli yüksek yazıları yanıtıdır:

Söz konusu edilen komutanlık ve valilik görevleri, henüz Milli Savunma ve İçişleri Bakanlıkları tarafından resmen size verilmemiş ve bildirilmemişti. Dolayısıyla ne atanmanız ne görevden alınmanız söz konusudur. Yalnız, yüksek şahsınıza görev verilmesi düşünülmüş ve bu konuda görüşünüz ve kararınız sorulmuştu. Atama durumu henüz kesinleşmemiş olduğu bir sırada, Genelkurmay aracılığıyla öğrenilen görüş ve düşüncenizdeki kararsızlıklar üzerine, hükümetçe atamanızın yapılmasından vazgeçilmesi kararlaştırıldı. Böyle bir kararı vermek için sandığınız gibi Büyük Millet Meclisi Genel Kurulu'na durumun sunulması, mevcut ve yürürlükteki kanunların gereklerinden değildir. Bursa'ya gidişiniz ve orada oturmanız konusuna gelince, içinde bulunduğunuz askerlik mesleği dolayısıyla bu konuda Milli Savunma Bakanlığı yüksek makamına usulünce başvurmanız gereği bildirilir, efendim.

Büyük Millet Meclisi Başkanı
Mustafa Kemal

Nurettin Paşa Bursa'ya değil, fakat Taşköprü'ye gitmiş ve uzun süre orada kalmıştır. Bundan sonra da kendisine, tekrar birkaç durum nedeniyle değineceğiz. O durumları da yeri geldikçe gerektiği kadar açıklayacağım.

Türkiye Büyük Millet Meclisi hükümetinin meseleler hakkında verdiği ilk karar: Moskova'ya bir heyet gönderilmesi

Efendiler, kurulan Türkiye Büyük Millet Meclisi hükümetinin, dış meseleler hakkında verdiği ilk karar, Moskova'ya bir heyet gönderilmesi olmuştur. Heyete Dışişleri Bakanı Bekir Sami Bey başkanlık ediyordu. Ekonomi Bakanı Yusuf Kemal Bey üye bulunuyordu. 11 Mayıs 1920'de Ankara'dan hareket eden heyetin temel görevi, Rusya ile ilişki kurmaktı. Rusya'nın hükümetimizle yapacağı antlaşmanın bazı esasları, 24 Ağustos 1920'de parafe edilmiş olmakla beraber, durumun gereği olarak uzlaşma sağlanamayan bazı noktalardan dolayı gecikmiştir. Moskova Antlaşması adıyla anılan devletlerarası belgenin imzalanması, ancak 16 Mart 1921'de mümkün olabilmiştir.

Saygıdeğer efendiler, ülkede yer yer ortaya çıkan iç ayaklanmaların ardından gelmekte gecikmeyen ilk genel Yunan saldırısı, gözümüzü tekrar Batı'ya çevirtecektir.

İlk genel Yunan saldırısı

Yunanlılar, 22 Haziran 1920'de Milen Hattı'ndan[16] genel saldırıya geçtiler. Kuvvetleri altı tümene ulaşmış bulunuyordu. Üç tümenle iki koldan Akhisar-Soma yönünde, iki tümenle Salihli yönünde, bir tümenle de Aydın cephesinden saldırdılar. Düşmanın kuzey kolu, 30 Haziran 1920'de Balıkesir'e girdi ve süvarileri 2 Temmuz 1920'de Kirmastı (Mustafakemalpaşa) ve Karacabey'i işgal etti. Bu

---

16 Milne Hattı: Ateşkes döneminde İngiliz işgal komutanı George Milne'in Yunan işgal kuvvetleriyle Türk birlikleri arasında saptadığı hat (y. n.).

düşman karşısında bulunan 61. ve 56. Tümenlerimiz, Ulubat köprüsünü yıkarak Bursa yönüne çekildi. Düşman, izlemeye devam ederek Bursa'yı da işgal etti ve ileri hatlarını Dimboz-Aksu hattına kadar sürdü. Bunun karşısındaki kuvvetlerimiz fazla sarsıldı. Eskişehir'e kadar çekildi. Bu hareketler sırasında İngilizler, 25 Haziran 1920'de Mudanya'ya ve 2 Temmuz 1920'de de Bandırma'ya birer müfreze çıkardılar.

Salihli yönünde doğuya ilerleyen iki Yunan tümeni de, 24 Haziran'da Alaşehir'e girdi. Daha sonra ilerleyerek 29 Ağustos'ta Uşak'ı ele geçirdi ve Dumlupınar sırtları elimizde kalmak üzere bu bölgeye kadar ilerledi. Bu düşman karşısında bulunan 23. Tümen ve ulusal kuvvetlerimiz çok kayıp verdi ve zayıf düştü!.. Aydın'dan ilerleyen bir Yunan kolu da Nazilli'ye kadar geldi.

Bu hareketler sırasında, tümenlerimizin sadece kadro halinde olduklarını, ve cephanesiz olduklarını ve desteklenmelerine de henüz olanak olmadığını bilirsiniz.

Efendiler, ben de Eskişehir'e ve oradan ileri bölgelere gittim. Gerek orada ve gerek diğer bölgelerde bulunan kuvvetlerimizin düzene sokulmasını emrettim. Yeniden, düşman karşısında, düzenli komutaya bağlı cephelerin kurulmasını sağladım.

Yunan saldırısı karşısında ulusal cephelerin bozulması üzerine Meclis'te şiddetli hücum ve eleştiriler

Efendiler, Yunan saldırısı ve ulusal cephelerin bozulması, Meclis'te büyük sıkıntıya ve şiddetli hücum ve eleştirilere sebep oldu.

Büyük Millet Meclisi'nin, 13 Temmuz 1920 günü, 41. toplantısında, kusurlarından ve idaresizliklerinden dolayı Bursa Komutanı Bekir Sami ve Valisi Hâcim Muhittin beylerin ve Alaşehir Komutanı Âşir Bey'in niçin bir harp divanına verilmedikleriyle ilgili olarak Genelkurmay Başkanlığı'na ve İçişleri Bakanlığı'na yönelik gensoru önergeleri okundu.

Bu önerge sahibi, Afyonkarahisar Milletvekili Mehmet Şükrü Bey'di. Sinop Milletvekili Hakkı Hami Bey'in de, çok acele cezalandırma konusundaki ısrarı "bravo" sesleriyle karşılanıyordu. Önerge sahibi olan Mehmet Şükrü Bey'in "Biz sorumlu tutulduğunu görmek istiyoruz" feryadı üzerine gensoru kabul edildi. Gensoru günü olarak belirlenen 14 Ağustos 1920'de Genelkurmay başkanı yanıt verdi. Fakat bir türlü inandırmak ve yatıştırmak mümkün olamıyordu. Afyonkarahisar Milletvekili Şükrü Bey "anket" [soruşturma] istiyor. Diğer bir konuşmacı, bazı subayların ve komutanların cezalandırılmalarının doğal olduğundan söz ederek birçok örnek veriyor, diğer bir konuşmacı, asker geri çekilirken bir komutanın otuz altı deve eşya götürmüş olduğunu söylüyor, başka bir konuşmacı da Yunan ordusunun kısa bir süre içinde Akhisar'dan Marmara sahillerine varıncaya kadar, bütün şehirler ve köyleri yıldırım hızıyla ele geçirdiğinden söz ederek, "Bursa yenilgisi dolayısıyla uğramış olduğumuz büyük kayıp, dünyanın gözünde Anadolu'da savunma denilen şeyin bir göz korkuluğu olduğuna genel bir inanç uyandırmıştır" diyor ve bu büyük bozgunun sorumlularının cezalandırılmasını istiyordu.

Efendiler, uzun ve ateşli devam eden tartışmalara, benim de karışmam gerekti. Ortaya çıkan bu çok acı durumda, Meclis'in üzüntü ve ilgisini anladıktan sonra, düşünceleri ve duyguları yatıştırmak amacıyla açıklamalarda bulundum. Benim sözlerime karşı da yapılan ufak tefek hücumlara yanıt verdikten sonra, genel açıklamalar yeterli görüldü.

Efendiler, ayrıntılarını Meclis tutanaklarında okuduğunuz bu ateşli görüşmelerden önce, 26 Temmuz 1920 günü de gizli bir oturumda, buna benzer bir görüşme yapılmıştı. Orada da, uzun açıklama yapmak zorunda kalmıştım. Çünkü, üzüntü ve acı sonucu olarak yapılmakta olan eleştirilerde ve önerilerde, bu yenilginin gerçek sebepleri ve etkenleri sanki unutulmuş gibiydi. Bütün felaketin sorumlusu olmak üzere, daha kurulalı ve yükümlülüğü üzerine alalı iki ay olmayan Bakanlar Kurulu'nu sorumlu tutmak hedefleniyordu. Bir yıldan fazla bir zamandan beri, Yunan ordusunun İzmir bölgesine yerleşmiş ve sürekli olarak hazırlanmış olduğu ve buna karşılık İstanbul hükümetlerinin ordumuzu sürekli hareket edemez hale getirecek sebepler hazırlamakla uğraştığı ve ulusun kendiliğinden kurabildiği ulusal kuvvetleri dağıttırmaya ve ortadan kaldırtmaya çalışmaktan başka bir şey yapmadığı hiçbir şekilde düşünülmüyordu. Eğer, bu bir yıl içinde Yunan kuvvetleri karşısında az çok bir varlık gösterilmişse, bunun da beş on özverili kişinin kendiliğinden gösterilmiş bulunan kararlılık ve çabalarının sonucu olduğunu insafla görmek istemiyorlardı. Askeri hareketleri, gerçek durumu bilerek ve askeri gerekleri göz önünde tutarak düşünen ve inceleyen yoktu. Söylenilen sözler, ya vatanseverlik duygularının sürüklediği coşkunlukla ya da aşırı duyarlılık eseri olarak haykırma ve inleme halinde söyleniyordu. Söz söyleyenler içinde, çok az olmakla beraber, ulusal inancı ve vatana bağlılığı şüpheli olanlar bile vardı.

Bu söz konusu ettiğimiz gizli oturumda, uzun konuşmam arasında özellikle demiştim ki: "Felaket başa gelmeden önce, onun önlenme sebepleri ve savunmasını düşünmek gerekir. Geldikten sonra üzülmenin faydası yoktur. Yunan saldırısı gerçekleşmeden önce, olacağı büyük bir olasılık dahilindeydi. Eğer, bunu önleyici çözüm ve önlemler bulunmamış ise, bunun sorumluluğu, Türkiye Büyük Millet Meclisi'ne ve onun hükümetine ait olamaz. Büyük Millet Meclisi hükümetinin sorumluluğu yüklendiğinden beri almaya başladığı önlemlerin, bir yıl öncesinden İstanbul hükümetleri tarafından, bütün ulusla beraber ve önemle alınmaya başlanması gerekirdi. Bazı kuvvetlerin cepheden alınıp iç ayaklanmaların bastırılmasıyla görevlendirilmesi, Yunan kuvvetleri karşısında bulundurulmasındaki yarardan daha önemli ve zorunluydu ve halen de öyledir. Gerçi Bursa'da bırakılması zorunlu olan bir tümen, Adapazarı ayaklanma bölgesine gönderilen iki tümen, Hendek'te dağılan bir tümen, yani dört tümen; Zile,

Yenihan bölgesinde ayaklananlarla uğraşan bir tümen ve bütün bu düzenli ordu kuvvetlerine yardım eden ulusal müfrezeler, cephede bulundurulabilseydiler, belki düşman saldırısı bu ölçüde gelişemezdi. Fakat, ülkenin huzuru, ulusun kurtuluş isteği noktasında birlik ve dayanışması sağlanmadıkça, bir dış düşmanın yayılmasını durdurmaya çalışmak ne mümkündür ve ne de bundan esaslı bir yarar ve sonuç beklenir. Ancak, ülke ve ulus tarafından dediğim durum korunursa, düşmanın herhangi bir zamandaki başarısı ve bunun sonucu olarak çok toprak işgali, geçici olmak durumundan kurtulamaz. Birlikte ve amaçta kararlı olan ve ısrar eden ulus, kibirli ve saldırgan davranan her düşmanı, eninde sonunda kibrinde ve saldırganlığında pişman edebilir. Onun için, iç ayaklanmaları bastırmak, Yunan saldırısını durdurmaktan elbette daha önemlidir. Zaten, cepheden iç ayaklanmalara karşı kuvvet ayrılmamış olsaydı bile, sonucun başka türlü olabileceğini düşünmek çok zordur. Örneğin; düşman Kuzey Cephesi'ne üç tümenle saldırdı. Bizim orada, cepheye yetebilecek kuvvetimiz yoktu. Filan noktada, filan derede, filan köydeki kuvvetimiz veya oradaki subay veya komutanımız düşmanın geçmesine izin vermeseydi, bu felaket başımıza gelmezdi diye haykırmanın anlamı yoktur. Tarihte yarılmamış ve yarılmayan cephe yoktur. Özellikle, söz konusu cephe, kendisine ayrılan kuvvet ölçüsünde dar bir cephe olmayıp da böyle yüzlerce kilometre genişliğinde olursa, bu cephenin şurasında ve burasında bulunan zayıf bir kuvvetin, sonuna kadar savunmasını kabul etmek bütün düşünce ve yargıları yanlışlığa sürükler. Cepheler delinebilir, buna karşı alınacak önlem, delinen kısmı bir an önce kapatmaktır. Bu ise, cephe üzerindeki kuvvetlerden başka, geride, yedekte, güçlü destekler bulundurmakla olabilir. Oysa, Yunan ordusu karşısındaki ulusal cephemiz bu durum ve bu güçte miydi? Bütün Batı Anadolu illerimiz, Ankara ve çevresi de içinde olmak üzere, daha doğrusu bütün ülkede, kuvvet denilecek askeri bir birlik bırakılmış mıydı?

Ciddi askeri örgüt yapabilmek için ve bunda başarı olanağı sağlayabilmek için, zaman şarttır

Savaş hatlarına yakın köylerdeki halkın yapabileceği savunmadan, hayali sonuçlar beklemek akıllıca bir beklenti olamaz. Ülkenin bütün güç kaynaklarından yararlanma koşullarına ve yetkisine sahip olduktan sonra bile, sağlam bir askeri örgüt kurabilmek ve bunda başarı sağlayabilmek için, zaman şarttır. Bursa'da Bekir Sami Bey'in emrine verilen kuvvetin esası, İzmir'de tüfek attırılmaksızın Yunanlılara teslim edilen ve Yunan gemileriyle Mudanya'ya çıkarılan iki alay kadrosu değil miydi? Bu kuvvetin moralini düzeltmek için İstanbul hükümetleri herhangi bir önlem almışlar mıydı? İstanbul hükümetleri değil miydi ki, Yunan saldırısından önce, Balıkesir'de savunma yapmaya çalışan kuvvetlerimizin arkalarına Anzavur'u saldırttı. Yine İstanbul hükümeti ve halife ve padişah değil miydi ki, Yunan cephesinde kullanılacak oldukça güçlü bir tümeni, 24. Tümen'i, Hendek-Düzce yolunda Hilafet Ordusu ve asilerin grupları tarafından aldatılarak dağıttırmış ve komutanlarını şehit ettirmişti.

Ülkenin geleceğiyle ilgili sorumluluğu yeni üstlenmiş olan Bakanlar Kurulu, bu tarihteki koşullarda acaba seferberlik yapabilmeyi düşünebilir miydi? Ülkenin adeta baştan başa halifenin fetvası hükmünü uygulamaya sürüklenip zorlandığı bir sırada, ulusu askere çağırmak uygun ve mümkün görülebilir miydi? Bundan başka, bütün ulusu silah altına çağırmadan önce, silah sayısı ve eldeki silahı kullanılır durumda tutabilmek için cephane ve para miktarları, kaynakları düşünülmek zorunlu değil miydi? Durumu değerlendirirken ve önlem düşünürken, acı da olsa gerçeği görmekten bir an olsun vazgeçmemek gerekir. Kendimizi ve birbirimizi aldatmak için gerek ve zorunluluk yoktur. Biz, durumun ve cephelerin ihtiyaçlarından habersiz değiliz. Her taraftan, adıma sayısız telgraflar gelmektedir: "Büyük çapta düzenli kuvvetler gönderiniz"; "Şu kadar cephane gönderiniz", "Bunlar gelmezse burada yeniliriz" denilmekte, tehlike ve ateş içinde bulunmaktan kaynaklanan heyecan etkisiyle, acı bir dille durum açıklanmaktadır. Bizim görevimiz ve durumumuz, onların üzüntü ve heyecanına katılarak halkın manevi gücünü kırmak değildir. Aksine onlara dayanma gücü, sabır ve ümit verecek şekilde hareket etmektir.

Bundan sonra, elbette durumlar değişecek, bütün ülke ve ulusa gerçekten ümit ve güven verecek önlemler uygulanacaktır. Artık buna engel kalmamıştır. Hükümet bir kısım doğumluları da silah altına alabilecektir."

Yeşilordu

Saygıdeğer efendiler,

Bazı belirsiz konuların kolaylıkla anlaşılmasına yardımcı olacağını sandığım için yüksek heyetinize, bir "Yeşilordu"dan söz edeceğim:

Türkiye Büyük Millet Meclisi'nin ve hükümetinin kuruluşundan sonra Ankara'da "Yeşilordu" adı altında bir cemiyet kuruldu. Bu cemiyetin ilk kurucuları, pek yakın ve bilinen arkadaşlardı. Kuruluş amacını açıklamak için, iç ayaklanmaları ve bu ayaklanmalara karşı gönderilen ordu kuvvetlerinin ve ulusal müfrezelerin gösterdikleri bazı durum ve görüntülerini hatırlamak gerekir. Asilerin ordu erlerine, halifenin fetvasından, padişahın askerliği affettiğinden, Ankara'daki hükümetin yasadışı olduğundan söz ederek, onları kolaylıkla aldattıkları tekrar tekrar görüldü. Gerçekten, birçok yerde bazı nizamiye askerleri, asilerle çarpışmaksızın, aksine silahlarını bırakarak köylerine, memleketlerine savuşuyorlardı. Ulusal müfrezelerin inkılabın amacını daha kolaylıkla anladıkları ve asilerin aldatmalarına kapılmadıkları anlaşılmıştı. Bu sebeple Osmanlı ordusundan geriye kalanlar denilebilecek olan, o tarihlerdeki yorgun, bezgin ve yeni inkılap ülküsüne göre yetiştirilmemiş birliklerle inkılabı başarmak konusundaki güçlükler, hissedilir bir derecedeydi. Orduyu, yeni anlayışı bilinçli bir hale getirmenin, o günlerin koşullarında çok güç olacağı sanılıyordu. Dolayısıyla istenilen niteliklere sahip, bilinçli kimselerden seçkin ve inkılap için güvenilir bir örgüt kurma düşüncesi, bazı kişilerde egemen olmaya başladı. Birbirini izleyen ve kanlı ve tehlikeli durumlara yol açan iç ayaklanmalar karşısında bu belirttiğim fikir ve eğilim güçlendi. Sonuçta, bazı kimseler böyle bir oluşum için girişimde bulundular. Ben, bir yandan ordumuzu canlandırma ve güçlendirme yolları ararken, bir yandan da her türlü sakıncalarına rağmen, kurulmuş olan ulusal müfrezelerden de her yerde, ister istemez mümkün olduğunca yararlanmaya çalışmaktaydım. Fakat ciddi bir disiplin, kayıtsız şartsız ve duraksamadan emirlere uymayı gerektiren ciddi askeri görevlerin, ancak düzenli bir orduyla yerine getirilebileceği gerçeğini unutmaya elbette olanak yoktu. Ulusal müfrezelerden yararlanma, zaman kazanma amacına dayalı olabilirdi. Kuşkusuz görevlendirilmeleri zorunlu olan ulusal müfrezelerin, seçkin ve bilinçli kimselerden kurulabilmesi istenirdi.

Yeşilordu örgütünün ilk kurucuları arasında bulunan yakın arkadaşlar, sırf bana yardım etmek amacıyla ve beni ayrıca yormamak düşüncesiyle kendileri girişimde bulunarak çalışmayı uygun görmüşler. Bana, yalnız yararlı bir iş yapacaklarını söyleyerek, bu girişimlerinden söz etmişlerdi. Ben, gerçekten çok meşgul olduğum için, arkadaşların bu girişimleriyle uzunca bir süre ilgilenemedim. Yeşilordu örgütü, bir bakıma gizli bir örgüt olarak kurulmuş ve oldukça genişlemiş. Genel Sekreteri Hakkı Behiç Bey ve Ankara'daki yönetim kurulu, önemli ve esaslı çalışmalar yapmışlar. Basılı tüzükleri ve görevli memurları her tarafa gönderilmiş. Yalnız, bir noktayı da işaret etmeliyim ki, Yeşilordu örgütüyle ilgilenenler, işin benim bilgim, onayım ve isteğimle olduğunu söylediklerinden, her tarafta benim adıma örgütü genişletmeye ve güçlendirmeye çalışanlar çoğalmış. Çalışmaya geçmiş olan örgüt, sadece ulusal müfrezeler oluşturmak gibi sınırlı bir alandan çıkmış, çok genel bir amaca da yönelmiş.

Örgütün kurucuları arasına, milletvekili bulunan Çerkez Reşit Bey ve Ankara üzerinden Yozgat'a gidip gelirken olacak, Çerkez Ethem ve kardeşi Tevfik beyler de katılmışlar. Bundan başka, Ethem ve Tevfik Bey müfrezelerinin bütün adamları, Yeşilordu'nun adeta temelini oluşturmuşlar.

Çerkez Ethem Bey ve kardeşlerinin ilk kez dikkate değer görülmeye başlanan bazı tavır ve davranışları

Efendiler, bu girişten sonra, Çerkez Ethem Bey ve kardeşlerinin, ilk kez dikkate değer görülmeye başlanan bazı tavır ve davranışları hakkında yüksek heyetinizi aydınlatmak isterim.

Çerkez Ethem Bey, ulusal bir müfrezeyle önce Anzavur'un takibinde ve sonra da Düzce ayaklanmasında başarılı bazı hizmetler yapmış olduğu için Yozgat'a gitmek üzere Ankara'ya çağrıldığı zaman, hemen herkesten iltifat ve takdir gördü. Kuşkusuz, kendisini abartılı bir şekilde övenler ve yüceltenler de bulunmuştur. Ethem Bey ve kardeşlerinin daha sonraki davranışlarından, gördükleri övücü davranışlardan gururlandıkları ve hatta bazı hayallere kapıldıkları anlaşılıyor. Ethem Bey ve kardeşlerinden Tevfik Bey, Yozgat ayaklanmasını bastırmak için Yozgat'ta uğraştığı sırada, kendine yakın-uzak ne kadar askeri ve ulusal komutanlarımız varsa, bunların rütbe ve makamlarına önem vermeksizin hepsine birer birer aşağılayıcı ve saldırgan bir şekilde davranmakta hiçbir sakınca görmemeye başladı. Çoğu Ethem Bey'in kendisini, niteliğini ve değerini tanımayan komutanlar, ülkenin ateş içinde bulunduğunu ve Ethem Bey'in abartılı bir şekilde duydukları hizmetini düşünerek, mümkün olduğu kadar kendisiyle çekişmekten kaçınmışlardı. Bundan cesaret alan Ethem ve kardeşi Tevfik beyler, Türk ordusunda değerli hiçbir subay ve komutan bulunmadığı ve kendilerinin herkesin üstünde birer kahraman oldukları saplantısına kapılmışlar ve bu sanılarını açıktan açığa, korkusuzca herkese söylemekten çekinmemeye başlamışlardı. Doğrudan doğruya valilere ve herkese emirler veriyorlar ve emirlerinin uygulanmaması durumunda idam edileceği tehdidini de ekliyorlardı. Ethem Bey Ankara ve Ankara'daki hükümet üzerinde bile otorite kurma denemesinde bulunmuştur. Sözde, Yozgat ayaklanması, Yozgat'ın bağlı bulunduğu Ankara valisinin kötü yönetiminden kaynaklanmış; dolayısıyla ayaklanmaya sebep olanlar hakkında uyguladığı cezayı, ki o ceza asılarak idamdı, Ankara valisi hakkında da olay yerinde kendisi uygulamaya karar vermişti. Yozgat'a gönderilmesini istediği Ankara valisi, ulusal mücadelede çok büyük hizmet ve özveride bulunmuş ve bulunmakta olan Yahya Galip Bey'di. Yahya Galip Bey'in hizmeti özellikle bizce takdir edilmiş, varlığı çok gerekli ve yararlı bir kişi olduğu biliniyordu. İşte böyle bir kişiyi, kendi eline, idam sehpasına vermeye bizi zorlamakla en büyük otorite ve etkiyi kazanabileceğini düşünmüştü. Elbette Yahya Galip Bey'i veremezdik ve vermedik. Ethem ve kardeşleri bu konuda fazla ısrar etmediler. Fakat, Yozgat'ta, özellikle milletvekillerine "Ankara'ya dönüşümde Büyük Millet Meclisi başkanını Meclis önünde asacağım" yollu boşboğazlıkları işitilmiştir. Yozgat Milletvekili Süleyman Sırrı Bey de bu boşboğazlığı işitenlerdendir. Biz, bütün bildiklerimize ve aldığımız haberlere rağmen, bu "kardeşleri" her zaman yararlanabileceğimiz bir durumda bulundurmak yolunu seçtik. Bu sebeple, kendilerini idare ettik. Yozgat'tan sonra Ankara üzerinden Kütahya bölgesine gönderdik. Bu konuya tekrar dönmek üzere asıl konumuz olan Yeşilordu'ya sözü getireceğim.

Bilginize sunmuştum ki, her yerde Yeşilordu örgütünü, benim adıma yapıyorlardı. Şahsen tanıdığım kişilerden biri, Erzurumlu Nâzım Nazmi Bey'in görevli olduğu Malatya'dan gönderdiği bir mektupta, Yeşilordu örgütünün beni sevindirecek şekilde genişletilmesine çalışıldığı bildiriliyordu. Bu haberin uyarısıyla, bu gizli cemiyet hakkında araştırmalarda bulundum. Bu cemiyetin zararlı bir şekil ve nitelik aldığına inandım. Hemen kapatılması gerektiğini düşündüm. Bu konuda tanıdığım arkadaşları aydınlattım. Görüşümü söyledim. Gerekeni yaptılar. Fakat, genel sekreter olan Hakkı Behiç Bey, cemiyetin kapatılması hakkındaki önerimin mümkün olamayacağını söyledi. Ben, kapattırırım, dedim. Bunun da olanaksız olduğunu ve çünkü durumun tahminden daha büyük ve daha güçlü olduğu ve bu cemiyeti kuranların sonuna kadar amaçlarından ayrılmayacaklarına dair birbirlerine söz vermiş olduklarını, kendine özgü bir tavırla söyledi. Olaylar gösterdi ki, biz bu gizli cemiyetin çalışmasına son vermeye çalıştığımız halde tamamen başarılı olamadık. Cemiyetin önde gelenlerinden bir kısmı ki, Reşit, Ethem, Tevfik kardeşler başta bulunuyorlardı, çalışmalarına ve bu defa elbette ki, tamamen olumsuz ve bize karşı olarak devam etmişlerdir. Eskişehir'de çıkarttıkları *Yeni Dünya* gazetesiyle de düşünce ve amaçlarını saldırgan bir biçimde yayımlattırıyorlardı.

Celalettin Arif, Hüseyin Avni beylerin Erzurum'a gidişi ve oradan ortaya attıkları sorunlar

Saygıdeğer efendiler, izlemeyi düşündüğüm sıraya göre, yüksek heyetinizin Doğu cephemizle biraz zamanını alacağım. Fakat değineceğim durumdan önceki bir evre vardır ki, önce onu açıklamak gerekiyor.

Birinci Büyük Millet Meclisi'nde ikinci başkan olan Erzurum Milletvekili Celalettin Arif Bey 15 Ağustos 1920 tarihli bir önergeyle Meclis'ten iki ay süreyle izin aldı. İleri sürdüğü izin sebebi, zihin yorgunluğu sonucu tutulduğu sürekli baş ağrısıydı. Aynı zamanda, çoktan beri görmediği seçim bölgesinde de incelemeler yapmak istiyordu.

Celalettin Arif Bey, Erzurum milletvekillerinden Hüseyin Avni Bey'in kendisine eşlik ettirilmesini özel olarak benden rica etti. Hüseyin Avni Bey'in Meclis'ten izin isteyebilmesi için belirli bir gerekçesi yoktu. Kendisini, ben, özel bir görevle gönderecektim. Bu konuyu, 18 Ağustos 1920'de Meclis'ten rica ettim. Uygun bulundu.

Celalettin Arif ve Hüseyin Avni beylerin Erzurum'a ulaşmalarının ardından, Celalettin Arif Bey'den 10 ve 15/16 ve 16 Eylül 1920 tarihlerinde üç şifre telgraf aldım. Bu telgraflara göre, Erzurum halkında gerginlik ve kaynaşma varmış... Fakat, Celalettin Arif Bey'in Ankara'dan Erzurum'a hareketinden haberdar olunca halk bekleme durumunu almış... Kaynaşmanın sebepleri de, ordu ambarlarına, tüfek ve cephane kaybına ve süt dağıtımına dairmiş...

Celalettin Arif Bey, bazı görevlilerin değiştirilmesi ve cezalandırılması gibi işlerde çabukluk istiyordu. Söz konusu görevlilerin değiştirilme ve cezalandırılmalarında, Erzurum vali vekilliğinde bulunan Albay Kâzım Bey (İzmir Valisi Kâzım Paşa) başta bulunuyordu. Celalettin Arif Bey, halkla görüşerek, eski Adana Valisi Nâzım Bey'in Erzurum valiliğine atanmasının kararlaştırıldığından, Trabzon yoluyla bildirim yapmalarından ve Nâzım Bey'in varışına kadar halkoyuna başvurularak bir vali vekili seçiminden söz ettikten sonra, verilecek olumlu yanıtla halkın artan kaynaşması hemen yatıştırılmazsa, ortaya çıkacak sonuçların tehlikesinden korkulduğunu bildiriyordu. Sonuncu telgrafında, "Ankara, şikâyeti dikkate almadığından, sorun Ankara'ya güvenin sarsılması şekline dönüşebilecektir" denilmekteydi.

Efendiler, doğudaki kolordumuzda dehşetli bozulma ve yolsuzluklar varmış... Bozulmanın derecesi o kadar artmış ki, halkın yurtseverlik duygusuna dokunmuş... Müthiş kaynaşmasına sebep olmuş... Fakat, bu kadar genel ve yatıştırılamaz kaynaşmayı Erzurum'da ne vali vekili, ne kolordu komutanı anlamış!.. Hiçbir görevli, hiçbir ilgili böyle bir kaynaşmanın farkına varamamış, hükümeti haberdar eden hiçbir kimse bulunmamış... Bununla beraber halk, Celalettin Arif Bey'in zihin yorgunluğundan dolayı izinli, Hüseyin Avni Bey'in de benim tarafımdan görevlendirilerek Erzurum'a hareket ettiklerinden haberdar oldukları için, gerginlik ve kaynaşmalarını bastırmışlar... Milletvekili beylerin oraya varmalarıyla beraber açığa vuruyorlar...

Doğrusu efendiler, ben bu bilgilere asla inanamadım. Celalettin Arif ve Hüseyin Avni beylerin birer bahaneyle Ankara'dan Erzurum'a gidişlerini anlamlı buldum ve hayret ettim. Özellikle, halkoyuyla vali atanması önerisinin, hukuk profesörlüğü yapmış, kanun adamı olarak tanınmış, Mebuslar Meclisi başkanlığından Türkiye Büyük Millet Meclisi ikinci başkanlığına gelmiş, Celalettin Arif Bey'den geldiğini görmek, hayretimi artırdı.

Erzurum'da, Büyük Millet Meclisi ikinci başkanına, 16/17 Eylül 1920 tarihinde "telgraflarının Bakanlar Kurulu'nda okunduğunu ve bu konuda Cephe Komutanlığı'yla görüşülmekte olunduğunu" bildirdim. Doğu Cephesi Komutanlığı'na da, Celalettin Arif Bey'in bildirimlerini özetledikten sonra bilgi istedim ve görüşünü sordum.

Celalettin Arif Bey'in geniş yetkiyle Doğu illeri valiliğine atanması öneriliyor

Doğu Cephesi Komutanı Kâzım Karabekir Paşa'nın da, 14 Eylül 1920'de benim telgrafımdan önce yazılmış bir şifre telgrafını 19 Eylül'de aldım. Bu telgrafta, "Celalettin Arif Bey'in, Rize, Trabzon, Erzurum, Erzincan, Van, Bayazıt [Doğubayazıt] illerini ve yüce Meclis tarafından uygun görülecek diğer bölgeleri de kapsamak üzere Doğu illeri valiliğine atanmasını bilgilerinize sunar ve öneririm" denildikten sonra, şu düşünceler ekleniyordu: "Bu önerinin onaylanması ve uygulanması durumunda, askeri ve sivil her iki görevin gereken önem ve dikkatle yapılacağı yararı dışında, gerektiği zaman, önemli işleri görüşmek ve gereğini hızla yapmak için milletvekili olarak bir kişi daha bulunmuş olur. Yukarıda sunulanların Büyük Millet Meclisi'nce layık olduğu önemle dikkate alınarak kabul edilip onaylanacağını umar, bu konuda yüksek şahsiyetlerinin yardım ve çabalarınızı istirham ederim. Durum, ana hatları bakımından Celalettin Arif Beyefendi ile görüşülmüş ve adı geçen tarafından da yerinde bulunmuşsa da, bu konudaki kararın, kuşkusuz, Millet Meclisi'nin uygun görmesine ve onayına bağlı olduğu doğaldır."

Efendiler, ordudaki yolsuzluktan, halkın kaynaşmasından, Erzurum'a halkın oyuyla vali seçilmesinden ve acele olumlu yanıt verilmezse Ankara'ya karşı güvensizlik doğacağından söz eden Celalettin Arif Bey, ordunun komutanıyla görüşüyor ve kendisinin geniş yetkiyle Doğu illeri valiliğine önerilmesini sağlıyor. Ordu komutanı da, Celalettin Arif Bey'in, sonuç olarak kendisi aleyhindeki şikâyetlerinden habersiz görünüyor. Durumu, özel amaçla düzenlenmiş bir oyun ve aynı zamanda bir aymazlık olarak kabul etmemek imkânsızdı.

Kâzım Karabekir Paşa'nın, 16/17 Eylül tarihli telgrafıma 18 Eylül'de verdiği yanıt: "Celalettin Arif Bey'in bildirdikleri, birkaç kişinin Vali Vekili Albay Kâzım Bey'i sırf Erzurum'dan uzaklaştırmak için yaptıkları dedikoduya dayanmaktadır. Halkın kaynaşması ve genel oyla vali seçilmesi konularının, ne yazık ki Celalettin Arif Bey'in yanlış bir yol tutmalarından başka bir şey olduğunu sanmıyorum. Söz konusu şikâyetlerin; küçüklerinden, büyüklerine, bütün Doğu'nun pek çok saygı ve güvenini kazanan bana yapılmaması, iş çevirmek isteyenlerin başarılı olamayacaklarını bilmeleri sonucudur...

Celalettin Arif Bey, Albay Kâzım Bey'in vali vekilliğinden ve kolordu komutanlığı vekilliğinden alınarak Erzurum'dan uzaklaştırılmasını bana önerdi. Vali vekilliğinden alınmasının İçişleri Bakanlığı'ndan emredilmesiyle ve vali vekilliğinin doğrudan kendileri tarafından, yani Celalettin Arif Bey tarafından üstlenilmesiyle mümkün olabileceğini bildirdim.

Celalettin Arif Bey kendi kendine Erzurum vali vekili oluyor

Celalettin Arif Bey'in Erzurum'daki resmi olmayan durumunun, etkisini kırabileceğini sanıyorum. Hemen Erzurum vali vekilliğini üstlenmesi, başladıkları işin sessizce ve başarıyla sona erdirilmesi için koşuldur. Daha sonra uygun bulunursa, Doğu illeri müfettişliğine veya valiliğine atanır. Her halde, söz ettikleri kaynaşma ve gerginliğin kendilerinin gelmesi üzerine şimdilik yatıştığını kabul etmiyorum. Böyle bir sözü, kendisine pek önem verildiğini gören kimsenin atılgan sözleri diye kabul ediyorum..."

Kâzım Karabekir Paşa'nın, 14 ve 18 Eylül tarihli telgraflarına, 20 Eylül'de verdiğim yanıtta "Büyük Millet Meclisi üyeliğiyle devlet memurluğu sıfatının bir kişi üzerinde bulunamayacağı" hakkındaki 5 Eylül 1920 tarihli kanunun ilgili maddesini aynen yazdıktan sonra, "Celalettin Arif Bey'in Erzurum valiliğine atanması mümkün değildir. Milletvekilliğinden istifa ettiği takdirde, söz konusu atama hükümete önerilebilir" dedim.

Oysaki efendiler, oysa Kâzım Karabekir Paşa'nın son telgraf tarihi olan 18 Eylül günü, bizim 20 Eylül'de bildirdiğimiz kanunun hükmüne aykırı olan durum Erzurum'da alınmış imiş...

Bu kanuna aykırı hareketten, aynı zamanda yeni Türkiye'nin Adalet Bakanı Celalettin Arif Bey'in, 18 Eylül'de yazılıp 21 Eylül'de aldığım telgrafıyla haberdar edildim. Kendi kendine Erzurum vali vekili olan Adalet Bakanı'nın telgrafı aynen şudur:

Erzurum, 18 Eylül 1920

Ankara'da Büyük Millet Meclisi Başkanı Mustafa Kemal Paşa Hazretleri'ne

Kâzım Paşa Hazretleri'ne gönderilen onurlandırıcı yüksek telgraflarınız üzerine, Paşa Hazretleri ile sunulan konular hakkında ayrıntılı olarak görüştük. Paşa, durumun ne derece kötüye gittiğini anlamak istemiyorlar ve maiyetindeki kişiler her bakımdan korunuyor. Kamuoyundaki kaynaşmanın bir an önce yatıştırılması için silah ve diğer savaş araç gereçleri ile Kilise'de çıkan yolsuzluk söylentilerini ciddi bir şekilde araştırmak ve buna cesaret edenleri kanunun pençesine teslim edebilmek için, halkın saygısını kazanmış olan 9. Tümen Komutanı Halit Bey'in görevlendirilmesini istirham ederim. Ordu hesaplarının denetimi de gerektiğinden hemen bir maliye müfettişinin gönderilmesi yüksek kararlarınıza sunulur. Kâzım Paşa'dan şimdi aldığım bir yazıda, daha önce vali vekilliğinden kayıtsız ve şartsız çekilmeye karar veren Albay Kâzım Bey, fikir değiştirerek vekilliği bendenize veya İçişleri Bakanlığı tarafından atanacak bir vekile bırakacağını yazılı olarak bildirmiş ve kendisinin vekilliğinin devamı da sakıncalı ve tehlikeli görülmüş olduğundan şu bir iki gün içinde durumun nazikliği dolayısıyla ve ülkede çıkabilecek karışıklığa meydan verilmemek üzere, zorunlu olarak İçişleri Bakanlığı'ndan gelecek emri bekleyerek vekilliği üstlenmek zorunda kaldım. Erzurum halkınca, vekilliği istenen arkadaşlardan Hüseyin Avni Bey'in vekilliğe atanması istirham olunur. Sunduğum bu öneriler yardımıyla kamuoyu yatıştırılabileceğinden gereğinin yapılması yüksek şahsınızın kararına bağlıdır.

Adalet Bakanı
Celalettin Arif

Efendiler, Büyük Millet Meclisi İkinci Başkanı ve Adalet Bakanı Celalettin Arif Bey'in bu tutumu ve telgrafları bizim için anlaşılmaz bir bilmece halini aldı. Durum çok önemli ve hassastı. Bu önem ve hassasiyetin sebebi, bence, Celalettin Arif Bey'in ve beraber hareket ettiği arkadaşlarının, gerçekleştirmeyi hayal ettikleri gizli istekler ve bu amaçla aldıkları tavır veya yaptıklarını sandıkları oldubitti değildi. Hayatının önemli bir kısmını savaş meydanlarında geçirmiş, ihtilaller ve inkılaplar içinde bulunmuş insanlar için, bu gibi ufak tefek beklenmedik olayların karşı önlemlerini bulup uygulamakta kararsızlık gösterileceğini sananların aldanacaklarına kuşku yoktur.

Doğu Cephesi'nde Ermenistan'a saldırı kararı verdiğimiz sırada

Gerçekten de durum çok önemli ve çok nazikti. Çünkü, o günlerde Doğu Cephesi'nde Ermenistan'a artık saldırıya karar vermiştik. Bunun için hazırlanmakta ve önlemler almaktaydık. Doğu Cephesi komutanına da gerekli emirler ve talimat verilmişti. Doğuda, harekete geçirilen ordunun arkasından, hüküme-

Başkomutan Mustafa Kemal Paşa ve eşi Latife Hanım bir yurt gezisinde. ATASE Arşivi.

tin Adalet bakanı, sözde o ordunun hırsızlığını, görevlilerinin yolsuzluk yaptıklarını meydana çıkarmak için, ilin vali vekili sıfatını yasal olmayan yollardan edinmeyi çare ve tek önlem olarak görüyor.

Erzurum'dan cephedeki karargâhına gitmiş bulunan cephe komutanı, sonunda 22 Eylül tarihinde diyor ki:

Celalettin Arif Beyefendi'nin Doğu illeri genel valiliğine atanması hakkında, yüksek şahsınıza daha önce yaptığım önerim bendenize hissettirilmiş ve tarafımdan içtenlikle karşılanmış bir fikrin sonucuydu. Celalettin Arif Bey'in Erzurum'la ilgili girişim ve başvurularıyla gerçek ortaya çıkmış bulunduğundan, kendisinin genel valiliğe atanması konusundaki önerimden elbette vazgeçtiğimi bilgilerinize sunarım.

Doğu Cephesi Komutanı
Kâzım Karabekir

Celalettin Arif Bey'in ültimatomu

Erzurum vali vekilliğini üstlenen Büyük Millet Meclisi ikinci başkanından da aynı tarihli, yani 22 Eylül 1920 tarihli bir telgraf aldım. Bu telgrafta deniliyordu ki: "Silah, cephane, erzak ve terk edilmiş mallarda yapılmış olan yolsuzluklar, kanuna aykırı ve sınırsız vergi toplama, kanunsuz baskı ve zorbalık halkın duygularını büsbütün incitmiş... **Erzurum halkının güvensiz ve ümitsiz bir duruma düşerek artık kendi elleriyle yönetilmeleri gerektiğini tek kurtuluş çaresi saydığı bir zamanda buraya geldik. Karabekir Paşa'nın da yaptıkları ülke çıkarlarına uygun değildi.** Bu sebeple, açıkça yapılan kötülük ve yolsuzluklara hemen son vermek ve yapanları cezalandırmak gereğinde halk hep birlikte ısrar etti. Güven verici önlemlerin hemen alınması isteği ve vali vekilliğini kabul etmekliğim, paşa da dahil olmak üzere halk tarafından istirham edildi. Vekilliği Hüseyin Avni Bey'e vermek gerektiğini yazmıştım. Erzurumluların kendilerinden sayarak güvendikleri Milletvekili **Hüseyin Avni Bey'in yirmi dört saate kadar görevlendirildiğinin bildirilmesi...** Celalettin Arif."

Saygıdeğer efendiler, halkın kendi eliyle kendini yönetmesi ilkesini ortaya koyan bizdik. Fakat, bundan, her ilin veya her bölgenin, ayrı ayrı birer yönetim kurmasını asla kastetmedik. Amacımızı, Büyük Millet Meclisi'nin ilk günlerinde açıkça söyledik.

Meclis'in de kabul ettiği amaç ve isteğimiz, ulusal iradenin belirdiği tek yer olan Millet Meclisi'nin, bütün yurdun geleceğini eline aldığı şeklinde dile getirildi.

Bu Meclis'in başkanlarından biri ve hükümette bakan, hem de adalet bakanı olan kişinin, orduda veya herhangi bir yerde kanuna aykırı bir hareketi ortaya çıkartmak ve sorumlularını kanunun pençesine teslim etmek için başvuracağı önlem bir takım beyinsizlere uyarak, çok yakından tanıdığım, gerçekten yurtsever olan Erzurumlu hemşerilerimin asla uygun göremeyecekleri asice bir tavır almak mı olacaktı?

Hüseyin Avni Bey'in 24 saate kadar vali vekilliğine atanmasını istiyor. Bu ültimatomun anlamı var mıydı?

Celalettin Arif Bey, bu önerisini Kâzım Karabekir Paşa'ya da yapmış... Kâzım Karabekir Paşa ona demiş ki: "Hüseyin Avni Bey, yedek teğmen olarak sahnelerde subayları eğlendiren... hiçbir resmi görevde bulunmamış, sıradan bir adamdır. Bunu vali vekili yapmak, hükümeti oyuncak yapmayı istemek olur."

Efendiler, Celalettin Arif Bey'in ültimatomuna verdiğim yanıt aynen şuydu:

Şifre — Ankara, 23.9.1920
Geciktirilemez
Sayı: 388

Erzurum'da Adalet Bakanı Celalettin Arif Beyefendi'ye

C.: 22.9.1920 tarihli şifre: İlk telgrafınızı gereken önemle dikkate almış ve bu konuda Doğu Cephesi Komutanlığı ile haberleşilmekte olduğunu yazmıştım. Adı geçen komutanlık tarafından gereğinin yapılacağı pek doğaldı. Buna rağmen, üst üste yapılan yasadışı ve yersiz öneriler ve girişimleriniz hükümetçe hayretle karşılanmıştır. İçişleri ve Milli Savunma Bakanlıkları tarafından ilgili makamlara gerekli bildirimde bulunulmuştur. Yüksek şahsınızın, hükümetin gerekli gördüğü açıklamayı yapmak ve gerekirse Meclis önünde de açıklamada bulunmak üzere Ankara'ya hemen dönmeniz gerekmektedir.

Büyük Millet Meclisi Başkanı
Mustafa Kemal

Efendiler, Kâzım Karabekir Paşa, 22 Eylül 1920 tarihli bir şifresinde, şu bilgileri veriyordu:

Şimdi anlıyorum ki, Celalettin Arif Bey daha Ankara'da iken, kendisiyle bazı külah kapmak isteyenler güzel bir program yapmışlardır. Örneğin, Hüseyin Avni Bey Erzurum valisi olacak... Celalettin Arif Bey Doğu illerinin genel valisi olacak...

Celalettin Arif Bey ya oyuncak olarak oynatılıyor veya daha karar vermedim, çok zekidir, kendi bir iş yapmak istiyor. Çünkü, Halit Bey'i bana önermeden yazması ve Hüseyin Avni Bey hakkındaki ısrarı, başka bir anlama gelmiyor. Halit Bey'in Albay Kâzım Bey ile arası pek iyi olmadığından, kendisine Kâzım Bey hakkında olumsuz bir karar verdirilebilir. Hüseyin Avni Bey de vali adı altında güzel bir oyuncak olur. Hüseyin Avni Bey'in vali vekilliğine atandığını duyanlar ümitsizliğe düşüyor ve iğreniyorlar. Özetle şunu sunayım ki, Erzurum Milletvekili Necati Bey'in kardeşi olup son zamanlarda Milli Eğitim Müdürlüğü'ne atanan Mithat Bey, halkın Bolşevikliği, ülkede iş beceremeyenlerin mevki kapması şeklinde anladığını sanıyor. Bu kişi, çıkarcı biri olduğundan çoğunluk tarafından pek sevilmez. Halk hükümeti kurma işinde beni uygun bulamadığından Celalettin Arif ve Hüseyin Avni beylerle haberleşilerek işin daha önceden hazırlandığını ve kararlaştırıldığını sanıyorum.

Efendiler, Celalettin Arif Bey'i Ankara'ya davet eden 23 Eylül tarihli telgrafım, 24 Eylül tarihli ve çok sert içerikli bir telgrafla karşılandı. Bu telgraf Meclis Başkanlığı makamına hitaben yazılmıştı. "Hükümette ve Büyük Millet Meclisi'nde okunacaktır" uyarısını da taşıyordu. Benim telgrafımdaki iki kelimeyi, yasadışı ve yersiz kelimelerini alarak, Celalettin Arif Bey Erzurum'daki girişim ve önerilerini birer birer bu iki kelimeyle tartıyordu. Bu mu yasadışıdır? Bu mu yersizdir? diyerek kendini savunuyordu. Yaptığı işlerin ne olduğu yeri geldikçe verilen bilgilerden anlaşıldığı için hangisinin yasadışı olmadığını ve hangisinin yersiz bulunmadığını anlamak güç olmayacaktır. Celalettin Arif Bey, "yasadışı ve yersiz bir teklifin benden çıkmayacağına hükümetin inanmasını beklerdim" dedikten sonra, "aranızda iddialarımı değerlendirecek arkadaşlarımın olacağına inanıyorum" sözleriyle, kendisini değerlendirebilmenin, ancak kendisinin eşi, arkadaşı olmak durumunda mümkün olabileceğini ortaya koyuyordu. Celalettin Arif Bey, seçim bölgesinde incelemelerde bulunmaksızın Ankara'ya dönemeyeceğini de bildiriyordu.

Kahraman Erzurum halkının bana açtığı samimiyet bağrını kötüye kullanabileceğine asla ihtimal vermedim

Efendiler, ben de İstanbul'a dönemeyeceğimi İstanbul hükümetine Erzurum'dan bildirmiştim. Eğer davet yeri ve davet eden kişi aynı olsaydı, insan, neredeyse garip bir nazire yapıldığını düşünebilirdi. Fakat, koşullar tamamen başka olduğuna göre, İstanbul'un davetine karşı bana vefa ve özveri bağrını açmış olan kahraman Erzurum halkının, bu samimiyet kucağını kötüye kullanabileceğine asla ihtimal vermedim.

Hatta efendiler, 28 Eylül 1920 tarihinde Erzurum halk temsilcileri adıyla memurlar ve halktan elli imzayla aldığım telgraf bile bu inancımı sarsmadı. Gerçi telgraf çok sertti ve asiceydi. Fakat imzaların büyük kısmı, Celalettin Arif Bey'in vali vekilliği yaptığı il görevlilerine aitti. Özellikle istinaf mahkemesi[17] üyelerinden olup Celalettin Arif Bey tarafından polis müdürü vekilliğine atanan kişinin imzası bu telgrafın nasıl çirkin bir anlayışın ürünü olduğunun kanıtı sayılamaz mıydı? Bu telgrafın Milli Eğitim Müdürü Mithat Bey'in evinde toplanan bazı kişiler tarafından düzenlendiğini anlamamız gecikmedi.

Efendiler, Celalettin Arif Bey önerilerini bir taraftan Erzurum Merkez Heyeti Başkanı Tevfik imzasıyla "Celalettin Arif Beyefendi'nin bildirdiği şekilde işlem yapılmasını kesin olarak isteriz" diye destekletirken, bir taraftan da, sözde, Ankara ile yapılan şifreli haberleşmelerle birtakım işler yapılmak ve girişimin nasıl bir etki yaptığı anlaşılmak isteniyordu.

---

17 İstinaf mahkemesi: Osmanlı yargısında ilk mahkemelerle temyiz mahkemesi arasında bulunan mahkeme (y. n.).

Erzurum, 21/22.9.1920

Ankara Milli Eğitim Bakanlığı'na

Erzurum Milletvekili Necati Bey'e:

Mümkünse, Sağlık Müdüriyeti'ne Merkez Hekimi Doktor Salim Bey'in atanmasına yardımcı olunması uygundur. Bundan önceki atamaların ciddiyetten uzak bulunduğu, ödeneğimizi mutlaka alarak Ziraat Bankası'ndan gönderiniz. Meclis'e yazılmıştır. *(Hüseyin Avni.)*

Milli Eğitim Müdürü
Mithat

Ve ondan sonra:

Erzurum, 22.9.1920

Milli Eğitim Bakanlığı'na

Rıza Nur Beyefendi'ye:

Şimdiye kadar yazdığım sorunlardan ne sonuç alındı? Hükümette bu konu hakkında neler oldu? Lütfen beni bilgilendirmenizi rica eder, gözlerinizden öperim. *(Celalettin Arif)*

Milli Eğitim Müdürü
Mithat

Ve ondan sonra:

Çok önemli ve aceledir. Erzurum, 25.9.1920

Ankara'da Milli Eğitim Bakanlığı'na

Rıza Nur ve Necati beyler okuyacaktır:

Ermenileri yola getirmek amacıyla Haziran'da seferberlik ilan edilerek üç yüz beşe [1305 (1889) doğumlulara] kadar silah altına çağrılmış dokuz bini daha önce savaşmış ve on üç bini hiç savaşmamış ki, toplam yirmi iki bin askerle, subay ailelerinin beslenmeleri hemen Erzurum halkına yükletilerek şu zamanda savaş vergileri yoluyla bir buçuk milyon liralık yiyecek, hayvan ve araç alınmıştır. Halk, amacın yüceliğini anladığı için bu kadar özveride bulunduktan sonra, Çiçerin'in bilinen mektubunun askeri harekâtı sonuçsuz bırakması ve Ermenilerin bundan cesaret alarak Müslüman halka eziyet ederken, ordunun Ermeni ve Bolşevik birliğini ileri sürerek cesaretsizlik göstermesi ve Kızıllar ile istenen derecede anlaşılamaması ve bununla beraber Celalettin Arif Bey'in yazdığı yolsuzluklara meydan verilmesi çok kötü bir etki yaparak halkı ayaklanmaya ve densizliğe[18] sürük-

18 *Nutuk*'un 1927 lüks basımındaki "densizliğe" [saygısızlığa] sözcüğü, 1927 Türk Tayyare Cemiyeti ve 1934 basımlarında "dinsizliğe" şeklindedir (y. n.).

lemiştir. Doğudaki işleri yönetebilme gücü Kâzım Paşa'da olmadığı için, buhranın siyasi ve askeri durumunu Ermenilere karşı koyabilecek şekilde iyi yönetebilecek güçlü ve aynı zamanda olağanüstü yetkiye sahip bir heyetin varlığı şarttır. Şimdiye kadar değerli zamanlar, Ankara'da dosyası olan anlamsız haberleşmelerle geçmiş, belki de birçok fırsatlar kaybedilmiştir. Diğer taraftan Erzurum'un mevsim nedeniyle zor zamanları geldi. Ordunun korunması zorunlu olup; oysa ki giyecek ve yiyecek konusunda çok fazla sıkıntı çekilmektedir. Askeri ve sivil görevliler dört aydan beri maaş almamakta ve askeri harcamalar için yeni vergiler salmayı düşünüyorlarsa da halkın gücünü bilmiyorlar. Kesinlikle elverişli değildir. İstanbul hükümeti çok ilgisiz ve çevredeki sancaklar, özellikle Harput (Elazığ) ili hiç umursamamakta ve ilgi göstermemektedir. Bu gibi konular hakkında hükümetten, gerekirse benim adıma Meclisinizden de araştırma isteyiniz ve ordunun ihtiyaçlarını oraca mutlaka sağladıktan sonra geliniz. Doğu illeri hakkındaki haberlere çok inanmadım. İmza: Hüseyin Avni.

Milli Eğitim Müdürü
Mithat

Görülüyor ki, Celalettin Arif Bey'in hükümet içindeki, iddialarını değerlendireceğini sandığı ve makamının şifresinden yararlanmaya kalkıştığı kişi de onun sırdaşı olmak istememiş ve Meclis Başkanlığı'nı haberdar etmiştir.

Efendiler, kırk elli kişinin bütün Erzurum halkı adına telgraf çekmesiyle oynanmak istenen oyunun içyüzü, yine Erzurum halkı tarafından, halkın Büyük Millet Meclisi hükümetine karşı bağlılık ve özveri duygusuyla dolu olduğuna dair gelen telgrafla anlaşıldı.

Celalettin Arif Bey, Ermenistan seferinde, en sonunda Büyük Millet Meclisi ordusunun zafer kazandığını gözleriyle gördükten sonra, yani geri dönmesi için yapılan bildirimi aldıktan tam kırk yedi gün sonra Erzurum'dan hareket etmeye karar vermek zorunluluğunu duymuştu. Bununla beraber, hareketini şu telgrafla Meclis'e müjdeletiyordu:

Erzurum, 27 Ekim 1920

Büyük Millet Meclisi Başkanlığı'na

Büyük Millet Meclisi ikinci başkanı ve Adalet bakanı saygıdeğer milletvekilimiz Celalettin Arif Beyefendi, milletvekilimiz Hüseyin Avni Bey'le dünkü gün kışın şiddetine rağmen Erzurum halkının büyük ve parlak uğurlama töreniyle Ankara'ya hareket ettiklerini bildirir ve bu fırsatla Meclis'e karşı olan sonsuz saygılarımızı sunarız.

Müdafaa-i Hukuk Merkez Heyeti Başkanı
Tevfik

Hüseyin Avni, Celalettin Arif beylerin Erzurum'dan döndükten sonra, Meclis'teki muhalif tutumları ve Kâzım Karabekir Paşa'ya saldırılarıyla Meclis'i çok oyaladıkları görülmüştür.

Doğu Cephemizde Ermenilerle savaş başlıyor

Saygıdeğer efendiler, doğu sınırlarımızda acil olan işimiz, Celalettin Arif Bey'in, Erzurum'un inkılap tarihinde bıraktığı eserini daha fazla ele almaya ve incelemeye uygun değildir. İsterseniz aynı günlerde doğu sınırımızdaki ciddi işe gelelim:

Yüksek heyetinizce de bilinmektedir ki, Mondros Ateşkes Antlaşması'ndan bu yana, Ermeniler, gerek Ermenistan içinde, gerek sınıra yakın yerlerde Türkleri topluca öldürmekten bir an geri durmuyorlardı. 1920 yılı sonbaharında Ermeni zulmü dayanılmaz bir duruma geldi. Ermenistan seferine karar verdik. 9 Haziran 1920 tarihinde doğu bölgesinde geçici seferberlik ilan ettik. 15. Kolordu Komutanı Kâzım Karabekir Paşa'yı Doğu Cephesi komutanı yaptık. 1920 Haziran'ında, Ermeniler Oltu'da kurulan yerel Türk yönetimine karşı hareketle, o bölgeyi ele geçirdiler. Dışişleri Bakanlığımız tarafından Ermenilere 7 Temmuz 1920'de bir ültimatom verildi. Ermeniler aynı şekilde davranmaya devam ettiler. Sonunda seferberlikten 3,5-4 ay kadar sonra Kötek, Bardiz bölgelerinde toplanan kuvvetlerimize Ermenilerin saldırmasıyla birlikte savaş başladı.

Ermeniler 24 Eylül 1920 sabahı Bardiz cephesinden baskın şeklinde yaptıkları genel bir saldırıyla başarılı oldular. Efendiler; Doğu Cephesi'nin can sıkıcı bilgiler veren bu raporunu okurken, Ermenilerin saldırı günü olan 24 Eylül'de yazılmış Celalettin Arif Bey'in de bildiğiniz ültimatomunu alıyordum. Ermeniler girdikleri bölgelerden püskürtüldüler. Ordumuz 28 Eylül sabahı ileri harekete geçti. Aynı günde, Erzurum'un elli imzası da Ankara'ya saldırıya geçiyor. Ne kötü rastlantı!.. Sanki bu efendiler, Ermenilerle bize karşı hareket etmek için sözleşmiş gibi!..

Ordu 29 Eylül'de Sarıkamış'a girdi. 30 Eylül'de Göle işgal edildi. Fakat, bazı sebepler ve düşüncelerle 28 Ekim 1920 tarihine kadar, bir ay, Sarıkamış-Lâloğlu hattında kaldı.

Bu sebeplerden birinin de, Erzurum'da bulunan Celalettin Arif Bey ve arkadaşlarının yarattıkları durum olduğunu tahmin edersiniz. Gerçekten, Kâzım Karabekir Paşa'nın 29 Eylül 1920 tarihinde Sarıkamış'tan çekilen telgrafında "30 Eylül'de cepheyi gezip gereken talimatı verdikten sonra Erzurum'a giderek orada yaşanan olayın sonuçlandırılacağı sunulur" deniliyordu.

Kâzım Karabekir Paşa 30 Eylül 1920 tarihinde, Sarıkamış'tan Celalettin Arif Bey'e de yazdığı bir şifrede, "Erzurum halkı adına kırk elli imzayla çekilen açık telgraf, dış düşmanların milyonlar harcayarak elde edemeyeceği bir belgedir. Olayın kendisinden daha önemli ve tehlikeli olan bu açık telgrafı dış düşman tehlike ve tehdidinden daha yıkıcı ve vahim sonuçlarını cephe durumundan daha önemli gördüğüm için yarın Erzurum'a geleceğimi bilginize sunarım" diyordu.

Celalettin Arif Bey, 5/6 Ekim 1920 tarihli telgrafıyla, özellikle "vatansever ordu içinde değerli ve halkın güvenini kazanmış pek çok subay ve komutan olduğundan, yolsuzluk şikâyetleri elbette ki ordunun dayanma gücüne ve disiplin esasına etki yapacak kadar büyümemiştir" bilgisini veriyordu.

Ordularımızın komutan ve subayları hakkında bilinen bir gerçek

Yıllarca vatanın çeşitli savaş alanlarında yönettiğim ordularımızın komutan ve subayları hakkında zaten bildiğim bir gerçeği yüz sekseninci[19] defa da olsa işitmiş olmaktan elbette çok memnun olmuştum.

Efendiler, savaş alanında emir bekleyen Doğu Ordumuz, 28 Ekim 1920 günü Kars üzerine harekete başladı. Düşman direnme göstermeden Kars'ı terk etti. 30 Ekim'de tarafımızdan işgal edildi. 7 Kasım tarihinde birliklerimiz, Arpaçayı'na kadar olan bölgeyi ve Gümrü'yü işgal etti.

Ermeniler 6 Kasım'da ateşkes ve barış için başvurmuşlardı. Biz de ateşkes maddelerini, Dışişleri Bakanlığı aracılığıyla 8 Kasım'da Ermeni ordusuna bildirdik. 26 Kasım'da başlayan barış görüşmeleri 2 Aralık'ta son buldu ve 2/3 Aralık gecesi Gümrü Antlaşması imzalandı.

Ulusal hükümetin yaptığı ilk antlaşma: Gümrü Antlaşması

Efendiler, Gümrü Antlaşması ulusal hükümetin yaptığı ilk antlaşmadır. Bu antlaşma ile düşmanlarımızın hayal dünyasında kendisine ta Harşit Vadisi'ne kadar olan Türk ülkeleri bağışlanmış olan Ermenistan, Osmanlı Devleti'nin 1877 Seferi'yle kaybetmiş olduğu yerleri bize, ulusal hükümete bırakarak dava dışına çıkarılmıştır. Doğuda, durumlarda önemli değişiklik olması nedeniyle, bu antlaşma yerine, daha sonra imzalanan 16 Mart 1921 tarihli Moskova ve 13 Ekim 1921 tarihli Kars antlaşmaları geçerli olmuştur.

Efendiler, genel bölge bakımından temas halinde olduğumuz Gürcistan ile geçerli işlem ve ilişkimiz hakkında da kısa bir bilgi vereyim.

1920 yılı Temmuz'unda Batum İngilizler tarafından boşaltılınca, Gürcüler burayı hemen işgal ettiler. Bu durum Brest-Litovsk ve Trabzon antlaşmalarına aykırı olduğundan, 25 Temmuz 1920'de tarafımızdan protesto edilmişti.

8 Şubat 1921'de Ankara'da güven mektubunu sunmuş olan Gürcü elçisiyle de, Türkiye-Gürcistan Antlaşması için görüşmeler başlamıştı. Sonuçta 23 Şubat 1921'de verdiğimiz kesin bir ültimatom üzerine Ardahan, Artvin ve Batum'un tarafımızdan işgali uygun bulundu. Batum'un işgali bu tarihten on beş gün ka-

---

19 Atatürk burada, "Yüz seksen kez de olsa tekrarda fayda vardır" anlamında Arapça-Türkçe karışımı bir deyimden (Et-tekrarü ahsen velev kâne yüz seksen) esinlenmektedir (y. n.).

dar sonra gerçekleşmiştir. Buralarda, Türkiye'ye katılmayı sabırsızlıkla bekleyen halkın alkışları içinde Batum işgal edildi.

Daha sonra, Moskova Antlaşması gereğince Batum boşaltıldı; fakat işgal etmiş olduğumuz diğer yerlerin anavatana bağlılığı garantilendi.

Trakya'daki durum

Efendiler, içinde bulunduğumuz tarihlerde Trakya'nın durumuna da hep beraber göz gezdirelim:

Doğu Trakya'da, Anadolu ve Rumeli Müdafaa-i Hukuk Cemiyeti'nin, Trakya-Paşaeli Merkez Heyeti bir kongre yaptı. Bu kongre, Trakya'nın yönetimini Trakya-Paşaeli Merkez Heyeti'ne verdi. Trakya'da kolordu komutanı bulunan Cafer Tayyar Bey (Cafer Tayyar Paşa) bu merkez heyetinin içinde olmakla beraber Edirne milletvekili olarak da Meclisimize üye seçilmişti. Trakya Merkez Heyeti'ne ve kolordu komutanına verdiğimiz talimat, Trakya'nın kaderinin bütün ülkenin kaderiyle birlikte çözülebileceği esasına dayanıyordu. Askeri harekât bakımından da verdiğimiz direktif şuydu:

Üstün kuvvetlerin saldırısıyla karşı karşıya kalınırsa sonuna kadar direnilecek ve Trakya tamamen ele geçirilip işgal edilse bile, önerilecek herhangi bir çözüm şekli tek başına kabul olunmayacaktır. Zaten Trakya'daki komutanın da kararının böyle olduğu söyleniyordu. Fakat son zamanlarda, Komutan Cafer Tayyar Bey yabancıların verdiği güvence üzerine yapılan davete uyarak İstanbul'a gitmiş, bizi ancak dönüşünden sonra durumdan haberdar etmişti. Anlaşıldığına göre Doğu Trakya'nın tek başına varlığını koruyamayacağından Batı Trakya ile birleşerek bir yabancı devletin yönetimi sayesinde yaşayabileceği yolunda fikirler öğütlenmiş... Herhalde manevi gücü kıracak birtakım propagandalar yapılmış...

Cafer Tayyar Bey İstanbul'dayken tümen komutanlarından Muhittin Bey, İstanbul'dan kolordu komutanlığına atanmış... Cafer Tayyar Bey'in Trakya'ya dönmesine izin verilmiş. Cafer Tayyar Bey, İstanbul çevreleriyle görüştükten sonra, Muhittin Bey önerdiği halde, artık kolordunun komutanlığını üstlenmemiş, Muhittin Bey'in üzerinde bırakmış. Böylece Trakya'nın kaderi, İstanbul'un siyasi çevrelerinin etkisine bırakılmış...

Efendiler, Büyük Millet Meclisi açıldığı zaman Trakya'da 1. Kolordu'nun konuşlanması şöyleydi:

Kolordu Karargâhı Edirne'de;

60. Tümen: Keşan, Edirne, Uzunköprü çevresinde;

55. Tümen: Tekirdağ bölgesinde;

49. Tümen: Kırklareli bölgesinde.

Yunan ordusu, Anadolu'da, Batı Cephesi'nde yaptığı genel saldırıda başarılı olduktan sonra 20 Temmuz 1920 tarihinde Tekirdağ'a bir tümen çıkardı. Tekir-

Mustafa Kemal Paşa ve eşi Latife Hanım. ATASE Arşivi.

dağ bölgesinde çok dağınık bir halde bulunan 55. Tümen toplanmaya vakit bulamadan Yunan tümeni Edirne'ye doğru yürümeye başladı.

Batı Trakya'dan, Meriç'i geçerek saldırmak isteyen Yunan kuvvetleri, o bölgedeki 60. Tümen'e komuta eden Cemil Bey'in (İçişleri Bakanı Cemil Bey'dir) ve 15 Haziran'da kuvvetleriyle Edirne'ye gelmiş bulunan ve Edirne-Karaağaç istasyonu arasında ciddi savaşlar yapmış olan Şükrü Naili Bey'in (Şükrü Naili Paşa) dikkat ve direnci sayesinde olduğu yerde durduruldu.

Trakya'daki kolordumuzun askerliğin gereklerini ve vatanseverlik namusunu yerine getirememesinin tek sorumlusu Cafer Tayyar Paşa'dır

Edirne yönünde rahatça ilerlemekte olan düşman tümenine karşı, bütün 1. Kolordu kuvvetlerini toplayıp önlem alacak komutanın, Kolordu Komutanı Muhittin Bey'in ne yaptığını bilmiyorum. Yalnız elde ettiğim bilgilere göre, Cafer Tayyar Bey, kendi kuvvetlerine ulaşamadan Havza yöresinde atla dolaşırken düşman tarafından esir alınmıştır. Ondan sonra yönelim ve yönetimden yoksun kalan 1. Kolordu'muz tamamen dağıldı. Birliklerinin bir kısmı tutsak oldu ve bir kısmı da Bulgaristan'a sığındı. Sonuç olarak, Trakya tamamen Yunanlıların eline geçti. Ne yazık ki, 1. Kolordu komutanından, ulusun istediği ve beklediği uzak görüşlülüğün, dikkat ve özverinin gösterildiğine tanık olmadık.

Efendiler, Trakya'nın özel ve güç durum ve koşullar içinde bulunduğuna kuşku yoktu. Fakat bu özellik ve güçlük, hiçbir zaman Trakya'daki kolordunun askerliğin gereklerini ve vatanseverlik namusunu yerine getirmesine engel olamazdı. Eğer bu yapılamamışsa, ulus ve tarih önünde tek sorumlusu Cafer Tayyar Paşa'dır. Tarihte bütün bir vatanı, çok üstün düşman kuvvetleri karşısında, son bir avuç toprağına kadar karış karış kahramanca ve namusuyla savunmuş ve yine varlığını koruyabilmiş ordular görülmüştür. **Türk ordusu, o cevherde bir ordudur. Yeter ki ona komuta edenler, komuta edebilme niteliklerine sahip bulunsun.** Efendiler, komutanlar askerlik görev ve gereklerini düşünürken ve uygularken, kafalarını siyasi düşüncelerin etkisi altında bulundurmaktan kaçınmalıdırlar. Siyasi yönün gereklerini düşünen başka görevliler olduğunu unutmamalıdırlar.

Komutanların, emri altına verilen ulus evladını, ülke araçlarını, düşmana, ölüme yöneltirken, düşünecekleri tek nokta, ulusun kendisinden beklediği vatan görevini ateşle, süngüyle ve ölümle yerine getirmek ve sonuç almaktır. Askeri görev, ancak bu anlayış ve inançla yerine getirilebilir. Lafla, politikayla, düşmanın aldatıcı sözlerine kulak vermekle askerlik görevi yapılamaz. Komutanlık görev ve sorumluluğunu yüklenecek kadar omuzlarında ve özellikle kafalarında güç olmayanların, kötü sonlarla karşılaşmaları kaçınılmazdır.

Efendiler, bir komutanın tutsak düşmesi de bağışlanabilir. O zaman ki, askerliğin görev ve gereklerini yerine getirmekte ve uygulamakta elindeki gücü sonuna kadar, son süngü ve son nefese kadar kullandıktan sonra kanını akıtmak fırsatını bulamadan düşman eline düşerse...

Efendiler, bütün ordusu üstün düşman karşısında yenilip, kendiliğinden geri çekilirken, kılıcını çekip tek başına atını, düşman başkomutanının çadırına saldırarak ölüm arayan Türk komutanları görülmüştür.

Bir Türk komutanının, ordusunu kullanmaksızın, herhangi kötü bir rastlantı ve kötü kader sonucu da olsa, düşmana tutsak düşmesini biz bağışlasak da, tarih bunu asla bağışlamaz ve bağışlamamalıdır. Türk inkılap tarihinin gelecek kuşaklara söyleyeceği söz ve uyarısı işte budur...

İkinci Konya ayaklanması

Saygıdeğer efendiler, Anadolu ortasında çıkarılan iç ayaklanmaların Yunan ordusu karşısında bulunan kuvvetlerimiz ve düzenlemelerimiz üzerinde yaptığı kötü etkiler, düşmanların umduğu sonuçları vermedi. Savunma kuvvetlerimiz üzerinde doğrudan doğruya etkili olarak, cephemizi yıkma hedefine yönelik hareketlerle beraber, cepheye yakın bölgelerde de halkı ayaklandırmak, düşmanların önem verdiği bir konuydu. İstanbul bu konuda öteden beri çalışmaktaydı. Zeynelabidin Partisi'nin Konya ve çevresinde çıkmasına aracı olduğu ayaklanma hareketleri, sonunda 1920 yılı Ekim'i başında patlak verdi.

Delibaş adında bir eşkıya beş yüz kadar asker kaçağını yanına topladı. 2/3 Ekim 1920 gecesi Çumra'yı bastı. 3 Ekim sabahı da Konya'yı işgal etti ve yönetime el koydu. Konya valisi bulunan Haydar Bey ve Komutan Avni Bey (Milletvekili Avni Paşa'dır) Konya'da bulunan az sayıda asker ve jandarma ile Alaettin

Tepesi'nde ayaklananlara karşı anılmaya değer bir kahramanlıkla savunma yaptılar. Fakat ayaklananların çokluğu ve her taraftan saldırıları karşısında asilerin eline tutsak düştüler.

Aynı günlerde Beyşehri [Beyşehir] ve Akşehir ilçelerinde de görevli olarak dolaşan askeri heyetlerimizin, oralardaki asiler tarafından görev yapmaları engellendi. Ilgın ilçesinin Çekil köyü yakınında toplanan üç yüz kadar asi de, öğüt vermek için giden heyete ateş etti. Konya'nın güneyinde Karaman ilçesinde de, isyancılar toplanmaya başladı. Sultaniye asilerin eline düştü.

Efendiler, bu ayaklanmalara karşı, Afyonkarahisar'dan ve Kütahya'dan gönderdiğimiz Derviş Bey (Kolordu Komutanı Derviş Paşa'dır) komutasındaki kuvvetler Konya kuzeyinde, Meydan istasyonu yakınında asilerle karşı karşıya geldi. Ankara'dan da bir süvari alayı ve bir dağ topu ile o zaman İçişleri bakanı bulunan Refet Bey komutasında gönderilen kuvvet, Meydan istasyonundan ilerleyen Derviş Bey kuvvetiyle birleşti. Adana cephesinden de bir kuvvet Karaman'a doğru yola çıkarıldı.

Konya üzerine hareket eden kuvvetler, asilerle birkaç çarpışmadan sonra, 6 Ekim 1920'de Konya'yı asilerden kurtardı. Oradan kaçan asiler, Koçhisar, Akseki, Bozkır ve Manavgat'a doğru gittiler.

Diğer bir kısım asiler de Afyonkarahisar ile Konya arasındaki Kadınhan ve Ilgın'ı işgal ettiler. Bu bölgeye de Batı Cephesi'nden Yarbay Osman Bey komutasında bir kuvvet gönderildi. Osman Bey müfrezesi Ilgın, Kadınhan, Çekil ve Yalvaç'taki ayaklanmaları bastırdı. Güneyden gelen kuvvetimiz Karaman'ı kurtardı.

Ayaklanma bölgesinde asileri ortadan kaldırmayı başaran askerlerimiz, Bozkır, Seydişehir ve Beyşehir'i de asilerden temizledi. Her tarafta, asilerin geri kalanlarından bir kısmı bize sığındılar, bir kısmı da Antalya ve Mersin'e doğru kaçtılar. Delibaş, Mersin bölgesinde Fransızlara sığındı.

Saygıdeğer efendiler, Yeşilordu örgütünden söz ederken açıklamıştım ki, düşmana karşı kuvvet oluşturulmasında karşıt iki görüş çarpışmaya başlamıştı. Bizim izlediğimiz düzenli ordu oluşturulması düşüncesine karşı çıkılarak, "milis" diyebileceğimiz bir çeşit örgüt kurma düşüncesi, genel bir akım durumuna getirilmeye çalışılıyordu. Reşit, Ethem ve Tevfik kardeşler, Kütahya yakınında, Kuva-yı Seyyare adı altında ellerinde bulunan kuvvete dayanarak, bu akımın başını çekiyor ve ateşli bir şekilde çalışıyorlardı.

"Ordudan yarar yoktur" sözleri ve Batı Cephesi komutanının saldırı önerisi

Batı Cephesi'nde, orduda, halk arasında ve hatta Meclis'te bu eğilim etrafında yapılan propaganda o kadar güçlü ve etkili bir duruma geldi ki, "Ordudan yarar yoktur, dağılsın! Hepimiz Kuva-yı Milliye olalım!" sözleri... her tarafta kulakları doldurmaya başladı.

Batı Cephesi birlikleri arasında, Kuva-yı Milliye halinde, bir bölge ve bir cepheye sahip olan Ethem Bey müfrezesinin adamları, adeta özel ve ordu erlerinden üstün, ayrıcalıklı ve imrenilecek durumda sayılmaya başlandı. Ethem Bey ve kardeşleri de, herkes üzerinde bir tür otorite ve üstünlük kurmaya başladılar...

İşte, bu sıralardaydı ki, Batı Cephesi komutanı, Genelkurmay Başkanlığı'na, Ethem ve Tevfik kardeşlerin etkisiyle olduğu sanılan bir öneride bulundu: "Yunan ordusunun Gediz yakınında bulunan bağımsız bir tümenine saldırmak!.."

Batı Cephesi komutanı, düşman kuvvetlerinin uzun bir cephe üzerinde dağınık bulunduğunu ve Gediz yakınındaki kuvvetinin zayıf ve tek başına bırakıldığını düşünürken, düşmanın moralinin bozuk olduğunu da kabul ediyordu.

O tarihlerde, Yunan ordusu üç tümenle Bursa bölgesinde, bir tümenle Aydın dolaylarında, bir tümenle Uşak'ta ve bir tümenle Gediz'de bulunuyordu.

Gediz saldırısı

Batı Cephesi komutanı iki piyade tümenini ve Ethem Bey'in Kuva-yı Seyyaresi'ni Gediz'deki Yunan tümeni üzerine harekete geçirecekti. Bu hareketten parlak bir sonuç almayı kuvvetle umuyordu.

Genelkurmay Başkanlığı, Batı Cephesi Komutanlığı'nın bu önerisini kabul etmedi. Çünkü, düşman ordusu genel durumu açısından bizim ordumuzdan daha güçlüydü. Biz henüz ordumuzu kurmuş ve düzene sokabilmiş değildik. Cephanemizin miktarı da beklememizi gerektiriyordu. Düşmana karşı, Gediz'deki bütün cephe kuvvetlerimize başvurarak az çok üstün bir kuvvet toplayarak ve hızla bir başarı kazanmak belki mümkün olabilirdi. Fakat, kuvvetimiz ve hazırlığımız, böyle bir başarıyı genel ve sonuç alıcı bir başarıya ulaştırmaya uygun değildi. O halde, bütün işe yarayan kuvvetlerimizi, sınırlı ve geçici bir başarı elde etmekte kullanmış ve yıpratmış olacaktık. Bu durumda, düşman bütün kuvvetleriyle karşı saldırıya geçerse, her tarafta yenilgi kaçınılmaz olurdu. Dolayısıyla cephenin ve hükümetin şimdilik sadece, ordu kuruluşunu genişleterek ve mevcudunu artırarak cepheyi kuvvetlendirmeye çalışması gerekiyordu. Ülkenin ölüm kokan meselesini oluşturan Batı Cephesi'nde, özel ve dar düşüncelere kapılmak doğru görülmüyordu.

Genelkurmay başkanı, bu Gediz saldırısının yapılmamasında ısrar etti. Batı Cephesi Komutanlığı'yla haberleşme yoluyla anlaşamadı. Kendisi Ankara'dan, Eskişehir'deki Batı Cephesi Karargâhı'na gitti. Genelkurmay Başkanı İsmet Paşa ile Batı Cephesi Komutanı Ali Fuat Paşa'nın bu görüşmeleri sonucunda, Ali Fuat Paşa durumu yerinde bir daha inceledikten sonra karar vermek üzere, hareketi ertelemişti.

Fakat, birkaç gün sonra Cephe Komutanlığı'nın gönderdiği rapordan, saldırıya karar verildiği anlaşılmıştır.

Efendiler, o günlerde bu saldırı lehinde, her tarafta ve Meclis'te müthiş bir propaganda yapılıyordu.

"Düşman Gediz'de yalnızdır. Biz onu orada yok ederiz. Parlak bir durum ortaya çıkar. Zaten Yunan ordusu kaçmaya hazırdır" sözleriyle, Gediz saldırısının gerekli olduğu, adeta genel bir düşünce haline getirilmek isteniyordu.

Sonunda Batı Cephesi komutanı 61. ve 11. Tümenler ve Kuva-yı Seyyare ile 24 Ekim 1920'de Gediz'deki düşmana saldırdı.

Efendiler, dalgalı, düzensiz, emir ve komutasız bazı hareketlerden sonra, bildiğiniz gibi, Gediz'de yenildik.

Yunan ordusu bu harekete karşılık olmak üzere, 25 Ekim 1920 günü Bursa cephesinden saldırıya geçti. Yenişehir'i, İnegöl'ü işgal etti. Uşak'tan Dumlupınar sırtları ilerisinde bulunan birliklerimize saldırdı. Birliklerimiz Dumlupınar sırtlarına kadar çekildi.

Böylece efendiler, cephenin her tarafında, yeniden genel bir yenilgiye uğradık.

Batı Cephesi komutanının, saldırıya başlamasından dört gün sonra, hükümette şu telgrafı okundu:

Çavdarhisar, 27/28.10.1920

Genelkurmay Başkanlığı'na

1. Birliklerin savaş kayıplarını hızla gidermek ihtiyacındayız. Gediz savaşı, üç yüz savaşçı sayısının bir taburun savaş görevini yapmasına yeterli olmadığını gösterdiğinden, tabur mevcutlarını dörder yüz savaşçıya çıkarmak zorundayız. Bu savaşlar dolayısıyla bütün depo birlikleri bile cepheye gönderildiğinden, eğitimli, silahlı ve donanımlı bin ikmal erinin, özellikle Ankara'daki birliklerden, bu uygun değilse en yakın bir yerden acele olarak gönderilmesini.

2. Harekât ve savaşlar, giydirilebilen erlerin bile elbiselerini, ayakkabılarını parçalamış, dünden beri kar yağan dağlarda asker çıplak ve yalınayak kalmıştır. Cephe Komutanlığı Vekilliği emrinde hiçbir şey olmadığından, özellikle kaput, ayakkabı, pamuklu, elbise, yelek, kuşak, kısaca hava koşullarından korunmak için ne verilmesi gerekiyorsa, on beş bin hesabıyla acele olarak gönderilmesini önemle sunar ve rica ederim.

3. Milli Savunma Bakanlığı'na, Genelkurmay Başkanlığı'na ve bilgilendirmek amacıyla Cephe Komutanlığı Vekilliği'ne yazılmıştır.

Batı Cephesi Komutanı
Ali Fuat

Efendiler, Batı Cephesi Komutanı Ali Fuat Paşa'nın, henüz Gediz Savaşı'nın yapıldığı bir sırada okuduğumuz bu telgrafında anlatılanların, özellikle bunlarda sezilen anlam ve anlayışın çok fazla dikkate değer görülmesi doğaldır sanırım. Askerin durumu, kuvvetimizin sayısı, hazırlığımızın derecesi, bütün ülkede her bakımdan ihtiyaç duyduğumuz kaynakların gücü ve yeterliliği, elbette ki bu telgraf tarihinden üç gün önce Batı Cephesi Komutanlığı'nca biliniyordu. Her şey vardı da Gediz Savaşı'nın süresi olan üç beş gün içinde mi yok olmuştu? Bilinen bütün gerçeklere rağmen Batı Cephesi, Genelkurmay Başkanlığı tarafından mı saldırıya zorlanmıştı?

Söz konusu telgraf, Bakanlar Kurulu'nda okunduktan sonra altına şu görüş yazılmıştı:

> Bakanlar Kurulu'nca okundu. İleri sürülen sebepler ve olaylar akla yatkın bulunmadı. Gerekli yardımın yapılacağı doğaldır. 3. Alay'dan beklenen kuvvet gönderilecektir.
>
> *İsmet*

Çerkez Ethem ve kardeşlerinin çıkardığı dedikodular

Efendiler, her başarısızlığın sonunda birtakım dedikoduların ortaya çıkması beklenmelidir. Gediz Savaşı'ndan sonra da, genel durum feci bir görüntü verince, her tarafta dedikodular ve haklı, haksız eleştiriler başladı.

Bazıları ve özellikle Kuva-yı Seyyareciler, Ethem ve kardeşleri, bütün suçları Cephe komutanına ve düzenli ordu tümenlerine yükleyerek, kendilerinin güç durumda bırakılmış olduklarını propaganda ettiriyorlar ve "Ordu komutanı, hatalarını kapatmak için kusuru bize yüklüyor" diyorlardı.

Ordu da Kuva-yı Seyyare'nin hiçbir iş yapmadığını ve yapmaya gücü yetmediğini ve savaşta verilen emirlere uymadığını, her zaman tehlikeden uzak durduğunu ileri sürüyor ve kanıtlıyordu.

Efendiler, açıklamalara tekrar bıraktığım noktadan devam etmek üzere, burada küçük bir olayı anlatmama izninizi rica edeceğim. Bilindiği gibi, Büyük Millet Meclisi'nin kuruluşu sırasında ortaya konulan esaslara göre, icra heyeti (Bakanlar Kurulu) adı verilen hükümetin üyeleri doğrudan doğruya ve ayrı ayrı Meclis tarafından seçiliyordu. Bu yöntem, 4 Kasım 1920 tarihine kadar uygulandı. Bu konudaki kanun, ancak bu tarihte, "Bakanlar, Büyük Millet Meclisi başkanının Meclis üyelerinden göstereceği adaylar arasından, mutlak çoğunluk ile seçilir" şeklinde değiştirildi.

Meclis'te görülen aykırı eğilimler ve Nâzım Bey'in İçişleri Bakanlığı'na seçilmesi karşısında aldığım tavır

İşte bilginize sunmak istediğim konu, bakanların seçilmesine ilişkin kanunun değiştirilmesini gerektiren sebeplerden biridir.

Efendiler, 4 Eylül 1920 tarihinde Tokat Milletvekili Nâzım Bey, 89 oya karşı 98 oy ile Meclis tarafından İçişleri Bakanlığı'na seçildi. Nâzım Bey, dakika kaybetmeksizin büyük bir aceleyle bakanlık makamına gidip görev yapmaya başladı. Ondan sonra, Bakanlar Kurulu başkanı da olmam sebebiyle beni ziyarete geldi.

Ben Nâzım Bey'i kabul etmedim. Yüksek Meclis'in güvenini kazanarak seçilen bir bakanı kabul etmemekle yaptığım hareketin niteliğinin ve nezaketinin elbette farkındaydım. Fakat ülkenin büyük çıkarı beni bu şekilde hareket etmek zorunda bırakıyordu. Elbette bu hareketimin sebebini açıklayıp kanıtlayacağımdan ve açıklayacağım noktanın yüksek Meclis'çe de önemli görüleceğinden emindim.

Efendiler, Meclis üyeleri arasından, aykırı birtakım ilkelere eğilim gösterenler ortaya çıkmaya başlamıştı. Bunlardan biri olmak üzere, Nâzım Bey ve arkadaşları en çok dikkatimi çekmişti. Nâzım Bey'in, kendisinden daha Sivas Kongresi sırasında aldığım boş sözlerle dolu bazı mektuplarından nasıl bir anlayışta ve nitelikte olabileceğini anlamıştım. Nâzım Bey, milletvekili olarak Ankara'ya geldikten sonra, her gün yeni yeni siyasi çalışmalar yapıyordu. Oluşmaya başlayan her siyasi grupla görüşme fırsatını kaçırmıyordu.

Nâzım Bey, doğrudan ve dolaylı olarak yabancı çevrelerden bazılarıyla görüşme yolunu bulmuş, onlardan destek görmüş ve yardım olanakları da sağlamıştı.

Bu kişinin, Halk İştirakiyun Partisi diye, ciddiyetsiz ve sırf çıkar sağlamak amacıyla bir parti kurma girişiminde bulunarak onun başında ulusallığa aykırı çalışmalar yapmak sevdasında olduğunu mutlaka duymuşsunuzdur.

Bu kişinin yabancı çevrelere casusluk ettiğinden de asla kuşku duymuyordum. Gerçekten de daha sonra İstiklal Mahkemesi birçok gerçeği ortaya çıkarmıştı.

İşte efendiler, bu Nâzım Bey, doğrudan ve arkadaşları aracılığıyla yaptığı devamlı propaganda yardımıyla ve bize muhalefete hazırlananların, ulusun yüce çıkarlarını unutarak yaptıkları yardımlarla İçişleri Bakanlığı'na getirilmişti. Böylece Nâzım Bey, hükümetin bütün iç yönetim makinesinin başında, ülkeye ve ulusa değil, fakat paralı uşağı olduğu kişilerin isteklerine en büyük hizmeti yapabilecek duruma gelebilmişti.

Elbette ki, efendiler, bunu asla kabul edemezdim. Onun için İçişleri Bakanı Nâzım Bey'i kabul etmedim ve istifaya zorladım. Gerek duyulduğu zamanda da, Meclis'te, kapalı oturumda bildiklerimi ve düşüncelerimi açıkça söyledim.

Ulus vekillerini seçerken çok dikkatli ve kıskanç olmalıdır

Saygıdeğer efendiler, çok iyi bilirsiniz ki, sultanlarla, halifelerle yönetilmiş ve yönetilen ülkelerde vatan için, ulus için en büyük tehlike, sultanların ve halifelerin düşmanlar tarafından satın alınmalarıdır. Bu, çoğu kez kolaylıkla yapılabilmiştir. Meclislerle yönetilen ülkelerde de, en tehlikeli yön, bazı milletvekillerinin yabancılar adına ve hesabına çalınmış ve satın alınmış olmalarıdır. Millet Meclislerine kadar girme yolunu bulabilen vatansızlara rastlanabileceğine, tarihin bu konudaki örnekleriyle inanmak zorunludur. Bunun için ulus, kendi vekillerini seçerken çok dikkatli ve kıskanç olmalıdır. Ulusun hata yapmaktan korunması için tek sağlıklı yol, düşünce ve çalışmalarıyla ulusun güvenini kazanmış siyasi bir partinin seçimde ulusa yol göstermesidir. Genel olarak ulus bireylerinin, adaylıklarını ortaya atan her kişi hakkında karar vermeye yardımcı olacak sağlam bilgilere ve doğru görüşe sahip bulunacağını kabul etmek, teorik olarak var sayılsa bile, gerçeğin böyle olmadığı, deneyimlerin deneyleriyle ve yadsınamayacak bir açıklıkla ortaya çıkmıştır.

Efendiler, bıraktığımız noktaya, yani Batı Cephesi'ne dönüyorum. Gediz Savaşı'ndan ve onun maddi, manevi can sıkıcı sonuçlarından sonra Fuat Paşa'nın cephe üzerindeki komutanlık etkisi ve gücü sarsılmış gibi görülüyordu. Kendisini komutadan çekmeyi zorunlu görmeye başladım. Tam bu sırada idi ki, Fuat Paşa Ankara'ya gelip görüşmek için 5 Kasım 1920 tarihli şifreyle izin istedi. Yanıt olarak 6 Kasım'da Ankara'ya gelmesinin uygun olacağını bildirdim. Fuat Paşa hakkındaki olumsuz dedikodu ve Kuva-yı Seyyare'nin varlığının ordunun disiplini üzerindeki olumsuz etkileri o kadar hissedilmeye başlamıştı ki, 7 Kasım tarihinde Ali Fuat Paşa'ya, hemen Ankara'ya gelmesini emretmeyi gerekli gördüm.

Ali Fuat Paşa'nın Moskova Büyükelçiliği'ne atanması ve cephenin ikiye ayrılması kararı

Efendiler, artık Ali Fuat Paşa'nın Batı Cephesi'ne komuta edemeyeceğine inanmıştım. O günlerde Moskova'ya da bir elçilik heyeti göndermek gereği karşısında bulunuyorduk. O halde, Fuat Paşa büyükelçi olarak Moskova'ya gidebilirdi. Batı Cephesi de çok ciddi ve dikkatli çalışma istediğinden bu cephe komutanlığını da zaten genel askeri harekâtı yürütmekte olan Genelkurmay Başkanı İsmet Paşa'ya ek görev olarak vermek en hızlı ve uygun bir önlem olacaktı. Bir yandan da gerek iç ayaklanmalara ve itaatsizliklere karşı, gerek savaş hareketleri yönünden güçlü bir süvari örgütüne duyulan ihtiyaç açıktı. Sadece bu örgütü kurmak için de İçişleri Bakanı Refet Bey'e (Refet Paşa) ek olarak bu görevi de vererek kendisini Konya ve çevresine göndermenin uygun olacağını düşünüyordum. Çünkü Refet Paşa, değişik zamanlarda çeşitli sebeplerle Konya'ya, Denizli'ye gitmiş, Batı Cephesi'nin güney kısmıyla ilgilenmiş ve o kesimle ilgili bölgeleri tanımış bulunuyordu. O halde sorunu şu şekilde çözebilirdim: Cepheyi ikiye ayırmak; önemli kısımları kapsayan alanı "Batı Cephesi" diye adlandırarak İsmet Paşa'nın komutasına vermek; güney kısmını da Konya yöresine göndereceğim Refet Paşa'ya vererek, her iki cepheyi doğrudan doğruya Genelkurmay Başkanlığı'na bağlamak...

Genelkurmay Başkanlığı'na da Milli Savunma Bakanı Fevzi Paşa vekâlet edebilirdi. Fuat Paşa zamanında, bir de cepheden Sivas'a kadar uzanan geri bölgesi vardı. Ali Fuat Paşa bu bölgeyi yönetebilmek için de bir Cephe Komutanlığı Vekilliği makamı kurmak zorunda kalmıştı. Bunun doğal ve uygulanabilir olmadığı ortadaydı. Dolayısıyla, yeni düzenlemede bu geri bölgesini de kısmen menzil alanı olarak cepheye bıraktıktan sonra Milli Savunma Bakanlığı'na bağlamak gerekirdi. İsmet Paşa'nın bir süre için Genelkurmay Başkanlığı'ndan ayrılmaması, ordunun düzenlenme ve hazırlanmasında hız kazandırması için yararlı görüldüğü gibi Refet Bey'in de İçişleri Bakanlığı sıfatını geçici olarak koruması özellikle kendi bölgesinde güvenliğin sağlanması ve halktan hayvan ve malzeme toplamak suretiyle oluşturmak zorunda olduğu süvari örgütünü bir an önce kurmak için gerekliydi.

Süratle düzenli ordu ve büyük süvari birlikleri kurma ve düzensiz örgüt düşüncesini ve siyasetini yıkma kararı

Efendiler, 8 Kasım 1920'de, Fuat Paşa Ankara'ya geldi. Karşılamak için kendim istasyonda bulunuyordum. Paşa'yı omzunda bir filinta olduğu halde Kuvayı Milliye kıyafetinde gördüm. Batı Cephesi komutanına bu kıyafeti benimseten düşünce ve anlayış akımının bütün Batı Cephesi üzerinde ne kadar etkili olduğunu anlamak için artık duraksamaya yer kalmamıştı. Onun için Fuat Paşa'ya, kısa bir görüşmeden sonra, alabileceği yeni görevi söyledim. Memnuniyetle kabul etti. Aynı günün gecesi İsmet ve Refet paşaları da davet ederek yeni durum ve görevlerini kararlaştırdık. Kendilerine verdiğim kesin direktif, "hızla düzenli ordu ve büyük süvari birlikleri meydana getirmekten ibaretti." Böylece 1920 yılı Kasım ayının sekizinci günü "düzensiz örgüt düşüncesini ve siyasetini yıkma kararı" işlem ve uygulama alanına konulmuş oldu.

Görünüşte bizim için yumuşak sanılan bir politikayla bizi içten yıkma girişimi

Saygıdeğer efendiler, burada bir an durarak bakışlarımızı İstanbul'a çevirelim. Damat Ferit Paşa hükümetinin, her çeşit düşmanlarla ortak olan "silahla sonuç alma planı", uygulamada başarılı olamamıştı. İç ayaklanmalara karşı koyduk ve direndik. Yunan saldırısı en sonunda bir hatta durdu. Yunanlıların ondan sonraki hareketleri de sınırlı alanlar içinde kaldı. İç ayaklanmalara ve Yunan cephesine karşı, ciddi ve karşı önlemler almakta olduğumuz görülüyordu. İçerden ve dışardan gelen silahlı saldırıların, özellikle Ankara'daki ulusal hükümeti sarsamayacağı anlaşılıyordu. Dolayısıyla, İstanbul'un silahlı saldırı politikası çökmüş bulunuyordu. Bunu değiştirmek, yeniden, görünüşte uzlaşma politikasına geçmek yoluyla, içerden yıkma politikasının daha yararlı olacağına inandıkları düşünülebilirdi. Tıpkı, 1919 Eylül'ünde Damat Ferit Paşa'nın birinci çekilmesinden sonra, Ali Rıza Paşa hükümetinin gelmesiyle olduğu gibi, görünüşte bizim için yumuşak sanılan bir politikayla, bizi içten yıkma girişimi yenilenecekti.

Bundan sonraki mücadelelerimizde, İstanbul aracılığıyla yapılan iç ve dış girişimler, bizi güçsüzlüğe düşürecek yönlendirmeler, Yunan ordusuyla olduğu kadar, fakat anlaşılması ve anlatılması daha güç koşullar içinde, içerdeki bozguncalara karşı uğraştığımız da görülecektir.

İstanbul'da, Tevfik Paşa iktidara getirildi. Hükümette İçişleri bakanı olarak Ahmet İzzet ve Donanma bakanı olarak Salih paşalar bulunuyordu. Tevfik Paşa hükümeti, hemen bizimle temas ve ilişki kurmaya çalıştı. Bu görevi, başlıca Ahmet İzzet Paşa üstlendi. Saray kurmay heyetinde bulunan bir subay, Ahmet İzzet Paşa tarafından bazı notlarla Ankara'ya gönderildi. Bu notlarda, eskisine oranla daha uygun şartlarla, örneğin Osmanlı'nın egemenliği altında İzmir'de Yunanlılar tarafından özel bir yönetimin kabul edilmesi gibi koşullarla, bir barış yapılması ümidinde bulundukları ve her şeyden önce İstanbul hükümetiyle bir uzlaşma sağlamanın önemli olduğu bildiriliyordu.

Ahmet İzzet Paşa'nın ve içinde olduğu hükümetin; Türkiye Büyük Millet Meclisi'nin ve hükümetinin nitelik ve yetkilerinden haberdar olmadıkları, hâlâ İstanbul'da bir hükümet kurmak ve onun aracılığıyla ulusun ve ülkenin geleceğine ilişkin sorunları çözmek hususlarını düşündükleri görülüyordu.

Ahmet İzzet Paşa'ya ve Tevfik Paşa hükümetine durumu bildirmek ve kendilerini aydınlatmak amacıyla, gerekli bilgi ve görüşleri ayrıntılı olarak yazdırıp, Ankara'ya gelen özel görevliye verdik ve kendisini, 8 Kasım 1920 tarihinde İnebolu'ya doğru yola çıkardık.

12 Kasım 1920 günü, Zonguldak'tan Yüzbaşı Kemal imzalı kısa bir telgraf aldım. Bunda, "şifreli bir telgrafı çekmek üzere İstanbul'dan hareket ettirildim," deniliyordu. Söz konusu şifreli telgraf, İçişleri Bakanı İzzet Paşa imzalıydı. İstanbul'da 9 Kasım 1920 tarihinde yazılmıştı.

İstanbul'da iktidara getirilen Tevfik Paşa hükümeti Ankara ile temas olanağı arıyor

Bu telgrafta, İstanbul ile Zonguldak arasında Fransız telsiziyle haberleşmek için Fransız temsilcisinin onayının alındığından söz edildikten sonra, "Hükümetle bir uzlaşma esası kabul olundu mu? Kabul olunduysa, nerede buluşmanın mümkün olduğu ve oraya hangi yolla gelmenin uygun olacağı" soruluyordu.

İstanbul Posta ve Telgraf Genel Müdürü Orhan Şemsettin imzalı 11 Kasım 1920 tarihli bir emir de, Kastamonu Posta ve Telgraf Başmüdürlüğü'ne geliyordu. Bu emir Ereğli Müdürlüğü'ne gönderilen resmi olmayan bir mektubun zarfından çıkıyordu. Emir aynen şudur:

> Madde 1. Anadolu ve başkent arasında telgraf haberleşmelerinin bir an önce kurulması gereklidir.
>
> Madde 2. Bu amacın gerçekleştirilmesi için bir taraftan Sapanca ile Geyve arasındaki ana hat üzerinde onarılabilecek tellerin hemen kullanılabilir duruma getirilmesi ve di-

Büyük Zafer'in birinci yıldönümünde Kocatepe kutlamaları. ATASE Arşivi.

ğer taraftan da önemli ölçüde çalışma ve yapım gerektiren İzmit, Kandıra, İncili (Karasu) arasının yapım ve onarımına başlanılması uygun görülmektedir.

Madde 3. Bu onarımı yapmakla görevli olan İstanbul Fen Müfettişi Bekir Bey emrinde bir başçavuş ve yeteri kadar çavuşla İzmit'e gitmeye hazırdır.

Madde 4. İçişleri Bakanlığı yüksek makamının belgesini taşıyan bu memurlar gerektiğinde herhangi bir yerde onarım çalışmalarına gerek duyduklarında, tarafınızdan ilgili makamla haberleşilerek, kendilerine gereken yardımların sağlanması gayretlerinizden beklenmektedir. 11 Kasım 1920.

Bu telgraf üzerine, gerekli kişilere verdiğimiz emir, İstanbul ile görüşülmekten kaçınılması ve telgraf hatlarını onarma bahanesiyle gelen olursa tutuklanması gerektiğine ilişkindi.

Efendiler, İzzet Paşa'nın dolaylı olarak gönderdiği şifreli telgrafına yanıt vermeyi özel görevliyle gönderdiğimiz notların onun tarafından okunduğu haberini aldıktan sonraya bırakıyordum. İzzet Paşa'nın, tarafımızdan verilen bilgileri öğrendikten sonra da, aynı düşüncede olup olmayacağını anlamak istiyordum. Bu durum anlaşıldıktan sonra, İzzet Paşa'ya aracılar vasıtasıyla şu yanıtı verdim:

Yüksek şahsınızın ve Salih Paşa Hazretleri'nin de katılmaları gerekli olan heyetle en kolay ve çabuk olarak Bilecik'te buluşmak mümkündür. İstanbul'dan ya Sapanca'ya kadar tren ve oradan otomobille veya denizyoluyla Bursa'ya ve yine oradan otomobille Bilecik'e gelinebilir. Bu yollar üzerinde şimdiden, gerekli kişilere durum bildirilmiştir. Yolculuğun Aralık ayının ikisine kadar Bilecik'te bulunacak şekilde düzenlenmesini ve İstanbul'dan hangi tarihte ve hangi yolla hareket edileceğinin, şimdiye kadar kullanılan vasıtayla Zonguldak'a bildirilmesini rica ederim. Yolculuğun mümkün olduğu kadar gösterişsiz yapılması, hatırlatma olarak bilginize sunulur. 25/26 Kasım 1920.

Efendiler, İstanbul'da 23/24 Kasım 1920 tarihinde yazılıp İstanbul'a varmış olan özel görevlinin imzasıyla İnebolu'ya gönderilen ve oradan 27 Kasım'da Ankara'ya çekilen bir telgrafta şu bilgiler veriliyordu:

Bugün 23.11.1920'de İzzet Paşa'nın yanında bulunduğum sırada, Dışişleri bakanı son siyasi gelişmeler hakkında aşağıdaki açıklamalarda bulunmuştur:

Yeni gelen İngiliz elçisi, Ermenistan, Gürcistan ve bir süre sonra İzmir'le ilgili önemli konularda Osmanlı hükümetinden yana bir çözüm şeklinin sağlanacağını söylemiş. Bu uygun durumdan yararlanarak ülkenin geleceğinin garanti altına alınmasına olanca güçle çalışılarak bu fırsat kaybedilmemelidir. Eğer Ankara zaman kazanmak istiyorsa bile, bir görüşme ayarlanarak gelecekteki kararlar birlikte alınmalıdır.

dedikten sonra şu satırlar ekleniyor:

Açıklamalara ek olarak İzzet Paşa'nın, kendisine tarafımızdan gönderilen özetteki "Şimdiye kadar verilen mücadelelerin bugün sunduğu ve sağladığı olanaklardan yararlanmak görevimizdir" cümlesine dayanarak: Eğer Anadolu gönderilecek heyeti kabul etmezse, doğrudan doğruya benimle görüşerek amacımızı kendimiz belirlemeliyiz. Buna da onay vermedikleri durumda, söz konusu cümledeki düşünceden vazgeçildiği anlaşılacağından, artık hükümette kalmayarak istifa edeceğini ve istersek İstanbul'u dikkate almayarak kendisinin de Anadolu'ya geleceğini söylemiş.

Efendiler, aynı telgrafta, İstanbul basınında, İzzet Paşa'ya ait olduğu bildirilen şu demecin da yayımlandığı yer almaktaydı:

Hükümetin Anadolu'ya özel bir görevli göndermekteki amacı Ankara'dakilerle bir temas kurulup kurulmayacağını anlamak içindi. Oradan dönen görevli, bu temasın sağlanabileceğini anlattı ve haberleşme de sağlandı. Pek doğaldır ki, gereğinin yapılmasına çalışacağız.

Böyle bir demecin, Anadolu'nun görüşüne uygun olamayacağı ve yalanlanması gerektiği düşüncesine karşı bunu hükümet kabul etmemiş, bununla beraber, İzzet Paşa *Tercüman-ı Hakikat* gazetesine şu demeci de vermiş:

Ülkenin yüksek çıkarları, şimdilik bu konuda basının susmasını gerektirmektedir. Dolayısıyla bir iki gün daha açıklamada bulunamayacağım.

Efendiler, Tevfik Paşa, Ahmet İzzet Paşa ve Salih Paşa, zamanın büyük adamları gibi tanınmışlardı. Ulus bunları akıllı, hazırlıklı, ileri görüşlü biliyordu. Bu sebeple, Damat Ferit Paşa çekilip de, yerine ileri gelenleri bu kişilerden oluşan bir hükümet iktidara gelince, herkeste türlü türlü ümitler uyandı. Tevfik Paşa hükümeti ilk anda Ankara ile temas ve ilişki kurmak isteyince, kamuoyunda iyi niyetli olduğuna inanılmaması için bir sebep düşünülemedi. Herkes, Tevfik Paşa hükümetinin iktidara gelmesini hayırlı saydı. Bu hükümetin, ülkenin ve ulusun yüksek çıkarlarını sonuna kadar gözetecek çare ve yolları bulmadan hükümete gelmiş olduğunu kabul etmek ve ettirmek gerçekten güçtü. Kaldı ki, kendileri de İstanbul çevrelerinde ve basında kullandıkları dille kamuoyunun düşüncesini doğrulayacak bir tavır takınmış bulunuyorlardı.

Bilecik görüşmesi kararlaştırılıyor

Biz, gerçek durumun herkesin sandığı ve düşündüğü gibi olmadığına tamamen inanıyorduk. Fakat, İstanbul'un kurtuluş çaresi olarak ileri sürdüğü uzlaşma ve görüşme önerilerini kamuoyunu inandıracak koşulları hazırlamadan reddetmeyi uygun bulmadık. Onun için, özellikle İzzet ve Salih paşaların da içinde bulunacağı bir heyetle Bilecik'te görüşmeyi uygun gördük. Bu kişilerle görüştükten sonra, halkın bütün inanış ve görüşlerinin yanlış olduğunun anlaşılacağına kuşkum yoktu. Bir de, her ne olursa olsun, kamuoyu tarafından, işaret ettiğim niteliklerde tanınmış olan bu kişilerin, İstanbul'da hükümet kurmalarının ulusal amaç için ne kadar zararlı olduğu ortadaydı. Dolayısıyla, görüşmeden sonra da, kendilerinin İstanbul'a dönmelerine izin vermeme gereği bence doğaldı. İşte, bu düşüncelerden dolayı, İzzet Paşa heyetiyle Bilecik'te görüşme kararlaştırıldı. Görüşme 2 Aralık'ta değil, fakat 5 Aralık'ta yapılabildi.

Efendiler, bu görüşmeyi beklerken, o güne kadar cephede ve Ankara'da yaşanan olayları kısaca bilginize sunayım:

Efendiler, hatırlarsınız ki, İzzet Paşa'nın özel görevlisinin İnebolu üzerinden İstanbul'a hareket ettirildiği 8 Kasım 1920 günü, Fuat Paşa'nın Moskova Büyükelçiliği, İsmet ve Refet paşaların da Batı Cephesi'nde görevlendirilmeleri kararlaştırılmıştı. İsmet Paşa ertesi gün cepheye hareket etti. 10 Kasım'da göreve başladı.

O zamanlar Ethem Bey'in yakın arkadaşı olan bir kişinin, Eskişehir'den 13 Kasım 1920 tarihli, bir şifre telgrafını aldım. Bu telgrafta deniliyordu ki:

> Ethem Bey'in, Fuat Paşa Hazretleri ile birlikte Rusya'ya gideceği söylentisi cephedekiler ve geride bulunan halk arasında bir kötü niyete yorulmaktadır. Bu gibi kişilerin çevrenizden uzaklaştırılması, yüksek şahsınızın diktatörlük ilan edeceğiniz sanısını uyandırmıştır.

Efendiler, gerçekten Ethem ve kardeşlerinin Türkiye'den uzaklaşmaları, Türkiye'nin ve kendilerinin çıkarları ve esenliği açısından uygundu. Bu sebeple Fuat Paşa'ya, isterlerse, bunları da yanına alıp uygun bir şekilde görevlendirebileceğini söylemiştim. Ethem Bey'in arkadaşı tarafından yazılan bu telgraf içeriğinin, sadece arkadaşının düşüncesi ve gerçeğe uygun olduğu elbette kabul edilemezdi. Çünkü, ne cephenin ve ne de halkın, Ethem Bey'in Rusya'ya gönderilip gönderilmeyeceği konusuyla ilgisi yoktu. Özellikle "Ben, diktatör olmak istiyorum; fakat Ethem ve diğerleri buna engeldir, onun için bu gibileri uzaklaştırıyorum" sanısından söz edilmesi büsbütün dikkatimi çekti.

Ethem ve Tevfik kardeşlerin muhalefete geçmesi

İsmet Paşa'nın cephede çalışmaya başlamasının ardından, Ethem Bey, rahatsızlığını ileri sürerek Ankara'ya geldi ve burada uzun süre oturdu. Yokluğunda kardeşi Yüzbaşı Tevfik Bey, Ethem Bey'e vekâleten Kuva-yı Seyyare'nin başında komutan bulunuyordu.

Durumu gereği gibi aydınlatabilmek için, bir olaylar zincirinin bazı esas noktalarını işaret etmek uygun olur. Kuva-yı Seyyare Komutanlığı Karacaşehir'de, kendine bağlı olmak üzere, gizlice Karakeçili adında bir müfreze kurmuştu. Bundan, Batı Cephesi Komutanlığı'nın bilgisi yoktu. Bu müfrezenin varlığı, 17 Kasım 1920'de tesadüfen öğrenildi. Cephe Komutanlığı'nın, bu müfrezenin varlığı hakkında bilgi istemesi ve birliğin denetime hazırlanması emri, Ethem Bey tarafından yerine getirilmedi. Cephe Komutanlığı'nın, sivil yönetim işlerine ve geri hizmetlere karışmamaları hakkında verdiği genel emre aykırı olarak, Kuva-yı Seyyare Komutanlığı, aksine Kütahya bölgesinde, her şeyde gösterdiği müdahale ve zorbalık hareketlerini daha da artırdı.

Cephe komutanı, Ethem Bey Kuva-yı Seyyaresi'nin diğer gezici kuvvetlerden ayırt edilmesi için "Birinci Kuva-yı Seyyare" adıyla anılmasını emrettiği halde, Ethem Bey ve kardeşi bunu dikkate almak şöyle dursun, bu emre rağmen kendi kendine "Umum Kuva-yı Seyyare ve Kütahya Havalisi komutanı" (Tüm Gezici Kuvvetler ve Kütahya Bölgesi komutanı) şeklinde bir komuta durumu ortaya çıkardı.

Görülüyor ki, Ethem Bey ve kardeşi, emirleri altındaki birlikleri denetlettirmiyorlar ve verilmemiş yetki ve unvanları kendi kendilerine takınıyorlardı.

"Bütün Kuva-yı Seyyare Komutan Vekili Tevfik" imzasıyla 21 Kasım 1920'de Cephe Komutanlığı'na gelen bir raporda, "13. düşman tümeninin Emîrfakıhlı [Emirfakılı], İlyasbey, Çardak, Umurbey üzerinden gelmekte olduğu" ve "kendi bölgesinde bulunan Gördeslilerin düşman askerini davet ettikleri"ne ilişkin bilgi vardı. Oysa, aslında, ne düşman tümeni ilerliyordu ve ne de Türk halkı düşmanı davet etmişti. Bu bilgilerin belli özel amaçlarla verildiği anlaşılacaktır. Müslüman halkın düşmanı davet etmesi sadece bir sebeple açıklanabilirdi ki, o da tarafımızdan zulüm ve saldırıya uğrayacaklarını sanmalarıdır. İşte Cephe komutanı, durumu bu noktadan değerlendirerek verdiği genel emirde demişti ki:

> Savaş bunalımı sırasındaki taşkınlıklarının etkisiyle zorlayıcı sert önlemler alınmasına kesinlikle engel olmak gerekir. Hain olduğu ne kadar kesin olursa olsun, hiçbir köy kesinlikle yakılmayacak, halktan hiçbir kimse, hiçbir müfreze tarafından, herhangi bir suçundan dolayı idam edilmeyecektir. Casuslukları ve diğer ihanetleri ortaya çıkmış adamların, koruma altında İstiklal Mahkemelerine gönderilmeleri gerekir.

Umum Kuva-yı Seyyare Komutan Vekili Tevfik Bey bu emre de karşı çıktı.

Efendiler, düşman, kuvvetlerini bir arada bulundurmak amacıyla aldığı düzen nedeniyle, Kuva-yı Seyyare Komutanlığı bölgesindeki bazı yerleri boşaltmıştı. Buralarda, sivil yönetim kuruluncaya kadar halkın güven içinde yönetilebilmesi için, acele bir örgüt kurulması gerekiyordu. Bu sebeple, jandarma hizmetinde bulunmuş ve iyi halli kimselerden seçilen yüz elli kişilik bir sahra jandarma bölüğü oluşturularak "Simav ve Bölgesi Komutanlığı" adı altında bir komutanlık kuruldu. Bu komutanlık, sınırları belli bir bölgede iç güvenlik işlerine bakacaktı. Yarbay İbrahim Bey adında birinin görevlendirildiği bu komutanlığa, yönetim ve güvenlik bakımından, bu bölgedeki askerlik şubeleri de bağlı olacaktı. Düzenli ordu ve Kuva-yı Seyyare komutanları yalnız askeri harekâttan sorumlu olacaklardı. Bu bölge komutanlığının kurulması nedeniyle o civar halkına, Cephe Komutanlığı tarafından yazılan bildiride, "Sizin her türlü dertlerinizi dinlemek ve hakça bir yönetim sağlamak göreviyle Simav'da bir bölge komutanlığı kuruyorum" cümlesi vardı. Bu cümleyi, Kuva-yı Seyyare Komutanlığı tarafından kötüye yorumlanacağını göreceğiniz için, özellikle belirtiyorum.

Düşmandan kurtarılan bu kasabalar halkı, kurtuluş tarihinden başlayarak iki ay boyunca askeri hizmet dışında tutulmuşlardı. Umum Kuva-yı Seyyare Komutan Vekili Tevfik Bey, birtakım sebepler ve düşüncelerle bu Bölge Komutanlığı'na da karşı çıktı.

Tevfik Bey, 23 Kasım 1920 tarihli bir raporunda: "Bir düşman tümeninin saldırısı üzerine, kuvvetlerini Gönen köyü kuzeyindeki sırtlara çektiğini" bildiriyor ve "Sol kanadımda bulunan Cümbürdü tarafını koruyunuz" diyor.

Düşmanın ciddi bir saldırısı olmamıştır. Kuva-yı Seyyare Komutanlığı'nın amacının, düzenli ordu birliklerini cepheye sürdürüp, kendi kuvvetlerini geride toplamak olduğu anlaşılmıştı. Cephe Komutanı İsmet Paşa, Tevfik Bey'in verdiği bilgiyi önemli kabul ederek, gereken kişilere gerektiği gibi emirler vermiş olmakla beraber, kendisinden de "saldıran düşmanın tahminen kaç top kullanmakta olduğunu" ve "Kuruköy'den cadde boyunca Çamköy'e doğru bir düşman harekâtının yapılıp yapılmadığını" sordu ve Cümbürdü vadisinin İslamköy'e doğru korunmasının, Güney Cephesi'ne ait olduğunu da bildirdi.

Tevfik Bey, 24 Kasım 1920 tarihinde Cephe Komutanlığı'na çektiği telgrafta, birtakım iğneleyici sözlerden sonra, "bendeniz, kuzey ve güney cephelerinin her ikisinin de aynı hükümetin emrinde olduğunu sanıyordum. Mademki değildir, yönetimsizlik yüzünden, boş yere, burada vatan evlatlarını kırdıramayacağım. Yirmi dört saate kadar sol kanadımızın güçlü bir şekilde korunmaması durumunda Kuva-yı Seyyare'yi Efendi köprüsü civarına çekeceğim. Bu konuda sorumluluğun kime ait olduğunu hükümet bulsun, efendim" diyordu. Batı Cephesi Komutanı İsmet Paşa, Kuva-yı Seyyare komutanına yanıt verdi ve dedi ki: "12. Kolordu, sol kanadınızdan kırk kilometre uzaktadır. Bundan başka, geri çekilmiş olan düşmanı kesin saldırıyla ve zorla yerinden atmak görevi birliklerimize verilmemiştir. Dolayısıyla Kuva-yı Seyyare, düşmanı izleyen bağımsız bir süvari tümeni durumundadır. Düşmanın üstün kuvvetle saldırılarına karşı yalnız başına önlemler alır ve düşman yerel ve ciddi bir hareket yaptıkça buna karşı kesin bir savaştan kaçınır. Bu görevler süvari tümenlerine verilir. Güney Cephesi'nde güçlü süvari birliği olmadığından, sizin cephenizi süvari kuvvetleri yerleştirerek genişletmeye olanak yoktur. Kuva-yı Seyyare ile Güney Cephesi'nin dış kanadından yalnız karşılıklı temas ve bağlantı sağlaması mümkün ve gereklidir. Kısaca, cephemiz iyi yönetilmektedir vb..."

Efendiler, Batı Cephesi Komutanlığı, elbette ordusunun bütçesini düzenlemek istiyordu. Bu amaçla, 22/23 Kasım 1920'de bütün cephe birliklerinden kuvvetlerinin miktarını gösteren düzenli birer liste istedi. Cephe birliklerinin hepsinden yanıt geldi. Kuva-yı Seyyare, istenilen mevcut listesini göndermedi. Bu konuda cepheden istenen açıklamaya gelen yanıtta, Tevfik Bey diyordu ki: "Kuva-yı Seyyare ne bir tümen, ne de düzenli bir kuvvet haline getirilemez... Bu serserilerin başına ne bir subay, ne de hesap memuru koymak mümkün olmadığı gibi, kabul ettirilmesi de mümkün değildir. Çünkü subay gördüler mi, Azrail görmüşçesine ayaklanıyorlar. Bizim müfrezelerimiz, Pehlivan Ağa, Ahmet Onbaşı, Sarı Mehmet, Halil Efe, Topal İsmail gibi adamlar tarafından yönetilmektedir. Bölük çavuşları da yazdığını okuyamaz ve okuduğunu yazamaz adamlardır. "Sen yapamıyorsun" diye bunların değiştirilmesi imkânı da yoktur. Kuva-yı Seyyare'nin şimdiye kadar olduğu gibi gelişigüzel yönetilmesi zorunludur... Aslında Kuva-yı Seyyare'yi disiplin ve düzen altına almak şöyle dursun, böyle bir düşüncenin doğduğunu sezdiği anda dağılır. Rica ederim, bu yazdığım şeyleri bir şeye yormayınız..."

Tevfik, Cephe komutanını tanımıyor

Efendiler, tam bu günlerde, düşmanın Bursa cephesi ilerisinde, İznik yakınlarında bir çalışması olduğu fark edildi. Cephe komutanı oraya giderek yakından önlemler almak zorunda kaldı. Onun için 28 Kasım 1920 tarihinde Kuva-yı Seyyare Komutan Vekili Tevfik Bey'e yanıt verirken, "Bugün Bilecik'e gidiyorum. Dönüşte yüksek şahsınızla nerede yüz yüze oturup görüşmek mümkün olur?" sorusunu sormuştu. Cephe komutanına yanıt verilmemişti. Cephe komutanı, İznik durumuna karşı önlemler ve düzen almaya uğraştığı sırada, Kuva-yı Seyyare Komutanlığı'ndan savaş raporları gelmemeye başlamış... sebebi sorulmuş:

Raporlar gerektiği zaman Ankara'da Büyük Millet Meclisi Başkanlığı'na yazılmıştır.
İmza: Yüzbaşı Tahsin

telgrafı alınmış.

Efendiler, bir cephe komutanı için, cephesinin bir kısmında yaşanan olaylar hakkında bilgi alamamak ne kadar güç bir durumdur. Böyle belirsizlik içinde kalmak bütün cephenin yönetimini yanlış yola götürebilir. Düzeltilmesi olanaksız tehlikeli durumlara yol açabilir. Cephe Komutanı İsmet Paşa, durumu Ankara'da bulunan Kuva-yı Seyyare Komutanı Ethem Bey'e 29 Kasım 1920 tarihinde yazarak raporlar için vekilinin uyarılmasını bildiriyor.

İsmet Paşa, 29 Kasım 1920'de bize de şu telgrafı gönderdi:

Ankara'da Büyük Millet Meclisi Başkanlığı'na
Ankara'da Genelkurmay Başkanlığı'na

1. Kuva-yı Seyyare Komutanlığı, 27.11.1920 akşamından beri Cephe Komutanlığı'na rapor vermemektedir.

2. Bugün Ethem Bey'den, vekilini uyarmasını rica ettim. Düşmandan geri alınan yerlerin sivil yönetimi için meydana getirilen Simav ve Bölgesi Komutanlığı sebebiyle Tevfik Bey'in üzüntü duyduğunu bildiren Ethem Bey'den bugün bir telgraf almış ve yanıt vermiştim. Durumda dikkat çekici bir olağanüstülük var ise de fazla bilgim yoktur. Oraca alınan bilgilerin bildirilmesini istirham ederim.

Efendiler, Batı Cephesi Komutanlığı'yla Kuva-yı Seyyare Komutanlığı arasındaki haberleşmeleri ve ortaya çıkan durumu nasıl öğrendiğimi izin verirseniz açıklayayım:

Kuva-yı Seyyare Komutan Vekili Tevfik Bey tarafından İsmet Paşa'ya yazılan, asker kaçakları ve casusların İstiklal Mahkemesi'ne verilmesine itirazı içeren ve Kuva-yı Seyyare'nin sol kanadının yirmi dört saate kadar 12. Kolordu tarafından korunmaması halinde kuvvetini Efendi köprüsüne çekeceği hakkındaki telgrafları, bana Ankara'da bulunan Ethem Bey verdi. Ben, elbette bu telgrafları anlamlı buldum. Kuva-yı Seyyare'nin durumunda önlemler almayı gerektiren dikkat çekici bir hal gördüm. Onun için, İsmet Paşa'ya, bu telgrafları Ethem Bey aracılığıyla öğrendiğimi bildirdiğim 25 Kasım 1920 tarihli telgrafta, "Tevfik Bey'in önem verdiğim bu başvurusuna karşı ne şekilde yanıt verildiğinin ve ne gibi önlemler alındığının bu gece bildirilmesini rica ederim" demiştim.

İsmet Paşa, yapılan haberleşmeyi aynen bildirdi.

Efendiler, bir taraftan da, 28 Kasım 1920 tarihinden itibaren, Kuva-yı Seyyare'nin sabah ve akşam raporları, Umum Kuva-yı Seyyare Komutan Vekili Mehmet Tevfik imzasıyla doğrudan doğruya bana bildirilmeye başlandı. Tevfik Bey'e şu şifre telgrafı yazdım:

Ankara, 29/30 Kasım 1920

Birinci Kuva-yı Seyyare Komutan Vekili Tevfik Beyefendi'ye

İki üç günden beri doğrudan doğruya bana göndermekte olduğunuz raporların son maddesinde, Batı Cephesi Ordu Komutanlığı'na verilmiş olduğunun kayıtlı bulunmadığı dikkatimi çekti. Bir yanlışlık mıdır, yoksa bir sebebe mi dayanmaktadır? Bu konuda bilgi verilmesini rica ederim.

Türkiye Büyük Millet Meclisi Başkanı
Mustafa Kemal

Bu telgrafıma Tevfik Bey'den yanıt almadım. Fakat, Ankara'da bulunan Ethem Bey'den merhum Hayati Bey'e şöyle bir yazı gönderildi:

30.11.1920

Hayati Bey Kardeşime

Tevfik Bey'le İsmet Beyefendi arasındaki anlaşmazlığın sebeplerini ve bu konuda her ikisiyle yaptığım haberleşmeleri aynen sunuyorum. Lütfen Paşa Hazretleri'ne gösterilerek okunmasını ve yanlış anlamaya meydan verilmemesini rica ederim, efendim.

Kuva-yı Seyyare ve Kütahya Bölgesi Komutanı
Ethem

Efendiler, bu yazıya ekli haberleşmelerde dikkat çekici olan noktalar şunlardı: Tevfik Bey kardeşine diyor ki: "Simav ve Bölgesi Komutanlığı'na kesinlikle ihtiyaç yoktur. Bu bölge komutanının Eskişehir'e dönmesi için şimdi emir verdim." Tevfik Bey, İsmet Paşa'nın halka yaptığı bildirisini de, şu şekilde yorumluyordu:

Bu bildiri, bulunduğumuz yerlerde bizim adaletsiz, güvenilmez, namussuzca hareket ettiğimizi ilan ediyor... Kuva-yı Seyyare bunu kesinlikle kabul etmez. Bu noktalar çözülünceye kadar, Kuva-yı Seyyare Batı Cephesi Komutanlığı'nı tanımayacaktır.

Bunun üzerine, Ethem Bey'in İsmet Paşa'ya yazdığı telgrafta, kardeşinin üzüntüsünden söz ettikten sonra bu işlerin kendisinin dönüşüne ertelenmesini rica ediyor. Kardeşine de, durumu Batı Cephesi Komutanlığı'na yazdığından ve ılımlı ve nazik davranmanın ve karşılık vermenin gerekli olduğundan söz ediyor. Tevfik Bey 28 Kasım 1920'de Ethem Bey'e yazdığı yanıt telgrafında,

Namusumuzla oynayan Batı Cephesi komutanını bundan böyle amir olarak tanımayacağımı ve Simav'a gönderdiği komutanına bugün emrindekilerle birlikte Eskişehir'e dönmesi için emir verdiğimi ...... yazmıştım.

dedikten sonra:

Bu konuda başka şey düşünemem ve düşünebilmek imkânı da yoktur, efendim.

diyordu.

Tevfik Bey'in, kardeşine gönderdiği aynı tarihli diğer bir telgrafında da,

... En küçük bir şey hissedersem bu yeni kurulan komutanlığın bütün görevlilerini koruma altında Batı Ordusu'na geri göndereceğim. Batı Ordusu Komutanı İsmet Bey'in bu cephe komutanlığını yönetemeyeceğini anlıyorum.

denilmekteydi.

Efendiler, bundan sonra Kuva-yı Seyyare'nin savaş raporları Ankara'da Ethem Bey'e geliyor ve Ethem Bey tarafından Batı Cephesi'ne gönderiliyormuş. Bundan başka, Kuva-yı Seyyare Komutanlığı, Batı Cephesi haberleşmelerine sansür koymuş. Telgraf ve telefon hatlarının, Kuva-yı Seyyare Komutanlığı'nın haberleşmeleri için kullanıldığı ileri sürülerek, cepheyle haberleşmeler açıkça ve resmi olarak yasaklanmış. Aynı zamanda, Kuva-yı Seyyare'nin Eskişehir civarına saldıracağı söylentisi yayılmıştı.

Ethem ve Tevfik kardeşler ve kendileriyle aynı fikirde olan bazı arkadaşlarının ulusal hükümete ayaklanması

Saygıdeğer efendiler, bu durumu hep beraber değerlendirmeye yarayacak kadar bilgi sunduğumu ümit ederim. Kolaylıkla anlaşılmaktaydı ki, Ethem ve Tevfik kardeşler ve kendileriyle aynı fikirde olan bazı arkadaşları, ulusal hükümete karşı ayaklanmaya karar vermişlerdi. Bu kararlarının uygulanmasına, cephede Tevfik Bey bahane ararken ve kuvvetlerini cepheyi terk ederek toplarken, Ankara'da Ethem Bey ve milletvekili olan kardeşi Reşit Bey ve daha birtakımları siyasi bakımdan çalışıyorlardı. Ayaklanma planında başarılı olabilmek için, her şeyden önce buna engel olarak düşünülen Batı Cephesi'ndeki ordunun başındaki komutanı, saygınlık ve makamından düşürerek, orduya egemen olmak koşuldu. Ondan sonra da, Meclis kamuoyunu tamamen kendi taraflarına çevirerek, komutan veya vekil veya hükümet düşürmekte kolaylık sağlamak önemli bir noktaydı. İşte bu amaçlarla çalışmakta olduklarına bizce kuşku kalmamıştı. Ethem Bey'in İsmet Paşa'ya ve kardeşi Tevfik Bey'e çektiği telgraflarda kullandığı yumuşak ve nazik bazı kelimelerin, henüz zaman kazanmak amacına yönelik olduğuna ve sorunu İsmet Paşa ile Tevfik Bey arasında yanlış an-

Büyük Zafer'in ikinci yıldönümünde Kocatepe kutlamaları. İş Bankası Müzesi Arşivi.

lamadan doğan bir üzüntüden, en sonunda Tevfik Bey'in kızgınlığına yenik düşerek abartılı davranışından ibaret gösterip, kendilerinin çok söz dinleyen ve alçakgönüllü kişiler olduklarını bir zaman için daha göstermeye çalıştıklarını düşünmemek mümkün değildi. Biz de durumu olduğu gibi ciddi kabul ettik. Siyasi ve askeri önlemlerimizi ona göre uygulamaya başladık.

Efendiler, belirtmeliyim ki, gerek cephede ve gerek Ankara'da her bakımdan gereken önlemleri aldırmıştım. Ethem ve kardeşlerinin ayaklanmasından asla çekinmiyordum. Ayaklanmaları durumunda yola getirilip cezalandırılacaklarına kuşkum yoktu. Bunun için gayet sakin ve rahat davranıyordum. Mümkün olduğu kadar kendilerini öğüt vererek yola getirmeye ve saygılı olmaya çalışmayı, bunu başaramadığım takdirde, kamuoyunda daha çok açıklık kazanacak olan saldırgan faaliyet ve hareketlerinin gereğini yapmayı tercih ediyordum. Bu düşünceyle 2/3 Aralık 1920 tarihinde Ankara'da bulunan Ethem ve Reşit beyler ve bazı kişileri yanıma alarak Eskişehir'e gitmeye ve orada İsmet Paşa ile de buluşarak yüz yüze konuşmaya ve anlaşmaya karar verdim. Ethem Bey'in bu yolculukta bana eşlik etmekten kaçınacağını tahmin ediyordum. Oysa, Ethem Bey'i de alıp birlikte götürmek bence pek gerekliydi. Bunun için, istesin ya da istemesin, Ethem Bey'i de beraber götürmek veya ısrar etmesi durumunda ona göre davranmak üzere gereken önlemlerin alınmasını da emretmiştim.

Gerçekten, ertesi günü, Ethem Bey hasta olduğunu söyleyerek bizimle beraber yolculuk edemeyeceğini bildirdi. Doktor Adnan Bey de Ethem Bey'in rahatsızlığının yolculuk yapmaya engel olduğunu söyledi. Israr ettim. Sonunda, 3 Aralık 1920 akşamı özel bir trenle Eskişehir'e hareket ettik. Ethem ve kardeşi Reşit beylerden başka bizimle beraber bulunan arkadaşlardan başlıcaları şunlardı:

Kâzım Paşa, Celal Bey, Kılıç Ali Bey, Eyüp Sabri Bey, Hakkı Behiç Bey, Hacı Şükrü Bey.

4 Aralık 1920 sabahı erkenden henüz ben uykudayken tren Eskişehir'e ulaştı. Daha önce İsmet Paşa'nın henüz Bilecik'te bulunduğu anlaşıldığından Eskişehir'de durmayıp Bilecik istasyonuna gitmeye karar vermiştik. Eskişehir'de uyandığım zaman, trenin niçin durup yoluna devam etmediğini sordum. Yaverlerim, arkadaşların sabah kahvaltısı yapmak üzere istasyonun karşısındaki lokantaya gittiklerini ve şimdi gelmek üzere bulunduklarını söyledi. Çabuk gelmeleri için haber gönderilmesini istedim. Birkaç dakika sonra, "Hazırız" denildi. "Bütün arkadaşlar geldi mi?" dedim. Bunun üzerine yapılan araştırmadan anlaşıldı ki, herkes hazırdı, ama Ethem Bey bir arkadaşıyla beraber ortada yoktu. Derhal Ethem Bey'in kaçmasının sağlandığını anladım. Fakat bunu kimseye söylemedim. Yalnız "O halde" dedim, "Ethem Bey olmaksızın bizim Bilecik'e gitmemizde bir fayda yoktur. İsmet Paşa'yı da buraya davet ederiz."

İsmet Paşa da, telgraf başında yapılan özel bir görüşmeden sonra Eskişehir'e hareket etti. Daha önce yalnız ve özel olarak görüşmemiz gerektiği için ben de, bir iki istasyon ileri giderek buluştuk. 4 Aralık 1920 akşamı birlikte Eskişehir'e geldik. Orada bekleyen arkadaşlarla hep beraber bir lokantada yemek yedik. Ethem Bey orada değildi. Nerede olduğunu kardeşinden sordum. "Rahatsızdır, yatıyor" dedi. O gece İsmet Paşa'nın karargâhında Kâzım Paşa, Celal Bey, Hakkı Behiç Bey de hazır olduğu halde Reşit ve Ethem beylerle konuşacaktık. Onun için Reşit Bey, Ethem Bey'in hasta olduğunu söylerken görüşmek üzere karargâha gelebileceğini de eklemişti. Yemekten sonra karargâha gittik, fakat Ethem Bey gelmemişti. Reşit Bey'e ne zaman geleceğini sordum. Verdiği yanıt şuydu: "Ethem Bey şu dakikada kuvvetlerinin başındadır!"

Bu habere rağmen sakin olmayı ve görüşmeyi tercih ettik.

Şu noktayı da açıklamalıyım ki, ben Eskişehir'e resmi bir sıfatla gitmemiştim. Bazı arkadaşların da orada hazır bulunmasıyla İsmet Paşa ile olan görüşme ve konuşmalarımızı tarafsız bir arkadaş sıfatıyla yaptığımı söylemiştim. İsmet Paşa, durumu, aralarındaki haberleşmeleri, Kuva-yı Seyyare komutan vekili sıfatıyla Tevfik Bey'in aldığı başına buyruk tavrı anlattı. Reşit Bey, kardeşleri ve kendi adına yanıt veriyordu. Reşit Bey pek kaba ve saldırganca konuşmaya başladı. Kardeşlerinin birer kahraman olduklarını, hiç kimsenin emri altına girmeyeceklerini ve bunu böylece herkesin kabul etmek zorunda olduğunu çekinmeden söylüyor; ordu, disiplin, komuta, hükümet kavramlarına ve bunların gereklerine ilişkin söylenen düşüncelere kulak bile vermiyordu. Onun üzerine, ben, dedim ki: "Bu dakikaya kadar sizinle eski bir arkadaşınız sıfatıyla ve sizin yararınıza bir sonuca ulaşmak için samimi bir duyguyla görüşüyordum. Bu dakikadan başlayarak arkadaşlığım ve yakınlığım son bulmuştur. Şimdi karşınızda, Türkiye Büyük Millet Meclisi'nin ve hükümetinin başkanı bulunmaktadır. Devlet başkanı sıfatıyla Batı Cephesi komutanına, durumun gereğini uygulaması yetkisini kullanmasını emrediyorum." Hemen İsmet Paşa da dedi ki: "Emrimde bulunan komutanlardan herhangi biri bana karşı gelmiş olabilir. Benim onu yola getirmeye ve cezalandırmaya gücüm yeter. Bu konuda henüz kimseye karşı güçsüzlüğümü açıkça belirtmiş ve hiç kimsenin bana ait olan bu görevin kolayca yapılması için yardımını rica etmiş değilim. Ben durumun gereğini yaparım."

Tarafımdan ve İsmet Paşa tarafından alınan bu sağlam tavır üzerine, avazı çıktığı kadar bağırırcasına konuşan Reşit Bey hemen sindi ve ileri gitmekte acele edilmemesini ve kendisi kardeşlerinin yanına giderse bir çözüm yolu bulabileceğini söyledi. Bundan bir sonuç çıkmayacağı, amacın kardeşlerini aydınlatmak ve zaman kazanmak olduğu ortadaydı. Buna rağmen, Reşit Bey'in bu önerisini kabul ettik. Ertesi günü İsmet Paşa'nın hazırlatacağı özel bir trenle Kütahya'da kardeşlerinin yanına gitmesi uygun görüldü. Kâzım Paşa'nın da Reşit Bey'le beraber gitmesi benimsendi. Hareket ettiler.

Bilecik görüşmesi

Saygıdeğer efendiler, izninizle bu hikâyeyi şimdilik burada bırakacağım. Aynı günde, yani 5 Aralık 1920'de Bilecik istasyonunda bekleyen Ahmet İzzet Paşa heyetine değineceğim.

Hatırlarsınız ki, İzzet Paşa'nın isteği ve önerisi üzerine kendileriyle Bilecik'te buluşmak kararlaştırılmıştı. Heyet, ayın dördünden beri beni Bilecik istasyonunda bekliyordu. Heyet, İzzet, Salih paşalarla elçilerden Cevat, Tarım Bakanı Hüseyin Kâzım, Hukuk Müşaviri Münir beyler ve Hoca Fatin Efendi'den oluşmaktaydı. Bilecik istasyon binasının bir odasında birleştik. İsmet Paşa da beraberdi. Görüşme şu şekilde gerçekleşti: Ben, ilk söz olarak "Türkiye Büyük Millet Meclisi ve hükümeti başkanı" diyerek kendimi tanıttıktan sonra, "Kimlerle tanışmak şerefine erişiyorum?" sorusunu yönelttim. Salih Paşa, benim amacımı anlayamayarak kendisinin Donanma ve İzzet Paşa'nın İçişleri bakanı olduğunu açıklamaya kalkışırken, ben, hemen İstanbul'daki bir hükümet ve kendilerini o hükümetin üyeleri olarak tanımadığımı ve eğer İstanbul'da bir hükümetin bakanları olarak görüşmek istiyorlarsa kendileriyle görüşemeyeceğimi söyledim. Ondan sonra, kimlik ve yetki söz konusu edilmeden görüşülmesi uygun görüldü.

Konuşmanın bazı bölümlerinde Ankara'dan beraber gelen bazı milletvekili arkadaşların da katılmasını sağladım. Birkaç saat süren konuşmadan, gelen kişilerin önemli hiçbir bilgi ve kanaatleri olmadığı anlaşıldı. Sonunda, kendilerine İstanbul'a dönmelerine izin vermeyeceğimi ve birlikte Ankara'ya gideceğimizi bildirdim.

İzzet ve Salih paşalar Ankara'da

Zaten beklemekte olan trenle yola çıkıldı. 6 Aralık 1920'de Ankara'ya geldik. İstanbul heyetini, isteklerinin aksine alıkoymuştum. Fakat bunu ilan etmeyi yararlı bulmadım. Çünkü, İzzet ve Salih paşalarla diğerlerinden, ulusal hükümet işlerinde yararlanmayı düşünerek saygınlıklarını korumak istedim. Bu amaçla, Ankara'ya gelir gelmez basına verdiğim resmi basın açıklamasında, söz konusu kişilerin, Büyük Millet Meclisi hükümetiyle görüşmek bahanesiyle İstanbul'dan çıktıklarını, ülkenin iyiliği ve güvenliği için daha verimli ve etkili bir şekilde çalışmak üzere aramıza katıldıklarını ilan ettirdim.

Efendiler, biz, İzzet Paşa heyetiyle Bilecik-Ankara yolu üzerinde bulunduğumuz 5/6 Aralık 1920 tarihinde Reşit Bey'den, Kütahya'ya vardığından ve ertesi günü Tevfik Bey'le konuşacağından, Ethem Bey'in de oraya ulaştığından söz eden, fakat henüz olumlu bir anlamı olmayan bir telgraf aldım. Dört gün sonra da Reşit Bey'in geri dönerken Eskişehir'den gönderdiği 9 Aralık tarihli bir telgrafta, "Tevfik ile olan sorun iyi bir sonuca bağlanmıştır" denildikten sonra, "fakat tanımak ve tanıtmak istediğimiz kişilerin basit ve zamana uygun düşünememelerine veya düşünemediklerine bin bir işaret konmuştur" sözleri okunmaktaydı. Reşit Bey tarafından Eskişehir'de Batı Cephesi Komutanı İsmet Paşa'ya da, sorunun çözüldüğü ve haberleşmenin sağlandığı ve Simav Bölgesi komutanının yerine gönderilebileceği söylenmişti. 9 Aralık 1920'de Ethem Bey'den de aldığım bir şifre telgrafta, sorunun İsmet Paşa tarafından amaçlı ve zamansız çıkarılmış olduğu anlatılmak isteniyordu. Sözde almakta olduğu önlemler ve yaptığı düzenlemelerden o zaman başyaverim olan Salih Bey'in de, aynen haberdar edildikleri belirtiliyordu. Benim kuruntuya düşürüldüğümü kanıtlarıyla haber aldığını yazıyordu. Ondan sonra birtakım inandırıcı sözlerle, Kuva-yı Seyyare'ye bağlı olup Maden'den kendilerine katılmak üzere geri dönen ve Genelkurmay'ın emriyle Güney Cephesi'ne gönderilen bir müfrezesinin kendi emrine verilmesini ve Kuva-yı Seyyare'nin Fuat Paşa zamanında seyyar jandarma örgütü gereğince bütçeye katıldığından söz ederek fazla para koparmak istediği görülüyordu.

Benim üç gün sonra buna verdiğim inandırıcı yanıtta, "Son günlerin beklenmedik olaylarının beni kuruntuya değil, fakat kararsızlığa düşürdüğünü itiraf ederim" dedikten başka "... genel durumumuzun uyum ve düzenini bozan hiç kimseye hoşgörü gösterilmemesini" yazdım.

Ethem ve kardeşleri zaman kazanmak için bizi yanıltmaya çalışıyorlardı

Gerçekte sorun çözülmemişti. Yapacağım açıklamalardan anlaşılacaktır ki, Ethem Bey ve kardeşleri zaman kazanmak için bizi yanıltmaya çalışıyorlardı. Amaçları, mümkün olabildiği kadar yeniden kuvvet getirip toplamak ve Düzce'de bulunan Sarı Efe kuvvetleriyle Lefke'de bulunan Gök Bayrak Taburu'nun kendisine katılmasını ve Demirci Mehmet Efe'nin de kendileriyle birlikte ayaklanmasını sağlamak, bir taraftan da cephe komutanlarını değiştirmek, ordudaki subay ve erlerin kendilerine karşı koymamaları için propagandaya fırsat bulmak istiyorlardı. Gerçekten, Simav ve Bölgesi komutanı, Simav'a gitmek üzere Kütahya'dan geçerken, Ethem ve Tevfik beyler tarafından çağırtılarak kendi emirleri altında ve gösterecekleri yerde görev yapmak üzere Kütahya'da kalması emredilmiştir. Bu emirlerinin onaylanmasını da 10 Aralık 1920'de Cephe Komutanlığı'ndan istemişlerdir. Görülüyor ki, "Her şey çözüldü" denildiği halde, başlangıçtaki söz dinlememezlik aynen devam etmekteydi.

Ethem Bey, Konya, Ankara, Haymana dahil, her tarafa ellerinde özel şifreler bulunan, irtibat subayı unvanıyla birtakım memurlar göndererek yeniden silah ve hayvan toplamaya başladı. Bunlara verdikleri görev ve hükümet memurlarına yaptıkları bildirimler hakkında bir fikir edinmek üzere, örneğin 7 Aralık 1920'de Ankara kuzeyinde Kalecik kaymakamına yazdığı yazıyı aynen okuyayım:

Kütahya, 7 Aralık 1920

Kalecik İlçesi Kaymakamlığı Yüksek Katına

Kuva-yı Seyyare müfreze komutanlarından olup aşağıda kimlik bilgileri yazılı olan İsmail Ağa yüksek şahsınızın ilçesi dahilinde Kuva-yı Seyyare'de görevli izinli ve izinsiz savaşçılarla yeniden silah ve hayvan toplamak, bize katılacak vatanseverleri alıp getirmekle görevlendirilerek Kalecik'e gönderilmiştir. Kendisine gerekli her türlü kolaylığın gösterilmesini ve vatani yardımın yapılmasını rica ederim, efendim.

Umum Kuva-yı Seyyare ve
Kütahya Bölgesi Komutanı
Ethem

Batı Cephesi komutanının, Kuva-yı Seyyare Komutanlığı'ndan ellerindeki cephane sayısını ve son Gördes Savaşı'nda ne kadar topçu cephanesi harcandığını sorması üzerine, Kuva-yı Seyyare Komutan Vekili Tevfik imzasıyla 11 Aralık 1920'de, "... Bu yazışınızdan, bize güvenmediğinizi anlıyorum. Cephane ne yenir, ne içilir, ancak düşmana atılır. Bu güven sorunu akla geliyorsa, cephane göndermeyebilirsiniz" şeklinde yanıt verilmekteydi.

Efendiler, burada ufak bir noktaya dikkatinizi çekeyim. Görüyorsunuz ki, Ethem Bey, cephede ve kuvvetinin başında olduğu halde Tevfik Bey yine vekil sıfatıyla haberleşiyor ve işlemler yapıyor. Aynı kuvvet üzerinde, aynı yetkide iki komutan...

Cephe komutanı, 13 Aralık tarihinde sorulan soru ve alınan yanıtın kopyasını bilgim olsun diye bana göndermişti. Hükümet tarafından, anahtarı olmayan şifreler ve özel şifreler kullanılması genellikle yasaklanmıştı. Oysa Ethem Bey'in özel memurları ve milletvekillerinden bazı arkadaşları, bu yasağa uymaksızın, şifre haberleşmelere devam etmekteydiler. Elbette bunlara engel olundu. Bunun üzerine, Ethem Bey İsmet Paşa'ya 13/14 Aralık 1920 tarihli bir başvurusunda, "Bazı ihtiyaçlar ve benzerleri hakkında Ankara ve Eskişehir Kuva-yı Seyyare irtibat subaylarına verilen telgrafların durdurulmakta olduğu anlaşılmıştır. Haberleşmelerimizin yasaklanması veya zorlaştırılması şeklindeki işlemlere lütfen son verilmesini rica ederim" diyordu. Oysa, irtibat subaylarının açık haberleşmeleri yasaklanmamıştı. Yasaklanan özel şifre haberleşmesiydi. Özellikle Ethem Bey'in söz ettiği Ankara ve Eskişehir'deki subayların hiçbir haberleşmesi yasaklanmış ve bu subaylar tarafından Ethem Bey'e şikâyette bulunulmuş değildi. O günlerde Eskişehir'de çektirilmeyen bir özel şifre vardı. Fakat o, komutan ve milletvekili diye imza atan Ethem Bey'in bir arkadaşının şifresiydi. Onun için İsmet Paşa, Ethem Bey'e verdiği yanıtta, bu konuda haber verenin kim olduğunun bildirilmesini istemişti.

Çerkez Ethem hükümetin kanunlarını tanımıyor

Efendiler, başlı başına dikkati çeken bir işlemi de burada söyleyeyim. Bu tarihlerde Kütahya'da Mutasarrıf Vekili Kadı Ahmet Asım Efendi adında bir kişi bulunuyordu. Kütahya'da mevki komutanı unvanıyla Ethem Bey tarafından atanmış, Abdullah Bey adında da biri vardı. Bu komutan, kaçan askerlerin ailelerinden bazılarını sürgün edilmek üzere Kütahya Mutasarrıf Vekili Ahmet Asım Efendi'ye gönderir. Mutasarrıf vekili, sürgün işlemlerinin son kanun gereğince, İstiklal Mahkemesi'ne ait olduğundan söz ederek ilgili yazıları komutanlığa geri gönderir. Bunun üzerine mevki komutanı, mutasarrıf vekilini gece vakti, makamına getirtmeye kalkar. Mutasarrıf vekili, gece çalıştığı için sabahleyin görüşebileceğini bildirir. Komutanın gönderdiği askerler mutasarrıf vekilinin evinin harem kapısını kırıp zorla evine girerek büyük hakaretle kendisini alırlar ve götürürler. Sorguladıktan sonra, aynı gece silahlı kuvvetle on dört saat uzaklıkta bulunan Kuva-yı Seyyare Komutanlığı'na götürürler. Ondan sonra da Kütahya'dan çıkarıp uzaklaştırırlar. Kadı ve mutasarrıf vekili olması dolayısıyla çeşitli bakanlıkların önemli bir memuru olan birinin uğradığı saldırı ve karşılaştığı ağır davranış, kuşkusuz doğrudan doğruya hükümete yöneltilmiş bulunuyordu. Bu olay üzerine Meclis'te hükümete gensoru verildi. İlgili bakanlıklar, Cephe Komutanlığı'ndan olayın sorumlularının Harp Divanı'na gönderilmelerini istediler. Cephe komutanının, Kuva-yı Seyyare Komutanlığı'ndan soruşturma yapılıp sonucun bildirilmesine ilişkin telgrafına, 19 Aralık 1920'de "Umum Kuva-yı Seyyare ve Kütahya Havalisi Komutan Vekili Mehmet Tevfik" imzasıyla gelen yanıtta, "Abdullah Bey her ne yapmışsa tarafımdan verilen kesin emir üzerine yaptı ve yapmak zorundaydı. Bu sorunun gerekçesi, ilgili bakanlıklara sunulmuştu... Adı geçen kişinin dönmesine kesin emir verildiği yüksek şahsınız tarafından bildiriliyor. Dönmesi durumunda ...... mutlaka idam edeceğim" deniliyordu.

Efendiler, ulusun vekillerinin emriyle görevine geri verilmek istenilen bir memurun idam edileceğinin bildirilmesi, anayasa ve kanun hükümleriyle bağdaştırılamazdı. 13 Aralık 1920 günü Ethem Bey, Ankara'da kardeşi Reşit Bey'le makine başında açık telgraflarla uzun uzadıya görüştü. Bu görüşmelerin özeti şuydu: Ethem Bey "Bu konunun mutlaka Meclis'te görüşülmesini sağlayınız. Sarı Efe denilen Edip'in, müfrezesiyle beraber, Gök Bayrak Taburu'na katılması için haber gönderiniz. Meclis vasıtasıyla komutanları çektiriniz. Meclis kararıyla olmadığı takdirde, bir yolunu bulup bunu hemen sağlayınız" diyor; "patlatacağı bombaları ta İngilizlerin işiteceğini ve bunun patlamasının da çok yakın olduğunu" söylüyor. Reşit Bey'in verdiği yanıtlar arasında da, dikkat çeken şu sözler vardı: "Kuva-yı Seyyare'nin düşmana karşı savunma yapmamasını, bunu tümenlere bırakmasını ve Edip'le doğrudan doğruya haberleşmesini, buna engel olunması durumunda Cephe komutanıyla tekrar ilgisini kesmesini" söylüyordu.

Reşit Bey, bu haberleşmelerle ilgili telgrafları olduğu gibi bana gönderdi. Kendisi yanıma gelmedi. Zaten Eskişehir'den Kütahya'ya gidip döndükten sonra yanıma gelmemişti. Kendisini yanıma çağırttım. Ne istediklerini sordum. "Cephe komutanlarını değiştiriniz" dedi. "Yerine koyacak adamlarımız yoktur" dedim. "Beni atayınız, ben daha iyi yaparım" dedi. "Cephe komutanlarını değiştirmek önemli bir iştir. Genel durumumuzu zayıflatır. Böyle bir öneriyi kabul etmek kolay ve uygun değildir" yanıtını verdim.

Aynı gün, yani 13 Aralık 1920'de Ethem Bey'e de yazdığım bir telgrafta, Reşit Bey'le makine başındaki haberleşmelerini okuduğumu söyledikten sonra, bu konunun Meclis'te resmen söz konusu edilip görüşülmesinin uygun olmadığını, Edip'in yerinden oynatılmasının yerinde bulunmadığını bildirdim. Aynı tarihte Ethem Bey verdiği yanıtta; konunun önemli olduğunu bildirerek komutanlar aleyhinde sözler söylüyordu.

Efendiler, Ethem ve kardeşleri cephede bulunan komutanları beğenmiyorlar ve onların emirlerine uymuyorlar. Bakanlıkları ve hükümeti tanımıyorlar. Yalnız sözde benim emirlerimi yerine getiriyorlar ve Meclis'i de, kendi isteklerine göre harekete geçireceklerini umuyorlar. Bana ve Meclis'e karşı uysal görünerek büyük bir çabayla hazırlıklarını tamamlamaya çalışıyorlardı. Ethem Bey, 18/19 Aralık tarihli bir telgrafıyla da, yine Edip'in müfrezesiyle kendisine katılmasının sağlanmasını benden rica ediyordu. İsteğini haklı göstermek için de diyordu ki:

> Anadolu'daki ayaklanmaların bastırılması sırasında durum gereği Biga bölgesinde bıraktığım ve daha sonra geçici olarak Düzce'ye gönderilen Birinci Kuva-yı Seyyare'ye bağlı, büyük bir kısmı İzmir ve çevresi gönüllülerinden oluşan 250 süvari, 200 piyade, bir dağ topu takımı, iki makineli tüfek, 30 kişilik karargâh süvari erlerinden meydana gelen

Edip Bey müfrezesinden, İzmir sınırına yaklaşmamız dolayısiyle daha çok yararlanılacağı doğaldır. Bununla beraber sürekli olarak da başvuru yapıldığından ve halen o bölgede güvenlik vesairenin de güvenilir durumda olduğu Edip Bey tarafından da bildirildiğinden, uygun görülecek başka bir birlikle söz konusu bölge teslim alınarak, Edip Bey'in müfrezesinin savaş araçlarıyla birlikte Kuva-yı Seyyare'ye katılması hususunun ilgili makamlara emir ve gönderilmesini rica ederim.

Efendiler, bu telgrafta ileri sürülen düşüncelere en deneyimsiz ve en basit düşünen birinin bile inanması kabul olunabilir mi? Kütahya'da bulunan bir kişi, bana, İzmir sınırına yaklaşmaktan söz ediyor. Düzce ve çevresinde durumun güven verici olduğunu benden daha iyi haber alıyor. Edip Bey müfrezesinin kuvvetini ayrıntısıyla saydıktan sonra, bu müfrezenin savaş araçlarıyla birlikte katılması ricasını kabul edilebilir göreceğimi sanıyor.

Bu telgraf üzerine, 19 Aralık 1920'de, Düzce'de Müfreze Komutanı Edip Bey'e, özel olarak doğrudan Ethem Bey'in isteğinden ve bunu kendisinin istediğinin bildirildiğinden söz ederek, ancak, müfrezesinin o bölgedeki varlığına kesin ihtiyaç bulunduğunu da belirterek yazdım.

Edip, 19/20 Aralık 1920'de verdiği yanıtta, müfrezesinin o bölgede kalmasının zorunlu olduğunu bildirdi. Buna, müfrezesinin Kuva-yı Seyyare'nin adamları gibi aynı ödenekle çalıştırılmalarının sağlanması istirhamını ekleme fırsatını da kaçırmamıştı.

Efendiler, Ethem ve arkadaşları, Ankara yakınında Haymana'da da ayrıca bir kuvvet toplama girişiminde bulundular. Hırsızlıktan Ankara'da tutukluyken daha sonra serbest bırakılan Van sığınmacılarından Musa Beyoğlu Abbas adında biri, elinde bir belgeyle ve beş on kişiyle birlikte Haymana çevresinde asker toplamaya başladı. Bu adam 19 Aralık'ta yakalanabilmiş ve Ankara İstiklal Mahkemesi'ne verilmişti. Bunu yakalamak ve adamlarını dağıtmak için özel ve hızlı bir düzenleme yapmak gerekti. Bu amaçla, özel bir kuvvet şimdi milletvekili bulunan Recep Zühtü Bey komutasında Haymana'ya gönderildi. Recep Zühtü Bey, Abbas'ı üç arkadaşıyla birlikte yakaladıktan sonra, önemli bir saldırıya uğraması olasılığını güçlü gördüğümden, tutukluları, yolunu değiştirerek Polatlı üzerinden trenle Ankara'ya getirmek zorunda kalmıştı.

Demirci Efe de harekete geçiyor

Efendiler, Demirci Efe, Ethem Bey'le haberleştikten sonra özel bir durum aldı. Bu anlaşılır anlaşılmaz, Güney Cephesi'nde bulunan Refet Bey süvarileri hemen üzerine gönderildi. 15/16 Aralık 1920'de Dinar yakınında İğdecik köyünde bir gece baskınıyla Efe'nin kuvvetleri dağıtılmış... Kendisi beş on kişiyle kaçmış. Efe, çok sonra bize sığınarak bağışlanmıştır.

Efendiler, Reşit Bey, 20/21 Aralık gecesi evinde topladığı dört kişiyi, ordu subaylarını ve özellikle erlerini, Kuva-yı Seyyare ile bir çatışma durumunda kandırmaları için görevlendiriyordu. Bu dört kişi şunlardı: *Yeni Dünya* gazetesinden Hayri, Arif Oruç'un kız kardeşinin oğlu Nizamettin, Mareşal Fuat Paşa'nın oğlu Hidayet ve arkadaşı Şükrü beyler... Bunlar 21 Aralık'ta trenle Eskişehir'e hareket ettiler. Beraberlerinde Ethem Bey'in kâtibi olan birisi de vardı. Bunlardan biri, trenin hareketinden önce gizlice istasyondaki evime gelip, bana durumu bildirdi. Bu kişi, propagandayı düzenlemek ve yönetmekle görevliymiş. Başkanları da Hidayet Bey'miş. Para harcama yetkisi de ondaymış. Durumu ihbar eden, tek başına Kütahya'ya gidecek, Ethem Bey'den talimat aldıktan sonra Eskişehir'e dönecekti. Diğerleri Eskişehir'de bekleyeceklerdi.

Ben bu kişiye, "Biz Ethem Bey ve kardeşlerini severiz. Onlar boşuna telaşlanıyorlar. Bu girişimlerinden üzüntü duydum. Fakat Ethem Bey'in orduyu karıştırmak için vereceği talimatı bilmek isterim" dedim ve arkadaşlarıyla beraber kendilerini hareketlerinde serbest bıraktım.

Eskişehir'de İsmet Paşa'ya, Afyonkarahisar'da Fahrettin Paşa'ya bilgi verdim ve bu adamların izlenmeleri gerektiğini bildirdim.

İhbarcı, söylediklerinde dürüst olduğunu daha sonra yaptıklarıyla da kanıtlamıştır.

Efendiler, Kâzım Paşa, Reşit Bey'le beraber Kütahya'da Ethem ve Tevfik beylerle görüşüp konuştuğu zaman, Ethem Bey'in sözlerinden dikkat çekici noktaları bana şu şekilde özetlemişti:

1. Ankara'daki hükümet amacın gerçekleşmesini sağlayacak yetenek ve güce sahip değildir. Bu hükümete karşı uyuşuk davranmamız doğru değildir.

2. Fiili girişimimizin niteliğini kötüye yoracaklardır. Fakat sonuçta başarırsam, herkes bana hak verecektir.

3. Refet Bey'le aramızda bir onur meselesi olmuştur. Mustafa Kemal Paşa, Refet Bey'in onurunu korumayı tercih edip, bizimkini kırıyor. Kesinlikle, Refet Bey'i önüme katarak Ankara'ya kadar kovalamak isterim. Ölürsem de bu kovalama sırasında öleyim.

4. Biz çoktan bu işi yapardık. Fakat Reşit'in Ankara'da Meclis'teki durumu bizi aldatmıştır. Meclis'in ne önemi ve niteliği vardır?

Reşit orduyu yanıltma girişiminde bulunuyor

Kâzım Paşa, bu değerlendirmeleri dinledikten sonra, "Türkiye'nin Batı Cephesi'nden başka doğuda, güneyde, merkezde de orduları vardır; bu orduların başında ve içinde büyük değerde ve güçte komutanlar ve subaylar vardır, bütün bunlarla beraber bir ulus vardır" diyerek kendilerini sakin ve ılımlı bir duruma getirmeye çalışmıştı.

Efendiler, Reşit Bey Meclis'te ateşli yönlendirme ve girişimlerde bulunuyordu. Bir gün, Meclis'te kırk elli kadar milletvekili toplanmış. Bunların cephe hakkında bazı kuşkuları varmış, Bakanlar Kurulu'nu çağırarak bunu anlamak isti-

Mustafa Kemal Paşa, Kemalettin Sami (solda) ve Nurettin paşalar ile. ATASE Arşivi.

yorlarmış. Bolu milletvekili merhum Yusuf İzzet Paşa, bu durumu ve toplanan milletvekillerinin isteğini bir mektupla bana bildirdi. Ben, toplantı halinde bulunan Bakanlar Kurulu'nda bulunuyordum. Bakanlar Kurulu, bu şekilde toplanan milletvekillerinin herhangi bir konu hakkında açıklama istemek için hükümeti çağırması yönteme uygun değildir, kabul edemeyiz, dediler. Ben bu kararı, yine Yusuf İzzet Paşa aracılığıyla bildirmekle beraber, kendi fikrimi de ekledim: "Siz milletvekilisiniz, ben de başkanınızım. Herhangi bir konu hakkında benimle görüşmek isterseniz seve seve kabul ederim." Benim yanıtımı, Yusuf İzzet Paşa, toplantı halinde bulunanlara bildirdiği zaman, Reşit Bey ayağa kalkarak:

"Efendiler! Bu yanıt, göğsünüzü kapayın! demektir. Siz de bilirsiniz ki, askerlerin göğüslerinin kapalı bulunması düzen ve disiplin gereğidir."

Reşit Bey'in, "Başkan bizi askeri disiplin altına almak istiyor" demek istediği anlaşılıyor.

Söz konusu toplantıyı düzenleyenler, kuşkusuz Reşit Bey ve bazı arkadaşlarıydı.

Reşit Bey, sözü Ankara'da bulunan İzzet Paşa heyetiyle de yaptığı temas ve görüşmelere de dayandırarak, paşaların İzmir'i, İstanbul'u kurtararak barış yapılabileceğini söylemek için geldikleri halde, tutuklandıkları noktası üzerinde bir hava da uyandırmıştı.

22 Aralık 1920 günü, Reşit Bey'i ve bakan ve milletvekillerinden on beş kadar arkadaşı hükümetteki odama davet ettim. Bu arkadaşlar arasında Celal Bey, Kâzım Paşa, Eyüp Sabri Bey, Adnan Bey, Vehbi Bey, Hasan Fehmi Bey, İhsan Bey, Kılıç Ali Bey, Yusuf İzzet ve Emir paşalar vardı. Fevzi Paşa Hazretleri de hazır bulundu. Bu heyete, söz konusu sorunun bütün gelişme evrelerini, gerekli belgeleri de göstermek suretiyle açık bir biçimde anlattım. Reşit Bey söylediklerimin hiçbirini yadsımadı. Düşman saldırılarına karşı tek kuvvetin, Ethem Bey'in kuvveti olduğunu ve bizim oluşturduğumuz tümenlerin çil yavrusu gibi dağılacaklarını söyleyerek, herhalde Ethem Bey kuvvetinin artırılmasına ve güçlendirilmesine ihtiyaç olduğunu bildirdi. Yanıt olarak dedim ki: "Ethem Bey'in kendi komutası altında kullanabileceği kuvvetin sayısı en çok bin iki yüz, iki bin kişiden ibaret olabilir. Bu sayı artırılırsa, disiplinsizlikten dağılıp yıkım sebebi olur. Her halde, ülkenin geleceğinin kişiye bağlı kuvvetlere değil, ancak Büyük Millet Meclisi'nin kanunlarına bağlı düzenli birliklere emanet edilmesi gerekir. Kuva-yı Seyyare, belirli bir kadro içinde verilen emirlere tamamen uymak ve boyun eğmek koşuluyla yararlı olabilir."

Reşit Bey ortaya konulan gerçekleri doğrular gibi bir tavır aldı. Bunun üzerine, son bir girişim olmak üzere, Reşit Bey'in bazı arkadaşlarla beraber kardeşlerinin yanına gidip onlara öğüt vermesi kabul edildi.

Bundan sonra, sorunun çözümü için şimdiye kadar yaptığım kişisel girişimlere de son vereceğimi heyete söyledim. Heyet, Kuva-yı Seyyare'ye, hükümetin son ve kesin emirleri olmak üzere şunları bildirecekti:

1. Kuva-yı Seyyare, diğer birlikler gibi emir ve komutaya tamamen bağlı olacak ve kanun dışında her türlü taşkınlıklardan kaçınacaktır.

2. Kuva-yı Seyyare, kuvvetini artırmak için kendiliğinden hiçbir yerde, hiçbir şekilde adam toplamayacak ve bu amaçla gönderdiği adamların çalışmalarına derhal son verecektir. Asker ihtiyacı, diğer birliklerde olduğu gibi, yapılacak başvuru üzerine Cephe Komutanlığı'nca karşılanacaktır.

3. Kuva-yı Seyyare, kaçaklarını yakalatmak için doğrudan doğruya adamlar atayıp göndermeyecek, kaçakları, diğer birliklerde olduğu gibi, Cephe Komutanlığı'nca izlettirilecek ve yakalattırılacaktır.

4. Kuva-yı Seyyare görevlilerinin ailelerine bakmak üzere bazı yerlerde bulundurduğu irtibat subaylarının kimliği hükümet tarafından bilinecek ve bu irtibat subaylarının elinde bulunacak şifrenin bir örneği de bize verilecektir.

Çerkez Ethem'e bir öğüt heyeti gönderiliyor

Bu koşulların yerine getirilmesi durumunda, Kuva-yı Seyyare, şimdiye kadar olduğu gibi, belirli bir kadro çerçevesinde yine görevine devam edecektir. Reşit Bey'le beraber Celal, Kılıç Ali, Eyüp Sabri ve Vehbi beyler 23 Aralık'ta öğleyin Ankara'dan yola çıktılar ve 24 Aralık günü öğleden sonra saat 16.45'te Kütahya'ya vardılar.

Efendiler, Ethem ve Tevfik beylerin Cephe komutanının bilgisi ve onayı olmaksızın bölgelerinde bulunan düzenli ordu birliklerini cepheye dağıtarak, Kuva-yı Seyyare'nin ağırlıksız erlerini Gediz'de ve Pehlivan Ağa müfrezesini Kütahya'da toplamış olduğunu haber aldım. Bunun üzerine 25/26 Aralık 1920'de Kütahya'da bulunan Celal Bey ve arkadaşlarına yazdığım açık bir telgrafta, "Böyle davranılmasından amaç ve anlamın ne olduğunu kesinlikle bilmek isterim. Bu konudaki görüşünüzün bildirilmesini telgraf başında beklerim" dedim. Bu telgrafın örneğini, İsmet, Refet ve Fahrettin paşalara şifreyle bildirerek dikkatlerini çektim. Heyet, ortak imzayla şu kısa yanıtı verdi: "Rahat olunuz, yanlış anlamayı gerektirir hiçbir amaç yoktur. Tevfik Bey yarın gelecek, hep birlikte görüşeceğiz. Sonucu ayrıntılı olarak bildiririz." Ben bu yanıttan, giden arkadaşların ya durumdan haberdar edilmeyerek aldatıldıkları ya da tutuklanarak istenildiği gibi yazmaya zorlandıkları yargısına vardım. Onun için, gerçek durumu anlamamış ve kısa telgraflarıyla verdikleri güvenceye inanmış görünmek istedim. Bu sebeple, yanıt olarak Tevfik Bey'le de görüşmelerinden sonra, ülkenin ve ulusun yüksek çıkarlarını sağlayacak esaslar üzerinde anlaşacaklarına kuşkum olmadığını, bana ulaşan haberleri dedikodu sayarak, hükümetin herhangi bir önlem almasına gerek olmadığı inancımı sunarak hükümete anlatmayı başaracağımı, ancak aramızdaki içtenliği zedeleyen durumun bir an önce ortadan kalktığı haberini beklediğimi, kalbimi kırmamalarını yanıt olarak yazdım.

Heyetin, 26/27 Aralık 1920'de ortak imzayla çektikleri ayrıntılı ve açık bir telgrafta önemli noktalar şunlardı:

1. Güvenlik önlemleri alındığına kuşku yoktur. Durumları tamamen savunma amaçlıdır. Kendilerine karşı çıkarılan ve yığılan kuvvetlerin ve yeni kurulan karakolların eski görev yerlerine çekilmeleri durumunda, bu hareketlerden de vazgeçeceklerdir.

2. Düşmanca bir hareketle karşılaşmadıkça, ülkenin gelecekteki esenliği için ve yüksek şahsınıza karşı besledikleri derin bağlılık dolayısıyla, her türlü eylemden kaçınacaklarına en büyük yeminlerle söz vermişlerdir.

3. Kuva-yı Seyyare'nin Konya ve Alaca'da bulunan erleriyle, Konya'dan Teğmen Sadrettin Efendi komutasında gelmekteyken Fahrettin Paşa tarafından tutuklanan seksen erin ve Kuva-yı Seyyare müfreze komutanlarından Kürt İsmail Ağa ile Kalecik'teki, akrabalarından savaşa katılmak üzere askerlik yaşı dışındakiler arasından toplananların Kuva-yı Seyyare'ye katılmalarına engel olunmaması;

4. Kuva-yı Seyyare'ye para verilmesi için Kütahya Mutasarrıflığı'na emir verilmesi;

5. Karşılıklı güven ve itimadın gerçekten sağlanması ve sürdürülmesi için Fahrettin ve Refet beylerin cepheden uzaklaştırılmaları.

Bu noktalardan çıkan anlam nedir efendiler!? Oraya giden arkadaşlarımızın tümünün bu anlamı kavrayamayacaklarına ihtimal verilebilir miydi? Dolayısıyla biraz önce işaret ettiğim gibi, Kütahya'ya giden heyet gerçekten tutuklanmıştı. Kendilerine, bu yazılan şeyler dikte ettiriliyordu. Bunun böyle olacağını, heyet gitmeden önce biliyordum. Bu sebeple idi ki, Reşit Bey, Kâzım Paşa'yı beraber götürmek için ısrar ettiği halde görüşme sırasında rastlantıyla solumda oturan Kâzım Paşa'ya gitmemesi gerektiğini hissettirmiştim. Çünkü Kâzım Paşa'yı geçici olarak değil sonuna kadar tutuklayarak, imzasını kullanmaktan çok yararlanabilirlerdi.

Aynı gece kendilerine şu yanıtı verdim: "Telgrafınızı yarın Bakanlar Kurulu'na sunacağım." Aynı zamanda, 26/27 Aralık gecesi Eskişehir'de Batı Cephesi Komutanı İsmet Beyefendi'ye de şu şifre telgrafı yazdım:

> Kütahya'ya giden heyetin ayrıntılı telgrafını aynen aşağıya alıyorum. Bunun ana noktalarını özetleyerek, telgraf başında Refet ve Fahrettin beylere bildirmenizi rica ederim. Heyete telgraf başında verdiğim yanıt da, "Telgrafınızı yarın Bakanlar Kurulu'na sunacağımdan" ibarettir. Yarın, Bakanlar Kurulu kararıyla heyete, görevlerinin son bulduğunu ve hemen Ankara'ya dönmelerini bildireceğim. Ondan sonra, konuyu bütün ayrıntılarıyla Meclis'e açıklamak düşüncesindeyim.
>
> Kuva-yı Seyyare'ye karşı, İsmet ve Refet Bey kuvvetlerinin, bulundukları yerlerde toplu ve dikkatli olmalarını ve alınmış bulunan genel önlemlere daha çok önem verilmesini ve dikkat gösterilmesini rica ederim. Fiili harekete herhalde onlar başlamadan, şimdilik başlanmaması taraftarıyım.
>
> Türkiye Büyük Millet Meclisi Başkanı
> *Mustafa Kemal*

Efendiler, ertesi günü Batı ve Güney Cephesi'ne şu telgraf verildi:

Şifre 27.12.1920

Batı Cephesi Kurmay Başkanlığı Birinci Şube Müdürlüğü'ne
Güney Cephesi Kurmay Başkanlığı Birinci Şube Müdürlüğü'ne

Refet ve İsmet beyefendilere özeldir: Kütahya'ya giden heyetin gönderdiği ayrıntılı telgraf Bakanlar Kurulu'nda değerlendirilerek aşağıdaki kararlar alındı: Bu kararlar, bu akşam açık telgrafla Büyük Millet Meclisi Yüksek Başkanlığı'ndan doğruca Kütahya'ya bildirilecek ve heyetin görevine son verilecektir. Buna göre gereken önlemlerin alınması ve görüşlerinizin bildirilmesi rica olunur. *(Genelkurmay Başkan Vekili Fevzi)*

Harekât Şubesi Müdürü
Salih

Kararname 27 Aralık 1920

Vatanın gerçek esenliği ve kurtuluşu için ordularda fikir birliğini ve emirlere kesin olarak uyulmasını her şeyden öncelikli sayan Bakanlar Kurulu, Büyük Millet Meclisi üyelerinden Celal, Reşit, Eyüp Sabri, Vehbi ve Kılıç Ali beylerin Kütahya'dan 26/27 Aralık 1920 tarihli telgrafını ve bu konuyla ilgili olarak yaşanan olayları ve karşılaşılan durumları okuyup görüştükten sonra aşağıdaki kararları almıştır:

1. Birinci Kuva-yı Seyyare, diğer bütün askeri birlikler gibi kayıtsız ve şartsız Büyük Millet Meclisi'nin kanunlarına ve hükümetin kurallarına ve emirlerine bağlı olmakla ve uymakla yükümlüdür ve askeri düzen ve disiplinle bağlıdır.
2. Birinci Kuva-yı Seyyare Komutanlığı'nın, askeri görev ve konularla ilgili bütün öneri ve görüşleri, ancak emri altında bulunduğu komutanlığa ve bu komutanlık aracılığıyla gerekli makamlara ulaştırılır.
3. Yukarıda belirtilen kararları Genelkurmay Başkanlığı uygular.

Mustafa Kemal

İçişleri Bakanı *Doktor Adnan*	Dışişleri Bakanı *Ahmet Muhtar*	Milli Savunma Bakanı *Fevzi*
Şer'iye Bakanı *Fehmi*	Maliye Bakanı *Ferit*	Genelkurmay Başkanlığı Vekili *Fevzi*

Kütahya'da Büyük Millet Meclisi üyelerinden Celal, Reşit, Eyüp Sabri, Vehbi ve Kılıç Ali beylerin, 26/27 Aralık 1920 tarihli ayrıntılı telgraflarına, 27 Aralık'ta yanıt verdim. Bunda, Bakanlar Kurulu kararını aynen bildirdim ve dedim ki: "Buna göre, yüksek şahıslarınızdan rica ettiğim özel görev son bulmuş olduğundan geri dönmeniz rica olunur."

28 Aralık 1920'de heyetten aldığım bir telgraf aynen şuydu:

Kütahya, 28.12.1920

Ankara'da Büyük Millet Meclisi Yüce Başkanlığı'na

Bakanlar Kurulu kararını içeren yazılı emrinizi akşam aldık. Aslında her birimiz, ülke ve ulusun esenliği için emrinize büyük bir samimiyetle boyun eğerek buraya geldik. Eskişehir'in ve buranın durum ve tutumunu gördük. Anlaşmazlık konusu olan sorunu tam bir tarafsızlık ve doğruluk ile inceledik ve araştırdık. Görüşmenin aşamalarını ve gelişmeleri olduğu gibi bildirdik ve içten düşüncelerimize dayanarak sorunun çözüm noktasını anladığımız gibi yazdık. Bildirdiklerimize göre, bize gönderilen Bakanlar Kurulu kararının neyi belirttiğini anlayamadık. Aksine, vatanın esenlik ve mutluluğuna yönelik sunduklarımızın iyi karşılanmadığını gördük. Sorunun daha çok sürüncemede bırakılmaya tahammülünün olmadığına güven buyurmalarını istirham ederiz.

Kılıç Ali *Vehbi* *Eyüp Sabri* *Reşit* *Celal*

Bu telgrafa şu yanıtı verdim:

Şifre -makine başında Ankara, 28.12.1920

Kütahya'da Büyük Millet Meclisi Üyelerinden
Celal, Reşit, Eyüp Sabri, Vehbi ve Kılıç Ali beylere

İlgi: 28.12.1920 şifreye: Ülke ve ulusun esenliği için hakkımdaki samimiyetinize gerçekten teşekkür ederim. Söz konusu durum hakkında buradan gidişinizden önce, bütün belgeleri göstererek yaptığım açıklama sonucunda, konuyu resmen hükümete iletirken, sizlerden uygun gördüğünüz hareket şeklini oradaki arkadaşlara açıklamak ve anlatmak üzere yolculuk sıkıntısına katlanmanızı rica etmiştim. Sorunun çözüm noktası diye telgrafınızda işaret buyurduğunuz nokta, zaten burada da söz konusu olmuştu. Hükümetin alacağı genel önlemlerin ve yapacağı düzenlemenin, herhangi bir tarafın isteğine göre olamayacağını sunmuştum. Bakanlar Kurulu'nun kararı, zaten uyulması gereken doğal ve bilinen konuları resmen ve kesin olarak bir defa daha belirtir. Yüksek görüşleriniz hiçbir şekilde kötüye yorulmuş değildir. Ancak, burada da belirttiğim gibi, benim bir buçuk aydan beri süre gelen kişisel ve özel çaba ve girişimlerimle ve büyük bir içtenlikle yaptığım çalışmaların, ne yazık ki değerinin anlaşılmamış olduğunu görüyorum ve sorunun çözümünü ve izlenmesini sorumlu ve ilgili makamlara bırakmış bulunuyorum.

Türkiye Büyük Millet Meclisi Başkanı
Mustafa Kemal

Efendiler, Kütahya'daki heyetin, Meclis'te durumu açıklayarak kendilerine daha faydalı olabileceklerine, Ethem ve kardeşlerini inandırarak ellerinden kurtulabildikleri anlaşılmıştır. Doğaldır ki, Reşit Bey orada kalmıştı.

Asi Ethem ve kardeşlerine karşı fiili harekâta geçilmesini emrettim

Efendiler, Kütahya'ya, Bakanlar Kurulu kararı ve heyetin geri dönmesi gereğinin bildirilmesinin ardından, cephe komutanlarına da asi Ethem ve kardeşlerine karşı fiili hareketlere geçmelerini emrettim.

Efendiler, askeri harekâtı çapulculuktan ve devlet kurup yönetmeyi, şunun bunun masum çocuklarını kurtuluş fidyesi dilenmek için dağlara kaldırmak haydutluğundan ibaret sanan, şarlatanlıklarıyla, yaygaralarıyla bütün bir Türk vatanını bezdiren ve Türk ulusunun Büyük Meclisi'ni kendileriyle uğraştıran utanmaz, haddini bilmez, küstah ve herhangi bir düşmanın boğaz tokluğuna casusluğunu, uşaklığını yapacak kadar aşağılık ve rezil yaratılışta olan bu kardeşleri, ellerindeki bütün kuvvetler ve dayandıkları düşmanlarla birlikte yola getirmek ve cezalandırmak suretiyle, inkılap tarihimizde etkili bir ibret örneği vermek zorunlu görüldü. Onun için şu düzenlemeleri yapmıştık:

Bursa'da bulunan Yunan kuvvetlerine karşı bir piyade tümeni bırakılarak, iki piyade tümeni ve bir süvari tugayına Eskişehir'in güneybatısında ve Kütahya doğrultusunda yığınak yaptırılmıştı. Uşak'ta bulunan Yunan kuvvetlerine karşı da, cephede yalnız bir tabur bırakılarak, iki piyade tümeni ve yedi süvari alayına Dumlupınar civarında ve yine Kütahya doğrultusunda yığınak yaptırılmıştı.

Kuvvetlerimiz hareket emrini alır almaz, hemen Kütahya'da bulunan asi Ethem kuvvetleri üzerine yürüyüşe geçtiler. 29 Aralık 1920 günü Kütahya'yı işgal ettiler. Üç gün sonra da Batı ve Güney cephelerinden hareket eden bütün kuvvetlerimiz, Kütahya'nın 30-40 kilometre ilerisinde ve Gediz doğrultusunda bir hatta birleştiler. Asi Ethem, kuvvetlerini hiçbir yerde durdurmaya ve direndirmeye cesaret edemeden Gediz üzerine çekilmişti.

Efendiler, Türkiye Büyük Millet Meclisi'nin bilinçli ordusu kendisini ve Büyük Millet Meclisi ve hükümetini küçümseyecek kadar beyinsizlik ve budalaca gurur gösteren bu asilere hak ettikleri yola getirme tokadını vurmak için, önlenemez bir öfke ve şiddetle hareket ediyorlardı. Nefes almaksızın kaçan asi Ethem, "İstanbul'da Sadaret Yüksek Makamına" diye şu telgrafı veriyordu:

> Ankara'da tutuklanan saygıdeğer arkadaşlarınızın İstanbul'a geri gönderilmeleri için Ankara Meclis Başkanlığı'na çektiğim protesto telgrafı aşağıda sunulmuştur. Şimdiki halde, Millet Meclisi'nin kararıyla saldırıya uğramış bulunuyorum. Kuvvetim savunmaya, hatta saldırmaya bile yetmekle beraber, karşımda ve yanlarımda Yunanlılarla temasta bulunduğundan ve hareket şekli hakkında Yunan komutanlığıyla anlaşmaya varılmış ise de, sizin onayınızın alınmasını da her bakımdan gerekli gördüm. Gereğinin yapılması ve haberleşmelerin ve emirlerinizin ulaşmasının sağlanması için, Gediz telgraf hattının onarılması ve düzeltilmesi yüksek emirlerinize sunulur.

Eski Umum Kuva-yı Seyyare ve Kütahya Havalisi Komutanı
ve halen Umum Kuva-yı Milliye Komutanı
Ethem

Efendiler, bu telgrafta yer alan, "protesto yazısı" denilen saçma sapan bir telgraf, gerçekten de Meclis Başkanlığı'na çekilmiş ve gizli bir oturumda Meclis'e okunmuştu. Bunda kullanılan sözler ve deyimler o kadar kaba ve terbiyesizcedir ki, bir defa okunduktan sonra, tekrar aynen okunmasına ve dinlenilmesine dayanılamamıştı. Bu kadar adi, saçma sapan bir yazıyı burada sizlere de sunmaya gerek görmüyorum. Bu saçma sapan yazı ile milletvekillerine hakaret edilerek ve Milli Meclis'in yasallığına saldırılarak, İzzet Paşa heyetinin İstanbul'a dönmekte serbest bırakılması isteniyordu.

Efendiler, kuvvetlerimiz Kütahya'ya girerken, ben de Meclis'te bazı milletvekilleri tarafından sorguya çekilmiş bulunuyordum. Asi Ethem'e karşı harekete geçmemize, ona saldırmamıza, onu izlememize karşı çıkılıyordu. Fuat Paşa'nın Ethem ve kardeşini iyi yönetebildiğinden, değiştirilmemesi uygun olurmuş. Bütün anlaşmazlıklara sebep, yeni atadığım komutanların deneyimsizlikleri ve duruma uygun tavır almamaları ve davranmamalarıymış... Orduda disiplin ve düzen aramak zamanı mıymış, ya, Allah korusun, Ethem Bey orduyu dağıtırsa ne yapacakmışım? Bu kadar önemli bir olaya kim ve nasıl karar vermiş? Böyle bir karar Meclis haberdar edilmeksizin nasıl alınırmış gibi birçok soru ve eleştirilerden sonra, herhalde "Ethem Bey ve kardeşleri vurulmamalıdır" istekleri ileri sürüldü. 29 Aralık gününün bütün oturumlarını ve 30 Aralık gününün birkaç gizli oturumunu açıklamalar yaparak geçirdim. Durumun bütün evrelerini belgeleriyle, kanıtlarıyla, gerçekleriyle açıklamaya çalıştım. Bütün bu açıklamalarıma rağmen, tartışmalar bir türlü son bulmuyordu. Her şey bir yana, sadece Meclis'in yasallığına saldırma amacı güden telgraf, sahiplerini Hıyanet-i Vataniye Kanunu'na çarptırmaya yeterliyken, bu asilerin aylardan beri sürdürdükleri asice tutumları ve ulusal hükümeti yıkmak, kendi akıllarınca başka türlü bir hükümet kurmak düşüncelerini uygulamaya yeltenmeleri dikkate alınmak istenmiyordu. Aksine, bunların ortadan kaldırılmaktan, cezalandırılmaktan kurtarılmalarına çalışılmak isteniyor gibiydi. Bunun sebebini kısaca açıklayayım. Efendiler, milletvekillerinden bazıları, durumun kişisel ve duygusal kırgınlıklardan doğduğu fikrine kapılmışlardı. Gerçekten de bu konuda sayısız propaganda yapılmış ve kamuoyu yanıltılmak istenmişti. Yine kuvvetli ve abartılı telkinlerden, Ethem kuvvetlerinin çok ve yenilmesi güç olduğu sanılarak, orduyla çatışması durumunda, ordunun çil yavrusu gibi dağılacağını ve o zaman, gerçekten de durumun feci olabileceğini düşünüyorlar ve böyle bir fiili çatışmaya engel olmayı uygun görüyorlardı.

Efendiler, bu düşünceleri doğru bulup ona göre hareket etmenin sonucu, emirerliğinden gelen ve aslında daha yüksek bir düşünce yeteneğine sahip olmayan Ethem'in sonunda koskoca Türk vatanında diktatörlüğünü kabul ve onaylamak olacağını anlamamak mümkün müydü?

Meclis'in heyecan ve kararsızlığını giderecek inandırıcı bir konuşma yaparak, gizli oturum görüşmelerini, fiili sonuçları beklemek üzere kapattık.

Ethem ve kardeşleri, kuvvetleriyle beraber düşman saflarında layık oldukları durumu aldılar

Efendiler, Ethem kuvvetlerini izleyen birliklerimiz, 5 Ocak 1921 günü Gediz'i işgal ederek, o civarda toplandılar. Ethem ve kardeşleri de, kuvvetleriyle beraber düşman saflarında layık oldukları yeri aldılar. Artık, Ethem olayı kalmamıştı. Ordumuzun içinde bulunan düşman, sürülerek, cephesine geri döndürülmüştü. Bundan sonra, karşımızda yalnız bir düşman cephesini ve hareketini göreceğiz. Gerçekten de, bir gün sonra, 6 Ocak 1921'de tüm Yunan ordusu, bütün cephe üzerinde her noktadan saldırıya geçti.

Efendiler, o günkü askeri durumu basit bir şekilde açıklamak için şöyle diyeceğim:

Birinci İnönü zaferi

İznik'ten, Gediz üzerinden Uşak'a kadar bir hat çekildiğini düşününüz; bu hattın Gediz'in kuzeyinde kalan parçası iki yüz kilometredir. Gediz'den Uşak'a olan parçası da otuz kilometre kadardır. Düşman, üç tümenle bu hattın kuzey ucundan Eskişehir üzerine hareket etti. Bizim Gediz'de bulunan önemli kuvvetlerimiz, Eskişehir üzerinden bu düşman tümenlerini karşılamak zorundaydı. Karşıladı ve yendi. İnkılap tarihimize Birinci İnönü zaferini kaydetti.

Güney Cephesi kuvvetleri, eski yerlerine, Dumlupınar'a geri gönderildiler. Kütahya'da yalnız 61. Tümen, iki alay kadar kuvvetiyle İzzettin Bey (Ordu Müfettişi İzzettin Paşa'dır) komutasında bırakılmıştı.

Düşmanlarla işbirliği yapan Manisa Milletvekili Reşit Bey'in milletvekilliğinden çıkarılması kararı

Efendiler, 8 Ocak 1921 Cumartesi günü Meclis'in açık oturumunda durumu açıklıyordum. Artık herkes gerçeği görmüş ve anlamıştı. Ethem ve kardeşleri lehinde ılımlı davranılmasını düşünenler, bu defa onları kötülemede pek coşkuluydular. Ben açıklamada bulunurken "Ethem, Tevfik ve Reşit beylerin" şeklindeki ifademe karşı çıkıldı. Yükselen bir ses "Paşa Hazretleri, artık bey demeyiniz. Hain deyiniz!" uyarısında bulundu. "Ethem ve Tevfik hainleri diyeceğim, fakat henüz Büyük Millet Meclisi üyesi sıfatını taşıyan Reşit Bey hakkında da aynı şeyi kullanmak zorundayım. Yüce topluluğunuza saygımdan bunu söyleyemem. Önce Reşit Bey'in üyelikten çıkarılması için oy vermenizi rica ederim" dedim.

Başkan, "Ulusun ve ülkenin çıkarları aleyhinde, silah kullanarak düşmanlarla işbirliği yapan Manisa Milletvekili Reşit Bey'in milletvekilliğinden çıkarılmasını kabul edenler el kaldırsın!" dedi. Eller kalktı ve kabul edildi.

Büyük Taarruz'a Hazırlık: Başkomutan Mustafa Kemal Paşa ve Batı Cephesi Komutanı İsmet Paşa askeri denetimde. ATASE Arşivi.

Ethem ve kardeşleri, canlarını Refet Paşa'ya borçludurlar

Yunan ordusunun yaptığı bu saldırıda, Ethem ve kardeşleri de kendilerine düşen görevi yerine getirmekten geri durmadılar. Tekrar Kütahya'ya yönelerek, orada bulunan zayıf tümenimize saldırıya başladılar. İzzettin Paşa'nın sağlam karakteri ve bilgili komutası ve emrindeki Türk subay ve erlerinin yüksek kahramanlıkları Ethem ve kardeşleriyle saldıran hain kuvvetleri yenerek geri çekilmek zorunda bıraktı. Eğer, kendileri de dahil olduğu halde tamamen yok edilmekten kurtulabilmişlerse bunu da hiç sevmedikleri Refet Paşa'ya borçlu olduklarını söylemeliyim. Bu noktayı açıklayıvereyim:

Refet Paşa, iki süvari tümeniyle, Dumlupınar'ın on kilometre kadar doğusunda Küçükköy'de bulunuyordu. Kütahya'da bulunan 61. Tümen'e batıdan saldıran Ethem kuvvetlerini hızlı bir şekilde yenmek ve ortadan kaldırmak üzere hareketi emredildi. Refet Paşa, süvarileriyle Ethem kuvvetlerinin yan ve arkasına gidecekti. Bulunduğu yerden kuzeye, Kütahya'ya bakılacak olursa, bu görevin tabii bir yürüyüşle ve çok etkili bir şekilde yapılabileceği ortadaydı. Oysa Refet Paşa gitmesi gereken yere gitmemiş, tam aksi yöne, Kütahya'nın batısına değil, doğusuna Alayunt'a gitmiş. Süvari kuvvetleri 12 Ocak 1921 günü öğleye doğru Alayunt bölgesine ulaştı.

Refet Paşa, İzzettin Paşa ile görüşmek üzere Kütahya'ya gitti. İzzettin Paşa, süvari tümenlerinin Kütahya güneyinden, Yellice dağı batısından, tamamen süvariden oluşan Ethem kuvvetlerinin gerilerine gönderilmesini önermiş.

Refet Paşa, iki tarafın savaş durumu hakkında tam bir bilgisi olmadığını ileri sürerek, böyle bir harekete yanaşmamış... Refet Paşa, İzzettin Paşa kuvvetlerinin doğuya, Porsuk suyu gerisine çekilmesi durumunda, süvarileriyle Kütahya ovasından asilerin yan ve gerilerine saldırmayı düşünüyormuş. Atlı asiler hayvanlarından inip, piyade tümenimiz karşısında yaya olarak savaştığı en zayıf durumunda bile üzerine yürümekte kararsızlık gösteren komutanın, piyade tümenimiz yenilerek geri çekilirken atları üzerinde bulunacak ve moralleri yükselmiş asilerin hangi tarafına ve nasıl saldırmayı düşündüğü, gerçekten her asker için düşünülecek bir sorundur. Böyle şey olamaz! Bu düşman süvarisi, geri çekilmek zorunda bıraktığı piyadenin yerine Refet Paşa süvarileri üzerine atılmayacak mıydı?

Efendiler, savaş meydanına, top ve tüfek sesine gelen bir kuvvetin, bir tek kurşun atmadan, savaşan ve kendinden olan bir kuvvetin yenilmesini beklemesi ve ondan sonra iş görebileceğini sanması, yalnız asker olanların değil, en basit görüşlü insanların bile mantıklı bulacağı bir düşünce değildir. Görev ve özveri, savaşan birliklerin yenilmeden, çekilmeden başarısını sağlamaya çalışmakla yerine getirilir.

Arkadaşı savaşırken ve yardıma muhtaçken, seyirci kalmış komutanlar arkadaşının yenilgisine tanık olabilirlerse de, tarihin acımasız eleştirisinden, kınamasından asla kurtulamazlar.

İzzettin Paşa, 11 Ocak 1921 günü öğlesinden 13 Ocak gece yarısına kadar devam eden şiddetli ve sıkıntılı savaşlar sırasında, süvari gruplarının da saldırıya katılması zamanının geldiğini Genelkurmay Başkanlığı'na bildirmişti. Refet Paşa, Güney Cephesi'nden çağırttığı 8. Tümen'in yetişebilmesi durumunda, 14 Ocak'ta saldırıya geçmeyi düşündüğünü birliklerine bildiriyordu. İzzettin Paşa, 11, 12, 13 Ocak günlerinde yalnız başına düşmanla savaştıktan sonra, akşam güneş batarken, yaptığı bir karşı saldırıyla asileri yendi ve kaçmak zorunda bıraktı. Refet Paşa savaşa seyirci kalarak büyük bir fırsat kaçırdı, Ethem'in ve kuvvetlerinin geri çekilmesine uygun durum bıraktı. 14. günü emri altında bulunan bütün süvari kuvvetlerini süvari tümen komutanlarından Derviş Bey'in (Kolordu Komutanı Derviş Paşa'dır) emri altına vererek onu, Ethem'i izlemekle görevlendirdi. Derviş Paşa, Afşar'da, özellikle Gediz'de Ethem kuvvetlerinin gerilerine doğru, geceleri de yürüyerek, indirdiği şiddetli darbelerle Ethem, Tevfik, Reşit kardeşleri sersem etti. Kuvvetlerinin toplanmasına zaman bırakmadı. Derviş Bey, Ethem ve kardeşlerini 14 Ocak'tan 22 Ocak'a kadar dokuz gün nefes aldırmaksızın devamlı kovalamıştır. Sonuçta, bütün Ethem kuvvetleri tutsak edilmiş, sadece Ethem, Tevfik ve Reşit kardeşler yeni görev almak üzere, düşman ordusu karargâhına kaçabilmişlerdir.

İzzet ve Salih paşalar Ankara'dan memnun görünmüyor, mutlaka başkente gitmek istiyorlardı

Saygıdeğer efendiler, Ankara'da bulunan İstanbullu misafirlerimize bir, bir buçuk ay süren konuklukları sırasında çok şeyler göstermek fırsatına sahip olduğumuzu sanıyorum. Asi Ethem ve kardeşlerinin kuvvetleri ortadan kaldırıldı. Yunanlıları, üç günde İnönü'de yendik. Büyük Millet Meclisi'nin rahat ve memnun olacağı yeni bir dönem açıldı. Fakat, İzzet ve Salih paşalar bunların hiçbirinden memnun görünmüyorlar, sıla özlemine tutulmuş gibi, ne olursa olsun İstanbul'a gitmek istiyorlardı. İstanbul'daki arkadaşlarının da çok merakta oldukları anlaşılıyordu.

Ankara'ya varışlarından on gün sonra, Fransız telsiz telgrafıyla Zonguldak'a bir telgraf gelmişti. Telgraf şudur:

16 Aralık 1920

Zonguldak Mutasarrıflığı Aracılığıyla Devletli İzzet Paşa Hazretleri'ne

Sizin tarafınızdan henüz bir bilgi alınamadığından, yüksek heyetin İstanbul'a varışı haberinin beklenilmekte olduğu.

Mustafa Arif

İki gün sonra Adapazarı üzerinden de şu telgraf geldi:

İçişleri Bakanı İzzet Paşa Hazretleri'ne

Sizin tarafınızdan bir bilgi alınamadığından, İstanbul'a ne zaman dönüleceği haberinin beklenmekte olduğuna ilişkin olarak birkaç gün önce Zonguldak üzerinden yazılan telgrafımızın yanıtının bir an önce verilmesi rica olunur.

İçişleri Bakanı Vekili
Mustafa Arif

Tevfik Paşa hükümeti adına, Ziya Paşa'nın İnebolu'ya gönderdiği özel bir memur, 10/11 Ocak 1921'de uzun bir şifreyle birtakım bilgiler veriyordu.

İzzet Paşa heyetinin Anadolu'ya katıldığı haberi İstanbul tarafından doğrulanmış... Hükümet İzzet Paşa'dan bilgi istiyormuş... Ziya Paşa, Safa, Mustafa Arif ve Raşit beyler de demişler ki: "Ülkenin çıkarları, heyetin Anadolu'da kalmasını zorunlu kılıyorsa, buna bir şey denilmez. Bu durumda, hükümetin düşeceği kesindir. Ancak, bu durumda, biz de bu vatanın çocuklarıyız. Hiç olmazsa bizleri de durumdan haberdar etsinler... bizi aydınlatsınlar, biz de ona göre hareket edelim..."

Ziya Paşa, Paris'ten, Ahmet Rıza Bey'den aldığı bir mektupta yazılanlardan ve İstanbul'da sağlam bir kaynaktan elde ettiği bilgilerden de söz ettiriyordu.

Ahmet Rıza Bey diyormuş ki, "eğer Kuva-yı Milliye'nin askeri gücü uygunsa, İzmir meselesi, iyi hazırlanmış bir saldırıyla oldubitti şeklinde çözülmeliymiş... Aldığı bilgiler bunu doğruluyormuş. Kral Konstantin'i tutacaklarmış..."

Ziya Paşa'nın özel olarak aldığı bilgiler de, son konferanstan önce Yunanlıları güçlendirerek büyük bir saldırı yaptırılacağına ilişkindi.

Damat Ferit Paşa yoğun bir şekilde çalışmaya başlamış... Baltalimanı'nda çeşitli hükümet listeleri düzenlenmeye başlanmış...

İnebolu'ya gelmiş olan özel memur aracılığıyla Ziya Paşa'ya ve arkadaşlarına bildirdiğim yanıtta, verdikleri bilgilere teşekkür ettikten sonra, "İzzet ve Salih paşalar, ortak amacımızın kesin gereği olarak Ankara'da kalmışlardır" dedim. Kendilerinin İstanbul'da egemen durumda kalmaları uygunsa da, hükümet düşmeden önce, hepsinin, şimdiden hazır bulunduracakları güvenli ve süratli bir araçla, hemen Anadolu'ya gelmelerinin vatanın yüksek çıkarları gereği olduğunu ve bu şekilde yapabilecekleri hizmet ve gösterecekleri özverinin ulusça büyük şükranla karşılanacağını yazdım.

Özel memurun İstanbul'a dönüşünün ardından İnebolu'ya gönderdiği ve oradan 19 Ocak 1921'de çekilen şifrede, Ziya Paşa ve arkadaşlarının, benim görüşüm çerçevesinde hareket etmeye karar verdikleri bildirilmişti.

Sadrazam Tevfik Paşa benimle temas arıyor

Efendiler, bu tarihten bir hafta kadar sonra, Kocaeli Komutanlığı'ndan şöyle bir telgraf aldım:

Geyve İstasyonu, 26.1.1921

Büyük Millet Meclisi Başkanlığı'na

Ülkenin yüksek çıkarlarıyla ilgili önemli bir konu hakkında Sadrazam Paşa'nın yüksek şahsınızla telgraf başında görüşmek istedikleri İstanbul Telgraf Genel Müdürü'nün "26.1.1921 ve saat 16.30 sonra" işaretli telgrafıyla bildirilmektedir. Bu konudaki emirleri sunulur ve rica olunur.

Kocaeli Komutanlığı'na aynı gün telgraf başında verdiğim yanıtta dedim ki:

İstanbul, Geyve ile doğrudan doğruya nasıl haberleşebilir? İstanbul'da Tevfik Paşa ile veya herhangi biriyle haberleşme ve ilişkide bulunabilmem, Bakanlar Kurulu'nun ve belki Meclis'in kararına bağlı olduğundan, bu konuda şimdiden bir şey diyemem. Tevfik Paşa ile telgraf memurunun bile açıktan açığa haberleşmesi, yabancıların gözünde İstanbul'a karşı olan durumumuzu sarsacağından, doğru değildir. Ancak Tevfik Paşa'nın bana değil, fakat Türkiye Büyük Millet Meclisi hükümetine bir başvurusu varsa, bu başvurunun kabulü doğaldır. Bu durumun özel olarak ve aynı haberleşme aracıyla kendisine iletilmesinde sakınca yoktur.

İstanbul'dan Adapazarı'na telgraf ve oradan Geyve'ye askeri makamların gözetimi altında telefon hattı vardı. Tevfik Paşa'nın benimle kapalı olarak görüşmek istemesi üzerine, İstanbul teli Ankara'ya bağlandı.

Tevfik Paşa'dan açık olarak şu telgrafı aldım:

İstanbul, 27.1.1921

Türkiye Büyük Millet Meclisi Başkanı Mustafa Kemal Paşa Hazretleri'ne

25 Ocak tarihinde Paris'te toplanan konferans tarafından alınan kararlar gereğince, Doğu Sorunu'nun çözümünü görüşmek üzere 21 Şubat'ta Londra'da İtilaf devletlerinin temsilcileriyle Osmanlı ve Yunan hükümetleri delegelerinden oluşacak bir konferans toplantıya çağrılacaktır. Yürürlükteki antlaşmada, daha sonraki olaylar dolayısıyla zorunlu görülecek değişiklikler yapılacaktır. Osmanlı hükümetine gönderilecek davet için, Mustafa Kemal Paşa'nın veya Osmanlı tarafından yetki verilmiş delegelerin, Osmanlı delege heyeti arasında bulunmaları koşul sayılmıştır. Bu kararlar, İtilaf devletlerinin İstanbul temsilcileri tarafından bildirildi. Görevlendireceğiniz delegelerin, buradan seçeceğimiz kişilerle birleşerek yola çıkmaları için karar ve yanıtınızı bekliyorum. Kritik bir dönemde bulunmamız dolayısıyla, bu gibi önemli bazı durumların bildirilmesi için hattın açık bulundurulmasını rica ederim. Makine başında hemen yanıt vermek mümkünse, telgraf başında beklemekteyim, efendim. Bir de şifre var efendim.

Tevfik

Şifre çözümü de şuydu:

İstanbul, 27 Ocak 1921
Saat: 20.00 sonra

Mustafa Kemal Paşa Hazretleri'ne

Londra Konferansı'nda güçlü konuşmak için Yunanlıların bir kolorduyu İzmir'e göndermekte ve Trakya'daki kuvvetlerini de Anadolu'ya hareket ettirmekte olduğu ve on güne kadar bir saldırı hareketine başlayacakları güvenilir bir kaynaktan haber alınmıştır.

Tevfik

Tevfik Paşa'ya verdiğim resmi ve özel yanıtlar

Efendiler, Tevfik Paşa'ya yanıt olarak gönderdiğim telgraf şuydu:

Tel Ankara, 28.1.1921

İstanbul'da Tevfik Paşa Hazretleri'ne

İlgi: 27.1.1921. Ulusal iradeye dayanarak Türkiye'nin kaderine el koymuş olan tek yasal ve bağımsız egemen güç, Ankara'da sürekli olarak toplanan Türkiye Büyük Millet Meclisi'dir. Türkiye'yle ilgili bütün sorunların çözülmesinde görevli ve her türlü dış ilişkilerde başvurulacak tek yer, ancak bu Meclis'in hükümetidir. İstanbul'da herhangi bir heyetin, hiçbir bakımdan yasal ve hukuki bir durumu yoktur. Dolayısıyla, böyle bir topluluğun kendine hükümet adını vermiş olması, ulusun egemenlik haklarına açıkça aykırıdır ve bu ad altında ülke ve ulusun hayatıyla ilgili konularda, dışarıya karşı kendini başvurulacak yer olarak göstermesi uygun görülemez. Heyetinize düşen vatan ve vicdan görevi, hemen gerçeğe ve duruma uyarak, ulus ve ülke adına ve yasal başvurulacak hükümetin Ankara'da olduğunu kabul ve ilan etmektir. Ulus ve ülkemiz adına yasal yetkiye sahip hükümetin Ankara'da olduğunun İtilaf devletlerince anlaşıldığına kuşku bulunmadığı halde, adı geçen devletlerin bu görüşlerini açıkça açıklamakta gecikmeleri, İstanbul'da aracı bir heyetin varlığının kendileri için yararlı olabileceğini sanmalarından ileri gelmektedir.

Türkiye Büyük Millet Meclisi hükümeti barış ve esenliği büyük bir ciddiyet ve içtenlikle istediğini ve yalnız ulusal haklarının tanınmasını istemekten ibaret olan koşullarını tekrar tekrar ilan etmiş ve bu hakların onaylanması durumunda, önerilecek görüşmeleri kabule hazır olduğunu açıklamıştır. İtilaf devletleri, Londra'da toplayacakları konferansta, Doğu Sorunu'nu hak ve adalet çerçevesinde çözmeye karar vermişlerse, davetlerini Türkiye Büyük Millet Meclisi hükümetine doğrudan doğruya yapmalıdırlar. Belirtilen şartlar çerçevesinde yapılacak davetin Türkiye Büyük Millet Meclisi hükümeti tarafından iyi karşılanacağını tekrar bildiririz.

Saat: 00.30 önce

Türkiye Büyük Millet Meclisi Başkanı
Mustafa Kemal

Bunun ardından da kendiliğimden ve özel olarak şu telgrafı yazdım:

Tel Ankara, 28 Ocak 1921

İstanbul'da Tevfik Paşa Hazretleri'ne

Yüksek şahsiyetleri gibi, bütün bir ömür bu ulus ve ülkeye aralıksız teşekküre değer hizmetlerde bulunmuş saygıdeğer bir devlet adamına, bütün geçmişteki hizmetlerinizi tamamlayıp taçlandıracak benzersiz ve tarihi bir fırsatın çıktığına inanıyoruz. Biz, tam bir birlik içinde hareket etmek istiyoruz. Dolaylı olarak davetli olduğumuz konferansta ülkeyi ayrı ayrı temsil edecek iki heyetin ne kadar büyük sakıncalar doğuracağını tamamıyla anladığınıza eminiz.

Ulusun, tamamen egemenlik haklarını korumak isteğiyle harcadığı emekler, akıttığı hesapsız kanlar, içten ve dıştan birçok güçlüklere karşı gösterdiği dayanma ve direnme, bugün karşısında bulunduğumuz elverişli yeni durumu yarattı. Bir taraftan da dünya olayları, bu dayanma ve direnmenin asıl hedefi olan tam bağımsızlığımızı onaylayacak şekilde gelişmeye devam ediyor. Bizi tutsaklığa ve yok olmaya mahkûm etmek istemiş olan hükümetler karşısında, ulusal haklarımızı savunurken ...... maddi ve manevi bütün ülke kuvvetlerinin birlikte hareket etmesi zorunludur. Bunun için padişahın, artık milli iradenin belirdiği yegâne yer olan Türkiye Büyük Millet Meclisi'ni tanıdığını resmen ilan etmesi gerekmektedir. Böylece, İstanbul'un ülkeye art arda zararlar verdiği acı deneyimlerle kanıtlanmış olan ve ancak yabancıların yararına devam ettirilen doğal olmayan durumuna bir son vermek mümkün olur. İtilaf devletleri temsilcileri tarafından yapılan bildirim gösteriyor ki, İstanbul'dan hareket edecek bir delege heyetinin Londra Konferansı'na katılabilmesi, ancak onun Ankara hükümeti tarafından tam yetki verilmiş temsilcileri içinde bulundurması şartına bağlıdır. Böylece İtilaf devletleri, Türkiye adına barış görüşmelerine katılacak delegelerin, ancak, Türkiye Büyük Millet Meclisi hükümeti tarafından gönderilebileceğini yeteri kadar açık bir şekilde söylemiş oluyorlar. Eylemsel ve hukuksal olarak ülkede tek yasal hükümet olan Türkiye Büyük Millet Meclisi hükümetinin ortaya koyup ilan ettiği esasları kabul ve bu esasların düşmanlarımız tarafından da onaylanmasını kolaylaştırmak için, bize katılarak durumunuzu düzeltmenizi ve belirlemenizi, tarih ve ulus karşısında üstlenmiş olduğumuz görev ve yetkiye dayanarak öneririz. Böylelikle mücadelemizi mutlu bir sonuca eriştirmek işi hızlandırılmış olur. Birlikte hareket etmek ve ulusal amaçları büyük bir güçle savunmak düşüncesiyle yapılan bu içten önerilerimiz, kabul edilmemesi ve uygulanmaması durumunda, saltanat ve hilafet makamında oturan padişahın konumunun sarsılması tehlikesinden haklı olarak korkulur. Biz, ulusal iradenin vermiş olduğu fiili ve hukuki bütün yetkilere sahip bir hükümet olarak, şimdiden belirtir ve bildiririz ki, bundan doğacak sorumluluk, önceden düşünülmesi kestirilemeyecek olan bütün kötü sonuçlarıyla doğrudan doğruya padişaha aittir. Yüksek şahsınızın bu durum karşısında vicdani ve tarihi görevinizi tamamıyla yapmanızı ve sonuçlarını tarafımıza kesin ve açık olarak bildirmenizi bekliyoruz. Bu fırsatla özel saygılarımızın kabulünü rica ederiz efendim.

Türkiye Büyük Millet Meclisi Başkanı
Mustafa Kemal

Saygıdeğer efendiler, zaten manevi ve maddi olarak geçerliliği kalmamış, fakat varlığının devamı çok zararlı olan İstanbul hükümetini ortadan kaldırmak önemliydi. Buna engel olanların başında padişah ve halife bulunuyordu. Dolayısıyla bu makama Türkiye Büyük Millet Meclisi'ni ve hükümetini tanıtmak, durumun açıklık kazanması için doğal olarak ilk girişim olması gerekirdi. Zaten elimizde olmayan ve ilişkimizin bulunmadığı bu makama, henüz başka bir işlem uygulamaya gücümüz de yoktu. Bu yüzden Tevfik Paşa'ya aynı günde şu üçüncü telgrafı da yazdım:

Ankara, 28 Ocak 1921

İstanbul'da Tevfik Paşa Hazretleri'ne

Resmi ve özel telgrafımızdaki görüşlerimizi ve önerilerimizi aşağıda özetle tekrar eder ve gereklerinin acele yerine getirilerek sonucunun bildirilmesini rica ederiz:

1. Padişah, Türkiye Büyük Millet Meclisi'ni tanıdığını kısa bir hatt-ı hümayun (padişah buyruğu) ile ilan buyuracaklardır. Bu hatt-ı hümayunda, hilafet ve saltanat makamının dokunulmazlığını esas olarak kabul etmiş olan Türkiye Büyük Millet Meclisi'ni bugünkü şekli, niteliği ve yetkisiyle kabul ettiklerini belirteceklerdir. Geniş bilgi ve diğer ayrıntıların eklenmesi şimdilik karışıklığa sebep olabilir.

2. Birinci madde hükmünün uygulanması durumunda, bir aile sorunu olan iç durumumuzun düzenlenmesi aşağıdaki gibi olabilir:

Padişah eskisi gibi İstanbul'da otururlar. Yetki ve sorumluluk sahibi olup her türlü saldırıdan korunmuş ve her türlü bağımsızlık koşullarını kendisinde toplamış olan Türkiye Büyük Millet Meclisi ve hükümeti şimdilik Ankara'da bulunur. Doğal olarak İstanbul'da artık hükümet adı altında bir heyet kalmaz. Ancak, İstanbul'un özel durumu dolayısıyla padişahın yanında, Büyük Millet Meclisi tarafından görev ve yetki verilmiş bir heyet bulundurulur.

3. İstanbul ve çevresinin yönetim işlerinin nasıl düzenleneceği ondan sonra düşünülüp uygulanır.

4. Bu koşulların kabul edilmesi ve uygulanmasıyla beraber, Büyük Millet Meclisi'nce onaylanmış bütçemizde, esasen var olan padişah ve hanedan ödeneğinin yanı sıra, gerekli bütün memurların ve diğer maaş sahiplerinin aylıklarını vermek için gerekli para hükümetçe sağlanıp ödenecektir. Mali gücümüz buna yeterlidir.

Türkiye Büyük Millet Meclisi Başkanı
Mustafa Kemal

Tevfik Paşa'nın bu uzunca telgrafımıza gece verdiği yanıt çok kısa oldu, Tevfik Paşa'nın yanıtı şuydu:

Tel 28/29.1.1921

Telgrafları aldım. Yarın heyeti toplayarak saat altıda bilgi sunarım, efendim.

Tevfik Paşa ve arkadaşları, Anadolu'yu İstanbul hükümetine bağlamaya çalışıyor

Tevfik Paşa, kabinesini toplamış, yanıt verdi. Bunu da aynen bilginize sunacağım:

İstanbul, 29.1.1921

Ankara'da Mustafa Kemal Paşa Hazretleri'ne

28 Ocak 1921 tarihli üç ayrı telgrafınıza cevaptır:

Bugünkü hükümet, İstanbul ve Anadolu'nun birliği konusundaki çıkarlara öteden beri değer verdiğinden, bu amaçla işbaşına gelmiş ve şimdiye kadar bu uğurda çalışmıştır.

Ulusun egemenlik haklarını korumak isteğiyle harcadığınız emeklerin ve verdiğiniz kurbanların, karşısında bulunduğumuz olumlu durumu yarattığına, büyük etkisi olduğuna inanıyoruz. Dolayısıyla bir yarar sağlayacak önerilerinizi kabule hazırız. Bu bakımdan bildirdiğiniz hususlar hakkındaki görüşümüzü aşağıda açıklıyorum:

Konferansa dolaylı davet edilmeniz doğaldır. Çünkü İtilaf devletleri hükümetlerinin temsilcileri buradadır. Dolayısıyla İstanbul'da bulunan ve sizinle işbirliğine çalışan bir hükümet aracılığıyla bildirim yapılması, pek doğal görülmelidir. Şimdiye kadar Anadolu'yu tanımaya bile gerek görmeyen Avrupa hükümetlerinin, özellikle Anadolu delegelerinin konferansta bulunmasını koşul kabul etmeleri memnuniyet vericidir. Bu bakımdan, bir şekil sorununa takılarak bu mutlu değişimden yararlanmamak, ulusa karşı üstlendiğiniz sorumlulukla asla bağdaşmaz. Zaten aramızda birlik olduğumuz ilan edildikten sonra delegelerimiz ayrı gayrı değil, aynı demektir. Kabul olunan esaslar çerçevesinde konuşacaklarına göre, bu konuda bir sakınca düşünülemez. Dolayısıyla devlet ve ulusa karşı yükümlü olduğumuz görev, bu tarihi anda bize uzatılan elden yararlanılmasını kesinlikle emretmektedir. Bundan kaçınmanın, Yunan iddialarının karşısında savunmasız kalınmasına ve ülkemizin daha ne kadar süre savaş yıkımlarına sahne olmasına sebep olacağı düşünülmelidir. Aslında isteklerimizi konferansta öne sürmek ve hakkımızı Avrupa'da duyurmak, konferansın sonuçsuz kaldığı farzedilse bile, yine zarar getirmez. Yüksek şahsınızın ve arkadaşlarınızın vatanseverlikleri bu fırsatın kaçırılmayacağının güvencesidir. Şimdiye kadar eski hükümetler tarafından alınmış ve her iki taraf için kötü sonuç vermiş olan kararların kaldırılması doğal olduğundan ayrılık ve gayrılık kalmamıştır. Ancak İstanbul işgal altında bulunduğundan, burasının yürütme kuvvetinden yoksun kalması, hükümet işlerinin büsbütün ve tamamen İtilaf devletlerinin eline geçmesine ve böylece antlaşmada yer alan İstanbul'la ilgili maddelerin uygulamaya konulmasına sebep olacağı gibi, savaş halinde olduğumuz Yunan askerlerinin şu sıralarda İstanbul ve çevresinde bulunuşu da bu önerileri uygulanamaz bir duruma getirmiştir. Hükümetimizin makamında kalması fikriyle bu görüşlerin bir ilgisi olmadığı konusunda güvence verme gereği bile duymuyorum. Aslında bugün bir an önce çözülmesi gereken sorun, zamanı yaklaşmakta olan konferansa delegelerimizi yetiştirmekten ibarettir. Bizim konferansta bulunmamamız durumunda Yunanlılar katılarak konferansta bizim yokluğumuzda hüküm giymek ve dolayısıyla davamızı kaybetmek tehlikesiyle karşılaşacağımızdan, bu konuda tarafımızdan sorumluluk kabul edilemeyeceğini bildirir ve konferansta gününden önce bulunmak çıkarlarımız gereği olacağından, delegelerinizin acele buraya gönderilmesini rica ederim.

Sadrazam
Tevfik

Başkomutan Mustafa Kemal Paşa bir askeri birliği teftiş ediyor. ATASE Arşivi.

Saygıdeğer efendiler, Tevfik Paşa ve hükümeti, İstanbul ve Anadolu'nun birliği için çalışmış olduğunu söylüyor. Doğrudur. Biz de aynı şey için çalışmaktaydık. Şu farkla ki, Tevfik Paşa ve arkadaşları, Anadolu'yu eskisi gibi İstanbul'a bağlamak ve tutsak etmek istiyordu. O İstanbul'a ki, düşman kuvvetlerinin işgali altında bulunuyordu. Tevfik Paşa ve arkadaşları, Anadolu'yu İstanbul hükümetine bağlamaya çalışıyor. Öyle bir hükümete ki, dünyada varlığına karşı çıkılmıyorsa, düşmanın amaçlarını kolaylaştırmaya yarayacak nitelikte görüldüğü içindi. Tevfik Paşa ve arkadaşlarına göre uygun durumun ortaya çıkmasında Anadolu mücadelesinin çok etkisi vardır. Ama bu durumu yaratan sadece Anadolu mücadelesi değildir. Belki bu ihtiyar diplomat, kerametin kendisinin iktidar makamına gelmesinde olduğunu hayal ediyordu.

Teşkilat-ı Esasiye Kanunu'nun temel maddelerini Tevfik Paşa'ya bildirdim

Tevfik Paşa'ya şu şekilde yanıt verdim:

Ankara, 30.1.1921

İstanbul'da Tevfik Paşa Hazretleri'ne

27.1.1921 ve 28.1.1921 tarihlerinde yazdığım üç telgrafla yüksek şahsiyetlerine, gereken, uygulanması ve desteklenmesi zorunlu olan bütün konuları açıklık ve kesinlikle bildirmiş olduğuma inanıyorum. Buna rağmen 29 Ocak 1921 tarihli telgrafınızda durumun henüz gereği kadar anlayış ve doğrulukla değerlendirilmemekte olduğunu gördüm. Durumun önemi ve zamanın kritikliği dolayısıyla, yüksek şahsiyetleri ile beraber değerli arkadaşlarınızın ve özellikle padişahın her konuda bir kez daha aydınlatılmasına yardımcı olmanız bir görev hükmüne giriyor. Görüş ve değerlendirmelerinizden doğru sonuçlar çıkarılmasını kolaylaştırmak amacıyla Türkiye Büyük Millet Meclisi'nce konulan ve uygulanan Teşkilat-ı Esasiye Kanunu'nun temel maddelerini aşağıda aynen bildiriyorum:

Teşkilat-ı Esasiye Kanunu
Temel Maddeler

1. Egemenlik kayıtsız şartsız milletindir. Yönetim şekli, halkın mukadderatını kendisinin ve gerçek olarak yönetmesi ilkesine dayanır.

2. Yürütme gücü ve yasama yetkisi, ulusun tek ve gerçek temsilcisi olan Büyük Millet Meclisi'nde belirir ve toplanır.

3. Türkiye Devleti, Büyük Millet Meclisi tarafından yönetilir ve hükümeti "Türkiye Büyük Millet Meclisi hükümeti" adını taşır.

4. Büyük Millet Meclisi iller halkınca seçilmiş üyelerden oluşur.

5. Büyük Millet Meclisi'nin seçimi, iki yılda bir kere yapılır. Seçilen üyelerin üyelik süresi iki yıldır ve yeniden seçilmek mümkündür. Eski Meclis, yeni Meclis toplanıncaya kadar göreve devam eder. Yeni seçimlerin yapılmasına imkân görülmediği takdirde, görev süresi sadece bir yıl uzatılabilir. Büyük Millet Meclisi üyelerinin her biri, yalnız kendini seçen ilin ayrıca vekili olmayıp, bütün ulusun vekilidir.

6. Büyük Millet Meclisi'nin genel kurulu, kasım ayının başında, davetsiz toplanır.

7. Şeriat hükümlerinin uygulanması, bütün kanunların yürürlüğe konması, değiştirilmesi, yürürlükten kaldırılması, antlaşma ve barış imzalanması ve vatan savunmasıyla ilgili savaş ilanı gibi temel haklar Büyük Millet Meclisi'ne aittir. Kanun ve tüzüklerin düzenlenmesinde, halk için en yararlı ve zamanın ihtiyacına en uygun fıkıh ve hukuk hükümleri ile gelenekler ve âdetler ile öteden beri süregelen uygulamalar temel alınır. Bakanlar Kurulu'nun görev ve sorumlulukları özel kanunla belirlenir.

8. Büyük Millet Meclisi, hükümeti oluşturan bakanlıkları, özel kanuna göre seçilen bakanlar aracılığıyla yönetir. Meclis, yürütme ile ilgili işlerde bakanları görevlendirir ve gerektiğinde bakanları değiştirir.

9. Büyük Millet Meclisi Genel Kurulu tarafından seçilen başkan, bir seçim dönemi boyunca Büyük Millet Meclisi Başkanı'dır. Bu sıfatla Meclis adına imza atma ve Bakanlar Kurulu kararlarını onaylama yetkisine sahiptir. Bakanlar Kurulu üyeleri içlerinden birini kendilerine başkan seçer. Ancak Büyük Millet Meclisi Başkanı, Bakanlar Kurulu'nun da doğal başkanıdır.

10) Kanun-ı Esasi'nin bu maddelerle çelişmeyen hükümleri eskisi gibi yürürlüktedir.[20]

Bizce, saydığım temel maddelere aykırı hareket etme olanağı ve yetkisi olmadığını yüksek dikkatinize önemle sunarım. Meclis Başkanlığı'yla başlayan haberleşmenizin gerekli kıldığı işlemlerin yürütülmesi Bakanlar Kurulu'na verilmiştir, efendim.

Türkiye Büyük Millet Meclisi Başkanı
Mustafa Kemal

---

20 20 Ocak 1921 tarihli Teşkilat-ı Esasiye Kanunu'nun kesinleşmiş metninde bu hüküm mevcut değildir (y.n.)

İlk Teşkilat-ı Esasiye Kanunumuzun tarihçesi

Saygıdeğer efendiler, bu telgrafımda temel maddeleri bildirilen Teşkilat-ı Esasiye Kanunu, bu tarihten henüz on gün önce, yani 20 Ocak 1921 tarihinde Meclis'ten çıkmıştı. Meclis'in ve ulusal hükümetin durum ve yetkisini, şekil ve niteliğini saptayıp ifade eden ilk kanundur. Meclis 23 Nisan 1920'de açıldığına göre, bu ana kanunun Meclis'ten çıkarılabilmesi için dokuz ay kadar bir zamanın geçmesi zorunlu olmuştu. Bu zorunluluğun nereden doğduğu hakkında bir fikir verebilmek için, izin verirseniz kısa bir açıklamada bulunayım:

Bilindiği üzere, Meclis'in açılışının hemen ardından, çok gerekli olan ilkeleri içeren bir önerge vermiştim. Meclis ve onun Bakanlar Kurulu, o ilkeleri pratik olarak ilk günden uygulamaya başlamıştı. Bir taraftan da, kurulan Hukuk-ı Esasiye Encümeni [Anayasa Komisyonu], bu önerge içeriği esas olmak üzere, bir kanun tasarısı hazırlamaya başladı. Nihayet dört aylık bir süre sonunda, bu komisyon "Büyük Millet Meclisi'nin Şekil ve Niteliğine Dair Kanun Maddeleri" başlıklı sekiz maddelik bir kanun tasarısını Meclis'e getirdi. 18 Ağustos 1920 tarihinde, çok acele görüşülmesi kararıyla gündeme alınan bu kanun maddelerinin uzunca bir de gerekçesi vardır.

Komisyon tutanağının, Büyük Millet Meclisi'nin tanımlanmasına ilişkin satırları arasında şu cümleler yazılıydı: "Halife ve padişahın tutsaklığı ve diğer olayların da buna eklenmesiyle ortaya çıkan güçlük karşısında kurulan Meclisimizin, sonsuza kadar bugünkü şekilde devam etmesini kabul etmek, aşırı ve olağandışı durumlara doğal bir şekil vermek olur. Oysa doğal olmayan şekillerin kalıcı olamayacağı bir kuraldır. Buna göre çiğnenen hilafet ve saltanat hakkı ile ulusun ve vatanın bağımsızlığı yeniden kazanılıncaya ve kabul ettirilinceye kadar bu durumun devamı, ancak asıl hedef olan bu kutsal amaçların gerçekleşmesiyle Meclis'in doğal şeklini alması uygun görülmüştür. Onun için ikinci maddenin birinci fıkrası 'amacın gerçekleşmesine kadar' koşuluna bağlanmıştır." Gerçekten Meclis'in ne zamana kadar toplanmakta devam edeceği konusunda belirli bir süre ve sınır konulmamıştı.

Bu sebepler ve görüş dolayısıyla, Türkiye Büyük Millet Meclisi'nin daha 1920 Ağustos'unda durum ve niteliği bakımından kalıcı olmadığı anlayışının egemen olduğu anlaşılıyor.

Kanun maddelerinin birincisi de "Büyük Millet Meclisi, yasama ve yürütme güçlerini kendinde toplar ve devlet yönetimini doğrudan ve tek başına ele almıştır" şeklindeydi. Bu maddeyle Meclis'e verilen yetkinin de, gerekçeye göre geçici olması gerekeceği doğaldı. Niteliği geçici olan bir kurumun yetkisi de var olduğu sürece mevcuttur.

Anayasa Komisyonu'nun anlayış ve görüşü, Meclis'te de aynen benimsendi. Hatta Meclis üyelerinin pek çoğu, amacın açıklanmasında komisyonun söylediklerini eksik bularak, açıklığa kavuşturmak için ekler yapılması önerisinde bulundular. Dediler ki, birinci maddenin başına "hilafet ve saltanat ile vatanın ve ulusun bağımsızlığı kurtarılıncaya kadar..." açıklamasını eklemek gerekir. İkinci maddedeki "amacın gerçekleşmesine kadar" ibaresi yerine de, aynı açıklamanın konulması gereği ileri sürüldü. Bu sorun pek çok tartışmaya sebep oldu. Bazı milletvekilleri, "Yalnız 'hilafet' kelimesini koyalım, saltanat onun içinde vardır" dediler.

Bazı hoca efendiler bunu kabul etmediler. "Hilafet manevi bir görevdir" düşüncesinde bulundular. "Hilafette ruhbanlık yoktur" itirazına, hoca efendiler şöyle yanıt verdiler: "Saltanat egemen olduğu ülkeleri kapsar. Hilafet bütün yeryüzündeki Müslümanları kapsar."

Bu tartışmalar günler ve günlerce devam etti. Çatışan fikirlerden biri açıktı: "Halife ve padişah vardır ve var olacaktır. O var olunca bugünkü durum, şekil, yetki geçicidir. Hilafet ve saltanat makamı, otoritesine sahip olma fırsatını bulunca, siyasi ve esas örgütün ne olduğu bellidir, bilinmektedir. O bakımdan yeni bir şey tasarlamak söz konusu değildir. Hilafet ve saltanat makamı otoritesini yeniden sağlayıncaya kadar, Ankara'ya toplanmış olan birtakım insanlar, geçici önlemlerle çalışacaklardır."

Hilafet ve saltanat konuları hakkında Türkiye Büyük Millet Meclisi'nde yaptığım açıklamalar

Buna karşı öne sürülen fikir açık değildi. "Saltanat ulusa geçmiştir; saltanat kalmamıştır. Hilafet de saltanat demektir; dolayısıyla onun da varlığının anlamı yoktur" şeklinde açık ve kesin konuşulamıyordu. Otuz yedi gün sonra, 25 Eylül'de bir gizli oturumda Meclis'e bazı açıklamalar yapmayı yararlı gördüm. Ortaya atılan fikir ve duyguları tatmin ettikten sonra başlıca şu görüşleri ileri sürmüştüm:

"Türk ulusunun ve onun tek temsilcisi olan Yüce Meclis'in, vatanın ve ulusun bağımsızlığını, hayatını kurtarmak için çalışırken, hilafet ve saltanatla, halife ve sultanla bu kadar çok ilgilenmesi sakıncalıdır. Şimdilik, bunlardan hiç söz etmemek yüksek çıkarlarımız gereğidir. Eğer amaç, bugünkü halife ve padişaha bağlılık ve sadakatten ayrılmadığını söylemek ve belirtmekse, bu kişi haindir. Düşmanların, vatana ve ulusa karşı kullandıkları bir alettir. Buna 'halife ve padişah' deyince, ulus, onun emirlerine uyarak düşmanın isteklerini yerine getirmek zorunda kalır. Hain veya makamının güç ve yetkilerini kullanması yasaklanmış olan biri, zaten padişah ve halife olamaz. 'O halde, onu tahttan indirip yerine hemen diğerini seçeriz' demek istiyorsanız, buna da, bugünün durumu ve koşulları uygun değildir. Çünkü tahttan indirilmesi gereken kişi, ulusun yanında değil, düşmanların elindedir. Onun varlığını yok sayarak bir diğerinin egemenliğinin tanınması düşünülüyorsa, bugünkü halife ve sultan haklarından vazgeçmeyerek İstanbul'daki hükümetiyle, bugün olduğu gibi makamında oturup çalış-

malarını sürdüreceğine göre, ulus ve Yüce Meclis, asıl amacını unutup halifeler sorunuyla mı uğraşacak? Ali ile Muaviye dönemini mi yaşayacağız? Özetle, bu konu geniş, hassas ve önemlidir. Çözümü bugünün işlerinden değildir.

Sorunu temelinden çözmeye girişecek olursak, bugün içinden çıkamayız. Bunun da zamanı gelecektir.

Bugün koyacağımız yasal esaslar, varlığımızı ve bağımsızlığımızı kurtaracak olan Millet Meclisi'ni ve ulusal hükümeti güçlendirmeye yönelik bir anlam ve yetkiyi kapsamalı ve belirtmelidir!"

Efendiler, bu açıklamamdan bir hafta önce, ben de Meclis'e bir proje vermiştim. 13 Eylül 1920 tarihli olup siyasi, toplumsal, idari ve askeri görüşleri özetleyen ve yönetim örgütü hakkındaki kararları içeren bu program, Meclis'in 18 Eylül 1920 günkü toplantısında okundu. İşte, bu tarihten daha dört ay sonra yürürlüğe giren ilk Teşkilat-ı Esasiye Kanunu, bu programdan çıkmıştır.

Londra Konferansı'na katılacak olan delegeler, doğrudan doğruya ulusal iradeyi temsil eden Büyük Millet Meclisi tarafından seçilmelidir

Şimdi isterseniz İstanbul ile haberleşmeye devam edelim.

Tevfik Paşa 27 Ocak tarihli telgrafında yazılı olanları 29 Ocak tarihli bir telgrafla tekrar etti. Bakanlar Kurulu Başkanlığı'ndan şu yanıt verildi:

Ankara, 30.1.1921

İstanbul'da Tevfik Paşa Hazretleri'ne

İtilaf devletlerinin siyasetinde Türkiye yararına olan son gelişmeler, ulusun özverili kararlılığının ürünüdür. Türkiye Büyük Millet Meclisi'nin Sevr Antlaşması'nı bütünüyle reddetmesi üzerine ortaya çıkan şu durumdan, ulusal çıkarlara en uygun sonuçların elde edilmesi, Londra Konferansı'na katılacak delegelerin doğrudan doğruya ulusal iradeyi temsil eden Büyük Millet Meclisi tarafından seçilmiş ve gönderilmiş olmasıyla mümkündür. Uğursuz Sevr Antlaşması'nı imzalamış bir heyetin mirasçılarından olan heyetiniz delegelerinin, vatan ve ulus için yararlı olan sonuçları elde edebilmeleri mümkün değildir. Dolayısıyla, vatanın yüksek çıkarları gereği bu barış görüşmelerinde sizin aradan çıkarak Büyük Millet Meclisi delegelerini, ulusal birliği tamamen gösterir bir şekilde serbest bırakmaklığınız gerekir. Bu sebeple, önceki bildirimimiz hakkında yapılacak görüşmeleri bir taraftan izleyip yürütmekle beraber aşağıdaki kararları acilen kabul edip yerine getirmeniz rica olunur:

1. Londra Konferansı'na katılacak Türkiye heyeti, yalnızca Türkiye Büyük Millet Meclisi hükümeti tarafından seçilecek ve gönderilecektir.

2. Bu delege heyetinin yanına verilmesini gerekli gördüğünüz bazı uzman danışmanlar ile yazışmalar ve belgeler tarafınızdan hazırlanacak ve heyete katılmak üzere yola çıkarılacaktır.

3. Tarafımızdan gönderilecek bu delege heyetinin, tüm Türkiye'nin çıkarlarını temsil edecek tek heyet olduğunu da İtilaf devletlerine bildireceksiniz.

4. Zamanın darlığı nedeniyle kesin ve son olarak alınan bu kararların yerine getirilmemesi durumunda, vatan ve ulusun esenliği adına doğacak tarihi sorumluluk tamamen heyetinize ait olacaktır.

Bakanlar Kurulu Başkanı
Fevzi

Efendiler, Tevfik Paşa'nın çalışma arkadaşı olup Ankara'da bulunan İzzet Paşa tarafından da bir telgraf yazılması faydalı olur diye düşündük. İzzet Paşa'nın telgrafı şuydu:

Şifre — Ankara, 30.1.1921

İstanbul'da Tevfik Paşa Hazretleri'ne

Şubat sonlarında Londra'da toplanacak konferansa ilişkin Türkiye Büyük Millet Meclisi Başkanı Mustafa Kemal Paşa Hazretleri ile sizin arasında yapılan haberleşmelerin içeriğini öğrenmiş bulunuyoruz. Heyetimizin uğradığı başarısızlık üzerine yine görüş belirtmeye cesaret etmek utandırıcı olmakla beraber, yüksek şahsınızı gerçek durum ve burada egemen olan görüşler hakkında aydınlatmayı vatanseverlik duygusunun bir gereği sayıyoruz. İstanbul'un işgal altında olması nedeniyle oradaki bir hükümetin ulusun temel çıkarlarını korumaya gücünün yetmeyeceği buraca doğal görülmektedir. Ayrı iki heyet olarak konferansta bulunmaktan, daha sonra Anadolu ile İstanbul'un ayrılmasına yol açılacağı endişesiyle de çekinilmektedir. Mustafa Kemal Paşa Hazretleri de, telgraflarındaki görüşlerden esas itibariyle özveride bulunmaya yetkili değildir. Anadolu'da Allah'ın yardımıyla ayaklanmalar sona erdirilmiş ve çeteler ortadan kaldırılarak kuvvetli bir ordu ve hükümet kurulmuştur. Avrupa'yı, Sevr Antlaşması'nın bizim yararımıza değiştirilmesine yöneltebilecek görüşmelerin kesilmesine meydan verilmeyecek şekilde elden gelen çabalarınızın esirgenmemesini sadakatinize dayanarak rica ederiz. Buradaki Türkiye Büyük Millet Meclisi'nin padişah tarafından tanınması asıl koşulu değişmemek üzere ayrıntılar ve görünüşe ait bazı konular üzerinde görüşme olanağı açıktır. Bu olanağın ortadan kalkmaması için durumun bildirilmesi sunulur.

Ahmet İzzet

Tevfik Paşa yeminle bağlı olduğu Kanun-ı Esasi'ye bağlılıktan ayrılamıyor

Efendiler, sizi yormazsam Tevfik Paşa'nın bu telgrafa verdiği yanıtı da bilginize sunayım:

Şifre İstanbul, 31.1.1921

Ankara'da İzzet Paşa Hazretleri'ne

İlgi: 30 Ocak 1921

Hepimizin hükümlerini korumaya yemin ettiğimiz Kanun-ı Esasi'ye karşıt temel değişiklikler yapılmasının ve bunun onaylanmasının kanunun açık hükümleriyle ne derece bağdaşabileceği düşünülmeye değer. Bu konu, ancak Mustafa Kemal Paşa Hazretleri'nin ... aracılığıyla gönderdiği telgrafta açıklanan ve bizce de gerekli bulunan değişikliklerin İtilaf devletlerine kabul ettirilmesine çalışıp, inşallah istenen sonuç elde edildikten sonra yöntemine göre çözülecek iç sorunlardandır. Aksine bu tutum, dünkü telgrafımızla da açıklandığı gibi konferansa kabul edilmememize ve İstanbul'un derhal Osmanlı egemenliğinden çıkarılmasına ve Yunanlıların davası karşısında savunmasız kalmamıza, belki de onların haklı görülmesine sebep olacaktır. Telgraflardan bir konunun iyi anlaşılmadığı sonucunu çıkarıyoruz. Konferansa sizin ve bizim diyerek iki heyet gönderileceğinin nereden çıkarıldığı anlaşılamıyor. Dava aynı, savunma yolları da aynı olduğuna göre, konferansa gönderilecek heyet üzerinde de bir görüş birliğine varılırsa, oraca görevlendirilecek delegeler, İtilaf devletlerinin tanımakta olduğu hükümetin yanlarına katacağı delegelerle beraber gidince, heyet birleşmiş, tek birlik ve beraberlik içinde gerekli yetkilere sahip olur ve çekinmeden beraberce ulusal davayı savunur. Bu gereğin oraca da kabul edildiği, delegelerin İtilaf devletlerine tanıttırılmalarını bizden istemeleriyle anlaşılmıştır. Verilen nota ve söylediklerimiz açıkça göstermektedir ki, İtilaf devletleri Londra Konferansı'na yalnız olarak Anadolu delegelerini kabul etmemektedir. Bunlar, hükümet delegeleriyle birlikte olmak suretiyle kabul olunacaktır. Böyle ayrılık sürdürülecek olursa, büyük olasılıkla hiçbir tarafın delegeleri kabul edilmeyecektir. Konferansa sadece buradan delege kabul edilmesi olasılığı varsa da, Anadolu için bu olasılık da yoktur. Dolayısıyla pek büyük özverilerin ürünü olan bu değişiklikten, zararımıza sonuçlar doğabilir. Çünkü İtilaf çevrelerinde Yunan dostları fazla olup kendilerine "Türkler doğuda savaşın devamından yana, barış ve uzlaşmaya istekli değildir" diye propaganda yaparak bizden yana olanları kendilerine çekmeye, bizi haksız ve düşmanımızı haklı göstermeye fırsat verilmiş olur. Ortak delegelerden kurulu bir heyet gönderilirse, isteklerimiz kabul olunmasa bile, bizden yana olan görüşleri bize karşı çevirmemiş ve belki bize karşı olanların önemli bir kısmını kazanmış oluruz. Zaman çok dardır. Haberleşmeyle kaybedilecek zaman kalmamıştır. Delegelerin hemen gönderilmesi, vatan ve ulusun çıkarlarının gereğidir. Yüksek şahsınızın ve saygıdeğer arkadaşlarınızın da geri dönmeleri gerekir. Çünkü orada neler düşünüldüğü konusunda, yerinde yapılmış gözlemlerle edindiğiniz bilgilerden hakkıyla yararlanacak vaktin geldiğine ve oradaki fikirlerin bu görüşlere çekilmesi gerektiğine sizin de inandığınız kanısındayım, efendim.

Sadrazam
Tevfik

Efendiler, Tevfik Paşa'nın Fevzi Paşa Hazretleri'ne yanıt olarak gönderdiği telgrafı da okuyalım:

Şifre İstanbul, 1.2.1921

Ankara'da Mustafa Fevzi Paşa Hazretleri'ne

İlgi: 30 Ocak 1921. Kral Konstantin'in Atina'ya dönmesi üzerine İtilaf devletleri çevrelerinde ve kamuoyunda Yunanistan karşıtı meydana gelen değişme nedeniyle Avrupa'da bizden yana bir akım doğmakla beraber, bu akıma karşılık, Rumları destekleyen ve Sevr Antlaşması'nın tamamen veya küçük değişikliklerle uygulanarak Türkiye'yi ortadan kaldırma düşüncesinde ısrarlı bazı siyaset adamları da vardır. Özellikle aldığımız sağlam bilgilere göre, bu siyaset adamlarının Anadolu temsilcilerinin de konferansa davet edilmesini kabul edip desteklemeleri Anadolu'nun böyle bir daveti kabul etmeyeceğine inanmalarından kaynaklanmaktadır. Bundan amaçları da bu davete uymama durumunu öne sürerek ve bize karşı zorlayıcı önlemler alınmasını haklı göstererek, kamuoyunu siyasetlerine uymaya zorlamaktır. Bu bakımdan konferansa bir an önce ve beraberce gidilerek hakkımızın alınmasına çalışılması zorunludur. Eğer orada yasal ve haklı isteklerimizin kabul olunmadığını görür ve konferanstan çekilmek zorunda kalırsak, bu durum düşmanlarımızın elinde bize karşı kullanılacak etkili bir silah olamaz. Telgrafınızda belirtilen isteklerin, daha önce de bildirilen sebepler ve İstanbul'un özel durumu dolayısıyla kabul edilmesi mümkün değildir. Bunlarda ısrar edilerek konferansa tam zamanında katılma fırsatı kaçırılırsa, önce birlik sağlanamadığından dolayı İstanbul ve Boğazlar büsbütün Osmanlı egemenliğinden çıkar. İkinci olarak İtilaf devletlerinin Yunanistan'a parasal ve askeri yardım yapmaları ve Anadolu'da ortak bir saldırı hareketine kalkışarak zaten savaşın günden güne artan yıkımlarıyla sayıları çok fazla azalmış olan Türk unsurunun bir kat daha ezilip yok olmasıyla yüz yüze kalınır. Üçüncü olarak büyük ölçüde özverilere katlanmak karşılığında dış yardıma gereksinim zorunluluğu ortaya çıkar, sonuçta amacımız olan bağımsızlığın zarara uğratılması gibi tehlikeli sonuçlar ortaya çıkar. Delegelerinizin İstanbul'a süratle hareketi çok gereklidir, efendim.

Sadrazam
Tevfik

Saygıdeğer efendiler, Osmanlı sadrazamının daha bazı tavsiye ve bildirimleri vardır. İzin verirseniz onları da okuyalım:

Şifre İstanbul, 5.2.1921

Ankara'da Mustafa Kemal Paşa Hazretleri'ne

Londra'da toplanacak olan konferansa Osmanlı Devleti'nin de davet edilmesinden dolayı telaşlanan Yunanlılar, bize karşı olumsuz propagandalarını bir kat daha artırmışlardır. Paris'teki delegemizden aldığımız bilgiye göre, Fransa'da kamuoyunu bize karşı çevirmek için sözde Anadolu'da bir Alman askeri heyetinin olduğunu, harekât ve siyasetinizin bu heyetin yönlendirmeleri ile yürütüldüğü yolunda Fransız çevrelerinde söylentiler yaymaktadırlar. Ayrıca Türkiye'deki Hıristiyanların toplu olarak öldürüldükleri ileri sürülerek, bunların kurtarılması için Papa tarafından bütün parlamentolara başvurulduğunun duyulduğu da, sözü geçen delege tarafından ek olarak bildirildiğinden, son derece kötü etkiler yaratacak olan bu söylentilerin en kısa zamanda yalanlanması rica edilir ve tavsiye olunur.

Sadrazam
Tevfik

Şifre İstanbul, 8.2.1921

Ankara'da Mustafa Kemal Paşa Hazretleri'ne

Konferansı etkilemek amacıyla Şubat'ın yirmi birinde Yunanlıların 70-80 bin kişiyle saldırıya geçecekleri Dışişleri Bakanlığı'nca güvenilir bir kaynaktan haber alınmıştır. Saldırının Karahisar-Eskişehir doğrultusunda yapılması bekleniyor. Ankara delegelerinin yalnız olarak konferansa kabul edilemeyeceğini temsilciler söylemişlerdir.

Sadrazam
Tevfik

Bu telgrafın yazılmasının amacı, Yunanlıların saldıracağını bildirmek miydi veya Ankara delegelerinin yalnız olarak kabul edilemeyeceğini söylemek miydi, bunu anlamak zordur. Yoksa 70-80 bin kişilik düşman kuvvetinin saldırıda bulunacağı tehdidiyle ikinci iddia sağlanmak mı isteniyordu?

Delege gönderilmesi hakkında bizim ileri sürdüğümüz görüşleri, bildirdiklerimiz doğrultusunda Tevfik Paşa İtilaf temsilcilerine bildirmiş de, telgrafın son bölümüyle, aldığı yanıtı mı iletiyordu; bu da açık değildir.

İstanbul, 8.2.1921

Ankara'da Mustafa Kemal Paşa Hazretleri'ne

Fransız kamuoyunu incitmemek için Kilikya'da saldırıdan kaçınılması, iyi niyetinden kuşku duyulamayan bazı Fransız devlet adamlarının tavsiyesi üzerine Paris delegemizden büyük bir önemle bildirilmiştir.

Sadrazam
Tevfik

Osmanlı devlet adamlarının belirgin özellikleri

Efendiler, bu gibi tavsiyeleri İstanbul hükümetlerinden çok dinlemiştik. Bizim saldırıdan kaçınmamızı tavsiye eden hayırseverin karşısındaki, duyduğunu bir gramofon gibi bize ulaştırırken, hayırsever, bize saldırıdan kaçınılmasını gerekenlere tavsiye edip etmediğini sormuş mu acaba? Aldığı yanıt olumsuzsa, onun hayırseverliğini nereden anlamıştı? Yurdumuzu işgal edenlerin kamuoyunu incitmemeyi tavsiye edenlere, yurdu işgal edilen ulusu niçin incittiklerini ve incitmekte devam ettiklerini sormamak, neden bu Osmanlı devlet adamlarının belirgin özellikleri olmuştu?

Özetle, saygıdeğer efendiler, görülüyor ki, Tevfik Paşa ve arkadaşlarıyla esasta, fikirde, anlayışta anlaşmak mümkün olamıyordu. Sonunda, konu Meclis'e getirildi.

Meclis'e iki öneride bulundum. Birisi, ülkenin durumunu ve ulusun amacını İstanbul'a açıkça bildirmek; ikincisi, ayrıca davet yapılması durumunda Londra'ya bağımsız bir heyet göndermekti. Her iki önerim kabul edildi.

Efendiler, Meclis'in görüş ve kararını Tevfik Paşa'ya bildiren telgraf aynen şöyleydi:

Tevfik Paşa'nın önerileri karşısında Büyük Millet Meclisi'nin kararı

Londra Konferansı'na davet dolayısıyla Türkiye Büyük Millet Meclisi Başkanı Mustafa Kemal Paşa Hazretleri ve Bakanlar Kurulu Başkanı Fevzi Paşa Hazretleri'yle İstanbul'da Tevfik Paşa Hazretleri arasında yapılan telgraf haberleşmeleri, genel kurulda okunarak Meclis'e bilgi verildi. Tevfik Paşa Hazretleri tarafından ileri sürülen görüşler, ülkenin bugünkü durumu hakkında kendilerinin açık bir fikir edinmekten pek uzak olduklarını bize üzüntüyle gösterdi. İstanbul'da ateşkes antlaşmasından bu yana iki tür hükümet birbirini izlemiştir. Biri Damat Ferit'in başkanlığı altında, çeşitli kişilerin katılımıyla kurulan hükümetler ki, her ne pahasına olursa olsun, İtilaf devletlerine karşı kesin olarak boyun eğme düşüncesini temsil etmiş ve ülkenin kendi egemenlik haklarını sürdürmek için yaptığı sürekli özverileri, düşmanlarla beraber çalışarak sonuçsuz bırakmayı özel bir politika edinmiştir. Bu düşüncede olanlar, ülkenin kötülük ve hainlik yapmaya eğilimi olan ne kadar nankör evladı varsa, hepsini kışkırtıp silahlandırarak, ulusal savunmaya kendilerini adayan vatanseverlere karşı devamlı kullandılar. İslam şeriatı adına yayımlanan sahte fetvaların, yaptıklarının karşılığı olarak paşalıkla ödüllendirilen Anzavurlarla, yurdun bağımsızlığı ve savunması karşıtı, etrafa yaydıkları maddi ve manevi zehir ve bozguncu kuvvetlerine karşı, Anadolu aylarca çarpışmak zorunda kaldı. Onlar, düşmanlarımız hesabına cephelerimizi kaç defa arkadan vurdular. Müslümanlığın ilk yüzyılından bu yana, dinin onuru ve gerçeği adına savaşan ulusumuz, tarihimizin ilk günlerinden beri, devlet ve ülke ne zaman tehlikeye düşmüşse kanını bol bol akıtmaktan geri kalmayan ulusu-

Mustafa Kemal Paşa ve komutanlar bir askeri denetimde. ATASE Arşivi.

muz, bu kez büyük vatandan geriye kalan son parçada, son kaleye çekilmiş, en son savunmasını yaparken hükümet adını alan heyetler, düşmanlar için, düşman safları arasında, kendi ulusları aleyhine çalışıyorlardı. Bizans'ın son günlerinde, Fatih'in teslim olması çağrısına karşı "Allah'ın bana bir emaneti olan bu ülkeyi, ancak Allah'a teslim ederim" diyen son Bizans İmparatoru'nun tahtının mirasçısı bir hanedandan gelen bugünkü halife ve sultanın hükümeti; tutsak olmak istemeyen ulusu, kendi eliyle bağlayarak düşmanlara teslim etmeye çalışıyordu. Bu birinci aşama, o hükümetlerin ve onlarla birlik olanların yenilgisiyle son buldu. İkinci tür hükümet, Tevfik Paşa'nın başkanlık ettiği heyettir. Bunlar amaçlarının Anadolu savunmasından yana olduğunu söylemekle beraber, yaptıklarıyla, ülkenin içtenlikle elde etmek istediği barışa affedilmeyecek bir aymazlık ve inatla engel olmaya devam ediyor. Saltanat Şûrası'nda İtilaf devletlerinin uzattığı tutsaklık belgesini ayağa kalkarak, saygı göstererek kabul edip imzalayan devlet adamları ve Âyan üyeleri, bütün ülkede hiçbir hak ve yetkiyi temsil etmeyen geçersiz bir güç durumundadır. Anadolu ve İstanbul bağımsızlık ile tutsaklığın, özgürlük ile mahkûmiyetin zıtlaştığı ve çatıştığı iki ayrı parça halinde kalmıştır.

Biz, ülkenin tutsak edilmiş, iradesini kaybetmiş parçasını özgür ve bağımsız olan kısmına katmak istiyoruz. İstanbul'un devlet adamları, bütünü oluşturan ve bütün bir düşmanlık dünyasına karşı kendini şeref ve sağlamlıkla savunan özgür kısmı, tutsak ve mahkûm parçaya bağlamak ve katmak istiyorlar. Bütün Anadolu'yu, özgürlük ve bağımsızlığına âşık bütün ülke çocuklarını ve bugünkü zulüm görmüş İslam dünyasının ruhunu temsil eden Büyük Millet Meclisi, İstanbul'un hasta ve özgürlükten yoksun bir heyetine bağlı olmayı hiçbir zaman kabul edemez. Meclisimiz tarafından kabul ve ilan edilen ve bütün ülkede uyulan Teşkilat-ı Esasiye Kanunumuz gereğince, egemenlik kayıtsız şartsız ulusundur. Ulusun yasama ve yürütme gücü ise, onun gerçek ve tek temsilcisi olan Büyük Millet Meclisi'nde toplanır. Bu esaslara göre, delege heyetimizin İstanbul'a gitmesi ve oradan seçilecek bir heyete katılması ve oranın vereceği bir yetki belgesiyle dünyaya karşı ulusal davamızı savunmayı üstlenmesine imkân yoktur. Eğer isterseniz fiili ve haklı olarak mutlak bağımsızlığa sahip olan, bütün yönetim örgütüyle ülkeyi yöneten, ordularıyla doğuda ve batıda düşmanların hadlerini bildirerek ülkeye barışın yollarını açan Meclisimizin delege heyetini, ülkeyi temsil edebilecek tek heyet olarak tanırsınız. Yoksa, biz kendi heyetimizi kendimiz göndermek kararını zaten almış bulunuyoruz. Bizce istenilen ve gerekli görülen, bu kararımıza verilecek yanıtın birtakım sözler değil, uygulamaya ilişkin davranışlar olmasıdır.

Londra Konferansı'na katılmamız

Efendiler, Dışişleri Bakanı Bekir Sami Bey'in başkanlığı altında ayrıca ve bağımsız bir delege heyeti kuruldu. Heyet, Londra Konferansı'na özel olarak davet edilmemiz durumunda, katılmak üzere fakat geçecek zamanı da iyi kullanmak amacıyla, Antalya üzerinden Roma'ya gönderildi.

Heyetimiz, İtalya Dışişleri Bakanı Kont Sforza aracılığıyla, konferansa resmen davet edildikleri kendilerine bildirildikten sonra Londra'ya gitmişlerdir.

Londra Konferansı, 27 Şubat 1921'den 12 Mart 1921'e kadar devam etti. Olumlu hiçbir sonuç vermedi.

İtilaf devletleri, İzmir ve Trakya nüfusları hakkında kendileri tarafından yapılacak bir araştırmanın sonucunu kabul edeceğimize ilişkin bizden söz almak istediler. Delege heyetimiz önce bunu kabul etmişti. Ankara'dan yapılan uyarı üzerine, daha sonra, araştırmanın yapılmasını, Yunan yönetiminin kaldırılmasına bağlama önerisinde bulundu. İtilaf Devletleri'nin, Sevr Antlaşması'nın diğer hükümlerinin, karşı çıkılmaksızın tarafımızdan içtenlikle uygulanmasını sağlamak istediği anlaşılmıştı. Delege heyetimiz, bu konudaki önerilere de olumsuz nitelikte yanıtlar vermişti. Yunan delegeleri araştırmayı esasından kabul etmemişlerdi. Bunun üzerine, İtilaf devletleri Türk ve Yunan delege heyetlerine, bazı önerileri içeren bir proje vererek, hükümetlerinden bu projeler için alacakları yanıtların konferansa bildirilmesini istemişlerdi.

Bizim delege heyetimize verilen projede, Sevr Antlaşması hükümlerinde yapılacak değişikliklerle ilgili şu noktalar vardı:

Bize bırakılan jandarma ve özel birliklerin sayılarını çok az artırmak. Ülkemizde kalacak yabancı subay sayısını biraz azaltmak. Boğazlar bölgesini biraz daraltmak. Bütçemiz üzerine konulmuş sınırlamaları biraz hafifletmek. Bayındırlık işleriyle ilgili ayrıcalık vermek hakkımız üzerine konulmuş sınırlamaları da biraz hafifletmek... Bundan başka, adli kapitülasyonlar, yabancı postaları, Kürdistan... hakkında Sevr projesinde değişiklik yapılacağını ümit ettiren bazı belirsiz sözler...

Aynı öneriler projesinde, Ermenistan sınırlarının belirlenmesi konusu, Milletler Cemiyeti'nin göndereceği bir komisyona bırakılmaktaydı. İzmir bölgesinde de özel bir yönetim kurulacaktı. Sözde, İzmir ili bize geri verilecekti. Fakat İzmir şehrinde bir Yunan kuvveti bulundurulacak, İzmir sancağının güvenliği İtilaf subayları tarafından yönetilecek, bu sancaktaki jandarma kuvveti, nüfus oranlarına göre çeşitli unsurlardan kurulacak, İzmir'e Milletler Cemiyeti tarafından bir Hıristiyan vali atanacak; İzmir ili Türkiye'ye gelirleri çoğaldıkça artacak yıllık bir para ödeyecekti.

İzmir iliyle ilgili olarak önerilen bu çözüm şekli ve çözüm, beş yıl sonra taraflardan birinin isteği üzerine Milletler Cemiyeti tarafından değiştirilebilecekti.

Delegeler daha yoldayken başlayan Yunan saldırısı

Efendiler, İtilaf devletleri, delege heyetimiz aracılığıyla yaptıkları önerilerin yanıtını beklemeden, daha delege heyetimiz yoldayken, Yunanlılar, bütün ordusuyla, bütün cephelerimize karşı saldırıya geçtiler.

Görüyorsunuz ki efendiler, Yunan saldırısı, ister istemez, konferans ve barış hikâyesini bize zorunlu olarak bıraktırıyor. Şimdi izin verirseniz, size bu saldırıyı ve sonucunu sunayım:

Yunan ordusunun Bursa ve doğusunda önemli bir grubu, Uşak ve doğusunda diğer bir grubu vardı. Bizim de kuvvetlerimiz Eskişehir'in kuzeybatısında, Dumlupınar ve doğusunda olmak üzere iki grup halindeydi. Bundan başka, Yunanlıların İzmit'te bir tümenleri, bizim de ona karşılık Kocaeli Grubumuz bulunuyordu. Yunanlıların Menderes boyundaki birliklerine karşı da birliklerimiz vardı. Yunan ordusunun Bursa ve Uşak grupları, 23 Mart 1921 günü ileri harekâta geçtiler. İsmet Paşa komutasında bulunan Batı Cephesi birlikleri, sunduğum gibi, Eskişehir'in kuzeybatısında yığınak yapmıştı. Karar, savaşı İnönü mevzilerinde kabul etmekti. Ona göre önlem alınıyor ve düzenleme yapılıyordu. Düşman, 26 Mart akşamı, İsmet Paşa'nın işgal ettirdiği mevzilerin sağ kanadı ilerisine yanaştı. Ertesi günü bütün cephede düşmanla karşılaşmalar oldu. Düşman 28 Mart'ta sağ kanadımıza saldırıya geçti. 29 Mart'ta her iki kanattan saldırdılar. Düşman yer yer önemli başarılar elde ediyordu. 30 Mart günü şiddetli savaşlarla geçti. Bu savaşlar da düşmanın başarısıyla sonuçlandı.

İkinci İnönü zaferi ve İsmet Paşa'nın Metristepe'den gördüğü durum

Bundan sonra sıra bize geliyordu. İsmet Paşa 31 Mart günü karşı saldırıya geçti ve düşmanı yenerek, 31/1 Nisan gecesi geri çekilmek zorunda bıraktı. Böylece, inkılap tarihimizin bir sayfası İkinci İnönü zaferiyle yazıldı.

Efendiler, düşman çekilirken Batı Cephesi komutanıyla 1 Nisan günü yapılan yazışmalar, o günün duygularını ortaya koyan belgelerdir. O duyguları yeniden canlandırmak için, izin verirseniz, o günkü yazışmalardan bazı telgrafları aynen okuyacağım:

Metristepe'den, 1.4.1921

Saat 18.30'da Metristepe'den gördüğüm durum: Gündüzbey kuzeyinde, sabahtan beri bekleyen ve artçı olduğu sanılan bir düşman müfrezesi, sağ kanat grubunun saldırısıyla düzensiz olarak çekiliyor. Yakından izleniyor. Hamidiye yönünde karşılaşma ve çalışma yok. Bozüyük yanıyor. Düşman, binlerce ölüleriyle doldurduğu savaş meydanını silahlarımıza bırakmıştır.

Batı Cephesi Komutanı
İsmet

Ankara, 1.4.1921

İnönü Savaş Meydanında Metristepe'de
Batı Cephesi Komutanı ve Genelkurmay Başkanı İsmet Paşa'ya

Bütün dünya tarihinde, sizin İnönü meydan savaşlarında üzerinize yüklendiğiniz görev kadar ağır bir görev yüklenmiş komutanlar çok azdır. Ulusumuzun bağımsızlığı ve varlığı, dâhice yönetiminiz altında görevlerini şerefle yapan komuta ve silah arkadaşlarınızın yürekliliğine ve vatanseverliğine büyük bir güvenle dayanıyordu. Siz orada yalnız düşmanı değil milletin makus [uğursuz] talihini de yendiniz. Ele geçirilmiş talihsiz topraklarımızla beraber bütün vatan, bugün en uzak köşelerine kadar zaferinizi kutluyor. Düşmanın topraklarımızı ele geçirme hırsı, kararlılığınızın ve vatanseverliğinizin yalçın kayalarına başını çarparak paramparça oldu.

Adınızı tarihin övünç anıtlarına kaydeden ve bütün ulusun size karşı sonsuz gönül borcu duymasına sebep olan büyük savaşınızı ve zaferinizi kutlarken, üstünde durduğunuz tepenin size binlerce düşman ölüleriyle dolu bir şeref meydanı seyrettirdiği kadar, ulusumuz ve kendiniz için yükseliş parıltılarıyla dolu bir geleceğin ufkuna da baktığını ve egemen olduğunu söylemek isterim.

Büyük Millet Meclisi Başkanı
Mustafa Kemal

Büyük Millet Meclisi Başkanı Mustafa Kemal Paşa Hazretleri'ne

Zulüm ve zorbalık dünyasının en acımasız saldırılarına karşı yalnız ve şaşkın kalan ulusumuzun maddi ve manevi bütün yetenek ve güçlerini ruhundaki ateşle toplayan ve harekete getiren Büyük Millet Meclisi'nin başkanı Mustafa Kemal Paşa!

Kahraman askerlerimiz, subaylarımız ve askerlerimizle avcı hatlarında omuz omuza vuruşan tümen ve kolordu komutanları adına övgü ve kutlamalarınıza büyük bir övünçle teşekkürlerimi sunarım.

Batı Cephesi Komutanı
İsmet

Güney Cephesi'ndeki hareketler

Saygıdeğer efendiler, İnönü savaş meydanını ikinci defa yenilerek bırakan ve Bursa yönünde eski mevzilerine geri çekilen düşmanın izlenmesinde, piyade ve süvari tümenlerimizin gösterdikleri anılmaya değer kahramanlıkları ayrıca anlatmayacağım. Yalnız, genel askeri durumu tamamlamak için izin verirseniz Güney Cephemize ait bölgede yapılmış olan hareketleri özetleyeyim.

Güney Cephesi Komutanı Refet Paşa'nın emrinde bulunan üç piyade tümeni, Dumlupınar'da, hazırlanmış bir mevzide bulunuyorlardı. Bundan başka, bir süvari tümeni ve bir de süvari tugayı vardı. Bu mevziin sol kanadında bulunuyordu. Güney Cephesi komutanının aldığı görev, bu mevzide düşmanı durdurmaktı. Uşak doğusundaki mevzilerinden hareket eden üç piyade tümeni ve bir kısım süvari, Dumlupınar mevzilerine saldırdılar. 26 Mart'ta birliklerimiz mevzilerini bırakmak zorunda kaldı. Güney Cephesi komutanı, bundan sonra kuvvetlerini esaslı bir hatta durdurmayı ve yeniden düzen almayı başaramadığı için kuvvetler iki kısma ayrıldı. Bir kısmı –ki, 8. ve 23. Piyade Tümenleriyle 2. Süvari Tümeni'nden meydana geliyordu– kendi emri altında, Altıntaş yönünde çekildi. Diğer kısım –ki, Kolordu Komutanı Fahrettin Paşa'nın emri altında bulunuyordu– 57. Piyade Tümeni'yle 4. Süvari Tugayı'ndan meydana geliyordu. Düşman bütün kuvvetleriyle Fahrettin Paşa kuvvetlerine yönelerek doğuya yürüdü. Refet Paşa kuvvetlerine karşı Dumlupınar'da yalnız bir piyade alayı bıraktı. Refet Paşa daha sonra 23. Tümen'i Altıntaş üzerinden güneye, Fahrettin Paşa emrine geri verdi. Altıntaş yönünde düşmanın hiçbir hareketi olmadığı anlaşılınca, Refet Paşa yanında bulunan kuvvetlerle kuzeye getirtildi.

Doğu yönünde ilerleyen düşmana karşı, Fahrettin Paşa kuvvetleri çeşitli mevkilerde savaşarak Afyon doğusuna çekildi. Düşman Afyonkarahisar'ı işgal ettikten sonra, Çay-Bolvadin hattına kadar ilerledi ve orada durdu. Bu düşman karşısında, Fahrettin Paşa, 57. ve 23. Tümenlerle beraber, güneyden Adana bölgesinden gelen 41. Tümen'i de alarak, karşı bir hat oluşturdu.

Yunan ordusunun genel saldırı planında çok göze çarpan bir hata

Efendiler, askeri strateji konusunda fazla düşünce ileri sürmekten kaçınma taraftarı olmakla beraber, Yunan ordusunun bu defaki genel saldırı planında çok göze çarpan bir hataya işaret etmek isterim. Yunan ordusunun Uşak grubunun

Dumlupınar'dan sonra Eskişehir'e yürümesi gerekirdi. Afyon üzerinden Konya'ya doğru yönelmesi, kuvvetlerini asıl kesin sonuç alanından uzaklaştırarak, hareketsiz ve tehlikeli bir durumda bırakmıştır. İnönü'de başarı bizim tarafta kaldıktan sonra, bu kuvvetlerin kendilerini tehlikeden kurtarmak için bir an önce süratle geri çekilmelerini sağlamaktan başka bir şey düşünemeyeceklerine kuşku yoktu. İnönü'de zafer kazanan kuvvetlerimizin, Eskişehir, Altıntaş üzerinden Dumlupınar'a yönelerek ve bu yolun önemli bir kısmında demiryolundan fazlasıyla yararlanılabileceğine göre, Afyonkarahisar'ın doğusunda bulunan Yunan grubunun geri çekilme hattını kesebilir ve böylece pek büyük olasılıkla o grubu büyük bir yıkıma uğratabilirdi. Gerçekten, bu fikrin uygulamasına geçmekte bir an gecikilmemiştir. İlk serbest kalan tümenler hemen Güney Cephesi Komutanı Refet Paşa'nın emrine verilerek harekete geçirilmiştir.

Yunan ordusunun Uşak grubu, İnönü Meydan Savaşı'ndan alınan sonuç üzerine hemen geri çekilmeye başladı. Refet Paşa, 7 Nisan 1921 tarihinde karargâhıyla Çöğürler'de, 4. ve 11. Tümenler Altıntaş bölgesinde, 5. Kafkas Tümeni ve kuvvetli bir alay niteliğinde olan Meclis Muhafız Taburu Çöğürler güneyinde, 1. ve 2. Süvari Tümenleri Kütahya bölgesinde bulunuyorlardı. Fahrettin Paşa, Çay ve Afyon'dan çekilen düşmanı izleyip sıkıştırırken, Refet Paşa da düşmanın Aslıhanlar civarında bulunan bir alayına, bu saydığımız kuvvetlerle, yani üç piyade tümeni ve bir taburla saldırdı. Bir taraftan da, kuzeyden daha iki tümen, 24. ve 8. Tümenler güneye gönderildi. Aslıhanlar'daki Yunan alayı Refet Paşa'nın saldırısını durdurdu ve çok zaman kazandı. Bu süre içinde geriden gelen birliklerle iki tümene kadar destek sağlandı. Bu kuvvetler Afyon'dan çekilen kuvvetlerin kendilerine katılmalarını sağladı.

12 Nisan 1921 günü Refet Paşa'nın emrinde kuzeyden güneye ve doğudan batıya saldıran kuvvetlerin toplamı şöyleydi:

Kuzeyden gelen 4, 5, 11, 8 ve 24; doğudan ilerleyen 57, 23 ve 41. Tümenler ki, toplam sekiz piyade tümeni ve bir piyade taburu... 1. ve 2. Süvari Tümenleri çok uzak yollardan dolaştırılarak ancak düşmanın yenilmesi durumunda etkili olabilecek, fakat o günkü savaşta hiç de etkili olmayan, düşman gerisindeki Banaz'a gönderilmişti. Refet Paşa'nın komutası altına verilen kuvvetler saldırılarında başarılı olamadılar; aksine, fazla can kaybı verildi. Düşman, Dumlupınar mevzilerine egemen olarak yerleşti ve orada kaldı. Refet Paşa kuvvetleri de, Dumlupınar'dan on kilometre kuzeydoğuda olmak üzere, Aydemir, Çalköy, Silkisaray hattına çekilip durdu. Aslıhanlar Savaşı diye anılan bu hareket, bu şekilde son buldu.

Refet Paşa kendisi yenildiği halde düşmanı yenilmiş kabul ediyordu

Efendiler, savaş sırasında savaş hatlarından bazı kısımların ileri geri olan dalgaları ve özellikle Afyon doğusunda bulunan düşman tümenlerinin, Dumlupınar ilerisinde bıraktıkları bir alaylarının yenilip safdışı edilememesi yüzünden, düşman kuvvetleri Dumlupınar'a kadar çekilme olanağını bulabilmiştir. Bundan sonra Yunan kuvvetlerinin sağlam bir savaş hattı tutmak üzere düzen alırken, ilerideki birliklerinin o hatta ulaşmak üzere geri yürüyüşleri, Refet Paşa'nın savaşın sonucu hakkında yanlış hükümler vermesine sebep oldu. Gerçekten de, Refet Paşa, kendisi yenildiği halde, düşmanın yenilerek geri çekildiğini kabul etti ve bunu beş gün devam eden Dumlupınar Meydan Savaşı'nda düşmana son darbenin vurulabildiğini bildiren telgrafıyla bize de ulaştırdı. Biz de, elbette memnun olarak, hemen büyük övgüler ve kutlamalarda bulunduk. Fakat, durumu iyice anlamak için telgraf başında kendisine sorduğum sorulara aldığım yanıtlardan, durumun bildirildiği gibi olmadığı kuşkusuna ve kararsızlığına düştük. Sonunda anlaşıldı ki, düşman tamamen kendi amacına ve genel durumuna uygun olarak, Dumlupınar'da savunulması kolay, hâkim ve sağlam bir mevzi alıyordu. Aksine, Refet Paşa'nın, biraz geride, bütün kuvvetleriyle Aydemir, Çalköy, Silkisaray hattını tutması gerekiyordu.

Efendiler, durum sakinleşmeye başladıktan sonra Refet Paşa'nın komuta ettiği orduda, kendisine karşı güvenin kalmamış olduğu anlaşıldı. Durumu yerinde incelemek üzere, Ankara'dan Fevzi Paşa Hazretleri ve Batı Cephesi'nden de İsmet Paşa, birlikte Refet Paşa'nın karargâhına gittiler. Refet Paşa'nın komuta durumunun bir süre daha devam ettirilmesi tercih edildiği için, sorunu ona göre belirleyip çözmeye çalıştılar. Fakat çok geçmeden bu durumun devam ettirilmesinin mümkün ve doğru olmadığı inancı oluştu. Bu sebeple, ben, Fevzi ve İsmet paşaları alarak Refet Paşa'nın yanına gittim. Durumu yakından inceledim ve hemen şu çözüm şeklini uyguladım: Komutası altında bulunan Güney Cephesi'ni Batı Cephesi'ne bağlayarak İsmet Paşa komutasına verdim. Kendisine de Ankara'da bir görev verilmek üzere oraya dönmesi gerektiğini bildirdim.

Refet Paşa Türk ordusuna başkomutan olmak istiyordu

Refet Paşa Ankara'ya döndüğü zaman şöyle bir çözüm şekli tasarlamıştım: İsmet Paşa artık Genelkurmay Başkanlığı'ndan istifa ederek, tamamen genişletilmiş olan Batı Cephesi Komutanlığı'yla ilgilenecek, Milli Savunma Bakanı bulunan Fevzi Paşa Hazretleri de vekil olarak yaptığı Genelkurmay Başkanlığı görevini asil olarak yürütecek. Ondan boşalacak Milli Savunma Bakanlığı görevini de Refet Paşa yapacak.

Refet Paşa, aslında, yine askeri bir görev üstlenmek taraftarıydı. Fakat benim çözüm şeklimi beğenmedi. Diyordu ki, "Milli Savunma Bakanı bulunan Fevzi Paşa'nın görevinden istifa etmesine sebep yoktur. İsmet Paşa'nın Genelkurmay Başkanlığı'ndan ayrılmasını zorunlu görüyor ve bana da bu aralık bir görev vermeyi düşünüyorsanız, çözüm şeklinin ona göre düzenlenmesi mümkündür."

Ben, her nasılsa Refet Paşa'nın düşüncesinde taşıdığı amacı birdenbire anlayamadım. Çünkü biraz sonra anlar gibi olduğum görüş asla aklıma gelmemişti.

Anlayamadığım noktayı açıklığa kavuşturmak için doğrudan doğruya kendisine sordum. Dedim ki, "Yani siz mi Genelkurmay Başkanı olmak istiyorsunuz?" Gerçi açık bir yanıt vermedi ama ben amacının tamamen bundan ibaret olduğunu kabul ettim. Bunun üzerine şu düşüncemi ileri sürdüm: "Genelkurmay Başkanlığı, bizim örgütümüze göre, bugün fiili olarak Başkomutanlık makamıdır. Siz, henüz Türk ordusuna başkomutan olacak nitelikleri kazanmış değilsiniz. Bunu şimdilik aklınızdan çıkarınız!"

Refet Paşa verdiği yanıtta dedi ki: "Öyle ise ben de Milli Savunma Bakanlığı'nı kabul etmem." "O, sizin bileceğiniz iştir," dedim ve bıraktım. Gerçekten kabul etmedi ve aldığı izin üzerine Kastamonu ormanlarında Ecevit denilen yerde bir süre dinlenmeye çekildi. Refet Paşa'nın Milli Savunma Bakanlığı bundan sonra ortaya çıkan başka bir durum üzerine gerçekleşmiştir.

Londra Konferansı'ndan dönen Dışişleri Bakanı Bekir Sami Bey'in imzaladığı sözleşmeler

Saygıdeğer efendiler, İkinci İnönü zaferinden sonra, Londra'ya gitmiş olan delege heyetimiz geri döndü. Konferansın olumlu sonuçlanmadığını biliyorsunuz. Fakat Delege Heyeti Başkanı ve Dışişleri Bakanı Bekir Sami Bey, kendiliğinden İngiltere, Fransa ve İtalya devlet adamlarıyla temas ve görüşmelerde bulunarak her biriyle ayrı ayrı birtakım sözleşmeler imzalamış bulunuyordu.

Bekir Sami Bey'in, İngiltere ile imzaladığı bir sözleşme gereğince, elimizde bulunan bütün İngiliz tutsaklarını geri verecektik. Buna karşılık İngilizler de bize tutsaklarımızı geri vereceklerdi. Yalnız Türk esirleri arasında Ermenilere ve İngiliz tutsaklarına zulüm yaptığı veya kötü davrandığı ileri sürülenler geri verilmeyecekti.

Hükümetimiz, elbette böyle bir sözleşmeyi uygun bulup onaylayamazdı. Çünkü böyle bir sözleşmeyi kabul etmek, Türk yurttaşlarının, Türkiye'deki hareketleri üzerinde, yabancı bir devletin bu tür yargı hakkını onaylamak olurdu.

Bu sözleşmeyi onaylamamakla birlikte, İngilizler bazı Türk tutsaklarını serbest bıraktıklarından, biz de buna karşılık elimizde bulunan İngiliz tutsaklarından bir kısmını serbest bıraktık.

Daha sonra 23 Ekim 1921 tarihinde, Kızılay İkinci Başkanı Hamit Bey'le İstanbul'da İngiliz komiseri arasında yapılan anlaşma üzerine, Malta'da bulunan bütün Türk tutukluları ile elimizdeki bütün İngiliz tutuklularının değiştirilmesi kararlaştırılarak uygulanmıştır.

Efendiler, Bekir Sami Bey, resmi görüşmeler ve konuşmalar dışında bireysel olarak da Lloyd George ile bir görüşmede bulunmuş... Aralarında söylenen sözler steno ile yazılmış... Bu tutanak imza da edilmiş... Bekir Sami Bey'in elinde bulunan kopyanın içeriğiyle ilgili bilgilendirildiğimi hatırlamıyorum. Son zamanlarda Dışişleri Bakanlığı aracılığıyla Bekir Sami Bey'den bu kopyayı istettimse de Bakanlığa gönderdiği bir mektupta, o zaman bu kopyanın çevirilerinin ba-

Mustafa Kemal Paşa ve Yusuf Kemal (Tengirşenk) Bey. ATASE Arşivi.

na gösterildiğini, gerek aslının ve gerek çevirilerinin Dışişleri Bakanlığı'ndan ayrıldığında ait olduğu dosyasında bırakıldığını bildirmiştir. Dosyalarda bu belge bulunamamıştır. Ve Dışişleri Bakanlığı'nda bu belgeden ve içeriğinden kimsenin bilgisi bulunmuyor. Ben de sunduğum gibi, hiçbir zaman bilgilendirildiğimi hatırlamıyorum.

Efendiler, Bekir Sami Bey'le Fransa Başbakanı Mösyö *Briyan* (Briand) arasında da 11 Mart 1921 tarihli bir sözleşme imzalanmıştır. Bu sözleşmeye göre Fransa ile ulusal hükümet arasında düşmanlığa son verilecek. Fransızlar silahlı çeteleri, biz de savaşçılarımızı silahsızlandıracağız... Zabıta kuvvetlerimize Fransız subayları alınacak... Fransızlarca oluşturulan zabıta kuvvetleri korunacak... Fransa'nın boşaltacağı yerlerle Elazığ, Diyarbakır ve Sivas illerinin ekonomik gelişmesi için yapılacak girişimlerde öncelik hakkı ve Ergani maden işletme izni de Fransızlara verilecek... vb.

Hükümetimizin bu sözleşmeyi kabul etmemesinin sebeplerini saymaya gerek yoktur sanırım.

Bekir Sami Bey, İtalya Dışişleri Bakanı Kont Sforza ile de 12 Mart 1921'de bir sözleşme imzalamış... Buna göre, İtalya'nın, İzmir ve Trakya'nın bize geri verilmesi hakkındaki isteğimizi konferansta desteklemesine karşılık, biz de İtalya devletine Antalya, Burdur, Muğla, Isparta sancaklarıyla Afyonkarahisar, Kütahya, Aydın ve Konya sancaklarının daha sonra belirlenecek kısımlarında ekonomik girişimler için öncelik hakkı verecektik. Bundan başka, bu bölgelerde Türk hükümeti veya Türk sermayesi tarafından yapılmayacak olan ekonomik işlerin İtalyan sermayesine verilmesi ve Ereğli madenlerinin bir İtalyan-Türk şirketine devri kabul ediliyordu.

Elbette bu sözleşmeye de hükümetimiz tarafından redden başka bir işlem uygulanamazdı.

Efendiler, İtilaf Devletleri'nin Londra'ya barış yapmak için gönderdiğimiz Delege Heyetimiz Başkanı Bekir Sami Bey'e imzalattıkları sözleşmelerin içeriğinin, Sevr projesinin ardından aralarında imzaladıkları "accord tripartite [Üçlü Anlaşma]" denilen ve Anadolu'yu nüfuz bölgelerine ayıran ara anlaşmasını, başka adlar altında, ulusal hükümetimize kabul ettirmek amacına yönelik olduğu pek açıktır. İtilaf Devletleri'nin politikacıları bu amaçlarını Bekir Sami Bey'e kabul ettirmede başarılı da olmuşlardır. Bekir Sami Bey'i Londra'da konferans görüşmelerinden çok, ayrı ayrı yapılan konuşmalarla oyalamaya çalıştıkları anlaşılıyor. Ulusal hükümet ilkeleriyle, bu ilkelere bağlı bir Dışişleri bakanının izlediği yol arasındaki farkı izah etmek, ne yazık ki mümkün değildir.

Bekir Sami Bey, bu anlaşmalarla Ankara'ya döndüğü zaman, tutumunun çok dikkatimi çektiğini ve beni şaşırttığını açıkça söylemeliyim. Bekir Sami Bey, imzaladığı sözleşmelerdeki koşulların ülkenin yüksek çıkarlarına uygun olduğu inancını belirtiyor ve bunu Meclis'te de savunup kanıtlayabileceğini ileri sürüyordu. İnancının yerinde, ileri sürdüğünün de mantıklı olmadığına kuşku yoktu. Görüşlerinin Meclis'te uygun bulunamayacağı bir yana, Dışişleri Bakanlığı'ndan düşürüleceği de kesindi. Fakat Meclis'i siyasi konuların görüşülüp tartışılmasına boğmayı o günlerin koşullarına uygun görmediğimden, Bekir Sami Bey'e görüşlerinde yanıldığını doğrudan söyleyerek, Dışişleri Bakanlığı'ndan çekilmesini önerdim. Bekir Sami Bey bu önerimi kabul ederek istifa dilekçesini verdi.

Fakat, Bekir Sami Bey, delege heyeti başkanlığı göreviyle yaptığı Avrupa'daki gezisi sırasında yaptığı çeşitli görüşmelerin kendisinde yarattığı izlenimlere göre, İtilaf devletleriyle ilkelerimiz çerçevesinde anlaşmak imkânı bulunduğu inancında ısrar ediyordu. Kendisinin bu anlaşmaların gerçekleştirilmesine yardımcı olabileceğini ileri sürüyordu. Bunun üzerine kendisine şu özel mektubu yazdım:

19.5.1921

Amasya Milletvekili Bekir Sami Beyefendi'ye

Türkiye Büyük Millet Meclisi hükümetinin şimdiye kadar çeşitli vesile ve araçlarla bütün dünyaya ilan edilmiş olan ilkeleri yüksek bilginizde olup; bu ilkelerin temel hatları şu kısa cümleyle anlatılabilir: "Bilinen ulusal sınırlarımız içinde ülkemizin bütünlüğünü ve ulusun tam bağımsızlığını sağlamak." Delege heyeti başkanlığı göreviyle yaptığınız son gezi ve temaslarınızın sizde yarattığı etki ve izlenimlere göre, İtilaf hükümetlerinin ortaya konulmuş ilkelerimizi bozmadan ülkemizle anlaşmaya eğilimli oldukları inancında bulunduğunuz anlaşılıyor. Türkiye Büyük Millet Meclisi, İtilaf hükümetlerinin bu eğilimlerine işaret edecek ciddi ve içten belirti ve sonuçları henüz görememektedir. Bu konudaki tahminlerinizin doğru çıkmasına olanak sağlayacak bir ortam bulmanız durumunda, bu sonucun Türkiye büyük Millet Meclisi ve hükümeti tarafından memnuniyetle kabul edilebileceğine inanmanızı isterim, efendim.

Mustafa Kemal

Bekir Sami Bey bundan sonra tekrar Avrupa'ya gitti. Bu gezisinden de bir yarar sağlanamadı. Yalnız, Ankara'da Mösyö Franklin Bouillon ile yapılan görüşmelerin, Bekir Sami Bey'in Paris'teki bazı girişimleri nedeniyle güçlüğe uğradığının anlaşılması üzerine, hükümetçe, Bekir Sami Bey'in resmi bir görevi olmadığının ajansla duyurulması zorunlu görülmüştür.

Bekir Sami Bey ikinci defa Avrupa'da bulunduğu sırada, bana bazı hususları bildirdiği gibi dönüşünde de bir rapor vermişti. Gerek bildirdiği hususlarda ve gerek raporunda karşılaşılan bazı görüşler, ne yazık ki, Bekir Sami Bey'in, Türk ulusunun gerçekleştirmeye çalıştığımız amaç ve ülküsünü, tamamen kavramış ve o çerçevede hareket etmekte olduğundan kuşku ve kararsızlığa düşürmeyecek nitelikte değildi.

Bekir Sami Bey, Avrupa'daki temaslarından aldığı etki ve izlenimlere göre görüş yürütüyordu.

12 Ağustos 1921 tarihli bir şifre telgrafında da, bizim siyasetimizi eleştirdikten sonra diyordu ki: "Henüz fırsat eldeyken akıllıca bir siyaset izlemek, ülkeyi düştüğü büyük çıkmazdan kurtarabilir. Olaylar tamamıyla incelenerek ülkenin esenliği adına bir yol izlenmesi çok gereklidir. Aksi takdirde, tarih ve ulus karşısında hiçbirimiz sorumluluktan kurtulamayız.

Ulusun mutluluğu ve Müslümanların esenliği adına isabetli bir tutumun benimsenmesini ve bir an önce bildirilmesini rica ederim."

Bekir Sami Bey ne olursa olsun barış yapma yanlısıydı

Bekir Sami Bey ne olursa olsun barış yapma yanlısıydı. Bu görüşünü 24 Aralık 1921 tarihli raporunda şöyle açıklıyordu:

... savaşın devamının, bu ülkeyi, ulusun varlığını tehlikeye düşürecek kadar yıkıp yok edeceğini ve gösterilen tüm özverilerin boşa gideceği fikrini kuvvetle taşıyorum. Savaşın devamının, iç ve dış düşmanlarımızın ekmeğine yağ süreceğine, korktuğumuz bela ve felaketleri kendi kendine ülkenin başına getireceğine bütün varlığımla inanıyorum. Sizlerin üzerine düşen görev, dünyada hemen hiçbir siyaset adamının omzuna yüklenmeyen en ağır bir yüktür. Tarihte beş altı yüzyılda değil, belki on, on beş yüzyılda bir kişiye ancak kısmet olabilen bir görevi üstlenmiş bulunuyorsunuz. Her türlü aşırılıktan sakınarak, bugünün yararları uğruna geleceğin gerçek yararlarını feda etmeyerek, Türklükle beraber bütün İslam dünyasının geleceğini güven altına almak için, çok yakın bir zamanda fazlasıyla gerçekleştirilebilecek ulusal ve İslami amacı kurtarmak ve güçlendirmek için, hatta geçici olarak özveri göstermeye bile katlanmak sayesinde, yüksek şahsınızın dünya tarihinde ölümsüz bir ün kazanması ve İslamiyet binasına yeni bir şekil veren şahsiyet olması mümkündür. Aksi halde, Türk ulusunun ve dolayısıyla bütün İslam dünyasının tutsaklık ve aşağılığa mahkûm olacağı bence kuşkusuzdur. Adınızı kıyamet gününe kadar bütün Müslüman kuşaklar için, evrenin övüncü olan Yüce Peygamber Efendimiz'den sonra arkanızda en kutsal bir ad ve armağan bırakma şeref ve fırsatını kaybetmemenizi, yurtseverlik ve Müslümanlık gereği olarak sunmayı kutsal bir görev sayarım, Efendim Hazretleri.

Bütün bu görüşlerin özeti, felaketten, aşağılanma ve tutsaklıktan kurtulmak için kendisinin Londra'da yaptığı sözleşmeler çerçevesinde ulusal mücadeleye son vermeyi öneriyordu.

Efendiler, Bekir Sami Bey'in bu görüşleri bende olumlu bir etki bırakmamıştı. İleri sürdüğü fikirler ve düşünce tarzları, kendisiyle görüşme ve tartışmanın bile gereksiz ve yararsız olduğu inancını uyandırmıştı.

Meclis'te belirmeye başlayan siyasi gruplar

Efendiler, yüce heyetinizi biraz da Büyük Millet Meclisi'nde yaşanan durumlarla karşı karşıya getirmek istiyorum. Bildiğiniz gibi, Birinci Büyük Millet Meclisi'ne, ulus tarafından üye seçilirken Anadolu ve Rumeli Müdafaa-i Hukuk Cemiyeti'nin heyetleri de ikinci seçmenler arasında bulundular. Buna göre, denilebilirdi ki Büyük Millet Meclisi bütünüyle, aynı zamanda Anadolu ve Rumeli Müdafaa-i Hukuk Cemiyeti'nin siyasi bir grubu niteliğindeydi. Gerçekten de, başlangıçta böyle hareket edilmişti. Meclis genel kurulunun temel ilkelerini, cemiyetin temel ilkeleri oluşturuyordu. Bilindiği gibi, Erzurum ve Sivas kongrelerinde belirlenen esaslar, son İstanbul Mebuslar Meclisi tarafından kabul edilip desteklenerek, *Misak-ı Milli* adı altında özetlenmişti. Bu esaslar, Birinci Büyük Millet Meclisi tarafından da kabul edilerek, o çerçeve içinde ülkenin bütünlüğünü ve ulusun bağımsızlığını sağlayacak barış ve güvenliğin elde edilmesine çalışılıyordu. Fakat zaman geçtikçe, Meclis'te ortak çalışmanın sağlanıp düzenlenmesinde zorluklar ortaya çıkmaya başladı. En basit konularda oylar bölünüyor, Meclis'ten iş çıkamıyordu. Bazı kişiler buna çare olmak üzere 1920 yılı ortalarında birtakım gruplar oluşturma girişiminde bulundular. Bütün bu girişimler, Meclis görüşmelerinin düzenli yapılmasını sağlamak ve görüşülen konular hakkında oyları birleştirerek olumlu iş çıkarmak amacına yönelik bulunuyordu.

Yeri geldiğinde sunmuştum ki, ilk Anayasa'mızın kaynağı olan 13 Eylül 1920 tarihli bir programı Meclis'e sunmuştum. Bu programın Meclis'te 18 Eylül'de okunan kısmından başka, buna da esas olmak üzere, Büyük Millet Meclisi'nin temel niteliğini ve yönetim usulü ile ilgili görüşleri belirleyen ve Meclis'in açılışından sonra okunup kabul edilen önergemi de, bu kısımla beraber, *Halkçılık Programı* adı altında bastırtmış ve yayımlatmıştım. Belirttiğim gruplar, benim bu programımdan esinlenerek, birtakım adlar almaya ve programlar belirlemeye başladılar. Bir fikir vermiş olmak için bu grupların belli başlılarının adlarını sayayım:

a. Tesanüt [Dayanışma] Grubu;
b. İstiklal [Bağımsızlık] Grubu;
c. Müdafaa-i Hukuk Zümresi [Grubu];
d. Halk Zümresi [Grubu];
e. Islahat [Reform] Grubu.

Bu gruplardan başka, adı olmayan, özel amaçlar etrafında bazı küçük grupların da çalıştıkları anlaşılmaktaydı.

Efendiler, bu adlarını saydığım grupların her biri, Meclis görüşmelerinde disiplini sağlamak ve oyları birleştirmek amacıyla kurulmuş oldukları halde, varlıkları aksine bir etki gösteriyordu.

Gerçekten de sayıları çok, üyeleri az olan bu gruplar, birbiriyle yarışmaya kalkışmışlar ve birbirlerini dinlemedikleri için Meclis'te neredeyse bir kargaşaya sebep olmaya başlamışlardı. Özellikle Teşkilat-ı Esasiye Kanunu Meclis'ten çıktıktan sonra, yani Ocak 1921 sonlarında, Meclis üyelerinin ve kurulan grupların, genellikle her konuda oturumlara katılmalarını ve birlikte çalışmalarını sağlamanın bir kat daha güçleşmeye başladığı görülüyordu. Çünkü, Misak-ı Milli'nin belirlediği ilkelerde kayıtsız şartsız düşünce ve amaç birliği olduğu halde, Teşkilat-ı Esasiye Kanunu'nun ortaya koyduğu görüşlerde tam bir birlik sağlanmış görünmüyordu. Bu grupları birleştirmek veya gruplardan birini destekleyerek iş görmek için, dolaylı olarak çok çalıştım. Fakat, bu yolla elde edilen sonuçların kalıcı olmadıkları görüldü. İşe doğrudan doğruya karışma zorunlu olmaya başladı. Sonunda, Anadolu ve Rumeli Müdafaa-i Hukuk Grubu adıyla bir grup kurulmasına karar verdim. Bu grup için yaptığım programın başına bir ana madde koydum. Bu maddenin ruhu, iki noktadan oluşuyordu: Birinci nokta; grup, Misak-ı Milli ilkeleri çerçevesinde ülkenin bütünlüğünü ve ulusun bağımsızlığını sağlayacak barış ve güvenliğin elde edilmesi için, ulusun bütün maddi ve manevi güçlerini gerekli hedeflere yöneltip kullanacak ve ülkenin resmi ve özel bütün örgüt ve kurumlarını bu asıl amacın hizmetinde kullanmaya çalışacaktır.

Anadolu ve Rumeli Müdafaa-i Hukuk Grubu'nun kurulması

İkinci nokta; grup, devlet ve ulusun örgütünü, Teşkilat-ı Esasiye Kanunu çerçevesinde şimdiden yavaş yavaş belirlemeye ve hazırlamaya çalışacaktır.

Efendiler, bütün grupları ve Meclis üyelerinin çoğunu davet ederek, bu iki esas üzerinde birleşmelerini sağladım. Belirttiğim bu ana madde ve bundan sonra grubun iç tüzüğüne ait maddeler, 10 Mayıs 1921 günü gerçekleştirdiğimiz toplantıda kabul olundu. Grup genel kurulunca seçildiğim için, grubun başkanlığını da üstlenmiştim.

Efendiler, ülkede Anadolu ve Rumeli Müdafaa-i Hukuk Cemiyeti var olduğu gibi, onun, Meclis'te aynı ad altında bir de siyasi grubu kurulmuş oldu. İstanbul Mebuslar Meclisi'nin yapmaktan çekindiği iş, ancak onların dağılmasından 14 ay sonra Ankara'da yapılmış oldu. Bu grup, Birinci Büyük Millet Meclisi'nin devam ettiği sürece hükümetin görev yapmasına hizmet edebilmiştir. Fakat, grup tüzüğünün ana maddesinin içerdiği ikinci noktayı anlamlı bulanlar oldu. Bu gibiler, duygularını açığa vurmamakla beraber, bu noktanın taşıdığı anlam ve amacın gerçekleşmemesi için hemen çalışmaya başlamakta gecikmediler. Olumsuz çalışmalar diye nitelendirebileceğimiz bu tür girişimler iki şekilde ortaya çıkmaktaydı.

Birincisi, grubun içindeki fikirleri karıştırmak ve aleyhte hazırlamak şeklinde oluyordu.

Hoca Raif Efendi "Muhafaza-i Mukaddesat Cemiyeti"ni kuruyor

İkincisi, ülke içinde ve yine örgütümüz içinde... Bu noktayı açıklayan en belirgin örneği, Erzurum Milletvekili Hoca Raif Efendi'nin ve bazı arkadaşlarının, grubun kurulmasından önce ve Teşkilat-ı Esasiye Kanunu'nun çıkmasından hemen sonra yaptıkları girişimdir. İzin verirseniz, sizi bu konuda biraz daha bilgilendirmek isterim.

Hoca Raif Efendi ve arkadaşları, Anadolu ve Rumeli Müdafaa-i Hukuk Cemiyeti Erzurum Merkez Heyeti'nin adını değiştirdi. *Muhafaza-i Mukaddesat* [Kutsal Şeyleri Koruma] *Cemiyeti* dedi. Var olan cemiyet ilkelerinin başına da, hilafet ve saltanat makamının ve devlet şeklinin korunmasının sağlanmasıyla ilgili birtakım eklemeler yapmış, bu girişimini diğer illere, özellikle Doğu illerine de birtakım bildiriler göndererek yaymaya kalkışmıştır. Ben, bundan haberdar olur olmaz, Doğu Cephesi Komutanı Kâzım Karabekir Paşa'nın dikkatini çektim. Hoca Raif Efendi'yi ve arkadaşlarını uyararak bu tür girişimlerden vazgeçirmesini rica ettim.

Sarıkamış'ta bulunan Kâzım Karabekir Paşa ile Erzurum'da bulunan Hoca Raif Efendi arasında bazı yazışmalar yapıldıktan sonra Raif Hoca, Paşa'nın karargâhına gitmiş, orada "Muhafaza-i Mukaddesat" adının kullanılmasındaki sebepleri açıklarken demiş ki, "Amaç, hilafet ve padişahlık haklarını korumak, ülkenin ve İslam dünyasının şimdiki ve gelecekteki varlığı için büyük uyuşmazlık ve sakıncalara yol açacak olan cumhuriyet şeklinden kesinlikle uzak durmaktır." Hoca, "Büyük Millet Meclisi'nde kurulan Müdafaa-i Hukuk Grubu'nun hilafet ve saltanat yönetiminin cumhuriyete çevrilmesini hedeflediği hissedilmektedir" görüşünü ileri sürdükten sonra, bu gibi girişimleri tanımayacaklarını bildirmiş.

Kâzım Karabekir Paşa, "Devlet şekline yönelik tarihi değişiklik girişimlerinde askeri ve sivil devlet adamlarından gereği gibi görüş alınmalıdır" diyor

Kâzım Karabekir Paşa'nın bu bilgileri veren 11 Temmuz 1921 tarihli şifre telgrafında, Kâzım Paşa da ileri sürdüğü görüşler arasında diyordu ki: "Hükümet şekline ilişkin ilkeleri, Büyük Millet Meclisi'nce kabul edilen Teşkilat-ı Esasiye Kanunu'nun belirlemiş olduğu görülüyor. Oysa ben, bu kanun içeriğinin nihayet bir parti programı olarak kalmasını, uygulanmak istendiğinde ortaya çıkacağını düşündüğüm güçlüklere karşı daha yararlı buluyorum. Bu fikrimi yakından tanıyabildiğim bölgemin düşünce ve duygularına göre kısaca açıklamak isterim. Meclis'te Teşkilat-ı Esasiye Kanunu'nu desteklemek için kurulmuş gruba girenlerin çoğu, yeni bir yönetim değişikliğinde, ülkenin kaderi üzerinde etkili olmak isteğinde görünenlerdir. Halk arasında, ancak küçük bir grup yeni nitelikte örgüt fikirlerini destekler. Milletvekillerinin Teşkilat-ı Esasiye Kanunu'na taraftarlıkları, ancak kişisel fikirleri olabilir. Devlet şekline yönelik bu büyük ve tarihi değişiklik girişimlerinde, ülkenin kaderinde ortak sorumluluğu olan asker ve sivil devlet adamlarından ve Müdafaa-i Hukuk merkezlerinden gereği gibi görüşler alınması ve olağanüstü bir mecliste incelenmesinin ardından durumun bir karara bağlanması gerektiği düşüncesindeyim."

Efendiler, kesin zaferden sonra İkinci Büyük Millet Meclisi, Cumhuriyet'i ilan ettiği zaman dahi Kâzım Karabekir Paşa İstanbul gazetecilerine verdiği demeçte, öteden beri gelen duygularını ve şikâyetlerini "Cumhuriyet ilanını bize sormadılar" şeklinde özetlemekteydi.

Kâzım Karabekir Paşa, bu görüşleriyle, Türkiye Büyük Millet Meclisi'nin, ulus tarafından olağanüstü yetkiler verilen üyelerden meydana gelen olağanüstü bir meclis olduğunu unutmuş gibi görünüyor. Böyle bir meclisin koyduğu kanuna, hem de Teşkilat-ı Esasiye Kanunu'na karşı bulunduğunu ima ediyor. Daha ilginci, devlet örgütünün değiştirilmesinde etkili olacak kararlar alabilmek için, asker ve sivil devlet adamlarının ve Müdafaa-i Hukuk merkezlerinin görüşlerinin alınması gerektiği inancında bulunduğunu söylüyor.

Kâzım Karabekir Paşa, benim Müdafaa-i Hukuk Grubu'yla olan ilişkime karşı çıkarak, "Ben, sizin gibi yüce kişilerin bu türden siyasi partilere... katılmaktan uzak kalmasına özellikle taraftarım" dedikten sonra, benim tarafsız bir durumda kalmamı öğütlüyor.

Kâzım Karabekir Paşa'nın bu telgrafına, 20 Temmuz 1921'de yanıt verdim. Biraz uzunca olan bu yanıtın bazı konuları aydınlatmaya yarayacak noktalarını söylemekle yetineceğim. Yanıtımda demiştim ki: "Müdafaa-i Hukuk Grubu, ülkenin tam bağımsızlığını sağlamak gibi kısa ve kesin bir amaçla kurulmuştur. Teşkilat-ı Esasiye Kanunu'nun uygulanması konusu da amaçları arasındadır. Teşkilat-ı Esasiye Kanunu, bütün yönetim sistemini ve Türkiye hükümetinin hukuki durumunu gösteren ayrıntılı ve tam bir kanun olmayıp, ülkenin mülki ve yönetim örgütünde zamanın koşullarının gerekli kıldığı halkçılık esasını ortaya koyan bir ilkeden ibarettir. Bu kanunda, cumhuriyeti anlatan bir şey yoktur. Raif Efendi'nin saltanat şeklinin cumhuriyetçiliğe dönüştürülmek istendiği hakkındaki düşüncesi kuruntudur.

Meclis'teki grup merkezinin yönetimi kendilerine verilen kişiler arasında, kişilikleri ve geçmişteki davranışlarıyla eleştirilebileceklerin bulunduğuna ilişkin iddia ise, daha açık bir ifadeyle, kanıtlanması gereken bir durumdadır. Her işi, bütün yönetim yeteneği ve kişisel erdemleriyle çok iyi yetişmiş adamlara vermek, pek değerli ve tatlı bir dilek olmakla beraber, değil kendi toplumumuz için, dünyanın en ileri gitmiş ulusları için bile her çevre, her bölge, her meslek sahibi tarafından saygıya değer görülecek bu kadar çok adam bulmak mümkün değildir. Hayali ve gerçek dışı düşünce ve iddialarla ülkenin dayanağı olacak tek kuvvet ve örgütü yıpratacak engellemelere başvurmak, eğer cahilce bir delilik değilse, herhalde bir ihanet olarak kabul edilmelidir. Yüksek şahsınızca da bilinir ki, ilerleme yolunda yapılacak her önemli girişimin kendine göre önemli sakıncaları vardır. Bu sakıncaların en aza indirilmesi için alınacak önlem ve yapılacak girişimlerde kusur etmemek gerekir."

Bundan sonra efendiler, Teşkilat-ı Esasiye Kanunu yapılırken, sivil ve asker devlet adamlarından ve Müdafaa-i Hukuk merkezlerinden görüş alınması konusundaki fikrimi de şöyle açıkladım: "Yüksek şahsınızca da bilindiği gibi, bir hükümet şeklinde yaşıyoruz ve onun bütün koşullarına uymak zorundayız. Kanunun Meclis komisyonlarından sonra, genel kurul tartışmalarıyla belirginleşecek şekli üzerinde, uzaktan alınacak düşüncelerle etki yapılamayacağını elbette kabul edersiniz."

Kâzım Karabekir Paşa, Teşkilat-ı Esasiye Kanunu'nun yapılmasında niçin acele edildiğinin, bunun uygulanmasındaki zorlukların nasıl giderileceğinin, hilafet ve saltanat konusu hakkındaki görüşümüzün açıklanmasını da istemişti. Bu noktalara ait yanıtlarımda demiştim ki: "Teşkilat-ı Esasiye Kanunu'nun yapılmasında acelecilik sayılan tutumun sebebi, bütün dünyada ve ülkemizde belirmiş olan halkçılık akımını sağlam bir şekilde belirleyerek, bu konuda başka türlü tartışmalara yer vermemek ve aynı zamanda yüzyıllardan beri sürekli olarak yetersiz kimselerin elinde sürekli kötüye kullanılan ulusal hakları korumak için, bu hakların asıl sahibi olan ulusa da söz hakkı vermek ve bu yüksek fikrin gelişmesi için şimdiki olağanüstü şartlardan yararlanmaktır.

Kanunun ne dereceye kadar uygulanabileceğini ölçmek için de, bu işle uğraşmaya fırsat bulacakların kararlılığını ve irade yeteneğini hesaba katmak gerekir.

Hilafet ve saltanat sorunu, temel bir sorun olarak mevcut değildir. Söz konusu olan sorun, hükümdarın hakları olup, onun belirlenmesi ve sınırlanması için son birkaç yüzyılın deneyimleri ve devlet kavramındaki ulus haklarının gerçek anlamı göz önünde bulundurulmalıdır. Bu konuda şimdilik belirlenmiş kesin bir kuralımız yoktur."

Kâzım Karabekir Paşa'nın, grup başkanı olmayıp tarafsız kalmam konusundaki önerisine de verdiğim yanıtta, şu görüşü belirtmiştim: "Mebuslar Meclisi niteliğinde bir meclisin başkanı bulunmuyorum. Böyle bile olsa bir partiye üye olmak doğaldır. Oysa Büyük Millet Meclisi'nin yürütme yetkisi de bulunduğundan, bir bakıma hükümet niteliğindeki bir meclisin başkanı bulunmaktayım. Yürütme yetkisi de olan bir başkan için, bir çoğunluk partisinin üyesi bulunmak çok gereklidir. Buna göre ayrıntılı bir programla ortaya atılmış siyasi bir partinin de başkanı olabilirim. Bütün kimliğimle karışmış olduğum Cemiyet'ten ayrılmaklığıma imkân olmadığı gibi, o Cemiyet'ten doğmuş olan grup içinde bulunmam da zorunludur. Aslında grup, hemen hemen Meclis Genel Kurulu'na yakın büyük bir çoğunluğu kapsamaktadır. Dışarda kalanlar, Erzurum milletvekillerinden Celalettin Arif Bey ve Hüseyin Avni Efendi ile birkaç benzerinden ve tavır ve hareketlerinde özgür olmak isteyen bir kısım kişilerden meydana gelmektedir..."

İzzet ve Salih paşaların İstanbul'da siyasi görev almayacaklarına söz vermeleri üzerine İstanbul'a dönmelerine izin verildi

Efendiler, Ankara'da bulunan İzzet ve Salih paşalar bir türlü Ankara'ya ısınamadılar. İstanbul'daki ailelerinin yanına gitmelerine izin vermemiz için doğrudan ve dolaylı olarak sürekli rica ediyorlar ve İstanbul'a döndüklerinde hiçbir siyasi görev almayacaklarına dair güvence veriyorlardı. 1921 yılı Mart başlarında, İsmet Paşa'nın bazı konular için Ankara'ya geldiği bir sırada, paşalar ricalarını tekrar ettiler. Bir gün İsmet Paşa'nın da bulunduğu Bakanlar Kurulu toplantıdayken Ahmet İzzet Paşa daireye gelerek haber göndermiş ve İsmet Paşa kendisiyle görüşmüştür. İzzet Paşa, bizim önerimiz üzerine İstanbul'da siyasi görev almayacağına uzun uzun açıklamalarla söz vererek, İstanbul'daki ailesinin yanına gönderilmesi için izin verilmesini rica etmiş, Salih Paşa'nın da aynı şekilde söz vererek, serbest bırakılması ricasında bulunduğunu eklemiş.

İsmet Paşa bu açıklamaları ve ricayı Bakanlar Kurulu'na bildirdi. Zaten varlıklarının ulusal işlerimizde yararlı olmadığı, aksine, Ankara'da bir yük, bir ağırlık oldukları, bunun dışında bazı olumsuz akımlara da sebep oldukları anlaşıldığından, Bakanlar Kurulu bu paşaların İstanbul'a dönmelerinde bir sakınca görmedi. Fakat ben, Ahmet İzzet Paşa ve arkadaşının verdikleri sözde ciddiyet ve içtenlik olmadığını, İstanbul'a döndüklerinde mutlaka İstanbul hükümetinde görev alarak bizi rahatsız etmeye devam edeceklerine inandığımı söyledim. "Namusları üzerine söz veriyorlar" dendi. Verdikleri sözü, yazılı olarak ve imzaları altında verirlerse gitmelerine izin verilmesinin uygun olacağını bildirdim. İsmet Paşa bu

Mustafa Kemal Paşa, eşi Latife Hanım'la birlikte, Kurtuluş Savaşı'nın ünlü komutanları arasında. İş Bankası Müzesi Arşivi.

önerimi yanımızdaki odada bekleyen İzzet Paşa'ya bildirdi. İzzet Paşa hemen bir kalem kâğıt alarak hükümetten istifa edeceklerini, bir taahhütname olarak yazmış ve imzalamış ve yanlış hatırlamıyorsam, Salih Paşa'ya da imzalatmıştı.

Ben bu kısa taahhütnameyi yeterli görmedim. Paşa'nın sözlü olarak söylediği kadar anlam ve kapsamda değildi. Hemen bunun bir aldatmaca olduğuna arkadaşların dikkatini çekerek, "İsmet Paşa'ya sözlü olarak söylediklerini yazarak imzalasın" dedim. İzzet Paşa'nın sözlü olarak da bu kadar açıklama yaptıktan ve söz verdikten sonra, başka amaçla bir taahhütname yazmış olacağı düşünülmedi ve bu kısa taahhüdün yeterli görülmesi istendi. İşte İzzet ve Salih paşalar böyle aldatmaca bir belgeyle İstanbul'a gitmenin yolunu bulmuşlardır.

İzzet ve Salih paşalar sözlerinde durmadılar

Gerçekten, İzzet ve Salih paşalar İstanbul'a varışlarının ardından istifa ettiler. Fakat çok kısa bir süre sonra, aynı hükümette diğer bakanlıklarda görev aldılar ve bunu bize telgrafla bildirdiler. İstanbul hükümetinin Dışişleri Bakanlığı'nı üstlenmiş olan İzzet Paşa, ulusa ve ülkeye yönelik büyük bir kötülüğün önüne geçmek için hükümete geldiğini söyleyerek, bize de birtakım öğütler veriyordu. İzzet Paşa'ya şu yanıtı verdim:

29 Haziran 1921

İstanbul'da Ahmet İzzet Paşa Hazretleri'ne

Telgrafınızı Zonguldak İstihbarat müdürü aracılığıyla aldım. Durumunuzu, Salih Paşa Hazretleri'yle birlikte vermiş olduğunuz söze aykırı gördüm. Yalnız bir nokta, sizden yana bir kararsızlık yaşamama sebep oldu. O da şudur: Bu görevi üstlenmekle gerçekten ulusa ve ülkeye yönelik büyük bir kötülüğün önüne geçmiş olmanız olasılığıdır. Çünkü Ankara'ya gelmenizden önce iyi niyetle ve ülkeye yararlı olabileceğiniz ümidiyle görev üstlenmiş olmanızı dayandırdığınız sebeplerin ne kadar zayıf olduğunu ilk görüşmemizde kabul ederek açıkça söylemiştiniz. Telgrafınızın içeriği, size bu yeni durumu benimseten sebepleri yeterli bir açıklıkla göstermiyor. Tavsiye buyurduğunuz hususlardan, ulus ve ülke çıkarlarına, yaptığımız antlaşmalara, kısacası Misak-ı Millimize uygun olanlar, esasen dikkate alınmakta ve gereği yapılmaktadır. Dolayısıyla, genel duruma ve size aşılanmış olan fikirlere göre, daha önce olduğu gibi, bu defa da aldatılmış olmanızdan korkuyorum. Bu tahmin ve düşüncemizi geçersiz kılacak açıklamalarınızı öğrenir ve olayların buna uygun olumlu gelişmelerini görürsek mutlu olacağımızı bildiririm, efendim.

Mustafa Kemal

İzzet Paşa bu telgrafımıza 6 Temmuz tarihli bir şifre telgrafla şu karşılığı verdi:

Ankara'da Mustafa Kemal Paşa Hazretleri'ne

Salih Paşa ile birlikte verdiğimiz söz, İstanbul'a varışımızın ardından görevimizden istifa etmekti. Onu da yerine getirdik. Sonsuza kadar devlet hizmetinden uzak durmak ve özellikle İtilaf devletlerinin Yunanistan'a fiili yardımları, İstanbul'un hareket üssü olarak Yunanlılara bırakılması olasılığının belirdiği bir kara günde, önerilen özveriden kaçınmak bizim elimizden gelmeli miydi ve bu, sizce de uygun görülmeli midir, bilmem? Bilecik ve Ankara'da tanımadığım kişiler önünde gerçekleşen konuşmaları uzatmakta sakınca gördüğümden, çekinerek isteğinizi kabul eder gibi görünmüştüm. Hatta dönüşümüzde yaptığımız açıklamamızda olayların sorumluluğunu tamamen üstümüze alma medeni cesaretini de göstermiştim. İlk konuşmalarda hazır bulunan kişilerden birinin sonra ortaya çıkan durumu, çekinmekte haklı olduğumu da göstermiştir. Fakat hiçbir zaman, hiçbir kimse tarafından aldatıldığımı açıkça söylemedim. Beni yanınıza kadar getiren uzlaşma fikrinden vazgeçmedim. Bakanlar Kurulu'nda yapılan görüşmeler ve kendilerine verdiğim rapor bunu kanıtlar. İleri sürdüğünüz gibi aymaz olduğumu söylemem şöyle dursun, şimdiki gibi siyasi durumu inceden inceye değerlendirmiş olduğumu görmekle kendime, fikir ve görüşlerime güvenim artmıştır. Bu sırada görev üstlenmemizin yararlı olup olmadığını belirtmek bana düşmez. Yalnız bu konuda oraca düşünülen sakıncanın ne olduğu açıklanırsa minnettar olurum. Buradaki hükümetin, hukuki durumu ve ilgili devletler elçilerinin burada bulunması dolayısıyla, mevkiinin hiçe indirilmesi ne mümkündür, ne de doğrudur. Ancak şurası da bilinmelidir ki, şimdiki hükümetin büyük çoğunluğu bugüne ve geleceğe ait hiçbir kişisel istek peşinde değildir, bütün niyet ve düşünceleri vatanın esenliği içindir. Bundan dolayı akla yatkın ve uygun bir şekilde Ankara hükümeti ile iş ve görüş birliği yapmayı pek içten olarak istemektedir. Eğer bu içtenlik tarafınızdan da iyi karşılanırsa yararlı hizmet ve yardımlarda bulunabilir. Bu düşüncenin kabul edilmemesi durumunda, anlayışsızlıktan doğabilecek kusur ve yanlışların manevi sorumluluğundan kendisini kurtulmuş saydığını sunarım, efendim.

Ahmet İzzet

Bu telgrafın altına kurşunkalemle şu satırları yazmıştım:

Uygun bir zamanda gerekli işlem yapılmak üzere ilgili belgeler arasında saklanması, Bakanlar Kurulu kararı gereğidir. Mustafa Kemal.

Ahmet İzzet Paşa Türk ulusuna hizmet etmeyi, Vahdettin'in hizmetinde olmaya tercih edemedi

Efendiler, Ahmet İzzet Paşa, ekmeği ve nimeti ile yetiştiği Türk ulusunun içinde kalarak, ona en acı ve kara günlerinde hizmet etmeyi, Vahdettin'in hizmetinde olmaya tercih edememişti. Dürrîzade Esseyit Abdullah'ın fetvasına bağlı kalıp, Sultan'ın emri dışına çıkmakla suçlanmaktan ve şeriatın hışmına uğramaktan çekindi. Ahmet İzzet Paşa'nın daha başka olumsuz davranışları da olmuştur. Ondan da bilgi vereyim.

Savaş tüm hızıyla sürerken ve ulusun maddi ve manevi güçlerini düşman karşısına toplamaya çalıştığımız günlerde, Türk ulusunun büyük kuvvetleri ellerine verilmiş olan kimselere de, yazdığı özel mektuplarla ümitsizlik ve bezginlik yaratacak karamsarlıklarını aşılamakta devam ediyordu. Benim, "Düşman ordusunu mutlaka yeneceğiz; vatanı mutlaka kurtaracağız" sözlerimle alay ederek, İkinci İnönü'den sonra tekrar doğuya, Sakarya'ya doğru yürümekte olan Yunan ordusunun hareketini bir gözdağı gibi göstererek, akıl ve anlayış dersi vermekten geri kalmıyordu.

Efendiler, ne gariptir ki, kendisini dev aynasında gören bu anlayışın, izlediğim yolun yıkıma sebep olacağına ilişkin bir mektubu, Sakarya'da düşmana saldırarak çekilmek zorunda bıraktığımız gün, görev gereği bana gösterilmişti. Bu mektup bizi çok şaşırtmıştı.

Ahmet İzzet Paşa, Yunan ordusunun Sakarya'dan ve en sonunda İzmir körfezinden çekildiğini gördükten ve Lozan Barış Antlaşması'nı okuduktan sonra acaba bana yazdığı 6 Temmuz 1921 tarihli telgrafındaki şu cümleyi: "İleri sürdüğünüz gibi aymaz olduğumu söylemem şöyle dursun, şimdiki gibi siyasi durumu inceden inceye değerlendirmiş olduğumu görmekle kendime, fikir ve görüşlerime güvenim artmıştır" tekrar söylemiş midir?

Ben, bunun da olabileceğini düşünürüm!

Efendiler, İzzet ve Salih paşalar aylarca Ankara'da oturdular. Ulusal ilkelerimizi kabul etmeleri şartıyla, kendilerine ulusal hizmet ve görev vermeye hazırdık. Yanaşmadılar. Bir defa olsun Milli Meclis'in kapısından içeri ayak basmadılar. Fakat kesinlikle Türkiye Büyük Millet Meclisi'nin koyduğu kanunlardan haberleri vardı. Bu kanunların hükümlerini ve Millet Meclisi'nin ve hükümetinin İstanbul'a karşı belli olmuş olan durumunu ve tavrını çok iyi biliyorlardı. Bu kanunlara ve bilinen duruma rağmen, İstanbul'da tekrar işbaşına geçip ulusal varlığın ve mücadelenin değerini ve etkisini yok etmeye, düşmanların elinde oyuncak bulunan Vahdettin'in egemenliğini sağlamaya bütün varlıklarıyla çalışmalarına verilecek gerçek anlamın ne olduğunu ben söylemeyeceğim. Onu, Türk ulusuna ve Türk ulusunun bugünkü ve yarınki kuşaklarına bırakırım.

Saygıdeğer ulusuma tavsiyem

Efendiler, bu fırsatla saygıdeğer ulusuma şunu tavsiye ederim ki, bağrında yetiştirerek başının üstüne kadar çıkaracağı adamların kanındaki, vicdanındaki asıl özü çok iyi analiz etmek dikkatinden bir an geri kalmasın!

Sakarya Meydan Savaşı

Saygıdeğer efendiler, olayları Sakarya Meydan Savaşı'na getirmek istiyorum. Fakat bunun için, izin verirseniz, ufak bir giriş yapacağım. İkinci İnönü Savaşı'ndan sonra, üç ay kadar bir zaman geçti. Ondan sonra 10 Temmuz 1921 tarihinde, Yunan ordusu tekrar cephemize genel saldırıya geçti. İki tarafın bu tarihten önceki günlerde durumu şöyleydi:

Bizim ordumuz, başlıca Eskişehir ve kuzeybatısındaki İnönü mevzilerinde ve Kütahya-Altıntaş yakınlarında yığınak yapmıştı. Afyonkarahisar yakınlarında iki tümenimiz vardı. Geyve ve Menderes yakınlarında da birer tümenimiz bulunuyordu.

Yunan ordusu da, Bursa'da bir ve Uşak doğusunda iki kolordusunu toplu bulunduruyordu. Menderes'te de bir tümeni vardı.

Yunanlıların bu saldırısı ile başlayan ve Kütahya-Eskişehir Savaşları adıyla anılan bir dizi savaşlar vardır. On beş gün devam etmiştir. Ordumuz 25 Temmuz 1921 akşamı ana kısmıyla Sakarya doğusuna çekilmişti. Ordumuzun çekilmesini zorunlu kılan sebeplerin başta gelenlerine işaret edeyim:

İkinci İnönü Savaşı'ndan sonra genel seferberlik yapmış olan Yunan ordusu, insan, tüfek, makineli tüfek ve top sayısı bakımından ordumuzdan önemli derecede üstündü. Temmuz'da Yunan ordusu saldırıya başladığı zaman, ulusal hükümetin durumu ve ulusal mücadelenin gelişmesi, bizim genel seferberlik ilanımıza ve bu şekilde ulusun bütün kaynak ve olanaklarını, başka bir şey düşünmeksizin, düşman karşısında toplamaya henüz uygun ve yeterli görülmemişti. İki ordu arasındaki kuvvet, araç ve koşulların orantısızlığının belirgin başlıca sebebi budur. Bunun sonucu olarak, biz özellikle taşıma araçlarını bulup tamamlayamadığımızdan, henüz tümenlerimizin hareket yetenekleri yoktu. Yunan ulusunun bütün kuvvetiyle yaptığı bu saldırı karşısında, bizim askerlik bakımından asıl görevimiz ulusal savaşın başlangıcından beri yürüttüğümüz görevdi ki, o da, her Yunan saldırısı karşısında kaldıkça, bu saldırıyı direniş ve uygun hareketler ile durdurmak ve etkisiz kılmak ve yeni orduyu kurmak için zaman kazanmak şeklinde özetlenebilir. Son düşman saldırısı karşısında da, bu asıl görevi gözden uzak tutmamak şarttı. Bu düşünceyle 18 Temmuz 1921 günü İsmet Paşa'nın Eskişehir güneybatısında Karacahisar'da bulunan karargâhına giderek, durumu yakından değerlendirdikten sonra, İsmet Paşa'ya genel olarak şu direktifi vermiştim: "Orduyu Eskişehir kuzey ve güneyinde topladıktan sonra, düşman ordusuyla araya büyük bir mesafe koymak gerekir ki, orduyu derleyip toparlamak ve güçlendirmek mümkün olabilsin. Bunun için Sakarya doğusuna kadar çekilmek uygundur. Düşman hiç durmadan izlerse, hareket üslerinden uzaklaşacak ve yeniden menzil hatları kurmak zorunda kalacak, herhalde beklemediği birçok güçlüklerle karşılaşacak, buna karşılık bizim ordumuz toplu bulunacak ve daha uygun koşullara sahip olacaktır. Bu şekilde çekilişimizin en büyük sakıncası, Eskişehir gibi önemli yerlerimizi ve birçok topraklarımızı düşmana bırakmaktan dolayı kamuoyunda meydana gelebilecek manevi sarsıntıdır. Fakat kısa zamanda elde edebileceğimiz başarılı sonuçlarla, bu sakıncalar kendiliğinden ortadan kalkacaktır. Askerliğin gereğini kararlılıkla uygulayalım. Diğer türden sakıncalara karşı koyabiliriz."

Ordunun başına geçmemi isteyenler

Efendiler, gerçekten, olabileceğini düşündüğüm manevi sakıncalar hemen görüldü. İlk duyarlık Meclis'te belirdi. Özellikle muhalifler karamsarca konuşmalarla haykırmaya başladılar: "Ordu nereye gidiyor, ulus nereye götürülüyor? Bu gidişin elbette bir sorumlusu vardır, o nerededir? Onu göremiyoruz. Bugünkü acıklı ve korkunç durumun asıl sorumlusunu ordunun başında görmek isterdik" diyorlardı. Bu şekilde konuşan kişilerin söylemek ve anlatmak istediklerinin ben olduğuma şüphe yoktu.

En sonunda, Mersin Milletvekili Salahattin Bey, kürsüden benim adımı söyleyerek, "Ordunun başına geçsin!" dedi. Bu öneriye katılanlar çoğaldı. Buna karşı olanlar da vardı.

Efendiler, bu görüş ayrılığının sebepleri hakkında biraz açıklama yapmak uygun olur. Bir defa, benim doğrudan doğruya ordunun başına geçmemi önerenlerin düşünce ve amaçlarını ikiye ayırmak mümkündür. Benim ve benimle beraber birçok kişinin o zaman anladığımıza göre, bazı kişiler, artık ordunun tamamen yenildiği, durumun düzeltilmesine imkân kalmadığı, dolayısıyla davanın, yürüttüğümüz ulusal davanın kaybedildiği yargısına varmışlardı. Bu sebeplerle duydukları öfke ve hıncı benden almak istiyorlardı. İstiyorlardı ki, kendi sanılarınca bozguna uğramış ve bozgunu devam edecek olan ordunun başında benim de kişiliğim bozguna uğrasın. Diğer bir kısım kimseler, diyebilirim ki çoğunluk, bana olan güvenlerinden dolayı, içten duygularıyla, doğrudan doğruya ordunun başına geçmemi istiyorlardı.

Henüz fiili olarak komutanlığı üstlenmemi sakıncalı görenlerin de görüşü şuydu:

Ordunun bundan sonraki herhangi bir savaşta başarılı olamaması, tekrar geri çekilmesi uzak bir olasılık değildir. Bu durumlarda ben fiili olarak ordunun başında bulunursam, genel kanıya göre son ümidin de tükenmiş olduğu gibi bir inanç doğabilirdi. Oysa henüz genel durum, son önlem, son çare ve son kuvvetlerin gözden çıkarılmasını gerektirecek nitelikte değildir. Dolayısıyla, kamuoyunda son ümidin korunabilmesi için, benim askeri hareketleri yönetmemin zamanı gelmemiştir.

Başkomutanlığı kabul ediyorum

Ben, görüşmeler ve tartışmalar ile belirginleşen bu fikirleri gerektiği kadar göz önünde tutuyor ve inceliyordum. Son görüşü savunanlar, kuvvetli, mantıklı sebepler ileri sürüyorlardı. İçten olmayan isteklerde bulunanların yaygaraları, başkomutanlığı üstlenmemi içtenlikle önerenlerde derin ve kaygı verici etkiler yapmaya başladı. Benim fiili olarak başkomutanlığı üstlenmem, bütün Meclis'te son çare ve son önlem olarak görüldü. Meclis'in bu görüşü, hızla Meclis dışında da yayıldı. Benim susmam, komutayı fiili olarak üstlenmeye yanaşmayışım, adeta yıkımın kesin ve yakın olduğu düşünce ve inancını yaygınlaştırdı. Bunu anlar anlamaz hemen kürsüye çıktım.

Efendiler, bu sözünü ettiğim durum, 4 Ağustos 1921 günü bir gizli oturumda gerçekleşiyordu. Üyelerin bana karşı gösterdikleri yakınlık ve duydukları güvene teşekkür ettikten sonra Başkanlık makamına şöyle bir önerge verdim:

Türkiye Büyük Millet Meclisi Yüce Başkanlığı'na

Meclis'in değerli üyelerinin genel olarak beliren istek ve dilekleri üzerine, Başkomutanlığı kabul ediyorum. Bu görevi üstlenmekten doğacak yararları olabildiğince çabuk elde edebilmek, ordunun maddi ve manevi gücünü en kısa sürede artırıp en üst düzeye çıkarmak, sevk ve yönetimini bir kat daha kuvvetlendirmek için, Türkiye Büyük Millet Meclisi'nin sahip olduğu yetkileri fiili olarak kullanmak koşuluyla üstleniyorum. Ömrüm boyunca ulusal egemenliğin en sadık bir kulu olduğumu ulusa bir kez daha göstermek için, bu yetkinin üç ay gibi kısa bir süreyle sınırlandırılmasını ayrıca rica ederim.

4 Ağustos 1921
Türkiye Büyük Millet Meclisi Başkanı
Mustafa Kemal

Başkomutanlığıma yapılan itirazlar

Efendiler, bu önergem, doğruluktan yana görünerek önerilerde bulunanların gizli düşüncelerini açığa vurmalarına sebep oldu. Hemen karşı çıkışlar başladı. Bir defa, "Başkomutanlık unvanını veremeyiz" dediler. "O, Büyük Millet Meclisi'nin manevi kişiliğindedir. Başkomutan vekili denilmelidir."

İkinci olarak, "Meclis'in yetkilerini kullanmak gibi bir ayrıcalığın verilmesi asla söz konusu olamaz" görüşünü ileri sürdüler.

Ben, padişah ve halifeler tarafından verilegelmiş eski bir unvanı takınamayacağımı; yapacağım görev fiili olarak başkomutanlık olduğuna göre, bu unvanı olduğu gibi vermekten kaçınmanın yersizliğini ileri sürerek, görüşümde ısrar ettim. Durum, Meclis'in değerlendirdiği ve belirttiği gibi olağanüstü olduğuna göre, benim de alacağım kararlar ve yapacağım işlerin olağanüstü olması gerekeceğine kuşku yoktu. Düşünce ve kararlarımı hızlı ve sert bir şekilde yürütmek ve uygulamak zorunluluğu vardı. Bakanlar Kurulu'ndan, Meclis'ten izin istemekle doğacak gecikmelere durum elverişli olmayabilirdi. Bütün ülkeyi ve ülkenin bütün kaynaklarını kapsayacak emir ve bildirilerim için, her işin ilgili bakanından veya Bakanlar Kurulu'ndan olur ve izin almak, benim yapacağım başkomutanlıktan beklenen yararları sağlayamazdı. Onun için kayıtsız şartsız emir verebilmeliydim. Bunun için de, Büyük Millet Meclisi'nin yetkisi, benim kişiliğimde belirmeliydi. Bunu başarı için zorunlu görüyordum. Onun için bu noktada ısrar ettim.

Salahattin Bey, Hulusi Bey gibi birtakım milletvekilleri, Meclis'in, yetkisini bir kişiye vermekle işleyemez duruma geleceğini, ulustan aldığı vekilliği başkasına geçirmeye yetkisi bulunmadığından ve kaldı ki orduya komuta edecek kişiye Meclis yetkisinin verilmesinin söz konusu olamayacağından ve buna gerek olmadığından söz ettiler. Meclis'in yetkisini kullanabilecek bir kişiye, milletvekillerinin kişisel olarak güvenememeleri olasılığından da söz edenler oldu.

Ben bu görüşlerin hiçbirine karşı çıkmadım. Hepsini doğru bulduğumu ifade ettim. Meclis'in bu noktayı çok dikkatle ve önemle düşünmesini ve incelemesini söyledim. Yalnız, kendileri için korkanların telaşlarına yer olmadığını belirttim. 4 Ağustos'ta konu bir karara bağlanamadı. Görüşme, 5 Ağustos 1921 günü de devam etti. O gün, bazı milletvekillerinin kararsızlıklarının iki noktada yoğunlaştığı anlaşıldı. Birincisi, Meclis'in herhangi bir şekil ve yolla iş göremez duruma getirilmesi; ikincisi, üyelerden herhangi biri hakkında keyfi, kanunsuz işlem yapılması...

Bu kuşku ve kararsızlıkları giderecek şekilde açıklamalarda bulunduktan sonra, yapılacak kanunda da bu hususlara ilişkin gerekli bağlayıcı şartların konulmasının uygun olduğunu söyledim ve vermiş olduğum önergeyi buna göre bazı maddeler haline getirerek, bir tasarı olmak üzere Meclis'e sundum. İşte bu tasarı maddeleri üzerinde yapılan görüşmeler sonucunda, 5 Ağustos 1921 tarihli, bana başkomutanlık unvanının verilmesine ilişkin olan kanun çıktı. Bu kanunun ikinci maddesine göre bana verilmiş olan yetki şuydu:

"Başkomutan, ordunun maddi ve manevi gücünü mümkün olduğunca artırmak, sevk ve yönetimini bir kat daha sağlamlaştırmak hususunda Türkiye Büyük Millet Meclisi'nin bununla ilgili yetkisini Meclis adına fiili olarak kullanmakta yetkilidir."

Bu maddeye göre, benim vereceğim emirler kanun olacaktı.

Efendiler, bu unvanın verilmesinden dolayı, "Meclis'in hakkımda gösterdiği güvene layık olduğumu az zamanda göstermeyi başaracağım" dedikten sonra, Meclis'ten bazı ricalarda bulundum. Örneğin, henüz Milli Savunma Bakanlığı ve Genelkurmay Başkanlığı görevlerini üzerinde bulunduran Fevzi Paşa Hazretleri'nin yalnız Genelkurmay işlerine zamanını ayırabilmesi için, İçişleri Bakanlığı'nda bulunan Refet Paşa'nın Milli Savunma Bakanlığı'na getirilmesi ve yerine başka birinin seçilmesi.

Özellikle, Meclis'in ve Bakanlar Kurulu'nun içeriye ve dışarıya karşı sakin ve çok güçlü durum ve görünümde kalmasının önemli olduğunu ve ufak tefek sebeplerle Bakanlar Kurulu'nu sarsmanın doğru olmadığını sundum. Kanun önerisi, aynı günde, açık oturumda okundu. Öncelikle görüşüldü ve ad okunarak oylandı. Oybirliğiyle kabul edildi.

Bu sebeple yaptığım kısa konuşmanın bir iki cümlesini tekrar etmeme izin vermenizi rica ederim. O cümleler şunlardı:

"Efendiler, zavallı ulusumuzu tutsak etmek isteyen düşmanları mutlaka yeneceğimize olan güven ve inancım, bir dakika olsun sarsılmamıştır. Bu dakikada, bu kesin inancımı, yüce heyetinize karşı, bütün ulusa karşı ve bütün dünyaya karşı ilan ederim."

Başkomutanlığı fiili olarak üstlendim

Saygıdeğer efendiler, başkomutanlığı fiili olarak üstlendikten sonra birkaç gün Ankara'da çalıştım.

Genelkurmay Başkanlığı ile Milli Savunma Bakanlığı'nın kadrolarını oluşturdum ve Başkomutanlık karargâhını kurdum. Bu iki makamın ortak çalışmasını Başkomutanlık altında uyumlu bir şekilde birleştirmek için ve bundan başka, orduyu ilgilendiren ve Başkomutanlıkla çözülmesi gereken, diğer bakanlıklara ait işlemlerin yürütülmesi için de yanımda, küçük bir büro kurdum.

Ankara'daki zamanım, sadece ordunun insan ve taşıma araçları bakımından gücünü artırmak, yiyecek ve giyecek ihtiyacını sağlayıp düzenlemeye ilişkin önlemler almak ve hazırlıklar yapmakla geçti.

Tekâlif-i Milliye emirleri

Bu sözünü ettiğim işleri yerine getirmek için, iki gün içinde, 7, 8 Ağustos 1921 tarihlerinde, *Tekâlif-i Milliye* [Ulusal Vergiler] *Emri* adı altında yaptığım genel bildirilerden her biri hakkında kısaca bilgi vereyim. Bir savaşın kazanılması için ne derece küçük şeylerin bile dikkate alınması gerektiğine ilişkin bir fikir vermiş olmak için, bunları sunmayı yararlı görüyorum:

1 numaralı emrimle, her ilçede birer "Ulusal Vergiler Komisyonu" kurdurdum. Bu komisyonlarca toplanan malzemenin, ordunun çeşitli kısımlarına dağıtım şeklini düzenledim.

2 numaralı emrime göre, vatanda her aile birer kat çamaşır, birer çift çorap ve çarık hazırlayıp Ulusal Vergiler Komisyonu'na verecekti.

3 numaralı emrimle, tüccar ve halk elindeki çamaşırlık bez, amerikan, patiska, pamuk, yıkanmış ve yıkanmamış yün ve tiftik, erkek elbisesi dikmeye yarayacak her tür kışlık ve yazlık kumaş, kalın bez, kösele, vaketa [ince meşin], taban astarlığı, sarı ve siyah meşin, sahtiyan [deri], dikilmiş ve dikilmemiş çarık, potin, demir kundura çivisi, tel çivi, kundura ve saraç ipliği, nallık demir ve yapılmış nal, mıh [çivi], yem torbası, yular, belleme [eyer altlığı], kemer, kaşağı, gebre [atın tımarında kullanılan kıldan kese], semer ve urgan stoklarından aynı şekilde yüzde kırkına, bedeli daha sonra ödenmek üzere el koydum.

4 numaralı emrimle, eldeki buğday, saman, un, arpa, fasulye, bulgur, nohut, mercimek, kasaplık hayvan, şeker, gaz, pirinç, sabun, yağ, tuz, zeytinyağı, çay, mum stoklarından aynı şekilde yüzde kırkına, bedeli daha sonra ödenmek üzere el koydum.

5 numaralı emrimle, ordu ihtiyacı için alınan taşıma araçlarından başka, halkın elinde kalan taşıma araçlarıyla, yüz kilometrelik bir uzaklığa kadar, ayda bir kere olmak üzere parasız olarak askeri taşıma yapılmasını zorunlu kıldım.

6 numaralı emrimle, ordunun giydirilmesine ve beslenmesine yarayan bütün sahipsiz mallara el koydum.

7 numaralı emrimle, halkın elinde savaşmaya yarar bütün silah ve cephanenin üç gün içinde verilmesini istedim.

8 numaralı emrimle, benzin, vakum, gres, makine, don, saatçi ve taban yağları, vazelin, otomobil, kamyon lastiği, solisyon (yapıştırıcı), buji, soğuk tutkal, Fransız tutkalı, telefon makinesi, kablo, pil, çıplak tel, yalıtkan maddeler ve bunlara benzer malzeme, sülfürik asit stoklarının yüzde kırkına el koydum.

9 numaralı emirle, demirci, marangoz, dökümcü, tesviyeci, saraç, arabacı esnafları ve imalathaneleriyle, bu esnaf ve imalathanelerin üretim kapasiteleri ve kasatura, kılıç, mızrak ve eyer yapabilecek sanatkârların adlarıyla birlikte, sayılarını ve durumlarını saptattım.

10 numaralı emirle halkın elinde bulunan dört tekerlekli yaylı araba, dört tekerlekli at ve öküz arabalarıyla kağnı arabalarının, bütün takım ve hayvanlarıyla beraber, binek ve topçeker hayvanlar, katır ve yük hayvanlarının, deve ve eşeklerin yüzde yirmisine el koydurdum.

Efendiler, emirlerimin ve bildirilerimin uygulanmasını sağlamak için kurduğum İstiklal Mahkemeleri'ni, Kastamonu, Samsun, Konya, Eskişehir bölgelerine gönderdim. Ankara'da da bir mahkeme bulundurdum.

Cumhuriyet döneminde bir askeri manevrayı izlerken. ATASE Arşivi.

Cephe karargâhına hareket

Ondan sonra efendiler, 12 Ağustos 1921 günü, Genelkurmay Başkanı Fevzi Paşa Hazretleri'yle beraber Polatlı'da cephe karargâhına gittim.

Düşman ordusunun cephemize yüklenerek, sol kanadımızdan kuşatacağı yargısına varmıştık. Önlem ve düzenlemelerimizi büyük bir cesaretle bu görüşe göre aldırdım. Olaylar, doğru karar verdiğimizi gösterdi. Düşman ordusu, 23 Ağustos 1921'de ciddi olarak cephemize saldırıya başladı. Birçok kanlı, bunalımlı evreler ve dalgalar oldu. Düşman ordusunun üstün grupları, savunma hattımızın birçok parçalarını kırdılar. Bu ilerleyen düşman birliklerinin karşısına, kuvvetlerimizi yetiştirdik.

Meydan savaşı 100 kilometrelik cephe üzerinde oluyordu. Sol kanadımız, Ankara'nın elli kilometre güneyine kadar çekilmişti. Ordumuzun cephesi batıdan güneye döndü. Arkası Ankara'ya doğruyken kuzeye verildi. Cephenin yönü değiştirilmiş oldu. Bunda hiç sakınca görmedik. Savunma hatlarımız, kısım kısım kırılıyordu. Fakat, kırılan her kısmın yerine, en yakın bir yerde hemen yeni bir savunma hattı kuruluyordu. Savunma hattına çok ümit bağlamak ve onun kırılmasıyla, ordunun büyüklüğü ölçüsünde, çok gerilere çekilmek teorisini kırmak için, ülke savunmasını başka bir şekilde anlatmayı ve bu anlatımımda ısrar ederek şiddet göstermeyi yararlı ve etkili buldum. Dedim ki:

Hatt-ı müdafaa yoktur, sath-ı müdafaa vardır

"Hatt-ı müdafaa yoktur, sath-ı müdafaa vardır. (Savunma hattı yoktur, savunma alanı vardır.) O alan, bütün vatandır. Vatanın her karış toprağı vatandaşın kanıyla ıslanmadıkça, bırakılamaz. Onun için küçük büyük her birlik, bulunduğu mevziden atılabilir. Fakat küçük büyük her birlik, ilk durabildiği noktada tekrar düşmana karşı cephe kurup savaşa devam eder. Yanındaki birliğin çekilmek zorunda olduğunu gören birlikler, ona bağlı olamaz. Bulunduğu mevzide sonuna kadar dayanmak ve direnmek zorundadır."

İşte, ordumuzun her bireyi, bu sistem içinde her adımda en büyük özverisini göstererek, düşmanın en üstün kuvvetlerini yıpratıp yok ederek sonunda onu saldırısına devam yeteneğinden ve gücünden yoksun bir duruma getirdi.

Savaş durumunun bu evresini anlar anlamaz, hemen özellikle sağ kanadımızla Sakarya Nehri doğusunda, düşman ordusunun sol kanadına ve ardından cephenin önemli kısımlarında karşı saldırıya geçtik. Yunan ordusu yenildi ve çekilmek zorunda kaldı. 13 Eylül 1921 günü Sakarya Nehri'nin doğusunda düşman ordusundan eser kalmadı. Bu şekilde 23 Ağustos gününden 13 Eylül gününe kadar, bugünler de dahil olmak üzere, *yirmi iki gün ve yirmi iki gece* aralıksız devam eden *Büyük ve Kanlı Sakarya Savaşı*, yeni Türk devletinin tarihine, dünya tarihinde çok az rastlanan büyük bir meydan savaşı örneği kaydetti.

Saygıdeğer efendiler, başkomutanlık görevini fiili olarak üstlendiğim zaman, Meclis'e ve ulusa mutlaka başarılı olacağımıza ilişkin kesin olan inancımı sunmak ve duyurmakla ve bu inancımı, varlığımın bütün onurunu ortaya atarak gerçekleştirmekle, ilk manevi görevimi yapmış olduğumu sanıyorum. Ondan sonra önemli maddi görevlerim de vardı. Onlardan biri, savaş ve çarpışmalar karşısında ulusa aldırmak zorunda olduğum durumdu.

Bütün Türk ulusunu cephede bulunan ordu kadar, duygu, düşünce ve hareket olarak savaşla ilgilendirmeliydim

Bildiğiniz gibi, savaş ve çarpışma demek, iki ulusun, yalnız iki ordunun değil, iki ulusun bütün varlık ve olanaklarıyla, bütün maddi ve manevi güçleriyle birbiriyle karşı karşıya gelmesi ve birbiriyle vuruşması demektir. Dolayısıyla, bütün Türk ulusunu, cephede bulunan ordu kadar, düşünce, duygu ve hareket olarak savaşla ilgilendirmeliydim. Bütün ulus bireyleri, sadece düşman karşısında bulunanlar değil, köyde, evinde, tarlasında bulunan herkes silahla vuruşan savaşçı gibi kendini görevli sayarak bütün varlığını yalnız savaşa adayacaktı. Bütün maddi ve manevi varlığını yalnız vatan savunmasına adamakta ağır davranan ve titizlik göstermeyen uluslar, savaş ve çarpışmayı gerçekten göze almış ve başarabileceklerine inanmış sayılamazlar.

Gelecekteki savaşların tek başarı şartı da en fazla bu sunduğum noktaya bağlı olacaktır. Daha şimdiden Avrupa'nın büyük askeri ulusları, bu tutumu kanun haline getirmeye başlamışlardır. Biz, başkomutan olduğumuz zaman, Meclis'ten bir vatan savunması kanunu istemedik. Fakat Meclis'ten aldığımız yetkiyle, bu amacı gerçekleştirmek için, kanun niteliğinde olan belirli emirlerle amacı gerçekleştirmeye çalıştık. Ulus, bundan sonra, bugüne kadar olan deneyimleri de gözden geçirerek, aziz vatana saldırmayı olanaksız kılan sebep ve şartları daha geniş, daha açık ve daha kesin bir şekilde belirler.

Büyük Millet Meclisi tarafından bana Mareşal rütbesiyle Gazi unvanı verilmesi

Efendiler, diğer bir görevim de, ordu içinde, savaş safları arasında doğrudan savaşa katılmak ve doğrudan savaşı yönetmekti. Bunu da gücümün yettiği ölçüde, hatta bir kaza sonucu sol kaburga kemiklerimden biri kırılmış olmasına rağmen, bütün varlığımla en iyi şekilde yapmaya çalıştığımı sanırım. Sakarya Savaşı sonuna kadar bir askeri rütbeye sahip değildim. Ondan sonra, Büyük Millet Meclisi tarafından bana Mareşal rütbesiyle *Gazi* unvanı verildi. Osmanlı devletinin rütbesinin, yine o devlet tarafından alınmış olduğunu biliyorsunuz.

Fransa hükümetiyle görüşmeler ve Ankara Anlaşması

Efendiler, Sakarya zaferinden sonra, Batı ile yaptığımız olumlu ve sonuç veren temas ve ilişkilerimizi Ankara Anlaşması oluşturur. Bu anlaşma, Ankara'da, 20 Ekim 1921'de imzalanmıştır. Bu konuda özet bir fikir vermek için kısa bir açıklamada bulunayım.

Bekir Sami Bey Delege Heyeti'nin gittiği Londra Konferansı'nın ardından, bildiğiniz gibi, İkinci İnönü zaferiyle sonuçlanan Yunan saldırısı geri püskürtülmüştü. Bir süreliğine askeri durumda sakinlik oldu. Rusya ile Moskova Antlaşması imzalanmış ve doğudaki durumumuz açıklık kazanmıştı. İtilaf devletlerinden de ulusal ilkelerimize saygı gösterebilecek olanlarla anlaşmak yararlı görülmekteydi. Özellikle, Adana, Gaziantep ve çevresini yabancı işgalinden kurtarmak bizce önemli görülmekteydi.

Çeşitli sebeplerden dolayı, Suriye'den başka, bu sözünü ettiğim illerimizi işgal altında bulunduran Fransızların da bizimle anlaşma eğiliminde oldukları anlaşılmaktaydı. Gerçi, Bekir Sami Bey'in Mösyö Briand'la yaptığı, ulusal hükümetimizce kabul edilmesi mümkün olmayan anlaşma reddedilmişse de, ne Fransızlar ve ne de biz düşmanlığı sürdürmeye istekli değildik. Bu sebeple iki taraf, birbiriyle görüşme yollarını aramaya başladı. Fransa hükümeti, eski bakanlardan Mösyö Franklin Bouillon'u, önce özel olarak Ankara'ya göndermişti. 9 Haziran 1921 tarihinde Ankara'ya gelen Mösyö Franklin Bouillon ile Dışişleri Bakanı Yusuf Kemal Bey ve Fevzi Paşa Hazretleri'nin de katılmalarıyla iki hafta kadar görüşmelerde bulundum.

Birbirimizi tanımakla geçen özel bir görüşmeden sonra, 13 Haziran 1921 Pazartesi günü Ankara istasyonundaki özel dairemde yaptığımız ilk toplantıda, görüşmelerimize bir hareket noktası belirleme gereğinden söz ederek konuşmaya başladık. Ben, bizim için hareket noktasının, Misak-ı Milli esasları olduğu ilkesini ortaya koydum.

Mösyö Franklin Bouillon, ilkeler üzerinde tartışmanın güçlüklerini öne sürerek, Sevr Antlaşması'nın bir oldubitti olduğunu söyledikten sonra, Londra'da Bekir Sami Bey'le Mösyö Briand'ın yaptıkları anlaşmayı temel almanın ve bu anlaşmanın içeriğinin Misak-ı Milli'ye uymayan noktaları üzerinde tartışmanın doğru olacağı görüşünü savundu. Bu önerisinde haklı olduğunu göstermek için, Londra'ya giden delegelerimizin Misak-ı Milli'den söz etmediklerini ve Misak-ı Milli'nin ve ulusal mücadelenin, değil Avrupa'da, henüz İstanbul'da bile değerinin anlaşılmamış olduğunu belirtti.

Ben, verdiğim yanıtlarda dedim ki: "Eski Osmanlı İmparatorluğu'ndan yeni bir Türkiye devleti doğmuştur. Bunu tanımak gerekir. Bu yeni Türkiye, her bağımsız ulus gibi haklarını tanıtacaktır. Sevr Antlaşması, Türk ulusu için o kadar uğursuz bir ölüm kararıdır ki, onun bir dost ağzından çıkmamasını dileriz. Bu konuşmamız sırasında da Sevr Antlaşması'nın adını anmak istemem. Sevr Antlaşması'nı aklından çıkarmayan uluslarla güven esasına dayanan işlere girişemeyiz. Bizim gözümüzde böyle bir antlaşma yoktur. Londra'ya giden delege heyetimizin başkanı bundan söz etmemişse, verdiğimiz talimat ve yetki çerçevesinde hareket etmemiş demektir. Yanlış yapmıştır. Bu yanlışlık yüzünden, Avrupa ve özellikle Fransa kamuoyunda aksi etkiler ortaya çıktığı görülüyor. Bekir Sami Bey'in gittiği yoldan hareket edersek, biz de aynı şekilde yanlış yapmış oluruz. Avrupa'nın Misak-ı Milli'den haberinin olmamasına olanak yoktur. Avrupa, Misak-ı Milli deyimini öğrenmemiş olabilir. Fakat, yıllardan beri kan döktüğümüzü gören Avrupa ve bütün dünya, şu kanlı savaşların neden ileri geldiğini elbette düşünmektedirler. Misak-ı Milli ve ulusal mücadeleden İstanbul'un haberinin olmadığına ilişkin açıklama doğru değildir. İstanbul halkı, bütün Türk ulusu gibi, ulusal mücadeleyi bilmektedir ve onun taraftarıdır. Bilmeyen ve karşısında görünen kişiler ve adamlar sınırlı sayıdadır ve bunlar ulus tarafından bilinmektedir."

Franklin Bouillon, Bekir Sami Bey'in kendisine verilen talimat ve yetki dışında hareket etmiş olduğuna ilişkin açıklamam üzerine dediler ki: "Bundan söz edebilir miyim?" Söylediklerimi istediği yerlere bildirip anlatabileceğini söyledim. Mösyö Franklin Bouillon, Bekir Sami Bey ile yapılan anlaşmadan vazgeçmemek için bahaneler ileri sürerken, Bekir Sami Bey'in bir Misak-ı Milli olduğunu ve Misak-ı Milli'nin sınırlarının dışına çıkamayacağını söylemediğini ve eğer bunu söyleseydi, o zaman ona göre görüşülüp gereği gibi hareket edilebileceğini, fakat şimdi bunun güç olduğunu tekrar etti. Batı kamuoyu, "Bu Türkler, delegeleri aracılığıyla, bundan niçin söz etmemişler, şimdi yeni yeni sorunlar çıkarıyorlar" diyeceklerdir.

Sonunda, uzun görüşme ve tartışmalardan sonra, Mösyö Franklin Bouillon, önce Misak-ı Milli'yi okuyup anladıktan sonra görüşmek üzere, toplantının ertelenmesini önerdi. Ondan sonra Misak-ı Milli'nin maddeleri baştan sona kadar birer birer okunarak görüşme ve tartışmaya devam edildi. En çok üzerinde durulan nokta, kapitülasyonların kaldırılmasını, tam bağımsızlığımızı isteyen madde oldu. Mösyö Franklin Bouillon, bu konuların incelenmeye ve düşünülmeye değer olduğunu belirtti. Ben bu noktaya yanıt verdim. Söylediklerimin özeti şuydu: "Tam bağımsızlık, bizim bugün üstlendiğimiz görevin özüdür. Bu görev, bütün ulusa ve tarihe karşı üstlenilmiştir. Bu görevi üstlenirken, uygulanabilirliği hakkında şüphe yok ki çok düşündük. Fakat sonuçta vardığımız düşünce ve inanç, bunda başarılı olabileceğimizdir. Biz, böyle işe başlamış adamlarız. Bizden öncekilerin yaptıkları yanlışlar yüzünden, ulusumuz sözde var sanılan bağımsızlığına gerçekte sahip değildi. Şimdiye kadar Türkiye'yi uygarlık dünyasında kusurlu gösteren neler akla gelebilirse, hep bu yanlışlıktan ve hep bu yanlışlığa boyun eğmekten doğmaktadır. Bu yanlışlığa boyun eğmenin sonucu, mutlaka, ülke ve ulusun bütün saygınlığını ve bütün yaşama yeteneğini kaybetmesine ve ondan yoksun kalmasına yol açabilir. Biz, yaşamak isteyen, saygınlık ve onuruyla yaşamak isteyen bir ulusuz. Bir yanlışlığa boyun eğmek yüzünden bu niteliklerden yoksun kalmaya dayanamayız. Bilgin ya da cahil, ulusumuzun istisnasız tüm bireyleri, belki içinde bulunduğu güçlüklerin tamamen farkına varmaksızın, bugün yalnız bir amaç etrafında toplanmış ve fakat sonuna kadar kanını akıtmaya karar vermiştir. O amaç, tam bağımsızlığımızın elde edilmesi ve devam ettirilmesidir.

Tam bağımsızlık denildiği zaman, elbette siyasi, mali, ekonomik, adli, askeri, kültürel vb. her alanda tam bağımsızlık ve tam serbestlik demektir. Bu saydıklarımın herhangi birinde bağımsızlıktan yoksun kalmak, ulus ve ülkenin gerçek anlamıyla bütün bağımsızlığından yoksun kalması demektir.

Biz, bunu sağlamadan ve elde etmeden barış ve huzura erebileceğimiz inancında değiliz. Şekil ve yöntem bakımından barış yapabiliriz, anlaşma yapabiliriz. Fakat tam bağımsızlığımızı sağlayamayacak olan bu gibi barışlar, anlaşmalarla ulusumuz hiçbir zaman varlığına ve huzura kavuşmuş olmayacaktır. Belki, silahlı mücadelesini bırakarak, yıkıma sürüklenmeye izin vermiş olacaktır. Eğer ulusumuz bunu kabul etseydi, bunu kabul etme yaradılışında olsaydı, iki yıldan beri mücadele etmeye hiç de gerek yoktu. Daha ateşkes antlaşmasının ertesinde, hareketsiz kalmak mümkün olabilirdi."

Mösyö Franklin Bouillon, bu açıklamam karşısında ciddi ve samimi olarak fikirler ve görüşler ileri sürdü ve en sonunda bunun zaman meselesi olduğu düşüncesini ortaya koydu.

Efendiler, Mösyö Franklin Bouillon ile önemli ve daha ikinci dereceden konular üzerinde günlerce ve günlerce görüştük. Sonuç olarak birbirimizi düşüncelerimizle, duygularımızla ve tutumlarımızla anlayabildik sanırım. Fakat, Fransa hükümetiyle Türk ulusal hükümeti arasında kesin anlaşma noktaları belirleyebilmek için biraz daha zamanın geçmesi zorunlu oldu. Ne bekleniyordu?

Belki de, Türk ulusal varlığının Birinci ve İkinci İnönü'den sonra daha büyük bir eserle kanıtlanmış olması!.. Gerçekten de, Mösyö Franklin Bouillon'un kesin bir karara vararak imzaladığı Ankara Anlaşması, büyük ve kanlı Sakarya Savaşı'ndan otuz yedi gün sonra, sunduğum gibi, 20 Ekim 1921'de doğmuş bir belgedir.

Bu anlaşmayla siyasi, ekonomik, askeri vb. hiçbir alanda bağımsızlığımızdan hiçbir şey kaybetmeden, yurdumuzun değerli parçalarını işgalden kurtarmış olduk. Bu anlaşma ile ulusal davamız, ilk defa olarak Batı devletlerinden biri tarafından onaylanmış ve açıklanmış oldu.

Mösyö Franklin Bouillon, bundan sonra da birkaç kere Türkiye'ye gelmiş, Ankara'da ilk günlerde aramızda kurulan dostluk duygularını gösterme yollarını aramıştır.

Pontus sorunu

Saygıdeğer efendiler, genel konuşmamın başlarında bir Pontus sorunundan söz etmiştim. Bu sorun, belgeleriyle herkes tarafından bilinmektedir. Ancak bizi de çok uğraştırdığı için, burada onunla ilgili olan bazı noktalarına değineceğim.

1840 yılından beri, yani üç çeyrek yüzyıldan beri, Rize'den İstanbul Boğazı'na kadar Anadolu'nun Karadeniz bölgesinde, eski Yunanlılığın canlandırılması için çalışan bir Rum topluluğu vardı. Amerika Rum göçmenlerinden Rahip *Klematios* adında biri, ilk Pontus toplantı merkezini İnebolu'da, bugün halkın Manastır dedikleri bir tepede kurmuştu. Bu örgüt üyeleri zaman zaman ayrı ayrı eşkıya çeteleri şeklinde çalışıyorlardı. Dünya Savaşı sırasında ülke dışından gönderilip dağıtılan silah, cephane, bomba ve makineli tüfeklerle Samsun, Çarşamba, Bafra ve Erbaa Rum köyleri adeta bir silah deposu halini almıştı.

Ateşkes antlaşmasından sonra, bütün Rumlar, Yunanlılık ulusal davasıyla her tarafta şımardığı gibi, *Etniki Eterya Cemiyeti* propagandacıları ve Merzifon'daki Amerikan kurumları tarafından manevi bakımdan yetiştirilen ve yabancı hükümetlerin silahlarıyla maddi olarak desteklenen ve cesaretlendirilen bu bölgedeki Rum topluluğu da, bağımsız bir Pontus Devleti kurma emeline düştü. Bu amaçla genel bir ayaklanma hazırladılar. Dağlara çekildiler ve Amasya, Samsun ve dolayları Rum Metropoliti *Yermanos*'un yönetiminde, düzenli bir program altında çalışmaya başladılar. Samsun'daki Rum komitacılarının başkanı Reji Fabrikası Müdürü *Tokomanidis* bir taraftan da İç Anadolu ile haberleşme sağlamaya çalışıyordu. Bazı yabancı hükümetler, Pontus'un kurulmasına yardımcı olma sözünü verdiler ve Samsun ve dolaylarındaki Rum nüfusunu artırmak için de, Rusya'daki Rum ve Ermenileri Batum'da topladılar. Onları, Türk Kafkas ordularından alınıp Batum'da depolanan silahlarla silahlandırarak, sahillerimize çıkarmaya başladılar. Çetecilik yapmak üzere sahillerimize çıkarılabilecek birkaç bin Rumu Sohum'da, *Haralambos* adında bir adamın önderliğinde topladılar.

Batum'da toplananların da Haralambos'un etrafında toplananlara katılması sağlanıyordu. Bunlar ülkemiz içinde, Samsun'daki bazı yabancı temsilciler tarafından korunuyor ve silahlandırılıyordu. Sahillerimize çıkan bu çetelerin adamları, göçmenlerin beslenmesi maskesi altında, yabancı hükümetler tarafından besleniyor ve giydiriliyordu. Yabancıların Kızılhaçları arasında gelen subay heyetlerinin de, örgütlenme yapmak, askeri eğitim ve öğretim ile ilgilenmek ve gelecekteki Pontus hükümetinin temelini kurmak için görevlendirildikleri anlaşılıyordu.

4 Mart 1919 tarihinde, İstanbul'da *Pontus* adıyla yayımlanmaya başlayan bir gazetenin başmakalesinde "Trabzon ilinde Rum cumhuriyetinin kurulmasına çalışmak amacıyla yayımlandığı" ilan edilmişti.

Yunanistan'ın bağımsızlık gününe rastlayan 7 Nisan 1919 günü, her tarafta ve özellikle Samsun'da gösteriler yapıldı. Yermanos'un saygısızca hareketleri, Rumların fikirlerini ve isteklerini açıkça ortaya çıkardı. Bafra ve Çarşamba dolaylarındaki yerli Rumlar devamlı olarak kiliselerde toplanıyor, örgütlerini ve savaş gereçlerini artırıyorlardı. 23 Ekim 1919 tarihinde, Doğu Trakya ve Pontus için merkez olarak İstanbul kabul edilmişti. Venizelos, İstanbul konusunun sonraki bir tarihe bırakılarak, bunun yerine Pontus devletinin kurulması görüşünü ortaya koymuş ve bu görüş doğrultusunda İstanbul Patrikhanesi'ne talimat vermişti. Aynı zamanda, İstanbul'da Yunan gizli polis örgütünün kurulması için görevlendirilen Albay *Aleksandros Zimbrakakis* tarafından Pontus jandarma örgütünü düzene koymak üzere *Eiffel* adlı bir Yunan torpidosu ile bir subay heyeti gönderilmişti. Türkiye'de bu çalışmalar sürerken, Batum'da da 18 Aralık 1919'da "Pontus Rum hükümeti" adıyla bir hükümet kurulmuş ve örgütlenmeye başlamıştı. 19 Temmuz 1920'de de Batum'da, Karadeniz, Kafkas, Güney Rusya Rumları tarafından, Pontus sorunu hakkında bir de kongre toplandı. Bu kongrenin raporu, üyelerden biri aracılığıyla İstanbul'da Rum Patrikliği'ne gönderildi. Pontusçular, 1920 yılı sonlarına doğru çalışmalarını büsbütün artırarak oldukça açığa çıktılar. Bizi ciddi önlemler almak zorunda bıraktılar.

Dağlarda kurulan Pontus örgütü şöyleydi:

a) Birtakım başkanlar emrinde silahlı ve savaşçı kuvvetler;

b) Bunların beslenmelerine hizmet eden üretici Pontus halkı;

c) Yönetim ve güvenlik güçleri ve şehirlerden ve köylerden erzak sağlamakla görevli ulaştırma kolları.

Çetelerin çalışma bölgeleri ayrılmıştı. Pontus eşkıyasının kuvveti başlangıçta 6.000-7.000 silahlı idi. Daha sonra her taraftan katılanlarla 25.000 kişiyi buldu. Bu kuvvet ufak birliklere ayrılarak, çeşitli yerlerde barınıyorlardı. Pontus çetecilerinin yaptıkları, Müslüman köylerini yakmak, Müslüman halkına karşı akla hayale sığmaz eziyetler yapmak ve adam öldürmek gibi, kan içici bir sürünün yaptıklarından başka bir şey değildi.

Biz, Anadolu'ya çıkar çıkmaz, Türk halkını dikkat çekerek, uyanıklığa davet ettik. Olası tehlikelere karşı önlemler almaya başladık.

Merkezi Sivas'ta bulunan 3. Kolordu, sadece çeşitli bölgelerde karşılaştıkları çeteleri izlemek ve ortadan kaldırmakla uğraştı. Trabzon bölgesinde dolaşan Köroğlu adındaki Rum çetesiyle Eftalidi çetesi ve diğer çeteler, merkezi Erzurum'da bulunan 15. Kolordu tarafından izleniyor ve ortadan kaldırılıyordu. Bir taraftan da Pontus eşkıyasının dolaştığı yerlerde halk silahlandırılarak ulusal örgütler kuruldu.

Anadolu ortasında yeniden çıkan birtakım iç ayaklanmalar

Efendiler, Sivas kuzeyinde ve Yozgat'ta meydana gelen ve daha önceden bildiğiniz iç ayaklanmalardan başka, 1920 yılı sonlarında tekrar Anadolu ortasında, Zile taraflarında Küçük Ağa, Deli Hacı, Aynacı Oğulları ve Erbaa dolaylarında Kara Nâzım, Çopur Yusuf ve diğer yerlerde Deli Hasan, Küçük Hasan gibi bazı serseriler ve Yozgat, Çayözü Çerkezlerinden meydana gelen çeteler ve 1921 yılı başında da Koçkiri aşireti reislerinden Haydar Bey, İstanbul'da Seyit Abdülkadir'den aldığı talimat üzerine Alişan ve akrabasından Naki, Alişer ve başkalarıyla beraber ayaklanma hareketlerine başlamışlardı. Birçok kuvvetimiz, bir taraftan Pontusçuları, diğer taraftan bu isyancıları izlemekle ve ortadan kaldırmakla uğraşıyorlardı.

Merkez Ordusu'nun kurulması ve Nurettin Paşa'nın komutanlığa atanması

Efendiler, hatırlarsınız ki, Nurettin Paşa, Yunan ordusunun ilk saldırıya geçer gibi görünmesi karşısında birtakım boş ve mantıksız görüşler ileri sürmesi sebebiyle kendisine görev verilmemiş olduğundan, bizimle çalışamayacağını bir mektupla bildirip izinli olarak Taşköprü'ye gitmişti. O tarihten beş ay sonra, Nurettin Paşa adına bazı kişiler, gerek Fevzi Paşa Hazretleri'ne ve gerek bana, kendisine bir görev verilirse Nurettin Paşa'nın ciddiyet ve samimiyetle yapacağına ilişkin aracılık ettiler. Biz de, Anadolu merkezindeki güvenlik sorununu çözmeye görevli kuvvetlerimizi büyük bir komuta altında birleştirmekte yarar gördüğümüzden, 9 Aralık 1920'de Sivas'taki 3. Kolordu'yu kaldırarak onun görevini yeni kurduğumuz Merkez Ordusu'na verdik. Bu orduya da Nurettin Paşa'yı komutan yaptık.

Nurettin Paşa, merkez bölgesinde bir yıla yakın görev yaptı. Fakat, yetkisini aşarak halktan bazılarının haklarına saldırdığı hakkında milletvekillerinin yaptığı şikâyetleri ve İçişleri Bakanlığı'na soru önergesi vermeleri ve Bakanlığın da şikâyetleri haklı bulması üzerine, Meclis'in isteğiyle Kasım 1921 başında görevden alındı. Meclis, Nurettin Paşa'nın yargılanmasına karar verdi. Bu konu, benimle Bakanlar Kurulu arasında da bir sorunun çıkmasına yol açtı. Ben, Nurettin Paşa hakkında uygulanması istenen işleme katılmadım. Fevzi Paşa Hazretleri de benimle aynı fikirdeydi. İkimizle Bakanlar Kurulu arasında çıkan anlaşmazlık Meclis tarafından çözüldü. Meclis'te Nurettin Paşa'yı savundum. Ağır işlemle karşı karşıya kalmaktan kurtardım.

Mustafa Kemal Paşa bir askeri tatbikatta. ATASE Arşivi.

Nurettin Paşa'yı, bundan sekiz ay kadar sonra, 1. Ordu komutanlığında göreceğiz.

Saygıdeğer efendiler, Sakarya Savaşı'ndan sonra, Başkomutanlık ve Genelkurmay Başkanlığı Ankara'da görev yapıyordu. Ben, aynı zamanda diğer işlerimle de ilgileniyordum. Üç dört ay geçmemişti ki, Meclis'te Sakarya zaferini unutanlar, muhalefet yapmakta ileri gitmek isteyenler, kendilerini göstermeye başladılar. Sakarya Savaşı'ndan önce başlayıp azar azar gelmiş olan Malta tutuklularından bazılarının bu muhalif akımlarda kışkırtıcı rol oynadığı anlaşılmıştı. Bu noktayı izninizle biraz açıklayayım.

Malta'dan yeni dönen Bayındırlık Bakanı Rauf ve Kara Vasıf beyler izlenen askeri siyaseti öğrenmek istiyorlardı

Rauf Bey 15 Kasım 1921'de Ankara'ya gelmişti.

Rauf Bey'i, 17 Kasım 1921'de boşalan Bayındırlık Bakanlığı'na seçtirdik.

Rauf Bey'in ardından gelen Kara Vasıf Bey'i de Anadolu ve Rumeli Müdafaa-i Hukuk Grubu Yönetim Kurulu üyeliğine seçtirdim. Bu iki kişinin birinden hükümette, diğerinden grupta yararlanmanın faydalı olacağını düşünmüştüm. Çok geçmedi, bir gün Rauf Bey'in Bakanlar Kurulu'nda bir konu hakkında açıklama istediği haber verildi. Aynı günde, Kara Vasıf Bey'in de, grup yönetim kurulunda aynı konu hakkında açıklama istediği bildirildi. Bu iki kişinin, önceden aralarında kararlaştırdıkları anlaşılan konu şuydu:

"İzlenen askeri siyaset nedir?"

Bu sorudan çıkarılabilecek anlam ne olabilirdi? Neyi anlamak istiyorlardı? Bizim izlediğimiz siyasi ve askeri politika biliniyordu. Tam bağımsızlığımız sağlanıncaya kadar düşmanlarla vuruşmak ve onları yeneceğimize ilişkin kesin inançla savaşmaya devam etmek... İşte söz konusu edilen soruyla demek isteniliyordu ki, ne olursa olsun savaşmaya devam ederek sonuç almak mümkün müdür? Mümkün olmadığı olasılığına göre, daha şimdiden başka önlem ve yollara –ki anlatmak istediklerine göre siyasi yollardır– başvurarak içinde bulunduğumuz tehlikeli duruma son vermek uygun olmaz mı?

Elbette, ne Bakanlar Kurulu'nda ve ne de grup yönetim kurulunda böyle bir konunun görüşme ve tartışma konusu olmasına izin vermedim. Bunun üzerine, Rauf Bey bakanlıktan, Kara Vasıf Bey de grup yönetim kurulundan istifa ettiler. Rauf Bey'in istifası, 13 Ocak 1922 tarihinde Meclis'te okunurken, aynı tarihli bir istifa mektubu da okunmuştu. Bu istifa mektubu, Milli Savunma bakanı olan Refet Paşa'nın idi.

Efendiler, Refet Paşa'nın da istifa sebebi hakkında birkaç kelimeyle bilgi vereyim: 4 Ocak 1922 günü, Meclis'in bir gizli oturumunda şöyle bir sorun tartışma konusu edilmişti. Başkomutanlık ve Genelkurmay Başkanlığı Ankara'da bulunuyormuş. Cepheden uzak kalıyormuş. Bundan şu sonuç çıkarılmış ki, benim hem başkomutan ve hem Meclis başkanı olmamda sakıncalar varmış. Ordu işleri iyi gitmiyormuş. Meclis bir savaş komisyonu kurarak ordunun durumunu incelemeliymiş. Genelkurmay başkanı aynı zamanda Bakanlar Kurulu başkanı olduğundan, Genelkurmay'ın işleri de iyi gitmiyormuş. Fevzi Paşa Hazretleri, yalnız Bakanlar Kurulu başkanlığında kalsın, Genelkurmay Başkanlığı'yla Milli Savunma Bakanlığı birleştirilsinmiş.

Milli Savunma bakanı olan Refet Paşa, kürsüden bu görüşü savunuyordu. Bu görüşlere şöyle yanıt verdim:

Benim şahsen Ankara'dan uzaklaşmam isteniyordu

Başkomutanlık ve Genelkurmay Başkanlığı, pek yerinde olarak, Ankara'yı karargâh yapmıştır. İşlerini en iyi buradan yürütmektedir. Gerektiğinde ne zaman, nereye gideceğine kendisi karar verir. Cepheyle doğrudan uğraşan, cephe komutanı vardır. Gereksiz yere benim Ankara'dan uzaklaşmamı istemenin anlamı yoktur. Genelkurmay Başkanlığı ve Milli Savunma Bakanlığı, başkomutanın emri altında, Başkomutanlık Karargâhı'nı oluşturmaktadır. Ayrı ayrı değildir. Genelkurmay başkanı olan Fevzi Paşa Hazretleri'nin, Ankara'da bulundukça Bakanlar Kurulu başkanlığını da yapması bugünün zorunluluklarındandır. Çünkü onun yokluğunda, Refet Paşa, ona vekil olarak, Bakanlar Kurulu başkanlığı görevini yapmıştı. Başarılı olamamıştı. Bakanlar Kurulu'nda kargaşa başgösterdi. Bakanlar toplanmaz oldular. Fevzi Paşa Hazretleri, bakanların şikâyeti üzerine geri döndü. Orduyla ilgili yaptığımız işleri kontrol için, Meclis'in bir komisyon kurmasında bir sakınca görmem. Fakat bu komisyon ancak benim başkanlığım altında olur.

Gerçekten, bu komisyon dediğim şekilde kuruldu. Eski Savunma Bakanı Cemal Paşa da üye olarak seçildi. Diğer konularda, Refet Paşa ve onun gibi düşünenlerin görüşleri desteklenmemişti. İşte, bu nedenle istifaya hazırlanan Refet Paşa, istifasını Rauf Bey'in istifasıyla aynı günde vermiş oluyor.

İkinci Grup kuruluyor

Efendiler, yeri geldiğinde bilginize sunmuştum ki, Meclis'te kurduğumuz Müdafaa-i Hukuk Grubu, Meclis görüşmelerinin iyi geçmesini sağlamaya ve Bakanlar Kurulu çalışmalarının aksamadan yürümesine sonuna kadar hizmet etti. Fakat, bir taraftan da, karşı duygu ve düşüncede olanlar her gün biraz daha taraftar buldukça, grubun çalışmasını zorlaştırmaya başladılar. Muhalefet düşüncesinin ana kaynağı, Müdafaa-i Hukuk Grubu Tüzüğü'nün temel maddesindeki ikinci noktaydı. Yani hükümet kuruluşunun Teşkilat-ı Esasiye Kanunu'na göre yapılması sorunu...

Programın ilk maddesinin son bölümü, duygu ve düşüncelerde tam uyumun doğmasına her zaman bir engel oluşturdu. Bu nedenle, grupta da fikir ayrılığı ve disiplinsizlik ortaya çıktı. Birtakım kişiler gruptan ayrıldı. Bu çıkanlar, dışarda bulunanlarla birleşerek grubu yıkmaya çok çalıştılar. Alınan önlemler buna engel oldu. Sonunda İkinci Grup adıyla bir grup kuruldu. Bu grubu kuranlar, ülkedeki Anadolu ve Rumeli Müdafaa-i Hukuk Cemiyeti'ne üyeliklerinin devam ettiğini ve onun kongrelerinde belirlenen amaçların takipçisi bulunduklarını ileri sürüyorlardı. İkinci Gruba önayak olanlar ilk bakışta, Salahattin, Hüseyin Avni beylerdi. Birinci derecede etkin ve kışkırtıcı olanların ise, Rauf ve Kara Vasıf beyler olduğu anlaşılıyordu.

Bu grubun aktif ve inatçı üyelerinden olan Samsun Milletvekili Emin Bey son zamanlarda bir bahaneyle Ankara'ya gelmişti. Bütün gerçeği anlamış, kışkırtıcı ve bozguncu olanları lanetliyordu. Bu kişi bana şunu anlattı: Rauf Bey, İkinci Grubu kışkırtarak aşırı davranışlara sürüklüyormuş... Emin Bey, Rauf Bey'e demiş ki: "Bizi sürüklediğiniz bu iş darağacına kadar gider... O zaman bizimle beraber olacak mısınız?" Rauf Bey şu yanıtı vermiş: "Beraber olmazsam alçağım!.."

Efendiler, bildiğiniz gibi, o zamanki kanuna göre, bakanlıklar için ben Meclis'e aday gösterirdim. Milletvekilleri, gösterdiğim adaya olumlu veya olumsuz oy verirler veya çekimser kalırlardı. İkinci Grup, benim adaylarımı dikkate almayıp, kendi grupları adına ortaya attıkları adaylara, kanuna aykırı şekilde oy vererek, hükümet kurulmasına engel olmaya başladılar.

Efendiler, Meclis'te ordu karşıtı da bir akım yaratılmıştı. Diyorlardı ki: "Sakarya Savaşı'ndan sonra aylar geçtiği halde ordu niçin saldırmıyor? Mutlaka saldırmalıdır! Hiç olmazsa sınırlı, belli bir cephede bir saldırı yapılmalıdır ki, ordumuzun saldırı yeteneği olup olmadığı anlaşılsın!" Bu akıma direndik. Amacımız, tüm hazırlığımızı tamamlayarak genel ve sonuç alıcı bir saldırı yapmak olduğu için, sınırlı saldırı fikrini benimseyemezdik; bunda bir yarar yoktu.

Muhaliflerde oluşan inanç, ordumuzun saldırı yeteneğini kazanamayacağı noktasında yoğunlaştı. Bunun üzerine, ordunun saldırıya geçirilmesi akımını durdurdular. Saldırı sistemini değiştirerek, başka bir görüş ortaya attılar. Bu defa dediler ki, "Bizim asıl düşmanımız Yunanlılar, Yunan ordusu değildir. Zaten Yunan ordusunu tamamen yensek de, bununla bizim davamız son bulmaz. İtilaf devletlerini, özellikle İngilizleri savaşarak yenmek gerekir. Bunun için, Yunan ordusuna karşı bir perde hattı bırakmak, asıl orduyu Irak kuzey sınırına yığıp, İngilizlere saldırmak gerekir. Savaşarak davamızın sonuca ulaşabileceği görüşü benimseniyorsa, yapılacak iş budur..."

Ordu saflarına kadar yaydırılan bozguncu düşünceler

Efendiler, bu kadar anlamsız ve mantıksız fikirlere değer vermedik. Bunun üzerine, muhaliflerin elebaşıları yeni bir propaganda çıkardılar: "Nereye gidiyoruz? Bizi kim, nereye sürüklüyor? Bilinmeyenlere?.. Koskoca bir ulus, belirsiz, karanlık hedeflere serserice sürüklenir mi?"

Bu propaganda, Meclis binasından, Ankara çevrelerinden ordu saflarına kadar yaydırıldı. Orduya, her yolla bu bozguncu düşünceler aşılanmaya çalışılıyordu.

Rauf Bey, sık sık, gizlice diyordu ki: "Hiç olmazsa gerçek durumu bana söyle. Ordu ne durumdadır? Gerçekten saldırı yapamayacak mı?"

4 Mart 1922 günü akşamı, cepheyi denetlemek üzere Ankara'dan ayrılmaya karar vermiştim. Bu nedenle o gün Meclis'te, gizli oturumda bazı açıklamalar yaptım ve ricalarda bulundum. Anlattım ki, Sakarya Meydan Savaşı'ndan sonra, düşman ordusunu Eskişehir-Seyitgazi-Afyonkarahisar genel hattına kadar izleyen kuvvetlerimiz, ordunun tamamı olmayıp, yalnız süvarilerimiz ve süvari birliklerimize destek olmak üzere ileri sürülen bazı tümenlerimizdi.

Ordumuzun kararı saldırıdır

Ordumuzun kararı saldırıdır. Fakat bu saldırıyı erteliyoruz. Çünkü, hazırlığımızı bütünüyle tamamlamaya biraz daha zaman gerekmektedir. Yarım hazırlıkla, yarım önlemle yapılacak saldırı, hiç saldırmamaktan çok daha kötüdür. Beklememizin, saldırı kararından vazgeçtiğimiz ya da bunu başarmaktan ümitsiz olduğumuz şeklinde anlaşılması ve yorumlanması yersizdir.

Bundan sonra şu görüşleri belirttim: Osmanlılar, yapacakları askeri harekâtın kapsamıyla orantılı şekilde dikkatli ve hazırlıklı davranmadıkları için, daha çok duygu ve hırslarının etkisi altında hareket ettiklerinden Viyana'ya kadar gittikleri halde, geri çekilmek zorunda kalmışlardır. Ondan sonra, Budapeşte'de de duramadılar, geri çekildiler; Belgrat'ta da yenilip geri çekilmek zorunda bırakıldılar. Balkanlar'ı bıraktılar. Rumeli'den çıkarıldılar. Bize, içinde henüz düşman bulunan bu vatanı miras bıraktılar. Bu son vatan parçasını kurtarırken olsun, hırslarımızdan, duygularımızdan vazgeçerek dikkatli davranalım. Kurtuluş için... bağımsızlık için, eninde sonunda düşmanla bütün varlığımızla vuruşarak onu yenmekten başka karar ve yol yoktur ve olamaz!

Sinir gevşetici sözlere, aşılanan düşüncelere önem verilmemeli ve güvenilmemelidir. Osmanlı yönetim ve siyaset biçiminin yarattığı bu tür anlayışlar kabul edilmemelidir. Orduyla, savaşla ve inatla bu işin içinden çıkılmaz tarzındaki, kaynağı dışarda bulunan öğütlere uymakla, bir vatan, bir ulus bağımsızlığı kurtulamaz. Tarih, böyle bir olay kaydetmemiştir. Bunun aksini düşünerek hareket edeceklerin, acı sonuçlarla karşılaşacaklarına kuşku yoktur. Türkiye, işte bu yoldaki yanlış fikirlere... yanlış anlayışlara sahip olanlar yüzünden, her yüzyıl, her gün, her saat biraz daha gerilemiş, biraz daha çökmüştür. Bu çöküş yalnız maddi alanda olsaydı, hiçbir önemi yoktu. Ne yazık ki, çöküş, ahlakı ve manevi değerleri de kapsamış görünüyor. Hiç kuşku yok ki, bu büyük ülkeyi, bu koca ulusu dağılıp yok oluş uçurumuna sürükleyen başlıca etken bu olmuştur.

Efendiler, bilirsiniz ki, Meclis'te bu anlattığım dönemde en çok olumsuz ve karamsarca rol yapanlar, vaktiyle, Türk ulusunun kendi kendine bağımsızlığını kazanamayacağı görüşünü ileri sürmüş kişilerdi. Şunun bunun mandasını istemekte diretenlerdi. Onun için görüşlerime şöyle devam ettim. Dedim ki, "Efendiler, maddi ve özellikle manevi çöküş, korkuyla... güçsüzlükle başlar.

Güçsüz ve korkak insanlar, herhangi bir yıkım karşısında ulusun da uyuşukluğa düşmesine ve çekingen bir duruma gelmesine sebep olurlar. Güçsüzlük ve kararsızlıkta o kadar ileri giderler ki, adeta kendi kendilerini aşağılarlar. Derler ki, 'Biz adam değiliz ve olamayız! Kendi kendimize adam olmamıza imkân yoktur. Biz kayıtsız şartsız, varlığımızı bir yabancıya bırakalım.' Balkan Savaşı'ndan sonra ulusun, özellikle ordunun başında bulunanlar da, başka şekilde, fakat aynı anlayışı izlemişlerdir.

Türkiye'yi, böyle yanlış yollarda yok oluş ve çöküşe sürükleyenlerin elinden kurtarmak gerekir. Bunun için, bulunmuş bir gerçek vardır, ona uyacağız. O gerçek şudur: **Türkiye'nin düşünen kafalarını yepyeni bir inançla donatmak... Bütün ulusa taptaze bir manevi güç vermek...**"

Yeterli derecede hazırlanmış olması gereken üç araç, iç ve görünür cephelerimiz

Şimdi efendiler, düşmana saldırmak için verilmiş olan kesin kararımızı uygulamaya başlamadan önce, hazırlamak ve tamamlamak zorunda olduğumuz savaş araçlarının ne olduğunu bilginize sunayım: Tam üç aracın yeterli derecede hazırlanmış olduğunu görmek gerektiğini duyuyorum. Onlardan birincisi ve en önemlisi ve asıl olanı, doğrudan doğruya ulusun kendisidir. Ulusun hayat varlığı ve bağımsızlığı için kalbinde... vicdanında beliren, gelişen arzu ve isteklerin sağlamlığıdır. Ulus, bu içten arzusunu ne kadar kuvvetli ortaya koyarsa, bu arzu ve isteğinin gerçekleşmesi için ne kadar çok kararlılık gösterir ve buna inanırsa, düşmanlara karşı başarı sağlamak için o kadar güçlü bir araca sahip olduğumuza inanırım. İkinci araç, ulusu temsil eden Meclis'in ulusal isteği ortaya koymakta ve bunun gereklerini inançla uygulamakta göstereceği kararlılık ve kahramanlıktır. Meclis ulusal isteği ne kadar büyük bir dayanışma ve birlik halinde aksettirebilirse, düşmana karşı o kadar güçlü bir üstünlük aracına sahip oluruz.

Üçüncü araç, ulusun silahlı evlatlarından meydana gelip düşman karşısında toplanmış bulunan ordumuzdur.

"Efendiler" dedim. "Bu üç araç veya gücün düşmana karşı oluşturduğu cepheler iki şekilde düşünülebilir. Kolay anlaşılmak için şöyle diyeyim: İç cephe, görünürdeki cephe... Temel olan iç cephedir. Bu cephe bütün ülkenin, bütün ulusun oluşturduğu cephedir. Görünürdeki cephe, doğrudan doğruya ordunun düşman karşısındaki silahlı cephesidir. Bu cephe sarsılabilir, değişebilir, yenilebilir. Fakat bu durum hiçbir zaman bir ülkeyi, bir ulusu yok edemez. Önemli olan, ülkeyi temelinden yıkan, ulusu tutsak ettiren iç cephenin çöküşüdür. Bu gerçeği bizden daha iyi bilen düşmanlar, bu cephemizi yıkmak için yüzyıllarca çalışmışlar ve çalışmaktadırlar. Bugüne kadar başarılı da olmuşlardır. Gerçekten "kaleyi içinden almak", dışından zorlamaktan çok kolaydır. Bu amacı gerçekleştirmek için içimize kadar sokulabilen bozguncu mikropların, ajanların olduğunu ileri sürmek yerindedir.

Meclis'in anlayışı, çalışmaları, durumu düşmana ümit vermedikçe iç ve dış cephelerimizin yerinden oynamasına olanak ve olasılık yoktur. Meclis'te, bir veya birkaç üyenin karamsarlık aşılayan sözlerinden bile aleyhimizde yararlanma yolları aranılmakta olduğuna kuşku duyulmamalıdır. Dışişleri Bakanlığı'nın dosyaları buna ilişkin belgelerle doludur. Kesin olarak sunarım ki, istemeyerek de olsa düşmanlara ümit verecek en küçük belirtilerden kaçınılmadıkça ulusal davanın sonuçlanması gecikmeye uğrar."

Efendiler, bu değerlendirmelerden sonra, cephede bulunacağım sıralarda ordunun duyguları ve düşünceleri üzerinde ümitsizlik doğuracak açık tartışmalardan vazgeçilmesini Meclis'ten özellikle rica ettim. Bu konuşmamdan sonra, muhaliflerin de sözlerini dinledim. Muhaliflerden biri, görüşlerimi ve ricalarımı, benim emir verdiğim şeklinde yorumladı. Diğer biri, Meclis'in duygularındaki temizlikten kuşku duyduğumu ileri sürdü. Bir başkası, "Uygulanamayacak bir şey, yapılamaz; orduyu bozguna uğratırsın, efendim" dedi.

Doğu Cephesi komutanının bir görüşü

Saygıdeğer efendiler, yüce heyetinizin zamanını muhaliflerin sözleriyle almak istemem. Çünkü bu sözler, birkaç kişinin şaşkın ve bilgisiz kafalarının yansımalarından başka bir şey değildi. Genel kurul sunduğum görüşleri anlayışla karşılamıştı. Yalnız Doğu Cephesi komutanının bir görüşüne, beş on günden beri veremediğim yanıtı, cepheye gitmeden önce, o gün, yani 4 Mart 1922'de yazmıştım. Onu bilginize sunacağım. Yanıtın anlaşılması için, izin verirseniz, önce gelen görüşü okuyalım:

Kişiye özeldir

Başkomutan Mustafa Kemal Paşa Hazretleri'ne

Yönetim işlerimizin yürütülmesi hakkındaki tartışmalar bize henüz ulaşmaktadır. Barışın sağlanmasından sonraki seçimlerde, birçok değerli kişiler yerine, birtakım muhafazakârların toplanmasına karşı şimdiden alınacak önlemi pek önemli sayarım. Milli Meclis değerli kişilerden kurulmazsa, iki büyük sakınca yüzünden ülke bugünkü perişanlığından kurtulamayacaktır. Birincisi, düşüncede yenilikler olmayacak. İkincisi, en önemli tasarıları herhangi bir duyguya kapılarak tartışmaya bile gerek görmeden reddedivereceklerdir. Böyle bir meclise karşı, üyeleri büyük uzmanlardan oluşan ikinci bir meclisin bulunmasını yararlı görüyorum ve bu ikinci meclis Milli Meclis'e yön vereceği ve onu ileriye götüreceği gibi; ülkenin varlığıyla ilgili kararlar, Mebuslar Meclisi'nde heyecanla red veya kabul edilse bile, bu meclisin uyarısı ve göstermesiyle kararın değiştirilmesi ve zararın önlenmesi mümkün olur. Bu meclise "Âyan" diyerek eski dönemin çağdışı hayatını hatırlamamak için "Büyük Uzmanlar Meclisi" veya daha uygun bir ad verilebilir. Üyelerini birtakım kayıtlar ve koşullar altında, tıpkı milletvekilleri gibi ulus seçebilir. Herhangi bir mesleğin en yüksek eğitimini almış olmak ve Türkiye hükümetinin bakanlığını, valiliğini veya ordu komutanlığını yapmış olmak gibi önemli koşullar ayrıntılarıyla saptanabilir. Konunun ayrıntılarının belirlenmesi, mevcut hükümet şekillerinin de incelenmesiyle her türlü sakıncanın giderilmesi mümkündür. "Büyük Uzmanlar Meclisi" kabul edilirse, her bakanlığın danışma kurulu da bunlardan seçilir. Örneğin, askeri danışma kurulu, bayındırlık danışma kurulu ve benzerleri gibi. İki meclisin onayından geçerek bir süre için uygulanması kabul edilecek olan herhangi bir programımızın, sonuna kadar bağlı kalmak ve bu programın yürütülmesinde ulaşılmak istenen hedef ve amacı korumak için, bu danışma kurullarının varlığını çok gerekli görüyorum. Yoksa bakanlıklarda kişiler değiştikçe, program ve bunu yürütecek kişiler de az çok değişmekten kurtulamayacaktır. Bundan başka kabul edilen herhangi bir şey, uzmanları tarafından kabul edilmezse, eleştiriye yol açar. Ulus buna gereği gibi sarılmalı. Millet Meclisi'nin, ulus adına bir şeyi red veya kabul ve kontrol hakkıdır. Fakat bu başka, uzmanların yapacağı ve bundan sonra kabul olunacak şey de başka olur. Olağan duruma dönüldükten sonraki endişe ve görüşlerimi sunuyorum. Yüksek düşüncelerinizin bildirilmesini istirham ederim.

18/19.2.1922 ve numarasızdır.

Doğu Cephesi Komutanı
Kâzım Karabekir

Özeldir 4.3.1922

Doğu Cephesi Komutanı Kâzım Karabekir Paşa Hazretleri'ne

İlgi: 18/19.2.1922 tarihli ve numarasız şifreye.

Ülkenin genel yönetimine el koymuş tek yüce güç olan Büyük Millet Meclisi'nin alacağı kararların, uzmanlardan meydana gelen diğer bir heyet tarafından incelenmemesinden doğacak sakıncalar hakkında, yüksek görüşünüz aslında çok yerinde bir görüştür.

Ancak, adı ve unvanı "Âyan" olmasa da, ulusun bütün haklarına ve yetkisine sahip olarak seçilmiş ve seçilecek olan Büyük Millet Meclisi'nin temel kararlarını diğer bir heyetin kararıyla kayıt altına almak, genel yönetimde izlediğimiz ilkelerin ruhuyla bağdaşamayacaktır. Yüksek düşüncelerinize göre, bu "Uzmanlar Meclisi"nin de milletvekilleri gibi ulus tarafından seçilmesi durumunda, aynı kaynaktan aynı yetkiyi almış iki büyük kuvvet ulusun genel yönetiminde söz sahibi olacak demektir. Bu da hukuk bakımından olduğu gibi, uygulama bakımından da karışıklığa sebep olacak bir ikilik doğuracaktır. Böyle bir durumun yaratacağı dengesizliği düzeltmek için de ulusun hayat ve hakları üzerinde etkili üçüncü bir kuvvetin varlığını kabul etmek gerekecektir.

Benim düşünceme göre düşündüğünüz sakıncaları gidermek için tek yol, Millet Meclisi'nin değerli ve uzman kişilerden meydana gelecek şekilde seçilmesini sağlamak ve Meclis'in iç yapılanmasında, komisyonların kurulmasında, Bakanlar Kurulu'nun seçilmesinde bilim ve uzmanlık konusuna olağanüstü önem vermektir. Geçirdiğimiz kötü deneyimlerin sonuçlarından doğmuş bulunan ve ulusların yönetilmesinde en doğru yol olduğu gibi, temel haklar bakımından da en beğenilen bir şekil demek olan bugünkü yönetimimizin daha da güçlendirilmesi ve seçimler konusunda da uyanık davranılması sayesinde gerek bugün için gerekse gelecekteki yenilikler ve gelişmeler için en başarılı bir yönetim makinesi kurulmuş olacağını sunarım.

Türkiye Büyük Millet Meclisi Başkanı
Mustafa Kemal

Çeşitli devletlerle yapılan resmi ve özel birtakım temaslar

Saygıdeğer efendiler, 1921 yılı içinde, çeşitli devletlerle resmi ve özel birtakım temaslar yapılıyordu. Türk-Rus temas ve ilişkileri olumlu bir yönde gelişiyordu. Fransızlardan başka, İtalyanlar ve İngilizlerle de temaslar olmuştur. 1921 yılı Haziran'ında yanlış anlaşılmaya yol açmış olan bir konuyu açıklayacağım. 13 Haziran 1921'de İtilaf Kuvvetleri Başkomutanı General *Harington*'un (Harrington) yakınlarından olduğunu söyleyen Binbaşı *Henri* (Henry) ve *Şturton* (Sturton) adında iki subay motorla İnebolu'ya geldiler. Bu subaylar, General Harrington tarafından şu bildirimde bulundular: Ben, bir torpido ile İnebolu'dan İstanbul'da Boğaziçi'nde Harrington'un yalısına gideyim. Orada General ile barış ilkeleri üzerinde anlaşayım. İngiltere'nin tam bağımsızlığımızı kabul ettiğini ve Yunanlıların topraklarımızdan çıkarılacaklarını ve diğer konular üzerinde tartışmanın mümkün olduğunu söylemişler. Bu subaylara verilen yanıtta, benim İstanbul'a gitmeyeceğim ve General Harrington'un İnebolu'ya gelip o sırada orada bulunan Refet Paşa ile görüşmesinin uygun olacağı bildirilmişti.

18 Haziran 1921 tarihli bir telgraf da, İstanbul'da Hamit Bey'den geldi. Bu telgrafın anlamı şöyleydi: Burada resmi makamı olan bir İngiliz, İngiltere'nin İstanbul'da en büyük makamı adına bugün bana başvurarak kısa bir sürede barışa ulaşmak için görüşmeye hazır olduklarından, Mustafa Kemal Paşa Hazretleri'yle hemen görüşmeyi istediklerini ve kısa zamanda yanıt beklediklerini bildirmem için aracılık etmemi rica etti.

Hamit Bey'e verilen yanıtta, görüşmelere hazır olduğumuz bildirilmişti.

5 Temmuz 1921'de Zonguldak'a gelen bir İngiliz torpidosu General Harrington'dan bana bir mektup getirmişti. Türkçesi Ankara'ya telgrafla bildirilen bu mektup şuydu:

Komutan Henry aracılığıyla aldığım habere göre, yüksek şahsınız bana, bir askerin bir askerle görüşmesi hakkında bazı görüşler bildirmek isteğinde bulunuyorsunuz. Böyle olması durumunda, yüksek şahsınızca uygun görülecek bir günde İnebolu'da veya İz-

Cumhurbaşkanı Mustafa Kemal Atatürk ve Meclis Başkanı Kâzım Özalp. ATASE Arşivi.

mit'te sizinle buluşmak üzere Ajaks (Ajax) zırhlısıyla gelmek için Britanya hükümeti tarafından yetkiye sahip bulunuyorum ve durum hakkında istendiği zaman son derece açık ve serbest bir şekilde fikir alışverişinde bulunmaya hazırım. Görüşlerinizi dinlemeye ve bunları incelemek üzere İngiltere hükümetine bildirmeye yetkiliyim. İngiltere hükümeti adına ne görüşme yapmaya, ne de konuşmak için hiçbir resmi sıfata sahibim. Görüşmenin İngiliz zırhlısında yapılması gerekir. Zırhlıda, yüksek şahsınız layık olduğunuz bir şekilde kabul edileceksiniz. Karaya dönüşünüze kadar tam bir serbestlik içinde bulunacaksınız. Bu şekli kabul etmeniz durumunda yüksek şahsınıza uygun gelecek tarih ve saatlerin lütfen belirlenmesini rica ederim.

Bu mektupta yazılanlara göre General Harrington'la ilişki kurmaya çalışanın ve onunla görüşmek isteyenin ben olduğum anlaşılıyor. Oysa gerçek böyle değildi. Onun için General Harrington'a şu yanıtı verdim:

Zonguldak'a göndermiş olduğunuz mektubun çevirisini bugün Ankara'ya bildirdiler. Aramızda geçecek konuşmaların bir yanlış anlama üzerine kurulmaması için aşağıdaki konuya dikkatinizi çekmek zorundayım. 13 Haziran tarihinde Binbaşı Henry ve arkadaşları İnebolu'ya gelerek, yüksek şahsınızın, Binbaşı Henry tarafından Refet Paşa'ya önerilmiş olan esaslar üzerinde benimle görüşmeyi istediğinizi bildirmişlerdi. Gerçekten bu konular Binbaşı Henry tarafından size yönelik yazılmış ve bir kopyası kendisi tarafından imzalanmış olarak bize bırakılmış olan mektupta bildirilmiştir. Aramızda başlayan doğrudan doğruya haberleşmelerin başlangıcı budur. Ulusal isteklerimiz yüksek şahsınız tarafınızdan bilinmektedir. Ulusal topraklarımızın düşmanlardan tamamıyla kurtarılması, ulusal sınırımız içinde siyasi, mali, ekonomik, askeri, adli, kültürel tam bağımsızlığımız esasının kabul edilmesi durumunda görüşmelere girmeye hazır olduğumuzu bildiririm. Binbaşı Henry tarafından size açıklanan sebepler dolayısıyla, görüşmelerin, yüksek şahsınızın olağanüstü iyi karşılanacağınız İnebolu kasabasında ve karada yapılması tarafımızdan uygun görülmüştür. Bu noktalarda aramızda görüş birliği olup olmadığını belirtecek yanıtınızı bekliyorum. Yüksek amacınız sadece durum hakkında fikir alışverişinde bulunmaksa, bunun için arkadaşlarımızdan birini görevlendirebiliriz.

Bu mektuba bir yanıt gelmedi. Ancak Temmuz'un yedinci günü, İstanbul'da Hamit Bey'i gören İngiliz Maslahatgüzarı Frank Rattigan tarafından, bir tüccar kimliğiyle Anadolu'ya gelen Binbaşı Henry'ye General Harrington oradaki İngiliz tutsaklarının yerlerinden ve sağlık durumlarından haberdar olmaya çalışmasını ve mümkünse ulusal orduların İstanbul'a doğru harekâta devam edip etmeyeceklerinin Mustafa Kemal Paşa'dan soruşturulmasını hatırlatarak, Binbaşı Henry'nin bundan başka girişimlerde bulunmak için herhangi bir yetkisinin olmadığı bildirilmiş.

Efendiler, 1922 yılı Ağustos'una kadar da Batı devletleriyle olumlu anlamda gerçek ilişkiler kurulamadı. Ülkemizde bulunan düşmanları silah zoruyla çıkarmadıkça, çıkarabilecek ulusal varlığımızı ve gücümüzü kanıtlamadıkça, diplomasi alanında ümide kapılmanın doğru olmadığı konusundaki düşüncemiz kesin ve değişmezdi. En doğru düşüncenin bu olduğunu, bu olacağını doğal olarak kabul etmek uygundur. Gerçekten de bugünün hayat koşulları içinde, bir birey için olduğu gibi, bir ulus için de güç ve yeteneğini yaptıklarıyla gösterip kanıtlamadıkça saygı gösterilmesini ve önem verilmesini beklemek boşunadır. Güçten ve yetenekten yoksun olanlara değer verilmez. **İnsanlık, adalet, yiğitlik gereklerini,** bütün bu niteliklere sahip olduğunu gösterenler isteyebilir.

Dünyanın önünde vereceğimiz sınava hazırlanırken

Efendiler, dünya, sınav alanıdır. Türk ulusu, bunca yüzyıllardan sonra yine bir sınav, hem de bu defa en zor sınavlar karşısında bulunduruluyordu. Sınavda başarılı olmadan, bize karşı iyi davranışlar beklemek doğru olabilir miydi?

Biz, büyük bir ciddiyetle dünya önünde vereceğimiz sınava hazırlanırken, bir taraftan da yabancı gözlemcilerin durumlarını, bizim için neler duyup düşündüklerini gözden uzak tutmamayı daima yararlı buluyorduk. Bu amaçladır ki, bildiğiniz gibi, önce Dışişleri Bakanı Yusuf Kemal Bey'i ve sonra da İçişleri Bakanı Fethi Bey'i Avrupa'ya göndermiştik. İstanbul üzerinden Avrupa'ya gidecek olan Yusuf Kemal Bey'e İstanbul'la ilgili bazı özel görevler de verilmişti. Yusuf Kemal Bey, İzzet Paşa ve arkadaşlarıyla ve gerçek bir istek ve dilek olursa Vahdettin ile de görüşecekti. Vahdettin'in Meclis'i tanıması, İzzet Paşa ve arkadaşlarının bizim belirlediğimiz hedefe doğru yürümesi gereğini önerecekti. Yusuf Kemal Bey, İstanbul'da aldığı talimat çerçevesinde davrandı. Fakat ne yazık ki, İzzet Paşa ve arkadaşları kendisini oyalayıp aldatarak, padişaha bir müracaatçıymış gibi götürdüler. İzzet Paşa ve arkadaşları bununla da yetinmeyerek, Yusuf Kemal Bey'in Avrupa'daki girişimlerini engellemek ve güçleştirmek üzere, İzzet Paşa'yı Yunan işgali altında bulunan yerlerden geçirerek Yusuf Kemal Bey'den önce Paris'e ve Londra'ya gönderdiler. İzzet Paşa bu yolculuğunu son dakikaya kadar gizlemiştir.

Yusuf Kemal Bey'in Paris ve Londra'da yaptığı görüşmelerden bir sonuç çıkmadı. Yalnız şu anlaşıldı ki, İtilaf devletlerinin Dışişleri bakanları yakında toplanacaklar, bize barış önerilerinde bulunacaklarmış. Anadolu'nun boşaltılması esas olarak kabul edilmişse de, konferans görüşmeleri sırasında savaş başlarsa, barış girişimleri sonuçsuz kalacağı için Yunanlılarla bir ateşkes yapmamız gerekirmiş. Bu konuyu Yusuf Kemal Bey'e söyleyen Lord *Gürzon*'a (Lord Curzon), Yusuf Kemal Bey, konferansın önce Anadolu'nun boşaltılmasına karar verip iki tarafa bildirmesinin, ateşkesten daha etkili olacağını söylemiş. Lord Curzon ateşkes konusunda ısrar etmiş ve bunun hükümetimize iletilerek alacağı yanıtın kendisine verilmesini istemiş.

22 Mart 1922 tarihli ateşkes teklifi

Yusuf Kemal Bey henüz Türkiye'ye dönmeden, İtilaf Devletleri Dışişleri Bakanları Konferansı 22 Mart 1922 tarihinde Türkiye ve Yunan hükümetlerine ateşkes önerisinde bulundu.

Bu sırada ben cephede bulunuyordum. Ateşkes anlaşması önerisinden Dışişleri Bakanlığı Vekili Celal Bey tarafından haberdar edildim. Ateşkes önerisinin ana çizgileri şunlardı: İki tarafın birlikleri arasında on kilometrelik, askerden arındırılmış bir alan oluşturulacak. Birlikler, insan ve cephane bakımından güçlendirilmeyecek... Birliklerin durumunda değişiklik yapılmayacak... Malzeme de bir yerden bir yere götürülmeyecek... Ordumuz ve askeri durumumuz, İtilaf devletlerinin askeri komisyonlarının denetimine sunulacak... Bu komisyonların hakemliğini içtenlikle kabul edeceğiz... Savaşa üç ay süreyle ara verilecek ve bu durum barış için yapılacak ön görüşmeler iki tarafça kabul edilinceye kadar, üçer aylık sürelerle kendiliğinden yenilenecek. Taraflardan biri harekâta geçmek isterse, ateşkes süresinin sona ermesinden hiç olmazsa on beş gün önce karşı tarafa ve İtilaf devletleri temsilcilerine durumu haber verecek...

Efendiler, Yunanlılar bu ateşkes önerisini hemen kabul ettiler. Yunan ordusu Sakarya'da maddi ve manevi olarak yenilmişti. Bu ordunun yeniden geniş çapta hareket ve saldırı yaparak bir kez daha şansını denemeye kalkışması güçtü. Bunu, bu gerçeği anlamak, elbette herkesçe mümkün olmuştu. Yunan ordusunu yeniden kesin sonuç verecek harekâta yöneltmek mümkün olmayınca, bizim de bir yıla yakın bir zamandan beri hazırlanmasıyla uğraştığımız ordumuzu hareketsizliğe sürüklemek, ulusal hükümete ümitler vererek bekleyiş içinde bırakmak ve bu şekilde geçecek zaman içinde ulusal hükümeti ve ordumuzu gevşetmek gerçekten önemli bir önlemdi. Dolayısıyla İtilaf devletlerinin, Anadolu'nun boşaltılması ve Yakındoğu sorununun çözülmesi amacıyla olduğunu söyledikleri bu ateşkes şartlarını ciddiyetle inceledik.

Önce, Ankara'da bulunan Bakanlar Kurulu ile telgraf başında haberleşerek fikir alışverişinde bulunduk. İstanbul'daki görevlimiz aracılığıyla Dışişleri Bakanlığı'ndan İtilaf devletleri temsilcilerine verilmesini uygun gördüğümüz ilk yanıt şuydu:

> Ateşkes önerisini içeren notayı 23/24 Mart 1922 tarihli telgrafınıza ek olarak bugün 24 Mart 1922 saat ...te aldım. İçeriğinin ordunun durumuyla ilgili olması nedeniyle Bakanlar Kurulu'nca ve gerekirse Meclis'çe görüşülmeden önce, cephede bulunan başkomutanın görüşünü bildirmesi için kendisine yazdım. Temsilcilerin isteği üzerine, mümkün olduğu kadar kısa bir zamanda, Türkiye Büyük Millet Meclisi hükümetinin yanıtını bildireceğimi kendilerine bildiriniz, efendim.

24 Mart 1922 tarihinde Bakanlar Kurulu Başkanlığı'na şu görüşümü bildirdim:

> Esas olarak, İtilaf devletleri dışişleri bakanlarının ortak olarak yaptıkları ateşkes önerisini kabul etmemek veya herhangi bir şekilde buna eğilim göstermiyor veya güvenmiyor gibi görünmek doğru değildir. Aksine, ateşkes önerisini iyi karşılamak gerekir. Dolayısıyla vereceğimiz yanıt olumsuz değil, olumlu olacaktır. İtilaf devletlerinde iyi niyet yoksa, sonuçta olumsuz davranış onlardan gelmelidir. Biz, yalnız onların önerdiği koşulları kabul edemeyeceğimizden, karşı koşullar ileri süreceğiz.

Ertesi gün, ajans ve telgraflar da notadan söz ederek şu haberleri yayımlıyorlardı:

> ... Yakındoğu'da barışı geri getirmek ve yeniden can ve mal kaybına yol açmadan, Küçük Asya'nın boşaltılması amacına yönelik olduğu sanılan bu önerinin, Türkiye Büyük Millet Meclisi hükümetince iyi karşılandığı ve İtilaf devletlerinin iyi niyet ve tarafsız durumuna güvenerek, hükümetçe olumlu yanıt verilmesinin kuvvetle beklendiği, hükümet çevrelerince söylenmektedir. Söz konusu önerinin, kabul edilebilir ve uygulanabilir koşullar içermesini ve barışın bir an önce kurulmasını sağlayacak şekilde kısa süreli olmasını dileriz.

Bakanlar Kurulu'nun, verilecek yanıtın Avrupa'da bulunan Dışişleri bakanımızın dönüşüne bırakılması görüşüne verdiğim yanıtta, bu bekleyişe gerek olmadığını bildirmekle beraber, yanıt hakkındaki genel kararımı da şu şekilde özetledim:

Ateşkes önerisini ilkesel olarak kabul ediyoruz. Ancak ordunun eksiklerinin tamamlanmasından ve hazırlık yapmaktan bir an geri kalınmayacaktır. Ordumuzun içine yabancı denetim kurullarını sokmayacağız. Ateşkesi, Anadolu'nun boşaltılması için kabul etmekle beraber, uygulanabilir ve gerçekleştirilebilir koşullar ileri süreceğiz. Ateşkes anlaşmasıyla beraber boşaltma işinin başlaması en önemli koşulu oluşturacaktır.

Mart'ın 24. günü telgraf başında, ben, notaya verilecek olan yanıtı Bakanlar Kurulu'na bildirdim. Bakanlar Kurulu da Ankara'da hazırladıkları bir yanıtın kopyasını bana bildirmişlerdi. İki yanıtın kopyaları arasında bazı farklar görüldü. Sonunda 24/25 Mart gecesi Bakanlar Kurulu ile Sivrihisar'da birleşerek, nota yanıtını görüşme yaparak belirlemeye karar verdik.

Efendiler, İstanbul'daki özel görevlimizin Dışişleri Bakanlığı'na çektiği 25 Mart tarihli şifre telgrafına göre, kendisi Tevfik Paşa ile görüşmüş... Tevfik Paşa, temsilcilerin padişahın hükümetine verdikleri aynı notayı Ankara'ya bildirerek alınacak yanıtın kendilerine bildirilmesini rica ettiklerini söylemiş. Görevlimiz Tevfik Paşa'ya, söz hakkının yalnız ateşkes önerisi konusunda mı, yoksa bütün konularda mı Ankara'ya ait olduğunu sormuş. Tevfik Paşa buna yanıt vermemiş. Görevlimizin, İzzet Paşa'dan ne gibi haberler aldığı sorusuna, Tevfik Paşa şu yanıtı vermiş: "İzzet Paşa yakında konferansın toplanacağını ve kesinlikle aşırılığa kaçılmamasını bildiriyor."

Ateşkes önerisine yanıt vermeye hazırlanırken alınan barış önerisi

Efendiler, Sivrihisar'da ateşkes önerisine ait olan nota yanıtını kararlaştırdıktan sonra Bakanlar Kurulu Ankara'ya döndü. Fakat bu yanıtı vermeye zaman kalmadan, Paris'te toplanan Bakanlar Konferansı'nın 26 Mart 1922 tarihli ikinci bir notası alındı. Bu nota, İtilaf devletlerinin barış ilkeleri hakkındaki önerilerini içeriyordu. Bu önerilerin ana çizgileri şunlardı:

"Gerek Türkiye'de, gerek Yunanistan'da azınlıkların haklarının korunmasına ve bu amaçla konulacak kuralların uygulanışına Milletler Cemiyeti'nin de katılması; doğuda bir Ermeni yurdunun kurulması ve bu işe de yine Milletler Cemiyeti'nin katılması;

Boğazlar'dan serbest geçişi sağlamak için Gelibolu yarımadasında ve Boğazlar çevresinde askersiz bölge oluşturulması;

Trakya sınırının Tekirdağ'ı bize ve Kırklareli, Babaeski ve Edirne'yi Yunanlılara bırakacak şekilde belirlenmesi;

Bizde kalacak olan İzmir'in Rumlarına ve Yunanistan'da kalacak olan Edirne'nin Türklerine, bu şehirlerin yönetimine adil bir şekilde katılabilmelerini sağlayacak, uygun bir yöntemin kararlaştırılması;

Barış yapılır yapılmaz İstanbul'un İtilaf devletleri tarafından boşaltılması;

Sevr projesiyle elli bin kişiden meydana gelen Türk silahlı kuvvetlerinin seksen beş bine çıkarılması ve Sevr projesinde olduğu gibi askerlerimizin ücretli asker olması;

Sevr projesindeki mali komisyonun kaldırılmasıyla beraber, İtilaf devletlerinin ekonomik çıkarlarının gözetilmesi, devlet borçlarının ve bize yüklenecek savaş tazminatının ödenmesinin sağlanması konusunda Türk egemenliğiyle bağdaşabilir bir yöntemin belirlenmesi;

Adli ve ekonomik kapitülasyonlarda değişiklik yapılması için birer komisyon kurulması."

Efendiler, İtilaf devletlerinin ateşkes önerisine ait olan ilk notalarının içeriği değerlendirildikten ve ikinci ayrıntılı notalarının taşıdığı koşullar da görüldükten sonra, bu devletlerin İstanbul hükümeti ile birlik olarak bizi yok etme amacına dayanan girişim ve çalışmalarla yeni bir evre açtıkları yargısına varmak doğaldı. Buna karşı durumun çok ciddi olduğunu düşünerek esaslı ve büyük bir savaşa hazırlanmak gerekiyordu.

Öncelikle, bize önerilen koşulların niteliğini ulusa ve dünya kamuoyuna açıklamak uygundu. Bu bakımlardan Bakanlar Kurulu'na bildirimlerde bulundum.

Her iki notaya 5 Nisan 1922 tarihinde verilen yanıtımızın ana noktalarını hatırlatayım:

Ateşkesi ilkesel olarak kabul ettik. Fakat temel şart olarak ateşkesle beraber boşaltma işine bir an önce başlanmasını çok gerekli saydık. Ateşkes süresinin, Anadolu'nun boşaltılma süresi olan dört ay ile sınırlı olmasını önerdik ve boşaltmanın bitiminde barışla ilgili ön görüşmeler sonuçlanmamış olursa, ateşkesin kendiliğinden üç ay daha uzamasını kabul ettik.

Boşaltmanın yapılış şekli için de önerimiz şuydu:

Ateşkesin yürürlüğe girmesinden itibaren ilk on beş gün içinde Eskişehir-Kütahya-Afyonkarahisar genel hattının ve dört ay içinde, İzmir de dahil olmak üzere, işgal edilmiş topraklar tamamen boşaltılacaktır.

Ateşkes hakkındaki önerilerimizin İtilaf devletleri tarafından kabul edilmesi durumunda, barış önerilerini incelemek için, üç hafta içinde delegelerimizi kararlaştırılacak bir şehre göndermeye hazır olduğumuzu bildirdik.

Bu notamıza 15 Nisan 1922'de yanıt verdiler. Elbette olumsuzdu. Biz de 22 Nisan'da buna yanıt verdik. Bu yanıtımızın sonunda, ateşkes konusunda uzlaşma sağlanamasa bile, barış görüşmelerini ertelemenin uygun olmayacağını bildirdik. İzmit'te bir konferans toplanmasını önerdik. Bu yazışmalar da sonuçsuz kaldı. Beykoz'da veya Venedik'te bir konferansın toplanması birçok kez söz konusu oldu. **Fakat kesin zaferimizin kazanılmasına kadar bunların hiçbiri gerçekleşmedi.**

Başkomutanlık Kanunu'nun tarihçesi

Saygıdeğer efendiler, bizim başkomutanlığımıza ait 5 Ağustos 1921 tarihli kanunun ayrıca bir tarihçesi vardır. İsterseniz, bu konuda yüce heyetinizi biraz aydınlatayım.

Başkomutanlık Kanunu'nun süresi, birinci defa 31 Ekim 1921'de, ikinci defa 4 Şubat 1922'de, üçüncü defa 6 Mayıs 1922'de uzatıldı. Her defasında bize karşı olanların türlü türlü eleştiri ve saldırılarına uğradı. Özellikle üçüncü uzatılışı, önemli bir olay haline geldi.

6 Mayıs 1922 gününden önceki günlerde, zamanı geldiği için kanunun uzatılması Meclis'te söz konusu olmuş, ben, rahatsızlığım nedeniyle Meclis'te hazır bulunamamıştım. 5 Mayıs günü akşamı evime gelen Bakanlar Kurulu üyeleri durumu şöyle açıkladılar: Meclis'te muhalifler, benim başkomutanlıkta kalmamı istemiyorlar. Birçok tartışmalı görüşmelerden sonra öneri oya sunulmuş, gerekli çoğunluk sağlanamamış, yani Başkomutanlık Kanunu'nun uzatılması kabul edilmemiş. Bakanlar Kurulu özellikle Genelkurmay Başkanlığı ve Milli Savunma Bakanlığı –ki askeri durumu yakından izleyen makamlardır– olağanüstü üzüntü duymuşlar. Meclis'in gösterdiği ruh hali karşısında kendilerinin de görevi sürdürmelerinde bir yarar olmayacağını belirterek istifaya kalkıştılar.

Ülkenin yüksek çıkarları adına başkomutanlık görevine devam kararını verdim

Ordu, Meclis kararını açıkladığı dakikadan itibaren komutansız kalmıştı. Genelkurmay Başkanı'nın ve Bakanlar Kurulu'nun da istifa etmesi durumunda ülkenin genel yönetiminde düşünülmeye değer şiddetli bir bunalımın olması kaçınılmazdı. Onun için gerek Genelkurmay başkanına ve gerek Bakanlar Kurulu'na daha yirmi dört saat dayanmalarını ve beklemelerini rica ettim. Ülkenin ve genel amacın yüksek çıkarları adına, **ben de başkomutanlık görevine devam etmeye karar verdim** ve bunu Bakanlar Kurulu'na da bildirdim.

Ertesi günü, yani 6 Mayıs 1922'de, bir gizli oturumda Meclis'e açıklama yapacağımı bildirdim. Açıklamadan önce, başkomutanlık karşıtı söz söylemiş olan kişilerin görüşlerini, Meclis tutanaklarını getirterek, birer birer incelemiş bulunuyordum.

Efendiler, heyetinizi fazla yormamak için belirttiğim gizli oturumdaki açıklamamı özetlemekle yetineceğim:

"Efendiler" dedim, "Başkomutanlık ve Başkomutanlık Kanunu konusunda, başlangıcında olduğu gibi, bugün de, kanunun gereksizliğinden ya da değiştirilmesi gerektiğinden söz eden ve başkomutanlığın varlığından şikâyetçi olan kişiler vardır. Bu şikâyetçilerin her zaman aynı kişiler olduğu görülmektedir. Ben, gereksiz bir görevin, bir makamın mutlaka devam ettirilmesi taraftarı değilim. Herhangi bir makama sınırsız yetkiler verilmesini sağlayacak kanunların da taraftarı değilim. Ancak, Başkomutanlık makamının ve bu makama yetki veren kanunun gerekli olup olmadığına karar verebilmek için genel durumun, askeri durumun gerektiği gibi gözden geçirilmesi ve incelenmesi gerekir. Bu konudaki düşüncemi söylemeden önce Başkomutanlığın ve Kanununun gereksizliği hakkında söz söylemiş olan kişilerin bazı sözlerini hep beraber değerlendirelim.

Örneğin, Salih Efendi (Erzurum Milletvekili), benim, Meclis'in hakkını zorla ele geçirdiğimi, zorla ele geçirmek istediğimi söyleyerek, 'Açık hakkımızı vermeyiz!' diye bağırmış.

Efendiler, açık söyleyeceğim, beni bağışlayınız. Her birinizin olağanüstü yetkiyle seçilmesine ve olağanüstü yetkiye sahip bir meclisin kurulmasına ve bu meclisin, ülkenin kaderine el koymuş bir nitelik kazanmasına çalışan benim! Bunda başarılı olmak için en yakın arkadaşlarımla düşünce savaşı yaptım. Bütün hayatımı, varlığımı, bütün şeref ve onurumu tehlikeye attım. Dolayısıyla Meclis, benim eserimdir. Ben, eserimi alçaltmakla değil, yüceltmekle görevliyim. Salih Efendi'den, hiç olmazsa beni de kendisi kadar olsun, bu Meclis'in haklarıyla ilgili saymasını rica ederim. Fazla bir şey istemem. Bu değerlendirmeden sonra 'Meclis'in hakkını zorla ele geçirmek' sözünü tamamen red ve Salih Efendi'ye geri veririm. Böyle bir şey söz konusu değildir ve olamaz.

Efendiler, Başkomutanlık konusunun gizli oturumda görüşülmesinin uygun olacağına ilişkin bir önerge verilmiş. Bu da birçok şekilde yanlış yorumlanmış. Konunun açık oturumda görüşülmesi istenmiş. Afyonkarahisar Milletvekili Mehmet Şükrü Bey, gizli oturumlarla ulustan gerçeğin gizlenmek istendiğini söylemiş. Bir defa, Türkiye Büyük Millet Meclisi, yalnız yasama görevi olan bir Mebuslar Meclisi değildir. Yürütme yetkisine de sahiptir. Böyle de olmasa, ülkenin, devletin her türlü işlerine ait kararları zamanından önce açıkça söz konusu etmek, herkese duyurmak dünyanın neresinde görülmüştür? Özellikle söz konusu edilen sorun, düşman karşısında bulunan bir ordunun başkomutanına ait olursa, bunu açık oturumda görüşerek, başkomutandan yana olduğu gibi, başkomutana karşı söylenilen sözleri de düşmana duyurmakta ülkenin çıkarı var mıdır? Başkomutanın ordu üzerindeki, özellikle düşman üzerindeki etki ve nüfuzunun çok büyük olması gerekir. Hatta, Hüseyin Avni Bey'in burada söz ettiği rahatsızlığımın bile düşman tarafından işitilmesi sakıncalıdır. Buna ne gerek vardı? Görüyorsunuz ki, konunun gizli oturumda görüşülmesinden amaç, Mehmet Şükrü Bey'in dediği gibi hiçbir zaman gerçekleri ulustan gizlemek düşüncesine yönelik değildir. Keşke, açık oturumda bir sakınca olmasaydı da, Mehmet Şükrü Bey kürsüden istediklerini bağıra bağıra söyleseydi. Ben de Mehmet Şükrü Bey'in sözlerindeki anlamı, gizli amacı ulusa açıklayıp yorumlasaydım. Şükrü Efendi bilsin ki, ulus onun gibi düşünmüyor. Şükrü Efendi bilsin ki, onun dediği gibi komedi oynamıyoruz. Biz buraya komedi oynatmak için toplanmadık. Efendiler, komedi oynayan ve oynatan Şükrü Efendi'nin kendisidir. Fakat emin olsun ki, biz o komediye kapılmayacağız. Şükrü Efendi'nin oynamak ve oynatmak istediği komedi sonunda **yakalandığı kanun pençesinden ne kadar büyük bir alçalmayla kurtulduğunu unutacak kadar çok zaman geçmemiştir.**

Efendiler, Hüseyin Avni Bey, Başkomutanlık Kanunu karşıtı konuşurken birtakım sözler söylemiş. Yüce Meclis'e 'Böyle davranarak ulusu rezil edeceksiniz!' demiş. 'Miskinler' sözünü kullanmış. 'Görevler kişilere bağlı değildir; kişi yoktur, ulus vardır' şeklinde kurallar ileri sürmüş.

Gerçi asıl olan ulustur, toplumdur. Onun da genel iradesi mecliste belirir. Bu her yerde böyledir. **Fakat, bireyler de vardır.** Meclis, ülke ve devlet işlerini bireylerle, kişilerle yapmaktadır. Her devletin işlerini yürüten kişi ve kişiler ortadadır. Gerçeği, anlamsız teorilerle yadsımaya gerek yoktur.

Efendiler, Hüseyin Avni Bey, ikide birde birtakım anlamsız sözlerle konuşmamı kesiyordu. Kendisine ağır uyarıda bulundum. Meclis'in mahalle kahvesi olmadığını söyledim. Ulusun Kâbesi olan kürsüye saygı göstermesini istedim.

Efendiler, konuşanlardan biri de Salahattin Bey'dir. Salahattin Bey, bize saldırıp saldıramayacağımızı sormuşmuş... Biz de saldıracağız demişiz... Kendisi de, saldıramayacaksınız! demiş... Ve en sonunda saldıramamışız!.. Kendi dediği olmuş...

Oysa saldırının ertelenme sebeplerini, çeşitli yollarla gerektiği kadar açıkladığımızı sanıyorum. Tekrar edeyim ki, saldıracağız. Düşmanı yurdumuzdan kovacak ve süreceğiz. Bu kararımızdan dönmeyeceğiz. Kararsızlığı gerektirecek hiçbir sebep düşünülemez. Bundan başka, Salahattin Bey demiş ki, 'Ordu güç olarak en üst düzeye ulaşmıştır'. Evet, ordumuz mükemmeldir, fakat istenilen düzeye gelmemiştir. Kendisi gibi bir asker arkadaşın, yüksek meclise bu şekilde bir açıklama yapabilmesi için, ordunun içyüzünü bilmesi gerekir. Oysa Salahattin Bey bundan çok uzaktır. Orduyla yakından ilgilenenlerin sözü, yalnız benim sözüm değil, bütün komutanların sözü, kendisini yalanlamaktadır. Fakat kuşkusuz, ordumuzu hak ettiği güce ulaştıracağız. Salahattin Bey'in önemli sözlerinden biri de, 'Bizim en önemli görevimiz siyaset yapmaktır' şeklindeki görüşüdür. **Hayır efendiler, bizim en önemli ve temel görevimiz, siyaset yapmak değildir. Bizim ve bütün ülke ve ulusun bugün tek görevi, topraklarımızda bulunan düşmanı süngülerimizle kovmaktır.** Bunu yapmadıkça, siyaset anlamsız bir söz olarak kalır. Bununla beraber, bir an için Salahattin Bey'in sözlerini kabul edelim! Buna ben engel miyim? Başkomutan engel midir? Bu sözün Başkomutanlık Kanunu'yla ne ilgisi vardır? Anlaşılıyor ki, bir engelleme ve bir karşıtlık düşünülmektedir. Ben, ulusal amacımıza ulaşmak için tek yolun savaş ve savaşta başarı sağlamak olduğunu söylüyorum. Bütün gücümüzü, bütün kaynaklarımızı, bütün varlığımızı orduya vereceğiz. Gücümüzü dünyaya tanıtacağız ve ancak ondan sonra ulusu insan gibi yaşatmak mümkün olacaktır! diyorum.

Salahattin Bey, işte bu anlayışı, aklınca, siyaset yapmaya engel sayıyor ve siyasetle sorunun çözüleceğini sanıyor. Bir de Salahattin Bey diyor ki, bugünkü askeri durumun gerektirdiği masrafları incelemek için, Başkomutanlığın varlığı bir engeldir.

Efendiler, bu doğru değildir. Başkomutan Meclis'in mali kaynakları incelemesine ne zaman engel olmuştur? Gelir kaynaklarımızla ne yapabileceğimiz hakkındaki endişe, belki herkesten çok beni ilgilendirmektedir. **Yalnız, ben, ordumuzun varlığını ve gücünü, paramızla orantılı bulundurmak teorisini kabul**

Mustafa Kemal Atatürk 10. Yıl Nutku'nu okurken. ATASE Arşivi.

edenlerden değilim. 'Paramız vardır, ordu yaparız; paramız bitti, ordu dağılsın...' Benim için böyle bir sorun yoktur. Efendiler, para vardır veya yoktur, ister olsun ister olmasın, ordu vardır ve olacaktır. Bu noktada bir anımı da anlatayım. Ben ilk defa bu işe başladığım zaman, çok akıllı geçinen bazı kişiler bana sordular: 'Paramız var mıdır?.. Silahımız var mıdır?' 'Yoktur' dedim. O zaman, 'O halde ne yapacaksın?' dediler. 'Para olacak, ordu olacak ve bu ulus bağımsızlığını kurtaracaktır!' dedim. Görüyorsunuz ki, hepsi oldu ve olacaktır.

Birtakım efendiler de, 'Başkomutan, ulusa ücret ödemeden, zorla iş yaptırıyor' demişler; oysa kanunun ülkede ücret ödemeden, zorla iş yaptırmasını yasakladığından söz etmişler. Bu doğrudur efendiler; fakat ihtiyaç, tehlike, bize her şeyi yasal göstermektedir. Ordunun ihtiyaçları ulusa parasız iş yaptırmayı gerektiriyorsa, bunu yapıyoruz ve **en doğru kanun** budur. Ulusun ve ordunun yenilmemesi için, kanun buna engeldir diye, gerekli gördüğüm önlemi almakta kararsızlık göstermeyeceğim.

Efendim, Kara Vasıf Bey de demişler ki: 'Her yerde başkomutan vardır; fakat başkomutanlık için ayrıca bir kanun yoktur. Yürürlükteki askeri kanunlar, her komutanın olduğu gibi başkomutanın da görev ve yetkisini belirleyerek sınırlar ve bunu bilim belirler.'

Bildiğiniz gibi, devletler çeşitli hükümet şekilleriyle yönetilirler. Şekillerine göre, başlarında krallar, imparatorlar, padişahlar bulunur. Bazılarının başlarında cumhurbaşkanları vardır. Böyle ülkelerde başkomutan, devletin başında bulunan kişi olur. Bu kişi, başkomutanlık görevini ya kendisi yapar ya da birine vekillik verir. Bizim bugünkü hükümet şeklimize göre, başkomutanlık, Meclis'in manevi kimliği içindedir. Dolayısıyla, Meclis herhangi bir kişiyi başkomutan seçtiğini söyleyince, bu ifadeye kanun derler. Kral, padişah, imparatorun söylediklerine buyruk dendiği gibi, meclisten çıkan ulusal iradelere de kanun adı verilir. Dolayısıyla kanun vardır. Bir meclisin, olağanüstü bir zamanda, kendisine olağanüstü görev verdiği başkomutan, Kara Vasıf Bey'in, komutanların görev ve yetkilerini belirlediğini ve sınırladığını işaret ettiği Askeri Ceza Kanunu'yla, iç hizmet yönetmeliği çerçevesinde kalması gereken bir komutan değildir. Kara Vasıf Bey'in 'Bilim belirler' dediği şey, büsbütün başkadır. Askerlik bilim ve teknikleri, askerlik sıfatını ve başkomutan olacak kişide bulunması gereken nitelikleri belirtir, açıklar ve öğretir. Yoksa insanları başkomutanlığa atamak, komuta edilecek ordunun asıl sahibi veya yasal vekilleri tarafından olur. Başkomutanlık niteliklerine sahibim diyen her adamın o göreve kendiliğinden gelebilmesinin ise anlamı büsbütün başkadır.

Kara Vasıf Bey, bir de demiş ki, 'Başkomutan cephenin gerisindeki işlerle ilgilenmesin!' Bu fikir yanlıştır. Cephenin insan sayısıyla, gıdasıyla, elbisesiyle, silah ve cephanesiyle ve diğer işleriyle ilgilenen başkomutan, elbette bütün bunların geride bulunan kaynaklarıyla ilgilidir. Kara Vasıf Bey, bu ileri sürdüğü görüşü, hangi kitapta, hangi alanda, hangi yerde görmüş! Gerçi, hem cephe ile hem de geride birçok işlerle ilgilenmek güçtür. Bir adam, hem cepheye komuta edecek, savaş yönetecek, hem de aynı zamanda geri bölgelerde birçok şeylerin yapılmasını sağlayacak. Bunu bir adam nasıl yapabilir? Kuşkusuz yapar. Fakat, 'yapar' dediğim zaman, 'Başkomutan, bir an cepheye komuta eder; sonra oradan kalkar filan yere gider, yiyecek işini yapar; filan yere gider, ikmal işini yapar' demek değildir. Büyük işler üstlenmemiş insanların bu konudaki kararsızlıklarını hoş görmek gerekir. Bakınız! Size bir örnek vereyim: Ben, çok deneyimsiz komutanlar gördüm. Örneğin, bir alay komutanı yeni tümen komutanı olmuş veya bir tümen komutanı yeni kolordu komutanı olmuş; biraz da deneyimsiz! Henüz deneyim kazanmaya zaman bulamadan zor durumlarla karşılaşmış. Yaşamı süresince bir tümene alışmışken, düşman karşısında iki veya üç tümene birden komuta etmek zorunda kalınca, kararsız kalması ve zorluğa düşmesi doğaldır. Bir tümene komuta ettiği zaman, mümkün olduğu kadar, bütün tümen birliklerini kontrolü altında birleştirmek ve yönetmek imkânına sahip olan bir deneyimsiz komutan, iki üç tümenin gözünden uzak mevzilerde savaşını yönetmek zorunda olduğu zaman, kendi kendine, 'Ben hangi tümenin yanında bulunayım? Onun mu, bunun mu? Orada mı, burada mı?' diye sorar...

Hayır! Ne orada bulunacaksın, ne de burada! Öyle bir yerde bulunacaksın ki, hepsini yöneteceksin. O zaman 'Ben hiçbirini gereği gibi göremem!' der. Tabii göremezsin, elbette gözlerinle göremezsin! Akıl ve anlayış ile görmen gerekir.

Ordunun kıpırdanamayacağını ileri süren bir aymazı alkışlayanlar

Vasıf Bey, bir konuşmasında demiş ki: 'Biz Sakarya Savaşı'ndan sonra, işte hâlâ kıpırdayamadık, kıpırdayamıyoruz.' Bu söz, bazılarının 'bravo' sesleriyle ve alkışlarıyla karşılanmış.

Efendiler, **bundan çok üzüldüm ve kahroldum. Çok utandım.** Ordunun kıpırdamamasını ve kıpırdamayacağını ileri süren bir aymazın sözlerini alkışlamak, gerçekten çok gariptir. Rica ederim, bunu burada gömelim, kimse duymasın!

İşte efendiler, Başkomutanlığın gereksiz olduğunu kanıtlamak için söylenen sözlerin belli başlıları bunlardır. Benim de bu sözlere verebileceğim yanıtlar duyuldu. Bundan sonraki değerlendirme ve karar Meclis'e aittir. Yalnız, bir gerçeğe dikkatinizi çekmek zorundayım. Yüce Meclis'in, Başkomutanlığın gerekliliğine inandığına kuşku olmamakla beraber, muhalefetin hiçbir temele dayanmayan tutumu, Meclis kararını istenmeyen bir noktada ortaya çıkarttı. Bunun sonucu ne oldu efendiler, biliyor musunuz? Başkomutanlık iki gündür belirsiz bulunuyor. Şu dakikada ordu komutansızdır. Eğer ben, orduya komuta etmekte devam ediyorsam, yasadışı komuta ediyorum. Meclis'te çıkan oylama sonuçlarına göre, hemen komutadan el çekmek isterdim. Başkomutanlığımın sona erdiğini hükümete bildirdim. Fakat telafisi olmayan bir felakete meydan vermemek zorunluluğu karşısında kaldım. Düşman karşısında bulunan ordumuz başsız bırakılamazdı. **Bunun için, bırakmadım, bırakamam ve bırakamayacağım.**"

Saygıdeğer efendiler, bu gizli oturumda, muhaliflerin hükümeti ve orduyu yıkmak için başından beri kurcaladıkları daha birtakım konular üzerinde, hemen hemen düelloyu andıran tartışmalar oldu. Sonunda gerektiği gibi aydınlanan yüce Meclis, oyunu şu yolda belirtti: 11 ret, 15 çekimsere karşı 177 oy ile Başkomutanlık Kanunu'nun süresi uzatıldı.

Ordumuzun maddi ve manevi gücü, ulusal emelleri tam bir güven içinde gerçekleştirecek düzeye erişmişti

Efendiler, üç ay sonra, yani 20 Temmuz 1922 tarihinde, tekrar Başkomutanlık Kanunu, süresi bittiği için yeniden görüşme konusu oldu. Bu defa, Meclis'te yaptığım genel konuşmanın bir kısmını aynen bilginize sunmama izninizi rica ederim. Demiştim ki: "Artık ordumuzun maddi ve manevi gücü, olağanüstü hiçbir önleme ihtiyaç bırakmaksızın, ulusal emelleri tam bir güvenlik içinde elde edebilecek düzeye erişmiştir. Bu olağanüstü yetkilerin devamına gerek ve ihtiyaç kalmadığına inanıyorum.

Bugün, ortadan kalktığını görmekle memnun olduğumuz bu ihtiyacın, bundan sonra da ortaya çıktığını görmemekle mutlu olacağız. Başkomutanlık makamının devam etmesi, olsa olsa Misak-ı Millimizin özüyle yoğrulmuş kesin sonuca ulaşacağımız güne kadar devam eder. Mutlu bir sonuca güven içinde ulaşacağımıza kuşku yoktur. O gün, değerli İzmir'imiz, güzel Bursa'mız, İstanbul'umuz,

Trakya'mız anavatana katılmış olacaktır. O mutlu gün geldiğinde, bütün ulusla beraber, en büyük mutluluklara ermekle onurlanacağız. **Benim başkaca, ikinci bir mutluluğum olacaktır ki, o da, kutsal davamıza başladığımız gün bulunduğum makama dönebilmem imkânıdır. Dünyada, ulusun bağrında özgür bir birey olmak kadar büyük bir mutluluk var mıdır? Gerçekleri bilen, kalp ve vicdanında manevi ve kutsal zevklerden başka zevk taşımayan insanlar için, ne kadar yüksek olursa olsun, maddi makamların hiçbir değeri yoktur."**

Efendiler, bu görüşmelerin sonucunda, Başkomutanlığın bana süresiz olarak verilmesi kararına varıldı.

Muhalif grubun Meclis'teki çalışmaları

Saygıdeğer efendiler, muhalif grubun Meclis'teki çalışmaları, bizi biraz daha kendisiyle uğraştıracaktır. İkinci Grup unvanını alan muhalif grup, olumsuz direnişlerini uzun süre denedi. Bakanlar Kurulu'nun seçilme şekline ilişkin 8 Temmuz 1922 tarihli kanunla Bakanlar Kurulu'nun ve Bakanlar Kurulu başkanının doğrudan doğruya Meclis'çe gizli oyla seçilmeleri sağlandı. Bu şekilde, Bakanlar Kurulu Başkanlığı'ndan fiilen uzaklaştırılmış olduğum gibi, bakanların da benim göstereceğim adaylar arasından seçilmesi koşulu kaldırılmış oldu.

Rauf Bey Bakanlar Kurulu başkanı oldu

Muhalif grup, bundan sonra saldırıya geçti. Rauf Bey'i Bakanlar Kurulu Başkanlığı'na geçirme girişiminde bulundu. Bunda başarılı da oldu. Muhaliflerin gizli amaçlarını anlıyordum. Bununla beraber, Rauf Bey'i yanıma davet ettim. Meclis çoğunluğunun kendisini Bakanlar Kurulu başkanı seçme eğiliminde olduğunu, bunun bence de uygun görüldüğünü söyledim. Rauf Bey kararsız bir tavır takındı. "Bakanlar Kurulu Başkanlığı'nın bir görevi yoktur" dedi. Rauf Bey demek istiyordu ki, Büyük Millet Meclisi'nin başkanı, Bakanlar Kurulu'nun da doğal başkanıdır. Bakanlar Kurulu kararları onun tarafından onaylanmadıkça yürürlüğe girmez. Buna göre, Bakanlar Kurulu başkanının bir yetkisi ve serbestliği yoktur. Gerçekten de, Teşkilat-ı Esasiye Kanunu [Anayasa] gereğince öyleydi. Bununla beraber, sonuçta Bakanlar Kurulu Başkanlığı'nı kabul etti. Rauf Bey, 12 Temmuz 1922 tarihinden 4 Ağustos 1923 tarihine kadar bu görevde kaldı.

Efendiler, bir nokta dikkatinizi çekmiştir. Kara Vasıf Bey'le Rauf Bey, muhalefetin oluşturulmasında, desteklenmesinde ve yönetiminde, ilk günden, beraber ve yönlendirici olarak bulunuyorlar. Fakat Rauf Bey, açıktan İkinci Grup'a geçmeyerek, bizim içimizde kalmayı tercih ediyor. Bu durum üç yıl devam etti. Rauf Bey, sonunda kendi deyimiyle "görünüşte beraber bulunmaya imkân kalmadığı zaman" ayrılığını ilan etmek zorunda kaldı.

Efendiler, muhaliflerin Meclis'te başlattıkları ordu karşıtı hareket devam ediyordu. Devamlı olarak ve ateşli bir şekilde, ordunun saldırı yeteneği olmadığından ve artık siyasi önlemlerle sorunun çözülmesi ve sonuçlandırılmasının zorunlu olduğundan kuvvetli bir biçimde söz ediyorlardı.

Saldırı kararı

Aslında ordumuz, ihtiyaçlarını ve eksiklerini tamamlamak üzereydi. Ben, daha Haziran ortalarında saldırıya karar vermiştim. Bu kararımı yalnız, Cephe komutanı ile Genelkurmay başkanı ve Milli Savunma bakanı biliyorlardı. Bildirdiğim tarihlerde, bir yolculuk sebebiyle İzmit-Adapazarı yönünde hareket ettiğim zaman, Ankara'da Genelkurmay Başkanı Fevzi Paşa Hazretleri'yle görüştükten sonra, o zaman Milli Savunma bakanı bulunan Kâzım Paşa Hazretleri'ni Sarıköy istasyonuna kadar yanımda götürerek, oraya davet ettiğim Cephe Komutanı İsmet Paşa Hazretleri'yle birlikte saldırı için hazırlıkların hızla tamamlanması hakkında kararlar aldık.

Efendiler, artık Büyük Taarruz'dan söz etmek zamanı geldi. Bilirsiniz ki, Sakarya Meydan Savaşı'ndan sonra, düşman ordusu, büyük ve kuvvetli bir grupla Afyonkarahisar-Dumlupınar arasında bulunuyordu. Diğer kuvvetli bir grubuyla da Eskişehir bölgesindeydi. Bu iki grup arasında yedek kuvvetleri vardı. Sağ kanadını, Menderes civarında bulundurduğu kuvvetlerle ve sol kanadını da İznik Gölü kuzey ve güneyindeki kuvvetleriyle koruyordu. Denilebilir ki, düşman cephesi, Marmara'dan Menderes'e kadar uzuyordu.

Düşman ordusu, üç kolordu ve bazı bağımsız birliklerden meydana gelmekteydi. Üç kolordusu on iki tümenden oluşmakta ve bağımsız birlikler ayrıca üç tümene ulaşmaktaydı. Biz, Batı Cephesi'ndeki kuvvetlerimizi, iki ordu halinde oluşturmuş ve düzenlemiştik. Bundan başka, doğrudan doğruya cepheye bağlı örgütümüz vardı. Bizim bütün birliklerimiz on sekiz tümen oluşturuyordu. Bundan başka üç tümenli bir süvari kolordumuz ve daha zayıf mevcutlu ayrıca iki süvari tümenimiz vardı. Yapılanması birbirinden farklı olan düşman iki ordu karşılaştırılırsa, tarafların insan ve tüfek kuvvetleri yaklaşık birbirine denk bulunuyordu. Yalnız Yunan ordusunun makineli tüfek, top, uçak, taşıt, cephane ve teknik malzeme bakımından, dünyanın serbest ve kendisini destekleyen sanayiine dayanması nedeniyle, özel üstünlüğü vardı. Diğer taraftan, bizim ordumuz, süvari sayısı açısından üstünlüğe sahip bulunuyordu.

1. Ordu Komutanı Ali İhsan Paşa'nın yarattığı durumlar

Burada, yeri gelmişken bir noktayı kaydetmeliyim. Ordularımızdan birinin, 2. Ordu'nun komutanı bugün Askeri Şûra üyelerinden olan Şevki Paşa Hazretleri'ydi. 1. Ordumuzun komutasını, Malta'dan gelmiş olan İhsan Paşa'ya vermiştik. İhsan Paşa'nın, kendisini harp divanına kadar götüren uygunsuz işleri ve hareketlerinden dolayı ordu komutanlığından uzaklaştırılması gerekti. Gerçekten de, Ali İhsan Paşa, ordunun disiplinini ve genel yönetimini çıkmaz bir yola düşürecek şekilde bir tutum izledi. Örneğin, ordusunda ast komutanları üst komutanların buyruklarını dinlememeye sürükleyecek durumlar yarattı.

Örneğin, ambarlarında bulunanları günlerce haber vermeyerek ve verdirmeyerek, genel yiyecek sıkıntısı yaşandığı bir sırada ansızın, ambarlarında bir şey kalmadığını ve açlık tehlikesi bulunduğunu bildirdi.

Ast komutanları üstlerine karşı itaatsizlik ve görevsizliğe kışkırtarak, bu davranışları destekleme sistemine katılarak, ordunun buyruklara uyma ve görev yapma duygusuyla oynayacak kadar entrikacı bir yaratılışta olduğu düşüncesini yarattı.

Ali İhsan Paşa'nın bilinen, kendisine özgü özelliklerinden başlıcaları şunlardı: En küçük birliklere kadar bütün ordusuna, önemli önemsiz her işin ve her kararın ancak kendi tarafından verilebileceğini benimseterek, bütün ordusunda yalnız kendisinin güç sahibi olduğunu zannettirmek. Büyüklerinden üstün olduğunu herkese kanıtlamak endişesinde bulunmak. Büyüklerinin gerek resmi işleri ve gerek özel tutumları bakımından saygınlıklarını düşürmeye çalışmak. Savaş bakımından önlemlerinde yerindelik ve sinirlerinde sağlamlık açısından kendisini deneme fırsatı bulunmamış olmakla beraber, bu hususta anlaşılan karakteri şuydu: Herhangi bir başarısızlığı mutlaka astına veya üstüne yüklemek imkânını sürekli düşünmesi. İhsan Paşa, yumuşak ve ince davranışlardan daha çok, sert ve resmi davranışlarla iş yaptırmayı gerekli gösterir.

Ali İhsan Paşa'nın huyu ve ahlakı hakkında, kendisinin kurmay başkanıyken istifa etmek zorunluluğunu duyan Yarbay Halit Bey'in (daha sonra Kastamonu milletvekili olmuştur) Batı Cephesi Komutanlığı'na verdiği 20 Ocak 1922 tarihli resmi bir raporunun bazı bölümlerini olduğu gibi bilginize sunacağım. Halit Bey, Dünya Savaşı'nda, Irak'ta da Ali İhsan Paşa ile beraber bulunmuştu. Sözünü ettiğim raporda şu cümleler vardır:

....

Komutanım Ali İhsan Paşa Hazretleri'nin geldiği günden beri, ast komutanların onurunu ve görev yapma isteğini kıracak davranışlarda bulunması ve yapılan yazışmalardan anlaşılmış olacağı üzere, Cephe Komutanlığı'na karşı astlara fark ettirecek derecede yakışıksız bir haberleşme kapısı açması, benlik kokusu duyulan düşünce yarışına girişmesi, dünyanın değer verdiği ve saygı gösterdiği cephe karargâhının gücünü azaltmak istediğini anlatır bir yol izlemesi, beni ciddi olarak düşündürdü ve üzdü. Davranışlarını elimden geldiği kadar yumuşatmaya çalıştım. Fakat yine büyük bir fark göremedim.

....

Ahlakında yerleşmiş bencillik hastalığı, ün yapma tutkusu, aşırı kıskançlık, sonsuz bir bencilliğin güdüsüyle baş olmak istediği, davranışlarından ve ast komutanlar yanında söylediği birbirine düşürücü sözlerinden anlaşılıyordu. 11. Tümen komutanı ...... istifamı duyduktan sonra, bana gizli bir konuşmada, "Ali İhsan Paşa'nın Malta'da iken kurtuluşu için Ferit Paşa'ya mektuplar yazdığını ve İngiliz mandasını kabul etmek için kendi önünde açıktan açığa saatlerce konuştuğunu ve tartıştığını" söyledi. Bu söyleneni, Paşa'nın tutumu bakımından dikkat çekici buldum ...... Astlardan gelen bazı belgeleri cepheye, cepheden geleni astlara olduğu gibi bildirerek karşılıklı güven duygularını zedeleyen tutumu da ayrıca dikkat çekicidir. Örneğin, Şeyhelvan Dağı'nın kaybedilmesi hakkındaki yazışmaların aynen 5. Kolordu'ya ve 5. Kolordu'dan yazılan bazı raporların da aynen cepheye yazılması gibi. Buna rağmen söz konusu olayın sorumluluğunu 5. Kolordu komutanına yüklemesi ve kendisinden cepheye şikâyette bulunması, üst olma niteliğiyle bağdaşmaz.

Tevhid-i Efkâr gazetesinde yayımlattığı anıları arasında, ateşkes tarihinden bir gün önce Musul güneyinde Şarkat'ta esir olan Dicle Grubu'nun tutsaklık sebebini de yalnız o zaman grup komutanı olan (şimdi Doğu Cephesi'nde tümen komutanı imiş) Yarbay İsmail Hakkı Bey'e yüklemesi de bu karakterine işaret eder. Dicle Grubu, 7., 9., 43., 18. ve 22. Alaylarla Avcı Alayı'ndan meydana geliyordu. Bunlardan başka, ayrıca 5. Tümen'den 13. ve 14. Alaylar da parça parça tutsak verildi. Ateşkesten bir gün önce 13.000 kişinin tutsak verilmesi, 50 kadar topun kaybı, aslında kendisinin duruma uygun olmayarak verdiği bir emirden kaynaklanmıştır. **İşte bu durum, Musul ilinin kaybıyla sonuçlandı.** Oysa, ateşkes olacağı biliniyordu. Gruba, Keyare mevziine çekilmek için direktif verilseydi, İngilizler, grubu tutsak almak değil, yenilgiye bile uğratamazdı. Bu gruba 5. Tümen de katılabilirdi. Ateşkes yapıldığı zaman tutsak olan sekiz piyade alayı elde bulunur ve **Musul da bizde kalırdı. Fakat sefil bir düşünce, mantığa üstün gelmiştir.**

Anılarında, Dicle boyundaki bütün başarılar ve Tavshend'in (Townshend) esir edilmesi şerefi kendisine verilmiştir. ...... Her başarıyı kendisinin sayarak yayımlamaktan amacı, kamuoyunu aldatarak ün ve mevki kazanmaktır. Ünlü adamların anılarını yayımlamak, ulusta övünme duygularının canlılığını sağlar ve gereklidir de. Fakat tarihin sorumlu tutacağı kimselerin hareketlerini övünülecek şeyler arasında saymak, tarihi lekeler ve gelecek kuşakları yanlış düşüncelere sürükler.

General Marşal'in (Marshall) "Yarın öğleye kadar Musul'u terk ediniz, yoksa savaş tutsağısınız" emrini aldığı zaman, o kibirli Paşa Hazretleri, Sincar Çölü'nü geçerek Nusaybin'e gitmek için General Marshall'den resmi bir yazı ile koruma olarak iki zırhlı otomobil istedi ve bunların korumasında, Âşir Bey'le (bugün Milli Savunma Bakanlığı Müsteşar Yardımcısı Âşir Paşa'dır) beni Musul'da bırakarak Nusaybin'e gitti. Aşiretler gözünde hükümetin manevi etkisini de kırdı ve bu durumu görenlerin vicdanı sızladı. Koruması olmadan Zaho yoluyla veya süvari alarak çölden gidebilirdi. Halep'te İngiliz generalinden kendisi için özel tren istedi ve yolda hakaretle karşı karşıya kalmaması için trene koruma konulmasını istemeyi de unutmadı. Gerekirse hayatının ve rahatının korunması için ulusal şerefi unutan Paşa Hazretleri'nin ahlakına örnek olmak üzere yukarıdaki olayları anlattım. ...... Eski komutanıma hoş görünmedim. Çünkü hırsının gerçekleşmesini sağlamadım ve dalkavukluğunu yapmadım. ...... Ulus, Ulusal Ordu'yu meydana getiren ve zaferler kazanan büyük komutanlar gibi asil ruhlu, iyi niyet sahibi kılavuzlara, komutanlara muhtaçtır. Orduda birliğin ve uyumun bozulmasına, görev yapma isteğinin azalmasına hizmet edenler, dâhi de olsalar, zararlı birer kişiliktirler. Ben, çekilen emekleri bildiğim ...... girişilen savaşta başarıyı istediğim için –namusum ve kutsal saydıklarım üzerine yemin ederim ki, kin ve çıkar gözetmeksizin– bunları anlatma cesaretini gösterdim. İran'da, Kafkasya'da uzun süre yaverliğini yapan (şimdi 1. Ordu Harekât Şubesi Müdürü) Binbaşı Cemil Bey, son günlerde bana "İyi ki, Ali İhsan Paşa ulusal mücadelenin başlangıcında Anadolu'da bulunmadı. Malta'da bulunduğu iyi oldu. Yoksa mutlaka aykırı bir yol izlerdi" dedi.

Karakterini pek iyi bilen Cemil Bey, çok doğru söylemiştir... Allah'tan "Mar-ı serma-dideye Rabbim güneş göstermesin"[21] dileğinde bulunurum.

Efendiler, Ali İhsan Paşa Meclis'teki muhalif grup başkanlarıyla da görüşüyor ve haberleşiyordu. Kendisinin komutanlığına son verilerek hakkında yasal işleme devam edilmek üzere Milli Savunma Bakanlığı emrine verilmesini onayladığım 18 Haziran 1922 gününün ertesinde, yani 19 Haziran tarihinde, o zaman Türkiye Büyük Millet Meclisi ikinci başkanı bulunan Rauf Bey'den, İhsan Paşa'yla ilgisini gösteren, makine başında bir şifre telgraf almıştım. Yeri geldiğinde bilginize sunmuştum. Bu tarihlerde Adapazarı-İzmit yönünde gezide bulunuyordum. Rauf Bey telgrafında diyordu ki: "1. Ordu Komutanı Ali İhsan Paşa'nın görevinden alınarak askeri mahkemeye verilmek üzere Konya'ya gönderildiğine ilişkin Meclis çevresinde dedikoduya yol açan bir söylenti vardır..."

Efendiler, bir komutanın görevden alınması ve atanması veya askeri mahkemeye verilmesi işleminin, üzerinden bir gün geçmeden Meclis'çe dedikodu konusu olabilecek bir söylenti haline gelmesi ve Meclis ikinci başkanının bu olayla, benden açıklama isteyecek kadar ilgilenmesi dikkat çekici değil midir? Rauf Bey'e tarafımdan gereken yanıt verildi. 1. Ordu Komutanlığı bir süre vekâletle yönetildi. Fakat, bir kişinin asaleten bu göreve atanması gerekiyordu. Moskova Elçiliği'nden dönmüş olan Fuat Paşa'nın 1. Ordu komutanlığını kabul edip etmeyeceği hakkında görüşünü yokladım. Anladım ki, cephe komutanlığı yapmış olduğundan, cephe komutanı emrine girmeye istekli değildir. Milli Savunma Bakanı Kâzım Paşa aracılığıyla 1. Ordu komutanlığını Refet Paşa'ya önerttim. Kabul etmemiş. Sonuçta o tarihlerde kayıtsız şartsız cephe emrine girerek görev yapacağını söyleyen, açıktaki Nurettin Paşa'yı 1. Ordu komutanlığına atadık.

Saldırı planımızın esası

Efendiler, düşman ordusunun cephe ve yapılanmasından ve ona karşı Batı Cephesi'ndeki kuvvetlerimizin esas olarak iki ordu halinde kurulup düzenlenmiş olduğundan söz etmiştim. Öteden beri düşündüğümüz saldırı planımızın esasını da sunayım:

Düşündüğümüz, ordularımızın ana kuvvetlerini düşman cephesinin bir kanadında ve mümkün olduğu kadar dış kanadında toplayarak, bir yok edici mey-

21 Şehrî'nin bir mısraı. "Kış geçirmiş yılana Rabbim güneş göstermesin", yani mecaz olarak "eski kurt olmuş, deneyimli, kurnaz adama Allahım fırsat vermesin" anlamında (y.n.).

Büyük Taarruz'a Hazırlık. ATASE Arşivi.

dan savaşı yapmaktı. Bunun için uygun gördüğümüz durum, ana kuvvetlerimizi, düşmanın Afyonkarahisar civarında bulunan sağ kanat grubu güneyinde ve Akarçay ile Dumlupınar hizasına kadar olan alanda toplamaktı. Düşmanın en duyarlı ve önemli noktası orasıydı. Hızlı ve kesin sonuç almak, düşmanı bu kanadından vurmakla mümkündü.

Batı Cephesi Komutanı İsmet Paşa ve Genelkurmay Başkanı Fevzi Paşa, bu açıdan kendileri gereği gibi incelemeler yapmışlardı. Hareket ve saldırı planımız çok önceden belirlenmişti.

Konya'ya gelmiş olan General Townshend'in isteği üzerine, kendisiyle görüşmek için Ankara'dan yola çıkarak 23 Temmuz 1922 akşamı Batı Cephesi Karargâhı'nın bulunduğu Akşehir'e gittim. Harekât hakkında Genelkurmay başkanının da hazır bulunacağı şekilde görüşmeyi uygun gördük. Ben, 24 Temmuz'da Konya'ya gittim. 27'de tekrar Akşehir'e döndüm. Fevzi Paşa Hazretleri de 25 Temmuz'da Akşehir'e gelmişti. 27/28 Temmuz gecesi yaptığımız görüşme sonucunda, belirlenmiş olan plan gereğince saldırmak üzere, 15 Ağustos'a kadar bütün hazırlıkların tamamlanmasına çalışmayı kararlaştırdık.

28 Temmuz 1922 günü öğleden sonra yaptırılan bir futbol karşılaşmasını seyretmek bahanesiyle ordu komutanları ve bazı kolordu komutanları Akşehir'e davet edildi. 28/29 Temmuz gecesi, komutanlarla genel olarak saldırı hakkında fikir alışverişinde bulundum. 30 Temmuz 1922 günü Genelkurmay başkanı ve

Mustafa Kemal Paşa Kocatepe'de.
İş Bankası Müzesi Arşivi.

Mustafa Kemal Paşa Kocatepe'de.
İş Bankası Müzesi Arşivi.

Batı Cephesi komutanıyla tekrar görüşerek saldırının şeklini ve ayrıntılarını belirledik. Ankara'dan davet ettiğimiz Milli Savunma Bakanı Kâzım Paşa da, 1 Ağustos 1922 öğleden sonra Akşehir'e geldi. Ordu hazırlığının tamamlanmasında Milli Savunma Bakanlığı'na ait olan işler belirlendi.

Saldırıya hazırlık emri

Ordunun hazırlıklarının tamamlanmasını ve saldırının çabuklaştırılmasını emrettikten sonra tekrar Ankara'ya döndüm. Batı Cephesi komutanı, 6 Ağustos 1922'de ordularına gizli olarak saldırıya hazırlık emri verdi. Genelkurmay başkanı ve Milli Savunma bakanı paşalar da Ankara'ya döndüler.

Efendiler, saldırı için tekrar cepheye gitmeden önce, Ankara'da belirlenmesi gereken bazı durumlar vardı. Henüz, Bakanlar Kurulu'nu saldırı emri verdiğimden tamamen haberdar etmemiştim. Artık onlara resmen haber vermek zamanı gelmişti. Yaptığımız bir toplantıda iç, dış ve askeri durumu görüşüp tartıştıktan sonra, saldırı konusunda Bakanlar Kurulu ile görüş birliğine vardık.

Diğer bir konu da önemliydi. Muhalifler, ordunun çürüdüğünden, kıpırdayacak durumda olmadığından, böyle karanlık ve belirsizlik içinde beklemenin yıkımla sonuçlanacağından ibaret propagandalarına çok hız vermişlerdi. Gerçi, Meclis'te bu düşünce akımının yaptığı yankılar, zaten düşmanlardan çok gizlemek istediğim harekât bakımından faydalıydı. Fakat bu olumsuz propaganda, en yakın ve en inanmış kişiler üzerinde bile kötü etkisini göstermeye başlamış, onlarda da kararsızlıklara neden olmuştu. Onları da yakında yapacağım **saldırı hakkında ve altı yedi günde** düşman ana kuvvetlerini yeneceğime olan güvenim konusunda aydınlatmayı ve yatıştırmayı gerekli gördüm. Bunu da yaptıktan sonra Ankara'dan ayrıldım. Genelkurmay başkanı benden önce, 13 Ağustos 1922'de cepheye gitmişti.

Ben birkaç gün sonra hareket ettim. Hareketimi, çok sınırlı sayıda birkaç kişiden başka bütün Ankara'dan gizledim. Benim Ankara'dan ayrılacağımı bilenler, buradaymışım gibi davranacaklardı. Hatta benim Çankaya'da çay ziyafeti verdiğimi de gazetelerle ilan edeceklerdi. Bunu kuşkusuz o zamanlar işitmişsinizdir. Trenle hareket etmedim. Bir gece otomobille Tuz Çölü [Koçhisar] üzerinden Konya'ya gittim. Konya'ya hareketimi orada kimseye telgrafla bildirmediğim gibi, Konya'ya varır varmaz telgrafhaneyi kontrol altına aldırarak Konya'da bulunduğumun da hiçbir yere bildirilmemesini sağladım.

20 Ağustos 1922 günü öğleden sonra saat 16.00'da Batı Cephesi Karargâhı'nda, yani Akşehir'de bulunuyordum. Kısa bir görüşmenin ardından 26 Ağustos 1922 sabahı düşmana saldırı için Cephe komutanna emir verdim.

26 Ağustos 1922, saldırı emri

20/21 Ağustos 1922 gecesi 1. ve 2. Ordu komutanlarını da Cephe Karargâhı'na davet ettim. Genelkurmay başkanı ve Cephe komutanının da hazır bulunduğu toplantıda saldırının nasıl yapılacağını harita üzerinde kısa bir savaş oyunu tarzında açıkladıktan sonra, Cephe komutanına o gün vermiş olduğum emri tekrar ettim. Komutanlar harekete geçtiler. Saldırımız, strateji ve aynı zamanda bir taktik baskın halinde yapılacaktı. Bunun mümkün olabilmesi için yığınak ve hazırlıkların gizli kalmasına önem vermek gerekiyordu. Bu sebeple, bütün yürüyüşler gece yapılacak, birlikler gündüzleri köylerde ve ağaçlıklar altında dinleneceklerdi. Saldırı bölgesinde yolların düzeltilmesi ve benzeri çalışmalarla düşmanın dikkatini çekmemek için diğer bazı bölgelerde de benzeri sahte çalışmalar yapılacaktı.

24 Ağustos 1922'de karargâhlarımızı Akşehir'den saldırı cephesi gerisindeki Şuhut kasabasına taşıttırdık. 25 Ağustos 1922 sabahı da Şuhut'tan savaşı yönettiğimiz Kocatepe'nin güneybatısında çadırlı ordugâha naklettik. 26 Ağustos sabahı Kocatepe'de hazır bulunuyorduk. Sabah saat 5.30'da topçu ateşimizle saldırı başladı.

Başkomutan Savaşı

Efendiler, 26/27 Ağustos günlerinde, yani iki gün içinde düşmanın Afyonkarahisar güneyinde 50 ve doğusunda 20-30 kilometre uzunluğundaki sağlamlaştırılmış cephelerini düşürdük. Yenilen düşman ordusunun bütün kuvvetlerini, 30 Ağustos'a kadar Aslıhanlar civarında kuşattık. 30 Ağustos'ta yaptığımız savaş sonucunda (buna *Başkomutan Savaşı* adı verilmiştir) düşmanın ana kuvvetlerini yok ettik ve tutsak aldık. Düşman ordusunun başkomutanlığını yapan General *Trikopis* (Trikupis) de tutsaklar arasında bulunuyordu. Demek ki, tasarladığımız kesin sonuç beş günde alınmış oldu.

31 Ağustos 1922 günü ordularımız ana kuvvetleriyle İzmir yönünde yol alırken, diğer kısımlarıyla da düşmanın Eskişehir ve kuzeyinde bulunan kuvvetlerini yenilgiye uğratmak üzere ilerliyorlardı.

Ateşkes önerisi

Efendiler, Başkomutan Savaşı'nın sonucuna kadar her gün büyük olarak başarılarla gelişen saldırımızı, resmi bildirimlerde çok önemsiz bir harekât gösteriyorduk. Amacımız, durumu mümkün olduğu kadar dünyadan gizlemekti. Çünkü, düşman ordusunu tamamen ortadan kaldıracağımızdan emindik. Bunu anlayıp, düşman ordusunu felaketten kurtarmak isteyeceklerin yeni girişimlerine meydan vermemeyi uygun görmüştük. Gerçekten de, bizim hareketimizi anladıkları zaman ve saldırımızın ardından başvuruları olmuştur. Örneğin, saldırıda bulunduğumuz sırada Bakanlar Kurulu başkanı olan Rauf Bey'den, ateşkes hakkında İstanbul'dan yazılı haber geldiğine dair 4 Eylül 1922 tarihli bir telgraf almıştım. Verdiğim yanıt aynen şudur:

Tel, makama özeldir 5.9.1922

Yüce Bakanlar Kurulu Başkanlığı Yüksek Katına

C: Anadolu'daki Yunan ordusu kesin olarak yenilmiştir. Yunan ordusunun artık yeniden ciddi bir direniş göstermesi olasılığı yoktur. Anadolu için herhangi bir görüşmeye gerek kalmamıştır. Ateşkes, ancak Trakya için söz konusu olabilir. Dolayısıyla Eylül'ün onuna kadar Yunan hükümetinin doğrudan doğruya veya İngiltere aracılığıyla hükümetimize resmen başvurması durumunda aşağıdaki şartlar ortaya konularak yanıt verilmelidir. Bu tarihten, yani Eylül'ün onundan sonra yapılacak başvurunun yanıtının başka olması olasılığı vardır. Böyle olunca, durum ayrıca bana bildirilmelidir:

1. Ateşkes tarihinden başlayarak on beş gün içinde Trakya 1914 sınırlarına kadar kayıtsız şartsız Türkiye Büyük Millet Meclisi hükümetinin sivil memurlarına ve askeri kuvvetlerine teslim edilmiş olacaktır.

2. Yunanistan'daki tutsaklarımız on beş gün içinde İzmir, Bandırma ve İzmit limanlarında teslim olunacaktır.

3. Yunan hükümeti üç buçuk yıldan beri Anadolu'da yaptığı ve yapmakta olduğu yıkımı onarmayı şimdiden üstlenecektir.

Büyük Millet Meclisi Başkanı
Başkomutan
Mustafa Kemal

Ordularımız İzmir rıhtımında ilk verdiğim hedefe, Akdeniz'e vardılar

Doğrudan doğruya bana gönderilen bir telsiz telgrafta da İzmir'deki İtilaf devletleri konsoloslarına benimle görüşmelerde bulunma yetkisinin verildiği bildirilerek, onlarla hangi gün ve nerede görüşebileceğim soruluyordu. Buna verdiğim yanıtta da, 9 Eylül 1922'de Kemalpaşa'da görüşebileceğimizi bildirmiştim. Gerçekten de söz verdiğim günde ben Kemalpaşa'da bulundum. Fakat görüşme isteyenler orada değildi. Çünkü ordularımız İzmir rıhtımında ilk verdiğim hedefe, Akdeniz'e ulaşmış bulunuyorlardı.

Saygıdeğer efendiler, Afyonkarahisar-Dumlupınar Meydan Savaşı ve ondan sonra düşman ordusunu tamamen yok eden veya tutsak eden ve kılıç artıklarını Akdeniz'e, Marmara'ya döken harekâtımızı açıklayıcı ve niteleyici söz söylemeyi gereksiz sayarım.

Her evresiyle düşünülmüş, hazırlanmış, yönetilmiş ve zaferle sonuçlandırılmış olan bu harekât, Türk ordusunun, Türk subay ve komuta heyetinin yüksek güç ve kahramanlığını tarihte bir daha belirleyen çok büyük bir eserdir.

Bu eser, Türk ulusunun özgürlük ve bağımsızlık düşüncesinin ölümsüz anıtıdır. Bu eseri yaratan bir ulusun çocuğu, bir ordunun başkomutanı olduğum için sonsuza kadar mutlu ve bahtiyarım.

Efendiler, işte şimdi diplomasi alanına geçebiliriz. Gerçi askeri zaferimizden ümitsiz olup daha önce diplomasi yoluyla sorunu çözmek düşüncesinde olanları ve bunu ileri sürenleri, dediklerini yapma konusunda biraz fazlaca bekletmiş oldum. Bununla beraber, sonuçta benim de diplomasi alanında ciddi olarak çalışma yürüttüğümü görerek memnun olmaları gerekirdi. Böyle olup olmadığını göreceğiz.

Ordularımız, İzmir ve Bursa'yı geri aldıktan sonra Trakya'yı da Yunan ordusundan kurtarmak için İstanbul ve Çanakkale yönlerinde yürüyüşlerine devam ederken, o zaman İngiltere başbakanı bulunan Lloyd George fiili olarak savaşmaya karar vermiş bir tavırla, yardımcı birlikler gönderilmesi isteğiyle sömürgelere başvurmuş. Ondan sonra olanlara bakılırsa, Lloyd George'un isteğinin yerine getirilmediğini kabul etmek gerekir.

İtilaf devletlerinin 23 Eylül 1922 tarihli ateşkes önerisi

Bu sıralarda, İstanbul'da Fransız olağanüstü komiseri olarak bulunan General *Pele* (Pellé) benimle görüşmek üzere İzmir'e geldi. Tarafsız bölge adıyla andığı bir alana ordularımızın girmemesinin uygun olacağını tavsiye etti. Ulusal hükümetimizin böyle bir bölge tanımadığını, Trakya'yı da kurtarmadıkça ordularımızın durdurulmasına imkân olmadığını söyledim. General Pellé, Mösyö Franklin Bouillon'un benimle görüşmek üzere gelmek istediğine dair almış olduğu özel bir telgrafı gösterdi. Kendisini İzmir'de kabul edeceğimi söyledim. Mösyö Franklin Bouillon bir Fransız savaş gemisiyle İzmir'e geldi. Fransa hükümeti adına ve İngiltere ve İtalya hükümetlerinin de uygun görmesiyle benimle görüşmeye geldiğini söyledi. Biz Franklin Bouillon'la görüşürken, 23 Eylül 1922 tarihli İtilaf Devletleri Dışişleri Bakanları imzasıyla bir nota geldi. Bu notada, iki önemli nokta yer alıyordu. Biri askeri harekâtın durdurulması, diğeri de konferansa, barışa ilişkindi.

Biz, Rumeli'de ulusal sınırımıza kadar Doğu Trakya'yı tamamen almadıkça, askeri hareketten vazgeçemezdik. Ancak, yurdumuzun bu kısmından düşman birliklerinin çıkarılması durumunda böyle bir hareketi sürdürmeye kendiliğinden gerek kalmayacaktı. Bu notada, Venedik veya başka bir şehirde toplanacak olan İngiltere, Fransa, İtalya, Japonya, Romanya, Sırp-Hırvat-Sloven Devleti ve Yunanistan'ın çağrılacağı bir konferansa, delegelerimizi göndermeyi uygun görüp görmeyeceğimiz sorulmakla beraber, görüşmeler sırasında Boğazlar'daki tarafsız bölgelere tarafımızdan asker gönderilmemesi şartıyla, Edirne de içinde olmak üzere Meriç'e kadar Trakya'nın bize geri verilmesi hakkındaki isteğimize iyi gözle bakılacağı bildiriliyordu.

Notada, Boğazlar'dan, azınlıklardan, Milletler Cemiyeti'ne girmemizden de söz edilmekteydi.

Konferansın toplanmasından önce, Yunan birliklerinin, İtilaf devletleri komutanlarının çizecekleri bir sınırın gerisine çekilmesi için, İtilaf devletlerinin nüfuzunu kullanacağı sözü verilmekte ve bu konuda görüşülmek üzere Mudanya veya İzmit'te bir toplantı yapılması önerilmekteydi.

Mudanya Konferansı

29 Eylül 1922 tarihinde, bu notaya verdiğim kısa bir yanıtta, Mudanya Konferansı'nı kabul ettiğimi bildirdim. Fakat, Meriç nehrine kadar Trakya'nın derhal bize geri verilmesini istedim. 3 Ekim'de toplanmasının uygun olacağını söylediğim Mudanya Konferansı'na, Başkomutanlık adına olağanüstü yetkiyle Batı Cephesi Orduları Komutanı İsmet Paşa'yı delege olarak görevlendirdiğimi bildirdim. Bu notaya hükümetçe de 4 Ekim 1922 tarihli ayrıntılı bir yanıt verildi. Bu yanıtta, konferans yeri için İzmir önerildi. Boğazlar sorunu dolayısıyla, Rusya, Ukrayna ve Gürcistan cumhuriyetlerinin de çağrılması istendi ve diğer sorunlar hakkında da görüşlerimiz kısaca bildirildi.

Mudanya'da, İsmet Paşa'nın başkanlığında, İngiltere Delegesi General Harrington, Fransa Delegesi General Charpy, İtalya Delegesi General Monbelli'den oluşan konferans toplandı. Bir hafta kadar devam eden tartışmalı görüşmelerden sonra, 11 Ekim'de Mudanya Ateşkes Antlaşması imzalandı. Böylece, Trakya anavatana katıldı.

Efendiler, zaferin ardından bizim İzmir'deki siyasi görüşmelerimiz üzerine, Ankara'da Bakanlar Kurulu'nun, daha doğrusu bazı bakanların telaşlandıkları anlaşıldı.

Askeri görevimin sona ermiş olduğunu, bundan sonraki siyasi işlerin Bakanlar Kurulu'na ait olduğunu sezdirecek şekilde, beni Ankara'ya davet ettiler. Oysa ne askeri görevim sona ermişti ve ne de siyasi ve diplomatik konularla bağlantıyı ve uğraşmayı gereksiz bulabilirdim. Dolayısıyla, İzmir'den, ordunun başından ve başlattığım siyasi ilişkilerden uzaklaşamazdım. Bundan dolayıdır ki, benimle görüşmek isteğinde ve ısrarında bulunan Bakanlar Kurulu üyelerinin veya ilgili bakanların İzmir'e, yanıma gelmelerini önerdim. Bakanlar Kurulu Başkanı Rauf Bey'le Dışişleri Bakanı Yusuf Kemal Bey geldiler.

Rauf Bey İzmir'de bana bazı özel dileklerde de bulundu. Örneğin, Ali Fuat Paşa ile Refet Paşa'nın zafer sebebiyle yükseltilmelerini ve kendilerine uygun birer görev verilerek gönüllerinin hoş edilmesini rica ettiler. Bildiğiniz gibi, savaştan önce Ali Fuat ve Refet paşaları harekete katmak için çeşitli yollarla girişimde bulunmuştum, fakat başarılı olamadım. Zaferden dolayı, savaşta fiili olarak hizmet edip yararlılık göstermiş komutanlar ve subaylar yükseltilerek ve takdir edilerek elbette ödüllendirilmişlerdi. Askeri harekâta katılmaktan kaçınan kişilerin de doğrudan orada bulunanlarla beraber ödüllendirilmeleri kuşkusuz kötü etki yapabilirdi. Özetle, Rauf Bey'e dileklerini yerine getiremeyeceğimi söyledim. Fakat Ali Fuat Paşa Meclis ikinci başkanı bulunduğuna göre, makam ve görevi kendisini memnun edebilecek bir düzeydeydi. Yalnız açıkta bulunan Refet Paşa'ya uygun bir görev bulmaya çalışacağıma söz verdim. Kendisini İzmir'e davet etmesini söyledim. Refet Paşa İzmir'e gelmişti. Fakat bu geliş tam benim Ankara'ya döndüğüm geceye rastladığı için kendisiyle orada görüşülemedi.

Barış Konferansı'na göndereceğimiz delegeler

Refet Paşa'nın görevlendirilmesi, daha sonra Ankara'dan Bursa'ya yolculuğum sırasında oldu.

Efendiler, İzmir'den Ankara'ya dönüşümde, başlıca Mudanya Konferansı görüşmeleriyle ilgilenildi. Bir taraftan da Bakanlar Kurulu'nda, Meclis'te, komisyonlarda, Barış Konferansı'na gönderilebilecek delege heyeti söz konusu oluyordu. Bakanlar Kurulu Başkanı Rauf Bey, Dışişleri Bakanı Yusuf Kemal Bey ve Sağlık bakanı bulunan Rıza Nur Bey, gidecek delege heyetinin doğal üyeleri gibi görülüyordu. Ben, henüz bu konuda kesin düşünce ve kararımı belirlememiştim. Ancak Rauf Bey'in başkanlığı altındaki bir heyetin bizim için yaşamsal önemi olan bir konuda başarılı olacağına güvenemiyordum. Rauf Bey'in de kendisini zayıf görmekte olduğunu hissediyordum. Danışman olarak İsmet Paşa'nın yanına verilmesini önerdi. Bu öneriyle ilgili görüşümü belirtirken, "İsmet Paşa'dan danışman olarak elde edilecek yarar sınırlıdır. İsmet Paşa başkan olursa, kendisinden en üst düzeyde yarar sağlanacağına ben de inanıyorum" dedim. Bu nokta üzerinde fazla görüşülmedi. Ondan sonra, Rauf Bey, delege heyetine kimlerin gireceği konusundaki türlü çalışmalarını sürdürdüler. Ben buna önem verir görünmedim.

Cumhurbaşkanı Mustafa Kemal Atatürk bir yurt gezisinde.
İş Bankası Müzesi Arşivi.

İsmet Paşa'nın Dışişleri Bakanlığı'na ve Delege Heyeti Başkanlığı'na seçilmesi

Mudanya Konferansı sona ermişti. İsmet Paşa ve Genelkurmay Başkanı Fevzi Paşa Bursa'da bulunuyorlardı. Kendileriyle görüşmek üzere Bursa'ya gittim. Beraberimde Milli Savunma Bakanı Kâzım Paşa vardı. Doğuda aleyhindeki fikri ve eylemli tepkilerden dolayı görev yapma imkânı göremediğinden Ankara'ya gelmek zorunda kalan Kâzım Karabekir Paşa'yı ve İstanbul'da kendisine görev vermek üzere de Refet Paşa'yı birlikte götürdüm. Bursa'da kaldığım günler içerisinde, bilindiği üzere, Refet Paşa'yı İstanbul'a gönderdim. İsmet Paşa'nın da, delege heyeti başkanlığı görevini yapıp yapamayacağını, mevcut bunca bilgime rağmen, bir daha inceledim. Mudanya Konferansı'nı nasıl yönettiğini ayrıntılarıyla anlamaya çalıştım. İsmet Paşa'nın kendisine, planlarımla ilgili hiçbir kelime söylemiyordum. Sonunda olumlu olarak kararımı verdim. İsmet Paşa'nın delege heyeti başkanı olması için, daha önce Dışişleri bakanı olmasını uygun gördüm. Bunu sağlamak için doğrudan Dışişleri Bakanı Yusuf Kemal Bey'e özel ve gizli olarak yazdığım bir şifre telgrafta kendisinin Dışişleri Bakanlığı görevinden ayrılmasını ve yerine İsmet Paşa'nın seçilmesine yardımcı olmasını rica ettim.

Ankara'dan hareketimden önce Yusuf Kemal Bey bana, delege heyeti başkanlığı görevini en iyi İsmet Paşa'nın yapabileceğini söylemişti. Yusuf Kemal Bey'den kendisine bildirdiğim hususu iyi karşılayarak gereğine giriştiğine ilişkin yanıt aldım.

Lozan Barış Konferansı'na davet

İşte, ondan sonraydı ki, İsmet Paşa'ya bir oldubittiyle Dışişleri bakanı olacağını ve ondan sonra da Barış Konferansı'na Delege Heyeti başkanı olarak gideceğini söyledim. Paşa, birdenbire şaşırdı. Asker olduğunu söyleyerek, nazikçe bu görevi yerine getiremeyeceğini söyledi. En sonunda, önerimi bir emir kabul ederek buna uydu. Tekrar Ankara'ya döndüm. Bu sırada, 28 Ekim 1922'de İtilaf devletleri tarafından Lozan'da toplanacak olan Barış Konferansı'na davet olunduk. İtilaf devletleri, hâlâ İstanbul'da bir hükümet tanımak istiyor ve onu da bizimle beraber konferansa davet ediyordu.

Saltanatın kaldırılması

Bu birlikte davet edilme durumu, kişisel egemenliğin kaldırılması işini kesin olarak sonuçlandırdı. Gerçekten de 1 Kasım 1922 tarihli kanun gereğince hilafet ile saltanat birbirinden ayrıldı. İki buçuk yılı aşkın bir zamandan beri fiilen hükmünü yürüten ulusal saltanat doğrulandı. Hilafet, açıklık kazanmış bir hakka sahip olmaksızın bir süre daha bırakıldı.

Efendiler, bu konuda tutanaklara geçmiş yeteri kadar bilgi bulunmaktadır. Konunun özel yönleriyle ilgili noktalar, belki yüce heyetinizi ilgilendirir düşüncesiyle, bazı bilgiler sunacağım:

Bildiğiniz gibi, saltanat ve hilafet makamları ayrı ayrı ve birleşmiş olarak önemli sorunlardan sayılmaktaydı. Bunu doğrulayan bir anımı anlatayım: 1 Kasım 1922 tarihinden önce bize karşı olanlar, Meclis çevresinde benim saltanatı kaldıracağım hakkında telaşlı ve heyecanlı propaganda yapıyorlardı.

Rauf Bey, bir gün Meclis'teki odama gelerek, benimle önemli bazı konular hakkında görüşmek istediğini ve akşam Keçiören'de Refet Paşa'nın evine gidersem daha güzel konuşabileceğimizi söyledi. Rauf Bey'in önerisini kabul ettim. Fuat Paşa'nın da orada bulunmasının bence uygunluğunu sordu. Onu da uygun gördüm. Refet Paşa'nın evinde dört kişi toplandık. Rauf Bey'den dinlediklerimin özeti şuydu: Meclis, saltanat makamının ve belki hilafetin ortadan kaldırılması görüşünün ardından gidildiği endişesiyle sıkıntılıdır. Sizden ve sizin ileride benimseyeceğiniz tutumdan kuşku duymaktadır. Bu nedenle Meclis'e ve dolayısıyla ulus kamuoyuna güven vermeniz gereğine inanıyorum.

Rauf Bey'in saltanat ve hilafet hakkındaki düşüncesi

Rauf Bey'den, saltanat ve hilafet hakkındaki düşünce ve yorumunun ne olduğunu sordum. Verdiği yanıtta şu açıklamalarda bulundu: "Ben" dedi, "saltanat ve hilafet makamına vicdan ve duygu bakımından bağlıyım. Çünkü benim babam, padişahın ekmeği ve nimetiyle yetişmiş, Osmanlı Devleti'nin ileri gelen yöneticileri sırasına geçmiştir. Benim de kanımda o nimetin zerreleri vardır. Ben nankör değilim ve olamam. Padişaha bağlılık borcumdur. Halifeye bağlılığım ise terbiyem gereğidir. Bunlardan başka, genel düşüncem de vardır. Bizde genel durumu tutmak güçtür. Bunu ancak, herkesin erişemeyeceği kadar yüksek görülmeye alışılmış bir makam sağlayabilir. O da, saltanat ve hilafet makamıdır. Bu makamı kaldırmak, onun yerine başka nitelikte bir makam koymaya çalışmak, felaket ve acıya sebep olur. Asla uygun olamaz."

Rauf Bey'den sonra, karşımda oturan Refet Paşa'dan görüşünü sordum. Refet Paşa'nın yanıtı şuydu: "Tamamen Rauf Bey'in düşüncesine ve görüşüne katılırım. Gerçekten de, bizde padişahlıktan halifelikten başka bir yönetim şekli söz konusu olamaz."

Ondan sonra, Fuat Paşa'nın düşüncesini öğrenmek istedim. Paşa, yeni Moskova'dan geldiğinden, durumu, halkın düşünce ve duygularını yeteri kadar incelemeye henüz zaman bulamadığından söz ederek görüşülen konu hakkında kesin bir düşünce ve görüş belirtemeyeceğini söyledi.

Ben onlara kısaca şu yanıtı verdim: "Söz konusu ettiğiniz sorun, bugünün sorunu değildir. Meclis'te bazılarının telaş ve heyecanına da gerek yoktur."

Rauf Bey bu yanıtımdan memnun göründü. Fakat, şu veya bu şekilde, söz konusu sorun etrafında görüşmeye devam edildi. Akşam üzeri başlayan görüşmemiz, bütün gece sabaha kadar uzadı. Rauf Bey'in bir şeyi sağlamak istediğini anladım. Benim hilafet ve saltanat ve gelecekte kişisel olarak alabileceğim tutum hakkında, kendilerine söylediğim ve güven verici buldukları sözleri bana kürsüden doğrudan doğruya Meclis'e söyletmek...

Kendilerine söylediğim sözleri olduğu gibi Meclis'e söylemekte sakınca görmediğimi bildirdim. Fazla olarak bu sözleri kurşunkalemle bir kâğıt parçasına yazdım ve ertesi günü Meclis'te bir sebeple söylev şeklinde söyleyeceğimin sözünü verdim. Bu sözümü yerine de getirdim. Benim bu söylevim, muhalifler tarafından Rauf Bey'in başarısının bir eseri sayılmış ve kendisi takdir edilmiş...

Saltanatın kaldırılması Meclis'te görüşülürken Rauf Bey'e verdiğim görev

Efendiler, belki birtakım kimselere göre Rauf Bey, üstlendiği görevi yerine getirmişti. Ben de genel ve tarihi görevimden, o güne ait evreyi açıkladığım gibi yerine getirmiştim. Fakat genel görevimin emrettiği asıl noktayı yerine getirmek ve uygulamak gerektiği zaman da asla duraksamadım. Tevfik Paşa'nın telgrafları nedeniyle saltanatı hilafetten ayırmaya ve önce saltanatı kaldırmaya karar verdiğim zaman, ilk yaptığım işlerden biri de, derhal Rauf Bey'i Meclis'teki odama çağırmak oldu. Rauf Bey'in, Refet Paşa'nın evinde sabahlara kadar dinlediğim düşünce ve görüşlerini hiç bilmiyormuşum gibi davranarak, ayakta, kendisinden şu istekte bulundum: "Hilafet ve saltanatı birbirinden ayırarak saltanatı kaldıracağız! Bunun uygun olduğuna dair kürsüden bir konuşma yapacaksınız!" Rauf Bey ile bundan başka bir tek kelime konuşmadık. Rauf Bey odamdan çıkmadan önce, aynı amaçla çağırmış olduğum Kâzım Karabekir Paşa geldi. Ondan da aynı şekilde konuşmasını rica ettim.

Efendiler, o tarihe ait Meclis tutanaklarında görüldüğü gibi, Rauf Bey kürsüden bir iki defa konuşma yaptı ve hatta saltanatın kaldırıldığı günün bayram kabul edilmesi önerisini de ortaya attı.

Burada bir nokta, akıllarda düğüm halinde kalabilir. Bana, padişaha bağlılığı korumayı borç bildiğinden, saltanat makamının yerine başka nitelikte bir makamın konmasına çalışmanın yıkım ve acıya sebep olacağından söz etmiş olan Rauf Bey, benim yeni kararımı **öğrendikten sonra ve hele** kararımın desteklenmesi ve saltanatın kaldırılması için Meclis'te bir konuşma yapmasını önermem karşısında, ne düşündüğünü bile söylemeden boyun eğmiştir. Bu tutum ve davranış nasıl yorumlanabilir? Rauf Bey eski inanç ve düşüncelerini değiştirmiş miydi? Yoksa bu düşüncelerinde aslında içten değil miydi? Bu iki noktayı birbirinden ayırmak ve biri üzerinde kesin bir yargıya varmak zordur.

Efendiler, böyle kuşkulu bir yargıda bulunmaya girişmektense, durumun daha iyi anlaşılmasını kolaylaştıracak bazı evreleri, işlemleri ve tartışmaları yüksek heyetinize hatırlatmayı tercih ederim.

Lozan Barış Konferansı'na Tevfik Paşa ve arkadaşları da katılmak istiyordu

Bilginize sunmuştum ki, saltanatın kaldırılması, Lozan Konferansı'na İstanbul'dan da bir delege heyetinin davet edilmesi ve İstanbul'un, yani Vahdettin, Tevfik Paşa ve arkadaşlarının da böyle bir daveti, Türk ulusunun büyük emeklerle, özverilerle elde ettiği kazançları küçültmek, belki de anlamsız kılmak pahasına da olsa, kabul etmelerinden ileri gelmişti.

Tevfik Paşa önce bana bir telgraf çekti. 17 Ekim 1922 tarihli bu telgrafta, Tevfik Paşa, kazanılan zaferin, bundan böyle, İstanbul ve Ankara arasında anlaşmazlık ve ikiliği kaldırmış ve ulusal birliğimizi sağlamış olduğunu yazıyordu. Yani, Tevfik Paşa demek istiyordu ki, ülkede düşman kalmadı, dolayısıyla padişah yerinde, hükümet onun yanında; ulusa düşen de, bu makamların vereceği emirlere uymaktır. Bu durumda, birliğe engel elbette bir şey kalmamış olur. Yalnız, Ankara'dan biraz daha yardım istemek akıllılığını gösteriyordu. O da, Barış Konferansı'na İstanbul ve Ankara'nın birlikte davet edileceğine dayanarak, daha önce tarafımdan, çok gizli talimatı taşıyan bir kişinin olabildiğince hızla İstanbul'a gönderilmesini sağlamaktı.

Tevfik Paşa'ya verilmek üzere, İstanbul'da Hamit Bey'e çektiğim telgrafla "Tevfik Paşa ve arkadaşlarının devlet siyasetini karıştırmaktan vazgeçmemelerinin ne büyük bir sorumluluk doğuracağının açık olduğunu" bildirdim.

Ne yazık ki Hamit Bey, bu telgrafımın aynen Tevfik Paşa'ya bildirilmesi gerektiğinde duraksamış, bunu kendisine gönderilen talimat saymış. Bununla beraber, bu telgrafımın içeriği çerçevesinde, Tevfik Paşa'ya üç gün içinde beş kere bildirimde bulunmuş. Hatta Tevfik Paşa ve çalışma arkadaşlarının konferansa delege göndermemeleri için gazete ve ajanslara verilmesi gereken demecin esaslarını içeren bir taslağı bile kendisine göndermiş.

Çıkarlarını kirli bir tahtın çürümüş, çökmüş ayaklarına sarılmakta bulanlar

Bütün çıkarlarını yalnız kirli bir tahtın çürümüş, çökmüş ayaklarına sarılmakta gören Tevfik Paşa ve benzeri paşalardan meydana gelen Vahdettin hükümetinin, gizli amaçlarını mutlaka kabul ettirmekten başka hiçbir şeyle uğraşmadıkları anlaşılıyordu. Tevfik Paşa, bana çektiği telgrafla verilen yanıttan haberi olmadığını bildirdikten sonra, doğrudan doğruya 29 Ekim 1922 tarihli telgrafıyla ve sadrazam unvanıyla Meclis Başkanlığı'na başvurdu.

Başvuru telgrafının içeriği, Osmanlı devrinin Tevfik Paşalarına yaraşır bir biçimdeydi.

Tevfik Paşa ve arkadaşları, bu telgraflarında, kazanılan başarıların elde edilmesine hizmet ettiklerinden söz edecek kadar cesaret gösterebilmişlerdir.

Efendiler, yasadışı olarak Osmanlı Devleti'nin hükümeti adını taşımak aymazlığında bulunan, Tevfik Paşa, Ahmet İzzet Paşa ve benzerlerinden meydana gelen son Osmanlı hükümeti üzerinde daha fazla durmak yararsızdır. Sözümü Meclis görüşmelerine getireceğim.

Söz konusu sorun dolayısıyla, Meclis'te 30 Ekim 1922 günü görüşmeler başladı. Pek çok konuşmacı birçok sözler söylediler. İstanbul'daki Osmanlı hükümetlerini, Ferit Paşa döneminden sonra, Tevfik Paşa perdesinin açıldığını ve bu perdeyi açanların anlayıştan, vicdandan yoksun birtakım insanlar olduğunu açıklayarak, bu adamlara gereken yasal işlemin yapılmasını istediler.

"Böyle bir anlayışı taşıyan, yani, bize bu kadar ahmakça önerilerde bulunan kişiler .... gerçekten Babıâli'nin tarihsel kimliğine imza koyan ve her şeyden çok oraya bağlı olan kişilerdir..." dediler.

İstanbul'da, hükümetin adını ve amacını takınan adamların, Hıyanet-i Vataniye Kanunu'na göre cezalandırılmasına ait önergeler okundu.

Efendiler, Osmanlı İmparatorluğu'nun sona erdiğini, yeni bir Türkiye Devleti'nin doğduğunu, Teşkilat-ı Esasiye Kanunu'yla egemenlik haklarının ulusa ait bulunduğunu ifade eden bir önerge hazırlandı. Sekseni aşkın arkadaşa imza ettirildi. Bu önergede benim de imzam vardır.

Bu önerge okunduktan sonra, ciddi olarak bize karşı tavır alanların başında iki kişi göründü. Bunlardan biri, Mersin Milletvekili Albay Salahattin Bey'dir. İkincisi, İzmir'de asılan Ziya Hurşit'tir. Bunlar, saltanatın kaldırılmaması düşüncesinde olduklarını açıkça gösterdiler.

Osmanlı saltanatının kaldırılması kararının verildiği gün Teşkilat-ı Esasiye, Şer'iye ve Adliye komisyonlarının ortak toplantısı

Efendiler, 31 Ekim 1922 günü Meclis toplanmadı. O gün Müdafaa-i Hukuk Grubu toplantısı oldu. Bu toplantıda, Osmanlı saltanatının kaldırılmasının zorunlu olduğu hakkında konuşma yaptım. 1 Kasım 1922 günü Meclis toplantısında aynı konuda uzun tartışmalar oldu. Meclis'te de ayrıntılı bir konuşma yapmak gereğini duydum. İslam ve Türk tarihinden örnekler vererek hilafet ve saltanatın ayrılabileceğini, ulusal egemenlik ve saltanat makamının Türkiye Büyük Millet Meclisi olabileceğini, tarihi olaylara dayanarak açıkladım. Hulâgû'nun Halife Mutasım'ı idam ederek dünya yüzünde gerçekten hilafete son verdiğini ve 1517'de Mısır'ı ele geçiren Yavuz, orada unvanı halife olan bir sığınmacıya önem vermeseydi, hilafet unvanının zamanımıza kadar miras kalmış bulunmayacağını anlattım.

Bundan sonra, konuyla ilgili önergeler üç komisyona, Teşkilat-ı Esasiye, Şer'iye ve Adliye komisyonlarına gönderildi. Bu üç komisyon üyelerinin bir araya gelip, konuyu bizim güttüğümüz amaca uygun bir çözüme bağlaması elbette güçtü. Durumu yakından ve doğrudan doğruya izlemek gerekti.

Ortak komisyona anlattığım gerçek

Üç komisyon bir odada toplandı. Başkanlığına Hoca Müfit Efendi'yi seçti. Konuyu görüşmeye başladılar. Şer'iye Komisyonu'nda bulunan hoca efendiler, hilafetin saltanattan ayrılamayacağını, bilinen safsatalara dayandırarak ileri sürdüler. Bu iddiaları yanıtlamak ve çürütmek için serbestçe konuşması gerekenler ortaya çıkar görünmediler. Biz çok kalabalık olan aynı odanın bir köşesinde tartışmayı dinliyorduk. Bu şekilde, görüşmelerin istenilen sonuca kavuşmasını beklemek boşunaydı. Bunu anladık. Sonunda ortak komisyon başkanından söz aldım. Önümüzdeki sıranın üstüne çıktım. Yüksek sesle şu konuşmayı yaptım: "Efendiler" dedim, "egemenlik ve saltanat, hiç kimse tarafından, hiç kimseye, bilim gereğidir diye, görüşmeyle, tartışmayla verilmez. Egemenlik, saltanat, kuvvetle ve zorla alınır. Osmanoğulları, zorla Türk ulusunun egemenlik ve saltanatına el koymuşlardı. Bu zorbalıklarını altı yüzyıl sürdürmüşlerdi. Şimdi de Türk ulusu bu saldırganların hadlerini bildirerek, egemenlik ve saltanatını, ayaklanarak, kendi eline gerçekten almış bulunuyor. Bu bir oldubittidir. Söz konusu olan, ulusa saltanatını, egemenliğini bırakacak mıyız, bırakmayacak mıyız sorunu değildir. Sorun, zaten oldubitti haline gelmiş bir gerçeği ifadeden ibarettir. Bu, kesinlikle olacaktır. Burada toplananlar, Meclis ve herkes sorunu doğal karşılarsa, fikrimce uygun olur. Aksi takdirde, yine gerçek, yöntemine uygun olarak ifade olunacaktır. Fakat, ihtimal bazı kafalar kesilecektir.

İşin bilimsel yönüne gelince, hoca efendilerin hiç merak ve endişelerine gerek yoktur. Bu konuda bilimsel açıklamalar yapayım" dedim ve uzun uzadıya birtakım açıklamalarda bulundum. Bunun üzerine Ankara milletvekillerinden Hoca Mustafa Efendi, "Bağışlayınız efendim" dedi, "biz konuyu başka bakış açısından ele alıyorduk; açıklamalarınızdan aydınlandık." Sorun, ortak komisyon tarafından çözülmüştü.

Osmanlı saltanatının yıkılış ve sona eriş töreninin son evresi

Süratle kanun tasarısı hazırlandı. Aynı günde Meclis'in ikinci oturumunda okundu. Ad okunarak oya konulması önerisine karşı, kürsüye çıktım. Dedim ki: "Buna gerek yoktur. Ülkenin ve ulusun bağımsızlığını sonsuza kadar koruyacak ilkeleri, yüce Meclis'in oybirliğiyle kabul edeceğini sanıyorum." "Oylansın" sesleri yükseldi. Sonunda, başkan oya koydu ve "Oybirliğiyle kabul edilmiştir" dedi. Yalnız olumsuz bir ses işitildi: "Ben buna karşıyım!.." Bu ses "Söz yok!" sesleriyle boğuldu. İşte efendiler, Osmanlı saltanatının yıkılış ve sona eriş töreninin son aşaması bu şekilde geçmiştir.

Hain Vahdettin bir İngiliz savaş gemisiyle İstanbul'dan kaçıyor

17 Kasım 1922 tarihli resmi bir telgrafın ilk cümlesi şuydu: "Vahdettin Efendi bu gece saraydan ayrılmıştır." Bu telgrafın bir iki cümlesini daha 18 Kasım 1922 gününe ait Meclis tutanaklarından okumuşsunuzdur. Fakat telgrafın aslında, bu ayrılışa kimlerin yardım etmiş olabileceğinden, kutsal emanetlerin korunma şeklinden ve diğer konulardan söz eden alt tarafı da vardır.

Aynı gün Meclis'te okunmuş olan bir mektup örneğiyle, ona ekli –ajanslarla yayımlanmış– bir bildiri örneğini de tekrar okuyalım:

Mektup Örneği

17 Kasım 1922

Bir kopyasını ilişik olarak sunduğum resmi bildiride açıklandığı gibi, Padişah Hazretleri İngiltere'nin koruyuculuğu altına girerek bir İngiliz savaş gemisiyle İstanbul'dan ayrılmıştır...

İmza
Harrington

Ekli olan bildiri örneği

Resmen bildirilir ki, Padişah Hazretleri bugünkü durum karşısında özgürlük ve yaşamını tehlikede gördüğünden, bütün Müslümanların halifesi sıfatıyla İngiliz korumasını ve aynı zamanda İstanbul'dan başka bir yere götürülmesini istemiştir. Padişah Hazretleri'nin isteği bu sabah yerine getirilmiştir. Türkiye'deki İngiliz kuvvetlerinin başkomutanı General Sir Charles Harrington, Padişah Hazretleri'ni almaya giderek, bir İngiliz savaş gemisine

Mustafa Kemal Paşa bir askeri tatbikatta. ATASE Arşivi.

kadar kendisine eşlik etmiş ve Padişah Hazretleri vapurda Akdeniz Filosu Genel Komutanı Amiral Sir de Brock tarafından karşılanmıştır. İngiltere Olağanüstü Komiser Vekili Sir Nevile Henderson, Padişah Hazretleri'ni gemide ziyaret ederek Kral V. George'a bildirilmek üzere isteklerini sormuştur.

General Harrington'un Ulviye Sultan adında bir kadına gönderdiği Fransızca bir mektup da vardır. Bu mektup, hiçbir yanıt verilmemiş olduğu notuyla aynen Refet Paşa'ya gönderilmiş. O da bize, 25 Kasım 1922 tarihinde bir örneğini göndermişti. Fransızca mektubun bize gönderilen Türkçe örneği şudur:

Sultan Hanımefendi Hazretleri, şu anda Malta'ya yaklaşmakta bulunan Padişah Hazretleri'nden, ailesinin durumu hakkında bilgi ricasını içeren bir telsiz aldım. Bu konuda, geçen cumartesi Yıldız Sarayı'ndan bilgi almış ve Kadınefendi Hazretleri'nin gayet sağlıklı ve keyiflerinin yerinde olduklarını öğrenmiş ve hemen Padişah Hazretleri'ne sunmuştum. Eğer Padişah Hazretleri'nin ailesi hakkında bilgi verebilirseniz, onu derhal Padişah Hazretleri'ne sunmakla mutlu olurum. Padişah Hazretleri'nin karşı karşıya bulundukları güçlükler dolayısıyla en içten dileklerimin yüksek şahsınıza ve Padişah Hazretleri'nin ailesine ulaştırılmasına izninizi ve en derin saygılarımın kabulünü rica ederim.

İmza
Harrington

Efendiler, bu son mektup uğraşmaya değer nitelikte değildir. Bundan başka, General Harrington'un, İstanbul'daki askeri memurumuza yazdığı mektubun ve ekinin içeriği hakkında görüş belirtmeyi de gereksiz bulurum.

Asil bir ulusu utanılacak bir duruma düşüren sefil

Kamuoyunu gerçek durumla karşı karşıya bırakmayı tercih ederim. **Saltanatın atadan oğula geçmesi gibi yanlış bir usulün sonucu olarak, büyük bir makam, tantanalı bir unvan elde edebilmiş bir sefilin, gururu çok yüksek, asil bir ulusu nasıl utanılacak bir duruma düşürebileceği, o zaman daha doğal olarak anlaşılır.**

Gerçekten, her ne sebep ve biçimde olursa olsun, Vahdettin gibi özgürlüğünü ve yaşamını ulusu içinde tehlikede görebilecek kadar alçak bir yaratığın, bir dakika bile olsa, bir ulusun başında bulunduğunu düşünmek ne acıklıdır! Teşekküre değerdir ki, bu alçak, kendisine miras kalan saltanat makamından ulus tarafından düşürüldükten sonra, alçaklığını tamamlamış bulunuyor. Türk ulusunun bu erken davranışı elbette övülmeye değerdir.

Beceriksiz, alçak, duygu ve anlayıştan yoksun bir yaratık, kabul eden herhangi bir yabancının koruması altına girebilir; fakat, böyle bir yaratığın bütün Müslümanların halifesi sıfatına sahip bulunduğunu söylemek elbette uygun değildir. Böyle bir anlayışın doğru olabilmesi, öncelikle bütün Müslüman toplulukların tutsak olmaları koşuluna bağlıdır. Oysa, dünyada gerçek böyle midir? Biz Türkler bütün tarihimiz boyunca özgürlük ve bağımsızlığa sembol olmuş bir ulusuz! Değersiz hayatlarını iki buçuk gün daha fazla ve alçakça sürükleyebilmek için her türlü alçalmayı sakıncasız gören halifeler oyununu da sahneden kaldırabildiğimizi gösterdik. Böylece devletlerin, ulusların birbirleriyle ilişkilerinde, kişilerin, özellikle içinde bulundukları devlet ve ulusun zararına da olsa kişisel durum ve yaşamlarından başka bir şey düşünemeyecek alçakların önemi olamayacağı yolundaki bilinen gerçeği doğruladık.

Uluslararası ilişkilerde mankenlerden yararlanma sistemine ilgi gösterme dönemine son vermek, uygar dünyanın içten dileğini oluşturmalıdır!

Abdülmecit Efendi'nin Büyük Millet Meclisi tarafından halife seçilmesi

Saygıdeğer efendiler, Türkiye Büyük Millet Meclisi'nde kaçak halife makamından indirildi. Yerine, sonuncu halife olan Abdülmecit Efendi seçildi.

Meclis tarafından yeni halife seçilmeden önce, seçilecek kişinin de padişahlık sevda ve davasına kapılarak herhangi bir yabancı devlete sığınması olasılığını ortadan kaldırmak gerekti. Bunun için, İstanbul'da bulunan görevlimiz Refet Paşa'ya, Abdülmecit Efendi ile görüşerek ve hatta elinden Türkiye Büyük Millet Meclisi'nin hilafet ve saltanat hakkında aldığı kararı tamamen kabul ettiğine dair bir de belge alarak göndermesini yazdım. Bu yazdıklarım yapılmıştır.

18 Kasım 1922 günü İstanbul'da Refet Paşa'ya yazdığım bir şifre telgrafla da verdiğim talimatta başlıca şu noktaları belirtmiştim: "Abdülmecit Efendi, Müslümanların halifesi unvanını kullanacaktır. Bu unvana başka sıfat ve kelime eklenmeyecektir. İslam dünyasına duyurulmak üzere hazırlayacağı bir bildiriyi, sizin aracılığınızla önce bize şifre olarak bildirecektir. Onaylandıktan sonra tekrar şifreyle ve yine sizin aracılığınızla kendisine bildirilecek, ondan sonra yayımlanacaktır. Bu bildirinin metnini başlıca şu noktalar oluşturacaktır:

a) Türkiye Büyük Millet Meclisi'nin kendisini hilafete seçmesinden açıkça memnuniyet belirtilecektir.

b) Vahdettin Efendi'nin davranışı ayrıntılı olarak ele alınıp kötülenecektir.

c) Teşkilat-ı Esasiye Kanunu'nun onuncu maddesine kadar olan hükümleri uygun bir şekilde açıklanarak ve önemli olan ifadeleri aynen tekrarlanarak Türkiye Devleti'nin ve Büyük Millet Meclisi'nin ve hükümetinin kendine özgü niteliğinin ve yönetim şeklinin Türkiye halkı ve bütün İslam dünyası için en yararlı ve en uygun olduğu belirtilip saptanacaktır.

d) Türkiye ulusal halk hükümetinin geçmiş hizmetlerinden ve teşekküre değer çalışmalarından övgüyle söz edilecektir.

e) Bu bildiride, yukarıda bildirilmiş noktalardan başka, siyasi sayılabilecek bir nokta ve düşünce söz konusu edilmeyecektir.

19 Kasım 1922 tarihli açık bir telgrafla da Abdülmecit Efendi'ye, "Türkiye Devleti'nin egemenliğini kayıtsız şartsız ulusa veren Teşkilat-ı Esasiye Kanunu'na göre yürütme gücü ve yasama yetkisi kendisinde belirmiş ve toplanmış bulunan, ulusun tek ve gerçek temsilcilerinden meydana gelen Türkiye Büyük Millet Meclisi'nin 1 Kasım 1922 tarihinde oybirliğiyle kabul ettiği gerekçe ve esaslar çerçevesinde, yüce Meclis'in 18 Kasım 1922 tarihinde yapılan oturumunda halifeliğe seçilmiş olduğunu" bildirdim.

19 Kasım 1922 tarihli bir şifre telgrafla Refet Paşa, çektiğimiz telgraflara yanıt veriyordu. Abdülmecit Efendi, "imzasının üstünde Müslümanların halifesi ve **Hadimülharemeyn**[22] unvanlarının bulunmasının ve cuma selamlığında kaftan giymesinin ve Fatih'inki gibi bir **sarık** sarınmasının mümkün ve uygun olacağı" görüşünü dile getirmiş. İslam dünyasına yayımlayacağı bildiri metninde, Vahdettin Efendi hakkında bir şey söyleyemeyeceğini bildirmiş. Bildiri İstanbul gazetelerinde yayımlanırken Türkçesiyle beraber bir de Arapça örneğinin yayımlattırılması düşüncesini ortaya atmış.

Refet Paşa'ya telgraf başında 20 Kasım 1922 günü verdiğim yanıtta, Müslümanların halifesi unvanıyla beraber Hadimülharemeynişşerifeyn tabirinin kullanılmasını uygun bulduğumu söyledim. Cuma töreninde Fatih'in kıyafetine girmesini doğal bulmadım. Redingot veya istanbulin giyebileceğini, askeri ünifor-

---

22 Mekke ve Medine'nin hizmetkârı anlamına gelen, Yavuz Sultan Selim'den sonra Osmanlı padişahlarına verilen bir unvan (y. n.).

manın elbette söz konusu olamayacağını bildirdim. Yayımlanacak bildiride Vahdettin'in adı anılmaksızın eski halifenin manevi kişiliğinden ve zamanında düşülen düzeysizlikten söz edilmesinin gerekli olduğu görüşünü belirttim.

Abdülmecit Efendi, babasının adı dolayısıyla da olsa "Han" unvanından vazgeçemiyor

Refet Paşa'dan 20 Kasım 1922'de aldığım şifre telgrafın birinci maddesinde Refet Paşa diyordu ki: "Abdülmecit Efendi'nin 19 Kasım 1922 tarihli yazılarının altında **Halife-i Resulûllâh** Hadimülharemeynişşerifeyn[23] unvanının altında Abdülmecit bin Abdülaziz Han[24] imzası kullanılmıştır."

Efendiler, yaptığımız uyarıyı iyi karşıladığını bildiren Abdülmecit Efendi, "Müslümanların halifesi" yerine "Peygamberin halifesi" ve babasının adı dolayısıyla "Han" unvanlarını kullanmaktan kendini alamamıştır. Birtakım düşünceler ileri sürdükten sonra da, Vahdettin hakkındaki açıklamadan vazgeçtiğini, çünkü "başkasının kötü işlerini söz konusu etmek şeklinde bile olsa, bu türlü açıklamanın kendi prensip ve karakterine ağır geleceğinin açık olduğunu" bildirmiş. Bu husus, telgrafın ikinci maddesinde yer alıyordu. Telgrafın üçüncü maddesini, benim Meclis başkanı sıfatıyla kendisine halifeliğe seçildiğini bildiren telgrafıma yazdığı yanıt oluşturuyordu. Bu yanıtta"Ankara'da Türkiye Büyük Millet Meclisi Başkanı Mareşal Gazi Mustafa Kemal Paşa Hazretleri'ne" diye, doğrudan şahsıma hitap eden bir başlık kullanılmıştı. Dördüncü maddede, İslam dünyasına sunacağı bildiri örneği vardı. Bu bildirinin yazıldığı İstanbul'un, "Yüce Hilafet Merkezi" olduğu da özenle belirtilmişti.

21 Kasım 1922 tarihli bir telgrafta, "'Peygamberin halifesi' yerine, önceden bildirdiğimiz gibi 'Müslümanların halifesi' denilecektir" dedik. Kendisine, hilafeti bildiren telgrafımıza vereceği yanıtın şahsıma değil, Türkiye Büyük Millet Meclisi Başkanlığı'na yazılmasını hatırlattık. Yazılarında, siyasi ve genel konuları kapsayan kelimeler olduğundan ve bunlardan kaçınması gerektiğinden söz ettik.

Efendiler, önemsiz ayrıntı gibi kabul edilmesi pek mümkün olan bu açıklamalarımla işaret etmek istediğim temel nokta şudur: Ben, kişisel egemenliğin kaldırılmasından sonra, başka unvanla aynı nitelikte bir makamdan sayılması gereken hilafetin de kaldırılmış olduğunu kabul ediyordum. Bunun, uygun bir zaman ve fırsatta açıklanmasını doğal buluyordum. Halife seçilen Abdülmecit Efendi'nin bu gerçeğin büsbütün farkında olmadığı ileri sürülemez. Özellikle, kendisinin halife unvanıyla saltanat sürmesinin olanak ve koşullarını hazırlayıp sağlayabileceklerini hayal edenlerin varlığı düşünülürse, Abdülmecit Efendi'nin ve tabii taraftarlarının saf ve aymaz olduklarını sanmak asla uygun olamazdı.

---

23 Peygamberin halifesi, Mekke ve Medine'nin hizmetkârı (y. n.).

24 Abdülaziz Han'ın oğlu Abdülmecit (y. n.).

Halife olacak kişinin sıfat ve yetkisi ne olacaktı?

Şimdi, isterseniz, halife seçimi dolayısıyla Meclis'in 18 Kasım 1922 günü gizli oturumlarında geçen görüşmeler hakkında kısa bir bilgi vereyim.

Meclis'te sorunu çok ciddi ve önemli görenler vardı. Özellikle hoca efendiler kendi uzmanlıklarıyla ilgili bir konu bulduklarından, çok dikkatli ve uyanık durumdaydılar. Bir halife kaçmış... Onu makamından indirmek, yenisini seçmek... Sonra, yenisini İstanbul'da bırakmayıp Ankara'ya getirmek... Ulusun ve devletin yakından başına geçirmek... Özetle, halifenin kaçması yüzünden Türkiye'de, bütün İslam dünyasında karışıklık meydana çıkmış veya çıkacakmış... Onun için önlemler alınmalı imiş... şeklinde görüşler, endişeler ileri sürülüyordu.

Bazı konuşmacılar da, halife olacak kişinin sıfat ve yetkisinin ne olacağını saptamak gereğinden söz ediyorlardı.

Ben de görüşme ve tartışmalara katıldım. Konuşmalarımın çoğu, ileri sürülen görüşlere yanıt niteliğindeydi. Söylediklerimin esasları şu cümleler içinde yer alıyordu:

"Söz konusu sorun fazlasıyla tartışılıp analiz edilebilir. Fakat, tartışma ve analizlerde ne kadar ileri gidersek, sorunu çözmekte o kadar güçlük çeker, gecikmeye uğrarız. Yalnız şu noktaya hepinizin dikkatini çekerim: Bu Meclis, Türkiye halkının meclisidir. Bu Meclis'in sıfat ve yetkileri yalnız ve ancak Türkiye halkının ve Türk vatanının varlığı ve kaderiyle ilgili olabilir ve onlar üzerinde etki yapabilir. Meclisimiz, kendi kendine bütün İslam dünyasını kapsayan bir güç kazanamaz efendiler! Türk ulusu ve onun temsilcilerinden meydana gelmiş olan Meclisimiz, kendi varlığını, halife unvanını taşıyan veya taşıyacak olan bir kişinin eline veremez ve vermeyecektir efendiler! Bundan dolayı İslam dünyasında karışıklık varmış veya olacakmış. Bunların hepsi anlamsız ve yalan sözlerdir. Kim söylemişse yalan söylemiştir, yalan söylüyor."

Bu sözüme karşı çıkan bir kişiye yanıt verdim, açıkça dedim ki:

– Sen yalan söyleyebilirsin, yeteneklisin!..

Efendiler, ortalığı gürültüye vermenin gereği olmadığını açıkladıktan sonra dedim ki: "Bizim, dünya gözünde en büyük güç ve kudretimiz, yeni şekil ve niteliğimizdir. Hilafet makamı tutsaklık altında olabilir. Halife adını taşıyanlar yabancılara sığınabilirler. Düşmanlar ve halifeler beraber olabilirler ve her şeyi yapmaya girişebilirler. **Fakat, yeni Türkiye'nin yönetim şeklini, siyasetini, gücünü kesinlikle sarsamazlar.**

Türkiye halkı kayıtsız şartsız egemenliğine sahiptir

Türkiye halkının, kayıtsız şartsız egemenliğine sahip olduğunu bir defa daha ve kesin olarak tekrar ediyorum. Egemenlik, hiçbir anlam, hiçbir şekil ve hiçbir renk ve hiçbir kılavuzlukta ortaklık kabul etmez. Unvanı halife olsun, ne

Cumhurbaşkanı Mustafa Kemal Atatürk Türkiye Büyük Millet Meclisi'nde görüşmeleri izliyor.
İş Bankası Müzesi Arşivi.

olursa olsun, hiç kimse bu ulusun kaderinde ona ortak olamaz. Ulus buna kesinlikle izin vermez. Bunu önerecek hiçbir milletvekili bulunamaz. Bunun içindir ki, kaçak halifeyi makamından indirip yenisini seçmek ve bu konuyla ilgili bütün işlemlerde, **belirttiğim görüşler çerçevesinde hareket etmek zorunludur**. Başka türlüsüne asla olanak yoktur."

Saygıdeğer efendiler, biraz tartışmalı ve gürültülü olmakla beraber, yapılacak işlem üzerinde Meclis çoğunluğuyla görüş birliği sağlandı. Ondan sonraki sonucu da biliyorsunuz.

Saltanatın kaldırılması üzerine İstanbul'da hükümet unvanını taşıyan Tevfik ve İzzet paşalar ve arkadaşlarının saraya istifalarını nasıl verdiklerinden, İstanbul yönetimini düzene sokmak için verdiğimiz direktif ve emirlerden de söz ederek yüce heyetinizi yormayı yararlı bulmuyorum.

Lozan Barış Konferansı

Lozan Konferansı genel toplantısı 21 Kasım 1922 günü yapılmıştır. Bu konferansta Türkiye Devleti'ni İsmet Paşa Hazretleri temsil etti. Trabzon Milletvekili Hasan Bey ve Sinop Milletvekili Rıza Nur Bey, İsmet Paşa'nın başkanlığındaki delege heyetini oluşturuyordu.

Delege heyetimiz, Kasım 1922 başlarında Lozan'a gitmek üzere Ankara'dan ayrıldı.

Efendiler, iki dönemden oluşan, sekiz ay devam eden Lozan Konferansı ve sonucu, dünyanın bildiği bir durumdur.

Bir süre Ankara'da Lozan Konferansı görüşmelerini izledim. Görüşmeler ateşli, tartışmalı geçiyordu. Türk haklarını onaylayan olumlu bir sonuç görülmüyordu. Ben bunu çok doğal buluyordum. Çünkü, Lozan barış masasında ele alınan sorunlar, yalnız üç dört yıllık yeni döneme ait ve onunla sınırlı kalmıyordu. Yüzyılların hesapları görülüyordu. Bu kadar eski, bu kadar karışık, bu kadar kirli hesapların içinden çıkmak, elbette, o kadar basit ve kolay olmayacaktı.

Efendiler, biliyorsunuz ki, yerini yeni Türk Devleti'nin aldığı Osmanlı Devleti *Uhud-ı Atika* [Eski Antlaşmalar] adı altında birtakım kapitülasyonların tutsağıydı. Hıristiyan halk birçok hak ve ayrıcalıklara sahipti. Osmanlı Devleti, Osmanlı ülkesinde oturan yabancılar üzerinde yargı haklarını uygulayamazdı; Osmanlı yurttaşlarından aldığı vergiyi yabancılardan alması engellenmiş bulunuyordu. Devletin varlığını kemiren ve kendi sınırları içinde yaşayan azınlıklarla ilgili önlemler alması mümkün değildi.

Osmanlı Devleti, kendisini kuran asıl topluluğun, Türk ulusunun, insanca yaşamasını sağlayacak önlemleri alma bakımından da engellenmişti; ülkeyi bayındır kılamaz, demiryolu yaptıramazdı. Hatta okul yaptırmak bile serbest değildi. Bu gibi durumlarda yabancı devletler hemen işe karışırlardı.

Osmanlı hükümdarları ve yakınları debdebe ve gösteriş içinde yaşayabilmek için ülke ve ulusun bütün servet kaynaklarını kuruttuktan başka, ulusun her türlü çıkarlarını peşkeş çekerek, devletin onur ve şerefini feda ederek birçok dış borçlanmalar yapmışlardı. O kadar ki, devlet bu dış borçların faizlerini ödeyemeyecek duruma gelmiş, dünyanın gözünde iflas etmiş sayılmıştı.

Osmanlı Devleti'nin dünya gözünde hiçbir değeri kalmamıştı

Efendiler, mirasçısı olduğumuz Osmanlı Devleti'nin dünya gözünde hiçbir değeri, erdemi ve onuru kalmamıştı. Uluslararası hukukun dışında bırakılmış, adeta himaye ve korunmaya muhtaç bir duruma düşmüş kabul ediliyordu.

Geçmişteki görmezlikten gelmeleri, yanlışları biz yapmadığımız halde, aslında yüzyılların birikmiş hesaplarının bizden sorulmaması gerekirken, bu konuda da, dünya ile karşı karşıya gelmek bize düşmüştü. Ulusun ve ülkenin gerçek bağımsızlık ve egemenliğine sahip olmasını sağlamak için bu güçlükleri ve fedakârlığı da göğüslemek bizim üzerimize yüklenmişti. Ben, sonucun mutlaka olumlu olacağına inanıyordum. Türk ulusunun varlığı için, bağımsızlığı için, egemenliği için mutlaka elde etmek ve sağlamak zorunda olduğu esasların dünyaca tanınacağından asla kuşku duymuyordum. Çünkü, gerçekte bu esaslar, kuvvetle ve hak ederek, çalışarak ve maddi olarak elde edilmişti. Konferans masasında istediğimiz, zaten elde edilmiş hususların, yöntem gereği ifade edilmesi ve onaylanmasından başka bir şey değildi. İsteklerimiz, açık ve doğal haklarımızdı. Bundan başka, haklarımızı korumak ve sağlamak için gücümüz de vardı, kuvvetimiz de yeterliydi. En büyük kuvvetimiz, en güvenilmeye değer dayanağımız, ulusal egemenliğimize ulaşmış ve onu çalışarak halkın eline vermiş ve halkın elinde tutabileceğimizi gerçekten kanıtlamış olduğumuzdu.

İşte bu düşüncelere dayanarak, konferansın görüşmelerini sessizce izliyor ve ortaya çıkan karşıt durumlara gereğinden fazla önem vermiyordum.

Halkla yakından temasta bulunmak, ruhsal durum ve düşünsel eğilimleri bir daha incelemek önemliydi

Efendiler, saltanatın kaldırılması, hilafet makamının yetkisiz kalışı üzerine, halkla yakından temasta bulunmak, ruhsal durum ve düşünsel eğilimleri bir daha incelemek önemliydi.

Bundan başka, Meclis son yılına girmiş bulunuyordu. Yeni seçim nedeniyle, Anadolu ve Rumeli Müdafaa-i Hukuk Cemiyeti'ni siyasi bir parti haline getirmeye karar vermiştim. Barış gerçekleşince, cemiyet örgütümüzün siyasi bir partiye dönüşmesini gerekli görüyordum. Bu konuda da kendim halkla görüşüp dertleşmeyi uygun ve yararlı buluyordum. Zaferden sonra, eğitimle uğraşmaya başlamış olan ordumuzu da yakından görmek istiyordum. İşte bu amaçlarla, Batı Anadolu'da bir gezi yapmak üzere 14 Ocak 1923 tarihinde Ankara'dan hareket ettim.

Eskişehir'den başlayıp İzmit, Bursa, İzmir, Balıkesir'de halkı uygun yerlerde toplayarak uzun söyleşilerde bulundum. Halkın bana istedikleri gibi serbestçe sorular yöneltmesini istedim. Sorulan sorulara yanıt olmak üzere, altı saat, yedi saat süren konferanslar verdim.

Saygıdeğer efendiler, hemen her yerde halkın anlamak istediği konularda dikkati çeken noktalar şunlardı:

Lozan Konferansı ve sonucu, ulusal egemenlik ve hilafet makamı, bunların durumları ve ilişkileri, bir de kurmak niyetinde olduğum anlaşılan siyasi parti...

Lozan Konferansı görüşmelerini, cereyan ettiği gibi, her yerde özetleyerek anlatıyordum. Sonucun olumlu olacağı hakkındaki inancımı da belirterek ulusun içinin rahat olmasına çalışıyordum.

Ulusal egemenlik ve hilafet makamının durumları ve ilişkileri

Ulusal egemenlik ve hilafet makamının durumları ve ilişkilerinin ne olduğu hakkında, halkın merak duymak ve kaygılanmakta hakkı vardı... Çünkü, Meclis 1 Kasım 1922 tarihli kararıyla, kişisel egemenliğe dayalı devlet şeklinin 16 Mart 1920 tarihinden başlayarak ve sonsuza dek tarihe karıştığını ilan ettikten sonra, birtakım Şükrü Hocalar "Müslüman kamuoyu kararsızlık ve üzüntülere düşmüştür" diyerek harekete ve çalışmaya geçtiler. "Hilafet demek devlet demektir. Hilafetin hak ve görevlerini ortadan kaldırmak hiç kimsenin, hiçbir meclisin elinde değildir" davasını ortaya atmışlardı. Meclis'in, ulusun kaldırdığı kişisel egemenliği, hilafet makamında devam ettirmek ve padişahın yerine halifeyi geçirmek sevdasına düşmüşlerdi.

Gerçekten de, gerici bir grup, Afyorkarahisar Milletvekili Hoca Şükrü imzasıyla *Hilafet-i İslamiye ve Büyük Millet Meclisi* adıyla bir broşür yayımladı. Ankara'da, 15 Ocak 1923 tarihinde yayımlanan ve bütün Meclis üyelerine dağıtılan bu broşürden, İzmit'te haberdar edildim. Broşürün üzerinde sadece 1923 (1339) yılı yazılmıştı. Fakat broşürün daha ben Ankara'dayken hazırlanıp basıldığı ve benim Ankara'dan ayrılış tarihim olan 14 Ocak 1923 gününün ertesinde ortaya çıkarıldığı anlaşılmıştı.

Şükrü Efendi Hoca ve arkadaşları "Halife Meclis'in, Meclis halifenindir" safsatasıyla Millet Meclisi'ni halifenin danışma kurulu ve halifeyi Meclis'in ve dolayısıyla devletin başkanı gibi göstermek ve kabul ettirmek istemişlerdir.

Halife olan kişiyi umutlandıracak bağlılık gösterileri

Efendiler, halife bulunan kişiyi umutlandıracak bazı bağlılık gösterileri de dikkat çekiyordu. Gizli olarak gerçekleşen bağlılık destekleri ise bizim dışardan tahmin ettiklerimizden daha fazlaymış. Bu konuda bir fikir vermiş olmak için, o sıralarda İstanbul ve Trakya'da görevli temsilcimiz olan Refet Paşa'nın aynı tarihlerde halifeye Konya adında bir at sunması dolayısıyla, kendi kardeşi ve aynı zamanda yaveri Rifat Bey'e yazdığı bir şifre ile halifenin başyaveri aracılığıyla verdiği yanıtı olduğu gibi bilginize sunacağım:

Şifre

Rifat Bey'e: 5.1.1923

Konya'yı Halife Hazretleri'ne sunmak için getirtmiştim. Yalnız şu anda ne durumda olduğunu görmedim. Cesaret edemiyorum. İstanbul'da iyi bir hayvan bulunmayacağını anladığım için, Halife Hazretleri'nin başyaverlerinden de hayvan bulunması konusunda acele etmemelerini bunun için rica etmiştim. Hayvanın Halife Hazretleri tarafından beğenilmesini Allah'ın bir iyiliği kabul ediyorum. Büyük bir atılganlık olacağını bilmekle beraber İstiklal Savaşı'nın tarihi bir anısı olduğu için eski, sadık bir askerin savaş anısı olarak sunduğu Konya'nın Halife Hazretleri tarafından lütfen kabulünü ve Halife Hazretleri'nin en gönülden ve en derin bağlılık duygularıyla ellerini öptüğümün bildirilmesine aracılık etmelerini Başyaver Şekip Bey'den rica ederim. Konya'yı ve bu şifreyi Başyaver Şekip Bey'e hemen teslim ediniz.

Refet

7 Ocak 1923

Trakya Olağanüstü Temsilcisi Refet Paşa Hazretleri'ne

Saygıyla sunarım:

Saygıdeğer kardeşiniz Rifat Bey'in teslim ettiği yüksek şahsınızdan gelen telgrafınızı Halife Efendimize sundum ve gösterdim. Peygamberin vekili olan Halife Hazretleri, gerek tekrar bildirilen içten bağlılık duygularından ve gerek kendilerine sunulan Konya adındaki hayvandan dolayı özellikle memnun oldular ve teşekkür ettiler. Aziz yurdumuzun bağımsızlığının korunması gibi pek kutsal ve yüce bir amacın sağlanmasına çalışan yüksek kişiler arasında seçkin bir yeri olan yüksek kişiliklerinin de yiğitlik ve özveri gösterdikleri er meydanlarından birine adı verilen bu sevimli ve güzel ata sahip olmakla gurur duydular. Yüce Cebrail, evrenin şerefi Peygamberimiz Hazretleri'ne (S.A.S.) peygamberliği bildirdiği gibi, sizin de Halife Hazretleri'ne Peygamber'in vekili olduğunu bildirmenizden dolayı yüce varlığınız, kendilerine bütün hayatlarının en mutlu ve kutsal bir olayını daima hatırlatmaya vesile oluşturacaktır. Yüksek kişiliklerinin bu aziz anıya karışmış olmaları nedeniyle sık sık ve büyük bir sevgiyle hatırlanacakları zaten belli iken, bir de her gün, alışıldığı üzere, bu tatlı ılık bahar rüzgârı gibi koşan ata binildikçe yüksek ve değerli hatıranız hep anılacak, yeniden canlanacaktır. Şu satırlarla Halife Efendimizin gerçekten tertemiz ve değerbilir duygularını ne dereceye kadar anlatabildiğimi bilemem. Bunda başarılı olamadıysam, eksiğimi yüksek şahsınıza, Halife Hazretleri'nin doğrudan doğruya göstermiş ve ifade etmiş oldukları babaca sevgi ve iltifat daha önceden telafi etmiştir, inancıyla avunmaktayım. Bu vesileyle ve son olarak Halife Hazretleri'nin özel selamlarını ve hayır dualarını bildirmek ve müjdelemekle şeref duyar, üstün saygılarımın kabulünü rica ederim, Efendim Hazretleri.

Başyaver

Şekip Hakkı

(Bu yazışma ve karşılıklı övgüleri, biz ancak hilafetin kaldırılmasından ve halife hanedanının ülkeden çıkarılmasından sonra rastlantı sonucu öğrenebildik.)

Din oyunu aktörleri halifeyi bütün Müslümanların hükümdarı yapmak istiyorlardı

Bilginize sunmalıyım ki, Şükrü Efendi Hoca ve onu ve imzasını ileri süren politikacılar, sultan veya padişah unvanını taşıyan bir hükümdar yerine, unvanı halife olan bir hükümdar koyarak konuşmuşlar ve iddialarda bulunmuşlardı. Şu farkla ki, herhangi bir ülke ve ulusun hükümdarı yerine dünyanın değişik yerlerinde topluluklar halinde yaşayan, çeşitli ırktan üç yüz milyonluk bir topluluğa hükmü geçen bir hükümdardan ve onun görevleri ve yetkilerinden söz etmişlerdi. Bu bütün İslam dünyasına egemen büyük hükümdarın eline, kuvvet olarak, üç yüz milyon Muhammet ümmetinden yalnız, on-on beş milyon Türk halkını vermişlerdi. Halife adındaki hükümdar, "Müslümanların işlerini yönetecek ve dünya işlerine ait hükümlerden, onların çıkarlarına en çok uyanları hakkında karar" verecekti. Bütün Müslümanların "haklarını savunacak, işlerine ve sorunlarına etkili bir kararlılık ve iradeyle" sahip çıkacaktı.

Halife adındaki hükümdar, dünya yüzündeki üç yüz milyon Müslüman arasında adaleti devamlı kılacak, yurttaş haklarını gözetecek, güvenlik ve huzuru bozacak olaylara engel olacak, Müslümanlara başka dinden olanlar tarafından yapılması olası saldırıları önleyecekti. İslam toplumunun iyileşmesini sağlamaya hizmet edecek uygarlık ve refah çarelerini hazırlamakla yükümlü bulunacaktı.

Saygıdeğer efendiler, bu kadar bilgisiz, dünyanın hal ve gerçeklerinden bu derece habersiz Şükrü Hoca ve benzerlerinin ulusumuzu aldatmak için, İslam hükümleri diye yayımladıkları safsataların aslında tekrarlanacak değeri yoktur. **Fakat, bunca yüzyıllar boyunca olduğu gibi, bugün de ulusların bilgisizliğinden ve bağnazlığından yararlanarak bin bir türlü siyasi ve kişisel amaçla çıkar sağlamak için dini alet ve araç olarak kullanmak girişiminde bulunanların, içteki ve dıştaki varlığı, ne yazık ki, bizi bu konuda söz söylemekten henüz uzak bulundurmuyor. İnsanlıkta din konusundaki uzmanlık ve derin bilgi, her türlü yanlış inançlardan arınarak gerçek bilim ve tekniğin ışıklarıyla tertemiz ve mükemmel oluncaya kadar, din oyunu aktörlerine her yerde rastlanacaktır.**

Şükrü Hoca'ların ne kadar anlamsız, mantıksız ve uygulanma niteliğinden yoksun fikir ve hükümler savurduklarını anlamamak için, cidden Hoca Efendi gibi Allahlık denilen yaratıklardan olmak gerekir.

Halife ve hilafetin otoritesi, onların dediği gibi, bütün dünya Müslümanlarını kapsaması gerekince, bütün varlığını ve güç kaynaklarını yalnız halifenin emir ve yasaklarına adamakla Türkiye halkının omuzlarına yüklenecek yükün ne kadar ağır olacağını insaf edip düşünmek gerekmez miydi?

Onların ileri sürdükleri gerekçe ve hükümlere göre, halife adını taşıyan hükümdar; Çin, Hint, Afgan, İran, Irak, Suriye, Filistin, Hicaz, Yemen, Asir, Mısır, Trablus, Tunus, Cezayir, Fas, Sudan, kısaca dünyanın her tarafındaki Müslümanların ve İslam ülkelerinin işlerinde yetki sahibi olacaktı.

Bu hayalin hiçbir zaman gerçekleşmediği bilinmektedir. Müslüman toplulukların başka başka amaçlarla birbirinden ayrıldıkları, Emevilerin Endülüs'te, Alevilerin Kuzey Afrika'da, Fatımilerin Mısır'da, Abbasilerin Bağdat'ta birer hilafet, yani saltanat kurdukları ve hatta Endülüs'te her bin kişilik bir topluluğun "bir halifesi ile bir minberi" olduğu Hoca Şükrü imzalı broşürde de söylenmektedir.

Bu tarihi gerçeği bilmezlikten gelerek, neredeyse tamamıyla yabancı devletlerin yönetimi altında bulunan veya bağımsız olan Müslüman uluslara veya devletlere halife adı altında bir hükümdar atamak, akıl ve gerçekle bağdaşabilir miydi? Özellikle, böyle bir hükümdarın makamını korumak için, bir avuç Türkiye halkını bu işe ayırmak, onu yok etmek için uygulanagelen önlemlerin en etkilisi olmaz mıydı? "Halifenin görevi ruhani değildir", "Hilafetin temeli maddi iktidar ve hükümet kuvvetidir" diyenlerin, hilafetin devlet, halifenin devlet başkanı

Cumhurbaşkanı Mustafa Kemal Atatürk ve Başbakan İsmet İnönü.
İş Bankası Müzesi Arşivi.

olduğunu söyleyip kanıtladıkları ve amaçlarının halife unvanında bir kişiyi Türkiye Devleti'nin başkanlığına geçirmek olduğu kolaylıkla anlaşılabiliyordu.

Saygıdeğer efendiler, Şükrü Hoca Efendi'nin ve siyasetçi arkadaşlarının, siyasi amaçlarını açıktan açığa göstermeyip, bunu, bütün İslam dünyasına mal etmek istedikleri dinsel bir konu olarak ele almaları; hilafet oyuncağının ortadan kaldırılmasını çabuklaştırmaktan başka bir sonuç vermemiştir.

Hilafet konusunda halkın kararsızlığını ve endişesini gidermek için yaptığım açıklamalar

Hilafet konusunda halkın kararsızlığını ve endişesini gidermek için, her yerde gereği kadar konuştum ve açıklamalarda bulundum. Kesin olarak söyledim ki, "Ulusumuzun kurduğu yeni bir devletin mukadderatına, işlerine, bağımsızlığına, unvanı ne olursa olsun hiç kimseyi karıştıramayız! Ulusun kendisi, kurduğu devleti ve onun bağımsızlığını koruyor ve sonsuza kadar koruyacaktır!"

Ulusa anlattım ki, bütün Müslümanları kapsayan bir devlet kurmak göreviyle yükümlü olduğu sanılan bir halifenin görevini yapabilmesi için, Türkiye Devleti ve onun bir avuç nüfusu, halifenin emrine bağımlı tutulamaz. Ulus bunu kabul edemez! Türkiye halkı bu kadar büyük bir sorumluluğu, bu kadar mantıksız bir görevi üstlenemez.

Ulusumuz, yüzyıllarca bu boş görüşten hareket ettirildi. Fakat ne oldu?! Her gittiği yerde milyonlarca insan bıraktı. Yemen çöllerinde kavrulup yok olan Anadolu evlatlarının sayısını biliyor musunuz? dedim. Suriye'yi, Irak'ı korumak için, Mısır'da barınabilmek için, Afrika'da tutunabilmek için ne kadar insan yok oldu, bunu biliyor musunuz?! Ve sonuç ne oldu görüyor musunuz?! dedim.

Halifeye, dünyaya meydan okutmak ve onu bütün Müslümanların işlerinde söz ve yetki sahibi kılmak düşüncesinde olanlar, bu görevi yalnız Anadolu halkından değil, onun sekiz on katı nüfustan meydana gelen büyük Müslüman topluluklarından istemelidir! **Yeni Türkiye'nin ve yeni Türkiye halkının, artık, kendi yaşam ve mutluluğundan başka düşünecek bir şeyi yoktur...** Başkalarına verebilecek bir parçası kalmamıştır! dedim.

Diğer bir noktayı da halk gözünde belirginleştirmek için şunları söyledim: Bir an için varsayalım ki, dedim, Türkiye söz konusu görevi kabul etsin... Bütün İslam dünyasını bir noktada birleştirerek yönetmek amacına yürüsün ve başarılı da olsun! Pekâlâ ama, uyruğumuz ve yönetimimiz altına almak istediğimiz uluslar, derlerse ki, bize büyük hizmetler ve yardımlar yaptınız, teşekkür ederiz. Fakat, biz bağımsız kalmak istiyoruz. Bağımsızlık ve egemenliğimize kimsenin karışmasını uygun görmeyiz! Bizim kendi kendimizi yönetmeye gücümüz yeter!

O halde, Türkiye halkının bütün bu çaba ve özverisi sadece bir teşekkür ve dua almak için mi gösterilecektir?!

Görülüyordu ki, boş bir istek ve heves için, bir kuruntu ve hayal için, Türkiye halkını yok etmek istiyorlardı. Hilafet ve halifeye görev ve yetki vermek düşüncesinin içyüzü bundan ibaretti.

Efendiler, halka sordum: Bir İslam devleti olan İran veya Afganistan, halifenin herhangi bir yetkisini tanır mı, tanıyabilir mi? Haklı olarak tanıyamaz. Çünkü devletinin bağımsızlığını, ulusun egemenliğini ortadan kaldırır.

Ulusa şunu da hatırlattım ki, kendimizi dünyanın egemeni sanmak aymazlığı artık devam etmemelidir. Gerçek konumumuzu, dünyanın durumunu tanımamaktaki aymazlıkla, aymazlara uymakla ulusumuzu sürüklediğimiz felaketler yetişir! Bile bile aynı faciayı devam ettiremeyiz!

Efendiler, İngiliz tarihçilerinden Wells, iki yıl önce yayımlanan bir tarih yazdı. Eserinin son sayfaları "Dünya Tarihinin Gelecekteki Evresi" adı altında birtakım düşünce ve görüşleri kapsar.

Bu görüşlerin yöneldiği hedef: "Un gouvernement fédéral mondial", yani "birleşik bir dünya devleti"dir.

Wells, bu bölümde, birleşik bir dünya devletinin nasıl kurulabileceğini ve böyle bir devletin önemli bazı ayırıcı özellikleri hakkındaki düşüncelerini ortaya koyuyor; adaletin ve tek bir kanunun egemenliği altında dünyamızın nasıl bir durumda bulunacağını hayal ediyor.

Wells, "Bütün egemenlikler tek bir egemenlik içinde eritilmezse, ulusların üstünde bir kuvvet meydana çıkmazsa dünya yok olacaktır" diyor ve "Gerçek devlet, çağdaş hayat koşullarının bir zorunluluk haline getirdiği birleşik dünya devletinden başka bir şey olamaz"; "Kesindir ki, insanlar kendi buluşları altında ezilmek istemezlerse, er veya geç birleşmek zorunda kalacaklardır" görüşlerini ileri sürüyor.

"İnsanlığın dayanışması hakkındaki büyük hayalin sonunda gerçekleşmesi için ne yapmak ve neyin önüne geçmek gerekeceğinin doğru olarak bilinmediği" ve "saldırgan bir dış siyaset geleneğine sahip olan devletlerin, birleşik bir dünya devleti tarafından güçlükle temsil olunabileceği" de belirtiliyor. Wells'in "Avrupa ve Asya'nın felaketleri ve ortak ihtiyaçları, belki dünyanın bu iki kısmındaki ulusların bir dereceye kadar birleşmesine neden olacaktır", "Olabilir ki, bir sıra bölgesel birlikler, dünya çapında bir birliğin doğmasına öncülük eder" görüşlerini de belirteyim.

Efendiler, bütün insanlığın deneyim, bilgi ve düşüncede yükselmesi ve olgunlaşması; Hıristiyanlıktan, Müslümanlıktan, Budizmden vazgeçerek basitleştirilmiş ve herkes için anlaşılacak hale konulmuş dünya çapında temiz ve lekesiz bir dinin kurulması ve insanların şimdiye kadar kavgalar, çirkeflikler, kaba istek ve iştahlar arasında bir sefalet evinde yaşadıklarını kabul ederek, bütün vücutları ve zekâları zehirleyen zararlı tohumları yok etmeye karar vermesi gibi koşulların doğmasını gerektiren "birleşik bir dünya devleti" hayalinin tatlı olduğunu yadsıyacak değiliz.

Bu düşünce ve hayale kısmen benzeyen bir hayal, hilafetçileri ve Panislamizm taraftarlarını –Türkiye'ye bulaşmamaları şartıyla– memnun etmek için bizde de anlatılmıştı.

Anlatılan teori şuydu: Avrupa'da, Asya'da, Afrika'da ve diğer kıtalarda yaşayan Müslüman topluluklar, gelecekte herhangi bir gün, irade ve isteklerini kullanma ve uygulama güç ve özgürlüğünü kazanırlar; o zaman gerekli ve yararlı görürlerse, yüzyılın gereklerine uygun bir şekilde birtakım anlaşma ve birleşme noktaları bulabilirler. Kuşkusuz, her devletin, her toplumun birbirinden karşılayacağı ve sağlayacağı ihtiyaçları vardır. Karşılıklı çıkarları mevcuttur. Bu düşünülen bağımsız Müslüman devletlerin yetki sahibi delegeleri bir araya gelip bir kongre yaparlar ve filan ve filan ve filan Müslüman devletler arasında şu veya bu ilişkiler kurulur. Bu ortak ilişkileri korumak ve bu ilişkilerin içerdiği koşullar çerçevesinde birlikte hareketi sağlamak için bütün Müslüman devletlerin delegelerinden meydana gelen bir meclis kurulacaktır. Birleşen Müslüman devletler bu meclisin başkanı tarafından temsil olunacaktır derlerse, işte o zaman, isterlerse, o "birleşik İslam devleti"ne hilafet ve ortak meclisin başkanlığına seçilecek kişiye de halife unvanı verirler. Yoksa, herhangi bir Müslüman devletin bir kişiye bütün İslam dünyasının işlerini yönetme ve yürütme yetkisini vermesi akıl ve mantığın hiçbir zaman kabul edemeyeceği bir durumdur.

Teşkilat-ı Esasiye Kanunu'nda düğüm oluşturan noktalar

Efendiler, hilafet ve din sorunlarıyla uğraşıldığı sıralarda, Teşkilat-ı Esasiye Kanunu'ndaki bir noktanın kamuoyunun ve özellikle aydınların gözünde düğüm oluşturduğunu öğrendik. Bu düğüm kanunda Cumhuriyet'in ilanından sonra da bırakıldığı gibi, kanuna düğüm oluşturacak ikinci bir noktanın daha konulduğunu görenler, şaşkınlıklarını gizlememişlerdi ve bugün de gizlememektedirler.

Bu noktaları açıklayayım: 20 Ocak 1921 tarihli Teşkilat-ı Esasiye Kanunu'nun "7." ve 21 Nisan 1924 tarihli Teşkilat-ı Esasiye Kanunu'nun "26." maddesi Büyük Millet Meclisi'nin görevlerinden söz eder.

Maddenin başında, Meclis'in ilk görevi olmak üzere, "şer'i hükümlerin yürütülmesi" vardır. İşte, bunun nasıl bir görev ve şer'i hükümlerden amacın ne olduğunu anlamakta kararsızlık yaşayanlar vardır. Çünkü Büyük Millet Meclisi'nin, söz konusu maddede "kanunların yapılması, değiştirilmesi, yorumlanması, yürürlükten kaldırılması vb" gibi belirtilen ve sayılan görevleri o kadar geniş kapsamlı ve açıktır ki, "şer'i hükümlerin egemen kılınması" diye ayrıca ve bağımsız bir klişenin varlığı gereksiz görülmektedir. Çünkü "şer'i" demek, kanun demektir. "Şer'i hükümler" demek, "kanuni hükümler" demekten başka bir şey değildir ve olamaz. Başka türlüsü, çağdaş hukuk anlayışlarıyla bağdaşmaz. Bu böyle olunca, "şer'i hükümler" deyimiyle anlatılmak istenen anlamın büsbütün başka bir şey olması gerekir.

Efendiler, ilk Teşkilat-ı Esasiye Kanunu'nu hazırlayanlara doğrudan doğruya başkanlık ediyordum. Yapmakta olduğumuz kanunla "şer'i hükümler" sözünün bir ilişkisi olmadığını anlatmaya çok çalışıldı. Fakat, bu deyimden kendi boş inançlarınca bambaşka anlam çıkaranları da inandırmak mümkün olmadı.

İkinci nokta, efendiler, yeni Teşkilat-ı Esasiye Kanunu'nun ikinci maddesinin başındaki "Türkiye Devleti'nin dini, İslam dinidir" cümlesidir.

Bu cümle daha Teşkilat-ı Esasiye Kanunu'na geçmeden çok önce, İzmit'te, İstanbul ve İzmit gazetecileriyle yaptığımız uzun bir görüşme ve söyleşi sırasında, karşımdakilerden birinin şu sorusuyla karşı karşıya kaldım: "Yeni hükümetin dini olacak mı?"

Açıkça söylemeliyim ki, böyle bir soruyla karşılaşmayı hiç de istemiyordum. Sebebi, pek kısa olması gereken yanıtın, o günkü koşullara göre ağzımdan çıkmasını henüz istemeyişimdir. Çünkü, yurttaşları arasında değişik dinlere bağlı unsurlar bulunan ve her dinden olanlar hakkında adaletli ve tarafsız davranmak, mahkemelerinde yurttaşları ve yabancılar için adaleti eşit ölçülerle uygulamakla yükümlü bir hükümet, düşünce ve vicdan özgürlüğüne saygılı olmak zorundadır. Hükümetin bu doğal niteliğinin, kuşkulu anlamlar çıkarılmasına yol açabilecek niteliklerle sınırlandırılması elbette doğru değildir.

"Türkiye Devleti'nin resmi dili Türkçedir" dediğimiz zaman bunu herkes anlar. Hükümetle olan resmi işlemlerde Türk dilinin geçerli olması gereğini herkes doğal bulur. Fakat, "Türkiye Devleti'nin dini, İslam dinidir" cümlesi aynı şekilde mi anlaşılıp kabul edilecektir? Bunun, elbette açıklanması ve yorumlanması gerekir.

Efendiler, gazetecinin sorusuna, "Hükümetin dini olamaz!" diyemedim. Aksini söyledim.

"Vardır efendim; İslam dinidir" dedim. Fakat, hemen arkasından "İslam dini düşünce özgürlüğüne sahiptir" cümlesiyle yanıtımı açıklığa kavuşturmak ve yorumlamak gereğini duydum.

Demek istedim ki, devlet, düşünce ve vicdana uymakla bağımlı ve yükümlü olur.

Karşımdaki, verdiğim yanıtı kuşkusuz akla uygun bulmadı ve sorusunu şu şekilde tekrarladı: "Yani devlet bir dine bağlı kalacak mı?"

– "Kalacak mı, kalmayacak mı bilmem!" dedim. Konuyu kapatmak istedim. Fakat, mümkün olmadı. O halde, denildi, herhangi bir konu hakkında inançlarım ve düşüncelerim çerçevesinde bir fikir ortaya atmaktan devlet beni yasaklayacak veya cezalandıracaktır. Oysa herkes kendi vicdanını susturmaya olanak görecek mi? O zaman iki şey düşündüm. Biri, yeni Türkiye Devleti'nde her yetişkin, dinini seçmekte özgür olmayacak mıdır? Diğeri, Hoca Şükrü Efendi'nin: "Bazı değerli din bilgini arkadaşlarımızla birlikte düşündüklerimizi, şeriat kitaplarında bulunan, belli ve yerleşmiş İslam hükümlerini yayımlayarak... yanıltıldığı ne yazık ki görülen Müslüman kamuoyunu aydınlatmayı bir ödev saydık" girişinin ardından söylenen "İslam halifesinin görevi, dinin emirlerini korumak ve kollamakta peygamberliğin yerini tutmaktır. Dini hükümler koymakta da yüce Peygamber Efendimizin vekilliğini yapmaktır" sözleri.

Oysa, Hoca'nın sözlerini uygulamaya kalkışmak, ulusal egemenliği, vicdan özgürlüğünü kaldırmaya çalışmaktı. Bundan başka, Hoca'nın bilgi hazinesi, Yezitler zamanında yazdırılmış, baskı yönetimine özgü formülleri içermiyor muydu?

O halde anlam ve özü artık herkesçe tamamen açıklığa kavuşmuş olan devlet ve hükümet kavramlarını ve millet meclislerinin görevlerini, din ve şeriat kılığına sokarak kim ve ne için aldatılacaktır?

Gerçek bundan ibaret olmakla beraber, o gün İzmit'te basının ileri gelenleriyle bu konu üzerinde daha fazla fikir alışverişinde bulunmak gerekli görülmedi.

Cumhuriyet'in ilanından sonra da, yeni Teşkilat-ı Esasiye Kanunu yapılırken, *laik devlet* ifadesinden dinsizlik anlamı çıkarmaya eğilimli olanlara ve bundan yararlanmak isteyenlere fırsat vermemek amacıyla, kanunun ikinci maddesini anlamsız kılan bir deyimin konulmasına göz yumulmuştur.

Kanunun, gerek 2. ve gerek 26. maddelerinde gereksiz görünen ve yeni Türkiye Devleti'nin ve cumhuriyet yönetimimizin çağdaş karakteriyle bağdaşmayan deyimler, inkılap ve cumhuriyetin o gün için sakıncalı görmediği ödünlerdir.

Ulus, Teşkilat-ı Esasiye Kanunumuzdan bu fazlalıkları ilk uygun zamanda kaldırmalıdır!

Halk Partisi'ni kurma girişimi

Saygıdeğer efendiler, her yerde siyasi parti kurulması hakkında da halkla uzun söyleşiler yaptım.

7 Aralık 1922 tarihinde, Ankara basını aracılığıyla halkçılık temeline dayalı ve "Halk Partisi" adıyla siyasi bir parti kurmak niyetinde olduğumu açıklayarak, bu partinin nasıl bir program izlemesi gerekeceği hakkında bütün yurtseverlerin, bilim ve teknik adamlarının yardım ve işbirliğine başvurmuştum.

Dokuz ilke, partimizin ilk programı

Gerek bazı kişilerden aldığım yazılı görüşlerden ve gerek halkla yaptığım fikir alışverişinden çok yararlandım. Sonunda 8 Nisan 1923 tarihinde, görüşlerimi dokuz ilke halinde belirledim. İkinci Büyük Millet Meclisi'nin seçimi sırasında yayımlayıp ilan ettiğim bu program, partimizin kuruluşuna temel olmuştur.

Bu program, bugüne kadar ele alıp gerçekleştirdiğimiz bütün önemli konuları kapsıyordu. Bununla beraber, programa konulmamış, önemli ve esaslı bazı konular da vardı. Örneğin, cumhuriyetin ilanı, hilafetin kaldırılması, Şer'iye Vekâleti'nin, medrese ve tekkelerin kaldırılması, şapka giydirilmesi gibi...

Bu konuları programa koyarak, bilgisizlerin ve gericilerin zamanından önce bütün ulusu zehirlemeye fırsat bulmalarını uygun görmedim. Çünkü, bu sorunların zamanı geldiğinde çözülebileceğinden ve ulusun sonuçtan memnun olacağından kesinlikle emindim.

Yayımladığım programı, bir siyasi parti için yetersiz, kısa bulanlar oldu. "Halk Partisi'nin programı yoktur" dediler. Gerçekten de, ilkeler adı altında bilinen programımız, karşı çıkanların gördükleri ve bildikleri şekilde bir kitap değildi. Fakat, esaslı ve uygulanabilir nitelikteydi. Biz de, uygulanması olanaksız fikirleri, teorik birtakım ayrıntıları yaldızlayarak bir kitap yazabilirdik. Öyle yapmadık. **Ulusun, maddi ve manevi yenilenme ve gelişmesi yolunda, çalışma ve uygulamalarla, sözlerin ve teorilerin önüne geçmeyi tercih ettik. Bununla beraber, "Egemenlik ulusundur", "Türkiye Büyük Millet Meclisi'nin dışında hiçbir makam, ulusun mukadderatına egemen olamaz", "Bütün kanunların düzenlenmesinde, her tür örgütlenmede, yönetimin tüm ayrıntılarında, genel eğitimde, ekonomide ulusal egemenlik ilkeleri çerçevesinde hareket olunacaktır", "Saltanatın kaldırılması hakkındaki karar, değişmez genel kuraldır"** gibi bilinmesi gereken önemli noktalar ve mahkemelerin iyileştirileceği ve bütün kanunlarımızın hukuk biliminin verilerine göre yeni baştan düzenlenip tamamlanacağı, vergide âşar usulünün değiştirileceği, ulusal bankaların sermayesinin artırılacağı, ihtiyaç duyduğumuz demiryollarının yapılmasına, öğretim birliğinin sağlanmasına derhal girişileceği, fiili askerlik süresinin azaltılacağı, ülkenin bayındırlığına çalışılacağı vb... gibi önemli ve acil ihtiyaçlar, ilkeler dışında bırakılmamıştı. Barış hakkındaki görüşümüzün de "Mali, ekonomik, yönetim alanlarındaki bağımsızlığımızı mutlaka sağlamak şartıyla, barışın gelmesine çalışmak" olduğunu söyledik. Hilafet makamının, bütün Müslümanlara ait bir makam olabileceğine de işaret ettik.

İlkeler, "Halk Partisi"nin kurulması ve çalışmasının sağlanması için yeterli oldu. Partiye; adına daha sonra "Cumhuriyet" kelimesi de eklenerek –bilindiği üzere– "Cumhuriyet Halk Partisi" adı verildi.

Lozan Konferansı kesintiye uğradı

Efendiler, tekrar Lozan Konferansı'na değineceğim.

Konferans, 4 Şubat 1923 tarihinde kesintiye uğradı. İki aya yakın bir süre devam eden görüşmelerin özeti olmak üzere, İtilaf devletleri temsilcileri delege heyetimize bir barış projesi verdiler. Bu proje, anlamı ve özü bakımından bağımsızlığımıza zarar veren koşulları kapsıyordu. Özellikle adli, mali ve ekonomik maddeler çok ağırdı. Dolayısıyla, bu projeyi kesinlikle reddetmek zorunluydu. Delege heyetimiz, bu projeye karşılık bir mektup verdi. Bu mektubun anlamı şuydu: "Anlaştığımız noktaları imza ederek barış yapalım." Gerçekten de, konferansta görüşme konusu olan birçok sorundan bizce kabul edilebilir olanları vardı. Mektupta: "İkinci, üçüncü derecede olan sorunları ayrıca inceleriz. İtilaf devletleri bu önerimizi kabul etmeyecek olurlarsa, önerilerimiz hiç yapılmamış sayılacaktır" da denilmişti. Delege heyetimizin önerisi dikkate alınmadı. Yalnız, konferansın yarıda kesilmesine, görüşmelerin ertelenmesi şekli verildi. Her devletin temsilcileri ülkelerine döndükleri gibi, bizim delege heyetimiz de geri döndü. Ben de, Batı Anadolu'da yapmakta olduğum geziden dönüyordum.

Lozan Konferansı görüşmeleri üzerinde Meclis'te ateşli tartışmalar

18 Şubat 1923 tarihinde, İsmet Paşa'yla Eskişehir'de birleşerek Ankara'ya beraber geldik.

Efendiler, İsmet Paşa Ankara'ya dönerken, benim de geziden dönmekte olduğum anlaşılınca, Ankara'da tuhaf ve yorumlanması mümkün olmayan bir anlayış uyanmış... İsmet Paşa'nın Ankara'ya gelip, hükümetle ve Meclis'le görüşmeden önce benimle buluşması, benimle fikir alışverişinde bulunması sakıncalı görülmüş... Böyle bir görüşmeyi kötüye yoranlar olurmuş... Bu konuyu bana yazan, Bakanlar Kurulu başkanı olan Rauf Bey'di. Elbette, bu yazıya önem vermedim. Aksine, bir an önce İsmet Paşa ile görüşebilmek için, gezilerimizi, Eskişehir'de görüşebilecek şekilde düzenlettim. Ankara'ya varışımızdan sonra, İsmet Paşa Bakanlar Kurulu'nda durumu açıkladı ve yeni direktif istedi.

Meclis'in görüşünü almak gerekli görüldü. Konu Meclis'e gitti. Bu konuda, Meclis'te günlerce ve günlerce görüşmeler ve tartışmalar yapıldı.

Anlaşıldığına göre, muhalifler, delege heyetimize ve İsmet Paşa'ya amansız düşman kesilmişlerdi. Sanki, barış olmuşken İsmet Paşa yapmamış, geri dönmüş... Delege heyeti, Bakanlar Kurulu'nun direktifine aykırı hareket etmiş...

27 Şubat 1923 gizli oturumunda başlayan saldırılar, 6 Mart 1923 gününe kadar ateşli, heyecanlı bir şekilde sürdü. Tartışmalara ben de başından sonuna kadar katılmak zorunda kaldım. Muhalifler, adeta, ne istediklerini bilmez bir durumdaydı. Meclis'in olumlu veya olumsuz bir karar vermesi olanaksız bir duruma geldi. Bizim açık olarak anladığımız şuydu ki, muhalifler barış konusunu, Meclis'te aşırı hırslarına araç olarak kullanmak istiyorlardı. Efendiler, bazı basın da bu aşırı istekleri şaşırtıcı ve ateşli bir şekilde, alabildiğine körüklüyorlardı. Bu ruh halinde bulunan Meclis ile barış konusunu sonuçlandırmanın zor olacağını görmek doğal, fakat üzüntü vericiydi.

Meclis'te yaptığım genel açıklamayla, durumun her noktasını söyledim. Bütün olasılıklardan söz ettim. İtilaf devletleri delege heyetlerinden bazılarının ülkelerine dönüşlerinde verdikleri demeçleri gerçek sayıp, temel alarak delege heyetimize saldırma politikasının beğenilecek bir tutum olmadığını söyledim. Delege heyetimizi dinlemek ve onun açıklamalarına inanmak ve ona göre durumu değerlendirmek gerektiğini bildirdim.

Delege heyetimizin, Bakanlar Kurulu'nun vermiş olduğu talimata aykırı hareket edip etmediğini söylemek yetkisinin, Meclis'te hazır bulunan Bakanlar Kurulu'na ait olduğunu söyledim.

Sonunda dedim ki: "Delege heyeti, Bakanlar Kurulu'na karşı sorumludur. Meclis'e karşı sorumlu olan Bakanlar Kurulu'dur. Meclis, Bakanlar Kurulu'na yeni bir yön vermek zorundadır. Bu yön çerçevesinde, Bakanlar Kurulu, delege heyetine özel direktifi verir. Meclis'in ayrıntıyla uğraşmasına gerek ve olanak yoktur."

Verilecek yön hakkındaki görüşümü de şöyle anlattım: "Musul sorununun geçici olarak ertelenmesini söz konusu etmemek üzere ve fakat idari, siyasi, mali, ekonomik ve diğer siyaset, maliye ve ekonomiyle ilgili konularda ulus ve ülkenin haklarını ve bağımsızlığını eksiksiz ve güvenilir olarak elde etmek ve kurtarılmış topraklarımızın kesin olarak boşaltılmasını koşul saymak esastır."

Görüşlerime şunları da ekledim: "Delege heyetimiz, kendisine verilen görevi eksiksiz ve çok iyi bir şekilde yapmıştır. Ulusumuzun ve Meclis'imizin onurunu korumuştur. Eğer barış konusunu iyi sonuçlandırmak istiyorsak, delege heyetine Meclis tarafından da manevi güç verilerek çalışmalarına devam ettirilmesi gerekir. Bu şekilde hareket ederseniz, bir barış dönemine girmenin mümkün olduğundan ümitlenebiliriz."

Meclis'in söz konusu sorun hakkındaki tartışmaları durdu. Fakat muhalifler, saldırı için sebepler bulup yaratmaktan, kendilerini bir türlü alıkoyamıyorlardı.

Meclis'teki muhaliflerin çeşitli saldırı hareketleri

Meclis'teki muhaliflerin çeşitli şekillerde, başka başka konular üzerinde saldırı hazırlıklarında bulunmaları yeni değildi. Geziye çıktığım tarihten bir gün sonra *Hilafet-i İslamiye ve Büyük Millet Meclisi* adlı broşürün ortaya atıldığını; bütün Meclis'in ve ulusun bize karşı kışkırtılmak istenildiğini sunmuştum. Bundan önce bir manevra vardır ki, henüz ondan söz etmedim. Sebebi, Aralık 1922 başında oynanmak istenen oyun, sonuçları açısından yolculuğum sırasında da devam etmişti. İzin verirseniz, bu konuya ilişkin burada anılarınızı tazelemeye yarayacak birkaç söz söyleyeyim:

Saygıdeğer efendiler, üç milletvekili, milletvekili seçimi kanun tasarısının değiştirilmesi hakkında bir teklif hazırlamışlar... İçeriğini öğrenmiştim.

2 Aralık 1922 günü, İkinci Başkan Doktor Adnan Bey başkanlığında yapılan oturumda, başkanlık makamından şu sözler işitildi: "Efendim! Milletvekili Seçimi Kanunu'nun değiştirilmesi hakkındaki önerinin görüşmeye değer olduğuna dair Tasarı Komisyonu tutanağı var." Bu sözler, "Okunsun" sesleriyle karşılandı. İki milletvekili "Önemi vardır, okunmasını öneririz" diyerek, genel havayı açığa vurdular.

Başkan: "Efendim! Bu kanun önerisinin okunmadan komisyona gönderilmesi usuldendir" dedi.

"Beni vatandaşlık haklarından yoksun bırakmak" önerisi üzerine Meclis'te yaptığım konuşmam

Efendiler, konunun ne olduğunu ve Meclis'te yapılan görüşmeleri o güne ait tutanaklarda okumak mümkündür. Fakat yüce heyetinizi bu yükten kurtarmak için izin verirseniz, o oturumda yaptığım konuşmamın bir kısmını olduğu gibi sunayım:

Kanun önerisini okutmadan komisyona göndermek isteyen başkandan söz alarak şu görüşleri belirttim: "Efendim! Bu kanun önerisi özel bir amaç taşıyor. Bu özel amaç doğruca beni ilgilendirdiğinden, izin verirseniz, birkaç kelimeyle düşüncemi sunmak istiyorum. Erzurum Milletvekili Süleyman Necati, Mersin Milletvekili Salahattin ve Samsun Milletvekili Emin beyefendiler tarafından önerilen kanun tasarısı, doğrudan doğruya beni vatandaşlık haklarından yoksun bırakmak amacına yöneliktir. 14. maddede yazılı olan satırları gözden geçirecek olursanız, orada deniliyordu ki: 'Büyük Millet Meclisi'ne üye seçilebilmek için, Türkiye'nin bugünkü sınırları içindeki yerlerin halkından olmak şarttır veya kendi seçim bölgesi içinde yerleşmiş olmak şarttır. Ondan sonra göç ederek gelenlerden Türk ve Kürtler yerleşim tarihlerinden itibaren beş yıl geçmiş ise seçilebilirler.'

Ne yazık ki, doğum yerim bugünkü sınırlar dışında kalmış bulunuyor. İkinci olarak, herhangi bir seçim bölgesinde beş yıl oturmuş da değilim. Doğum yerim, bugünkü ulusal sınırımızın dışında kalmıştır. Fakat, bu böyle ise, bunda benim kesinlikle bir kasıt ve suçum yoktur. Bunun sebebi, bütün ülkemizi, ulusumuzu bitirip yok etmek isteyen düşmanların, harekâtında başarılı olmalarına kısmen engel olunamamasıdır. Eğer düşmanlar tamamen amaçlarına ulaşmış olsalardı, Allah korusun, buraya imza atan efendilerin de doğdukları ve oturdukları yerler sınır dışında kalabilirdi.

Önerilen maddedeki koşullara neden sahip değildim?

Bundan başka, bu maddenin istediği şarta sahip bulunmuyorsam, yani beş yıl devamlı olarak bir seçim bölgesinde oturmamışsam, o da bu vatana yaptığım hizmetler yüzündendir. Eğer bu maddenin istediği şartı yerine getirmeye çalışsaydım, İstanbul'u kazandırmaktan ibaret olan Arıburnu ve Anafartalar'daki savunmalarımı yapmamaklığım gerekirdi. Eğer ben bir yerde beş yıl oturmaya mahkûm olsaydım, Bitlis ve Muş'u aldıktan sonra Diyarbakır yönünde yayılan düşmanın karşısına çıkmamaklığım, Bitlis ve Muş'u kurtarmaktan ibaret olan vatani görevimi yapmamaklığım gerekirdi. Bu efendilerin istedikleri koşulları yerine getirmek isteseydim, Suriye'yi boşaltan orduların arta kalanlarından Halep'te bir ordu kurarak düşmana karşı savunma yapmamaklığım ve bugün ulusal sınırlar dediğimiz sınırları fiili olarak çizmemekliğim gerekirdi.

Sanıyorum ki, ondan sonraki çalışmalarım herkesçe bilinmektedir. Hiçbir yerde beş yıl oturamayacak kadar çalışmış bulunuyorum. Ben sanıyordum ki, bu hizmetlerimden dolayı ulusumun sevgisini ve saygısını kazandım. Belki bütün İslam dünyasının sevgi ve saygısını da kazandım. Dolayısıyla, bu sevgi ve saygıya karşılık, vatandaşlık haklarından yoksun bırakılacağımı asla aklıma getirmezdim. Tahmin ediyorum ve ediyordum ki, yabancı düşmanlar, bana suikast yaparak, beni ülke hizmetinden ayırmaya çalışacaklardır. Fakat hiçbir zaman hatır ve hayalime getirmezdim ki, yüce Meclis'te, iki üç kişi de olsa, aynı anlayışta kimseler bulunabilsin. Dolayısıyla ben anlamak istiyorum. Bu efendiler, gerçekten kendi seçim bölgeleri halkının ciddi olarak duygu ve düşüncelerinin tercümanı mıdırlar?

Yine bu efendilere karşı söylüyorum; milletvekili olmaları bakımından doğal olarak kapsayıcı bir sıfatı taşıyorlar. Dolayısıyla, ulus bu efendilerle aynı düşüncede midir?

Efendiler, beni vatandaşlık haklarından yoksun bırakma yetkisi bu efendilere nereden verilmiştir?! Bu kürsüden, resmen, yüce heyetinize ve bu efendilerin seçim bölgeleri halkına ve bütün ulusa **soruyorum ve yanıt istiyorum!**"

Ulusun hakkımda gösterdiği sevgi ve güvenin içten anlatımları

Bu sözlerim ajans ve basın yoluyla yayımlandı. Ulus, yaptığım konuşmayı ve yanıtını beklediğim soruyu öğrendi. Hemen, ülkenin bütün seçim bölgelerinin gerçek seçmenleri tarafından, halk tarafından Meclis Başkanlığı'na protesto telgrafları yağdı. Kanun önerisine imza koyan milletvekillerinin de seçim bölgeleri halkı kendilerini ve kendileriyle aynı düşüncede olanları kınamakta gecikmedi-

Cumhurbaşkanı Mustafa Kemal Atatürk 1. Tarih Kongresi'nde görüşmeleri izliyor. Sağda, İçişleri Bakanı Şükrü Kaya ve Başbakan İsmet İnönü.
İş Bankası Müzesi Arşivi.

ler. Ulusun, benim için gösterdiği bu sevgi ve güvenini içtenlikle belirtmesi bakımından değerli birer anı olarak saklamakta olduğum bu telgraflar, büyük bir dosya oluşturmaktadır. Bu dosyadaki telgraflar, zamanında basında da yayımlanmıştı. Ben burada yalnız, bir seçim bölgesinin, Rize'nin bana çektiği bir telgrafı olduğu gibi bilginize sunmakla yetineceğim:

Üç milletvekili beyin, Seçim Kanunu hakkındaki bilinen önergesine Rize sancağı milletvekillerinin katılmayacağı düşüncesiyle bir şey yazmaya gerek görmemiştik. Şimdi Milletvekili Osman Efendi'den aldığımız mektupta, kendisinin o önergeyle ilgili ve muhalif gruptan olduğunu övünerek bildirmesi üzerine şu hususların bilginize sunulması zorunluluğu doğmuştur:

1. (Övgü dolu ve içten sözlerden sonra) Şahsınıza ve saygıdeğer değerli çalışma arkadaşlarınıza karşı, Rize sancağı adına söz söyleyen ve size karşı aykırı düşünce besleyen ve bizce hiçbir kişilik ve mevkii olmayan milletvekilini lanetleriz. O, Rize sancağını temsil hakkına da sahip olamaz.

2. Şu zamanda, vatansızların bile katılmayacağı aykırılık ve bozgunculuk düşüncesini bize tavsiye eden milletvekili efendinin düşüncesine katılacak, Rize sancağında bir birey bile bulunmadığını, şükranlarımız ve saygılarımızla birlikte bilginize sunarız, efendim.

İmzalar

Yeniden seçim yapılması kararı

Saygıdeğer efendiler, Birinci Türkiye Büyük Millet Meclisi'nin, olaylarını işaret ettiğimiz tarihte gösterdiği karışık ruh hali, üzerinde ciddi olarak oturup düşünmeyi gerektiren bir durum almıştı. Bütün ulusta, Meclis'in görev yapamayacak bir duruma geldiği endişesi hissedilmeye başladı. Meclis'te durumu soğukkanlılık ve ileri görüşlülükle düşünen ve değerlendiren üyeler bile üzüntülerini açığa vurmaktan kendilerini alamıyorlardı. Artık kuşkuya yer kalmamıştı ki, Meclis yenilenmedikçe, ulusun ve ülkenin ağır ve sorumluluk isteyen işlerini yürütmeye olanak yoktur. Bu zorunluluğa ben de inandım. Bir gece, Başbakan Rauf Bey'e, oturmakta olduğu istasyon binasında Bakanlar Kurulu'nu toplantıya davet etmesini, bu toplantıya benim de geleceğimi telefonla bildirdim.

Rauf Bey'in evinde toplanan Bakanlar Kurulu'na, Meclis'in yenilenmesini, Meclis'e önermek gerekliliğinden söz ettim. Kısa bir tartışmadan sonra, Bakanlar Kurulu ile görüş birliğine vardık. Aynı gece, Meclis'teki Anadolu ve Rumeli Müdafaa-i Hukuk Grubu Yönetim Kurulu'nu da Bakanlar Kurulu toplantısına davet ettim. Bu yönetim kurulu içinde önerimi yersiz bulup yadırgayanlar oldu. Görüşme ve tartışmalar ertesi güne kadar sürdü. Bununla beraber, bu kurulla da anlaştık. Ondan sonra hemen grup genel kurulunu topladım. Orada ülkenin genel durumunu, acele yapılması gereken ulusun işlerini açıkladım ve Meclis'in artık bu görevleri yapmaya yeteneği kalmadığını söyleyip kanıtlayarak, Meclis'ten, seçimleri yenilemeye karar vermesini istemek gerektiğini bildirdim. Grup genel kurulu, söylediklerimi ve açıklamalarımı iyi karşıladı. Bunun üzerine konu, aynı günde, 1 Nisan 1923'te Meclis'e götürüldü. Yüz yirmi kadar üye, bir önergeyle Meclis'e, seçimlerin yenilenmesi için bir kanun önerisi sundu. Meclis, oybirliğiyle "yeniden seçimlerin yapılması kararı verilmiş oldu" şeklindeki kanunu çıkardı.

Meclis'in bu kararı vermesi inkılap tarihimizde önemli bir noktayı oluşturur. Çünkü, Meclis bu kararı vermekle, kendinde ortaya çıkan hastalığı kabul etmiş ve bundan dolayı ulusun duyduğu sıkıntıyı anlamış olduğunu gösterdi.

Lozan Konferansı'nın ikinci evresi ve yeni seçimlerde ulusun gösterdiği uyanıklık

Efendiler, Lozan Konferansı 23 Nisan 1923'te tekrar toplandı. Delege heyetimiz Lozan'da barışı sağlamaya çalışırken, ben de yeni seçimlerle ilgileniyordum.

Yeni seçimlere, bildiğiniz ilkelerimizi ilan ederek girdik. Görüşlerimizi kabul edip milletvekili olmak isteyen kişiler, önce ilkeleri kabul ettiğini ve aynı görüşte olduğunu bana bildiriyorlardı. Adayları ben belirleyecek ve zamanı geldiğinde partimiz adına ilan edecektim.

Bu yöntemi gerekli görmüştüm. Çünkü, yapılacak seçimlerde ulusu aldatarak, çeşitli emellerle milletvekili olmaya çalışacakların çok olduğunu biliyordum.

Ülkenin her tarafında, konuşmaların ve uyarılarım büyük bir içtenlik ve güvenle karşılandı.

Bütün ulus ilan ettiğim ilkeleri tamamen benimsedi ve ilkelere ve hatta bana karşı çıkacakların, ulus tarafından milletvekilliğine seçilmesine olanak kalmadığı anlaşıldı.

Nurettin Paşa'nın bağımsız milletvekili olma girişimi ve yayımladığı yaşamöyküsü

Gerçekten, bazı seçim bölgelerinde, bağımsız milletvekili olma girişiminde bulunanlar başarılı olamadılar. Bu arada, o zaman daha 1. Ordumuzun komutanı bulunan Nurettin Paşa da milletvekili olmak girişiminde bulunmuştu. Mümkün olmadı. Nurettin Paşa bu isteğini daha sonra bir ara seçimde Bursa'da gerçekleştirdi.

Paşa'nın kendi başına ve bağımsız olarak milletvekili seçilebilmek için, her zaman olduğu gibi kendi yöntemince ve gerektiği gibi propaganda yaptırmaktan geri kalmadığı da anlaşılmıştı. Bu yoldaki girişim ve yayımlardan herkesin dikkatini çeken özellikle yaşamöyküsüdür.

Nurettin Paşa, yeni seçim yılı olan 1923'te, Âbit Süreyya Bey adında bir kişiye "A. S." rumuzuyla bir yaşamöyküsü yayımlattı.

Âbit Süreyya Bey, Abdülhamit'in başkâtiplerinden merhum Süreyya Paşa'nın oğludur. Meşrutiyet'ten önce, Nurettin Paşa gibi ve onunla beraber padişahın fahri hünkâr yaveriydi. Dünya Savaşı'nda İzmir'de ve Kurtuluş Savaşı'nın sonunda, Nurettin Paşa karargâhının bulunduğu İzmit'te ordu müteahhitliği yaptı. Nurettin Paşa'nın yaşamöyküsünü içeren broşürü yazan Âbit Süreyya Bey değildir. Broşür, yazılı olarak kendisine verilmiştir. Ondan, kendi adının baş harflerini koyması ve ortağı bulunduğu Matbaa-i Osmaniye'de bastırması Nurettin Paşa tarafından rica olunmuştur.

Bu broşürün kapağında şu ifadeler okunur:

"İzmir Fatihi, Afyonkarahisar ve Dumlupınar Savaşlarının Galibi Gazi Nurettin Paşa Hazretleri'nin Yaşamöyküsü."

Efendiler, 19 sayfadan oluşan bu yaşamöyküsü broşürünün ne kadar insan tarafından okunduğunu bilmiyorum. Ben, bu yaşamöyküsünün, ülkenin bütün aydınları tarafından okunmasını çok yararlı ve eğitici buluyorum. Yalnız, bu broşürü okuyanların veya okuyacak olanların, broşürde değinilen olaylar hakkında başka ve sağlam kaynaklardan da bilgi edinerek, metinle gerçeği karşılaştırmaları ve ona göre yargıya varmaları gereklidir.

Bu broşürün niteliği ve işaret ettiği anlayış hakkında bir fikir edinmek için, bazı noktalarını hep beraber inceleyelim:

Broşürün kapağındaki yazılardan sonra, metnin başlığında da şu sözler vardır:

"Kutülamare'nin kuşatıcısı, Bağdat'ın savunucusu, Yemen, Selmanpak, Batı Anadolu, Afyokarahisar, Dumlupınar, İzmir savaşları galibi ve İzmir fatihi."

Nurettin Paşa'nın kendi kendine takındığı "kuşatıcı", "galip", "fatih" unvanları hakkında görüş bildirmeyi erteleyerek, broşürün metnine girelim.

Paşa, "Konyar" adındaki Türk aşiretinden rahmetli Mareşal İbrahim Paşa'nın oğlu **ve Hazreti Peygamber soyundan** gelen Âyan Meclisi üyesi Şeyhülvükela[25] Bursalı merhum Rıza Efendi'nin torunlarından imiş... Bu bilgilere ve anlatıma göre Mehmet Nurettin Paşa hem Türk ve hem Araptır. Babası ve büyükbabalarıyla da övünmektedir. Burada, babasının büyük adam olmasıyla övünen Bizans İmparatoru Theodosius'a babası ve anası Türk olan Attilâ'nın, "Ben de, büyük ve asil bir ulusun evladıyım" dediğini hatırlatmadan geçemeyeceğim.

"Resmi okullardaki öğreniminin dışında özel öğrenim de görmüş olan Nurettin Paşa 1893'te Harp Okulu çıkışlı olup Hassa Ordusu Kurmaylığı'na atanmış..."

Nurettin Paşa, kurmaylık öğrenimi görmemiş ve o sınıfa girmemiştir. Dolayısıyla, ordu kurmay subaylığına atanamaz. Olsa olsa, bir askeri birliğe gönderilmeyip ordu kurmaylığında karargâh emir subayı yardımcılığı veya buna benzer bir görevle alıkonulmuş olabilir... Genç bir teğmen için, askerlik görevine buradan başlamak elbette övünülecek bir başlangıç sayılmaz. Askeri bir birliğe atanmak ve orada askerlik hayatının disiplin ve güçlüklerine alışmak esastır.

Nurettin Paşa 1897'de, Yunan Savaşı'na gönüllü olarak katılmış ve başkomutanlığa atanan Gazi Osman Paşa'nın yaverliğine ve İstanbul'a dönüşünde padişahın yaverliğine ve refakat subaylıklarına... atanmış...

Bilindiği üzere, Gazi Osman Paşa İstanbul'dan Selanik'e kadar gitmiş, fakat savaş meydanına gitmeden geri dönmüştür. Savaşa katılmamış bir komutanın yaverliğine ve ondan sonra da Sultan Hamit'in yaverliğine ve birtakım refakat subaylıklarına atanmış olmak, bilmem ki ne dereceye kadar anılmaya ve övünülmeye değer olabilir?!

Nurettin Paşa "sırasıyla yarbaylığa ve albaylığa yükseltilmiş ve 1908 yılı başlarında Selanik'te 3. Ordu Kurmaybaşkanlığı Özel Şube Müdürlüğü'ne atanmış"... Nurettin Paşa'nın hangi sıra ile albaylığa kadar yükselmiş olduğu, Meşrutiyet'in ilanından sonra rütbesinin tekrar binbaşılığa indirilmiş olmasıyla anlaşılıyorsa da, Selanik'te 3. Ordu Kurmaybaşkanlığı Özel Şube Müdürlüğü'ne atanmasını anlamak güçtür. Çünkü, benim de kurmaylığında bulunduğum o orduda, denildiği gibi bir özel şube yoktu. Belki de ordu komutanı olan babası, oğlu için özel ve gizli işlerle uğraşan bir özel şube kurmuş olacak...

Nurettin Paşa, 3. Ordu komutanı bulunan "babası Mareşal İbrahim Paşa ile Meşrutiyet inkılabının **yapılmasına, ihtilalin** aşırılıktan uzak ve sağlıklı yürütülmesine hizmet ve yardımda bulunmuşlar..."

---

[25] Şeyhülvükela: Osmanlı Devleti'nde bakanların en yaşlısına verilen unvan (y. n.).

Yaşamöyküsü broşüründe, Nurettin Paşa'nın iki defa Sultan Hamit tarafından tutuklanıp sorgulamaya alındığı ve bir defasında sürgüne ve diğer defasında askerlikten atılarak altı yıl hapsine karar verildiği ve fakat babasının bağışlanması için aracı olmasıyla kurtulduğu öyküsünden sonra... "İstanbul'dan bir yolunu bulup tekrar Rumeli'ye geçerek 1908 Meşrutiyet inkılabının hazırlanmasına ve gerçekleştirilmesine diğer arkadaşlarıyla beraber hizmet etmiştir" sözleri yazılıdır.

Nurettin Paşa'nın gördüğü eziyeti kısaca anlatmak gerekirse, diyebiliriz ki, Sultan Hamit Nurettin Bey'e özgürlükçü düşüncelerinden dolayı kızdıkça, onu yarbaylığa, albaylığa yükselterek sırmasını artırır ve babasının şefkat ve okşayışına bırakırmış...

Nurettin Paşa'nın ve babası Mareşal İbrahim Paşa'nın Meşrutiyet inkılabında nasıl ve ne derece rol oynadıklarına ait anılarım

Mareşal İbrahim Paşa'nın 3. Ordu komutanlığı ve oğlu Nurettin Bey'in babasının yaverliği ve Meşrutiyet inkılabında nasıl ve ne dereceye kadar rol oynadıkları hakkında biraz bilgi vermek isterim. Bunun için geçmişten kısa bir anımı aktarmama izninizi rica edeceğim.

Efendiler, çeşitli vesilelerle duymuş olacağınıza kuşku yoktur ki, ben kurmay yüzbaşısı olur olmaz, Sultan Hamit tarafından Suriye'ye sürüldüm. Orada üç yıl kaldıktan sonra, o zaman 3. Ordu bölgesi olan Makedonya'ya gönderildim. Ordu merkezi Manastır'dı. Ordu karargâhı orada bulunuyordu. Selanik'te ayrıca "3. Ordu Mareşalliği" unvanında bir komuta makamı vardı. 3. Ordu komutanı Selanik'te otururdu.

Orada da "Mareşal Kurmay Heyeti" diye bir kurmaylık vardı. Ben 1908 yılında kolağası rütbesiyle bu kurmaylıkta görevliydim. Özgürlüğü getirmeye çalışan gizli cemiyet ile pek yakından ilişkim vardı. Yanyalı Esat Paşa 3. Ordu komutanıydı.

Süleyman Paşazade Ali Rıza Paşa kurmay başkanımızdı. Binbaşı rütbesinde bulunan rahmetli Cemal Paşa ve binbaşı rütbesinde olan Fethi Bey (bugün Paris elçisi) ve ben, mareşal kurmaylığını oluşturuyorduk.

Her üçümüz de cemiyetin üyesi bulunuyorduk. Cemiyetin başarılı olması için çalışıyorduk.

O tarihlerde, 3. Ordu bölgesinin içinde bulunan Serez'deki tümenin ve Serez bölgesinin komutanı, mareşal rütbesinde bir kişiydi. Bu kişi, Sultan Hamit'in olağanüstü güvenini kazanmış bulunuyordu. Rütbesinin mareşal olmasına, Esat Paşa'nın kendisinden alt rütbede bulunmasına rağmen, İstanbul ile Makedonya arasında güvenli bir bölge oluşturulması amacıyla Serez'den uzaklaştırılmazdı. İşte bu önemli komutan, Mareşal İbrahim Paşa idi. Oğlu Nurettin Bey de (Nurettin Paşa) babasının yanında bulunurdu. Meşrutiyet'in ilanından önceki günlerde, Mareşal İbrahim Paşa'nın komuta bölgesinde, bir binbaşı istibdat yönetiminin aleyhinde konuşmuş... Bir casus bunu jurnal etmiş... O zaman Selanik'te merkez komutanı olan Yarbay Nâzım Bey, olayı yerinde soruşturmak üzere İstanbul'dan görevlendirildi.

Cemiyet Nâzım Bey'i, bu görevi yapmaktan alıkoymak üzere vurdurdu. Yaralanan Nâzım Bey İstanbul'a götürüldü. Olayın soruşturulmasına, İstanbul'dan değil, ancak ordu tarafından atanacak bir görevlinin gidebileceği görüşü benimsetildi. Ben görevlendirildim. Elbette görevim, hiç kuşkusuz istibdat karşıtlığı yapmış olan binbaşıyı kurtarmaktı.

Önce Serez'e gittim. Mareşal İbrahim Paşa'yı ziyaret ettim. Görüşme sırasında anladım ki, Paşa'nın büyük bir endişesi vardır. İbrahim Paşa, kendi bölgesinde Sultan Hamit ve istibdat yönetimine karşı hiçbir kimsenin bulunmadığı ve bulunamayacağı konusunda Sultan'a güvence vermişti. Buna rağmen, söz konusu binbaşı hakkındaki jurnal, Sultan Hamit'in Mareşal İbrahim Paşa'ya olan güvenini sarsacak nitelikteydi. Bu jurnal içeriğinin doğrulanması, İbrahim Paşa'nın aleyhinde olacaktı. Paşa bunu istemiyordu. Ben, derhal Paşa'nın endişesini anladım ve dedim ki: "Paşa Hazretleri, yüksek şahsınızın bölgesinde padişah karşıtı duygular besleyen bir tek kişinin bulunabileceği düşünülemez. Verilmiş olan jurnal içeriğinin yerinde soruşturulması, yüksek şahsınız tarafından oluşturulmuş olan disiplini ve aşıladığınız padişaha bağlılık duygularını kolaylıkla ortaya çıkaracaktır. İsterseniz, yapacağım soruşturma raporunun bir örneğini yüksek şahsınıza da göndereyim."

İbrahim Paşa bu konuşmamdan çok rahatladı. Benden memnun oldu ve oğlu Nurettin Bey'i çağırtıp benim en iyi şekilde ağırlanmamı ve olay yerine yolculuğum için kolaylık gösterilmesini emretti.

Soruşturmamın sonucu binbaşıyı kurtardı. Jurnal vereni iftira ettiği için cezaya çarptırdı. Mareşal İbrahim Paşa da, Sultan'a kendi bölgesinde karşıt bir kişinin bile bulunamayacağını kanıtlayarak, padişahın hakkındaki güven ve inancını sağlamlaştırdı.

Mareşal İbrahim Paşa'nın bu şekilde hakkındaki güveni sağlamlaştırması, çok geçmeden, kendisinin bütün Makedonya'yı istibdat karşıtlarından temizlemekle görevlendirilmesini hazırladı.

Bu noktayı biraz açıklayayım. Cemiyet bütün Makedonya'da örgüt ve çalışmalarını artırdı. Artık, tamamen açıktan ve korkusuzca çalışmaya başlandı.

Selanik'te, ordu mareşalliğinde bulunan Esat Paşa'ya güven kalmadı. Kurmay başkanımız olan Ali Rıza Paşa hakkında kuşkuya düşüldü. Bunlar birer birer Sultan Hamit tarafından sorgulanmak için İstanbul'a çağrıldı. Ordu mareşalliğine, her bakımdan güven ve itimat kazanmış olan Mareşal İbrahim Paşa atandı ve gönderildi.

İbrahim Paşa'nın Selanik'e gelmekte olduğu haberi üzerine, Cemal Bey (merhum Cemal Paşa) her olasılığa karşı bir bahaneyle merkezden uzaklaştı. Arkadaşım Fethi Bey, zaten daha önce Jandarma Okulu Komutanlığı'na geçmişti. Merkezde ordu komutanı, kurmay başkanı adlarına yalnız ben bulunuyordum. Yeni gelen komutana 3. Ordu komutanlığını ben devir ve teslim edecektim. Gerçekten öyle oldu.

İbrahim Paşa, yanında oğlu Nurettin Bey olduğu halde, trenle geç saatte Selanik'e vardı. Doğruca komutanlık dairesine geldi. Orada kendisine durumla ilgili bilgi verdim. Gece olmasına rağmen ordu kurmaylığında görevli bütün başkanları birer birer görmek istedi. Herkes gelip kendini tanıtıyordu. Mareşal Paşa, her yeni tanıdığı kişiye, kendisinin ne kadar sert olduğunu, insanı yok edebilecek güçte bulunduğunu anlatmaya çalışır birtakım tavırlar takınarak, hiç de gereği olmayan sözler söyleyerek, ara sıra çizmeli ayaklarını yere vurarak, ilk andan itibaren yıldırma politikası uygulamaya başladı.

Gece evime gittim. Ertesi gün erkenden, bir süvari, bir binek atı getirdi ve Mareşal Paşa'nın beni istediğini söyledi. Daireye geldiğim zaman anladım ki, yeni komutan benim göreve devam edebileceğimi emretmiş...

Şimdi efendiler, gelelim ihtilal ve inkılap evresine...

İbrahim Paşa'nın yıldırma politikası, ihtilal komitesinin tehdit edici tutumuyla karşılandı. Paşa öfke ve sertliğini bir tarafa bırakmak zorunluluğunu duydu. Bazı arkadaşlar, bu arada en çok Cemal Bey (Cemal Paşa) aracılığıyla ihtilal cemiyetinin gücünden ve girişimindeki ciddiyetten İbrahim Paşa'nın oğluna haber verildi. Babasının cemiyet karşıtı tutum almaması için uyarıldı ve Paşa'dan güvence istendi. Örneğin, "Komutan Paşa cemiyet karşıtı tutum almayacağını göstermek üzere, cuma namazını filan camide kılacak ve ikinci safta yer alacaktır" gibi birtakım isteklerde bulunuldu. İşte Nurettin Bey, bu gibi bildirimleri babasına duyurmak için araç olarak kullanılıyordu. Fakat önemli konularda daha çok görevlendirilen ve çalıştırılan babasının yaveri Nurettin Bey değil, cemiyetin üyesi ve güvenilir kişisi ve komutanlık makamı yaveri Yüzbaşı Kâzım Nami Bey'di (bugün yazar ve öğretmendir).

İbrahim Paşa cemiyetin uyarılarına uymak zorunda bırakıldı. Fakat cemiyetin örgütlenmesinden, girişimlerinden, karar ve uygulamalarından hiçbir zaman haberdar edilmemiştir.

Hürriyet ve Meşrutiyet ilanından da, ne İbrahim Paşa'nın ve ne de oğlu Nurettin Bey'in, daha önce, hiçbir şekilde ve asla haberleri bile olmamıştır. Meşrutiyet ilanı konusunun tamamen içinde bulunduğum ve bütün ayrıntı ve evreleriyle kendim ve yakından ilişkili olduğum için, bu konudaki anılarım aynen aklımdadır.

Hürriyet ve Meşrutiyet ilanı gösterilerinde acele ettiği sanılan Üsküp'teki hazırlıkları, Selanik ve diğer yerlerdeki düzenlemelerle uyumlu bir şekle koymak için Üsküp'e gitmiştim. Oradan dönüşümde ve artık her yerde eylemli gösteriler başladıktan sonra, Mareşal İbrahim Paşa beni davet etti ve şu konuşmayı yaptı: "Beni ordu komutanlığında bırakacak mısınız, bırakmayacak mısınız? Bırakılmayacaksam, saldırı ve hakarete uğramadan hemen İstanbul'a hareket edeyim." Hatta Paşa, yazı masasının üstünde duran yazı hokkasını eline alarak, olduğu gi-

Cumhurbaşkanı Mustafa Kemal Atatürk Meclis'ten çıkıyor. Yanında Başyaver Rusuhi Bey. İş Bankası Müzesi Arşivi.

bi aklımda kalan şu sözcükleri de ekledi: "Burada benim yalnız bir hokkam var; onu alır, giderim."

Gerekli kişilerle görüştükten sonra yanıt verebileceğimi söyledim. Cemiyet adına yetkili olan diğer arkadaşlarla, İbrahim Paşa'nın komutanlığı konusunu görüştük. Bir zaman için kalmasında sakınca görmedik. Komutanlıkta kalacağı hakkındaki cemiyet kararını ben kendisine bildirdim.

Fakat, bir iki gün sonra, dağa çıkmış olan subaylardan bir teğmen efendi, İbrahim Paşa'ya bulunduğu yerden, hakaret dolu bir telgraf çekmiş... İbrahim Paşa derhal beni çağırttı ve telgrafı uzatarak dedi ki: "Beni komutan olarak burada bırakacağınızı bildirmiştiniz. Bu hakaret nedir?"

Komutan Paşa'ya, cemiyetçe hakkında aldığımız kararı bütün örgüte iletecek kadar zaman geçmediğini, özellikle dağ başında bulunan subaylarımızın herhangi bir telgraf merkezinden bu gibi telgrafları çektirmelerine engel olmanın bugünlerde güç olacağını anlamasını söyleyerek, kendisini avutmaya çalıştım.

Fakat, aradan çok geçmeden, o zaman Yunan Sınırı komutanı bulunan Muhlis Paşa, cemiyetin Manastır'daki Merkez Heyeti tarafından Manastır'a davet olunmuş... Muhlis Paşa, Ordu Komutanı İbrahim Paşa'dan izin almaksızın Manastır'a gitmiş... Bundan üzüntü duyan İbrahim Paşa, Muhlis Paşa'ya azarlayıcı bildirimde bulunmuş...

Bunun üzerine, Muhlis Paşa'yı davet eden Merkez Heyeti, İbrahim Paşa'ya uzun bir telgraf çekmiş... Bu defa da Mareşal Paşa beni davet ederek telgrafı gösterdi ve "Ya bu ne?" dedi.

Telgrafı baştan sona kadar okudum. Bu telgrafta, Konyar aşiretinden Mareşal İbrahim Paşa'nın bütün hayatı, geçmişi, içyüzü anlatıldıktan sonra, ağır ve hakaret dolu sözcüklerle istibdat devrinin, Sultan Hamit köleliğinin eşine az rastlanır bir örneği olan İbrahim Paşa'nın özgürlük için çalışan bir çevrede, özgürlük için çalışanlara komuta etmek cesaretinde bulunmasına şaşılıyor ve hemen komutanlıktan çekilmesi konusunda uyarılıyor ve isteniyordu.

Efendiler, bundan sonra gerçekten İbrahim Paşa Selanik'te duramadı. Dediği gibi, hokkasını alıp gitti.

Bu bilgilerden sonra, Nurettin Paşa'nın 3. Ordu komutanı bulunan babası Mareşal İbrahim Paşa ile birlikte Meşrutiyet inkılabının yapılmasına ve ihtilalin ölçülü ve sağlıklı yürümesine ne yolda hizmet etmiş ve yol göstermiş olduklarını anlamak kolaylaşmıştır sanırım. Denildiği gibi, "ihtilalin ölçülü yürütülmesine" de etkili olamamışlardır. En ölçüsüz davranışlar doğrudan doğruya kendilerine yapılmış olan davranışlarla görülmüştür.

Yaşamöyküsü broşürüne göre Nurettin Paşa'nın Meşrutiyet'in ilanından sonra gördüğü hizmetler

Yaşamöyküsü broşürünün 4. sayfasında, Nurettin Paşa'nın Rumeli'den İstanbul'a yürüyen Hareket Ordusu'na katılarak vatani görevini yaptığından söz edilmektedir. 31 Mart Olayı nedeniyle Rumeli'den İstanbul'a gönderilen kuvvetlerin komutanı, merhum Hüsnü Paşa idi. Ben, bu kuvvetlerin kurmay başkanıydım. Bu kuvvetlere Hareket Ordusu adını veren, Hareket Ordusu'nun İstanbul'a kadar gidişini düzenleyen ve yöneten bendim. Nurettin Bey'in bu kuvvetlere katılarak görev aldığını bilmiyorum. Nurettin Paşa, birçokları gibi, Hareket Ordusu İstanbul'a yaklaştığı zaman, Yeşilköy veya Bakırköy'e gelmiş olabilir...

Nurettin Paşa "Yemen ilinin kurtarılması ve asilerin sindirilmesi için yapılan savaşlarda birtakım tümen birliklerine veya müfrezelere komuta etmiş..."

Her tümen komutanı, her savaşta aynı durumda bulunur. Sonra "Sana'nın kurtarılmasının ardından toplanan askeri kuvvetlere komuta etmiş..."

Efendiler, asker olanlar çok iyi bilirler ki, bir yerde çeşitli askeri birlikler toplandığı zaman, orada bir merkez komutanlığı veya mevki komutanlığı, bir ordugâh komutanlığı kurulur... Nurettin Paşa'nın Sana'daki komutanlığı bundan başka bir şey miydi?!

Nurettin Paşa, "İmam Yahya ile anlaşma yapılması konusunda Ahmet İzzet Paşa'ya yardımcı olmuş..."

Ahmet İzzet Paşa'ya sormadım; fakat İzzet Paşa ile beraber bulunup, çalışmalara yakından katılmış olan yetki sahibi kişilerin söylediklerine göre, İmam Yahya ile anlaşma görüşmelerinde, Nurettin Paşa herhangi bir şekilde ilgili kılınmamıştır.

Nurettin Paşa "Balkan savaşlarına katılmak isteğini göstererek Yemen'i kuzeyinden güneyine kadar geçip Aden-Mısır-Suriye-Konya-İstanbul yoluyla Çatalca yakınında bulunan Başkomutanlık Karargâhı'na katılmış ve boşta tümen bulunmamasından dolayı kendi isteğiyle gönüllü olarak 9. Alay'ın komutasını" üstlenmiş...

Nurettin Paşa'nın Yemen'den İstanbul'a gelmek için izlediği yol, Yemen'den İstanbul'a gelen bütün erler ve siviller, kısacası herkes tarafından izlenen yoldu. Yol o idi. Nitekim, o tarihte biz de Afrika'da bulunuyorduk. İstanbul'a gelmek için Afrika çöllerini batıdan doğuya, Mısır'a kadar deveyle geçtikten sonra İskenderiye ile Triyeste arasındaki bütün Akdeniz'i ve Adriyatik denizini güneyden kuzeye ve Triyeste'den Bükreş'e kadar Avrupa'yı ve ondan sonra da Karadeniz'i geçerek aynı karargâha ulaşmıştık. Yol buydu.

Nurettin Paşa, bu noktada asıl söylenmesi gereken konudan söz etmiyor. Nurettin Paşa, albaylıktan binbaşılığa indirildikten sonra, Yemen birliklerinde görevlendirilmek üzere yarbaylığa yükseltilmiştir. Bu yükselmenin gereği olarak yarbaylıkta Yemen'de iki yıl kalmak gerekirken, zamanından önce İstanbul'a gelerek kurtulmak yolunu bulmuştur.

Yaşamöyküsü broşürünün 6. ve 7. sayfalarında Nurettin Paşa'nın Irak komutanlığından söz ediliyor ve yerel olanaklar kullanarak yeniden ordu kurup dost ve düşmanın ümit ve beklentilerinin aksine yenilgiden zafer çıkarma başarısını gösterdiği söyleniyor.

Irak Seferi'nde Nurettin Paşa

Efendiler, Irak Seferi'nde Nurettin Paşa zamanındaki durumun gerçeği şundan ibarettir:

İlk Irak komutanı olan Süleyman Askeri Bey'in yenilgiye uğrayıp intiharından sonra, Irak'a Kafkasya'dan yeni birlikler gelinceye kadar, savaşlar, İngilizlerin isteğine ve yürüyüş hızlarına bağlı olmuştur. Nurettin Paşa, Kutülamare'de İngilizlere yenildikten sonra, gece gündüz ve karşı koymaksızın yürüyerek Selmanpak'a kadar perişan bir şekilde geri çekildi.

İngilizler Nurettin Paşa'yı izleyerek Selmanpak'a kadar ilerlediler. Orada Kafkasya'dan gönderilmiş olan birlikler, İngiliz birliklerini karşıladı. Üç gün savaştıktan sonra Nurettin Paşa yenilgiyi kabul ederek geri çekilme emri verdi. Birlikler Diyale Nehri'ne kadar kuzeye çekildi. İngilizlerle süvari bağlantısı kurma yolu bile aranmadı. Oysa, aynı zamanda, İngilizler de geri çekilmişlerdi. Bu bilgiyi veren, çöl Arapları oldu. Ondan sonra Nurettin Paşa, kendini toplayıp tekrar Selmanpak-Kutülamare yönünde ilerledi.

Kutülamare kuzeyinde, gece İngiliz birlikleriyle karşı karşıya gelindi. Önlemsizlik, düzensizlik ve yönetim eksikliği yüzünden, birliklerimiz gün doğmaya başlamasıyla beraber düşmanın ateş baskınıyla karşılaştı. Er, subay ve komutanlardan birçok kayıp verildi. Birliklerde panik oldu. Kendiliğinden geri çekilme başladı. İngilizlerin çekilmesi üzerine sakinlik sağlanabildi.

Irak'ta yeni birlikler ve yeni araçlarla büyük ve kanlı savaşlar bundan sonra başlar ki, Nurettin Paşa'nın bunlarla ilgisi yoktur.

Broşürün aynı sayfalarında, "Nurettin Paşa, İngilizlerden ele geçirdiği uçaklarla da bir uçak filosu meydana getirmek gibi büyük bir başarı göstermiştir" deniliyor.

Bu iddianın pek bilgisizce olduğunu söylemek zorundayım. Uçağın ve uçak filosunun ne olduğunu bilenler, böyle bir iddianın ne kadar gülünç olduğunu elbette anlarlar.

Büyük Taarruz'da Nurettin Paşa savaş meydanını dürbünle seyretmeyi tercih ediyordu

Broşürün 8. sayfasında, Nurettin Paşa'nın dürbünle bakarken alınmış bir resmi vardır. Bu resmin altında şu sözler yazılıdır:

"26 Ağustos 1922 saldırı günü Kocatepe gözetleme yerinde Afyonkarahisar Meydan Savaşı'nı yönetirken alınan fotoğraflarıdır."

Aynı günde, hep aynı tepedeydik. Dürbünle bakanlar çoktu. Özellikle dürbünle en çok bakanlar, gözetlemeyle görevlendirilen subaylardı. Gerçekten, Nurettin Paşa'nın da savaş meydanını dürbünle seyretmeyi tercih ettiğini ben de fark etmiştim.

Afyonkarahisar-Dumlupınar Meydan Savaşı'nın yapılması sırasında, Başkomutan Savaşı'nın yapıldığı gün, bir aralık Nurettin Paşa'yı, Kolordu Komutanı Kemalettin Paşa'nın (bugün Berlin elçisi) gözetleme noktasında, durumu dürbünle seyrederken buldum. Birliklerimiz düşmanı yakından sıkıştırmış, dikkat gerektiren ve önemli bir durum ortaya çıkmıştı. "Dürbünle seyretmeyi bırakınız! Savaşı yakından ve kendimiz yönetmek için ileri ateş mevzilerine gideceğiz" dedim.

Nurettin Paşa, bu kadar yaklaşmanın uygun olmadığını söyleyerek gitmek istemedi. Canım sıkıldı. "Siz burada kalabilirsiniz" dedim. Kemalettin Sami Paşa'ya "Siz benimle geliniz!" dedim ve otomobilime yürüdüm. Kemalettin Paşa "Emredersiniz" dedi ve benimle beraber yürüdü. Bu davranış üzerine, dürbünün başında yalnız bırakılan Nurettin Paşa'nın da arkamızdan geldiğini gördük. Dediğim yere gittik. Yunan ordusunun tutsak alınmasıyla sonuçlanan o savaşı, en ufak ayrıntısına kadar kendimiz yönetiyor ve gereken emirleri, doğrudan doğruya kolordu komutanlarına ve diğer komutanlara ben veriyordum.

Emirlerime göre önlemler alınıp hareket edilirken Ordu Komutanı Nurettin Paşa yanımda duruyor ve durumu seyrediyordu. Bir aralık, kolordu komutanını benim yanımdan uzaklaştırarak bazı emirler vermeye kalkışmış... Kolordu komutanı, bu emirleri yerine getirilemez bulmuş; ordu komutanı ile kolordu komutanı arasında adeta saygısızca bir çekişme durumu yaşanmış... Kemalettin Sami Paşa, Nurettin Paşa'nın yanından biraz sertçe tavırla ayrılmış... Bu durumun farkına vardım. Kemalettin Sami Paşa'yı yanıma çağırıp, sessizliğini ve disiplini koruması gerektiğini söyledim. Daha sonra, yalnız olarak Nurettin Paşa'yı çağırttım. Genel olarak bazı sorular sordum ve anlatmak istedim ki, gerçekten kolordu komutanına verdiği emrin yerine getirilmesi mümkün değildir. Komutanlar, emir vermiş olmak için emir vermezler. Gerekli ve yerine getirilebilir olan işleri emrederler ve emir verirken, kendini, o emri yerine getirecek olanın yerine koymak ve emrin nasıl yerine getirileceği ve uygulanacağını düşünmek ve bilmek gerekir.

Yaşamöyküsü broşürünün 9. sayfasında, Irak'tan sonra "Kafkas Cephesi'ne gitmiş olan Nurettin Paşa'nın, 3. Ordu Bölgeleri Komutanlığı'nda ve Ordu Komutanlığı vekilliğinde bir süre bulunduğu" yazılıdır. Bu görevlerin niteliğini ve bu sürenin kaç gün olduğunu sormak gerekir.

Nurettin Paşa, Kafkas Cephesi'nden İstanbul'a dönüşünde "'Aydın, Muğla ve Antalya Bölgeleri komutanı' unvanıyla İzmir'e gitmiş ve orada bulduğu birkaç dağınık müstahfız birliğini yeniden hızla düzene sokup yeni tümenler oluşturarak 21. Kolordu'yu meydana getirmiş..."

Efendiler, kolordu oluşturulması, son zamanda Dünya Savaşı'nın fantezileri sırasına geçmişti. Özellikle, karşısında düşman bulunmayan sabit bölgelerde, askerlik şubeleri ve başkanlıkları kurmak gibi kolaylıkla, kolordu komutanlıkları oluşturulur ve yetkiler verilirdi. Gerçekten, bütün savaş cepheleri "yardım" diye haykırırken, 21. Kolordu değer verilen bir varlık olsaydı, Aydın bölgesinde bırakılmazdı.

Yaşamöyküsü broşürüne göre Nurettin Paşa'nın İstanbul'da ve Anadolu'da gördüğü önemli işler nelerdir?

Broşürün 16. sayfasında Nurettin Paşa'nın "Anadolu'da Mustafa Kemal Paşa ve arkadaşlarının girişimleriyle başlayan ulusal savaşın liderleriyle de ilişki kurarak..." İstanbul'da birtakım önemli işler yaptığından ve sonunda "İngilizlerce izlenmeye başlanmış olduğundan" ve "Mustafa Kemal Paşa'dan aldığı çağrı telgraflarında, artık İstanbul'dan çok Anadolu'da hizmet edilebileceğinin bildirilmesi..." ve benzeri konulara dayanarak Anadolu'ya geçmiş...

Efendiler, Nurettin Paşa'nın İstanbul'da İngilizlerle ve Damat Ferit Paşa hükümetiyle anlaştığını ve Ankara'da kurulan Türkiye Büyük Millet Meclisi'nden ve onun hükümetinden habersiz olarak, bizi İstanbul ile uzlaştırmaya çalıştığını ve bu sebeple arada yapılan telgraf haberleşmelerini ve zorunlu olarak Ankara'ya geldikten sonraki davranışlarını yeri geldiğinde anlatmıştım. Bunları tekrar etmeyeceğim.

18. sayfada, "Yukarıdaki vatani hizmetleri başarıyla yapmış olan Nurettin Paşa ile Büyük Millet Meclisi arasında, bazı resmi işlerden dolayı anlaşmazlık çıkması üzerine, kendisi hemen Ankara'ya gelmiş, bu anlaşmazlık olumlu bir şekilde çözülmüş ve giderilmiştir" ifadesine rastlanmaktadır.

Nurettin Paşa'nın, hükümetçe, Merkez Ordusu komutanlığından nasıl alındığını ve harp divanına verilmek üzere Ankara'ya getirildiğini ve Meclis'in kendisine karşı gösterdiği kızgınlık, kendisinin idamını isteyecek kadar ileri gitmişken, başkomutan sıfatıyla, Meclis kürsüsünden Nurettin Paşa'yı savunarak nasıl kurtardığımı da açıklamıştım. Burada, yeri gelmişken yalnız bir noktaya dikkati çekmek isterim. Bu okuduğumuz kısma göre, bir Türkiye Büyük Millet Meclisi vardır, bir de Nurettin Paşa... Bunlar karşı karşıya gelmişler... Yanlış anlamalar giderilmiş... Bilindiği gibi, Meclis'le karşı karşıya gelebilen, yalnız hükümettir. Meclis'in muhatabı hükümettir. Bir ordu komutanı, bir vali, herhangi bir makam sahibi Meclis'in muhatabı olamaz.

Broşürün 18. sayfasının son satırları, Nurettin Paşa'nın, "vatanı tehlikeden kurtaran büyük zaferin, Allah'ın yardımıyla başaranı ve etkeni olmuş ve ulusal tarihe bu defa da çok önemli ve benzeri görülmemiş bir onur ve övünç sayfası eklenmesini sağlamış..." olduğunu anlatmaya ayrılmıştır.

Nurettin Paşa, zaferin onuruna ortak olmaya en az hakkı olanlardan biridir

Efendiler, bu kadar cesurca bir iddiaya karşı hayret edip şaşırmamak mümkün değildir. Gerçekten, Nurettin Paşa, genel saldırıda 1. Ordu komutanlığında bulundu. Diğer bütün komutanlarla beraber kendisine emrettiğimiz görevleri yerine getirmeye çalıştı. Bu durum, bütün Türk ordusunu ve ordumuzun büyük, küçük bütün komutanlarını, subaylarını ve her erini kapsaması doğal olan başarıyı ve onuru, Nurettin Paşa'nın kendisine aitmiş gibi göstermesi kadar anlamsız, uydurma, ayıp bir şey olamaz! Nurettin Paşa'yı, zaferin etkeni gibi göstermek, olsa olsa, kendisiyle alay etmek amacına yönelik olabilir. Yoksa Nurettin Paşa, büyük zaferin onuruna ortak olmaya en az hakkı olanlardan biridir.

Efendiler, Büyük Taarruz'da, Nurettin Paşa'yı, yalnız saldırının ikinci günü Kocatepe'de yalnız bırakmıştım. Çünkü düşmanın yenildiğini ve geri çekileceğini anladık. Yenilgisini bozguna çevirmek ve geri çekilme hattını keserek düşman ordusunu tutsak etmek için, artık Kocatepe'de değil, durumu daha genel değerlendirecek ve ona göre genel önlemler alacak yerde bulunmamız gerekti. O gün bile, Cephe Komutanı İsmet Paşa'nın uygun görüp benim imzamla yazdığı cesaretlendirici kısa bir yazıyı telefonda okuyarak, Nurettin Paşa'nın moralini güçlendirmek için önlem almak gerekli görülmüştü.

Nurettin Paşa'yı ve ordusunu doğrudan kendim izlemek ve yönetmek zorunluluğunu duydum

Ondan sonra, Nurettin Paşa'yı ve ordusunu kendim izlemek ve yönetimine karışmak zorunluluğunu duydum. Böyle yapmasaydım, Nurettin Paşa'nın yaptığı hataları gidermek güç olurdu. Dumlupınar'da, ordusunun kurmay başkanı Emin Paşa'nın hazırladığı ileri hareket emrinin kapsamını anlayamayan, fakat anlamamış değil de daha iyisini düşünmek ve yapmak istiyormuş gibi davranan Nurettin Paşa'nın kararsızlığı üzerine, kararsızlıkla geçirilecek zaman olmadığını hatırlatarak, gereken direktifi kendim yazdırdığım zaman, Nurettin Paşa bana demişti ki: "Paşam, siz bizi yalnız ve serbest bırakmıyorsunuz!" Buna, orada hazır bulunan Genelkurmay Başkanı Fevzi Paşa Hazretleri şu şekilde ve sert bir dille yanıt verdi: "Paşa, Paşa" dedi. "Bu ordu, bizim ve bütün ülkenin gözbebeğidir. Onun yönetimini rastlantıya bırakamayız!"

Dumlupınar'dan Uşak'a giderken, yolda Nurettin Paşa'nın önlemlerindeki yetersizlikleri görüp, Nurettin Paşa'nın tümenlerine kendim emir vererek önlem aldırmasaydım, *Trikopis*'in tutsak alınması mümkün olmayabilirdi. Uşak'ta kötü bir görüntüye tanık olabilirdik. İzmir'e ulaştıktan ve hükümet dairesine girdikten sonra, güneyden gelen top ve tüfek seslerini işitip, Nurettin Paşa'nın önlemsizliğini ve aymazlığını anlayıp hemen doğrudan doğruya kendim emir vererek önlem aldırmasaydım, İzmir'e girmiş ve İzmir sokaklarında halka karışmış birliklerimizin, biz de içinde olduğumuz halde, korkuya kapılarak darmadağın olması hiç uzak bir olasılık değildi.

İşbilirlik ve ileri görüşlülük iddiasında bulunan Nurettin Paşa'nın İzmir'de resmi yabancı görevlilerle tutanağa geçmiş konuşmasını kendim düzeltmeseydim, İzmir'e girmekten doğan genel sevincin kırılmasına sebep olacak durumlardan kaçınmak belki de mümkün olmayacaktı.

Efendiler, bu söylediklerim, orduya bağlı herkes tarafından bilinen gerçeklerdir. Bu gerçekleri, yalnız bir kişinin fark etmediği anlaşılıyor. O da Nurettin Paşa'dır. "Kuşatıcı, galip, fatih, gazi" unvanlarıyla anılmasını sağlamak gibi çocukça bir sevdaya düşen Nurettin Paşa'nın, "Kutülamare Kuşatıcısı Nurettin Paşa" diye bir kartvizitini görmüştüm. Nurettin Paşa bu kartı Taşköprü'de otururken Kastamonu valisi ve bölge komutanı bulunan Muhittin Paşa'ya (bugün Kahire elçisi) göndermiş. Kartın boş yerlerine yazdığı yazılarda, karttaki unvanı işaret ederek, "Bunu da benden kimse alamaz ya!" diye bir ifade de vardı. Muhittin Paşa, bu kartı ve karttaki yazıyı, akıl ve zekâyla bağdaşır görmemiş ve dikkate değer bulmuş olduğundan, aynen bana göndermişti. Evet, onu ondan kimse geri alamaz. Fakat, onu ona veren de yoktur. Her başarılı savaşa katılan kimsenin, hakkı olmadığı halde, kendisini başarının tek etkeni, galibi ilan etmesi, örnek alınacak bir ahlak kuralı değildir. Ülke çocuklarına, böyle doğru olmayan yol ve davranış biçimlerini benimsemeleri alışkanlığını veremeyiz; gelecek kuşaklara, böyle havadan galip, fatih olunabileceği gibi yanlış bir düşünceyi miras bırakamayız!

Ulus ve tarih, unvan vermekte o kadar cömert değildir

Yaşamöyküsü broşürünün kapağındaki "gazi" unvanının kullanılmasına gelince, bu unvanı Nurettin Paşa'ya "A. S." harfleri verebilir. Fakat gerçek ve yasa, bununla yalnızca ve sadece alay eder. Gerçi, savaşa "ya şehit veya gazi olmak için" gidilir. Genel olarak er meydanında ölenlerin hepsine şehit derlerse de, sağ kalanların hepsine gazi unvanı verilmez. Bu unvanı ancak yasa verir. Uygar bir ulusun yüce çıkarları gereği, yapmak zorunda olduğu savaşlar, Arap aşiretlerinin gazvesi değildir. Öyle bile olsa, gazveden sağsalim çıkanlara belki yalnız anaları babaları takdir için, "Benim gazi oğlum" diyerek övünür. Fakat ulus ve tarih, unvan vermekte o kadar cömert değildir.

Yaşamöyküsü broşürünün son sayfasından da bir cümle alarak bu öyküye son verelim:

Nurettin Paşa "Irak Cephesi'nde iken yerel halk tarafından kendisine verilmiş bulunan, Hazreti Peygamber'in Kerbela'da yatan torunu İmam Hüseyin Hazretleri'nin kutsal kılıcını taşımakla onur duymaktadır."

Efendiler, bu ne sözdür?!

Kerbela, Peygamber'in torunu, imam, kutsal kılıç, onur duymak; bu gibi bilgisizlerin beğeneceği sözlerle ulusu aldatma yolunu tutanlar, artık insaf etsinler!.. Ulus da dikkat ve uyanıklığını artırsın!..

Efendiler, kendi başlarına hareket etmekle başarılı olamayacaklarını gören bazı kimseler de, türlü ikiyüzlülüklerle içimize girmek yolunu bulabilmişlerdir. Bunların içyüzleri, İkinci Meclis toplanıp göreve başladıktan sonra görülecektir.

Lozan Barış Antlaşması

Türkiye Büyük Millet Meclisi'nin ikinci seçim dönemi, yeni Türkiye Devleti'nin tarihinde mutlu bir geçiş dönemine rastladı. Gerçekten, dört yıllık bağımsızlık mücadelemiz, ulusumuzun şanına yaraşır bir barışla sonuçlanmış bulunuyordu.

24 Temmuz 1923'te Lozan'da imza edilen antlaşma, 24 Ağustos 1923'te Meclis'te onaylandı.

Mondros Ateşkes Antlaşması'ndan sonra Türkiye'ye yapılan dört barış önerisi arasında bir karşılaştırma

Efendiler, Mondros Ateşkes Antlaşması'ndan sonra, düşman devletler tarafından Türkiye'ye dört defa barış şartları önerilmiştir. Bunların birincisi, Sevr projesidir. Bu proje hiçbir görüşmenin ürünü olmayıp İtilaf devletleri tarafından Yunan Başbakanı Mösyö *Venizelos*'un da katılımıyla düzenlenmiş ve Vahdettin'in hükümeti tarafından 10 Ağustos 1920'de imza edilmiştir.

Bu proje, Türkiye Büyük Millet Meclisi'nce bir tartışma konusu bile sayılmamıştır.

İkinci barış önerileri, Birinci İnönü Savaşı'nın ardından toplanan Londra Konferansı'nın bitiminde 12 Mart 1921 tarihinde yapılmıştır. Bu öneriler, Sevr Antlaşması'nda bazı değişiklikleri içerseler de üzerinde konuşulmamış sorunlarda Sevr projesindeki maddelerin tamamen korunduğunu kabul etmek gerekir.

Bu öneriler, bizce tartışmayı gerektirmediğinden İkinci İnönü Savaşı'nın başlamasıyla sonuçsuz kalmıştır.

Üçüncü barış teklifleri, 22 Mart 1922'de, yani Sakarya zaferinden ve Fransızlarla imzalanan Ankara Anlaşması'ndan sonra ve yakın bir saldırımızın beklendiği sıralarda, Paris'te toplanan İtilaf devletleri Dışişleri bakanları tarafından yapılmıştır. Bu önerilerde, işe Sevr temelinden başlamak ilkesi bırakılmışsa da, esasları bakımından, ulusal isteklerimizi karşılamaktan uzaktı.

Dördüncü öneri, Lozan Antlaşması'nın imzalanmasıyla sonuçlanan görüşmelerdir.

İtilaf devletlerince Türkiye'ye uygulanması düşünülen esaslarla, ulusal savaş sayesinde ulaşılan sonucu açık bir şekilde değerlendirmek için, bu dört tür öneri arasında en önemli konularla sınırlı olmak üzere kısa bir karşılaştırma yapmayı yararlı sayarım.

1. Sınırlar

a) Trakya sınırı:

Sevr'de: Çatalca hattından biraz ileride bulunan Podima-Kalikratya hattı.

Mart 1921 önerisinde: Söz konusu edilmemiştir.

Mart 1922 önerisinde: Tekirdağ bize, Babaeski, Kırkkilise [Kırklareli] ve Edirne Yunan'a kalmak üzere bir hat.

Lozan'da: Karaağaç da bizde olmak üzere Meriç hattı.

Cumhurbaşkanı Mustafa Kemal Atatürk Meclis'in açılış kutlamasından ayrılırken.
İş Bankası Müzesi Arşivi.

b) İzmir bölgesi:

Sevr projesinde: Bu bölgenin sınırları Kuşadası, Ödemiş, Salihli, Akhisar ve Kemer iskelesine az çok yakın yerlerden geçmektedir.

Bu bölge Türk egemenliğinde kalacak, fakat Türkiye bu egemenliğini kullanma hakkını Yunanistan'a bırakacak. Türk egemenliğinin sürdüğünün işareti olarak İzmir ilinin dış istihkâmlarından birinde Türk bayrağı bulunacak. Yerel bir meclis toplanacak ve beş yıl sonra bu meclis, bu bölgenin sürekli olarak Yunanistan'a katılmasına karar verebilecekti.

Mart 1921 önerisinde: İzmir bölgesi Türk egemenliğinde kalacak, İzmir şehrinde bir Yunan kuvveti bulunacak ve İzmir bölgesinin geri kalan kısımlarında çeşitli unsurların nüfus oranına göre meydana gelecek bir jandarma birliği bulunacak ve buna İtilaf devletleri subayları komuta edecek.

Yönetim işlerinde de aynı nüfus oranı göz önüne alınacak ve bölgenin Milletler Cemiyeti tarafından atanacak Hıristiyan bir valisi olacak ve bunun yanında seçilmiş bir meclis ve bir danışma kurulu bulunacak. Valilik tarafından Türkiye'ye gelirlere göre artan bir vergi verilecek ve bu anlaşma beş yıl devam edip iki taraftan birinin isteği üzerine Milletler Cemiyeti tarafından değiştirilebilecek.

Mart 1922 önerisinde: Bütün Anadolu ve dolayısıyla İzmir de bize geri verilecek şeklinde aldatıcı bir söz. İzmir Rumlarının yönetime adaletli bir şekilde katılmaları için ve aynı hak Yunanistan'da kalacak Edirne Türklerine verilmek koşuluyla bir yöntem belirlenmesi konusunda İtilaf devletleri Türkiye ve Yunanistan'la anlaşacaklardır.

Lozan'da: Doğal olarak bu gibi konular söz konusu bile olmamıştır.

c) Suriye sınırı:

Sevr'de: Sahilde, yaklaşık Karataş burnundan başlayarak Osmaniye, Bahçe, Gaziantep, Birecik, Urfa, Mardin ve Nusaybin'i epey güneyde ve Suriye toprağında bırakan bir sınır.

Mart 1921'de: Yaklaşık şimdiki sınır olmak üzere Fransızlarla ayrıca bir anlaşma imzalanmıştır.

Lozan'da: 20 Ekim 1921 tarihli Ankara Anlaşması sınırı aynen korunmuştur.

d) Irak sınırı:

Sevr'de: İmadiye bizde kalmak koşuluyla, Musul ilinin kuzey sınırı.

Mart 1921 önerisinde: Söz konusu edilmemiştir.

Mart 1922 önerisinde: Söz konusu edilmemiştir.

Lozan'da: Çözümü ertelenmiştir.

e) Kafkas sınırı:

Sevr'de: Türk-Ermeni sınırının belirlenmesi Amerika Cumhurbaşkanı *Wilson*'a bırakılmıştır. Wilson sınır olarak Karadeniz sahilinde Giresun'un doğusundan başlayan, Erzincan'ın batı ve güneyinden, Elmalı, Bitlis ve Van Gölü'nün güneyinden geçen ve birçok noktalarda Dünya Savaşı'ndaki Türk-Rus cephesini izleyen bir hattı göstermiştir.

Mart 1921 önerisinde: Milletler Cemiyeti, bir Ermeni yurdu kurulması için Doğu illerinden Ermenistan'a bırakılacak toprakları belirlemek üzere bir komisyon görevlendirecek ve Türkiye bu komisyonun kararını kabul edecek.

Mart 1922 önerisinde: Bir Ermeni yurdu kurulması için Milletler Cemiyeti'nin yardımına başvurulacağından söz edilmektedir.

Lozan'da: Bu sorun ortadan kaldırılmıştır.

f) Boğazlar bölgesi:

Sevr'de: Rumeli'nin Türkiye'de kalan bütün kısımları.

Anadolu'nun Ege Denizi üzerinde yaklaşık İzmir bölgesinin başladığı yerden başlayarak Manyas Gölü'nün güneyine ve Bursa'nın ve İznik'in biraz kuzeyinden ve Sapanca Gölü'nün batı ucundan Ahabadr[26] Deresi'nin ağzına giden hatla sınırlanmış bir bölge. Bu bölgelerde asker bulundurmak ve askeri harekâtta bulunmak hakkı yalnızca İtilaf devletlerine aittir. Yine adı geçen bölgelerdeki Türk jandarması İtilaf devletleri komutasına bağlı olacaktır.

İtilaf devletleri, bu bölge içinde askeri amaçlar için kullanılabilecek yol ve demiryolu yapımını yasaklayabileceği gibi, halen var olanlar arasında bu yolda kullanılabilecek olanları yıktırabilecektir.

---

26 İstanbul'un Şile ilçesine bağlı Ağva köyü içindedir (y. n.).

Mart 1921 önerisinde: Çanakkale güneyinde Bozcaada'nın karşısından Karabiga'ya giden hattın kuzeyiyle Boğaziçi'nin iki tarafında 20 ila 25 kilometrelik bir bölge.

Çanakkale Boğazı'na egemen olan her iki tarafındaki adalar.

İtilaf devletleri, yalnız Yunanistan'a kalacak olan Gelibolu ve bize kalacak olan Çanakkale'de asker bulunduracak, bu şekilde İstanbul ve İzmit yarımadasını boşaltacak ve Türkiye'nin İstanbul'da asker bulundurmasına ve Anadolu'dan Rumeli'ye veya Rumeli'den Anadolu'ya asker geçirmesine izin verecektir.

Mart 1922 önerisinde: Çanakkale'nin güneyinde Erdek yarımadası dışında olmak üzere Çanakkale sancağı, Boğaziçi'nin güneyinde o zaman tarafsız sayılan bölge, yani yaklaşık İzmit yarımadası askerden arındırılmış bölge olacaktır.

Bizde, İtilaf işgal kuvveti kalmayacaktır.

Lozan'da: Gelibolu yarımadasıyla Kumbağı, Bakla Burnu hattının güneydoğusu, Çanakkale bölgesinde sahilden yirmi kilometrelik bir bölge ve Boğaziçi'nin iki tarafında sahilden on beş kilometrelik birer bölge ve Marmara'da da Emirali [İmralı] adasından başka adalar ve Gökçeada ve Bozcaada, askerden arındırılmış bir duruma getirilecektir.

Hiçbir tarafta İtilaf devletleri işgal kuvveti kalmayacaktır.

2. Kürdistan

Sevr'de: Fırat'ın doğusunda ve Ermenistan, Irak ve Suriye arasında kalan bölge için İtilaf devletleri delegelerinden meydana gelen bir komisyon yerel özerkliği hazırlayacaktır.

Antlaşmanın imzalanmasından bir yıl sonra bu bölgenin Kürt halkı Milletler Cemiyeti Meclisi'ne başvurarak Kürtlerin çoğunluğunun Türkiye'den bağımsız olmayı istediğini kanıtlarsa ve Meclis bunu kabul ederse, Türkiye bu bölgedeki her türlü haklarından vazgeçecektir.

Mart 1921 önerisinde: İtilaf devletleri, bugünkü durumu göz önüne alarak bu konuda Sevr projesinde değişiklik yapılmasını dikkate almaya eğilimlidirler. Şu şartla ki yerel özerklikler ve Kürt ve Asuri-Keldani çıkarlarının yeterli derecede korunması için tarafımızdan kolaylık gösterilsin.

Mart 1922 önerisinde: Söz konusu edilmemiştir.

Lozan'da: Elbette söz konusu ettirilmemiştir.

3. Ekonomik nüfuz bölgeleri

Sevr Antlaşması'nın ardından İtilaf Devletleri'nin aralarında imzaladıkları üçlü anlaşmaya (accord tripartite) göre:

a) Fransız nüfuz bölgesi:

Suriye sınırıyla yaklaşık Adana ilinin batı ve kuzey sınırı ve Kayseri ile Sivas'ın kuzeyinden geçen ve Muş dışında bu kasabaya yaklaştıktan sonra Cizre'ye giden bir hattın içinde kalan bölge.

b) İtalyan nüfuz bölgesi:

İzmit yarımadasından çıktıktan sonra Afyonkarahisar'a kadar Anadolu demiryolu hattı ve oradan Kayseri civarında Erciyes dağı civarına kadar giden hatla İzmir bölgesi, Ege Denizi, Akdeniz ve Fransız bölgesi arasında kalan bölge.

Mart 1921'de: Bekir Sami Bey ile Fransız ve İtalyan Dışişleri bakanları arasında imzalanıp hükümet tarafından kabul edilmeyen anlaşmalara göre.

a) Fransız nüfuz bölgesi:

O sırada Fransız işgali altında bulunan yerlerle, Sivas, Elazığ ve Diyarbakır illeri.

b) İtalyan nüfuz bölgesi:

Antalya, Burdur, Muğla, Isparta sancaklarıyla Afyonkarahisar, Kütahya, Aydın ve Konya sancaklarının daha sonra belirlenecek kısımları.

Mart 1922 önerisinde: Söz konusu değildir.

Lozan'da: Söz konusu olmamıştır.

4. İstanbul

Sevr'de: Antlaşmanın samimiyetle uygulanmaması durumunda İstanbul da bizden alınacaktır.

Mart 1921 önerisinde: Bu tehdidin kalkacağı ve Türkiye'nin İstanbul'da asker bulundurabileceği ve Boğaziçi'nin etrafındaki askerden arındırılmış bölgeden asker geçişine izin verilebileceği belirtilmektedir.

Mart 1922 önerisinde: İstanbul'dan çıkarılmamız tehdidinin kaldırılacağı ve İstanbul'da bulundurulabilecek Türk kuvvetinin artırılması sözü verilmektedir.

Lozan'da: Söz konusu olmamıştır.

5. Yurttaşlık

Sevr'de: Gerek İtilaf devletlerinden (Yunanistan dahil), gerek kurulan devletlerden birinin (Ermenistan ve diğerleri) yurttaşlığına girmek isteyen Türk uyruğundan hiç kimseye Türk hükümetince engel olunmayacak ve bunların yeni yurttaşlığı kabul edilecektir.

Mart 1921 önerisinde: Bundan söz edilmemiştir.

Mart 1922 önerisinde: Bundan söz edilmemiştir.

Lozan Antlaşması'nda: Bundan söz edilmemiştir.

Ancak, görüşmeler sırasında İtilaf devletleri, bir kimsenin yurttaşlığını belirlemede, Türkiye'deki yabancı elçilik ve konsoloslukların verecekleri belgelerin yeterli sayılmasını istemişlerdi. Bu öneri, Sevr projesinin yukarıda söz konusu olan 128. maddesinin yeni bir şekliydi. Doğal olarak tarafımızdan kabul edilmemiştir.

6. Adli kapitülasyonlar

Sevr'de: İngiltere, Fransa, İtalya ve Japonya'nın temsil edildikleri dört üyeden meydana gelen bir komisyon, kapitülasyonlardan yararlanan diğer devletlerin uzmanlarıyla birlikte yeni bir yöntem düzenleyecek ve Osmanlı hükümetine danıştıktan sonra bu yöntemi tavsiye edebilecek.

Osmanlı hükümeti bu yöntemi kabul edeceğinin şimdiden sözünü verecek.

Mart 1921 önerisinde: Bu komisyonda Türkiye'nin de temsil edilmesini İtilaf devletleri kabul etmektedir.

Mart 1922 önerisinde: Aynı teklif.

Lozan'da: Kapitülasyonla ilgili hiçbir kayıt yoktur!

Danışma niteliğinde olmak üzere birkaç yabancı uzmanı beş yıl için hizmetimize almayı kabul ettik.

7. Azınlıkların korunması

Sevr'de: 1918 Ateşkes Antlaşmaları'ndan sonra imzalanan bütün antlaşmalarda var olan hükümlerden başka, Türkiye'ye özellikle aşağıdaki yükümlülükler kabul ettirilmek istenilmiştir:

a) Yerlerini bırakmış olan bütün Türk olmayanların yerlerine geri gönderilmesi.

Başkanları Milletler Cemiyeti tarafından belirlenecek olan hakem komisyonları aracılığıyla bunların haklarının geri verilmesi ve özellikle bu komisyonların istemesi durumunda Türk olmayanların zarar görmüş olan taşınmaz mallarının onarılması için ücretleri hükümetçe ödenecek işçilerin bulunması, zorla göç ettirme ve buna benzer işlere karışmış oldukları, adı geçen komisyonlar tarafından ileri sürülen bütün kişilerin sürülmesi vb.

b) Türk hükümeti, azınlıkların parlamentoda nüfusları oranında temsilini sağlayan bir seçim kanunu projesini, iki yıl içinde İtilaf devletlerine sunacaktır.

c) Patrikhanelere ve bunlara benzer kurumlara ait bütün ayrıcalıklar desteklenip artırılmakta ve bunların yönettikleri okul, yetimhane ve diğerleri konusunda o güne kadar hükümetin sahip olduğu sınırlı denetleme hakkı da kaldırılmaktadır.

d) İtilaf devletleri, Milletler Cemiyeti Meclisi'ne danışarak bu kararların uygulanmasını sağlamak için alınması gereken önlemleri belirleyecektir. Türkiye bu konuda daha sonra alınacak her önlemi kabul edeceğinin şimdiden sözünü verecektir.

Mart 1921 önerisinde: Azınlıklardan söz edilmemiştir. Bu öneri, Sevr'de yapılacak değişikliklerden söz ettiği için, bundan adı geçen antlaşmanın azınlıklara ait kısmının değiştirilmeyeceği çıkarılabilir.

Mart 1922 önerisinde: Türkiye ve Yunanistan'daki azınlıklar hakkında bir dizi önlem alınmasının önerileceği ve bunların iyi şekilde uygulandığını gözlemek için Milletler Cemiyeti tarafından komiserlerin atanacağı belirtilmiştir.

Önlemler dizisinin ne olacağı açıkça belirtilmemiştir.

Lozan'da: Misak-ı Millimizde kabul etmiş olduğumuz gibi ve yalnız Müslüman olmayanlara ait olmak üzere Dünya Savaşı'ndan sonra imzalanan bütün uluslararası antlaşmalarda var olan hükümler.

8. Askeri Hükümler

Sevr'de:

a) Türkiye'nin silahlı kuvvetleri şu rakamları aşmayacaktır:

Padişah koruma birliği	700 kişi
Jandarma	35.000 kişi
Jandarmayı desteklemek için özel birlikler	15.000 kişi
	50.700

Bu sayıya, harp akademisi ve askeri okulların öğrencileri, depo birlikleri ve çeşitli hizmetlerdeki erler ve subaylar dahildir.

Özel birliklerin 15 batarya dağ topu bulunabilecek ve sahra veya ağır topu olmayacaktır.

Ülke, çeşitli bölgelere ayrılacak ve her bölgede bir jandarma birliği (légion) bulunacaktır.

Jandarmanın topu ve teknik aleti bulunmayacaktır.

Özel birlikler kendi bölgesinin dışında görevlendirilmeyecektir.

Jandarma subayları arasında 1500'ü geçmemek üzere yabancı subaylar bulunacaktır. Her bölgedeki yabancı subaylar aynı ulustan olacaktır.

Daha sonra belirlenecek olan bu bölgelerin sayısı belirtilmemekle beraber, bunun İtilaf devletlerinin düşüncesine göre en az dört olacağı, antlaşmanın bazı hükümlerinden ve özellikle bir birliğin kuvvetinin bütün birlikler kuvvetinin dörtte birini aşmayacağı hakkındaki hükümden çıkarılabilir. Bu şekilde İngiltere, Fransa ve İtalyan subaylarının bulunacağı birer bölge olacağı gibi, belki Yunanistan ve belki de ilerde Ermenistan'a birer bölge verilmesi düşünülmüştür.

Özel birlik erleriyle jandarmalar hep ücretli olup, bunlar en az on iki yıl hizmet edecek ve zorunlu askerlik hizmeti kalkacaktır.

Her bölgedeki birliğe alınacak er ve subaylar o bölge halkından olacak ve çeşitli halkların birlikte temsil edilmesine mümkün olduğu kadar özen gösterilecektir.

Deniz kuvvetlerimiz yedi gambot ve altı torpidoyu geçmeyecek, hiçbir uçak ve güdümlü balonumuz olmayacaktır.

İtilaf devletlerine bağlı kara, deniz ve hava kontrol komisyonlarının ülkemiz içinde her türlü denetlemede bulunmaya hakları vardır. Özellikle askeri komisyon; Türkiye'nin görevlendirebileceği polis, gümrükçü, orman muhafızı ve benzeri memurların sayısını belirlemeye,

Fazla kalacak silah ve cephanemizi teslim almaya,

Ülkemizin bölgelere ayrılmasına, her bölgede bulunacak jandarma ve özel birlik sayısının belirlenmesine, bunların görevlendirilme ve kullanılma şeklini denetlemeye, yabancı subayların sayı ve oranını belirlemeye ve hükümetle birlikte yeni silahlı kuvvetlerimizin düzenlenmesine ve benzeri işlerle görevlidir.

Mart 1921 önerisinde:

Jandarma sayısı 45.000

Özel birliklerin sayısı 30.000'e çıkarılmıştır.

Jandarmanın dağıtım şekli, İtilaf devletlerine bağlı adı geçen kontrol komisyonuyla hükümet arasında anlaşarak gerçekleşecektir.

Jandarmada subay ve astsubay oranı artırılacaktır. Yabancı subay sayısı azaltılacak ve bunların birliklere dağıtımı, kontrol komisyonu ve hükümet arasında uzlaşmayla kararlaştırılacaktır. (Bunda belki, her bölgede aynı ulustan olan yabancı subaylar bulunmayacağı söylenmek istenmiştir.)

Mart 1922 önerisinde:

Ücretle görevlendirilen asker yönteminin olduğu gibi korunması

Jandarmanın 45.000

Özel birliklerin 40.000'e çıkarılması.

Jandarmada yabancı subayların görevlendirilmesi Türkiye'ye tavsiye edilmekle beraber, bu konu, koşul olarak ileri sürülmemektedir.

Lozan'da: Trakya ve Boğazlar'da askerden arındırılmış duruma getirilen bölgelere ait sınırlamalardan başka hiçbir kayıt yoktur. Hatta Boğaziçi'nin iki tarafındaki askerden arındırılmış bölgede 12.000 asker bulundurabilmek hakkını saklı tutmuşuzdur.

Bu bölgeler için bile hiçbir kontrol kabul edilmemiştir.

9. Ceza

Sevr projesinde: Türkiye savaş sırasında savaş kurallarına aykırı hareket etmiş veya Türkiye içinde eziyet yapmış ve zorla göç ettirme ve benzeri işlere karışmış olan kişiler, istekleri üzerine İtilaf devletlerine (Yunanistan dahil) ve Türkiye'den toprak almış olan devletlere (Ermenistan ve diğerleri) verilecektir. Anılan kişiler kendilerini isteyen devletin askeri mahkemesi tarafından yargılanacak ve cezalandırılacaklardır.

Mart 1921 teklifinde: İtilaf devletleri önerilerinde bundan söz edilmemiştir.

Ancak Bekir Sami Bey'in İngilizlerle imzalamış olduğu mübadele sözleşmesinde, elimizdeki bütün İngilizleri vererek bir kısım Türkleri suçlu sayıp İngilizlerin elinde bırakmayı kabul etmiş olması, Sevr projesinde var olan eski hükümlerin daha hafifletilmiş bir şeklinden başka bir şey değildir.

Mart 1922'de: Bu konudan söz edilmemiştir.

Lozan'da: Söz konusu edilmemiştir.

10. Mali Hükümler

Sevr'de: İtilaf devletleri, Türkiye'ye yardım için İngiliz, Fransız ve İtalyan delegelerinden meydana gelen bir maliye komisyonu oluşturacaklar ve bu komisyonda danışman niteliğinde bir Türk komiseri bulunacaktır.

Bu komisyonun görev ve yetkileri aşağıdaki gibi olacaktır:

a) Türkiye'nin gelirlerini devam ettirmek ve artırmak için her türlü önlemleri alabilecektir.

b) Türk Mebuslar Meclisi'ne sunulacak olan bütçe, önce maliye komisyonuna sunulacak ve onun kabul ettiği şekilde Meclis'e gönderilecektir. Meclis'in yapacağı değişiklikler ancak komisyon tarafından onaylanırsa uygulanabilecektir.

c) Komisyon doğrudan doğruya kendisine bağlı olacak ve üyeleri kendi kabulüyle belirlenecek olan Türk maliye denetleme kurulu aracılığıyla bütçenin ve mali kanun ve tüzüklerin uygulanmasını denetleyecektir.

d) Düyun-ı Umumiye ve Osmanlı Bankası'yla anlaşarak Türkiye'nin para işlerini düzenleyecek ve iyileştirecektir.

e) Düyun-ı Umumiye'ye ayrılan gelirler dışında olmak üzere, Türkiye'nin bütün geliri bu maliye komisyonunun emrine verilecektir. Komisyon bunlarla;

İlk olarak:

Kendisine ve Türkiye'de kalacak olan İtilaf devletleri işgal kuvvetlerine ait masrafları ödedikten sonra, 30 Ekim 1918 tarihinden beri İtilaf devletleri ordularının gerek bugünkü Türkiye'de gerek Osmanlı İmparatorluğu'nun çeşitli kısımlarındaki masraflarını ödeyecektir.

İkinci olarak:

Türkiye, dolayısıyla zarara uğramış olan bütün İtilaf devletleri yurttaşlarının zararını ödeyecektir.

Türkiye'nin ihtiyaçları bundan sonra göz önüne alınacaktır.

f) Hükümet tarafından verilecek her bir ayrıcalık için maliye komisyonunun onayı şarttır.

g) Komisyonun onayıyla, bugün geçerli olan, Düyun-ı Umumiye tarafından bazı gelirlerin doğrudan doğruya toplanması yöntemi mümkün olduğu kadar genişletilecek ve bütün Türkiye'ye yayılacaktır.

Gümrükler, maliye komisyonu tarafından görevden alınan, atanan ve kendisine karşı sorumlu bulunacak olan bir genel müdürün yönetiminde bulunacaktır vb.

Mart 1921 önerisinde: Adı geçen maliye komisyonu, Türk maliye bakanının fahri başkanlığı altında bulunacaktır. Komisyonda bir Türk delege bulunacak ve

Cumhurbaşkanı Mustafa Kemal Atatürk.
İş Bankası Müzesi Arşivi.

bunun Türk maliyesine ait konularda oyu olacaktır. İtilaf devletlerinin mali çıkarlarıyla ilgili konularda ise Türk delegesinin yetkisi ancak danışman niteliğinde olacaktır.

Türk Parlamentosu, Türk maliye bakanıyla maliye komisyonu tarafından ortaklaşa hazırlanacak olan bütçede değişiklik yapmak yetkisine sahip bulunacaktır. Fakat bu değişiklik, bütçenin denkliğini bozacak şekilde ise bütçe onay için tekrar maliye komisyonuna gönderilecektir.

Türk hükümeti ayrıcalıklar vermek hakkını tekrar elde edecektir. Ancak, Türk maliye bakanı bu konudaki kontratların Türk hazinesi çıkarlarına uygun olup olmadığını maliye komisyonuyla birlikte inceleyecek ve bu konuda ortaklaşa bir karar alınacaktır.

Mart 1922 önerisinde: Maliye komisyonu oluşturulmasından vazgeçilmektedir. Fakat İtilaf devletlerine olan, savaştan önceki borçların ve uygun bir tazminatın ödenmesi için gerekli olan kontrolün Türk egemenliği ilkesiyle uzlaştırılmasına çalışılacaktır.

Savaştan önceki Düyun-ı Umumiye Komisyonu aynen bırakılacak ve yukarıda anılan iş için İtilaf devletlerince bir tasfiye komisyonu kurulacaktır.

Lozan'da: Bu gibi koşulların tamamı ortadan kaldırılmıştır.

11. Ekonomik Hükümler

Sevr'de: Kapitülasyonlardan yararlanma hakkı savaştan önce bunlardan yararlanan İtilaf devletleri yurttaşlarına geri verilecek ve bunlardan önceden yararlanmayan İtilaf devletleri (Yunanistan, Ermenistan ve diğerleri) yurttaşlarına da yeniden verilecektir.

(Bu haklar arasında, birçok vergi vermeme uygulamasının bulunduğu ve yurttaşlık konusunda görüldüğü üzere her Türk yurttaşının İtilaf devletlerinden birinin yurttaşlığına girmesine engel olmak hakkının bizden alındığı göz önüne alınırsa, bu hükmün kapsamı daha iyi ortaya çıkar.)

Gümrük tarifeleri için 1907 tarifesi (% 8) yeniden yürürlüğe konulmaktadır.

Türkiye, İtilaf devletlerine ait gemilere en az Türk gemilerine verdiği hakları tanıyacaktır.

Yabancı postaları yeniden kurulacaktır.

Mart 1921 önerisinde: Yalnız yabancı postalarının bazı koşullar altında kaldırılmasının göz önünde bulundurulacağı söylenilmekte, dolayısıyla diğer hükümler aynen bırakılmaktadır.

Mart 1922 önerisinde: İngiltere, Fransa, İtalya, Japonya ve Türkiye'nin delegelerinden ve kapitülasyonlardan yararlanan diğer devletlerin uzmanlarından meydana gelen bir komisyon, barışın yürürlüğe girmesinin ardından geçecek üç ay içinde İstanbul'da toplanıp kapitülasyon yönteminin değiştirilmesi için öneriler hazırlayacaktır.

Mali konularda bu öneriler yabancı yurttaşların Türklerle eşit vergi vermesini sağlayacaktır. Aynı şekilde bu öneriler gümrük vergisinde gerekli görülecek değişikliği yapmaya yönelik olacaktır.

Lozan'da: Kapitülasyonların her türü tamamıyla ve sonsuza kadar kaldırılmıştır.

12. Boğazlar Komisyonu

Sevr'de: Kendine özgü bayrağı, bütçesi ve güvenlik gücü bulunacak olan bu komisyon, gemilerin Boğazlar'dan geçişi, fenerler, kılavuzluk ve diğer işlerle uğraşacak ve önceden Yüksek Sağlık Kurulu'nun yaptığı görevlerle kurtarma hizmetleri bundan böyle komisyonun gözetimi altında ve onun direktifi çerçevesinde yapılacak vc komisyon Boğazlar'ın serbestliğini tehlikede sayınca İtilaf devletlerine başvurabilecektir.

Komisyonda Amerika, İngiltere, Fransa, İtalya, Japonya ve Rusya'nın delegeleri iki oya sahip bulunacaklardır.

Amerika istediği andan ve Rusya, Milletler Cemiyeti'ne girmesi durumunda ve o andan itibaren komisyona katılabileceklerdir.

Komisyon üyeleri diplomatik dokunulmazlıktan yararlanacaklardır. Komisyona sırayla ve ikişer yıl süreyle iki oya sahip devletlerin delegeleri başkanlık edecektir.

Mart 1921 önerisinde: Türk delegesi de iki oya sahip olacak ve Boğazlar Komisyonu'na başkanlık edecektir.

Mart 1922 önerisinde: Aynı şekilde Türk delegesi komisyona başkanlık edecektir. Boğazlar'la ilgilenen bütün devletler komisyonda temsil edileceklerdir.

Lozan'da: Komisyonun başkanlığı bize verilmiştir. Komisyonun görevi, gemilerin Boğazlar'dan geçişi durumunun Boğazlar Sözleşmesi hükümlerine uygun olmasına özen gösterilmesini sağlamaktır. Komisyon her yıl Milletler Cemiyeti'ne rapor verecektir.

Aynı şekilde bu antlaşma ile İstanbul'daki Uluslararası Sağlık Kurulu kaldırılarak sağlık işleri, Türkiye hükümetine bırakılmıştır.

Saygıdeğer efendiler, Lozan Barış Antlaşması'nın içerdiği esasları, diğer barış önerileriyle daha fazla karşılaştırmaya gerek olmadığı fikrindeyim. Bu antlaşma, Türk ulusuna karşı yüzyıllardan beri hazırlanmış ve Sevr Antlaşması'yla tamamlandığı sanılmış, büyük bir suikastin yıkılışını ifade eden bir belgedir. Osmanlı dönemine ait, tarihte benzeri görülmemiş bir siyasi zaferin eseridir!

Delege Heyeti Başkanı İsmet Paşa ile Bakanlar Kurulu Başkanı Rauf Bey arasında çıkan anlaşmazlık

Efendiler, Lozan barış görüşmeleri sırasında meydana gelen ve barış imzalandıktan sonra söylenen ve yayılan bir sorunu burada söz konusu ederek kamuoyunu aydınlatmak isterim. Söylenen ve yayılan sorun, Delege Heyeti Başkanı İsmet Paşa ile Bakanlar Kurulu Başkanı Rauf Bey arasında ortaya çıkan anlaşmazlıktır.

Bu anlaşmazlığı, ait olduğu belgeleri inceleyerek esaslı ve ciddi sebeplere dayandırmak güçtür. Buna göre, anlaşmazlığı, daha çok ruhsal ve duygusal sebepler altında değerlendirmek gerektiği düşüncesindeyim.

Çeşitli nedenlerle anlatmıştım ki, Lozan Konferansı söz konusu olduğu zaman, Delege Heyeti Başkanlığı'nın Rauf Bey tarafından yapılması eğilimi vardı. Gerçekten, Rauf Bey, Delege Heyeti başkanı olmak istiyordu. İsmet Paşa'nın askeri danışman olarak, kendisiyle beraber gönderilmesini de benden rica etmişti. Ben, Rauf Bey'e, İsmet Paşa'dan yararlanmanın, onun ancak başkan olarak gönderilmesiyle mümkün olacağı yanıtını verdim. Sonra, bilindiği üzere, Rauf Bey'i göndermedik. İsmet Paşa ordunun başından alındı; Dışişleri Bakanlığı'na seçildi ve Delege Heyeti Başkanlığı'na atandı.

Lozan Konferansı'nın birinci döneminin ardından İsmet Paşa'nın uğradığı hakaretleri, eleştirileri anlatmıştım. Buna rağmen, ikinci defa Lozan'a gönderilen, yine İsmet Paşa oldu. İsmet Paşa Lozan görüşmelerini büyük bir uyanıklıkla yönetiyordu. Görüşmelerin aşamalarını düzenli olarak Bakanlar Kurulu'na bildiriyordu. Bazı önemli konularda, Bakanlar Kurulu'nun görüş ve düşüncesini soruyor veya talimat istiyordu. Çözülmesi gereken sorunlar önemli, mücadele ciddi ve üzücüydü. Rauf Bey'de, İsmet Paşa'nın görüşmeleri yönetme şeklini beğenmemezlik duygusu ortaya çıkmıştı. Bu duygusunu Bakanlar Kurulu'ndaki arkadaşlarına da benimsetme isteğine kapılmıştı. Bakanlar Kurulu'nda, İsmet Paşa'nın raporları okundukça, zaman zaman, "İsmet Paşa bu işi başaramayacak" denmeye başlanmış... Hatta, bir aralık İsmet Paşa'yı geriye çağırmak önerisi ortaya atılmış... Rauf Bey hemen bu öneriyi oya koymaya kalkışmış... Milli Savunma bakanı olarak Bakanlar Kurulu'nda bulunan Kâzım Paşa'nın karşı çıkması üzerine vazgeçilmiş...

İsmet Paşa'da, Bakanlar Kurulu Başkanı Rauf Bey'e karşı güvensizlik duygusu başlamıştı

Diğer tarafta, İsmet Paşa'da da, Bakanlar Kurulu Başkanı Rauf Bey'e karşı güvensizlik duygusu başlamış... Rauf Bey'in imzasıyla aldığı görüşlerden, Rauf Bey'in beni haberdar etmeksizin talimat vermekte olduğu kuşkusuna kapılmış... Sonunda, İsmet Paşa, görüşmelerin ciddi ve nazik aşamalara girdiğinden söz ederek, benim doğrudan doğruya durumu izlememi yazdı.

Gerçi ben, İsmet Paşa'nın raporlarından ve Bakanlar Kurulu kararlarından haberdar ediliyordum. Fakat, Rauf Bey'in kararları bildiren yazılarının biçimini kontrol etmiyordum. İsmet Paşa'nın dikkatimi çekmesi üzerine, Lozan görüşmelerini Bakanlar Kurulu'nda izlemeye ve bazen Bakanlar Kurulu kararlarını kaleme almaya gerek gördüm.

Söz konusu ettiğimiz sorun hakkında, açık ve kesin bir fikir verebilmek için İsmet Paşa ile Rauf Bey arasında çeşitli konulara ait olmak üzere yapılan haberleşmelerden, yalnız bir iki konuya ait bazı haberleşmeleri önünüzde inceleyeceğim.

Yunanistan'dan alınacak savaş tazminatı sorunundan dolayı İsmet Paşa ile Bakanlar Kurulu arasında ortaya çıkan görüş farkı ve gerginlik

Yunanistan'dan alınacak savaş tazminatı işinden dolayı, Yunanistan gergin bir tavır aldı. İsmet Paşa ile Venizelos arasında bu konuyla ilgili görüşme ve tartışma kesildi.

İtilaf devletleri delegeleri İsmet Paşa'ya, Karaağaç'ın bize bırakılması ve tarafımızdan tazminattan vazgeçilmesi suretiyle, Yunan savaş tazminatı sorununun çözülmesi önerisinde bulunurlar. İsmet Paşa, Karaağaç'ın, istediğimiz haklı tazminata denk bir karşılık olamayacağını ve diğer taraftan İtilaf devletleriyle aramızda bulunan ve daha önce çözülmüş olan tazminat sorununun bu konferansta doğrulanıp belirlenmediğini, her iki sorunu hükümete bildirmek zorunda olduğunu ileri sürerek anlatır. İsmet Paşa bu durumu 19 Mayıs 1923 tarihli şifresiyle, Bakanlar Kurulu Başkanlığı'na bildiriyor ve "hükümetin kararının acele bildirilmesini dilerim" diyor.

İsmet Paşa bu telgrafına, üç gün geçtiği halde yanıt almaz... 22 Mayıs 1923 tarihinde Bakanlar Kurulu Başkanlığı'na, acele işaretiyle şu şifreyi de çeker:

"Yunanistan'dan alınacak savaş tazminatına karşılık, Türkiye'ye Karaağaç ve çevresinin bırakılması hakkında İtilaf devletleri tarafından yapılan öneri hakkında hükümetin görüşünün bildirilmesini 19 Mayıs 1923 tarih ve 117 numaralı telgrafla istirham etmiştim. Yüce emirlerinizin çabuklaştırılması istirham dilenir."

Rauf Bey, İsmet Paşa'nın iki telgrafına, 23 Mayıs 1923 tarihinde yanıt veriyor.

Yanıtın birinci maddesi şudur: "Karaağaç'a karşılık tazminat bedelinden vazgeçemeyiz."

Yanıtın üçüncü maddesinde, bazı değerlendirmelerden sonra "Yunanlıların bunu veremeyeceklerini İtilaf devletlerinin söylemesi gariptir ve kabul edilemez" deniliyor.

Yanıtın beşinci maddesinde, yine bazı değerlendirmelerden sonra, şu görüş ileri sürülüyor: "Bu sorunun İtilaf devletleriyle barışa engel olmaması için, bizi Yunanlılarla çözümde serbest bırakarak kendilerinin barışı imzalamaları şıkkı tercih edilmiştir."

İsmet Paşa, 24 Mayıs 1923 tarihinde Rauf Bey'e yazdığı sonraki dört raporunda, şu bilgi ve değerlendirmeleri belirtiyor: "Madde 1 – Bugün General Pellé geldi. Yunan heyetinin iki gün sonra, yani cumartesi günü tazminat işini resmen söz konusu etmeyi önerdiğini ve o zamana kadar tarafımızdan yanıt verilmezse cumartesi günü konferanstan çekileceklerini haber verdiklerini bildirdi. Ben tazminat hakkında henüz yanıtınızı almamıştım. Hükümetimden yanıt gelmedikçe yapılacak bir şey olmadığını ve bu bildirimden etkilenmediğimi söylemekle yetindim."

"Durumun son devreye geldiği inancındayım. Sızan haberler ve gazete haberleri genellikle kötümserdir." "Madde 2 – Çeşitli konular üzerine Yüce Başkanlığınızın yanıtlarını aldım. Dikkate değerdir ki, tazminat işinde Ankara'nın olumsuz yanıt verdiği daha önce burada duyulmuştur. Bizim çevrelerden sızma olasılığı yoktur. Çünkü öneriyi ve yanıtı henüz kimse bilmiyor..."

İsmet Paşa, Yunan tazminat işi hakkındaki düşüncesini şu şekilde bildiriyor: "Karaağaç'ı ve çevresini içine alan öneriyi kabul ile Yunan tazminat sorununun temizlenmesi zorunlu olarak uygundur. Yunanlılara para ödetmek İtilaf devletleri tarafından olanaksız denildiği gibi bütün İtilaf devletleri aradan çekildiği halde çıkması olası savaşı kazandıktan sonra bile para almak için zorlama olanakları olmadığından, ödeme esasında diretmek çıkmaz bir yoldur ve her ülkede denenmiş ve sonucu görülmüştür vb."

İsmet Paşa, bu görüşünü pek akıllıca ve uzak görüşlü değerlendirmelerle açıklığa kavuşturduktan sonra, "Konferansın bugünkü durumuna göre ekonomi, ticaret ve oturma ile ilgili maddeler ve tüm diğer maddelerin büyük çoğunluğu iyi bir şekilde çözülmüştür ve çözülmektedir..."

"İşgaldeki topraklarımızın boşaltılması sorunu henüz çözülmedi. Fakat, isteğimiz doğrultusunda çözümlenmesi umulmaktadır ve zaten öyle olması esastır" diyor ve diğer sorunların ulaştığı ve ulaşabileceği sonuçları da bildiriyor ve ondan sonra şunları yazıyor: "Özetle inancım şudur ki, hükümet bize verilen talimatta yer alan esas maddeler içinde kaldığı ve Yunan tazminatı sorununun önerim doğrultusunda çözümlenmesi durumunda, barışı gerçekleştirmek ümidi cidden kuvvetlidir. Eğer hükümet, Yunan tazminatı sebebiyle görüşmelerin kesilmesini göze alırsa ve eğer talimatımızda yer almayan beklenmedik koşullar ileri sürer, sabit fikirlerinde diretirse, barışın imzası kuşkuludur."

"Kabotajın kayıtsız şartsız kaldırılmasını veya sorunun barıştan sonraya bırakılmasını uygun bulduk ve istedik; fakat, belli koşullar altında iki yıllık özel bir sözleşmeyle sorunun çözülmesine olanak bulabildik. Oysa, bu sorun hakkında da yeniden değişmez koşullar üzerinde diretilmesini bildiriyorsunuz." Ondan sonra İsmet Paşa şunu yazıyor:

"Özetle kararım şudur: Çıkarlarımıza uygun ve elde edilebilir en iyi koşulları kapsayan bir barış antlaşması hazırlanmaktadır. Hükümet gerek Yunan tazminatı ve gerek diğer sorunlarda daha fazla kazanım elde etmeye olanak görmekte ve görüşmelerin kesilmesini göze almakta kararlıysa, ben bu düşünceye katılmıyorum. Bu noktanın açıkça ve derhal bana bildirilmesini **hükümet başkanından istiyorum**. Aramızda uyum olmaması durumunda, görevim, Delege Heyeti'ni burada bırakarak ülkeme dönmek ve hükümete sözlü olarak da durumu bir defa açıkladıktan sonra, savaş ve barış yolundaki sorumluluğumu sona erdirmektir."

İsmet Paşa'nın telgraflarının son maddesi şudur: **"Görüşlerimin aynen, Büyük Millet Meclisi başkanına (yani bana) ulaştırılmasını dilerim."**

Efendiler, bu verdiğim bilgilerden ortaya çıkan nokta şudur: İsmet Paşa, Karaağaç'a karşılık Yunan tazminatı sorununu sonuca bağlamayı uygun görüyor ve hazırlanmakta olan antlaşmanın elde edilebilecek en iyi koşulları içerdiği düşüncesinde bulunuyor.

Rauf Bey de, "Karaağaç'a karşılık tazminat bedelinden vazgeçemeyiz" diyor.

Ben, İsmet Paşa'nın görüşünü destekledim

Ben, Rauf Bey ile İsmet Paşa arasında yapılmış olan bütün yazışmaları inceledikten sonra, esas olarak İsmet Paşa'nın görüşünü destekledim. Fakat, gerek Rauf Bey gerek İsmet Paşa görüşlerinde çok ısrarlı görünüyorlar ve bu görüşlerin anlatılmasında her ikisi pek keskin sözcükler kullanmış bulunuyorlardı. Rauf Bey, Meclis ve ulus kamuoyunda iyi karşılanabilecek ve ifadesi parlak bir propaganda zemini üzerindeydi. "Ülkemizi yakıp yıkmış olan Yunanlılardan, büyük zaferimize rağmen, tazminat bedeli isteğinden vazgeçemeyiz! İtilaf devletleri, Yunanlıları bizimle karşı karşıya serbest bıraksınlar! Biz onlarla hesabımızı görürüz!" görüşünün savunucusu oluyor...

Barışı bir bütün olarak ele alan ve büyük bir barışın esaslarını göz önünde bulunduran İsmet Paşa ise, Bakanlar Kurulu başkanıyla olan bu anlaşmazlıkta

Yunanlılara karşı özveri önermek konumunda bulunuyordu. Bu görüşün yerinde ve kabulünün zorunlu olduğunu kamuoyuna anlatmak elbette o kadar kolay değildi.

Sorunu öyle çözmek gerekiyordu ki, hem İsmet Paşa'nın önerisi kabul edilerek barış olsun ve hem de Rauf Bey ve başkanlık ettiği Bakanlar Kurulu yerinde kalıp barış imzalanıncaya kadar çalışmalarına devam etsin!

Sorunu çözmek için bir tarafa hak vererek diğer tarafı susturmak yöntemini uygulamadım

Genel olarak iki tarafa karşı aldığım tavır yumuşak olmadı. Bir tarafa hak vererek diğer tarafı susturmak yöntemini uygulamadım. Durumu nasıl değerlendirdiğimi ve görüşümü nasıl ortaya koyduğumu açıklamak için, 25 Mayıs 1923 günü yapılan Bakanlar Kurulu toplantısının ardından İsmet Paşa'ya yapılmış olan bildirimi olduğu gibi bilginize sunacağım.

İsmet Paşa'ya iki şifre telgraf yazıldı. Biri, Bakanlar Kurulu kararı olarak Rauf Bey'in imzasıyla çekildi. Bu telgrafı ben, Kâzım Paşa'ya yazdırdım. Diğerini kendim yazdım ve kendi imzamla gönderdim. Rauf Bey'in imzasıyla çekilen telgraf şudur:

25.5.1923

İsmet Paşa Hazretleri'ne

24 Mayıs, 141 ila 144 sayılı telgrafları üzerine Gazi Paşa Hazretleri başkanlığında toplanan Bakanlar Kurulu kararı aşağıda bilginize sunulur:

Barışa engel olan temel ve askıda kalmış sorunlar bizce bir bütün kabul edilmektedir. Bu sorunlardan herhangi biri kritik bir şekil aldığı zaman özveriye davet edilir ve bu özveriyi zorunlu görecek olursak, kalan sorunların aynı şekilde zararımıza çözülmesi olasılığını kuvvetlendirmiş oluruz.

Yunan tazminat işinde özveride bulunulacak olursa, bu özveri hiç olmazsa henüz askıda bulunan ve bizce elde edilmesi çok gerekli olan sorunların bizim yararımıza sonuçlandırılmasıyla barışa hizmet etmelidir.

Dolayısıyla Düyun-ı Umumiye faizleri ve kısa zamanda topraklarımızın boşaltılması ve adliye formülü ve şirketler tazminatı sorunlarının, Yunan tazminatı sorunuyla birlikte ortaya konulması ve lehimizde çözüm sağlanıp, garanti edildiği takdirde, karşılığında ancak bu özveriye katlanılması uygun olabilir.

Bu şekil çerçevesinde en çok yarar sağlayacak olan bir barış elde edilmesi mümkün olduğu ve bunun dışında uzun görüşmelerin iyi bir barış getirmeyeceği inancında olan hükümet, son ve kesin şekilde Konferans'a önerilerde bulunarak verilecek yanıtı beklemenizi rica etmektedir.

Hüseyin Rauf

Benim yazdığım telgraf da şudur:

İsmet Paşa Hazretleri'ne

24 Mayıs tarihli ve 141 ila 144 sayılı telgraflarınızın içeriği Bakanlar Kurulu'nda birlikte incelendi ve görüşüldü. Bakanlar Kurulu tarafından alınan karar Bakanlar Kurulu Başkanlığı'ndan bildirildi. Benim görüşlerim:

1. Üzerinde durmayı ve ısrarı gerektiren sorun, Yunan tazminatı sorununda Türkiye'nin göze alacağı özveri değildir. Belki bu özveriyi kabul edebilmek için barışın imzalanmasına engel olan esas ve önemli sorunların henüz çözülmemiş ve ümit edildiği şekilde çözülebileceğine inandırıcı kanıtlar bulunmamış olmasıdır. Gerçekten çözüldüğü veya çözülebileceği tahmin edilen ekonomik sorunlar, Ankara'da toplanmakta devam eden şirketlerle yapılacak görüşmelerin sonucuna bağlıdır. Bu şirketlerin ise aşırı isteklerde bulundukları şimdiden anlaşılmıştır.

2. Ekonomik ve mali sorunlar İtilaf devletlerinin görüşüne göre, yani bizim zararımıza çözülünceye kadar, İstanbul'un boşaltılmasının geciktirilmesinde ısrarlı bulunmalarından kaygı büyüktür ve ciddidir. Hatta bu gecikmenin Musul sorununun İngiltere yararına çözülmesine kadar devamı da kuvvetle akla gelmektedir.

3. Borçlarımızın hangi parayla ödeneceği sorununun da, Muharrem Kararnamesi'nin[27] yürürlükte olduğuna ilişkin bir bildiri yayımlanması isteğinde ısrarlı bulunuldukça bizim yararımıza çözülemeyeceği görülüyor.

4. Adliye formülü İtilaf devletlerinin önerisi üzerine kabul edilmiş olduğu halde, daha sonra bundan vazgeçmeleri ve bunda ısrarlı bulunmaları dikkat çekicidir.

5. Dolayısıyla Yunan tazminatı işinde bizi özveriye zorlamaya kalkışmaları sebebini şu şekilde değerlendiriyorum:

Yunanlılar ordularını uzun süre silah altında tutmak ve yıpratmak istemiyorlar. Türkiye ile aralarında çözülmesi gereken tazminat işini kendi istekleri doğrultusunda çözümleteck güvenli ve sakin bir duruma geçmek gereksinimindedirler. İtilaf devletleri ise bizim yaşamsal saydığımız sorunları bizim yararımıza çözmek kararında olmayıp görüşmeleri mümkün olduğu kadar uzatarak ve her sorun üzerinde bizi yıpratarak en sonunda kendi yararlarına özveriye zorlamak kararındadırlar. Yunanlıların askeri hareketler ile amaçlarını elde etmelerine de razı olmadıklarından, amaçlarını bize baskı yaparak gerçekleştirmekle Yunanlıları memnun ve sakin bir duruma koymak istiyorlar. Biz, bu ısrar karşısında özveride bulunmakla barışın yapılmasına hizmet etmiş olacağımızı sanmıyorum. Aksine, yine zaman geçecek ve barışın yapılması için sonuna kadar özveride bulunmak zorunluluğu karşısında bırakılacağız. İzmir'in geri alınmasından bugüne kadar dokuz ay geçti. Bu şekilde daha dokuz ay geçebilir.

Önemle dikkate almak gerekir ki, belirsiz süre için beklemede kalmayı kabul edemeyiz.

---

27 Muharrem Kararnamesi: Osmanlı İmparatorluğu'nun dış borçlarını düzenli ödemesi amacıyla alacaklılar ile yaptığı anlaşmayı uygulamaya koyan kararname. 28 Muharrem 1299'da (28 Aralık 1881) yayımlanmış ve imzalandığı ayın adını almıştır (y. n.).

6. Aleyhimizde olan sorunlarda özveride bulunmak ve bizim yararımıza çözülmesi zorunlu olan sorunları aynı zamanda çözümlememek, bizi zayıf ve güç duruma sokar. Bunun için barışa temel olacak sorunların tamamını bir bütün olarak dikkate almak ve bunu açık ve kesin olarak Konferans'ın dikkat ve kabulüne ciddiyetle koymak ve bu konuda güvenceye sahip olmadıkça özveri gerektiren sorunların kesin çözümünü kabul etmekten kesinlikle kaçınmak zamanı gelmiştir.

7. 24 Mayıs, 144 numaralı telgrafınızla bildirilen özet kararınızda acele etmemenizi rica ederim. Esası Meclis'ten gelen talimatın önemli olan, mali, ekonomik, adli ve yönetimle ilgili sorunlarda yaşam ve bağımsızlık haklarının tam ve güvenli olarak elde edilmesi henüz mümkün olamadığına göre özveride bulunmak noktasında ısrar göstermeyiniz.

8. İtilaf devletleri bize yaşam ve bağımsızlığımızla ilgili konularda mutlaka bizim zararımıza esaslı koşullar kabul ettirmeye karar vermedikçe, tazminat sorununda göstereceğimiz ciddi durum üzerine, Yunan ordusunun hareketine izin veremez ve dolayısıyla kendilerinin de fiili olarak savaş durumuna girmesini kabul edemezler. Eğer olumsuz görüşlerini değiştirmemekteki kararları kesin ise, Yunan tazminat sorununda değilse bile, İstanbul'un boşaltılması veya borçların hangi parayla ödeneceği veya adliye ile ilgili sorunlar gibi, bütün dünyayı ilgilendiren sorunlarda daha uygun koşullarda bize karşı harekete geçerler. Fakat fark, bizim daha zayıf durumumuz olabilir.

9. Yunanlıların cumartesi günü Konferans'tan çekilmelerini önleyebilmek için isteklerini kabul etmek yararımıza değildir ve böyle bir ayrılış, İtilaf devletleri aynı harekete katılmadıkça hiçbir anlam ve etkiye sahip olamaz. Eğer Konferans'tan çekileceklerini bildirmelerinin anlamı, fiili olarak askeri harekâta geçeceklerini haber vermek ise, bu konuda İtilaf devletlerinden haklı olarak açıklama istenecek noktalar vardır.

10. Özetle, böyle hızlı ve ani tehdit karşısında başlı başına bir sorunda özveriyi kabul ettiğimizi söylemek, barışı uzaklaştırmak şeklinde anlaşılabilir. Tekrar ediyorum. Esas sorunları çözmeye İtilaf devletlerini davet buyurunuz, efendim.

25.5.1923 *Mustafa Kemal*

Bunlardan başka, İsmet Paşa'ya, kişiye özel işaretiyle de ayrıca şu kısa şifre telgrafı çektim:

Şifre kişiye özeldir. 25 Mayıs 1923

İsmet Paşa Hazretleri'ne

Bakanlar Kurulu Başkanlığı ile Delege Heyeti'nin bütün haberleşmelerini bir defa daha karşılaştırarak incelemeye gerek gördüm. Bazı telgraflarda, anlatım şeklinde, arada yanlış anlamalar var gibi bir anlam çıkardım. Tazminatı kabul etmek ve etmemekte ısrar yoktur. Bunu açıklamak için durum ve görüşlerim hakkında ayrıca değerlendirmelerimi sundum. Özlemle gözlerinden öperim kardeşim.

Mustafa Kemal

Cumhurbaşkanı Mustafa Kemal Atatürk bir toplantıda. İş Bankası Müzesi Arişvi.

Bu telgrafların içeriğine göre, Karaağaç'a karşılık Yunan tazminatından vazgeçmeyi esas olarak kabul ettiğimiz açıktır. Ancak asıl sorunlarda çok gerekli ve yaşamsal saydığımız hususların sağlanması koşuluna da, İsmet Paşa'nın dikkati çekilmiştir.

İsmet Paşa'nın da bu telgraflardan çıkardığı anlam ve amaç böyle olmuştur.

İsmet Paşa, Rauf Bey'den görüşlerinin aynen bana iletilmesini istediği 24 Mayıs 1923 tarihinde, doğrudan doğruya bana da bir telgraf çekmiş... 24 Mayıs'ta çekilmiş olan bu telgrafı, ben 26 Mayıs'ta aldım. Telgraf, Dışişleri Bakanlığı şifresiyle gelmiş ve Rauf Bey tarafından görüldükten sonra bana gönderilmişti. Oysa bu telgrafta yazılanlar, Rauf Bey'den bir bakıma şikâyeti içeriyordu. İsmet Paşa'nın telgrafı şudur:

Lozan
24 Mayıs 1923 çekilişi
26 Mayıs 1923 varışı

Sayı
145

Gazi Mustafa Kemal Paşa Hazretleri'ne

Durum hakkında Bakanlar Kurulu Başkanlığı'na ayrıntılı rapor sundum. Hükümetle aramızda temel konularda anlaşmazlık vardır. Görüş birliği olmazsa dönmek zorunda ve kararındayım. Raporumun Yüce Başkanlığınıza iletilmesini açıkça belirttim ve istedim.

Konferans son günlerinde ve durum gecikmeyi kaldıramayacak noktadadır. Düşünceme göre, barış, ileri sürdüğüm görüşler çerçevesinde sağlanabilir. Yüce Başkanlığınızın bu olağanüstü zamanda genel durumu yakından izlemeleri dilenir.

İsmet

Diğerlerinden bir gün gecikmeyle gelen bu telgraf aynen Gazi Paşa Hazretleri'ne sunulacaktır.

26.5.1923 *Hüseyin Rauf*

Aynı günde İsmet Paşa'ya şu yanıtı verdim:

Şifre: Telgraf başında Ankara, 26.5.1923

İsmet Paşa Hazretleri'ne

24 Mayıs, 145 sayılı şifreyi 26'da aldım. Ondan önce kısa ve ayrıntılı iki şifre yazdım. Durumu izliyorum. Dönme kararınızın sebebi tazminat işinde özveri olduğuna göre doğru değildir. Bildirimlerim çerçevesinde girişimleri sürdürmeniz durumunda daha uygun aşamaya geçeceğinizi ümit ederim. Bakanlar Kurulu ile aranızda sezilen görüş ayrılığı ortadan kaldırılır. Gözlerinizden öperim, efendim.

Gazi Mustafa Kemal

İsmet Paşa, 26 Mayıs 1923 tarihinde, Bakanlar Kurulu Başkanlığı'na yazdığı raporlarda, Bakanlar Kurulu Başkanlığı'nın bildirimini ve benim telgraflarımın içeriğini ve Delege Heyeti'ne verilmiş olan esas talimatı dikkate aldığını ve o yolda hareket ettiğini açıkladıktan sonra, 26 Mayıs günü öğleden sonra, İtilaf devletleri delegelerinin, Yunan tazminatına karşılık Karaağaç'ın kabul edilmesi konusundaki önerisini kabul ettiğini söylemiş olduğunu ve diğer sorunları birkaç gün içinde sonuçlandırabileceğini bildirmiş...

Rauf Bey bu raporları bana 27 Mayıs 1923 tarihinde şu yazısına ekli olarak gönderdi:

154/155 27 Mayıs 1923

Türkiye Büyük Millet Meclisi Yüce Başkanlığı'na

İsmet Paşa Hazretleri'nden gelen 26 Mayıs 1923 tarihli telgraf sureti ekte yüksek huzurlarınıza sunuldu, efendim.

Dışişleri Bakanlığı Vekili
Hüseyin Rauf

Rauf Bey, aynı tarihte İsmet Paşa'ya da şu bildirimde bulunmuş:

27.5.1923

İsmet Paşa Hazretleri'ne

26 Mayıs, 151 sayıya:
Delege Heyeti'nin Yunanistan'dan alınacak savaş tazminatı hakkındaki tutumu Bakanlar Kurulu'nun talimatına açıkça aykırı görülmüştür. Güç durumda kalan Bakanlar Kurulu ulus çıkarlarını göz önünde tutarak bildirdiğiniz üzere, önemli sorunların üç dört gün içinde sonuçlandırılacağı hakkındaki düşüncenin gerçekleşmesini beklemekle beraber, anlayış ve görüşlerini değiştirmeyecektir. Önceki telgrafta belirtilen diğer asıl sorunlarda özverinin kesinlikle söz konusu olamayacağı doğaldır, efendim.

Hüseyin Rauf

İsmet Paşa'nın, Karaağaç'a karşılık Yunanistan'dan alınacak savaş tazminatından vazgeçilmesini bildiren raporlarını öğrendikten sonra, 25 Mayıs 1923 tarihli ve Rauf Bey imzalı bildiri içeriğini çözümleyerek kendisine şu telgrafı yazdım:

27.5.1923

İsmet Paşa Hazretleri'ne

Bakanlar Kurulu kararında esaslı üç nokta vardı. Birincisi, savaş tazminatı konusunda özveri, askıda kalan önemli sorunların yararımıza sonuçlanmasına karşılık olmalıdır. İkincisi, Düyun-ı Umumiye faizleri ve kısa zamanda topraklarımızı boşaltma ve adliye formülü ve şirketler tazminatı sorunu -yani on iki milyon liranın kişileri ve uyrukları ne olursa olsun bütün şirketlere ait olduğu kabul edilerek başkaca tazminatın söz konusu edilmemesi- sorunlarının savaş tazminatı işiyle birlikte konulması ve anılan dört sorunun bizim yararımıza çözülmesinin sağlanması durumunda, ancak savaş tazminatında özveri uygun olabilir. Üçüncüsü, son ve kesin şekilde Konferans'a önerilerde bulunarak yanıtı beklemek.

Delege Heyeti'nin anlayış ve tutumunda Bakanlar Kurulu'nun görüş ve bildirimine uygun olmayan noktalar şunlardır:

1. Delege Heyeti, yalnız askıda olan temel sorunları bütün saymış ve savaş tazminatını dışında tutmuştur.

2. Görüşmelerin Yunanlıların Konferans'tan çekilmesiyle kesilmesinde ve Mudanya Sözleşmesi'nin Yunan ordusunun yeniden saldırısıyla bozulmasında sakınca görülerek, diğer sorunlarda anlaşmaya varılamazsa, görüşmelerin tarafımızdan kesilmesi tercih olunmuştur. Bu, üzerinde düşünülecek bir noktadır.

3. Yunanistan'dan alınacak savaş tazminatı konusunda özveriyi kabul ettikten sonra, diğer sorunları birkaç gün içinde sonuçlandırmak yoluna gidilmesi de önemlidir. Böyle bir

düşünce henüz Bakanlar Kurulu'nda ortaya çıkmış değildir. Gerçekten önemli sorunlar bizim yararımıza olarak üç dört gün içinde sonuçlandırılabilirse savaş tazminatı konusunun öne alınmasında düşünülen sakıncalar giderilmiş olur. Ancak ümit beslediğiniz sorunlardan sonra, Muharrem Kararnamesi'nin geçerliliği sorununun asıl önemi korumakta olduğu bildirilmektedir.

4. Konferans'ın, kuponların ödenmesi sorunu yüzünden kesilmesinin içeriye ve dışarıya karşı bizi daha kuvvetli bulunduracağı görüşü de iyice incelenmeye değerdir.

Bu sorunda bütün yabancılar bize karşıdır. İçeriye konunun içyüzünün anlatılması, savaş tazminatı konusu kadar kolay değildir. Savaş tazminatı konusunda yabancıların da bizi haklı görmesi için sebepler vardır.

5. Önemli sorunlarda görüşmelerin kesilmesi, tarafımızdan harekâtla eşzamanlı olmadıkça İtilaf devletlerinin isteğine uygun düşer. Bu sebeple görüşmeler kesilecekse, bunun Yunanlıların saldırısıyla olması bizi haklı durumda gösterirdi görüşü vardır.

6. Özetle, Bakanlar Kurulu ile Delege Heyeti arasındaki anlaşmazlık noktaları önemlidir. Bakanlar Kurulu'nda oldubittiler karşısında bırakılmak endişesi ortaya çıkmıştır. Bunun için bildirildiği üzere önemli sorunların birkaç gün içinde mutlaka sonuçlandırılmasına ağırlık vererek, tazminat konusuna öncelik vermenin doğurabileceği sakıncaların giderildiğini göstermek gerekir. Daha şimdiden bu özverinin, diğer sorunların hızla ve bizim yararımıza çözüleceğine ilişkin verilen sözlerine karşılık olduğunu gerekenlere ciddi olarak söylemek ve eğer sonunda görüşmeler mutlaka kesilecekse, onların sorumlu ve saldırgan görünecekleri bir platformda gerçekleşmesini sağlamak gerekir.

7. Bugünlerde en kritik değişiklikleri ve özellikle özveriden sonra İtilaf devletlerinde ortaya çıkan anlayışı bildiriniz. Çünkü bizi korkutarak başarılı olmaktan doğacak yeni ümitlerinden haklı olarak kaygı duyuluyor, efendim.

Gazi Mustafa Kemal

İsmet Paşa, 28 Mayıs 1923 tarihinde, Rauf Bey'e yazdığı telgrafta diyor ki: "Yöntemde, yani bir sorunu önce veya sonra söz konusu etmek gibi esas direktifte değil, uygulama şekli üzerinde aramızda ayrılık ortaya çıkmıştır. Yunanistan'dan alınacak savaş tazminatı konusu henüz kesin olarak onaylanmadığı gibi, diğer asıl sorunlar da bunun ardından görüşüleceğinden, cuma ve cumartesiye kadar bütün sorunlarda Konferans'ın kesin tutumunun anlaşılacağı sanılmaktadır. Yunan tazminatı konusundaki özveriyi, bizi ilgilendiren mali ve ekonomik konularda bu davranışımızın dikkate alınacağı koşuluyla yaptığımızı söylemiştim. Dolayısıyla eğer o konularda anlaşamazsak, Yunan tazminatı da alacağımız genel karara bağlı olur."

"Eğer asıl talimatlara uymaktan başka, beklenmedik talimatlara, nihayet çeşitli sorunların yönetim ve uygulama şeklinde belirlenecek kesin hareketlere, önemli talimatlara tamamen ve harfi harfine uyamadığımız kabul buyuruluyorsa, bunu istemediğimizden değil fakat gerçekten mümkün olmadığındandır.

Ben, aramızdaki bu görüş ayrılığını zamanında görmüş ve açık olarak anlatılmasını dilemiştim. Henüz hiçbir şey imza edilmemiş, hiçbir şey üstlenilmemiştir. Eğer bu hareket tarzımız hatalı sayılıyorsa bunun anlayışınıza göre düzeltilmesi olanağı bulunmaktadır.

Kısacası, barış sorununun yüzde doksan beşi çözülmüştür. Benden sonra görevi üstlenecek kişi için zorluklar sınırlı ve basittir.

Diğer taraftan, eğer barış olmayıp da görüşmeler kesilecekse bizim tutumumuz bu kesilmeyi daha uygunsuz şekle sokmayacaktır. Her halde, emir ve karar Bakanlar Kurulu'nun ve Yüce Başkanlığınızındır."

İsmet Paşa aynı günde bana da yanıt verdi. Olduğu gibi bilginize sunayım:

Lozan
1 — 8.5.1923 çekilişi
1016 — 29.5.1923 varışı

Bakanlar Kurulu Başkanlığı'na

Gazi Mustafa Kemal Paşa Hazretleri'ne

Durum, Bakanlar Kurulu'na gönderdiğim raporumda bildirilmiştir. Hergün sorun ele alınmak üzere, tüm sorunları önümüzdeki günlerde görüşeceğiz. Elbette Yunanistan'dan alınacak savaş tazminatını, bütün bekletilen sorunların çözümünde sürekli bir silah olarak kullanacağız. Bu olanağı koruduk. Yunan savaş tazminatı sorununu çözdükten sonra diğerlerinde bizi tehditle bir sonuç elde etme ümidi doğmadı; aksine, bir tehdit aracı ortadan kalktı. Durumda sakinlik oldu. Eğer eninde sonunda görüşmeler kesilirse ya Yunan ordusu kendisi için özel bir sebep bulunmadığından hareket etmeyecek veya diğerleriyle beraber ve onların davası için ilerlediğini gösterecek ve kanıtlayacağız. Her iki durum da, maddi ve manevi olarak Yunan ordusuyla savaş tazminatı bahanesiyle çarpışmaya başlama durumundan öncelikli ve üstün görülmüştür. Bakanlar Kurulu'nu oldubittiler karşısında bırakmak endişesine yer olmayıp tutumumuz genel duruma göre değerlendirilirse, anlaşmazlığın uygulama yönteminde olduğu kabul edilebilir. Bununla beraber, bu anlaşmazlığı da sunmuştum. Asıl sorunların hepsinin birkaç güne kadar görüşülebileceği bilginize sunulur.

İsmet

İsmet Paşa'ya şu yanıtı verdim:

Şifre aceledir — 29.5.1923

İsmet Paşa Hazretleri'ne

Yüksek şahsınızın barış sorunlarının önemli derecede çözülmüş olduğu hakkında verdiği bilgi memnunluk vericidir. Tasarladığımız üzere durumu aydınlığa kavuşturabilirseniz, birkaç gün içinde çok rahatlayacağız. Başarılı olmanızı dilerim. Fevzi Paşa Hazretleri de Ankara'dadır. Durum belli oluncaya kadar burada bulunacaktır. Gözlerinizden öperim.

Mustafa Kemal

İsmet Paşa, bu telgrafımdan sonra çalışmalarına devam etti. Rauf Bey'in ve Bakanlar Kurulu'nun da bu konu üzerinde daha fazla direnmesine engel oldum. Bir aya yakın bir zaman her iki taraf sakinliğini korur göründü. Bu süre içinde İsmet Paşa çeşitli konularla ilgili Bakanlar Kurulu'ndan görüşler soruyordu.

Kuponlar ve ayrıcalıklar hakkındaki yazışmalar iki tarafı yeniden sinirlendirdi

Kuponlar ve ayrıcalıklar hakkında aralarında geçen bir yazışma yeniden iki tarafı sinirlendirmiş...

İsmet Paşa'nın 26 Haziran 1923 tarihinde Rauf Bey'in bir yazısına verdiği yanıtta şu cümleler vardı:

> Kuponlar sorunu çözülmeden ayrıcalıklar sorununun çözülmesine girmeyeceğiz. Zaten sorduğumuz soru, kuponlar sorunu çözüldükten sonra alacağımız tutum hakkında talimat almak üzerineydi. Hükümet bu konuda sessiz kalıyor. Konferans görüşmelerinde Delege Heyeti'nin, asıl talimatların sınırlandırmalarından başka olarak, bütün davranışlarının ayrıntılarıyla Ankara'dan yönetilme istek ve eğilimi, görüşmelerin ülke için en yararlı bir şekilde yürütülmesini ve iyi bir barışa varmak gücünü Delege Heyeti'nin elinden almaktadır. Hükümet tarafından tercih edilen bu şeklin, 93 Seferi'nin saraydan yönetilmesinden farkı yoktur.
>
> Bize karşı güvensizlik ve yetersizliğimiz hakkında sürekli ortaya konulan düşünce devam ettikçe bizim aracılığımızla barış imzalanması olasılık dışıdır.
>
> Hükümetin görüşlerini aynen İtilaf devletlerine kabul ettirmek düşüncesinde olan bir heyetin ve elbette yüksek kişiliğinizle ilgisi dolayısıyla Maliye Bakanı Beyefendi'nin sorumluluk üstlenmelerini ve Konferans'a gelmelerini rica ediyoruz.

Maliye bakanı, Hasan Fehmi Bey'di. Bu telgrafı öğrendim ve Rauf Bey tarafından yanıt verdirdim. İsmet Paşa'ya da bunu yazdım:

Kişiye özeldir 26.6.1923

İsmet Paşa Hazretleri'ne

26.6.1923 tarihli yanıt telgrafınızı okudum. Çok sinirli bir halde yazılmıştır. Bunu gerektirecek hiçbir duygu, düşünce ve davranış yoktur. Sizi haksız buldum. İçinde bulunduğunuz zorluklar ve sıkıntı anlaşılmaktadır. Bundan sonra belki daha da artacaktır. Bu kırgınlığın sebebi Ankara değil, orada her gün yeni bir hile yaratanlardır. Çalışmalarınızı dayanıklılıkla ve çok soğukkanlılıkla, olumlu bir şekilde sonuçlandırmaya çaba gösteriniz. Arada yanlış anlamayı gerektiren hiçbir husus görmüyorum. Çalışma alanınız sınırlı değildir. Fakat yapılacak işler sınırlı olduğu ve pek önemli sorunlarla karşı karşıya bulunduğunuz için, doğal olarak durum sıkıntılı olmuştur. Gözlerinizden öperim.

Gazi Mustafa Kemal

Rauf Bey'in aradaki görüş ayrılığını, kendisi ile İsmet Paşa arasında başlı başına bir sorun sayması doğru değildir

Saygıdeğer efendiler, görülüyor ki, İsmet Paşa ile olan yazışmalarımda onu incitebilecek üslupta ifadeler de vardır. Sonuna kadar da buna benzer ciddi bildirimlerim olmuştur. İsmet Paşa'nın da bana aynı şekilde ifadeler kullandığı olmuştur.

Bakanlar Kurulu kararlarında benim görüşlerimin de yer aldığını İsmet Paşa'ya, gerektikçe bildiriyordum. Buna göre, İsmet Paşa'nın Bakanlar Kurulu Başkanlığı'na yönelik yapılmış olan bazı şikâyetleri, yalnız Rauf Bey'in kendisiyle ilgili sayılamazdı. Bütün bakanlarla ilgiliydi ve hatta beni de kapsıyordu.

Rauf Bey'in, bu görüş ayrılığını kendisi ile İsmet Paşa arasında başlı başına bir sorun sayması ve saydırmaya kalkışması doğru değildir. Her durumda, her konuda talimat verenle o talimatı uzakta ve özellikle talimat verenin temasta bulunmadığı koşullar içinde uygulayan arasında görüş ayrılığı olabilir. Asıl amaç korunmak koşuluyla durum hal ve gereğine göre yönetilir.

İsmet Paşa'nın, durumun izlenmesi konusunda benim dikkatimi çekmesi de kabul edilmelidir. Çünkü sorun gerçekten önemli ve yaşamsal idi.

Rauf Bey, görüşmeleri bitirip barışı hazırlayan İsmet Paşa'nın sonuç hakkında hükümetin görüşünü soran telgrafına yanıt vermemişti

Sonunda, efendiler, Temmuz ortalarında Konferans son buldu. İsmet Paşa, barış antlaşmasını imzadan önce Bakanlar Kurulu Başkanı Rauf Bey'e Konferans'ın son bulduğunu ve sorunların çözüm şeklini bildirmiş... Rauf Bey olumlu veya olumsuz hiçbir yanıt vermemiş... İsmet Paşa, bekleyiş içinde geçirdiği bugünlerde çok sıkıntı çekmiş... Hükümetin hiçbir yanıt vermeyişini, Ankara'da bir kararsızlığın olduğuna yormuş... Rauf Bey'e yazdıktan üç gün sonra 18 Temmuz 1923 tarihinde bana da durumu bildirdi. Telgrafında hükümetin kararsızlığına sebep olabileceğini tahmin ettiği noktaları birer birer sayıp açıkladıktan sonra, değerlendirmesine şu sözlerle son veriyordu:

> Eğer hükümet kabul ettiğimiz noktaların kesinlikle geri çevrilmesinde ısrarlı ise, bunu bizim yapmaklığımıza olanak yoktur. Düşüne düşüne benim bulduğum yol İstanbul'daki komiserlere bildirim yapıp, imza yetkilerini bizden almaktır. Bu durum da, gerçi bizim için yeryüzünde görülmemiş bir skandal olur. Fakat yurdun yüce çıkarları kişisel düşüncelerin üstünde olduğundan ulusal hükümet düşüncesini uygular. Hükümetten teşekkür beklemiyoruz. Yaptığımız işlerin sorgulanması ulusa ve tarihe bırakılmıştır.

Efendiler, İsmet Paşa'nın yürüttüğü ve sonuçlandırdığı işin ne kadar önemli olduğunu açıklamaya gerek yoktur. Bu işin sonuçlandırıldığı son günün, imza gününün geldiği uyarısına, sevinçle bir yanıt verileceğini kabul etmek gerekir. Ankara ile Lozan arasında bir veya iki günde haberleşmek mümkündü. Üç gün geçtiği halde hiçbir yanıt verilmemiş olması, en basit anlayışla, Bakanlar Kurulu başkanının işi görmezlikten geldiğini ve aldırmazlıkla karşıladığını gösterir. Yapılan işin hükümet tarafından eksik görülerek geri çevrilmesi yönüne gidildiği ve bundan dolayı da yanıt verilmediği yanılgısına da düşülebilir. Bu durumda işi tamamlamak için, büyük ve tarihi sorumluluk yüklenerek imza kullanacak olan kişinin ne kadar güç bir durumda kalacağı düşünülürse, İsmet Paşa'nın büyük sıkıntı ve üzüntü içinde olmasını haklı görmek gerekir.

İsmet Paşa'ya barışı imzalamasını bildirdim

İsmet Paşa'nın telgrafına hemen şu yanıtı verdim:

Ankara, 19.7.1923

İsmet Paşa Hazretleri'ne

18 Temmuz 1923 tarihli telgrafınızı aldım. Hiç kimsede kararsızlık yoktur. Kazandığınız başarıyı en sıcak ve içten duygularımızla kutlamak için, [antlaşmanın] yöntemine uygun olarak imza olunduğunun bildirilmesini bekliyoruz kardeşim.

Türkiye Büyük Millet Meclisi Başkanı
Başkomutan
Gazi Mustafa Kemal

İsmet Paşa'nın çektiği sıkıntı

İsmet Paşa bu telgrafıma yanıt verdi.

İsmet Paşa'nın sıkıntısının derecesini gösteren bu yanıtı, aynı zamanda iyi niyet ve içtenliğini ve özellikle alçakgönüllülüğünü de gösteren değerli bir belge olduğu için olduğu gibi bilginize sunuyorum:

Sayı
338

Lozan, 20 Temmuz 1923

Gazi Mustafa Kemal Paşa Hazretleri'ne

Her dar zamanımda Hızır gibi yetişirsin. Dört beş gündür çektiğim sıkıntıyı düşün. Büyük işler yapmış ve yaptırmış adamsın. Sana bağlılığım bir kat daha artmıştır. Gözlerinden öperim pek sevgili kardeşim, aziz Şefim.

İsmet

Lozan Barış Antlaşması'nı hazırlayan ve imzalayanlara teşekkür ve kutlama

Efendiler, İsmet Paşa 24 Temmuz 1923 günü antlaşmayı imzaladı. Kendisini kutlamak zamanı gelmişti. Aynı günde şu telgrafı çektim:

Lozan'da Delege Heyeti Başkanı
Dışişleri Bakanı İsmet Paşa Hazretleri'ne

Ulusun ve hükümetin size vermiş olduğu yeni görevi başarıyla tamamladınız. Ülkeye bir dizi yararlı hizmetlerle dolu yaşamınızı bu defa da tarihi bir başarıyla taçlandırdınız. Uzun savaşlardan sonra yurdumuzun barışa ve bağımsızlığa kavuştuğu bugünde, parlak hizmetiniz dolayısıyla yüksek şahsınızı, saygıdeğer arkadaşlarımız Rıza Nur ve Hasan beyleri ve çalışmalarınızda size yardım eden bütün Delege Heyeti üyelerini teşekkürlerle kutlarım.

Türkiye Büyük Millet Meclisi Başkanı
Başkomutan
Gazi Mustafa Kemal

Rauf Bey kutlamak istemiyor

Efendiler, Bakanlar Kurulu Başkanı Rauf Bey'in kutlamadığını anladım. Kendisine bu gerekliliği anımsattım. Rauf Bey'e, diğer bazı arkadaşlar da aynı anımsatmada bulunmuşlar...

Daha sonra öğrendim ki, Rauf Bey İsmet Paşa'yı kutlamaya ve ona yaptığı önemli ve tarihi görevden dolayı teşekküre gerek görmüyormuş... Yapılan uyarılar üzerine Kâzım Paşa'ya bir mektup yazarak ondan, kendi adına İsmet Paşa'ya bir kutlama telgrafı yazmasını rica etmiş... Bunun anlamı nedir?!

Kâzım Paşa, bu mektubu İhsan Bey'in (Donanma bakanı) evinde bulunduğu bir sırada almış... Maliye Bakanı Hasan Fehmi Bey de orada imiş...

Rauf Bey'in yazdığı veya yazdırdığı telgraf

Hep beraber, Rauf Bey'in ağzından uygun bir telgraf taslağı yaparak İsmet Paşa'yı kutlamış ve ona teşekkür etmişler... Bu taslağı bir zarfa koyup Rauf Bey'e göndermişler... Fakat Rauf Bey bu taslağı beğenmemiş, İsmet Paşa'ya başka bir telgraf yazmış veya yazdırmış... Rauf Bey, Kâzım Paşa'yı gördüğü zaman demiş ki: "Sizin yaptığınız taslakta adeta her işi yapan İsmet Paşa gösteriliyor. Biz burada bir şey yapmadık mı?"

Efendiler, Rauf Bey'in yazdığı veya yazdırdığı telgraf içeriği, kendisinin duygu ve düşüncelerini gizlememektedir. İsterseniz, o telgrafı da olduğu gibi bilginize sunayım:

Cumhurbaşkanı Mustafa Kemal Atatürk kendisi için düzenlenen bir karşılama töreninde.
İş Bankası Müzesi Arşivi.

Şifre 25.7.1923

Lozan'da Delege Heyeti Başkanlığı'na

İlgi: 20 ve 24 Temmuz, 347, 348 sayılı telgraflar:

Dünya Savaşı'nın sınırsız sıkıntılarından kurtulmak ve ulusumuzun dünya barışını kurmakta ne büyük bir etken olduğunu gerçekten kanıtlamak amacıyla imzaladığımız Mondros Ateşkes Antlaşması'na rağmen, karşı karşıya kaldığımız en korkunç ve acımasız saldırıları, yaşam hakkımızı ve bağımsızlığımızı ayaklar altına alan Sevr Antlaşması izlemişti. Yüzyıllarca özgür ve bağımsız yaşamış olan sevgili Türkiye'nin asil halkı karşı karşıya kaldığı yasadışı ve korkunç saldırılar karşısında bütün bilinci ve varlığıyla yaşam hakkını ve bağımsızlığını kurtarmak için ayaklanarak kurduğu yılmaz ve yenilmez ulusal ordusuyla Büyük Önder ve Başkomutanımızın ve kahraman komutanlarımızın yönlendirmesi ve yönetimiyle zaferden zafere yürüdü.

Türkiye Büyük Millet Meclisi ve hükümetinin ulustan aldığı güç ve kuvvetle ve ordularının pek yüksek savaş yeteneğiyle elde ettiği bu başarı ve zaferlerin, Lozan'da aylardan beri devam eden barış görüşmeleri sonucunda uluslararası bir belgeyle kanıtlanması ulusumuza yeni bir çalışma ve huzur dönemi hazırlamıştır. Bakanlar Kurulu, kararlı ve özverili ulusumuzun yaşam hakkını ve bağımsızlığını güvenceye alan bir antlaşmanın düzenlenmesindeki çalışmasından dolayı başta yüksek şahsınızı olmak üzere delegelerimiz Rıza Nur ve Hasan beyefendilere ve danışma kurulumuza kutlamalar sunar, efendim.

Bakanlar Kurulu Başkanı
Hüseyin Rauf

Rauf Bey, Lozan Antlaşması'nı yapan İsmet Paşa'yı kutlama vesilesiyle Mondros Ateşkes Antlaşması'nı yapan kendisini savunmaya çalışıyor

Efendiler, Rauf Bey, Lozan Antlaşması'nı yapan ve ona imzasını koyan İsmet Paşa'yı kutlama vesilesiyle, kendisinin yaptığı ve imzasını koyduğu Mondros Ateşkes Antlaşması'ndan söz etmeye ve onu ne önemli ve yüce amaçlarla imza ettiğini söyleyerek kendisini savunmaya gerek görüyor.

Mondros Ateşkes Antlaşması, Osmanlı Devleti'nin bağlaşıklarıyla beraber uğradığı acı yenilginin yüz kızartacak bir sonucudur. O ateşkes antlaşması hükümleridir ki, Türk topraklarını yabancıların işgaline sundu. O ateşkes antlaşmasında kabul edilen maddelerdir ki, Sevr Antlaşması hükümlerinin de kolaylıkla kabul ettirilebileceği fikrini yabancılara mümkün ve mantıklı gibi gösterdi.

Rauf Bey, o ateşkes antlaşmasını "ulusumuzun dünya barışını kurmaya ne büyük bir etken olduğunu gerçekten kanıtlamak amacıyla" imzaladığını söylüyorsa da, bu hayali cümleye kendinden başka kimseyi inandıramaz ve avutamaz. Çünkü böyle bir amaç yoktu.

Rauf Bey'in telgrafına Mondros Ateşkes Antlaşması'yla başladığına bakılırsa, bu ateşkesin Lozan Konferansı'na başlangıç oluşturduğunu ve Lozan barışının, Rauf Bey'in yaptığı Mondros Ateşkes Antlaşması'nın sonucu olduğunu belirtmek eğilimi de olduğu yargısına varılabilir.

Rauf Bey, zafer kazanmış ordunun başından Lozan'a giden kişiye zaferden zafere yürüyen ordunun öyküsünü anlatıyor

Rauf Bey, telgrafında Sevr Antlaşması'nın Türk ulusunu karşı karşıya bıraktığı saldırıları ve buna karşı ulusun nasıl ayaklandığını ve nasıl yılmaz ve yenilmez bir ordu kurduğunu ve kahraman komutanlarımızın yönlendirme ve yönetimiyle nasıl zaferden zafere yürüdüğünü anlatıyor. Rauf Bey bu öyküyü İsmet Paşa'ya, o zaferler kazanmış ordunun başından Lozan'a gitmiş olan kişiye anlatıyor. Rauf Bey, bu başarı ve zaferleri hükümetin elde ettiğini belirtebilmek için de parlak bir cümle bulmuştur: Lozan barış görüşmelerinin aylardan beri devam ettiğine de işaret ederek üstü kapalı olarak işin uzatıldığını söylemekten kendini alamamıştır. Rauf Bey, "antlaşmanın yapılmasındaki çalışmalardan dolayı" Delege Heyeti'ni kutlarken, Mondros Ateşkes Antlaşması'ndan başlayarak, bütün inkılabımızın bir özetini yapmak yoluyla, Delege Heyeti'ne yaptıkları antlaşmanın nasıl ve ne olduğunu da anlatmak çabasına düşmüştür. Bir "teşekkür" kelimesini bile içermeyen bu yazıların anlamını kavramak, dikkatli ve incelikleri görebilenlerce elbette güç değildir.

Rauf Bey "İsmet Paşa ile karşı karşıya gelemem, onun karşılanmasında bulunamam" diyor

Efendiler, Delege Heyetimiz görevini tamamladıktan sonra, Ankara'ya dönmek üzere yolda bulunuyordu. Herkes Delege Heyeti'ni yakından kutlamak için can atıyordu. O günlerdeydi. Bakanlar Kurulu Başkanı Rauf Bey, Meclis ikinci başkanı bulunan Ali Fuat Paşa ile birlikte Çankaya'da bana geldiler.

Rauf Bey, "Ben" dedi, "İsmet Paşa ile karşı karşıya gelemem. Onun karşılanmasında bulunamam. İzin verirseniz, o geldiği zaman Ankara'da bulunmamak için, seçim bölgemde dolaşmak üzere Sivas'a doğru bir geziye çıkayım."

Rauf Bey'e, bu şekilde davranmasına bir sebep olmadığını, burada bulunarak, İsmet Paşa'yı bir hükümet başkanına yaraşır şekilde karşılamasının ve görevini başarıyla tamamladığından onu sözlü olarak da takdir ve kutlamasının uygun olacağını söyledim.

Rauf Bey, "Kendime hâkim değilim, yapamayacağım" dedi ve geziye çıkmak konusunda ısrar etti. Bakanlar Kurulu Başkanlığı'ndan istifa etmesi koşuluyla yolculuğa çıkmasını kabul ettim.

Rauf Bey devlet başkanlığı makamının güçlendirilmesini söylerken ne düşünüyordu

Ondan sonra Rauf Bey'le aramızda şu konuşma geçti:

Rauf Bey, "Bakanlar Kurulu Başkanlığı'ndan çekilirken, sizden çok rica ederim" dedi, "devlet başkanlığı makamını güçlendiriniz."

Rauf Bey'e, "Dediğinizi yapacağıma kesinlikle emin olunuz!" yanıtını verdim.

Rauf Bey'in ne demek istediğini ben pek güzel anlamıştım. Rauf Bey, devlet başkanlığı makamı olarak hilafet makamını düşünüyor ve o makama güç ve yetki sağlanmasını benden rica ediyordu.

Rauf Bey'in benim olumlu yanıtımın anlamını anlayıp anlamadığı belli değildir. Sonradan, cumhuriyet ilanından sonra kendisiyle Ankara'da yaptığımız bir görüşmemizde, niçin cumhuriyete karşı olduğunu, yapılmış olan şeyin, Ankara'dan ayrılırken benden yapılmasını rica ettiği ve benim söz verdiğim işten başka bir şey olmadığını söylediğim zaman, "Ben" demişti, "devlet başkanlığı makamını güçlendiriniz derken, asla cumhuriyet ilanını düşünmemiş ve kastetmemiştim."

Oysa efendiler, benim verdiğim yanıtın anlamı tamamen o idi. Gerçekten de, bence devlet başkanlığı makamıyla Türkiye Büyük Millet Meclisi makamını iç içe bulundurmak, ulusal hükümetimizin niteliği cumhuriyet hükümeti olduğu halde, onu kesin olarak söylememek ve ilan etmemek bir zayıflık oluşturmaktaydı. İlk fırsatta, resmen cumhuriyet ilan etmek ve devlet başkanlığını cumhurbaşkanlığı makamında temsil ederek güçlü bir durum yaratmak çok gerekliydi. Rauf Bey'e bunu yapacağıma kesinlikle söz vermiştim. Eğer amacımı anlayamamışsa, sanırım eksiklik bende değildir.

Ülkeye ve ulusa kimler hizmet ederse "apotr" onlardır

Ali Fuat Paşa ile de kısa bir fikir alışverişinde bulunuldu.

Fuat Paşa bana şöyle bir soru yöneltti:

"Senin, şimdi 'apotr'ların[28] kimlerdir, bunu anlayabilir miyiz?"

Ben, bu sorudan bir şey anlayamadığımı söyledim.

Paşa amacını açıkladı. O zaman, ben de şu sözleri söyledim:

"Benim 'apotr'larım yoktur. Ülkeye ve ulusa kimler hizmet eder ve hizmet yetenek ve gücünü gösterir ise, 'apotr' onlardır."

Rauf Bey'in Bakanlar Kurulu Başkanlığı'ndan, Ali Fuat Paşa'nın Büyük Millet Meclisi İkinci Başkanlığı'ndan istifaları

Rauf Bey, Bakanlar Kurulu Başkanlığı'ndan istifa etti. İçişleri bakanı bulunan Ali Fethi Bey, aynı zamanda Bakanlar Kurulu Başkanlığı'na seçildi *(13 Ağustos 1923)*.

Ali Fuat Paşa da bir süre sonra, 24 Ekim 1923 tarihinde, Meclis İkinci Başkanlığı'ndan çekilerek ordu müfettişliğine atanmasını rica etti. Fuat Paşa'ya, unvanı ikinci başkan olmakla beraber, konum ve görevinin pek önemli olan Meclis Başkanlığı olduğunu söyleyerek görevine devam etmesini tavsiye ettim. Fuat Paşa, politikadan hoşlanmadığını, hayatını askerlik mesleğine adamak istediğini ileri sürerek isteğinin yerine getirilmesini ricada ısrar etti. Fuat Paşa'nın rütbesi tuğgeneraldi. Komuta edeceği orduda tümgeneral rütbesinde kolordu komutanları vardı. Geçmiş hizmetlerini dikkate alarak kendisini tümgeneralliğe yükselttik ve karargâhı Konya'da bulunan 2. Ordu Müfettişliği'ne atadık.

Kâzım Karabekir Paşa da, daha önce aynı düşüncelerle Meclis'ten ayrılmış ve ordu müfettişi olarak 1. Ordu'nun başına geçmiş bulunuyordu.

Yeni Türkiye Devleti'nin başkenti: Ankara

Efendiler, Lozan Antlaşması'nın eklerinden olan düşman işgalindeki topraklarımızın boşaltılması protokolü uygulandıktan sonra, tamamen yabancı işgalinden kurtulan Türkiye'nin gerçek toprak bütünlüğü fiilen sağlanmıştı. Artık yeni Türkiye Devleti'nin başkentini yasal olarak belirlemek gerekiyordu. Bütün düşünceler, yeni Türkiye'nin başkentini Anadolu'da ve Ankara olarak seçmek gereğinde birleşiyordu.

Coğrafi ve stratejik durumu en kesin önemi taşıyordu. Devletin başkentini bir an önce belirleyerek, içteki ve dıştaki kararsızlıklara son vermek çok gerekliydi. Gerçekten de, bilindiği üzere, başkentin İstanbul olarak kalacağı veya Ankara'ya taşınacağı konusu üzerinde öteden beri içte ve dışta kararsızlıklar yaşanıyor, basında açıklama ve tartışmalara rastlanıyordu. Bu arada, İstanbul'un yeni milletvekillerinden bazıları, Refet Paşa başta olmak üzere, İstanbul'un başkent kalması gereğini bazı örneklere dayanarak kanıtlamaya çalışıyorlardı. Ankara'nın gerek iklim, ulaşım araçları ve gelişme kapasite ve yeteneği ve gerek var

---

28 apôtre (*Fr.*): havari, yardımcı (y. n.).

olan kurumlar ve kuruluşlar bakımından hiç de uygun ve elverişli olmadığını söylüyorlar ve İstanbul'un payitaht olması gerekli ve kaçınılmazdır diyorlardı. Bu ifadeye dikkat olunursa, bizim başkent tabiriyle anlatmak istediğimiz anlam ile bu ifadelerdeki "payitaht" tabirini kullananların görüşleri arasında bir fark görmemek mümkün değildir. Dolayısıyla, bu konuda zaten kararlaşmış olan görüşümüzü resmen ve yasal olarak doğrulatarak, payitaht tabirinin de yeni Türkiye Devleti'nde anlamı ve kullanım yeri kalmadığını göstermek gerekti. Dışişleri Bakanı İsmet Paşa, 9 Ekim 1923 tarihli tek maddeli bir kanun tasarısını Meclis'e önerdi. Altında daha on dört kadar kişinin imzası olan bu kanun önerisi 13 Ekim 1923 tarihinde uzun görüşme ve tartışmalardan sonra büyük çoğunlukla kabul edildi. Kanun maddesi şudur:

"Türkiye Devleti'nin başkenti, Ankara şehridir."

Meclis'te Fethi Bey'in başkanlığındaki Bakanlar Kurulu'na, Fethi Bey'in kendisine sataşmalar ve eleştiriler başladı

Efendiler, çok geçmeden, Meclis'te, Fethi Bey'in başkanlığındaki Bakanlar Kurulu'na ve özellikle Fethi Bey'in kendisine sataşmalar ve eleştiriler başladı. Anlaşıldığına göre bazı milletvekillerinde bakan olmak isteği ve eğilimi çoğalmıştı. İşbaşında bulunan bakanları beğenmiyorlardı.

Yeni seçimde, partimiz adına milletvekillikleri sağlanmış olan birtakımları da Bakanlar Kurulu karşıtı hareketleri körükleyerek kendi amaçlarına göre yararlanma ortamları hazırlamaya çalışıyorlardı. Muhalefete geçecekleri anlaşılan milletvekillerinin amaçlarının, genel kurulu aldatarak, hükümete ve Meclis'e egemen bir durum almak olduğu anlaşılıyordu.

Fethi Bey, dikkatini ve çalışma gücünü Bakanlar Kurulu Başkanlığı görevinde yoğunlaştırabilmek için İçişleri Bakanlığı'ndan istifa etti. Aynı tarihte, Meclis İkinci Başkanlığı da Ali Fuat Paşa'nın çekilmesiyle boşaldı (24 Ekim 1923).

Bizimle görüş ve çalışmada uzlaşma ve ortaklık aramaya gerek görmeksizin, bağımsız ve gizli çalışan bir grup belirdi. Bu grup iyi niyetli ve adaletten yana görünerek bütün partilileri kendi görüşleri tarafına çekmekte başarılı olmaya başladı. Örneğin, bir parti toplantısında İçişleri Bakanlığı'na Erzincan Milletvekili Sabit Bey'in ve Meclis İkinci Başkanlığı'na da İstanbul'da bulunan Rauf Bey'in Meclis tarafından seçilmesini karar altına aldırdı (25 Ekim 1923).

Oysa ben, Sabit Bey'in İçişleri bakanı olmasını uygun görmemiştim. Sabit Bey'in bazı valiliklerde bulunmuş olmasını yeni Türkiye'nin yeni koşullara bağlı içişlerini yürütebileceğine yeterli kanıt sayamıyordum.

Rauf Bey'in de, Meclis İkinci Başkanlığı'na seçilmesini yerinde bulmuyordum. Çünkü Rauf Bey, daha dün Bakanlar Kurulu Başkanı idi. O makamı ne gibi duygular altında hareket ettiği için bırakmaya zorlandığı biliniyordu. Buna rağmen onu Meclis'in İkinci Başkanlığı'na getirmekle, bütün Meclis'in onunla aynı düşüncede olduğunu, yani bütün Meclis'in Lozan Barış Antlaşması'nı yapan ve Bakanlar Kurulu'nda Dışişleri bakanı olarak bulunan İsmet Paşa'ya karşı olduğunu göstermek amacı izleniyordu.

Efendiler, yeni Meclis ilk döneminde, muhalefeti gizli, bir azınlık grup tarafından aldatılmak durumuyla karşı karşıya kaldı. Fethi Bey ve arkadaşları, hükümet görevlerini rahatça yapamayacak bir durumu getirildi. Fethi Bey bu durumdan bana defalarca şikâyet etti ve kendisi Bakanlar Kurulu'ndan çekilmek istedi. Diğer bakanlar da aynı şekilde şikâyetlerde bulunuyorlardı.

Kötülük, hükümet kurulmasının Meclis seçimiyle yapılmasıydı. Bu gerçeği çoktan görmüştüm.

Uygulanması için uygun zamanını beklediğim bir düşüncenin uygulanması anı gelmişti

Ben, Meclis'te gizli ve muhalif bir grup olduğunu anladıktan, Meclis'in çalışmalarında duyguların egemen olduğunu gördükten ve Bakanlar Kurulu'nun çalışma düzeninin her gün temelsiz birtakım sebeplerle düzensizliğe uğratıldığına kani olduktan sonra, uygulaması için uygun zamanı beklediğim bir düşüncenin uygulanma anının geldiğine karar vermiştim. Bunu açıkça söylemeliyim. Buna göre, şimdi vereceğim bilgi ve yapacağım açıklamaları anlamak daha kolay olacaktır.

Efendiler, Halk Fırkası'nın Rauf Bey'i, kendisi toplantıda yokken İkinci Başkanlığa ve Sabit Bey'i İçişleri Bakanlığı'na aday seçtiği tarih, 25 Ekim 1923 Perşembe günüdür. Aynı gün ve ertesi cuma günü Bakanlar Kurulu, Çankaya'da başkanlığımda toplandı.

Gerek Bakanlar Kurulu Başkanı Fethi Bey'in ve gerek diğer bakanların istifa etmeleri zamanının geldiğini ve bunun gerektiğini söyledim. Meclis'çe "Yeni hükümet seçildiğinde, şimdiki hükümette bulunan bakanlardan yeniden seçilenler olursa, onlar, bu seçimden sonra da istifa ederek yeni hükümete katılmayacaklardır" ilkesini de kabul ettik. Yalnız, o zaman bakanlar gibi seçilen ve hükümete dahil bulunan Genelkurmay Başkanı Fevzi Paşa bu kararın dışında bırakıldı. Çünkü, ordu yönetim ve komutasının herhangi bir kişiye bırakılması uygun görülmedi.

Efendiler, bu şekil ve hareketin ve alınan kararın niteliği incelenirse şu sonuç çıkar: Hırslı grubu, hükümet kurmakta tamamen serbest bırakıyoruz. Şimdiki hükümette bulunan bakanlardan hiçbiri katılmaksızın, tamamen istedikleri kişilerden, istedikleri gibi bir hükümet kurarak ülkenin yazgısını ellerine almalarında bir sakınca görmüyoruz. Fakat, ne hükümet kurmaya ve ne de kursalar bile ülkeyi yönetmeye güçlerinin yetmeyeceğine inanıyoruz.

Meclis'i aldatmaya çalışan hırslı grubun, şu veya bu şekilde bir hükümet kurmayı başarması durumunda, bir süre bu hükümetin yönetim şeklini ve yönetimdeki yeterliliğini izlemenin ve hatta ona yardım etmenin uygun olacağını düşündük. Fakat, bu yolla kurulacak bir hükümet, ülke yönetiminde ve yeni amaçlarımızı gerçekleştirmekte güçsüzlük ve sapma gösterirse, bunu Meclis'te vurgulayarak Meclis'i aydınlatmak yolunu tercih ettik. Hükümet kurmayı başaramamaları durumunda, ortaya çıkacak kargaşanın Meclis'in uyanmasına yarayacağı doğaldı. Bunalım ve kargaşayı sürdürmek doğru olmayacağından, işte o zaman, doğrudan doğruya müdahale ederek ve tasarladığım şekli açıkça ortaya koyarak işi kökünden çözebileceğimi düşünmüştüm.

Fethi Bey'in başkanlığındaki Bakanlar Kurulu istifa ediyor

Bakanlar Kurulu ile Çankaya'da yaptığımız toplantının ardından bakanların yazıp ortak imza ile bana verdikleri istifa mektubu şuydu:

Yüce Başkanlığa

Türkiye Devleti'nin karşı karşıya bulunduğu önemli ve çetin iç ve dış sorunları kolaylıkla sonuçlandırmayı başarması için kesinlikle çok kuvvetli ve Meclis'in tam desteğine sahip bir Bakanlar Kurulu'na gereksinim duyduğu inancındayız. Dolayısıyla yüce Meclis'in her şekilde güven ve desteğine dayanan bir Bakanlar Kurulu'nun kurulmasına hizmet etmek amacıyla istifa ettiğimizi büyük bir saygıyla bilgilerinize sunarız, efendim.

Efendiler, bu istifa mektubu, 27 Ekim 1923 Cumartesi günü öğleden sonra saat birde başkanlığım altında toplanan Parti Genel Kurulu'na bildirildikten sonra saat beşe doğru açılan Meclis'te resmen okunmuştur.

Bakanlar Kurulu listeleri ve Bakanlar Kurulu Başkanlığı'na seçilmesi beklenen kimseler

Bakanlar Kurulu'nun istifası gerçekleştiği dakikadan itibaren, Meclis üyeleri, Meclis odalarında, evlerinde grup grup toplanarak yeni Bakanlar Kurulu listeleri düzenlemeye başladılar. Bu durum, Ekim'in 28. günü geç saate kadar devam etti. Hiçbir grup, bütün Meclis'çe kabule değer görülecek, ulus kamuoyunca iyi karşılanacak adları içine alan bir aday listesi belirleyemiyordu. Özellikle bakanlıklara aday düşünülürken, o kadar çok hevesli ve istekliyle karşılaşıyorlardı ki, herhangi birinin diğerlerine tercihi şeklinde belirlenecek bir listeyi kabul ettirmekteki güçlükler, liste hazırlamakla uğraşanları ümitsizlik ve endişeye düşürdü. Gerçi İstanbul'un bazı gazeteleri, bazı kişilerin fotoğraflarına yer vererek Bakanlar Kurulu Başkanlığı'na seçilmesi beklenen "saygıdeğer kişi"leri hatırlatıp dikkati çekmekte kusur etmediler. Her ne kadar gayretli bazı gazeteciler, 28 Ekim günü erkenden, "İstanbul'un yüzünü örten sabah sisinin ördüğü tül henüz sıyrılırken, deniz gökten, sahillerden yansıyan renklerle boyanmış, hareketsiz duruyorken" Marmara'nın sakin bağrını yararak ilerleyen Seyrisefain'in [Denizyolları] vapuruyla Kalamış iskelesine çıkıyor... Yolda Rauf Bey'e rastlıyor... Ondan sonra "büyük bir bahçenin içinde, güzel Kalamış köşkünün, mükemmel bir şekilde döşeli ve süslü salonuna" giriyor ve köşkte oturanın çeşitli sorunlar hakkındaki görüşlerini, özellikle "ulusal egemenliğimizi her şeye ve her şeye (!) karşı koruyalım..." öğüdünü yayımlayarak kamuoyunu aydınlatma hizmetinden geri kalmıyor. Fakat bu uyarı ve yol göstermeler Ankara'yı etkileyemiyordu.

"Ulusal egemenliğimizi her şeye ve her şeye karşı koruyalım" diyen kişi

Efendiler, her şeye ve her şeye (!) karşı ulusal egemenliğin korunması öğüdünde bulunan kişi, halifenin iltifatını "Allah'ın iyiliği" kabul eden kişidir!

Bazı gazetelerin, Konya'da görevli Fuat Paşa'nın 28 Ekim'de İstanbul'a varışında, Rauf Bey, Refet Paşa, Adnan Bey ve daha birçok kişi tarafından karşılandığını ilan eden telgrafları ve Rauf Bey'le Kâzım Karabekir Paşa'nın fotoğraflarını koyarak, Mondros Ateşkes Antlaşması'nı, Kars'ın alınmasını hatırlatmak için yazdıkları yazılar da yeterli derecede dikkati çekmeye yarayamadı.

Parti Yönetim Kurulu da kesin bir Bakanlar Kurulu listesi hazırlayamadı

28 Ekim günü geç saatte, toplantı halinde bulunan Parti Yönetim Kurulu tarafından davet olundum. Parti Yönetim Kurulu Başkanı Fethi Bey'di. Fethi Bey, Parti adına yönetim kurulu tarafından bir aday listesi düzenlendiğinden ve bu konuda Parti genel başkanı olduğum için benim de görüşümün alınması uygun görüldüğünden toplantılarına davet ettiklerini bildirdi. Düzenlenen listeye göz gezdirdim. Bence uygun olduğunu ve fakat bu listede adları bulunan kişilerin de düşünce ve onayını almak gerektiğini söyledim. Bu önerim uygun görüldü. Örneğin, Dışişleri Bakanlığı için adı söz konusu edilen Yusuf Kemal Bey'i davet ettik. Yusuf Kemal Bey bu listeye giremeyeceğini bildirdi. Bundan ve buna benzer bazı durumlardan anladım ki, Parti Yönetim Kurulu da kabule değer ve kesin bir aday listesi düzenleyememektedir. Yönetim kurulu üyelerine, gerekli kişilerle daha fazla fikir alışverişinde bulunarak kesin bir liste düzenlemelerini tavsiyeden sonra yanlarından ayrıldım. Gece olmuştu. Çankaya'ya gitmek üzere Meclis binasını terk ederken koridorlarda beni beklemekte olan Kemalettin Sami ve Halit paşalara rastladım. Ali Fuat Paşa, Ankara'dan hareket ederken bunların Ankara'ya vardıklarını o günkü gazetede "bir uğurlama ve bir karşılama" başlığı altında okumuştum. Henüz kendileriyle görüşmemiştim. Benimle görüşmek için geç vakte kadar orada beklediklerini anlayınca akşam yemeğine gelmelerini Milli Savunma Bakanı Kâzım Paşa aracılığıyla bildirdim. İsmet Paşa ile Kâzım Paşa'ya ve Fethi Bey'e de Çankaya'ya benimle beraber gelmelerini söyledim. Çankaya'ya gittiğim zaman, orada beni görmek üzere gelmiş Rize Milletvekili Fuat, Afyonkarahisar Milletvekili Ruşen Eşref beylere rastladım. Onları da yemeğe alıkoydum.

Cumhurbaşkanı Mustafa Kemal Atatürk yurt gezilerinden birinde.
İş Bankası Müzesi Arşivi.

Cumhuriyetin ilanı kararını nerede ve kimlere söyledim?

Yemek sırasında, "Yarın cumhuriyet ilan edeceğiz!" dedim. Hazır bulunan arkadaşlar derhal düşünceme katıldılar. Yemeği bıraktık. O dakikadan başlayarak, hareket şekli hakkında kısa bir program belirledim ve arkadaşları görevlendirdim.

Belirlediğim program ve verdiğim talimatın uygulanışını göreceksiniz!

Efendiler, görüyorsunuz ki, cumhuriyet ilanına karar vermek için Ankara'da bulunan bütün arkadaşlarımı davete ve onlarla görüşmeye ve tartışmaya asla gerek ve gereksinim duymadım. Çünkü, onların zaten ve doğal olarak benimle bu konuda aynı düşüncede olduklarından kuşku duymuyordum. Oysa o sırada Ankara'da bulunmayan bazı kişiler, yetkileri olmadığı halde, kendilerine haber verilmeden, düşünce ve onayları alınmadan cumhuriyetin ilan edilmiş olmasını, gücenme ve ayrılma nedeni saydılar.

İsmet Paşa'yla cumhuriyetin ilanı kanununa ilişkin tasarıyı hazırladık

O gece birlikte bulunduğumuz arkadaşlar erkenden yanımdan ayrıldılar. Yalnız İsmet Paşa Çankaya'da konuktu. Onunla yalnız kaldıktan sonra bir kanun tasarısı taslağı hazırladık. Bu taslakta, 20 Ocak 1921 tarihli Teşkilat-ı Esasiye

Kanunu'nun devlet şeklini belirleyen maddelerini şu şekilde değiştirmiştim: Birinci maddenin sonuna "Türkiye Devleti'nin hükümet şekli cumhuriyettir" cümlesini ekledim. Üçüncü maddeyi şu yolda değiştirdim: "Türkiye Devleti Büyük Millet Meclisi tarafından yönetilir. Meclis, hükümetin bölündüğü yönetim dallarını bakanlar aracılığıyla yönetir."

Bundan başka Teşkilat-ı Esasiye Kanunu'nun esas maddelerinden sekizinci ve dokuzuncu maddeleri de değiştirilip açıklığa kavuşturularak şu maddeler yazıldı:

"Madde: Türkiye Cumhurbaşkanı Türkiye Büyük Millet Meclisi Genel Kurulu tarafından ve kendi üyeleri arasından bir seçim dönemi için seçilir. Başkanlık görevi, yeni cumhurbaşkanının seçilmesine kadar devam eder. Tekrar seçilmek olabilir."

"Madde: Türkiye Cumhurbaşkanı, devletin başkanıdır. Bu sıfatla gerek gördükçe Meclis'e ve Bakanlar Kurulu'na başkanlık eder."

"Madde: Başbakan, cumhurbaşkanı tarafından ve Meclis üyeleri arasından seçilir. Diğer bakanlar başbakan tarafından yine Meclis üyeleri arasından seçildikten sonra tümü cumhurbaşkanı tarafından Meclis'in onayına sunulur. Meclis toplantı halinde değilse, onay işi Meclis'in toplantısına bırakılır."

Bu maddelere, komisyonda ve Meclis'te, din ve dille ilgili, bildiğiniz bir madde de eklenmiştir.

29 Ekim 1923 günü Halk Partisi Grubu'nda yapılan görüşmeler

Saygıdeğer efendiler, şimdi isterseniz yüksek heyetinize, 29 Ekim 1923 Pazartesi günü Ankara'da cereyan etmiş olayı özetle anlatmaya çalışacağım.

Pazartesi günü öğleden önce saat onda, Halk Partisi Grubu, Grup Yönetim Kurulu Başkanı Fethi Bey'in başkanlığında toplandı. Bakanlar Kurulu seçimi görüşmesine başlandı.

Başkan –"Yönetim kurulu, hazırlık niteliğinde, genel kurula sunulmak üzere bir Bakanlar Kurulu listesi düzenledi. Yönetim kurulu kesin bir şey belirlemiş değildir. Karar saygıdeğer kurulunuzundur. Kabul ederseniz okunsun" sözleriyle genel kurula, başkanlığında Fuat Paşa'nın bulunduğu bir hükümet listesi sunar. Okunan bu listede Ekonomi Bakanlığı'na aday gösterilen Celal Bey (İzmir) söz alarak, Bakanlar Kurulu'nun öneminden söz etmiş ve kendisinin seçilmemesini önermiş. Özellikle "bu listede adları görülen kişiler, çekilenlerden daha kuvvetli değildir. Bizden refah ve reform isteyen ulus vardır. Kesinlikle yeniler eskilerden kuvvetli olmalıdır. Seçimde acele etmeyelim. Özellikle Bakanlar Kurulu başkanı seçimi için düşünelim" değerlendirmesinde bulunmuş...

Saip Bey (Kozan): –"Meclis Başkanlığı'na Fethi Bey, Bakanlar Kurulu Başkanlığı'na İsmet Paşa seçilmelidir" demiş.

Ekrem Bey (Rize): –"Yeni hükümet, eski hükümetin boşluğunu doldurabilecek mi? Bu konudaki düşüncelerini Başkan Paşa Hazretleri, mümkünse açıklasınlar, aydınlanalım" görüşünü ileri sürmüş. (Ben o sırada Meclis'te değildim.)

Zülfü Bey (Diyarbakır): –"Görev, Parti Meclisi'nindir. Bu hak, Grup Yönetim Kurulu'nun değildir. Meclis toplansın!.." isteğinde bulunmuş...

Mehmet Efendi (Bolu): –"Seçilecek Bakanlar Kurulu ancak bir ay devam edebilir. Seçimlerin böyle sık sık tekrarlanması, ülkeyi ve ulusu kötü ve zor bir duruma sürükler. Bakanlar Kurulu istifa sebebini açıklıkla anlatmazsa herhangi bir Bakanlar Kurulu seçimine katılmam. Sebebi anlayalım, sonra seçelim."

Faik Bey (Tekirdağ): –"Listede gösterilen adlar, öncekilerden kuvvetli değildir. Meclis toplanıp bu sorunu çözsün."

Vasıf Bey (Manisa): –(İsmet Paşa'nın hizmetlerinden söz ettikten sonra) "Ülkeyi, ulusu ne için terk ediyor. Liderlerimiz bizi aydınlatmamıştır. Saygıdeğer Başkanımız (beni kastetmiş olacak) bizi niçin aydınlatmıyor" demiş ve uzun konuşmalarda bulunmuş.

Necati Bey (İzmir): –"Ülkenin dayandığı kişilerin bizi bırakıp ayrılmalarını kabul edemeyiz. Saygıdeğer Başkanımız aydınlatsın ve uyarsın. İçeriye ve dışarıya karşı kuvvetli bir Bakanlar Kurulu'na kesin ihtiyacımız vardır."

Başkan Fethi Bey: –"Yönetim kurulunun yaptığı bu liste, ne Paşa'nın ve ne de yönetim kurulunundur" açıklamasında bulunmaya gerek görmüş.

Doktor Fikret Bey (Bilecik): –"Vasıf ve Necati beylerin düşüncelerine katılırım. Ülke sütliman değildir. Gelişigüzel yapılacak bir seçime bırakmak olmaz. Kuvvetli kişilerden meydana gelen bir hükümet seçmelidir."

Recep Bey (Kütahya): –"Arkadaşlar sözlerini tamamlasınlar, sonra Gazi Paşa Hazretleri söylesinler." (Henüz toplantıda değildim.)

İlyas Sami Bey (Muş): –"Saygıdeğer Başkanımız Gazi Paşa Hazretleri düşüncelerini açıklasınlar. Bunalımın, doğduğu gün ortadan kaldırılması daha yararlıdır. Sonraya bırakmak, şiddetlenmesine sebep olur. Bir Bakanlar Kurulu başkanı seçelim. Yirmi dört saat süre verelim. Arkadaşlarını bulsun, kuvvetli bir hükümet kurulsun."

Abdurrahman Şeref Bey (merhum, İstanbul milletvekili): –"Bazı arkadaşlar telaş ediyorlar. Bu her ülkede görülen bir şeydir. Hepimizin amacı, yurdun mutluluğudur. Bir makine kurup tıkır tıkır işletemiyoruz. Bu da doğru. Kuvvetli bir hükümet nasıl bulmalı, hastalığı ne şekilde ortaya çıkarmalı? Teşkilat-ı Esasiye Kanunumuzu göz önüne alalım. Hükümetin görevini belirleyelim. Meclis düşüncelerini söylesin. Ondan sonra Başkan Paşamız da düşüncelerini açıklasınlar. Bir sonuç çıkaralım. Herkes bir işe yarar. Herkesi yaradığı işte kullanmalı. Kişilerden söz etmeyelim. Yüce amaçlarda birlikteyiz. Başkan Paşa Hazretleri düşüncelerini açıklasınlar."

Eyüp Sabri Efendi (Konya): –"Her ne olursa olsun bir seçim karşısındayız. Eski Bakanlar Kurulu'nun, yeniden seçilseler bile tekrar kabul etmeyeceklerine karar verdiklerini işitiyoruz. Bu kararı yüce Meclis kaldırmalıdır."

Recep Bey (Kütahya): –"Üç esaslı noktadan söz edeceğim. Birincisi şekil, ikincisi çalışma eksikliği, üçüncüsü manevi bağlarımızda ortaya çıkan boşluktur. Şekillerde eksik olursa iyi sonuç vermez. Eldeki listedeki değerli arkadaşlar hangi zamanda, hangi koşullar altında çalışacaklardır, bilinmiyor. Kuvvetli bir kişinin kendi arkadaşlarını bularak kuvvetli bir hükümet kurması gerekir."

Recep Bey özellikle bu son düşünce üzerinde uzun açıklamalar yapmış ve değerlendirmelerde bulunmuş.

Talât Bey (Ardahan): –"Recep ve Abdurrahman Şeref beyler pek güzel açıkladılar. Bakanlar Kurulu başkanının görevi nedir? Görev ve sorumluluk kanununu hâlâ çıkarmadık. Gazi Paşa Hazretleri bizi aydınlatsınlar" demiş.

Ben, genel başkan sıfatıyla sorunun çözümü için görevlendirildim

Başkan, bundan sonra görüşmenin yeterliğini oya koymuş. Görüşme yeterli görüldükten sonra birtakım önergeler okunmuş. Bu önergelerden Kemalettin Sami Paşa'nın önergesi kabul olunmuş. Bu önerge içeriğine göre, ben, genel başkan sıfatıyla sorunun çözümlü için genel kurul tarafından görevlendiriliyorum.

Görüşmeler sırasında Çankaya'da, evimde bulunuyordum. Kemalettin Sami Paşa'nın önergesinin kabul edilmesi üzerine, toplantıya davet edildim. Toplantı salonuna girer girmez doğru kürsüye çıktım ve şu kısa görüş ve öneriyi ileri sürdüm.

"Efendiler!" dedim, "Bakanlar Kurulu üyelerinin seçiminde fikir ayrılığı ortaya çıktığı anlaşılmıştır. Bana bir saat kadar izin verin. Bulacağım çözüm yolunu bilginize sunarım."

Başkan Fethi Bey öneriyi oya koydu. Kabul olundu.

Efendiler, bu bir saat içinde gerekli kişileri Meclis'teki odama davet ederek, onlara 28/29 Ekim gecesi hazırladığım kanun önerisi taslağını gösterdim ve fikir alışverişinde bulundum.

28/29 Ekim gecesi hazırladığım kanun taslağını önerdim

Öğleden sonra saat bir buçukta Parti Genel Kurulu tekrar Fethi Bey'in başkanlığında toplandı. İlk söz bendeydi. Kürsüye çıktım ve şu konuşmayı yaptım:

"Saygıdeğer arkadaşlar, çözümünde güçlüklerle karşılaştığınız sorunun sebebi, bütün arkadaşlarca anlaşılmıştır sanırım. Eksiklik ve yanlışlık izlemekte olduğumuz yöntem ve şekildedir. Gerçekten de, yürürlükteki Teşkilat-ı Esasiye Kanunumuza göre bir Bakanlar Kurulu kurmaya giriştiğimiz zaman, bütün arkadaşların her biri bakanları ve Bakanlar Kurulu'nu seçmek zorunda bulunuyor. Hepinizin birden Bakanlar Kurulu'nu seçmek zorunda olmanızda görülen güçlüklerin ortadan kaldırılmasının zamanı gelmiştir. Geçen dönemde de, aynı şekilde güçlüklerle karşılaşılıyordu. Görülüyor ki, bu yöntem bazen birçok karışıklıklara sebep oluyor. Yüksek heyetiniz bu güçlüğün çözümü için beni görevlendirdiniz. Ben de bilginize sunduğum görüşten esinlenerek düşündüğüm şekli belirledim. Onu önereceğim. Önerim kabul olunursa kuvvetli ve dayanışma içinde bir hükümet kurmak mümkün olacaktır. Devletimizin şekil ve niteliğini belirleyen ve hepimiz için bir amaç olan Teşkilat-ı Esasiye Kanunumuzun bazı noktalarını açıklığa kavuşturmak gerekmektedir. Öneri şudur," dedikten sonra bildiğiniz taslağı okutmak üzere kâtip beylerden birine uzatarak kürsüden ayrıldım.

Önerimin niteliği anlaşıldıktan sonra tartışmalar başladı.

Sabit Bey (Erzincan): –"Kabine usulünün lehindeyim. Ancak Teşkilat-ı Esasiye Kanunu'nun değiştirilmesi önerisi ile bugünkü bunalımı ortadan kaldırmak mümkün değildir. Biz şimdi bir Bakanlar Kurulu başkanı seçelim. Teşkilat-ı Esasiye Kanunu'nun değiştirilmesini sonra düşünürüz" dedi.

Hâzım Bey (Niğde), şu görüşleri ileri sürdü: –"Teşkilat-ı Esasiye Kanunu'nu biz yapabilir miyiz? Sanırım yapamayız. Yetkimiz varsa, bu, Parti'de olmaz. Parti'de görüşüldükten sonra açık oturumda kimse söz söyleyemiyor. Ulusun yaşamıyla ilgili kanunların burada kesin olarak sonuçlandırılmasına taraftar değilim. Bu gibi kanunlar açık oturumda ve serbestçe görüşülmeli; her şeyden önce hükümet bunalımını ortadan kaldıralım."

Yunus Nadi Bey, Hâzım Bey'e şöyle yanıt verdi: –"Hangi ülke ilk defa anayasa yaparsa onun için kurucu meclis yapmışlardır. Bizde ise bu gibi konularda ayrıca kurucu meclis kurulacağı açıkça belirtilmemiştir. Bizde her zaman bu gibi değişiklikler olmuştur. Bizden önceki Türkiye Büyük Millet Meclisi de bu yolda yürümüştür. Buna yetkimiz vardır. Kararsızlık gösterilmesin. Şimdi biz, hükümet bunalımının giderilmesini Reis Paşa Hazretleri'ne bıraktık. O da bize bu öneriyi getirdi. Bu öneride gösterilen yöntemi, bütün arkadaşlar ayrı ayrı düşünmüştür. Şimdi, bunu belirlemek gerekir. Önerilen şekil zaten vardır. Bunu açıklığa kavuşturacak ve daha belirli şekilde saptayacağız."

Vehbi Bey (Balıkesir): –"Bizim, şimdiye kadar görüşüldüğünü duyduğumuz Teşkilat-ı Esasiye Kanunu hakkında bilgimiz yoktur. Gerçi gazetelerde gördük. Bu, yeterli mi? Dolayısıyla biz, işin başında, bunu bir bütün olarak görüşmek üzere ileriye bırakıp bunalımı ortadan kaldıralım."

Halil Bey: –"Teşkilat-ı Esasiye Kanunu'nun değiştirilmesine ve yeniden yapılmasına yetkimiz vardır. Fakat, bu değişiklikler, gerçekten yurdumuzun ve ulusumuzun mutluluğunu sağlar mı, bunu söylemek gerekir. Bunu, hukukçular, hukuk bilginlerinden olan arkadaşlarımız gelsinler, açıklasınlar. Açıklama yapılmadıkça, bu sorunun hemen çözülmesine taraftar değilim."

Üyelerden biri: –"Teşkilat-ı Esasiye Kanunu öyle gelişigüzel değiştirilemez."

Hamdullah Suphi Bey (İstanbul): "Dört yıl önce bakanların ayrı ayrı seçilmelerinin zararlarını söylemiştim. Bugün de aynı durum ortaya çıktı. Gazi Paşa'nın önerisine gelince, bu yeni değildir. Dört yıl önce yapılan bir kanunun, daha açık bir şekilde belirtilmesidir. Dolayısıyla buna karşı söz söyleyecekler, gelsin düşüncelerini söylesinler. Fakat, zamanımızın uzun uzadıya beklemeye tahammülü yoktur."

Ragıp Bey (Kütahya): –"Kanunların en iyisi, olaylar ve gereksinimden doğanıdır. Gereksinim ise ortadadır. Teşkilat-ı Esasiye Kanunu'nun tamamlanması gerekmektedir. Açıklığa kavuşturulmalıdır. Önerinin hemen görüşülmesine geçelim."

Adalet Bakanı merhum Seyit Bey: –"Önerilen şekil, yeni bir şey değildir. Mevcut Teşkilat-ı Esasiye Kanunu'nun açıklığa kavuşturulması ve belirlenmesidir. Kanunları gereksinim yapar; teoriler yapmaz. Zaman, olaylar, her şeye egemendir. Gelişme kanunu, değişmez bir kesin kuraldır. Önerilen şekilde bir yenilik yoktur. Mevcut şekli, daha açık ve belli olarak ifade edersek, ulusumuzun ve ülkemizin çıkarlarına elbette daha uygun hareket etmiş oluruz."

Hükümetimizin şekli mutlaka cumhuriyet olacaktır

Rahmetli Seyit Bey'in görüşüne Abidin Bey (Manisa) şu yanıtı verdi: –"İlk olarak hükümet bunalımını ortadan kaldıralım."

Eyüp Sabri Efendi'nin (Konya) görüşü şuydu: –"Biz, Gazi Paşa Hazretleri'ni hakem yaptık. Bizim, Teşkilat-ı Esasiye Kanunu'nu değiştirmeye yetkimiz yok demek, yasadışı olduğumuzu kabul etmek demektir. Meclis'in, Teşkilat-ı Esasiye Kanunu'nu değiştirmeye yetkisi ortadadır. Hükümetimizin şekli mutlaka cumhuriyet olacaktır..."

Bundan sonra İsmet Paşa söz alarak şu şekilde bir konuşma yaptı:

"Parti başkanının önerisini kabule ihtiyaç kesindir. Dünya, bizim bir hükümet şekli görüştüğümüzü biliyor. Bu görüşmelerimizi bir sonuca bağlayıp açıklamamak, zayıflığı ve kargaşayı devam ettirmekten başka bir şey değildir. Bir deneyimden söz edeyim. Avrupa diplomatları bu konuda beni uyardılar. Devletin başkanı yoktur dediler. Bugünkü yönetim şeklinize göre başkan, meclis başkanıdır. Demek ki, siz bir başka başkan bekliyorsunuz. Avrupa düşüncesi işte budur. Oysa, biz böyle düşünmüyoruz. Ulus, egemenliğine, kaderine fiili olarak el koymuştur. O halde bunun hukuki ifadesini söylemekten neden çekiniyoruz? Cumhurbaşkanı olmadan, başbakan seçimi önerisi kanunsuz olur. Bundan kuşku duyulmaması gerekir. Başbakanın seçilmesini yasal ve olanaklı kılabilmek için, Gazi Paşa Hazretleri'nin önerisinin kanunlaşması gerekir. Genel zayıflığın devam ettirilmesi anlamsızdır. Parti'nin, bütün ulusa karşı üstlendiği sorumluluğun gereklerine uygun hareket etmesi zorunludur."

İsmet Paşa'dan sonra rahmetli Abdurrahman Şeref Bey'in konuşmasında şu sözler vardı:

"Hükümet şekillerinin sayılmasına gerek yok. 'Egemenlik kayıtsız ve şartsız milletindir' dedikten sonra, kime sorarsanız sorunuz, bu, cumhuriyettir. Doğan çocuğun adıdır. Ama bu ad bazılarına hoş gelmezmiş, varsın gelmesin."

Bundan sonra Yusuf Kemal Bey, önerinin kabul edilmesi gerektiğine ilişkin uzun bilgiler verdi ve değerlendirmelerde bulundu ve "Derhal onun yasal gereğinin tamamlanmasını öneririm" dedi.

Önerim Parti Grubu'nca ve hemen ardından Meclis'ce görüşüldü ve "Yaşasın Cumhuriyet" sesleri arasında kabul olundu

Abdullah Azmi Efendi'nin "İşin önemi ortadadır. Görüşme devam etsin" diye yükselen karşı çıkışına rağmen, görüşmenin yeterliği kabul olundu. Ondan sonra önerimin tümü ve ardından maddeleri birer birer okunarak görüşüldü ve kabul edildi.

Efendiler, Parti Grubu toplantısına son verildi ve hemen Meclis toplantısı açıldı. Saat, öğleden sonra altı idi. Kanun önerisi, Anayasa Komisyonu tarafından usul yönünden incelenerek, tutanağı hazırlanırken, Meclis diğer bazı sorunlarla ilgilendi. Sonunda, başkanlık makamında bulunan Başkan Vekili İsmet [Eker] Bey Meclis'e şu bilgiyi verdi: "Anayasa Komisyonu, Teşkilat-ı Esasiye Kanunu'nun değiştirilmesine ilişkin tasarının acil olarak ve hemen görüşülmesini öneriyor." "Kabul" sesleri üzerine tutanak okundu. Önerildiği üzere görüşüldü. Sonunda kanun, birçok konuşmacının "Yaşasın Cumhuriyet!" sesleriyle alkışlanan konuşmalarıyla kabul edildi.

Türkiye Cumhuriyeti Başkanlığı'na, Türkiye Büyük Millet Meclisi oybirliğiyle beni seçti

Ondan sonra, cumhurbaşkanı seçimi için Meclis'in oyuna başvuruldu. Toplanan oyların sonucunu, başkanlık makamında bulunan İsmet Bey, genel kurula şu şekilde bildirdi:

"Türkiye Cumhuriyeti Başkanlığı için yapılan seçim oylamasına yüz elli sekiz kişi katılmış ve Cumhuriyet Başkanlığı'na yüz elli sekiz üye oybirliğiyle Ankara Milletvekili Gazi Mustafa Kemal Paşa Hazretleri'ni seçmişlerdir."

Efendiler, bunun ardından Meclis'te yapmış olduğum konuşmam Meclis tutanaklarında okunmuştur. Ancak tarihi bir anının canlandırılması için, izin verirseniz, o konuşmamı burada da olduğu gibi tekrar edeyim:

"Saygıdeğer arkadaşlar, dünya çapında önemli ve olağanüstü olaylar karşısında saygıdeğer ulusumuzun gerçek uyanıklığına ve uyanışına değerli bir belge olan Teşkilat-ı Esasiye Kanunumuzun bazı maddelerini açıklığa kavuşturmak için kurulan özel komisyon tarafından yüksek heyetinize önerilen kanun tasarısının kabulü dolayısıyla Türkiye Devleti'nin zaten dünyaca bilinen, bilinmesi gereken niteliği, uluslararası bilinen adıyla adlandırıldı. Bunun doğal gereği olmak üzere, bugüne kadar doğrudan doğruya Meclis başkanlığında bulundurduğunuz arkadaşınıza yaptırdığınız bu görevi, cumhurbaşkanı unvanıyla yine aynı arkadaşınıza, bu aciz arkadaşınıza veriyorsunuz. Bu münasebetle, şimdiye kadar hakkımda gösterdiğiniz sevgi, içtenlik ve güveni bir defa daha göstermekle yüksek değerbilirliğinizi kanıtlamış oluyorsunuz. Bundan dolayı yüksek heyetinize ruhumun bütün içtenliğiyle teşekkürler sunarım.

Efendiler, yüzyıllardan beri Doğu'da haksızlığa ve zulme uğramış olan ulusumuz, Türk ulusu, gerçekte yaratılıştan sahip olduğu özelliklerden yoksun kabul ediliyordu.

Son yıllarda ulusumuzun fiili olarak gösterdiği yetenek, eğilim ve kavrayış, kendi hakkında kötü düşüncede bulunanların ne kadar aymaz ve ne kadar gerçeği görmekten uzak, görünüşe aldanan insanlar olduğunu pek güzel kanıtladı. Ulusumuz sahip olduğu niteliklerini ve yeterliliğini, devletinin yeni adıyla uygarlık dünyasına daha çok kolaylıkla göstermeyi başaracaktır. Türkiye Cumhuriyeti, dünyada elde ettiği makama yaraşır olduğunu yaptıklarıyla kanıtlayacaktır.

Arkadaşlar, bu yüce kurumu var eden Türk ulusunun son dört yıl içinde kazandığı zafer, bundan sonra da birkaç katı olmak üzere belirecektir. Bendeniz eriştiğim bu güven ve itimada yaraşır olmak için pek önemli gördüğüm bir noktadaki gereksinimi bildirmek zorundayım. O gereksinim, yüksek heyetinizin bana gösterdiği sevgi, güven ve desteğin devamıdır. Ancak bu sayede ve Allah'ın yardımıyla, bana verdiğiniz ve vereceğiniz görevleri iyi yapmayı başarabileceğimi ümit ederim.

Her zaman, saygıdeğer arkadaşlarımın ellerine çok içten ve sıkı bir şekilde yapışarak kendimi onlardan bir an bile ayrı görmeyerek çalışacağım. Ulusun sevgisini her zaman dayanak noktası kabul ederek, hep beraber ileriye gideceğiz. Türkiye Cumhuriyeti mutlu, başarılı ve muzaffer olacaktır."

Efendiler, Meclis tarafından cumhuriyet kararı 29/30 Ekim 1923 gecesi saat 20.30'da verildi. On beş dakika sonra, yani 20.45'te cumhurbaşkanı seçildi. Durum aynı gece bütün ülkeye bildirildi ve her tarafta gece yarısından sonra, yüz bir defa top atılarak ilan olundu.

İlk hükümetin, İsmet Paşa tarafından kurulduğunu ve Meclis Başkanlığı'na Fethi Bey'in seçildiğini biliyorsunuz.

Cumhuriyetin ilanından ulusun duyduğu genel ve içten sevince katılmakta duraksama ve endişe gösterenler

Efendiler, cumhuriyetin ilanı bütün ulusça sevinçle karşılandı. Her tarafta parlak sevinç gösterileri yapıldı. Yalnız İstanbul'da iki üç gazete ve yalnız İstanbul'da toplanan bazı kişiler, ulusun genel ve içten sevincine katılmaktan çekindi, kaygılandı, cumhuriyet ilanına önayak olanları eleştirmeye başladı.

İşaret ettiğim gazetelerin ve kişilerin cumhuriyet ilanını nasıl karşıladıklarını hatırlamak için, o günlerdeki yayınları sadece gözden geçirmek yeterlidir.

Örneğin, "Yaşasın Cumhuriyet" başlığı altındaki yazılar bile cumhuriyetin duyurulma ve belirlenme şeklinin garip olduğunu, bunda "sıkboğaza getirilmiş gibi bir durum" bulunduğunu ilan ediyordu. Bu yazıların sahibi şu düşünceleri ileri sürüyordu: "... Şöyle olacağı, böyle olacağı söylenip dururken, diğer taraftan birdenbire birkaç saat içinde anayasa değişikliği yapılıvermesi en yumuşak deyimiyle garip bir harekettir."

Bizim davranış şeklimiz "uygarlık dünyasını anlamış, okumuş, etraflıca incelemiş, devlet yönetiminde uzmanlaşmış kafalardan çıkacak bir düşüncenin sonucu" değilmiş...

Cumhuriyetin ilanını Meclis'in alkışlarla kabul etmesi, ulusun top atışlarıyla kutlaması eleştiriliyor ve deniyordu ki: "Cumhuriyet alkış ile, dua ile, şenlik ve donanma ile yaşamaz," "Cumhuriyet bir tılsım değildir. Millet Meclisi'nde bir büyü yapıldı. Bundan sonra her iş kendiliğinden düzelecek, her derdin çaresi kendiliğinden bulunacak değildir."

"Ben cumhuriyetçiyim" diyenlerin, cumhuriyetin ilan edildiği gün kaleminden çıkacak sözler bunlar mı olmalıydı? En yüksek yönetim şeklinin cumhuriyetten başka bir şey olamayacağına inandığını savunanların "Cumhuriyet kelimesine bir put gibi tapmam" demesindeki anlam ve amaç neydi?

Meclis toplantı halinde bulunmadığı zaman, onun güvenoyunu almış bir hükümetin düşürüleceği gibi asılsız bir düşünceyi kamuoyunda canlandırıp "Böyle bir hak padişahlara bile verilmemişti. Şimdi o hak, cumhurbaşkanına mı veriliyor?" sorusu kime ve ne amaçla yöneltiliyordu?!

Bu yazıları yazanın amacı, cumhuriyeti halka sevdirmek mi, yoksa bunun put gibi tapılacak bir şey olmadığını anlatmak mıydı? "Cumhuriyet, bize rejim değişikliğiyle birlikte anlayış değişikliği de getiriyor mu? Bakanlar Kurulu'na girecek kişilere birer devlet adamı kafası armağan ediyor mu?" sözleriyle daha ilk anda cumhuriyetin değerini ve önemini azaltmaya kalkışmak, cumhuriyetçiyim diyenlerden beklenebilir miydi?

En hafif bir rüzgârdan bile korunması gereken yeni doğmuş yavrunun, onu beslediğini söyleyenler tarafından bu şekilde hırpalanması doğru muydu?!

Bu görüşlerin yazılı olduğu gazetenin diğer bir sayfasında "Türkiye Cumhuriyeti'nin İlanı" başlığı altında yer alan birçok görüşler içinde, "... Bu yeni aşamaya gelen Türk ulusu acaba burada uzunca bir süre huzur içinde durup dinlenebilecek, burası onun için bir canlılık ve güç kaynağı, bir rahatlık ve mutluluk kaynağı olabilecek mi? Bu aşama onun toplumsal yapısını kırıp dökmeden kucaklayabilecek bir çerçeve niteliği taşımakta mıdır? Cumhuriyet acaba olayların zorluğu karşısında çaresizlikten kaçıp sığınılan bir saçak altı mı olacak..." gibi endişe ve ümitsizlik veren sözlerin zamanı mıydı?

Cumhuriyetin umut, rahatlık ve mutluluk vereceğinden kuşku ve kaygısı olan kişi, umut, rahatlık ve mutluluğu nereden, hangi kaynaktan bekliyordu? Cumhuriyetin ulusumuzun toplumsal yapısını kırıp dökmesi olasılığı, cumhuriyet taraftarı olan kişilerin kafasında nasıl yer bulabiliyordu?

Diğer bir gazeteci de, "Efendiler, acele ediyorsunuz!" diye bağırmaya başladı.

Bu gazeteci efendi, ulusa şöyle jurnal veriyordu: "... Bunalım, olağan yeni bir Bakanlar Kurulu seçimiyle giderileceği yerde, aksine son günlerin bütün gürültülerine rağmen, yine kimsenin çok yakında ilan edileceğine ihtimal vermediği cumhuriyet sorununun pek kanıtlı, pek kesin ve pek acele olarak ortaya çıkmasına sebep olmuştur."

"Cumhuriyet ilanının çok yakın olduğunu düşünmeyen yalnız kamuoyu değildi. Belki Ankara'da en önemli ve en yetkili makamlarda bulunan bazı kişiler de böyle bir olasılığı akıllarına bile getirmiyorlardı."

Bu sözlerle, açıkça söylenmektedir ki, son günlerin bütün gürültüleri, cumhuriyetin ilanına engel olmak içinmiş... Bu amacı güdenlerin "kararlar alınmasında acelecilik" görmeleri doğaldı. Fakat, "ülke kamuoyunun da bu görüşte –kendileriyle– beraber olduğunu" sanmaları yanlıştı.

Gazetesini "Balonu uçurdular, ama galiba ucunu kaçırıyorlar!" ve "Sular boşanınca dolaplar döndü, ama... ne yönde?" gibi çirkin, bayağı alaylar ile dolduran gazeteci efendi sesleniş ve suçlamalarına şöyle devam ediyordu: "Efendiler, devletin adını taktınız, işleri de düzeltebilecek misiniz?"

Bu seslenişle başlayan yazıları, şu satırlarla son buluyordu: "Tek dilek... devlet ve ulusa yararlı işlere başlanılmasıdır. Eğer dün ilan edilen cumhuriyetin ileri gelenleri ve onlara bağlı olanlar bunu yapabileceklerinden eminseler biz de kendilerine 'Öyle ise cumhuriyetiniz kutlu olsun efendiler!' deriz."

Bizi alaya alırcasına kutlayan bu son cümleyle yazar, cumhuriyeti benimsemiyor, onunla ilgisi olmadığını açıklıyor.

Başka bir gazeteci yazar da, cumhuriyetin ilanı nedeniyle yaptığı yorum ve eleştiride: "Bizi üzen nokta, ulusal önderimizin kendisiyle ilgilidir. En büyük ruhlu adamlar bile, kişisel güç sahibi olmanın çekiciliğine karşı koyamamışlardır" diyor ve bu görüşünü benim konuşmalarımdan aldığı sözlerle destekledikten sonra, Amerika'nın bağımsızlığını sağlayan Vaşington'un (Washington) nasıl çiftliğine çekildiğini ve Amerika Meclisi'nin, hiçbir kişiyi dikkate almayarak, yalnız genel çıkarları düşünerek altı yılda anayasayı nasıl hazırladığını, ondan sonra da Washington'a nasıl başkanlık verilmiş olduğunu anlatıyor ve anayasamızın bu şekilde değiştirilmesinde benim girişimci olmamı hoş görmüyor...

Bu yazar ve benzerlerinin, cumhuriyetin ilan şeklinde, cumhuriyet esaslarıyla ilgili kanunda gördükleri kusur ve eksiklikleri eleştirmelerini içten kabul edebilmek için çok iyi niyetli olmak gerekir. Eğer bu yazarlar, cumhuriyetin ilanı günü yaygara şeklinde saldırılara başlamayıp, önce cumhuriyet ilanını iyi niyetle ve içtenlikle karşılasalardı, kamuoyunu kararsızlığa ve kargaşaya sürükleyecek şekilde değil de, cumhuriyetin iyi yönlerini tanıtan ve onun ilanının pek yerinde olduğunu kamuoyuna öğütleyen yazılar yazsalardı, ondan sonra yapacakları her türlü eleştirinin içtenliğini ileri sürmekte haklı olabilirlerdi. Fakat, gördüğümüz tutum ve davranış böyle olmamıştır...

Cumhurbaşkanı Mustafa Kemal Atatürk İstanbul Üniversitesi Hukuk Fakültesi'nde öğrencilerle birlikte. İstanbul Üniversitesi Atatürk İlkeleri ve İnkılap Tarihi Enstitüsü Arşivi.

Rauf Bey'in cumhuriyetin ilanı dolayısıyla iki İstanbul gazetesiyle yaptığı görüşme

Efendiler, Rauf Bey de bu münasebetle gazetecilerle görüşme yapmıştı. Rauf Bey'in cumhuriyet hakkında görüşünü ve ulusal egemenlikten ne anladığını gösteren demecini Kasım 1923 tarihli *Vatan* gazetesinde okumuştum. *Vatan* ve *Tevhit* gazetelerinin sahipleri ve başyazarları ile Rauf Bey'in baş başa vererek düzenledikleri soru ve yanıtlardan bazılarını, tekrar birlikte gözden geçirelim.

Cumhuriyet konusunda, kamuoyunda, beklenmedik bir durumla karşılaşmış olmak duygusu varmış... Şimdiye kadar bulunduğu yüksek makamlar nedeniyle ve İstanbul milletvekili sıfatıyla Rauf Bey'in ne düşündüğünü seçmenlerinin sorup öğrenmek hakları imiş...

Efendiler, bu soruyu düzenleyenlere biz de bir soru soralım!

Birincisi, kamuoyunun düşüncesini hangi yöntemle, nasıl öğrenmişler?.. İkincisi, İstanbul seçmenleri yalnız iki gazeteciden mi meydana gelmekteydi; yoksa, bütün seçmenler iki gazeteciye milletvekillerinin düşüncelerini sormak için yetki mi vermişlerdi? Yoksa bu, Rauf Bey'in "seçmenlerin bu hakkını büyük bir saygıyla kabul edenlerden ve onu seçerken gösterdikleri yüksek güven için teşekkür ettiğini ve ona yaraşır olmaya çalışacağını, verdikleri emaneti her zaman ve her yerde korumak ve iyi kullanmak için gücünün ve yeterliliğinin son derecesine kadar çalışacağına güvenebileceklerini" söylemesine ortam hazırlamak için miydi? Gerçi bir milletvekilinin seçmenleri hakkında bu yolda konuşması pek uygundur. Ancak, yerinde ve zamanında ve içten olmak koşuluyla! Yoksa, cumhuriyet ilanında kamuoyunun birdenbire ortaya çıkan bir olay karşısında bırakılmış olduğu gibi düzenlenmiş bir soruya, "seçmenlerin verdikleri emaneti her zaman ve her yerde koruyacağı ve iyi kullanacağı" hakkında güvence vermeye kalkışmanın anlamı nedir?

Oysa efendiler, 29/30 [Ekim] gecesi İstanbul'da geçmiş olan bir olayı açıklarsam, bütün ulus gibi İstanbul halkının da gerçek duygularının ne olduğunu kolaylıkla anlarsınız. Cumhuriyetin ilan edildiği gece İstanbul Komutanı Şükrü Naili Paşa, İstanbul halkının temsilcileri tarafından Fatih Belediyesi'nde düzenlenen bir ziyafete davetliydi. Paşa, ziyafet sırasında Ankara'dan bir resmi bildiri aldı ve onu uygulamadan önce saygıdeğer İstanbul halkının saygıdeğer temsilcilerine okudu. Bildiri şuydu: "Türkiye Büyük Millet Meclisi cumhuriyet ilanını karar altına aldı. Bunu yüz bir pare top atışıyla ilan ediniz!"

İstanbul halkının temsilcileri cumhuriyetin ilanını nasıl karşılamışlardı?

İstanbul halkı temsilcileri bu müjdeyi ve bildiriyi büyük sevinçlerle ve alkışlarla karşıladılar ve hemen bütün İstanbul halkı adına Komutan Paşa'yı ve birbirlerini kutladılar. Dolayısıyla İstanbul'un saygıdeğer halkı adına İstanbul'un gerçek duygularını başka türlü göstererek demeçler vermenin ve gösterilerde bulunmanın ne kadar küstahça olduğu ortadadır.

Rauf Bey, "Bence, konuyu cumhuriyet kelimesi üzerinden değerlendirmek doğru değildir" sözleriyle cumhuriyetten söz etmek bile istemiyor.

Rauf Bey'in görüşü, "... Ulusumuzun refah ve bağımsızlığını koruyan ve sevgili yurdumuzun bütünlüğünü sağlayan şeklin, en uygun rejim olacağı" merkezindedir.

Efendiler, bu sözler, düzenledikleri sorunun yanıtı mıdır? Rauf Bey'e sorulduğu yazılan, "Hangi hükümet şekli en uygundur?" sorusu mudur? Soru, dediğim gibi olsaydı, o zaman Rauf Bey'in bu söylediği uygun bir yanıt olabilirdi. Fakat ondan sonra da Rauf Bey'e şöyle bir soru yöneltmek gerekirdi: Düşündüğünüz rejimin adı yok mudur? Cumhuriyet rejimi, milletin refah ve bağımsızlığını, yurdun bütünlüğünü sağlayan en uygun rejim değil midir? Eğer öyle ise, uzun sözleri bir tarafa bırakarak "Görüşüm, en uygun rejimin cumhuriyet rejimi olduğu merkezindedir" deyiver de yanıltmacadan kurtulalım. Çünkü söz konusu olan, Millet Meclisi'nce kanunla kabul ve ilan olunan cumhuriyettir. Amacınız, bu ilan olunandan daha uygun bir rejim olduğunu kastetmek ve işaret etmek ise, onu da söyleyiniz! O tercih ettiğiniz rejim ne olabilir?

Rauf Bey, görüşünü açıkça söylemekten kaçınıyor, bilinen birtakım teorilerden söz ederek, "Hükümetlerin birbirinden ayrılan yalnız iki prensip üzerinde hareket ettiklerine inanıyorum ve bu iki prensipten biri mutlakıyet yönetim şeklidir" diyor ve şöyle bir mantık yürütüyor: Sözde hükümdar, hak ve yetkisini Allah'tan alır ve bu yasal duruma dayanarak hükmünü yürütürmüş. Bu yönetim şeklinin sakıncaları olduğundan uluslar ayaklanarak hükümdarların yetkilerini sınırlamışlar ve belli koşullara bağlamışlar... Son yıllarda ulusumuz da meşrutiyet mücadeleleriyle işe başlayarak kendi işini kendi bilerek, kendi görerek, kendi karar vererek başarmak amacına doğru yürümüş; İttihat ve Terakki, Meclis ağır baskısından kurtulmak için Beşinci Sultan Mehmet'e Meclis'in dağıtılması hakkını verdirmiş; Vahdettin bu haktan yararlanarak Meclis'i feshetmiş; bilinen felaketler olmuş; dolayısıyla mutlakıyet yönetimi ve kişisel egemenlik taraftarı olmak doğru değilmiş.

Rauf Bey, "Ulus, kaderini kendisinden başka bir kimseye bırakmayı kendisi için küçüklük saydı" dedikten sonra ulusun, ulusal egemenliği kayıtsız ve şartsız uygulayan Büyük Millet Meclisi'ni kurucu bir meclis şeklinde seçtiğini ve bu şeklin, söz konusu şekillerden ikincisi ve kendince en sağlamı ve doğrusu olduğunu söylüyor... Ondan sonra Rauf Bey şu görüşleri ileri sürüyor:

"Ad değişikliğinin, hedefi ve amacı değiştirebileceği düşüncesinde değilim. Bundan başka, bundan önceki bir hükümet şeklinin yerini alan yeni şeklin beğenilmesi ve devamlı olabilmesi ancak bir koşulla mümkündür. O da gideni arattırmayacak şekilde halkın ezici çoğunluğunun isteklerine uygun olduğunu, mutluluğunu sağladığını, yurdun onurunu ve bağımsızlığını koruduğunu göstermek ve kanıtlamaktır. Aksi durumda ad değiştirmekle veya üst tabakada şekil değişikliğiyle gerçek gereksinimlerin karşılanmış olacağını düşünmek, özellikle en yakın bir geçmişte gördüğümüz en acı deneyimlerden sonra çok büyük yanılgı olur."

Efendiler, Rauf Bey'in fikir ve görüşlerini açıklayan ve ortaya koyan bu sözler üzerinde biraz durmak isterim. Rauf Bey, yetkileri sınırsız, belli koşullarla bağlanmamış olan, Millet Meclisi'ni dağıtabilen kişisel egemenlik taraftarı değildir; Rauf Bey, öyle bir hükümet şeklinin taraftarıdır ki, o şekilde Millet Meclisi kurucu meclis niteliği taşıyacak şekilde, ulusal egemenliği hiçbir sınırlandırma ve koşula bağlı olmaksızın uygular; bu şekli açık söyleyelim: Rauf Bey demek istiyor ki, "Cumhuriyet ilanından önceki şekil en uygun hükümet şeklidir". Gerçekten de, Rauf Bey'in uzun sözlerle anlatmaya çalıştığı husus, 20 Ocak 1921 tarihli Teşkilat-ı Esasiye Kanunu'nun üçüncü maddesinde yazılı olanlardır. O madde şudur: "Türkiye Devleti, Büyük Millet Meclisi tarafından yönetilir ve hükümeti 'Büyük Millet Meclisi hükümeti' unvanını taşır."

Cumhuriyetin ilanıyla boşa çıkan ümitler

Bildiğiniz gibi, bu Teşkilat-ı Esasiye Kanunu'na göre, Meclis başkanı Meclis adına imza atmaya ve Bakanlar Kurulu kararlarını onaylamaya yetkili ve Bakanlar Kurulu'nun doğal başkanı olmakla beraber, devletin başkanı olduğuna ilişkin bir kayıt ve yasal açıklık yoktur. Bu kanunun yapıldığı günlerdeki koşullar ve genel görüşler düşünülürse kanunun önemli ve esaslı bir noktayı ihmal etmiş olmasındaki zorunluluk kendiliğinden anlaşılır. Bu ihmal, Meclis ve Meclis hükümeti var olmakla beraber, devlet başkanlığı makamının, padişahlık kaldırıldıktan sonra hilafet makamında belirdiği düşünce ve inancında bulunanları, cumhuriyet ilanı gününe kadar ümit içinde yaşattı; dolayısıyla Rauf Bey'in en doğru olduğunu ileri sürdüğü hükümet şeklinde, devlet başkanlığını halifenin şahsında düşündüğüne kuşku yoktur; işte cumhuriyet ilanı üzerine Rauf Bey'i ve kendisiyle aynı düşüncede olanları telaş ve heyecana sürükleyen gerçek sebep, devlet başkanlığı makamına cumhurbaşkanının getirilmiş olmasıdır. Gerçekten, "Cumhurbaşkanı devletin başkanıdır" dendikten sonra halifeye verilecek sıfat ve yetkiyi sağlamak için uğraşanların ve onun ilgi ve iltifatını Allah'ın iyiliği olarak kabul edip memnun olanların hayal kırıklığına uğrayıp üzüntü ve kaygı duymalarını doğal görmek gerekir.

Rauf Bey'in, cumhuriyete karşı olduğunu açıkça söylememekle beraber, cumhuriyet ilan edilmiş olduğu bir günde, onun beğenilmesi ve yaşayabilmesi için birtakım koşulların sağlandığını kanıtlamak gereğinden söz etmesi, cumhuriyetin, ulusun mutluluğunu sağlayacağına güveni olmadığını açıkça göstermiyor mu?!

Rauf Bey, yapılan işin sadece bir ad değiştirmekten ve üst tabakada şekil değişikliği yapmaktan ibaret olduğunu söyleyerek, cumhuriyet ilanının, çocukça ve aceleci bir hareketin sonucu olduğunu anlatmaya çalışırken, "Cumhuriyet yönetimiyle gerçek gereksinimlerin karşılanmış olacağını düşünmek... çok büyük hata olur" demekle cumhuriyet rejimine ne kadar ilgisiz ve ondan ne kadar uzak olduğunu kanıtlamıyor mu? Rauf Bey son düşüncesini doğrulamak için "en yakın bir geçmişte gördüğümüz en acı deneyimler"i anımsatıyor. Efendiler! Bu anımsatmayla kamuoyuna ne anlatılmak isteniyor?! Ulus neden engellenmek isteniyor?! Bunu anlamak zor değildir sanırım. Rauf Bey aklınca devlet başkanlığı makamının, orada halifenin oturması sağlanıncaya kadar başka unvanla, başka biri tarafından işgal edilmemesini ve fakat işgal edilmiş olduğuna göre yapılan işten dönülmesini sağlamak için, kamuoyunu gericiliğe kışkırtıyor. Cumhuriyet rejiminin kabulünde çok büyük hata olabileceğini ileri süren kişiye göre, hatanın neresinden dönülürse kâr sayılması doğaldır. Rauf Bey, cumhuriyet şeklinin kararlaştırılması ve ilan edilmesi noktasına değindiği zaman şöyle diyor: "... Fikirleri dağıttılar. Sonra cumhuriyet rejiminin bir günde kararlaştırılarak ilanı, halkta, sorumsuz kimseler tarafından hazırlanan bir rejimin oldubittiye getirildiği düşüncesini ve kaygısını uyandırdı. Bu kaygı pek doğal görülmelidir. Halkımızın bundan ve eski deneyimlerinden ders almış olduğunu ve uyanıklık kazandığını anlayarak memnun olmalıdır. Ben şahsen memnunum." Efendiler, cumhuriyet rejimini bir günde kanunlaştıran ve ilan eden, Rauf Bey'in de pek güzel tanımlayıp nitelendirdiği gibi "bağımsızlık mücadelemizin tek temel taşı olan ve ulusal egemenliği kayıtsız şartsız uygulamada yüksek güç ve yetenek gösterdiği, eylemsel sonucuyla ortaya çıkmış olan, Büyük Millet Meclisi" idi. Söz konusu ettiği sorumsuz kişilerden anlatmak istediği, Meclis kamuoyunu cumhuriyet ilanına yönelten ve Meclis'e bu konuda önerilerde bulunan kimse ise, o, bendim ve onun ben olduğumu, herkesten daha iyi Rauf Bey'in anlayabileceğini kabul etmekte hata yoktur. Eğer bunda hata varsa, "yıllardan beri aramızda arkadaşlık ve kardeşlik duygularından başka, karşılıklı güven bulunduğunu ve bana karşı yüksek saygı duygularıyla bağlı olduğunu" söyleyen Rauf Bey'in beni hiç tanımamış olduğu yargısına varmak gerekir.

Benim girişimlerimi ve yaptığım işleri, halkın kaygılanmasına sebep olacak nitelikte saymak ve sevinç gösterileri yapan halk adına, gereksiz yere bunun tam aksini söylemek, halka bu kaygıları yapay olarak benimsetmeye kalkışmak demektir. "Halkın eski deneyimlerden ders aldığını ve uyanıklık kazandığını anlayarak memnun olmalıdır; ben memnunum" diyen Rauf Bey'e, bu vesileyle bir noktayı anımsatmak mümkündür. Halkı uyarma ve uyandırmaya ömrünü adamış bir adama karşı böyle konuşulmaz ve halkta bu duyarlılığın belirdiğini görmekte, kendisinin benden çok memnun olduğunu göstermeye ne hakkı, ne de yetkisi vardı. Rauf Bey, bütün yurdu düşmanlara işgal alanı yapabilecek Mondros Ateşkes Antlaşması'nın stratejik noktadan söz eden maddesini oldubitti halinde kabul ettiği zaman, ulusun ne kadar kan ağladığını ve acı çektiğini anladı mı? Son zamana kadar, cumhuriyet ilanının ertesi günü bile, taraftarlarının resminin altına "Mondros Ateşkes Antlaşması'nı imzalayan, fakat Lozan Antlaşması'yla da öcünü alan Rauf Bey" yazısını yazarak düzenli olarak propagandasını yaptıkları bu kişi, Türk ulusunun gerçek isteklerini, içten duygularını bizden çok anladığını, o istek ve duygularla bizden daha çok ilgili ve ilişkili olduğunu ileri sürmeye kadar varmamalıdır.

Rauf Bey demecinin bir yerinde diyor ki: "Sorumlu devlet adamları, bu gerçekleri (yani cumhuriyet ilanının gerekçeleri) en yetkili görüşme ve karar yeri olan yüce Meclis aracılığıyla ulusu aydınlatacak ve zihinlerdeki endişeleri giderecektir. Kamuoyunun bunu bilmesi doğal bir haktır." Efendiler! Bu sözlerde mantık yoktur. Önce Rauf Bey de demiyor mu ki, "Ulusal egemenliği kayıtsız şartsız uygulayan Meclis'tir"; o halde hangi sorumlu devlet adamı, Millet Meclisi'ni pek yasal ve yüce bir karar almış ve onu gerekçesiyle yayımlayıp ilan etmiş olmasından dolayı sorguya çekecektir?! Bir ülkede, bir toplumda, bir inkılap yapıldığı zaman elbette onun sebepleri vardır. Ancak o inkılabı yapanlar, inanmak istemeyen inatçı muhaliflerini inandırmak zorunda mıdır? Cumhuriyetin elbette taraftarları ve karşıtları vardı; taraftarlar, niçin ve ne gibi görüş ve düşüncelere dayanarak cumhuriyet ilan ettiğini, karşıtlara açıklamak ve görüşlerinde ve yaptıklarında yerindelik olduğunu kanıtlamak isteseler de, onların kötü niyetli inatlarını ortadan kaldırabileceği kabul olunur mu? Elbette taraftarların gücü yetiyorsa, ülkülerini herhangi bir şekilde ihtilalle, inkılapla veya benimsenmiş başka yollara başvurarak uygularlar; bu, idealist inkılapçıların görevidir. Buna karşı çıkmalar, yaygaralar ve gerici girişimler ise, karşıtların yapmaktan geri durmayacakları hareketlerdir. Cumhuriyet yönetimimizin ilanında Rauf Bey ve benzerlerinin yaptıkları gibi.

Cumhuriyetin ilanı üzerine halifeye oynatılmak istenen rol ve halife lehinde yapılan yayınlar

Efendiler, aynı günlerde İstanbul'da bulunan ordu müfettişlerimiz de gazetelere demeçler vererek, çeşitli vesilelerle düzenlenen ziyafetlerde konuşmalar yaparak duygularını ortaya koyuyorlardı. Cumhuriyetin ilanı üzerine İstanbul'da bazı kişi ve gazeteciler, halifeye de bir rol oynatmak hevesine düştüler. Halifenin istifa ettiği veya edeceği hakkında gazetelerde söylentiler, yalanlamalar yayımlandı.

Sonra dendi ki: "Haber aldığımıza göre, sorun böyle bir söylentiden ibaret olmadığı gibi, bir yalanlamayla çözülecek kadar basit de değildir. Kesin olan bir yön vardır ki, o da cumhuriyet ilanının yeniden bir hilafet sorunu ortaya çıkarmış olmasıdır."

"Halife, yazı masası başında oturdukları halde (!) *Vatan* gazetesi yazarına demeç vermiştir" denilerek, halifenin bütün inananlar tarafından sevildiği, Asya'nın en ücra köşelerine varıncaya kadar İslam dünyasından binlerce mektup ve telgraf aldığı ve birçok yerlerden heyetler geldiği şeklinde sözlerle hilafet makamının kolay kolay sarsılır bir makam olmadığı anlatılmaya çalışıldıktan sonra, İslam dünyasınca istenmedikçe halifenin istifa edip çekilmeyeceği ilan olunuyordu. Aynı zamanda "Hükümet birçok iç sorunları yoluna koymakla uğraştığından, şimdiye kadar hilafetin görevlerini belirlemekle uğraşmaya olanak bulamamıştır. Hükümetin iç sorunlarla çok uğraştığını İslam dünyası da elbette bilir ve şimdiye kadar hilafetin görevleriyle uğraşmaya olanak bulunmamasını doğal karşılar" cümleleriyle, bizi hilafetin görevlerinin belirlenmesine davet ederken, şimdiye kadar bunu yapmamamızı hoş gören İslam dünyasının bundan sonra mazur görmeyeceğini de bildirerek bir bakıma tehdit ediliyorduk. Bir taraftan da, bu konuda İslam dünyasının, bize etki etmesi için dikkati çekilmek isteniyordu. *Vatan* gazetesinin 9 Kasım 1923 tarihli sayısında okuduğumuz bu yazıları, 10 Kasım 1923 günkü *Tanin* gazetesinde, halifeye yazılan bir açık mektup izledi. Lûtfi Fikri Bey'e ait olan bu mektupta, halifenin istifasına ilişkin haberlerden ulusun ne kadar üzgün ve mutsuz olduğunu kanıtlamak için bir vapur hikâyesi uydurulmuştu. Vapurda oturanların, halifenin istifası haberini öğrenince yüzlerine hüzün ve kaygı çökmüş... Birbirlerini tanımayanlar içten görüşmeye ve çok görüşmeye başlamışlar... Ortak kaygı bunları bir dakikada dost etmiş...

Lûtfi Fikri Bey "Gönül istiyor ki, bu istifa sözü sonsuza kadar gömülsün kalsın" diyor; çünkü "dünya için bir felaket olur"muş...

Cumhurbaşkanı Mustafa Kemal Atatürk bir gezintide. ATASE Arşivi.

Lûtfi Fikri Bey, ulusa şunu da aşılıyordu: "Şaşkınlıkla ve üzüntüyle görülmelidir ki, bugün şu manevi hazineye (yani hilafete) saldırmak isteyenler, dışardan kimseler, Müslüman uluslardan Türk'ü çekemeyenler değildir. Doğrudan doğruya biz Türkler kendi elimizle bu hazinenin elimizden sonsuza kadar çıkarılmasıyla sonuçlanabilecek girişimlerde bulunuyoruz!"

Efendiler, yabancılar hilafete saldırmıyorlardı. Fakat Türk ulusu saldırıdan kurtulamıyordu. Hilafete saldıranlar, Müslüman uluslardan Türk'ü çekemeyenler değildi. Fakat Çanakkale'de, Suriye'de, Irak'ta, İngiliz ve Fransız bayrakları altında Türklerle vuruşan, Müslüman uluslardı. Türk ulusuna kolaylıkla saldırmak için korunması tercih edilen hilafetin ortadan kaldırılmasını "Türklük için bir intihardır" diye nitelendirmek, "Hilafeti ortadan kaldırmak için, biz Türkler girişimlerde bulunuyoruz" sözleriyle cumhuriyetin hedefini açıklamak ve ilan etmek, kuşkusuz etkisiz kalmadı.

Lûtfi Fikri Bey'in *Tanin*'de yayımlanan açık mektubundaki görüş, ertesi günü *Tanin* başyazarı tarafından desteklendi.

11 Kasım 1923 tarihli *Tanin*'in "Şimdi de Hilafet Meselesi" başlıklı başmakalesi okununca, cumhuriyetin ilanına engel olamayanların, hilafet makamını ne pahasına olursa olsun tutabilmek gayret ve çalışmasına geçtikleri anlaşılır. Bu makalede, şehzade mektupları yayımlanarak, kamuoyunda hanedan lehinde sevgi uyandırılmaya çalışılıyor. Ayrıca hanedan haklarına karşı çirkin saldırılar yapıldığı ve bunu yapanın, Partimizin en seçkin grubundan olduğu ve cumhuriyet

hükümetini ulus gözünde kötü göstermek için ne söylemek gerekirse onlar yazıldıktan sonra, halifenin istifası söylentisine değinilerek, "arkadan arkaya verilmiş bir karar karşısındayız" deniyor ve "Millet Meclisi'nin bu kadar baskı altında kaldığını, dışarda verilen kararları sadece onaylama durumuna düşürüldüğünü görmek gerçekten acıklı oluyor" sözleriyle, Meclis bize karşı kışkırtılıyor... Cumhuriyet ilanını kabul eden Meclis'in hiç olmazsa hilafetin kaldırılmasını oldubitti şeklinde kabul etmemesi sağlanmaya çalışılıyordu.

Tanin başyazarı, hilafet hakkındaki görüş ve düşüncesini şu satırlarla ortaya koyuyordu: "Hilafet bizden giderse, beş on milyonluk Türkiye Devleti'nin İslam dünyası içinde hiç önemi kalmayacağını, Avrupa siyaseti gözünde de en küçük ve değersiz bir hükümet durumuna düşeceğimizi anlayabilmek için büyük bir zekâya gerek yoktur. Ulusseverlik bu mudur? Gerçek ulusallık duygusunu kalbinde taşıyan her Türk, hilafet makamına dört elle sarılmak zorunluluğundadır."

Efendiler, hilafet hakkındaki görüşlerimi bundan önce açıkladığım için bu sözleri burada değerlendirmeye gerek görmüyorum. Ancak, hilafet makamına dört elle sarılmak zorunluluğunda bulunan bir rejimin, bir cumhuriyet rejimi olamayacağını anlayabilmek için de, büyük bir yeteneğe gerek olmadığını söylemekle yetineceğim.

Tanin'in başladığımız başmakalesinin daha bir iki noktasına dikkati çekeceğim.

Osmanlı hanedanı tarafından kabul edilmiş ve dolayısıyla sonsuza kadar Türkiye'de kalması güvence altına girmiş hilafeti elden kaçırmak tehlikesini yaratmak, akıl ve yurtseverlikle, ulusallık duygusuyla zerre kadar bağdaştırılamazmış (!..).

Tanin başyazarı, kendisinin cumhuriyetçi olduğunu ilan etmişti. Fakat öyle bir cumhuriyetçi ki, cumhuriyet yönetiminin başında halife olarak Osmanlı hanedanından biri bulunacaktır. Yoksa, yapılan hareket akıl ve yurtseverlikle, ulusallık duygusuyla zerre kadar bağdaştırılamazmış... Hilafeti, elimizden gitmesine hiç olanak bırakmayacak şekilde korumakla görevliymişiz... Varlığı ortaya çıkan tertipler başarısızlığa uğratılmalıymış...

Efendiler, bu yazıların anlamı ve bu düşüncelerden amacın ne olduğu bugün kolaylıkla anlaşılmaktadır. Yarın, daha açık bir şekilde anlaşılacaktır. Gelecek kuşakların, Türkiye'de cumhuriyetin ilanı günü, ona en acımasız bir şekilde saldıranların başında, cumhuriyetçiyim iddiasında bulunanların yer aldığını görerek şaşıracaklarını asla sanmayınız! Aksine, Türkiye'nin aydın ve cumhuriyetçi çocukları, böyle cumhuriyetçi geçinmiş olanların gerçek anlayışlarını çözümlemekte ve belirlemekte hiç de kararsızlığa düşmeyeceklerdir.

Onlar kolaylıkla anlayacaklardır ki, çürümüş bir hanedanın, halife unvanıyla başının üstünden zerre kadar uzaklaşmasına olanak bırakmayacak şekilde korunmasını zorunlu kılan bir devlet şeklinde, cumhuriyet rejimi ilan olunsa bile, onu yaşatmak mümkün değildir.

Efendiler, o günlerin yayınları arasında iki nokta daha vardı. Biri benim hasta olduğum konusu; diğeri de merhum Enver Paşa'nın Türkistan'da hizmetleri ve hayatta olduğu... Enver Paşa, yurtdışında kaldığı zaman, İslam birliği için çalışıyormuş ve "damad-ı hilafetpenahi" [halife damadı] unvanını kullanırmış... Hatta Türkistan'da kazdırdığı bir mührün bir tarafına bu unvanını da kazdırmıştı.

Bu iki noktadan da devamlı olarak söz etmek elbette amaçsız değildi.

Efendiler, işaret ettiğim bu gazete yayınları ve birtakım kişilerin tutum ve davranışları özet olarak şöyle anlatılabilir: "Esas olan ulusal egemenliktir. Ulusal egemenlik cumhuriyetin gelişmesidir. Türk ulusu ulusal egemenliğin bilincine vardı; cumhuriyetin ilanına gerek yoktur, hatadır. Türkiye'de en sağlıklı şekil, ulusal egemenlik esasını korumakla beraber, cumhuriyet yönetimi ilan etmeyip, devlet başkanlığında halife unvanıyla Osmanlı hanedanından birini bulunduran meşrutiyet rejimidir. Nasıl ki, İngiltere'de ulusal egemenlik bulunmakla beraber, devlet başkanlığında bir kral vardır ve o kral aynı zamanda Hindistan imparatorudur."

Efendiler, böyle bir prensip üzerinde birleşmiş olan kimseler, kendilerini sözleriyle, davranışlarıyla, yazılarıyla göstermiş gibiydi. Bu grubun başına Rauf Bey'in seçildiği yargısına varılabilirdi. Çeşitli unsur ve görüşlerden meydana gelen bu grup, Rauf Bey'i amaçlarının anlatılması ve savunulmasına en uygun bir kişilik olarak görmüşlerdi. Ondan büyük ümitler beklenebileceği sanısına kapılmışlardı. Ondan sonradır ki, Rauf Bey Ankara'ya hareket etti. *Vatan* gazetesinin anlattığına göre büyük bir kalabalık, Rauf Bey'i Ankara'ya uğurlamak için toplandı. Kâzım Karabekir Paşa, Refet Paşa, Ali Fuat Paşa, Adnan Bey bu büyük kalabalığın başında gösteriliyordu. *Vatan* gazetesi bu uğurlamadan söz ederken, Rauf Bey'in Ankara'da, Meclis'te izleyeceği siyasi politikayı da ulusa ilan ediyordu. Rauf Bey'in Meclis'teki çalışmalarının olumsuz ve kişisel olmayacağı; Rauf Bey'in çalışmalarının ülkenin iyiliğini ve huzurunu, kanunların egemenliğini sağlamaya yönelik bir çalışma olacağı; Rauf Bey'in Büyük Millet Meclisi'nde bir huzur ve düzen ögesi olacağı ve yararlı prensipleri savunacağı açıklanıyordu.

Vatan gazetesi sahibinin, bu açıklamaları yapmaya ve kendiliğinden güvence vermeye yetkili olduğu elbette kabul edilemezdi. Oysa Rauf Bey, Partimiz adına milletvekili olmuştu. Partimizin programını izleyecekti. Parti'den ayrılmaksızın, kendi başına bir siyaset izlememesi gerekirdi. Rauf Bey, henüz Parti'den ayrıldığını ilan etmemişti. Bu düşüncede olmadığını, daha sonra Parti'den ayrılmamakta gösterdiği ısrarla da doğrulamıştı. Dolayısıyla hem Parti'de kalmak ve hem de parti disiplinini bozmak demek olan kendine özgü bir siyaseti tek başına uygulamak anlaşılabilir bir tutum değildi.

Efendiler, bu yolda hareketle varılmak istenilen sonucu bulmak geç ve güç olmadı. İsterseniz, bu noktanın açıklığa kavuşmasına yardımcı olacak bazı açıklamalarda bulunayım.

Rauf Bey'in Ankara'ya gelerek birtakım propagandalarla, arkadaşları, Parti'yi bize karşı kışkırtmaya koyulması

Rauf Bey Ankara'ya geldikten sonra, Parti üyeleriyle yakından ve arkadaşça görüşmeye başladı. Fakat bütün görüşme ve konuşmalarından bir amaç güttüğü anlaşılıyordu.

Rauf Bey, "Cumhuriyet ilanında acele edilmiştir. Bu aceleye sebep olanlar sorumsuz kişilerdir. Bu şekilde davranışın içyüzünü anlamak gerekir. Meclis, ulusal egemenliği hakkıyla koruyabilmelidir. Gizli amaçlarla yönetilmeye ses çıkarılmazsa nereye varılacağı bilinemez. Cumhuriyetin ilanını zorunlu kılan sebep ne imiş?! Cumhuriyetin bizim için gerçekten yararlı ve gerekli olduğu kanıtlanmalıdır" şeklinde birtakım propagandalarla, arkadaşları, Parti'yi bize karşı kışkırtmaya ve çevirmeye koyuldu.

Rauf Bey, İstanbul'daki demecinin sonunda demişti ki: "Bu acelenin mantıklı ve yasal bir sebebi bulunduğunu, Meclis ve hükümet ulusa göstermeli ve kanıtlamalıdır ve kanıtlayacaktır."

O halde pek güzel anlaşılıyordu ki, Rauf Bey'in geceli gündüzlü devam ettiği görüşme ve konuşmalardan amacı, Parti ve Meclis üyelerinin bu görüşüne eğilim göstermelerini sağlamaktı. Bunu başardıktan sonra, cumhuriyet ilanı sorununu tekrar Meclis'te söz konusu ettirmek istiyordu.

Bununla hedeflediği amaç da Meclis ve hükümeti, cumhuriyetin acele olarak ilanında mantıklı ve yasal bir sebep olup olmadığını kanıtlamak zorunda bırakmaktı. Kendi aklınca ve taraftarlarının anlayışınca, mantıklı ve yasal bir sebep göstermek ve kanıtlamak güçtü. Mantıklı ve yasal bir sebebe dayanmayan cumhuriyetin ilanında acele edildiği ve hataya düşüldüğü kesin olarak belirlenecek ve sözde, hata düzeltilecek!

Rauf Bey'in sahneye koymak istediği oyunu anlayanlar tarafından, bir Parti toplantısında Rauf Bey'in çekildiği sınav

Efendiler, Rauf Bey'in çalışmalarının hedefini ve amacının içyüzünü anlamak için bir haftalık bir süre yeterli geldi. Elbette kimin tarafından olursa olsun cumhuriyetçiler, bu şekilde bir çalışmaya daha fazla izin veremezlerdi. Rauf Bey'in sahneye koymak istediği oyunu anlayanlar, bir Parti toplantısında Rauf Bey'i sınava çekmeye karar verdiler. Bu toplantıyı hatırlarsınız. Bu toplantıda yapılan görüşmeler de aynen yayımlanmıştı. O da okunmuştur. Ben burada o toplantının ayrıntılarına girecek değilim. Yalnız, o toplantının vardığı sonucu gerçek anlam ve kapsamıyla açıklamaya yardımcı olacak bazı çözümlemeler yapmayı, kamuoyunun aydınlanması için gerekli ve yararlı görüyorum.

Önce şunu açıkça bildirmeliyim ki, Rauf Bey, saldırı için henüz hazırlığını tamamlamakla uğraşırken, saldırıyla karşı karşıya kalmıştır. Gerçi, bazı gazetelerle olumsuz yayınlar, halifeye ve bir şehzadeye aldırılan tavırlar, Rauf, Adnan beylerin ve bazı komutanların halifeyi ziyaretleri, halife ve şehzade hakkında söz söyleyenlere, yazı yazanlara bazı yerlerden yaptırılan onur kırıcı saldırılar, ülkede kararsızlıklar ve kamuoyunda karışıklıklar uyandırmaktan geri kalmamıştı. Fakat, Meclis'te saldırıya geçmek için bu yeterli görülmemiş, Ankara'da Meclis üyeleri üzerinde de çalışmanın gerekli görülmüş olduğu anlaşılıyordu. İşte bu son hazırlıklar yapılırken, Rauf Bey'den önce harekete geçilmiştir.

Parti Grubu Başkanlığı'na bir önerge verdirildi. Parti Grubu Başkanı İsmet Paşa idi. Bu önergede "Rauf Bey'in İstanbul gazetelerinde çıkan, cumhuriyetin ilanına karşı çıkma şeklindeki demecinin cumhuriyeti zayıf düşürdüğü ve bu demeç sahibinin etrafında bir muhalif parti kurulduğu inancının ortaya çıktığı" ileri sürülerek, durumun Parti Grubu'nun görüşmesine sunulması önerilmişti.

Parti Grubu'nun toplandığı 22 Kasım 1923 günü, ben de toplantıdan önce, toplantı salonuna bitişik odada bulunuyordum. Rauf Bey yanıma geldi. Benden, görüşmelere karışmamaklığımı rica etti. Çünkü bana yönelik söz söyleyemeyeceğini bildirdi.

Kesinlikle görüşmelere karışmayacağımı ve hiçbir söz söylemeyi düşünmediğimi ve fakat Parti başkanı sıfatıyla görüşmelerin nasıl geçtiğini görmek üzere, toplantı salonuna gireceğimi bildirdim. Toplantı salonunda bile bulunmamamı rica etti. Bunu kabul etmedim.

Rauf Bey'in, benim görüşmelere karışmamı ve orada bulunmamı önlemek isteyişindeki gerçek amacı neydi? Benim huzurumda veya benim muhatabım olarak konuşmasına ve görüşlerini ileri sürmesine engel olan gerçekten bana olan saygısı mıydı? Buna inanmak doğru olamaz. Benim anladığıma göre, Rauf Bey, karşısına ve hedef olarak İsmet Paşa'yı almak istiyordu. Benim orada bulunmamam durumunda, Parti üyeleri arasından kendisini destekleyenler çıkabileceğini sanıyordu.

Parti Grubu, İsmet Paşa'nın başkanlığında toplandı. İsmet Paşa, başkanlık makamından, görüşme konusunu açıkladıktan ve konunun önemini belirttikten sonra, "Bugünkü toplantıda benim de kürsüde söz almam gerekebilir" diyerek başkanlığı başkasına bıraktı.

Önerge sahibinin açıklamalarından sonra söz alan Rauf Bey uzun bir konuşma yaptı.

Rauf Bey, İstanbul'daki demeci nedeniyle bir yanlış anlama olduğunu ve bunu düzeltmek için arkadaşlarla konuştuğunu söyledikten sonra, "Bizim eğer eleştirmek istediğimiz bir nokta varsa, o da eserdir" dedi.

Rauf Bey'in; "çok iyi niyetle başlanıp uğrunda canlar verilmiş çok sağlam prensiplerin, uygulanmasında yapılan hatalar yüzünden sakatlandığını da sanırım hiçbirimiz bir kalemde reddedemeyiz" görüşünü de aynen alıyorum.

Şimdi bu iki cümle üzerinde bir an duralım. Rauf Bey'in eleştirmek istediği eser, hangi eserdir? Cumhuriyet mi, yoksa cumhuriyetin ilan şekli mi?

Eser olan cumhuriyettir! İlan şekli şöyle veya böyle olabilir.

Rauf Bey'in "sağlam prensip" dediği, cumhuriyet prensibi midir; yoksa uygulanmasında yapılan hata yüzünden sakatlanmasından korktuğu, cumhuriyet midir?

Efendiler, söz konusu olan, cumhuriyetin kendisi ve onun ülkede ilanıdır. Cumhuriyet rejiminin uygulama evrelerinin hatalı olduğunu ileri sürecek kadar henüz zaman geçmemişti. Rauf Bey'in telaşı cumhuriyet ilanının ertesi günü başlıyor ve iki üç gün geçmeden demeç veriyor.

Kâzım Paşa'ya "Cumhuriyetin ilanına engel olabilirsen ülkeye büyük hizmet etmiş olursun" diyen Rauf Bey asla cumhuriyetçi olamaz

Rauf Bey, demecinin işaret ettiği anlam ve düşünceleri, bir şekilde evirip çevirip yorumlayarak dedi ki: "Duygularım, cumhuriyet rejiminden başka hiçbir yönetimden yana olmadığım şeklindedir." Rauf Bey'in bunu açıkça söylemesi Meclis üyelerinde memnuniyet yarattı ve "bravo" sesleriyle karşılandı.

Rauf Bey "aziz duygularım", "kutsal duygularım" diye söylediği bu sözlerinde içten ve ciddi miydi?! Ben, kesinlikle "hayır" diyorum, efendiler. Çünkü Ankara'dan ayrılırken, kendisine cumhuriyetten söz eden Kâzım Paşa'ya (Meclis başkanı) "Buna engel olabilirsen, ülkeye büyük hizmet etmiş olursun!" diyenin Rauf Bey olduğunu biliyorum.

Rauf Bey, "cumhuriyeti bir oyuna getirip ilan eden sorumsuzlar"dan, birtakım danışman ve uzmanları kastettiğini de söyleyerek, bunda da yanlış anlama olduğunu anlatmak istedi ve "Böyle olunca, benim kullandığım sözlerden 'şu veya bu kişi sorumlu değildir' anlaşılmasın, bunu benden beklemek hata olur" dedi.

Rauf Bey, bu evirip çevirmeyle de gösteriyordu ki, bugünkü Parti Grubu toplantısında, şimşekleri üzerine çekmeksizin amacına ulaşabilmek için gerekli noktalarda çekilme ve sözlerini çevirme yolunu tutmuştu.

Aslında, gerçek görüşünden vazgeçmiş değildi. Örneğin, şu sözlere dikkat buyurunuz: "'Türkiye hükümetinin şekli nedir?' diye sorulan sorulara karşı hatırlarsınız ki, Büyük Başkanımız bu kürsüden olumlu bir yanıt olarak açıkça bildirdiler ki, 'Türkiye Büyük Millet Meclisi hükümeti şeklidir'. 'Hangi yönetim şekline benziyor?' dediler. 'Bize benziyor. Çünkü biz, bize benzeriz. Bize özgü yönetimdir' buyurdular. Bu, benim vicdanımı doyuran en yüksek bir sözdü ve buna karşı çıkmak çok güçtür ve sanmam ki, insaflı olmak koşuluyla dışarda ve içerde buna karşı çıkacak adam bulunsun. Bu yeterli ve büyük sözlerden sonra, bunun böyle sırf hükümet bunalımı yüzünden yönetilemez bir şekil olarak gösterilip, isim farkından ibaret olan cumhuriyet sözcüğünün konmasını, bizim bu kadar güvendiğimiz ve hatta halkın da güvendiği eski şeklin sakat olduğunun bu bunalım zamanında anlaşıldığını ileri sürüp, yeni bir yönetimin gelmesini doğru görmüyoruz." "Bu duyguyla dolu olanların gerici olduklarını sanmayacağınızdan emin olarak söylüyorum, 'Acaba bu da eksik görülür de bunu tamamlayacak bir şekil var mıdır?' diyenler duraksadılar ve kaygılandılar."

"... Bir halk ki cumhuriyete taraftardır, bir halk ki ulusal egemenlik kayıtsız şartsız ulusta oldukça cumhuriyetten başka bir şey yoktur, bunu istiyor, istiyor ama uygulayamayız da diğer bir yönetim şeklinde kalırız, diye üzüntü ve kaygı duyarsa... ümitsizliğe mi düşmek gerekir, memnun mu olmak gerekir?"

Saltanat devrinden cumhuriyet devrine geçiş dönemi ve bu dönemde iki düşünce ve görüşün sürekli mücadelesi

Efendiler, saltanat devrinden cumhuriyet devrine geçebilmek için, herkesin bildiği üzere, bir geçiş dönemi yaşadık. Bu dönemde iki ayrı düşünce ve görüş birbiriyle sürekli olarak çatıştı. O düşüncelerden biri, saltanat devrinin devam ettirilmesiydi. Bu düşüncenin taraftarları açıktı. Diğer düşünce, saltanat yönetimine son vererek cumhuriyet yönetimini kurmaktı. Bu, bizim düşüncemizdi. Biz düşüncemizi açıkça söylemekte sakınca görüyorduk. Ancak düşüncelerimizin uygulanabilirliğini saklı tutup, uygun zamanda uygulayabilmek için, saltanat taraftarlarının düşüncelerini uygulama alanından uzaklaştırmak zorundaydık. Yeni kanunlar yapıldıkça, özellikle Teşkilat-ı Esasiye Kanunu yapılırken, saltanat taraftarları, padişah ve halifenin haklarının ve yetkisinin açıkça belirtilmesinde diretirlerdi. Biz, bunun zamanı gelmediğini veya gerek olmadığını söyleyerek, o yönü konuşmamakta yarar görüyorduk.

Devlet yönetimini, cumhuriyetten söz etmeksizin, ulusal egemenlik ilkeleri çerçevesinde, her an cumhuriyete doğru yürüyen şekilde toparlamaya çalışıyorduk.

Büyük Millet Meclisi'nden daha büyük makam olmadığını benimsetmekte ısrar ederek, saltanat ve hilafet makamları olmaksızın devleti yönetmenin mümkün olduğunu kanıtlamak gerekliydi.

Devlet başkanlığından söz etmeksizin, onun görevini doğrudan doğruya Meclis başkanına gördürüyorduk.

Uygulamada Meclisin başkanı, ikinci başkandı. Hükümet vardı, fakat "Büyük Millet Meclisi hükümeti" unvanını taşırdı. Kabine sistemine geçmekten kaçınıyorduk; çünkü hemen saltanatçılar, padişahın yetkisini kullanması gerektiğini ortaya atacaklardı.

İşte, geçiş döneminin bu mücadele evrelerinde bizim kabul ettirmek zorunda olduğumuz ara şekli, Büyük Millet Meclisi hükümeti sistemini haklı olarak eksik bulan, meşrutiyet şeklinin açıkça belirtilmesini sağlamaya çalışan karşıtlarımız bize karşı çıkıyorlar, diyorlardı ki: "Bu yapmak istediğiniz hükümet şekli neye, hangi yönetim şekline benzer?" Amaç ve hedefimizi söyletmek için yöneltilen bu tür sorulara biz de zamanın gereğine göre yanıtlar vererek saltanatçıları susturmak zorundaydık.

Rauf Bey, bu türden verdiğimiz bir yanıtı, vicdanını rahatlatan, geri çevrilemez ve karşı çıkılamaz nitelikte bulduğunu söylüyor ve bütün görüş ve düşüncesini benim o sözüme dayandırıyor.

"Bu inandırıcı ve büyük sözlerden sonra", Büyük Millet Meclisi hükümeti şeklinin sakat olacağını kabul etmek istemiyor. Bu sakat ise, bu sakat şekli vaktiyle bize kabul ettirenlerin, bu defa kabul ettirdikleri cumhuriyet şeklinin de bir gün eksik görülüp, başka bir şekli ortaya atmalarından kaygılanmak gerekeceği şeklinde bir mantık yürütüyor. Bu mantığın ne kadar çürük, bir safsatadan ibaret olduğu ortadadır. "Kutsal duyguları, cumhuriyet yönetiminden başka hiçbir yönetimi benimsemediği yolunda" olan bir kişinin, geçiş döneminin zorunluluklarından olduğunu çok iyi bildiği Büyük Millet Meclisi hükümeti şekline saplanıp kalarak, cumhuriyet şeklinin de eksik görüleceği ve başka bir şekil araştırılacağı kaygısına düşmesine gerek var mıdır? Rauf Bey'in, burada, cumhuriyetten sonra başka şekil diye anlatmak istediğinin anlamı vardır. Rauf Bey demek istiyor ki: Cumhuriyeti ilan edenler, bu şekilde Osmanlı hanedanını saltanattan uzaklaştırdıktan sonra, acaba cumhuriyetten tekrar saltanat devrine geçerek, saltanat makamını işgal etmeyecekler mi? Bunun tarihte örneği yok mu, diyenler kararsızlığa ve kaygıya düştüler.

Rauf Bey, aynen aldığımız sözlerinin sonunda, halkın cumhuriyeti istediğini belirtirken, "istiyor ama uygulayamayız da..." şeklindeki garip ifadesiyle, benim işaret ettiğim noktayı çok iyi açıklığa kavuşturmaktadır.

İsmet Paşa'nın Meclis'te Rauf Bey'e yanıtları

Efendiler, Rauf Bey'le karşılıklı konuşan ve yararlanılması gereken görüşler ileri süren konuşmacılar çoktu. Bu arada İsmet Paşa da uzun ve değerli konuşma yaptı. İsmet Paşa'nın her zaman okunması yararlı olan bazı sözlerini de aktaracağım.

İsmet Paşa, "Esaslı bir devlet şekli söz konusu olduğu zaman düşünceler ve duygular kendi aramızda kalmaz. Gözlemleyen bütün bir dünya vardır" dedikten sonra, "Cumhuriyet ilanı, bir ulusun kutsal bir ideali, bir ateşi, bir ülküsü gibi ortalığı sarar. Cumhuriyet ilan olunduğu zaman, o ulusun bütün coşkunluğunu gösteren her türlü belirtiler ortaya çıkar. Eğer bir ülkede cumhuriyetin ilanının üçüncü, beşinci günlerinde hakları ortadan kaldırılmış bir şehzade meydana çıkar, tavır alırsa... dünya, dünyanın düşünürleri bu cumhuriyetin sağlamlığından kuşku duyar" sözleriyle başlayarak, cumhuriyetin ilanı üzerine İstanbul'da alınan durumun zararını açıkladı.

İsmet Paşa, Rauf Bey'in konuşmasını çözümlerken "Ulusal egemenlik esastır, diyenlerin bu sözlerinden kararsızlık ve kaygıya düştükleri anlamını çıkaramayız" değerlendirmesinde bulundu. Ondan sonra İsmet Paşa, Rauf Bey'e seslenerek, "Rauf Bey! Siyaset yapıyoruz. Hatalara bir bir dikkat çekmeliyiz. Ayrıca hiç basit bir ekonomik girişim sahibi gördünüz mü ki, başlarken anaparasını tehli-

Cumhurbaşkanı Mustafa Kemal Atatürk, Atatürk Orman Çiftliği'nin kuruluş çalışmalarında. ATASE Arşivi.

keye attığı düşüncesinde olsun ve başarılı olmayacağım diye parasını tehlikeye atsın. Bir işe başlayan adam, her zaman sonunun iyi olacağına inanır, başlar. Özellikle böyle inkılap zamanlarında hükümet ileri gelenleri, bir siyaset adamı herhangi bir kuşku duyamaz. Hatadır. Hata ettiniz Rauf Beyefendi!" dedi. Bundan sonra, İsmet Paşa, Rauf Bey'in "Üst tabakada şekil değiştirerek devlet çıkarlarını sağlamak, genel ihtiyacı karşılamayı düşünmek çok büyük hatadır" şeklindeki sözlerine yanıt verirken "çok büyük hata olan, bu kadar kritik günlerde bir nokta üzerinde toplanması gereken manevi güçleri, inkılap güçlerini şu noktada veya bu noktada kararsızlığa sürüklemektir. Bilerek veya bilmeyerek, isteyerek veya istemeyerek, çok büyük hata odur" dedi.

İsmet Paşa, Rauf Bey'den şunu da sordu: "... Devlet başkanlığı sorununu çözmek istiyordunuz. Nasıl çözecektiniz? Kaç olasılık vardı?"

İsmet Paşa, acele edildiğinin ileri sürülmesine karşı verdiği yanıtta: "Arkadaşlar" dedi, "doğal sayılan bir sonuçta acelecilik söz konusu olmaz, hata sayılabilecek noktalarda acelecilik söz konusu olur."

"Cumhuriyet acele olarak ilan edildi demekle, o gün ilan edilmeyip de altı ay sonraya kalsaydı belki başka bir şekil ortaya çıkardı, değerlendirmesine yol açılıyor ve ancak bu değerlendirmeyle acele edilmiştir."

Rauf Bey, konuşmasında, bizim cumhuriyet ilanındaki hareketimizi eski Genel Merkez[29] işleri gibi göstermek istedi.

---

29 İttihat ve Terakki Genel Merkezi (y. n.).

İsmet Paşa bu noktaya yanıt verirken dedi ki: "Genel Merkez hayatını, bu ülkede yaşatmış ve yıllarca savunmuş temsilciler ve gazeteler de kendi görüşünü savunuyorlar. Rauf Bey'in görüşünü ellerinde silah olarak kullanıyorlar. **Bu, kara bahtlılıktır!**"

Rauf Bey, sonraki konuşmasında bu sözlere şöyle yanıt verdi: "Genel Merkez sözüyle demek istediğimi, *Tanin* silah gibi kullanmıştır. Vallahi efendiler, *Tanin* kullanmış, *Tevhid-i Efkâr* kullanmış, ben bilmiyorum."

İsmet Paşa, Rauf Bey ve arkadaşlarının halifeyi ziyaretleri noktasına değinirken şu değerlendirmede bulundu:

"Halifeyi ziyaret konusu, halife konusudur."

"Devlet adamı olarak hiçbir zaman aklımızdan çıkaramayız ki, hilafet orduları bu ülkeyi baştan başa harabeye çevirmişlerdir. Hilafet orduları kurulması olasılığını hiçbir zaman gözden uzak tutmayacağız... Türk ulusu en acıklı sıkıntılarını halife ordusundan çekmiştir. Bir daha çekmeyecektir."

"Bir hilafet fetvasının Dünya Savaşı belasına bizi attığını hiçbir zaman unutmayacağız. Bir hilafet fetvasının, ulus ayağa kalkmak istediği zaman, ona düşmanlardan daha kötü bir şekilde saldırdığını unutmayacağız."

"Tarihin herhangi bir döneminde, bir halife, aklından bu ülkenin mukadderatına karışmak isteğini geçirirse, **o kafayı mutlaka koparacağız!**"

İsmet Paşa, bravo sesleri ve alkışlarla karşılanan bu sözlerine şunları da ekledi:

"Herhangi bir halife, gelenek, düşünce ve şekil bakımından, yöntemine uyarak, üstü kapalı ve açık olarak Türkiye'nin kaderiyle ilgiliymiş gibi durum almak isterse, Türkiye devlet adamlarını ödüllendiririmiş, gönüllerini hoş edermiş gibi bir anlayışla düşünürse, bunları ülkenin yaşamıyla ve varlığıyla taban tabana zıt sayacağız, hareketlerini vatan hainliği sayacağız."

İsmet Paşa konuşmasının sonunda şunu söyledi: "Rauf Bey, konuşmalarında, bizim taban tabana zıt olarak gördüğümüz noktaları geri alarak bu Parti içinde yürümek kararında mıdırlar? Yoksa siyasi konuşmalarında, bizimle taban tabana zıt olan noktaları koruyarak Partimizin dışında ve Meclis'te bizimle karşı karşıya çalışmak kararı mı verecekler? Karar kendilerine aittir."

Rauf Bey, tekrar uzun uzadıya kendini savundu ve parti kurmayacağını, Parti'den ayrılmayacağını bildirdikten sonra, genel kurulun acıma ve hoşgörü duygularını harekete geçirerek ve iyiliğini kışkırtacak alçakgönüllü sözleriyle konuşmasına yumuşak sözlerle son vererek, toplantı salonunu terk etti.

Konuşmacılar karşılarında yanıt verecek kimse bulamadılar. Rauf Bey, yanıldığını açıkça söyleyip cumhuriyetçi olduğunu belirttiğinden, görüşmeler yeterli sayıldı. Basında halkın kafasında yaratılmış olan kuşkuları gidermek için bildiriler yayımlanması, ayrıca görüşme tutanaklarının basılıp dağıtılması kararıyla yetinildi.

Şimdi efendiler, bu karar neyi anlatır?

Rauf Bey'in karışık ve iki anlamlı konuşması, gerçekten onun cumhuriyetçi olduğu hakkında Parti'yi inandırdı mı? Rauf Bey'in Parti içinde bizimle aynı duygu ve görüş sahibi olarak çalışabileceği inancı doğdu mu?

Parti'nin bu kararı, görüşmenin gerçek sonucunun gerekli kıldığı karar mıydı? Kesinlikle hayır!..

O halde, bu eksik kararla yetinmenin sebebi ve etkeni neydi?!

Bu noktayı birkaç kelimeyle açıklayayım. Rauf Bey, konuşmasının başından sonuna kadar aldığı tavır ve kullandığı konuşma tarzıyla, Parti üyelerinin hoşgörüsüne ve yumuşaklığına sığınmış gibiydi. Bundan başka, Rauf Bey, konuşmasında o kadar ağız kalabalığı yapıyor ve boş sözler söylüyordu ki, sözlerinin ciddiyet ve içtenlikle ilgisini hemen ölçmek herkes için kolay değildi. Bu sebeplerin üstünde, en önemli iç etken, açıkça söylenmesi gerekir ki, "sorumsuz", "oldubitti", "cumhuriyetten sonra", "şekil" sözcükleri üzerinde yapılan olumsuz propaganda, duygu ve düşünceleri kararsızlık ve gevşekliğe sürüklemişti.

Durumu, cumhuriyet tartışması dışında, İsmet Paşa ve Rauf Bey çekişmesi gibi görenlerin düşünüşlerinin de, anlamsız bir kararla yetinmeye sebep olduğu kesindir.

Efendiler, bu karar yüzünden Rauf Bey ve arkadaşlarına bir süre daha Parti'nin içinde, Parti'yi yıkmak için çalışmak fırsatı verilmiş oldu.

İstanbul'daki bazı gazetelerin ülkenin ve cumhuriyetin yüksek çıkarlarına zararlı şekilde devam eden yayını da orada öyle bir hava yarattı ki, Meclis İstanbul'a bir İstiklal Mahkemesi göndermeyi zorunlu saydı.

Hilafetin kaldırılması zamanı da gelmişti

Saygıdeğer efendiler, her sorunda ve her uygulama evresinde kendinden söz ettirmiş olan halifeye ve hilafete bir defa daha değineceğim.

1924 yılı başında, büyük çapta bir ordu savaş oyunu yapmak kararlaştırılmıştı. Bu savaş oyununu İzmir'de yapacaktık. Bu nedenle 1924 yılı Ocak başında İzmir'e gittim. Orada iki ay kadar kaldım.

Hilafetin kaldırılması zamanının geldiğine oradayken karar vermiştim. Bu işin nasıl geliştiğini olduğu gibi özetlemeye çalışacağım.

Başbakan İsmet Paşa'dan 22 Ocak 1924 tarihli bir şifre aldım. Onu olduğu gibi bilginize sunayım:

Şifre

Türkiye Cumhurbaşkanlığı Yüksek Katına

Bir süreden beri gazetelerde hilafet makamının durumu ve halifenin kendileri hakkında yanlış anlamalara neden olabilecek yayınlara rastlandığından ve sebepsiz yere yapılan saygısızca yayınlardan ve özellikle ara sıra İstanbul'a giden hükümet üyelerinin ve resmi heyetlerin kendisiyle görüşmekten uzak durmalarından ve kaçınmalarından halifenin büyük bir üzüntü duyması sebebiyle başmabeyincilerini Ankara'ya göndererek veya güvenilir bir kişinin İstanbul'a yanına gönderilmesini rica ederek duygu ve dileklerini iletmeyi düşünmüş ise de, yanlış anlaşılması olasılığına karşı bundan da vazgeçtiğini söyledikleri başkâtip bey tarafından bildirilmekte ve ödenek konusu uzun uzadıya anlatılarak hilafet hazinesinin gücünü aşan ve yükümlülüğü dışındaki harcamalar için Maliye hazinesince yardımda bulunulacağı hakkında hükümetçe 15 Nisan 1923 tarihinde yapılan bildirimin incelenmesi ve gereğinin yapılması ilave edilmektedir. Durum Bakanlar Kurulu'nca görüşülecektir. Sonucu ayrıca sunarım, efendim.

İsmet

Bu telgrafa yanıt olarak makine başında yazdığım telgraf aynen şudur:

Telgraf başında İzmir

Ankara'da Başbakan İsmet Paşa Hazretleri'ne

İlgi: 22.1.1924 şifreye:

Hilafet makamının ve halifenin kendileri hakkındaki yanlış anlama ve yanlış yorumlamalar, halifenin kendi yanlış tutum ve davranışlarından kaynaklanmaktadır. Halife, kendi özel yaşamı ve özellikle dış yaşamıyla ataları olan padişahların yolunu izler görünmektedir. Cuma alayları, yabancı temsilcilerin yanına memurlar gönderilmesi yoluyla ilişkiler, tantanalı gezintiler, saray hayatı, sarayında yedek subaylara varıncaya kadar kabul ve onların şikâyetlerini dinleyerek onlarla beraber ağlamak gibi hareketler bu türdendir. Halife, Türkiye Cumhuriyeti ve Türkiye halkı karşısındaki durumunu değerlendirdiği zaman, İngiltere Krallığı ile Hindistan Müslüman halkı veya Afgan devleti ile Afgan halkı karşısında hilafetin ve halifenin durumunu ölçü olarak göz önünde tutmalıdır. Halifenin ve bütün dünyanın kesin olarak bilmesi gerekir ki, bugün mevcut ve korunmakta olan halife ve halife makamının gerçekte ne din, ne de siyaset bakımından varlığının hiçbir anlamı ve sebebi yoktur. Türkiye Cumhuriyeti safsatalarla varlığını, bağımsızlığını tehlikeye atamaz. Hilafet makamı, bizce en sonunda tarihi bir anı olmaktan fazla bir öneme sahip olamaz. Türkiye Cumhuriyeti devlet adamlarının veya resmi heyetlerin kendisiyle görüşmeyi istemesi de cumhuriyetin bağımsızlığına açık saldırıdır. Başmabeyincisini Ankara'ya göndermek veya güvenilir bir kişinin yanına gönderilmesiyle hükümete duygu ve dileklerinin iletilmesi isteğinde bulunması bile cumhuriyet hükümeti ile karşı karşıya durum alması demektir. Buna da yetkili değildir. Kendisiyle cumhuriyet hükümeti arasında başkâtibi haberleşmeye aracı kılması da yersizdir. Başkâtip beyin böyle saygısızlıktan kaçınması gereği kendisine hatırlatılmalıdır. Halifenin yaşam ve geçiminin sağlanması için, Türkiye Cumhurbaşkanı'nın ödeneğinden mutlaka aşağı bir ödenek yeterli gelir. Amaç, gösterişli ve debdebeli bir hayat sürmek değil, insanca yaşam ve geçimin sağlanmasıdır. Hilafet hazinesinden söylenmek istenilenin ne olduğunu anlayamadım. Hilafetin hazinesi yoktur ve olamaz. Böyle bir hazine atalarından miras kalmışsa resmen ve açıkça bilgi edinilmesini ve bildirilmesini rica ederim. Halifenin aldığı ödenekle yerine getirilemeyecek olan yükümlülükler nelermiş ve 15 Nisan 1923 tarihinde hükümet ne gibi sözler vermiş ve bildirimlerde bulunmuştur? Bunu da lütfen bildiriniz. Halifenin oturacağı yeri belirleyip açıklamak, hükümetin şimdiye kadar yapmış olması gereken bir görevdi. İstanbul'da, ulusun boğazından kesilmiş paralarla yapılma birçok saraylar ve bu sarayların içindeki birçok değerli eşya ve gereçler, hükümetin durumu belirlememesi yüzünden yok olup gidiyor. Halifenin yakınları, sarayların en değerli eşyalarını Beyoğlu'nda, şurada burada satıyorlar, diye söylentiler vardır. Hükümet bunlara bir an önce el koymalıdır. Satılmak gerekirse hükümet satmalıdır. Hilafet kadrosunun titizlikle incelenmesi ve yeni baştan düzenlenmesi gerekir ki, başmabeyincilerin, başkâtiplerin varlığı, halifeyi hâlâ saltanat hülyası içinde uyutmasın! Fransızlar, kral, ailesi ve yakınlarını Fransa'ya sokmakta, bağımsızlık ve egemenlikleri için yüz yıl sonra, bugün bile sakınca görüp dururken, her gün ufuktan saltanat güneşinin doğuşuna duacı bir hanedan ve mensupları hakkındaki davranışımızda, Türkiye Cumhuriyeti'ni inceliğe ve safsataya kurban edemeyiz. Halife, kendinin ve makamının ne olduğunu açık olarak bilmeli ve bununla yetinmelidir. Hükümetçe ciddi, esaslı önlemler alınarak bildirilmesini rica ederim, efendim.

Türkiye Cumhurbaşkanı
Gazi Mustafa Kemal

Hilafetin, Şeriye ve Evkaf Vekâleti'nin [Diyanet İşleri ve Vakıflar Bakanlığı] kaldırılması ve öğretimin birleştirilmesi kararı

Bu yazışmadan sonra, savaş oyunu nedeniyle İsmet Paşa ve Milli Savunma bakanı bulunan Kâzım Paşa da İzmir'e gelmişlerdi. Genelkurmay Başkanı Fevzi Paşa da zaten orada bulunuyordu. Hilafetin kaldırılması gerekliliği konusundaki düşüncelerimiz uyuşuyordu. Aynı zamanda Şeriye ve Evkaf Vekâleti'ni de kaldırmak ve öğretimi birleştirmek kararındaydık.

1924 yılı Mart'ının birinci günü Meclis'in tarafımdan açılması gerekiyordu. 23 Şubat 1924 günü Ankara'ya dönmüştük. Orada da gerekli kişileri, kararımdan haberdar ettim.

Meclis'te bütçe görüşmeleri devam ediyordu. Hanedan ödeneği ve Şeriye ve Evkaf Vekâleti bütçeleri üzerinde durulması gerekiyordu. Arkadaşlar bu amaca yönelik konuşma ve eleştirilere başladılar. Görüşmeler ve tartışma devam ettirildi. 1 Mart günü, Büyük Millet Meclisi'nin beşinci çalışma yılı nedeniyle yaptığım konuşmada şu üç noktaya özel olarak işaret ettim:

"1. Ulus, cumhuriyetin şimdi ve gelecekteki bütün saldırılardan kesinlikle ve sonsuza kadar korunmuş bulundurulmasını istemektedir. Ulusun isteği, cumhuriyetin, denenmiş ve kanıtlanmış olan bütün ilkelere bir an önce ve tamamen dayandırılması şeklinde belirtilebilir."

"2. Ulusun kamuoyunda belirlenen eğitim ve öğretimin birleştirilmesi ilkesinin zaman kaybetmeksizin uygulanmasını gerekli görüyoruz."

"3. ... İslam dininin, yüzyıllardan beri yapılageldiği üzere bir siyaset aracı olarak kullanılmaktan kurtarılması ve yüceltilmesinin şart olduğu gerçeğini de görmüş bulunuyoruz."

2 Mart günü Parti Grubu toplantıya çağrıldı. İşaret ettiğim bu üç konu ortaya konularak görüşüldü. İlkeler üzerinde anlaşıldı. 3 Mart günü, Meclis'in birinci oturumunda, gelen evrak arasında şu önergeler okundu:

1. Hilafetin kaldırılmasına ve Osmanlı hanedanının Türkiye dışına çıkarılmasına ilişkin Şeyh Saffet Efendi ile elli arkadaşının kanun önerisi.

2. Şeriye ve Evkaf Vekâleti'nin ve Erkân-ı Harbiye Vekâleti'nin [Genelkurmay Bakanlığı] kaldırılmasına ilişkin Siirt Milletvekili Halil Hulki Efendi ve elli arkadaşının kanun önerisi.

3. Eğitim ve öğretimin birleştirilmesi hakkında Manisa Milletvekili Vasıf Bey ve elli arkadaşının önergeleri gelmiştir.

Başkanlık makamında bulunan Fethi Bey, "Efendim! Birçok imzalarla gelen bu kanun önerilerinin hemen görüşülmesine ilişkin öneriler vardır. Yüksek oyunuza sunacağım" dedi ve komisyonlara gitmeden hemen görüşülmesini oya koydu ve kabul edildiğini bildirdi.

İlk karşı çıkış, Kastamonu Milletvekili Halit Bey tarafından yapıldı. Görüşmenin yapılması sırasında Halit Bey'e bir iki kişi daha katıldı. Önerilerden yana uzun konuşmalar yapan birçok değerli konuşmacılar kürsüye çıktılar. Önerge sahiplerinden başka, merhum Seyyit Bey'in ve İsmet Paşa'nın bilimsel ve inandırıcı konuşmaları her zaman için okunmaya değerdir. Görüşme ve tartışmalar beş saat kadar devam etti. Saat 18.45'te görüşmeler son bulduğu zaman, Türkiye Büyük Millet Meclisi, 429, 430 ve 431. kanunlarını çıkarmış bulunuyordu.

Bu kanunlara göre "Türkiye Cumhuriyeti'nde, ulus işleriyle ilgili kanunları yapma ve yürütme yetkisi Türkiye Büyük Millet Meclisi ile onun kurduğu hükümete ait" ve "Şeriye ve Evkaf Vekâleti kaldırılmış" oldu.

Türkiye içindeki bütün bilim ve öğretim kurumları... bütün medreseler Milli Eğitim Bakanlığı'na bırakıldı ve bağlandı.

Halife görevinden uzaklaştırıldı ve hilafet makamı kaldırıldı. Uzaklaştırılan halife ve tarihten silinmiş Osmanlı saltanatı hanedanının bütün üyelerinin, Türkiye Cumhuriyeti topraklarında oturmak hakkı sonsuza kadar yasaklandı.

Hilafet makamının korunmasında dini ve siyasi yarar ve zorunluluk bulunduğunu sananlara verdiğim yanıt: Müslümanları bir halife hayaliyle hâlâ oyalamaya ve aldatmaya çabalayanlar, özellikle Türkiye'nin düşmanlarıdır

Efendiler, hilafet makamının korunmasında dini ve siyasi yarar ve zorunluluk bulunduğunu sanan bazı kişiler, sunduğum kararların alınmakta olduğu son dakikalarda, hilafetin tarafımdan üstlenilmesi önerisinde bulundular.

Bu gibilere, hemen gereken olumsuz yanıtı vermiştim.

Yeri gelmişken diğer bir noktayı da bilginize sunayım. Büyük Millet Meclisi hilafeti kaldırdığı zaman, Antalya milletvekili, din bilginlerinden Rasih Efendi, Kızılay adına Hindistan'da bulunan bir heyetin başkanlığındaydı. Rasih Efendi, Mısır'a uğrayarak Ankara'ya döndü. Benden görüşme isteyerek şu açıklamada bulundu: Gezdiği ülkelerde, İslam topluluğu benim halife olmamı istiyormuş... Yetkili İslam heyetleri, Rasih Efendi'yi bana bu konuyu bildirmek için vekil etmişler... Rasih Efendi'ye verdiğim yanıtta, Müslümanların bana olan yakınlık ve sevgilerine teşekkür ettikten sonra dedim ki: "Yüksek şahsınız din bilginlerindensiniz! Halifenin devlet başkanı demek olduğunu bilirsiniz. Başlarında kralları, imparatorları bulunan halkların bana ilettiğiniz istek ve önerilerini ben nasıl kabul edebilirim? Kabul ettim desem, bunu, o halkın başındakiler kabul eder mi?! Halifenin emir ve yasakları yerine getirilir. Beni halife yapmak isteyenler, emirlerimi yerine getirmek gücüne sahip midirler? Dolayısıyla, anlamı ve işlevi olmayan asılsız bir sıfatı takınmak gülünç olmaz mı?"

Efendiler, açık ve kesin söylemeliyim ki, Müslümanları hâlâ bir halife hayaliyle oyalamaya ve aldatmaya çabalayanlar, yalnız ve ancak Müslümanların ve özellikle Türkiye'nin düşmanlarıdır. Böyle bir oyuna kapılıp hayal kurmak da ancak ve ancak bilgisizlik ve aymazlık belirtisi olabilir.

Rauf Bey'lerin, Vehip Paşa'ların, Çerkez Ethem ve Reşit'lerin, bütün Yüzelliliklerin, kaldırılmış hilafet ve saltanat hanedanı mensuplarının, bütün Türkiye düşmanlarının el ele vererek bize karşı durmadan ateşli çalışma ve çabaları, din çabasıyla mı olmaktadır? Sınırlarımıza bitişik merkezlerde yuvalanarak hâlâ Türkiye'yi yok etmek için Kutsal İhtilal adı altında haydut çeteleri, adam öldürme planlarıyla çılgınca bize karşı çalışanların amaçları gerçekten kutsal mıdır? Buna inanmak için gerçekten çok bilgisiz ve çok aymaz olmak gerekir.

Müslümanları ve Türk ulusunu bu aşağı derecede düşmüş saymak ve İslam dünyasının vicdan temizliğinden, doğal inceliğinden, alçakça ve canice amaçlar için yararlanma yolunda devam etmek, artık o kadar kolay olmayacaktır. Küstahlığın da bir derecesi vardır.

Başarısızlığa uğratılan büyük bir komplo

Şimdi saygıdeğer efendiler, isterseniz size büyük bir "komplo" hakkında bilgi vereyim.

1924 yılı Ekim'inin 26. günü, geç saatte, 1. Ordu müfettişinin müfettişlikten istifa ettiğinden haberdar edildim. Müfettiş Paşa'nın Genelkurmay Başkanlığı'na verdiği istifa dilekçesi aynen şudur:

Genelkurmay Başkanlığı'na

Bir yıllık ordu müfettişliğim boyunca gerek denetimlerim sonucu verdiğim raporlarımın ve gerekse ordumuzun yükselmesi ve güçlendirilmesi için sunduğum tasarılarımın dikkate alınmadığını görmekle üzüntü ve ümitsizliğim çok büyüktür. Üstüme düşen görevimi milletvekilliği sıfatıyla daha rahat bir vicdanla yapacağıma tam olarak inandığımdan, ordu müfettişliğinden istifa ettiğimi bilgilerinize sunarım, efendim.

Milli Savunma Bakanlığı'na da sunulmuştur. 26 Ekim 1924

Kâzım Karabekir

Bu istifa yazısının altında renkli kalemle şunlar yazılıdır: "İstifayı kabul etmediğimi bildirdim. Düşüncesinde ısrar etti. Yarın milletvekilliği görevine döneceğini bildirdi." Bu satırların altında imza yoktur. Fakat Genelkurmay başkanı tarafından yazıldığı anlaşılıyor. Bu satırların altında da kırmızı mürekkeple yazılmış şu notlar vardır: "Verilen rapor ve tasarıların hepsini göreyim. Bunların hangi maddeleri hakkında neler yapılmış ve hangi maddeleri yapılmamış, onları da dosyalarıyla göreyim." Bu notların altındaki tarih 28 Ekim'dir.

Efendiler, Kâzım Karabekir Paşa'nın raporları ve tasarıları Genelkurmay'da ilgili şubelerce incelenmiş, içinden kabule değer ve uygulanabilir olanlar dikkate alınmış ve uygulanmıştı. Ancak uygulanması devletin gücü dışında bulunan veya bilimsel bir değer taşımayıp hayali ve keyfi olan önerileri elbette dikkate alınmamıştı. Kâzım Karabekir Paşa'ya, raporlar ve tasarılar verdiğinden dolayı bir takdir belgesi de verilmeye gerek görülmemişti.

30 Ekim günü de, 2. Ordu Müfettişi Ali Fuat Paşa'nın Konya'dan geldiği bildirildi. Kendisini akşam yemeğine Çankaya'ya davet ettim. Geç saate kadar beklediğim halde, Paşa gelmedi. Kendisini aratırken öğrendim ki, Fuat Paşa, Ankara'ya varışında Rauf Bey tarafından istasyonda karşılanmış. Milli Savunma Bakanlığı'na uğradıktan ve bazı arkadaşlarıyla kısa görüşmeler yaptıktan sonra Genelkurmay Başkanlığı'na gitmiş; bir süre Fevzi Paşa ile görüşmüş, çıkarken Fevzi Paşa'nın yaverine şu kâğıdı bırakmış:

30.10.1924

Genelkurmay Başkanlığı Yüksek Katı'na

Milletvekilliği görevine başlayacağımdan, 2. Ordu Müfettişliği'nden bağışlanmamı bilginize sunar ve dilerim, efendim.

Ankara Milletvekili
Ali Fuat

Cumhurbaşkanı Mustafa Kemal Atatürk Emniyet Müdürlüğü'nü ziyaretinde.
İş Bankası Müzesi Arşivi.

Efendiler, milletvekilliğinden istifa ettiğini Meclis Başkanlığı'na bildirmiş olan Refet Paşa'nın da istifasının Rauf Bey tarafından geri aldırıldığını öğrenmiştim.

Dumlupınar töreninin ardından Bursa ve Karadeniz sahilleri ile Erzurum bölgesinde devam eden bir buçuk aylık bir geziden sonra, Ekim'in 18. günü Ankara'ya dönmüştüm. Birçok milletvekili arkadaşlar ve başkaları tarafından karşılanmıştım. Bu arada Ankara'da bulunan Rauf ve Adnan beyleri görmemiştim. Oysa, kırgınlık göstermek gibi anlaşılması pek mümkün olan bu şekildeki hareketlerini beklemiyordum.

Efendiler, bir komplo karşısında bulunduğumuzdan bir saniye bile kuşku duymadım.

Bu durum ve görünüş şöyle çözümlenip değerlendirilebilirdi: Bir yıl önceden, Rauf Bey'in Bakanlar Kurulu Başkanlığı'ndan çekildiğinden beri, Rauf Bey, Kâzım Karabekir Paşa, Ali Fuat Paşa, Refet Paşa ve başkaları arasında bir komplo planı düşünülmüştür. Bunda başarılı olabilmek için orduyu ele almak gerekli görülmüştür. Bu amaçla, Kâzım Karabekir Paşa 1. Ordu Müfettişliği'ne atandıktan sonra, eski komutanlık bölgesi olan Doğu illerinde dolaşırken, Ali Fuat Paşa da politikadan hoşlanmadığını ve hayatını askerlik mesleğine adamak istediğini ileri sürerek, rütbesi yükseltilip 2. Ordu Müfettişliği'ne gitti. 3. Ordu müfettişi olan Cevat Paşa'nın ve bu müfettişlik içindeki kolordunun komutanı olan Cafer Tayyar Paşa'nın da aynı komploya katılabileceklerini kabul ettiler. Bir yıl ordular üzerinde kendi görüşlerine göre çalıştılar ve orduları kendi taraflarına çektiklerini sandılar. İstifalarından önce, bazı komutanları kendileriyle beraber harekete çekmek için çalıştılar... Bu bir yıl içinde, cumhuriyetin ilanı, hilafetin kaldırılması gibi işlerimiz, ortak komplo sahiplerini birbirine daha da yaklaştırarak birlikte hareket etmelerine neden oldu. İşe, politikadan başlayacaklardı. Bunun için uygun zaman ve fırsatı kollamaktaydılar. Siyasi alanda ve ordudaki hazırlıklarını yeterli sayıyorlardı. Gerçekten, Rauf Bey ve diğerleri, parti içinde korumayı başardıkları konumlarıyla, Meclis'in tatil dönemine rastlayan aylarda, üyeler üzerinde ve yeni seçimde başarılı olamayan İkinci Grup'tan olanlar aracılığıyla bütün ülkede, ulusu bize karşı kışkırtmak için çalışmak fırsatına sahip oldular. Ülke içinde bazı gizli örgütlenmelere ve girişimlere de başladılar. İstanbul'da *Vatan, Tanin, Tevhid-i Efkâr* ve *Son Telgraf* ve Adana'da Abdülkadir Kemali Bey tarafından çıkarılan *Toksöz* gibi gazetelerle birleştiler. Bu gazetelerle bize karşı bir "imzasız saldırıya" geçtiler. Ülkede genel bir fikir kargaşası yarattılar. Hakkâri bölgesinde, ordumuzla Nasturi ayaklanmasını bastırmaya çalıştığımız bir sırada, İngiltere bile hükümete bir ültimatom verdi. Meclis'i olağanüstü toplantıya çağırdım.

İngiltere'nin ültimatomuna, bildiğiniz gibi yanıt verdik. Savaş olasılığını göze aldık. İşte sözünü ettiğimiz kişiler, bu zor zamanda, bir yabancı devletin bize saldırabileceği zamanda, kendilerinin de bize saldırarak hedeflerine kolaylıkla ulaşabileceklerini hayal ettiler. Savaşa hazır bulundurmak zorunda oldukları ordularını başsız bırakıp, daha önce hoşlanmadıklarını söyledikleri politika alanına koştular.

Toplanmış olan Meclis'te ortaya atılan bir konu da onların bu koşuşlarını çabuklaştıracak nitelikteydi. Gerçekten, milletvekillerinden Hoca Esat Efendi, 20 Ekim 1924 tarihli önergesiyle, mübadele ve göçmenlerin yerleştirilmesine ilişkin yatılı okullara ne kadar parasız öğrenci alındığına ve nerelerde ilkokullar açıldığına dair ilgili bakanlardan birtakım soruları soruyordu. Bu soruların kapsadığı konular, gerçekten ulusu ilgilendiren sorunlardı. Bu sorunlar, bakanları eleştirmek için pek uygundu. Özellikle, mübadele ve yerleştirme işlerinde herkesi uğraştıran noktalar açıkça biliniyordu. Ben bile, gezilerim sırasında gördüklerimle, mübadele ve yerleştirme işlerinin yapılış şeklinden şikâyet etmiş ve Ankara'ya dönüşümde bu bakanlığın kaldırılmasıyla, hükümetin bütün olanaklarıyla harekete geçirilmesini sağlayacak bir yol tutulmasını önermiştim. Bunda anlaşmıştık. Bu durum bile, saldırıya geçeceklerin bu konuda çok taraftar kazanmaları olasılığını güçlendirmekteydi.

Efendiler, komployu anladıktan sonra, önlemini bulmakta güçlük olmadı. Bıraktığımız noktadan başlayarak durumu aşama aşama anlatayım.

Komploya karşı hareket şeklimiz

Hoca Esat Efendi'nin soru önergesi 27 Ekim'de, yani Karabekir Paşa'nın istifasının ertesi günü gensoruya çevrilmişti. Fuat Paşa'nın istifa yazısının tarihi olan 30 Ekim günü Meclis'te gensoru görüşmeleri başlamıştı.

O günün akşamı yemeğe beklediğim Fuat Paşa gelmedi. Fakat Başbakan İsmet ve Milli Savunma Bakanı Kâzım paşalar geldi.

Çok kısa bir fikir alışverişiyle komploya karşı hareket şekli kararlaştırıldı.

Derhal telefonla, aynı zamanda milletvekili bulunan Genelkurmay Başkanı Fevzi Paşa Hazretleri'nden milletvekilliğinden istifa ettiğini Meclis Başkanlığı'na bildirmesini rica ettim. Bu fikrini daha önce Milli Savunma Bakanlığı'na bildirdiğini zaten öğrendiğim Paşa, ricamı hemen yerine getirdi. Milletvekili olan komutanlara da şu şifre telgrafı çektim:

3. Ordu Müfettişi Cevat Paşa Hazretleri'ne
1. Kolordu Komutanı İzzettin Paşa Hazretleri'ne
2. Kolordu Komutanı Ali Hikmet Paşa Hazretleri'ne
3. Kolordu Komutanı Şükrü Naili Paşa Hazretleri'ne
5. Kolordu Komutanı Fahrettin Paşa Hazretleri'ne
7. Kolordu Komutanı Cafer Tayyar Paşa Hazretleri'ne

Şifre telgraf başındadır.

1. Bana olan güven ve sevginize dayanarak, gördüğüm önemli gereklilik üzerine hemen milletvekilliğinden istifa mektubunuzu telgrafla Meclis Başkanlığı'na bildirmenizi öneririm. Önemli olan askeri görevinize kayıtsız şartsız varlığınızı adamak istediğinizi, sebep olarak belirtmeniz yerinde olur.

2. Genelkurmay Başkanı Mareşal Fevzi Paşa Hazretleri aynı gerekliliğe dayanan önerim üzerine istifa dilekçesini vermiştir.

3. 3. Ordu Müfettişi Cevat, 1. Kolordu Komutanı İzzettin, 2. Kolordu Komutanı Ali Hikmet, 3. Kolordu Komutanı Şükrü Naili, 5. Kolordu Komutanı Fahrettin, 7. Kolordu Komutanı Cafer Tayyar paşalar Hazretlerine yazılmıştır.

4. Telgraf başında durumdan haberdar etmenizi bekliyorum.

30.10.1924 Cumhurbaşkanı
Gazi M. Kemal

Efendiler, 30/31 Ekim sabahına kadar, 1. Kolordu Komutanı İzzettin Paşa'dan İzmir'den; 2. Kolordu Komutanı Ali Hikmet Paşa'dan Balıkesir'den; 3. Kolordu Komutanı Şükrü Naili Paşa'dan Pangaltı'dan; 5. Kolordu Komutanı Fahrettin Paşa'dan Adana'dan telgraf başında aldığım yanıtlarda, önerimin tamamen ve hemen uygulandığı bildirildi.

Efendiler, bu seçkin komutanlara yeri gelmişken hakkımda gösterdikleri büyük güvene burada teşekkür etmeyi bir görev sayarım.

3. Ordu müfettişi ile 7. Kolordu komutanının Diyarbakır'dan verdikleri yanıtlar aynen şunlardı:

Müfettiş Paşa'nın yanıtı:

Diyarbakır, 30.10.1924

Ankara'da Cumhurbaşkanı Gazi Paşa Hazretleri'ne

Yüksek kişiliğinize karşı olan güven ve sevgime inanmanızı sunar, ancak böyle bir yurt görevinden acele bırakarak ulusa ve seçim bölgem gözünde sorumlu ve suçlu tutulmamam için, emir buyurulan istifayı gerektiren sebeplerin açıklanmasına yüksek şahsınızın izinlerini saygılarımla dilerim.

3. Ordu Müfettişi
Cevat

Kolordu komutanının yanıtı:

Diyarbakır, 30.10.1924

Cumhurbaşkanı Gazi Mustafa Kemal Paşa Hazretleri'ne

1. Siz Cumhurbaşkanı'nın yüksek şahsiyetlerine karşı beslediğim saygı ve sevgiye güvenilmesini rica ederim.

2. Bu dakikada seçim bölgemle hiçbir görüşme yapmadan yüksek önerinizi kabul etmekliğim, ulus gözünde sorumlu olmaklığıma neden olabilir.

3. Yurt ve ulusun çıkarları milletvekilliğinden hemen istifamı gerektiriyorsa, kesin karar verebilmekliğim için durum hakkında aydınlatılmamı saygıyla bilginize sunar ve dilerim, efendim.

7. Kolordu Komutanı
Cafer Tayyar

Her iki telgrafta, hakkımdaki güven ve sevgi hakkında güvence verildikten sonra, seçim bölgelerine karşı durumlarından söz edilmekte ve önerimin sebebi sorulmaktadır.

Verdiğim yanıtı olduğu gibi bilginize sunayım:

Telgraf başında şifre: 31.10.1924

3. Ordu Müfettişi Cevat Paşa Hazretleri'ne
7. Kolordu Komutanı Cafer Tayyar Paşa Hazretleri'ne

Komutanların aynı zamanda milletvekili olmalarının orduda ve emir ve komutada istenen disiplinle bağdaşmadığı görüşü ortaya çıkmıştır. 1. ve 2. Ordu müfettişlerinin görevlerinden istifa ederek Meclis'e dönmekle orduları uygun görülmeyen bir zamanda başsız bırakmış olmaları bu görüşü doğrular. Seçim bölgeniz halkı, ordu disiplininin esenliği için vereceğiniz karardan elbette memnun olur. Önceki bildirimime göre kararınızın bildirilmesini rica ederim.

Cumhurbaşkanı
Gazi M. Kemal

Bu telgrafıma Cevat Paşa'nın yanıtı şudur:

Telgraf başında Diyarbakır, 31.10.1924

Cumhurbaşkanı Gazi Mustafa Kemal Paşa Hazretleri'ne

Emir ve komutada beklenen disiplinle bağdaşmadığından komutanların milletvekili olmamaları hakkındaki yüksek görüşlerinize bütün kalbimle katılır ve seçim sırasında bu görevden bağışlanmamı yüksek kişiliğinizden dilememin de bu görüşe dayandığını sunarım. Ancak bugün yüksek makamınızdan verilen bir emirle milletvekilliğinden istifanın, yüksek şahsınızca da öngörüleceği üzere, ulus ve seçim bölgemce iyi görülmeyeceğine inanıyorum. Bu inançla ve hiç de uygun görmediğim şu önemli zamanda ordudan ayrılmak zorunda kalacağımı düşünerek üzgün olduğumu saygılarımla bilginize sunarım.

3. Ordu Müfettişi
Cevat

Cevat Paşa Ankara'ya geldikten sonra durumu anlamış ve önerimin uygulanmasının gerekli olduğuna inanarak hemen milletvekilliğinden istifa etmiştir. Paşa'nın, yaratılmak istenilen durumlarla hiçbir ilişkisi ve ilgisi olmadığı bizce de doğrulanmıştır. Gerçi Kâzım Karabekir Paşa, istifa ettiğini filan gün ve filan saatte gibi açıklamalarla birçok komutana ve bu arada Cevat Paşa'ya da bildirmiş ise de, bu bildirim Diyarbakır'da iken önerimin gerçek sebebini anlamakta kararsızlığa yol açmaktan başka bir etki yapmamıştır.

Cafer Tayyar Paşa da şu yanıtı verdi:

Telgraf başında Diyarbakır, 31.10.1924

Ankara'da Cumhurbaşkanı Gazi Mustafa Kemal Paşa Hazretleri'ne

Milletvekilliği ve komutanlık sıfatlarından birinin bizden alınması gereğinin uygun bulunması durumunda, ulusal görevlerin en saygını saydığım milletvekilliği görevini yapmayı tercih etmekte olduğumu saygılarımla bilginize sunarım, efendim.

7. Kolordu Komutanı Tümgeneral
Cafer Tayyar

Komplo düzenleyenlerin Meclis'e ve kamuoyuna karşı orduyla yapmak istedikleri aldatmaca ortaya çıkarıldı

Efendiler, aynı zamanda milletvekili olan Genelkurmay başkanı ve komutanlar, orduda siyasetle ilgili kişilerin bulunmasındaki sakıncayı kabul ederek, bu konudaki önerimi iyi karşıladıktan ve bana gerçekten güvenlerini gösterdikten sonra, Cevat ve Cafer Tayyar paşaların müfettişlik ve komutanlıkta kalmaları uygun görülemezdi. Dolayısıyla hemen askeri görevlerine son verildi. Yerlerine gerekli kişiler atandı ve durum, Milli Savunma Bakanlığı'nca bütün orduya genelgeyle bildirildi.

Kâzım Karabekir ve Ali Fuat paşalara Milli Savunma Bakanlığı tarafından bir emir bildirilerek, yerlerine atanan kişilere askeri görevlerini gereğine göre devir ve teslim ettikten ve bunu haber verdikten sonra Meclis'e girmeye ve yasama görevlerini yapmaya başlayabilecekleri bildirildi. Bu durum, başbakan tarafından Meclis Başkanlığı'na da resmen yazıldı.

Meclis'e girmiş olan Kâzım Karabekir ve Fuat paşalar Meclis'ten çıkarıldı. Fuat Paşa askeri görevini sona erdirmek üzere tekrar Konya'ya gitti. Kâzım Karabekir Paşa, Sarıkamış'tan kendi yerine gelecek olan komutan göreve başlayıncaya kadar Meclis dışında kalmak zorunda bırakıldı. Milletvekilliklerini korumak isteyen iki komutanın orduyla ilişkisi kesildi. Bu şekilde, komplo düzenleyenlerin Meclis'e ve kamuoyuna karşı orduyla yapmak istedikleri aldatmaca ortaya çıkarıldı.

Efendiler, 1 Kasım 1924 günü Meclis'in ikinci toplantı yılının açılacağı gündü. Bu sebeple oturumu ben açtım. Alışılmış açış konuşmamı yaptım. Ben başkanlık kürsüsünden ayrıldıktan sonra, Fevzi, Fahrettin, İzzettin, Ali Hikmet, Şükrü Naili paşaların istifa mektupları ve başbakanın orduda komuta değişikliğine ilişkin 31.10.1924 tarihli yazısı sırayla okundu. Meclis, 5 Kasım günü toplanmak üzere oturuma son verildi.

Efendiler, Kâzım Karabekir Paşa 1 Kasım 1924 tarihli bir yazıyla Meclis Başkanlığı'na başvurarak, Milli Savunma Bakanlığı'nın, kendisinin Meclis'e katılmasını engellediğinden şikâyet etti. 5 Kasım günü Meclis'te okunan bu yazıda Kâzım Karabekir Paşa diyordu ki: "İstifamdan beş gün sonra (30.10.1924 Cuma günü akşamı geceleyin) Milli Savunma bakanının Sarıkamış'tan gelecek olan asıl komutanın gelişine kadar beni Meclis'e katılmaktan alıkoymak isteyen bir bildirimini aldım." Yazı şu cümleyle son buluyordu: "Bununla beraber, bu konuda yetkili olan yüce Meclis'in kararını beklediğimi saygılarımla bilginize sunarım."

Kâzım Karabekir Paşa, Milli Savunma Bakanlığı'na da aynı tarihte bir yazı yazarak: "Devir ve teslim nedeniyle belirsiz bir süre için milletvekilliği görevine devam etmemekliğim bildiriliyor." "İstifa ettiğim gün, asıl komutanı bekleme konusu ileri sürülmemişti." "Beş gün sonra bilmem neden böyle bir sebep yaratıldı." "Meclis'e katıldıktan sonra, isterse geçici bir şekilde olsun, tekrar bir görevi kabul, hem isteğime hem de Büyük Millet Meclisi'nin kararına bağlı olduğundan durumu adı geçen Meclis Başkanlığı'na yazdığımı saygılarımla bilginize sunarım..."

Efendiler, "ordumuzun yükselmesi ve güçlendirilmesi için" tasarılar sunduğundan söz eden ve onlar dikkate alınmadığından "üzüntü ve ümitsizliğim çok büyüktür" diyen eski Müfettiş Paşa, ülkenin üçte birini kapsayan koskoca bir orduyu, keyfinin istediği anda, beş satırlık bir kâğıtla başsız bırakmanın ne kadar hafif ve ordunun yükselmesi ve güçlendirilmesi bakımından esas olan disiplini ne derece bozan bir hareket olduğunun farkında görünmüyor. Dikkate alınmadığını ileri sürdüğü raporları ve tasarılarıyla yapamadığı işi, devletin bir ültimatom aldığı ve ondan dolayı olağanüstü olarak topladığı Meclis'te yapmaya kalkıştığını ileri süren Müfettiş Paşa, kendisi gibi hareket eden arkadaşlarıyla beraber, hiç uygun olmayan bir zamanda, orduya ne kötü bir kargaşa örneği gösterdiğini anlamak istemiyor...

Ordumuzun yükselmesi için fikir ve görüşlerinin beğenilmemesine kırılan kişi, askeri görevlerin devir ve tesliminin yasal bir görev olduğunu, ordunun yönetim ve disiplininin esenliği için onu yapmak zorunda olduğunu bilmez gibi görünüyor...

Üzerindeki askeri görevinin son bulduğunu Meclis'e resmen bildirecek makamın, ona askeri görev vermiş olan makam olmasının doğal bulunduğunu dikkate almıyor...

Efendiler, Kâzım Karabekir Paşa'nın Meclis Başkanlığı'na olan yazısının ardından başbakanın bir yazısı ve iki eki de okundu.

Başbakan, Karabekir Paşa'nın Milli Savunma Bakanlığı'na olan başvurusunu ve Bakanlığın ona verdiği yanıtı aynen Meclis'in bilgisine sunuyordu.

Milli Savunma bakanı, Kâzım Karabekir Paşa'nın bütün iddia ve görüşlerinin doğru olmadığını açıkladıktan sonra, ona "ordu müfettişliğine ait görevler ve gizli belgeleri doğrudan doğruya kendisinin yerine gelecek olan komutana devir ve teslimini ve bunun haber verilmesini" tekrar belirtiyor ve emrediyordu.

Acaba bu son uyarıdan sonra, eski Müfettiş Paşa anlamış mıdır ki, yurdun savunması için ordusuyla ilgili önemli görevi, gizli belgeleri, devlet kendisine güvenerek vermiştir. Onları, yerine geçecek ve devlete karşı sorumlu olacak olan komutana gösterilmeden, kendiliğinden, istediğine bırakması ve vermesi büyük bir hatadır; ağır yasal işlem yapılmasını gerektirir. Bunları anlamış mıdır?

Kâzım Karabekir Paşa'yı bir an önce Meclis'e sokmakta acele edenler, yaptığımız işlemi bozmaya çalışıyorlardı

Efendiler, Kâzım Karabekir Paşa'yı Meclis'e bir an önce sokmakta acele edenler, yaptığımız işlemi bozmaya çalışmakta gerekeni yaptılar. Feridun Fikri

Bey (Tunceli milletvekili) ilk olarak ortaya atıldı. Vehbi Bey (Balıkesir milletvekili): "Meclis'e katılan bir arkadaşı, bir üyeyi görüşmelere katılmaktan herhangi bir güç alıkoyabilir mi? Böyle şey olur mu?" diye konuşmaya ve suçlamaya başladı.

Saygıdeğer milletvekili, fikir arkadaşını bir an önce Meclis'te çalışmaya başlatabilmek için, yasanın gücünü, onun ezici iktidarını ve o güç ve iktidarı kullanmak için yüce Meclis'in ve ulusun güven ve itimadını kazanmış insanların azim ve kararlarında ne derece kesin olduklarını unutmuş gibi görünüyordu.

İsmet Paşa'nın konuşması bu yaygaraları susturdu. Bununla ilgili olan görüşmeler kapandı. Paşalara verilen emirler, olduğu gibi uygulandı.

Hükümet çarpışmayı açıktan ve cepheden kabul etti

Meclis, genel görüşmesine geçti. Söz konusu sorun "Mübadele, İmar, İskân Bakanlığı hakkında gensoru" idi.

Başbakan İsmet Paşa kürsüye çıkarak şu öneride bulundu: "Birçok konuşmacının bayındırlık ve yerleştirme işleri üzerinde değil, çeşitli fırsatlarla diğer bakanlıklara ait işlere değindiklerini gördüm. Hatta bazı konuşmacılar, başbakanın, devletin iç ve dış siyaseti hakkında enine boyuna ayrıntı vermesi isteğini göstermişlerdir. Bu isteklerin tümünü memnuniyetle benimsiyorum. Mübadele bakanı, yüce Meclis'in oyları ve uygun bulmalarıyla Başkan Vekilliği'ne seçilmiştir. Fakat bu nedenle gensorunun önem ve kapsamının hiçbir şekilde küçümsenmemesini öneririm. Ben güzel 'taktik'i severim."

Bu şekilde hükümet **sahnenin perdesini kaldırdı** ve oyun hazırlığı yapanların oyunlarını uygulamasını çabuklaştırdı. Hükümet, açıktan ve karşı karşıya çarpışmayı kabul etmiş bulunuyordu.

Efendiler, lehte ve karşıt olmak üzere otuz kadar konuşmacı söz aldı. Adalet ve Milli Eğitim bakanları da konuşma yaptılar. Tartışma beş saat sonuçsuz devam etti. Gensoru görüşmesi ertesi güne bırakıldı.

Ertesi gün öğleden sonra saat 14.30'da görüşmeye başlandı. İlk kürsüye çıkan İçişleri Bakanı ve Mübadele, İmar ve İskân Bakanlığı Bakanı Recep Bey oldu. Uzun açıklamalar yaparak konuştu. Karşıtlar, yerlerinden Recep Bey'e kısa sataşmalar yapıyorlardı.

Recep Bey bir noktada dedi ki: "Bazı gazeteler ve bazı kişiler diyorlar ki, Ankara'da bir hükümet varmış, Meclis'in bütün tatil zamanında, ülkeyi ne kadar kanunsuzluklar ne kadar usulsüzlükler varsa, hep bunlarla yönetmiş... Söylentilere göre, bazı arkadaşların birtakım gizli defterleri de varmış; orada bakanların yaptıkları kanunsuz hareketler yazılıymış... Bir gün gelecekmiş, Meclis toplanacak ve orada hükümeti hesaba çekeceklermiş. O zaman o gizli defterlerde yazılanlar ulusun önünde hükümetten sorulacakmış. İşte o gün gelmiştir! O defterlerde yazılanları ulusun önüne döksünler!"

Atatürk Orman Çiftliği. ATASE Arşivi.

Feridun Fikri Bey, arkadaşları adına çoğul konuşarak yanıt verdi: "Sırasında dökeceğiz!" dedi.

Recep Bey karşılık verdi: "Dökünüz efendim, bekliyoruz. Hükümet, ulus önünde bağrını sorumluluğa açmış olarak daima karşınızdadır" dedi ve şu sözleri ekledi: "Ülkenin gizli kapaklılığa, anlaşılmaz sözlere, belirsizliğe, kararsızlığa dayanacak gücü yoktur. Açık eleştiri yapılmaksızın, etrafta birtakım kuşku bulutlarının her gün dolaştığını fısıldayarak, Türkiye Cumhuriyeti'nin, bu taze varlığın hayatında zararlı karışıklıklar varmış gibi göstermek, bu ülkeye ihanettir." "Herkesin, köşede bucakta, koridorlarda, şurada burada birtakım asılsız boş düşüncelerle kamuoyunu bulandırmaktansa, bu herkese eşit derecede açık olan ulus kürsüsünde gelip gerçeği söylemesi gerekir. Gerçek söylenmez ve yine bu asılsız düşüncelerin aşılanmasına devam edilirse, bunu yapanların, bu ülkenin kaderiyle sağlam ve içten bir bağları olmadığı yargısına varacağım. Ben kendim bunu böyle sayacağım ve sanırım ulus da böyle sayacaktır. Bu kürsüye davet ediyorum... Ta ki ulus bilsin, gerçek ne taraftadır; sanı, kuşku, iftira, suçlama ne taraftadır."

Recep Bey'den sonra karşı olarak konuşma yapan birtakım kişiler dinlendi. Onlara da Ticaret Bakanı Hasan Bey (Trabzon milletvekili) ve Milli Savunma Bakanı Kâzım Paşa yanıt verdiler.

Karşı olarak söz alanlar arasında Rauf Bey de vardı. Ona da söz sırası geldi.

Rauf Bey, İmar ve İskân Bakanlığı'na yöneltilen soru ve gensoru kapsamına hükümetin tamamının alınmasını uygun bulmamakla beraber, başbakanın bu hareketini yiğitçe buldu ve sözlerinin başında "Meclis, bir kötü niyet karşısında bulunan hükümete saldırı durumuna geçmiştir" dedi.

Yunus Nadi Bey, "Anlamadık!" dedi. Rauf Bey açıkladı, dedi ki: "Eleştirenler hükümete seslenirken, kasıtlı bir iş yapmışlar ve ona saldırıyorlarmış gibi durum görüyorum."

Rauf Bey, konuşmacıların ağır kelime kullanmamaları, hükümeti küçük düşürecek şekilde sözler söylenilmemesi gibi öğüt verircesine ve ılımlı bir tavır ve tutumla Feridun Fikri Bey'in önerisine değindi ve onu savundu. Tunceli milletvekilinin önerisi bir "anket parlamanter"[30] idi. "Meclis soruşturması" kurulu oluşturulmasının acil olarak karar altına alınması isteniyordu. Feridun Fikri Bey'in buna ilişkin bir önergesi ve bu önergenin ad okunarak oya konması için de Feridun Fikri Bey'le beraber daha 16 arkadaşının diğer bir önergesi vardı.

Rauf Bey dedi ki: "Soruşturma komisyonu diye Türkçeleştirdiğim bir komisyondan söz edildi." (Söz konusu eden Feridun Fikri Bey'dir.) Rauf Bey sözüne şöyle devam etti.

"... Bakanlar böyle bir komisyonun kabulünü, bu ana kadar saygın olan vatan ve ulus duygularına karşı bir leke ve bir aşağılama saydılar."

Yunus Nadi Bey, Rauf Bey'in sözünü kesti. "Biraz öyle" dedi. Rauf Bey tekrar devam etti... "Hepimizin hatasız olmadığını kabul ederek sunuyorum ki ve bunun gerekli olduğunu, (...) ben de ilgili olduğum için herkesten önce ben istiyorum" dedi.

"Cumhuriyet" sözünü söylemeye Rauf Bey'in dili varmıyordu

Rauf Bey, söz söylerken, Meclis'e karşı çok saygılı olduğunu göstermek için de fırsat aramaya önem veriyordu. Bir sırasını getirerek dedi ki: "Bu yüce Meclis'in koyduğu kanunlara bazı sıfatlar verilmiştir; 'Koridor Kanunları' denilmiştir."

Rauf Bey, yüce Meclis'e saygı gösterilmesini istiyordu.

Rauf Bey, yüce Meclis'in cumhuriyeti ilan eden kanunu kabul etmesi üzerine takındığı saygısız tavrın unutulduğunu sanmış olacak!

Mazhar Müfit Bey (Denizli milletvekili): "Onu ilk önce, saygıdeğer arkadaşınız Muhtar Beyefendi söylemiştir" dedi. Bu söz, Rauf Bey'e sözünün yönünü değiştirtti. Fakat, Muhtar Bey alındı.

Saip Bey (Kozan) söze karıştı. Sonunda, başkanlık makamının karışması ve uyarısıyla Rauf Bey sözüne devam ettirildi.

Rauf Bey döndü dolaştı, sonunda ilke konusuna dayandı. "İlkemiz, yolumuz, kayıtsız şartsız ulusal egemenlik ilkesidir" dedi.

---

30 Enquête parlementaire (*Fr.*): Meclis (parlamento) soruşturması (y. n.).

Yunus Nadi Bey'in sesi işitildi: "Cumhuriyet!.."

Rauf Bey yanıt vermedi. Başladığı cümleyi şu şekilde tamamladı: "Ulusal egemenliğin tek belirdiği yer Büyük Millet Meclisi'dir."

"Cumhuriyet" sesleri bütün Meclis salonunu doldurdu.

Ali Saip Bey (Kozan): "Cumhuriyet!.." dedi.

Rauf Bey, Ali Saip Bey'le konuşmaya başladı. İhsan Bey işe karıştı: "Sözleriniz açık değildir Rauf Beyefendi" dedi.

Rauf Bey: "Açıktır. Çok rica ederim İhsan Beyefendi." İhsan Bey: "O kadar açık değildir. Uzun zamandan beri sizinle anlaşamadık!" dedi. Rauf Bey, İhsan Bey'in yüksek adalet duygusuyla dolu bulunduğundan, yargıçlık yaptığından söz ederek ona dedi ki: "Suçsuzluk asıldır. Aksini kanıtlamadıkça, bir tarafı kuşku altında bulundurmak ve böyle belirtmek doğru değildir." İhsan Bey yanıt verdi: "**Gerçeği söylemeyen sanıktan kuşku duymakta hâkim haklıdır**" dedi.

Rauf Bey'le İhsan Bey arasındaki bu konuşma biraz uzadı. Başkan duruma karıştı. Rauf Bey devam etti ve: "Teşkilat-ı Esasiye Kanunu'nda bakanların görev ve yetkileriyle ilgili bir kanun yapılması söz konusuydu. Bu yapıldı mı? Bunu sorarım" dedi.

Efendiler, kanunların Meclis tarafından yapılması doğal olduğundan hareketle, Rauf Bey, hükümete değil, kendisinin de üyesi bulunduğu Meclis'e soru soruyordu.

Rauf Bey, Şûra-yı Devlet [Danıştay] kuruluşuna değindikten sonra, "Men'i Şekavet Kanunu [Eşkıyalığı Önleme Kanunu] uygulanmış mıdır? Köy Kanunu uygulanmış mıdır?" şeklinde, İçişleri bakanından başlayarak, Bayındırlık, Ticaret, Ziraat, Milli Savunma, Adliye ve Milli Eğitim bakanlarına birçok sorular yöneltti. Bütün bu sorularla, Rauf Bey'in ulus ve ordunun dikkatini çekmek istediği anlaşılıyordu. Örneğin, Karadere ormanları hakkında bir işlem olduğunu basında görmüş; "O iş nasıl olmuş?" ve "Fedakâr ve kahraman ordumuzun, İstiklal Savaşı'nın ardından savaş durumundan barışa geçişinde büyük bir düzen ve olgunluk gösterdiğini işittik ve gurur duyduk. Fakat ondan sonra barındırma ve besleme bakımından durumu aynı derecede kuvvetli kabul edip düşünebilir miyiz? Bu yönden bizi aydınlatmalarını rica ederiz" dedi.

Rauf Bey'in bu sorusunun ortak bir soru olduğu, kendi söyleyişinden anlaşılıyor; "rica ederiz" diyor. Gerçekten bu sorunun, o güne kadar orduların başında bulunan iki ordu müfettişinin de katılımıyla düzenlenmiş olduğunu düşünmemek için bir sebep yoktur.

Rauf Bey, Adliye'de örgütün değişimi dolayısıyla yapılan uygulamaların, adaleti sağlamak için en uygun şekil ve yol olup olmadığını öğrenmek istiyordu.

Milli Eğitim bakanından da, ilköğretim süresinin kanuna aykırı olarak niçin azaltıldığının açıklanmasını istedi.

Rauf Bey, İstanbul valisinin gece manevrasından, İstanbul'un belediyeyle yönetilmesinin halkın haklarına saldırı olduğundan da söz ettikten sonra, Milli

Eğitim Bakanı Vasıf Bey ile basın arasında meydana gelen bir olaydan ve bu fırsatla öğretmenlerden söz ederek dedi ki: "Öğretmen ordusunun, aydın ordunun şu veya bu tarafı tercih eder, destekler şekilde yayın yapmaları doğru mudur?"

Rauf Bey, bunun doğru olmadığını söyleyerek konuşmasını şu cümleyle bitirdi: **"Allah vatanımı, ulusumu ve hepimizi korusun."**

Bu cümlenin karşılandığı alkışlardan sonra, İçişleri bakanı kürsüye çıktı. Gümüşhane Milletvekili Zeki Bey ondan önce olduğunu ileri sürdü. Vehbi Bey: "Efendim, bu konu bakanların Meclis'i sorguya çekmesi oldu" dedi. Başkanlık, bakanların söz hakkına ilişkin iç tüzüğü hatırlattı. Recep Bey de, gayet geniş bir gensoruyla karşı karşıya bulunan bakanların, tüzük ile belirlenmiş olan söz söylemek haklarına izin verilmemesi durumunda, gerçeğin açıklığa kavuşmasına yardım edilmemiş olacağını söyledikten sonra, yöneltilen sorulardan kendisiyle ilgili olanlara birer birer yanıt verdi. Konuşması sırasında, Rauf Bey'in kürsüye öğüt verircesine bir tavırla çıktığını işaretle, "Bu Meclis, hiçbir zaman, tam bir sessizlikle hareket etmek zorunda olan ne bir okul ve ne de bir fen akademisidir" dedi. Rauf Bey'in kürsüde bugün bile açık olmadığına, "anket" [soruşturma] adını söylemeyerek Feridun Fikri Bey'in bir yıllık çalışmayla ilgili olan ve üç bakanlığı kapsayan anlamsız, haksız, mantıksız ve kanunsuz ve hükümet dengesini yıkan bir şekildeki "anket parlamanter" önerisini istediğine genel kurulun dikkatini çekti. Feridun Fikri Bey, yerinden, Recep Bey'in "mantıksızdır" sözüne karşı çıktı. Bu sözü geriye almasını istedi. Recep Bey: "Geriye almıyorum efendim, mantıksızdır; gerçek, olduğu gibi söylenir" dedi. Feridun Fikri Bey'in "Mantıksız sözünü kabul etmiyorum" sözüne Recep Bey yanıt verdi: "Feridun Fikri Bey" dedi, "siz daha ağır şeyleri kabul etmeye alışkınsınız..."

Daha ağır şeyler, Adalet Bakanı Necati Bey tarafından yöneltilmiş... Feridun Fikri Bey, "Adalet bakanı sözlerini geri aldılar" dedi. Necati Bey yerinden fırlayarak: "Sözlerimi geri almadım..." dedi. Biraz gürültü oldu. Sonunda başkan, "Rica ederim gürültüyü keselim!" dedi. Recep Bey, devam ettiği açıklamasında, "... Birçok kişide defterler varmış, demiştim. Şimdi Rauf Bey'in sözlerine göre, hazırlanmış sorulardan on, on beş tanesinin silinmesi fırsatını bulacağız. İşte efendiler" dedi, "defterlerin yavaş yavaş ilk sayfaları çıkıyor."

Recep Bey, Rauf Bey'in konuşmasında kullandığı "taktik"e işaret ederek dedi ki: "Rauf Bey hem bütün bu soruları soruyorlar ve hem de, 'Asla bir sorumluluğu veya hükümeti düşürmek gibi bir şeyi hedeflemiyorum' diyorlar. Bir gensoru günü ulus kürsüsüne çıkan kişi, ya yandaştır veya karşıttır. Yandaş ise hükümetin desteklenmesini ister. Karşıt ise düşürülmesini ister ve bunu açık ve net olarak söylemek gerekir. Yoksa Rauf Beyefendi'nin sözleri boş sözlerdir."

Recep Bey'in bu cümlesi, Rauf Bey'le aralarında kısa bir konuşmaya yol açtı; "Fakat saldırıyorsunuz", "Siz de sözlerime karışıyorsunuz..." gibi sözler, karşılıklı olarak söylendi. Sonunda Recep Bey, konuşmasına devam ederek dedi ki: "Saygıdeğer efendiler, birtakım sorular soruyorlar... Ahmet gelmiş midir?

Kanun uygulanmış mıdır?" "Türkiye Büyük Millet Meclisi kürsüsü, böyle gensoru görüşülürken, hedefsiz olarak sorulacak ve söylenecek sözlerin yeri değildir." "Buraya çıkıyorlar, söylüyorlar, söylüyorlar, sonuç olarak 'Söylüyorum, söylüyorum ama bir şey yoktur' diyorlar. Böyle olunca söylenenler boş sözdür ve amaçsızdır. Durumun tanımı budur." Recep Bey sözlerine şöyle devam etti: "Çok dikkat ettim, Rauf Bey buraya çıktılar, sırası geldi, gerekti, başka bir tanım yaptılar, fakat 'cumhuriyet' sözcüğünü söyleyemediler." "Saygıdeğer arkadaşlar" dedi, "şaka yapmıyoruz. Büyük bir inkılaptan çıktık, aydınlık bir geleceğe gidiyoruz. Bütün gerekleri, bütün koşulları, bütün açıklığıyla bir hedefe yürüyoruz." "Rauf Bey'de nedir bu küskünlük ki, sırası gelmiş ve arkadaşlar bu nedenle fırsat vermişken, bu kutsal adı söylememekte inat ve ısrar etmişlerdir." "Fakat dikkate değer bir noktadır ki, bu kişi, İstanbul'da kıyametleri kopardı." "Elinden gelen her şeyi yaptı ve karşınıza çıktığı zaman bütün bu yaptıklarından döndü ve yemin ederek dedi ki: 'Ben cumhuriyetçiyim.' Bugün kendisinden kuşku duyuyorum. Beni bu kuşkunun yanlış olduğuna inandırmayı kendileri için gerekli sayarlarsa, çıksınlar, kürsüden veya başka bir yerden söylesinler ki, böyle bir kuşkuya yer yoktur. Yoksa, Rauf Bey'in cumhuriyete olan bağlılığından kuşkum vardır ve bu kuşkum devam edecektir. Gerçek budur."

Recep Bey, açıklamasını bitirirken: "Saygıdeğer arkadaşlar" dedi, "bugüne kadar boğazımıza kadar kan içinde yoğrularak bu davayı, bu kutsal vatanın kesin yükselişini sağlayacak olan bu davayı bugünkü aşamaya kadar getirdik. Bugünden sonra en büyük hata, kararsızlıklar, kuşkular, belirsizliklerdir. Bunların nereye varacağını kimse bilemez."

Recep Bey kürsüden inerken, Başkanlık makamı, isteği üzerine kendini savunmak için Rauf Bey'e söz verdi.

Rauf Bey, "Sizin her kararsızlık gösterdiğiniz zamanda, ben tekrar yemin etmek ve ant içmek zorunda mıyım?" dedi, "Zorundasın" sesleri yükseldi. Rauf Bey bu seslere: "Hayır efendiler, kimsenin kimseden kuşku duymaya hakkı yoktur" cümlesiyle yanıt verdi.

Buna, Afyonkarahisar Milletvekili Ali Bey yerinden karşılık verdi: "Sen de o zaman, bu toprakta oturamazsın. Atalarının, babanın ve dedenin geldiği yere gidersin. Bu toprak bunu istiyor" dedi.

Bunun üzerine, Rauf Bey karşı olduğu noktayı açıklamaya çalıştığı bir konuşma yaparak dedi ki: "Kayıtsız şartsız ulusal egemenlik ilkesine dayanan bir yönetimi, demokrasi denilen halk yönetimi ilkelerini kurmak için ve bu ilkeler üzerine ulustan vekâlet aldık." "Birtakım arkadaşlarımız, ulusun bu hakkını Meclis'ten alıp şu veya bu makama, Meclis'i dağıtmak ve kanunları geri çevirme hakkını vermek anlayışını gösterdiler ve o doğrultuda ilerlediler. İşte ben buna karşıyım."

Recep Bey bu sözlere yanıt verdi ve açıkladı ki, Rauf Bey karşı çıktığı zaman henüz Teşkilat-ı Esasiye Kanunu ve böyle birtakım hakların kimseye verilmesi veya verilmemesi söz konusu bile değildi. Bu sorunlar ancak aylarca sonra söz konusu edildi. Recep Bey: "Efendiler, bu yanıltmacadır" dedi.

Rauf Bey, karşı çıkma sebebini iyi anlatabilmek için şöyle bir açıklamada bulunmaya gerek gördü; dedi ki: "Efendiler, değil halifeci ve sultancı, bu makamın haklarını almak eğiliminde olan herhangi bir makamın da karşısındayım."

Rauf Bey, halifeci ve sultancı olmadığını söylerken, cumhurbaşkanlığı makamının, cumhurbaşkanının karşısında olduğunu açıklıyor ve ilan ediyordu. Daha önce, yeri geldiğinde bildirdiğim üzere, Rauf Bey, "Türkiye Büyük Millet Meclisi hükümeti" şeklinde ısrarlıydı... Adın değişmesiyle, yani cumhuriyet unvanı alınmış olmakla beraber, kuruluşun o niteliğinin korunmasını istiyordu.

Niçin? Çünkü, cumhurbaşkanlığı makamı, hilafet ve saltanat makamlarının haklarını almak eğilimindeymiş...

Efendiler, görüş diye ortaya atılan bu sözler, Recep Bey'in dediği gibi "boş laf" değil de nedir? Bu gibi sözlerle kurulan mantık "yanıltmaca" değil de nedir?

Bu görüş ve mantığın anlam ve özünü, Rauf Bey'in bugünkü işleri ve çalışmaları pek güzel göstermektedir. Fakat biz bunu anlamak için, bugünlere kadar beklemek dikkatsizliğini gösteremezdik. Bundan dolayı bizi bağışlasınlar.

Meclis'te yapılan görüşmelerin karşı görüşlü basındaki yankıları

Efendiler, o gün de gensoru sonuçlanmadı. Görüşme ertesi güne bırakıldı. 8 Kasım günü yapılan görüşmeye gelmeden, biraz da, o günlerdeki bazı yayınları gözden geçirelim.

Vatan gazetesinin 5 Kasım 1924 tarihli sayısındaki başmakalede, hükümeti eleştirenler ve karşı tutum alanlar övülmekte ve hükümet taraftarları suçlanmaktadır. Başyazar "Henüz ağzını açmayan eleştiri yapmaya aday kişilere karşı, her gün kulaktan kulağa yeni bir saldırgan söz fısıldanıyor. Hükümetçi gruptan kime rastlasanız, o günün gizli günlük emrinde bulunan sözleri aynen işitirsiniz" dedikten sonra sözlerini doğrulamak için birtakım örnekler sayıyor ve "Körü körüne emre uymayan, gerçeği gören ve söylemek isteyen kişileri baştan susturmak için her yola başvuruyorlar" ve "Kişisel irade, doğal durumun ve düzenin üstünde bir etken niteliğini koruyacaktır" diyor.

Efendiler, yazar "gizli günlük emir" ve "kişisel irade" sözleriyle ulusa neyi haber vermek istiyordu? Gizli günlük emirler veren, kişisel iradesini etken kılan kimdi? Bu üstü kapalı sözleri kullanan makale sahibi, sonunda bize "İki tarafı tarafsızca bir hakem haliyle çağırıp dinlemek, cumhurbaşkanının en nazik ve önemli görevidir" öğüdünü veriyor. Bu görevin hemen yapılmasını istiyor ve "Çünkü yarın pek geç olabilir!" diye tehdit de ediyor.

Bir gün sonra, benim Meclis'in yeni dönem açış konuşmamdan söz eden aynı yazar, "Eleştiri eğilimi gösteren en bağımsız fikirli vatandaşları zaman zaman ortadan kaldırmaya çalışan tekelci bir siyasi sistem, gelişme ve ilerleme için ezici bir cehennem makamındadır" cümlesiyle, uyguladığımız sistem hakkında pek haksız ve acımasızca bir suçlamada bulunuyor ve "Uğursuz gidişin belli bir noktada durdurulması, yeni bir çığır açılması gerekmektedir" diyerek, bize tekrar görevimizi hatırlatıyordu.

Vatan yazarı, bir gün sonra yazdığı "Sokaktaki Adam" başlıklı başmakalesini "'İnşallah iyi olur' demekten başka yapacak şey kalmamış gibi görünüyor" cümlesiyle bitiriyordu.

8 Kasım 1924 tarihli *Vatan* gazetesinde yayımlanan bir Ankara telgrafında "Meclis, yüksek mevkide bulunanların onayı olmaksızın hükümeti düşüremeyecektir" şeklinde, büyük harflerle yazılmış izlenimler ve "Rauf Bey'in, dünkü konuşmasında gensoru dışında önemsiz şeylerden söz etmekle, gensoru taraftarlarının yerini ve gensoru davasını zayıflattığı söylenmektedir" gibi haberler vardır.

Vatan gazetesinin gensoru davasını izlemek için özel olarak gönderdiği muhabiri, izlenimlerinde pek yanılmazlık gösteremiyorsa da, gensoru davasının zayıflama sebebi hakkında verdiği haberde aldanmış görünmüyordu.

Efendiler, *Tevhid-i Efkâr*'ın başyazarı da bir sürü başmakalelerle bize karşı olanları destekliyor ve cesaretlendiriyor ve kendini savunan hükümetin ve hükümetten yana milletvekillerinin kendilerini savunmalarını ve söz söylemelerini bile istemiyordu. Bu başyazar diyordu ki: "Meclis'te, hükümetten yana milletvekilleri, böyle her önemli işi gürültüye boğmak eğlencesinde devam ederek eleştirenleri susturdukça, İsmet Paşa hükümeti hiç şüphesiz güvenoyu alacaktır. Fakat bu güvenoyunun gerçek niteliği, sonunda, bir küçük sandığın içine fazla miktarda beyaz kâğıt atılmış olması olacaktır."

Bu safsatalar üzerinde durmaya gerek yoktur. Biraz da, *Tanin* gazetesine bakalım! *Tanin*'in "Siyasi Mayalanmalar" adlı bir başmakalesinde, "Ulusal savaşta büyük hizmetleriyle öne çıkmış saygıdeğer ve güvenilir bazı kişiler arasında bir ortak hareket girişiminin başladığının" haber alındığından ve "Halk Partisi'yle ve hükümetle yakın ilişkileri olan basının bu haberleri pek çirkin bir şekilde karşılamalarından ve yorumlamalarından" ve "daha şimdiden gelecekteki partiyi gözden düşürecek şekilde görüşler ileri sürmeye kalkışılmasından" söz edilmektedir. Makalede program sorununa değinilerek, Halk Partisi'nin programı olmadığına işaret edildikten sonra, "Biz Halk Partisi'nden hiç memnun değiliz. Fakat Halk Partisi'nin ilkeleri adına söylenen ve görülen şeylere tamamen taraftarız" deniliyor ve Halk Partisi ilkelerinden ne anlaşıldığı açıklanarak "Fakat, acaba gerçekte de böyle midir?" sorusu ortaya atılıyor. Yazar bu soruya olumsuz yanıt veriyor ve "Karşımızda böyle bir yenilik ve düzeltme partisi görmeyi gönlümüz istediği için, Halk Partisi'ni bu dediğimiz şekilde hayal ediyoruz" diyor. Ondan sonra, yazar şunları söylüyor: "Halk Partisi'nin programı ve sözleri başkadır, tuttuğu yol başkadır. Halk Partisi'nin demokratlığı dudaklarındadır."

Bu görüşün sahibi, birinci cümlesiyle, Halk Partisi, cumhuriyet ilan edeceğini, hilafeti kaldıracağını programına yazıp ilan etmedi ve söylemedi, fakat gerçekten yaptı; demek istiyorsa doğrudur! Ancak, ikinci cümle ile Halk Partisi'ne yöneltiği suçlama doğru değildir.

Makale sahibi, muhalif kişilerin iktidara geçmek istemelerinin yasallığını kanıtlamak için sarfettiği birçok sözlere şunu da ekliyor: "Vatan düşüncesiyle hareket etmek, yalnız iktidardaki kişilere mi –Allah tarafından– onlara özgü olmak üzere verilmiş bir erdemdir?"

Tanin başyazarı 4 Kasım 1924 tarihinde yazdığı "Ordu ve Siyaset" adlı bir başmakalede şu değerlendirmelerde bulunuyor: "Hükümet şekli cumhuriyettir. Fakat, hükümetin yalnız adını değiştirmek hiçbir fayda sağlamaz. Asıl değiştirilmesi gereken nokta işin ruhudur, ilkeleridir. Bugün Birleşik Amerika bunun dışında tutulursa, Amerika'da yirmi kadar ülke vardır ki, hepsinin adı da cumhuriyettir. Hatta hep zencilerden meydana gelen Haiti bile bir cumhuriyet idi. Fakat buralarda cumhuriyetin mutlak hükümetten farkı pek azdır. Soydan gelen bir hükümdar yerine, zorla cumhurbaşkanlığına çıkmış bir zorba görürüz. İşte bu kadar! Cumhurbaşkanı adını taşıyan despot, istediği gibi hükümeti yönetir. Bir mutlak hükümdar gibi keyif ve isteğinden başka bir kanun tanımaz."

Tanin başyazarı, bu Amerika cumhuriyetlerinden Şili'yi dışında tutarak diğerleri için diyor ki: "Hiçbirisi bugün gerçek cumhuriyet adını taşımaya yaraşır değildir. Çünkü demokrasiye... dayanmıyorlar"; "Cumhuriyet adı altında mutlak hükümetlerin egemenlik sürmesi, askeri liderler yüzündendir."

Burada bir an durmak isterim. Efendiler, bu makale, milletvekili olan komutanların milletvekilliğinden istifaları üzerine ve o nedenle yazılıyor. Fakat öyle bir zamanda yazılıyor ki, ordularımızın müfettişleri, orduları bırakıp hükümeti düşürmek için Meclis'e gelmişlerdir ve bu yazar, onların iktidara geçmek istemelerinin yasallığını kanıtlamak için, daha bir gün önce, sütunlarca yazı yazmıştır. Cumhuriyetin mutlak hükümetten farksız olabileceğine örnekler getiren ve bunun sebebinin demokrasiye dayanmamak olduğunu söyleyen yazar, "Hükümet partisinin demokratlığı dudaklarındadır" diyen kişidir. Bunun böyle olması "askeri liderler yüzündendir" diyen kişi, Türkiye cumhurbaşkanının da askeri liderlerden biri olduğunu bilen kişidir. Bu kişidir ki, askeri liderlerden filan ve filanları, askeri liderlerden olan Türk cumhurbaşkanı ve askeri liderlerden olan Türk başbakanı ile karşı karşıya cephe aldırmak için ateşli bir şekilde çalışıyor ve sonra sevmediği tarafın yıkılmasını ulusa gerekli gösterebilmek için, sözde, incelenmeye değer ve ders verici örnekler söylüyor ve "Hangi general emrine daha çok asi toplayabilirse, cumhurbaşkanlığına o geçer" ve "Ordu komutanları, eşkıya liderleri birbirleriyle çarpışarak cumhurbaşkanlığı makamını zorla alıyorlar" diyor.

Efendiler, bu ve buna benzer sözlerin ne amaçla ve ne duyguyla yazıldığını ve bu gibi yayınların Meclis üyelerinde ve kamuoyunda bırakacağı olumsuz ve

Cumhurbaşkanı Mustafa Kemal Atatürk bir yurt gezisinde vatandaşlarla konuşuyor.
ATASE Arşivi.

zararlı etkileri anlamamak mümkün değildi. Gerçekten bu bozguncu etkiler, ne yazık ki, fiili yansımalarını göstermiştir.

Refet, Kâzım Karabekir ve Ali Fuat paşaların Milli Savunma Komisyonu'na seçilmemiş olduklarına üzülen aynı cumhuriyetçi yazar, bu defa da ordu komutanlarının ordulara etkili olabilecek bir heyete seçilmemiş olmasını iyi bulmuyor. Bu noktada, pek sevdiğini anlatmak istediği demokrasiye uymaktan bile vazgeçiyor. Bu düşünceleri içeren cümleleri hep beraber değerlendirelim.

"Siyasi İşler" başlığı altında yazılmış yazılar arasında "Milli Savunma Komisyonu, Millet Meclisi'nin hemen hemen en az siyasi olan, hatta siyasi işlerle hiç ilgili bulunmayan bir çalışma alanıdır" cümlesi okunur. Yazar, bu cümleyle, Meclis'e giren ordu müfettişlerinin siyasetle ilgisi bulunmayan alanda çalışmalarına neden ve niçin olanak verilmedi, demek istiyor. Buna şu yolda yanıt vermek mümkündür: Çünkü, gerçekten Milli Savunma Komisyonu siyasi işlerle ilgisi bulunmaması gereken bir çalışma alanı ise, oraya sadece siyasi işlerle uğraşmak üzere Meclis'e gelmiş olanları sokmakta sakınca olduğu için!

Yazar, bu cümleden sonra devam ederek diyor ki: "Burada, vatanın namus ve bağımsızlığını savunacak orduyu yönetmeye, düzeltmeye, düzene koymaya ve daha ileri bir duruma sokmaya hizmet edecek kanunlar düzenlenecektir. Politikacılık hırslarına kendilerini kaptırmayıp da, yalnız vatanı düşünenler için, bu görevin komutanlar arasında en güçlü kişilere verilmesi bir vatan borcudur."

Bu cümleler üzerinde de biraz duracağım.

Ordunun yönetimi, düzeltilmesi, düzene koyulması ve onun daha ileri bir duruma getirilmesi sorunu çok önemlidir. Bu konuda görevli olan ve bununla ilgilenen makam "Genelkurmay"dır. Bu makamda yazarın da dediği gibi, en seçkin komutanlarımız bulunmaktadır. Ordunun yönetilmesi, düzeltilmesi, düzene koyulması işlerini üstlenen bu büyük Genelkurmay, bu işlerde, gerek gördükçe hükümete önerilerde bulunur.

Genelkurmay'ın ve hükümetin içindeki Milli Savunma'nın enine boyuna düşünüp belirledikleri sorunlar, her yıl toplanan "Yüksek Askeri Şûra" tarafından incelenir ve görüşülür. Yüksek Askeri Şûra'yı, Genelkurmay başkanı, Savunma ve Donanma bakanları ve ordu müfettişleri meydana getirir. Yüksek Askeri Şûra'nın incelemesinden geçen ve uygulanması uygun görülen işlerden gerekenler hükümete önerilir. Bu önerilerden, uygulanması için kanunlaşması gerekli olanlar varsa, işte onlar Meclis'e sunulur. Meclis'te, usul yönünden Milli Savunma Komisyonu'ndan ve ilgisi olursa başka komisyonlardan da geçtikten sonra, Meclis Genel Kurulu'nda görüşülür ve kanunlaştırılır.

Milli Savunma Komisyonu'ndaki üyelerin askerlikten anlaması gerekir. Fakat, yalnız askerlikten anlaması yeterli değildir. Devletin maliyesinden, siyasetinden ve daha çok şeylerden de anlaması zorunludur. Yalnız askerlikten anlamak, orduyla ilgili kanun tasarıları yapmak için yeterli gelseydi, Genelkurmay'ın belirlediğini ve Yüksek Askeri Şûra'nın da onayından sonra ayrıca bir komisyonda veya komisyonlarda incelemeye gerek kalmazdı. Çünkü, politikayla uğraşan kişiler, askerlikten bile gelmiş olsalar, hayatını, bilim ve tekniği ve her günkü askeri ilerlemeleri izleyip uygulamakla geçiren kişilerden daha uzman ve daha yetki sahibi olamaz.

Ordunun yönetilmesi, düzeltilmesi ve düzene koyulması için doğru düşünceler ve büyük deneyimlere sahip olduğunu sanan ve Yüksek Askeri Şûra'da kanunen üye bulunan ordu müfettişleri için en uygun çalışma alanı orduların başında ve Yüksek Askeri Şûra içindeki yerleriydi. (Ciddiyet isteyen bu yerin değerini ve önemini anlamayıp, hükümeti, Milli Savunma Bakanlığı'nı, Genelkurmay'ı beğenmeyip, onları, kendi askeri görüş ve düşüncelerini anlamaktan uzak görerek, siyasi alanda çalışmayı tercih eden komutanların Milli Savunma Komisyonu'na sokulmasına çalışmak; onların, orduyla ilgili olup hükümetten Meclis'e gelen her türlü önerilerin sonuçlandırılmasını güçleştirmek ve bunları fırsat sayarak hükümeti düşürmek ve Genelkurmay başkanını değiştirmek gibi olumsuz isteklerini karşılamak amacına yönelik olabilir.) *Tanin* başyazarının da bu noktadaki amacının başka bir şey olduğunu sanmak gereksizdir.

Amacının gerçekleşmemesinden "üzgün ve ümitsiz" olan yazar: "Eski Atina Cumhuriyeti'nde demokrasi ilkelerine o kadar aşırılıkla bağlı idiler ki, yönetim kollarının hiçbirinde bilgi ve uzmanlık açısından bile bir sivrilme ilkesi kabul edememişlerdi." Demokrasideki bu aşırılığa rağmen "Atina demokrasisinde generaller bu kuralın dışında tutulmuşlardı."

Halk Partisi'nin demokratlığının dudaklarında olduğunu, cumhuriyetin mutlakıyetten farksız olduğunu ulusa anlatmaya çalışan bir kişinin, bu boş sözlerinin henüz okunmakta bulunduğu günlerde, iktidara geçirmek çabasında bulunduğu generallerin demokrasinin bile dışında tutulmalarının uygun olabileceği fikrini ileri sürmesi, sanırım, dürüst insanların yapabileceği hareketlerden değildir.

Efendiler, kin ve hırs bir insanın beynini ve vicdanını kararttığı zaman nasıl konuşur, buna bir örnek ister misiniz?

İşte buyurunuz, aynı yazarın şu sözlerini dinleyiniz: "Halk Partisi'nin, İsmet Paşa hükümetinin ülkeye sunduğu çirkin görünüş! Kişisel hırslar peşinde bu kadar tutsak olan liderler, ulusal bir parti kurmayı, ulusu temsil etmeyi ileri süremezler."

"Gelecek ümidiyle coşan gençler, taze ve temiz canlarını bir amaç uğruna verdiler; ülkeyi kurtarmak için! Ülkeyi, kişilerden ve hırslardan başka bir şey düşünmeyen politikacılar elinde oyuncak yapmak için değil."

Gerçeğin tam tersini söyleyen bu yanıltmaca ve boş sözlerin sahibi, bizim kurduğumuz partiyi ve bizim hükümet kurması için görevlendirdiğimiz İsmet Paşa'nın ve hükümetinin yüzünü çirkin görüyor ve gösteriyor.

Efendiler, bizim yüzümüz her zaman tertemizdi ve hep tertemiz kalacaktır. Yüzü çirkin, vicdanı çirkinliklerle dolu olanlar, bizim vatanseverce, vicdanlı ve namuslu savaşımızı bayağı ve çirkin hırsları yüzünden çirkin göstermeye kalkışanlardır.

Meclis'te gensorunun son günü

Efendiler, 8 Kasım günü Meclis'te gensorunun görüşülmesine devam olundu.

Feridun Fikri Bey'in Meclis soruşturmasının kabulü hakkındaki konuşması, başka konuşmacıların sözleriyle karışarak oldukça uzadı. Ondan sonra, Yunus Nadi Bey kürsüye çıkarak, "Efendiler" dedi, "ülkenin rejimi söz konusudur. Cumhuriyet rejimi söz konusudur. Her şeyden önce bu sorunu görüşmek gerekmektedir." Yunus Nadi Bey, Rauf Bey'in bir gün önceki konuşmasına değinerek "Ulusal egemenlik mi cumhuriyetin gelişmesinden doğmuştur. Yoksa cumhuriyet mi ulusal egemenliğin gelişmesinin sonucudur?" gibi bir teorinin tartışma konusu olmasına yer olmadığını açıkladı.

Rauf Bey'in, "Değil halifenin, sultanın, bu makamın haklarını almak eğiliminde olan herhangi bir makamın karşısındayım" şeklindeki sözlerini Yunus Nadi Bey şöyle açıkladı: "Bu makamın Rauf Bey'e göre hakları vardır; söylenen açıktır. Saklı hakları vardır. Sakın kimse almasın. Günün birinde belki gerekli olacaktır." "Oysa Teşkilat-ı Esasiye Kanunu çıkmıştır. Bütün makamlar belirlenmiştir. Bütün durumlar kanun haline konulmuştur. Hâlâ efsaneden, safsatadan söz eder."

Bundan sonra, Yunus Nadi Bey şu sözleri söyledi: "... Cumhuriyeti beğenmeyen adamlar vardır. Açıkça söylemedikleri şeyi fikrinde besleyen yaratıklar vardır ve içimizdedirler." "... Öyle adamların kafası ezilir, efendiler!"

Yunus Nadi Bey, Rauf Bey ve arkadaşlarının gösteri yaparcasına tavırlarından, müfettiş paşaların istifalarından ve Meclis'in içinde oyun oynanılamayacağından söz ettikten sonra dedi ki: "Özel ve gizli komplolarla bazı amaçlara ulaşırız diye sanmak ve Türkiye Büyük Millet Meclisi'nin köşesinde oturarak bu şeylerde bulunmak saygısızlıktır. Kabul edemeyiz efendim."

Yunus Nadi Bey, Refet Paşa'ya ilişerek şu konuşmayı yaptı: "Refet Paşa Hazretleri, bildiğiniz üzere, altı yedi ay önce gürültülü ve anlamsız bazı ilanlar ve açıklamalarla milletvekilliğinden istifa buyurmuşlardır. Tuhaf bir olaydır. Gerekçe olarak ilave etmişlerdi ki, milletvekilliğinden istifa sebebi, karanlık odada, dostlar arasında bir ulusal yemin mi ne, bir şey varmış. Orada toplanan arkadaşları işbaşına getirecekmiş. Efendim, çok merak ettim bu işi."

Afyonkarahisar Milletvekili Ali Bey, yerinden söze karıştı ve "Yani generaller hükümeti" dedi. Yunus Nadi Bey, "Çok merak ettim bu işi" diyerek sözüne devam etti ve dedi ki: "... Teşkilat-ı Esasiye vardır. Cumhuriyet kurulmuştur. Hükümet nasıl yapılacaktır, orada yazılıdır. Bütün bunları yöneten bir Türkiye Büyük Millet Meclisi vardır. Hayır, bunlar yeterli değildir; Refet Paşa'nın milletvekilliğinden istifa etmesi gerekir ve gitsin hükümet yapsın, dostlar toplasın, ne düşüncedir bu?"

"... Efendim dağ başında mıyız? Demirci Efe'yi alıp gelip de hükümet mi yapacaktı? Meclis yok mudur? Teşkilat-ı Esasiye yok mudur? Bu ne mantıksızca harekettir."

Refet Paşa, Yunus Nadi Bey'e yanıt vermek üzere kürsüye çıktı. Kendini savunmaya çalışırken, Rauf Bey'le aralarındaki düşünce birliğinden ve Rauf Bey'in söylediği her şeyin onun hesabına da yazılması gerekeceğinden söz ettikten sonra: "İki asker milletvekilinin Meclis'e dönmesini istemişsem, acaba Çin'de olduğu gibi bir cumhuriyet mi yapmak istemiş olurum?" dedi. Refet Paşa'nın konuşmasına, çeşitli kişiler, yerlerinden kısa yanıtlar vermeye başladılar. Adeta tartışmalı bir karşılıklı konuşma oldu. Sonunda, kürsü başka bir karşı görüşlü konuşmacıya bırakıldı. Bundan sonra kürsüye çıkan Mahmut Esat Bey (İzmir): "... Günlerden beri devam etmekte olan tartışmalara ve henüz sonu gelmeyen görüşmelere, ne inkılabın ve ne de ulusun sabrı vardır" dedikten sonra açıkladı ki, durum "inkılap adına, inkılabı ileri götürmek adına hükümeti düşürmek"ten ibaret değildir.

Mahmut Esat Bey, her şeyden önce gidilecek yolları belirlemek gereğini ve o durumda daha içten ve daha kesin yürünebileceğini söyledi ve Rauf Bey'in teorisine değinerek şu çözümlemelerde bulundu: "Ulusal egemenlik başka bir sorundur; cumhuriyet, meşrutiyet, mutlakıyet yönetimi, istibdat yine başka birer sorundur. Bir kısmı hükümet şeklidir, diğeri ulusun iradesinin yerine getirilmesi ve uygulanmasıdır. Bu dört şekil içinde, değişik şekilde, ulusal egemenliğin uygulandığını görmekteyiz. Hatta istibdatta bile bir parça vardır. Meşrutiyette biraz daha fazla, cumhuriyette daha fazla. Dolayısıyla bu noktadan bu iki şeyi karıştırmamak gerekir. Ulusal egemenlik cumhuriyetin gelişmiş şekli demek değildir. Çünkü ulusal egemenlik şekil değildir, ruh ve esas işidir."

Mahmut Esat Bey, Rauf Bey'in görüş diye ortaya attığı sözler üzerinde gereği kadar durduktan sonra: "Türk inkılabı yükseliyor." "Ancak, bu inkılabı hızla hedefine, ulusça beklenilen hedefine ulaştırmak için, bir an önce gerçek durumun açıklığa kavuşması gerekir. Türk ulusu, ortada, demokrasi adına çekilmiş bir kılıç gibi bunu beklemektedir" sözleriyle konuşmasına son verdi.

Bundan sonra Adalet Bakanı Necati ve Milli Eğitim Bakanı Vasıf beyler, çeşitli konuşmacıların açıklama isteklerine uzun konuşmalar yaparak yanıt verdiler.

Rıza Nur Bey'in Arnavutları Türklük karşıtı ayaklanmaya kışkırtanlardan biri olduğu anlaşıldı

Maliye Bakanı Mustafa Abdülhalik Bey, açıklamalarına başlamadan önce, Rıza Nur Bey'den tutanaktaki sözlerinden bazılarını açıklamasını istedi. Rıza Nur Bey, Yanyalıların Türklüğünü kuşkulu gösterecek şekilde sözler söylemişti. Abdülhalik Bey, Rıza Nur Bey'in yanılgısını şu şekilde düzeltti: "Doktor Bey, altı yüz yıl önce, Arnavutluk'un bir kısmından olan Yanya'ya giden atalarımızın orada bıraktıkları kuşakları başka bir suçla suçluyor. Hem kim? Ne yazık ki öyle saygıdeğer bir arkadaşım ki, altı yıldan bu yana bağnaz bir ulusalcı olmuştur. Daha önce değildi. Kendileri daha iyi bilirler. Ben, o Yanyalı dedikleri adam, Türklük için silahla mücadele ederken, kendileri aksine (Türklük karşıtı) ayaklanmaya kışkırtmıştır."

Gerçekten Rıza Nur Bey'in siyasi hayatında birçok mücadelelere katıldığı bilinmekteydi. Bu katılımları, yurtsever olarak Büyük Millet Meclisi döneminde ona hizmet ve çalışma alanları gösterilmesine engel sayılmamıştı. Fakat, Türklerin Rumeli'den çıkarılması gibi, her Türkün kalbinde sonsuz ve üzücü bir acı yaşatan büyük felaket olayında, aşırı yurtsever Rıza Nur Bey'in Arnavut asileriyle beraber, Türklere karşı çalıştığını bilmiyorduk. Bu öğrenilince Büyük Millet Meclisi'ni gerçek bir şaşkınlık sardı.

Bu konudan sonra Maliye bakanı diğer açıklamalarını yaptı. Onu Tarım Bakanı Şükrü Kaya Bey izledi. Şükrü Kaya Bey, özellikle Tarım Bakanlığı'nı eleştiren bir konuşmacıya yanıt verdi ve tarım işlerinin güzel cümleler, güzel sözler, güzel mantıklarla gizlenecek bir şey olmadığını açıkladıktan sonra: "Bu, toprağa yazılan bir eserdir. Onun sayfaları açık ve herkes tarafından okunmaktadır" dedi ve ekledi: "Kalkıp da yüce Meclis'in karşısında, şöyle yapıldı, böyle yapıldı gibi yanıltmaca yapılabilir mi? Bu ne saygısızca bir davranıştır?"

Ticaret Bakanı Hasan Bey ve Bayındırlık Bakanı merhum Süleyman Sırrı Bey'den sonra açıklama yapmak sırası Dışişleri'ne ve Başbakanlık'a geldi.

Efendiler, Başbakan İsmet Paşa, gensorunun genel olmasını önerdiği günden sonra, görüşmelere katılamayacak derecede hastalanmış, yatıyordu. Milli Savunma Bakanı Kâzım Paşa, İsmet Paşa'ya vekâleten kürsüye çıkarak gereken konuşma ve açıklamayı yaptı.

Artık gensoru görüşmesine son vermek zamanı gelmişti. Görüşme yeterli görüldükten sonra, Feridun Fikri Bey'in "Meclis soruşturması" önergesi kabul edilmedi.

Büyük Millet Meclisi'nin İsmet Paşa hükümetine güvenmesi, muhalif kalem sahiplerine daha neler yazdırdı?

19 oya karşı 148 oy ile İsmet Paşa hükümetine güvenoyu verildi. Bir oy da çekimserdi.

Efendiler, Meclis'te yenilenlerin gazeteci arkadaşları, bu sonuçtan doğal olarak hiç memnun olmadılar. Daha küskün ve inatçı bir şekilde saldırıya geçtiler.

9 Kasım tarihli *Vatan* gazetesinin başmakalesi, "Bugünkü yönetim şekli, kelime bakımından, ulusal egemenliğin en yüksek derecesi olmuştur. Fakat, hükümetçilerin anlayışı biraz kazılsa, hemen hiç değişmemiş olduğu görülür" ve "Bugün gerici kelimesi yeniden sık kullanılmaya başlanmıştır" şeklinde eleştirilerle doludur.

10 Kasım tarihli *Vatan*'ın "Meydan Savaşının Sonucu" başlıklı başmakalesi, Timurlenk'in fil hikâyesini tekrardan sonra, hükümeti düşürmeye çalışanların iyi hareket edemediklerinden şikâyeti içeren şu görüşleri içeriyordu: "Ankara'da ilk gensoru başladığı zaman, ortada eleştirici, kararlı bir çoğunluk vardı." "Eleştirenler bu durumu yönetemediler. Örgütsüz bireyler olarak, tek tek eleştirilerde bulundular. Tek tek eleştiriler bile sağlam bir şekilde devam ettirilemedi. Gensoru genelleşince, tatil zamanındaki not defterlerini açan olmadı. En şiddetli eleştiriciler bile dillerinin altındakini söylemekten çekindiler."

Makale sahibi, duruma politikacılık açısından bakarak diyor ki: "Hükümetçilerin olağanüstü bir yönetim ve başından sonuna kadar düşünülmüş bir planla hareket ettikleri görülür."

Burada, insanın makale sahibine şöyle bir soru soracağı geliyor:

Ulusun kaderi sorumluluğunu ellerine aldırmak istediğiniz kişiler, aylarca ve aylarca hazırlandıktan ve İstanbul'daki arkadaşlarıyla da uzun boylu görüştükten sonra, sizin de açıkladığınız gibi, dillerinin altındakini söylemekten çekinecek kadar kendilerine güvenemezlerse, en sonunda on dokuz buçuk kişinin Meclis'te hareketini birleştiremeyecek kadar beceriksiz olurlarsa, bu kişiler devletin başına geçmek yeterliliğinde düşünülebilir mi?

Efendiler, *Tanin*'in "Mirsad-ı İbret" [İbret Aynası] sütunundan da birkaç

Cumhurbaşkanı Mustafa Kemal Atatürk bir yurt gezisinde. ATASE Arşivi.

cümle okuyacağım. Bu sütunu dolduran yazar, bütün ülkeye Meclis manzarasını seyrettiriyor ve ona, "Eyvah! Bu da ötekiler gibi çıktı" dedirtiyor.

Pusuya yatan bu yazar, kulağına şu sözlerin fısıldandığını da işitiyor: "... Eski yıkıntılarla yapılan bir binadan ne beklersin ki!.."

Acaba bu yazıları yazmış olan kişi, gerçekten o gün böyle mi düşünüyordu? Yoksa, bu anlamsız sözleri, ulusu bize karşı kışkırtmak için bilerek ve isteyerek mi yazıyordu? İster öyle ve ister böyle olsun, her ikisi de doğru değildi. Bu tür kalem sahipleri, cumhuriyete kötülük etmişlerdir.

Efendiler, *Tevhid-i Efkâr*'ın da, alışıldığı üzere "faydasız ve değersiz bir zafer" diye faydasız ve değersiz yazıları devam ediyordu.

Terakkiperver Cumhuriyet Partisi ve en hain kafaların ürünü olan programı

Saygıdeğer efendiler, "komplo" konusunu açıklamaya çalıştım ve komplonun Meclis içindeki evresini tanımlamada önemsiz gibi kabul olunabilecek bazı ayrıntılara değindim. Bunda beni bağışlayacağınızı ümit ederim.

Hatıra gelir ki, her hükümete her zaman gensoru verilir. Bir gensoruya bu kadar önem vermek doğru mudur? Söylemeliyim ki, söz konusu olan gensoru, normal bir gensoru değildi. Komplonun özel bir evresiydi. Bu gensoru sahnesinden sonradır ki, bize karşı olanlar maskelerini atmak zorunda bırakıldılar. Bilindiği üzere "Terakkiperver Cumhuriyet Partisi" diye bir parti kurdular. Bu partinin gizli eller tarafından çizilen programını da ortaya attılar.

"Cumhuriyet" kelimesini söylemekten bile kaçınanların, cumhuriyeti doğduğu gün boğmak isteyenlerin kurduğu partiye "Cumhuriyet" ve hem de "Terakkiperver Cumhuriyet" adını vermeleri, nasıl ciddi ve ne dereceye kadar içten kabul olunabilir?

Rauf Bey ve arkadaşlarının kurdukları parti, "muhafazakâr [tutucu]" adı altında ortaya çıksaydı, belki anlamı olurdu. Fakat, bizden daha çok cumhuriyetçi ve bizden daha çok ilerici olduklarını ileri sürmeye kalkışmaları elbette doğru değildi.

"Parti, dini fikirlere ve inançlara saygılıdır" ilkesini bayrak olarak eline alan kişilerden iyi niyet beklenebilir miydi? Bu bayrak, yüzyıllardan bu yana, bilgisizleri ve bağnazları, boş inançlara bağlı olanları aldatarak özel amaçlar sağlamaya kalkışmış olanların taşıdıkları bayrak değil miydi? Türk ulusu, yüzyıllardan bu yana, sonsuz yıkımlara, içinden çıkabilmek için büyük özveriler gerektiren pis bataklıklara, hep bu bayrak gösterilerek sürüklenmemiş miydi?

Cumhuriyetçi ve ilerici olduklarına inandırmak isteyenlerin aynı bayrakla ortaya atılmaları, dini bağnazlığı coşturarak, ulusu, cumhuriyetin, ilerleme ve yenileşmenin tamamen karşıtlığına kışkırtmak değil miydi? Yeni parti, dini fikirlere ve inançlara saygı perdesi altında, "Biz hilafeti tekrar isteriz. Biz yeni kanunlar istemeyiz. Bizce Mecelle[31] yeterlidir. Medreseler, tekkeler, bilgisiz softalar, şeyhler, müritler, biz sizi koruyacağız; bizimle beraber olunuz. Çünkü Mustafa Kemal'in partisi hilafeti kaldırdı. İslamiyete zarar veriyor. Sizi gâvur yapacak, size şapka giydirecektir" diye bağırmıyor muydu? Yeni partinin kullandığı formül, bu gerici haykırışlarla dolu değildir denilebilir mi?

Bakınız efendiler, bu formül taraftarlarından birinin daha çok önce (10 Mart 1923 tarihinde) asılmış Cebranlı Kürt Halit Bey'e yazdığı mektuptaki şu cümlelere: "İslam dünyasının kalıcılığının sebebi olan temellere saldırıyorlar." "Bu konudaki açıklamalarınızı arkadaşlara da okudum. Hepsinde çabanın artmasına sebep oldu." "Batılılaşmak, tarihimizi, uygarlığımızı kaybetmeyi zorunlu kılar." "... Hilafet kurumunu yıkmak, laik bir hükümet kurmayı düşünmek, hep İslam'ın geleceğini tehdit edecek etkenleri yaratmaktan başka bir sonuç veremez."

Efendiler, yaşananlar ve olaylar da gösterdi ve kanıtladı ki, Terakkiperver Cumhuriyet Partisi programı en hain kafaların ürünüdür. Bu parti, ülkede katillerin, gericilerin kalesi, ümidi, dayanağı oldu. Dış düşmanların, yeni Türk Devleti'ni, taze Türk Cumhuriyeti'ni yok etmeye yönelik planlarının kolayca uygulanmasına hizmete çalıştı. Tarih, "planlanmış, genel, gerici" olan Şark İsyanı'nın[32] sebeplerini inceleyip araştırdığı zaman, onun önemli ve açık sebeple-

---

31 Tanzimat'tan sonra yapılmış, fıkıh hükümleriyle bu konudaki türlü görüşleri bir araya getiren ve yasa yerine kullanılan kanun kitabı (y. n.).

32 Genç [Bingöl] iline bağlı Piran'da 13 Şubat 1925 günü başlayıp 31 Mayıs 1925'te kesin olarak bastırılan Şeyh Sait İsyanı anlatılmak isteniyor (y. n.).

ri arasında Terakkiperver Cumhuriyet Partisi'nin dini olarak verdiği sözlerini ve Doğu'ya gönderdikleri sorumlu sekreterlerinin örgütlenmelerini ve kışkırtmalarını bulacaktır.

Anı defterini "nafile ve gece namazlarının" sevabından söz eden hadislerle dolduran bu sorumlu sekreter, Doğu illerimizde dini kışkırtmalar yaparken, partisinin programını uygulamıyor muydu? Masum halka, beş vakit namazdan başka, geceleri de fazla namaz kılmayı söyleyip öğütlemek, belki de hayatı boyunca namaz kılmamış olan bir politikacı tarafından yapılırsa, bu hareketin hedefi anlaşılmaz olur mu?

Efendiler, yaptığımız inkılabın genişliği ve büyüklüğü karşısında eski boş inanışların ve kurumların birer birer yıkıldığını gören bağnaz ve gerici unsurlar, "dini fikirlere ve inançlara saygılı" olduğunu ilan eden bir partiye ve özellikle bu partinin içinde adları herkes tarafından duyulmuş olan kişilere dört elle sarılmaz mı? Yeni parti kuran kişiler bu gerçeği anlamış değil midirler? O halde, ellerine aldıkları din bayrağıyla ulusu ve ülkeyi nereye götürmek istiyorlardı? Böyle bir soruya verilmesi gereken yanıtta "iyi niyet, dikkatsizlik, ilgisizlik" gibi sözler, ülkeyi ileri götüreceğim diye ortaya atılan bir partinin liderleri için özür olamaz!

Efendiler, yeni parti kendine unvan olarak aldığı "terakki [ilerleme]" ve "cumhuriyet" adlarına taban tabana zıt gelişmiştir. Bu partinin liderleri, gerçekten gericilere ümit ve kuvvet vermiştir. Buna örnek olarak sunayım: Ergani'de, isyancıların valiliğini kabul eden ve sonradan asılmış olan Kadri, Şeyh Said'e yazdığı bir mektupta: "Millet Meclisi'nde, Kâzım Karabekir Paşa'nın partisi, dini hükümlere uyar ve dindardır. Bize yardımcı olacaklarından kuşku duymam. Hatta Şeyh Eyüp'ün[33] yanında bulunan sorumlu sekreterleri, partinin tüzüğünü getirmiştir..." diyor. Şeyh Eyüp de yargılanması sırasında: "Dini kurtaracak tek partinin, Kâzım Karabekir Paşa'nın kurduğu parti olup, şeriat hükümlerine uyulacağının parti tüzüğünde ilan edildiğini" söylemiştir.

Efendiler, "terakkiperver [ilerici]" ve "cumhuriyet" kelimelerini kullanarak, bize ve ulusun aydınlarına karşı din bayrağını gizlemek önlemini alanların, ülkede genel gericilik ve ayaklanma yapmak için içerde ve dışarda oyunlar ve kışkırtmalar yapmakla uğraşanların varlığından habersiz oldukları düşünülebilir mi? Yeni partiye girenlerin, bütün üyeleri söz konusu olmasa bile, dini olarak verilen sözleri başarı için kuvvetli etken kabul eden ve buna ilişkin formülü tüzüklerine sokan kimseler, ülkeye yönelik, bizlere yönelik cinayet planlarından habersiz kabul edilemezler!

Bunların ayaklanmanın gerçekleşmesinden aylarca önce, ülkenin şurasında burasında yapılan gizli toplantılardan ve "Cemiyet-i Hafiye-i İslamiye" [Gizli

---

33 Asilerin reislerinden olup idam edilmiştir [Atatürk'ün notu].

İslam Derneği] örgütünden, İstanbul'da Nakşibendi şeyhlerinin yaptığı toplantıda, hazırlanacak ayaklanmaya yardım sözü verildiğinden ve sonunda ulusal sınırlarımızın dışında bulunup Şark İsyanı'nı kışkırtanların beyannamelerinde[34] Kâzım Karabekir Paşa'nın partisinden ümit ile söz edildiğinden haberdar olmadıklarını düşünelim. Fakat, Fethi Bey hükümeti zamanında, Fethi Bey'in kendisi aracılığıyla, kendilerine, partilerinin zararlı ve ayaklanma ve gericiliğe kışkırtıcı durum ve nitelikte olduğu bildirildiği zaman olsun, gerçeği değerlendirmeleri ve görmeleri gerekmez miydi? Hükümetin ve benim tertemiz düşüncelerle yaptığımız bu uyarılarımızdan sonra olsun, gerçeği anlamaları ve ona göre hareket etmeleri gerekirdi. Onlar tam tersine, bu defa da "dini fikirlere ve inançlara saygılıyız" sloganını büsbütün aksi şekilde yorumlamaya kalkıştılar. Sözde, bu sloganla, her dinin ve her dine bağlı olanların fikirlerine ve inançlarına saygılı olduklarını belirtmek... geniş ölçüde özgürlükçü olduklarını anlatmak istiyorlarmış... Efendiler, bu davranışa dürüst ve içten denemez!

Politika dünyasında birçok oyunlar görülür. Fakat, kutsal bir ülkünün belirmesi olan cumhuriyet yönetimine, çağdaş yenileşmeye karşı bilgisizlik, bağnazlık ve her tür düşmanlık ayağa kalktığı zaman, özellikle ilerici ve cumhuriyetçi olanların yeri, gerçekten ilerici ve cumhuriyetçi olanların yanıdır; yoksa gericilerin ümit ve çalışma kaynağı olan yer değil...

Ne oldu efendiler?! Hükümet ve Meclis, olağanüstü önlemler almayı gerekli gördü. Takrir-i Sükûn Kanunu'nu çıkardı. İstiklal Mahkemelerini çalıştırdı. Ordunun savaşa hazır sekiz dokuz tümenini uzun süre ayaklanmayı bastırmakla görevlendirdi. "Terakkiperver Cumhuriyet Partisi" denilen zararlı siyasi kuruluşu kapattı.

Cumhuriyet düşmanlarının son alçakça girişimleri

Sonuç, elbette cumhuriyetin başarısı oldu. Asiler ortadan kaldırıldı. Fakat, cumhuriyet düşmanları büyük komplonun tüm evreleriyle sona erdiğini kabul etmediler. Alçakça, son bir girişimde bulundular. Bu girişim İzmir Suikasti şeklinde ortaya çıktı. Cumhuriyet mahkemelerinin ezici pençesi, bu defa da cumhuriyeti, suikastçilerin elinden kurtarmayı başardı.

Ülkede huzur ve güvenliği kurmak için uygulanan olağanüstü önlemlerin iyi sonuçları

Saygıdeğer efendiler, durumun ciddileşmesi üzerine hükümetçe olağanüstü önlemler alınması gerektiğine ilişkin düşüncemizi ilk kez belirttiğimiz zaman, bunu iyi karşılamayanlar vardı.

---

34 Halep'te basılarak Kürdistan'a dağıtılan Şahin Paşazadelerin beyannamesi [Atatürk'ün notu].

Cumhurbaşkanı Mustafa Kemal Atatürk bir yurt gezisinde.
İş Bankası Müzesi Arşivi.

Takrir-i Sükûn Kanunu'nu ve İstiklal Mahkemelerini baskı aracı olarak kullanacağımız düşüncesini ortaya atanlar ve bu düşünceyi benimsetmeye çalışanlar oldu.

Kuşku yok ki, zaman ve olaylar, bu nefret uyandırıcı düşünceyi aşılamaya çalışanları elbette utanılacak konuma düşürmüştür.

Biz, olağanüstü olarak alınan, fakat yasal olan önlemleri, hiçbir zaman ve hiçbir şekilde yasanın üstüne çıkmak için araç olarak kullanmadık; aksine, ülkede huzur ve güvenin kurulması için uyguladık; devletin yaşam ve bağımsızlığını sağlamak için kullandık. Biz, o önlemleri, ulusun uygar ve toplumsal gelişmesinde yararlı kıldık.

Efendiler, aldığımız olağanüstü önlemlerin uygulanmasına gerek kalmadığı görüldükçe, onların uygulamasından vazgeçilmekte kararsızlık gösterilmemiştir. Nitekim İstiklal Mahkemeleri, zamanında çalışmalarına son verdikleri gibi, Takrir-i Sükûn Kanunu da, yürürlük süresinin bitiminde tekrar Büyük Millet Meclisi'nin incelemesine sunuldu. Meclis, kanunun bir süre daha yürürlükte kalmasını gerekli görmüşse, elbette bu, ulus ve cumhuriyetin yüksek çıkarları gereği olduğundandır. Yüce Meclis'in bu kararı, bize baskı aracı vermek amacına yönelik olarak düşünülebilir mi?

Efendiler, Takrir-i Sükûn Kanunu'nun yürürlükte ve İstiklal Mahkemelerinin çalışmakta bulunduğu süre içinde yapılan işleri göz önüne getirecek olursanız, Meclis'in ve ulusun güveninin tamamen yerinde kullanıldığı kendiliğinden anlaşılır.

Gazi Mustafa Kemal Atatürk.
ATASE Arşivi.

Ülkede çıkarılan büyük ayaklanma ve hazırlanan suikast girişimleri ortadan kaldırılarak sağlanan güvenlik ve huzur, elbette herkesçe memnuniyet sebebi olmuştur.

Efendiler, ulusumuzun başında, bilgisizlik, aymazlık ve bağnazlığın, ilerleme ve uygarlık düşmanlığının işareti gibi kabul olunan fesi atarak, onun yerine, bütün uygar dünya tarafından başlık olarak kullanılan şapkayı giymek ve bu şekilde Türk ulusunun uygar toplumlardan anlayış bakımından da hiçbir farkı olmadığını göstermek gerekliydi. Bunu, Takrir-i Sükûn Kanunu yürürlükte olduğu zamanda yaptık. Bu kanun yürürlükte olmasaydı yine yapacaktık. Fakat, bunda, kanunun yürürlükte olması da kolaylık sağladı denirse, bu çok doğrudur. Gerçekten, Takrir-i Sükûn Kanunu'nun yürürlükte oluşu, bazı gericilerin ulusu geniş ölçüde zehirlemesine olanak bırakmamıştır. Gerçi bir Bursa milletvekili, bütün milletvekilliği hayatında hiçbir zaman kürsüye çıkmamış ve hiçbir zaman Meclis'te, ulus ve cumhuriyet çıkarlarını savunmak için bir tek kelime bile söylememiş olan Bursa Milletvekili Nurettin Paşa, yalnız şapka giyilmesinin aleyhine uzun bir önerge vermiş ve bunu savunmak için kürsüye çıkmıştır. Şapka giydirilmesinin "temel haklara ve ulusal egemenliğe ve kişisel dokunulmazlığa aykırı davranış" olduğunu ileri sürmüş ve bunun "halka uygulanmamasının sağlanmasına ve bunun onaylanmasına" çalışmıştır. Fakat, Nurettin Paşa'nın ulus kürsüsünden coşturmayı başardığı bağnazlık ve gericilik duyguları, sonuç olarak birkaç yerde, yalnız birkaç gericinin İstiklal Mahkemelerinde hesap vermeleriyle söndü.

Efendiler, tekke ve zaviyelerle türbelerin kapatılması ve bütün tarikatlarla şeyhlik, dervişlik, müritlik, çelebilik, falcılık, büyücülük ve türbedarlık vb birtakım unvanların yasaklanması ve kaldırılması da Takrir-i Sükûn Kanunu döneminde yapılmıştır. Bu konudaki yapılanlar ve uygulamalar, toplumumuzun boş inançlara bağlı, ilkel bir kavim olmadığını göstermek bakımından ne kadar gerekliydi, bu, anlaşılır.

Birtakım şeyhlerin, dedelerin, seyitlerin, çelebilerin, babaların, emirlerin arkasından sürüklenen ve falcılara, büyücülere, üfürükçülere, muskacılara şanslarını ve yaşamlarını bırakan insanlardan meydana gelen bir topluluğa, uygar bir ulus gözüyle bakılabilir mi? Ulusumuzun gerçek niteliğini yanlış anlamda gösterebilen ve yüzyıllarca göstermiş olan bu gibi unsurlar ve kurumlar, yeni Türkiye Devleti'nde, Türk Cumhuriyeti'nde devam ettirilmeli miydi? Buna önem vermemek, ilerleme ve yenileşme adına, en büyük ve onarılamaz hata olmaz mıydı? İşte biz, Takrir-i Sükûn Kanunu'nun yürürlükte olmasından yararlandıysak, bu tarihi hatayı işlememek için, ulusumuzun alnını olduğu gibi açık ve temiz göstermek için, ulusumuzun tutucu ve ortaçağ anlayışında olmadığını kanıtlamak için yararlandık.

Efendiler, ulusumuzun toplumsal, ekonomik, özetle bütün uygar iş ve ilişkilerinde verimli sonuçların güvencesi olan yeni kanunlarımız da, kadınların özgürlüğünü sağlayan ve aile hayatını sağlamlaştıran Medeni Kanun da bu söz ettiğimiz dönemde ortaya çıkarılmıştır. Dolayısıyla, biz her araçtan, yalnız ve ancak bir bakış açısından yararlanırız. O bakış açısı şudur: Türk ulusunu, uygar dünyada hak ettiği yere yükseltmek ve Türk Cumhuriyeti'ni sarsılmaz temelleri üzerinde, her gün daha çok güçlendirmek... ve bunun için de zorbalık düşüncesini öldürmek...

İş Bankası Müzesi Arşivi.

Türk gençliğine bıraktığım emanet

Saygıdeğer efendiler, sizi günlerce alıkoyan uzun ve ayrıntılı konuşmam, en sonunda, geçmişte kalmış bir dönemin hikâyesidir. Bunda, ulusum için ve gelecekteki çocuklarımız için dikkat ve uyanıklık sağlayabilecek bazı noktalar belirtebilmiş isem, kendimi mutlu sayacağım.

Efendiler, bu konuşmamla, ulusal hayatı bitmiş sanılan büyük bir ulusun, bağımsızlığını nasıl kazandığını, bilim ve tekniğin en son esaslarına dayanan ulusal ve çağdaş bir devleti nasıl kurduğunu anlatmaya çalıştım.

Bugün ulaştığımız sonuç, yüzyıllardan bu yana çekilen ulusal felaketlerden doğan uyanışın ve bu sevgili vatanın her köşesini sulayan kanların bedelidir.

Bu sonucu, Türk gençliğine emanet ediyorum.

Ey Türk gençliği! Birinci görevin, Türk bağımsızlığını, Türk Cumhuriyeti'ni sonsuza kadar korumak ve savunmaktır.

Varlığının ve geleceğinin tek temeli budur. Bu temel, senin en değerli hazinendir. Gelecekte de, seni bu hazineden yoksun bırakmak isteyecek iç ve dış düşmanların olacaktır. Bir gün, bağımsızlık ve cumhuriyeti savunma zorunluluğuna düşersen, göreve atılmak için, içinde bulunacağın durumun olanak ve koşullarını düşünmeyeceksin! Bu olanak ve koşullar çok elverişsiz bir nitelikte görünebilir. Bağımsızlık ve cumhuriyetine kastedecek düşmanlar, bütün dünyada benzeri görülmemiş bir zaferin temsilcisi olabilirler. Zorla ve aldatmacayla sevgili vatanın bütün kaleleri zaptedilmiş, bütün tersanelerine girilmiş, bütün orduları dağıtılmış ve ülkenin her köşesi fiili olarak ele geçirilmiş olabilir. Bütün bu koşullardan daha acıklı ve daha korkunç olmak üzere, ülkenin içinde iktidara sahip olanlar aymazlık ve sapkınlık ve hatta hainlik içinde bulunabilirler. Hatta bu iktidar sahipleri, kişisel çıkarlarını istilacıların siyasi emelleriyle birleştirebilirler. Ulus, yoksulluk ve sıkıntı içinde yorgun ve bitkin düşmüş olabilir.

Ey Türk geleceğinin evladı! İşte, bu durum ve koşullar içinde bile görevin, Türk bağımsızlık ve cumhuriyetini kurtarmaktır! Muhtaç olduğun güç, damarlarındaki soylu kanda mevcuttur!